JN310737

憲法改正問題資料

下

渡辺 治 編著

●日本国民は、正当に選挙された国会における代表者を通じて行動し、われらとわれらの子孫のために、諸国民との協和による成果と、わが国全土にわたつて自由のもたらす恵沢を確保し、政府の行為によつて再び戦争の惨禍が起ることのないやうにすることを決意し、ここに主権が国民に存することを宣言し、この憲法を確定する。そもそも国政は、国民の厳粛な信託によるものであつて、その権威は国民に由来し、その権力は国民の代表者がこれを行使し、その福利は国民がこれを享受する。これは人類普遍の原理であり、この憲法は、かかる原理に基くものである。われらは、これに反する一切の憲法、法令及び詔勅を排除する。

●日本国民は、恒久の平和を念願し、人間相互の関係を支配する崇高な理想を深く自覚するのであつて、平和を愛する諸国民の公正と信義に信頼して、われらの安全と生存を保持しようと決意した。われらは、平和を維持し、専制と隷従、圧迫と偏狭を地上から永遠に除去しようと努めてゐる国際社会において、名誉ある地位を占めたいと思ふ。われらは、全世界の国民が、ひとしく恐怖と欠乏から免かれ、平和のうちに生存する権利を有することを確認する。

●われらは、いづれの国家も、自国のことのみに専念して他国を無視してはならないのであつて、政治道徳の法則は、普遍的なものであり、この法則に従ふことは、自国の主権を維持し、他国と対等関係に立たうとする各国の責務であると信ずる。

●日本国民は、国家の名誉にかけ、全力をあげてこの崇高な理想と目的を達成することを誓ふ。

旬報社

時系列資料目次

第Ⅲ部　自衛隊イラク派兵と現代改憲の実行をめざす時代

1　明文改憲の台頭と「九条の会」による挫折＝二〇〇四～〇九年

2 民主党政権の成立と改憲の停滞＝二〇一〇〜一二年

3 自民党政権の復活と「戦争する国」づくり＝二〇一三年～現在

参考資料

【以下、上巻】

第Ⅰ部 復古的改憲の挫折と改憲消極の時代

1 復古的改憲の追求とその挫折＝一九四九〜六四年

2 改憲消極と憲法の「定着」＝一九六四〜八〇年代

第Ⅱ部 「冷戦」の終焉と現代改憲の台頭の時代

1 自衛隊海外派兵圧力と現代改憲構想の噴出＝一九九〇〜九九年

2 解釈改憲による自衛隊海外派兵の実行へ＝二〇〇〇～〇三年

第Ⅲ部

自衛隊イラク派兵と現代改憲の実行をめざす時代

1

明文改憲の台頭と「九条の会」による挫折＝二〇〇四〜〇九年

資料Ⅲ・01

平成憲法【愛知私案】（第四次改訂）

二〇〇四年四月
愛知和男

コメント

1．本私案（第四次案）は、愛知和男が出した私案（⇩Ⅱ・14）の改訂版である。愛知は、一九九六年に発表した私案をたびたび改訂しているが、ここでは最新の第四次改訂を載せた。

この第四次案は、愛知が新進党議員時代につくった愛知私案（第一次案）とは異なり、自民党に復党し、二〇〇〇年の衆院選で敗れ、〇二年政界引退表明中に作成したものである。愛知はその後、〇五年衆院選で東京比例区から出馬し当選を果たしたが、〇九年衆院選で再び落選し、政界を引退した。

第一次案と比べると、新進党から自民党へ復党したこと、また二〇〇〇年代に入り、新保守主義的傾向が強まったこと、さらに、当時自民党が憲法改正作業を行っていたことなどを反映して大きな変化が見られる。多数の修正があるが、以下に第一次案を修正した主な点のみを指摘しておく。

2．第一の特徴は、第一次案と比べて新保守主義的傾向を強く帯びた案になっている点である。それが顕著に見られるのは、「前文」である。第四次案は、第一次案とまったく変わり「天皇を国民統合の象徴とする我が国特有の国家体制」「我が国独自の文化」など、日本の伝統と歴史が前面に立っている。

また、第一次案では、読売新聞社憲法改正試案（⇩Ⅱ・10）にならって、第一章に国民主権原則をはじめとする「国家統治の原則」の章をおいていたが、第四次案では、第一章を現行憲法同様、「天皇」の章に戻している。さらに、第四次案では、第二章に「国旗・国歌」の章を設けている。

国民の権利・義務に関する章では、婚姻と両性の平等の条文に、読売新聞の二〇〇四年試案（⇩Ⅲ・02）と同じく、家族に関する規定を置いていることである。「①家庭は、社会を構成する最も基本的な単位である。何人も、各自、その属する家庭の運営に責任を負う。」という規定である。

3．第二の特徴は、第一次案と異なり、「第三章　安全保障」の内容が大幅に変わり、第一次案に見られた、読売新聞試案の影響が薄まり、通例の改憲案に近くなったことである。「国防軍の保持」が明記されたこと、第一六条に「軍事裁判所」の規定が新設されたことなどである。

4．第三の特徴は、国民の権利・義務の章では、第一次案同様、いわゆる新しい人権が規定されるとともに、第四二条以下で、「遵法の責務」以下、国民の責務規定が置かれている点である。

5．第四の特徴は、統治構造に関する規定の改正で第一次案からいくつかの変化が見られたことである。一つは、統治権の章が新設され、そこに政党の規定が置かれたことである。

二つ目は、国会に関しては一院制とされたことが大きな特徴である。

三つ目は、第一次案と同様、八八条に国家緊急事態規定が置かれたが、新たに「緊急命令」の要件に「事前に、時宜によっては事後に」国会の承認を受けるという文言が入ったことである。

四つ目は、第一次案の時には採用されなかった憲法裁判所の設置が「第九章　憲法裁判所」として新設されたことである。

五つ目は、地方自治の章では、第一次案に見られた住民、団体自治の原則がなくなっている点である。

6．第五の特徴は、憲法改正については、第一次案と同様、——ただし国会を一院制としているので——国会議員の三分の二の賛成で、あるいは過半数の賛成で発議の後国民投票における過半数の賛成で改正するという具合に、改正要件を緩和していることである。

前文

我が国は、建国以来、天皇を国民統合の象徴とする我が国特有の国家体制のもとで、国民が力を合わせ、幾多の苦難に遭遇しながらもそれらを克服しつつ、生成発展を遂げてきた。

かかる歴史の中で、われわれの祖先は、他国の文化に敬意を払いつつ、これらを受け入れ、消化し、同化しつつ、我が国独自の文化を築き上げてきた。とりわけ、人の尊厳を重んじるがゆえに人の和を尊び、自然を畏敬するがゆえに自然との調和を図る文化である。更に他文化を尊重するがゆえに、平和を希求する文化である。

このような「他者を思いやる精神」こそ、我が日本国の文化の精華である。

われわれは、今後も、天皇を国民統合の象徴とする我が国特有の国家体制を堅持しながら、日本文化の精華である「他者を思いやる精神」をもとに、世界に開かれた社会、「自由と平等」「権利と責務」を、理性をもって均衡させた真正な民主主義社会、そして、われわれに続く世代の幸福を念頭に置いた持続可能な社会の実現を期する。

併せて、世界の抱える数多くの難題が解決され、この地球に住む人類が等しく平和で豊かな生活を送ることができるように、われわれは、国際社会で積極的な役割を果たしていく。

われわれは、日本国民の至高の自主的意志により、二十一世紀を「平和の世紀」たらしめるために全力を尽くすことを、新しい憲法をもって、ここに宣言する。

第一章　天皇

第一条【天皇の地位】

①天皇は、日本国の元首である。

②天皇は、対外的に日本国及び日本国民を代表するとともに、日本国の伝統、文化、及び国民統合の象徴である。

第二条【皇位継承、元号】

①皇位は、世襲のものであって、国会の承認した皇室典範の定めるところにより、皇統に属する者が、これを継承する。

②皇位の継承に際しては元号を定める。

第三条【国事行為の原則】

①天皇は、憲法の定める国事に関する行為を行う。

②天皇は、国事に関する行為を行うにあたって、内閣の助言を受ける。天皇の国事に関する行為については、内閣が責任を負う。

③天皇は、皇室典範の定めるところにより、国事に関する行為を世嗣の資格を有する者に委任することができる。

第四条【摂政】

①天皇が成年に達しない場合、もしくは皇室典範が定める場合には、摂政を置くことができる。摂政は、天皇の名でその国事に関する行為を行う。

②摂政の行為は、前条の規定を準用する。

第五条【天皇の任命権】

①天皇は、国会の指名に基づき、国会議長を任命する。

②天皇は、国会の指名に基づき、内閣総理大臣を任命する。

③天皇は、内閣の指名に基づき、最高裁判所長官を任命する。
④天皇は、内閣の指名に基づき、憲法裁判所長官を任命する。

第六条【国事行為の内容】

天皇は、次に定める国事に関する行為を行う。

一、外国の大使及び公使を接受すること。

二、批准書及び法律の定めるその他の外交文書を認証すること。

三、内閣の指名と国会の承認に基づいて、全権委任状並びに大使及び公使の信任状に親署し、及びこれを授与すること。

四、憲法、法律、政令及び条約を公布すること。

五、国会を召集すること。

六、国会議員の総選挙の施行を公示すること。

七、国務大臣及び法律の定めるその他の公務員の任免を認証すること。

八、恩赦、刑の減免及び復権を認証すること。

九、栄典の授与を行うこと。

十、祭祀その他の儀式を行うこと。

第七条【天皇の準国事行為】

前条に規定する国事行為の他、天皇が、元首として対外的に日本国を代表し、日本国の伝統、文化、国民統合を象徴するために必要な一切の行為は、国事行為に準ずるものとする。

第八条【皇室の財産】

皇室の財産は、国庫に属する。皇室に関わるすべての費用は、予算案に計上し国会の議決を経なければならない。

第二章　国旗・国歌

第九条【国旗・国歌】

①日本国の国旗は「日の丸」である。
②日本国の国歌は「君が代」である。

第三章　安全保障

第十条【世界平和・地球安全保障の理念、国際社会・国際機構への積極的参加】

①日本国民は、武力紛争、抑圧、飢餓、貧困、環境破壊といった人類の災禍が地球上から除去されることを希求する。
②人類に対する直接の殺傷でなくとも、中長期的に地球環境を破壊し、地球の安全を脅かすような行為は、これを認めない。
③前二項の目的を達成するため、日本国は、出来うる限り平和的手段を尽くして正義に基づく国際秩序の形成、維持、発展に主導的な役割を果たすよう努めるとともに、確立された国際機構の運営及び活動には、軍事力の行使を含む責任ある立場で積極的に参画する。

第十一条【自衛権、同盟の締結】

①日本国は、自らの独立と安全を守り、急迫不正の侵略に対しては、これに対抗し防衛する権利を有する。
②日本国は、国家防衛の目的に即し、他国と同盟を組むことができる。

第十二条【国防軍の保持、組織】

①前二条の目的を達成するため、日本国は、国防軍を保持する。
②国防軍の組織は、法律でこれを定める。

第十三条【軍の政治への不介入】

国防軍は、政治に介入してはならず、常に党派に超越することが要求される。

第十四条【最高指揮監督権】

国防軍の最高の指揮監督権は、内閣総理大臣に帰属する。

第十五条【国会の承認】

国防軍の出動には、第八十八条に規定される緊急事態宣言が布告されている場合を除いては、国会の承認を必要とし、動員には、外国の侵略を受けた場合の他は、国会の事前の承認を必要とする。

第十六条【軍事裁判所】

①武官は、軍事上の犯罪について、軍事裁判所の管轄に服する。

②武官に課せられるべき基本的人権の制限及び軍事刑法については、法律でこれを定める。

③軍事裁判所は、最高裁判所の統括管理に服せず、内閣総理大臣がこれを統括管理する。

④軍事裁判所の組織、訴訟手続については、法律でこれを定める。

第四章　国民の権利及び責務

第十七条【国民の要件】

日本国籍を有する者を日本国民とする。国籍取得の要件は、法律でこれを定める。

第十八条【基本的人権の享有】

①すべて国民は、基本的人権を享有する。この憲法が国民に保障する権利は、侵されることのない権利として、われわれに信託されたものである。

②この憲法が保障する権利の外国人に対する適用は、法律でこれを定める。

第十九条【個人の尊厳、自由・権利の尊重・濫用禁止、適正行使の責務】

①すべて国民は、個人として尊重される。

②生命、自由及び幸福追求に対する国民の権利については、一般の福祉に反しない限り、立法その他国政の上で、最も尊重される。

③国民は、この憲法が国民に保障する自由及び権利を濫用してはならず、常に一般の福祉のためにこれを利用する責務を負う。

第二十条【法の前の平等】

①すべて国民は、法の前に平等であって、人種、信条、性別、社会的身分、門地、心身障害その他を理由とした不合理な差別を受けることはない。

②栄誉、勲章、その他の栄典の授与は、いかなる特権も伴わない。ただし、法律で定める年金その他の経済的利益の付与は、この限りではない。

第二十一条【人格権】

①名誉、信用その他の人格権は、これを保障する。

②何人も、自己の私事について、みだりに干渉されない権利を有する。

③通信の秘密は、これを保障する。

第二十二条【思想及び良心の自由】

思想及び良心の自由は、これを保障する。

第二十三条【信教の自由】

①信教の自由は、何人に対してもこれを保障する。

②何人も、宗教上の行為、祝典、儀式又は行為に参加することを強制されない。

③国及びその機関は、特定の宗派を振興し、又は弾圧してはならない。

④いかなる宗教団体も、国から特権を受け、又は政治上の権力を行使してはならない。

第二十四条【学問の自由】

学問の自由は、この憲法の理念の範囲内で、これを保障する。

第二十五条【表現の自由】

①言論、出版、報道その他表現の自由は、この憲法の理念の範囲内で、これを保障する。

②検閲は、これをしてはならない。

第二十六条【知る権利】

すべて国民は、国の安全及び公共の秩序並びに個人の尊厳を侵さない限り、一般に入手できる情報源から、情報を得る権利を有する。

第二十七条【集会及び結社の自由】

①何人も、集会及び結社の自由を有する。ただし、憲法秩序の破壊、あるいは国民の諸権利の侵害を目的とし、具体的な活動に及びたる結社は、これを禁止する。

②何人も、その意に反して結社に参加することを強制されない。

第二十八条【居住及び移転の自由、外国移住・国籍離脱の自由、国外追放の禁止】

①何人も、居住及び移転の自由を有する。

②すべて国民は、外国に移住し、又は国籍を離脱する自由を保障される。

③すべて国民は、正当な理由なくして、国籍を奪われ、外国に追放され、又は犯罪人として外国政府に引き渡されない。

第二十九条【職業選択及び営業の自由】

何人も、職業選択及び営業の自由を有する。

第三十条【私有財産所有の自由及び権利】

①何人も、財産を所有する自由及び権利を有する。

②財産権の内容は、公共の利益に適合するように、法律でこれを定める。

③私有財産は、相当な補償の下に、これを公共の利益のために用いることができる。

第三十一条【家庭の運営・婚姻における責任、国の家庭尊重保護の責務】

①家庭は、社会を構成する最も基本的な単位である。何人も、各自、その属する家庭の運営に責任を負う。

②婚姻は、両性の合意に基づいて成立し、夫婦が同等の権利と責任を有することを基本として、相互の協力により維持するものとする。

③国は、家庭を尊重し、及びこれを保護するものとする。

第三十二条【生存権、国の社会的使命】

①すべて国民は、健康で文化的な最低限度の生活を営む権利を有する。

②国は、各人の人格の尊重の上に立って、社会福祉及び社会保障の向上及び増進に努めるものとする。

③前項に関連して、心身に障害を持つ者、高齢者、妊産婦、母子家庭に対しては、国政の上で、特段の配慮を与えるものとする。

④国は、公衆衛生の向上及び増進に努めるものとする。

第三十三条【科学・芸術・文化振興の責務】

国は、科学、芸術その他の文化の振興に努めるものとする。

第三十四条【環境に関する権利及び責務】

①何人も、良好な環境を享受する権利を有するとともに、良好な環境を保持し、かつわれわれに続く世代にそれを引き継いでいく責務を負う。

②国は、良好な環境の維持及び改善に努めるものとする。

第三十五条【教育を受ける権利、児童・年少者の健全育成、国の社会的使命】

①すべて国民は、法律の定めるところにより、その能力に応じて、ひとしく教育を受ける権利を有する。

②すべて国民は、法律の定めるところにより、その保護する児童及び年少者に普通教育を受けさせる責務を負う。普通教育は、法律の定めるところにより、これを無償とする。

③国は、児童及び年少者の徳性、知力、体力の向上を図り、もってその健全育成を図るべく、教育内容を決定し、その他特段の配慮をするものとする。

④児童及び年少者は、これを酷使してはならない。

第三十六条【勤労者の団結権】

勤労者の団結する権利及び団体交渉その他の団体行動をする権利は、これを保障する。

第三十七条【適正手続の保障、罪刑法定、事後法の禁止、一事不再理】

①何人も、法律の定める適正な手続によらなければ、その生命を奪われ、自由を制約され、もしくはその他の刑罰を科せられ、又はその他のいかなる不利益も受けることはない。

②何人も、実行のときに適法であった行為又は既に無罪とされた行為については、刑法上の責任を問われない。又、同一の犯罪について重ねて刑事上の責任を問われない。

第三十八条【非人道的な刑罰・処遇の禁止】

何人も、拷問その他いかなる非人道的な刑罰又は処遇も受けることはない。

第三十九条【公務就任の要件、公務員選定罷免の権利及び責務、普通選挙・直接選挙の保障、投票の秘密の保障、公務員の性質】

①公務に就任する者は、日本国民であることを要する。

②国会議員、地方公共団体の首長及びその議会の議員その他の公務員を選定し、及び不適任の公務員を罷免することは、国民固有の権利であり、かつ、その権利の行使は、公民としての責務である。

③公務員の選挙については、成年者による普通選挙、及び直接選挙を保障する。

④すべて、選挙における投票の秘密は、これを侵してはならない。選挙人は、その選択に関して、公的にも私的にも責任を問われない。

⑤すべて公務員は、国民全体の奉仕者である。

⑥公務員の権利及び責務については、その職務の性質に応じて、必要な最小限度の権利の制約又は責務の加重を受けることを妨げない。

第四十条【請願権】

①何人も、損害の救済、公務員の罷免、法律、命令又は規則の制定、改正もしくはその廃止その他の事項について、平穏に請願する権利を有する。

②何人も、前項に規定された請願を行ったことを理由として、いかなる差別も受けることがなく、また、いかなる不利益も被ることがない。

第四十一条【国及び地方公共団体の賠償責任】

何人も、公務員の不法行為により損害を受けたときは、法律の定めるところにより、国又は地方公共団体に、その賠償を求めることができる。

第四十二条【遵法の責務】

国民は、この憲法及び法律を遵守する責務を負う。

第四十三条【納税の責務】

国民は、法律の定めるところにより、納税の責務を負う。

第四十四条【国家防衛の責務】

国民は、国家を防衛する責務を負う。

第四十五条【国家緊急事態下における協力の責務】

すべて国民は、第八十八条に規定される国家緊急事態が宣言された場合には、内閣の命令に従い、内閣の活動に協力する責務を負う。

第四十六条【公共財保守の責務】

国民は、文化財その他の公共財を保守する責務を負う。

第五章　統治権

第四十七条【統治の正当性】

国家統治に関するすべての権力は、国民に由来する。

第四十八条【統治の主体、権力行使の方法、政党結成の保障】

①国民は、権力の行使に際して、正当な選挙を経た国会における代表を通じてこれを行う。

②政党の結成は、国民の政治的意思の集約、形成及び国政への反映を図り、もって健全なる議会制民主主義を実現するため、これを保障する。政党の要件は、法律でこれを定める。

③前二項の他、憲法改正が国民投票に附された場合、国民は、国家統治に関する最終的な意思を決定する。

第六章　国会

第四十九条【国会の地位、立法権】
国会は、行政、司法その他一切の国家機関より独立した、国民代表の府であり、立法権を行使し、予算案を議決し、国政を監督し、その他この憲法及び法律の定める権限を行う。

第五十条【国会の構成】
国会は、国民によって直接に選挙された議員よりなる単一の院をもってこれを構成する。

第五十一条【議員の全国民代表性】
国会議員は、全国民の代表者であり、全国民の利益を念頭においてその職務を行わなければならない。

第五十二条【国会議員の資格及び選挙人の資格】
国会の議員及びその選挙人の資格は、法律でこれを定める。

第五十三条【国会議員の選挙に関する事項、第三者機関の設置】
選挙区、投票の方法、その他国会議員の選挙に関する事項は、法律でこれを定める。ただし、選挙法の原案を作成するため、法律の定めるところにより、公平な第三者機関を設置しなければならない。

第五十四条【国会議員の任期】
①国会議員の任期は、四年とする。ただし、解散の場合には、その期間満了前に終了する。
②国会議員の任期は、国会議員の総選挙を行うに適しない緊急の事態が発生した場合においては、国会の議決で、緊急の事態の継続中、これを延長することができる。

第五十五条【議員の就任宣誓】
①国会議員は、その就任に際し、次の宣誓を行わなければならない。
「私は、憲法及び法律を尊重擁護し、何人からも職務に関して約束もしくは贈与を受けず、つねに全力を尽くし、国家の発展と国民の利福の増進に努めることを誓う。」
②宣誓を行うことを拒否し又は条件付の宣誓を行う者は、国会議員の地位を放棄したものとみなす。

第五十六条【国会議員の欠格事由】
国会議員は、次に掲げる事由により、その地位を失う。
一、直接間接に、公有財産を購入又は賃借すること。
二、直接間接に、国又はその機関と、土木請負契約、物品納入契約又はその他法律が禁ずる契約を結ぶこと。
三、国又はその機関と契約関係にある営利企業の役員又は法律顧問となること。
四、国又はその機関を相手とする訴訟事件において、訴訟代理人又は弁護人となること。
五、第三者の利益を図るために、国又はその機関の事務の負担となるべき交渉をなし、又は交渉をなさしめること。
六、正当な理由なくして、会期中三分の一以上欠席すること。

第五十七条【議員の歳費】
①国会議員は、法律の定めるところにより、国庫から相当額の歳費を受ける。
②給与の額は、国会の議決でこれを増減することができる。ただし、増額の議決は、出席議員の三分の二以上の多数の賛成を必要とし、かつ、国会の総選挙を経て、次の国会の議員から効力を生ずるものとする。

第五十八条【国会の独立】
①国会議員の取り調べは、司法行政上の検察官より独立した独立検察官がこれを行う。
②独立検察官は、国会の承認を得て、内閣がこれを任命する。
③独立検察官に関する事項は、法律でこれを定める。

④国会議員は、法律の定める場合を除いては、国会の会期中逮捕されない。
⑤会期前に逮捕された議員は、国会の要求のある場合には、釈放されなければならない。

第五十九条【議員の発言及び表決についての免責】
国会議員は、国会内で行った発言、討論、又は表決について、国会外で責任を問われない。

第六十条【通常会】
国会の通常会は、年に二回、これを召集する。

第六十一条【臨時会】
①内閣は、国会の臨時会の召集を決定することができる。
②前項の場合の他、国会の在籍議員の四分の一以上の要求があったときには、内閣は、臨時会の召集を決定しなければならない。

第六十二条【国会の解散、特別会】
国会が解散されたときは、解散の日から四十日以内に国会の総選挙が行われ、その総選挙の日から三十日以内に国会が召集されなければならない。

第六十三条【資格争訟の審査】
①国会は、所属する議員の資格に関する争訟を審査する。
②国会議員の議席を剥奪するには、出席議員の三分の二以上の多数による議決を必要とする。

第六十四条【定足数、表決】
①国会は、在籍議員の三分の一以上の出席がなければ、議事を開き議決することができない。
②国会の議事は、この憲法に特別の規定がある場合を除き、出席議員の過半数でこれを決し、可否同数のときは、議長の決するところによる。

第六十五条【議事の公開、秘密会、議事録、表決の記載】
①国会の議事は、公開とする。
②前項にもかかわらず、出席議員の三分の二以上の多数により議決したときは、秘密会を開くことができる。
③国会は、その会議の記録を保存し、秘密会の記録の中で特に秘密を要するとみとめられるもの以外は、これを公表し、かつ一般に頒布しなければならない。
④出席議員の五分の一以上の要求があれば、議員の表決は、これを議事録に記載しなければならない。

第六十六条【役員の選任、国会規則、懲罰】
①国会は、その議長を指名し、その他の役員を選任する。
②国会は、議事その他の手続、及び国会内の秩序を乱しあるいは刑事裁判にて有罪が確定した議員につき、これを懲罰することができる。
③前項の場合、議員を除名するには、出席議員の三分の二以上の多数による議決を必要とする。

第六十七条【法律案の議決】
①法律案の提出は、国会の在籍議員数の四分の一以上の議員、又は内閣がこれを行う。
②法律案は、この憲法に特別の規定がある場合を除き、国会で可決したとき法律となる。

第六十八条【予算案の議決】
①予算案は、国会で議決されたとき予算となる。
②国会は、予算案について、これを修正議決することはできない。

第六十九条【条約承認案の議決】
条約の締結に必要な国会の承認については、前条の規定を準用する。

第七十条【国会の国政調査権】
国会は、国政に関する調査を行い、これに関して、証人の出頭及び証言、並びに資料及び記録の提出を要求することができる。

第七十一条【国務大臣の国会出席の権利及び義務】

①内閣総理大臣その他の国務大臣は、国会に議席を有すると有しないとにかかわらず、何時でも議案について発言するため国会に出席することができる。

②内閣総理大臣その他の国務大臣は、答弁又は証言のために国会に出席を求められたときは、法律の定める場合を除き、出席しなければならない。

第七十二条【弾劾裁判所】

①国会は、罷免の訴追を受けた司法裁判所の裁判官並びに憲法裁判所の裁判官を裁判するため、国会議員で組織する弾劾裁判所を設置する。

②弾劾に関する事項は、法律でこれを定める。

第七章　内閣

第七十三条【内閣の地位、行政権】

①行政権は、内閣に属する。

②内閣は、法律に基づいて、行政権を行使する。

第七十四条【内閣の組織】

①内閣は、法律の定めるところにより、内閣総理大臣及びその他の国務大臣で、これを組織する。

②内閣総理大臣は、国務大臣を統率する。

③内閣総理大臣及びその他の国務大臣は、現に国防軍に属する者であってはならない。

④内閣は、行政権の行使について、国会に対し連帯して責任を負う。

⑤内閣の決定は過半数決とする。反対の意見を有する国務大臣は、辞職しない限り、内閣の決定に賛成したものとみなす。

第七十五条【内閣総理大臣の指名】

内閣総理大臣は、国会議員の中から国会の議決で、これを指名する。この指名は、他のすべての案件に先立って、これを行う。

第七十六条【国務大臣の任命及び罷免】

①内閣総理大臣は、国務大臣を任命する。国務大臣の過半数は、国会議員の中から選ばなければならない。

②内閣総理大臣は、国務大臣を任意に罷免することができる。

第七十七条【内閣総理大臣の臨時職務代行者】

内閣総理大臣は、内閣の成立と同時に、内閣総理大臣に事故のあるとき、又は内閣総理大臣が欠けたときに、臨時に内閣総理大臣の職務を行う国務大臣を指定しなければならない。

第七十八条【国務大臣の宣誓】

内閣総理大臣及びその他の国務大臣は、就任に際し、次の宣誓を行う。

「私は、日本国の発展と日本国民の利福の増進のため、日本国の憲法及び法律を尊重擁護し、全力をあげて職務に専念することを誓う。」

第七十九条【国務大臣の行為の制限】

内閣総理大臣及びその他の国務大臣は、その在任中、第五十六条第一号ないし第五号に規定する欠格事由の他、品位を損う行為を行ってはならない。

第八十条【内閣の国会解散権、内閣不信任決議の効果】

①内閣は、国会を解散することができる。

②内閣は、国会で不信任の決議案が可決され、又は信任の決議案が否決されたときは、十日以内に国会を解散しない限り、総辞職しなければならない。

③内閣に対する信任又は不信任の議決は、それが国会に提出されてから四十八時間を経過した後でなければ、これを行うことができない。

第八十一条【内閣総理大臣の不在、新国会の召集と内閣の総辞職】

内閣総理大臣が欠けたとき、または国会の解散の後に初めて国会の召集があったとき、内閣は総辞職しなければならない。

第八十二条【総辞職後の内閣】

①第八十条二項及び前条の場合には、内閣は、あらたに内閣総理大臣が任命されるまで、引き続き憲法の定める職務を行う。

②前項の場合、内閣は、国会を解散することができない。

第八十三条【内閣総理大臣の職務】

内閣総理大臣は、内閣を代表して法律案その他の議案を国会に提出し、一般国務及び外交関係について国会に報告する。

第八十四条【内閣総理大臣の統括権】

内閣総理大臣は、行政各部を統括する。

第八十五条【内閣の職務】

内閣は、一般の行政事務の他に、次の事務を行う。

一、法律を誠実に執行し、行政事務を統括管理すること。

二、外交関係を処理すること。

三、条約を締結すること。ただし、事前に、時宜によっては事後に国会の承認を経ることを必要とする。

四、法律の定める基準に従い、公務員に関する事務を掌理すること。

五、予算案を作成し、国会に提出すること。

六、法律の規定を実施するために、政令を制定すること。ただし、政令には、特にその法律の委任がある場合を除いては、罰則を設けることができない。

七、恩赦、刑の減免及び復権を決定すること。

八、栄典の授与を決定すること。

第八十六条【法律・政令の署名】

法律及び政令には、すべて主任の国務大臣が署名し、内閣総理大臣が連署することを必要とする。

第八十七条【行政情報の公開原則】

①行政情報は、基本的に国民の所有に属する。

②内閣は、次に挙げる場合を除き、その統括する行政各部の情報について、これを公開しなければならない。

一、国家の安全保障を脅かすおそれのあるとき。

二、公共の秩序を害するおそれのあるとき。

三、善良の風俗を害するおそれのあるとき。

四、関係当事者の人格を害し、その私生活上の利益を害するおそれのあるとき。

③行政情報の公開に関する手続は、法律でこれを定める。

第八十八条【国家緊急事態】

①内閣総理大臣は、国家の独立と安全保障、又は国民の生活、身体もしくは財産に切迫した影響を及ぼす緊急事態が発生した場合において、国家緊急事態を宣言し、必要に応じて緊急命令を発することができる。ただし、緊急命令には、期限を付さなければならない。

②前項の場合、国家緊急事態宣言並びに緊急命令については、事前に、時宜によっては事後に、国会の承認を得なければならない。

③緊急を要する租税その他の公課、政府専売品の価格又は通貨に関する措置を必要とするときは、内閣は、国会の事前の承認なくして政令で緊急の措置を行うことができる。ただし、この措置は、その公布後、国会開会中は一週間以内に、国会閉会中又は国会解散中は次の会期において、国会の承認を求めなければならない。

第八十九条【国務大臣の訴追】

国務大臣は、その在任中、内閣総理大臣の同意がなければ、訴追されない。ただし、このために、訴追の権利が害されることはない。

第八章　裁判所

第九十条【裁判所の地位、司法権】

すべて司法裁判権は、最高裁判所及び法律の定めるところにより設置される下級裁判所に属する。

第九十一条【行政機関の裁判】

行政機関は、この憲法の定める場合を除いては、終審として裁判を行うことができない。ただし、前審として、法律で特殊な人、又は事件を管轄する行政裁判所を設置することを妨げない。

第九十二条【裁判官の独立、身分保障】

①すべて裁判官は、その良心に従い、独立して自らの職務を行い、この憲法及び法律にのみ拘束される。

②裁判官は、裁判により、心身の故障のために職務を執ることができないと決定された場合を除いては、公の弾劾によらない限り罷免されない。裁判官の懲戒は、行政機関が、これを行うことはできない。

第九十三条【最高裁判所の裁判官、任期、定年、報酬】

①最高裁判所は、その長たる裁判官及び法律の定める定員数のその他の裁判官で、これを組織する。

②最高裁判所の長たる裁判官以外の最高裁判所裁判官は、内閣がこれを任命する。

③最高裁判所の裁判官は、任期を十年とし、再任されることができる。

④最高裁判所の裁判官は、法律の定める年齢に達したときに退官する。

⑤最高裁判所の裁判官は、すべて定期に相当額の報酬を受ける。この報酬は、在任中、これを減額することができない。

第九十四条【下級裁判所の裁判官、任期、定年、報酬】

①下級裁判所の裁判官は、最高裁判所の指名した者の名簿により、内閣が、これを任命する。

②下級裁判所の裁判官は、任期を十年とし、再任されることができる。

③下級裁判所の裁判官は、法律の定める年齢に達したときに退官する。

④下級裁判所の裁判官は、すべて定期に相当額の報酬を受ける。この報酬は、在任中、これを減額することができない。

第九十五条【最高裁判所の規則制定権】

①最高裁判所は、訴訟に関する手続、弁護人、裁判所の内部規律及び司法事務処理に関する事項について、規則を制定する権限を有する。

②検察官は、最高裁判所の定める規則に従わなければならない。

③最高裁判所は、下級裁判所に関する規則を定める権限を下級裁判所に委任することができる。

第九十六条【裁判の公開】

①裁判の対審および判決は、公開の法廷でこれを行う。

②裁判所が、次に掲げる理由により、裁判の公開が適当でないと決定した場合、対審は、公開しないでこれを行うことができる。

一、国家の安全保障を脅かすおそれのあるとき。

二、公共の秩序を害するおそれのあるとき。

三、善良の風俗を害するおそれのあるとき。

四、当事者の私生活上の利益を害するおそれのあるとき。

第九章　憲法裁判所

第九十七条【憲法裁判所の地位、法令審査権】

①憲法裁判所は、一切の法律、命令、規則又は処分が憲法に適合するかしないかを決定する権限を有する。

②すべて憲法裁判所裁判官は、その良心に従い、独立してその職務を行い、この憲法及び法律にのみ拘束される。

③憲法裁判所の訴訟に関する手続、その他必要な事項は、法律でこれを定める。

第九十八条【憲法裁判所への提訴】

①憲法裁判所は、法律、命令、規則又は処分について、国会の在籍議員数の三分の二以上の議員、又は内閣の申し立てがあった場合に、法律の定めるところにより憲法に適合するかしないかを審査する。

②憲法裁判所は、具体的訴訟事件において、最高裁判所もしくは下級裁判所、又は行政裁判所が求める事項につき、法律の定めるところにより憲法に適合するかしないかを審判する。

③憲法裁判所は、具体的訴訟事件の当事者が、最高裁判所の憲法裁判に異議がある場合、法律の定めるところにより、その異議申し立てについて審判する。

第九十九条【判決の効力】

①憲法裁判所が、法律、命令、規則又は処分について、憲法に適合しないと決定した場合には、法律の定める場合を除き、何人もその決定に拘束される。

②憲法裁判所の判決は、法律の定める場合を除き、その判決の公布の翌日から効力を生ずる。

第百条【憲法裁判所裁判官の身分保障】

憲法裁判所裁判官は、裁判により、心身の故障のために職務を執ることができないと決定された場合を除いては、公の弾劾によらなければ罷免されない。憲法裁判所裁判官の懲戒処分は、行政機関がこれを行うことはできない。

第百一条【憲法裁判所裁判官、任期、定年、報酬】

①憲法裁判所裁判官の定数は十五名とし、三分の一ずつ、国会議長、内閣総理大臣、最高裁判所長官が任命する。憲法裁判所の長たる裁判官は、十五名の裁判官の中から、国会の同意を得て、内閣がこれを指名する。

②憲法裁判所の裁判官は任期を十年とし、再任されることができる。ただし、法律の定める年齢に達したときには退官する。

③憲法裁判所の裁判官は、その就任に際し、厳粛に宣誓を行わなければならない。

④憲法裁判所の裁判官は、すべて定期に相当額の報酬を受ける。この報酬は、在任中、これを減額することができない。

第百二条【兼職の禁止】

憲法裁判所裁判官は、国会議員、国務大臣、司法裁判所の裁判官、その他の公務員職を兼ねることはできない。

第十章　財政

第百三条【財政の基本原則】

①国の財政は、国会の議決に基づいて、内閣が、これを処理する。

②国は、健全なる財政の維持及び運営に努めなければならない。

第百四条【課税】

国は、あらたに租税を課し、又は現行の租税を変更する際には、法律、又は法律の定める条件によらなければならない。

第百五条【国費の支出、国の債務負担】

国は、国費を支出し、又は債務を負担する際には、国会の議決に基づくことを必要とする。

第百六条【公金その他の公の財産の使用の制限】

公金その他の公の財産は、公の支配に属しない慈善その他を目的とする団体に対して、その便益もしくは維持のため、これを支出し、又はその利用に供してはならない。

第百七条【予算案】

①内閣は、毎会計年度の予算案を作成し、国会に提出して、その議決を得なければならない。

②内閣は、国会において議員が提出した法律案が可決されたときは、その法律の執行に必要な費用を補正予算案又は次の会計年度の予算案に計上しなければならない。

第百八条【継続費】

内閣は、特別に複数年にわたって継続して国費を支出する必要のあるときは、継続費として国会の議決を得なければならない。

第百九条【予備費】
①内閣は、予見しがたい予算の不足に充当するために、国会の議決に基づいて予備費を設け、内閣の責任において、これを支出することができる。
②予備費の支出についてはすべて、内閣は、事後に国会の承認を得なければならない。

第百十条【予算不成立の場合の措置】
会計年度の終了までに次年度の予算が成立しない場合には、内閣は、予算が成立するまでの間、次の目的のために必要な一切の支出をなすことができる。
一、法律によって設立された施設を維持し、並びに法律によって定まっている行為を実行するため。
二、法規上国に属する義務を履行するため。
三、前年度の予算ですでに承認を得た範囲内で、建築、調達及びその他の事業を継続し、又はこれらの目的に対して補助を継続するため。

第百十一条【決算検査、会計検査院】
①国のすべての収入及び支出の決算は、会計検査院がこれを検査する。
②内閣は、次の年度に、前項に規定する会計検査院による決算検査と併せ、国のすべての収入及び支出の決算を国会に提出し、その承認を得なければならない。
③会計検査院の組織及び権限は、法律でこれを定める。

第百十二条【財政状況の報告】
内閣は、国会及び国民に対して、少なくとも毎年一回、定期に、国の財政状況について報告しなければならない。

第十一章　地方自治

第百十三条【地方自治の原則】
①地方公共団体は、国と協同して国民の福祉の増進に努めるものとする。
②地方公共団体の運営及び組織に関する事項は、法律でこれを定める。

第百十四条【地方議会、首長・議員の直接選挙】
①地方公共団体には、法律の定めるところにより、議会を設置する。
②地方公共団体の首長及びその議会の議員は、その地方公共団体の住民が、直接これを選挙する。

第百十五条【地方公共団体の公務員の欠格事由】
地方公共団体の首長及びその議会の議員の欠格事由については、第五十六条の規定を準用する。

第百十六条【地方公共団体の権能、条例制定権】
①地方公共団体は、その財産を管理し、事務を処理し、及び行政を執行する権能を有する。
②地方公共団体は、法律の範囲内で、条例を制定することができる。

第百十七条【特別法の住民投票】
特定の地方公共団体のみに適用される特別法は、法律の定めるところにより、その地方公共団体の住民の投票において、過半数の同意を得られなければ、これを制定することができない。

第百十八条【国家緊急事態下における地方自治】
第八十八条に規定される国家緊急事態が宣言された場合、法律の定めるところにより、地方公共団体は、その権限を停止し、内閣の直接の指揮の下に入るものとする。

第十二章　改正

第百十九条【憲法改正の手続、憲法改正の制限】
①憲法改正案の提出は、国会の在籍議員数の三分の一以上の議員、又は内閣がこれを行う。
②この憲法の改正は、国会において在籍議員の三分の二以上の出席の上

で、出席議員の三分の二以上の賛成による可決を必要とする。

③前項の場合の他、この憲法の改正は、国会において在籍議員の三分の二以上の出席の上で、出席議員の過半数により、国会がこれを発議することができる。この場合、特別の国民投票、又は国会の定める選挙の際に行われる国民投票において、有効投票の過半数の賛成を必要とする。

④憲法改正については、本条第二項に規定する改正案の可決、又は前項に規定する改正案の承認があったときには、天皇は、国民の名において、これを直ちに公布する。

⑤日本国の主権が制限されている間、及び緊急事態宣言が布告されている間は、この憲法は、改正することができない。

第十三章　最高法規

第百二十条【最高法規】

この憲法は、国の最高法規であって、その条規に反する法律、命令、規則又は処分の全部又は一部は、その効力を有しない。

第百二十一条【条約及び国際法規の遵守】

日本国が自ら締結した条約及び確立された国際法規は、これを誠実に遵守する。

第十四章　補則

第百二十二条【憲法施行期日、準備手続】

①この憲法は、公布の日から起算して三箇月を経過した日から、これを施行する。

②この憲法を施行するために必要な法律の制定、国会議員の選挙及び国会召集の手続並びにこの憲法を施行するために必要な準備手続は、前項の期日より前に、これを行うことができる。

第百二十三条【経過規定―国会未成立の場合の措置】

この憲法の施行の際、新国会がまだ成立していないときは、その成立までの間、従来の国会が両院合同会議を開き国会としての権限を行う。

第百二十四条【同前―憲法裁判所裁判官の任命】

内閣総理大臣、衆議院議長、最高裁判所長官は、この憲法の公布後、施行までの間に、この憲法の定めるところにより、憲法裁判所裁判官を任命する。憲法裁判所裁判官は、この憲法の施行後、その権限を行う。

第百二十五条【同前―公務員の地位】

この憲法施行の際、現に在職する国務大臣、裁判官並びにその他の公務員で、その地位に相当する地位がこの憲法で認められている者は、法律で特別の規定をした場合を除いては、この憲法施行のため、当然にはその地位を失うことはない。ただし、この憲法によって、後任者が選挙又は任命されたときは、当然その地位を失う。

資料Ⅲ・02

読売新聞「憲法改正二〇〇四年試案」

二〇〇四年五月三日

[出典] 読売新聞二〇〇四年五月三日

コメント

1. 読売新聞社は、一九九四年に憲法改正試案(⇩Ⅱ・10)を発表し、続いて二〇〇〇年にも改訂版(⇩Ⅱ・23)を出したが、本試案は、二〇〇四年に出した第二回目の改訂版である。基本骨格は変わっていないので、ここでは、二〇〇〇年案にさらに付け加えられた部分、修正された部分を掲載する。

全体としての特徴は、この二〇〇四年版が小泉純一郎内閣によって日本の新自由主義改革の急進路線が強行されているなかでつくられたこともあって、新自由主義的側面をさらに強める改正が行われているといえる。小さな修正点は省略して比較的大きな修正点は以下の点である(二〇〇四年版の読売試案の解説については、読売新聞社編『憲法改正　読売試案二〇〇四年』読売新聞社、二〇〇四年刊、を参照。)

2. 注目すべき修正点の第一は、前文が、一九九四年案から大きく変更されたことである。第二パラグラフにあった平和主義の理念が第四パラグラフに下がり、第二パラグラフが、九四年案と異なり、次のように新自由主義的自己責任が強調される文章となった。「日本国民は、個人の自律と相互の協力の精神の下に、基本的人権が尊重され、国民の福祉が増進される、自由で活力があり、かつ公正な社会をめざす。」(傍点引用者)

3. 注目すべき修正点の第二は、第四章「国際協力」の章で重要な変更があったことである。

そもそも、この章を設けたことは読売試案の最大の特徴であり、他の改憲案と違い、国連の集団安全保障措置に基づく自衛隊の海外派兵を正当化する規定として、九四年案一三条がつくられたことが、当時大きな注目をあびた。しかも「国連」を明示せず「確立された国際機構」として、今後アジア地域での集団安全保障機構の創設をも展望した規定であった。

ところが、この試案ができる頃から、アメリカは国連を梃子にして海外に介入することに消極的となり、単独で、あるいは有志連合として、または、NATOの枠組みで介入するようになった。アメリカの出兵提案が国連で安保理常任理事国のロシアや中国の賛成を得られなくなったことも大きい。そのため、自衛隊の海外派兵も、国連の枠組みを使わずに、アメリカの要請で行うケースが主たるものとなる可能性が出てきた。

そこで改めて注目されたのが、集団的自衛権であり、もう一つは、アメリカの要請を受けて、国連決議がなくとも、国際平和協力の口実で、自衛隊を派兵する方式であった。二〇〇一年の九・一一事件後、アメリカの要請で小泉内閣の行ったインド洋海域への派遣、〇四年の自衛隊イラク派兵がそれである。こうした場合における自衛隊の海外派兵の自由と武力行使の解禁のための規定が必要となり、九四年案の一三条を修正したのが二〇〇四年案の一四条である。傍点部分が新たに挿入された文言である。「第一四条(国際活動への参加)　前条の理念に基づき、日本国は、確立された国際的機構の活動、その他の国際の平和と安全の維持及び回復並びに人道的支援のための国際的な共同活動に、積極的に協力する。必要な場合には、公務員を派遣し、軍隊の一部を国会の承認を得て協力させることが

できる。」（傍点引用者）

4．注目すべき修正点の第三は、二七条の婚姻の条文の第一項に「家族は社会の基礎として保護されなければならない」という規定を入れたことである。新自由主義改革による貧困、失業、リストラによって家族の解体が起こり、家族の危機がいわれるなかで、他の改憲案でも家族規定の創設が行われていたが、読売試案にも入った。新保守主義的規定である。

5．また、注目すべき修正点の第四は、二八条の生存権規定に第三項が挿入されたことである。「③国民は、自己の努力と相互の協力により、社会福祉及び社会保障の向上及び増進を図るものとする。」という規定である。これは、日本の社会保障費が増大し、グローバル企業の負担増をおそれて、社会保障費の削減、社会保障の新自由主義改革を促進する理念を打ち出したものである。

ここでは、自己努力しても、相互に協力しても立ちゆかない場合に人間らしい生活を保障するための権利としての生存権を規定した、現行憲法二五条の理念を根本的に変更し、社会保障を「自助」「共助」を中心に据え直すことが謳われている。

ほかに人権の章では、生命倫理を謳った二九条を新設し、財産権の三五条四項に知的財産権保護規定が入ったことも注目される。

6．注目すべき修正点の第五は、統治構造の部分で、新自由主義改革を推進しやすいように、内閣総理大臣の権限強化、新自由主義改革法案の迅速な成立のための参議院の役割の見直し――衆議院で可決された法案の再議決要件を二分の一にすること――、などの小さな改変が行われた（第七〇条）ことである。

司法の部分では、司法改革の推進をふまえて、九二条三項に「司法への国民の参加については、法律でこれを定める」という規定が入った。

7．注目すべき修正点の第六は、財政の章で、「健全財政主義」、すなわち新自由主義改革の見地からの財政支出の削減だけでなく、機動的財政出動のための「財政を適性に維持及び運営」する義務が規定されたことである。また「継続支出」を常態と見なす改正も行われた。

地方自治体の財政についても新自由主義的規定が一一三条第二項に新設された。これは二〇〇四年当時小泉内閣が推進していた「三位一体改革」を念頭においた改正規定である。

前文

日本国民は、日本国の主権者であり、国家の意思を最終的に決定する。国政は、正当に選挙された国民の代表者が、国民の信託によってこれに当たる。

日本国民は、個人の自律と相互の協力の精神の下に、基本的人権が尊重され、国民の福祉が増進される、自由で活力があり、かつ公正な社会をめざす。

日本国民は、民族の長い歴史と伝統を受け継ぎ、美しい国土や文化的遺産を守り、これらを未来に活かして、文化及び学術の向上を図り、創造力豊かな国づくりに取り組む。

日本国民は、世界の恒久平和を希求し、国際協調の精神をもって、国際社会の平和と繁栄と安全の実現に向け、不断の努力を続ける。

地球環境は、人類の存続の基盤であり、日本国民は、国際社会と協力しながら、その保全に努め、人間と自然との共生を図る。

日本国民は、これらの理想と目的を達成し、国際社会において、名誉ある地位を占めることを念願する。

この憲法は、日本国の最高法規であり、国民はこれを遵守しなければならない。

第一章　国民主権（九四年試案で新設）

第三条（政党）
①国民は、その政治的意思形成に資するため、自由に政党を結成することができる。
②政党は、国民主権の原理を尊重し、国民の政治的意思を集約し、統合する役割を果たし、民主政治の発展に努めなければならない。
③政党は、政治活動に要する資金の収支を国民に明示しなければならない。

第四条（国民の要件）
日本国民たる要件は、法律でこれを定める。

第四章　国際協力（九四年試案で新設）

第一三条（理念）
日本国は、地球上から、軍事的紛争、国際テロリズム、自然災害、環境破壊、特定地域での経済的欠乏及び地域的な無秩序によって生じる人類の災禍が除去されることを希求する。

第一四条（国際活動への参加）
前条の理念に基づき、日本国は、確立された国際的機構の活動、その他の国際の平和と安全の維持及び回復並びに人道的支援のための国際的な共同活動に、積極的に協力する。必要な場合には、公務員を派遣し、軍隊の一部を国会の承認を得て協力させることができる。

第一五条（国際法規の遵守）
日本国が締結した条約及び確立された国際法規は、これを誠実に遵守する。

第五章　国民の権利及び義務（現行第三章）

第二七条（家族・婚姻）
①家族は、社会の基礎として保護されなければならない。
②婚姻は、両性の合意のみに基づいて成立し、夫婦が同等の権利を有することを基本として、相互の協力により、維持されなければならない。
③財産権、相続、離婚、その他の家族及び婚姻に関する事項に関しては、法律は、個人の尊厳と両性の本質的平等に立脚して、制定されなければならない。

第二八条（生存権、国の社会的使命、社会連帯）
①すべて国民は、健康で文化的な最低限度の生活を営む権利を有する。
②国は、すべての生活部面について、社会福祉、社会保障及び公衆衛生の向上及び増進に努めなければならない。
③国民は、自己の努力と相互の協力により、社会福祉及び社会保障の向上及び増進を図るものとする。

第二九条（人為による生命操作等）
人為による人の生命の操作及び生成は、人及びその生命の尊厳の保持、生命及び身体の安全の確保並びに社会秩序の維持に重大な影響を及ぼすおそれのあるときは、法律によって制限し、又は禁止することができる。

第三五条（財産権、知的財産制度の整備）
①財産権は、これを侵してはならない。
②財産権の内容は、公共の利益に適合するように、法律でこれを定める。
③私有財産は、正当な補償の下に、これを公共のために用いることができる。
④国は、知的創造力を高め、活力ある社会を実現するため、知的財産及びその保護に関する制度の整備に努めなければならない。

第六章　国会（現行第四章）

第五二条（立法権及び役割）
①立法権は、国会に属する。
②国会は、国民の代表機関として、国政の適正な運営を図る。

第六七条（定足数、表決）
①両議院は、各々その在籍議員の三分の一以上の出席がなければ、議決することができない。
②両議院の議事は、この憲法に特別の定めのある場合を除いては、出席議員の過半数でこれを決し、可否同数のときは、議長の決するところによる。

第七〇条（法律案の議決、衆議院の優越）
①法律案は、この憲法に特別の定めのある場合を除いては、両議院で可決したとき法律となる。
②衆議院で可決し、参議院でこれと異なった議決をした法律案は、衆議院で出席議員の過半数で再び可決したときは、法律となる。
③前項の規定は、法律の定めるところにより、衆議院が、両議院の協議会を開くことを求めることを妨げない。
④第二項の規定による衆議院の再議決は、参議院の議決後、国会休会中の期間を除いて六〇日を経なければならない。
⑤参議院が、衆議院の可決した法律案を受け取った後、国会休会中の期間を除いて六〇日以内に、議決しないときは、衆議院は、参議院がその法律案を否決したものとみなし、出席議員の過半数で再び可決して法律とすることができる。

第七五条（閣僚の議院出席の権利と義務）
内閣総理大臣その他の国務大臣は、両議院の一に議席を有すると有しないとにかかわらず、何時でも議案の内容及びその取り扱いについて発言するため議院に出席することができる。また、答弁又は説明のため出席を求められたときは、出席しなければならない。

第八章　司法（現行第六章）

第九二条（司法権、憲法裁判所及び裁判所、特例の裁判所の禁止、国民の司法参加）
①すべて司法権は、憲法裁判所、最高裁判所及び法律の定めるところにより設置する下級裁判所に属する。
②特例の裁判所は、これを設置することができない。行政機関は、終審として裁判を行うことができない。
③司法への国民の参加については、法律でこれを定める。

第九章　財政（現行第七章）

第一〇三条（財政処理の基本原則）
国の財政は、国会の議決に基づいて、内閣が、これを処理する。国は、健全な財政をめざして、財政を適正に維持及び運営しなければならない。

第一〇六条（予算案）
①内閣は、毎会計年度の予算案を作成し、国会に提出して、その議決を得なければならない。
②継続支出の必要があるときは、年限を定め、継続費として国会の議決を得なければならない。

第一〇九条（決算検査、会計検査院）
①国の収入支出の決算は、会計検査院がすべて毎年度検査し、内閣は、次の年度にすみやかに、その検査報告とともに、これを国会に提出しなければならない。
②会計検査院の組織及び権限は、法律でこれを定める。

第一〇章　地方自治（現行第八章）

第一一三条（地方自治体の権能、条例制定権、財政）

①地方自治体は、その財産を管理し、事務を処理し、及び行政を執行する権能を有し、法律の趣旨に反しない範囲内で条例を制定することができる。

②地方自治体の財政は、国の財政や経済情勢を考慮し、自主財源を基礎とする健全な財政をめざして、適正に維持及び運営されなければならない。

資料Ⅲ・03

憲法改正のポイント——憲法改正に向けての主な論点

二〇〇四年六月

自由民主党

コメント

1．本文書は、自民党が憲法改正に本格的に乗りだしたことを機に、広く国民に向け、憲法改正の必要と主要な改正点を示すためにつくったパンフレットである。

自民党は、二〇〇三年の総選挙マニフェストで、〇五年の結党五〇周年までに憲法改正草案を作成することを打ち出し、それに向けて、同党憲法調査会のなかに憲法改正プロジェクトチームをつくって改憲草案の検討を始めていた。その作業をふまえ、〇四年の参院選をにらんで、国民向けにこのパンフレットを作成したのである。

2．本文書は憲法改正に際しては、国民主権、基本的人権の尊重、平和主義の三原則は維持すると謳ったものの、新しい憲法像としては、「歴史、伝統、文化に根ざした我が国固有の価値（すなわち「国柄」）や、日本人が元来有してきた道徳心など健全な常識を大切にし、同時に、日本国、日本人のアイデンティティを憲法の中に見いだし、憲法を通じて、国民の中に自然と『愛国心』が芽生えてくるような、そんな新しい憲法にしなければならない」という文章に示されるような、国柄を強調したものを想定していた。

3．本文書の注目すべき特徴は以下の諸点である。

（1）前文は全面的に変更し、めざすべき国家像を書くとしたことである。

（2）九条については自衛のための戦力保持を明記するだけでなく、「集団的自衛権の行使も可能となる」ような規定を設けること、また自衛隊の国際貢献のための派兵を認める規定を置くことの二点を強調している。加えて、いちいち特措法をつくって自衛隊を派兵しなくともすむよう、「国際平和協力のための基本法」の制定をも謳っている。

さらに憲法に非常事態規定を置き、戦時には国会を通さずに市民の自由を制限できるようにすることも主張されている。

（3）本文書でも、この時代の他の改憲論同様、プライバシー、知る権利、犯罪被害者の権利、環境権などの新しい人権規定を設けることが強調されている。

（4）同時にこの文書では、人権の「公共」による制限、小さな公共としての「家族」、大きな公共としての「国家」の役割を強調すると述べている。

（5）統治機構では注目すべき提案があり、後にこれが、自民党内で大問題となることになった。すなわち現在の二院制は両院が似通っているので「何らかの改編が必要で」あるという指摘である。

ほかに憲法裁判所の設置、道州制、補完性原則に基づく地方への事務委譲など、新自由主義的地方づくりが提案されている点も注目される。

（6）ほかに憲法九六条の改正手続の要件の緩和も提案されている。

〈自民党がつくる憲法は、「国民しあわせ憲法」です〉

私たち自由民主党は、すでに昨年の総選挙における政権公約において、立党五〇年を迎える二〇〇五年一一月までに新しい憲法草案をつくることを、国民のみなさんにお約束いたしました。私たちは、この約束を実行するべく、本年一月から、日本国憲法をすみずみまで点検する作業を着実に進めています。

現憲法は、「国民主権」「基本的人権の尊重」「平和主義」を三原則として、戦後日本の平和と繁栄に大きく貢献し、我が国に定着してきました。このことは高く評価すべきであり、これらの原則は、人類普遍の価値として、今後ますます維持・発展させていく必要があります。そして、私たちの考える新しい憲法は、国民の誰もが自ら誇りにし、国際社会から尊敬される「品格ある国家」を目指すものです。

また、科学技術の進歩や少子・高齢化の進展など、新たな課題に的確に対応するとともに、人間の本質である社会性が個人の尊厳を支える「器」であることを踏まえて、家族や共同体が、「公共」の基本をなすものとして位置づけられた憲法でなくてはならないものと考えます。

歴史、伝統、文化に根ざした我が国固有の価値（すなわち「国柄」）や、日本人が元来有してきた道徳心など健全な常識を大切にし、同時に、日本国、日本人のアイデンティティを憲法の中に見いだし、憲法を通じて、国民の中に自然と「愛国心」が芽生えてくるような、そんな新しい憲法にしなければならないと考えています。

私たちが目指す、この新しい憲法を一言で表すとすれば、それは、国民の国民による「国民しあわせ憲法」ということです。

このパンフレットは、党内のこれまでの議論を踏まえ、新しい憲法についての基本的な考え方と方向性を示し、憲法に関する国民的議論が活発に展開されることを願って作成したものです。

どうか、一人でも多くの国民の皆さんが、私たちの活動に加わっていただけますように……。憲法は、国民のみなさんのものなのですから！

1　美しい日本語で書かれた前文に

国の根幹を規定する最高法規が憲法ならば、その冒頭に置かれる前文は憲法の「顔」にあたるものです。

私たちは、憲法改正の際には、いまの日本国憲法の前文は全面的に書き改めるとの方向で検討を進めています。

新たな前文は、日本が目指すべき国家像を明記することです。それには、日本国憲法の基本原則である「国民主権」「基本的人権の尊重」及び「平和主義」とともに、①国民誰もが自ら誇りにし、国際社会から尊敬される「品格ある国家」を目指すことを明記すべき、②我が国の歴史、伝統、文化などを踏まえた「国柄」について言及すべき、③環境権や循環型社会の理念を書き込むべき、との様々な意見があります。

また、前文の表現それ自体についても、平易で分かりやすいものとし、美しい日本語の表現をもちいるべきとの意見もあります。

憲法前文の内容・表現などについては、新憲法が真に国民による国民のための憲法となるよう、国民のみなさんのご意見を十分に聞きながら党内議論を行って、憲法全体を通じた理念が的確に表現されたものとなるよう、広範かつ総合的に検討してまいります。

2 「現実の平和」を創造し、非常事態に備える

日本の安全保障と国際貢献については、和を尊び、命を慈しむ我が国古来の伝統・文化を基本に据え、我が国民の生命と財産を守り、より積極的に世界の人々の生命・人権を尊重するという立場から、自衛のための戦力保持の明記や、国際協力（国際貢献）に関する規定の創設など国際平和に積極的・能動的に貢献する姿勢を内外に宣言します。

〈憲法九条の虚構性と「現実の平和」創造への努力〉

憲法九条では、戦力の保持は禁止され、日本には軍隊はありません。しかし、日本は独立国である関係から、国を防衛するために自衛隊があります。

戦後の憲法論議の中心は、九条と自衛隊の関連でした。

現在は、国民の多くが自衛隊の存在を高く評価しています。最近では、自衛隊も海外のPKO活動や人道的支援活動で汗を流すようになりました。しかし、派遣要員が自己や同僚を守る目的なら武器は使えるが、同じ任務のために離れた場所で活動する外国軍隊や国際機関の要員のためには使えない、といった憲法解釈上の不備が指摘されています。これでは、軍隊としてはおかしな話です。

また、九条により集団的自衛権が行使できないと解釈されていることについても、「日米同盟の『抑止力』を減退させる危険性をはらんでいるのみならず、アジアにおける集団的な安全保障協力を効果的に推進する上での障害となる」との批判も出ています。

私たちの目指す九条の改正は、まず自衛隊を軍隊として位置付けることです。次に、集団的自衛権の行使も可能となるようにする必要があります。

現在は、国際テロリズムや北朝鮮の拉致事件などがあり「憲法九条を世界にPRすれば平和になる」というような状況ではないのです。国及び国民の安全が確保できるような憲法九条の改正をする必要があるのです。

〈平和への貢献を確かなものにするための「国際協調主義」〉

日本国憲法は、その前文で、全世界の国民の平和的生存権を認めた上で、「自国のことのみに専念して他国を無視してはならない」と延べ、こうした国際協調主義の立場に立つことは「各国の責務である」としています。

私たちは、このような国際協調主義の考え方は優れたものであり、今後とも堅持すべきであると同時にこの考え方をもっと大きく育てていく必要があると考えています。

このような国際協調主義の考え方の下に、戦後日本が平和国家として国際的信頼と実績を築いてきたことは高く評価されるべきですし、これ

を今後とも重視していくべきだと考えます。

私たちは、先の総選挙の政権公約で約束した「国際平和協力のための基本法の制定」作業を進めると同時に、我が国が世界平和のために責任を果たす国家であることを憲法上明らかにするようにいたします。

〈非常事態に備えて〉

私たちは、憲法には、平和時のことだけでなく、有事とか非常事態への対応も規定すべきものだと考えます。

これに対して、日本国憲法には、先の戦争は日本が起こしたもので、日本さえ戦争を起こさなければ、周辺の国々は良い国で戦争は起きない、といった考え方から有事や非常事態の規定がないのです。

新憲法では、非常事態における総理への権限の集中や武力攻撃事態、大規模なテロや大規模自然災害の発生などにより、多数の国民の生命、身体及び財産が危機に瀕し、統治機関の枢要部分が欠けた場合のダメージを拡大させず、少なくする方向に作動するような仕組みを作っておく必要があります。

最近、法律レベルでは、武力事態対処法や国民保護法など有事法制の整備が行われるようになってきましたが、これは国家としては当然のことなのです。

しかし、それだけではなく、非常事態における包括的な憲法原則を明確にする必要があります。具体的には、非常事態においてやむを得ず行われる権利・自由の制限など、国家権力の行使の代替措置をあらかじめ決めておくことです。それによって、非常事態における恣意的な権利・自由の制限を防ぎ、国家権力の円滑な行使を可能とすることになります。

3　新しい時代に即した「新しい人権」を

〈高度情報化社会に対応した人権規定〉

近年のいわゆるIT技術の進展により、世界的規模で高度情報化社会が形成されつつあります。日本国憲法が制定されたときは、今日のように大量の情報が瞬時に世界を駆けめぐる時代が来るとは想像もつかなかったことでしょう。

情報化社会の到来により、「個人に関する情報（個人情報）の保護」及び「政府が有する情報（政府情報）の公開」をめぐって、「プライバシー権」及び「知る権利」といったいわゆる「新しい人権」の内容についても、突っこんだ議論がなされています。

（1）プライバシー権

この権利は、はじめは「（国家から）ひとりで放っておいてもらう権利」と把握されていました。どちらかというと自由権的な、消極的なものと理解されていたわけです。しかし、情報化社会の進展に伴い、「個人情報をコントロールする権利（情報プライバシー権利）」ととらえられ、とくに行政機関の有する個人情報の保護を積極的に請求していくという側面が重視されるようになりました。

（2）知る権利

この権利は、はじめは「（国家から）干渉されずに自分の意見を持つ自由」、「情報及び思想を求め、受け、及び伝える自由」と把握されていました。それは「表現の自由」全般を支える基礎的理念と理解されていたからです。

しかし、情報化社会の進展に伴い、「政府情報の開示を請求する権利」ととらえられ、とくに行政機関の有する情報の公開を積極的に請求していくという側面が重視されるようになりました。

これらの権利については、「行政機関の保有する個人情報の保護に関する法律（平成一五年法律第五八号）」や「行政機関の保有する情報の公開に関する法律（平成一一年法律第四二号）」の施行状況を踏まえ、国民のみなさんのご意見を十分に聞きながら、党内議論を行って、憲法上どのように位置づけるかを検討してまいります。

〈**生殖医療・遺伝子技術、移植医療の発達と生命倫理**〉

近年における生殖医療・遺伝子技術、移植医療の発達には、目を見張るものがあります。

その中でも遺伝子技術については、科学として、人類に新しい知見を与えたという点ではプラスの影響力があります。しかし、例えばヒトクローンの研究となると、社会的に微妙な問題が生じる可能性があります。生殖医療、移植医療についても、生命倫理上問題になった事例が少なからず見受けられます。

こうした事態は、日本国憲法がおよそ予想していなかったものです。私たちは、生命倫理が、個人の尊厳にかかわる人権問題であり、同時に生命の尊重、自然の摂理と人間の存在の意味にかかわる深刻な問題をはらんでいるものと認識しています。

この問題については、「ヒトに関するクローン技術等の規制に関する法律（平成一二年法律第一四六号）」や「臓器の移植に関する法律（平成九年法律第一〇四号）」の施行状況を踏まえつつ、憲法上どのように位置づけるべきかを検討してまいります。

〈**犯罪被害者の権利**〉

日本国憲法は、刑事事件の被害者、被告人の権利は数カ条を費やしてこれを保護していますが、犯罪被害者の保護については一切の言及がありません。

アメリカでは、一九八〇年代以後から、ようやく犯罪被害者の権利に関する意識が高まり、洲レベルで犯罪被害者の権利章典が制定され、洲憲法に規定されるようになったということですから、約六〇年前に制定された日本国憲法がふれていないのも無理からぬことかもしれません。

しかし、犯罪被害者がその犯罪に関する刑事裁判から疎外されることは、被害の回復を遅らせるとともに、刑事手続に対する不信感、不満感を増幅させることにつながります。私たちは、犯罪被害者の迅速で完全な被害回復ができるよう、憲法において、こうした権利を保護することも十分検討に値すると考えています。

〈**環境権・環境保全義務**〉

ますます深刻化する地球環境問題に対処するため、国際的な環境保護運動が広がりをみせています。我が国でも、天然資源の消費が抑制され、環境への負荷ができる限り低減される循環型社会の形成に向けての取り組みが進んでいます。

こうしたなか、諸外国において、環境に関する規定を憲法に設ける動きが出てきました。これらの規定を詳細にみると、①国民の人権として規定するもの、②国民の義務ないし責務として規定するもの、③あるいはこれらを組み合わせるなど、バラエティーに富んだものとなっています。

日本国憲法が制定されたときには、今日のような形で環境問題が意識されていなかったから、何らの言及もありません。しかし、環境保全に対する国民の意識の高まりを考えがえるとき、憲法に環境に関する規定をきちんと位置づけることを検討する必要があります。

4　「公共」とは、お互いを尊重し合うなかまのこと

〈**他人を尊重することからはじまる「公共」**〉

日本国憲法は、基本的人権を「侵すことのできない永久の権利」として保障しています（一一条）。基本的人権は人類の普遍的価値であり、我が国が永久にこれを尊重することを基本とすべきです。

各人が、「個人として尊重」され（一三条）、それぞれが「永久不可侵の基本的人権」を有するということは、同時に、他人も同じ「永久不可侵の基本的人権」を有しているということです。

人間は社会的な存在であり、人間としての尊厳をもっとお互いに大切にすべきです。他人への配慮や思いやり、社会に対する積極的な貢献を

果たすことによって、自己の存在、尊厳もまた大事にされるのではないでしょうか。このように、人間の本質である社会性が個人の尊厳を支える器であることを考えると、人間の自然な集まりである家族、共同体、ひいては国際社会も、公共の基本をなすものとしてとらえ直さなければならない時代になっているのです。

各人が他人を思いやり、相互に尊重し合えば、個人の関係からなるネットワークができます。これが「公共」です。

「独りよがり」の人権主張ではなく、他人を尊重する責務からはじまる「公共」の概念を、私たちは大切にしていきたいと考えています。

〈**家族は、一番身近な「小さな公共」**〉

さて、互いに尊重し合う個人のネットワーク、「公共」の一番身近で小さな形態は、家族です。家族の構成員は相互に尊重し合う責務を負うのですが、通常は、そういうことを意識することはありません。

しかし、児童・老親虐待の問題が深刻化する事態を受けて家族の在り方が問われるなかで、家族間の責務、すなわち児童を養育する責務や老親を扶養する責務を憲法に明記すべきであるという意見があります。

この問題については、国民のみなさんのご意見を十分に聞きながら、様々な角度から党内議論を行い、憲法上どのように位置づけるべきか検討してまいります。

〈**国家は、みんなで支える「大きな公共」**〉

現在の日本のような民主主義国家は、国民全体の支えの上に存在しています。自立し、互いに他を尊重し合う個人のネットワークである「公共」の一番大きな形態は、国家と言えるでしょう。「独立の気力のない国民は、国を愛する精神にも希薄である」(福沢諭吉) と言われています。

国家とは、主権を保持し、国土を守り、国民の生命、身体及び財産を保護する崇高な使命を負っているわけですが、比喩的に言えば、それはひとりひとりの国民の「他者の権利・自由を尊重しなければならない」という「責務」が集まってできたものともいえます。すなわち、「国家」とはどこか遠いところにある抽象的な存在なのではなくて、自分の愛する家族や隣人とかの権利・自由の集合体と考えた方がわかりやすいかもしれません。

最近は、個人主義が正確に理解されず、利己主義的な側面ばかりが強調された結果、自分のことばかり考えて国家や地域社会のことを顧みない風潮がはびこるようになりました。いかに自由があるとはいえ、自らの行動が他人に迷惑をかけることになれば、それは自由とはいえないのです。

国家の構成員としての国民の責務や日本古来の伝統・文化を尊重する責務を憲法に明記すべきではないか、といった点について様々な角度から党内議論を行い、憲法上どのように位置づけるか検討してまいります。

かつて日本人が諸外国から親切で礼儀正しいと言われ尊敬されたのは、道徳教育が行き渡り、「修身、斉家、治国、平天下」(大学) という考え方があったからです。

今後は、「他人への思いやりの心」を育てて行くことが何よりも大切なことと考えます。

5　緊張感をもって切磋琢磨する、統治機構のしくみ

〈**民意を反映した「国会と内閣」の新たな関係**〉

戦後の国民主権主義、民主主義が我が国の国家社会の発展に大きく寄与したことを評価するとともに、この原則をさらに充実させるため、新しい時代の変化に即応し、正しい政治主導の政策決定システムをより徹底させ、そのプロセスを大胆に合理化し、スピーディに政治判断を実行に移せるシステムとするべきです。

しかし、現在の政策決定システムは、国会と内閣などとの関係におい

て、最終的に国会の同意を得るに至るまでの間にあまりにも多くの時間を要するシステムになっているのではないでしょうか。

日本国憲法が制定された約六〇年前と、今とでは大きく時代が違います。既存のシステムがうまく機能しない場合には、大胆に発想を転換すべきだと考えます。

なお、現在の二院制は、両院の権限や選挙制度が似かよったものとなっており、何らかの改編が必要であり、その具体策の提示が求められています。また、総理大臣以下の国務大臣の国会への出席義務を緩和し、副大臣などの代理出席でもよいとすることなどについても、今後検討する必要があります。

〈政治部門をチェックする裁判所のあり方〉

政策決定・執行プロセスのスピードアップ化に伴い、事後的な第三者のチェックが重要になってきます。こうした観点から、政治部門が行う政策決定・執行に対する憲法判断の仕組みを整備する必要があります。そこで、我が国においても、憲法裁判所を創設し、高度に政治的な問題についてもきちんとした憲法判断を出せるようにすべきであるとの意見があります。

憲法裁判所については、国会や内閣が負うべき政治の責任を民主的な基盤（主たる構成員が国民の選挙で選ばれた者であること）のない裁判所に負わせるのはおかしいとの指摘もあります。

しかし、諸外国の憲法裁判所のように、裁判官の人選について国会が関与するといったことで、民主的統制を機能させることは可能です。法律的素養があって、かつ、政治的判断が出来る人が裁判官になれば、高度な政治判断も可能になるでしょう。さらに、憲法裁判所ができても、国民の代表機関である国会が有する憲法改正の発議権まで否定されるものではなく、憲法裁判所がある問題について違憲判決を出しても、それに不服であれば国会としての責任で憲法改正を発議すればよいのです。

憲法裁判所の創設は、国会や国民が憲法に関する関心の度合いを高めるとともに、政治部門と裁判所のほどよい緊張関係の下に憲法を見直していく良い機会を提供するものと考えます。

〈活力のある地方政府と中央政府の関係〉

私たちは、地方自治について、「道州制」を含めた新しい地方自治のあり方を模索しています。その場合、住民に身近な行政はできる限り市町村といった基礎自治体に分担させることとし、国は国としてどうしてもやらなければならない事務に専念するという「補完性の原則」の考え方と、その裏づけとなる自主財源を基礎自治体に保障していくという方針が決定的に重要になっています。

地方に自己決定権を与えるとともに自己責任を負わせることによって、地方の努力をうまく引き出せるようにするには、いまの都道府県より広範な単位、すなわち「道州」が適当であると考えます。

各道州がそれぞれ努力していけば、全体としての国の力を最大化することができる、という「道州制」構想については、今後細部にわたった議論していく必要があり、新しい憲法には、こうした点を明示するべきでしょう。

「道州制」というと、すぐに道とか洲の権限、組織などに目が向きがちですが、住民に一番身近なコミュニティの重要性を忘れてはなりません。コミュニティこそ究極の自治の原点であり、我が国の伝統、文化が受け継がれていく場であり、地域によってはそこが生産活動、社会活動の場であり、生活そのものです。人や物の動きの激しい、こういう時代だからこそ、広域的自治体を整備する一方で、顔が見える自治組織をきちんと守り、育てていくことが必要ではないでしょうか。

国会と内閣の関係、憲法裁判所を含む裁判所制度、地方自治のあり方など統治機構の問題については、国民の皆さんのご意見を十分に聞きながら、引き続き、さまざまな角度から党内論議を行い、憲法改正が必要と認められる事項の整理を行ってまいります。

6　現実に即した憲法の規定に

〈裁判官の報酬について〉

憲法七九条六項後段及び八〇条二項後段は、最高裁判所裁判官及び下級裁判所裁判官の報酬は、それぞれ「在任中、これを減額することができない。」と規定しています。ところが、最高裁は、平成一四年九月、裁判官会議で、公務員給与全体のベースダウンに合わせて、全裁判官の報酬を一律に引き下げることは、合憲であると判断し、現行憲法で初めて裁判官給与を引き下げることを決めました。

憲法のどこを読んでも、裁判官の報酬を減額できる場合があるなどとは規定されていません。「憲法の番人」と呼ばれる最高裁自身が、憲法の明文の規定に違反するような行為をしているのです。

私たちは、いかなる場合であっても裁判官の報酬を下げてはいけないと言っているのではありません。合理的理由に基づき裁判官の報酬を下げるのであれば、こういう場合には報酬を下げることができますと、はっきり憲法を改正してからやるべきだと思います。

〈私学助成と憲法八九条の関係について〉

憲法八九条は「公の支配に属しない」教育事業に対して公金その他の公の財産を支出することを禁じていますが、これを厳格に解すると現行の私学助成制度には、違憲の疑いが出てきます。なぜならば、公の支配に属しないからこそ「私立学校＝私学」であるわけで、「公の支配に属する私学」というのは、それ自体が矛盾した言い方になるからです。

現実には、私学助成制度がなければ我が国の私立学校は存立することができず、この状況を素直に認めるならば、憲法八九条の規定を一刻も早く改正するのが筋というものでしょう。

〈憲法改正手続について〉

憲法九六条一項は、国会が憲法改正を発議するには各議院の総議員の三分の二以上の賛成を要すると規定しています。しかし、この要件が厳格に過ぎて、いまの憲法を改正することが困難になっているとの指摘があります。

国民投票をもっと容易に行えるようにし、国民に憲法について考える機会を多く与えるためにも、憲法改正の発議は各議院の総議員の過半数で足りるとするべきでしょう。

さらに憲法九六条一項は、憲法改正の際の国民投票について、「特別の国民投票又は国会の定める選挙の際行はれる投票において」と規定しています。しかし、なぜこの二種類の国民投票を定めたのか、特に後者の国民投票についてわざわざ言及する必要がなぜあったのか、趣旨が不明です。

そもそも「国会の定める選挙」すなわち国政選挙は、与野党が政権の維持・獲得を目指し、それぞれの政策を提示して相争うものです。そのような国政選挙と、憲法改正案の賛否を問う国民投票とは、性格が全く異なるものです。仮に国政選挙と国民投票を同時に行えば、有権者は混乱してしまうでしょう。

以上のような理由から、本条項の「又は国会の定める選挙の際行はれる投票」は、削るべきでしょう。

資料Ⅲ・04

論点整理（案）

二〇〇四年六月一〇日

自由民主党政務調査会・憲法調査会・憲法改正プロジェクトチーム

コメント

1．本文書は自民党が、小泉純一郎内閣の下、同党憲法調査会内に憲法改正プロジェクトチームをつくり明文改憲作業を本格化して以降、最初のまとめである。

小泉内閣時に自民党は、改憲作業を本格化した。その直接の契機は、小泉内閣の幹事長であった山崎拓の強い思いに同調して、二〇〇三年の総選挙時に出された自民党のマニフェスト中に、「立党五〇年を迎える二〇〇五年に憲法改正案をまとめ、国民的議論を展開する」と明記したことである。この総選挙時には、自民党だけでなく、民主党も公明党も改憲に踏み込んだマニフェストを発表した。

しかし、第二の、より切実な契機としては、小泉内閣の下、ブッシュ政権の強い要請を受けて、〇一年には自衛隊のインド洋海域への派遣が、さらに〇四年には自衛隊のイラクへの派遣が実現し、現行憲法と政府解釈の下での上限である自衛隊の海外派遣が行われたことから、この自衛隊の活動をブッシュ政権の求めに応じて、さらに一段階進め、米軍や多国籍軍との共同作戦を遂行するには、憲法の明文改正が不可避と考えられるにいたったことがあげられる。

自民党は総選挙後の二〇〇三年末に、同党憲法調査会内に「憲法改正プロジェクトチーム」をつくり、憲法改正草案づくりに踏み出した。憲法調査会長は保岡興治、プロジェクトチーム座長は杉浦正健であった。プロジェクトチームは、〇三年一二月二二日に第一回会合を開いた後、計一九回に及ぶ精力的な議論を重ね、〇四年六月一〇日、本文書「論点整理」を発表した。

本論点整理で注目される点は以下の諸点である。

2．第一に、「総論」で、めざすべき国家像、社会像として、「品格ある国家」「公正で活力ある経済活動が行われる社会」が打ち出されており、公共の基本をなす「家族や共同体」の重要性、守るべき価値として普遍的価値とともに「歴史、伝統、文化に根ざした我が国固有の価値（すなわち国柄）」の強調など、総じて、新保守主義的価値が前面に出ていることが注目される。

3．天皇については、しかし、元首化論を採用せず、象徴天皇制を「今後とも維持すべきもの」としている点が注目される。

4．安全保障については、自衛のための戦力保持の明記とともに、「個別的・集団的自衛権の行使に関する規定」「集団安全保障、地域的安全保障に関する規定」を盛り込むべきこととしている点は、憲法改正の主たるねらいに沿ったものであり注目すべき点である。

5．人権規定のところでは、「新しい人権」規定の創設とともに、個人主義の行きすぎ是正—新保守主義の見地からの改正が前面に出ている点が注目される。

「この分野における本プロジェクトチーム内の議論の根底にある考え方は、近代憲法が立脚する『個人主義』が戦後のわが国においては正確に理解されず、『利己主義』に変質させられた結果、家族や共同体の破壊につながってしまったのではないか、ということへの懸念である。権利が義務を伴い、自由が責任を伴うことは自明の理であり、われわれとしては、家族・共同体における責務を明確にする方向で、新憲法における規定ぶりを考えていくべきではないか。」という具合である。

6．統治機構の点では、「論点整理」は打って変わって「政治主導の政策決定システムをより徹底させる」「スピーディに政治判断を実行に移せるシステム」つまり新自由主義改革の迅速な遂行体制をめざす改正論になっている点が注目される。二院制の見直しなどはその象徴であり、司法の面での憲法裁判所論も同様である。

7．またとりわけ注目されるのは、この「論点整理」が、地方自治について、道州制を含めて、新自由主義型の地方制度を積極的に規定しようという志向が強く現れている点である。「新しい地方自治のあり方について、①法律の範囲内での課税自主権の付与等自主財源の確保、②自己決定権と自己責任の原則、③補完性の原則など、その基本的事項を明示すべきである。」などがその典型である。

8．現行九六条の憲法改正要件の緩和については、発議の要件を三分の二の多数から過半数に変え、かつ各議院で三分の二の多数の賛成が得られた場合には国民投票はいらないとする改正案が提示されている。

9．全体として「論点整理」は、一方で伝統的な改憲派の主張する新保守主義的色彩と、他方、小泉内閣が推進していた新自由主義改革を反映した新自由主義的改憲論が混じり合っていることが大きな特徴である。

はじめに

新時代にふさわしい新たな憲法を求める国民的気運は、かつてない高まりをみせている。わが党は、先の総選挙の政権公約において立党五〇年を迎える平成一七年一一月までに新しい憲法草案をつくることを国民に対して約束し、国民は大きな支持をもってこれに応えた。われわれは、党を挙げて、新憲法の草案作成という公約を実行に移すときを迎えている。

本プロジェクトチームは、昨年一二月二二日の第一回会合以来、去る六月四日までの間、合計一八回の会合を重ね、日本国憲法一〇三ヶ条の全条文（前文を含む）に関して、各条章ごとに審議・検討を行った。これらの会合のうちの大半は、国民世論を喚起するという見地から報道各社に公開の会合とするとともに、その議事録をインターネットで全国民に公開することとした。去る五月一三日からは、各条章ごとの審議・検討において表明された様々な意見を踏まえた論点整理を行った。

本プロジェクトチームの議論は、結果的に「新憲法が必要である」という方向性を示すものとなった。もちろん、近い将来に行われるであろう現実的な憲法改正は、両議院の三分の二以上の多数の合意が必要であることから、各党間の具体的な憲法改正協議によっては、必ずしも全面改正という形にならない可能性も否定できない。しかし、わが党が志向するあるべき新憲法の全体像を示すことは、公党としての国民に対する責務であると考え、これまでの議論を取りまとめ、この「論点整理（案）」を作成した。

本プロジェクトチームは、「論点整理（案）」をもとに、今後も自由闊達な意見を各位から求め、慎重な検討を重ねつつ、わが党の叡智を結集した最良の憲法草案に向け、さらに検討を進める。

国民各層のご理解とご協力を切にお願い申し上げます。

Ⅰ　総論

一　新憲法制定にあたっての基本的考え方

本プロジェクトチームの審議・検討を通じて浮かび上がった新憲法制定に当たっての基本的な考え方は、おおよそ次のとおりである。この中には、われわれの議論の共通基盤である、先の総選挙における政権公約の内容も含まれている。

《新憲法が目指すべき国家像について》

○新憲法が目指すべき国家像とは、国民誰もが自ら誇りにし、国際社会から尊敬される「品格ある国家」である。新憲法では、基本的に国というものはどういうものであるかをしっかり書き、国と国民の関係をはっきりさせるべきである。そうすることによって、国民の中に自然と「愛国心」が芽生えてくるものと考える。

○諸外国の憲法の規定例を参考にして、わが国が目指すべき社会がどういうものであるか（例えば「公正で活力ある経済活動が行われる社会」など）、その大綱について憲法に明示すべきである。

《二一世紀にふさわしい憲法のあり方に関して》

○新憲法は、二一世紀の新しい日本にふさわしいものであるとともに、科学技術の進歩、少子高齢化の進展等新たに直面することとなった課題に対応するものでなければならない。同時に、人間の本質である社会性が個人の尊厳を支える「器」であることを踏まえ、家族や共同体が、「公共」の基本をなすものとして、新憲法において重要な位置を占めなければならない。

《わが国の憲法として守るべき価値に関して》

○新憲法は、国民主権・平和主義・基本的人権の尊重という三原則など現憲法の良いところ、すなわち人類普遍の価値を発展させつつ、現憲法の制定時に占領政策を優先した結果置き去りにされた歴史、伝統、文化に根ざしたわが国固有の価値（すなわち「国柄」）や、日本人が元来有してきた道徳心など健全な常識に基づいたものでなければならない。同時に、日本国、日本人のアイデンティティを憲法の中に見出すことができるものでなければならない。

二　主要分野における重要方針

一に掲げた基本的な考え方をもとに、安全保障など主要分野においてはさらに突っ込んだ討議がなされた。それらの討議全体を通じて、われわれが共有すると思われる新憲法草案の起草に当たっての重要方針は、おおよそ次のとおりである。

《安全保障の分野に関して》

○新憲法には、国際情勢の冷徹な分析に基づき、わが国の独立と安全をどのように確保するかという明確なビジョンがなければならない。同時に、新憲法は、わが国が、自由と民主主義という価値を同じくする諸国家と協働して、国際平和に積極的能動的に貢献する国家であることを内外に宣言するようなものでなければならない。

さらに、このような国際平和への貢献を行う際には、他者の生命・尊厳を尊重し、公正な社会の形成に貢献するという「公共」の基本的考え方を国際関係にも広げ、憲法においてどこまで規定すべきかを議論する必要があると考える。

《基本的人権の分野に関して》

○新しい時代に対応する新しい権利をしっかりと書き込むべきである。同時に、権利・自由と表裏一体をなす義務・責任や国の責務についても、共生社会の実現に向けての公と私の役割分担という観点から、新憲法にしっかりと位置づけるべきである。

《統治機構について》

○新憲法には、迅速かつ的確な政策決定及び合理的かつ機動的な政策執行を可能とする統治システムが組み込まれたものでなければならない。また、憲法裁判所制度など憲法の実効性を担保する制度や道州制など国のかたちをなす大きな要素についてこの際明確に位置づけるべきである。

三　今後の議論の方向性

憲法を論ずるに当たり、まず、国家とは何であるかについて、わが党の考え方を明らかにし、国民各層の理解を深めていく必要があると思われる。

次に、憲法の意義を明らかにするべきである。すなわち、これまでは、ともすれば、憲法とは「国家権力を制限するために国民が突きつけた規範である」ということのみを強調する論調が目立っていたように思われるが、今後、憲法改正を進めるに当たっては、憲法とは、そのような権力制限規範にとどまるものではなく、「国民の利益ひいては国益を守り、増進させるために公私の役割分担を定め、国家と国民とが協力し合いながら共生社会をつくることを定めたルール」としての側面を持つものであることをアピールしていくことが重要である。

さらに、このような憲法の法的な側面ばかりではなく、憲法という国の基本法が国民の行為規範として機能し、国民の精神（ものの考え方）に与える影響についても考慮に入れながら、議論を続けていく必要があると考える。

Ⅱ 各論

一 前文

1 共通認識

現行憲法の前文については、これを全面的に書き換えるものとすることで、異論はなかった。

2 前文に盛り込むべき内容

前文に盛り込むべき内容に関する意見は、次のとおりである。

○現行憲法の基本原則である「国民主権」「基本的人権の尊重」「平和主義」は、今後ともこれを堅持していくべきである。ただし、「基本的人権の尊重」については行き過ぎた利己主義的風潮を戒める必要がある。また、「平和主義」についても、現行憲法九条の見直しを反映させ「一国平和主義」の誤りを正すとともに、国を挙げて国際平和を推し進める姿勢を強調するなど修正が必要である。

○国民誰もが自ら誇りにし、国際社会から尊敬される「品格ある国家」を目指すことを盛り込むべきである。

○わが国の歴史、伝統、文化等を踏まえた「国柄」を盛り込むべきである。

○環境権や循環型社会の理念（持続可能な社会づくりの観点）などを盛り込むべきである。

○社会を構成する重要な単位である家族に関する文言を盛り込むべきである。

○利己主義を排し、「社会連帯、共助」の観点を盛り込むべきである。

○国を守り、育て、次世代に受け継ぐ、という意味での「継続性」を盛り込むべきである。

3 前文の文章表現

前文の文章表現に関する意見は、次のとおりである。

○翻訳調の現行の前文の表現を改め、前文の文章は、平易で分かりやすいものとし、模範的な日本語の表現を用いるべきである。

○一つの文章が冗長にならないようにすべきである。

4 今後の議論の方向性

前文に盛り込むべき内容は、憲法の各条章の内容と深く関わるものであり、今後の議論の流れによっては大きく異なることも予想され、現時点でその内容を固める必要はないものと考える。一方、文章表現については、わが国の憲法である以上わが国の言葉で書かれるべきことは当然であるとしても、文体や語彙の選択は、盛り込むべき内容のいかんによって左右されるものであり、内容が固まってから議論の対象とすべきである。

したがって、前文の議論は、各条文の議論が進んでから最後に再び行うこととした。

二 天皇

1 共通認識

象徴天皇制については、今後ともこれを維持すべきものであることについては、異論がなかった。

2　改正意見

天皇の国事行為その他の公的行為に関する改正意見は、次の通りである。

○天皇の国事行為について定める第七条の規定のうち第四号の「国会議員の総選挙を公示すること」は誤りであり、これは「衆議院議員の総選挙及び参議院議員の通常選挙の公示をすること」とすべきである。

○天皇の祭祀等の行為を「公的行為」と位置づける明文の規定を置くべきである。

3　今後の議論の方向性

連綿と続く長い歴史を有するわが国において、天皇はわが国の文化・伝統と密接不可分な存在となっているが、現憲法の規定は、そうした点を見過ごし、結果的にわが国の「国柄」を十分に規定していないのではないか、また、天皇の地位の本来的な根拠は、そのような「国柄」にあることを明文規定をもって確認すべきかどうか、天皇を元首として明記すべきかなど、様々な観点から、現憲法を見直す必要があると思われる。

なお、女帝問題については、皇室典範の改正という観点から今後検討すべき論点であるとの意見が多数を占めた。

三　安全保障

1　共通認識

次の点については、大多数の同意が得られた。

○自衛のための戦力の保持を明記すること。

2　安全保障に関し盛り込むべき内容

安全保障について盛り込むべき内容は、次のとおりである。

○個別的・集団的自衛権の行使に関する規定を盛り込むべきである。

○内閣総理大臣の最高指揮権及びシビリアン・コントロールの原則に関する規定を盛り込むべきである。

○非常事態全般（有事、治安的緊急事態（テロ、大規模暴動など）、自然災害）に関する規定を盛り込むべきである。

○「人間の安全保障」（積極的な「平和的生存権」）の概念など、国際平和の構築に関する基本的事項を盛り込むべきである。

○国際協力（国際貢献）に関する規定を盛り込むべきである。

○集団的安全保障、地域的安全保障に関する規定を盛り込むべきである。

○食糧安全保障、エネルギー安全保障などに関する規定を盛り込むべきである。

3　今後の議論の方向性

二一世紀において、わが国は、国力に見合った防衛力を保有し、平和への貢献を行う国家となるべきである。こうした観点から、今後は、個別的及び集団的自衛権の行使のルール、集団的安全保障・地域的安全保障における軍事的制裁措置への参加のルール並びに国際的平和維持協力活動への参加のルールはいかにあるべきかを議論しながら、憲法においてどこまで規定すべきかを考える必要がある。

なお、非常事態については、国民の生命、身体及び財産を危機から救うことが国家の責務であること、その責務を果たすために非常時においてこそ国家権力の円滑な行使が必要であるということを前提に、憲法に明文の規定を設ける方向で議論する必要があると考える。

四　国民の権利及び義務

1　共通認識

時代の変化に対応して新たな権利・新たな義務を規定するとともに、国民の健全な常識感覚から乖離した規定を見直すべきであるということについて、異論はなかった。

2　新しい権利

いわゆる「新しい権利」に関する意見は、次のとおりである。

○「環境権」とともに『環境保全義務』に関する規定を設けるべきである。

○ＩＴ社会の進展に対応した「情報開示請求権」や「プライバシー権」に関する規定を設けるべきである。
○科学技術の進歩に対応した「生命倫理に関する規定」を設けるべきである。
○知的財産権の保護に関する規定を設けるべきである。
○現憲法は被告人（加害者）の人権に偏しており、犯罪被害者の権利に関する規定を設けるべきである。

3　公共の責務（義務）

公共の責務（義務）に関する意見は、次のとおりである。
○社会連帯・共助の観点からの「公共的な責務」に関する規定を設けるべきである。
○家族を扶助する義務を設けるべきである。また、国家の責務として家族を保護する規定を設けるべきである。
○国の防衛及び非常事態における国民の協力義務を設けるべきである。

4　見直すべき規定

上記の２・３とも一部重複するが、現憲法の運用の実態に照らし、権利に関する規定を見直すべきとする意見は、次のとおりである。
○政教分離規定（現憲法二〇条三項）を、わが国の歴史と伝統を踏まえたものにすべきである。
○「公共の福祉」（現憲法一二条、一三条、二二条、二九条）を「公共の利益」あるいは「公益」とすべきである。
○婚姻・家族における両性平等の規定（現憲法二四条）は、家族や共同体の価値を重視する観点から見直すべきである。
○社会権規定（現憲法二五条）において、社会連帯、共助の観点から社会保障制度を支える義務・責務のような規定を置くべきである。

5　今後の議論の方向性

この分野における本プロジェクトチーム内の議論の根底にある考え方は、近代憲法が立脚する「個人主義」が戦後のわが国においては正確に理解されず、「利己主義」に変質させられた結果、家族や共同体の破壊につながってしまったのではないか、ということへの懸念である。権利が義務を伴い、自由が責任を伴うことは自明の理であり、われわれとしては、家族・共同体における責務を明確にする方向で、新憲法における規定ぶりを考えていくべきではないか。同時に、科学技術の進歩、少子化・高齢化の進展等の新たな状況に対応した、「新しい人権」についても、積極的に取り込んでいく必要があろう。

なお、美しい国づくりの観点から、景観を含めた環境保全と私権との調整についても今後の検討課題とする必要があると思われる。また、地方参政権（現憲法九三条二項）について明確な規定を置くべきとの意見をふまえ、今後さらに検討を続ける必要がある。

五　国会及び内閣

1　共通認識

次の点については、大多数の同意が得られた。
○政治主導の政策決定システムをより徹底させるとともに、そのプロセスを大胆に合理化し、時代の変化に即応してスピーディに政治判断を実行に移せるシステムとすべきである。
○現在の二院制については、両院の権限や選挙制度が似かよったものとなっている現状をそのまま維持すべきではなく、何らかの改編が必要である。

2　改正意見

国会及び内閣の分野で、憲法改正に関する意見は、次の通りである。
○議事の定足数（現憲法五六条一項）は、削除すべきである。
○総理大臣以下の国務大臣の国会への出席義務を緩和し、副大臣などの代理出席でよいとするなど憲法の規定を見直すべきである。
○法律案の提案権は、国会議員（国務大臣たる国会議員を含む）に限定する方向で憲法の規定を見直すべきである。
○閣議における内閣総理大臣のリーダーシップ、衆議院の解散権の行使主体及び行使要件、国会の予算修正権など、現憲法では必ずしも明確でない事項について明確な規定を置くべきである。
○文民条項（現憲法六六条二項）は、削除すべきである。

3　今後の議論の方向性

議会制民主主義を採る以上、政策決定に当たり議会の多数の同意を得なければならないことは当然であるが、現在の政策決定システムの問題（運用も含めて）は、各省庁と内閣・政党との関係、一律の国務大臣の出席義務、会議の定足数など、最終的に議会の同意を得るに至るまでの間にあまりにも多くの時間を要するシステムになっているのではないかという点である。

要は、どのような政策決定システムであれば国民の権利利益を適時適切に伸張・擁護することができるのかが重要なのであって、今後も、この観点から議論を続ける必要があろう。なお、首相公選制、国会議員の任期や会期制に関する規定（現憲法五二条、五三条）、副大臣の憲法上の位置づけなどについても、今後検討する必要があると思われる。

六　司　法

1　共通認識

次の点については、異論がなかった。
○最高裁判所による違憲立法審査権の行使の現状には、極めて不満がある。
○民主的統制を確保しつつも政治部門が行う政策決定・執行に対する第三者的な立場から憲法判断をする仕組み（憲法裁判所制度、あるいは最高裁判所の改組など）について検討すべきである。
○裁判官の身分保障のあり方について見直すべきである。
○民事・刑事を問わず裁判の迅速化を図るべきである。

2　改正意見

現憲法第六章（司法）に関する改正意見は、次のとおりである。
○最高裁判所裁判官の国民審査の制度（現憲法七九条）は廃止し、廃止後の適格性審査の制度についてはさらに検討を行うべきである。
○最高裁判所裁判官の任期は一〇年とし、再任を行わないものとする。
○下級裁判所の裁判官の任期は、三年を下回ってはならず、一〇年を超えてはならないとすべきである（再任は妨げないものとする）。
○一定の場合には裁判官の報酬（現憲法七九条・八〇条）を減額することができる旨の明文規定を置くべきである。

3　今後の議論の方向性

司法のあり方については、一部に、常識に反する裁判をしているとの国民の批判を招いていることを踏まえ、司法制度改革を推進しつつ、今後とも検討を進める必要がある。同時に、司法への国民参加という観点から憲法に何らかの規定を置くべきかどうかについても、今後の検討課題とすべきである。

また、弁護士会に入会しなければ弁護士になれないという現行弁護士法のあり方についても議論となったが、「結社の自由」との関連でどう考えるか引き続き検討することとしたい。なお、憲法裁判所、行政裁判所、軍事裁判所等については、外国におけるその権能・組織などを調査しながら、引き続き議論を継続することとしたい。

七　財　政

1　共通認識

財政民主主義を、より実質の伴うものとする方向で見直すべきであるということについては、異論がなかった。

2　改正意見

現憲法第七（財政）に関する改正意見は、次のとおりである。
○現憲法八九条を書き直し、私学助成に関する明文規定を置くべきである。
○決算に関する国会の権能に関する明文規定を置くべきである。

3　今後の議論の方向性

上記の2のほか、会計年度を一年とすることを前提とした憲法・財政法の定める財政システムを検証し、健全な財政規律に関する明文規定を置くべきか否か、複数年度予算の可能性などについても、今後、検討する必要があろう。また、後年度負担を伴う財政支出については、次代への財政負担の責任を明確にするため、その発生原因、数額などに関する情報開示の必要性についても議論することとしたい。

八　地方自治

1　共通認識

地方分権をより一層推進する必要があるという点については、異論がなかった。また、地方分権の基本的な考え方や理念を憲法に書き込む必要があることについても、大多数の同意が得られた。

2　改正意見

現憲法第八章（地方自治）に関する改正意見は、次の通りである。
○いわゆる「道州制」を含めた新しい地方自治のあり方について、①法律の範囲内での課税自主権の付与等自主財源の確保、②自己決定権と自己責任の原則、③補完性の原則など、その基本的事項を明示すべきである。その際には、住民による自発的な自治、必要最小限の行政サービスの保障などの観点に留意すべきである。

3　今後の議論の方向性

近年の通信交通のスピード化に伴い、住民の生活圏は広域化する傾向にある。従来の都道府県は以前ならば十分「広域」自治体であったが、今では、大きな市で県に匹敵する区域を有するものも出てくるようになっている。一方で、農山漁村の中には過疎化で消滅の危機にある地域がいくつもあり、その地域に根ざす伝統や文化が絶えてしまうおそれが出てきている。こうした問題に対して、現憲法は何の解決策も用意していないのではないだろうか。

こういった観点から、今後とも、「道州制」（その前提としての「市町村合併」や中央政府と道州政府による統治権限の適切な分配のあり方等）や、地方財政における受益と負担の関係の適正化などに関する議論を進めていく必要があると考える。また、住民投票の濫用防止規定についても更に検討を進めることとする。また、昭和二六年以降「一の地方公共団体のみに適用される特別法」の制定はなく、現行九五条は削除する方向で検討する。

九　改　正

現憲法の改正要件については、概ね、次の二点について議論がなされた。

（1）現憲法の改正要件は、比較憲法的に見てもかなり厳格であり、これが、時代の趨勢にあった憲法改正を妨げる一因になっていると思われる。したがって、例えば、憲法改正の発議の要件である「各議院の総議員の三分の二以上の賛成」を「各議院の総議員の過半数」とし、あるいは、各議院にいて総議員の三分の二以上の賛成が得られた場合には、国民投票を要しないものとする等の緩和策を講ずる（そのような憲法改正を行う）べきではないか。

（2）憲法改正の国民投票について、現憲法は「特別の国民投票」と「国会の定める選挙の際行われる投票（国政選挙と同時に行うこと）」の二種類を規定しているが、このような特別の選択肢を明示する必要はないのではないか。

以上の諸点については、引き続き、議論を継続する必要があると考える。

十　最高法規及び補則

現憲法第一〇章（最高法規）については、国民の憲法尊重擁護義務を含めることとしつつ、その各条文の内容に応じて、「前文」あるいは「国民の権利及び義務」にその趣旨を盛り込むものとし、章としては削除すべきであるとの意見があった。この点については、引き続き、議論を継続する必要があると考える。

また、現憲法第十一章（補則）は、すでにその役目を終えた経過措置に関する規定であり、これを削除することに異論はなかった。

十一　その他

以上のほか、次のような事項について、憲法に盛り込むべきであるとの意見があった。

1　領土、大陸棚など

わが国の主権が及ぶ地理的範囲を明確に憲法に規定すべきだとする意見があった。

2　国旗及び国歌

諸外国の憲法の規定例を参考にして、国旗及び国歌に関する規定を憲法に置くべきだとする意見があった。

結　語

わが党のたゆまぬ努力により、憲法改正のための国民投票は、もはや絵空事ではなくなった。憲法改正の手続法が整備され、国民投票が実現されれば、わが国憲政史上初めてのことになる。すなわち、日本国民は初めて主権者として真に憲法を制定する行為を行うことになるのである。

今回の新憲法草案の策定作業がこのような重大な意義を有することにかんがみ、本プロジェクトチームは、意図的に議論を方向づけたり、性急に結論をまとめるようなことをすることなく、毎回の会議において、参加者から文字どおり自由闊達な意見交換に意を用いた。その結果、憲法のあらゆる分野にわたってまさに多種多様な意見が提出された。

その多様な意見の中で、発言者が異口同音に強調していたのは、「一国の基本法である憲法が正反対の意味に解釈されることがあってはならない。新憲法は、その解釈に疑義を生じさせるようなものであってはならない。」ということであった。今後の作業を行う上で、肝に銘ずべきこととして、あえてここに明記させていただく次第である。

本プロジェクトチームの会議で出された一つ一つの貴重な意見については、丹念にこれを書き留めるとともに自民党インターネット・ホームページにより国民に公開したが、このことを通じて、わが党が先の総選挙における政権公約を着々と実行に移している姿を、国民各層に伝えることができたものと考える。

今後は、この「論点整理（案）」を基礎として、参院通常選挙後、党の地方組織を含めた全党的な議論を深めるとともに、憲法改正に関するわが党の取組についてなお一層の国民の理解を求め、新憲法草案が大多数の国民の共感を得ることができるものとなるよう、引き続き努力を傾注してまいりたい。

資料Ⅲ・05

「九条の会」アピール

二〇〇四年六月一〇日
九条の会

コメント

1．小泉純一郎内閣下で、二〇〇三年を境に盛り上がり、〇四年一月の自衛隊イラク派兵で解釈改憲の限界が露わになるにつれ、さらに大きなうねりとなった明文改憲の動きに危機感を抱いて、〇四年六月、九条の会が結成された。九条の会は、加藤周一をはじめとする九人の呼びかけ人による本アピールで、全国に九条の会の結成を呼びかけた。

2．本アピールは、現在の改憲の動きが、九条に焦点をあて日本を「戦争をする国」に変えることをねらっていると訴える。「憲法制定から半世紀以上を経たいま、九条を中心に日本国憲法を『改正』しようとする動きが、かつてない規模と強さで台頭しています。その意図は、日本を、アメリカに従って『戦争をする国』に変えるところにあります。」と。そして改憲を防ぐためのあらゆる努力を訴えた。「日本と世界の平和な未来のために、日本国憲法を守るという一点で手をつなぎ、『改憲』のくわだてを阻むため、一人ひとりができる、あらゆる努力を、いますぐ始めることを訴えます。」

3．アピールの呼びかけに答えて、全国に九条の会が急速につくられる動きが相次ぎ、呼びかけ人が出席する講演会はどこもあふれるばかりの満員となった。二〇〇四年六月から始まった会の結成は一年後には二〇〇〇を越え、〇五年六月には三〇〇〇の会が新たに結成され、ついに〇八年には七〇〇〇を越えた。会が増えるにしたがい、確実に改憲をめぐる世論は変化し、読売新聞の世論調査を一例にあげると、〇四年四月には改憲賛成が三分の二を越えていたのが、〇八年四月には改憲賛成四二・五%、反対四三・一%と逆転した。このアピールは、そうしたユニークな九条の会の運動に火をつけたものである。

日本国憲法は、いま、大きな試練にさらされています。

ヒロシマ・ナガサキの原爆にいたる残虐な兵器によって、五千万を越える人命を奪った第二次世界大戦。この戦争から、世界の市民は、国際紛争の解決のためであっても、武力を使うことを選択肢にすべきではないという教訓を導きだしました。

侵略戦争をしつづけることで、この戦争に多大な責任を負った日本は、戦争放棄と戦力を持たないことを規定した九条を含む憲法を制定し、こうした世界の市民の意思を実現しようと決心しました。

しかるに憲法制定から半世紀以上を経たいま、九条を中心に日本国憲法を「改正」しようとする動きが、かつてない規模と強さで台頭しています。その意図は、日本を、アメリカに従って「戦争をする国」に変えるところにあります。そのために、集団的自衛権の容認、自衛隊の海外派兵と武力の行使など、憲法上の拘束を実際上破ってきています。また、非核三原則や武器輸出の禁止などの重要施策を無きものにしようとしています。そして、子どもたちを「戦争をする国」を担う者にするために、教育基本法をも変えようとしています。これは、日本国憲法が実現しようとしてきた、武力によらない紛争解決をめざす国の在り方を根本的に転換し、軍事優先の国家へ向かう道を歩むものです。私たちは、この転換を許すことはできません。

アメリカのイラク攻撃と占領の泥沼状態は、紛争の武力による解決が、いかに非現実的であるかを、日々明らかにしています。なにより武力の行使は、その国と地域の民衆の生活と幸福を奪うことでしかありません。一九九〇年代以降の地域紛争への大国による軍事介入も、紛争の有効な解決にはつながりませんでした。だからこそ、東南アジアやヨーロッパ等では、紛争を、外交と話し合いによって解決するための、地域的枠組みを作る努力が強められています。

二〇世紀の教訓をふまえ、二一世紀の進路が問われているいま、あらためて憲法九条を外交の基本にすえることの大切さがはっきりしてきています。相手国が歓迎しない自衛隊の派兵を「国際貢献」などと言うのは、思い上がりでしかありません。

憲法九条に基づき、アジアをはじめとする諸国民との友好と協力関係を発展させ、アメリカとの軍事同盟だけを優先する外交を転換し、世界の歴史の流れに、自主性を発揮して現実的にかかわっていくことが求められています。憲法九条をもつこの国だからこそ、相手国の立場を尊重した、平和的外交と、経済、文化、科学技術などの面からの協力ができるのです。

私たちは、平和を求める世界の市民と手をつなぐために、あらためて憲法九条を激動する世界に輝かせたいと考えます。そのためには、この国の主権者である国民一人ひとりが、九条を持つ日本国憲法を、自分のものとして選び直し、日々行使していくことが必要です。それは、国の未来の在り方に対する、主権者の責任です。日本と世界の平和な未来のために、日本国憲法を守るという一点で手をつなぎ、「改憲」のくわだてを阻むため、一人ひとりができる、あらゆる努力を、いますぐ始めることを訴えます。

井上ひさし（作家）
梅原　猛（哲学者）
大江健三郎（作家）
奥平康弘（憲法研究者）
小田　実（作家）
加藤周一（評論家）
澤地久枝（作家）
鶴見俊輔（哲学者）
三木睦子（国連婦人会）

資料Ⅲ・06

公明党憲法調査会による「論点整理」

二〇〇四年六月一六日

公明党憲法調査会

コメント

1．本文書は、公明党が二〇〇二年の第四回党大会で決定した「加憲」という立場から、改憲を議論した中間報告である。

全体として、当時の改憲論の論点を議論して、なかには改憲論も主張されているが、多くは両論併記であり、いくつかの論点では、当時の改憲論の大勢とは異なる結論が大勢を占めたとしている。

2．「前文」に関しては、日本語らしい表記、国際貢献、日本の伝統と歴史に根ざした理念を入れるべきだ、という意見が指摘されている。

3．象徴天皇制に関しては現状維持が多数である。

4．九条については多くの論点――自衛隊の明記、国際貢献、集団安全保障などでは両論併記だが、集団的自衛権「の行使は認めるべきでないとの意見が大勢である」という点が注目される。

5．人権の章に関しても、知る権利、犯罪被害者の権利など新たに加えるべきという意見と加える必要がないという意見の両論併記が多い。

6．国会の章に関しては、二院制維持、参議院の権限を弱める改革には反対という態度が鮮明に打ち出されている点が注目される。

内閣の章に関しては、内閣機能の強化は言われたが、当時の改憲論の主流である、内閣総理大臣の権限強化には否定的である。首相公選論にも反対である。

7．司法の章に関しては、憲法裁判所設置論は両論併記である。

8．地方分権の章に関しては、現行憲法九二条の「地方自治の本旨」があいまいであるという指摘は多数であり、また基礎自治体の機能強化の意見も多数を占めるとされたが、後者が改憲とどう結びつくのかは不明である。

9．九六条の改正要件については、緩和反対が多数であると指摘されている点が注目される。

はじめに

わが党の現憲法に対する姿勢は、二〇〇二年一一月二日の第四回党大会で示した通り、国民主権主義、恒久平和主義、基本的人権の保障の憲法三原則は、不変のものとしてこれを堅持し、さらに憲法第九条を堅持した上で、時代の大きな変貌のなかで新しく提起された環境権や、プライバシー権等の新しい人権を加えるという「加憲」という立場を検討することを党大会で示している。

現在、国民の憲法への関心も高まっており、また国会においても衆参両院に憲法調査会が設置され、既に四年を経過し、最終的な調査が国会の場で精力的に行われている状況にある。わが党においては、党内に設置した党憲法調査会を中心に、この数年、活発な論議を行ってきた。特に二一世紀日本をどうするかという未来志向の憲法論議こそが大事であり、国民主権をより明確にする視点、国際貢献を進めるための安全保障の視点、激動する社会の中で人権を確立する視点、環境を重視する視点で議論を深めている。今回、これまで党憲法調査会において行われてきた論議を基にして、党憲法調査会として論点を整理した。あくまで、自由な意見を述べていただいたものをまとめたものであり、今後の憲法論議の参考としたいと思う。今後、秋にも想定している党大会において、見解をまとめたいと考えている。さらに、二一世紀日本を見据えた骨太の深い論議を党内で活発に展開したい。

前文

○憲法三原則の明確化について
○国際貢献の明文化について
○日本固有の歴史・伝統・文化の明示について

◆現行憲法の前文は、平和主義などの理念を高らかにうたっているが、敗戦直後の歴史的背景を色濃く反映しすぎているとし、憲法の前文の記述としてふさわしいかどうか疑問視する向きがある。併せて日本語らしからぬ表現も多く、書き直されるべきだとの指摘もある。その際に、明確に人権尊重の理念が書かれてないこともあり、改めて憲法全体を貫く三原則を明確に盛り込むべきだとの主張がある。

◆二一世紀の国際社会は一段と、相互協力関係の構築が求められている。その点で「国際社会で名誉ある地位を占めたい」との記述が、これまでの人道復興支援など、いわゆる国際貢献の根拠とされてきたが、それでは不十分であることから、もっと明確に打ち出す必要があるとの指摘がある。なお、その際に、人間の安全保障についての理念を、さらに一層強く反映されるべきだとの主張も見逃せない。

◆また、現行憲法前文が人類普遍の原理をうたうことに忠実なあまり、日本固有の歴史、伝統、文化に根差した理念が見いだせないとの指摘が衆参の憲法調査会などである。このため、日本人のアイデンティティーを共有できる記述が人類普遍の原理とともに必要だとの議論もある。

第一章 「天皇」（第一条～八条）

○象徴天皇について
○象徴天皇と国民主権の関係性について
○天皇の元首性について
○象徴天皇と国事行為について
○女性天皇について

◆象徴天皇とは、権力なき権威としての存在を示し、象徴天皇制は定着しているし、的確であり、維持していくべきだ。

◆あくまで象徴天皇であるとしたうえで、それを表現として「元首」と呼んでもいいという意見もあるが、国政に関する権能を与えるなどの強いものにしない方がいいという意見が強い。象徴天皇における国事行為については現行に異論はほとんどない。

◆象徴天皇制と国民主権をよりクリアにした方がよいとの意見もあり、今後の検討課題といえる。

◆女性天皇については、皇室典範の改正論議に委ねるが、方向性としては認める方向で検討したい。

第二章 「戦争の放棄」（第九条）

○自衛権の明示について
○自衛隊の存在について
○集団安全保障について
○国際協力活動について
○緊急事態への対処について

◆戦後の日本の平和と繁栄を築くうえで、憲法九条の果たしてきた役割は極めて大きいものがある。九条については、さまざまな活発な議論を行ってきたが、現行規定を堅持すべきだとの党のこれまでの姿勢を覆す議論にはいたっていない。

そのうえで、議論の所在を述べれば以下のようなものがある。

◆個別的自衛権の行使は現行憲法でも認められているとの解釈が主流であり、集団的自衛権の行使は認めるべきではないとの意見が大勢である。ただ、個別的自衛権の行使については、あえて明確に示すべきではないか、との意見もある。

◆専守防衛、個別的自衛権の行使主体としての自衛隊の存在を認める記述を置くべきではないか、との意見がある。第一項の戦争放棄、第二項の戦力不保持は、上記の目的をも否定したものではないとの観点からである。ただ、すでに実態として合憲の自衛隊は定着しており、違憲とみる向きは少数派であるゆえ、あえて書き込む必要はないとの考えもある。

◆国家の自己利益追求のための武力行使は認められないが、国連による国際公共の価値を追求するための集団安全保障は認められるべきではないか、との指摘がある。ただ、その場合でも武力の行使は認められず、あくまで後方からの人道復興支援に徹すべきだとの意見がある。それゆえ、憲法上あえて書き込む必要はなく、法律対応でいいとの主張である。

◆いわゆる国際貢献については、明確化を望む指摘がある。ただし九条に書き加えるか、前文に盛り込むか、別建てで起こすか、あるいは法律で対応すればすむというように意見は分かれる。

◆ミサイル防衛、国際テロなどの緊急事態についての対処規定がないことから、新たに盛り込むべしとの指摘がある。ただ、あえて必要はないとの意見もある。

第三章「国民の権利及び義務」(第一〇条～第四〇条)

○新しい人権を加えることの適否について
○環境権について
○プライバシー権、知る権利等について
○生命倫理について
○教育を受ける権利と受けさせる義務について
○裁判を受ける権利について
○犯罪被害者の人権について

◆新しい人権は、一三条の「個人の尊重」「幸福追求権」、二一条の「表現の自由」、二五条の「生存権」をはじめとする憲法条文の解釈によって導き出されると一般的に考えられてはいるが、憲法が二一世紀日本の骨格を成すべきだと考えると、より積極的に明示すべきとの主張がある。加憲の考え方である。

◆新しい人権を憲法上の権利として承認できるかどうかは、特定の行為が個人の人格的生存に不可欠であるばかりでなく、その行為を社会が認め、他の基本的人権を侵害する恐れがないかなど、慎重に判断すべきであり、権利のインフレを招くべきではないとの強い主張、またそれらは立法において成すべきだとの主張があり、新しい人権を考える場合、これを踏まえる必要がある。

◆時代の変化は極めて激しいものがあり、迫られる課題も多い。二一世紀の日本をいかに築くかという未来志向の人権保障を可能とし、むしろ憲法に明記することによって事前の憲法論議に立った場合、時代の変化に対応した積極的な立法措置を可能にすることが望ましいのではないか。

◆環境権は「良好な環境を享受し、国家及び国民が環境保護に努める」といった趣旨の権利(責務)である。一三条や二五条によって、それが読めるという解釈もあるが、かつての人間中心主義ではない自然との共生も含んだエコロジカルな視点に立った環境権を定めるべきである。

◆IT社会の進展するなかで、プライバシーの権利を守ることが必要になっている。私事に属する個人情報を保護するということは当然として、より積極的に「自己情報をコントロールする権利」として確保することが検討されることは意義がある。また「知る権利」が、二一条の「表現の自由」から導かれるとの主張があるが、自由権から発している「表現の自由」と、政府などの情報開示を求める「知る権利」とは異なるとの意見もあり、今後の検討課題である。

◆なお「権利」と「義務」で書かれた憲法に、新しい「責任」の概念を入れて、環境の保護や国民への情報開示は国などの「責任」として考えるとの新しい視点での指摘もあり、注目される。

◆一三条の「個人の尊重、幸福追求権、公共の福祉」のなかでも、生殖医学、遺伝子技術の発展に伴う生命倫理のあり方については、現憲法には条文はないが、人間存在の本質にかかわる問題が内包されるだけに、どう考えるかは検討課題である。

◆二六条に「教育を受ける権利・受けさせる義務」がある。敗戦直後と現在では、高校・大学の進学率をはじめとして大きく教育環境は変化している。憲法学上、二六条については、論点となることはほとんどないが、生涯にわたっての教育が大切となっていることをはじめとして、より積極的な人間主義的教育観を主張する声もある。

◆三二条に「裁判を受ける権利」がある。資力に欠ける国民が民事法律扶助を受ける権利を追加することによって、この条項をさらに強化することが必要であるとの強い主張があった。

◆現憲法はもっぱら刑事被告人の権利を保護しているが、犯罪被害者の人権については触れられていない。犯罪被害者の精神面も含めた権利保障や刑事手続きへの参加・関与などを求める声が上がっている。犯罪被害者といっても、その態様は多岐に及ぶものであり、法整備も一定の前進はみられるが、憲法上どうするかは検討課題の一つである。

第四章　「国会」（第四一条～第六四条）

○二院制の堅持について

○具体的な二院制の改革案について

◆二院制には、（1）第一院の多数派のみによって国政が専断されることを防ぎ、議会の行動をより慎重にする抑制と均衡の機能を果たすことができる（2）議事が二つの議院によって審議されることにより、先議院での審議過程で取り上げられず、または明確にならなかった問題点を、後議院が審議することにより、他院の審議を補完し、または再考を促すことができる――などといった長所がある。議論のなかでは、衆議院と参議院とを合わせて一院とすべきであるという意見もあったが、二院制を堅持すべきであるということでほぼ意見が一致した。その上で、両議院の役割分担を明確にし、特に、参議院の良識の府・再考の府としての位置付けを明らかにする必要があるということが確認された。

◆衆議院と参議院とで、任期、定数、選出方法など議院の組織・構成を変えるという意見もあった。議院間の役割分担として、（1）衆議院は予算審査に重点を置き、参議院は決算審査に重点を置く（参議院の行政監視機能を強化するため）（2）いわゆる基本法については、参議院先議とする（参議院議員は衆議院議員と比べ任期が長く長期的展望に立った審議が期待されるため）（3）国会同意人事を参議院の専権事項または衆議院の議決に優越するものとする（参議院の行政監視機能を強化するため）――などといった改革案が議論された。選挙制度についても両院は異なる制度で行われるべきものであり、衆議院は中選挙区制、参議院は個人を選ぶ大選挙区制であるべきだとの強い主張があった。

◆解散制度が衆議院にしかないことなどから、原理的には、内閣総理大臣の指名や不信任の議決はもっぱら衆議院に委ね、参議院の内閣総理大臣指名権や問責決議権は、本来なくすほうが整合的である。また、衆議院で可決され参議院で否決された法律案に対して、衆議院で再可決をするためには出席議員の三分の二の賛成が必要であると定める五九条二項の規定について、要件が厳しすぎるので、再議決権の一定期間の行使を禁ずるとともに、その場合の再議決は過半数で足りることとするという案もあった。しかし、いずれにせよ、わが党としては、参議院の影響力を弱める改革には賛同しがたい。

その他に、現在国政調査権は議院の権能であるが、議員の権能とすべきであるとの意見があった。

第五章　「内閣」（第六五条～第七五条）

○議院内閣制について

○内閣機能の強化について

○首相公選制について

◆わが国では、国民が議員を選挙で選出し、その議員から構成される議会によって政府（内閣）を選出させ、議会と政府とを一応分離した上で、政府に対して議会による民主的統制を及ぼすという議院内閣制を採用している。そこで、今日のような連立政権の下では与党と内閣とが一体化し、与党の政策をより実現するように、議院内閣制を運用しなければならない。そのなかで、連立与党としての公明党の位置付けはどうなるのかについて、議論があった。イギリスの議院内閣制は政府、与党が一体化するものだが、連立政権と議院内閣制のあり方は、研究課題の一つである。

◆議院内閣制をより実効的に機能させるためには、内閣機能のさらなる強化をはかり、内閣の政策統合能力をより高め、また、官僚主導の政治システムから政治主導の政治システムへと転換することが求められる。また、内閣総理大臣個人のリーダーシップというよりも、合議体としての内閣の機能強化を図るべきである。

◆首相公選制を導入した場合、（1）政治的能力とは関係なく国民に人気のある者が選出されてしまう（2）議会とは無関係に選出された場合や、議会多数派と異なる政党に所属する者が選出された場合には、議会の意思と公選首相の意思が衝突し、政治システムの機能停止状態に陥る可能性がある（いわゆるdivided governmentの問題）（3）公選首相が国民の支持を背景に暴走する――などといった危険性がある。首相公選制を導入しなくても、議院内閣制を実効的に機能させれば、内閣の政策決定能力を高めることができるため、首相公選制を支持する主張は少なかった。イスラエルの失敗例について指摘する意見もあった。

第六章　「司法」（第七六条～第八二条）

○憲法裁判所の設置の許否について
○付随的違憲審査制の下での憲法裁判所的改革
○立法不作為と違憲判断について
○国民審査制の問題点について
○司法制度改革の憲法的意義

◆憲法裁判所の設置について、現在の最高裁判所は、（1）多くの上告事件を抱え多忙なため、憲法判断の責務を十分に果たしていないように見える（2）憲法判断に消極的で、憲法規定を正面に押し出すことなく、法律レベルで解決を図るケースが多い（3）時間が非常にかかり迅速な救済ができない――などの理由から議論がなされているところである。司法消極主義に傾いている現在の最高裁判所のあり方を改善していくことが重要であり、憲法裁判所の設置までは必要ないのではないかとの指摘があった。

◆現在の日本は、過度の事前規制・調整型社会から事後監視・救済型社会へと転換しつつある。その中において司法の役割はより重要度を増してきており、その転換を可能とするための社会的インフラの中核が司法・法曹である。今般の司法制度改革は、法の支配の下に有機的連携を行うものであり、「この国のかたち」にかかわる諸改革の「最後のかなめ」の一つとして位置付けられるべきではないか。

◆国民の司法参加（裁判員制度の導入を中核とする参加制度）は重要である。裁判官と裁判員とで共同決定する裁判員制度は、国民的基盤の上に確立されるべきものである。

第七章　「財政」（第八三条～第九一条）

○財政規律を憲法で定めることの是非について
　（予算の法形式、単年度主義、均衡原則など）
○地方財政の自立と自主課税権について
○私学助成と公の支配について

◆財政における地方自主権のあり方について、地方分権の議論とも絡み、自立できるだけの財源確保が必要である。地方財政基盤の確立とその健全化を図るプロセスの構築が重要となる。課税自主権を憲法上に明記すべきとの意見もある。

◆私学助成と憲法との関係について、条文の文言と運用の実態とが遊離している。私学助成の必要性については、実務・学説とも肯定しているところであるので、憲法上の表現についてはその重要性を踏まえて検討すべきである。

第八章　「地方自治」（第九二条～第九五条）

○地方自治の本旨について
○地方自治と財政規律について
○道州制と基礎的自治体について

◆今日、地方分権ではなく地方主権の主張があるように、地方自治こそ民主主義の原動力である。その重要性から見て、地方自治の章がわずか四条しかないことは極めて抽象的で脆弱な規定であり、「地方自治の本旨」として団体自治と住民自治を規定しているが、具体的な内容があいまいであるとの意見が多くあった。

◆地方自治の原則として、国が地方自治体と地域住民の意思を尊重すること、地方自治体は自立と責任の原則に立つこと、特に財政基盤を確保するため財政的自立を明確にすること等を規定することが必要だとの意見が大勢であった。一方、憲法の中での規定ではなく、地方自治基本法をつくって、そこに当面の課題を盛り込んではどうかとの意見もあった。

◆市町村合併が進む中で、住民の声が届く基礎的自治体の機能強化を図ることが主要であるとの指摘が大半であり、道州制をはじめとする二層制の中身については、その上で、広域的な一体性、歴史性を踏まえて検討を進めていくことになった。なお、連邦制については否定的であった。

第九章　「改正」（第九六条）

○総議員の三分の二以上の規定について
○国民投票について

◆総議員の三分の二以上の賛成の規定については、改正そのものを厳しくしているとの指摘も少数あったが、憲法改正の重さから妥当であるとの意見が大勢であった。

◆選挙人名簿と別に投票人名簿を常に掌握することは非常に繁雑であり、大変な費用が掛かる。その意味で、選挙人名簿を投票人名簿とすることが適切である。

また、国政選挙と同時に行われることの想定については、（1）「政権の維持・獲得を争う国政選挙」と「憲法改正案に対する賛否を争点とする国民投票」とは全く性格が違うこと（2）原則として自由であるべき国民投票運動と規制がない選挙運動との調整は大変な問題がある――との観点から、あえて両者が同等に行われる場合を明確にせずに、国民投票の期日の告示日を定めるべきであるとの意見が大勢であった。

第一〇章　「最高法規」（第九七条～第九九条）

○条約と憲法との関係について
○国際協調主義と国家主権の移譲について
○憲法尊重擁護義務について

◆条約と憲法との関係については、あくまでも国の最高法規である憲法の方が条約よりも優位するとの見解に立つべきであると考えるが、条約をはじめとする国際法規の順守など現行憲法が定める国際協調主義の精神は、より一層徹底していくべきとの指摘がある。なお、この点に関しては、（ＥＵ加盟各国のような）国際機関への主権の一部移譲なども将来的には検討する必要があるとの指摘もある。

◆憲法尊重擁護義務については、国会の憲法調査会などで、天皇・国務大臣をはじめとする公務員の憲法尊重擁護義務に加えて国民の憲法尊重擁護義務も定めるべきではないかとする意見があるが、党の論議としては否定的であった。

資料Ⅲ・07

国民保護法

（武力攻撃事態等における国民の保護のための措置に関する法律）

二〇〇四年六月一八日法律第一一二号
二〇〇四年九月一七日施行

コメント

1．本法は、二〇〇三年に成立した武力攻撃事態法（⇩Ⅱ・46）を具体化するための個別法として制定された有事関連七法のうち、中心をなす国民保護法である。ほかに、事態法を具体化する法律として制定されたものは、有事に際しての米軍の活動を保障した米軍行動関連措置法、有事に際し米軍、自衛隊等が空港、港湾道路等の利用の確保を定めた特定公共施設利用法、有事における外国軍用品等の海上輸送規制のための権限を定めた海上輸送規制法、有事における捕虜の取り扱いを定めた捕虜取扱法、有事に際し米軍の要請に応じて自衛隊が物品等を供与することを可能とした自衛隊法改正である。

国民保護法は、「有事」に際しての自衛隊や米軍の行動を支える国、自治体の責務など、国内体制と国民の義務を具体化した法律である。

武力攻撃事態法の主たるねらいは、「武力攻撃事態」すなわち「他国からの武力攻撃が発生した事態又は武力攻撃が発生する明白な危険が切迫していると認められるに至った事態」のみならず、「武力攻撃事態には至っていないが、事態が緊迫し、武力攻撃が予測されるに至」る「武力攻撃予測事態」の時点で、自衛隊の出動準備から地方自治体の動員、民間企業の動員を行うことができるようにすることであった。国民保護法は、そうした「有事」の際の国、地方自治体、民間の動員体制――これを法では「国民保護のための措置」と総称している――の詳細を決めたものである。

2．なお、国民保護法中で、武力攻撃事態法の改正が行われ、そもそも、極めて広い場合を含んでいた、「有事」すなわち「武力攻撃事態等」（傍点引用者）のなかに、武力攻撃とは別の、大規模テロ活動が新たに加えられ、「有事」概念のさらなる拡大が行われたことに注目しなければならない。

それは同法第一一章、一九五条で規定された「緊急対処事態」である。

具体的には、以下のような大規模テロである。

「緊急対処事態（武力攻撃の手段に準ずる手段を用いて多数の人を殺傷する行為が発生した事態又は当該行為が発生する明白な危険が切迫していると認められるに至った事態（後日対処基本方針において武力攻撃事態であることの認定が行われることとなる事態を含む。）で、国家として緊急に対処することが必要なものをいう。以下同じ。）」

この改正により、国民保護法があらかじめ対処基本方針や計画で準備し、また同法が発動される「有事」はさらに拡大したのである。

3．国民保護法の第一の特徴は、「有事」に際しての国民動員の体制づくりの方針をあらかじめ作成することを義務づけている点である。

すなわち、同法三二条は、武力攻撃事態等に備えて政府があらかじめ「国民の保護に関する基本指針」を策定することを義務づけている。この「基本指針」は、首相が安全保障会議に諮問した後に閣議で決めればよく、国会へは「報告」（三二条四項）だけすればよい。

この基本指針に基づいて、政府の機関、都道府県、市町村長は「国民の保護に関する計画」の策定が義務づけられ、また、独立行政法人、NHKなどの法人、電気、ガス、輸送、通信、医療などに携わる法人からなる「指定公共機関」は、「国民保護に関する業務計画」の策定が義務づけられている（三三条〜三六条）。また、都道府県知事が指定する「指定地方公共機関」も、「国民保護に関する業務計画」の策定が義務づけられる。

とくに注目されるのは、有事に際し協力が義務づけられる「指定公共機関」のなかには、NHKなどと並んで、民間放送事業者なども入ることである。

4．同法の第二の特徴として、法が、「有事」対処のために、先述の計画に基づき、平時からの「組織」整備、「訓練」、国民への「啓発」を義務づけていることである。

同法四一条は、関係省庁の大臣、自治体首長、指定公共機関の長に、国民保護法実施のための「組織」整備を求めている。

また同法四二条は、国民保護法実施のための「訓練」を義務づけている。同法四三条は、政府に「国民への啓発」に努めることを義務づけている。それに関連して、法は、「有事」において動員するボランティア組織への「支援」を定めていることも注目される。

5．法の第三の特徴は、「有事」の際には、対策本部長（首相）が「警報」、「避難指示」、「避難住民の誘導」、「避難住民等の救援」を発令し、総務大臣が都道府県知事に伝達、知事は市町村長と指定地方公共機関に伝達し、市町村長が住民に知らせることが義務づけられていることである（第二章四六条以下）。またその他の大臣を通じて、警報等は指定公共機関に伝達される。

6．法の第四の特徴は、対策本部長の出す避難等の指示の履行を確保するため、都道府県知事（五六条第二項、六〇条第二項、八八条第二項）がその指示に従わなかった場合の、内閣総理大臣による「代執行」を定めていることである（五六条）。

7．法の第五の特徴は、「有事」における措置への国民の「協力」を求め、それに従わない場合には罰則でその強制を行っていることである。

この「協力」が国民の権利、自由を侵害するものになるか否かをめぐり国会でも議論がなされたが、法四条は、以下のようにあいまいな規定となった。すなわち、一方では、国民は求められたときには「協力をするよう努めるものとする」と規定され、同時にその協力は「自発的な意思」にかかわり「強制にわたることがあってはならない」とされたのである。

「第四条　国民は、この法律の規定により国民の保護のための措置の実施に関し協力を要請されたときは、必要な協力をするよう努めるものとする。

2　前項の協力は国民の自発的な意思にゆだねられるものであって、その要請に当たって強制にわたることがあってはならない。」

しかし同時に法は、特定物資の保管、車両の通行禁止、汚染物資の移動等の制限、施設・物資の提供等に応じなかった場合の収用や、応じなかった者への罰則規定を広範に設け（第一〇章）、その履行を確保している。

8．また、第六に、同法が、「有事」に際しての米軍や自衛隊の行動確保のため、広く、国民の行動の自由を制限していることも注目すべき特徴である。

たとえば、法が、武力攻撃予測事態の時点から、空港や港湾、基地等への住民の「通行を禁止し、又は制限」することができる旨（一五五条）を定めているなどである。

第一章　総則

第一節　通則

（目的）

第一条　この法律は、武力攻撃事態等において武力攻撃から国民の生命、身体及び財産を保護し、並びに武力攻撃の国民生活及び国民経済に及ぼす影響が最小となるようにすることの重要性にかんがみ、これらの事項に関し、国、地方公共団体等の責務、国民の協力、住民の避難に関する措置、避難住民等の救援に関する措置、武力攻撃災害への対処に関する措置その他の必要な事項を定めることにより、武力攻撃事態等における我が国の平和と独立並びに国及び国民の安全の確保に関する法律（平成十五年法律第七十九号。以下「事態対処法」という。）と相まって、国全体として万全の態勢を整備し、もって武力攻撃事態等における国民の保護のための措置を的確かつ迅速に実施することを目的とする。

（定義）

第二条　この法律において「武力攻撃事態等」、「武力攻撃」、「武力攻撃事態」、「指定行政機関」、「指定地方行政機関」、「指定公共機関」、「対処基本方針」、「対策本部」及び「対策本部長」の意義は、それぞれ事態対処法第一条、第二条第一号から第六号まで（第三号を除く。）、第九条第一項、第十条第一項及び第十一条第一項に規定する当該用語の意義による。

2　この法律において「指定地方公共機関」とは、都道府県の区域において電気、ガス、輸送、通信、医療その他の公益的事業を営む法人、地方道路公社（地方道路公社法（昭和四十五年法律第八十二号）第一条の地方道路公社をいう。）その他の公共的施設を管理する法人及び地方独立行政法人（地方独立行政法人法（平成十五年法律第百十八号）第二条第一項の地方独立行政法人をいう。）で、あらかじめ当該法人の意見を聴いて当該都道府県の知事が指定するものをいう。

3　この法律において「国民の保護のための措置」とは、対処基本方針が定められてから廃止されるまでの間に、指定行政機関、地方公共団体又は指定公共機関若しくは指定地方公共機関が法律の規定に基づいて実施する事態対処法第二十二条第一号に掲げる措置（同号へに掲げる措置にあっては、対処基本方針が廃止された後これらの者が法律の規定に基づいて実施するものを含む。）をいう。

4　この法律において「武力攻撃災害」とは、武力攻撃により直接又は間接に生ずる人の死亡又は負傷、火事、爆発、放射性物質の放出その他の人的又は物的災害をいう。

（国、地方公共団体等の責務）

第三条　国は、国民の安全を確保するため、武力攻撃事態等に備えて、あらかじめ、国民の保護のための措置の実施に関する基本的な方針を定めるとともに、武力攻撃事態等においては、その組織及び機能のすべてを挙げて自ら国民の保護のための措置を的確かつ迅速に実施し、又は地方公共団体及び指定公共機関が実施する国民の保護のための措置を的確かつ迅速に支援し、並びに国民の保護のための措置に関し国費による適切な措置を講ずること等により、国全体として万全の態勢を整備する責務を有する。

2　地方公共団体は、国があらかじめ定める国民の保護のための措置の実施に関する基本的な方針に基づき、武力攻撃事態等においては、自ら国民の保護のための措置を的確かつ迅速に実施し、及び当該地方公共団体の区域において関係機関が実施する国民の保護のための措置を総合的に推進する責務を有する。

3　指定公共機関及び指定地方公共機関は、武力攻撃事態等においては、この法律で定めるところにより、その業務について、国民の保護のための措置を実施する責務を有する。

4　国、地方公共団体並びに指定公共機関及び指定地方公共機関は、国民の保護のための措置を実施するに当たっては、相互に連携協力し、その的確かつ迅速な実施に万全を期さなければならない。

（国民の協力等）

第四条　国民は、この法律の規定により国民の保護のための措置の実施に関し協力を要請されたときは、必要な協力をするよう努めるものとする。

2　前項の協力は国民の自発的な意思にゆだねられるものであって、その要請に当たって強制にわたることがあってはならない。

3　国及び地方公共団体は、自主防災組織（災害対策基本法（昭和三十六年法律第二百二十三号）第五条第二項の自主防災組織をいう。以下同じ。）及びボランティアにより行われる国民の保護のための措置に資するための自発的な活動に対し、必要な支援を行うよう努めなければならない。

（基本的人権の尊重）

第五条　国民の保護のための措置を実施するに当たっては、日本国憲法の保障する国民の自由と権利が尊重されなければならない。

2　前項に規定する国民の保護のための措置を実施する場合において、国民の自由と権利に制限が加えられるときであっても、その制限は当該国民の保護のための措置を実施するため必要最小限のものに限られ、かつ、公正かつ適正な手続の下に行われるものとし、いやしくも国民を差別的に取り扱い、並びに思想及び良心の自由並びに表現の自由を侵すものであってはならない。

（国民の権利利益の迅速な救済）

第六条　国及び地方公共団体は、国民の保護のための措置の実施に伴う損失補償、国民の保護のための措置に係る不服申立て又は訴訟その他の国民の権利利益の救済に係る手続について、できる限り迅速に処理するよう努めなければならない。

（日本赤十字社の自主性の尊重等）

第七条　国及び地方公共団体は、日本赤十字社が実施する国民の保護のための措置については、その特性にかんがみ、その自主性を尊重しなければならない。

2　国及び地方公共団体は、放送事業者（放送法（昭和二十五年法律第百三十二号）第二条第三号の二の放送事業者その他の放送（公衆によって直接受信されることを目的とする電気通信の送信をいう。次条第二項において同じ。）の事業を行う者をいう。以下同じ。）である指定公共機関及び指定地方公共機関が実施する国民の保護のための措置については、その言論その他表現の自由に特に配慮しなければならない。

（国民に対する情報の提供）

第八条　国及び地方公共団体は、武力攻撃事態等においては、国民の保護のための措置に関し、国民に対し、正確な情報を、適時に、かつ、適切な方法で提供しなければならない。

2　国、地方公共団体並びに指定公共機関及び指定地方公共機関は、国民の保護のための措置に関する情報については、新聞、放送、インターネットその他の適切な方法により、迅速に国民に提供するよう努めなければならない。

（留意事項）

第九条　国民の保護のための措置を実施するに当たっては、高齢者、障害者その他特に配慮を要する者の保護について留意しなければならない。

2　国民の保護のための措置を実施するに当たっては、国際的な武力紛争において適用される国際人道法の的確な実施を確保しなければならない。

第二節　国民の保護のための措置の実施

(国の実施する国民の保護のための措置)

第十条　国は、対処基本方針及び第三十二条第一項の規定による国民の保護に関する基本指針に基づき、国民の保護のための措置に関し、次に掲げる措置を実施しなければならない。

一　警報の発令、避難措置の指示その他の住民の避難に関する措置

二　救援の指示、応援の指示、安否情報の収集及び提供その他の避難住民等の救援に関する措置

三　武力攻撃災害への対処に関する措置に係る指示、生活関連等施設の安全確保に関する措置、危険物質等に係る武力攻撃災害の発生を防止するための措置、放射性物質等による汚染の拡大を防止するための措置、被災情報の公表その他の武力攻撃災害への対処に関する措置

四　生活関連物資等の価格の安定等のための措置その他の国民生活の安定に関する措置

五　武力攻撃災害の復旧に関する措置

2　指定行政機関の長(当該指定行政機関が合議制の機関である場合にあっては、当該指定行政機関。以下同じ。)及び指定地方行政機関の長は、対処基本方針が定められたときは、この法律その他法令の規定に基づき、第三十三条第一項の規定による指定行政機関の国民の保護に関する計画で定めるところにより、前項各号に掲げる措置のうちその所掌事務に係る国民の保護のための措置を実施しなければならない。

(都道府県の実施する国民の保護のための措置)

第十一条　都道府県知事は、対処基本方針が定められたときは、この法律その他法令の規定に基づき、第三十四条第一項の規定による都道府県の国民の保護に関する計画で定めるところにより、当該都道府県の区域に係る次に掲げる国民の保護のための措置を実施しなければならない。

一　住民に対する避難の指示、避難住民の誘導に関する措置、都道府県の区域を越える住民の避難に関する措置その他の住民の避難に関する措置

二　救援の実施、安否情報の収集及び提供その他の避難住民等の救援に関する措置

三　武力攻撃災害の防除及び軽減、緊急通報の発令、退避の指示、警戒区域の設定、保健衛生の確保、被災情報の収集その他の武力攻撃災害への対処に関する措置

四　生活関連物資等の価格の安定等のための措置その他の国民生活の安定に関する措置

五　武力攻撃災害の復旧に関する措置

2　都道府県の委員会及び委員は、対処基本方針が定められたときは、この法律その他法令の規定に基づき、前項の都道府県の国民の保護に関する計画で定めるところにより、都道府県知事の所轄の下にその所掌事務に係る国民の保護のための措置を実施しなければならない。

3　都道府県の区域内の公共的団体は、対処基本方針が定められたときは、都道府県の知事その他の執行機関(以下「都道府県知事等」という。)が実施する国民の保護のための措置に協力するよう努めるものとする。

4　第一項及び第二項の場合において、都道府県知事等は、当該都道府県の区域に係る国民の保護のための措置を的確かつ迅速に実施するため必要があると認めるときは、指定行政機関の長又は指定地方行政機関の長に対し、その所掌事務に係る国民の保護のための措置の実施に関し必要な要請をすることができる。

（他の都道府県知事等に対する応援の要求）

第十二条　都道府県知事等は、当該都道府県の区域に係る国民の保護のための措置を実施するため必要があると認めるときは、他の都道府県の都道府県知事等に対し、応援を求めることができる。この場合において、応援を求められた都道府県知事等は、正当な理由がない限り、応援を拒んではならない。

2　前項の応援に従事する者は、国民の保護のための措置の実施については、当該応援を求めた都道府県知事等の指揮の下に行動するものとする。この場合において、警察官にあっては、当該応援を求めた都道府県の公安委員会の管理の下にその職権を行うものとする。

（事務の委託の手続の特例）

第十三条　都道府県は、当該都道府県の区域に係る国民の保護のための措置を実施するため必要があると認めるときは、地方自治法（昭和二十二年法律第六十七号）第二百五十二条の十四及び第二百五十二条の十五の規定にかかわらず、政令で定めるところにより、その事務又は都道府県知事等の権限に属する事務の一部を他の都道府県に委託して、当該他の都道府県の都道府県知事等にこれを管理し、及び執行させることができる。

（都道府県知事による代行）

第十四条　都道府県知事は、武力攻撃災害の発生により市町村がその全部又は大部分の事務を行うことができなくなったときは、当該市町村の長が実施すべき当該市町村の区域に係る国民の保護のための措置の全部又は一部を当該市町村長に代わって実施しなければならない。

2　都道府県知事は、前項の規定により市町村長の事務の代行を開始し、又は終了したときは、その旨を公示しなければならない。

3　第一項の規定による都道府県知事の代行に関し必要な事項は、政令で定める。

（自衛隊の部隊等の派遣の要請）

第十五条　都道府県知事は、当該都道府県の区域に係る国民の保護のための措置（治安の維持に係るものを除く。次項及び第二十条において同じ。）を円滑に実施するため必要があると認めるときは、防衛庁長官に対し、自衛隊法（昭和二十九年法律第百六十五号）第八条の部隊等（以下「自衛隊の部隊等」という。）の派遣を要請することができる。

2　対策本部長は、前項の規定による要請が行われない場合において、当該都道府県の区域に係る国民の保護のための措置を円滑に実施するため緊急の必要があると認めるときは、防衛庁長官に対し、自衛隊の部隊等の派遣を求めることができる。

3　対策本部長は、前項の規定による求めをしたときは、速やかに、その旨を都道府県知事に通知するものとする。

（市町村の実施する国民の保護のための措置）

第十六条　市町村長は、対処基本方針が定められたときは、この法律その他法令の規定に基づき、第三十五条第一項の規定による市町村の国民の保護に関する計画で定めるところにより、当該市町村の区域に係る次に掲げる国民の保護のための措置を実施しなければならない。

一　警報の伝達、避難実施要領の策定、関係機関の調整その他の住民の避難に関する措置

二　救援の実施、安否情報の収集及び提供その他の避難住民等の救援に関する措置

三　退避の指示、警戒区域の設定、消防、廃棄物の処理、被災情報の収集その他の武力攻撃災害への対処に関する措置

四　水の安定的な供給その他の国民生活の安定に関する措置

五　武力攻撃災害の復旧に関する措置

2　市町村の委員会及び委員は、対処基本方針が定められたときは、こ

の法律その他法令の規定に基づき、前項の市町村の国民の保護に関する計画で定めるところにより、市町村長の所轄の下にその所掌事務に係る国民の保護のための措置を実施しなければならない。

3　市町村の区域内の公共的団体は、対処基本方針が定められたときは、市町村の長その他の執行機関（以下「市町村長等」という。）が実施する国民の保護のための措置に協力するよう努めるものとする。

4　第一項及び第二項の場合において、市町村長等は、当該市町村の区域に係る国民の保護のための措置を的確かつ迅速に実施するため必要があると認めるときは、都道府県知事等に対し、その所掌事務に係る国民の保護のための措置の実施に関し必要な要請をすることができる。

5　第一項及び第二項の場合において、市町村長等は、当該市町村の区域に係る国民の保護のための措置を的確かつ迅速に実施するため特に必要があると認めるときは、都道府県知事等に対し、第十一条第四項の規定による要請を行うよう求めることができる。

（他の市町村長等に対する応援の要求）

第十七条　市町村長等は、当該市町村の区域に係る国民の保護のための措置を実施するため必要があると認めるときは、他の市町村の市町村長等に対し、応援を求めることができる。この場合において、応援を求められた市町村長等は、正当な理由がない限り、応援を拒んではならない。

2　前項の応援に従事する者は、国民の保護のための措置の実施については、当該応援を求めた市町村長等の指揮の下に行動するものとする。

（都道府県知事等に対する応援の要求）

第十八条　市町村長等は、当該市町村の区域に係る国民の保護のための措置を実施するため必要があると認めるときは、都道府県知事等に対し、応援を求めることができる。

2　第十二条第一項後段の規定は、前項の場合について準用する。

（事務の委託の手続の特例）

第十九条　市町村は、当該市町村の区域に係る国民の保護のための措置を実施するため必要があると認めるときは、地方自治法第二百五十二条の十四及び第二百五十二条の十五の規定にかかわらず、政令で定めるところにより、その事務又は市町村長等の権限に属する事務の一部を他の地方公共団体に委託して、当該他の地方公共団体の長等（地方公共団体の長その他の執行機関をいう。以下同じ。）にこれを管理し、及び執行させることができる。

（自衛隊の部隊等の派遣の要請の求め等）

第二十条　市町村長は、当該市町村の区域に係る国民の保護のための措置を円滑に実施するため特に必要があると認めるときは、都道府県知事に対し、第十五条第一項の規定による要請を行うよう求めることができる。

2　市町村長は、前項の規定による求めができないときは、その旨及び当該市町村の区域に係る国民の保護のための措置を円滑に実施するため必要があると認める事項を防衛庁長官に連絡することができる。この場合において、防衛庁長官は、速やかに、その内容を対策本部長に報告しなければならない。

（指定公共機関及び指定地方公共機関の実施する国民の保護のための措置）

第二十一条　指定公共機関及び指定地方公共機関は、対処基本方針が定められたときは、この法律その他法令の規定に基づき、第三十六条第一項の規定による指定公共機関の国民の保護に関する業務計画又は同条第二項の規定による指定地方公共機関の国民の保護に関する業務計画で定めるところにより、その業務に係る国民の保護のための措置を実施しなければならない。

2　指定公共機関又は指定地方公共機関は、その業務に係る国民の保護のための措置を実施するため特に必要があると認めるときは、指定行政機関の長若しくは指定地方行政機関の長又は地方公共団体の長に対し、労務、施設、設備又は物資の確保について応援を求めることができる。この場合において、応援を求められた指定行政機関の長及び指定地方行政機関の長並びに地方公共団体の長は、正当な理由がない限り、応援を拒んではならない。

3　指定行政機関の長若しくは指定地方行政機関の長又は地方公共団体の長等は、当該指定行政機関若しくは指定地方行政機関の所掌事務又は当該地方公共団体の区域に係る国民の保護のための措置を的確かつ迅速に実施するため必要があると認めるときは、指定公共機関又は指定地方公共機関に対し、その業務に係る国民の保護のための措置の実施に関し必要な要請をすることができる。

(安全の確保)

第二十二条　国は指定行政機関、地方公共団体及び指定公共機関が実施する国民の保護のための措置について、都道府県は当該都道府県、市町村並びに指定公共機関及び指定地方公共機関が実施する当該都道府県の区域に係る国民の保護のための措置について、市町村は当該市町村が実施する当該市町村の区域に係る国民の保護のための措置について、その内容に応じ、安全の確保に配慮しなければならない。

(武力攻撃等の状況等の公表)

第二十三条　対策本部長は、武力攻撃及び武力攻撃災害の状況並びに住民の避難に関する措置、避難住民等の救援に関する措置その他の国民の保護のための措置の実施の状況について、適時に、かつ、適切な方法により、国民に公表しなければならない。

第三節　国民の保護のための措置の実施に係る体制

(対策本部の所掌事務等)

第二十四条　対策本部は、事態対処法第十二条第一号に掲げるもののほか、次に掲げる事務をつかさどる。

一　指定行政機関、地方公共団体及び指定公共機関が実施する国民の保護のための措置の総合的な推進に関すること。

二　前号に掲げるもののほか、この法律の規定によりその権限に属する事務

2　対策本部に、対策本部長の定めるところにより対策本部の事務(国民の保護のための措置に関する事務に限る。)の一部を行う組織として、武力攻撃事態等現地対策本部を置くことができる。この場合においては、地方自治法第百五十六条第四項の規定は、適用しない。

3　内閣総理大臣は、前項の規定により武力攻撃事態等現地対策本部を置いたときは、これを国会に報告しなければならない。

4　内閣総理大臣は、第二項の規定により武力攻撃事態等現地対策本部を置いたときは当該武力攻撃事態等現地対策本部の名称、所管区域並びに設置の場所及び期間を、当該武力攻撃事態等現地対策本部を廃止したときはその旨を、直ちに、公示しなければならない。

5　武力攻撃事態等現地対策本部に、武力攻撃事態等現地対策本部長及び武力攻撃事態等現地対策本部員その他の職員を置く。

6　武力攻撃事態等現地対策本部長は、対策本部長の命を受け、武力攻撃事態等現地対策本部の事務を掌理する。

7　武力攻撃事態等現地対策本部長及び武力攻撃事態等現地対策本部員その他の職員は、対策副本部長(事態対処法第十一条第三項の対策副本部長をいう。)、対策本部員(同項の対策本部員をいう。)その他の職員のうちから、対策本部長が指名する者をもって充てる。

(都道府県対策本部及び市町村対策本部を設置すべき地方公共団体の指定)

第二十五条　内閣総理大臣は、事態対処法第九条第六項(同条第十三項

において準用する場合を含む。）の規定により対処基本方針の案又は対処基本方針の変更の案について閣議の決定を求めるときは、併せて第二十七条第一項の規定により都道府県国民保護対策本部を設置すべき都道府県及び市町村国民保護対策本部を設置すべき市町村の指定について、閣議の決定を求めなければならない。

2　内閣総理大臣は、前項の規定により閣議の決定があったときは、総務大臣を経由して、直ちに、その旨を同項の指定を受けた都道府県の知事及び市町村の長に通知するとともに、これを公示しなければならない。

3　内閣総理大臣は、第一項の指定を解除する必要があると認めるときは、当該指定の解除について、閣議の決定を求めなければならない。

4　第二項の規定は、前項の指定の解除について準用する。

（指定の要請）

第二十六条　都道府県知事は、内閣総理大臣に対し、当該都道府県について前条第一項の指定を行うよう要請することができる。

2　市町村長は、当該市町村の属する都道府県の知事を経由して、内閣総理大臣に対し、当該市町村について前条第一項の指定を行うよう要請することができる。

（都道府県対策本部及び市町村対策本部の設置及び所掌事務）

第二十七条　第二十五条第二項の規定による指定の通知を受けた都道府県の知事及び市町村の長は、第三十四条第一項の規定による都道府県の国民の保護に関する計画及び第三十五条第一項の規定による市町村の国民の保護に関する計画で定めるところにより、直ちに、都道府県国民保護対策本部（以下「都道府県対策本部」という。）及び市町村国民保護対策本部（以下「市町村対策本部」という。）を設置しなければならない。

2　都道府県対策本部は、当該都道府県及び当該都道府県の区域内の市町村並びに指定公共機関及び指定地方公共機関が実施する当該都道府県の区域に係る国民の保護のための措置の総合的な推進に関する事務をつかさどる。

3　市町村対策本部は、当該市町村が実施する当該市町村の区域に係る国民の保護のための措置の総合的な推進に関する事務をつかさどる。

（都道府県対策本部及び市町村対策本部の組織）

第二十八条　都道府県対策本部又は市町村対策本部の長は、都道府県国民保護対策本部長（以下「都道府県対策本部長」という。）又は市町村国民保護対策本部長（以下「市町村対策本部長」という。）とし、それぞれ都道府県知事又は市町村長をもって充てる。

2　都道府県対策本部に本部員を置き、次に掲げる者（道府県知事が設置するものにあっては、第四号に掲げる者を除く。）をもって充てる。

一　副知事

二　都道府県教育委員会の教育長

三　警視総監又は道府県警察本部長

四　特別区の消防長

五　前各号に掲げる者のほか、都道府県知事が当該都道府県の職員のうちから任命する者

3　都道府県対策本部に副本部長を置き、前項の本部員のうちから、都道府県知事が指名する。

4　市町村対策本部に本部員を置き、次に掲げる者をもって充てる。

一　助役

二　市町村教育委員会の教育長

三　当該市町村の区域を管轄する消防長又はその指名する消防吏員（消防本部を置かない市町村にあっては、消防団長）

四　前三号に掲げる者のほか、市町村長が当該市町村の職員のうちから任命する者

5　市町村対策本部に副本部長を置き、前項の本部員のうちから、市町村長が指名する。

6　都道府県対策本部長又は市町村対策本部長は、必要があると認めるときは、国の職員その他当該都道府県又は市町村の職員以外の者を都道府県対策本部又は市町村対策本部の会議に出席させることができる。

7　防衛庁長官は、都道府県対策本部長の求めがあった場合において、国民の保護のための措置の実施に関し連絡調整を行う必要があると認めるときは、その指定する職員を都道府県対策本部の会議に出席させるものとする。

8　都道府県知事又は市町村長は、第三十四条第一項の規定による都道府県の国民の保護に関する計画又は第三十五条第一項の規定による市町村の国民の保護に関する計画で定めるところにより、都道府県対策本部又は市町村対策本部に、国民の保護のための措置の実施を要する地域にあって当該都道府県対策本部又は市町村対策本部の事務の一部を行う組織として、現地対策本部を置くことができる。

（都道府県対策本部長及び市町村対策本部長の権限）

第二十九条　都道府県対策本部長は、当該都道府県の区域に係る国民の保護のための措置を的確かつ迅速に実施するため必要があると認めるときは、当該都道府県及び関係市町村並びに関係指定公共機関及び指定地方公共機関が実施する当該都道府県の区域に係る国民の保護のための措置に関する総合調整を行うことができる。

2　前項の場合において、関係市町村長等又は関係指定公共機関若しくは指定地方公共機関は、当該関係市町村又は関係指定公共機関若しくは指定地方公共機関が実施する当該都道府県の区域に係る国民の保護のための措置に関して都道府県対策本部長が行う総合調整に関し、当該都道府県対策本部長に対して意見を申し出ることができる。

3　都道府県対策本部長は、国民の保護のための措置の実施に関し、指定行政機関又は指定公共機関と緊密な連絡を図る必要があると認めるときは、当該連絡を要する事項を所管する指定地方行政機関の長（当該指定地方行政機関がないときは、当該指定行政機関の長）又は当該指定公共機関に対し、その指名する職員を派遣するよう求めることができる。

4　都道府県対策本部長は、特に必要があると認めるときは、対策本部長に対し、指定行政機関及び指定公共機関が実施する国民の保護のための措置に関する総合調整を行うよう要請することができる。この場合において、対策本部長は、必要があると認めるときは、所要の総合調整を行わなければならない。

5　市町村対策本部長は、当該市町村の区域に係る国民の保護のための措置を的確かつ迅速に実施するため必要があると認めるときは、当該市町村が実施する当該市町村の区域に係る国民の保護のための措置に関する総合調整を行うことができる。

6　市町村対策本部長は、特に必要があると認めるときは、都道府県対策本部長に対し、都道府県並びに指定公共機関及び指定地方公共機関が実施する国民の保護のための措置に関する総合調整を行うよう要請することができる。この場合において、都道府県対策本部長は、必要があると認めるときは、所要の総合調整を行わなければならない。

7　市町村対策本部長は、特に必要があると認めるときは、都道府県対策本部長に対し、指定行政機関及び指定公共機関が実施する国民の保護のための措置に関する第四項の規定による要請を行うよう求めることができる。

8　都道府県対策本部長又は市町村対策本部長は、第一項又は第五項の規定による総合調整を行うため必要があると認めるときは、対策本部長又は都道府県対策本部長に対し、それぞれ当該都道府県又は市町村の区域に係る国民の保護のための措置の実施に関し必要な情報の提供を求めることができる。

9　都道府県対策本部長又は市町村対策本部長は、第一項又は第五項の規定による総合調整を行うため必要があると認めるときは、当該総合調整の関係機関に対し、それぞれ当該都道府県又は市町村の区域に係る国民の保護のための措置の実施の状況について報告又は資料の提出を求めることができる。

10　都道府県対策本部長又は市町村対策本部長は、都道府県対策本部長にあっては当該都道府県警察及び当該都道府県の教育委員会に対し、市町村対策本部長にあっては当該市町村の教育委員会に対し、それぞれ当該都道府県又は市町村の区域に係る国民の保護のための措置を実施するため必要な限度において、必要な措置を講ずるよう求めることができる。

11　都道府県知事等又は市町村長等は、都道府県対策本部又は市町村対策本部の設置の有無にかかわらず、この法律で定めるところにより、国民の保護のための措置を実施することができる。

（都道府県対策本部及び市町村対策本部の廃止）

第三十条　第二十五条第四項において準用する同条第二項の規定による指定の解除の通知を受けた都道府県の知事及び市町村の長は、遅滞なく、都道府県対策本部及び市町村対策本部を廃止するものとする。

（条例への委任）

第三十一条　第二十七条から前条までに規定するもののほか、都道府県対策本部又は市町村対策本部に関し必要な事項は、都道府県又は市町村の条例で定める。

第四節　国民の保護に関する基本指針等

（基本指針）

第三十二条　政府は、武力攻撃事態等に備えて、国民の保護のための措置の実施に関し、あらかじめ、国民の保護に関する基本指針（以下「基本指針」という。）を定めるものとする。

2　基本指針に定める事項は、次のとおりとする。

一　国民の保護のための措置の実施に関する基本的な方針

二　次条第一項の規定による指定行政機関の国民の保護に関する計画、第三十四条第一項の規定による都道府県の国民の保護に関する計画及び第三十六条第一項の規定による指定公共機関の国民の保護に関する業務計画の作成並びに国民の保護のための措置の実施に当たって考慮すべき武力攻撃事態の想定に関する事項

三　国民の保護のための措置に関し国が実施する第十条第一項各号に掲げる措置に関する事項

四　都道府県対策本部又は市町村対策本部を設置すべき地方公共団体の指定の方針に関する事項

五　第二号に掲げる国民の保護に関する計画及び国民の保護に関する業務計画を作成する際の基準となるべき事項

六　国民の保護のための措置の実施に当たっての地方公共団体相互の広域的な連携協力その他の関係機関相互の連携協力の確保に関する事項

七　前各号に掲げるもののほか、国民の保護のための措置の実施に関し必要な事項

3　内閣総理大臣は、基本指針の案を作成し、閣議の決定を求めなければならない。

4　内閣総理大臣は、前項の閣議の決定があったときは、遅滞なく、基本指針を国会に報告するとともに、その旨を公示しなければならない。

5　政府は、基本指針を定めるため必要があると認めるときは、地方公共団体の長等、指定公共機関その他の関係者に対し、資料又は情報の提供、意見の陳述その他必要な協力を求めることができる。

6　前三項の規定は、基本指針の変更について準用する。

（指定行政機関の国民の保護に関する計画）

第三十三条　指定行政機関の長は、基本指針に基づき、第十条第一項各号に掲げる措置のうちその所掌事務に関し、国民の保護に関する計画を作成しなければならない。

2　前項の国民の保護に関する計画に定める事項は、次のとおりとする。

一　当該指定行政機関が実施する国民の保護のための措置の内容及び実施方法に関する事項

二　国民の保護のための措置を実施するための体制に関する事項

三　国民の保護のための措置の実施に関する関係機関との連携に関する事項

四　前三号に掲げるもののほか、国民の保護のための措置の実施に関し必要な事項

3　指定行政機関の長は、その国民の保護に関する計画の作成に当たっては、それぞれの指定行政機関の国民の保護に関する計画が一体的かつ有機的に作成されるよう、関係指定行政機関の長の意見を聴かなければならない。

4　指定行政機関の長は、その国民の保護に関する計画を作成するときは、あらかじめ、内閣総理大臣に協議しなければならない。

5　指定行政機関の長は、その国民の保護に関する計画を作成したときは、速やかに、これを都道府県知事及び所管する指定公共機関に通知するとともに、公表しなければならない。

6　指定行政機関の長は、その国民の保護に関する計画を作成するため必要があると認めるときは、関係指定行政機関の長及び指定地方行政機関の長、地方公共団体の長等並びに指定公共機関及び指定地方公共機関並びにその他の関係者に対し、資料又は情報の提供、意見の陳述その他必要な協力を求めることができる。

7　第三項から前項までの規定は、第一項の国民の保護に関する計画の変更について準用する。ただし、第三項及び第四項の規定は、政令で定める軽微な変更については、準用しない。

（都道府県の国民の保護に関する計画）

第三十四条　都道府県知事は、基本指針に基づき、国民の保護に関する計画を作成しなければならない。

2　前項の国民の保護に関する計画に定める事項は、次のとおりとする。

一　当該都道府県の区域に係る国民の保護のための措置の総合的な推進に関する事項

二　都道府県が実施する第十一条第一項及び第二項に規定する国民の保護のための措置に関する事項

三　国民の保護のための措置を実施するための訓練並びに物資及び資材の備蓄に関する事項

四　次条第一項の規定による市町村の国民の保護に関する計画及び第三十六条第二項の規定による指定地方公共機関の国民の保護に関する業務計画を作成する際の基準となるべき事項

五　国民の保護のための措置を実施するための体制に関する事項

六　国民の保護のための措置の実施に関する他の地方公共団体その他の関係機関との連携に関する事項

七　前各号に掲げるもののほか、当該都道府県の区域に係る国民の保護のための措置に関し都道府県知事が必要と認める事項

3　都道府県知事は、その国民の保護に関する計画の作成に当たっては、指定行政機関の国民の保護に関する計画及び他の都道府県の国民の保護に関する計画との整合性の確保を図るよう努めなければならない。

4　都道府県知事は、その国民の保護に関する計画を作成する場合において、他の都道府県と関係がある事項を定めるときは、当該都道府県の知事の意見を聴かなければならない。

5　都道府県知事は、その国民の保護に関する計画を作成するときは、あらかじめ、総務大臣を経由して内閣総理大臣に協議しなければならない。

6　都道府県知事は、その国民の保護に関する計画を作成したときは、速やかに、これを議会に報告し、並びに当該都道府県の区域内の市町村の長及び関係指定地方公共機関に通知するとともに、公表しなければならない。

7　前条第六項の規定は、都道府県知事がその国民の保護に関する計画を作成する場合について準用する。

8　第三項から前項までの規定は、第一項の国民の保護に関する計画の変更について準用する。ただし、第五項の規定は、政令で定める軽微な変更については、準用しない。

（市町村の国民の保護に関する計画）

第三十五条　市町村長は、都道府県の国民の保護に関する計画に基づき、国民の保護に関する計画を作成しなければならない。

2　前項の国民の保護に関する計画に定める事項は、次のとおりとする。

一　当該市町村の区域に係る国民の保護のための措置の総合的な推進に関する事項

二　市町村が実施する第十六条第一項及び第二項に規定する国民の保護のための措置に関する事項

三　国民の保護のための措置を実施するための訓練並びに物資及び資材の備蓄に関する事項

四　国民の保護のための措置を実施するための体制に関する事項

五　国民の保護のための措置の実施に関する他の地方公共団体その他の関係機関との連携に関する事項

六　前各号に掲げるもののほか、当該市町村の区域に係る国民の保護のための措置に関し市町村長が必要と認める事項

3　市町村長は、その国民の保護に関する計画の作成に当たっては、指定行政機関の国民の保護に関する計画、都道府県の国民の保護に関する計画及び他の市町村の国民の保護に関する計画との整合性の確保を図るよう努めなければならない。

4　市町村長は、その国民の保護に関する計画を作成する場合において、他の市町村と関係がある事項を定めるときは、当該市町村の長の意見を聴かなければならない。

5　市町村長は、その国民の保護に関する計画を作成するときは、あらかじめ、都道府県知事に協議しなければならない。

6　市町村長は、その国民の保護に関する計画を作成したときは、速やかに、これを議会に報告するとともに、公表しなければならない。

7　第三十三条第六項の規定は、市町村長がその国民の保護に関する計画を作成する場合について準用する。

8　第三項から前項までの規定は、第一項の国民の保護に関する計画の変更について準用する。ただし、第五項の規定は、政令で定める軽微な変更については、準用しない。

（指定公共機関及び指定地方公共機関の国民の保護に関する業務計画）

第三十六条　指定公共機関は、基本指針に基づき、その業務に関し、国民の保護に関する業務計画を作成しなければならない。

2　指定地方公共機関は、都道府県の国民の保護に関する計画に基づき、その業務に関し、国民の保護に関する業務計画を作成しなければならない。

3　前二項の国民の保護に関する業務計画に定める事項は、次のとおりとする。

一　当該指定公共機関又は指定地方公共機関が実施する国民の保護のための措置の内容及び実施方法に関する事項

二　国民の保護のための措置を実施するための体制に関する事項

三　国民の保護のための措置の実施に関する関係機関との連携に関する事項
四　前三号に掲げるもののほか、国民の保護のための措置の実施に関し必要な事項

4　指定公共機関及び指定地方公共機関は、それぞれその国民の保護に関する業務計画を作成したときは、速やかに、指定公共機関にあっては当該指定公共機関を所管する指定行政機関の長を経由して内閣総理大臣に、指定地方公共機関にあっては当該指定地方公共機関を指定した都道府県知事に報告しなければならない。この場合において、内閣総理大臣又は都道府県知事は、当該指定公共機関又は指定地方公共機関に対し、必要な助言をすることができる。

5　指定公共機関及び指定地方公共機関は、それぞれその国民の保護に関する業務計画を作成したときは、速やかに、これを関係都道府県知事及び関係市町村長に通知するとともに、公表しなければならない。

6　第三十三条第六項の規定は、指定公共機関及び指定地方公共機関がそれぞれその国民の保護に関する業務計画を作成する場合について準用する。

7　前三項の規定は、第一項及び第二項の国民の保護に関する業務計画の変更について準用する。ただし、第四項の規定は、政令で定める軽微な変更については、準用しない。

第五節　都道府県国民保護協議会及び市町村国民保護協議会

（都道府県協議会の設置及び所掌事務）

第三十七条　都道府県の区域に係る国民の保護のための措置に関し広く住民の意見を求め、当該都道府県の国民の保護のための措置に関する施策を総合的に推進するため、都道府県に、都道府県国民保護協議会（以下この条及び次条において「都道府県協議会」という。）を置く。

2　都道府県協議会は、次に掲げる事務をつかさどる。
一　都道府県知事の諮問に応じて当該都道府県の区域に係る国民の保護のための措置に関する重要事項を審議すること。
二　前号の重要事項に関し、都道府県知事に意見を述べること。

3　都道府県知事は、第三十四条第一項又は第八項の規定により国民の保護に関する計画を作成し、又は変更するときは、あらかじめ、都道府県協議会に諮問しなければならない。ただし、同項の政令で定める軽微な変更については、この限りでない。

4　第三十三条第六項の規定は、都道府県協議会がその所掌事務を実施する場合について準用する。

（都道府県協議会の組織）

第三十八条　都道府県協議会は、会長及び委員をもって組織する。

2　会長は、都道府県知事をもって充てる。

3　会長は、会務を総理する。

4　委員は、次に掲げる者のうちから、都道府県知事が任命する。
一　当該都道府県の区域の全部又は一部を管轄する指定地方行政機関の長又はその指名する職員
二　防衛庁長官が指定する陸上自衛隊に所属する者、海上自衛隊に所属する者及び航空自衛隊に所属する者
三　当該都道府県の副知事
四　当該都道府県の教育委員会の教育長、警視総監又は当該道府県の道府県警察本部長及び特別区の消防長
五　当該都道府県の職員（前二号に掲げる者を除く。）
六　当該都道府県の区域内の市町村の長及び当該都道府県の区域を管轄する消防長
七　当該都道府県の区域において業務を行う指定公共機関又は指定地方公共機関の役員又は職員

八　国民の保護のための措置に関し知識又は経験を有する者

5　委員の任期は、二年とし、再任することを妨げない。委員が欠けた場合における補欠の委員の任期は、前任者の残任期間とする。

6　都道府県協議会に、専門の事項を調査させるため、専門委員を置くことができる。

7　専門委員は、関係指定地方行政機関の職員、当該都道府県の職員、当該都道府県の区域内の市町村の職員、関係指定公共機関又は指定地方公共機関の職員及び国民の保護のための措置に関し専門的な知識又は経験を有する者のうちから、都道府県知事が任命する。

8　前各項に定めるもののほか、都道府県協議会の組織及び運営に関し必要な事項は、都道府県の条例で定める。

（市町村協議会の設置及び所掌事務）

第三十九条　市町村の区域に係る国民の保護のための措置に関し広く住民の意見を求め、当該市町村の国民の保護のための措置に関する施策を総合的に推進するため、市町村に、市町村国民保護協議会（以下この条及び次条において「市町村協議会」という。）を置く。

2　市町村協議会は、次に掲げる事務をつかさどる。

一　市町村長の諮問に応じて当該市町村の区域に係る国民の保護のための措置に関する重要事項を審議すること。

二　前号の重要事項に関し、市町村長に意見を述べること。

3　市町村長は、第三十五条第一項又は第八項の規定により国民の保護に関する計画を作成し、又は変更するときは、あらかじめ、市町村協議会に諮問しなければならない。ただし、同項の政令で定める軽微な変更については、この限りでない。

4　第三十三条第六項の規定は、市町村協議会がその所掌事務を実施する場合について準用する。

（市町村協議会の組織）

第四十条　市町村協議会は、会長及び委員をもって組織する。

2　会長は、市町村長をもって充てる。

3　会長は、会務を総理する。

4　委員は、次に掲げる者のうちから、市町村長が任命する。

一　当該市町村の区域を管轄する指定地方行政機関の職員

二　自衛隊に所属する者（任命に当たって防衛庁長官の同意を得た者に限る。）

三　当該市町村の属する都道府県の職員

四　当該市町村の助役

五　当該市町村の教育委員会の教育長及び当該市町村の区域を管轄する消防長又はその指名する消防吏員（消防本部を置かない市町村にあっては、消防団長）

六　当該市町村の職員（前二号に掲げる者を除く。）

七　当該市町村の区域において業務を行う指定公共機関又は指定地方公共機関の役員又は職員

八　国民の保護のための措置に関し知識又は経験を有する者

5　第三十八条第五項の規定は、前項の委員について準用する。

6　市町村協議会に、専門の事項を調査させるため、専門委員を置くことができる。

7　第三十八条第七項の規定は、前項の専門委員について準用する。この場合において、同条第七項中「当該都道府県の職員」とあるのは「当該市町村の属する都道府県の職員」と、「当該都道府県の区域内の市町村の職員」とあるのは「当該市町村の職員」と、「都道府県知事」とあるのは「市町村長」と読み替えるものとする。

8　前各項に定めるもののほか、市町村協議会の組織及び運営に関し必要な事項は、市町村の条例で定める。

第六節　組織の整備、訓練等

（組織の整備）

第四十一条　指定行政機関の長及び指定地方行政機関の長、地方公共団体の長等並びに指定公共機関及び指定地方公共機関（以下「指定行政機関の長等」という。）は、それぞれその国民の保護に関する計画又は国民の保護に関する業務計画で定めるところにより、国民の保護のための措置を的確かつ迅速に実施するため必要な組織を整備するとともに、国民の保護のための措置に関する事務又は業務に従事する職員の配置及び服務の基準を定めなければならない。

（訓練）

第四十二条　指定行政機関の長等は、それぞれその国民の保護に関する計画又は国民の保護に関する業務計画で定めるところにより、それぞれ又は他の指定行政機関の長等と共同して、国民の保護のための措置についての訓練を行うよう努めなければならない。この場合においては、災害対策基本法第四十八条第一項の防災訓練との有機的な連携が図られるよう配慮するものとする。

2　都道府県公安委員会は、前項の訓練の効果的な実施を図るため特に必要があると認めるときは、政令で定めるところにより、当該訓練の実施に必要な限度で、区域又は道路の区間を指定して、歩行者又は車両の道路における通行を禁止し、又は制限することができる。

3　地方公共団体の長は、住民の避難に関する訓練を行うときは、当該地方公共団体の住民に対し、当該訓練への参加について協力を要請することができる。

（啓発）

第四十三条　政府は、武力攻撃から国民の生命、身体及び財産を保護するために実施する措置の重要性について国民の理解を深めるため、国民に対する啓発に努めなければならない。

第二章　住民の避難に関する措置

第一節　警報の発令等

（警報の発令）

第四十四条　対策本部長は、武力攻撃から国民の生命、身体又は財産を保護するため緊急の必要があると認めるときは、基本指針及び対処基本方針で定めるところにより、警報を発令しなければならない。

2　前項の警報に定める事項は、次のとおりとする。

一　武力攻撃事態等の現状及び予測

二　武力攻撃が迫り、又は現に武力攻撃が発生したと認められる地域

三　前二号に掲げるもののほか、住民及び公私の団体に対し周知させるべき事項

3　前項の規定にかかわらず、第一項の規定により警報を発令する場合において、前項第二号の地域に該当する地域を特定することができないときは、同号の事項を定めることを要しない。

（対策本部長等による警報の通知）

第四十五条　対策本部長は、前条第一項の規定により警報を発令したときは、直ちに、その内容を指定行政機関の長に通知しなければならない。

2　指定行政機関の長は、前項の規定による通知を受けたときは、その国民の保護に関する計画で定めるところにより、直ちに、その内容を管轄する指定地方行政機関の長、所管する指定公共機関その他の関係機関に通知しなければならない。

3　前項に規定するもののほか、総務大臣は、第一項の規定による通知を受けたときは、その国民の保護に関する計画で定めるところにより、直ちに、その内容を都道府県知事に通知しなければならない。

（都道府県知事による警報の通知）

第四十六条　都道府県知事は、前条第三項の規定による通知を受けたときは、その国民の保護に関する計画で定めるところにより、直ちに、その内容を当該都道府県の区域内の市町村の長、当該都道府県の他の執行機関、当該都道府県知事が指定した指定地方公共機関その他の関係機関に通知しなければならない。

（市町村長による警報の伝達等）

第四十七条　市町村長は、前条の規定による通知を受けたときは、その国民の保護に関する計画で定めるところにより、直ちに、その内容を、住民及び関係のある公私の団体に伝達するとともに、当該市町村の他の執行機関その他の関係機関に通知しなければならない。

2　前項の場合において、市町村長は、サイレン、防災行政無線その他の手段を活用し、できる限り速やかに、同項の通知の内容を住民及び関係のある公私の団体に伝達するよう努めなければならない。

3　都道府県警察は、市町村と協力し、第一項の通知の内容の伝達が的確かつ迅速に行われるよう努めなければならない。

（指定行政機関の長その他の者による警報の伝達）

第四十八条　指定行政機関の長及び指定地方行政機関の長並びに都道府県知事等は、第四十五条又は第四十六条の規定による通知を受けたときは、それぞれその国民の保護に関する計画で定めるところにより、速やかに、その内容を学校、病院、駅その他の多数の者が利用する施設を管理する者に伝達するよう努めなければならない。

第四十九条　前条に規定するもののほか、外務大臣、国土交通大臣及び海上保安庁長官は、第四十五条第一項の規定による通知を受けたときは、それぞれその国民の保護に関する計画で定めるところにより、直ちに、その内容を、外務大臣にあっては外国に滞在する邦人に、国土交通大臣にあっては航空機内に在る者に、海上保安庁長官にあっては船舶内に在る者に伝達するよう努めなければならない。

（警報の放送）

第五十条　放送事業者である指定公共機関及び指定地方公共機関は、第四十五条第二項又は第四十六条の規定による通知を受けたときは、それぞれその国民の保護に関する業務計画で定めるところにより、速やかに、その内容を放送しなければならない。

（警報の解除）

第五十一条　対策本部長は、警報の必要がなくなったと認めるときは、当該警報を解除するものとする。

2　第四十五条から前条までの規定は、対策本部長が前項の規定により警報を解除する場合について準用する。

第二節　避難の指示等

（避難措置の指示）

第五十二条　対策本部長は、第四十四条第一項の規定により警報を発令した場合において、住民の避難（屋内への避難を含む。以下同じ。）が必要であると認めるときは、基本指針で定めるところにより、総務大臣を経由して、関係都道府県知事（次項第一号又は第二号の地域を管轄する都道府県知事をいう。以下この節において同じ。）に対し、直ちに、所要の住民の避難に関する措置を講ずべきことを指示するものとする。

2　対策本部長は、前項の規定による指示（以下「避難措置の指示」という。）をするときは、次に掲げる事項を示さなければならない。

一　住民の避難が必要な地域（以下「要避難地域」という。）

二　住民の避難先となる地域（住民の避難の経路となる地域を含む。以下「避難先地域」という。）

三　住民の避難に関して関係機関が講ずべき措置の概要

3　対策本部長は、避難措置の指示をする場合において、離島を含む地域を要避難地域として示すときは、当該離島の避難住民（第五十四条第一項の規定による指示を受けた住民をいい、当該指示に係る地域に滞在する者を含む。以下同じ。）の運送に関し特に配慮しなければならない。
4　対策本部長は、避難措置の指示をしたときは、直ちに、その内容を指定行政機関の長に通知しなければならない。
5　指定行政機関の長は、前項の規定による通知を受けたときは、その国民の保護に関する計画で定めるところにより、直ちに、その内容を管轄する指定地方行政機関の長及び所管する指定公共機関に通知しなければならない。
6　前項に規定するもののほか、総務大臣は、第四項の規定による通知を受けたときは、その国民の保護に関する計画で定めるところにより、直ちに、その内容を関係都道府県知事以外の都道府県知事に通知しなければならない。
7　第四十六条の規定は、都道府県知事が避難措置の指示又は前項の規定による通知を受けた場合について準用する。
8　第四十九条の規定は、外務大臣、国土交通大臣及び海上保安庁長官が第四項の規定による通知を受けた場合について準用する。

（避難措置の指示の解除）

第五十三条　対策本部長は、要避難地域の全部又は一部について避難の必要がなくなったと認めるときは、当該要避難地域の全部又は一部について避難措置の指示を解除するものとする。
2　前項の場合において、対策本部長は、総務大臣を経由して、関係都道府県知事に対し、直ちに、避難措置の指示を解除した旨を通知しなければならない。
3　前条第四項から第八項までの規定は、対策本部長が第一項の規定により避難措置の指示を解除する場合について準用する。

（避難の指示）

第五十四条　避難措置の指示を受けたときは、要避難地域を管轄する都道府県知事は、その国民の保護に関する計画で定めるところにより、要避難地域を管轄する市町村長を経由して、当該要避難地域の住民に対し、直ちに、避難すべき旨を指示しなければならない。この場合において、当該都道府県知事は、地理的条件、交通事情その他の条件に照らし、当該要避難地域に近接する地域の住民をも避難させることが必要であると認めるときは、当該地域を管轄する市町村長を経由して、当該地域の住民に対し、避難すべき旨を指示することができる。
2　都道府県知事は、前項の規定による指示（以下「避難の指示」という。）をするときは、第五十二条第二項各号に掲げる事項のほか、主要な避難の経路、避難のための交通手段その他避難の方法を示さなければならない。
3　都道府県知事は、避難の指示をする場合において、避難先地域に当該都道府県の区域内の指定都市（地方自治法第二百五十二条の十九第一項の指定都市をいう。以下同じ。）の区域が含まれるときは、あらかじめ、当該指定都市の長の意見を聴くものとする。
4　第四十七条第二項及び第三項の規定は、市町村長が避難の指示を住民に伝達する場合について準用する。
5　都道府県知事は、避難の指示をしたときは、直ちに、その内容を避難先地域を管轄する市町村長（当該都道府県の区域内の市町村の長に限る。）に通知しなければならない。
6　市町村長は、前項の規定による通知を受けたときは、避難住民を受け入れないことについて正当な理由がある場合を除き、避難住民を受け入れるものとする。
7　都道府県知事は、避難の指示をしたときは、その国民の保護に関する計画で定めるところにより、直ちに、その内容を当該都道府県の区域内の市町村の長（第一項及び第五項の市町村長を除く。）、当該都道府県の他の執行機関、関係指定公共機関及び指定地方公共機関並びに当該都道府県の区域内の避難先地域の避難施設（第百四十八条第一項の避難施設をいう。第百五十条を除き、以下同じ。）の管理者に通知しなければならない。

8　都道府県知事は、避難の指示をしたときは、速やかに、その内容を対策本部長に報告しなければならない。

（避難の指示の解除）

第五十五条　都道府県知事は、第五十三条第一項の規定により要避難地域の全部又は一部について避難措置の指示が解除されたときは、当該要避難地域の全部又は一部について避難の指示を解除しなければならない。

2　都道府県知事は、前条第一項後段の規定により避難の指示をした場合において、当該避難の指示に係る要避難地域に近接する地域の全部又は一部について避難の必要がなくなったと認めるときは、当該地域の全部又は一部について避難の指示を解除するものとする。

3　前条第七項及び第八項の規定は、都道府県知事が前二項の規定により避難の指示を解除した場合について準用する。この場合において、同条第七項中「市町村の長（第一項及び第五項の市町村長を除く。）」とあるのは、「市町村の長」と読み替えるものとする。

（避難の指示に係る内閣総理大臣の是正措置）

第五十六条　内閣総理大臣は、避難の指示に関し対策本部長が行った事態対処法第十四条第一項の総合調整に基づく所要の避難の指示が要避難地域を管轄する都道府県知事により行われない場合において、国民の生命、身体又は財産の保護を図るため特に必要があると認めるときは、対策本部長の求めに応じ、当該都道府県知事に対し、当該所要の避難の指示をすべきことを指示することができる。

2　内閣総理大臣は、前項の規定による指示を行ってもなお所要の避難の指示が当該要避難地域を管轄する都道府県知事により行われないとき、又は国民の生命、身体若しくは財産の保護を図るため特に必要があると認める場合であって事態に照らし緊急を要すると認めるときは、対策本部長の求めに応じ、当該都道府県知事に通知した上で、自ら当該所要の避難の指示をすることができる。

3　前二項の規定は、都道府県知事が前条第一項又は第二項の規定により避難の指示を解除する場合について準用する。

（避難の指示等の放送）

第五十七条　第五十条の規定は、放送事業者である指定公共機関又は指定地方公共機関が第五十四条第七項（第五十五条第三項において準用する場合を含む。）の規定による通知を受けた場合について準用する。

（都道府県の区域を越える住民の避難）

第五十八条　避難措置の指示を受けた場合において、都道府県の区域を越えて住民に避難をさせる必要があるときは、関係都道府県知事は、避難住民の受入れについて、あらかじめ協議しなければならない。

2　前項の場合において、避難先地域を管轄する都道府県知事は、避難住民を受け入れないことについて正当な理由がある場合を除き、避難住民を受け入れるものとする。

3　第一項の場合において、避難先地域を管轄する都道府県知事は、当該都道府県の区域において避難住民を受け入れるべき地域（以下この項及び次項において「受入地域」という。）を決定し、直ちに、その旨を当該受入地域を管轄する市町村長に通知しなければならない。

4　第五十四条第三項の規定は、受入地域に指定都市（当該都道府県の区域内の指定都市に限る。）の区域が含まれる場合について準用する。

5　避難先地域を管轄する都道府県知事は、第三項の規定による決定をしたときは、速やかに、その内容を要避難地域を管轄する都道府県知事に通知しなければならない。

6　第五十四条第六項の規定は、市町村長が第三項の規定による通知を受けた場合について準用する。

7　第五十四条第七項の規定は、都道府県知事が第三項の規定による決定をした場合について準用する。この場合において、同条第七項中「市町村の長（第一項及び第五項の市町村長を除く。）」とあるのは、「市町村の長」と読み替えるものとする。

8　第一項の場合において、要避難地域を管轄する都道府県知事は、第五十五条第一項又は第二項の規定により避難の指示を解除したときは、速やかに、その旨を避難先地域を管轄する都道府県知事に通知するものとする。

9　第五十四条第七項の規定は、都道府県知事が前項の規定による通知を受けた場合について準用する。この場合において、同条第七項中「市町村の長（第一項及び第五項の市町村長を除く。）」とあるのは、「市町村の長」と読み替えるものとする。

（関係都道府県知事の連絡及び協力等）

第五十九条　避難措置の指示を受けた場合において、都道府県の区域を越えて住民に避難をさせる必要があるときは、関係都道府県知事は、住民の避難に関する措置に関し、相互に緊密に連絡し、及び協力しなければならない。

2　前項の場合において、総務大臣は、都道府県の区域を越える住民の避難を円滑に行うため必要があると認めるときは、関係都道府県知事に対し、必要な勧告をすることができる。

（都道府県の区域を越える避難住民の受入れのための措置に係る内閣総理大臣の是正措置）

第六十条　内閣総理大臣は、都道府県の区域を越える避難住民の受入れのための措置に関し対策本部長が行った事態対処法第十四条第一項の総合調整に基づく所要の都道府県の区域を越える避難住民の受入れのための措置が避難先地域を管轄する都道府県知事により講じられない場合において、国民の生命、身体又は財産の保護を図るため特に必要があると認めるときは、対策本部長の求めに応じ、当該都道府県知事に対し、当該所要の都道府県の区域を越える避難住民の受入れのための措置を講ずべきことを指示することができる。

2　内閣総理大臣は、前項の規定による指示を行ってもなお所要の都道府県の区域を越える避難住民の受入れのための措置が当該避難先地域を管轄する都道府県知事により講じられないとき、又は国民の生命、身体若しくは財産の保護を図るため特に必要があると認める場合であって事態に照らし緊急を要すると認めるときは、対策本部長の求めに応じ、当該都道府県知事に通知した上で、自ら又は総務大臣を指揮し、当該所要の都道府県の区域を越える避難住民の受入れのための措置を講じ、又は講じさせることができる。

第三節　避難住民の誘導

（避難実施要領）

第六十一条　市町村長は、当該市町村の住民に対し避難の指示があったときは、その国民の保護に関する計画で定めるところにより、関係機関の意見を聴いて、直ちに、避難実施要領を定めなければならない。

2　前項の避難実施要領に定める事項は、次のとおりとする。

一　避難の経路、避難の手段その他避難の方法に関する事項

二　避難住民の誘導の実施方法、避難住民の誘導に係る関係職員の配置その他避難住民の誘導に関する事項

三　前二号に掲げるもののほか、避難の実施に関し必要な事項

3　市町村長は、避難実施要領を定めたときは、その国民の保護に関する計画で定めるところにより、直ちに、その内容を、住民及び関係の

ある公私の団体に伝達するとともに、当該市町村の他の執行機関、当該市町村の区域を管轄する消防長（消防本部を置かない市町村にあっては、消防団長）、警察署長、海上保安部長等（政令で定める管区海上保安本部の事務所の長をいう。以下同じ。）及び政令で定める自衛隊の部隊等の長並びにその他の関係機関に通知しなければならない。

4　第四十七条第二項の規定は、市町村長が前項の規定により避難実施要領の内容を住民及び関係のある公私の団体に伝達する場合について準用する。

（市町村長による避難住民の誘導等）

第六十二条　市町村長は、その避難実施要領で定めるところにより、当該市町村の職員並びに消防長及び消防団長を指揮し、避難住民を誘導しなければならない。

2　消防に関する事務の全部又は一部を処理する地方公共団体の組合（以下「消防組合」という。）の管理者（地方自治法第二百八十七条の二第二項の規定により管理者に代えて理事会を置く一部事務組合にあっては、理事。以下同じ。）又は長は、当該消防組合を組織する市町村の長が前項の規定により避難住民を誘導するときは、当該市町村の避難実施要領で定めるところにより、当該消防組合の消防長及び消防団長を指揮し、当該市町村と協力して、避難住民を誘導しなければならない。

3　前二項の場合において、消防団は、消防長又は消防署長の所轄の下に行動するものとする。

4　第二項の場合において、当該消防組合を組織する市町村の長は、当該市町村の避難住民の誘導に関し特に必要があると認めるときは、当該消防組合の管理者又は長に対し、当該消防組合の消防長又は消防団長に対して必要な措置を講ずべきことを指示するよう求めることができる。

5　前三項の規定は、消防に関する事務の全部又は一部を他の地方公共団体に委託した市町村の長が避難住民を誘導する場合について準用する。この場合において、第二項中「消防に関する事務の全部又は一部を処理する地方公共団体の組合（以下「消防組合」という。）の管理者（地方自治法第二百八十七条の二第二項の規定により管理者に代えて理事会を置く一部事務組合にあっては、理事。以下同じ。）又は長」とあり、前項中「消防組合の管理者又は長」とあるのは「委託を受けた地方公共団体の長」と、第二項及び前項中「当該消防組合を組織する市町村」とあるのは「当該委託した市町村」と、「当該市町村」とあるのは「委託した市町村」と、「当該消防組合の消防長」とあるのは「当該委託を受けた地方公共団体の消防長」と読み替えるものとする。

6　市町村長は、避難住民を誘導するときは、必要に応じ、食品の給与、飲料水の供給、医療の提供その他必要な措置を講ずるよう努めなければならない。

（警察官等による避難住民の誘導等）

第六十三条　前条第一項の場合において、市町村長は、避難住民を誘導するため必要があると認めるときは、警察署長、海上保安部長等又は自衛隊法第七十六条第一項、第七十八条第一項若しくは第八十一条第二項の規定により出動を命ぜられた自衛隊の部隊等のうち国民の保護のための措置の実施を命ぜられた自衛隊の部隊等若しくは同法第七十七条の三第一項の規定により派遣を命ぜられた自衛隊の部隊等（以下「出動等を命ぜられた自衛隊の部隊等」という。）の長（政令で定める自衛隊の部隊等の長に限る。）に対し、警察官、海上保安官又は自衛官（以下「警察官等」という。）による避難住民の誘導を行うよう要請することができる。この場合において、市町村長は、その旨を当該市町村の属する都道府県の知事に通知するものとする。

2　都道府県知事は、前条第一項の規定により避難住民を誘導する市町村長から求めがあったとき、又は当該市町村長の求めを待ついとまがないと認めるときは、警視総監若しくは道府県警察本部長、管区海上保安本部長又は前項の自衛隊の部隊等の長に対し、警察官等による避難住民の誘導を行うよう要請することができる。

3　都道府県知事は、第一項の規定による要請について、必要な調整を行うことができる。

（市町村長との協議等）

第六十四条　第六十二条第一項の場合において、警察官等が避難住民を誘導しようとするときは、警察署長、海上保安部長等又は出動等を命ぜられた自衛隊の部隊等の長（次項及び第三項において「警察署長等」という。）は、あらかじめ関係市町村長と協議し、避難実施要領に沿って避難住民の誘導が円滑に行われるよう必要な措置を講じなければならない。

2　市町村長は、警察官等が当該市町村の避難住民を誘導しているときは、警察署長等に対し、避難住民の誘導の実施の状況に関し必要な情報の提供を求めることができる。

3　市町村長は、警察官等が当該市町村の避難住民を誘導している場合において、避難住民の生命又は身体の保護のため緊急の必要があると認めるときは、その必要な限度において、警察署長等に対し、避難住民の誘導に関し必要な措置を講ずるよう要請することができる。

（病院等の施設の管理者の責務）

第六十五条　病院、老人福祉施設、保育所その他自ら避難することが困難な者が入院し、その他滞在している施設の管理者は、これらの者が避難を行うときは、当該避難が円滑に行われるために必要な措置を講ずるよう努めなければならない。

（避難住民を誘導する者による警告、指示等）

第六十六条　避難住民を誘導する警察官等又は第六十二条第一項若しくは第二項（同条第五項において準用する場合を含む。）の規定により避難住民を誘導する者は、避難に伴う混雑等において危険な事態が発生するおそれがあると認めるときは、当該危険な事態の発生を防止するため、危険を生じさせ、又は危害を受けるおそれのある者その他関係者に対し、必要な警告又は指示をすることができる。

2　前項の場合において、警察官又は海上保安官は、特に必要があると認めるときは、危険な場所への立入りを禁止し、若しくはその場所から退去させ、又は当該危険を生ずるおそれのある道路上の車両その他の物件の除去その他必要な措置を講ずることができる。

3　前項の規定は、警察官及び海上保安官がその場にいない場合に限り、避難住民を誘導している消防吏員又は自衛官の職務の執行について準用する。

（都道府県知事による避難住民の誘導に関する措置）

第六十七条　都道府県知事は、避難住民の誘導を円滑に実施するため、市町村長に対し、的確かつ迅速に必要な支援を行うよう努めなければならない。

2　都道府県知事は、第六十二条第一項の規定に基づく所要の避難住民の誘導が関係市町村長により行われない場合において、住民の生命、身体又は財産の保護を図るため特に必要があると認めるときは、当該市町村長に対し、当該所要の避難住民の誘導を行うべきことを指示することができる。

3　都道府県知事は、前項の規定による指示を行ってもなお所要の避難住民の誘導が当該関係市町村長により行われないときは、当該市町村長に通知した上で、その職員を指揮し、避難住民を誘導させることができる。

4　都道府県知事は、当該都道府県の区域内の市町村の長が当該都道府県の区域を越えて避難住民の誘導を行うとき、又は当該市町村長から要請があったときは、その職員を指揮し、避難住民の誘導を補助させることができる。

5　前条第一項の規定は、前二項の規定により避難住民を誘導し、又は避難住民の誘導を補助する都道府県の職員について準用する。

（避難住民の誘導に関する措置に係る内閣総理大臣の是正措置）

第六十八条　内閣総理大臣は、避難住民の誘導に関する措置に関し対策本部長が行った事態対処法第十四条第一項の総合調整に基づく所要の避難住民の誘導に関する措置が関係都道府県知事により講じられない場合において、国民の生命、身体又は財産の保護を図るため特に必要があると認めるときは、対策本部長の求めに応じ、当該都道府県知事に対し、当該所要の避難住民の誘導に関する措置を講ずべきことを指示することができる。

（避難住民の復帰のための措置）

第六十九条　市町村長は、第五十五条第一項又は第二項の規定により要避難地域又は要避難地域に近接する地域の全部又は一部について避難の指示が解除されたときは、当該地域の避難住民を当該地域へ復帰させるため、当該地域までの誘導その他必要な措置を講じなければならない。

2　第六十二条及び第六十七条（第五項を除く。）の規定は、前項の規定による避難住民の復帰のための措置について準用する。この場合において、第六十二条第一項中「その避難実施要領」とあるのは「別に定める避難住民の復帰に関する要領」と、同条第二項中「避難実施要領」とあるのは「長が別に定める避難住民の復帰に関する要領」と読み替えるものとする。

（避難住民の誘導への協力）

第七十条　避難住民を誘導する警察官等、第六十二条第一項若しくは第二項（同条第五項において準用する場合を含む。）若しくは第六十七条第三項の規定により避難住民を誘導する者又は同条第四項の規定により避難住民の誘導を補助する者は、避難住民の誘導のため必要があると認めるときは、避難住民その他の者に対し、当該避難住民の誘導に必要な援助について協力を要請することができる。

2　前項の場合において、警察官等、同項の避難住民を誘導する者及び同項の避難住民の誘導を補助する者は、その要請を受けて避難住民の誘導に必要な援助について協力をする者の安全の確保に十分に配慮しなければならない。

3　前二項の規定は、前条第一項の規定による避難住民の復帰のための措置について準用する。

（避難住民の運送の求め）

第七十一条　都道府県知事又は市町村長は、避難住民を誘導するため、運送事業者である指定公共機関又は指定地方公共機関（都道府県知事にあっては当該都道府県知事が指定した指定地方公共機関、市町村長にあっては当該市町村が属する都道府県の知事が指定した指定地方公共機関に限る。第七十三条第二項から第四項まで及び第七十九条第一項において同じ。）に対し、避難住民の運送を求めることができる。

2　前項の指定公共機関及び指定地方公共機関は、同項の規定による求めがあったときは、正当な理由がない限り、その求めに応じなければならない。

（避難住民の運送に係る総合調整のための通知）

第七十二条　都道府県知事又は市町村長は、指定公共機関又は指定地方公共機関が正当な理由がないのに前条第一項の規定による求めに応じないと認めるときは、指定公共機関にあっては対策本部長に対し、指定地方公共機関にあっては都道府県対策本部長に対し、その旨を通知することができる。

（避難住民の運送に係る内閣総理大臣等の是正措置）

第七十三条　内閣総理大臣は、避難住民の運送に関し対策本部長が行った事態対処法第十四条第一項の総合調整に基づく所要の避難住民の運送が関係指定公共機関により行われない場合において、国民の生命、身体又は財産の保護を図るため特に必要があると認めるときは、対策本部長の求めに応じ、当該指定公共機関に対し、当該所要の避難住民の運送を行うべきことを指示することができる。

2　都道府県知事は、避難住民の運送が関係指定地方公共機関により的確かつ迅速に行われない場合において、住民の生命、身体又は財産の保護を図るため特に必要があると認めるときは、当該指定地方公共機関に対し、所要の避難住民の運送を行うべきことを指示することができる。

3　内閣総理大臣及び都道府県知事は、第四十四条第一項の規定により対策本部長が発令した警報の内容に照らし指定公共機関及び指定地方公共機関の安全が確保されていると認められる場合でなければ、前二項の規定による指示を行ってはならない。

4　内閣総理大臣及び都道府県知事は、指定公共機関及び指定地方公共機関が第一項及び第二項の規定による指示に基づき避難住民の運送を行うときは、当該指定公共機関及び指定地方公共機関に対し、その安全の確保のため、武力攻撃の状況その他必要な情報の提供を行わなければならない。

第三章　避難住民等の救援に関する措置

第一節　救援

（救援の指示）

第七十四条　対策本部長は、第五十二条第一項の規定により避難措置の指示をしたときは、基本指針で定めるところにより、避難先地域を管轄する都道府県知事に対し、直ちに、所要の救援に関する措置を講ずべきことを指示するものとする。

2　対策本部長は、武力攻撃災害による被災者が発生した場合において、当該被災者の救援が必要であると認めるときは、当該被災者が発生した地域を管轄する都道府県知事に対し、所要の救援に関する措置を講ずべきことを指示することができる。

（救援の実施）

第七十五条　都道府県知事は、前条の規定による指示（以下この項において「救援の指示」という。）を受けたときは、その国民の保護に関する計画で定めるところにより、当該都道府県の区域内に在る避難住民等（避難住民及び武力攻撃災害による被災者をいう。以下同じ。）で救援を必要としているものに対し、避難施設その他の場所において、次に掲げる救援（以下単に「救援」という。）のうち必要と認めるものを行わなければならない。ただし、その事態に照らし緊急を要し、救援の指示を待ついとまがないと認められるときは、当該救援の指示を待たないで、これを行うことができる。

一　収容施設（応急仮設住宅を含む。第八十二条において同じ。）の供与
二　炊き出しその他による食品の給与及び飲料水の供給
三　被服、寝具その他生活必需品の給与又は貸与
四　医療の提供及び助産
五　被災者の捜索及び救出
六　埋葬及び火葬
七　電話その他の通信設備の提供
八　前各号に掲げるもののほか、政令で定めるもの

2　救援は、都道府県知事が必要があると認めるときは、前項の規定にかかわらず、金銭を支給してこれを行うことができる。

3　救援の程度、方法及び期間に関し必要な事項は、政令で定める。

（市町村長による救援の実施等）

第七十六条　都道府県知事は、救援を迅速に行うため必要があると認めるときは、政令で定めるところにより、その権限に属する救援の実施に関する事務の一部を市町村長が行うこととすることができる。この場合において、都道府県知事は、当該事務の実施に関し必要があると認めるときは、市町村長に対し、所要の救援に関する措置を講ずべきことを指示することができる。

2　前項の規定により市町村長が行う事務を除くほか、市町村長は、都道府県知事が行う救援を補助するものとする。

（日本赤十字社による措置）

第七十七条　日本赤十字社は、その国民の保護に関する業務計画で定めるところにより、都道府県知事が行う救援に協力しなければならない。

2　政府は、日本赤十字社に、政府の指揮監督の下に、救援に関し地方公共団体以外の団体又は個人がする協力（第八十条第一項の協力を除く。）についての連絡調整を行わせることができる。

3　都道府県知事は、救援又はその応援の実施に関し必要な事項を日本赤十字社に委託することができる。

（通信設備の設置に関する協力）

第七十八条　電気通信事業者（電気通信事業法（昭和五十九年法律第八十六号）第二条第五号の電気通信事業者をいう。第百三十五条第二項及び第百五十六条において同じ。）である指定公共機関及び指定地方公共機関は、それぞれその国民の保護に関する業務計画で定めるところにより、避難施設における避難住民等のための電話その他の通信設備の臨時の設置について、都道府県知事が行う救援に対して必要な協力をするよう努めなければならない。

（緊急物資の運送）

第七十九条　指定行政機関の長若しくは指定地方行政機関の長又は都道府県知事若しくは市町村長は、指定行政機関の長及び指定地方行政機関の長にあっては運送事業者である指定公共機関に対し、都道府県知事及び市町村長にあっては運送事業者である指定公共機関又は指定地方公共機関に対し、避難住民等の救援に必要な物資及び資材その他国民の保護のための措置の実施に当たって必要な物資及び資材（次項及び第百五十五条第一項において「緊急物資」という。）の運送を求めることができる。

2　第七十一条第二項、第七十二条及び第七十三条の規定は、緊急物資の運送について準用する。

（救援への協力）

第八十条　都道府県知事又は都道府県の職員は、救援を行うため必要があると認めるときは、当該救援を必要とする避難住民等及びその近隣の者に対し、当該救援に必要な援助について協力を要請することができる。

2　前項の場合において、都道府県知事及び都道府県の職員は、その要請を受けて救援に必要な援助について協力をする者の安全の確保に十分に配慮しなければならない。

（物資の売渡しの要請等）

第八十一条　都道府県知事は、救援を行うため必要があると認めるときは、救援の実施に必要な物資（医薬品、食品、寝具その他政令で定める物資に限る。次条第一項及び第八十四条第一項において単に「物資」という。）であって生産、集荷、販売、配給、保管又は輸送を業とする者が取り扱うもの（以下「特定物資」という。）について、その所有者に対し、当該特定物資の売渡しを要請することができる。

2　前項の場合において、特定物資の所有者が正当な理由がないのに同項の規定による要請に応じないときは、都道府県知事は、救援を行うため特に必要があると認めるときに限り、当該特定物資を収用することができる。

3　都道府県知事は、救援を行うに当たり、特定物資を確保するため緊急の必要があると認めるときは、当該特定物資の生産、集荷、販売、配給、保管又は輸送を業とする者に対し、その取り扱う特定物資の保管を命ずることができる。

4　指定行政機関の長又は指定地方行政機関の長は、都道府県知事の行う救援を支援するため緊急の必要があると認めるとき、又は都道府県知事から要請があったときは、自ら前三項の規定による措置を行うことができる。

（土地等の使用）

第八十二条　都道府県知事は、避難住民等に収容施設を供与し、又は避難住民等に対する医療の提供を行うことを目的とした臨時の施設を開設するため、土地、家屋又は物資（以下この条及び第八十四条第一項において「土地等」という。）を使用する必要があると認めるときは、当該土地等の所有者及び占有者の同意を得て、当該土地等を使用することができる。

2　前項の場合において土地等の所有者若しくは占有者が正当な理由がないのに同意をしないとき、又は土地等の所有者若しくは占有者の所在が不明であるため同項の同意を求めることができないときは、都道府県知事は、避難住民等に収容施設を供与し、又は避難住民等に対する医療の提供を行うことを目的とした臨時の施設を開設するため特に必要があると認めるときに限り、同項の規定にかかわらず、同意を得ないで、当該土地等を使用することができる。

（公用令書の交付）

第八十三条　第八十一条第二項、第三項及び第四項（同条第一項に係る部分を除く。）並びに前条の規定による処分については、都道府県知事並びに指定行政機関の長及び指定地方行政機関の長は、政令で定めるところにより、それぞれ公用令書を交付して行わなければならない。ただし、土地の使用に際して公用令書を交付すべき相手方の所在が不明である場合その他の政令で定める場合にあっては、政令で定めるところにより事後に交付すれば足りる。

2　災害対策基本法第八十一条第二項及び第三項の規定は、前項の場合について準用する。

（立入検査等）

第八十四条　都道府県知事又は指定行政機関の長若しくは指定地方行政機関の長は、第八十一条第二項若しくは第四項の規定により特定物資を収用し、若しくは同条第三項若しくは第四項の規定により特定物資の保管を命じ、又は第八十二条の規定により土地等を使用するため必要があるときは、その職員に当該土地若しくは家屋又は当該特定物資を保管させる場所若しくは当該特定物資若しくは物資の所在する場所に立ち入り、当該土地、家屋又は特定物資若しくは物資の状況を検査させることができる。

2　都道府県知事又は指定行政機関の長若しくは指定地方行政機関の長は、第八十一条第三項又は第四項の規定により特定物資を保管させたときは、当該保管を命じた者に対し必要な報告を求め、又はその職員に当該特定物資を保管させてある場所に立ち入り、当該特定物資の保管の状況を検査させることができる。

3　前二項の規定により都道府県知事又は指定行政機関若しくは指定地方行政機関の職員が立ち入る場合においては、当該職員は、あらかじめ、その旨をその場所の管理者に通知しなければならない。

4　前項の場合において、その職員は、その身分を示す証明書を携帯し、かつ、関係人の請求があるときは、これを提示しなければならない。

（医療の実施の要請等）

第八十五条　都道府県知事は、大規模な武力攻撃災害が発生した場合において、避難住民等に対する医療の提供を行うため必要があると認めるときは、医師、看護師その他の政令で定める医療関係者に対し、その場所及び期間その他の必要な事項を示して、医療を行うよう要請することができる。

2　前項の場合において、同項の医療関係者が正当な理由がないのに同項の規定による要請に応じないときは、都道府県知事は、避難住民等に対する医療を提供するため特に必要があると認めるときに限り、当該医療関係者に対し、医療を行うべきことを指示することができる。この場合においては、同項の事項を書面で示さなければならない。

3　都道府県知事は、前二項の規定により医療関係者に医療を行うよう要請し、又は医療を行うべきことを指示するときは、当該医療関係者の安全の確保に関し十分に配慮し、危険が及ばないよう必要な措置を講じなければならない。

（応援の指示）

第八十六条　厚生労働大臣は、都道府県知事が行う救援について、他の都道府県知事に対し、その応援をすべきことを指示することができる。

（救援の支援）

第八十七条　指定行政機関の長及び指定地方行政機関の長は、都道府県知事から救援を行うに当たっての支援を求められたときは、救援に係る物資の供給その他必要な支援を行うものとする。

（救援に係る内閣総理大臣の是正措置）

第八十八条　内閣総理大臣は、救援に関し対策本部長が行った事態対処法第十四条第一項の総合調整に基づく所要の救援が関係都道府県知事により行われない場合において、国民の生命、身体又は財産の保護を図るため特に必要があると認めるときは、対策本部長の求めに応じ、当該都道府県知事に対し、当該所要の救援を行うべきことを指示することができる。

2　内閣総理大臣は、前項の規定による指示を行ってもなお所要の救援が当該関係都道府県知事により行われないとき、又は国民の生命、身体若しくは財産の保護を図るため特に必要があると認める場合であって事態に照らし緊急を要すると認めるときは、対策本部長の求めに応じ、当該都道府県知事に通知した上で、自ら又は関係大臣を指揮し、当該所要の救援を行い、又は行わせることができる。

（収容施設等に関する特例）

第八十九条　消防法（昭和二十三年法律第百八十六号）第十七条の規定は、避難住民等を収容し、又は避難住民等に対する医療の提供を行うための施設（第三項において「収容施設等」という。）であって都道府県知事が臨時に開設するもの（次項及び第三項において「臨時の収容施設等」という。）については、適用しない。

2　都道府県知事は、前項の規定にかかわらず、消防法に準拠して、臨時の収容施設等についての消防の用に供する設備、消防用水及び消火活動上必要な施設の設置及び維持に関する基準を定め、その他当該臨時の収容施設等における災害を防止し、及び公共の安全を確保するため必要な措置を講じなければならない。

3　建築基準法（昭和二十五年法律第二百一号）第八十五条第一項本文及び第三項の規定は、都道府県知事が行う収容施設等の応急の修繕及び臨時の収容施設等の建築について準用する。

（臨時の医療施設に関する特例）

第九十条　医療法（昭和二十三年法律第二百五号）第二章の規定は、都道府県知事が臨時に開設する避難住民等に対する医療の提供を行うための施設については、適用しない。

（外国医療関係者による医療の提供の許可）

第九十一条　厚生労働大臣は、大規模な武力攻撃災害が発生した場合において、次の各号に掲げる資格を有する者の確保が著しく困難であり、避難住民等に対して十分な医療を提供することができないと認められ、かつ、外国政府、国際機関等から医療の提供の申出があったときは、それぞれ当該各号に定める法律の規定にかかわらず、政令で定めるところにより、その従事する区域及び業務の内容を指定して、外国において当該各号に掲げる資格に相当する資格を有する者（第三項において「外国医療関係者」という。）が、必要な限度で医療を行うことを許可することができる。

一　医師　医師法（昭和二十三年法律第二百一号）第十七条

二　歯科医師　歯科医師法（昭和二十三年法律第二百二号）第十七条

三　薬剤師　薬剤師法（昭和三十五年法律第百四十六号）第十九条

四　看護師　保健師助産師看護師法（昭和二十三年法律第二百三号）第三十一条第一項

五　准看護師　保健師助産師看護師法第三十二条

六　救急救命士　保健師助産師看護師法第三十一条第一項及び第三十二条

2　厚生労働大臣は、前項の規定による許可をしたときは、速やかに、その旨を当該許可に際して指定した区域を管轄する都道府県知事に通知しなければならない。

3　厚生労働大臣は、第一項の規定による許可を受けた外国医療関係者（以下この条において「許可外国医療関係者」という。）による医療を行う必要がなくなったと認めるときは、当該許可を取り消すものとする。

4　厚生労働大臣は、許可外国医療関係者が、業務に関し犯罪又は不正の行為を行ったとき、その他政令で定める事由に該当するときは、当該許可を取り消すことができる。

5　許可外国医療関係者については、外国において医師、歯科医師、薬剤師、看護師、准看護師又は救急救命士に相当する資格を有する者をそれぞれ医師、歯科医師、薬剤師、看護師、准看護師又は救急救命士とみなして、政令で定める法律の規定を適用する。

6　医師法第十八条、歯科医師法第十八条、薬剤師法第二十条又は救急救命士法（平成三年法律第三十六号）第四十八条の規定は、許可外国医療関係者のうち、それぞれ外国において医師、歯科医師、薬剤師又は救急救命士に相当する資格を有する者については、適用しない。

（外国医薬品等の輸入の許可）

第九十二条　薬事法（昭和三十五年法律第百四十五号）第十三条の三（第一項ただし書を除く。）の規定は、避難住民等に対する医療の提供のために必要な医薬品（同法第二条第一項の医薬品をいう。以下この項及び第三項において同じ。）又は医療用具（同条第四項の医療用具をいう。以下この項及び第三項において同じ。）の輸入について準用する。この場合において、同法第十三条の三中「第十二条第一項」とあるのは「第二十二条第一項」と、同条第一項中「製造しよう」とあるのは「輸入しよう」と、「医薬品」とあるのは「医薬品又は医療用具」と、「政令で定めるもの」とあるのは「厚生労働大臣が認めるもの」と、同項第一号中「疾病のまん延」とあるのは「疾病のまん延その他健康被害の拡大」と読み替えるものとする。

2　厚生労働大臣は、前項において準用する薬事法第十三条の三第一項の許可を与えた場合において、当該許可に係る品目の輸入の必要がなくなったと認めるとき、又は保健衛生上の危害の発生若しくはその拡大を防止するため必要があると認めるときは、当該許可を取り消すことができる。

3　薬事法第八十条第二項の規定は、第一項において準用する同法第十三条の三第一項の規定により輸入される医薬品又は医療用具について準用する。この場合において、同法第八十条第二項中「第五十四条、

第五十五条第一項（第六十八条の五において準用する場合を含む。）、第五十六条」とあるのは、「第五十四条（第六十四条において準用する場合を含む。）、第五十五条第一項（第六十四条及び第六十八条の五において準用する場合を含む。）、第五十六条、第六十三条、第六十三条の二、第六十五条」と読み替えるものとする。

（海外からの支援の受入れ）

第九十三条　内閣は、著しく大規模な武力攻撃災害が発生し、法律の規定によっては避難住民等の救援に係る海外からの支援を緊急かつ円滑に受け入れることができない場合において、国会が閉会中又は衆議院が解散中であり、かつ、臨時会の召集を決定し、又は参議院の緊急集会を求めてその措置を待ついとまがないときは、当該支援の受入れについて必要な措置を講ずるため、政令を制定することができる。

2　災害対策基本法第百九条第三項から第七項までの規定は、前項の場合について準用する。

第二節　安否情報の収集等

（市町村長及び都道府県知事による安否情報の収集）

第九十四条　市町村長は、政令で定めるところにより、避難住民及び武力攻撃災害により死亡し又は負傷した住民（当該市町村の住民以外の者で当該市町村に在るもの及び当該市町村で死亡したものを含む。）の安否に関する情報（以下「安否情報」という。）を収集し、及び整理するよう努めるとともに、都道府県知事に対し、適時に、当該安否情報を報告しなければならない。

2　都道府県知事は、前項の規定により報告を受けた安否情報を整理するほか、必要に応じて自ら安否情報を収集し、及び整理するよう努めるとともに、総務大臣に対し、遅滞なく、これらの安否情報を報告しなければならない。

3　安否情報を保有する関係機関は、前二項の規定による安否情報の収集に協力するよう努めなければならない。

（総務大臣及び地方公共団体の長による安否情報の提供）

第九十五条　総務大臣及び地方公共団体の長は、政令で定めるところにより、安否情報について照会があったときは、速やかに回答しなければならない。

2　前項の場合において、総務大臣及び地方公共団体の長は、個人の情報の保護に十分留意しなければならない。

（外国人に関する安否情報）

第九十六条　日本赤十字社は、その国民の保護に関する業務計画で定めるところにより、総務大臣及び地方公共団体の長が保有する安否情報のうち外国人に関するものを収集し、及び整理するよう努めるとともに、外国人に関する安否情報について照会があったときは、速やかに回答しなければならない。

2　総務大臣及び地方公共団体の長は、前項の規定により日本赤十字社が行う外国人に関する安否情報の収集に協力しなければならない。

3　前条第二項の規定は、日本赤十字社が保有する外国人に関する安否情報について回答する場合について準用する。

第四章　武力攻撃災害への対処に関する措置

第一節　通則

（武力攻撃災害への対処）

第九十七条　国は、武力攻撃災害を防除し、及び軽減するため、基本指針で定めるところにより、自ら必要な措置を講ずるとともに、地方公共団体と協力して、武力攻撃災害への対処に関する措置（武力攻撃災害を防除し、及び軽減する措置その他武力攻撃災害による被害が最小となるようにするために実施する措置をいう。以下同じ。）を的確かつ迅速に実施しなければならない。

2　地方公共団体は、当該地方公共団体の区域に係る武力攻撃災害を防除し、及び軽減するため、この法律その他法令の規定に基づき、必要な武力攻撃災害への対処に関する措置を講じなければならない。

3　対策本部長は、武力攻撃災害を防除し、及び軽減するため特に必要があると認めるときは、都道府県知事に対し、所要の武力攻撃災害への対処に関する措置を講ずべきことを指示することができる。

4　都道府県知事は、当該都道府県の区域に係る武力攻撃災害が著しく大規模であること、その性質が特殊であることその他の事情により、当該武力攻撃災害を防除し、及び軽減することが困難であると認めるときは、対策本部長に対し、当該武力攻撃災害を防除し、及び軽減するため、国において必要な措置を講ずるよう要請することができる。

5　内閣総理大臣は、この法律に規定するもののほか、前項の規定による要請があったときは、対策本部長の求めに応じ、同項の武力攻撃災害を防除し、及び軽減するため、対処基本方針に基づき、関係大臣を指揮し、必要な措置を講じさせなければならない。

6　市町村長は、当該市町村の区域に係る武力攻撃災害が発生し、又はまさに発生しようとしている場合において、住民の生命、身体又は財産を保護するため緊急の必要があると認めるときは、都道府県知事に対し、第四項の規定による要請を行うよう求めることができる。

7　消防は、その施設及び人員を活用して、国民の生命、身体及び財産を武力攻撃による火災から保護するとともに、武力攻撃災害を防除し、及び軽減しなければならない。

（発見者の通報義務等）

第九十八条　武力攻撃災害の兆候を発見した者は、遅滞なく、その旨を市町村長又は消防吏員、警察官若しくは海上保安官（次項及び第四項において「消防吏員等」という。）に通報しなければならない。

2　消防吏員等は、前項の規定による通報を受けたときは、速やかに、その旨を市町村長に通報しなければならない。

3　市町村長は、前二項の規定による通報を受けた場合において、武力攻撃災害が発生するおそれがあり、これに対処する必要があると認めるときは、速やかに、その旨を都道府県知事に通知しなければならない。

4　消防吏員等は、第一項の規定による通報を受けた場合において、その旨を市町村長に通報することができないときは、速やかに、都道府県知事に通報しなければならない。

5　前二項の規定による通知又は通報を受けた都道府県知事は、必要があると認めるときは、その国民の保護に関する計画で定めるところにより、速やかに、その旨を関係機関に通知しなければならない。

（緊急通報の発令）

第九十九条　都道府県知事は、武力攻撃災害が発生し、又はまさに発生しようとしている場合において、当該武力攻撃災害による住民の生命、身体又は財産に対する危険を防止するため緊急の必要があると認めるときは、その国民の保護に関する計画で定めるところにより、武力攻撃災害緊急通報（以下「緊急通報」という。）を発令しなければならない。

2　緊急通報の内容は、次のとおりとする。

一　武力攻撃災害の現状及び予測

二　前号に掲げるもののほか、住民及び公私の団体に対し周知させるべき事項

（関係機関への緊急通報の通知等）

第百条　都道府県知事は、前条第一項の規定により緊急通報を発令したときは、その国民の保護に関する計画で定めるところにより、直ちに、その内容を当該都道府県の区域内の市町村の長、当該都道府県の他の

執行機関並びに関係指定公共機関及び指定地方公共機関に通知しなければならない。

2　第四十七条の規定は、市町村長が前項の規定による通知を受けた場合について準用する。

3　都道府県知事は、前条第一項の規定により緊急通報を発令したときは、速やかに、その内容を対策本部長に報告しなければならない。

（緊急通報の放送）

第百一条　第五十条の規定は、放送事業者である指定公共機関又は指定地方公共機関が前条第一項の規定による通知を受けた場合について準用する。

第二節　応急措置等

（生活関連等施設の安全確保）

第百二条　都道府県知事は、武力攻撃事態等において、武力攻撃災害の発生又はその拡大を防止するため、次の各号のいずれかに該当する施設で政令で定めるもの（以下この条において「生活関連等施設」という。）のうち当該都道府県の区域内に所在するものの安全の確保が特に必要であると認めるときは、関係機関の意見を聴いて、当該生活関連等施設の管理者に対し、当該生活関連等施設の安全の確保のため必要な措置を講ずるよう要請することができる。

一　国民生活に関連を有する施設で、その安全を確保しなければ国民生活に著しい支障を及ぼすおそれがあると認められるもの

二　その安全を確保しなければ周辺の地域に著しい被害を生じさせるおそれがあると認められる施設

2　指定行政機関の長又は指定地方行政機関の長は、武力攻撃事態等において、武力攻撃災害の発生又はその拡大を防止するため、生活関連等施設の安全の確保が緊急に必要であると認めるときは、関係機関の意見を聴いて、自ら前項の規定による要請を行うことができる。この場合において、当該要請を行ったときは、直ちに、その旨を当該生活関連等施設の所在する都道府県の知事に通知しなければならない。

3　指定行政機関の長及び指定地方行政機関の長並びに地方公共団体の長等は、武力攻撃事態等においては、武力攻撃災害の発生又はその拡大を防止するため、それぞれその国民の保護に関する計画で定めるところにより、生活関連等施設のうちその管理に係るものについて、警備の強化その他当該生活関連等施設の安全の確保に関し必要な措置を講じなければならない。

4　第一項若しくは第二項の規定による要請に応じて必要な措置を講じようとする生活関連等施設の管理者又は前項の規定により必要な措置を講じようとする指定行政機関の長若しくは指定地方行政機関の長若しくは地方公共団体の長等は、都道府県警察、消防機関（消防組織法（昭和二十二年法律第二百二十六号）第九条各号に掲げる機関をいう。第百十九条第三項及び第四項において同じ。）その他の行政機関に対し、その管理に係る生活関連等施設の安全の確保のため必要な支援を求めることができる。

5　都道府県公安委員会又は海上保安部長等は、武力攻撃事態等において、武力攻撃災害の発生又はその拡大を防止するため、都道府県知事から要請があったとき、又は事態に照らして特に必要があると認めるときは、生活関連等施設の敷地及びその周辺の区域のうち、当該生活関連等施設の安全を確保するため立入りを制限する必要があるものを、立入制限区域として指定することができる。

6　都道府県公安委員会及び海上保安部長等は、前項の立入制限区域を指定したときは、速やかに、その旨を生活関連等施設の管理者に通知するとともに、その立入制限区域の範囲、立入りを制限する期間その他必要な事項を公示しなければならない。

7　警察官又は海上保安官は、第五項の立入制限区域が指定されたときは、特に生活関連等施設の管理者の許可を得た者以外の者に対し、当該立入制限区域への立入りを制限し、若しくは禁止し、又は当該立入制限区域からの退去を命ずることができる。

8　内閣総理大臣は、武力攻撃事態等において、武力攻撃災害の発生又はその拡大を防止するため、生活関連等施設及びその周辺の地域の安全の確保が特に必要であると認めるときは、対処基本方針に基づき、関係大臣を指揮し、危険の防除、周辺住民の避難その他当該生活関連等施設の安全の確保に関し必要な措置を講じさせることができる。この場合において、国家公安委員会は、関係都道府県公安委員会に対し、第五項の規定による立入制限区域の指定について必要な指示をすることができる。

（危険物質等に係る武力攻撃災害の発生の防止）

第百三条　指定行政機関の長及び指定地方行政機関の長並びに地方公共団体の長は、武力攻撃事態等において、引火若しくは爆発又は空気中への飛散若しくは周辺地域への流出により人の生命、身体又は財産に対する危険が生ずるおそれがある物質（生物を含む。）で政令で定めるもの（以下この条及び第百七条において「危険物質等」という。）に係る武力攻撃災害の発生を防止するため必要があると認めるときは、この法律その他法令の規定に基づき、それぞれその国民の保護に関する計画で定めるところにより、当該危険物質等に係る武力攻撃災害の発生を防止するため必要な措置を講じなければならない。

2　前項の場合において、指定行政機関の長若しくは指定地方行政機関の長又は地方公共団体の長は、危険物質等の占有者、所有者、管理者その他の危険物質等を取り扱う者（次項及び第四項において「危険物質等の取扱者」という。）に対し、危険物質等の取扱所の警備の強化を求めることができる。

3　指定行政機関の長若しくは指定地方行政機関の長又は地方公共団体の長は、武力攻撃事態等において、危険物質等に係る武力攻撃災害の発生を防止するため緊急の必要があると認めるときは、政令で定める区分に応じ、危険物質等の取扱者に対し、次に掲げる措置のうち政令で定めるものを講ずべきことを命ずることができる。

一　危険物質等の取扱所の全部又は一部の使用の一時停止又は制限

二　危険物質等の製造、引渡し、貯蔵、移動、運搬又は消費の一時禁止又は制限

三　危険物質等の所在場所の変更又はその廃棄

4　指定行政機関の長若しくは指定地方行政機関の長又は地方公共団体の長は、前項の措置を講ずべきことを命ずるため必要があると認めるときは、危険物質等の取扱者に対し、危険物質等の管理の状況について報告を求めることができる。

5　前各項の規定は、危険物質等に係る武力攻撃災害が発生した場合において、これを防除し、及び軽減するときについて準用する。

（石油コンビナート等に係る武力攻撃災害への対処）

第百四条　武力攻撃に伴って発生した石油コンビナート等特別防災区域（石油コンビナート等災害防止法（昭和五十年法律第八十四号）第二条第二号の石油コンビナート等特別防災区域をいう。）に係る災害への対処に関する同法の規定の適用については、同法第二十三条第一項及び第二十四条中「石油コンビナート等防災計画」とあるのは「石油コンビナート等防災計画（特定事業者が指定公共機関又は指定地方公共機関である場合にあっては、その国民の保護に関する業務計画及び石油コンビナート等防災計画）」と、同法第二十三条第二項中「石油コンビナート等防災計画」とあるのは「当該市町村の国民の保護に関する計画及び石油コンビナート等防災計画」と、「石油コンビナート等防災本部」とあるのは「都道府県知事、石油コンビナート等防災本

部」と、同法第二十六条中「石油コンビナート等防災計画」とあるのは「それぞれその国民の保護に関する計画又は国民の保護に関する業務計画及び石油コンビナート等防災計画」と、「石油コンビナート等防災本部」とあるのは「都道府県知事及び石油コンビナート等防災本部」とする。

（武力攻撃原子力災害への対処）

第百五条　原子力防災管理者（原子力災害対策特別措置法（平成十一年法律第百五十六号）第九条第一項の原子力防災管理者をいう。第百九十二条第二号において同じ。）は、武力攻撃に伴って、放射性物質又は放射線が原子力事業所（同法第二条第四号の原子力事業所をいう。第七項において同じ。）外（事業所外運搬（同条第二号の事業所外運搬をいう。以下この項及び第三項において同じ。）の場合にあっては、当該運搬に使用する容器外。第七項において同じ。）へ放出され、又は放出されるおそれがあると認めるときは、政令で定めるところにより、直ちに、その旨を指定行政機関の長（同法第三十四条第二項に規定する主務大臣に限る。以下この項から第四項まで及び次条において同じ。）、所在都道府県知事（同法第七条第二項の所在都道府県知事をいう。以下この条において同じ。）、所在市町村長（同項の所在市町村長をいう。第三項及び第四項において同じ。）及び関係隣接都道府県知事（同条第二項の関係隣接都道府県知事をいう。以下この条において同じ。）に（事業所外運搬に係る事実の発生の場合にあっては、指定行政機関の長並びに当該事実が発生した場所を管轄する都道府県知事及び市町村長に）通報しなければならない。この場合において、所在都道府県知事及び関係隣接都道府県知事は、関係周辺市町村長（同項の関係周辺市町村長をいう。）にその旨を通報するものとする。

2　指定行政機関の長は、前項前段の規定による通報を受けたときは、その国民の保護に関する計画で定めるところにより、直ちに、その旨を対策本部長に報告するとともに、関係指定公共機関に通知しなければならない。

3　所在都道府県知事、所在市町村長及び関係隣接都道府県知事（事業所外運搬に係る事実の発生の場合にあっては、当該事実が発生した場所を管轄する都道府県知事及び市町村長。次項において同じ。）は、第一項に規定する事実があると認めるときは、それぞれその国民の保護に関する計画で定めるところにより、直ちに、その旨を指定行政機関の長に通報しなければならない。

4　第二項の規定は、指定行政機関の長が第一項に規定する事実があると認めるとき、又は指定行政機関の長が前項の規定による通報を受けたときについて準用する。この場合において、指定行政機関の長は、併せて所在都道府県知事、所在市町村長及び関係隣接都道府県知事並びに原子力事業者（原子力災害対策特別措置法第二条第三号の原子力事業者をいう。第十三項において同じ。）に通知しなければならない。

5　第一項後段の規定は、所在都道府県知事及び関係隣接都道府県知事が前項後段の規定による通知を受けた場合について準用する。この場合において、第一項後段中「通報する」とあるのは、「通知する」と読み替えるものとする。

6　都道府県知事は、第一項前段の規定による通報又は第四項後段の規定による通知を受けたときは、その国民の保護に関する計画で定めるところにより、直ちに、その旨を関係指定地方公共機関に通知しなければならない。

7　対策本部長は、第二項（第四項において準用する場合を含む。）の規定による報告があった場合において、武力攻撃に伴って放射性物質又は放射線が原子力事業所外へ放出されることにより、人の生命、身体又は財産に対する危険が生ずるおそれがあると認めるときは、直ちに、次に掲げる事項の公示をしなければならない。

一　武力攻撃に伴って原子力事業所外へ放出される放射性物質又は放射線による被害（以下この条において「武力攻撃原子力災害」という。）の発生又はその拡大を防止するための応急の対策（以下この条において「応急対策」という。）を実施すべき区域（以下この条において「応急対策実施区域」という。）

二　当該武力攻撃原子力災害に係る事態の概要

三　前二号に掲げるもののほか、応急対策実施区域内の住民及び公私の団体に対し周知させるべき事項

8　第四十五条及び第四十六条の規定は、対策本部長が前項の公示をした場合について準用する。

9　内閣総理大臣は、第七項の公示があったときは、対策本部長の求めに応じ、対処基本方針に基づき、関係大臣を指揮し、応急対策を実施させなければならない。

10　対策本部長は、第七項の公示をしたときは、直ちに、応急対策実施区域を管轄する都道府県知事に対し、住民の避難その他の所要の応急対策を実施すべきことを指示しなければならない。

11　都道府県知事は、第七項の公示があった場合において、武力攻撃原子力災害の発生又はその拡大を防止するため必要があると認めるときは、市町村長に対し、所要の応急対策を実施すべきことを指示することができる。

12　対策本部長は、第七項の場合において、応急対策を実施する必要がなくなったと認めるときは、速やかに、原子力安全委員会の意見を聴いて、同項の公示を取り消す旨の公示をするものとする。

13　原子力災害対策特別措置法第二十五条の規定は第一項に規定する事実が発生した場合について、同法第二十六条の規定は第七項の公示があった場合について、同法第二十七条の規定は前項の規定による公示があった場合について準用する。この場合において、同法第二十五条第一項中「第十条第一項の政令で定める事象」とあるのは「第一項に規定する事実」と、同項及び同条第二項中「の定めるところにより」とあるのは「で定める例により」と、同条第一項並びに同法第二十六条第一項第一号、第二号及び第五号中「原子力災害」とあるのは「武力攻撃原子力災害」と、同法第二十五条第二項中「主務大臣」とあるのは「指定行政機関の長（原子力災害対策特別措置法第三十四条第二項に規定する主務大臣に限る。）」と、「事象」とあるのは「事実」と、同法第二十六条（見出しを含む。）中「緊急事態応急対策」とあるのは「応急対策」と、同条第一項第一号中「原子力緊急事態宣言」とあるのは「第七項の公示の内容」と、「避難の勧告又は指示」とあるのは「住民の避難」と、同項第八号中「原子力災害（原子力災害が生ずる蓋然性を含む。）の拡大の防止」とあるのは「武力攻撃原子力災害の発生又はその拡大の防止」と、同条第二項中「原子力緊急事態宣言」とあるのは「第七項の公示」と、「原子力緊急事態解除宣言」とあるのは「前項の規定による公示」と、同項及び同法第二十七条第二項中「指定行政機関の長及び指定地方行政機関の長、地方公共団体の長その他の執行機関、指定公共機関及び指定地方公共機関」とあるのは「指定行政機関の長等」と、「法令、防災計画又は原子力事業者防災業務計画の定めるところにより」とあるのは「法令の規定に基づき、それぞれその国民の保護に関する計画又は国民の保護に関する業務計画で定めるところにより（原子力事業者については、原子力事業者防災業務計画で定める例により）」と、同法第二十六条第三項及び第二十七条第三項中「法令、防災計画又は原子力事業者防災業務計画の定めるところにより」とあるのは「法令若しくは指定行政機関及び地方公共団体の国民の保護に関する計画で定めるところにより、又は原子力事業者防災業務計画で定める例により」と、「地方公共団体の長その他の執行機関」とあるのは「地方公共団体の長等」と、同条の見出

し並びに同条第二項及び第三項中「原子力災害事後対策」とあるのは「事後対策」と、同条第一項中「原子力災害事後対策」とあるのは「事後対策（前項の規定による公示があった時以後において、武力攻撃原子力災害の発生若しくはその拡大の防止又は武力攻撃原子力災害の復旧を図るため実施すべき対策をいう。以下この条において同じ。）」と、同項第一号中「緊急事態応急対策実施区域その他」とあるのは「応急対策実施区域その他」と、同号及び同項第三号中「緊急事態応急対策実施区域等」とあるのは「応急対策実施区域等」と、同項第四号中「原子力災害（原子力災害が生ずる蓋然性を含む。）の拡大の防止又は原子力災害の復旧」とあるのは「武力攻撃原子力災害の発生若しくはその拡大の防止又は武力攻撃原子力災害の復旧」と読み替えるものとする。

14　原子力防災専門官（原子力災害対策特別措置法第三十条第一項の原子力防災専門官をいう。）は、第一項前段又は第三項の規定による通報があったときは、その状況の把握のため必要な情報の収集、地方公共団体が行う情報の収集に関する助言その他武力攻撃原子力災害の発生又はその拡大の防止の円滑な実施に必要な業務を行うものとする。

15　国及び地方公共団体は、前二項の規定による措置を講ずる者の安全の確保に関し十分に配慮しなければならない。

（原子炉等に係る武力攻撃災害の発生等の防止）

第百六条　指定行政機関の長は、武力攻撃事態等において、核燃料物質（原子力基本法（昭和三十年法律第百八十六号）第三条第二号の核燃料物質をいう。以下この条において同じ。）若しくは核燃料物質によって汚染された物又は原子炉（同条第四号の原子炉をいう。以下この条において同じ。）に係る武力攻撃災害が発生し、又は発生するおそれがある場合において、当該武力攻撃災害の発生又はその拡大を防止するため緊急の必要があると認めるときは、核原料物質、核燃料物質及び原子炉の規制に関する法律（昭和三十二年法律第百六十六号）第六十四条第一項に規定する者に対し、同条第三項各号に掲げる区分に応じ、同項の製錬施設、加工施設、原子炉施設、使用済燃料貯蔵施設、再処理施設、廃棄物埋設施設若しくは廃棄物管理施設又は使用施設の使用の停止、核燃料物質又は核燃料物質によって汚染された物の所在場所の変更その他当該核燃料物質若しくは核燃料物質によって汚染された物又は原子炉に係る武力攻撃災害の発生又はその拡大を防止するため必要な措置を講ずべきことを命ずることができる。

（放射性物質等による汚染の拡大の防止）

第百七条　内閣総理大臣は、武力攻撃に伴って放射性物質、放射線、サリン等（サリン等による人身被害の防止に関する法律（平成七年法律第七十八号）第二条に規定するサリン等をいう。）若しくはこれと同等以上の毒性を有すると認められる化学物質、生物剤（細菌兵器（生物兵器）及び毒素兵器の開発、生産及び貯蔵の禁止並びに廃棄に関する条約等の実施に関する法律（昭和五十七年法律第六十一号）第二条第一項に規定する生物剤をいう。）若しくは毒素（同条第二項に規定する毒素をいう。）又は危険物質等による汚染（以下単に「汚染」という。）が生じたことにより、人の生命、身体又は財産に対する危険が生ずるおそれがあると認めるときは、対処基本方針に基づき、関係大臣を指揮し、汚染の発生の原因となる物の撤去、汚染の除去その他汚染の拡大を防止するため必要な措置を講じさせなければならない。この場合において、国民の生命、身体又は財産を保護するため緊急の必要があると認めるときは、併せて被災者の救難及び救助に関する措置その他必要な措置を講じさせなければならない。

2　前項前段の場合において、内閣総理大臣は、国民の生命、身体又は財産を保護するため緊急の必要があると認めるときは、関係都道府県知事に対し、汚染の拡大を防止するため必要な協力を要請することができる。

3　前項の場合において、都道府県知事は、汚染の拡大を防止するための措置を迅速に講ずる必要があると認めるときは、関係市町村長、関係消防組合の管理者若しくは長又は警視総監若しくは道府県警察本部長に対し、必要な協力を要請することができる。

4　内閣総理大臣は、放射性降下物による障害の防止に関する対策について、原子力安全委員会に対し、汚染の拡大を防止するための措置の実施に関する技術的事項に関し必要な助言を求めることができる。

第百八条　前条第一項又は第二項の場合において、指定行政機関の長若しくは指定地方行政機関の長又は都道府県知事は、汚染の拡大を防止するため特に必要があると認めるときは、政令で定めるところにより、次に掲げる措置を講ずることができる。

一　汚染され、又は汚染された疑いがある飲食物、衣類、寝具その他の物件の占有者に対し、当該物件の移動を制限し、若しくは禁止し、又は当該物件を廃棄すべきことを命ずること。

二　汚染され、又は汚染された疑いがある生活の用に供する水の管理者に対し、その使用若しくは給水を制限し、又は禁止すべきことを命ずること。

三　汚染され、又は汚染された疑いがある死体の移動を制限し、又は禁止すること。

四　汚染され、又は汚染された疑いがある飲食物、衣類、寝具その他の物件を廃棄すること。

五　汚染され、又は汚染された疑いがある建物への立入りを制限し、若しくは禁止し、又は当該建物を封鎖すること。

六　汚染され、又は汚染された疑いがある場所の交通を制限し、又は遮断すること。

2　前項の規定は、前条第三項の規定により関係市町村長、関係消防組合の管理者若しくは長又は警視総監若しくは道府県警察本部長が汚染の拡大を防止するための措置を講ずる場合について準用する。

(土地等への立入り)

第百九条　指定行政機関の長若しくは指定地方行政機関の長又は都道府県知事は、前二条の規定による措置を講ずるため必要があると認めるときは、政令で定めるところにより、その職員に、他人の土地、建物その他の工作物又は船舶若しくは航空機（次項において「土地等」という。）に立ち入らせることができる。

2　前項の規定により他人の土地等に立ち入ろうとする職員は、その身分を示す証明書を携帯し、かつ、関係人の請求があるときは、これを提示しなければならない。

3　前二項の規定は、第百七条第三項の規定により関係市町村長、関係消防組合の管理者若しくは長又は警視総監若しくは道府県警察本部長が汚染の拡大を防止するための措置を講ずる場合について準用する。

(協力の要請に係る安全の確保)

第百十条　内閣総理大臣及び都道府県知事は、第百七条第二項及び第三項の規定により関係都道府県知事並びに関係市町村長、関係消防組合の管理者又は長及び警視総監又は道府県警察本部長に対し必要な協力を要請するときは、都道府県、市町村及び消防組合の職員（警察官及び消防吏員を含む。）の安全の確保に関し十分に配慮し、危険が及ばないよう必要な措置を講じなければならない。

(市町村長の事前措置等)

第百十一条　市町村長は、武力攻撃災害が発生するおそれがあるときは、武力攻撃災害が発生した場合においてこれを拡大させるおそれがあると認められる設備又は物件の占有者、所有者又は管理者に対し、武力攻撃災害の拡大を防止するため必要な限度において、当該設備又は物件の除去、保安その他必要な措置を講ずべきことを指示することができる。

2　前項の場合において、都道府県知事は、武力攻撃災害の拡大を防止するため緊急の必要があると認めるときは、自ら同項の規定による指示をすることができる。この場合において、当該指示をしたときは、直ちに、その旨を市町村長に通知しなければならない。

3　警察署長又は海上保安部長等は、市町村長又は都道府県知事から要請があったときは、第一項の規定による指示をすることができる。この場合においては、前項後段の規定を準用する。

（市町村長の退避の指示等）

第百十二条　市町村長は、武力攻撃災害が発生し、又は発生するおそれがある場合において、当該武力攻撃災害から住民の生命、身体若しくは財産を保護し、又は当該武力攻撃災害の拡大を防止するため特に必要があると認めるときは、必要と認める地域の住民に対し、退避（屋内への退避を含む。第四項において同じ。）をすべき旨を指示することができる。

2　前項の規定による指示（以下この条において「退避の指示」という。）をする場合において、必要があると認めるときは、市町村長は、その退避先を指示することができる。

3　市町村長は、退避の指示をしたときは、速やかに、その旨を都道府県知事に通知しなければならない。

4　市町村長は、退避の必要がなくなったときは、直ちに、その旨を公示しなければならない。この場合においては、前項の規定を準用する。

5　第一項の場合において、都道府県知事は、当該武力攻撃災害から住民の生命、身体若しくは財産を保護し、又は当該武力攻撃災害の拡大を防止するため緊急の必要があると認めるときは、必要と認める地域の住民に対し、自ら退避の指示をすることができる。この場合においては、第二項及び前項前段の規定を準用する。

6　都道府県知事は、退避の指示をしたときは、直ちに、その旨を市町村長に通知しなければならない。

7　第一項の場合において、市町村長若しくは都道府県知事による退避の指示を待ついとまがないと認めるとき、又はこれらの者から要請があったときは、警察官又は海上保安官は、必要と認める地域の住民に対し、退避の指示をすることができる。この場合においては、第二項及び前項の規定を準用する。

8　第一項及び第二項の規定は、市町村長その他第一項に規定する市町村長の職権を行うことができる者が退避の指示をすることができないと認める場合に限り、出動等を命ぜられた自衛隊の部隊等の自衛官の職務の執行について準用する。この場合においては、第六項の規定を準用する。

9　第三項及び第四項の規定は、市町村長が前二項の規定による通知を受けた場合について準用する。

（応急公用負担等）

第百十三条　市町村長は、当該市町村の区域に係る武力攻撃災害が発生し、又はまさに発生しようとしている場合において、武力攻撃災害への対処に関する措置を講ずるため緊急の必要があると認めるときは、政令で定めるところにより、当該市町村の区域内の他人の土地、建物その他の工作物を一時使用し、又は土石、竹木その他の物件を使用し、若しくは収用することができる。

2　市町村長は、当該市町村の区域に係る武力攻撃災害が発生し、又はまさに発生しようとしている場合において、武力攻撃災害への対処に関する措置を講ずるため緊急の必要があると認めるときは、武力攻撃災害を受けた現場の工作物又は物件で当該武力攻撃災害への対処に関する措置の実施の支障となるもの（以下この項及び次項において「工作物等」という。）の除去その他必要な措置を講ずることができる。

この場合において、工作物等を除去したときは、当該工作物等を保管しなければならない。

3　都道府県知事は、当該都道府県の区域に係る武力攻撃災害が発生し、又はまさに発生しようとしている場合において、武力攻撃災害への対処に関する措置を講ずるため緊急の必要があると認めるときは、第一項及び前項前段の規定による措置を講ずることができる。この場合において、工作物等を除去したときは、当該工作物等を保管しなければならない。

4　災害対策基本法第六十四条第三項から第六項までの規定は、第二項後段及び前項後段の場合について準用する。この場合において、同条第三項、第四項及び第六項中「市町村長」とあるのは「市町村長又は都道府県知事」と、同項中「市町村に」とあるのは「市町村又は都道府県に」と読み替えるものとする。

5　災害対策基本法第六十四条第七項から第十項までの規定は、第一項及び第二項前段の場合について準用する。この場合において、同条第七項及び第九項中「前条第二項」とあるのは「災害対策基本法第六十三条第二項」と、同条第七項において準用する同法第六十三条第二項中「その委任を受けて同項に規定する市町村長の職権を行なう市町村の吏員が現場にいないとき」とあるのは「都道府県知事による同項に規定する措置を待ついとまがないと認めるとき」と、「要求」とあるのは「要請」と、同法第六十四条第八項及び第九項中「災害派遣を命ぜられた部隊等の自衛官」とあるのは「出動等を命ぜられた自衛隊の部隊等の自衛官」と、同項及び同条第十項中「警察署長等」とあるのは「警察署長若しくは海上保安部長等」と、同条第九項中「内閣府令で定める」とあるのは「政令で定める」と、同条第十項中「政令で定める管区海上保安本部の事務所の長」とあるのは「海上保安部長等」と読み替えるものとする。

（警戒区域の設定）

第百十四条　市町村長は、武力攻撃災害が発生し、又はまさに発生しようとしている場合において、当該武力攻撃災害による住民の生命又は身体に対する危険を防止するため特に必要があると認めるときは、警戒区域を設定し、武力攻撃災害への対処に関する措置を講ずる者以外の者に対し、当該警戒区域への立入りを制限し、若しくは禁止し、又は当該警戒区域からの退去を命ずることができる。

2　前項の場合において、都道府県知事は、当該武力攻撃災害による住民の生命又は身体に対する危険を防止するため緊急の必要があると認めるときは、自ら同項に規定する措置を講ずることができる。この場合において、当該措置を講じたときは、直ちに、その旨を市町村長に通知しなければならない。

3　第一項の場合において、市町村長若しくは都道府県知事による同項に規定する措置を待ついとまがないと認めるとき、又はこれらの者から要請があったときは、警察官又は海上保安官は、同項に規定する措置を講ずることができる。この場合においては、前項後段の規定を準用する。

4　第一項の規定は、市町村長その他同項に規定する市町村長の職権を行うことができる者がその場にいない場合に限り、出動等を命ぜられた自衛隊の部隊等の自衛官の職務の執行について準用する。この場合においては、第二項後段の規定を準用する。

（消火、負傷者の搬送、被災者の救助等への協力）

第百十五条　市町村長若しくは消防吏員その他の市町村の職員、都道府県知事若しくは都道府県の職員又は警察官等は、当該市町村又は都道府県の区域に係る武力攻撃災害が発生し、又はまさに発生しようとしている場合において、消火、負傷者の搬送、被災者の救助その他の武力攻撃災害への対処に関する措置を講ずるため緊急の必要があると認めるときは、当該市町村又は都道府県の区域内の住民に対し、その実施に必要な援助について協力を要請することができる。

2　前項の場合において、市町村長その他同項に規定する者は、その要請を受けて武力攻撃災害への対処に関する措置の実施に必要な援助について協力をする者の安全の確保に十分に配慮しなければならない。

（漂流物等の処理の特例）

第百十六条　武力攻撃災害が発生した場合において、水難救護法（明治三十二年法律第九十五号）第二十九条第一項に規定する漂流物又は沈没品を取り除いたときは、警察署長又は海上保安部長等は、同項の規定にかかわらず、当該物件を保管することができる。

2　水難救護法第二章の規定は、警察署長又は海上保安部長等が前項の規定により漂流物又は沈没品を保管する場合について準用する。

（武力攻撃災害が発生した場合等の都道府県知事等の指示）

第百十七条　都道府県知事は、武力攻撃災害が発生し、又はまさに発生しようとしている場合において、緊急の必要があると認めるときは、当該都道府県の区域内の市町村の長若しくは消防長又は水防管理者（水防法（昭和二十四年法律第百九十三号）第二条第二項の水防管理者をいう。）に対し、所要の武力攻撃災害の防御に関する措置を講ずべきことを指示することができる。

2　消防庁長官は、人命の救助等のために特に緊急を要し、前項の規定による都道府県知事の指示を待ついとまがないと認めるときは、当該都道府県の区域内の市町村の長に対し、武力攻撃災害を防御するための消防に関する措置を講ずべきことを自ら指示することができる。この場合において、消防庁長官は、当該都道府県知事に対し、速やかに、その旨を通知するものとする。

（武力攻撃災害を防御するための消防に関する消防庁長官の指示）

第百十八条　消防庁長官は、武力攻撃災害を防御するための消防に関する措置が的確かつ迅速に講じられるようにするため特に必要があると認めるときは、都道府県知事に対し、当該措置について指示することができる。

（消防の応援等に関する消防庁長官等の指示）

第百十九条　消防庁長官は、武力攻撃災害が発生した市町村（武力攻撃災害がまさに発生しようとしている市町村を含む。以下この条において「被災市町村」という。）の消防の応援又は支援（以下この項及び次項において「消防の応援等」という。）に関し、当該被災市町村の属する都道府県の知事から要請があり、かつ、必要があると認めるときは、当該都道府県以外の都道府県の知事に対し、当該被災市町村の消防の応援等のため必要な措置を講ずべきことを指示することができる。

2　消防庁長官は、前項の場合において、武力攻撃災害の規模等に照らし緊急を要し、同項の要請を待ついとまがないと認められるときは、同項の要請を待たないで、緊急に消防の応援等を必要とすると認められる被災市町村のため、当該被災市町村の属する都道府県以外の都道府県の知事に対し、当該被災市町村の消防の応援等のため必要な措置を講ずべきことを指示することができる。この場合において、消防庁長官は、当該被災市町村の属する都道府県の知事に対し、速やかに、その旨を通知するものとする。

3　都道府県知事は、前二項の規定による消防庁長官の指示に応じ必要な措置を講ずる場合において、必要があると認めるときは、当該都道府県の区域内の市町村の長に対し、消防機関の職員の応援出動等の措置を講ずべきことを指示することができる。

4　消防庁長官は、第一項又は第二項の場合において、人命の救助等のために特に緊急を要し、かつ、広域的に消防機関の職員の応援出動等の措置を的確かつ迅速に講ずる必要があると認められるときは、緊急に当該応援出動等の措置を必要とすると認められる被災市町村のため、当該被災市町村以外の市町村の長に対し、当該応援出動等の措置を講ずべきことを自ら指示することができる。この場合において、消防庁長官は、第一項の場合にあっては当該応援出動等の措置を講ずべきことを指示した市町村の属する都道府県の知事に対し、第二項の場合にあっては当該都道府県の知事及び当該被災市町村の属する都道府県の知事に対し、速やかに、その旨を通知するものとする。

（消防等に関する安全の確保）

第百二十条　消防庁長官及び都道府県知事は、前三条の規定による指示をするときは、これらの規定に規定する措置を講ずるため出動する職員の安全の確保に関し十分に配慮し、危険が及ばないよう必要な措置を講じなければならない。

（感染症等の指定等の特例）

第百二十一条　厚生労働大臣は、武力攻撃事態等において、武力攻撃に伴って既に知られている感染性の疾病（一類感染症（感染症の予防及び感染症の患者に対する医療に関する法律（平成十年法律第百十四号）第六条第二項の一類感染症をいう。）を除く。）が発生し、又は発生するおそれがある場合において、当該疾病について、同法第三章から第六章までの規定の全部又は一部を準用しなければ国民の生命及び健康に重大な影響を与えるおそれがあると認めるときは、同条第七項の規定にかかわらず、当該疾病を同項の指定感染症として指定することができる。この場合における同法第七条の規定の適用については、同条第一項及び第二項中「政令で定める期間」とあるのは「厚生労働大臣の定める期間」と、同条第一項中「政令で定めるところにより」とあるのは「厚生労働大臣の定めるところにより」と、同条第二項中「前項の政令で定められた期間」とあるのは「前項の厚生労働大臣の定める期間」と、「当該政令で定められた疾病」とあるのは「武力攻撃事態等における国民の保護のための措置に関する法律第百二十一条第一項の規定により厚生労働大臣が定めた疾病」と、「同項の政令により」とあるのは「前項の厚生労働大臣の定めるところにより」とする。

2　厚生労働大臣は、武力攻撃事態等において、武力攻撃に伴って検疫法（昭和二十六年法律第二百一号）第二条の検疫感染症以外の感染性の疾病（同法第三十四条の二第一項の新感染症を除く。）が発生し、又は発生するおそれがある場合において、当該疾病について、検疫を行わなければその病原体が国内に侵入し国民の生命及び健康に重大な影響を与えるおそれがあると認めるときは、同法第三十四条の規定にかかわらず、当該疾病を感染症の種類として指定し、同法第二条の二、第二章及び第四章（第三十四条の二から第四十条までを除く。）の規定のうち厚生労働大臣が定めるものを適用することができる。この場合においては、同法第十六条第二項の規定にかかわらず、厚生労働大臣は、当該感染症の潜伏期間を考慮して、同条第一項の停留の期間を定めることができる。

3　厚生労働大臣は、武力攻撃事態等において、武力攻撃に伴って感染性の疾病（予防接種法（昭和二十三年法律第六十八号）第二条第二項の一類疾病（以下この項において「一類疾病」という。）及び同条第三項の二類疾病を除く。）が発生し、又は発生するおそれがある場合において、その発生及びまん延を予防するため特に予防接種を行う必要があると認めるときは、同条第二項第八号の規定にかかわらず、当該疾病を一類疾病として指定することができる。

（埋葬及び火葬の特例）

第百二十二条　厚生労働大臣は、大規模な武力攻撃災害の発生により埋葬又は火葬を円滑に行うことが困難となった場合において、公衆衛生上の危害の発生を防止するため緊急の必要があると認めるときは、政令で定めるところにより、厚生労働大臣の定める期間に限り、墓地、埋葬等に関する法律（昭和二十三年法律第四十八号）第五条及び第十四条に規定する手続の特例を定めることができる。

（保健衛生の確保への協力）

第百二十三条　地方公共団体の長又はその職員は、武力攻撃災害の発生により当該地方公共団体の区域内における住民の健康の保持又は環境衛生の確保に関する措置を講ずるため緊急の必要があると認めるときは、当該地方公共団体の区域内の住民に対し、その実施に必要な援助について協力を要請することができる。

2　前項の場合において、地方公共団体の長及びその職員は、その要請を受けて住民の健康の保持又は環境衛生の確保に関する措置の実施に必要な援助について協力をする者の安全の確保に十分に配慮しなければならない。

（廃棄物処理の特例）

第百二十四条　環境大臣は、大規模な武力攻撃災害の発生による生活環境の悪化を防止することが特に必要であると認めるときは、期間を限り、廃棄物（廃棄物の処理及び清掃に関する法律（昭和四十五年法律第百三十七号。次項及び第三項において「廃棄物処理法」という。）第二条第一項の廃棄物をいう。以下この条において同じ。）の処理を迅速に行わなければならない地域を特例地域として指定することができる。

2　環境大臣は、前項の特例地域（以下この条において単に「特例地域」という。）を指定したときは、特例地域において適用する廃棄物の収集、運搬及び処分に関する基準並びに廃棄物の収集、運搬又は処分を市町村以外の者に委託する場合の基準を定めるものとする。この場合において、これらの基準（以下この条において「特例基準」という。）は、廃棄物処理法第六条の二第二項及び第三項、第十二条第一項並びに第十二条の二第一項に規定する基準とみなす。

3　地方公共団体の長は、特例地域においては、廃棄物処理法第七条第一項本文若しくは第六項本文、第十四条第一項本文若しくは第六項本文又は第十四条の四第一項本文若しくは第六項本文の規定にかかわらず、これらの規定による許可を受けていない者に、特例基準で定めるところにより、廃棄物の収集、運搬又は処分を業として行わせることができる。

4　前項の場合において、地方公共団体の長は、同項の規定により廃棄物の収集、運搬又は処分を業として行う者により特例基準に適合しない廃棄物の収集、運搬又は処分が行われたときは、その者に対し、期限を定めて、当該廃棄物の収集、運搬又は処分の方法の変更その他必要な措置を講ずべきことを指示することができる。

5　環境大臣は、第一項の規定により特例地域を指定し、又は第二項の規定により特例基準を定めたときは、その旨を公示しなければならない。

（文化財保護の特例）

第百二十五条　文化庁長官は、武力攻撃災害による重要文化財等（重要文化財（文化財保護法（昭和二十五年法律第二百十四号）第二十七条第一項の重要文化財をいう。）、重要有形民俗文化財（同法第七十八条第一項の重要有形民俗文化財をいう。）又は史跡名勝天然記念物（同法第百九条第一項の史跡名勝天然記念物をいう。）をいう。以下この項及び第三項において同じ。）の滅失、き損その他の被害を防止するため特に必要があると認めるときは、当該重要文化財等の所有者、管理責任者（同法第三十一条第二項（同法第八十条において準用する場合を含む。）及び同法第百十九条第二項の管理責任者をいう。）、管理団体（同法第三十二条の二第五項（同法第八十条において準用する場合を含む。）及び同法第百十五条第一項の管理団体をいう。）又は同法

第百七十二条第一項の規定により重要文化財等を管理する地方公共団体その他の法人（以下この条において「所有者等」という。）に対し、当該重要文化財等について、所在の場所又は管理の方法の変更その他その保護に関し必要な措置を講ずべきことを命じ、又は勧告することができる。

2　文化財保護法第三十六条第二項及び第三項並びに第百八十八条第三項の規定は、前項の場合について準用する。

3　第一項の規定による命令又は勧告に従って必要な措置を講じようとする重要文化財等の所有者等は、文化庁長官に対し、当該重要文化財等の保護のため必要な支援を求めることができる。

4　第一項の場合において、国宝（文化財保護法第二十七条第二項の国宝をいう。以下この条及び第百九十二条第三号において同じ。）若しくは特別史跡名勝天然記念物（同法第百九条第二項の特別史跡名勝天然記念物をいう。以下この条及び第百九十二条第三号において同じ。）の所有者等が第一項の規定による命令に従わないとき、又は所有者等に国宝若しくは特別史跡名勝天然記念物の滅失、き損その他の被害を防止するための措置を講じさせることが適当でないと認めるときは、文化庁長官は、当該国宝又は特別史跡名勝天然記念物について、自ら滅失、き損その他の被害を防止するため必要な措置を講ずることができる。

5　文化財保護法第三十八条第二項、第三十九条第一項及び第二項並びに第百八十六条第一項の規定は、前項の場合について準用する。

6　文化財保護法第三十九条第一項及び第二項の規定は、都道府県の教育委員会が前項において準用する同法第百八十六条第一項の規定による委託に基づいて第四項の措置を講ずる場合について準用する。

7　国宝又は特別史跡名勝天然記念物の所有者等は、正当な理由がなくて、第四項の規定に基づいて文化庁長官が講ずる措置又は第五項において準用する文化財保護法第百八十六条第一項の規定による委託に基づいて都道府県の教育委員会が講ずる措置を拒み、妨げ、又は忌避してはならない。

第三節　被災情報の収集等

（被災情報の収集）

第百二十六条　指定行政機関の長等は、それぞれその国民の保護に関する計画又は国民の保護に関する業務計画で定めるところにより、武力攻撃災害による被害の状況に関する情報（以下「被災情報」という。）の収集に努めなければならない。

2　被災情報を保有する関係機関は、前項の規定による被災情報の収集に協力するよう努めなければならない。

（被災情報の報告）

第百二十七条　市町村長及び指定地方公共機関は、前条第一項の規定により収集した被災情報を、速やかに、都道府県知事に報告しなければならない。

2　都道府県知事は、前条第一項の規定により収集し、又は前項の規定により報告を受けた被災情報を、速やかに、総務大臣に報告しなければならない。

3　総務大臣は、前項の規定により報告を受けた被災情報を、速やかに、対策本部長に報告しなければならない。

4　指定地方行政機関の長及び指定公共機関は、前条第一項の規定により収集した被災情報を、速やかに、当該指定地方行政機関を管轄し、又は当該指定公共機関を所管する指定行政機関の長に報告しなければならない。

5　第三項に規定するもののほか、指定行政機関の長は、前条第一項の規定により収集し、又は前項の規定により報告を受けた被災情報を、速やかに、対策本部長に報告しなければならない。

（被災情報の公表等）

第百二十八条　対策本部長は、前条第三項及び第五項の規定により報告を受けた被災情報を取りまとめ、適時に、当該被災情報を内閣総理大臣に報告するとともに、その内容を国民に公表しなければならない。

2　内閣総理大臣は、前項の規定により報告を受けたときは、速やかに、その内容を国会に報告しなければならない。

第五章　国民生活の安定に関する措置等

第一節　国民生活の安定に関する措置

（生活関連物資等の価格の安定等）

第百二十九条　指定行政機関の長及び指定地方行政機関の長並びに地方公共団体の長は、武力攻撃事態等において、国民生活との関連性が高い物資若しくは役務又は国民経済上重要な物資若しくは役務の価格の高騰又は供給不足が生じ、又は生ずるおそれがあるときは、それぞれその国民の保護に関する計画で定めるところにより、生活関連物資等の買占め及び売惜しみに対する緊急措置に関する法律（昭和四十八年法律第四十八号）、国民生活安定緊急措置法（昭和四十八年法律第百二十一号）、物価統制令（昭和二十一年勅令第百十八号）その他法令の規定に基づく措置その他適切な措置を講じなければならない。

（金銭債務の支払猶予等）

第百三十条　内閣は、著しく大規模な武力攻撃災害が発生し、国の経済の秩序を維持し及び公共の福祉を確保するため緊急の必要がある場合において、国会が閉会中又は衆議院が解散中であり、かつ、臨時会の召集を決定し、又は参議院の緊急集会を求めてその措置を待ついとまがないときは、金銭債務の支払（賃金その他の労働関係に基づく金銭債務の支払及びその支払のためにする銀行その他の金融機関の預金等の支払を除く。）の延期及び権利の保存期間の延長について必要な措置を講ずるため、政令を制定することができる。

2　災害対策基本法第百九条第三項から第七項までの規定は、前項の場合について準用する。

（特定武力攻撃災害の被害者の権利利益の保全等）

第百三十一条　特定非常災害の被害者の権利利益の保全等を図るための特別措置に関する法律（平成八年法律第八十五号）第二条から第七条までの規定は、著しく異常かつ激甚な武力攻撃災害が発生した場合について準用する。この場合において、同法第二条の見出し及び第二条中「特定非常災害」とあるのは「特定武力攻撃災害」と、同法第二条第一項中「当該非常災害」とあるのは「当該武力攻撃災害」と、「特定非常災害と」とあるのは「特定武力攻撃災害と」と、「特定非常災害が」とあるのは「特定武力攻撃災害が」と、同項、同法第三条第一項、第四条第一項、第五条第一項及び第五項並びに第六条中「特定非常災害発生日」とあるのは「特定武力攻撃災害発生日」と、同法第二条第二項、第四条第一項及び第二項、第五条第一項並びに第六条中「特定非常災害に」とあるのは「特定武力攻撃災害に」と、同法第三条第一項及び第三項中「特定非常災害の」とあるのは「特定武力攻撃災害の」と読み替えるものとする。

（武力攻撃災害に関する融資）

第百三十二条　政府関係金融機関は、大規模な武力攻撃災害が発生したときは、当該大規模な武力攻撃災害に関する特別な金融を行い、償還期限又は据置期間の延長、旧債の借換え、必要がある場合における利率の低減その他実情に応じ適切な措置を講ずるよう努めるものとする。

（通貨及び金融の安定）

第百三十三条　日本銀行は、武力攻撃事態等において、その国民の保護に関する業務計画で定めるところにより、銀行券の発行並びに通貨及び金融の調節を行うとともに、銀行その他の金融機関の間で行われる資金決済の円滑の確保を通じ、信用秩序の維持に資するため必要な措置を講じなければならない。

第二節　生活基盤等の確保に関する措置

（電気及びガス並びに水の安定的な供給）

第百三十四条　電気事業者（電気事業法（昭和三十九年法律第百七十号）第二条第一項第十号の電気事業者をいう。）及びガス事業者（ガス事業法（昭和二十九年法律第五十一号）第二条第十一項のガス事業者をいう。）である指定公共機関及び指定地方公共機関は、武力攻撃事態等において、それぞれその国民の保護に関する業務計画で定めるところにより、電気及びガスを安定的かつ適切に供給するため必要な措置を講じなければならない。

2　水道事業者（水道法（昭和三十二年法律第百七十七号）第三条第五項の水道事業者をいう。）、水道用水供給事業者（同項の水道用水供給事業者をいう。）及び工業用水道事業者（工業用水道事業法（昭和三十三年法律第八十四号）第二条第五項の工業用水道事業者をいう。）である地方公共団体及び指定地方公共機関は、武力攻撃事態等において、それぞれその国民の保護に関する計画で定めるところにより、それぞれその国民の保護に関する計画又は国民の保護に関する業務計画で定めるところにより、水を安定的かつ適切に供給するため必要な措置を講じなければならない。

（運送、通信及び郵便等の確保）

第百三十五条　運送事業者である指定公共機関及び指定地方公共機関は、武力攻撃事態等において、それぞれその国民の保護に関する業務計画で定めるところにより、旅客及び貨物の運送を確保するため必要な措置を講じなければならない。

2　電気通信事業者である指定公共機関及び指定地方公共機関は、武力攻撃事態等において、それぞれその国民の保護に関する業務計画で定めるところにより、通信を確保し、及び国民の保護のための措置の実施に必要な通信を優先的に取り扱うため必要な措置を講じなければならない。

3　日本郵政公社並びに一般信書便事業者による信書の送達に関する法律（平成十四年法律第九十九号）第二条第六項の一般信書便事業者をいう。）である指定公共機関及び指定地方公共機関は、武力攻撃事態等において、それぞれその国民の保護に関する業務計画で定めるところにより、郵便及び信書便を確保するため必要な措置を講じなければならない。

（医療の確保）

第百三十六条　病院その他の医療機関である指定公共機関及び指定地方公共機関は、武力攻撃事態等において、それぞれその国民の保護に関する業務計画で定めるところにより、医療を確保するため必要な措置を講じなければならない。

（公共的施設の適切な管理）

第百三十七条　河川管理施設（河川法（昭和三十九年法律第百六十七号）第三条第二項の河川管理施設をいう。以下この条において同じ。）、道路（道路法（昭和二十七年法律第百八十号）第二条第一項の道路及び道路運送法（昭和二十六年法律第百八十三号）第二条第八項の自動車道をいう。以下この条において同じ。）、港湾（港湾法（昭和二十五年法律第二百十八号）の規定による港湾をいう。以下この条において同じ。）及び空港（空港整備法（昭和三十一年法律第八十号）第二条第一項の空港をいう。以下この条において同じ。）の管理者である指定公共機関及び指定地方公共機関は、武力攻撃事態等において、それぞれその国民の保護に関する業務計画で定めるところにより、河川管理施設、道路、港湾及び空港を適切に管理しなければならない。

（武力攻撃災害に関する指導、助言等）

第百三十八条　災害に関する研究を業務として行う指定公共機関は、その国民の保護に関する業務計画で定めるところにより、国、地方公共団体及び他の指定公共機関に対し、武力攻撃災害の防除、軽減及び復旧に関する指導、助言その他の援助を行うよう努めなければならない。

第三節　応急の復旧

（応急の復旧）

第百三十九条　指定行政機関の長等は、その管理する施設及び設備について武力攻撃災害による被害が発生したときは、それぞれその国民の保護に関する計画又は国民の保護に関する業務計画で定めるところにより、当該施設及び設備について、応急の復旧のため必要な措置を講じなければならない。

（応急の復旧に関する支援の求め）

第百四十条　前条の場合において、都道府県知事等又は指定公共機関は指定行政機関の長又は指定地方行政機関の長に対し、市町村長等又は指定地方公共機関は都道府県知事等に対し、応急の復旧のため必要な措置に関し支援を求めることができる。

第六章　復旧、備蓄その他の措置

（武力攻撃災害の復旧）

第百四十一条　指定行政機関の長等は、それぞれその国民の保護に関する計画又は国民の保護に関する業務計画で定めるところにより、武力攻撃災害の復旧を行わなければならない。

（避難及び救援に必要な物資及び資材の備蓄等）

第百四十二条　指定行政機関の長及び指定地方行政機関の長並びに地方公共団体の長等は、それぞれその国民の保護に関する計画で定めるところにより、住民の避難及び避難住民等の救援に必要な物資及び資材を備蓄し、整備し、若しくは点検し、又は住民の避難及び避難住民等の救援に必要なその管理に属する施設及び設備を整備し、若しくは点検しなければならない。

（避難住民を受け入れた場合の備蓄物資等の供給）

第百四十三条　都道府県知事及び市町村長は、他の都道府県及び市町村から避難住民等を受け入れたときは、避難住民等の救援のため、その備蓄する物資又は資材を、必要に応じ供給しなければならない。

（物資及び資材の供給の要請）

第百四十四条　都道府県知事又は市町村長は、住民の避難及び避難住民等の救援に当たって、その備蓄する物資又は資材が不足し、国民の保護のための措置を的確かつ迅速に実施することが困難であると認めるときは、都道府県知事にあっては指定行政機関の長又は指定地方行政機関の長に対し、市町村長にあっては都道府県知事に対し、それぞれ必要な物資又は資材の供給について必要な措置を講ずるよう要請することができる。

（国民の保護のための措置に必要な物資及び資材の備蓄等）

第百四十五条　指定行政機関の長等は、第百四十二条に規定するもののほか、それぞれその国民の保護に関する計画又は国民の保護に関する業務計画で定めるところにより、その所掌事務又は業務に係る国民の保護のための措置の実施に必要な物資及び資材を備蓄し、整備し、若しくは点検し、又は当該国民の保護のための措置の実施に必要なその管理に属する施設及び設備を整備し、若しくは点検しなければならない。

（災害対策基本法の規定による備蓄との関係）

第百四十六条　第百四十二条及び前条の規定による物資及び資材の備蓄と、災害対策基本法第四十九条の規定による物資及び資材の備蓄とは、相互に兼ねることができる。

（備蓄物資等の供給に関する相互協力）

第百四十七条　指定行政機関の長等は、武力攻撃事態等において、その備蓄する物資及び資材の供給に関し、相互に協力するよう努めなければならない。

（避難施設の指定）

第百四十八条　都道府県知事は、住民を避難させ、又は避難住民等の救援を行うため、あらかじめ、政令で定める基準を満たす施設を避難施設として指定しなければならない。

2　都道府県知事は、前項の規定により避難施設を指定しようとするときは、当該施設の管理者の同意を得なければならない。

（避難施設に関する届出）

第百四十九条　前条第一項の避難施設として指定を受けた施設の管理者は、当該施設を廃止し、又は用途の変更、改築その他の事由により当該施設の現状に政令で定める重要な変更を加えようとするときは、同項の規定による指定をした都道府県知事に届け出なければならない。

（避難施設に関する調査及び研究）

第百五十条　政府は、武力攻撃災害から人の生命及び身体を保護するために必要な機能を備えた避難施設に関する調査及び研究を行うとともに、その整備の促進に努めなければならない。

（職員の派遣の要請）

第百五十一条　地方公共団体の長等は、国民の保護のための措置の実施のため必要があるときは、政令で定めるところにより、指定行政機関の長若しくは指定地方行政機関の長又は特定指定公共機関（指定公共機関である特定独立行政法人（独立行政法人通則法（平成十一年法律第百三号）第二条第二項の特定独立行政法人をいう。）及び日本郵政公社をいう。以下この項及び第百五十三条において同じ。）に対し、当該指定行政機関若しくは指定地方行政機関又は特定指定公共機関の職員の派遣を要請することができる。

2　地方公共団体の委員会及び委員は、前項の規定により職員の派遣を要請しようとするときは、あらかじめ、当該地方公共団体の長に協議しなければならない。

3　市町村長等が第一項の規定による職員の派遣を要請するときは、都道府県知事等を経由してするものとする。ただし、人命の救助等のために特に緊急を要する場合については、この限りでない。

（職員の派遣のあっせん）

第百五十二条　都道府県知事等又は市町村長等は、政令で定めるところにより、総務大臣又は都道府県知事に対し、前条第一項の職員の派遣について、あっせんを求めることができる。

2　都道府県知事等又は市町村長等は、国民の保護のための措置の実施のため必要があるときは、政令で定めるところにより、総務大臣又は都道府県知事に対し、都道府県知事等にあっては地方自治法第二百五十二条の十七第一項の職員の派遣について、市町村長等にあっては同項の職員又は地方独立行政法人法第九十一条第一項の職員（指定地方公共機関である同法第二条第二項の特定地方独立行政法人（次条において「特定指定地方公共機関」という。）の職員に限る。）の派遣について、あっせんを求めることができる。

3　前条第二項及び第三項の規定は、前二項の規定によりあっせんを求める場合について準用する。

（職員の派遣義務）

第百五十三条　指定行政機関の長及び指定地方行政機関の長、地方公共団体の長等並びに特定指定公共機関及び特定指定地方公共機関は、前二条の規定による要請又はあっせんがあったときは、その所掌事務又は業務の遂行に著しい支障のない限り、適任と認める職員を派遣しなければならない。

（職員の身分取扱い）

第百五十四条　災害対策基本法第三十二条の規定は、前条又は他の法律の規定により国民の保護のための措置の実施のため派遣された職員の身分取扱いについて準用する。この場合において、同法第三十二条第一項中「災害派遣手当」とあるのは、「武力攻撃災害等派遣手当」と読み替えるものとする。

（交通の規制等）

第百五十五条　都道府県公安委員会は、住民の避難、緊急物資の運送その他の国民の保護のための措置が的確かつ迅速に実施されるようにするため緊急の必要があると認めるときは、政令で定めるところにより、区域又は道路の区間を指定して、緊急通行車両（道路交通法（昭和三十五年法律第百五号）第三十九条第一項の緊急自動車その他の車両で国民の保護のための措置の的確かつ迅速な実施のためその通行を確保することが特に必要なものとして政令で定めるものをいう。）以外の車両の道路における通行を禁止し、又は制限することができる。

2　災害対策基本法第七十六条第二項及び第七十六条の二から第七十六条の四までの規定は、前項の規定による通行の禁止又は制限について準用する。この場合において、同法第七十六条の二第五項中「前条第一項」とあり、同法第七十六条の三第五項中「第七十六条第一項」とあるのは「武力攻撃事態等における国民の保護のための措置に関する法律第百五十五条第一項」と、同条第一項、第三項及び第四項並びに同法第七十六条の四中「災害応急対策」とあるのは「国民の保護のための措置」と、同法第七十六条の三第三項及び第六項中「災害派遣を命ぜられた部隊等の自衛官」とあるのは「出動等を命ぜられた自衛隊の部隊等の自衛官」と読み替えるものとする。

（電気通信設備の優先利用等）

第百五十六条　指定行政機関の長若しくは指定地方行政機関の長又は地方公共団体の長は、国民の保護のための措置の実施に必要な通信のため緊急かつ特別の必要があるときは、電気通信事業者がその事業の用に供する電気通信設備を優先的に利用し、又は有線電気通信法（昭和二十八年法律第九十六号）第三条第四項第三号に掲げる者が設置する有線電気通信設備若しくは無線設備を使用することができる。

（赤十字標章等の交付等）

第百五十七条　何人も、武力攻撃事態等において、特殊信号（第一追加議定書（千九百四十九年八月十二日のジュネーヴ諸条約の国際的な武力紛争の犠牲者の保護に関する追加議定書（議定書Ⅰ）をいう。以下この項及び次条第一項において同じ。）第八条（m）の特殊信号をいう。次項及び第三項において同じ。）又は身分証明書（第一追加議定書第十八条3の身分証明書をいう。次項及び第三項において同じ。）をみだりに使用してはならない。

2　指定行政機関の長又は都道府県知事は、武力攻撃事態等においては、赤十字の標章及び名称等の使用の制限に関する法律（昭和二十二年法律第百五十九号。次項及び第四項において「赤十字標章法」という。）第一条及び前項の規定にかかわらず、指定行政機関の長にあっては避難住民等の救援の支援を行う当該指定行政機関の長が所管する医療機関又は当該指定行政機関の職員（その管轄する指定地方行政機関の職員を含む。次条第二項第一号において同じ。）である医療関係者（第八十五条第一項の政令で定める医療関係者をいう。以下この項及び次項において同じ。）に対し、都道府県知事にあってはその管理の下に避難住民等の救援を行う医療機関若しくは医療関係者又は当該避難住民等の救援に必要な援助について協力をする医療機関若しくは医療関係者に対し、これらの者（これらの者の委託により医療に係る業務を行う者を含む。以下この項において同じ。）又はこれらの者が行う医療のために使用される場所若しくは車両、船舶、航空機等（次項及び次条において「場所等」という。）を識別させるため、赤十字標章等（白地に赤十字、赤新月又は赤のライオン及び太陽の標章をいう。次項及び第四項において同じ。）、特殊信号又は身分証明書を交付し、又は使用させることができる。

3 前項に規定する医療機関及び医療関係者以外の医療機関及び医療関係者は、武力攻撃事態等においては、赤十字標章法第一条及び第一項の規定にかかわらず、これらの者（これらの者の委託により医療に係る業務を行う者を含む。以下この項において同じ。）又はこれらの者が行う医療のために使用される場所等を識別させるため、あらかじめ、医療機関である指定公共機関にあっては当該指定公共機関を所管する指定行政機関の長の、医療機関である指定地方公共機関にあっては当該指定地方公共機関を指定した都道府県知事の、その他の医療機関及び医療関係者にあっては当該者が医療を行う地域を管轄する都道府県知事の許可を受けて、赤十字標章等、特殊信号又は身分証明書を使用することができる。

4 赤十字標章法第三条の規定は、武力攻撃事態等においては、適用しない。ただし、対処基本方針が定められる前に同条の許可を受けた者は、武力攻撃事態等においても、同条に規定する傷者又は病者の無料看護を引き続き行う場合に限り、前項の規定にかかわらず、赤十字標章等を使用することができる。

（特殊標章等の交付等）

第百五十八条 何人も、武力攻撃事態等において、特殊標章（第一追加議定書第六十六条3の国際的な特殊標章をいう。次項及び第三項において同じ。）又は身分証明書（同条3の身分証明書をいう。次項及び第三項において同じ。）をみだりに使用してはならない。

2 次の各号に掲げる者（以下この項において「指定行政機関長等」という。）は、武力攻撃事態等においては、前項の規定にかかわらず、それぞれ当該各号に定める職員で国民の保護のための措置に係る職務を行うもの（指定行政機関長等の委託により国民の保護のための措置に係る業務を行う者を含む。）又は指定行政機関長等が実施する国民の保護のための措置の実施に必要な援助について協力をする者に対し、これらの者又は当該国民の保護のための措置に係るこれらの者が行う職務、業務若しくは協力のために使用される場所等を識別させるため、特殊標章又は身分証明書を交付し、又は使用させることができる。

一 指定行政機関の長　当該指定行政機関の職員

二 都道府県知事　当該都道府県の職員（次号及び第五号に定める職員を除く。）

三 警視総監及び道府県警察本部長　当該都道府県警察の職員

四 市町村長　当該市町村の職員（次号及び第六号に定める職員を除く。）

五 消防長　その所轄の消防職員

六 水防管理者　その所轄の水防団長及び水防団員

3 指定公共機関又は指定地方公共機関は、武力攻撃事態等においては、第一項の規定にかかわらず、当該指定公共機関若しくは指定地方公共機関が実施する国民の保護のための措置に係る業務を行う者（当該指定公共機関又は指定地方公共機関の委託により国民の保護のための措置に係る業務を行う者を含む。）若しくは当該指定公共機関若しくは指定地方公共機関が実施する国民の保護のための措置の実施に必要な援助について協力をする者又は当該国民の保護のための措置に係るこれらの者が行う業務若しくは協力のために使用される場所等を識別させるため、あらかじめ、指定公共機関にあっては当該指定公共機関を所管する指定行政機関の長の、指定地方公共機関にあっては当該指定地方公共機関を指定した都道府県知事の許可を受けて、特殊標章又は身分証明書を使用することができる。

第七章　財政上の措置等

(損失補償等)

第百五十九条　国及び地方公共団体は、第八十一条第二項、第三項若しくは第四項(同条第一項に係る部分を除く。)、第八十二条、第百十三条第一項若しくは第三項(同条第一項に係る部分に限る。)、同条第五項(同条第一項に係る部分に限る。)において準用する災害対策基本法第六十四条第七項若しくは第八項、第百二十五条第四項又は第百五十五条第二項において準用する同法第七十六条の三第二項後段(同条第三項又は第四項において準用する場合を含む。)の規定による処分が行われたときは、それぞれ、当該処分により通常生ずべき損失を補償しなければならない。

2　都道府県は、第八十五条第一項の規定による要請に応じ、又は同条第二項の規定による指示に従って医療を行う医療関係者に対して、政令で定める基準に従い、その実費を弁償しなければならない。

3　前二項の規定の実施に関し必要な手続は、政令で定める。

(損害補償)

第百六十条　国及び地方公共団体は、第七十条第一項(同条第三項において準用する場合を含む。)、第八十条第一項、第百十五条第一項又は第百二十三条第一項の規定による要請を受けて国民の保護のための措置の実施に必要な援助について協力をした者が、そのため死亡し、負傷し、若しくは疾病にかかり、又は障害の状態となったときは、政令で定めるところにより、その者又はその者の遺族若しくは被扶養者がこれらの原因によって受ける損害を補償しなければならない。

2　都道府県は、第八十五条第一項の規定による要請に応じ、又は同条第二項の規定による指示に従って医療を行う医療関係者が、そのため死亡し、負傷し、若しくは疾病にかかり、又は障害の状態となったときは、政令で定めるところにより、その者又はその者の遺族若しくは被扶養者がこれらの原因によって受ける損害を補償しなければならない。

3　前二項の規定の実施に関し必要な手続は、政令で定める。

(総合調整及び指示に係る損失の補てん)

第百六十一条　国は、国民の保護のための措置(第百四十一条に規定する武力攻撃災害の復旧に関する措置を除く。)の実施に関し、都道府県又は指定公共機関に対し、事態対処法第十四条第一項の規定により対策本部長が総合調整を行い、又は第五十六条第一項(同条第三項において準用する場合を含む。)、第六十条第一項、第六十八条、第七十三条第一項(第七十九条第二項において準用する場合を含む。)若しくは第八十八条第一項の規定により内閣総理大臣が指示をした場合において、当該総合調整又は指示に基づく措置の実施に当たって当該都道府県又は指定公共機関が損失を受けたときは、それぞれ、当該都道府県又は指定公共機関に対し、政令で定めるところにより、その損失を補てんしなければならない。ただし、当該都道府県又は指定公共機関の責めに帰すべき事由により損失が生じたときは、この限りでない。

2　都道府県は、国民の保護のための措置の実施に関し、市町村又は指定公共機関若しくは指定地方公共機関に対し、第二十九条第一項の規定により都道府県対策本部長が総合調整を行い、又は第六十七条第二項(第六十九条第二項において準用する場合を含む。)若しくは第七十三条第二項(第七十九条第二項において準用する場合を含む。)の規定により都道府県知事が指示をした場合において、当該総合調整又は指示に基づく措置の実施に当たって当該市町村又は指定公共機関若しくは指定地方公共機関が損失を受けたときは、それぞれ、当該市町村又は指定地方公共機関に対し、政令で定めるところにより、その損失を補てんしなければならない。ただし、当該市町村又は指定公共機関若しくは指定地方公共機関の責めに帰すべき事由により損失が生じたときは、この限りでない。

3　前二項の規定の実施に関し必要な手続は、政令で定める。

（被災者の公的徴収金の減免等）

第百六十二条　国は、別に法律で定めるところにより、武力攻撃災害による被災者の国税その他国の徴収金について、軽減若しくは免除又は徴収猶予その他必要な措置を講ずることができる。

2　地方公共団体は、別に法律で定めるところにより、又は当該地方公共団体の条例で定めるところにより、武力攻撃災害による被災者の地方税その他地方公共団体の徴収金について、軽減若しくは免除又は徴収猶予その他必要な措置を講ずることができる。

（国有財産等の貸付け等の特例）

第百六十三条　国は、国民の保護のための措置を実施するため必要があると認める場合において、国有財産又は国有の物品を貸し付け、又は使用させるときは、別に法律で定めるところにより、その貸付け又は使用の対価を無償とし、又は時価より低く定めることができる。

2　地方公共団体は、国民の保護のための措置を実施するため必要があると認める場合において、その所有に属する財産又は物品を貸し付け、又は使用させるときは、別に法律で定めるところにより、その貸付け又は使用の対価を無償とし、又は時価より低く定めることができる。

（国民の保護のための措置等に要する費用の支弁）

第百六十四条　法令に特別の定めがある場合を除き、国民の保護のための措置その他この法律の規定に基づいて実施する措置に要する費用は、その実施について責任を有する者が支弁する。

（他の地方公共団体の長等の応援に要する費用の支弁）

第百六十五条　第十二条第一項、第十七条第一項、第十八条第一項、第八十六条又は第百十九条の規定により他の地方公共団体の長等の応援を受けた地方公共団体の長等の属する地方公共団体は、当該応援に要した費用を支弁しなければならない。

2　前項の場合において、当該応援を受けた地方公共団体の長等の属する地方公共団体が当該費用を支弁するいとまがないときは、当該地方公共団体は、当該応援をする他の地方公共団体の長等の属する地方公共団体に対し、当該費用を一時的に立て替えて支弁するよう求めることができる。

（都道府県知事が市町村長の措置を代行した場合の費用の支弁）

第百六十六条　第十四条第一項に規定する市町村がその全部又は大部分の事務を行うことができなくなる前に当該市町村の長が実施した国民の保護のための措置又は当該市町村に対して他の市町村の長が実施した応援のために通常要する費用で、同項に規定する市町村に支弁させることが困難であると認められるものについては、当該市町村の属する都道府県が支弁する。

（市町村長が救援の事務を行う場合の費用の支弁）

第百六十七条　都道府県は、都道府県知事が第七十六条第一項の規定によりその権限に属する救援の実施に関する事務の一部を市町村長が行うこととしたときは、当該市町村長による救援の実施に要する費用を支弁しなければならない。

2　都道府県知事は、第七十六条第一項の規定によりその権限に属する救援の実施に関する事務の一部を市町村長が行うこととしたとき、又は都道府県が救援の実施に要する費用を支弁するいとまがないときは、救援を必要とする避難住民等の現在地の市町村に救援の実施に要する費用を一時的に立て替えて支弁させることができる。

（国及び地方公共団体の費用の負担）

第百六十八条　次に掲げる費用のうち、第百六十四条から前条まで（第百六十五条第二項及び前条第二項を除く。第三項において同じ。）の規定により地方公共団体が支弁したもので政令で定めるものについては、政令で定めるところにより、国が負担する。ただし、地方公共団体の職員の給料及び扶養手当その他政令で定める手当、地方公共団体の管理及び行政事務の執行に要する費用で政令で定めるもの並びに地方公共団体が施設の管理者として行う事務に要する費用で政令で定めるものについては、地方公共団体が負担する。

一　第二章に規定する住民の避難に関する措置に要する費用

二　第三章に規定する避難住民等の救援に関する措置に要する費用

三　第四章に規定する武力攻撃災害への対処に関する措置に要する費用

四　第百五十九条から第百六十一条までに規定する損失の補償若しくは実費の弁償、損害の補償又は損失の補てんに要する費用（地方公共団体に故意又は重大な過失がある場合を除く。）

2　第四十二条第一項の規定により指定行政機関の長又は指定地方行政機関の長が地方公共団体の長等と共同して行う訓練に係る費用で第百六十四条の規定により地方公共団体が支弁したものについては、政令で定めるものを除き、国が負担する。

3　前二項の規定により国が負担する費用を除き、第百六十四条から前条までの規定により地方公共団体が支弁する費用については、地方公共団体が負担する。

（国の補助）

第百六十九条　国は、地方公共団体が国民の保護のための措置その他この法律の規定に基づいて実施する措置に要する費用で前条第三項の規定により当該地方公共団体が負担するものについて、予算の範囲内において、その一部を補助することができる。

（起債の特例）

第百七十条　次に掲げる場合においては、政令で定める地方公共団体は、政令で定める年度に限り、地方財政法（昭和二十三年法律第百九号）第五条の規定にかかわらず、地方債をもってその財源とすることができる。

一　地方税、使用料、手数料その他の徴収金で総務省令で定めるものの武力攻撃災害のための減免で、その程度及び範囲が被害の状況に照らし相当と認められるものによって生ずる財政収入の不足を補う場合

二　国民の保護のための措置その他この法律の規定に基づいて実施する措置で総務省令で定めるものに通常要する費用で、当該地方公共団体の負担に属するものの財源とする場合

2　前項の地方債は、国又は日本郵政公社が、それぞれの資金事情の許す限り、財政融資資金又は日本郵政公社法（平成十四年法律第九十七号）第二十四条第三項第四号の郵便貯金資金若しくは同項第五号の簡易生命保険資金（次項において「政府資金」という。）をもって引き受けるものとする。

3　第一項の規定による地方債を政府資金で引き受けた場合における当該地方債の利息の定率、償還の方法その他地方債に関し必要な事項は、政令で定める。

（武力攻撃災害の復旧に係る財政上の措置）

第百七十一条　前三条の規定にかかわらず、第百四十一条に規定する武力攻撃災害の復旧に関する措置に係る財政上の措置については、別に法律で定めるところによる。

2　前項の法律においては、武力攻撃災害の復旧に関する措置が的確かつ迅速に実施されるよう国費による必要な財政上の措置を講ずるものとする。

3　政府は、第一項の法律が施行されるまでの間においては、武力攻撃

災害の復旧に関する措置が的確かつ迅速に実施されるよう必要な財政上の措置を講ずるものとする。

第八章　緊急対処事態に対処するための措置

（国、地方公共団体等の責務）

第百七十二条　国は、国民の安全を確保するため、緊急対処事態（事態対処法第二十五条第一項の緊急対処事態をいう。以下同じ。）においては、その組織及び機能のすべてを挙げて自ら緊急対処保護措置（緊急対処事態対処方針（同項の緊急対処事態対処方針をいう。以下同じ。）が定められてから廃止されるまでの間に、指定行政機関、地方公共団体又は指定公共機関若しくは指定地方公共機関が第百八十三条において準用するこの法律の規定に基づいて実施する事態対処法第二十五条第三項第二号に掲げる措置（緊急対処事態対処方針が廃止された後これらの者が法律の規定に基づいて実施する被害の復旧に関する措置を含む。）その他これらの者が当該措置に関し国民の保護のための措置に準じて法律の規定に基づいて実施する措置をいう。以下同じ。）を的確かつ迅速に実施し、又は地方公共団体及び指定公共機関が実施する緊急対処保護措置を的確かつ迅速に支援し、並びに緊急対処保護措置に関し国費による適切な措置を講ずること等により、国全体として万全の態勢を整備する責務を有する。

2　地方公共団体は、緊急対処事態においては、緊急対処事態対処方針に基づき、自ら緊急対処保護措置を的確かつ迅速に実施し、及び当該地方公共団体の区域において関係機関が実施する緊急対処保護措置を総合的に推進する責務を有する。

3　指定公共機関及び指定地方公共機関は、緊急対処事態においては、この法律で定めるところにより、その業務について、緊急対処保護措置を実施する責務を有する。

4　国、地方公共団体並びに指定公共機関及び指定地方公共機関は、緊急対処保護措置を実施するに当たっては、相互に連携協力し、その的確かつ迅速な実施に万全を期さなければならない。

（国民の協力等）

第百七十三条　国民は、この法律の規定により緊急対処保護措置の実施に関し協力を要請されたときは、必要な協力をするよう努めるものとする。

2　前項の協力は国民の自発的な意思にゆだねられるものであって、その要請に当たって強制にわたることがあってはならない。

3　国及び地方公共団体は、自主防災組織及びボランティアにより行われる緊急対処保護措置に資するための自発的な活動に対し、必要な支援を行うよう努めなければならない。

（基本的人権の尊重）

第百七十四条　緊急対処保護措置を実施するに当たっては、日本国憲法の保障する国民の自由と権利が尊重されなければならない。

2　前項に規定する緊急対処保護措置を実施する場合において、国民の自由と権利に制限が加えられるときであっても、その制限は当該緊急対処保護措置を実施するため必要最小限のものに限られ、かつ、公正かつ適正な手続の下に行われるものとし、いやしくも国民を差別的に取り扱い、並びに思想及び良心の自由並びに表現の自由を侵すものであってはならない。

（国民の権利利益の迅速な救済）

第百七十五条　国及び地方公共団体は、緊急対処保護措置の実施に伴う損失補償、緊急対処保護措置に係る不服申立て又は訴訟その他の国民の権利利益の救済に係る手続について、できる限り迅速に処理するよう努めなければならない。

（指定行政機関及び指定地方行政機関の実施する緊急対処保護措置）

第百七十六条　指定行政機関の長及び指定地方行政機関の長は、緊急対処事態対処方針が定められたときは、この法律その他法令の規定に基づき、その国民の保護に関する計画で定めるところにより、その所掌事務に係る緊急対処保護措置を実施しなければならない。

（都道府県の実施する緊急対処保護措置）

第百七十七条　都道府県知事は、緊急対処事態対処方針が定められたときは、この法律その他法令の規定に基づき、その国民の保護に関する計画で定めるところにより、当該都道府県の区域に係る緊急対処保護措置を実施しなければならない。

2　都道府県の委員会及び委員は、緊急対処事態対処方針が定められたときは、この法律その他法令の規定に基づき、その国民の保護に関する計画で定めるところにより、都道府県知事の所轄の下にその所掌事務に係る緊急対処保護措置を実施しなければならない。

3　第十一条第三項及び第四項の規定は、都道府県知事等が前二項の規定により緊急対処保護措置を実施する場合について準用する。この場合において、同条第三項中「対処基本方針」とあるのは、「緊急対処事態対処方針」と読み替えるものとする。

（市町村の実施する緊急対処保護措置）

第百七十八条　市町村長は、緊急対処事態対処方針が定められたときは、この法律その他法令の規定に基づき、その国民の保護に関する計画で定めるところにより、当該市町村の区域に係る緊急対処保護措置を実施しなければならない。

2　市町村の委員会及び委員は、緊急対処事態対処方針が定められたときは、この法律その他法令の規定に基づき、その国民の保護に関する計画で定めるところにより、市町村長の所轄の下にその所掌事務に係る緊急対処保護措置を実施しなければならない。

3　第十六条第三項から第五項までの規定は、市町村長等が前二項の規定により緊急対処保護措置を実施する場合について準用する。この場合において、同条第三項中「対処基本方針」とあるのは「緊急対処事態対処方針」と、同条第五項中「第十一条第四項」とあるのは「第百七十七条第三項において準用する第十一条第四項」と読み替えるものとする。

（指定公共機関及び指定地方公共機関の実施する緊急対処保護措置）

第百七十九条　指定公共機関及び指定地方公共機関は、緊急対処事態対処方針が定められたときは、この法律その他法令の規定に基づき、それぞれその国民の保護に関する業務計画で定めるところにより、その業務に係る緊急対処保護措置を実施しなければならない。

2　第二十一条第二項及び第三項の規定は、指定公共機関及び指定地方公共機関が前項の規定により緊急対処保護措置を実施する場合について準用する。

（安全の確保）

第百八十条　国は指定行政機関、地方公共団体及び指定公共機関が実施する緊急対処保護措置について、都道府県は当該都道府県、市町村並びに指定公共機関及び指定地方公共機関が実施する当該都道府県の区域に係る緊急対処保護措置について、市町村は当該市町村が実施する当該市町村の区域に係る緊急対処保護措置について、その内容に応じ、安全の確保に配慮しなければならない。

（緊急対処事態対策本部の所掌事務等）

第百八十一条　緊急対処事態対策本部（事態対処法第二十六条第一項の緊急対処事態対策本部をいう。次項において同じ。）は、事態対処法第二十七条において準用する事態対処法第十二条第一号に掲げるもののほか、次に掲げる事務をつかさどる。

一　指定行政機関、地方公共団体及び指定公共機関が実施する緊急対処保護措置の総合的な推進に関すること。

二　前号に掲げるもののほか、この法律の規定によりその権限に属する事務

2　第二十四条第二項から第七項までの規定は、緊急対処事態対策本部について準用する。この場合において、同条第二項中「国民の保護のための措置」とあるのは、「緊急対処保護措置」と読み替えるものとする。

（基本指針等の必要記載事項）

第百八十二条　政府は、緊急対処事態に備えて、基本指針において、第三十二条第二項各号に掲げる事項のほか、緊急対処保護措置の実施に関し必要な事項を定めなければならない。

2　指定行政機関の長、都道府県知事、市町村長並びに指定公共機関及び指定地方公共機関は、それぞれその国民の保護に関する計画又は国民の保護に関する業務計画において、第三十三条第二項各号、第三十四条第二項各号、第三十五条第二項各号及び第三十六条第三項各号に掲げる事項のほか、緊急対処保護措置の実施に関し必要な事項を定めなければならない。

3　都道府県知事及び市町村長が前項の規定により緊急対処保護措置の実施に関し必要な事項を定める場合における第三十七条第二項及び第三十九条第二項の規定の適用については、第三十七条第二項第一号及び第三十九条第二項第一号中「国民の保護のための措置」とあるのは、「国民の保護のための措置（緊急対処保護措置を含む。）」とする。

（準用）

第百八十三条　第七条、第八条及び第九条第一項、第一章第二節（第十条、第十一条、第十六条、第二十一条及び第二十二条を除く。）及び第三節（第二十四条並びに第二十九条第四項及び第七項を除く。）、第二章（第五十六条、第六十条、第六十八条及び第七十三条第一項を除く。）、第三章（第八十八条及び第九十三条を除く。）、第四章、第五章第二節及び第三節、第百四十一条、第百四十三条、第百四十四条、第百四十七条及び第百五十一条から第百五十六条まで並びに第七章（第百六十一条第一項を除く。）の規定は、緊急対処事態及び緊急対処保護措置について準用する。この場合において、次の表の上欄に掲げる規定中同表の中欄に掲げる字句は、それぞれ同表の下欄に掲げる字句に読み替えるものとする。

第七条第二項	次条第二項	第百八十三条において準用する次条第二項
第十四条第一項	武力攻撃災害	緊急対処事態における災害（武力攻撃に準ずる攻撃により直接又は間接に生ずる人の死亡又は負傷、火事、爆発、放射性物質の放出その他の人的又は物的災害をいう。以下同じ。）
第十五条第一項	第二十条	第百八十三条において準用する第二十条
第十五条第二項及び第三項、第二十条第二項、第二十三条、第四十四条第一項、第四十五条第一項、第五十一条、第五十二条第一項から第四項まで、第五十三条、第五十四条第八項、第七十三条第三項、第七十四条第三項、第九十七条第三項から第五項まで、第百条第三項、第百五条第二項、第七項から第十項まで及び第十二項、第	対策本部長	緊急対処事態対策本部長

百二十七条第三項及び第五項並びに第百二十八条第一項		
第十八条第二項	第十二条第一項後段	第百八十三条において準用する第十二条第一項後段
第二十条第一項	第十五条第一項	第百八十三条において準用する第十五条第一項
第二十三条の見出し	武力攻撃等	緊急対処事態における攻撃等
第二十三条、第四十四条第一項及び第七十三条第四項	、武力攻撃	、緊急対処事態における攻撃
第二十三条、第七十四条第二項、第七十五条第一項、第八十五条第一項、第九十一条第一項、第九十四条第一項、第九十七条（見出しを含む。）、第九十八条第一項及び第三項、第九十九条第二項第一号、第百二条第一項から第三項まで、第五項及び第八項、第百三条の見出し並びに同条第一項、第三項及び第五項、第百四条の見出し、第百六条（見出しを含む。）、第百十一条第一項及び第二項、第百十二条第一項及び第五項、第百十三条第一項から第三項まで、第百十四条第一項及び第二項、第百十五条、第百十六条第一項、第百十七条（見出しを含む。）、第百十八条（見出しを含む。）、第百十九条第一項及び第二項、第百二十二条、第百二十三条第一項、第百二十四条第一項、第百二十五条第一項、第百二十六条第一項、第百三十八条（見出しを含む。）、第百三十九条、第百四十一条（見出しを含む。）、第百六十二条、第百六十八条第一項第三号、第百七十条第一項第一号並びに第百七十一条（見出しを含む。）	武力攻撃災害	緊急対処事態における災害
第二十五条第一項	事態対処法第九条第六項（同条第十三項において準用する場合を含む。）の規定により対処基本方針の案又は対処基本方針の変更の案	事態対処法第二十五条第四項（同条第十項において準用する場合を含む。）の規定により緊急対処事態対処方針の案又は緊急対処事態対処方針の変更の案
	第二十七条第一項	第百八十三条において準用する第二十七条第一項
第二十五条第一項及び第二十七条第一項	都道府県国民保護対策本部	都道府県緊急対処事態対策本部

	市町村国民保護対策本部	市町村緊急対処事態対策本部
第二十六条、第四十五条第一項、第六十三条第一項及び第二項、第六十七条第五項、第七十条第三項、第七十二条、第百条第一項及び第三項、第百一条、第百八条第一項、第百二十七条第一項、第二項、第四項及び第五項並びに第百五十二条第一項	前条第一項	第百八十三条において準用する前条第一項
第二十七条第一項	第二十五条第二項	第百八十三条において準用する第二十五条第二項
第二十八条第一項	都道府県国民保護対策本部長	都道府県緊急対処事態対策本部長
	市町村国民保護対策本部長	市町村緊急対処事態対策本部長
第二十九条第八項	、対策本部長	、緊急対処事態対策本部長
第三十条	第二十五条第四項	第百八十三条において準用する第二十五条第四項
第三十一条	第二十七条から前条まで	第百八十三条において準用する第二十七条から前条まで（第二十九条第四項及び第七項を除く。）
第四十四条第一項、第九十七条第五項、第百二条第八項、第百五条第九項及び第百七条第一項	対処基本方針	緊急対処事態対処方針
第四十四条第二項第二号	武力攻撃が	緊急対処事態における攻撃が
第四十五条の見出し	対策本部長等	緊急対処事態対策本部長等
第四十六条、第百八条第二項、第百二十八条第一項及び第百六十九条	前条第三項	第百八十三条において準用する前条第三項
第四十七条第一項、第四十九条、第七十五条第一項、第百四十条及び第百五十四条	前条	第百八十三条において準用する前条
第四十八条及び第百五条第八項	第四十五条	第百八十三条において準用する第四十五条
第四十九条	第四十五条第一項	第百八十三条において準用する第四十五条第一項
第五十条	第四十五条第二項	第百八十三条において準用する第四十五条第二項
第五十一条第二項	第四十五条から前条まで	第百八十三条において準用する第四十五条から前条まで
第五十二条第一項及び第七十三条第三項	第四十四条第一項	第百八十三条において準用する第四十四条第一項
第五十二条第三項	第五十四条第一項	第百八十三条において準用する第五十四条第一項
第五十二条第七項	第四十六条	第百八十三条において準用する第四十六条
第五十二条第八項	第四十九条	第百八十三条において準用する第四十九条
第五十三条第三項	前条第四項から第八項まで	第百八十三条において準用する前条第四項から第八項まで
第五十四条第二項	第五十二条第二項各号	第百八十三条において準用する第五十二条第二項各号
第五十四条第四項及	第四十七条第二項	第百八十三条において準用する第四十七条第二項

び第六十一条第四項		第四十七条第二項
第五十五条第一項	第五十三条第一項	第百八十三条において準用する第五十三条第一項
第五十五条第二項	前条第一項後段	第百八十三条において準用する前条第一項後段
第五十五条第三項	前条第七項	第百八十三条において準用する前条第七項
第五十七条及び第百一条	第五十条	第百八十三条において準用する第五十条
第五十七条並びに第五十八条第七項及び第九項	第五十四条第七項	第百八十三条において準用する第五十四条第七項
第五十七条	第五十五条第三項	第百八十三条において準用する第五十五条第三項
第五十八条第四項	第五十四条第三項	第百八十三条において準用する第五十四条第三項
第五十八条第六項	第五十四条第六項	第百八十三条において準用する第五十四条第六項
第五十八条第八項及び第六十九条第一項	第五十五条第一項	第百八十三条において準用する第五十五条第一項
第六十三条第一項	第七十六条第一項、第七十八条第一項	第七十八条第一項
	第七十七条の四第一項	第七十七条の四第二項
第六十四条第一項、第六十六条第一項、第六十七条第二項、第六十九条第二項及び第七十条第一項	第六十二条第一項	第百八十三条において準用する第六十二条第一項
第六十九条第二項	第六十二条及び	第百八十三条において準用する第六十二条及び
第七十一条第一項	第七十三条第二項から第四項まで	第百八十三条において準用する第七十三条第二項から第四項まで
第七十二条	指定公共機関又は指定地方公共機関	指定地方公共機関
	指定公共機関にあっては対策本部長に対し、指定地方公共機関にあっては都道府県対策本部長	都道府県対策本部長
第七十三条の見出し	内閣総理大臣等	都道府県知事
第七十三条第三項及び第四項	内閣総理大臣及び都道府県知事	都道府県知事
	指定公共機関及び指定地方公共機関	指定地方公共機関
第七十三条第三項及び第百六十一条第三項	前二項	前項
第七十三条第四項	第一項及び第二項	第二項
第七十四条第一項	第五十二条第一項	第百八十三条において準用する第五十二条第一項
第七十五条第一項第一号及び第八十四条第一項	第八十二条	第百八十三条において準用する第八十二条
第七十七条第二項	第八十条第一項	第百八十三条において準用する第八十条第一項
第七十八条	第百三十五条第二項	第百八十三条において準用する第百三十五条第二項
第七十九条第一項	第百五十五条第一項	第百八十三条において準用する第百五十五条第一項
第七十九条第二項	第七十一条第二項	第百八十三条において準用する第七十一条第二項
	第七十三条	第七十三条第二項から第四項まで

第八十一条第一項	次条第一項	第百八十三条において準用する次条第一項
第八十二条第一項	第八十四条第一項	第百八十三条において準用する第八十四条第一項
第八十三条第一項、第八十四条第一項及び第百五十九条第一項	第八十一条第二項	第百八十三条において準用する第八十一条第二項
第八十四条第二項	第八十一条第三項	第百八十三条において準用する第八十一条第三項
第九十六条第三項及び第百五十二条第三項	前条第二項	第百八十三条において準用する前条第二項
第九十七条第七項、第百四条、第百五条第一項及び第七項、第百七条第一項並びに第百二十一条	武力攻撃に	緊急対処事態における攻撃に
第九十九条第一項	武力攻撃災害が	緊急対処事態における災害が
	武力攻撃災害による	緊急対処事態における災害による
	武力攻撃災害緊急通報	緊急対処事態における災害に係る緊急通報
第百条第二項	第四十七条	第百八十三条において準用する第四十七条
第百二条第四項	第百十九条第三項	第百八十三条において準用する第百十九条第三項
第百三条第一項	第百七条	第百八十三条において準用する第百七条
第百五条の見出し並びに同条第七項第一号及び第二号、第十一項、第十三項並びに第十四項	武力攻撃原子力災害	緊急対処事態における攻撃による原子力災害
第百五条第一項及び第百五十二条第二項	次条	第百八十三条において準用する次条
第百九条第一項及び第百五十三条	前二条	第百八十三条において準用する前二条
第百九条第三項	第百七条第三項	第百八十三条において準用する第百七条第三項
第百十条	第百七条第二項	第百八十三条において準用する第百七条第二項
第百二十条及び第百七十一条第一項	前三条	第百八十三条において準用する前三条
第百二十一条第一項	第百二十一条第一項	第百八十三条において準用する同法第百二十一条第一項
第百五十一条第一項	第百五十三条	第百八十三条において準用する第百五十三条
第百五十五条第二項	第百五十五条第一項	第百八十三条において準用する同法第百五十五条第一項
第百五十九条第二項及び第百六十条第二項	第八十五条第一項	第百八十三条において準用する第八十五条第一項
第百六十条第一項	第七十条第一項	第百八十三条において準用する第七十条第一項
第百六十一条第二項	第二十九条第一項	第百八十三条において準用する第二十九条第一項
	第六十七条第二項	第百八十三条において準用する第六十七条第二項
	第六十九条第二項	第百八十三条において準用する第六十九条第二項
	第七十九条第二項	第百八十三条において準用する第七十九条第二項
第百六十五条第一項	第十二条第一項	第百八十三条において準用する第十二条第一項

第百六十六条	第十四条第一項	第百八十三条において準用する第十四条第一項
第百六十七条	第七十六条第一項	第百八十三条において準用する第七十六条第一項
第百六十八条第一項及び第三項	第百六十四条から前条まで	第百八十三条において準用する第百六十四条から前条まで
第百六十八条第一項	第百六十五条第二項	第百八十三条において準用する第百六十五条第二項
	第二章	第百八十三条において準用する第二章（第五十六条、第六十条、第六十八条及び第七十三条第一項を除く。）
	第三章	第百八十三条において準用する第三章（第八十八条及び第九十三条を除く。）
	第四章	第百八十三条において準用する第四章
	第百五十九条から第百六十一条まで	第百八十三条において準用する第百五十九条、第百六十条並びに第百六十一条第二項及び第三項
第百六十八条第二項	第四十二条第一項	第百八十三条において準用する第四十二条第一項
	第百六十四条	第百八十三条において準用する第百六十四条
第百七十一条第一項	第百四十一条	第百八十三条において準用する第百四十一条

第九章　雑則

（大都市の特例）

第百八十四条　第三章第一節（第七十六条及び第七十九条第二項（第七十一条第二項に係る部分を除く。）を除き、前条において準用する場合を含む。）並びに第百四十八条、第百四十九条、第百五十七条第二項、第百五十九条第二項（前条において準用する場合を含む。）及び第百六十条第二項（前条において準用する場合を含む。）の規定により都道府県又は都道府県知事が処理することとされている事務は、指定都市においては、指定都市又は指定都市の長が処理するものとする。この場合においては、これらの規定中都道府県又は都道府県知事に関する規定は、指定都市又は指定都市の長に関する規定として指定都市又は指定都市の長に適用があるものとする。

2　前項の場合における第七十四条の規定の適用については、同条第一項中「避難先地域を管轄する都道府県知事」とあるのは「避難先地域を管轄する都道府県知事を経由して、避難先地域となる当該都道府県の区域内の指定都市の長」と、同条第二項中「当該被災者が発生した地域を管轄する都道府県知事」とあるのは「当該被災者が発生した地域を管轄する都道府県知事を経由して、当該被災者が発生した当該都道府県の区域内の指定都市の長」とする。

3　第一項の場合において、指定都市の長は、第百四十八条第一項の規定による指定をし、又は第百四十九条の規定による届出があったときは、速やかに、その旨を都道府県知事に報告しなければならない。

（特別区についてのこの法律の適用等）

第百八十五条　この法律の適用については、特別区は、市とみなす。

2　第六十二条第二項から第四項まで（これらの規定を第六十九条第二項（第百八十三条において準用する場合を含む。）及び第百八十三条において準用する場合を含む。以下この項において同じ。）並びに第六十六条第一項及び第七十条（これらの規定を第百八十三条において準用する場合を含む。）の規定は、特別区の長が避難住民を誘導する場合について準用する。この場合において、第六十二条第二項中「消防に関する事務の全部又は一部を処理する地方公共団体の組合（以下

「消防組合」という。）の管理者（地方自治法第二百八十七条の二第二項の規定により管理者に代えて理事会を置く一部事務組合にあっては、理事。以下同じ。）又は長」とあり、同条第四項中「当該消防組合の管理者又は長」とあるのは「都知事」と、同条第二項及び第四項中「当該消防組合を組織する市町村」とあるのは「特別区」と、「当該市町村」とあるのは「当該特別区」と、「当該消防組合の消防長」とあるのは「特別区の消防長」と、「消防団長」とあるのは「当該特別区の消防団長」と読み替えるものとする。

（事務の区分）

第百八十六条　この法律の規定により地方公共団体が処理することとされている事務（都道府県警察が処理することとされているものを除く。）は、地方自治法第二条第九項第一号に規定する第一号法定受託事務とする。

（政令への委任）

第百八十七条　この法律に定めるもののほか、この法律の実施のための手続その他この法律の施行に関し必要な事項は、政令で定める。

第十章　罰則

第百八十八条　第百三条第三項（同条第五項（第百八十三条において準用する場合を含む。）及び第百八十三条において準用する場合を含む。）の規定による指定行政機関の長若しくは指定地方行政機関の長若しくは地方公共団体の長の命令又は第百六条（第百八十三条において準用する場合を含む。）の規定による指定行政機関の長の命令に従わなかった者は、一年以下の懲役若しくは百万円以下の罰金に処し、又はこれを併科する。

第百八十九条　次の各号のいずれかに該当する者は、六月以下の懲役又は三十万円以下の罰金に処する。

一　第八十一条第三項（第百八十三条において準用する場合を含む。）の規定による都道府県知事（第七十六条第一項（第百八十三条において準用する場合を含む。）の規定によりその権限を市町村長が行う場合にあっては、当該市町村長）の保管命令又は第八十一条第四項（第百八十三条において準用する場合を含む。）の規定による指定行政機関の長若しくは指定地方行政機関の長の保管命令に従わず、特定物資を隠匿し、損壊し、廃棄し、又は搬出した者

二　第百五十七条第一項の規定に違反して同項の特殊信号若しくは身分証明書をみだりに使用し、又は第百五十八条第一項の規定に違反して同項の特殊標章若しくは身分証明書をみだりに使用した者

第百九十条　第百五十五条第一項（第百八十三条において準用する場合を含む。）の規定による都道府県公安委員会の禁止又は制限に従わなかった車両の運転者は、三月以下の懲役又は三十万円以下の罰金に処する。

第百九十一条　第百八条第一項第一号から第三号まで、第五号又は第六号（これらの規定を同条第二項（第百八十三条において準用する場合を含む。）及び第百八十三条において準用する場合を含む。）の規定による指定行政機関の長若しくは指定地方行政機関の長若しくは都道府県知事又は市町村長、消防組合の管理者若しくは長若しくは警視総監若しくは道府県警察本部長の命令に従わなかった者は、五十万円以下の罰金に処する。

第百九十二条　次の各号のいずれかに該当する者は、三十万円以下の罰金に処する。

一　第八十四条第一項若しくは第二項（これらの規定を第百八十三条において準用する場合を含む。）の規定による立入検査を拒み、妨げ、若しくは忌避し、又は同項（第百八十三条において準用する場合を含む。）の規定による報告をせず、若しくは虚偽の報告をした

者

二　第百五条第一項前段（第百八十三条において準用する場合を含む。）の規定に違反して、指定行政機関の長又は関係地方公共団体の長に通報しなかった原子力防災管理者

三　第百二十五条第七項（第百八十三条において準用する場合を含む。）の規定に違反して、国宝又は特別史跡名勝天然記念物の滅失、き損その他の被害を防止するため必要な措置の実施を拒み、又は妨げた者

第百九十三条　第百二条第七項（第百八十三条において準用する場合を含む。）の規定による警察官若しくは海上保安官の制限若しくは禁止若しくは退去命令又は第百十四条（第百八十三条において準用する場合を含む。）の規定による市町村長、都道府県知事、警察官若しくは海上保安官若しくは出動等を命ぜられた自衛隊の部隊等の自衛官の制限若しくは禁止若しくは退去命令に従わなかった者は、三十万円以下の罰金又は拘留に処する。

第百九十四条　法人の代表者又は法人若しくは人の代理人、使用人その他の従業者が、その法人又は人の業務に関し、第百八十八条、第百八十九条第一号又は第百九十二条の違反行為をしたときは、行為者を罰するほか、その法人又は人に対しても、各本条の罰金刑を科する。

第十一章　事態対処法の一部改正

第百九十五条　事態対処法の一部を次のように改正する。

目次中「第二十四条」を「第二十三条」に、「補則（第二十五条）」を「緊急対処事態その他の緊急事態への対処のための措置（第二十四条―第二十七条）」に改める。

第二十四条を削る。

「第四章　補則」を「第四章　緊急対処事態その他の緊急事態への対処のための措置」に改める。

第二十五条第一項中「図るため」の下に「、次条から第二十七条までに定めるもののほか」を加え、「迅速かつ的確に」を「的確かつ迅速に」に改め、第四章中同条を第二十四条とする。

本則に次の三条を加える。

（緊急対処事態対処方針）

第二十五条　政府は、緊急対処事態（武力攻撃の手段に準ずる手段を用いて多数の人を殺傷する行為が発生した事態又は当該行為が発生する明白な危険が切迫していると認められるに至った事態（後日対処基本方針において武力攻撃事態であることの認定が行われることとなる事態を含む。）で、国家として緊急に対処することが必要なものをいう。以下同じ。）に至ったときは、緊急対処事態に関する対処方針（以下「緊急対処事態対処方針」という。）を定めるものとする。

2　緊急対処事態対処方針に定める事項は、次のとおりとする。

一　緊急対処事態であることの認定及び当該認定の前提となった事実

二　当該緊急対処事態への対処に関する全般的な方針

三　緊急対処措置に関する重要事項

3　前項第三号の緊急対処措置とは、緊急対処事態対処方針が定められてから廃止されるまでの間に、指定行政機関、地方公共団体又は指定公共機関が法律の規定に基づいて実施する次に掲げる措置をいう。

一　緊急対処事態を終結させるためにその推移に応じて実施する緊急対処事態における攻撃の予防、鎮圧その他の措置

二　緊急対処事態における攻撃から国民の生命、身体及び財産を保護するため、又は緊急対処事態における攻撃が国民生活及び国民経済に影響を及ぼす場合において当該影響が最小となるようにするために緊急対処事態の推移に応じて実施する警報の発令、避難の指示、被災者の救助、施設及び設備の応急の復旧その他の措置

4　内閣総理大臣は、緊急対処事態対処方針の案を作成し、閣議の決定を求めなければならない。

5　内閣総理大臣は、前項の閣議の決定があったときは、当該決定があった日から二十日以内に国会に付議して、緊急対処事態対処方針につき、国会の承認を求めなければならない。ただし、国会が閉会中の場合又は衆議院が解散されている場合には、その後最初に召集される国会において、速やかに、その承認を求めなければならない。

6　内閣総理大臣は、第四項の閣議の決定があったときは、直ちに、緊急対処事態対処方針を公示してその周知を図らなければならない。

7　内閣総理大臣は、第五項の規定に基づく緊急対処事態対処方針の承認があったときは、直ちに、その旨を公示しなければならない。

8　第五項の規定に基づく緊急対処事態対処方針の承認の求めに対し、不承認の議決があったときは、当該議決に係る緊急対処措置は、速やかに、終了されなければならない。

9　内閣総理大臣は、緊急対処措置を実施するに当たり、緊急対処事態対処方針に基づいて、内閣を代表して行政各部を指揮監督する。

10　第四項から第八項までの規定は、緊急対処事態対処方針の変更について準用する。ただし、緊急対処措置を構成する措置の終了を内容とする変更については、第五項、第七項及び第八項の規定は、この限りでない。

11　内閣総理大臣は、緊急対処措置を実施する必要がなくなったと認めるとき又は国会が緊急対処措置を終了すべきことを議決したときは、緊急対処事態対処方針の廃止につき、閣議の決定を求めなければならない。

12　内閣総理大臣は、前項の閣議の決定があったときは、速やかに、緊急対処事態対処方針が廃止された旨及び緊急対処事態対処方針に定める緊急対処措置の結果を国会に報告するとともに、これを公示しなければならない。

（緊急対処事態対策本部の設置）

第二十六条　内閣総理大臣は、緊急対処事態対処方針が定められたときは、当該緊急対処事態対処方針に係る緊急対処措置の実施を推進するため、内閣法第十二条第四項の規定にかかわらず、閣議にかけて、臨時に内閣に緊急対処事態対策本部を設置するものとする。

2　内閣総理大臣は、緊急対処事態対策本部を置いたときは、当該緊急対処事態対策本部の名称並びに設置の場所及び期間を国会に報告するとともに、これを公示しなければならない。

（準用）

第二十七条　第三条（第二項、第三項ただし書及び第六項を除く。）、第四条から第八条まで、第十一条から第十三条まで、第十七条、第十九条及び第二十条の規定は、緊急対処事態及び緊急対処事態対策本部について準用する。この場合において、第三条第三項中「、武力攻撃」とあるのは「、緊急対処事態における攻撃」と、第四条中「我が国を防衛し」とあるのは「公共の安全と秩序を維持し」と、第八条、第十三条第一項及び第十七条中「対処措置」とあるのは「緊急対処措置」と、第十二条第一号中「対処措置に関する対処基本方針」とあるのは「緊急対処措置に関する緊急対処事態対処方針」と、第十九条第一項中「対処基本方針」とあるのは「緊急対処事態対処方針」と読み替えるものとする。

附則第一項ただし書中「別に法律で定める日」を「武力攻撃事態等における国民の保護のための措置に関する法律（平成十六年法律第百十二号）の施行の日」に改める。

附則第二項中「迅速かつ的確な」を「的確かつ迅速な」に改める。

附則

（施行期日）

第一条　この法律は、公布の日から起算して三月を超えない範囲内において政令で定める日から施行する。

（調整規定）

第二条　文化財保護法の一部を改正する法律（平成十六年法律第六十一号）の施行の日の前日までの間における第百二十五条の規定の適用については、同条第一項中「第七十八条第一項」とあるのは「第五十六条の十第一項」と、「第百九条第一項」とあるのは「第六十九条第一項」と、「第八十条」とあるのは「第五十六条の十二」と、「第百十九条第二項」とあるのは「第七十四条第二項」と、「第百十五条第一項」とあるのは「第七十二条第一項」と、「第百七十二条第一項」とあるのは「第九十五条第一項」と、同条第二項中「第百八十八条第三項」とあるのは「第百三条第三項」と、同条第四項中「第百九条第二項」とあるのは「第六十九条第二項」と、同条第五項から第七項までの規定中「第百八十六条第一項」とあるのは「第百一条第一項」とする。

（地方自治法の一部改正）

第三条　地方自治法の一部を次のように改正する。

第二百四条第二項中「災害派遣手当」の下に「（武力攻撃災害等派遣手当を含む。）」を加える。

別表第一に次のように加える。

武力攻撃事態等における国民の保護のための措置に関する法律（平成十六年法律第百十二号）

この法律の規定により地方公共団体が処理することとされている事務（都道府県警察が処理することとされているものを除く。）

（赤十字の標章及び名称等の使用の制限に関する法律の一部改正）

第四条　赤十字の標章及び名称等の使用の制限に関する法律の一部を次のように改正する。

第一条第一項中「白地赤十字の標章若しくは赤十字若しくはジュネーブ十字」を「白地に赤十字、赤新月若しくは赤のライオン及び太陽の標章若しくは赤十字、ジュネーブ十字、赤新月若しくは赤のライオン及び太陽」に改め、同条第二項を削る。

第二条中「日本赤十字社は」の下に「、前条の規定にかかわらず」を加え、「白地赤十字」を「白地に赤十字」に改める。

第三条中「白地赤十字」を「白地に赤十字、赤新月又は赤のライオン及び太陽」に改める。

第四条中「これを六箇月」を「六月」に、「禁錮」を「懲役」に、「千円」を「三十万円」に改める。

（国有財産法の一部改正）

第五条　国有財産法（昭和二十三年法律第七十三号）の一部を次のように改正する。

第二十二条第一項中「左に」を「次に」に改め、同項に次の一号を加える。

六　地方公共団体において、武力攻撃事態等における国民の保護のための措置に関する法律（平成十六年法律第百十二号）第二条第三項の国民の保護のための措置又は同法第百七十二条第一項の緊急対処保護措置の実施の用に供するとき。

（地方財政法の一部改正）

第六条　地方財政法の一部を次のように改正する。

第十条に次の一号を加える。

二十八　武力攻撃事態等における国民の保護のための措置及び緊急対処事態における緊急対処保護措置に要する経費並びにこれらに係る損失の補償若しくは実費の弁償、損害の補償又は損失の補てんに要する経費並びに国の機関と共同して行う国民の保護のための措置及

び緊急対処保護措置についての訓練に要する経費

（警察法の一部改正）

第七条　警察法（昭和二十九年法律第百六十二号）の一部を次のように改正する。

第三十七条第一項中第九号を第十号とし、第八号の次に次の一号を加える。

九　武力攻撃事態等における対処措置及び緊急対処事態における緊急対処措置並びに国の機関と共同して行うこれらの措置についての訓練に要する経費

（自衛隊法の一部改正）

第八条　自衛隊法の一部を次のように改正する。

第二十二条第二項中「長官は」の下に「、第七十七条の三の規定による国民保護等派遣」を加える。

第七十条の見出し中「防衛招集」の下に「、国民保護等招集」を加え、同条第一項第二号を同項第三号とし、同項第一号の次に次の一号を加える。

二　第七十七条の三の規定により国民の保護のための措置（武力攻撃事態等における国民の保護のための措置に関する法律（平成十六年法律第百十二号）第二条第三項に規定する国民の保護のための措置をいい、治安の維持に係るものを除く。以下同じ。）又は緊急対処保護措置（同法第百七十二条第一項に規定する緊急対処保護措置をいい、治安の維持に係るものを除く。以下同じ。）を実施するため部隊等を派遣する場合において、特に必要があると認めるとき　国民保護等招集命令書による国民保護等招集命令

第七十二条中「防衛招集命令書」の下に「、国民保護等招集命令書」を、「対する防衛招集命令」の下に「、国民保護等招集命令」を、「の防衛招集」の下に「、国民保護等招集」を加える。

第七十四条第二項中「防衛招集」の下に「、国民保護等招集」を加える。

第七十五条の四の見出し中「防衛招集」の下に「、国民保護等招集」を加え、同条第一項中第三号を第四号とし、第二号を第三号とし、第一号の次に次の一号を加える。

二　第七十七条の三の規定により国民の保護のための措置又は緊急対処保護措置を実施するため部隊等を派遣する場合　国民保護等招集命令書による国民保護等招集命令

第七十五条の六中「防衛招集命令書」の下に「、国民保護等招集命令書」を、「対する防衛招集命令」の下に「、国民保護等招集命令」を、「の防衛招集」の下に「、国民保護等招集」を加える。

第七十五条の八中「防衛招集若しくは」を「国民保護等招集若しくは」に、「防衛招集、」を「国民保護等招集、」に改める。

第七十五条の十三中「防衛招集」の下に「、国民保護等招集」を加える。

第七十七条の二の次に次の一条を加える。

（国民保護等派遣）

第七十七条の三　長官は、都道府県知事から武力攻撃事態等における国民の保護のための措置に関する法律第十五条第一項の規定による要請を受けた場合において事態やむを得ないと認めるとき、又は武力攻撃事態等対策本部長から同条第二項の規定による求めがあったときは、内閣総理大臣の承認を得て、当該要請又は求めに係る国民の保護のための措置を実施するため、部隊等を派遣することができる。

2　長官は、都道府県知事から武力攻撃事態等における国民の保護のための措置に関する法律第百八十三条において準用する同法第十五条第一項の規定による要請を受けた場合において事態やむを得ないと認めるとき、又は緊急対処事態対策本部長から同法第百八十三条において

準用する同法第十五条第二項の規定による求めがあったときは、内閣総理大臣の承認を得て、当該要請又は求めに係る緊急対処保護措置を実施するため、部隊等を派遣することができる。

第八十三条に次の一項を加える。

5　第一項から第三項までの規定は、武力攻撃事態等における国民の保護のための措置に関する法律第二条第四項に規定する武力攻撃災害及び同法第百八十三条において準用する同法第十四条第一項に規定する緊急対処事態における災害については、適用しない。

第八十六条中「第七十七条の二」の下に「、第七十七条の三」を加える。

第九十一条の二第一項中「、警察官職務執行法」を「、同法」に改める。

第九十二条に次の一項を加える。

4　第七十六条第一項の規定により出動を命ぜられた自衛隊の自衛官のうち、第一項の規定により公共の秩序の維持のため行う職務に従事する者は、道路交通法（昭和三十五年法律第百五号）第百十四条の五及びこれに基づく命令の定めるところにより、同条に規定する措置をとることができる。

第九十二条の四を第九十二条の五とし、第九十二条の三を第九十二条の四とし、第九十二条の二の次に次の一条を加える。

（国民保護等派遣時の権限）

第九十二条の三　警察官職務執行法第四条、第五条並びに第六条第一項、第三項及び第四項の規定は、警察官がその場にいない場合に限り、第七十七条の三の規定により派遣を命ぜられた部隊等の自衛官の職務の執行について準用する。この場合において、同法第四条第二項中「公安委員会」とあるのは、「長官の指定する者」と読み替えるものとする。

2　警察官職務執行法第七条の規定は、警察官又は海上保安官若しくは海上保安官補がその場にいない場合に限り、第七十七条の三の規定により派遣を命ぜられた部隊等の自衛官の職務の執行について準用する。

3　第八十九条第二項の規定は、前項において準用する警察官職務執行法第七条の規定により自衛官が武器を使用する場合について準用する。

4　海上保安庁法第十六条の規定は、第七十七条の三の規定により派遣を命ぜられた海上自衛隊の三等海曹以上の自衛官の職務の執行について、同法第十八条の規定は、海上保安官がその場にいない場合に限り、第七十七条の三の規定により派遣を命ぜられた海上自衛隊の三等海曹以上の自衛官の職務の執行について準用する。

5　第七十七条の三の規定により派遣を命ぜられた部隊等の自衛官は、第一項において準用する警察官職務執行法第五条若しくは第二項において準用する同法第七条に規定する措置をとったとき、又は前項において準用する海上保安庁法第十八条に規定する措置をとったときは、直ちに、その旨を警察官又は海上保安官に通知しなければならない。

第九十四条の三を第九十四条の四とし、第九十四条の二を第九十四条の三とし、第九十四条の次に次の一条を加える。

第九十四条の二　次に掲げる自衛官は、武力攻撃事態等における国民の保護のための措置に関する法律及びこれに基づく命令の定めるところにより、同法第二章第三節に規定する避難住民の誘導に関する措置、同法第四章第二節に規定する応急措置等及び同法第百五十五条に規定する交通の規制等に関する措置をとることができる。

一　第七十六条第一項の規定により出動を命ぜられた自衛隊の自衛官のうち、第九十二条第一項の規定により公共の秩序の維持のため行う職務に従事する者

二　第七十七条の三第一項の規定により派遣を命ぜられた部隊等の自衛官

三　第七十八条第一項又は第八十一条第二項の規定により出動を命ぜられた自衛隊の自衛官（武力攻撃事態等における我が国の平和と独立並びに国及び国民の安全の確保に関する法律第九条第一項に規定する対処基本方針において、同条第二項第三号に定める事項として内閣総理大臣が当該出動を命ずる旨が記載されている場合の当該出動に係る自衛官に限る。）

2　次に掲げる自衛官は、武力攻撃事態等における国民の保護のための措置に関する法律及びこれに基づく命令の定めるところにより、同法第八章に規定する緊急対処事態に対処するための措置をとることができる。

一　第七十七条の三第二項の規定により派遣を命ぜられた部隊等の自衛官

二　第七十八条第一項又は第八十一条第二項の規定により出動を命ぜられた自衛隊の自衛官（武力攻撃事態等における我が国の平和と独立並びに国及び国民の安全の確保に関する法律第二十五条第一項に規定する緊急対処事態において、武力攻撃事態等における国民の保護のための措置に関する法律第百八十三条において準用する同法第十四条第一項に規定する武力攻撃に準ずる攻撃に対処するため当該出動を命ぜられた場合の当該出動に係る自衛官に限る。）

第百十五条の十六第一項中「（昭和三十五年法律第百五号）」を削る。

（商標法の一部改正）

第九条　商標法（昭和三十四年法律第百二十七号）の一部を次のように改正する。

第四条第一項第四号中「白地赤十字の標章又は赤十字若しくはジュネーブ十字の名称」を「赤十字の標章及び名称等の使用の制限に関する法律（昭和二十二年法律第百五十九号）第一条の標章若しくは名称又は武力攻撃事態等における国民の保護のための措置に関する法律（平成十六年法律第百十二号）第百五十八条第一項の特殊標章」に改める。

（道路交通法の一部改正）

第十条　道路交通法の一部を次のように改正する。

目次中「第百十四条の六」を「第百十四条の七」に改める。

第七章中第百十四条の六を第百十四条の七とし、第百十四条の五を第百十四条の六とし、第百十四条の四の次に次の一条を加える。

（自衛隊の防衛出動時における交通の規制等）

第百十四条の五　公安委員会は、自衛隊法第七十六条第一項の規定による防衛出動命令が発せられた場合において、自衛隊による我が国に対する外部からの武力攻撃を排除するための行動が的確かつ円滑に実施されるようにするため緊急の必要があると認めるときは、武力攻撃事態等における国民の保護のための措置に関する法律（平成十六年法律第百十二号）第百五十五条第一項の規定の例により、自衛隊の使用する車両以外の車両の道路における通行を禁止し、又は制限することができる。

2　災害対策基本法（昭和三十六年法律第二百二十三号）第七十六条第二項、第七十六条の二、第七十六条の三（第三項後段及び第四項を除く。）、第七十六条の四及び第八十二条第一項の規定は、前項の規定による通行の禁止又は制限について準用する。この場合において、同法第七十六条の二第一項及び第二項並びに第七十六条の三第一項中「緊急通行車両」とあるのは「自衛隊の使用する車両」と、同法第七十六条の二第五項中「前条第一項」とあり、及び同法第七十六条の三第五項中「第七十六条第一項」とあるのは「道路交通法第百十四条の五第一項」と、同条第一項及び同法第七十六条の四中「災害応急対策」とあるのは「我が国に対する外部からの武力攻撃を排除するための行動」と、同法第七十六条の三第三項前段及び第六項中「災害派遣を命ぜられた部隊等」とあるのは「自衛隊法第七十六条第一項の規定により防衛出動を命ぜられた自衛隊」と、同項中「直ちに」とあるのは「遅滞なく」と読み替えるものとする。

（罰則　第一項については第百十八条の二）

第百十八条の次に次の一条を加える。

第百十八条の二　第百十四条の五（自衛隊の防衛出動時における交通の規制等）第一項の規定による公安委員会の禁止又は制限に従わなかった車両の運転者は、三月以下の懲役又は三十万円以下の罰金に処する。

（薬事法及び採血及び供血あっせん業取締法の一部を改正する法律の一部改正）

第十一条　薬事法及び採血及び供血あっせん業取締法の一部を改正する法律（平成十四年法律第九十六号）の一部を次のように改正する。

附則第二十条の二の次に次の一条を加える。

（武力攻撃事態等における国民の保護のための措置に関する法律の一部改正）

第二十条の三　武力攻撃事態等における国民の保護のための措置に関する法律（平成十六年法律第百十二号）の一部を次のように改正する。

第九十二条の見出し中「許可」を「承認」に改め、同条第一項前段中「第十三条の三（第一項ただし書を除く。）」を「第十四条の三」に、「医療用具」を「医療機器」に改め、同項後段を次のように改める。

この場合において、同法第十四条の三第一項中「第十四条の承認の申請者が製造販売をしようとする物が」とあるのは「厚生労働大臣は」と、「として政令で定めるものである場合には、厚生労働大臣は、同条第二項」とあるのは「を輸入しようとする者に対して、第十四条第二項」と、「薬事・食品衛生審議会の意見を聴いて、その品目」とあるのは「その品目」と、同項第二号中「政令で定めるもの」とあるのは「厚生労働大臣が認めるもの」と読み替えるものとする。

第九十二条第二項中「第十三条の三第一項」を「第十四条の三第一項」に、「許可」を「承認」に改め、同条第三項前段中「第八十条第二項」を「第八十条第四項」に、「第十三条の三第一項」を「第十四条の三第一項」に、「医療用具」を「医療機器」に改め、同項後段を削る。

（景観法の施行に伴う関係法律の整備等に関する法律の一部改正）

第十二条　景観法の施行に伴う関係法律の整備等に関する法律（平成十六年法律第百十一号）の一部を次のように改正する。

本則に次の一条を加える。

（武力攻撃事態等における国民の保護のための措置に関する法律の一部改正）

第十八条　武力攻撃事態等における国民の保護のための措置に関する法律（平成十六年法律第百十二号）の一部を次のように改正する。

第八十九条第三項中「第三項」の下に「並びに景観法（平成十六年法律第百十号）第七十七条第一項、第三項及び第四項」を加える。

附則第一条ただし書中「第十七条」の下に「、第十八条」を加える。

（建築物の安全性及び市街地の防災機能の確保等を図るための建築基準法等の一部を改正する法律の一部改正）

第十三条　建築物の安全性及び市街地の防災機能の確保等を図るための建築基準法等の一部を改正する法律（平成十六年法律第六十七号）の一部を次のように改正する。

附則第十二条の次に次の一条を加える。

（武力攻撃事態等における国民の保護のための措置に関する法律の一部改正）

第十二条の二　武力攻撃事態等における国民の保護のための措置に関する法律（平成十六年法律第百十二号）の一部を次のように改正する。

第八十九条第三項中「及び第三項」を「、第三項及び第四項」に改める。

（調整規定）

第十四条　景観法の施行に伴う関係法律の整備等に関する法律の施行の日が建築物の安全性及び市街地の防災機能の確保等を図るための建築基準法等の一部を改正する法律の施行の日後となる場合における附則第十二条の規定の適用については、同条中「「第三項」」とあるのは「「第四項」」とする。

（消防組織法の一部改正）

第十五条　消防組織法の一部を次のように改正する。

第四条第二項中第二十七号を第二十八号とし、第二十六号を第二十七号とし、第二十五号を第二十六号とし、第二十四号の次に次の一号を加える。

二十五　武力攻撃事態等における国民の保護のための措置に関する法律（平成十六年法律第百十二号）に基づく住民の避難、安否情報、武力攻撃災害が発生した場合等の消防に関する指示等に関する事項並びに同法に基づく地方公共団体の事務に関する国と地方公共団体及び地方公共団体相互間の連絡調整に関する事項

（厚生労働省設置法の一部改正）

第十六条　厚生労働省設置法（平成十一年法律第九十七号）の一部を次のように改正する。

第四条第一項第八十三号中「応急救助」の下に「及び避難住民等（武力攻撃事態等における国民の保護のための措置に関する法律（平成十六年法律第百十二号）第七十五条第一項に規定する避難住民等をいう。）の救援」を加える。

資料Ⅲ・08

創憲に向けて、憲法提言　中間報告

―「法の支配」を確立し、国民の手に憲法を取り戻すために

二〇〇四年六月二二日

民主党憲法調査会

コメント

1．民主党は、二〇〇三年一一月の総選挙マニフェストで、それまでの「論憲」を「創憲」に変え、改憲に、より積極的な姿勢を打ち出したが、本中間報告は、こうした「創憲」論の立場からの改憲構想である。

「総論」担当の第一小委員会報告、統治機構担当の第二小委員会報告、人権保障担当の第三小委員会報告、地方分権担当の第四小委員会報告、国際・安保担当の第五小委員会報告からなっている。

2．本報告の第一の特徴は、改憲の必要な理由として、とりわけ憲法の「空洞化」「形骸化」を強調している点である。これは一般的に書かれているときでも九条が念頭におかれていることは明らかである。「しかしいま、日本では、一方に、既成事実を積み重ねて憲法の『空洞化』を目論む動きがある。他方には、憲法の『形骸化』にもかかわらず、それを放置しようとする人たちがいる。」「私たちは、こうした憲法の『空洞化』の最大の要因の一つに、いわゆる九条問題があると受け止めている。『武力の保持』を禁止した憲法にもかかわらず、世界屈指の軍隊としての自衛隊を保有し、その海外派遣を繰り返す姿に、立憲政治の重みは存在しない。国民の多くは、憲法に対して言わばシニカルになり、この国に立憲政治の実現を期

待することも止めてしまうのではないかと懸念する。」

こうした憲法と現実の乖離を埋めるというのであれば、現実の自民党政治を憲法に適合するよう変革するのがすじと思えるが、中間報告は、逆にここから憲法を変え、憲法を違憲な現実に合わせることを提起するのである。こうした憲法と現実との乖離論が民主党の九条改憲論の主たる理由づけとなっていることに注目すべきである。

3．報告の第二の注目点は、報告が自民党流の改憲ではなく、何とか新しい改憲論をと苦慮し、「新たなタイプの憲法の形成」を打ち出しているが、これが、近代立憲主義をあいまいにする憲法論となっている点である。

中間報告は、近代立憲主義憲法は、国家権力を縛ることを目的につくられたが、新たな憲法はそうした「『べからず集』としての憲法」でなく、国民にどのような行動をとるべきかを示すものでなければならないと主張する。これはまさしく、憲法概念の重要な変質を唱導するものとなっている。

4．報告の第三の注目点は、統治機構の改憲部分では、自民党のそれも含めた当時の改憲論に共通した、新自由主義的改憲論の特徴が列記されている点である。

一つは、議会や既存の地域の利害を無視して新自由主義改革を強行するために、首相権限を強化している点である。また同じく改革を効率的に行うべく、いまや新自由主義改革立法へのうるさい障害物となっている参議院の権限縮小も謳われている。

第四小委員会の「地方分権」のところでも、新自由主義改革を地方に責任をもってやらせるために、当時、小泉純一郎内閣が「三位一体改革」で現に追求し、また自民党改憲案にも謳われていた、「地域のことは地域で」「補完性原理」に基づく、地域への権限委譲と国の権限のスリム化、道州制が謳われていることが注目される。

また、九条の解釈で自衛隊の派兵を正当化しつつ武力行使に歯止めをかけていた内閣法制局の権限縮小、迅速な憲法審査を図るために憲法裁判所の設置が謳われていることも注目される。

5．報告の第四の注目点は、報告が人権の章において、当時強調されていた「新しい人権」の規定に加え、外国人の人権保障、子どもの権利保障などを打ち出している点である。しかし、この部分の提言はすべて、法律改正により実現できるものばかりであり、民主党が改憲を正当化するための口実づくりの感が否めない。

6．報告の第五の注目点は、九条関係では、集団安全保障活動を憲法に明記すること、また「制約された自衛権」の存在を明記することが打ち出されている点である。

国連の集団安全保障への参加を強調することは、民主党の年来の主張であり、民主党改憲論の特徴である。また「制約された自衛権」というのは、個別的自衛権と同様に見えるが、あえて「制約された自衛権」と言うことで、個別、集団を越えて、自衛権を認めるというものであり、集団的自衛権行使の限定容認を含む概念であると推測される。この二つを憲法上明記するというのが民主党の提言である。

7．報告の第六の注目点は、当時の改憲案と軌を一にし、憲法九六条の改正手続の緩和を主張している点である。発議については過半数でたりるとし、事項により、衆参両院の三分の二の多数で国民投票を省略するというものである。現在民主党は、憲法九六条改正論に反対しているが、民主党はこの時点から一貫して、九六条改正論を唱えていたのである。

8．以上を総括すると、この時点では、民主党の改憲構想と、自民党の〇五草案（⇩Ⅲ・24）の距離はさほど大きくなく、むしろ共通性の方が多かったことが分かる。

憲法提言のための中間報告をまとめて

民主党は、一九九九年から党内に憲法調査会を設置し、時代の変化に対応しうる、言わば生きた憲法を確立しなければいけないという姿勢でこれに臨んできた。そしていま、その場凌ぎの対応を繰り返す政府によって憲法の「空洞化」が進み、いわゆる条文上の文言を守ることに汲々として憲法の「形骸化」を放置する状況に直面し、私たちは、二一世紀の新しい時代に応える創造的な憲法論議が必要だとの思いを強くしている。

そもそも日本では、中央集権システムの下で、官僚による恣意的な行政指導が横行し、「法の支配」が形骸化するという傾向を強く有していた。そのうえ、今日、例えば、「初めにアメリカありき」の外交により、ルールなき自衛隊の海外派遣が繰り返されて、あたかも日米関係が憲法を超えるかのような政治の実態が生まれている。

明確なルールの下で運営されない政府を持つ国を、アジアの近隣諸国は信用しないだろうし、国民もまた、そうした政府を信頼することもないであろう。私たちは、こうした現実に何よりも深い危惧を抱くとともに、強い警告を発したいと考えている。

民主党が掲げる「創憲」は、このような危うい政治の現実に対して、立憲政治を立て直し、「法の支配」が確立された社会を創り出すことにその大きなねらいがある。そして、過去を振り返るのではなく、未来に向かって新しい憲法のあり方を考え、積極的に構想していくという意味での「創憲」がいま最も求められているものである。

本「憲法提言中間報告」は、この考えを基に作成されたものである。

民主党憲法調査会　会長：仙谷由人

【第一小委員会：総論】

文明史的転換に対応する創憲を
―グローバル化・情報化の中の新しい憲法のかたちをめざして―

憲法をめぐる論議が盛んになるにつれて、私たちは何を議論しなくてはいけないのか、どのような検討を行うべきなのか、次第に明瞭になってきた。それは、二一世紀の新しい時代を迎えて、現在の日本国憲法をいかにして深化・発展させていくかというものであり、未来志向の憲法構想を、勇気をもって打ち立てるということである。

1．いま何故、憲法論議が必要なのか？

私たちはいま、文明史的転換期に立っている。

第一に、近代社会の国家間の暴力や戦争、帝国的な民族支配に代わって、国際テロ・民族浄化・宗教紛争や新型ウィルスの発生、地球温暖化問題など新しい共通の脅威が地球上を覆い始めている。これに伴い紛争の形態も変化し、「国際協調による共同の解決」が主流となりつつある。

第二に、社会の中心的動力が、これまでの「物質的富」に代わって、「情報」にシフトしていくということである。急速な情報化は、人間社会の基本が、人間と人間、社会と社会の間の「コミュニケーション」にあることをいよいよ明らかにしつつある。物質をめぐるゼロサム・ゲームに対して、情報を通じたプラスサム・ゲームへと歴史は大きく転換する。このコミュニケーションに対する権利が新しい世紀の鍵ともなっていく。

第三に、環境権、自己決定権、子どもの発達の権利、少数民族の権利など、二一世紀型の新しい権利の台頭は、人間の尊厳が、国家の枠を超えて保障されるべきものであるとの「地球市民的価値」を定着させてきている。

第四に、世界において人間一人ひとりの力が急速に上昇し、情報化技術によって地球規模のネットワークを生み出して、言わば人と人を横に結ぶ「連帯革命」が生まれている。それは、各種国際会議へのＮＰＯの参加となって表面化し、あるいは世界的傾向としての「分権革命」の運動となっている。

そして、これらの紛争形態の変化、大きな価値転換や構造変動に伴って、これまで絶対的な存在と見られてきた国家主権や国民概念も着実に変容し始めている。ＥＵでは、「国家主権の移譲」や「主権の共有」が歴史を動かしている。国際人権法体系の整備は、一国の中の人権問題もそれを国際的な「法の支配」の下に置きつつある。国境の壁がいよいよ低くなり、外国人であっても「地球市民」としてその基本的権利を保護する義務を政府は果たさなければならない。私たちはいま、こうした文明史的な転換に対応するスケールの大きな憲法論議を推し進めていくことが求められているのである。

こうした大きな眺望の下に立つとき、いま私たちが試みなければならない憲法論議の質が、懐古的な改憲論や守旧的な護憲論にとどまるものでないことは明らかである。いま必要なのは、こうした歴史の大転換に応えて〈前に向かって〉歩み出す勇気と、日本が国際社会の先陣を切る決意で、二一世紀の新時代のモデルとなる、新たなタイプの憲法を構想する〈地球市民的想像力〉である。

２．未来を展望し、前に向かって進む

しかしいま、日本では、一方に、既成事実を積み重ねて憲法の「空洞化」を目論む動きがある。他方には、憲法の「形骸化」にもかかわらず、それを放置しようとする人たちがいる。私たちは、憲法の空洞化も形骸化も許さず、これを国民生活の中に生きたものとして発展させたいと考える。そのためには、目先の利害や政治的駆け引きにとらわれることなく、五〇年、一〇〇年先を見通した、骨太の憲法論議が必要である。私たちは、ここにそのための基本的視点を提起し、前へ進みたいと考えている。

第一は、グローバル社会の到来に対応する「国家」のあり方についてである。

そもそも、近代憲法は、国民国家創設の時代の、国家独立と国民形成のシンボルとして生まれたものである。それらに共通するものは、国家主権の絶対性であり、国家による戦争の正当化であった。これに対して、戦後日本が制定した日本国憲法は、国連を軸とした国際秩序に信を寄せて立国の基本を定めたという点で画期的なものであり、国家主権それ自体を相対化する試みとして実に注目すべき内実を備えている。

二一世紀の新しいタイプの憲法は、この主権の縮減、主権の抑制と共有化という歴史の流れをさらに確実なものとし、これに向けて邁進する国家の基本法として構想されるべきである。国家のあり方が求められているのであって、それは例えば、ヨーロッパ連合の壮大な実験のように、「国家主権の移譲」あるいは「主権の共有」という新しい姿を提起している。

第二に、急速に進展する情報化が「個人」と「社会」のあり方そのものを劇的に変化させている。

個人はこれまで、地域社会や階級・民族など様々な中間的団体組織へ組み込まれて、その中で人生を全うすることを余儀なくされてきた。このため、近代社会において、「国家権力からの自由」は憲法によって保障されることになったものの、私的領域とされたこれらの社会や組織の中では、人権保障はなかなか及ばないとされてきた。家族という親密な共同体の下では、「法の下の平等」など想定もされなかった。

しかし、国民の権利意識の向上と情報化の進展は、家族における抑圧や、民族や宗教の名による人権の侵害、企業権力による不当な差別をも、憲法の下に据えることを要求している。とりわけ、情報化がもたらす新しい権利侵害に対して「新しい権利」も提起されている。プライバシーの権利や情報へのアクセス権、国民の知る権利、あるいは文化的少数者の権利などは、そうした新しい時代に応える権利の要請である。未来志

向の憲法は、まずこの課題に応えていかなければいけない。

第三に、「自然と人間の共生」にかかわる環境権の主張もまた例外ではない。二一世紀型の新しい人権の確立に向けて、時代は大きく展開しようとしている。

私たちは、日本が培ってきた「和の文化」と「自然に対する畏怖」の感情を大切にするべきであると考えている。「和」とは、調和のことであり、社会の「平和」を指すものである。二一世紀のキーワードはいまや、「環境」「自然と人間の共生」、そして「平和」であり、日本の伝統的価値観の中にその可能性を見出し、それを憲法規範中に生かす知恵がいま必要である。

そして第四に、人間と人間の多様で自由な結びつきを重視し、さまざまなコミュニティの存在に基礎を据えた社会は、異質な価値観に対しても寛容な「多文化社会」をめざすものでなくてはいけない。これもまた、唯一の正義を振りかざすのではなく、多様性を受容する文化という点においては、進取の気風に満ち、日本社会に根付いた文化融合型の価値観を大いに生かすことができるものである。

3．新たなタイプの憲法の創造に向かって

この憲法の名宛人は、どこなのか、誰なのか。従来は「国家」とされてきたが、今日では国民統合の価値を体現するという意味を込めて、国民一人ひとりへのメッセージであるとともに、広く世界に向けて日本が発信する宣言でもあることが期待される。

もともと、「憲法（コンスティテューション）」とは、国家権力の恣意や一方的な暴力を抑制することに意味があった。あるいは国家権力からの自由を確保することにあった。これは、言わば「…するべからず」というものであるが、これに対して、今日求められているものは、こうした「べからず集」としての憲法に加えて、新しい人権、新しい国の姿を国民の規範として指し示すメッセージとしての意味を有するものである。

時代はいま、禁止・抑制・解放のための最高ルールとしての憲法から、希望・実現・創造のための新たなタイプの憲法の形成を強く求めている。

新しいタイプの憲法は、何よりもまず、日本国民の意思を表明し、世界に対して国のあり方を示す一種の「宣言」としての意味合いを強く持つものでなければならない。そのことを通じて、これを国民と国家の強い規範として、国民一人ひとりがどのような価値を基本に行動をとるべきなのかを示すものであることが望ましいと考える。同時に、憲法は、法規範としての機能を果たさなければいけない。それを侵すならば、それに相応しいペナルティが課せられる「法の支配」が貫徹されるものとすることが重要だ。新しいタイプの憲法は、日本国民の「精神」あるいは「意志」を謳った部分と、人間の自立を支え、社会の安全を確保する国（中央政府及び地方政府）の活動を律する「枠組み」あるいは「ルール」を謳った部分の二つから構成されるべきである。

4．憲法を国民の手に取り戻すために

今日の日本政治の現実は、こうした時代の流れに逆行し、憲法の形骸化・空洞化を推し進めている。いまや、憲法は「クローゼット中に」押し込まれて、国民の日常生活や現実政治とは遠いところに置かれている。どのように立派な法であっても、それが不断に守られ、生かされるのでなければ、国の枠組みやあり方を規制する基本法としての役割は果たせない。この現状を克服し、「法の支配」を確立することがいま何よりも必要である。

私たちは、こうした憲法の「空洞化」の最大の要因の一つに、いわゆる九条問題があると受け止めている。「武力の保持」を禁止した憲法にもかかわらず、世界屈指の軍隊としての自衛隊を保有し、その海外派遣を繰り返す姿に、立憲政治の重みは存在しない。国民の多くは、憲法に対して言わばシニカルになり、この国に立憲政治の実現を期待することも止めてしまうのではないかと懸念する。この現状を変えるとともに、

先に示した憲法の基本価値を実現する政治、人間の自立を支える新たな仕組みへと転換させていくことが重要である。

未来志向の憲法を打ち立てるに際しては、国民の強い意志がそこに反映されることが重要である。しかし、日本ではこれまで、憲法制定や改正において、日本国民の意思がそのまま反映される国民投票を一度も経験したことがない。私たちは、憲法を国民の手に取り戻すためにも、やはり国民による直接的な意思の表明と選択が大事であること強く受け止めている。

【第二小委員会：統治機構】

国民主権に基づく確かな統治をめざして

1．国民主権と権力分立

近代憲法は、立法・執政・司法による権力分立原則を採用しているが、今日では、地方分権、独立の準司法機関などを含めて多元的な権力分立の仕組みが出来上がっている。また、わが国では、三権分立の基本形の中心に「行政」を忍び込ませて立法府や政治そのものの関与を排除している側面も見られる。こうした混乱と恣意的な憲法解釈あるいは権力運用を避けるためにも、権力分立に関する明示的な規定を設けるべきである。

2．分権国家・日本

国民の信託により、中央のほか、地域にも政府が存在することを認め、日本が分権国家として構成されることを明確にする。このため、中央政府の役割について限定列記するとともに、地域にできることは地域においてこれを担うことを明記する。

3．首相主導の議院内閣制度の確立

（1）首相主導の政府運営の実現

憲法及び同付属法における「内閣」を主体とする諸規定を再検討して、「首相（内閣総理大臣）」主体の規定へと変更すべきである。

（2）内閣が遂行するのは「行政」ではなく、「執行権」の行使

執行権とは、行政をコントロールし、政治目的に向けてそれを指揮監督する権限を指す。憲法第六五条に規定される行政権は、本来は執行権に相当するべきものであり、それが内閣ではなく内閣総理大臣（首相）に属することを明確にすべきである。

（3）政・官関係の見直しと政治任用の拡大

① 現行の国家行政組織法や国家公務員法によって守られて聖域化している官僚機構のあり方を見直す。行政組織権を執行権を有する内閣総理大臣に属することを明確にするとともに、政治的リーダーシップを発揮するため、政府の中に政治任用を拡大する。

② 内閣以外の議員の行政への関与を厳しく制限して、行政のコントロールに関する内閣の主導性を確保し、弊害の大きい政府・与党の二元構造を解消する。同時に、野党第一党に対してシャドーキャビネットの設置を義務付け、一定の範囲で行政への関与を制限的に容認する仕組みを確立するべきである。より具体的には、政治家と公務員との接触に関するルールを設けて、政府にあっては大臣を通じて与党議員は公務員にアクセスできるものとし、野党に対しては第一党のシャドーキャビネット大臣に同様の役割を持たせて、それ以外の政治家が直に接触することを原則禁止する。

4．二院制のあり方と政党の位置づけの明確化

（1）二院制のあり方と参議院の役割

現行の参議院の役割を大幅に見直し、例えば参議院議員の大臣指名の廃止、衆議院における予算審議と参議院の決算審議の役割分担、長期的視野に立った調査権限や勧告機能の拡充などを検討すべきである。

また、衆議院と類似する現行の選挙制度を改め、地域代表制を中心と

して、専門性も加味した選任方法へと改革することも検討すべきである。

（2）政党の位置づけ

議会制民主主義における政党の重要な地位と役割に鑑み、政党に憲法上の地位を与えるとともに、財政の公開、活動の報告などを義務づけた、憲法付属法としての性格を持つ政党法を制定するべきである。

（3）国民主権の根幹である選挙制度の位置づけ

選挙制度は、憲法の根本規範の一つである国民主権の根幹に関わるものであり、政治家や政党による恣意的な修正を許すものであってはならない。選挙制度のあり方については憲法上の規定を設け、その違反には厳格な法の適用を行えるようにすべきである。

5．国民投票制度の検討

日本でも、例えば、主権の移譲を伴う国際機構への参加などの場合について、国民の意思を直接問うことができる国民投票制度の拡充を図るべきである。そのための手続きや効力について詳細な検討を行い、細かく規定していくことが重要である。

6．憲法調査機能の拡充と違憲立法審査制の確立

憲法解釈の機関として立法府に設置されている衆参両院の法制局を強化し、執行機関の一部局たる内閣法制局は縮小すべきである。同時に、現在の司法裁判所に充実した憲法審査部門を設けるか、あるいはヨーロッパや韓国などが採り入れている憲法裁判所もしくは憲法院など違憲審査のできる固有の審査機関を新たに設置することを検討すべきである。

7．会計検査、公会計、財政に関する諸規定の整備・導入

財政及び公共団体の公会計制度は、透明性の高いルールと公正な第三者機関の監視の下に置かれるべきである。公会計のあり方に関する基本原則を明記するとともに、会計検査院及び国会の中に新たに設置すべき行政監視院による監察・調査・勧告等を可能にするべきである。財政については、内閣総理大臣の予算・決算の提出者として全責任を負うべきこと、及び予算編成方針の決定段階から国会への説明責任を果たすべきことを明記するとともに、現行財政法の基本原則を憲法に書き入れることなどを検討する。なお、決算報告について事実上二年以上かかっている現状を改め、電算処理による迅速処理を生かして、次年度予算の編成に概数による決算報告が可能な仕組みを確立して、それを義務づけるものとする。

8．準司法的機能を有する独立性の高い第三者機関の設置

政府からの独立性を確保された人権委員会（仮称）や公正取引委員会などについては、憲法上の位置づけを明確にすることが望ましい。また、国会にその根拠を持つ福祉オンブズマンの設置などについても、その高い独立性を保障するために憲法上の機関として明確にする。

9．硬性憲法と憲法改正手続き

硬性憲法の実質を維持しつつ、より柔軟な改正を可能とするために、現憲法の改正手続きそのものを改正する必要がある。例えば、①憲法改正の発議権は国会議員にあると明記する、②その上で、各議院の総議員数の過半数によって改正の発議を可能にする、③改正事項によっては、各議院の三分の二以上の賛成があれば、国民投票を経ずとも憲法改正を可能とする、④ただし、主権の移譲など重要な改正案件に限定して国民投票を義務付け、その場合、有効投票の過半数の賛成を条件とする、など改正手続きを見直す。

【第三小委員会：人権保障】

国際人権法と人権保障の確立をめざして

1．国際人権法と人権保障

今日、人権の実現と保障は「国際社会の共通の利益」と認識されており、日本における人権もまた、憲法とともに国際法規範によって支えられている。国連憲章は「人権と基本的自由を尊重するよう助長奨励すること」を国際連合の目的として掲げている（一条）。また、この目的の実現のために加盟国が国連と協力して共同及び個別の行動をとることを義務づけている（五五条）。またその下に人権委員会を設置して、世界人権宣言を起草し、国際人権規約を作成した。これらは、今日では確立された国際法規範の一つに数えられている。

憲法第九七条は、憲法の最高法規性の根拠が、個人の尊厳を中核とする基本的人権を現在及び将来に及ぶ「侵すことのできない永久の権利」として継承することにあることを示している。また続く第九八条の二項で、国際法（締結した条約及び確立した国際法規）の誠実な遵守を明記している。この条項は、条約及び確立された国際法に対する遵守義務を課すことによって、憲法前文の国際協調主義を具体化するものである。国際法として確立した国際人権もこの最高法規性に基づいて保障されることがここに明示されている。

2．人権の実現と保障のために

しかし、日本においては、国際人権法を詳細な検討なしに、国内法の条文解釈で事たれりとする根強い法意識が存在し、総じて国際人権法の活用について消極的な傾向が少なくない。この現状を克服するために以下の点に取り組むべきである。

第一に、司法の項に「国際人権法の尊重」を記述するべきである。第二に、国際人権保障にかかる動向を追跡し、必要な事項について国に対して勧告する権能を有する国内機関の設置を検討すべきである。第三に、憲法第九八条二項に、国際条約の尊重・遵守義務に加えて、そのための適切な措置を講ずることを記述する必要がある。第四に、憲法第九七条に、国際人権法の支配を認める表現（「今日、確立された国際人権制度の下で、普遍的な人権の保障の達成をめざすことは国民に対して課せられた義務である。」）を書き入れるべきである。

Ｉ．新しい人権

1．課　題

日本国憲法は、第三章第一四条以降に人権に関する個別規定を置いている。しかし、急激な社会変化及び人権意識の高まりに伴い、憲法制定当時には予想していなかった権利や利益の主張がなされるようになり、これらを「新しい人権」として憲法による保護を認めるべきだとの意見が生まれている。また、幸福追求権を規定している憲法第一三条は、「新しい人権」の根拠となる一般的かつ包括的な権利であり、裁判上の救済を受けることができる具体的権利であると解されるようになっている。

この動向を受け、その権利が、個人の人格的生存に不可欠であり、長期におよび国民生活に基本的なものである等の要件を満たすものについては憲法上の権利として認めて、人権保障を明確にするために憲法上の人権カタログとして明記すべきである。

2．提　案

（1）プライバシー権・名誉権

この権利は「私生活をみだりに公開されない法的保障ないし権利」と解されてきたが、さらに近年の情報化社会の進展に伴い、「自己に関する情報をコントロールする権利」と捉える見解がある。公権力に対し積極的に保護を請求する権利として、憲法上明記すべきである。また、名誉権は従来、民法上、刑法上の権利として認識されてきたきらいがあるが、憲法上の人権としての位置づけを明記すべきである。いずれの権利も、表現の自由との関係で緊張関係を有する。

（2）知る権利

とりわけマスメディアの発達に伴い、情報の受領・収集の自由を保障するために「知る権利」と捉えることが必要になってきた。国民主権の深化を目指す立場からも「知る権利」を憲法に明記すべきである。

（3）環境権

環境権を正面から承認した最高裁判例はないが、憲法二五条と一三条に根拠を持ち、早くから新しい人権として主張されてきた。人権としての環境権もしくは国家の責務として環境保全義務など、環境権に係わる規定を憲法に明記すべきである。

（4）自己決定権

自己決定権とは、一般的に①自己の生命・身体の処分②家族の形成・維持③個人のライフスタイルに関する事項の自由をさすが、ライフスタイルの多様化に伴い益々重要な権利となってきている。権利の内容を検討した上で憲法に明記すべきである。

Ⅱ．人権保障と第三者機関

1．課　題

二一世紀は「人権の世紀」とも言われている。これは、一九九〇年代、国連を中心とした国際人権保障が「基準設定」から「人権の実現」へと大きく歩み出したことによるものである。日本国憲法は、人権に関する規定と保障において優れた諸規定を設けているが、その文言を形に変える「実現」のための方策について曖昧であり、多くの人権が実現されないままに、いわば「泣き寝入り」するという状態が放置されている。これは、人権の実現に関する公正な第三者機関を欠いているせいでもある。

他方、一九九三年の国連総会のいわゆる「パリ原則」は、「国内人権機関」は、①憲法またはそれに準ずる法律を設置根拠とし、②法定された準司法的機能を含む独自の権限を有し、③国家機関とは別個の高い独立性を持つものでなければならないとしている。司法的救済手段の充実とともに、人権侵害の状況に対する不断の監視と、人権の実現のためのサポートシステムとして独立性の高い国内人権保障機関の確立が強く求められている。

2．提　案

（1）国家機関から独立した第三者機関としての「人権委員会」（仮称）の設置を、現在の会計検査院のように、憲法に明記する。

（2）憲法に基づいて新たに設置される人権保障機関は、「相談、斡旋・指導等、調停、仲裁、勧告・公表、訴訟援助」（法務省答申）に加えて、強制手段を含む救済訴訟の機能を付与する。

（3）また、公権力に対する強制調査手段とともに、私人間についても、一定の厳格な要件の下で強制調査の権限を有するものとする。この権能は、メディアによる人権侵害についても適用される。

（4）新たな「人権委員会」に「提言機能」を持たせて、同委員会の判断が以後の人権保障に実効的に作用するよう、立法・行政にその尊重義務を課すものとする。

（5）以上の機能を有する国内人権保障機関へのアクセスを可能にする条件整備を国および地方公共団体に義務づける。

Ⅲ．法の下の平等

1．課　題

日本国憲法は、人権に関する基本原則の一つとして、差別の禁止を謳い、国民の平等権と「法の下の平等」を保障している。ただし、これまで、憲法上の規定は、国家と個人との間に適用されるものであって、私人間の関係にはこの規定は原則として直接適用されず、一四条のみを根拠として被差別者の救済をはかることはできないとされてきた。このため、私人間の差別に関しては、民法九〇条の公序良俗違反規定や七〇九条の不法行為規定など私法上の条項を媒介にして、憲法上の人権規定を間接適用するという方法がとられてきたが、この方法には致命的な欠陥がある。公序良俗規定は抽象的に過ぎて、人権保障があまいであり、権利性の確保に十分なものとは言えない。かつ、この規定では、生活慣習の異なる外国人の人権や、従来の通念を超える同性愛者の権利保護などを取り込むことには限界がある。

2．提　案

（1）カナダ一九七七年人権法の例のように、人権カタログを拡大し、その内容についても簡潔に明示するといった、憲法上の人権カタログの再整備を行う必要がある。

（2）独立性の高い人権保障救済機関の立ち上げ、個人の人権実現をサポートするオンブズマン制度の確立などについて憲法上の位置づけを明確にしつつ、人権保障・人権救済のための仕組みを整備するべきである。

（3）私人間の権利関係であっても、「法の下の平等」が確保されることは憲法上の要件であることを踏まえ、上記の国内法の整備と合わせて、「差別禁止」が私人間であっても適用できるものへと憲法及び関係法の見直しを行う。

Ⅳ．情報化社会と表現の自由の制約

1．課　題

一般に、表現の過誤は権力によって糾されるべきではなく、思想の自由市場によって淘汰されるべきであり、説得と投票箱の過程を基礎付ける表現の自由によって可能な限り保障されるべきであるが、「言論に対しては言論で」という図式は、巨大マスメディアが登場した現代社会では必ずしも現実的でないケースがある。特に個人に対する関係ではマスメディアは人権（特にプライバシーあるいは名誉権）侵害の主体となりうるという点を見落とすことができない。とりわけ高度情報化時代を迎え、インターネットなど新しい媒体での表現の自由をどのように保護し規制するか、他の基本的人権や社会的利益との調整をどうすべきか改めて検討する必要が出てきている。

2．提　案

（1）「表現の自由」については、本来的にはメディアによる自主的取組みに委ねられるべきであるが、その位置づけを何らかのかたちで法の下に位置づける必要がある。

（2）さらに、国家機関から独立した第三者機関としての「人権委員会」設置を憲法上明記し、メディアによる人権侵害に対しても、一定の厳格な要件の下で強制調査の権限を与えるべきである。

（3）放送メディアについては、伝統的に周波数帯の有限稀少性と放送の持つ特殊な社会的影響力などから、活字メディアにはない規制がかけられてきた。しかし、近年ではCS（通信衛星）や光ファイバーを利用した放送が普及してきたことや、インターネットを通じた情報流通が急速に広がるなかで、これまでの規制の根拠がそのままでは必ずしも妥当しなくなっている。改めて、放送メディアに対する規制のあり方について見直し、憲法上も厳格な枠組みの設定を検討する必要がある。

Ⅴ．職業選択の自由の保障

1．課　題

憲法第二二条は、「職業選択の自由」を規定している。そして、「選択の自由」が実際に保障されるために、政府にはその選択の自由のための社会基盤を整備する責務があると見なければならない。例えば、職業能力の開発・向上のための機会の提供、差別的募集・採用・昇進による「選択の自由」の阻害要件の排除、職業に関する情報提供及びアクセスの保障や相談機能の整備などである。さらに、ハンディキャップを有する人々に対して開かれたユニバーサルシステムの採用なども検討すべきである。とりわけ、女性にとっての家族責任と職業選択のトレードオフ状況の解消は大きなテーマである。

また、憲法第二七条は、勤労の権利と義務を明記し、続いて、勤労条件の基準についてこれを法律によって定めるとしているが、多様な形態の勤労のあり方を選択する権利がどこまで保障されているのか、新たな課題となっている。さらには、報酬を伴わない社会貢献的活動としての勤労には、その社会的活動基盤の整備促進をすることを、中央及び地方の政府の「責務」であることを明記すべきである。

2．提　案

（1）そもそも、憲法第二二条には性格を異にするものが混在したままである。独立分離し、職業選択の自由に関する精度の高い規定を設けるべきである。

（2）職業機会は、すべての人々に開かれたものでなければいけない。例えば、国は、家庭と仕事の両立支援の責任を負い、企業はこの両立を理由として差別的な待遇を行ってはならない。また、「職業選択の自由」を保障するものとして、職業能力開発支援と年齢や性別による差別を禁止することは国及び地方公共団体の責務であることとすべきである。

（3）多様な形態の勤労のあり方を保障する。報酬を以て行う勤労については、均等待遇の確保が優先される。報酬を伴わない社会的活動としての勤労には、その社会的活動基盤の整備を促進する。これらの選択は個人の自由にゆだねる。社会奉仕時間の保障も明記する。

（4）いわゆる雇用関係や経営活動は異なるものの、各種の社会サービスや公共性の高い市民事業などについてこれを「自由な選択」の重要な対象として位置づけて、例えば、「何人も、公共の福祉の増進ための市民労働への参加を妨げられない」など、憲法に新たな条項を起こすことも検討すべきである。

Ⅵ．外国人の人権

1．課　題

日本国憲法第三章に、外国人の人権は明文化されていない。マクリーン事件最高裁判決では「憲法第三章の諸規定による基本的人権の保障は、権利の性質上日本国民のみをその対象としていると解されるものを除き、わが国に在留する外国人に対しても等しく及ぶものと解すべきである」と示された。外国人の人権保障を考える際には、世界人権宣言、難民条約、国際人権規約などを有力な基準として採用し、国際人権保障の要請に応えるべきである。

具体的な課題として、ここでは、主に①地方自治体における外国人の参政権問題、住民投票問題、②外国人登録及び再入国について、③難民受入れ制度を検討する、④その他の外国人の人権問題をとりあげる。

2．提　案

（1）「地球市民」「連帯の権利」が主張されている現在の国際的な潮流に鑑みても、外国人の人権は、その保障を明確にするために、憲法に明文規定を設けるべきである。

（2）地域住民としての義務を果たしている永住外国人の地方参政権を制限する根拠は乏しく、人権保障の観点からも問題がある。永住外国人に地方参政権を認めるべきである。また、住民投票についても同様に保障すべきである。

（3）国際人権A規約に関する委員会は、外国人の登録証明書の常時携帯義務については、一般永住者、特別永住者への適用、また、特別永住者への再入国許可制の適用は廃止すべきだと勧告している。この二点について見直すべきである。

（4）出入国手続と難民認定手続が同一の機関で行われていること自体に根本的な矛盾がある。難民認定業務を分離し第三者機関に行わせることが必要である。

（5）外国人の両親が不法滞在者である場合の子どもの法的取扱い、日本人の配偶者となっている者のその日本人である配偶者が死亡した場合の在留資格の扱いなど、人権侵害の状態が続いている。国連、ＩＬＯなど外国人のセーフティネットのための国際規約の批准を急ぎ、上記の「外国人の人権」に関する憲法規定の明確化と合わせて、国内法の整備を進めるべきである。

Ⅶ．財産権の保障と制約

1．課　題

日本国憲法二九条一項は、「財産権は、これを侵してはならない」と定めて、個人が現に有する財産上の権利（財産権）を保障している。これに対して、財産権といえども、公共の福祉に服さなければならないと強い考えがある。とりわけ国民生活に不可欠で、かつ希少価値を有する土地・エネルギー・自然環境資源等については、環境の質の確保や公正・公共的な利用の観点から、社会的目的に沿ったより合理的な規制が置かれてしかるべきである。

いわゆる所有権の絶対性を強調する考えから大きく超えて、「所有権は義務を伴う。その行使は、同時に公共の福祉に役立つべきである」としてドイツ・ワイマール共和国憲法以来、第二次世界大戦後のドイツ連邦共和国基本法やイタリア共和国憲法、フランス第四共和国憲法など、公共の福祉による所有権の行使（利用）の制限を憲法上の規定として明示するところが少なくない。財産権、とくに土地の所有にかかわる所有と利用のあり方を見直すべきである。

2．提　案

（1）第二次大戦後のヨーロッパ諸国で確立されてきた、所有権の絶対不可侵を超える社会的利用に関する考え方を採り入れ、現代型の財産権を再定義する必要がある。

（2）日本国憲法二九条について、もともと公共の福祉に服すべき性質の強いものと、それ以外の財産との違いを考慮した規定を設けて、合理的な財産権の行使と制約を明確にする。

（3）例えば、《奈良県ため池条例事件》判決などに見られるような判断を基準に、社会的目的に適合した土地所有の制約と受忍の限度に関する規定を考慮しつつ、条文の見直しを行う。

（4）財産権の制約に際して伴う補償のあり方については、その公正な手続きと「正当な補償」の基準についても合わせて明記する。

（5）著作権、特許権、商標権等に関わる保護についての一般的規定を明記し、いわゆる知的財産権に関する憲法上の保障を付与する。

Ⅷ．子どもの権利

1．課　題

日本国憲法は、第二六条二項、第二七条三項などに子どもに関する規定を設けているが、日本における子どもをめぐる政策論が、少子化対策、治安対策など特定の政策目的として語られ、ひとり一人の子どもの権利をどのように保障するかという観点に欠ける傾向があるともされている。このためもあって、日本はこれまで、国連子ども権利委員会より二回の勧告を受けている。第二回勧告の中では、それまでの勧告の内容が、十分実行されているとはいえないと指摘され、一層の改善措置を求められている。これらの具体的勧告に基づき、政府の諸施策のあり方を見直し、国内法整備を行うことが急務である。

子どもの権利条約は、「世界中の子どもが幸せな子ども期を過ごし、一人ひとりの子どもが、その能力を最大限に発達させ、自由で民主的な大人として、成長することが、世界平和の礎である」とする人類の願いを成文化したものであるが、条約が求めている通り、「恩恵」や「福祉」を施すことではなく、子どもにとっての「最善の利益」を最優先することが基本でなくてはならず、その前提の上に「権利」の保障ができるようにすべきである。

2．提　案

（1）憲法に子どもが権利を享受し、行使する主体である旨、明記すべきである。また、実効的に権利を保障するために、子どもからの苦情や権利侵害の救済に対応できる独立した「子どもの権利保障機関」の設置も必要である。

（2）政策への子ども自身の参加の仕組づくりを含め、憲法付属法としての「子ども権利基本法」の制定も不可欠であり、基本法には、条約にも盛り込まれている「生命、生存、発達の権利」「意見表明権」「プライバシーの保護」「障害のある子の自立」などを明記すべきである。

（3）非嫡出子、在日韓国、朝鮮人ら少数者の子どもへの差別、日本人の父親と外国人の母親との間に生まれた子どもが、父親の認知がなければ日本国籍を取得できない問題、女子の結婚最低年齢を一六歳から一八歳に引き上げることなど、憲法が求める「法の下の平等」に適合するものへと、国内法改正を子どもの権利条約は、「世界中の子どもが幸せな子ども期を過ごし、一人ひとりの子どもが、その能力を最大限に発達させ、自由で民主的な大人として、成長することが、世界平和の礎である」とする人類の願いを成文化したものである速やかに行うべきである。

Ⅸ．信教の自由と政教分離ルールのあり方

1．課　題

信教の自由は、明治憲法において明文で保障されていたものの、神道が事実上国教化していた経緯がある。現行憲法は、明治憲法への根本的反省から、信教の自由（二〇条一項前段・三項）を政教分離（国家と宗教の分離／二〇条一項後段・二項、八九条）と一体的に規定している。戦後は、宗教的活動の禁止に係る判例が蓄積されているものの、信教の自由の侵害を請求原因とする訴訟においては、憲法判断回避も含め実効的な権利救済がなされていないのが現状である。また、政教分離規定が人権規定ではなく制度的保障と理解されているため、憲法上の訴えを提起しにくいという状況にある。

また、「少数者」の信教の自由と政教分離が対立する事例が出てきていることから、宗教的人格権（静謐な宗教的環境の下で信仰生活を送る権利）の位置づけをどうするか、その在り方を検討すべきである。

2．提　案

（1）現状では政教分離をめぐる訴訟を通じては、人権侵害の事実認定が困難で、権利救済にも国家への歯止めにもなりにくいことから、国家と宗教との「厳格な」分離を基本理念（出発点）として規定すべきである。

（2）許容される関わり合いについては、厳格な目的効果基準（レモンテスト）を憲法に位置づけることを検討すべきである。その際、当該行為の目的が宗教的意義を持つか、その効果が宗教に対する援助、助長、促進または圧迫、干渉等になるかに加えて、国と宗教との間に過度の関わり合いを促すかを判断基準とし、いずれか一つに該当すれば違憲と解するべきである。

（3）上記に関して、立憲民主主義の立場から、特に少数者の信教の自由を保障できなければならない場合、それを国家の責務として明確化すべきである。

（4）宗教的人格権を、個人の人格的生存に不可欠な権利として、新しい人権に位置づけることを検討するべきである。

（5）政治的解決策として、新しい国家追悼施設の建設・整備を進め、靖国神社参拝問題を事実上終焉させるべきである。

【第四小委員会：地方分権】

分権国家の創造をめざして

現行憲法は、政治的民主化の一環として地方自治について四か条の原則的規定を定めた。しかし、その後も戦前と同様の機関委任事務制度が長く続いたこと、自治体の組織・運営・財政の全般にわたって国の法律によるがんじがらめの統制が行われ、大半の地方自治体関係者もこれに甘んじてきたこと、中央政府が自らの事務や権限を一貫して肥大させ続けてきたことなどが、真の意味での地方自治の定着や自治の文化の形成を妨げてきた。画一的な行政や補助金漬けの公共事業・ハコモノ行政の結果、美しい自然や多様な地域文化は破壊され、疲弊しきった地方自治体に借金だけが残されたといっても過言ではない。いまこそ、「地域のことは地域で決める」「自分たちのことは自分たちで決める」という民主主義の原点に立ち返り、「分権国家」への転換を展望した新たな憲法提案を行う必要がある。

1 中央集権国家から分権国家へ転換する

「地域でできることは地域に委ねる」という「補完性の原理」に立脚し、住民に身近な行政は優先的に基礎自治体に配分する。都道府県を広域的に再編して道州を設け、司法・外交・出入国管理など文字通り国家主権に関わる行政を除く大半の広域的行政を道州に移管する。これらの行政権限配分を憲法上明確にする。

2 自治体の立法権限を強化する

これまでのような法律の範囲内での条例制定権限ではなく、地方自治体と中央政府の権限配分に対応し、地方自治体に専属的あるいは優先的な立法権限を憲法上保障する。中央政府は、地方自治体の専属的立法分野については立法権を持たず、地方自治体の優先的立法分野については大綱的な基準を定める立法のみ許されることとする。

3 住民自治に根ざす多様な自治体のあり方を認める

自治体の組織・運営のあり方は住民自身が決めることを原則とする。これまでの首長と議会の二元代表制だけでなく、「執行委員会制」や「支配人制」など多様な組織形態の採用、地域コミュニティ等を準地方自治体とする三層制の採用、住民発案案件を議会が否決した場合には住民投票により決着をつける「住民発案住民投票」制度の採用などをいずれも自治体に委ねる。

4 財政自治権・課税自主権・新たな財政調整制度を確立する

地方自治体が自らの事務・事業を適切に遂行できるよう、その課税自主権・財政自治権を憲法上保障し、必要な財源を自らの責任と判断で調達できるようにする。課税自主権は、各自治体が自らにふさわしいと考える税目・税率の決定権を含む。これらを補完するものとして、現在の地方交付税制度に代えて、新たな水平的財政調整制度を創設する。

【第五小委員会：国際・安保】

憲法の下の安全保障の確立をめざして

—憲法九条論議の焦点と基本方向—

日本における安全保障問題を展望するとき、いま、もっとも危険なことは憲法の「空洞化」である。時々の状況に流されて、政府が行う恣意的な憲法解釈がこの国の安全保障をして、憲法政治の実現を著しく困難なものにさせている。

私たちは、憲法は現実政治に生かされるものでなければならないと考えているので、憲法の条文を固持することに汲々として、その形骸化・空洞化を放置する立場はとらない。憲法を鍛え直し、国家権力の恣意的解釈を許さない、確固たる基本法としての構造を確立することが必要だと考えている。

一方で、古いタイプの脅威と国家間紛争に代わって、新しいタイプの脅威が地球規模で覆いつつあり、これに対応しうる新たな安全保障と国際協調主義の確立が求められている。私たちは、これまでの日米関係一辺倒の外交と安全保障政策を脱して、二一世紀の新時代にふさわしい、「アジアの中の日本」の実現に向かって歩み出すべき時を迎えている。また、国際協調主義の立場に立ち、国連中心の国際秩序の形成に向け積極的な役割を果たしていくべきである。そのためには、例えば、EUの発展過程に見られるような「主権の移譲」もしくは「主権の共有」を含めた、よりグローバルな視点からの憲法の組み直しにもあえて挑戦する気概が必要だと感じている。

以下、主に憲法九条問題に焦点をあて、私たちの基本姿勢と検討方向を提示する。

1．日本国憲法又は九条の原則的立場

そもそも日本国憲法は、国連憲章とそれに基づく集団安全保障体制を前提としている。前文に謳われている国際協調主義は、国連憲章の基本精神を受けたものであり、第九条の文言は国連憲章の条文をほぼ忠実に反映したものである。

日本は、憲章が掲げる「基本的人権と人間の尊厳及び価値と男女及び大小国の同権」に関する信念を国際社会と共有し、その集団安全保障が十分に機能することを願い、その実現のために常に努力することを希求し、決意した。日本は、憲法九条を介して、一国による武力の行使を原則禁止した国連憲章の精神に照らし、徹底した平和主義を宣明している。それはまた、日本国憲法が、その精神において、「自衛権」の名のもとに武力を無制約に行使した歴史的反省に立ち、武力の行使について強い抑制的姿勢を貫くことを基調としていることにも反映されている。

以上の原則的立場については、日本国憲法又は九条の「平和主義」を国民及び海外に表明するものとして今後も引き継ぐべきである。

2．国際協調主義に立った安全保障の枠組みの確立を

私たちは、政府の恣意的な憲法解釈を放置することなく、日本の安全保障政策が憲法の下に確たるかたちで位置づけられる、憲法九条問題の解決に向けて、以下の基本的考えを提案したい。

第一は、憲法の中に、国連の集団安全保障活動を明確に位置づけることである。国連安保理もしくは国連総会の決議による正統性を有する集団安全保障活動には、これに関与できることを明確にし、地球規模の脅威と国際人権保障のために、日本が責任をもってその役割を果たすことを鮮明にすることである。

第二は、国連憲章上の「制約された自衛権」について明記することである。ここに言う、「制約」とは、①緊急やむを得ない場合に限り（つまり他の手段をもっては対処し得ない国家的脅威を受けた場合において）、②国連の集団安全保障活動が作動するまでの間の活動であり、かつ③その活動の展開に際してはこれを国連に報告すること、の三点を基本要件とすることを指す。

第三に、「武力の行使」については最大限抑制的であることの宣言を書き入れる。国連主導の下の集団安全保障行動であっても、自衛権の行使であっても、武力の行使は強い抑制的姿勢の下に置かれるべきである。わが国の安全保障活動は、この姿勢を基本として、集団安全保障への参加と、「専守防衛」を明示した自衛権の行使に徹するものとする。

第四に、国連待機部隊は重要な選択肢である。その具体的あり方については、憲法上の位置づけを含めて十分に検討する必要がある。

以上に関する憲法上の規定は可能な限り明快で簡潔であることがよい。このため、これらの原則を法規定として明確にし、憲法付属法としての性格を持つ「安全保障基本法」を同時に定めることがより望ましい選択だと考える。

資料Ⅲ・09

陸上自衛隊幹部が中谷元・元防衛庁長官の要請に応えて作成した「憲法草案」

二〇〇四年一〇月

コメント

1．本文書は、二〇〇四年一〇月、中谷元の要請にしたがって、陸上自衛隊の幹部が作成した、安保関係の憲法改正規定である。

中谷元は、当時、自民党憲法調査会内につくられた「憲法改正案起草委員会」の委員長であり、この委員会は、二〇〇四年一一月に「憲法改正草案大綱（たたき台）」（⇩Ⅲ・12）を作成している。この案も、そうした自民党内の改憲作業と関係したものと推測される。

集団安全保障措置への参加、軍隊の設置、集団的自衛権付与、国防軍の指揮監督、国防の義務、国家緊急事態の規定、特別裁判所（軍法会議）の設置、などである。軍事関係の規定としては九〇年代以降の現代改憲の要請に応える、「常識的な」条文を並べてある。

2．やや特異なのは、国の防衛のためのみならず、集団安全保障措置への参加の場合も、武力行使は集団的自衛権の行使によると解している点である。

第〇章　安全保障

（侵略戦争の否定）

第〇条　日本国は、国際紛争を解決する手段としての武力による威嚇又は武力の行使（戦争）を否認する。

（集団安全保障）

第〇条　日本国は、国際の平和と安全を維持するために集団安全保障制度に加入することができる。

（軍隊の設置、権限）

第〇条　日本国は、国の防衛のために軍隊を設置する。（陸海空軍を置く。）

2　軍隊は、我が国の防衛及び前条の規定に基づき行動したときは、集団的自衛権を行使することができる。

3　軍隊の任務、編成・装備及び行動・権限は、法律で定める。

4　軍人の身分は、法律で定める。

（国防軍の指揮監督）

（内閣総理大臣）

第〇条　内閣総理大臣は、内閣を代表して国防軍の最高の指揮監督権を有する。

2　内閣総理大臣その他の国務大臣は、文民でなければならない。

（国家緊急事態）

第〇条　我が国の防衛その他緊急事態における体制は、法律で定める。

2　内閣総理大臣は、法律で定められた国家緊急事態に際し、法律に定められた手続に従い、日本国の領域及び特定の地域に国家緊急事態を布告し、国会に報告しなければならない。

第〇章　司法

（司法権）

第〇条　司法権は、最高裁判所及び法律の定めるところにより設置する下級裁判所並びに特別裁判所に属する。

（特別裁判所）

第〇条　特別裁判所の管轄に属するものは法律で定める。

第〇章　国民の国防の義務

第〇条　すべて国民は、法律の定めるところにより、国防の義務を負う。

（国民は、法律で定めるところにより、我が国の防衛その他緊急事態に際し必要な行動を執る義務を負う。）

※（　）内は傍線部の代案である。

資料Ⅲ・10

「安全保障と防衛力に関する懇談会」報告書
―未来への安全保障・防衛力ビジョン―

二〇〇四年一〇月

安全保障と防衛力に関する懇談会

コメント

1．本報告は、二〇〇四年一二月に改訂予定の「防衛計画の大綱」（⇩Ⅲ・13）策定のためにつくられた、首相の私的諮問委員会の報告である。本懇談会は、小泉純一郎内閣による自衛隊のイラク派兵をふまえ、また、米軍再編を前にして、新たな軍事方針を策定すべくつくられたものである。

2．報告の第一の特徴は、九・一一事件以降のアメリカの世界戦略が、非国家主体のテロなどの脅威に対処するものに変わったことを反映して、「非国家主体からの脅威」を強調している点である。この点は、もっぱら中国の脅威を情勢の柱に据える近年の情勢認識とは大きく異なっている。

そのうえで、報告は、「統合的安全保障戦略」を打ち出した。それは、安全保障の目標として、日本の防衛と国際的安全保障環境の改善を掲げ、その二つの目標を達成するために、日本自身の努力、同盟国との協力、国際社会との協力の三つのアプローチを提唱するものである。

3．報告の第二の特徴は、このような脅威の多様化、安全保障環境の変化をふまえ、「七六年防衛計画の大綱」が打ち出した「基盤的防衛力」をふまえながら、新たに「多機能弾力的防衛力」概念を提唱したことである。

　報告は、この新たな防衛力概念を提起する要因として、冷戦終焉後に自衛隊が国際的な場でさまざまな活動を行うにいたっていること、国家的脅威とともに非国家的脅威への対処が迫られていることをあげる。
4．そのうえで、報告は、新たな政策課題としていくつかの課題をあげている。
　第一の課題は、統合的安全保障戦略の実現体制整備の課題である。緊急事態対処、情報能力強化、そして安全保障会議の強化をあげる。情報能力強化はこの後とみに強調され、秘密保全態勢強化として秘密保護法制定にいたるが、すでに報告で秘密保全体制が指摘されていることは注目される。

　また安全保障会議の強化がうまくいかないことから、後にこの延長線上に日本版NSCの設置論が登場する。すでに報告では、安全保障会議を「米国のNSCなどを参考にしながら、国家の安全保障戦略を閣僚間で密度高く議論する場として活用すべきである」という提言を行っていることも注目される。

　第二の課題は、「日米同盟のあり方」であるが、この点は特段目新しいことはない。

　第三の課題が「国際平和協力の推進」であるが、これが、従来の大綱と比較してもっとも大きな違いのある部分である。とくに、ここでは、国際平和協力活動の比重の高まりに応じて、これを自衛隊の本務とすべしという提言がなされている。また自衛隊のインド洋海域への出動、イラク派兵が行われたことをふまえ、国際平和協力の一般法の整備を検討すべしという提言がなされている。

　第四の課題として、装備・技術基盤の改革があげられ、日本の防衛産業が国際的に取り残されつつあるという認識のもと、一つは、装備の国産化方針の見直し、武器輸出三原則見直しによる国際共同開発、とりわけ日米共同開発の促進、当面、米国との武器禁輸の緩和などがうたわれていることである。
5．報告は、あるべき防衛力の具体像として、国家間紛争への対処では、従来の本格的武力侵攻に代えて、ミサイルの脅威や、ゲリラ、特殊部隊の侵攻、島嶼防衛に比重を置くことを打ち出し、装備編成の改革を提唱している。
　また、とくに防衛力整備の制約要因として人口減少とともに、財政上の制約を掲げ、思い切った重点配分を打ち出している。具体的には、陸上では烈度の低い軍事行動への即応体制、海上では、島嶼防衛や弾道ミサイル防衛能力、空自ではミサイル防衛能力強化などである。
6．報告で注目すべき最後は、「付言」として「憲法問題」にあえてふれている点である。とくに、集団的自衛権の検討の必要性に言及している。それは、その後の議論に見られるような切迫性はまだなく、集団的自衛権行使を認めよという主張もなされていないが、集団的自衛権概念を整理し、その限定行使の可能性を示唆している点は注目される。
「集団的自衛権と言っても、議論される例は武力攻撃発生前に日本防衛の目的で来援した米軍を防護するための武力行使から、同盟国の領土に対する武力攻撃の排除まで幅が広い。後者のような例まで認めよとの意見はないが、それ以外の例に関しては種々の考え方がありうる。政府においては、集団的自衛権の行使に関連して議論されるような活動のうち、わが国としてどのようなものの必要性が高いのか、現行憲法の枠内でそれらがどこまで許容されるのか等を明らかにするよう議論を深め、早期に整理すべきである。」と。

「はじめに」

私たちは急激な変化の時代に生きています。世界が東西両陣営の衝突におびえた冷戦の時代は終わり、超大国による日本侵攻という想定は遠のきました。しかし冷戦終結は世界の平和と安定を約束するものではありませんでした。冷戦後、世界各地で民族・宗教紛争などさまざまな対立が噴出し、大規模なテロが続いています。グローバル化の進展により、脅威もまた国境と地域をとび越えて、思わぬかたちでやって来る時代となりました。冷戦後の世界から見ると、冷戦期にはむしろ堅固な秩序があったようにすら感じられます。

本懇談会では、安全保障をめぐる国際環境はどう変わったのか、新たな環境の下で日本はどのような脅威にさらされているのか、国と国民を守るためにどのような安全保障政策、防衛力が必要なのかを検討してまいりました。

国際テロをはじめとする新たな脅威の高まり、軍事技術の飛躍的革新、安全保障・防衛に対する国民的関心の高まりの中で開かれた今回の懇談会における意見の大勢は、次の二点であったように思います。

一つ目は、今日の安全保障環境の下では、さまざまな脅威への水際での対処に加え、できるだけ早期に、外側で脅威の予防、火消しに努めることが重要だということであります。その意味で、迂遠なように見える国際平和協力が、重要な自衛の手段たり得るということでありました。

二つ目の論点は、縦割り組織の弊害が見られがちな中で、省庁をまたぐ統合的な意思決定・連携や国家緊急事態における待ったなしの意思決定を現実にどううまく機能させるかということであったと思います。この点については、情報機能の充実と安全保障会議の積極的な活用が重要だということでありました。

話は変わりますが、阿川弘之氏によれば、最後の海軍大将として知られる井上成美は、太平洋戦争開戦の年に大艦巨砲の建造を求める軍令部の膨大な予算要求に対し、「明治の頭を以て昭和の軍備を行わんとするもの」と断じ、これから必要なのは「海軍の空軍化だ」と述べたそうです。今回の懇談会の議論を進めるにあたり、常にそのことが念頭にありました。井上成美が今日の世界をみて何と言うかわかりませんが、私は二一世紀の安全保障と防衛においては、「ソフト」の重要性がますます高まっていくのではないかと思います。しかるべき「ハード」はもちろん必要ですが、組織・装備の十全な機能発揮を支えるのは情報やシステムの力であります。また広く外交、文化交流や経済協力も脅威の発生を防ぐ一翼を担っているように思います。その意味で、防衛・治安組織、さらには政府全体としての総力発揮に加え、国民全体が国を思い、平和と安全を守るため、わが国のハード、ソフト両面のパワーを結集することが大切ではないでしょうか。

今回、時間的制約から検討を詰め切れない点もありましたが、委員の皆さんの積極的なご意見、ご協力および事務局として懇談会を支えてくれた内閣官房の皆さんのご努力により、この報告書をまとめることができました。ご尽力いただいた皆さんに心から感謝申し上げるとともに、本報告書がわが国および国民の安全保障に資することを切に願っております。

安全保障と防衛力に関する懇談会

座長　荒木浩

第一部　新たな日本の安全保障戦略

1　二一世紀の安全保障環境

二〇〇一年九月一一日、安全保障に関する二一世紀が始まった。超大国米国の中枢部が、国家ならぬテロリストによって攻撃にさらされ、戦争にも匹敵する大被害を被った。国家からの脅威のみを安全保障の主要な課題と考えていればよい時代は、過去のものとなった。もはやテロリストや国際犯罪集団などの非国家主体からの脅威を正面から考慮しない安全保障政策は成り立たない。

しかしながら、国家間の安全保障問題が消滅したわけではない。冷戦の終結により、超大国同士の核戦争という最悪の事態の可能性はほぼ消滅したが、核兵器は依然として存在し、拡散を続けている。イラクのサダム・フセイン政権は打倒されたが、他国を侵略しようとする国家がなくなったとは言い切れない。さまざまな国家間紛争が武力行使につながる可能性は依然として否定できない。世界各地における内戦や民族対立、政権不安定などの状況は、冷戦終結後の主要な軍事紛争の根源となっており、常に国際的な軍事対立につながる可能性を秘めている。

いいかえれば、現在、世界の安全保障環境は、これまでと比較にならないほど複雑になっている。一方の極に非国家主体が引き起こしかねない、想像を絶するテロリスト攻撃があり、他方の極にきわめて古典的な戦争の可能性がある。その中間にあらゆる組み合わせによる危険が存在している。内戦に苦しむ国家、国内治安を自ら守れない国家は、テロリストが潜む格好の根拠地となりうる。現状変革をねらう国家のなかには、テロリストや国際犯罪組織とのネットワークを形成するものもあるかもしれない。海上交通路における海賊の被害には、すでに無視しえないものがあるが、重要な海峡が地域紛争や大規模テロによって閉鎖されたり、港湾施設が破壊される可能性もある。あるいは、インターネット上の愉快犯とテロリストや特殊な政権が結びつくことによって、予想もできないサイバー攻撃が発生するかもしれない。大量破壊兵器を含む武器は、公然・非公然の武器マーケットを通じて拡散し、武力紛争やテロ攻撃の可能性を増大させている。これらの脅威を生み出し、増幅する社会的・心理的背景としての原理主義、排外主義、極端なナショナリズムも世界各地に存在している。しかも、それらの脅威が、技術進歩の下に進むグローバル化によって、短時間で地球上のいたるところに移動・拡散する危険がある。

地球大で進むこのような安全保障環境の激変に加え、東アジアに位置する日本は、地域に特徴的な安全保障問題にも直面している。確かに、冷戦の終結によって、日本に対する本格的な武力侵攻が行われる可能性は大幅に低下した。しかし、この地域には、二つの核兵器国（ロシア、中国）及び核兵器開発を断念していない国（北朝鮮）が存在している。北朝鮮の核兵器を含む大量破壊兵器開発や弾道ミサイルの開発・配備は、日本にとって直接の脅威となりうるものであり、朝鮮半島の不安定化は、東アジア国際関係の不安定化につながる。また、台湾海峡両岸の間で軍事衝突がおこる可能性も否定できない。もし東アジアにおいて大規模な軍事紛争が発生すれば、それは地域と世界の安全にとっての脅威にとどまらず、世界経済の安定にすら影響を及ぼしかねない事態となろう。日本周辺における資源開発やその他の問題をめぐっても、平和的な解決ができないということになると、日本の安全保障に対する影響は無視しえないものとなる。

日本の安全保障を考えるにあたっては、世界の中での日本の役割や地政学的条件を考慮しておくことも重要である。日本は、資源やエネルギーの大半を海外に依存し、グローバルな通商活動により繁栄を維持している世界第二位の経済大国である。毎年一〇〇〇万人を超える日本人が海外を訪れ、約一〇〇万人の日本人が海外で生活している。このように、日本は世界的な相互依存の上に今日の繁栄を築いているが、そのことは逆に世界各地の混乱から日本が影響を受けざるを得ないことを意味する。冒頭で述べた地球大で進む安全保障環境の変化は、このような世界的に行われる日本と日本人の活動に大きな影響を与えている。日本の近くでの脅威に加え、遠方での脅威についても考慮しなければならない所以である。国際安全保障は、かつてなく地域的限定をこえて一体化する傾向を示している。

複雑化が進む世界の安全保障環境において、日本への脅威は、外部から来るとは限らない。オウム真理教の化学兵器によるテロを想起するだけで、内発的なテロ勢力や犯罪集団による脅威は明白である。それらが外部の脅威とネットワーク化する危険も十分ありうると考えなければならない。特に、わが国は狭隘な国土に多数の人口を抱え、経済社会を支える重要施設が都市部、沿岸部に集中するなど、テロ等に対して脆弱性を有している点に留意する必要がある。

安全保障とは、国民が大事だと思う価値がさまざまな脅威から守られることである。このうち最も根源的な価値は、国民の生命・財産であり、国家の領土である。しかし、守るべき価値はこれらにとどまらない。民主主義国における安全保障は、自由で民主主義的な制度を含め、国民が大切にしている社会生活や文化的価値を守るというところまで広がらなければ、十分に確保されたことにはならない。仮に犠牲者は出なくとも、領域内に武装工作船が侵入し、これに対処できないということになれば、やはり日本の安全保障は脅かされているのである。わが国での破壊活動を目的とする国際テロリストや他国の工作員が潜入することを許すのが大きな危険であることは言うまでもない。また、大規模災害によって国民の生命・財産が脅かされたり、海外の騒乱によって在外邦人の安全が脅かされたりするならば、これを守ることも安全保障と考えなければならない。重要な資源・エネルギーや食料の供給途絶も国民生活を脅かす安全保障問題である。これら国民に脅威を与える事態が相互に関連しあう可能性も否定できない。武装工作船にしても大規模災害にしても、他の安全保障上の脅威と結びついて被害が拡大することを阻止する必要は常に存在するのである。

2　統合的安全保障戦略

このように複雑な二一世紀の安全保障環境の下で、日本はいかなる安全保障戦略をとるべきであろうか。いうまでもなく、戦略とは推進すべき目標に対して適切なアプローチを組み合わせて、その実現をはかる統合的な方策である。したがって、新しい安全保障環境の下で新しい戦略を考えるということは、目標として何を設定し、その実現のためにいかなるアプローチをとり、それらのアプローチを統合的に実行するためにどのような仕組みを考えるかということになる。

統合的安全保障戦略における大きな目標は二つある。第一は、日本に直接脅威が及ぶことを防ぎ、脅威が及んだ場合にその被害を最小化することである。第二の目標は、世界のさまざまな地域において脅威の発生確率を低下させ、在外邦人・企業を含め、日本に脅威が及ばないようにすることである。端的に言えば、第一は日本防衛という目標であり、第二は国際的安全保障環境の改善という目標になる。

これらの目標を達成するために、どのようなアプローチがあるだろうか。まず考えられるアプローチは、日本自身が行う活動である。ただし、安全保障に関してすべてを独力で行うというアプローチは、もはや適切ではない。かつて「国防を全うするに足る兵力」を求められた時代もあったが、第二次世界大戦後の世界においては多くの国々にとってそれは不可能に近い。また、それをあえてすることは、安全保障のジレンマ(1)を生み出しやすいという欠陥もある。したがって、他国との協力というアプローチを組み合わせることが必要となる。これは次の二通りに分けて考えるのが適切であろう。すなわち一つ目は、利益や価値観を共有する同盟国との協力というアプローチ、二つ目は、国際社会全体との協力というアプローチである。

以上から、今後目指すべき日本の安全保障戦略は、①日本自身の努力、②同盟国との協力、③国際社会との協力という三つのアプローチを適切に組み合わせることによって、自国防衛に備えるとともに、国際的安全保障環境の改善を図る、そのための統合的な方策ということになる。

安全保障戦略の目標とアプローチをこのように整理してみると、これまでの日本における考え方は、やや狭い戦略であった。自助努力としての自衛隊の活動に日米同盟を組み合わせて日本防衛に対処することに焦点があてられたのは当然のこととしても、国際的安全保障環境の改善による脅威の予防については、日本の安全保障に直結する任務というよりは、「国際貢献」というやや第三者的ニュアンスの言葉で語られることが多かった。これに対し、今後の日本の安全保障戦略においては、二つの目標がより統合的に追求されなければならない。二つの目標と、それぞれに対する三つのアプローチのすべての側面において、日本の保持する能力を適切かつ統合的に結集する努力が必要となっている。

そこで、以下に（1）日本防衛、（2）国際的安全保障環境の改善による脅威の予防、という二つの基本目標について、それぞれ三つのアプローチに即して論じていく。

（1）日本防衛

ア　日本自身の努力

いかなる安全保障政策においても、根幹となるのは自らが行う努力である。このアプローチの目標は、日本に対して脅威が直接及ぶことを防ぎ、もし及んだ場合にもその損害を最小限にくい止めることである。こうした日本自身の安全保障努力は、日本の防衛を効果的に実現するものでなければならず、他国に脅威を与えるようなものであってはならない。また、日本は核兵器を保有すべきではない[2]。

まず、日本自身の努力において自衛隊をどのように活用するか、という点について考えてみたい。一九七六年の「防衛計画の大綱」以来、この課題に答えるために提示された概念が「基盤的防衛力」の考え方であった。基盤的防衛力とは、緊張緩和が進む国際環境の中で、自らが力の空白となって侵略を誘発することのないようなレベルの防衛力、別の言い方をすれば、「限定的・小規模」な攻撃に対して容易に既成事実を作らせないような拒否力として機能する防衛力であるとされてきた。また、必要な場合は、脅威に対応できるよう、防衛力を円滑に拡充させられるという意味でも「基盤的」なものであった。

今日の国際情勢には、国家間関係としてみれば緊張緩和が進んでいるという面で一九七〇年代や一九九〇年代に共通する部分がある。その意味で言えば、自衛隊が保持すべき能力としての「基盤的防衛力」という考え方が有効な面があり、こうした部分は継承していく必要がある。しかし、冷戦終結後十数年を経て、日本に対する本格的な武力侵攻の可能性は大幅に低下している。一方、テロリストなどの非国家主体による攻撃という、従来の国家間の「抑止」という概念ではとらえにくい脅威が深刻な問題となっている。その意味でも国家からの脅威のみを対象にしていた基盤的防衛力の概念は、こうした安全保障環境の変化を踏まえて見直す必要がある。本報告書の提起する概念は「多機能弾力的防衛力」というべきものであるが、その詳細は次節に展開する。

いうまでもなく、日本への直接的な脅威に対処するための自助努力は、自衛隊のみが行うものではない。日本全体で総力をあげて行う防衛活動である。これまでは第二次世界大戦への反省に基づく日本の平和主義もあり、自国への脅威に対して、国家の総力をあげてこれに取り組むという観点は、忌避されることが多かった。有事法制に言及することすら問題であるという風潮もあった。しかしながら、近年、安全保障に関する国民の理解も進み、有事関連法制も整備されるに至った。引き続き、自衛隊をはじめ、日本全体として安全保障に取り組む体制を早急に整備しなければならない。海上保安庁や警察などと自衛隊との協働は不可欠であり、これら治安担当機関の能力を向上させる必要がある。加えて地方自治体を含む公的組織の協力、さらには民間の協力も必要となる。

日本国内の総力を結集するためには、情報収集・分析能力の向上をベースにした日本政府の危機管理体制を確立する必要がある。縦割組織の弊害を排除して迅速・的確に危機に対処するため、最新技術を駆使した情報体制を確立し、関係各組織の情報を共有して、政府の意思決定・指揮命令に活かすことのできる態勢を内閣の下に整えるべきである。情報を収集するのみならず、これを的確に分析できる人材の育成も不可欠である。こうした新たな情報体制を基盤としつつ、安全保障会議の機能を強化し、これを平素から有効に活用することにより、真に国家の安全保障政策の中枢となる組織に発展させていく必要がある。

国としての統合的安全保障戦略を策定するにあたっては、安全保障を達成するための、わが国の各種の基盤についても考察しておく必要がある。防衛力の生産・技術基盤に関する政策についても、軍事技術・装備の革新が進む中で、同盟国や友好国との共同研究や開発が可能となる仕組みがなくてもよいのか、また、関連する法制度についても、より合理的な安全保障政策を実現するとの観点から見直しを行う必要がないのか、さらに議論を深めることが望まれる。

イ　同盟国との協力

日本防衛のための第二のアプローチは、同盟国との連帯行動である。日米安全保障条約に基づく日米同盟こそ、このための恒常的制度である。日本周辺の国際環境は、すでに述べたとおり、依然として不安定性に満ちており、核兵器などの大量破壊兵器による紛争の可能性も完全には否定できない。弾道ミサイルによる脅威も存在する。その意味で、今後とも日米同盟の信頼性を相互に高めつつ、抑止力の維持を図る必要がある。とりわけ核兵器などの大量破壊兵器による脅威については、引き続き、米国による拡大抑止(3)が必要不可欠である。さらに、大量破壊兵器とその運搬手段としての弾道ミサイルの拡散が深刻な事態をもたらす可能性があるなど、従来の抑止が効きにくい状況があることから、米国の核抑止を補完する必要がある。このため、弾道ミサイルからの脅威については、米国との協力の下に、有効な弾道ミサイル防衛システムを整備していかなければならない。日本周辺地域で発生する日本の平和と安全に重要な影響を与えるような事態（周辺事態）に対しては、日本への脅威の波及を防ぐために日米の協力が不可欠である。こうした事態に備えた協力体制の整備を継続的に進め、現実の運用にあたっても日米協力の信頼性向上に努めていかなければならない。

ウ　国際社会との協力

日本の防衛において、国際社会との協力は、自助努力や日米同盟ほど大きな位置を占めるものではなかった。しかし、さまざまな領域で行う外交活動や国民レベルでの交流が日本への理解を増進し、いわば間接的に日本の防衛に役立ってきていることは間違いない。さまざまな二国間関係や多国間関係の枠組みを通じて行う外交活動、安全保障対話、軍事交流や警察、海上保安庁その他の行政組織間の交流は、国家間のいたずらな緊張を回避するとともに、日本に対する安全保障上の脅威が発生したときの国際協力態勢の基礎となる。特に、国際テロへの対応については、テロリストの摘発・逮捕や、国際テロ組織に対する資金規制に向けて、情報面などにおける国際的な協力や水際対策を充実・強化していく必要がある。また、海外における日本人や日本企業の安全確保のために、関係諸国と緊密な協力関係を築くとともに、関係機関が連携して、緊急事態における邦人の退避等を円滑に実施しうる態勢を平素から整えておく必要がある。

(2)　国際的安全保障環境の改善による脅威の予防

ア　日本自身の努力

世界各地における脅威の予防に関しては、日本は国際社会や同盟国と連帯して行動することを原則とすべきであろう。日本が自衛権の範囲をこえて単独で世界各地の軍事問題に介入し、武力を行使することは、憲法違反であるのみならず、国際政治的にも望ましくない。したがって、平和維持や平和構築活動、人道支援に対する自衛隊の活動は、原則的には、国連安全保障理事会決議などに基づく国際社会の活動の一部として行うべきである。

しかし、脅威の予防について、日本が自ら主体的に実施すべきこともある。これまで日本が行ってきた二国間の開発援助は、多くの国々の国づくりに役立ち、経済発展に貢献し、実質的にわが国の安全保障にも寄与してきたと考えられる。こうした援助や外交活動、さらには警察などの協力は、国際社会と連帯して行いうるのみならず、日本独自の活動としても実行すべきであろう。とりわけ核兵器関連技術の拡散については、日本は独自の外交活動として、あるいは多国間の取組の一環として、その防止のためにあらゆる努力を傾注すべきである。大量破壊兵器の処分、地雷除去、小型武器の回収など、人々の安全に直結した分野で国際協力の可能性が拡大している今日、これらの分野でもいっそう積極的な対応が望まれる。また、直接的には安全保障に関連しているように見えない一般的な外交活動や文化交流、さらには民間の行う貿易・投資活動による雇用や技術移転、人材育成なども、実は間接的に安全保障につながる役割を果たしていることを認識すべきである。

特に、北東アジア地域において軍事紛争が生起すれば、それは日本の安全に直結する。また、日本は資源・エネルギーの大半を海外に依存しているため、中東から南西アジア・東南アジアを経て、北東アジアに至る地域が不安定化したり、そこを通る海上交通路が脅かされたりすれば深刻な影響を被る。わが国は、この地域の不安定化を防ぐため、上に述べたような外交活動、経済活動などを積極的に展開すべきである。また、相互理解のための文化交流や地道な外交活動などを通じて、極端なナショナリズムの台頭を抑えることが、この地域の安定を保つために不可欠であることも忘れてはならない。

イ　同盟国との協力

わが国が国際的安全保障環境の改善をはかり、脅威の予防を考えるとき、日本が同盟国である米国との協力を行うことは当然である。民主主義、市場経済、法の支配、基本的人権などの共通の価値観を保持する日米両国は、他の同様の価値観を保持する国々とともに、共通の認識を持ち共同行動を起こすことが容易だからである。また、国際的安全保障環境の改善を図ろうとするとき、卓越する国際的活動能力を持つ米国との適切な協力を考えることは、きわめて有効な手段である。日米同盟を地域的、国際的な平和と安定に資するものとなるよう細心の注意をもって運営し、日米間で緊密な協議を行うべきことはいうまでもない。

軍事面に着目しても、日米同盟関係は直接的な日本防衛に加えて、国際社会における脅威の発生そのものを予防する機能を高めつつある。そもそも、日米同盟による抑止力は、必ずしも特定の国に対する直接的抑止力を意味するわけではない。地域における米国の軍事プレゼンスは、軍事紛争を抑制する効果がある。周辺事態に対処するための日米の協力体制は、周辺事態の発生そのものを予防するという効果もある。そうした意味で、日米同盟には、地域の諸国にとって公共財的な側面があるとみることができるのである。

東アジアにおける脅威の発生を防ぐ役割に加え、中東から北東アジアにかけての「不安定の弧」の地域における、テロや国際犯罪などさまざまな脅威の発生を防ぐ意味からも、日米の同盟関係を基にした幅広い協力は重要である。米国の世界戦略の変革の中で、積極的に日米の戦略的な対話を深めることによって、両国の役割分担を明確にしつつ、より効果的な日米協力の枠組みを形成すべきである。

さらにまた、テロ対策特別措置法に基づくインド洋での自衛隊の活動や、イラク特別措置法に基づく日本のイラクにおける活動のように、国連安保理決議などに基づく国際社会としての行動を効果的にするためにも、米国を中心とする諸国との緊密な協力が必要である。これらの活動がさらに有効に機能するよう、日米間の戦略的な対話において検討を深めるべきである。

ウ　国際社会との協力

日本の安全保障戦略にとって、今後ますます重要になるのは、世界各地の脅威削減に向けた国際社会との協力である。その典型的な活動は、内戦や地域紛争状態にある国々で平和を回復し、その平和を維持し、さらには復興から国づくりに至る平和構築を行うことである。その実現には、自衛隊、文民警察、行政官、ＯＤＡ関連組織、民間企業、ＮＧＯなど、さまざまな人材が密接に連携した人的貢献が必要となる。ＯＤＡなどの資金協力を活用した、ＨＩＶ／ＡＩＤＳなどの感染症対策や、教育水準の向上と人材づくり支援、貧困要因の除去の努力、いわゆる「人間の安全保障」[4]を実現する努力などもまた、紛争予防や世界各地の安定につながる大事な活動である。こうした国際社会の総力を結集した活動に参加することで、「破綻国家」を世界からなくしていかなければならない。かつて日本で国際協力といえば、日本の安全保障に直結する切実な活動であるとの認識が不足していたが、今日、世界各地で行われている国際平和構築や「人間の安全保障」実現に向けた活動は、それ自体が日本の安全保障に直結する活動ととらえるべきである。ある国が国際テロ組織の聖域となるような状況を防ぐことは、世界の安定だけでなく、日本の国益に深く結びついているのである。

核兵器などの大量破壊兵器や、その運搬手段としての弾道ミサイルの拡散を防止することは、日本にとって、安全保障の問題であるとともに、唯一の被爆国としての歴史的使命でもある。大量破壊兵器がテロリストにわたったときの危険を考えると、この問題はいくら重視しても重視しすぎることはない。核兵器不拡散条約（ＮＰＴ）をはじめとする軍縮・不拡散関連の条約や輸出管理の国際枠組み、拡散に対する安全保障構想（ＰＳＩ）[5]などを、より一層普遍的な国際的枠組みとし、それらの機能を強化するための努力を行わなければならない。特に、これらの条約や枠組みの実施に困難を覚える途上国に対しては、適切な協力を考える必要がある。

また、テロの脅威を予防するため、日本の法制度・能力を先進諸国に劣らない水準に高めるとともに、多国間・二国間及び地域フォーラムなどの場を通じた外交努力や、警察及び司法当局間の協力を強化する必要がある。テロリストに安住の地を与えないための国際的なルール作り、テロ対処能力の低い途上国に対する能力向上（キャパシティ・ビルディング）の支援などが重要な課題となる。現在のテロの根本原因に対処するために、イスラム穏健派の国々との関係強化や中東地域での国づくりや社会の安定化に協力することも必要である。

資源・エネルギーの大半を海外に依存する日本にとって、海上交通路の安全確保はとりわけ重要な課題である。近年頻発する海賊や国際犯罪組織の不法行動、さらには沿岸国における紛争などは海上交通路の安全に重大な影響を及ぼすものであり、これらに対処するため、関係各国との協力体制や国際社会の枠組みづくりが求められている。

世界からの脅威の発生を削減する努力のもう一つの柱は、多国間の信頼醸成・予防外交・紛争処理メカニズム構築など、国際的な制度化の努力である。最も包括的なレベルでは、国連安保理の機能を強化することであり、より地域に密着した形態としては、たとえばＡＳＥＡＮ地域フォーラムの活動強化などがある。各国の軍隊との間の安全保障対話や交流も同様に重要な柱である。日本が国連安保理の常任理事国となることは、国際社会と連帯した日本の努力を効果的にする点で重要である。日本が常任理事国として活躍することによって、より一層多国間協調が進展し、各地における平和構築の効果があがることになれば、まさにそれが日本の国益であり、国連システムを改善することにもつながる。

（３）安全保障戦略における統合性の確保

以上のとおり、日本防衛と国際的安全保障環境の改善という二つの大きな目標の達成には、それぞれ三つのアプローチを適切に組み合わせる必要があり、日本の安全保障戦略には六つの構成要素ともいうべき活動領域が生じる。これは、あくまでも戦略概念としての整理であり、その実践にあたっては、あらゆる面で統合性を確保することが必要となる。各構成要素が特定の組織に対応するわけでなく、それぞれの構成要素において、関係省庁の力を結集することが必要であり、地方自治体や国民の協力も求めなければならない。

また、この六つの構成要素は、それぞれ独立に存在するものではない。日本防衛のための自助努力と国際的安全保障環境の改善のための国際社会との協力は、密接に関連している。自助努力が適切にできる能力をもっているからこそ、国際社会との協力ができるのであり、国際社会との協力実績の積み重ねが、日本への脅威の減少につながるのである。

統合的な戦略を効果的に実施するためには、統合的な意思決定の仕組みが必要である。内閣総理大臣のリーダーシップの下、日本の安全保障に必要な六つの活動領域すべてについて日常的に留意・観察し、適切な政策方針を策定する意思決定の中枢的機能が存在しなければならない。この点については、安全保障会議をしかるべく活用し、中長期的な安全保障の戦略中枢として、六つの構成要素をどう関連させ、どの組織にいかなる役割を課すかを決定すべきである。以上のような多面的な統合が実現して、はじめて新しい安全保障戦略が十全に機能することになるのである。

3　新たな安全保障戦略を支える防衛力 ～多機能弾力的防衛力～

新しい統合的安全保障戦略の下で、自衛隊はいかなる能力を保持すべきであろうか。まず、これまでの防衛力の位置付けとの比較から、その内容を考えてみたい。現行自衛隊法は、「自衛隊は、わが国の平和と独立を守り、国の安全を保つため、直接侵略及び間接侵略に対しわが国を防衛することを主たる任務」としており、同法が主任務として具体的に規定している行動は、日本に対する脅威への対処となっている。安全保障の二つの目標のうち、第一の日本防衛を中心にその任務が規定されてきたわけである。これまでの基盤的防衛力の概念の下で、脅威をもたらす存在として国家が想定されてきたことも明白である。つまり自衛隊は、他国からの脅威に対して主として国内で日本を守る存在であった。しかも、そうした観点で整備されてきた自衛隊の能力をその目標のために使用する必要は幸運にも発生しなかった。第二次世界大戦後、日本に対する侵略が一度も生起しなかった背景には、そのように整備してきた自衛隊の「拒否力」ないし「基盤的防衛力」があったとみられる。まさに自衛隊は「存在」することによって、その目的を達成してきたといえるだろう。

しかしながら、一九九〇年代以降の現実は、このようなあり方に対して、いくつかの修正を迫ってきた。湾岸戦争直後には、機雷除去のために掃海艇がペルシア湾に派遣され、一九九二年にはＰＫＯ協力法の下でカンボジアに国連平和維持活動のための部隊が派遣された。また、テロ対策特措法やイラク特措法の下、自衛隊がインド洋やイラクでの活動をすることになった。今や、自衛隊は、主として国際的な場において、さまざまな活動を展開するようになってきた。

一九九〇年代に行うようになったこれらの国際平和協力活動は、法的には当初想定された自衛隊の本来任務とは異なるものであった。しかしながら現在の安全保障環境とこれに対する日本の戦略という観点からすれば、これらの活動は、まさに「国際的安全保障環境の改善による脅威の予防」という目標のために行われてきたのだと見ることができる。このような変化は、公式の戦略や政策に反映されなければならない。

他方、わが国の防衛という観点からみても、自衛隊の装備に見直しの必要が生じている。たしかに日本周辺において、国家間紛争に起因する脅威が消滅したわけではない。しかし、冷戦時代の潜在的脅威に対応した編成・装備・配置が、現在存在している新たな脅威に真の意味で対応しているかどうかは再検討の余地がある。さらに一九九〇年代以降発生した弾道ミサイルの脅威や武装工作船対応の問題などからみても、これまでのあり方には見直しが迫られている。とりわけ、非国家主体の引き起こすテロについて、これまでの基盤的防衛力の考え方のみで対応できないことは明らかである。いうまでもなく、基盤的防衛力の考えを見直すということは、それ以前の脅威対抗型の所要防衛力の考え方に戻るということではない。軍事的脅威に直接対抗するのではなく、自らが力の空白となって周辺地域の不安定要因とならないよう一定規模の防衛力を保有するという基盤的防衛力構想の有効な部分は継承しつつ、さまざまな脅威に現実に対処しうる実効的な防衛力構想が求められているのである。

それでは、現在の安全保障環境の下、自衛隊はいかなる能力を保持することが求められているのか。具体的な内容は各論にゆずるが、一般的にいえば、自衛隊の保持すべき能力とは、統合的安全保障戦略で検討したさまざまなアプローチに貢献する能力だということになる。日本防衛という観点からいえば、弾道ミサイルをはじめ、国家間紛争に起因するさまざまな脅威への即応対処能力や情報収集・分析能力、さらには伝統的脅威の復活の可能性にも備えた一定程度の「基盤的」能力を持たなければならず、非国家主体からのテロなどへの対応能力も持たなければならない。大規模災害への対処能力は継続して維持強化しなければならない。また日米同盟関係を有効に機能させるための適切な役割分担を行うことも必要である。加えて、周辺国との信頼醸成に努め、可能な地域的協力を進める必要がある。さらに、国際的安全保障環境の改善という観点からいえば、有効な国際平和協力活動を行う能力が必要である。そのための日米協力や諸外国との安全保障対話などへの参画も必要とされる。

今後の防衛力はこのように多くの機能を果たしうるものでなければならないのである。

しかしながら、防衛力整備を取り巻く日本国内の環境には制約要因も大きい。第一は、少子化という人口学的制約であり、第二は、厳しい政府財政という制約である。このような制約も考慮するとき、今後の防衛力整備の鍵は、統合的安全保障戦略の考え方に基づき、いかにして現存する組織の運用の仕方、組み合わせの仕方、スクラップ・アンド・ビルド、さらには同盟国である米国との役割分担などを通して、さまざまな機能を有効に果たす体制が作れるかということになる。

それは、これまでの自衛隊の実績から考えて不可能なことではない。これまでも基盤的防衛力として整備されてきた自衛隊が、災害救助や平和維持活動に立派に従事してきているからである。このような実績を踏まえ、さまざまな組織単位をさらに弾力的に運用することによって、多機能な能力を発揮できるようにすることが必要である。民間企業のノウハウも参考にしつつ、最新の情報技術を活用し、指揮命令系統の柔軟な見直しを行い、適切な教育・訓練・整備計画を実施していけば、規模を拡大することなく、数多くの機能を果たすことは可能である。政府においても、二〇〇三年一二月の弾道ミサイル防衛システムの整備に係る閣議決定において、「同事業の実施にあたっては、自衛隊の既存の組織・装備等の抜本的見直し、効率化を図るとともに、防衛関係費を抑制していく」旨を決定している。

多機能弾力的防衛力の要は、情報収集・分析力である。テロなど新たな脅威への対応には、国の情報能力のレベルが決定的な意味を持つ。自衛隊の能力をどこでどのように使えば最大の効果があるかを判定する基礎も、情報の力である。情報収集・分析力こそ、ハードとしての防衛力の効果を何倍にもする乗数（マルチプライヤー）であり、既存の組織・装備等の抜本的な見直し、効率化を図りつつも、複雑・多様な脅威に対処しうる機能を維持する「多機能弾力的防衛力」の基礎である。

新しい安全保障環境の下、自衛隊の保持すべき能力をここで述べた多機能弾力的防衛力という考え方に基づき整理し直し、その整備計画を再検討しなければならない。今ほど自衛隊のしなやかな組織的対応努力に国民の安全がかかっていることはかつてなかったといえよう。

第二部　新たな安全保障戦略を実現するための政策課題

第一部で述べたとおり、新たな安全保障環境の下で、わが国は、予測困難な多様な脅威の予防に努めつつ、それが顕在化した場合には迅速・的確に対処しうる体制を構築しなければならない。また、グローバル化がさらに進展する中で、同盟国をはじめ世界各国との協力なしには新たな脅威に対処することは不可能な状況にある。第二部では、このような安全保障環境の下、新たな安全保障戦略を実現する上で不可欠な、政府全体として取り組むべき政策課題について述べることとする。

1　統合的安全保障戦略の実現に向けた体制整備

総論で述べたように、安全保障を実現するための体制は、統合性が確保されたものでなければならない。縦割組織の弊を排し、迅速かつ有効な政策決定のできる仕組みを整備する必要がある。以下では、第一に緊急事態対処の体制整備、第二に情報能力の強化、第三に安全保障会議の機能の抜本的強化、第四に国としての政策決定基盤について提言する。

（1）緊急事態対処

安全保障政策に関する政府としての意思決定や、緊急事態に際しての意思決定は、国全体としての基本的な方針を示すものであり、内閣総理大臣のリーダーシップの下で適切に行われなければならない。そのためには、内閣総理大臣を支える内閣官房が十分な企画立案機能や危機対処機能を有する必要がある。

内閣総理大臣は、閣議決定した方針に基づいて行政各部を指揮監督することとなっているが、国家の緊急事態において、迅速・的確な意思決定を行う観点からは、格別な工夫が必要である。特に、弾道ミサイルへの対応について、発射から着弾までの一〇分程度の間に閣議を開いて対処方針を決めるのは、きわめて難しい。そのような中で迅速かつ的確に国としての意思を決定するための仕組みについて、現場において適切な対応ができるよう、権限の分配のあり方等を含めて早急に検討し、結論を出さなければならない。この問題も含め安全保障会議の機動的運用、平素からのさまざまなケーススタディの実施、さらに政府全体としての情報通信インフラの整備などにより、迅速・的確な意思決定に遺漏なきを期す必要がある。

複雑・多様な国家の緊急事態に際しては、政府が一体となって統合的に対応し、関係機関の間で適切な役割分担を行う必要がある。一般的に言えば、治安の維持や災害救援などの分野については、警察、消防、海上保安庁など治安や防災を担当する機関が中心となって対応し、自衛隊はこれらの機関の補完的役割を果たすのが原則である。ただし、化学剤や細菌を使用したテロ、放射線による汚染などを含む特殊災害、重武装の外国集団の侵入事案などであって治安担当機関等だけでは対処できないものについては、自衛隊が関係機関と連携して対処することが求められる。このように考えると、自衛隊と治安担当機関等の間では、セクショナリズムに陥ることなく、明確な役割分担と切れ目のない協働の仕組みを設けておく必要がある。また、こうした協力関係を実効的なものとするため、平素から共同訓練や人事交流を活発に行い、中央から現場に至るまで各レベルで緊密な関係を形成することが求められる。

国の意思決定メカニズムの問題は、わが国のみの問題ではない。武力攻撃事態における日米共同対処を円滑かつ適切なものとするため、両国間で常に緊密な連絡を保つとともに、双方の意思決定の流れを検証し、対処マニュアルを用意しておく必要がある。

緊急事態対処に関する国の意思決定のうちでも防衛力の運用については、その重大性にかんがみ、国会や内閣総理大臣などによる重層的なシビリアンコントロールの仕組みが設けられている。政治による軍事の統制という民主国家の原則はきわめて重要である。政府としても、関係する政策部局の十分な補佐を確保するなどにより、政治レベルの意思決定を適切に行いうる体制を確立することが何よりも必要である。

（２）情報能力の強化

安全保障及び緊急事態に際しての意思決定が、内閣総理大臣のリーダーシップの下で適切に行われるためには、必要な情報が情報関係者と政策決定者の間で迅速に共有されることが不可欠である。

冷戦期には、比較的明確な軍事的脅威が存在していたのに対し、冷戦後、特に九・一一テロ以降の新たな脅威は、主体、態様ともに多様かつ不明確なものとなった。こうした脅威に的確に対応するためには、何よりも脅威の動向を早期に探知し、その顕在化の防止に努めなければならない。このため、専門的で精度の高い情報収集・分析を適時的確に行いうる能力の一層の強化が喫緊の課題である。

ア　情報収集手段の多様化・強化

衛星等の技術的手段により入手した画像情報、電波情報などは、周辺諸国の軍事動向を把握するために有用であるとともに、国際テロなどの新たな脅威に対処するためにもきわめて有効である。それゆえ、宇宙の開発及び利用に関する国会決議との関係を整理しつつ、情報収集衛星のさらなる能力向上を図るとともに、これら技術的に収集された情報について広く安全保障・危機管理に係る情報収集手段として、秘密保全に留意しつつ、政府の意思決定に、より適切に活用するべきである。

さらに、非国家主体などの、外部からの認知が困難な新しい脅威に対しては、人的情報手段による細やかな対応の重要性が高まる。このため、地域専門家等や海外の情報専門家との協力など、人的情報手段の有効活用を早急に進めるべきである。

イ　情報集約・共有・分析機能の強化

内閣の情報能力を強化するため、安全保障・危機管理に必要な情報が迅速・的確に内閣に集約され、国全体の政策決定に資する体制を構築することが重要である。このため、平素から内閣情報会議、合同情報会議等の活用により、政府の基本方針・重点項目に沿った各省庁の情報収集・分析、その成果の検証・評価及び情報共有を推進する必要がある。その日常的努力こそが緊急時において内閣が機動的かつ精度の高い情報収集・分析を行うための基礎となる。

特に、明確な役割分担の下で各省庁が収集した情報を的確に活用することが重要であり、内閣情報会議を主宰する官房長官の指名に従って、高度の知見を有し全ての情報に接することが可能な各省庁のスタッフを内閣情報官の下に集めることなどにより、内閣として情報の集約・共有を強化すべきである。

また、冷戦後、安全保障上の懸念事項が複雑・多様化し、国際的にも広がりを見せる中にあって、安全保障の観点から分析を要する対象も拡大している。このため、情報分析能力を向上させるとともに、政府部内で人材の確保、養成に努め、官学の交流や政府とＮＧＯの協力等を通じて、国全体として専門的な知見を蓄積・総合化し、効果的に活用するよう努めるべきである。

ウ　情報の保全体制の確立

共有した情報が外部に漏洩するようなことがあれば、情報の共有は困難となり、機微にふれる国際情報の持続的取得も妨げられるであろう。国を挙げて情報の集約・分析・活用を進めるには、情報の厳格な保全体制の確立が不可欠の前提となる。このため、安全保障・危機管理情報を扱う関係者に共通の厳格かつ明確な情報保全ルールを作り、実施することが不可欠である。その際、機密情報漏洩に関する罰則の強化も検討すべきである。

エ　情報についての国際協力のあり方

国際的なネットワークを有する新たな脅威に効果的に対処するには、情報面でも国際協力を強化する必要がある。その際、諸外国から価値のある情報を得るためには、日本が自身の情報収集・分析能力を高め、ギブ・アンド・テイクの関係を築くことが必要となる。国際協力を効果的に進めるためにも、日本として独自に保有すべき情報能力と他国に依存しても良いものを区別するなどして、有効かつ効率的な情報体制を構築すべきである。

（3）安全保障会議の機能の抜本的強化

以上述べた緊急事態への対応にせよ、情報能力の強化にせよ、統合的安全保障戦略としてこれらを一貫した形で実現させるためには、内閣としての頭脳に当たる仕組みを整備しなければならない。本報告書では、そのために現在の安全保障会議の機能を抜本的に強化することを提案する。

安全保障会議は、国防に関する重要事項及び重大緊急事態への対処に関する重要事項を審議する機関として内閣に置かれている。このほど有事関連法制整備の一環として、緊急事態における政府の意思決定手続き強化を目的とする法改正がなされた。それにより安全保障会議は、「防衛計画の大綱」等の策定と、武力攻撃事態等の緊急事態への現実の対処の両面にわたり、政府の意思決定における中心的な役割を果たすこととなった。今後は、統合的安全保障戦略実施の中核組織として、安全保障会議の機能を抜本的に強化しなければならない。

特に、平素から会議のコアメンバーの閣僚による情報伝達のための訓練や分析のための会合の頻繁な開催に努め、いざというときに安全保障会議を機動的に運用し、迅速・的確に意思決定を行いうるようにすることが重要である。加えて、安全保障会議の下に設けられた事態対処専門委員会で、各種の緊急事態への対応策を常日頃から検討する体制を充実すべきである。

安全保障会議の機能として、国家の安全保障政策全体を常にモニターし、その整合を図る役割も加える必要がある。このため統合安全保障のための年次指針、年次報告書を作成すべきである。また、例えば米国のＮＳＣ[6]などを参考としながら、国家の安全保障戦略を閣僚間で密度高く議論する場として活用すべきである。こうした目的のため、内閣官房のスタッフの強化を図るとともに、部内外の専門家による政策研究の場を設けるべきである。

なお、現在、国防の機能は国務大臣たる防衛庁長官の下で内閣府の外局である防衛庁が担当しているが、国防組織のあり方については、国家の存立に係わる国防機能の重要性にかんがみ、自衛隊の最高指揮官たる内閣総理大臣に対する補佐体制の充実等の観点を踏まえつつ、諸外国の例なども参考としながら議論していくべきである。

（4）安全保障政策の基盤の整備

政策決定の仕組みを実質的に機能させるためには、その運営に当る人材の育成が重要であり、政府全体として安全保障・危機管理に従事する中核要員を育成する必要がある。関係機関で質の高い人材の確保に努めるのはもとより、採用後は、実務経験に過度に依存した従来の養成システムを見直し、高度の専門知識を獲得させるために国内外への留学の機会を増やすとともに、内閣官房を中心とする関係省庁間の人事交流や官民・官学の人的交流を活発化して、出身省庁にとらわれず政府全体としての視野を有する人材を育成すべきである。また、安全保障問題、あるいは安全保障政策を専門的に考究する「知の中心」として、政府・非政府の安全保障シンクタンクを育成・強化すべきである。

なお、安全保障政策の基盤の一部をなす法制度に関連し、特にテロの未然防止に必要な法制度の整備が急務となっている。諸外国における法制度やその運用状況を参考としながら、国民の理解が得られる形で早急に法制の整備を図るべきである。

2 日米同盟のあり方

(1) 日米同盟、日米安保体制の意義

グローバルな安全保障環境は大きく変化しているものの、日本周辺地域には依然として伝統的な不安定要因が存在している。日米安保体制とそれに基づく米軍のプレゼンスは、今後ともわが国防衛の大きな柱であるとともに、この地域にとって不可欠の安定化要因であり続けている。

九・一一テロ事件以降、米国は、特定国の軍事的脅威を対象とする従来の安全保障戦略を転換し、テロリストやならず者国家といった非対称的脅威への対処に全力を傾けるとともに、テロリストなどによる大量破壊兵器の入手を防ぐことを戦略目標としている。このため、米国は伝統的な抑止戦略を転換し、予測困難な新たな脅威に柔軟に対処するための情報能力や機動展開能力などの充実を図るとともに、グローバルな規模で米軍の変革を進め、同盟国、友好国との更なる関係強化を図っている。

テロリストや大量破壊兵器、ミサイルなどの拡散は、日本の安全保障にとっても大きな脅威である。これらへの対応は到底一国のみでなしうるものではなく、国際社会と協力しながら取り組んでいかねばならない。こうした国際的取組の中心となっているのは同盟国たる米国であり、国際社会との連携の下で行われる日米協力の機会が今後ますます増大していくであろうことに留意しなければならない。

(2) 日米同盟の維持・強化

日米同盟関係を維持・強化していく努力は、不断に続けられなければならない。わが国防衛の見地からは、一九九七年に策定された、現行の「日米防衛協力のための指針」にしたがって、わが国有事及び周辺事態における日米協力のあり方を具体化していくことが重要である。

このため、同「指針」に基づいて設けられている「包括的なメカニズム」を活性化して率直な意見交換を行うとともに、日本有事や周辺事態における日米協力のあり方について、引き続き緊密に協議していくべきである。その際、このメカニズムをより効果的に運用するため、防衛庁、外務省だけでなく、必要に応じて内閣官房をはじめ、警察、消防、海上保安庁などの関係機関を含め、日本政府全体として米国と協議を行う必要がある。

さらに、日米間の戦略的な対話を通じて新たな安全保障環境とその下における戦略目標に関する日米の認識の共通性を高める必要がある。現在推進されているグローバルな米軍の変革については、日米間の安全保障関係全般に関する幅広い包括的な戦略対話の重要な契機と捉え、抑止力としての米軍の機能をも踏まえつつ、積極的に協議を進めるべきである。

その際、わが国は、米国との間で日本の防衛や周辺地域の安定のみならず、国際社会全体の着実な安定化により、わが国に対する脅威の発生を予防するとの目的に資するような協力関係の構築を目指す必要がある。例えば、日米間でより質の高い情報協力を実現することができれば、対話の実を上げ、より有効な同盟関係を構築することが可能となる。わが国としては冷静かつ客観的な分析成果を独自の視点から提供しうるような努力を払うとともに、日本の独自性をも踏まえつつ、日米間の役割分担などを含め主体的に米国との戦略協議を実施すべきである。さらに、こうした協議の成果を反映する形で、時代に適合した新たな「日米安保共同宣言」や新たな「日米防衛協力のための指針」を策定すべきである。

また、安定的な同盟関係を長期的に維持するため、政府は、政治の強

力なリーダーシップの下、在日米軍基地に関する日本の立場・考え方について米国との間で相互理解を深めるとともに、日米両国が協力して地域社会の負担軽減等に取り組んでいく必要がある。

3　国際平和協力の推進

（1）国際平和協力に対する日本の取組

わが国は、自らの安全を一層確かなものとするためにも、世界各地、とりわけさまざまな形でわが国とのつながりが深い地域の安定化のために、わが国の優れた技術力や行政能力などを生かしつつ国際社会の取組に積極的に参加すべきである。このため、以下に述べるような体制の整備を図るとともに、平和構築に向けて国際社会がさらに協調を深められるよう、安保理改革など国連の制度自体を改善するために努力することも必要である。

（2）国際平和協力の実施体制

近年、国際社会は、平和維持にとどまらず、紛争の予防から紛争後の国家再建に至る一連の活動を発展させてきている。これを踏まえ、自衛隊のみならず、政府全体として統合的に国際平和協力に取り組むべきであり、具体的には次のような努力が必要になる。

ア　各機関の連携強化による国際平和協力の効果的実施

現在、国際平和協力のための要員派遣などの業務は、内閣府、防衛庁、外務省など複数の機関が担当している。これら各機関が相互に緊密に連携し、個々のケースに応じて安全保障上の要請を満たしうるよう各種手段を適切に組み合わせて政府全体として効果的な協力を実現しうるような仕組みを整備することが必要である。さらに、政府職員に限らずＮＧＯ要員も含めて、国際平和協力活動に参加する者の士気高揚のため、その名誉や処遇に配慮することも必要である。

イ　実施主体間の役割分担の明確化

わが国として持てる手段を有効に組み合わせて活用していく上で、自衛隊には何を期待し、文民には何を期待するかという点について明確な指針が必要である。自衛隊はこれまで人道復興支援と後方支援に従事してきたが、これらの活動が成果を上げるためには、現地の治安状況の改善が不可欠である。今後は、これまで同様、経験と実績のある人道復興支援と後方支援を中心とする活動を展開していくのか、それとも自衛隊の能力に着目して、いわゆる治安維持のための警察的活動の実施をも視野に入れるのか、政府において十分検討すべきである。また、その際には、任務遂行に必要な武器使用の権限を自衛隊に付与することも併せて検討する必要がある。

ウ　自衛隊の本来任務としての国際平和協力

これまで述べたように、国際社会において平和協力活動が一層拡充しつつある上、国際社会が行うそうした活動への参加が日本の安全保障にとってますます重要になっている。従来、国際平和協力活動は自衛隊の付随的任務として位置付けられてきたが、そうした活動の重要性の増大にかんがみれば、自衛隊の本来任務として位置付けるべきである。

エ　警察による協力体制の充実

最近の国際平和協力活動においては、現地の治安を改善するため現地警察を育成することが大きな課題となってきている。日本の警察制度や警察官の実務能力が国際的に高い評価を得ていることも踏まえ、日本としても、現地警察の育成のために必要な教育訓練などができるよう協力体制を可能な限り充実させるべきである。

オ　要員の安全確保

安全の確保は、国際平和協力に携わる全ての人に共通の課題である。この問題は、武器使用権限の拡大と密接に関係するが、単に武器使用権限を拡大するだけでは解決しない。武器使用権限の検討も重要であるが、それだけでなく、政府は要員の安全確保を目的とする情報収集・共有のための体制づくりや、安全管理のための計画づくり、ＯＤＡとの効果的な連携などをさらに充実させるべきである。

カ　国際平和協力のための一般法の整備

これまでは、新たな事態が生起して平和協力活動の必要が生じるごとに特別措置法を作って対応してきた。今後とも、武力を行使することなく、国際社会の責任ある一員として平和で安定した国際環境の構築に参加するなど、日本の国際平和協力の理念を内外に示すとともに、日本としてこれに一貫して、かつ迅速に取り組んでいくことができるよう、一般法の整備を検討すべきである。その際、日本に相応しい協力とは何かを十分に検討の上、国民的合意を得つつ、任務及び任務遂行に必要な権限を明確にするべきである。

4　装備・技術基盤の改革

(1)　生産・技術基盤の維持と防衛産業の合理化

わが国が高度の防衛生産・技術基盤を維持する必要については、日本としての安全保障政策の独自性の維持、海外からの装備調達に当っての交渉力の確保、緊急時の武器急速取得等の観点から、従来より配慮されてきた。

近年、先進主要国の防衛産業は、技術進歩の高速化や新装備の高価格化などを受けて、国際的な連携と分業体制を構築することによって効率性を高め、競争力を維持しようとしている。一方、日本は、国際共同開発等を通じた先進諸国の技術進歩から取り残されることが懸念される状況にある。

今日、冷戦期とは異なり、大規模な軍事行動によって海外から日本に向けた物資の輸送が途絶する可能性は低下している。さらに、防衛関係費の今後の動向などを考えれば、生産基盤を総花的に維持することは困難となっている。こうした状況を踏まえ、原則国産化を追求してきた方針を見直すべきである。独自に保有すべき能力と他国に依存しても良いものを明確に区別し、「中核技術」について最高水準を維持していくことにより、真に効率的で競争力のある防衛生産・技術基盤を構築する必要がある。

(2)　武器輸出三原則

わが国の武器輸出三原則は、国際紛争等の助長を回避するという基本理念の下、一九六七年に採用された。一九七〇年代にいったん禁輸対象地域などが拡大された後、一九八三年には同盟国たる米国への武器技術供与のみが一定の条件の下で認められるに至った。このような政策の基本理念は、国際社会の平和と安定を確保するという今日の安全保障上の要請に応えるものであり、重要な意義を有している。また、これらに加えて、わが国は、従来より核兵器不拡散条約（ＮＰＴ）、ミサイル技術管理レジーム（ＭＴＣＲ）等の枠組みへの参加や小型武器問題への積極的な取組を通じて軍縮・不拡散を進めることにより、国際紛争の助長回避に努めてきたところである。

以上を踏まえつつも、七〇年代半ばよりとられてきた武器禁輸については、再検討されねばならない。まず、国際共同開発、分担生産が国際的に主流になりつつある現在、日本の安全保障上不可欠な「中核技術」を維持するためには、これに参加することのできる方策を検討すべきである。さらに、現在の弾道ミサイル防衛に関する日米共同技術研究が共同開発・生産に進む場合には、武器輸出三原則等を見直す必要が生じる。これらの事情を考慮すれば、少なくとも同盟国たる米国との間で、武器禁輸を緩和するべきである。

その際、相手方や対象となる武器・技術の範囲などの武器輸出管理のあり方については、政府において、上述の基本理念を引き続き尊重しつつ、本件の取扱いに関するこれまでの経緯や各界の意見を踏まえながら検討すべきである。

（3）調達及び研究開発の効率化

近年の技術進歩に伴う装備品の高度化とともに、装備品の調達コストは高騰する一方であり、装備品の調達に関するコスト低減に向けて引き続き官民が一体となって取り組むことが必要である。特に、装備品のファミリー化、汎用品の活用による調達ソースの多様化、企業間競争の促進などにより、調達コストの低減に努めるべきである。

また、技術進歩が著しいにもかかわらず、少数の装備品を長時間かけて調達する場合には、結果的にコスト高を招くとともに、導入が終了する頃には陳腐化しているという恐れも出てくる。今後は、科学技術の進展のスピードに的確に対応するとともに、調達・維持コストの低減を図るために、例えばＣ４ＩＳＲ(7)等の大規模なシステム構築が必要な装備品などについては、短期集中取得を行うなどの工夫が必要である。

さらに、装備品の研究開発については、産学官の連携の強化、重点分野の見直しによる「選択と集中」の徹底、研究開発プロジェクトの不断の見直し等により、効率化を徹底する必要がある。

第三部　防衛力のあり方

第一部においては、複雑化し多様化する脅威に対処するため、従来の防衛力の姿を抜本的に見直し、今後は民間企業のノウハウも生かしつつ、情報機能やネットワーク化された装備システムなどに支えられた多機能で弾力的な防衛力を保有すべきである旨を述べた。このような変革を行っていくに当たっては、民間における血のにじむような努力の例を引くまでもなく、厳しい優先度の判断と徹底した効率化が必要であり、真に国民の理解が得られるよう政治のリーダーシップの下、積極的に取り組んでいくことが重要である。以下には、この「多機能弾力的防衛力」の内容について、具体的に述べることとする。

1　防衛力が果たすべき役割と保有すべき機能

（1）日本防衛のための役割・機能

前述のとおり、日本周辺地域においては依然として国家間紛争に起因する伝統的な脅威は消滅していない。このような脅威に備えることは、独立国家の防衛力が担うべき中核的役割である。同時に、新たに生じた非国家主体による日本及び日本人への攻撃、国際平和協力活動や大規模災害などに効果的に対応することも期待されている。これらの多様な要請に応えて日本の安全を確保するため、防衛力は、以下のような機能を保有する必要がある。

ア　国家間紛争に起因する脅威への対処

新たな防衛力のあり方を考える際には、従来とは脅威の態様が変化しつつあることに留意する必要がある。すなわち、第一に、冷戦時代に防衛力の対象としていたような本格的な武力侵攻を行いうる脅威は当分の間存在しないと思われる。第二に、核兵器やその運搬手段としての弾道ミサイルの脅威に対する米軍の抑止力は依然として有効だが、ミサイル防衛システムによりこれを補完しうると考えられる。第三に、むしろゲリラや特殊部隊による重要施設等への攻撃や国内のかく乱、島嶼部への侵略、周辺海空域における軍事的な不法行為など烈度の低い軍事力行使に対して即応しうる必要がある。

このような脅威認識に基づけば、新たな防衛力については、次のような分野において必要な機能を備え、即応性を一層高めた体制を構築しなければならない。

①　島嶼防衛や周辺海空域における軍事力による侵害の排除
②　ゲリラや特殊部隊からの重要施設防護等及び事態の拡大防止
③　周辺海域における武装工作船等の警戒監視・対処
④　周辺空域の警戒監視、領空侵犯対処
⑤　弾道ミサイルへの有効な対処

⑥　周辺諸国の軍事動向に関する戦略情報の収集・分析

他方、本格的侵攻に備えた中核的な戦闘力については、不確定な将来への備えとして、適切な規模の「基盤」は維持しつつ、思い切った縮減を図る必要がある。

なお、上に述べたような対処機能のうち、武装工作員対処であれば警察と、武装工作船対処であれば海上保安庁と、それぞれ適切に協働しなければならない。特に、海上自衛隊と海上保安庁など自衛隊と治安担当機関との関係については、機能・装備品の重複や過不足を検証し、効率的な役割分担を進めていくべきである。

イ　非国家主体に起因する脅威への対処

国際テロ組織による日本及び日本人へのテロに対しては、警察などの治安担当機関が第一義的に対応する。他方、重武装した要員による軍事的行為や、生物・化学兵器等を使用したテロなど大規模あるいは特殊なもので治安担当機関だけでは対処できないものに対しては、自衛隊と治安担当機関が共同して対処することになる。このため、生物・化学兵器を含むテロにも対処できる機能などを具備し、それらについて高い即応性を維持する必要がある。

ウ　大規模災害などへの対処

災害に対しては、地方自治体・消防・警察が主として対応するのが本来の姿だが、大地震などの大規模災害や、化学物質や放射性物質による汚染などを含む特殊災害に対しては、自衛隊のマンパワーや専門能力などの活用が期待されている。その際、自衛隊として国民のニーズに迅速に対応しうる態勢を保持するとともに、さまざまな事態への対応要領について国民の理解と協力が得られるよう、訓練などを通じて周知を図っておく必要がある。

エ　米国との協力

米国の抑止力の存在は、日本と周辺諸国との良好な関係を支える基盤になっている。日本の安全を確保するためには、わが国自身の防衛努力とともに、日米安保条約に基づく米国との同盟関係の維持・強化が不可欠である。このため、「日米防衛協力のための指針」に基づき、有事において適切に役割を分担しうるよう、平素から両国間における共同作戦計画、相互協力計画についての検討などの共同作業や共同訓練などを行っておく必要がある。また、日米間における装備・技術面での交流を積極的に進め、インターオペラビリティーの向上を図る必要がある。

オ　国際社会との協力

冷戦終結後、国際社会においては、自国の軍事力や国防政策の透明性を高めるとともに、各国の安全保障政策担当者の対話・交流などを通じて、各国間の相互理解と信頼関係の構築を促進することにより、安定した安全保障環境を作り出そうという試みが広がった。最近では周辺地域においてもこうした動きが定着しており、わが国としてもその努力を怠ってはならない。このため、諸外国との安全保障対話、艦艇・航空機の相互訪問、共同訓練、留学生や研究者の交換・交流などを積極的に推進する必要がある。

（2）国際的な脅威の予防のための役割・機能

自衛隊は、一九九二年のカンボジアPKOへの参加以来、今日に至るまで、各種のPKOや人道的な国際救援活動を実施してきた。治安やインフラが必ずしも十分でない地域において、自衛隊が組織力や自己完結性を生かして行ってきたこれらの活動については、国際的にも高い評価を得ている。近年、国際社会の取組は、紛争終了後の平和維持活動から紛争後の国家再建活動へと発展してきている。こうした活動は、新たな脅威の発生を予防しわが国を含む国際社会を安定化させる上で効果的であり、自衛隊は今後とも国際平和協力に積極的に取り組むべきである。

ア　国際平和協力

PKO活動に関しては、従来、自衛隊は施設、輸送などの後方支援業務を中心に実施してきたが、今後は先般凍結が解除された停戦監視や武器の管理などいわゆる「本体業務」を実施する機会も出てくるものと思われる。

紛争終了後の国家再建については、本格的な人道復興支援は文民や民間企業が担当し、自衛隊は応急復旧的な支援業務を行うという役割分担が通常想定される。しかし、治安に問題があって文民による復興支援が進まないような場合には、自己防護能力を有する自衛隊が主体となって活動する必要が生じる。特に、復興の主体が多国籍軍であるような場合に、当該多国籍軍への後方支援については、自衛隊が主体にならざるを得ない。

以上から、国際社会の要請に迅速に応えて平和協力活動に参加しうるよう、平素から教育訓練体制を整備し、必要な訓練を実施しておくとともに、救援物資輸送や人員・装備の速やかな展開を実施しうるよう新たに部隊の待機態勢をとることや長距離・大量の輸送機能を充実する必要がある。

また、いわゆる信頼醸成のため、諸外国との安全保障対話を推進するとともに、海賊対策をはじめとする海洋の秩序維持や大量破壊兵器の拡散防止に向けた国際協力（ＰＳＩ）などにも積極的に協力する必要がある。これらの分野においては、外交活動や海上保安庁の活動のみならず、自衛隊の能力をも活用して、各国との協力を拡大していくことが重要である。

イ　国際社会との連携の下で行われる日米協力

今後、国際平和協力の場面においても、日米協力の機会が増加していくことが予想される。このため、平素から日米間の情報分野での協力拡大や外交・防衛当局者間の対話の活発化を図っておく必要がある。

2　新たな防衛力の体制

（1）考慮要素

上に述べたような機能を有する防衛力を構築していく際には、以下の各点に留意する必要がある。

ア　防衛力整備に関する社会的要請（制約要因）

今後日本においては少子高齢化が進行していくが、これにより防衛分野では若年者層の減少による自衛官募集の困難化を招くほか、消費・生産人口の減少に伴う経済の低成長化、それに伴う国民の限られた負担力、高齢化に伴う社会保障費の増加による防衛関係費など他の政府支出への圧迫といった影響がもたらされると考えられる。このような長期的な傾向の下で、防衛も要員・装備・運用にわたる効率化・合理化を図り、より少ない資源でより多くの成果を達成することが求められる。

イ　重点的な資源配分

投入しうる資源に制約がある中で効果的に防衛力を構築していくためには、それぞれの機能のバランスを半ば固定化して考えるのではなく、必要な機能には重点的に資源配分を行い、緊急性に乏しいものについては思い切った削減を行うことが必要である。

ウ　防衛力の質的水準の維持

近年、軍事科学技術は飛躍的に向上しており、「軍事における革命」（ＲＭＡ）[8]に象徴されるように、技術の格差が戦闘力の格差に直結する傾向が加速している。特に、情報通信技術（ＩＴ）の優劣は、防衛力の発揮に決定的な影響を与える。このため、新たな防衛力の構築にあたっては、サイバー攻撃に対処しうる情報セキュリティの確保にも配慮しつつ、情報通信ネットワークシステムの整備・充実に努めていく必要がある。また、諸外国の軍事技術水準の動向を踏まえ、装備品の陳腐化を招かないよう適切な更新・近代化に努め、質的水準を適切に維持していく必要がある。

エ　政府の責務

自衛隊が新たな体制に移行しても、平時における災害派遣は十分に実施できなければならない。一方、武力攻撃事態発生時における国民の救援等については、自治体や自主防衛組織にも期待することとなる。国は、武力攻撃事態等における国民の保護・救援に国全体として万全を期すべきであり、その下で自衛隊も適切な役割を担う。その際、国民から全面的な協力を得ることなしに、危機管理は不可能である。日頃から国民の理解を得られるよう努めるとともに、国民の参加を得て訓練しておくことが必要である。

(2) 防衛力の具体的な構成

第三部の1に示した考え方に基づき、各自衛隊の編成や装備等の基本的な方向性を示せば以下の通りである。

ア　陸上防衛力

対機甲戦を中心とする本格的着上陸侵攻対処のための編成・装備・配置を見直し、烈度の低い多様な軍事行動への即応体制の構築に重点を移す。このため、戦車・特科等の重装備部隊を中心に思い切った縮減・効率化を図り、各種事態の初動における即応展開や、重要施設防護などに柔軟な運用が可能な普通科部隊に要員を大胆にシフトする。併せて事態に応じた増援能力、これらを支える機動力、特殊作戦能力、NBC(9)等防護能力などの向上を図る。さらに、海外任務に常時即応するため高い練度の部隊を保有する。

イ　海上防衛力

冷戦期のような対潜水艦戦闘を中心とした編成・装備・配置から、島嶼防衛や弾道ミサイルの監視・対処、武装工作船による不法行為対処等に重点を移す。このため、艦艇部隊については、その体制を縮減・効率化しつつ、即応性の向上を図る。その際、護衛艦を活用してミサイル防衛能力を整備する。航空機部隊については、その体制を縮減・効率化しつつ、周辺海域における警戒監視体制を維持する。また、全体として、海外任務遂行能力の向上を図る。

ウ　航空防衛力

周辺空域の警戒監視を常時継続的に行うとともに、領空侵犯に対処しうる体制を引き続き確保しつつ、本格的な航空侵攻対処の必要性が減じたことから、戦闘機を含む航空機部隊の縮減・効率化を図る。誘導弾部隊については、ミサイル防衛能力を整備する。また、海外任務の増大に対応するため、航空輸送力の充実を図る。

エ　統合の推進

陸・海・空三自衛隊を一体的に運用し、自衛隊の任務を迅速かつ効果的に遂行するため、統合化された情報通信ネットワークを活用しつつ、統合運用態勢を強化する必要がある。このため、統合運用に必要な中央組織を整備するとともに、教育訓練、情報通信、後方補給などの各分野において統合運用基盤を確立する必要がある。また、装備、部品の共通化や汎用品の活用を推進し、コスト削減に努めなければならない。

オ　ミサイル防衛

今後整備が進められていくミサイル防衛システムは、海自のイージス艦、空自の地対空誘導弾ペトリオット、自動警戒管制組織（バッジシステム）等を活用するものであり、統合的な運用を行う必要がある。その際、同システムを現行の法制度の下で有効に運用しうるか否か早急に検討の上、法改正を含め必要な措置を講ずるべきである。

なお、ミサイル攻撃に対処するため他に手段がなくやむを得ない措置としていわゆる策源地への攻撃能力を持つことが適当か否かについては、米国による抑止力の有効性、ミサイル防衛システムの信頼性等の観点から慎重に検証するとともに、費用対効果や周辺諸国に与える影響等も踏まえ、総合的に判断すべきである。

カ　情報通信機能

予測困難な新たな脅威に対応して防衛力が柔軟に機能を発揮するため

には、情報通信機能の充実が決定的に重要である。自衛隊は、わが国周辺における警戒監視、電波情報の収集整理、衛星画像情報の活用、在外公館における防衛駐在官の活動などを通じて情報を収集している。今後は、これらの情報収集活動をさらに充実強化するだけでなく、要員の育成などにより情報本部における戦略的な情報分析能力をさらに向上させることが必要である。また、収集・分析した情報を所要の部隊等の間で迅速に共有するためには、サイバー攻撃にも対処しうる高度のセキュリティ・システムに守られた大容量・高速・広域の情報通信ネットワークを構築する必要がある。その際、民間との交流や汎用の製品・技術の活用を通じ、絶え間なく進歩する情報通信技術に対応していく必要がある。

キ　人事施策

自衛隊の人事施策については、部隊の精強性をいかに確保するかが大きな考慮要素となる。特に、新たな状況に対応して多様な任務を遂行していくためには、若手幹部の活用、専門技能に長けた准尉・曹クラスの重用、定員と実員を出来るだけ一致させることによる即応性向上などの施策を講じる必要がある。

自衛隊の役割が国の安全保障上、より重要な位置を占める今日、国民の強固な信頼を得るためにも、自衛隊員のより厳格な規律の維持が必要である。同時に、危険を顧みず国の防衛の任務に当たる自衛官に対する国としての名誉の賦与についても検討する必要がある。

また、防衛産業への再就職の現状を見直し、自治体、地域社会、企業の危機管理要員としての採用拡大を図るとともに、業務の部外委託先の要員として活用を図るなど、隊員の能力・経験等をより一層社会に還元する施策を関係省庁の協力を得ながら促進する必要がある。

第四部　新たな「防衛計画の大綱」に関する提言

1　「防衛計画の大綱」に定めるべきもの

「防衛計画の大綱」は、わが国防衛力の整備、維持、運用に関する基本的指針として一九七六年に策定され、一九九五年に見直された。この「大綱」は、デタント期及び冷戦終結後の時期に、防衛力の意義や規模について国民の理解を得ることを念頭に置いて定められたものであり、「大綱」別表に書かれた自衛隊の編成・装備の規模や達成度のみに関心が集まりがちであった。

本懇談会においては、その後の安全保障環境の変化を踏まえ、新たな「大綱」に盛り込むべき内容について議論を重ねてきた。新「大綱」には、本報告書に示したように、統合的な安全保障戦略を進めるために国全体としてとるべき政策、その中において自衛隊が果たすべき役割、保有すべき機能と体制を盛り込むべきである。

また、一九五七年に策定された「国防の基本方針」は、第三項に効率的な防衛力を漸進的に整備すること、第四項に日米安保体制を基調とすることを掲げ、その前提として、第一項に国連の活動への支持と国際協調、世界平和の実現を、第二項に民生の安定と愛国心の高揚による安全保障基盤の確立を述べており、今日もなお妥当する考え方を含んでいる。

他方、この方針が策定されてから今日までの半世紀近くの間に、日本の経済力や国際的地位の向上、日米安保条約の改定と日米防衛協力の進展、国際社会の相互依存関係の一層の深まり、国連の役割の変化など日本の安全保障を取り巻く状況は大きく変化した。新「大綱」は、こうした変化を踏まえ、「国防の基本方針」の考え方をも包含する新たな安全保障戦略を示すものとして策定されるべきである。

2　防衛力整備目標の示し方

新たな「大綱」は、日本の安全保障戦略の全体像を示すものであると同時に、防衛力整備の指針を示すものでなければならない。その際、防衛力整備の目標水準の示し方については、次の二点に留意する必要がある。

第一に、現在政府が行っている防衛力の抜本的見直しの答えとして、防衛力のいかなる機能が量的にどのように変わるのか、その達成時期も含め、国民に明確に示すことが求められていること。

第二に、防衛力のあり方は、変化し続ける安全保障環境や日進月歩の技術動向などを踏まえ、不断に弾力的に見直されるべきものであること。特に、自衛隊の具体的装備や編成については、統合的な安全保障戦略と防衛力のあり方に関する基本的考え方の範囲内で、常に弾力的に見直してしかるべきである。

このため、新しい「大綱」には防衛力の定性的な機能を中心に目標を規定するとともに、現在の別表に相当するものについては、防衛力の量的な目標水準の変化と達成時期をわかりやすく明示するとともに、時代の変化に合わせて定期的に見直しができるよう、その規定の内容、方法等を検討すべきである。

付言　更に検討を進めるべき課題——憲法問題

本懇談会は、新たな安全保障環境下における日本の安全保障と防衛力のあり方を議論することを目的としており、憲法改正について論ずる場ではない。このため、以上までにまとめた各種の提言も、現行憲法の枠内で行っている。一方、これまでの議論を通じ、日本の安全保障をめぐる基本方針については、憲法との関係においても懇談会として実質的なコンセンサスが得られたように思われる。まず、日本が侵略に手を染めるようなことは誰も望んでいないこと。次に、日本は自衛のために必要なあらゆる努力を傾けるべきこと。さらに、日本として国際平和協力への参画を重視すべきこと。すなわち、懇談会は、憲法が規定する平和主義、国際協調主義の下で、国民を守る自衛の努力と国際平和協力の両者を日本の安全保障の基本方針と結論づけたものである。

戦後わが国の安全保障と防衛力を巡る議論においては、憲法問題の論争が多かった。憲法は国の法秩序の根幹であり、民主国家の行政が、安全保障分野を含めて法律の枠組みの範囲内で行われなければならないことからすれば、憲法論が重要であることは当然である。しかしながら、憲法問題に議論の焦点が当たりすぎ、本来行われるべき政策論があまり発展しないとすれば、わが国の安全保障政策・防衛政策を構築していく上で決して好ましいことではない。今後は、国民のコンセンサスを得ながら、建設的な政策論争が発展していくことが望まれるとともに、幅広い視点から憲法問題について議論されていくことが期待される。

なお、従来から国会その他の場で活発に議論されてきた集団的自衛権の問題については、懇談会の場においても早急に解決すべきであるなどの意見が出された。また、これに関連して、個別国家の持つ集団的自衛権の問題と国連が行うＰＫＯや集団的措置の問題はそれぞれ別個のものと整理して論ずべきだとの意見もあった。

集団的自衛権と言っても、議論される例は武力攻撃発生前に日本防衛の目的で来援した米軍を防護するための武力行使から、同盟国の領土に対する武力攻撃の排除まで幅が広い。後者のような例まで認めよとの意見はないが、それ以外の例に関しては種々の考え方がありうる。政府においては、集団的自衛権の行使に関連して議論されるような活動のうち、わが国としてどのようなものの必要性が高いのか、現行憲法の枠内でそれらがどこまで許容されるのか等を明らかにするよう議論を深め、早期に整理すべきである。

「**おわりに**」

冷戦後、世界各地における武力行使やテロ事件がしばしば映像メディアで報じられるようになりました。わが国周辺でも、不審船事案や弾道ミサイル発射などの事態が起きています。従来、ともすれば観念論に陥りがちだったわが国の安全保障と防衛力のあり方について、国民的関心が高まり、現実的かつ機能的なものにしていくべきとの意識が醸成されつつあるように思います。そうした状況を背景に、本懇談会では、今日の時代環境にマッチした安全保障戦略と防衛力のあり方を幅広く検討・整理してまいりました。

わが国においては、さまざまな歴史的経緯と政治的決定の上に、今日の国民意識、法体系や自衛隊、在日米軍のあり方など、安全保障と防衛力をめぐる現実があります。一方、世界の現実は、我々が現状のまま立ち尽くすことを許すものではありません。今こそ明確な戦略と方向性を持ち、あるべき姿に一歩ずつ近づいていく努力が求められています。そうした共通認識の下で、懇談会の議論は進められました。

世界中で頻発するテロ、ゲリラとそれに対する各国の対応を見るとき、どんなに優れたハード・パワーにも限界があると感ぜざるを得ません。複雑な民族紛争、宗教対立や格差の問題は、力の対決だけでは真の解決は難しいのではないでしょうか。そうした限界を克服するには、外交や経済協力などによるソフト面の力をも充実させる必要があります。これらハード、ソフト両面の力を統合して発揮させるのは政治の役割です。シビリアンたる政治家が、自らの決断にリスクを負いつつリーダーシップを発揮することこそがシビリアン・コントロールの要諦であり、国と国民の安全を守る命綱であります。そうした思いで議論を重ね、練り上げられた本報告書が、新たな防衛計画の大綱の策定に活かされ、日本の安全保障政策がより一層実効性あるものになることを切に願うものであります。

以上

(1) 安全保障のジレンマとは、各国がそれぞれの軍事合理性に基づいて、一方的に防衛力整備を行うと、これを見た他国がさらにそれに備えて防衛力を整備し、これに対してさらなる軍事力整備が行われ、それぞれ合理的な行動の結果が軍拡競争ということになって、両国にとって安全保障のレベルを低下させてしまうというジレンマをいう。

(2) 日本政府は、核兵器不拡散条約(NPT)に加盟することにより核兵器を否定してきた。また、非核三原則にあらわされる一貫した立場を日本政府は表明し、その立場は原子力基本法にも貫かれている。そもそも狭い国土に人口と産業が集中した日本には、核に核で対抗するとの考え方はなじまないし、弾道ミサイル防衛システムにより米国の核抑止力を補完することも可能である。さらに、本報告の考える統合的安全保障戦略を前提とすれば、戦略的にも核兵器の保持は必要ないし、保持することはかえって国際環境を悪化させる可能性があるので望ましくない。

(3) 「拡大抑止」とは、自らの領土でない同盟国などについても、これに攻撃があれば、反撃するとのコミットメントを明らかにすることによって、これへの攻撃をおこさせないようにすることである。

(4) グローバル化の下で、紛争、難民問題、感染症、突然の経済危機などの人間の生存、生活、尊厳に対する脅威から各個人を守る取組を強化しようとする考え方である。

(5) Proliferation Security Initiative の略で、国際社会の平和と安定に対する脅威である大量破壊兵器・ミサイル及びそれらの関連物資の拡散を阻止するために、国際法・各国国内法の範囲内で、参加国が共同してとりうる措置を検討しようとの提案である。

(6) 一九四七年の国家安全保障基本法により設立された米国の国家安全保障会議。国家安全保障及び外交政策について大統領を助言し支援すること、並びに政府内の政策調整を行うことを任務とする。公式メンバーは、大統領(議長)、副大統領、国務長官、国防長官の四名。公式アドバイザーは中央情報局(CIA)長官と統合参謀本部（ＪＣＳ）議長の二名。

（7）指揮（command）、統制（control）、通信（communications）、コンピュータ（computers）、情報（intelligence）、監視（surveillance）、偵察（reconnaissance）の略語である。これらは、敵の動向を正確に把握し、味方を適切に運用するための機能であり、効率・効果的な軍事作戦の遂行に不可欠である。近年では使用装備品の優劣と並んで、軍事作戦の成否に決定的な影響を与えると考えられている。

（8）Revolution in Military Affairs の略で、技術進歩などの変化により、軍事作戦や戦闘様相に生ずる大きな変革を意味する。

（9）核（Nuclear）、生物（Biological）、化学（Chemical）といった、大量破壊兵器に関連する物質の総称を言う。

安全保障と防衛力に関する懇談会のメンバー

座長　荒木　浩　東京電力顧問

座長代理　張　富士夫　トヨタ自動車株式会社取締役社長

委員　五百旗頭真　神戸大学法学研究科教授

佐藤　謙　（財）世界平和研究所副会長（元防衛事務次官）

田中明彦　東京大学東洋文化研究所教授

西元徹也　日本地雷処理を支援する会会長（元防衛庁統合幕僚会議議長）

樋渡由美　上智大学外国語学部教授

古川貞二郎　前内閣官房副長官

柳井俊二　中央大学法学部教授（前駐米大使）

山崎正和　東亜大学学長

資料Ⅲ・11

二十一世紀日本国憲法私案

二〇〇四年一一月

ＰＨＰ総合研究所

［出典］江口克彦＋永久寿夫編『二十一世紀日本国憲法私案』二〇〇四年一一月、ＰＨＰ総合研究所

コメント

1．本草案は、ＰＨＰ総研が起草した改憲案である。小泉純一郎内閣が遂行した地方構造改革―三位一体改革、小泉首相が主張した首相公選論を改正案のなかに取り入れた点で注目される。

本草案も、二〇〇〇年以降の国会の憲法調査会、〇四年以降の自民党はじめ各政党の改憲案づくりに見られるような明文改憲の高揚に乗って登場した案の一つであるが、社会的には影響を与えなかった。

2．本草案の特徴は、以下の八点である。

第一は、本草案が、第一章として、天皇ではなく「国民主権」の章を置き、第二章に人権の章を置いている点である。こうした国民主権の章を前に置く案は読売新聞社の憲法改正試案（⇩Ⅱ・10）が行ったものである。本草案はそれを踏襲している。

第二に、本草案の人権の章は、九〇年代以降の他の草案と同様、プライバシー、知る権利、環境権など新しい人権を列記している。

第三に、第三章に「天皇」の章を設け、天皇を「元首」（三七条）と規定している。

第四に、国会は、国民代表議員と州代表議員の二院制をとってい

る。

第五に、本草案の大きな特徴は首相公選制を採用している点である。首相公選制を採用した案は、中曽根康弘の「高度民主主義民定憲法草案」（⇩Ⅰ・39）などがあるが、本草案はそれを踏襲している。内閣総理大臣の任期は四年であるが、解散ならびに不信任の場合に期間満了前に終了する。

第六に、本草案は、第六章に「安全保障」の章を置き、国軍の設置、軍事裁判所、非常事態規定を入れている。他の草案が現行憲法九条一項を残すことで、平和主義を維持する姿勢を示そうとするのに対し、本草案は、九条の文言を一切無視している点で注目される。

第七は、本草案のもう一つの特徴である「地域主権」の章を設けている点である。本草案の起草者に道州制論者の江口克彦が入っていることの影響であろうと推測される。ただし、本草案は、それをウリにしている割に、広域自治体として「州」の設置は謳うものの、基礎自治体としての「市」については、「おくことができる」として必置としていない点、また基礎自治体の権限については州法の範囲内での条例制定権の規定しかない点で、たとえば、自民党の「憲法改正草案大綱（たたき台）」（⇩Ⅲ・12）と比べても、不十分な規定に止まっている。

第八に、改正手続では、国会各議院における議員の三分の二の多数で成立としている点で、他の草案より改正手続を緩和している。

前文

日本国の主権者である日本国民は、自由と民主主義、人権尊重の原則のもと、日本国の歴史と伝統を継承発展させつつ、国の安全、国内秩序の平穏、国民福祉の向上をはかるとともに、諸国民の繁栄と世界平和の実現に積極的に貢献することを宣言する。

この憲法は、日本国民の総意によって制定されたものであり、日本国民が遵守すべき日本国の最高法規である。

第一章　国民主権

第一条［主権の所在］

①日本国の主権は、日本国民に存する。

②日本国民は、日本国の独立と主権を守る権利と義務を有する。

第二条［主権の行使］

日本国民は、正当に選出された、立法府の議員、行政府の長ならびに裁判官を通じて、その主権を行使する。

第三条［国民の要件］

日本国民たる要件は、法律でこれを定める。

第二章　人権

第四条［基本的人権の享有］

国民は、すべての基本的人権を享有する。この憲法が国民に保障する基本的人権は、侵すことのできない永久の権利である。

第五条［自由・権利の保持の責任とその濫用の禁止］

この憲法が保障する自由および権利は、国民の不断の努力によって、これを保持しなければならない。また、国民は、これを濫用してはならず、常に公共の利益のためにこれを利用する責任を負う。

第六条［個人の尊重・幸福追求権・公共の利益］

すべて国民は、個人として尊重される。生命、自由および幸福追求に対する国民の権利については、公共の利益に反しない限り、立法その他の国政の上で、最大限尊重されなければならない。

第七条［法の前の平等］

すべて国民は、法の前に平等であって、人種、信条、性別、社会的身分または門地により、政治的、経済的または社会的関係において、差別されない。

第八条［思想および良心の自由］

思想および良心の自由は、これを侵してはならない。

第九条［信教の自由］

①信教の自由は、何人に対してもこれを保障する。

②何人も、宗教上の行為、祝典、儀式または行事に参加することを強制されない。

③国および公共団体ならびにその組織は、特定宗教を布教・宣伝するいかなる活動もしてはならない。

④いかなる宗教団体も、国から特権を受け、または政治上の権力を行使してはならない。

第十条［集会・結社の自由］

集会、結社の自由は、これを保障する。

第十一条［表現の自由と検閲の禁止］

①表現の自由は、これを保障する。

②検閲は、これをしてはならない。

第十二条［プライバシーの保護］

①何人も、個人の秘密や私生活にかかわる情報は、公共の利益に反する場合を除き、これを侵してはならない。

②通信の秘密は、これを侵してはならない。

第十三条［知る権利と機密情報の保護］

国民は、公的情報を知る権利を有する。ただし、国防・外交・公安上の機密情報は、法律の定めによって保護される。

第十四条［居住・移転および職業選択の自由、外国移住および国籍離脱の自由］

①何人も、公共の利益に反しない限り、居住、移転および職業選択の自由を有する。

②国民は、外国に移住し、または国籍を離脱する自由を有する。

③国民は、正当な理由なくして、国籍を奪われ、外国に追放され、または犯罪人として外国政府に引き渡されない。

第十五条［学問の自由］

学問の自由は、これを保障する。

第十六条［家族生活における個人の尊厳と男女の平等］

①婚姻は、本人の合意のみに基づいて成立し、夫婦が同等の権利を有することを基本として、相互の協力により、維持されなければならない。

②配偶者の選択、財産権、相続、住居の選定、婚姻ならびに離婚および家族に関するその他の事項に関して、法律は、個人の尊厳と男女の本質的平等に立脚して、制定されなければならない。

第十七条［生存権、国の社会的使命］

①すべて国民は、健康で文化的な最低限度の生活を営む権利を有する。

②国は、社会福祉の向上、社会保障の充実および公衆衛生の増進に努めなければならない。

第十八条［環境に関する権利と義務］

①何人も、良好な環境を享受する権利を有する。

②国および国民は、将来の世代に対して、良好な環境の維持および調和ある改善に努める義務を有する。

第十九条［教育を受ける権利、教育の義務］

①すべて国民は、法律の定めるところにより、その能力に応じて、ひとしく教育を受ける権利を有する。

②すべて国民は、法律の定めるところにより、その保護する子どもに基本教育を受けさせる義務を負う。公的機関によるこの教育は、これを無償とする。

第二十条［勤労の権利および義務、勤労条件の基準、児童酷使の禁止］
①すべて国民は、勤労の権利を有し、義務を負う。
②賃金、就業時間、休息その他の勤労条件に関する基準は、法律でこれを定める。
③児童は、これを酷使してはならない。
第二十一条［勤労者の団結権］
勤労者の団結する権利および団体交渉その他の団体行動をする権利は、これを保障する。
第二十二条［財産権］
①財産権は、これを侵してはならない。
②財産権の内容は、公共の利益に適合するように、法律でこれを定める。
③私有財産は、相当の補償の下に、これを公共のために用いることができる。
第二十三条［納税の義務］
国民および日本国に居住するすべてのものは、法律の定めるところにより、納税の義務を負う。
第二十四条［公務員の本質、公務員選定罷免権、普通選挙の保障、秘密投票の保障］
①すべての公務員は、全体の奉仕者であって、一部の奉仕者ではない。
②公務員を選定し、およびこれを罷免することは、国民固有の権利である。
③憲法ならびに法律によって定められた種類の公務員の選出については、成年者による普通選挙を保障する。
④選挙における投票の秘密は、これを侵してはならない。選挙人は、その選択に関し公的にも私的にも責任を問われない。
第二十五条［請願権］
何人も、損害の救済、公務員の罷免、法律、命令または規則の制定、廃止または改正その他の事項に関し、平穏に請願する権利を有し、またかかる請願をしたためにいかなる差別待遇も受けない。
第二十六条［国および公共団体の賠償責任］
何人も、公務員の不法行為により、損害を受けたときは、法律の定めるところにより、国または公共団体に、その賠償を求めることができる。
第二十七条［法定手続きの保障］
何人も、法律の定める手続きによらなければ、いかなる不利益な処分も刑罰も科せられない。
第二十八条［裁判を受ける権利］
何人も、裁判所において裁判を受ける権利を有する。
第二十九条［逮捕の要件］
何人も、現行犯として逮捕される場合を除いては、権限を有する裁判官が発し、かつ理由となっている犯罪を明示する令状によらなければ、逮捕されない。
第三十条［抑留・拘禁の要件］
①何人も、理由を直ちに告げられ、かつ、直ちに弁護人を依頼する権利を与えられなければ、抑留または拘禁されない。
②何人も、正当な理由がなければ、拘禁されず、要求があれば、その理由は、直ちに本人およびその弁護人の出席する公開の法廷で示されなければならない。
第三十一条［住居の不可侵］
①何人も、第二十九条の場合を除いては、正当な理由に基づいて裁判官が発する令状によらなければ、その住居および所持品について、侵入、捜索および押収を受けることはない。
②捜索または押収は、捜索する場所および押収する物を明示する各別の令状によらなければならない。
第三十二条［拷問および残虐刑の禁止］

拷問および残虐な刑罰は、これを禁ずる。

第三十三条［刑事被告人の権利］

①刑事事件において、被告人は、裁判所による迅速な公開裁判を受ける権利を有する。

②刑事被告人は、すべての証人に対して審問する機会を充分に与えられ、また、公費で自己のために強制的手続きにより証人を求める権利を有する。

③刑事被告人は、いかなる場合にも、資格を有する弁護人を依頼することができる。被告人が自ら弁護人を依頼することができないときは、代わって裁判所がこれを任命する。

第三十四条［不利益な供述、自白の証拠能力］

①何人も、自己に不利益な供述を強要されない。

②強制、拷問もしくは脅迫による自白または不当に長く抑留もしくは拘禁された後の自白は、これを証拠とすることができない。

③何人も、自己に不利益な唯一の証拠が本人の自白である場合には、有罪とされ、または刑罰を科せられない。

第三十五条［遡及処罰の禁止・一事不再理］

何人も、実行の時に適法であった行為または既に無罪とされた行為については、刑事上の責任を問われず、また、同一の犯罪については、重ねて刑事上の責任を問われない。

第三十六条［刑事補償］

何人も、抑留または拘禁された後、無罪の裁判を受けたときは、法律の定めるところにより、国に補償を求めることができる。

第三章　天皇

第三十七条［天皇の地位］

天皇は、日本国の元首であり、日本国の永続性をあらわすとともに日本国と日本国民を統合する象徴として日本国を代表する。

第三十八条［皇位の継承］

皇位は、国会の議決した皇室典範の定めるところにより、世襲される。

第三十九条［天皇の国事行為に対する内閣総理大臣の助言と承認］

天皇の国事に関するすべての行為には、内閣総理大臣の助言と承認を必要とし、内閣総理大臣が、その責任を負う。

第四十条［天皇の権能の限界、天皇の国事行為の委任、摂政］

①天皇は、この憲法の定める国事に関する行為のみを行い、国政に関する権能を有しない。

②天皇は、皇室典範の定めるところにより摂政を置き、その国事に関する行為を委任することができる。

③摂政は、第二項に基づき、天皇の名で国事に関する行為を行う。

第四十一条［天皇の任命権］

①天皇は、国会による指名に基づき、国民代表議院議長ならびに州代表議院議長を任命する。

②天皇は、投票資格を有する国民の直接投票による指名に基づき、内閣総理大臣ならびに内閣副総理大臣を任命する。

③天皇は、内閣総理大臣による指名と国会の承認に基づき、最高裁判所の長たる裁判官を任命する。

第四十二条［天皇の国事行為］

天皇は、次の国事に関する行為を行う。

（一）条約、憲法改正、国の法律ならびに政令を公布すること。

（二）国会召集の詔書を発すること。

（三）国民代表議院の解散詔書を発すること。

（四）国民代表議院議員の総選挙および州代表議院議員の通常選挙の施行を公示すること。

（五）内閣総理大臣および内閣副総理大臣指名のための国民直接投票

の施行を公示すること。
（六）国務大臣および法律の定めるその他の公務員の任免ならびに外交使節に対する全権委任および大使、公使の信任を認証すること。
（七）批准書および法律の定めるその他の外交文書を認証すること。
（八）大赦、特赦、減刑、刑の執行の免除および復権を認証すること。
（九）栄典の授与を認証すること。
（十）外国の大使および公使を接受すること。
（十一）国賓を接遇すること。
（十二）文化および芸術の奨励を行うこと。
（十三）儀式を行うこと。

第四章　国会

第四十三条［国会の立法権］
①国会は、次の事項に関し、立法権を有する。
　国防、外交、通商、対外経済協力、通貨・通貨制度、金融、全国的課税、関税、資金の借入、年金、医療保険、失業保険、文化財保護、出入国管理、帰化、国の裁判所、国の検察、刑務所、刑事法、治安維持、交通、航海、航空、検疫、特許、著作権、高等基礎研究、全国統計調査、度量衡、その他の全国統一基準・規格。
②前項および第九十四条に明記されていない事項については、国会でその権限の帰属を決定する。
第四十四条［両院制］
　国会は、国民代表議院および州代表議院の両議院で構成する。
第四十五条［両議院の組織］
①国民代表議院は、全国民を代表する選挙された議員でこれを組織する。
②州代表議院は、各州を代表する選挙された議員で組織する。ただし、各州から選出される議員は同数とする。
③両議院の議員定数、選挙区、議員候補者の資格、投票人の資格、投票の方法、その他選挙に関する事項は、法律でこれを定める。
第四十六条［国会議員の任期と定年］
①国民代表議院議員の任期は、四年とする。ただし、国民代表議院解散の場合には、その期間満了前に終了する。
②州代表議院議員の任期は、六年とし、三年ごとに議員の半数を改選する。
③議員の定年は、法律によってこれを定める。
第四十七条［兼職の禁止］
①何人も、国・地方公共団体を問わず、同時に二つ以上の議院の議員たることはできない。
②国会議員は、国・地方公共団体を問わず、その任期中にいかなる行政府ならびに司法府の職にもつくことができない。
第四十八条［議員の歳費］
　両議院の議員は、法律の定めるところにより、国庫から相当額の歳費を受ける。
第四十九条［議員の不逮捕特権］
　両議院の議員は、法律の定める場合を除いては、国会の会期中逮捕されず、会期前に逮捕された議員は、その議院の要求があれば、会期中これを釈放しなければならない。
第五十条［議員の発言・表決の責任］
　両議院の議員は、議院で行った演説、討論または表決について、院外で責任は問われない。
第五十一条［役員の選任、議院規則・懲罰］
①両議院は、各々その議長を指名し、その他の役員を選任する。
②両議院は、各々その会議その他の手続きおよび内部の規律に関する規

則を定め、また、院内の秩序をみだした議員を懲罰することができる。ただし、議員を除名するには、出席議員の三分の二以上による議決を必要とする。

第五十二条〔議員の資格争訟〕

両議院は、各々その議員の資格に関する争訟を裁判する。ただし、議員の資格を失わせるには、出席議員の三分の二以上による議決を必要とする。

第五十三条〔常会〕

国会の常会は、毎年一回これを召集する。

第五十四条〔臨時会〕

内閣総理大臣は、国会の臨時会の召集を決定することができる。また、いずれかの議院の議長ならびに在籍議員の四分の一以上の要求があれば、内閣総理大臣は、その召集を決定しなければならない。

第五十五条〔国民代表議院の解散に伴う国会の召集〕

①国民代表議院が解散されたときは、解散の日から五十日以内に、国民代表議院議員の総選挙を行い、その選挙の日から二十日以内に、内閣総理大臣は国会を召集しなければならない。

②国民代表議院が解散されたときは、州代表議院は、同時に閉会となる。ただし、内閣総理大臣ならびに州代表議院の議長は、国に緊急の必要があるときは、州代表議院の緊急集会を求めることができる。

③前項の但し書きの緊急集会においてとられた措置は、臨時のものであって、次の国会開催の後十日以内に、国民代表議院の同意がない場合には、以後その効力を失う。

第五十六条〔定足数、表決〕

①両議院は、各々その在籍議員の三分の一以上の出席がなければ、議事を開き議決することができない。

②両議院の議事は、この憲法に特別の定めのある場合を除いては、出席議員の過半数でこれを決し、可否同数のときは、議長の決するところによる。

第五十七条〔会議の公開、会議録、表決の記載〕

①両議院の会議は、公開とする。ただし、出席議員の三分の二以上で議決したときは、秘密会を開くことができる。

②両議院は、各々その会議録を保存するとともに、これを公表し、かつ一般に頒布しなければならない。ただし、秘密会の会議録の公開については、法律で定める。

③出席議員の表決は、これを会議録に記載しなければならない。

第五十八条〔法律案の議決、国民代表議院の優越〕

①法律案は、この憲法に特別の定めのある場合を除いては、両議院で可決したとき法律となる。

②国民代表議院で可決し、州代表議院でこれと異なった議決をした法律案は、国民代表議院で出席議員の三分の二以上で再び可決した場合に、法律となる。

③前項の規定は、法律の定めるところにより、国民代表議院が、両議院の協議会の開催を求めることを妨げない。

④一方の議院が、もう一方の議院の可決した法律案を受け取った後、国会休会中の期間を除いて三十日以内に議決しないときは、その法律案を否決したものとみなす。

第五十九条〔国民代表議院の予算先議、予算議決に関する国民代表議院の優越〕

①予算案は、さきに国民代表議院に提出されなければならない。

②予算案について、州代表議院で国民代表議院と異なった議決をした場合に、法律の定めるところにより、両議院の協議会を開くこととする。なお、意見が一致しないとき、または州代表議院が、国民代表議院の可決した予算案を受け取った後、国会休会中の期間を除いて三十日以内に

議決しないときは、国民代表議院の議決を国会の議決とする。

第六十条〔条約の承認に関する国民代表議院の優越〕

条約の締結に必要な国会の承認については、前条第二項の規定を準用する。

第六十一条〔議院の国政調査権〕

両議院は、各々国政に関する調査を行い、これに関して、証人の出頭および証言ならびに記録の提出を要求することができる。

第六十二条〔閣僚の議院出席の権利と義務〕

内閣総理大臣、内閣副総理大臣およびその他の国務大臣は、議案について発言するため、何時でも議院に出席することができる。また、答弁あるいは説明のため出席を求められたときは、出席しなければならない。

第六十三条〔弾劾裁判所〕

①国会は、罷免の訴追を受けた国の裁判所の裁判官を裁判するため、両議院の議員で組織する弾劾裁判所を設ける。

②弾劾に関する事項は、法律でこれを定める。

第五章　内閣総理大臣および内閣

第六十四条〔国の行政権〕

内閣総理大臣は、国会の立法権がおよぶ事項に関して、行政権を有する。

第六十五条〔内閣総理大臣および内閣副総理大臣の指名と任期〕

①内閣総理大臣および内閣副総理大臣は、投票資格を有する国民の直接投票により、これを指名する。

②内閣総理大臣および内閣副総理大臣の任期は四年、再選については二期までとする。ただし、国民代表議院解散ならびに不信任の場合は、その期間満了前に終了する。

③内閣総理大臣候補者および内閣副総理大臣候補者は、文民でなければならない。また、候補者のそれ以外の資格、投票人の資格、投票の方法、その他投票に関する事項は、法律でこれを定める。

第六十六条〔国務大臣の任命および罷免、内閣〕

①内閣総理大臣は、国務大臣を任命する。

②国務大臣は、文民でなければならない。

③内閣は、内閣総理大臣、内閣副総理大臣および国務大臣によって構成される。

④内閣総理大臣は、任意に国務大臣を罷免することができる。

第六十七条〔内閣総理大臣、内閣副総理大臣および国務大臣の兼職禁止〕

①内閣総理大臣、内閣副総理大臣および国務大臣は、裁判官ならびに地方公共団体の公務員を兼ねることができない。

②内閣総理大臣、内閣副総理大臣および国務大臣は、営利企業に従事し、または自ら営んではならない。また、営利企業以外の事業に報酬を得て従事してはならない。

第六十八条〔内閣総理大臣、内閣副総理大臣および国務大臣の報酬〕

内閣総理大臣、内閣副総理大臣および国務大臣は、法律の定めるところにより、その職務に対して定期的に相当額の報酬を受ける。

第六十九条〔内閣総理大臣不信任決議と国民代表議院の解散〕

内閣総理大臣は、国民代表議院が在籍議員の三分の二以上で不信任の決議案を可決したとき、内閣副総理大臣および国務大臣とともに辞職しなくてはならない。また、その場合、国民代表議院は解散される。

第七十条〔内閣総理大臣による国民代表議院の解散と内閣の辞任〕

内閣総理大臣は、国民代表議院を解散することができる。また、その場合、内閣総理大臣は内閣副総理大臣および国務大臣とともに辞職しなくてはならない。

第七十一条〔国民の直接投票による内閣総理大臣の不信任〕

内閣総理大臣は、投票資格を有する国民の一割の発議がある場合、信任投票を受けなければならない。不信任が有効投票の過半数の場合、内閣総理大臣は内閣副総理大臣および国務大臣とともに辞職しなくてはならない。

第七十二条〔内閣総理大臣の辞職と指名投票〕

内閣総理大臣が辞職した場合、内閣総理大臣および内閣副総理大臣を指名するための国民投票が、五十日以内に行われなければならない。

第七十三条〔内閣総理大臣辞職後の内閣〕

内閣総理大臣が辞職した場合には、内閣は、あらたに内閣総理大臣が任命されるまで引き続き職務を行う。

第七十四条〔内閣総理大臣の職務代行〕

①内閣総理大臣が、その権限および義務を遂行する能力を失った場合には、残任期間に限り、内閣副総理大臣が、その職務を代行する。

②内閣総理大臣および内閣副総理大臣が、ともにその権限および義務を遂行する能力を失った場合には、国民代表議院議長が、その職務を代行する。ただしこの場合、内閣総理大臣および内閣副総理大臣を指名するための国民投票が、五十日以内に行われなければならない。

第七十五条〔内閣総理大臣および内閣の職務〕

①内閣総理大臣は、国会を召集する。

②内閣総理大臣は、議案および予算案を国会に提出し、また一般国務および外交関係について国会に報告する。

③内閣総理大臣は、内閣を指揮統轄し、その最終責任を負う。

④内閣総理大臣は、条約を締結する。ただし、事前あるいは事後に、国会の承認を経ることを必要とする。

⑤内閣は、他の一般行政事務の外、次の事務を行う。

（一）法律を誠実に執行し、国務を処理すること。

（二）外交関係を処理すること。

（三）法律の定める基準に従い、国家公務員に関する事務を統轄すること。

（四）法律の規定を実施するために、政令を制定すること。ただし、政令には、特にその法律の委任がある場合を除いては、刑罰を設けることができない。

（五）大赦、特赦、減刑、刑の執行の免除および復権を決定すること。

第七十六条〔法律および政令の署名〕

①内閣総理大臣は、国会で議決された法律に署名しなければならない。

②政令は、内閣総理大臣の署名を必要とする。

第七十七条〔国務大臣の特典〕

国務大臣は、その在任中、内閣総理大臣の同意がなければ、逮捕され、また訴追されることはない。ただし、このために、訴追の権利は、阻害されない。

第六章　安全保障

第七十八条〔侵略戦争の否認〕

日本国は、侵略戦争を行わず、また他国による侵略戦争を是認しない。

第七十九条〔国軍の保持〕

日本国は、自らの独立と主権を守るとともに、国際社会の平和に寄与するため、国軍を保持する。

第八十条〔国軍の最高指揮権〕

内閣総理大臣は、国軍の最高指揮権を有する。

第八十一条〔国軍に関する国会承認〕

①国軍の兵力、編成、予算については、国会の承認を得なければならない。

②国軍の出動、派遣にあたっては、事前もしくは事後五日以内に、国会の承認を得なければならない。

第八十二条［軍事裁判所の設置］

国軍の任務に関する事項についての裁判は、特別裁判所である軍事裁判所がこれを行う。ただし、終審として裁判を行うことはできない。

第八十三条［非常事態宣言］

①内閣総理大臣は、日本国の主権ならびに日本国民の安全が著しく脅かされる場合、非常事態を宣言し、法律に基づき、国のすべての行政機関ならびに地方公共団体に対して、直接指示および命令を発することができる。

②非常事態宣言は、宣言が発せられた後三日以内に、国会の承認を得なければならない。

③内閣総理大臣は、非常事態の解除を宣言することができる。また、国会は、内閣総理大臣の宣言にかかわらず、非常事態の解除を宣言することができる。

④非常事態下で内閣総理大臣によって発せられた指示および命令は、非常事態の解除とともに効力を失う。

⑤国民代表議院は、非常事態宣言下では解散されない。

第七章　国の財政

第八十四条［国の財政運営の基本原則］

①国の財政は、国会の議決に基づいて内閣総理大臣が行使し、その運営責任を負う。

②国会および内閣総理大臣は、効率的かつ持続可能な財政運営に努めなければならない。

第八十五条［国税］

あらたに国税を課し、または現行の国税を変更するには、国の法律または国の法律の定める条件によることを必要とする。

第八十六条［国費の支出および国の債務負担］

国費を支出し、または国が債務を負担するには、国会の議決に基づくことを必要とする。

第八十七条［国の予算案と国家の議決］

内閣総理大臣は、毎会計年度および特別に必要な場合には複数年度にわたる国の予算案を作成し、国会に提出して、その審議を受け議決を経なければならない。

第八十八条［予備費］

①予見し難い予算の不足に充てるため、国会の議決に基づいて予備費を設け、内閣総理大臣の責任でこれを支出することができる。

②すべての予備費の支出について、内閣総理大臣は、事後に国会の承諾を得なければならない。

第八十九条［皇室財産・皇室の費用］

すべての皇室財産は、国に属する。すべての皇室の費用は、予算案に計上して国会の議決を経なければならない。

第九十条［公金の支出および公の財産の利用制限］

①公金は、宗教上の組織もしくは団体の使用、便益もしくは維持のため、または公に属さない慈善、教育もしくは博愛の事業に対し、これを支出してはならない。

②公の施設の利用については、法律に定める手続きをもってすれば、公共の利益に反しない限り、その利用を認可する。

第九十一条［財政状況の報告］

内閣総理大臣は、国会および国民に対し、定期に、少なくとも毎年一回、国の歳入歳出、収入支出および貸借の状況について報告しなければならない。

第九十二条［会計検査院、決算検査、国会による勧告］

①財政運営の状況を検査するため、国会に帰属する会計検査院を設ける。

②内閣総理大臣が作成した国の歳入歳出、収入支出および貸借の決算は、

すべて毎年会計検査院が検査し、これを国会に提出しなければならない。
③国会は、会計検査院の報告に基づき、改善の必要があると判断した場合、内閣総理大臣に改善措置を講じるよう勧告することができる。

第八章　地域主権

第九十三条［州の設置］
広域の地方公共団体として州を置く。

第九十四条［州の権能］
州は、次の事項に関して、立法を行い、行政を遂行する権能を有する。
州内の課税、州の信用に基づく借入、警察、州の裁判所、州の検察、河川、道路、通信基盤、空港整備・維持、港湾整備・維持、農業・農地整備、上下水道、産業廃棄物収集・処理、林野事業、災害復旧、医療保険、能力開発、職業安定、雇用・労働組合対策、社会福祉、児童福祉、老人福祉、保育所、介護、消防、救急、伝染病予防、生活環境整備、医療、中高等教育、基本教育、幼稚園、図書館、公園、都市計画、街路、住宅、公害対策、戸籍・住民基本台帳。

第九十五条［州議会と州知事］
①州は、域内の立法機関として州議会を設置し、その行政機関の長たる知事を置く。
②州議会の議員および州知事は、その州の住民が直接選挙する。
③州は、州議会ならびに州知事の権能を定めるための州法を制定しなければならない。

第九十六条［市の設置と権能］
①州は、基礎的な地方公共団体として市を置くことができる。
②州は、市を置く場合、州内部における自治を促進するため、州と市の権能を定める州法を制定しなければならない。
③市は、その責務を遂行するために、州法に基づき、必要な条例を制定することができる。

第九十七条［州間の財政調整］
州間の財政力に著しい不均衡が生じる場合には、すべての知事で構成される財政調整会議で州間の財政調整を行うことができる。

第九章　裁判所

第九十八条［司法権、裁判所、特例の裁判所］
①すべて司法権は、最高裁判所および法律によって設置する下級裁判所、ならびに州の法律によって設置する裁判所に属する。
②特例の裁判所は、憲法で定められたもの以外設置することができない。行政機関は、終審として裁判を行うことができない。

第九十九条［法令審査権と最高裁判所］
最高裁判所は、一切の条約、法律、命令、規則または処分が憲法に適合するかどうかを決定する権限を有する終審裁判所である。

第百条［最高裁判所の権限］
最高裁判所は、次の事項を管轄する。
（一）条約、法律、命令、規則または処分について、内閣総理大臣もしくはそれぞれ在籍議員の三分の一以上の国民代表議院議員または州代表議院議員の申し立てに基づき、憲法に適合するかどうかを審判すること。
（二）具体的訴訟事件で、下級裁判所または州の裁判所が求める事項について、憲法に適合するかどうかを審判すること。
（三）具体的訴訟事件の当事者が、下級裁判所または州の裁判所の憲法判断に異議がある場合に、その異議申し立てについて、審判すること。
（四）国の法令にかかわる訴訟、または複数の州にかかわる訴訟についての終審を行うこと。

第百一条〔最高裁判所の判決の効力〕

最高裁判所が憲法に適合しないと決定した場合には、その決定は、それ以降、あらゆる国および地方公共団体の機関を拘束する。

第百二条〔最高裁判所の裁判官、定年、報酬〕

①最高裁判所は、その長たる裁判官および法律の定める人数の裁判官で構成し、長たる裁判官以外の裁判官は、その定数の半分ずつを国民代表議院および州代表議院のそれぞれの指名に基づいて内閣総理大臣が任命する。

②最高裁判所の裁判官は、法律の定める年齢に達した時に退官する。

③最高裁判所の裁判官は、定期に相当額の報酬を受ける。この報酬は、在任中、減額することができない。

第百三条〔国民審査〕

①最高裁判所の裁判官は、その任命後初めて行われる州代表議院議員選挙の際、国民の審査に付し、その後六年ごとの州代表議院議員選挙の際に国民の審査に付すものとする。

②前項において、投票者の過半数が裁判官の罷免を可とするときは、その裁判官は罷免される。

③審査に関する事項は、法律でこれを決める。

第百四条〔下級裁判所の裁判官、任期・定年・報酬〕

①下級裁判所の裁判官は、最高裁判所の長がこれを任命する。

②その裁判官は、任期を十年とし、再任されることができる。ただし、法律の定める年齢に達したときには退官する。

③下級裁判所の裁判官は、すべて定期に相当額の報酬を受ける。この報酬は、在任中、これを減額することができない。

第百五条〔最高裁判所の規則制定権〕

①最高裁判所は、訴訟に関する手続き、弁護士、裁判所の内部規律および司法事務処理に関する事項について、規則を定める権限を有する。

②検察官は、前項に基づいて規定される規則に従わなければならない。

③最高裁判所は、下級裁判所に関する規則を定める権限を、下級裁判所に委任することができる。

第百六条〔州の裁判所および裁判官の法的地位〕

①州の裁判所は、州の法令にかかわる訴訟についての裁判を行う。

②州の裁判制度および裁判官の法的地位は、それぞれの州の法律によってこれを定める。

第百七条〔裁判官の独立、身分保障〕

①すべての裁判官は、その良心に従い独立してその職権を行い、この憲法および法律にのみ拘束される。

②すべての裁判官は、裁判により、心身の故障のために職務を執ることができないと決定された場合を除いては、公の弾劾によらなければ罷免されない。裁判官の懲戒処分は、行政機関がこれを行うことはできない。

第百八条〔裁判の公開〕

①裁判の対審および判決は、公開法廷でこれを行う。

②裁判所が、担当裁判官の過半数で、公の秩序、善良の風俗または当事者の私生活の利益を害するおそれがあると決した場合には、対審は、公開しないでこれを行うことができる。

第十章　改正手続

第百九条〔改正の手続き、その公布〕

①憲法の改正は、国会の各議院において、在籍議員の三分の二以上の賛成をもって可決する。

②憲法改正案を発議するには、各議院において在籍議員の四分の一以上の賛成を必要とする。また、内閣総理大臣は、議員の賛成にかかわらず、憲法改正案を発議することができる。

①法改正案が可決されたときは、天皇は国民の名で直ちにこれを公布する。

資料Ⅲ・12

憲法改正草案大綱（たたき台）

―「己も他もしあわせ」になるための「共生憲法」を目指して

二〇〇四年一一月一七日

自由民主党憲法調査会・憲法改正案起草委員会

コメント

1．自民党は、二〇〇三年末から党憲法調査会内に憲法改正プロジェクトチームを作り、改憲草案づくりに入ったが、〇四年六月に「論点整理」（⇩Ⅲ・04）を発表した。その後、参院選で作業は一時中断したものの、〇四年一〇月一九日、憲法調査会は、憲法改正案起草委員会を設置し、「論点整理」を土台に、改正草案づくりに入った。この起草委員会の議をふまえて、同年一一月にまとめられたのが、本文書、「憲法改正草案大綱（たたき台）」（以下大綱）である。

2．大綱は、この時期に改正案づくりを主導した保岡興治によれば、その作成を「事務局に指示」して作成されたものといっている（保岡興治『政治主導の時代』中央公論新社、二〇〇七年）のに対し、同じく起草委員であった舛添要一によると、保岡の執筆にかかるものであった（舛添要一『憲法改正のオモテとウラ』講談社現代新書、二〇一三年）として意見が分かれているが、保岡が主導したことは間違いない。

大綱は、二〇〇四年一一月一七日付け読売新聞にスクープという形で発表され、数奇な運命をたどり、後の自民党の憲法改正草案起草に大きな影響を与えた。

大綱は公表直後から党内外で大きな反響を呼んだ。マスコミは朝日新聞をはじめ、大綱が復古主義的色彩をもっていると非難したが、この大綱に一層強い反発をしたのが、ほかでもなく自民党内、とくに参議院議員であった。

起草委員会の母体となった憲法改正プロジェクトチームの論点整理の段階から、すでに、新自由主義改革を遂行するうえで大きな障害物となっている参議院の権限の縮小、参議院否決法案の再可決要件の緩和などが検討されていたが、大綱はそれを具体的な構想として打ち出したからである。

参議院の野党のみならず、参議院自民党は、片山虎之助、青木幹雄ら参院の重鎮が先頭になって、大綱の撤回を主張し、小泉執行部はそれを受け入れて、〇四年末の一二月一五日、それまで憲法改正を担ってきた党憲法調査会から改正作業を奪い、小泉首相自らが本部長に就任する「新憲法制定推進本部」を設置、そのもとに森喜朗元首相を長とする「新憲法起草委員会」を設けて、憲法改正作業にあたることとなったのである。この点は、後に資料Ⅲ・18、Ⅲ・23、Ⅲ・24でふれる。

3．大綱の注目すべき点の第一は、大綱が全体として、一方では保守支配層が九〇年代初頭以来実現をめざしてきた、自衛隊の海外での武力行使、米軍との共同作戦体制―ひと言で言えば「戦争する軍隊」づくりと、多国籍企業本位の体制づくりのための新自由主義改革の二つの課題を遂行する国家体制、そのための憲法の全体的な改変をめざしつつ、それだけでなく、新自由主義改革によって分裂した社会の再統合のための新保守主義的制度も導入しようという、複合的な意図をもっていたことである。

大綱の柱は、相互に異なる三つの柱からなっている。

（1）自衛隊の海外での武力行使の権利の確保

（2）新自由主義改革を促進・補完し、また新自由主義改革を遂行する効率的政治体制づくり

（3）新自由主義改革で分裂した社会の共同体的統合のための新保守主義的規定

以下それらの柱を形づくる大綱の規定の特徴を指摘しよう。

4．大綱の注目すべき点の第二は、自衛軍の保持、自衛軍の海外での武力行使の権利を誤解の余地のないように入念に規定していることである。

この規定は、大綱では、第四章「平和主義及び国際協調」と第八章「国家緊急事態及び自衛軍」の二章に分割されている。大綱の説明では、崇高な平和主義を謳った第四章とそれを担保する第八章に分けたとしている。

第四章の方では、第一節「平和主義」で、現行憲法九条一項にあたる規定を存続し、それは侵略戦争否定であるから、「『自衛（これには、当然に、個別的・集団的自衛の両者が含まれる）』や『国際貢献（国際平和の維持・創出）』のための武力行使は、禁止されておらず、容認されることになる。」とわざわざ念を押している。

第四章ではもう一つ、国際活動への積極参加を謳っている。この規定は、読売新聞の憲法改正試案二〇〇四年版（⇩**Ⅲ・02**）をそのまま拝借しているが、国連の集団安全保障活動や米軍の軍事行動への自衛軍の武力行使をともなう参加を規定している。「我が国は、確立された国際的機構の活動その他の国際の平和と安全の維持及び回復ならびに人道的支援のための国際的な共同活動に、積極的に参加するものとすること。」である。

とくに注目すべきは、読売試案の解説でも書いたように、そこでは国連決議がなされた場合でも、また国連決議のない場合でも自衛軍を派遣できることを謳っていることである。後者については、

『その他の国際の平和と安全の維持……ための国際的な共同活動』とあるから、国連の活動に限定されているわけではない。」（傍点引用者）とわざわざ念を押している。

5．大綱の注目すべき点の第三は、柱の一つに新自由主義改革を遂行する効率的統治機構づくりをあげ具体的な規定を置いていることである。

その第一が、大綱が白紙撤回される原因となった参議院改革である。

大綱は、参議院議員の選出を道州議会による間接選挙と、推薦議員の二つの方式によるとし、国民の直接選挙を否定した。

それにともない、参議院の権限を縮小した。参議院で否決した法案の再議決要件を衆院の過半数で足りるとし、また、内閣総理大臣、国務大臣はすべて衆議院議員から選ぶこととした。

他方、参議院には決算先議、司法裁判所、憲法裁判所の統制権を与えた。これは明らかに新自由主義改革法案などの迅速な処理をねらい、ともすると法案が滞る参議院の壁をなくそうというねらいに基づくものであった。

効率的統治機構づくりの第二は、内閣総理大臣の権限強化である。行政権の所在を内閣総理大臣にし、「内閣」の職務も「内閣総理大臣の」職務に移管した。ほかに、憲法裁判所の創設、財政における健全財政主義の規定、複数年度予算の編成、などが掲げられている。

統治機構で、もう一つ注目されるのは、地方自治の章である。ここでは、まず新自由主義的施策を地方に委ねさせるための「国と地方自治体の役割分担の原則」が謳われている。いわゆる日本的な「補完性原則」が規定されている。第二に、道州制を導入し、自治体は市町村と道州の二層制にすることが謳われている。

6．大綱の注目すべき点の第四は、大綱が、新自由主義改革によって分裂する社会統合の再建のために、新保守主義的思想を強調していることである。

まず、大綱は、憲法の掲げる国家像として、歴史と伝統、文化に根ざした「国柄」の重視、家族や共同体に支えられた「品格ある国家」を掲げ、これら理念を「前文」に書き込むことを掲げている。

「本憲法草案の第二のポイントは、誤った個人偏重主義を正すために、公共（国家や社会）の正しい意味を再確認させること、そして、それが単なる『国家主義』の復活ではなくて、自立し共生する個人の尊厳に裏打ちされた『品格ある国家』でなければならないこと、である。」

その具体化として、天皇については、「元首」としての明記、女帝の容認、「公的行為」の規定が謳われている。

人権については、「個人の尊厳」と並んで「公共の価値」が位置づけられていることが特徴である。

ほかに新しい人権の追加、政教分離規定の緩和、のほか、とくに「国民の責務」が強調されていることが「大綱」の注目すべき点である。ここでは「国防の義務」や「社会保障その他の社会的費用負担の責務」が謳われている。

この点に関し、従来の人権規定のいくつかを、個人の権利として主張できない「プログラム規定」に格下げしていることも注目される。ここに、現行憲法二五条の生存権、教育、家庭の保護、環境権、生命倫理への配慮を入れている。これまた、二五条等の人権を解体するねらいをもった改正案である。

はじめに―基本的考え方―

日本国憲法（昭和二一年憲法）は、国民主権、基本的人権の尊重及び平和主義の三つをその基本的原理としている。この日本国憲法が、わが国の民主主義国家としての戦後の発展の基礎を再構築する上で非常に大きな役割を果たしてきたことについては、これを高く評価すべきであり、また、この三つの基本的原理については、今後ともこれを発展維持していくべきであることは、ここで改めて再確認しておく必要がある。

＊憲法改正を話題にするときに、いまだに見られる「復古的」との誤解を完全に払拭するためにも、又、あくまでも今回の憲法改正が、現行憲法の「発展」であることを明確にするためにも、現行憲法の三つの基本的原理は今後とも堅持すること（厳密にいえば、「平和主義」などについては一部修正を加えて維持するので「発展・維持」と表現）を、冒頭で宣言したもの。

しかし、これらの基本的原理が理念として定着する一方で、これを経済発展至上主義や、極端な利己主義、偏狭な一国平和主義というように誤解するなどさまざまな歪みが露呈してきていることも事実である。そして、日本国憲法施行後、六〇年近くを経た内外の諸情勢の変化等にかんがみるとき、これからのわが国の進むべき方向性を指し示した新たな国家像を、国家の基本法であり、国民自らが制定する「憲法」の中にこそ盛り込むべきではないか……このことの必要性を痛感する次第である。

＊つまり、この憲法改正草案作成の基本的姿勢は、復古的なもの（戦前回帰）ではなくて、徹底的に未来志向の姿勢なのであり、今日までのわが国の歴史を直視した上で、その悪しきを反省し、よきものは後世に伝えていこうというもの（歴史を全否定も全肯定もしないで、素直に歴史に学ぶ姿勢）であることを、ここで改めて強調しておく必要がある。

このようなことを踏まえて、私達の考える新しい国家像（憲法像）の理念を提示すれば、それは次のようなものである。

まず、第一に、新しい憲法は、日本国憲法の三つの基本的原理を、人類普遍の価値として発展させつつも、わが国のこれまでの歴史、伝統及び文化に根ざした固有の価値、すなわち、人の和を大切にし、相互に助け合い、平和を愛し命を慈しむとともに、美しい国土を含めた自然との共生を大事にする国民性（一口で言えば、それらすべてを包含するという意味での「国柄」）を踏まえたものでなければならない。

そもそも、（a）「個人の尊厳」を究極・最高の価値とする「基本的人権の尊重」の原理は、「みんなのしあわせ」を実現しようとする憲法の根本的価値であり、また、（b）戦争のない平和な世界、更には安心して暮らせる自然・地球環境の保全を含む「平和主義」の原理は、そのための土台である。そして、（c）それを実現するための統治機構の原理が「国民主権」の原理なのであって、これら三つの基本的原理を普遍的価値（基礎）として措定した上で、わが国の固有の価値＝「国柄」をその応用型として構築することは、「日本の顔」が見える新しい憲法の重要な要素である。新しい憲法においては、このような我が国及び日本人としてのアイデンティティーを確認してこそ、真の国際社会化に信頼される国家となり、また、真の国際人となることが出来るのである。

＊本憲法草案の第一のポイントは、我が国の「国柄」を体現した憲法でなければならないことを明記している点である。そこでいう「国柄」とは、従来意味されてきたような復古的なもの（一八九五年～一九四五年までの戦前の一時期に考えられた「国体」ではなく、平和を愛し、命を慈しむとともに、草木一本にも神が宿るとして自然との共生をも大事にするような平和愛好国家・国民という「国柄」であり、更に付言すれば、そこに言う歴史には、第二次世界大戦における敗北の歴史をも含めたものである。すなわち、戦争から得た貴重な教訓としては、「和の精神」「平和を愛する国民性」を改めて再確認したことであり、新しい憲法は、それを進化・高度化したものといえる。）

そもそも、人類普遍の原理とされる憲法の三つの基本的原理もすべて上記のような我が国の「国柄」と調和しこそすれ、矛盾するようなものでは決してないことも、改めて確認しておく必要がある。

＊このような「国柄」を説得力をもって説明するためには、我が国の歴史を概観することも必要かもしれない。①この島国の中で、長い時間かけて自然と調和し、他人と相和し、平和を愛する国民性が養われてきた歴史、②明治維新後の近代国家としてのキャッチ・アップの国づくりの歴史、③敗戦にいたる戦争への歴史、④戦後の復興の過程でのキャッチ・アップの歴史、といった具合である。そして、今まさに、激動の時代に突入しているのであり、良きものを残し、反省すべきところは反省して、未来に向かっていこう、というわけである。

第二に、国民の誰もが自らを誇りにし、国際社会化に尊敬される「品格ある国家」を目指すということである。それは同時に、科学技術の進歩や少子化・高齢化の進展など新たな課題を的確に対応しつつも、人間の本質である「社会性」が、自立し共生する個人の尊厳を支える「器」であることを踏まえ、家族や共同体が、「公共」の基本をなすものとして位置付けられるものでなければならない。

そもそも、二一世紀における現代憲法は、国家と国民を対峙させた権力制限規範というにとどまらず、「国民の利益ひいては国益を護り、増進させるために公私の役割分担を定め、国家と地域社会・国民とがそれぞれに協働しながら共生する社会をつくっていくための、透明性あるルールの束」としての側面をも有することに注目すべきである。

そういう実質を伴った国家・社会を構築して初めて「品格ある国家」となることが出来、国際社会において尊敬され、名誉ある地位を占めることが出来るのである。

＊本憲法草案の第二のポイントは、誤った個人偏重主義を正すために、公共（国家や社会）の正しい意味を再確認させること、そして、それが単なる「国家主義」の復活ではなくて、自立し共生する個人の尊厳に裏打ちされた「品格ある国家」でなければならないこと、である。

私たちが目指す、このような新しい憲法を一言で表現するとすれば、それは「己も他もしあわせに」（更には「自国も他国もしあわせに」）をスローガンとした「共生憲法」ということができる。

〔参考〕新憲法の構成（イメージ図）《略》

＊第一章「総則」に続けて、我が国の「国柄」を象徴する「天皇制」を第二章においた。後は立憲主義国家の憲法の事例にならって、憲法の目的ともいうべき「人権宣言」にあたる条項（第三章）を先にし、（同様の趣旨から、第四章・平和主義条項もこれと合わせて）、それを担保する「統治機構」に関する条項を規定した後に置いてみた。（第五〜七章）。以上のいわば「平時」の条項を規定した後に、「非常時」に関する条項（第八章）を置き、最後に、改正条項（第九章）を置く、という構成にした。

前文

＊上記の「基本的考え方」をベースに、憲法全体の内容がある程度詰められた段階で、そのエッセンスを要約しながらまとめるのが適当か。

＊なお、その際には、子どもが分かる平易で分かりやすい文章とするよう工夫することが求められよう。

第一章　総則

＊三つの基本的原理を発展的に拡充して確認するとともに、我が国の「国柄」を象徴する天皇制を明確に位置付けるために、冒頭に「総則」の規定を設けた。併せて、他国の憲法に例が見られる「領土」や「国旗・国歌」に関する規定なども設けた。

1．象徴天皇制と国民主権の原理

・我が国は、天皇を象徴とする自由で民主的な国家であり、その主権は、国民に存し、すべての国家権力は国民に由来することを確認する。

・国民は代表者を通じてその主権を行使するという「議会制民主主義」

の原則を定めるとともに、すべての国民は、主権者として、自立と共生の精神にのっとり、その権限を行使するものとすること。

＊第一段落は、天皇制と国民主権の関係を定めたものであるが、同時に、我が国の「国柄」を「（天皇を象徴する）自由で民主的な国家」と位置付けている。

2．基本的人権尊重の原理

・我が国は、法の支配に服し、法秩序の至高の価値である「個人の尊厳」を基本として、自立と共生の理念にのっとり、すべての人々の生命、自由及び幸福追求の権利を最大限に尊重することを定めるものとすること。

＊ここにいう基本的人権の尊重は、誤解された「個人主義」＝利己主義とは異なり、他人の権利の尊重と両立しなければならないという「共生の原理」が含まれているものである。そのことは、冒頭の、「基本的考え方」でも示した通であるが、より具体的には、第三章の人権の章の冒頭（第一節の1）に規定されている。

3．発展・拡充された新たな平和主義の原理（**環境保全主義を含む**）

・我が国は、国際社会の趨勢としての戦争放棄の思想を堅持しつつ、国際社会と協働して、積極的に国際平和の実現に寄与することを宣言するものとする。

・戦争が最大の環境破壊であることはいうまでもないが、世界の人々を脅かすのは戦争だけではないこと、すなわち、人類生存の基盤としての自然（地球環境）の保全を認識した上で、我が国は、国際社会と協力しながら、その保全に努め、人間と自然との共生に積極的に寄与することを宣言するものとすること。

＊従来の「一国平和主義」を脱し、より積極的な平和主義へと発展させるとともに、二一世紀の憲法として、平和とともに人間存在の土台をなす、地球環境の保全の必要性にも言及したもの。

4．領土

・我が国の領土は、……とすること。

5．国旗及び国歌

・我が国の国旗は、日章旗であることを定めるものとすること。

・我が国の国歌は、君が代であることを定めるものとすること。

6．最高法規・憲法尊重擁護義務

・この憲法は、国の最高法規であって、その条項に反する法律、命令及び国務に関するその他の行為の全部又は一部は、その効力を有しないものとすること。

・天皇又は摂政及び国務大臣、国会議員、裁判官その他の公務員は、この憲法を尊重し、擁護する義務を負うものとすること。

・国民は、この憲法を制定した主権者として、普段の努力によってこれを保持しなければならないものであって、これを尊重し、擁護する責務を有するものとすること。

＊憲法の最高法規性（現行憲法第九八条）とともに、憲法尊重擁護義務（同第九九条）を規定したもの。尚、議論のある国民の憲法尊重擁護義務については、国民はこの憲法を定めた主権者であることにかんがみ、天皇・大臣等の公権力を担う側の憲法尊重擁護義務とは区別して、憲法尊重擁護の「責務」という形で規定した。「普段の努力による保持」の文言は、現行憲法第一二条に規定されているものである。

第一章　象徴天皇制

1．天皇の地位

・天皇は、日本国の元首であり、日本国の歴史、伝統・文化ならびに日本国民統合の象徴として我が国の平和と繁栄及び国民の幸せを願う存在であって、その地位は、主権の存する日本国民の総意に基づくことを確認するものとする。

＊天皇が元首であることを明記するとともに、その「元首」の意味は、我が国の歴史・伝統・文化といった「国柄」と国民統合の「象徴」であることを定めたものであるが、そこでは「我が国の平和と繁栄及び国民の幸せを願う存在」という表現でもって、天皇の日々の象徴としての行為（存在）の特質をより具体的にあらわして、より実態に近い「象徴性」を平易に表現している。重ねて、この象徴天皇制と国民主権の関係を明確にしている。

2．皇位の継承（**女帝の容認**）

・皇位は世襲のものであって国会の議決した皇室典範の定めるところにより、男女を問わずに、皇統に属するものがこれを継承するものとする。

＊女帝問題について、憲法レベルで決着することとしたものであるが、これによって基本的に「男系男子」によって受け継がれてきた天皇制（天皇家）を変質させることにならないか、更に議論が必要か。

3．公的行為の位置付け

・現行憲法の第四条［国事行為の一般的規定］・六条［首相・最高裁長官の任命］・七号各号［憲法改正の公布・国会召集など十項目の行為］に定められている国事行為のほかに次に掲げる行為を、新たに「公的行為」として位置付け、これを内閣の助言と承認の下におくことによって、その責任は内閣が負うことを明確にすること。

一　象徴としての行為（例えば、国会開会式でのお言葉、認証官任命式への臨席、外国訪問、歌会始の主宰、災害見舞いなど）

二　皇室行為（例えば、皇室内部の諸行事の実施、宮中祭祀の主宰など）

・天皇は、この憲法が定める国事に関する行為及び公的行為のみを行い、国政に関する権能を有しないものとすること。

＊現行憲法においては、「天皇は、この憲法の定める国事行為に関する行為のみを行う」ものとされていることから、国事行為と私的行為以外は全く何も出来ないのか、という疑義があることから、現に行っておられる「公的行為」については、これを憲法上明確に位置付けることとした。

その際、天皇家内部の「私的行為」とされている「皇室行為」についても、これも天皇制という伝統を支える「公的行為」として位置付けなおして、これを明文化することとした。（第一段階の第二号）

＊尚、天皇が、「国政に関する権能を一切有しない」ことについては、現憲法どおりとする。

4．その他

＊現行憲法の天皇の章（第一章）のその他の規定については、表現の整序を要する規定（例えば、第七条四号の「国会議員の総選挙」など）以外は、基本的に現行憲法どおりとする。

第三章　基本的な権利・自由及び責務

第一節　総論的事項

1．基本的人権の尊重の原則とその法的性質等

・まず、「個人の尊厳」を究極の価値とする人間の侵すべからざる生来の権利及び人格の自由な発展の尊重ならびに法及び他人の権利の尊重は、政治的秩序及び社会平和の基礎であって、憲法は、この「個人の尊厳」を最高価値とする価値規範を体系化したものであるという立憲主義の大原則を、確認するものとすること。

・その上で、この憲法が保障する基本的な権利・自由は、すべての公権力を拘束すること、これらの基本的権利・自由の行使は、他人の基本的権利・自由との調整を図る必要がある場合又は国家の安全と社会の健全な発展を図る「公共の価値」がある場合に限って、かつ、法律の定めるところにしたがってのみ、制限されること、ただし、いかなる場合にも、その本質的内容は尊重されなければならないことなどを定めるものとすること。

・更に、この憲法が保障する基本的権利・自由に関する規定は、世界人権宣言及び我が国が批准した人権に関する国際条約に適合するようにこれを解釈しなければならないとの解釈指針を定めるものとすること。

＊基本的人権の中核的思想である「個人の尊厳」は、あらゆる公権力行使の制約原理となるものであることを明確にする（第一段落）とともに、併せて、そのような基本的人権も「公共の価値」によって制約される場合があることを規定している（第二段落）。特にこの「公共の価値」による人権制約は、学会における通説的な理解である「人権調整の場面」だけでなくて、「国家・社会の安全・健全な発展」のためにも許容される事を明確にしている。他方、第三段落は、「国際化が進展する中での国際的人権保障の観点に配慮したもので、二一世紀の憲法としての斬新性を出そうとしたものである。

＊なお、現行憲法の「公共の福祉」に代えて、「公共の価値」という用語を用いたのは、「公共の福祉」の概念はやや手垢がついたものとなっているので、敢えてそれを避けた次第である。但し、この用語が適切であるかどうか（より適切な用語がないか）については、更に検討が必要と思われる。例えば、「公共の価値」のほか、「公共の利益」（読売試案で用いられている用語）、「公共の本質」「公共の意義」「公共の福利」「公共の幸せ（しあわせ）」などである。

2．日本国民及び外国人の人権

・現行憲法と同様に、日本国民たる用件は、法律でこれを定めるものとすること。

・他方、グローバル化の進展等に配慮して、外国人についても、わが国が批准した国際条約及び法律の定める条件のもとで、その性質が許す限り、この憲法が保障する基本的な権利・自由を享受することを確認しておくものとする。

＊第一段落は現行憲法の第一〇条と同様の規定だが、第二段落は、上記1の第三段落と同様の趣旨から国際的人権保障の観点に配慮したもの。

第二節　基本的な権利・自由

1．現行憲法の基本的な権利・自由

＊現行憲法の第三章（国民の権利及び義務）に掲げる個別の権利の内、この草稿に掲げるもの以外のものについては、必要な補充をした上で基本的に引き継ぐものとする。

2．いわゆる「新しい人権」の追加

①　名誉権、プライバシー権及び肖像権

・名誉、個人及び家庭のプライバシーならびに肖像権は、これを保障すること、また、これらの権利行使を保障するため、情報の利用については、法律の定めるところにより、制限することが出来ることを明確にするものとすること。

＊プライバシー保護のために、情報の利用（表現の自由）が制限されることがある旨を憲法上明確にしたところがポイントである。

②　知る権利（情報アクセス権）

・国、地方自治体その他の公共団体は、国民主権の理念にのっとり、その諸活動を国民に説明する責務が全うされるようにしなければならないものとすること。

・何人も、法律の定めるところにより、国、地方自治体その他の公共団体の保有する情報の開示を請求する権利を有するものとすること。

＊いわゆる「知る権利」については、国や自治体の「説明責任」と、国民側の「情報開示請求権」という利用面から規定してみた。これは、現行の「情報公開法」の枠組みを参考にしたものである。

③　犯罪被害者等の権利

・犯罪及びこれに準ずる心身に有害な影響を及ぼす行為によって害を被

った者及びその家族又は遺族は、個人の尊厳が重んじられ、その尊厳に相応しい処遇を保障される権利を有するものとすること。［具体的には、法律の定めるところにより、その受けた被害を回復し、又は軽減し、再び平穏な生活を営むことが出来るようにし、及びこれらの者がその被害にかかわる刑事に関する手続きに適切に関与する権利が保障されるものとすること。］

＊犯罪被害者の権利については、今国会に議員立法として提出が予定されている「犯罪被害者等基本法案」の基本理念を規定してみたものである。

3．従来の権利規定の修正

① 表現の自由と青少年の保護

・集会・結社及び言論、出版その他一切の表現の自由については、現行憲法の規定どおり、これを保障することとするとともに、併せて、青少年を保護するため、出版及び映像に関する規制について法律で定めることが出来る旨明確にするものとすること。

＊フィンランドの憲法にならって、青少年の保護・健全育成のための規制条項を追加してみたもの。

② 政教分離

・いかなる宗教団体も、国から特権を受け、又は政治上の権力を行使してはならないものとすること。

・国、地方自治体その他の公共団体及びその機関は、我が国の社会的又は文化的諸条件に照らし社会的儀礼又は習俗的行事とされている範囲を超えて、宗教的意義をもって特定の宗教を援助、助長もしくは促進又は圧迫もしくは干渉となるような宗教的活動をしてはならないものとすること。

＊第一段落は、現行憲法第二〇条一項そのままであるが、第二段落は、現行憲法第二〇条三項をわが国の実態に合わせて、緩和しようとしたものである。すなわち、神道や仏教に由来しながらも我が国伝統の習俗になっているようなものについては、この政教分離条項に違反するものでないことを明確にするため、最高裁判所（いわゆる緩和された「目的・効果基準」を採用したといわれる判例）等を参考にしながら規定したものである。

③ 財産権の保障とその限界（及び知的財産権の保障）

・財産権は、これを保障するものとし、その内容及び限界は、法律で定めるものとすること。

・財産権は義務を伴うものであり、その行使は、同時に公共の価値に適合するようにしなければならないものとすること。また、公用収用は、公共の価値のためにのみ許されるものであり、公用収用を行う場合には、法律の定めるところにより、正当な補償が行われるものとすること。

・国は、知的創造力を高め、活力ある社会を実現するため、知的財産及びその保護に関する制度の整備に努めなければならないものとすること。

＊第一・二段落は、現行憲法第二九条の財産権の保障に関する規定について、公共の価値による制約をより強化した形で手直ししたもの。これによって、特に土地所有権に代表されるような財産権の行使を制限する立法はより定めやすくなるものと思われる。

＊第三段落は、知的財産権に関する保護の規定であるが、その権利性の側面を強調するのではなくて、国に対する制度的保障としての義務付けの面から規定したものとなっている。これによって、既にある「知的財産基本法」やその個別の実施法などの法律レベルでの措置を促進することになる。

④ 企業その他の経済活動の自由

・企業その他の私的な経済活動は、自由であること。ただし、公共の価値に反し、又は安全や自由及び個人の尊厳を害するような方法で行うことは出来ないものであることを確認するものとすること。

＊現行憲法第二九条（あるいは第二二条の職業選択の自由）に含意されているとされる「営業の自由」について、企業その他の経済活動の自由という形で、規定したもの。

第三節　国民の責務

＊厳格な意味での「義務」（裁判所において具体的に強制可能な義務）ではなくて、幅広い抽象的な訓示的意味での義務というニュアンスを出すため、「責務」という形で規定したもの。国民のものである「憲法」が、国民を縛ろうとするのか、という素朴な批判にも応答できるように、又、出来るだけ幅広い合意が得られるような配慮・工夫をしたつもりである。

1．国防の義務及び徴兵制の禁止

・日本国民は、国家の独立と安全を守る義務を有するものとし、また、国家緊急事態にあっては、法律の定めるところにより、国及び地方自治体その他の公共団体の実施する措置に協力しなければならないものとすること。

・同時に、上記の規定は、徴兵制を容認するものではないことを明確にすること。

＊第一段落で「国防の義務」「国家緊急事態における協力義務」を明記するとともに、「徴兵制復活か⁉」などという懸念を払拭するため、第二段落の規定をわざわざ設けることにしたもの（なお、世界の趨勢でも、徴兵制は軍事的にも必ずしも実効的ではないものであり、職業軍人による軍隊へと変わる傾向にあるようである）。

2．納税その他の社会的費用の負担の義務

・何人も、法律の定める公正な租税制度に基づいて、納税の義務を負うものとすること。

・何人も、共生及び連帯の理念に基づいて、法律の定めるところにより、社会保障その他の社会的費用を負担する責務を有するものとすること。

＊地域社会や国家を支えるという「共生」の精神が、財政の側面で表れたものが「納税の義務」であるということができようが、それと同時に、国民負担率などにおいて租税負担と同視される社会保障の負担についても、同じ側面から位置付けようとしたもの。

第四節　社会目的（プログラム規定）としての権利及び責務

＊第二節に掲げる「基本的な権利・自由」とは異なり、「権利」性が弱く、その保護のためには国や自治体による制度の具体化が必要な、いわゆる「制度的保障」といわれる規定に属するものを、別の節としてまとめて規定しようとしたものが本節である。そこでは、個人の権利とする部分と、国家・自治体の責務とされるものとが一体化されているものが少なくないので、「第二節・基本的な権利・自由」及び「第三節・国民の責務」の後に、「プログラム規定としての権利・責務」という形で規定している（なお、このような観点からは、現行憲法の権利規定の一部（例えば第二五条の生存権規定など）についても、この節の中に位置付けるような見直しが必要となろう）。

ちなみに、このような発想は、基本的には、「人権のインフレーション」に歯止めをかけようとの趣旨に基づくものであるが、同時に、このような分類自体は、各国の憲法やEU憲法条約などにも見られるものであることにも注目したい。

1．教育の基本理念

・教育は、人格の完成を目指し、（a）この憲法の定める「個人の尊厳」が他人の権利の尊重を前提として成り立っているという自立と共生の精神を深く認識し、法令その他の社会通念の規範を遵守するとともに、主体的に社会の形成に参画する態度を涵養し、（b）生命を尊び、自然に親しみ、環境を保全し、よき習慣を身に付けること、また、（c）我

が国の歴史、伝統・文化を尊重し、郷土と国を愛し、国際社会の平和と発展に寄与する態度を涵養することを旨として行わなければならないものとすること。

＊教育こそ、国家の基礎であることにかんがみ、教育の権利・責務とは別に（最終的な条文の場所等については、更に検討が必要）、教育の基本理念を定めようとするもの。ここでは、特に（a）の利己主義を廃止、自己の権利とともに他人の権利を尊重する「公共心」の育成の必要性を、強調している。なお、いわゆる「愛国心」の明記（上記（c）の部分）に関しては、教育基本法の動きとも関連して、更に検討することも必要か。

2．家庭の保護

・国及び地方自治体は、家庭が社会生活において大切な共同体であり、子どもの健全育成の基盤であることにかんがみ、その社会的、経済的及び法的保護を保障するものとすること。

＊「家庭の保護」について、国・自治体の保護責務という形で規定したもの。「家族」ではなくて「家庭」としたのは、血族的な意味合いは明治憲法下における「家」制度を連想させるという復古的な色合いを払拭して、さまざまな形の「家庭」があることを容認する趣旨からである。同時に、そのような意味での、「家庭」は、社会や国家という「公共」を構成する最小の単位であって、そこで伝統や文化や人間的な慈しみの気持ちなどが伝承されていく土壌であることを、「不可欠な共同体」「子どもの健全育成の基盤」という表現で表そうとしたものである。

3．環境権及び環境保全の責務

・何人も、人格の発展にふさわしい良好な環境のもとに生活する権利を有し、及びこれを保護する責務を負うものとすること。

・国及び地方自治体は、現在及び将来の世代の者に対し、良好な環境に生活する権利及び自らが生活する環境に関係する政策決定に影響を及ぼす可能性を保障する責務を有するものとすること。

＊いわゆる「環境権」については、国民（市民）の側の「権利」（ただし、これがプログラム的な権利であることは、第二の「基本的な権利・自由」ではなくて本節に規定したことからも理解できよう）としてだけではなく、国民（市民）の責務であることを第一段落で明らかにするとともに、それは国・自治体の責務であることを、第二段落で明らかにしている。

4．生命倫理への配慮

・何人も、生殖医学及び遺伝子医学の乱用から保護されなければならないことを定めるものとすること。

・人の胚形質及び遺伝物質ならびに臓器、組織及び細胞の移植に関しては、法律の定めるところによらなければならないこと、また、国は、当該法律を定めるにあたっては、個人の尊厳及び人格を損なわないよう、配慮されなければならないことを定めるものとすること。

＊スイスの憲法規定などを参考にしながら、生命倫理に関する規定を設けたもの。この条項が憲法上に位置付けられることによって、生命倫理（個人の尊厳）への配慮からの学問の自由に対する法律による制限が、より適切に行われやすくなることが期待される。

第四章　平和主義及び国際協調

＊本章では、憲法目的としての「平和主義（及び国際協調）」を定め、これを担保する手段という観点から、第八章では、「国家緊急事態・自衛軍」について定めている。すなわち、崇高な理想もそれを実現するにふさわしい制度と実力を背景にして初めてその意義を有するものであることを、明確にしようとしたものである。一般に同一の議論の中で言及されることの多い「平和主義」と「自衛軍」について同じ章の中で規定しないのは、このような論理的関係を明らかにするとともに、人権保障

（第三章）と国民主権の統治機構（第五章等）との論理的関係と同様のものであることにもならったものである。

第一節　国際平和主義

1．国際平和への寄与

・日本国民は、正義と秩序を基調とする国際平和を誠実に希求し、全世界の国民がひとしく貧困、環境破壊、薬物、国際組織犯罪、感染症、紛争、難民流出、対人地雷等の社会構造的な災禍から免れ、尊厳を維持した人間として創造的で価値ある人生を生きる権利を有することを確認するものとすること。

＊現行憲法の定める平和主義を更に発展させて、小渕内閣の主導し、国際的にも定着しつつある「人間の安全保障」の基本的な考え方を規定したもの。

2．戦争の放棄と武力行使の謙抑性

・日本国民は、国権の発動たる戦争と、武力による威嚇または武力の行使は、国際紛争を解決する手段としては、永久にこれを放棄すること。

・日本国民は、自衛または国際貢献のために武力の行使をともなう活動を行う場合であっても、それは平和的な手段によっては問題の解決を図ることが困難な場合であって、武力の行使は究極かつ最終の手段であり、必要かつ最小限の範囲内で行わなければならないことを深く自覚しなければならないことを定めるものとすること。

・武力の行使を伴う活動を行う場合については、事前（緊急を要する場合には事後）の国会の承認を要するものとし、その手続き及び当該活動の基準・制限その他必要な事項については、前項の趣旨に基づいて、法律で定めるものとすること。

＊第一段落は、一項の「侵略戦争の放棄」を定めたもの。したがって、この第一段落によっては、「自衛（これには、当然に、個別的・集団的自衛の両者が含まれる）や「国際貢献（国際平和の維持・創出）」のための武力行使は、禁止されておらず、容認されることになる。第二段落では、このことを前提にして、その場合であっても、武力の行使は平和的手段が尽きた最終・究極の手段であり、さらには、必要最小限の範囲内で行われなければならないことを、規定したものである。また、第三段落は、安全保障基本法（及び国際貢献基本法）の中で、国会承認その他の具体的手続き等を定めることを義務付けており、そこでは、武力行使の手続き・基準のみならず、武器使用基準などについても、規定されることになろう。

＊以上の説明を踏まえて本条項の趣旨を端的に説明すれば、本条項は、いわゆる「制限された（集団的）自衛権を認める」という立場にたつことを明確にした規定であるということが出来る。

3．大量破壊兵器の廃絶及び非核三原則

・日本国民は、非人道的な無差別大量破壊兵器が世界から廃絶されることを希求し、自らはこのような兵器を製造せず、保有せず、及び持ち込ませないものとすること。

・上記のことに加えて、日本国民は、唯一の被爆国として、核兵器については、特に、これを製造せず、保有せず、及び持ち込ませないものとすること。

＊上記2と同様に、平和愛好国家としての我が国が率先して「大量破壊兵器の廃絶」に向けた努力をすることを、憲法レベルで規定しようとしたもの。第二段落は、事柄としては、第一段落に含まれているということも出来るが、唯一の被爆国としての我が国の「歴史」を風化させないためにも、国是としての「非核三原則」を特記したものである（表現ぶりについては、やや整理が必要か）。

第二節　国際協調

1．国際法の国内法的効力

・我が国が締結した条約及び確立された国際法規は、法律に優先し、日本国内に居住するものに対して、直接に権利及び義務を生じさせることを明らかにすること。

＊解釈にゆだねられている「条約と法律」の関係について、各国の憲法規定にならって、明確に規定しようとしたもの。

2．国際活動への積極的参加

・我が国は、確立された国際的機構の活動その他の国際の平和と安全の維持及び回復ならびに人道的支援のための国際的な共同活動に、積極的に参加するものとすること。

＊読売試案を参考にした規定である。「確立した国際的機構の活動」とは、現時点では国際連合によるものを念頭においているが、将来的にはそれにとどまるものではなくて、EUのような機関がアジアにも誕生するようなことがあれば、それもこれに含まれることになる。もちろん、現時点でも、「その他の国際の平和と安全の維持……ための国際的な共同活動」とあるから、国連の活動に限定されているわけではない。

第五章　統治の基本機構

＊本章では「統治の基本機構」ということで、国会・内閣（内閣総理大臣）という政治の基本機構だけではなくて、司法裁判所・憲法裁判所といった裁判所の組織についても、併せて規定している。というのは、憲法裁判所の組織・機能は、いわば「政治」と「（通常の）司法」との境界線に位置する組織であり、これによって統治機構全体が「抑制と均衡」の働いた制度となることを期待しているという趣旨を、形式（構成）の面でも明らかにしておくのが適切と考えるからである。

第一節　国会

1．国会の権能

国会は国の唯一の立法機関として法律を制定し、予算を議決するほか、内閣総理大臣の行政執行を監督し、この憲法が定める範囲内において司法裁判所および憲法裁判所を民主的な観点から統制するとともに、この憲法が付与するその他の権限および他の国家機関の権限とされる権限以外の一切の国政に関する権限を行使することを、確認するものとすること。

＊国会の地位に関する「国権の最高機関」という表現（憲法第四一条）は、一般に「政治的美称」と解されていること等にかんがみて、削除してある。ただし、国会は、国民代表機関として、主権者・国民に最も近い立場にある国家機関であること、そこでこそ国政の基本的方向性は決められるべきことに変わりはないのであって、その根幹が、立法権、予算の議決権、行政監視監督権等にあることを、改めて明記している。尚、権限行使について強い独立性が保障される司法裁判所・憲法裁判所についても、国会は、この憲法が定める弾劾その他の権限を行使することを通じて、民主的な観点から統制することができる旨を、明確にしている。

2．両院制及び衆参両院議員の選出方法・任期等

＊両院制を堅持しつつも、その役割分担及び選出方法については、次のように、大幅に改めるものとしている。なお、本草案で触れていない事項（成年者による普通・秘密選挙のほか、両院議員の兼職禁止、議員歳費、不逮捕特権、免責事項等）に関する規定については、基本的に現行のままとする。

①　両院制

国会は、衆議院及び参議院で、これを構成するものとすること。

②　衆議院議員

衆議院は法律の定めるところにより小選挙区及び比例選挙区から国民の直接選挙により選出された、全国民を代表する議員で組織し、その任期は四年とすること（ただし、衆議院が解散された場合には、その期間満了前であっても、その解散の時にその任期は終了すること）。

③　参議院議員

参議院は、道州ごとに法律の定めるところにより選挙された議員及び法律の定めるところにより選出（推薦）された議員で組織し、その任期は六年とし、三年ごとに議員の半数を改選すること。

＊参議院については、道州制の導入とも相まって、地域代表的な議院として構成し、その選出方法は（a）道州議会による間接選挙による部分と、（b）有識者による任命による部分とを組み合わせてある。（道州法の導入が見送られた場合には、現行の都道府県ごとの選出ということになろう）。

＊上記（b）の具体的な任命方法については、衆議院、内閣総理大臣、最高裁判所及び憲法裁判所のそれぞれからの推薦に基づいて任命することとするのが適切であると考える。（この任命手続きは、憲法事項であるとすべきであると考えるが、更に検討が必要）。なお、任命による議院としては、例えば、首相や衆参両院議長、憲法裁・最高裁長官の経験者などが想定されるのではないか。

3．国政調査権の充実強化

①　議院・委員会の国政調査権と少数者調査権

・各議院及び各議院の委員会は、それぞれ国政に関する調査を行い、これに関して、証人の出頭及び証言並びに記録の提出を要求することができるものとすること。

・上記の国政調査権の発動について各議院の議員○○人以上の議員からの要求があり、かつ、法律で定める期間以内にこれを不当と認める所管委員会の議決がないときは、当該所管委員会は、当該要求に基づく国勢調査を行う義務を負うものとすること。

＊首相権限の強化（次の第二「内閣総理大臣及び行政」参照）とのバランスをとるため、国会の国政調査権の充実強化を図ることとしたものであるが、そのポイントは、上記の第二段落にある、いわゆる「少数者調査権」である。これは、議院内閣制の下では、政府や与党（国会の多数党）に支えられることになるため、通常の多数決原理では行政監視のための情報が野党には十分には来ないことに配慮したものである。つまり、国会の行政監視機能をより十分に発揮させるために、現行国会法にも、ドイツの制度を参考にした予備的調査の制度があるが、それを一部手直しをしながら憲法事項に格上げしてみたもの。

②　議会オンブズマン

・この憲法が保障する国民の基本的な権利及び自由を擁護するとともに、国会の行政監視活動に資するため、法律の定めるところにより、国会に、議会オンブズマンを設置するものとすること。

＊本年の衆議院憲法調査会の海外調査を参考に、人権保障・行政監視の観点から議会オンブズマンを設置することとしてみたもの。国会の行政監視活動の補助者（国会補佐機関）として位置付け、その活動内容は、国会に報告されることとなる。

なお、議会オンブズマンの具体的な権限（所管事務？）については、法律レベルにおいて、「議会オンブズマンは、行政府の活動を監視し、国民からの苦情を受け付け、及び処理し、並びにその活動内容を国会に報告することを職務とする」旨定めることとなろう。

4．衆議院の優越（法律・予算・外交事案）

＊参議院議員の選出方法を道州議会による間接選挙と任命制に変えることに伴い、衆議院が唯一の直接公選の国民代表機関となることから、国民主権の原理に基づきその権能を強化し、法律案、予算案、外交関係の事案（条約と大使の任命）については、現行憲法の定める衆議院の優

越条項を更に強化した。

①　法律の制定手続

・法律案は、国会議員のみがこれを発議することができるものとし、この憲法の定めのある場合を除いては、両議院で可決したときに、法律となるものとすること。

・法律案について、両議院の議決が一致しない場合又は参議院が衆議院の可決した法律案を受け取った後三〇日以内に議決しない場合において、当該法律案を衆議院で再び可決したときは、当該法律案は法律となること、ただし、法律の定めるところにより、衆議院が、両院協議会の開催を求めることを妨げないものとすること。

＊まず、法律案については、衆議院の再議決の要件を現行の三分の二から過半数にするとともに、みなし否決の要件とされる期間も現行の六〇日から三〇日に短縮した。又、第一段落の冒頭で、法律案は、国会議員のみが発議できることとした。

②　予算の議決手続

・予算案は、現行どおり、衆議院に先に提出しなければならないこととするとともに、両議院の議決が一致しないとき又は参議院が衆議院から送付をうけた後三〇日以内に議決しないときは、衆議院の議決を国会の議決とすること。ただし、法律の定めるところにより、衆議院が、両院協議会の開催を求めることを妨げないものとすること。

③　条約の承認手続

・条約の締結に必要な国会の承認については、予算の例によるものとすること。

＊次に、予算案・条約承認については、両院の議決が一致しないときに現行憲法では必要とされている両院協議会の開催を、衆議院の意向による任意のものとし、予算の早期確定と衆議院の優越の強化の下に予算の早期確定を図った。

④　大使の任命手続

・内閣は大使を任命するに当たっては、衆議院の同意を得なければならないものとすること。

＊この大使任命についての衆議院の同意権については、上記③と同様に外交関係処理に関する国民代表機関のコントロール権強化の発想から定めたものである。

5．参議院の優越（決算先議・司法裁判所及び憲法裁判所に対する民主的統制）

＊他方、参議院の優越的権能については、①決算の先議権と、②司法裁判所及び憲法裁判所に対する民主的統制を定めている。

①　決算の先議権

・決算は先に参議院に提出しなければならないものとすること。

・決算に関する参議院の審議の結果及びその概要が衆議院に送付された場合においては、衆議院は、これを、その予算案の審議において尊重しなければならないものとすること。

＊この①は、予算の衆議院先議とのバランスにかんがみて、決算については参議院先議としたものである。これによって、予算中心の衆議院と決算中心の参議院という図式を明確にし、衆議院の決算審議・参議院の予算審議は、それぞれ他院の審議の補充・補完的なものと位置付けられることになる。

なお、決算審議の結果は予算審議に反映させてこそ意味がでてくるものであることを考えて、参議院の慎重な決算審議の結果を衆議院は尊重する旨の規定を設けることとした。

②　司法裁判所及び憲法裁判所に対する民主的統制

・最高裁判所裁判官の国民審査は廃止することとし、これに代わる最高裁判所裁判官の適格性審査は、法律の定めるところにより、参議院が行うこととすること。

・最高裁判所及び下級裁判所の裁判官並びに憲法裁判所の裁判官の訴追及び弾劾は、法律の定めるところにより、参議院が行うこととすること。

＊解散のない良識の府として、参議院には、裁判所に対するコントロール権限を与えるのが適切ではないか。ただし、司法裁判所のみならずかなり政治的な色彩を持ってこざる得ない憲法裁判所についてまで、衆議院のコントロールが一切及ばないとするのが適切か、については、更に検討が必要か。

6．**議事手続（定足数）**

・両議院は、それぞれその在籍議員三の分の一以上の出席がなければ、議決をすることができないものとすること。（議事の定足数は、削除するものとすること。）

＊あくまでも定足数は「議決」時点だけ必要とするものとし、「議事」を進める際にはこれを要しない（つまり、議長と発言者さえいればよい）ものとした。

なお、これは本会議に関する規定であるが、この趣旨にかんがみれば、新たな国会法においては、委員会における議事の定足数規定（現行国会法四九条）も削除されることとなろう。

7．**政党**

①　政党結成・活動の自由

・政党は、議会制民主政治において、国民の政治的意思を国政に媒介する重要かつ不可欠な存在であり、その結成および活動は、憲法及び法律を尊重しそれらに反しない限り、自由であることを明確にするものとすること。

②　政党法の制定

・政党は、議会制民主政治における自らの役割を深く自覚し、その健全な発展につとめなければならないこと、また、政党の内部組織及び活動は、民主主義の諸原則に適合的なものでなければならないものとし、その基準については、法律でこれを定めるものとすること。

＊通常の「結社」と同レベルで扱われている「政党」を、憲法上位置付けるとともに、その果たすべき役割を明確にすることによって、法律レベルでの政党法の制定を義務付けようとしたもの。

第二節　内閣総理大臣及び行政

＊行政権の主体は、「内閣」ではなくて「内閣総理大臣」と規定することによって、首相のリーダーシップがより実効的に発揮できる制度に改変しようとしたもの。内閣総理大臣及びその他の国務大臣によって構成される「内閣」の組織自体は残るものの、各国務大臣は、全て内閣総理大臣の行政権行使を補佐する存在となる。

なお、同時に、行政活動に絡む諸原則に関する規定も憲法上明記している。「下記の3」。

1．**内閣総理大臣のリーダーシップの明確化**

・行政権は内閣総理大臣に属するものとし、内閣総理大臣は、内政及び外交その他国務全般を総理し、直接に又は国務大臣を通じて間接に、行政各部を指揮監督することを明確にするものとすること。

2．**内閣総理大臣の職務等**

＊現行憲法において「内閣」の職務等とされている事項について、これを「内閣総理大臣」の職務等として、首相中心の行政運営を明確にすること以外は、基本的に現行憲法の規定どおりとすること。

3．**行政活動の諸原則**

次の事項を、「行政活動の諸原則」として定めるものとすること。

①　行政執行の原則

・国の行政は、国民全体の利益に奉仕し、客観的妥当性を保持しつつ、効率性の原則に従って、正義及び法律に基づいて、執行されなければならないこと。

② 国の行政機関の法定主義

・国の行政機関は、法律に基づいて、これを設置するものとすること。

③ 公務員の地位

・全ての公務員は、国民全体の奉仕者であって、法律の定めるところにより、その政治的中立性の保持に努めなければならないものとすること。

④ 国家賠償請求権

・何人も、公務員の不法行為により損害を受けたときは、法律の定めるところにより、国又は地方自治体に対して、その賠償を求めることができるものとすること。

＊①は民主主義の原則を確認したものであり、②は行政組織に対する国会のコントロールを定めたものである。③や④は、現行憲法の規定（国民の権利・義務の章に規定されている）を移動させてきただけのもの。

第三節　国会と内閣の関係

1．内閣総理大臣の任命

内閣総理大臣は、衆議院議員の中から、衆議院の議決で、これを指名するものとすること。

＊国会の組織改変によって、衆議院のみが国民代表機関となったので、内閣総理大臣は当然に衆議院議員であることを要するものとしたもの。なお、つぎの2①②の規定も、これと同趣旨の規定である。

2．国務大臣の任命

① 衆議院議員及び与党との関係

・内閣総理大臣が国務大臣を任命するに当たっては、国務大臣は、すべて衆議院議員の中から選ばれなければならないものとすること。ただし、衆議院議員でない者を国務大臣に任命することについて、衆議院の承認を得た場合又は当該衆議院議員選挙に立候補する旨の宣言をした場合については、この限りでないものとすること。

・前項ただし書の場合においても、衆議院議員でない国務大臣は国務大臣の総数の三分の一を超えてはならず、また、次の衆議院議員選挙に立候補する旨の宣言をした国務大臣が当該選挙で落選した場合には国務大臣を辞さなければならないとすること。

＊第一段落のただし書と第二段落は、これまでの議論を踏まえて、議員内閣制下における政治主導をより強化したものである。

＊尚、政府と与党との関係に関しては、第一の7に定める法律（政党法）等において、「内閣総理大臣は、政府与党の執行部の職のうち第一の7に定める法律（政党法）の定める職にある者については、これを国務大臣として任命するものとする」旨の訓示規定を置くなどして、政府・与党一体の原則を担保することも考えられる。

② 参議院議員との兼職禁止

・国務大臣は、参議院議員と兼ねることができないものとし、参議院議員が国務大臣に任命されたときは、参議院議員を辞職したものとみなすものとすること。

3．国会に対する内閣の連帯責任

＊現行憲法どおり、議員内閣制の骨格はこれを維持するものとすること。

4．閣僚の議院出席・発言の権利及び義務

・内閣総理大臣その他の国務大臣は、衆議院に議席を有すると有しないとに関わらず、いつでも議案について発言するため各議院又はその委員会に出席することができるものとすること。また、答弁又は説明のため各議院又はその委員会から出席を求められたときは、自ら出席しなければならず、それが困難な場合には、法律の定めるところに従い、副大臣等をして出席させなければならないものとすること。

＊議院内閣制のシステムからは、国務大臣の国会出席義務自体を削除

するわけにはいかないが、「やむをえない事情（出席が困難な事情）」がある場合には、副大臣等の代理出席を条件にこれを解除することは、必ずしも議院内閣制に反するものとは考えられない。国会・内閣という権力相互間の重要事項であるから、憲法事項として規定したものである。

5．衆議院による内閣不信任決議と衆議院の解散（理由明示の必要性）

・内閣は、衆議院で不信任の決議案を可決し、又は信任の決議案が否決したときは、一〇日以内に衆議院が解散されない限り、総辞職をしなければならないものとすること。

・内閣総理大臣は、上記の不信任決議案が可決され、又は信任の決議案が否決された場合のほか、議会民主政治の運営上、新たに国民の意思を問うことについて客観的かつ十分な理由があると認める場合には、その理由を示して、衆議院を解散することができるものとすること。

＊第二段落では、不信任決議案可決の場合（六九条解散）以外の一般的な解散（いわゆる七条解散）が認められることを明文で定めるとともに、それが認められる場合の抽象的な要件を具体化したもの。同時に、その解散理由の明示も規定している。ただし、その適正さは、全て選挙で判断されるだけである。

第四節　司法裁判所

＊憲法裁判所の設置に伴い、通常の裁判所については、「司法裁判所」と位置付けることとした。これは、「事件性」の要件（個別具体的な訴訟の提起があって初めて権限を行使すること）を前提とすることを「司法」作用の核心とする用例にならったものである。

1．最高裁判所及び下級裁判所の権能／裁判官の独立等

＊この司法裁判所の章については、次に特記する事項以外は、基本的に、現行憲法の「司法」の章の規定を引き継ぐものとする。

2．専門の特別裁判所

・行政事件、知的財産権その他の専門的事項に関する事件を処理するため、特別の裁判所を設けることができるものとすること。ただし、それらは終審裁判所として事件を処理することはできず、最高裁判所の下に設置されるものとすること。

＊行政裁判所等の専門裁判所の設置を明文で認めることとしたもの。ただし、それらはすべて最高裁判所への上訴の道が開かれていなければならず、これによって、法令解釈の統一性を担保しようとしたもの（その意味では、現行憲法下においても、法律で認められるものではあるが、それを憲法上明記したことに、本条項の意味はある）。

3．裁判官の報酬

・すべて裁判官は、定期に相当額の報酬を受けるものとし、裁判官の独立を害することとなる報酬の減額は、これをしてはならないものとすること。

＊批判の多い現行憲法七九条・八〇条を実態に合わせて改めようとしたもの。

4．司法への国民参加

・司法への国民の参加に関しては、法律でこれを定めるものとすること。

＊現行憲法の解釈として、陪審制などのように民間の陪審員の評決が裁判官を拘束するものとする制度は「職業裁判官による裁判」を受ける権利を侵害する、との主張があることにかんがみて、裁判員制度等が憲法上認容されることを明らかにしたもの。

5．司法裁判所の法令審査権（憲法判断の憲法裁判所への移送）

・司法裁判所（最高裁判所及び法律の定める下級裁判所）が、裁判において、その効力が問題となる法律、条例、命令、規則又は処分がこの憲法に違反すると認めるときは、その手続を中止して、憲法裁判所の裁判を求めなければならないものとすること。

＊憲法裁判所の設置に伴い、憲法の最終的な有権解釈権は、最高裁判所ではなくて憲法裁判所に移管されるため、両者の間の調整を計った規定。

第五節　憲法裁判所

1．憲法裁判所の権能

①　憲法適合性の裁判（抽象的・具体的規範統制）

・憲法裁判所は、一切の法律、条例、命令、規則又は処分がこの憲法に適合するかしないかを決定する権限を有する一審にして終審の裁判所とすること。

・上記の憲法適合性の裁判は、次の各号に掲げるとおり、当該各号に掲げる者からの移送又は申し立てに基づいて行うものとすること。

一　［具体的規範統制］　司法裁判所において係属する事件の裁判に関して、当該司法裁判所から、法律、条例、命令、規則又は処分の憲法適合性の判断を求めるために移送されたとき。

二　［抽象的規範統制］　法律、条例、命令又は規則が制定（公布）されてから○○日以内に、当該法律等について内閣総理大臣、衆議院議員若しくは参議院議員のそれぞれ三分の一以上の議員から、又は条例について当該条例に係る地方自治体の首長若しくは議会の議員の三分の一以上の議員から、憲法適合性の裁判を求める申し立てがあったとき。

＊ドイツの憲法裁判所では、以上の二つの権限のほか、一般国民からの「憲法異議の訴え」を受理・審査する権限も規定されているが、あまりに過大な事務が憲法裁判所に持ち込まれることは、発足当初の制度設計としては必ずしも適切ではない。イタリアの憲法裁判所にならって、上記の二つの権限に限定したのは、そのような趣旨からである。

②　権限訴訟及び国民投票に関する権限等

・①に規定するもののほか、憲法裁判所は、法律で定める事項に関する権限を行使することができるものとすること。

＊「法律で定める事項」としては、たとえば、国と地方自治体あるいは地方自治体相互間の権限争いの裁定、国民投票の適法性の監督・審査などが想定される。

2．憲法裁判所の裁判官の任命等

・憲法裁判所は、○○名の裁判官で構成するものとし、その裁判官は、法律の定めるところにより、国会、最高裁判所及び内閣が推薦する名簿に基づいて、天皇が、内閣の助言と承認に基づいて、任命するものとすること。また、憲法裁判所の長官は、天皇が、内閣の助言と承認に基づいて、憲法裁判所の裁判官の中から、国会の同意を得て、任命するものとすること。

・憲法裁判所の裁判官の任期は○○年とし、再任されないものとすること。

・憲法裁判所の裁判官は、心身の故障のために職務を執る事ができないと決定された場合を除いては、法律の定める弾劾の手続によらなければ、罷免されないものとすること。

＊憲法裁判所の構成は、かなり政治的な中立性が要求されるが、諸外国の憲法裁判所の構成例にならって、立法・行政・司法がそれぞれ推薦するシステムを採った。いずれにしても、全会一致で選任されるような人物が選ばれるような運用が望ましい。第二段落は、再任不可とすることによって、その独立性を強化しようとしたもの。

なお、第三段落の訴追・弾劾の手続は、参議院の権能とすることが考えられる。（本章第一節の5の②参照）

3．違憲判決の効力

・憲法裁判所が、1の①の第一号の移送（具体的規範統制）をうけて法律等の規定又は処分について違憲の判決をしたときは、当該移送に係る事件に関しては、何人もこの判決に拘束されるものとすること。

・憲法裁判所が、1の①の第二号の申し立て（抽象的規範統制）を受けて法律等の規定について違憲の判決をしたときは、その決定が公示された日の翌日から、当該法律等の規定は、その効力を失うものとすること。

第六章　財政

1．財政処理の基本原則

・国の財政は、国会の議決に基づいて、内閣がこれを処理するものとすること。

＊現行憲法の「財政」の章（第八章）については、次に掲げる事項以外の事項については、基本的に現行憲法どおりとすること。

・国は、健全な財政を目指して、財政を適正に維持し、及び運営をしなければならないものとすること。

＊議論となった「財政均衡」の条項については、「健全財政」を目指す旨の訓示規定として規定してみたが、さらに検討が必要か。

2．複数年度予算の編成等

・内閣総理大臣は、必要があると認めたときは、法律の定めるところにより、一年を超えた期間を一会計年度として予算を編成することができるものとすること。

・後年度負担を伴う歳出を定める予算を編成する場合には、次世代への財政負担の責任を明確にするため、法律の定めるところにより、その理由、負担の原因及び数額その他の必要な情報を開示しなければならないものとすること。後年度負担を伴う歳出を義務づける法律を制定する場合も、同様とすること。

＊上記の「複数年度予算の編成」「後年度負担を伴う財政支出」については、その制度の具体的内容が必ずしも明らかではなく、他の条項への影響（決算制度や予算を伴う議員立法等）などを含めて、更に検討が必要か。

3．公の財産の支出又は利用の制限（現行憲法八九条）の改正

・公金その他の公の財産は、宗教上の組織若しくは団体の使用、便益若しくは維持のために、これを支出し、又は利用してはならないものとすること。

＊現行憲法八九条については、宗教団体への支出の部分だけを残し、いわゆる私学助成をはじめとする慈善・教育・博愛の事業に対する部分は、削除することとした。

4．決算と会計検査院

・内閣は、国の収入支出の決算を、その年度の終了後速やかに国会に提出し、その議決を経なければならないものとすること。

・国会は、内閣から決算の提出を受けた場合には、これを会計検査院の検査に付し、その検査報告を受けた上で、これを審査するものとすること。

・会計検査院は、国会の付属機関とすること。

＊この規定のポイントは、決算を単なる国会への報告事項ではなくて「議決事項」として国会の関与を強めている点（第一段落）と、会計検査院を国会付属機関としたこと（第三段落）にある。なお、参議院の決算の先議権については、第四章の第一節の5を参照。

第七章　地方自治

第一節　地方自治の原理

1．地方自治体の役割

・地方自治体は、住民の生活の基本的な場所である基礎的共同体の重要性にかんがみて、住民の福祉の増進を図ることを目的として、地域における行政を自主的かつ総合的に実施する役割を広く担うものとすること。

＊地方自治の目標（地方分権の究極のねらい）は、地域住民の生活に

密着した行政活動の強化充実によって住民福祉の向上にあることを確認するものである。これによって、地域社会の有するわが国特有の文化や伝統の継承にも資することとなろう。

2. 国と地方自治体の役割分担の原則

・国は、外交、防衛等の国際社会における国家としての存立にかかわる事務、司法等の全国的に統一して定めることが望ましい国民の諸活動もしくは地方自治に関する基本的な準則に関する事務又は全国的な規模で若しくは全国的な視点に立って行わなければならない施策及び事業の実施その他の国が本来果たすべき役割のみを担うものとし、地方自治体は、住民に身近な行政をできるだけ幅広く担うものとすること。

＊上記1の自治体の役割と2の国と自治体の役割分担の原則、地方分権一括法によって地方自治法に追加された規定（同法上の2）を、憲法レベルに格上げしたもの。

・上記の地方自治に関する基本的な準則については、法律で定めるものとすること。この法律を定めるに当たっては、地域の特性に応じた多様な組織及び権限が保障されるように配慮しなければならないものとすること。

＊現行地方自治法は、あまりにも地方自治体の活動を細かく規定していること（例えば、地方議会の議事手続や定数、付属機関の設置など）にかんがみ、今後は、その大枠のみを定め、各自治体の裁量の幅を拡大するものとしている。ただし、連邦制を採用しようというものではないので、あくまでも国会が定める法律（例えば、「地方自治基本法」というような法律）で大枠を定める、という骨格は維持することとしている。

第二節　地方自治体の種類

・地方自治体は、道州及び市町村並びに自治区（仮称）とすること。

・道州は市町村を包括し、市町村は自治区を包括するものとすること。

・自治区は、法律の定める手続により設けることができる任意のものとすること。

＊自治体の種類については、広域的な自治体である道州と、基礎的自治体である市町村の二層制を基本とした。ただ、市町村合併の結果、市町村が地域住民からやや遠い存在となることに配慮し、コミュニティ（共同体）としての一体性を維持する観点から、「自治区（仮称）」を設けることもできるようにした。

第三節　地方自治行政の基本原則（補完性の原則）

1. 地方自治体の権限及び機関

①　市町村の事務と基本条例

・市町村は、基礎的な地方自治体として、地域における事務を処理するものとし、その組織及び運営の基本方針については、法律の定めるところにより、基本条令を制定するものとすること。

②　自治区の事務

・市町村の区域内に自治区が設けられたときは、市町村は、法律の定めるところにより、その事務を自治区に処理させるものとすること。

③　道州の事務

・道州は、市町村を包括する広域的な地方自治体として、地域における事務のうち、広域にわたるもの、市町村に関する連絡調整に関するもの及びその規模又は性質において市町村が処理することが適当でないと認められるものを処理するものとすること。

＊市町村こそが基礎的自治体として、基本的に地域の事務を処理すること、道州は広域的自治体として、市町村にできないことを中心に事務処理をすることを定め、いわゆる「補完性の原則」を明らかにしたもの。なお、任意の組織である自治区が設けられたときは、基礎的自治体である市町村の事務の一部を処理するものとした。

2．地方自治体の機関

① 道州の機関

・道州には、その議事機関として、住民の直接選挙により選出される議員からなる議会を設置するものとすること。

・道州の長は、住民の直接選挙によって選出されるものとすること。

② 市町村及び自治区の機関

・市町村及び自治区の機関については、当該市町村又は自治区の基本条例で定めるものとすること。

＊各自治体の機関の選任方法については、大統領制的な仕組み、議院内閣制的な仕組み、シティマネージャー制的な仕組みなどさまざまであり得るから、各自治体は、その規模・特質等に応じて、それぞれの自治体の憲法ともいうべき「基本条例」において自由に定めることができるものとした。

＊しかし、道州については、憲法でもって、議会の設置とその公選、首長の公選というシステムを、一律に採用することにした。ただし、首長の公選については、道州の規模にもよるが、議院内閣制の下の首相との対比で、あまりにも強力な大統領的な仕組みが適当かどうか、更に検討が必要か。

3．地方自治体の権能

① 事務執行権及び条例制定権

・地方自治体は、その財産を管理し、事務を処理し、及び行政を執行する機能を有し、法律の範囲内で条令を制定することができるものとすること。

② 健全財政の責務と課税自主権の保障

・地方自治体は、自主財源を基礎とする健全な財政を目指して、財政を適正に維持し、及び運営しなければならないものとすること。

・国は、地方自治体の自主財源確保に資するため、法律の定めるところにより、課税自主権を保障するものとすること。

＊①は自治体の事務執行権と条例制定権について定めるもので、現行憲法九四条そのままの規定であるが、②では、健全財政の責務規定（第一段落）とともに、要望の強い課税自主権の保障の規定（第二段落）を定めている。ただし、課税自主権の保障の具体的なイメージについては、更に検討が必要か。

第八章　国家緊急事態及び自衛軍

＊本章については、基本的に昨年七月二四日付けの「安全保障についての要綱案」をベースにし、この間の議論をはめこむ形で修文したものである。

第一節　国家緊急事態

1．国家緊急事態の布告

内閣総理大臣は、次に掲げる国家緊急事態が生じたと認めるときは、法律の定めるところにより、その旨を布告するものとすること。

一　防衛緊急事態　外部からの武力攻撃により国家の独立又は安全に重大な影響が生じ、又は生ずるおそれがある事態

二　治安緊急事態　テロリスト等による大規模な攻撃その他我が国又は地方自治体の存立又は自由で民主的な基本秩序に対する差し迫った危険が生じ、又は生ずるおそれがある事態

三　災害緊急事態　大規模な自然災害等により国民の生命、身体又は財産に重大な被害が生じ、又は生ずるおそれがある事態

＊防衛緊急事態（いわゆる我が国有事＝武力攻撃事態）以外の場合も含めて、非常事態を三つの類型に分けて、それぞれの定義を設けることとした。ドイツの基本法（憲法）などの規定を参考にしたものである。

2．国家緊急事態における措置

① 国民保護の原則

国家緊急事態において、執られる措置は、すべて国民の生命、身体及び財産の保護を旨として講ぜられるものでなければならないものとすること。

② 国家緊急事態における基本的な権利・自由の制限に関する措置

・国家緊急事態の布告が発せられた場合には、この憲法及びこの憲法の規定に基づく法律の定めるところにより、第三章に定める基本的な権利・自由は、その布告が発せられている期間、特にこれを制限することができるものとすること。

［制限される権利とその条件……略］

・国家緊急事態においても、この憲法の定めるところにより、基本的な権利・自由は保障されなければならず、前項の規定によりこれを制限することが余儀なくされるに至った場合にあっても、その制限に係る措置は必要最小限のものでなければならないものであること。

＊①において国家緊急事態における国民保護の大原則を定めるとともに、②では、例外的に基本的な権利・自由が制限されることがあり得ることを定めたものである。

③ 内閣総理大臣の職務代行に関する特例措置

・国家緊急事態において内閣総理大臣が欠けた場合は、新たに内閣総理大臣が任命されるまでの間、あらかじめ内閣総理大臣が指名する国務大臣が、一切の職務を行うことができるものとすること。

④ 国会及び国会議員に関する特例措置

・国家緊急事態において、国会の措置を待つ暇がないときは、内閣総理大臣は、必要な措置を講ずるため、法律で定めるべき事項に関し政令を制定することができるものとすること。ただし、その措置については、国会の事後の承認を得なければならないものとすること。

・上記に規定する場合のほか、国家緊急事態において、国会を開会することが困難な場合には、国会の権能は、両院合同緊急委員会が行使するものとし、両院合同緊急委員会の組織については、法律で定めるものとすること。

・国家緊急事態の間に国会議員の任期が満了するときは、その任期は非常事態の終了まで延長されることとし、また、国家緊急事態においては、衆議院は解散されないものとすること。

＊③④は、行政・立法の各機関が機能不全に陥った場合の規定である。いずれも、昨年七月の「安全保障についての要綱案」でも、同様の規定が設けられている。

3．国家緊急事態における民主的統制

① 法定主義の原則

この憲法に定めるもののほか、国家緊急事態に対処するために内閣総理大臣が講ずる措置は、法律の定めるところに基づかなければならないこと。

② 国家緊急事態の認定及び措置に関する国会の関与

・国家緊急事態の認定及びこれに対処するために講ぜられる措置の概要については、原則として、国会の事前の承認を得なければならないものとすること。

・前項の規定による国会の事前の承認を得ることができないときは、事後に国会の承認を得なければならないものとすること。この場合において、事後の承認が得られないときは、当該承認を得ようとした国家緊急事態に係る措置は中止されなければならないものとすること。

・国会が国家緊急事態の終了を議決したときも、当該国家緊急事態に係る措置は終了されなければならないものとすること。

＊国家緊急事態の認定及び終了に関して、国会の関与を定めるもので、必要最小限かつ究極のシビリアン・コントロールを機能させるための規定である。

第二節　自衛軍

1．自衛軍の設置と武力行使の謙抑制

・我が国は、国家の独立及び国民の安全を守るため、内閣総理大臣の最高の指揮監督権の下に、個別的又は集団的自衛権を行使するための必要最小限度の戦力を保持する組織として、法律の定めるところにより、自衛軍を設置するものとすること。

・自衛軍による武力の行使は、それが究極かつ最終の手段であり、必要かつ最小限の範囲内で行わなければならないことを深く自覚しなければならないものであって、法律の定めるところによらなければならないものとすること。

＊第一段落では、自衛軍（名称については、更に検討が必要か。）を憲法上の機関として認知するとともに、①それが内閣総理大臣の指揮下にあること、②自衛軍の有する実力は「戦力」であること、を定めている。また、第二段落では、自衛軍による武力行使の謙抑制を定めている。これは、第四章第一節「平和主義」と同趣旨の規定であり、その趣旨は、いわゆる「制限された（集団的）自衛権」のみを容認する。という立場に立つものである。

2．自衛軍の任務

・自衛軍は、我が国の平和と独立を守り、国の安全を保つため、防衛緊急事態に対し我が国を防衛することを目的とすること。

・自衛軍は、上記の任務のほか、法律の定めるところにより、治安緊急事態、災害緊急事態その他の公共の秩序の維持に当たること及び国際貢献のための活動（武力の行使を伴う活動を含む。）を行うことをも任務とすること。

＊自衛軍の任務は、①防衛緊急事態における国家防衛を任務とすることは当然であるが、同時に、②治安緊急事態や災害緊急事態においても出動できること、③さらには、武力の行使を含む国際貢献の活動をも任務として行うことができること、を明記している。

3．軍事規律維持のための組織等

・自衛軍の軍事規律を維持するため、法律の定めるところにより、特別の組織の設置その他の必要な措置を講ずることができるものとすること。

・前項の措置については、最終的に、司法裁判所及び憲法裁判所の審査に服することが保障されるものとすること。

＊上記のように、自衛軍を「戦力」を有する実力組織＝軍隊として認めることに伴って、その軍事規律の維持のために、その違反行為に対しては、一般の裁判所とは異なる特別裁判所の管轄に服させることが適切であるとも考えられる。ただし、他の特別裁判所と同様に（第五章第四節の2）、最高裁判所への上訴（及び憲法裁判所の判断）を保障している。

第九章　改　正

1．憲法改正案の原案の提案権

憲法改正案の原案の提案権は、国会議員のみがこれを有するものとすること。

＊憲法改正案の原案の提案権は、法律案の場合と同様に（第五章第一節の4）、国会議員のみが有することとした。したがって、内閣がこれを提案しようというときは、衆議院議員たる内閣総理大臣の名前で提案することとなろう。

2．憲法改正の要件

① 憲法改正の手続

・この憲法の改正は、次のいずれかの方法によることを要するものとすること。

一　各議院の総議員の過半数の賛成で国会が憲法改正案を可決し、法

律で定めるところにより、これを国民投票に付し、その有効投票数の過半数による承認を経ること。

二　各議院の三分の二以上の賛成で、憲法改正案を可決すること。

②　改正手続の特則

・第一章から第四章まで及びこの章の規定（「総則」、「象徴天皇制」、「基本的な権利・自由及び責務」及び「平和主義・国際協調」並びに「改正」）の改正は、①の第一号の方法によらなければならないものとすること。

＊あらゆる場合に両議院の三分の二以上の賛成と国民投票での過半数の賛成を要求する現行憲法の改正手続を緩和し、国民投票を要しない場合も規定することとした。ただし、我が国の「国柄」ともいえる「象徴天皇制」とか基本的人権、平和主義に関する規定等については、事柄の重大性にかんがみて、国民投票を義務づけている。

3．**憲法改正の公布**

・憲法の改正について、2の①の第一号の承認を経たとき又は同第二号の可決があったときは、天皇は、国民の名で、直ちにこれを公布するものとすること。

資料Ⅲ・13

平成一七年度以降に係る防衛計画の大綱

二〇〇四年一二月一〇日
安全保障会議決定　閣議決定

コメント

1．本大綱は、一九九五年に策定された大綱以来、ほぼ一〇年ぶりに改訂をみた大綱である。二〇〇四年一〇月に発表した安全保障と防衛力に関する懇談会報告（⇩Ⅲ・10）を受けて、策定された。

2．第一に、大綱は情勢の特徴として、二つの点を強調した。一つは、非国家主体による新たな脅威であり、二つ目が東アジア地域における安全保障上の不安定要因の存在である。

3．第二に、大綱は、そうした情勢をふまえた我が国安全保障の二つの目標として、前記安保防衛懇の報告にそって、日本の防衛と国際安全保障環境の改善をあげ、その目標を達成するための防衛力のあり方として従来の「基盤的防衛力」構想では不十分とし、「新たな脅威や多様な事態に実効的に対応しうるものにする」ことを打ち出した。

4．第三に、これを受けた防衛力のあり方として、新たな脅威や多様な事態への実効的対応のため、弾道ミサイル防衛システム整備、ゲリラ、特殊部隊への対応、島嶼部侵略や領空侵犯、武装工作船等への対応などが指摘された。また本格的な侵略事態への備えの縮減を図ると同時に、国際平和協力活動への体制整備が謳われた。

5．第四に、留意事項として、財政事情を勘案しての、効率化、合理化、資源の重点配分が指摘されたことも注目される。

Ｉ　策定の趣旨

我が国を取り巻く新たな安全保障環境の下で、我が国の平和と安全及び国際社会の平和と安定を確保するために、今後の我が国の安全保障及び防衛力の在り方について、「弾道ミサイル防衛システムの整備等について」（平成一五年一二月一九日　安全保障会議及び閣議決定）に基づき、ここに「平成一七年度以降に係る防衛計画の大綱」として、新たな指針を示す。

Ⅱ　我が国を取り巻く安全保障環境

１　今日の安全保障環境については、米国の九・一一テロにみられるとおり、従来のような国家間における軍事的対立を中心とした問題のみならず、国際テロ組織などの非国家主体が重大な脅威となっている。大量破壊兵器や弾道ミサイルの拡散の進展、国際テロ組織等の活動を含む新たな脅威や平和と安全に影響を与える多様な事態（以下「新たな脅威や多様な事態」という。）への対応は、国家間の相互依存関係の一層の進展やグローバル化を背景にして、今日の国際社会にとって差し迫った課題となっている。また、守るべき国家や国民を持たない国際テロ組織などに対しては、従来の抑止が有効に機能しにくいことに留意する必要がある。

一方、冷戦終結後一〇年以上が経過し、米ロ間において新たな信頼関係が構築されるなど、主要国間の相互協力・依存関係が一層進展している。こうした状況の下、安定した国際環境が各国の利益に適うことから、国際社会において安全保障上の問題に関する国際協調・協力が図られ、国連をはじめとする各種の国際的枠組み等を通じた幅広い努力が行われている。

この中で、唯一の超大国である米国は、テロとの闘いや大量破壊兵器の拡散防止等の課題に積極的に対処するなど、引き続き、世界の平和と安定に大きな役割を果たしている。

また、国際社会における軍事力の役割は多様化しており、武力紛争の抑止・対処に加え、紛争の予防から復興支援に至るまで多様な場面で積極的に活用されている。

２　我が国の周辺においては、近年さらに、国家間の相互依存が拡大・深化したことに伴い、二国間及び多国間の連携・協力関係の充実・強化が図られている。

他方、冷戦終結後、極東ロシアの軍事力は量的に大幅に削減されたが、この地域においては、依然として核戦力を含む大規模な軍事力が存在するとともに、多数の国が軍事力の近代化に力を注いできた。また、朝鮮半島や台湾海峡を巡る問題など不透明・不確実な要素が残されている。この中で、北朝鮮は大量破壊兵器や弾道ミサイルの開発、配備、拡散等を行うとともに、大規模な特殊部隊を保持している。北朝鮮のこのような軍事的な動きは、地域の安全保障における重大な不安定要因であるとともに、国際的な拡散防止の努力に対する深刻な課題となっている。また、この地域の安全保障に大きな影響力を有する中国は、核・ミサイル戦力や海・空軍力の近代化を推進するとともに、海洋における活動範囲の拡大などを図っており、このような動向には今後も注目していく必要がある。

このような中で、日米安全保障体制を基調とする日米両国間の緊密な協力関係は、我が国の安全及びアジア太平洋地域の平和と安定のために重要な役割を果たしている。

３　以上のような我が国を取り巻く安全保障環境を踏まえると、我が国に対する本格的な侵略事態生起の可能性は低下する一方、我が国としては地域の安全保障上の問題に加え、新たな脅威や多様な事態に対応することが求められている。

4　なお、我が国の安全保障を考えるに当たっては、奥行きに乏しく、長大な海岸線と多くの島嶼が存在しており、人口密度も高いうえ、都市部に産業・人口が集中し、沿岸部に重要施設を多数抱えるという安全保障上の脆弱性を持っていること、災害の発生しやすい自然的条件を抱えていること、さらに、我が国の繁栄と発展には、海上交通の安全確保等が不可欠であることといった我が国の置かれた諸条件を考慮する必要がある。

Ⅲ　我が国の安全保障の基本方針

1　基本方針

我が国の安全保障の第一の目標は、我が国に直接脅威が及ぶことを防止し、脅威が及んだ場合にはこれを排除するとともに、その被害を最小化することであり、第二の目標は、国際的な安全保障環境を改善し、我が国に脅威が及ばないようにすることである。

我が国は、国際の平和と安全の維持に係る国際連合の活動を支持し、諸外国との良好な協調関係を確立するなどの外交努力を推進するとともに、日米安全保障体制を基調とする米国との緊密な協力関係を一層充実させ、内政の安定により安全保障基盤の確立を図り、効率的な防衛力を整備するなど、我が国自身の努力、同盟国との協力及び国際社会との協力を統合的に組み合わせることにより、これらの目標を達成する。

また、我が国は、日本国憲法の下、専守防衛に徹し、他国に脅威を与えるような軍事大国とならないとの基本理念に従い、文民統制を確保するとともに、非核三原則を守りつつ、節度ある防衛力を自主的に整備するとの基本方針を引き続き堅持する。

核兵器の脅威に対しては、米国の核抑止力に依存する。同時に、核兵器のない世界を目指した現実的・漸進的な核軍縮・不拡散の取組において積極的な役割を果たすものとする。また、その他の大量破壊兵器やミサイル等の運搬手段に関する軍縮及び拡散防止のための国際的な取組にも積極的な役割を果たしていく。

2　我が国自身の努力

（1）基本的な考え方

安全保障政策において、根幹となるのは自らが行う努力であるとの認識の下、我が国として総力を挙げた取組により、我が国に直接脅威が及ぶことを防止すべく最大限努める。また、国際的な安全保障環境の改善による脅威の防止のため、我が国は国際社会や同盟国と連携して行動することを原則としつつ、外交活動等を主体的に実施する。

（2）国としての統合的な対応

一方、こうした努力にもかかわらず、我が国に脅威が及んだ場合には、安全保障会議等を活用して、政府として迅速・的確に意思決定を行い、関係機関が適切に連携し、政府が一体となって統合的に対応する。このため、平素から政府の意思決定を支える情報収集・分析能力の向上を図る。また、自衛隊、警察、海上保安庁等の関係機関は、適切な役割分担の下、一層の情報共有、訓練等を通じて緊密な連携を確保するとともに、全体としての能力向上に努める。さらに、各種災害への対応や警報の迅速な伝達をはじめとする国民の保護のための各種体制を整備するとともに、国と地方公共団体が相互に緊密に連携し、万全の態勢を整える。

（3）我が国の防衛力

防衛力は、我が国に脅威が及んだ場合にこれを排除する国家の意思と能力を表す安全保障の最終的担保である。

我が国はこれまで、我が国に対する軍事的脅威に直接対抗するよりも、自らが力の空白となって我が国周辺地域の不安定要因とならないよう、独立国としての必要最小限の基盤的な防衛力を保有するという「基盤的防衛力構想」を基本的に踏襲した「平成八年度以降に係る防衛計画の大綱」（平成七年一一月二八日安全保障会議及び閣議決定）に従って防衛力の整備を進めてきたところであり、これにより日米安全保障体制と相まって、侵略の未然防止に寄与してきた。

今後の防衛力については、新たな安全保障環境の下、「基盤的防衛力構想」の有効な部分は継承しつつ、新たな脅威や多様な事態に実効的に対応し得るものとする必要がある。また、国際社会の平和と安定が我が国の平和と安全に密接に結びついているという認識の下、我が国の平和と安全をより確固たるものとすることを目的として、国際的な安全保障環境を改善するために国際社会が協力して行う活動（以下「国際平和協力活動」という。）に主体的かつ積極的に取り組み得るものとする必要がある。

このように防衛力の果たすべき役割が多様化している一方、少子化による若年人口の減少、格段に厳しさを増す財政事情等に配慮する必要がある。

このような観点から、今後の我が国の防衛力については、即応性、機動性、柔軟性及び多目的性を備え、軍事技術水準の動向を踏まえた高度の技術力と情報能力に支えられた、多機能で弾力的な実効性のあるものとする。その際、規模の拡大に依存することなくこれを実現するため、要員・装備・運用にわたる効率化・合理化を図り、限られた資源でより多くの成果を達成することが必要である。

3　日米安全保障体制

米国との安全保障体制は、我が国の安全確保にとって必要不可欠なものであり、また、米国の軍事的プレゼンスは、依然として不透明・不確実な要素が存在するアジア太平洋地域の平和と安定を維持するために不可欠である。

さらに、このような日米安全保障体制を基調とする日米両国間の緊密な協力関係は、テロや弾道ミサイル等の新たな脅威や多様な事態の予防や対応のための国際的取組を効果的に進める上でも重要な役割を果たしている。

こうした観点から、我が国としては、新たな安全保障環境とその下における戦略目標に関する日米の認識の共通性を高めつつ、日米の役割分担や在日米軍の兵力構成を含む軍事態勢等の安全保障全般に関する米国との戦略的な対話に主体的に取り組む。その際、米軍の抑止力を維持しつつ、在日米軍施設・区域に係る過重な負担軽減に留意する。

また、情報交換、周辺事態における協力を含む各種の運用協力、弾道ミサイル防衛における協力、装備・技術交流、在日米軍の駐留をより円滑・効果的にするための取組等の施策を積極的に推進することを通じ、日米安全保障体制を強化していく。

4　国際社会との協力

国際的な安全保障環境を改善し、我が国の安全と繁栄の確保に資するため、政府開発援助（ＯＤＡ）の戦略的な活用を含め外交活動を積極的に推進する。また、地域紛争、大量破壊兵器等の拡散や国際テロなど国際社会の平和と安定が脅かされるような状況は、我が国の平和と安全の確保に密接にかかわる問題であるとの認識の下、国際平和協力活動を外交と一体のものとして主体的・積極的に行っていく。

特に、中東から東アジアに至る地域は、従来から我が国と経済的結びつきが強い上、我が国への海上交通路ともなっており、資源・エネルギーの大半を海外に依存する我が国にとって、その安定は極めて重要である。このため、関係各国との間で共通の安全保障上の課題に対する各般の協力を推進し、この地域の安定化に努める。

二一世紀の新たな諸課題に対して、国際社会が有効に対処するためには、普遍的かつ包括的な唯一の国際機関である国連の機構を実効性と信頼性を高める形で改革することが求められており、我が国としても積極的にこの問題に取り組んでいく。

アジア太平洋地域においては、ＡＳＥＡＮ地域フォーラム（ＡＲＦ）等の地域の安全保障に関する多国間の枠組みや、テロ対策や海賊対策といった共通の課題に対する多国間の努力も定着しつつあり、我が国としては、引き続き、こうした努力を推進し、米国との協力と相まって、この地域における安定した安全保障環境の構築に向け、適切な役割を果たすものとする。

Ⅳ　防衛力の在り方

１　防衛力の役割

今後の我が国の防衛力については、上記の認識の下、以下のとおり、それぞれの分野において、実効的にその役割を果たし得るものとし、このために必要な自衛隊の体制を効率的な形で保持するものとする。
（１）新たな脅威や多様な事態への実効的な対応
事態の特性に応じた即応性や高い機動性を備えた部隊等をその特性や我が国の地理的特性に応じて編成・配置することにより、新たな脅威や多様な事態に実効的に対応する。事態が発生した場合には、迅速かつ適切に行動し、警察等の関係機関との間では状況と役割分担に応じて円滑かつ緊密に協力し、事態に対する切れ目のない対応に努める。

新たな脅威や多様な事態のうち、主なものに関する対応と自衛隊の体制の考え方は以下のとおり。
ア　弾道ミサイル攻撃への対応
弾道ミサイル攻撃に対しては、弾道ミサイル防衛システムの整備を含む必要な体制を確立することにより、実効的に対応する。我が国に対する核兵器の脅威については、米国の核抑止力と相まって、このような取組により適切に対応する。
イ　ゲリラや特殊部隊による攻撃等への対応
ゲリラや特殊部隊による攻撃等に対しては、部隊の即応性、機動性を一層高め、状況に応じて柔軟に対応するものとし、事態に実効的に対応し得る能力を備えた体制を保持する。
ウ　島嶼部に対する侵略への対応
島嶼部に対する侵略に対しては、部隊を機動的に輸送・展開し、迅速に対応するものとし、実効的な対処能力を備えた体制を保持する。
エ　周辺海空域の警戒監視及び領空侵犯対処や武装工作船等への対応
周辺海空域において、常時継続的な警戒監視を行うものとし、艦艇や航空機等による体制を保持する。また、領空侵犯に対して即時適切な措置を講ずるものとし、戦闘機部隊の体制を保持する。さらに、護衛艦部隊等を適切に保持することにより、周辺海域における武装工作船、領海内で潜没航行する外国潜水艦等に適切に対処する。
オ　大規模・特殊災害等への対応
大規模・特殊災害等人命又は財産の保護を必要とする各種の事態に対しては、国内のどの地域においても災害救援を実施し得る部隊や専門能力を備えた体制を保持する。
（２）本格的な侵略事態への備え
見通し得る将来において、我が国に対する本格的な侵略事態生起の可能性は低下していると判断されるため、従来のような、いわゆる冷戦型の対機甲戦、対潜戦、対航空侵攻を重視した整備構想を転換し、本格的な侵略事態に備えた装備・要員について抜本的な見直しを行い、縮減を図る。同時に、防衛力の本来の役割が本格的な侵略事態への対処であり、また、その整備が短期間になし得ないものであることにかんがみ、周辺諸国の動向に配意するとともに、技術革新の成果を取り入れ、最も基盤的な部分を確保する。
（３）国際的な安全保障環境の改善のための主体的・積極的な取組
国際平和協力活動に適切に取り組むため、教育訓練体制、所要の部隊の待機態勢、輸送能力等を整備し、迅速に部隊を派遣し、継続的に活動するための各種基盤を確立するとともに、自衛隊の任務における同活動の適切な位置付けを含め所要の体制を整える。

また、平素から、各種の二国間・多国間訓練を含む安全保障対話・防衛交流の推進や国連を含む国際機関等が行う軍備管理・軍縮分野の諸活動への協力など、国際社会の平和と安定に資する活動を積極的に推進する。

2 防衛力の基本的な事項

上記のような役割を果たす防衛力を実現するための基本となる事項は以下のとおり。

（1）統合運用の強化

各自衛隊を一体的に運用し、自衛隊の任務を迅速かつ効果的に遂行するため、自衛隊は統合運用を基本とし、そのための体制を強化する。このため、統合運用に必要な中央組織を整備するとともに、教育訓練、情報通信などの各分野において統合運用基盤を確立する。その際、統合運用の強化に併せて、既存の組織等を見直し、効率化を図る。

（2）情報機能の強化

新たな脅威や多様な事態への実効的な対応をはじめとして、各種事態において防衛力を効果的に運用するためには、各種事態の兆候を早期に察知するとともに、迅速・的確な情報収集・分析・共有等が不可欠である。このため、安全保障環境や技術動向等を踏まえた多様な情報収集能力や総合的な分析・評価能力等の強化を図るとともに、当該能力を支える情報本部をはじめとする情報部門の体制を充実することにより、高度な情報能力を構築する。

（3）科学技術の発展への対応

情報通信技術をはじめとする科学技術の進歩による各種の技術革新の成果を防衛力に的確に反映させる。特に、内外の優れた情報通信技術に対応し、統合運用の推進などに不可欠となる確実な指揮命令と迅速な情報共有を進めるとともに、運用及び体制の効率化を図るため、サイバー攻撃にも対処し得る高度な指揮通信システムや情報通信ネットワークを構築する。

（4）人的資源の効果的な活用

隊員の高い士気及び厳正な規律の保持のため、各種の施策を推進するとともに、自衛隊の任務の多様化・国際化、装備の高度化等に対応し得るよう、質の高い人材の確保・育成を図り、必要な教育訓練を実施する。また、安全保障問題に関する研究・教育を推進するとともに、その人的基盤を強化する。

上記の役割を果たすための防衛力の具体的な体制は別表のとおりとする。

V 留意事項

1 Ⅳで述べた防衛力の整備、維持及び運用に際しては、次の諸点に留意してこれを行うものとする。

（1）格段に厳しさを増す財政事情を勘案し、一層の効率化、合理化を図り、経費を抑制するとともに、国の他の諸施策との調和を図りつつ防衛力全体として円滑に十全な機能を果たし得るようにする。

（2）装備品等の取得に当たっては、その調達価格を含むライフサイクルコストの抑制に向けた取組を推進するとともに、研究開発について、産学官の優れた技術の積極的導入や重点的な資源配分、適時適切な研究開発プロジェクトの見直し等により、その効果的かつ効率的な実施を図る。また、我が国の安全保障上不可欠な中核技術分野を中心に、真に必要な防衛生産・技術基盤の確立に努める。

（3）関係地方公共団体との緊密な協力の下、防衛施設の効率的な維持及び整備を推進するため、当該施設の周辺地域とのより一層の調和を図るための諸施策を実施する。

2　この大綱に定める防衛力の在り方は、おおむね一〇年後までを念頭においたものであるが、五年後又は情勢に重要な変化が生じた場合には、その時点における安全保障環境、技術水準の動向等を勘案し検討を行い、必要な修正を行う。

別表

今後の防衛力を多機能で弾力的な実効性のあるものとするとの趣旨にかんがみ、以下の具体的な体制をもって、Ⅳに示す多様な役割を果たすものとする。

陸上自衛隊	編成定数 常備自衛官定員 即応予備自衛官員数		一五万五千人 一四万八千人 七千人
	基幹部隊	平時地域配備する部隊	八個師団 六個旅団
		機動運用部隊	一個機甲師団 中央即応集団
		地対空誘導弾部隊	八個高射特科群
	主要装備	戦車 主要特科装備	約六〇〇両 約六〇〇門／両
海上自衛隊	基幹部隊	護衛艦部隊（機動運用） 護衛艦部隊（地域配備） 潜水艦部隊 掃海部隊 哨戒機部隊	四個護衛隊群（八個隊） 五個隊 四個隊 一個掃海隊群 九個隊
	主要装備	護衛艦 潜水艦 作戦用航空機	四七隻 一六隻 約一五〇機
航空自衛隊	基幹部隊	航空警戒管制部隊	八個警戒群 二〇個警戒隊 一個警戒航空隊（二個飛行隊）
		戦闘機部隊 航空偵察部隊 航空輸送部隊 空中給油・輸送部隊 地対空誘導弾部隊	一二個飛行隊 一個飛行隊 三個飛行隊 一個飛行隊 六個高射群
	主要装備	作戦用航空機 うち戦闘機	約三五〇機 約二六〇機
弾道ミサイル防衛にも使用し得る主要装備・基幹部隊		イージス・システム搭載護衛艦	四隻
		航空警戒管制部隊	七個警戒群 四個警戒隊
		地対空誘導弾部隊	三個高射群

資料Ⅲ・14

わが国の基本問題を考える——これからの日本を展望して

二〇〇五年一月一八日
日本経済団体連合会

コメント

1．この提言は、日本経団連が、同団体の名で出した、本格的な、外交・安保政策や憲法についての提言である。
日本経団連は、一九九〇年代に入ってから、政府に対する改革提言を活発に出すようになった。その主力は、新自由主義改革に関するものであったが、自衛隊の海外派兵を中心とする日米同盟強化、国際貢献についても積極的な提言をしてきた。これは、そのうちの安保関係政策の集大成であり、憲法問題について、九条と九六条に絞って明確な改正論を唱えた点で、注目すべきものである。

この提言を出したときの会長は奥田碩であるが、以後現在にいたるまで、日本経団連は、憲法・安保関係の包括的な提言は出していない。
2．この提言は、戦後わが国の繁栄を支えてきた枠組みとして、憲法・安保体制と省庁縦割り・官僚主導の統治システムをあげる。この二つの柱のいずれもが、冷戦終焉後の新たな情勢に対応できず機能不全を起こしているとし、本提言は、この二つの柱の抜本改革を提言するものとなっている。
具体的には、第一の柱に関係して、一、安全保障政策の見直しと、二、憲法の見直しが掲げられ、第二の柱に関して、三、民主的・効率的な統治システムへの改革と四、政策別の重要課題の改革が打ち出される。
3．第一の外交・安全保障をめぐる課題において、注目すべき点は以下の点である。
もっとも強調されているのは、憲法九条とその政府解釈のもとで、自衛隊の活動が厳しく制約されているため、「国際紛争など世界の安全保障を巡る諸問題に対し、国益を踏まえた戦略的な主張や、主体的な関与、貢献が不足してきたことは否めない。」という点である。

わが国外交をめぐる重要課題としては、日米同盟強化、国連活動への取り組み強化と並んで、第三に「東アジア地域との連携強化」が掲げられていることが、財界の提言として、他にみられない特徴となっている。そこでは東アジア地域が、世界の成長センターであると同時に「世界を脅かすリスクを内在する地域である」ととらえられ、わが国が東アジア地域との連携を重視すべきことが主張されるが、具体的には、「東アジア自由経済圏」の構築が打ち出されている。

「東アジア自由経済圏」は、日本経団連が二〇〇三年に出した、いわゆる奥田ビジョン「活力と魅力溢れる日本をめざして」で打ち出されたものであり、EUに匹敵する自由経済圏を東アジアでつくろうという野心的な構想であった。そこでは当然「日中関係は極めて重要である」とされ、小泉靖国参拝で政治的には冷え込んでいた日中関係の改善が主張されている。
4．第二の憲法の改革に関しては、以下の点が注目される。
まず、現行憲法の問題点が列挙され、とくに九条においては、解釈「法理と現実の乖離を埋めるために多くの解釈改憲がなされ、解釈がさらなる制約につながっている」。またそのため、憲法への信頼感も揺らいでいると強調される。ここでは、民主党の改憲論（⇩Ⅲ・08）でも主張されていた解釈改憲最悪論が展開され、憲法の明文改正が主張されるのである。

こうした主張がでる背景には、小泉純一郎内閣での自衛隊のイラク派兵が、既存の政府解釈の枠組みを前提にし、それをすり抜ける形で行われざるをえなかったことへの不満がある。自衛隊イラク派兵後、明文改憲の流れが強くなるが、この提言も、そうした明文改憲論の代表をなすものと言える。

憲法に関して第二に注目されるのは、その結果、提言の改憲論が、九条と九六条に特化して、この二つの条文の改憲を優先的に行うことを主張していることである。

九条については、「憲法上、まず、自衛権を行使するための組織として自衛隊の保持を明確にし、自衛隊がわが国の主権、平和、独立を守る任務・役割を果たすとともに、国際社会と協調して国際平和に寄与する活動に貢献・協力できる旨を明示すべきである。」としたうえで、とくに、集団的自衛権の明記を主張していることが注目される。

先にふれたように、小泉内閣下の自衛隊イラク派兵で、残る課題となったのは、自衛隊の海外での武力行使であり、その中心が「集団的自衛権」であった。その意味では、提言は、「時宜に」かなうものであった。提言は集団的自衛権行使の必要性についてこう述べる。

「現在、わが国では、主権国家として当然に保有する集団的自衛権は『保有するが行使できない』という解釈に基づき、自衛隊による国際的な活動が制約されている。しかし、集団的自衛権が行使できないということは、わが国として同盟国への支援活動が否定されていることになり、国際社会から信頼・尊敬される国家の実現に向けた足枷となっている。今後、わが国が、世界の平和・安定に主体的に関わっていくためには、必要な場合には、自衛隊によるこうした活動が可能となるような体制を整備しておく必要がある。」と。

ついでに提言は、自衛隊の多国籍軍としての派兵を根拠づける海外派兵の「一般法」、集団的自衛権行使を具体化する「安全保障基本法」の制定も主張している。

さらに現在との関係で注目されるのは、提言が明文改憲を主張しつつ同時に「緊急」の問題については、解釈・立法で突破することを提唱している点である。「何時発生するかも知れない予測不能な多様な事態への対処を憲法改正に委ねてはならない。例えば、緊急事態への対処や自衛隊の国際活動の拡大、集団的自衛権の行使などは、昨今の国際情勢の変化を踏まえれば、一刻を争う課題である。」「憲法改正を待つことなく、早急に手当てすべきである。」と。これも、その後の政治の動きを見れば、このとおりに動いている。

提言から一年半後の二〇〇六年九月に登場した第一次安倍晋三内閣は、一方で任期中の憲法改正を掲げながら、他方で、安保法制懇を設置して、集団的自衛権の特例的容認を図ったからである。

憲法に関して第三に注目されるのは、第二点の延長線上だが、提言が、九六条改憲を主張している点である。九六条の憲法改正要件が厳格すぎるから、「発議要件などの改正要件を緩和」して、必要な改革の遂行に障害物となる憲法規定を変えやすくするというのが、九六条改正のねらいである。

日本経団連の改憲提言が、このように九条と九六条改正に絞った提言をしていることは、その後の保守支配層の改憲戦略を考えると極めて示唆的である。

5．新自由主義改革に関する提言の第一の柱は、第五章「より民主的で効率的な統治システムの実現」つまり、新自由主義改革を遂行しやすい統治システムの改革である。ここでは、官僚主導型の統治システムが、新自由主義改革には障害物となっているとの認識のもと、改革促進のための改革が打ち出されている。

その第一は、一票の格差是正、第二は、政治寄付促進制度である。ここで、提言が九四年の「政治改革」で導入された政党助成金制度に対して批判していることが注目される。第三が、国民のなかで蔓延している「無責任な利己主義」の是正と「公を担う気概の促進」である。

続いて、改革遂行に効率的な「統治システム」改革として、参議院の改革による、より迅速な立法化、閣僚の議院出席義務緩和、議員立法の活性化、省庁のさらなる再編、内閣府機能強化、公務員制度改革、政治任用増加、行政における法治主義徹底などが提唱されている。また司法に関する改革として、より迅速な憲法判断を可能とする憲法裁判所の設置、地方の強化による行政の地方への分権、その民間移譲を行えという提言もされている。

6．新自由主義改革の第二の柱では、上記以外の重要な新自由主義改革課題が列記されている。

一つ目は、教育改革である。ここでは、より多様で、格差的な教育を行うための改革―公設民営学校、バウチャー制導入、学校管理改革などの新自由主義教育改革が打ち出されている。同時にそれとともに、新保守主義的見地からの改革も提言されていることが注目される。

二つ目は少子化対策、三つ目は科学技術政策、四つ目は税財政改革である。ここでは、後に「税と社会保障の一体改革」として展開される、歳出歳入一体改革が提言されている。「財政の持続可能性を確保するためには、歳出の徹底した抑制、歳入強化策、財政の拠って立つ経済の安定的成長の三つの改革を同時並行的に進めなければならない。」。そして歳出改革の目玉は社会保障制度改革、歳入改革の目玉は消費税引き上げである。

五つ目がエネルギー政策である。ここでは、エネルギー資源開発のための中国などとの連携、原子力発電強化が打ち出されている。

はじめに

戦後、わが国は、現行憲法や安全保障体制をはじめとする諸制度の下で、国民の懸命な努力により、経済産業面において先進諸国へのキャッチアップを果たし、国際的にも重要な一翼を担うに至った。未だ改善されるべき部分もあるが、衣食住や文化、社会インフラなど個々の国民生活のレベルにおいても、総じて国際的に遜色ない。

占領下の廃墟から、官民一丸となって多くの困難を克服し、今日の世界第二位の経済大国を築き上げた事実に対し、我々はまず、改めて自信と誇りを持つべきである。そして同時に、先人の築いた礎の上に、次の世代に向けた新たな国づくりを進めていくことが、まもなく戦後六〇年を迎える我々に課された今日的課題である。

経済社会の中心的なプレーヤーとして、企業は、公正な競争を通じ、従業員の雇用・所得の維持・向上を図り、納税と相俟って国の繁栄を支えている。また、経済や産業のグローバル化、さらには、これを通じた社会文化のグローバル化においても、重要な役割を果たしている。

外交・安全保障、教育、少子化への対応、国・地方の財政、科学技術やエネルギー・環境といった基本的課題に対する国の取り組みは、企業の活動にも多大な影響を与えている。それ故、企業としても、国の大きな方向性を形づくる基本的課題への意見をとりまとめ、発信していく意義があると考える。

そこで、日本経団連では、経済界の視点から、わが国の基本的枠組みを検討し、これからの日本が目指すべき方向についての考え方をとりまとめることとした。

なお、日本経団連では、二〇〇三年一月にビジョン「活力と魅力溢れる日本をめざして」を公表している。また、個別問題については、各委員会で検討を深めてきた。本報告書は、これらに加えて、これまで触れてこなかった外交・安全保障や憲法などについても検討を加えたものである。

折しも、衆参両院、与野党などにおいて、憲法改正に向けた検討が本格化しつつある。また、イラク派遣をはじめとする自衛隊の海外での活動、日米安全保障条約の下における米軍の再編問題、日中関係、北朝鮮問題、国連改革など、わが国の将来に大きく係わる対外方針も再検討の時期にある。こうした時機を捉えて、経済界の意見をとりまとめ、発信していくことは、次の世代に対する我々の責務でもあると考える。

経済界の考え方を示すことにより、わが国の基本問題に関する国民的議論の気運が高まり、これからの日本を創造するための一助となることを期待する。

第一章　わが国を取り巻く現状と問題認識

わが国は、内外において、かつて経験をしたことのない数多くの環境変化に直面し、これまでの枠組みを大きく変えるべき時期を迎えている。

1. 国民や企業を脅かす危機

今日、東西対立による冷戦の終焉により、巨大国家間の軍事紛争の懸念は低下したものの、宗教・民族に起因する紛争・内戦の頻発、ミサイル・大量破壊兵器の拡散など、脅威の内容は複雑で予測困難なものへと変化している。とりわけ、九・一一に代表される非国家主体によるテロは、世界の平和に対する大きな脅威となっている。また、東アジア地域においては、朝鮮半島や台湾海峡など、未だ、冷戦期の対立関係が残っており、国家間の紛争の危機は去っていない。実際に、北朝鮮によるミサイル発射、武装工作船の侵入、領土問題、海洋権益を巡る問題など、わが国の主権に係わる事件が多発している。

グローバルな活動を進めるわが国企業や国民にとって、これらの脅威は他人事ではなく、自らに対する直接の脅威である。

さらに、国内においては、犯罪の増加、凶悪化、低年齢化の傾向が顕著であり、地震や台風などの自然災害も国民の安心・安全に対する大きな脅威である。

こうした内外の脅威から国民の生命や財産を守り、平和と独立・主権および繁栄を確保するという、最も基本的な国の機能に関し、わが国の制度や体制をより強固なものとしていく必要がある。

2. 将来の発展を支える基盤への懸念

少子化の結果、わが国の人口は二〇〇七年以降、確実に減少していくことが予想されている。同時に、急激な高齢化が進行し、社会保障給付費の増大による財政の悪化、企業負担、国民負担の増大が懸念される。また、人口減少の中で、国の将来の発展を支える人材を育成するための教育のあり方、経済の活力を支える科学技術の発展に向けた政策、資源・エネルギーの安定的な確保への方策といった国の基盤的な政策についても、再構築する必要がある。

3. 現行の基本的枠組みの問題点

現行憲法や一九六〇年改定の日米安全保障条約、省庁縦割り・官僚主導の統治システム、また、五五年体制と呼ばれる国内政治体制は、右肩上がりの成長期において、わが国の繁栄の基礎を支えてきた。しかし、今日、わが国が直面する諸課題は、こうした歴史的枠組みの下では、十分な対応が困難となりつつある。

第一に、外交や安全保障に関する対応が不十分で弥縫策に終始しがちであり、国際社会における発言や主体性の発揮への制約となっている。今日、世界の平和を脅かすテロなどの共通の敵への対応や冷戦期の対立関係が残る東アジア地域でのわが国の主体的な取り組みが緊急性を増しているが、わが国が国際的にどのような役割を果たし、世界の平和・安定に協力していくべきかといった根本的な議論を十分に尽くしていくことが必要である。

第二に、高度成長を支えてきた官主導型・省庁別の国家運営体制では、わが国が今後克服していかねばならない政策課題に対し、迅速に対応できない懸念がある。今後、わが国では、租税負担・社会保障給付のあり方、規制改革・民間開放・地方分権といった行政改革の推進など、全体と個々を調整し、結果として、国民負担の増大を求めたり、省庁の権限を削減したりする課題が増える。また、外交や安全保障、経済連携協定の締結、海洋権益、宇宙利用、総合科学技術政策の確立など、特定の省庁に属さない新たな課題や国家として省庁横断的に迅速な対応を必要とする課題も増大している。政治の強いリーダーシップの下で、国家的対応を可能とする、透明で効率的な統治システムの構築が求められる。

また、与党一党体制が長く続き、政権交代がほとんど見られなかった結果として、国民の政治に対する関心が薄れ、投票率の低下などの現象を招いている点も極めて問題である。民主主義、自由、平和について、深く考え、議論し、行動する機会が少なくなり、国家に対する無関心、無責任な利己主義が目立つことにも繋がったともいえる。国民の国づくりへの参画や一票の格差是正などを通じた民主主義による政治の徹底も必要となっている。

二一世紀を迎え、わが国は、内外の荒波を受けながら、依然として進むべき大きな方向性を見出しかねている。次世代のためにわが国の新たな基盤を築いていくためには、辻褄合わせの対応を積み重ねるのではなく、これまで前提としてきた基本的枠組み自体にもメスを入れていくことが強く求められている。

第二章　これからの日本が目指すべき道

1. わが国が堅持すべき基本理念

戦後から今日に至るわが国の発展は、我々経済界にとっても、また、日本国民全体にとっても、世界に誇り得るものである。今後とも、「民主」「自由」「平和」という、これまでのわが国を支えてきた基本理念を、わが国の幹として堅持すべきであることに変わりはない。

民主とは、自立した個人の意志が等しく政治に反映され、国民の付託を受けた政府が公正・透明に行政を執行することである。自由とは、自由放任ではなく、基本的人権の尊重を基本とした社会における責任を伴う自由である。平和とは、自らの平穏のみならず、隣人、国、国際社会の平和の実現である。

重要なことは、こうした理念に対する挑戦が、常に我々の近くに存在することを強く認識し、これまでのように理念をただ唱えるのではなく、実現に向けて主体的に行動しなければならないという点である。

「唱える理念」から「実現する理念」への転換を目指すにあたって、我々は、日本の歴史や伝統を十分に踏まえ、常に誇りをもつことが重要である。国際社会においては、単に他国に追随するだけではなく、日本人が伝統的に持つ和の心、変化に対する柔軟な対応や応用能力といった面を大切にしながら、責任と自覚をもって、自立性や自主性を発揮すべきである。

2. これからの日本が目指すべき国家像

これからの日本が目指すべき「民主」「自由」「平和」という基本理念に基づいて、これからの日本が目指すべき目標としての国家像を三つ掲げてみたい。

(1) 国際社会から信頼・尊敬される国家

わが国は、国際社会の一員として、世界平和や国際社会が抱える課題の解決に主体的に関わり、国際社会から信頼・尊敬され、同時に国民自らが誇れるような国家を目指さなければならない。

そのためには、国家理念をベースに国際社会の現実を踏まえ、外交の基本戦略を構築し、実行するための体制を整備する必要がある。また、紛争などの国際社会の課題解決への対処についても、わが国の国益に沿った基本原則を明らかにしなければならない。

（2）経済社会の繁栄と精神の豊かさを実現する国家

経済成長は国民福祉の源泉であり、国は引き続きそのための基盤作りに努める必要がある。戦後の高度成長期において、わが国は、通商と科学技術の発展を国の繁栄の糧としてきた。資源やエネルギーに乏しいわが国としては、引き続き、科学技術を基礎とした有用で良質な財・サービスを内外に提供すること、すなわち、科学技術創造立国と通商立国が、繁栄を維持する基礎となる。

そのため、国は、将来の技術革新に向けた継続的な研究開発投資や高コスト構造の是正、自由貿易体制の強化などへの継続的な取り組みを行うことが求められる。同時に、将来にわたって持続可能な豊かさを実現するためには、少子化問題や国・地方の財政の問題、また地球環境問題やエネルギー問題にも長期的観点から戦略的に取り組まねばならない。さらに、精神の豊かさを実現する国家を目指して、他の者への思いやりの涵養や文化の創造、教育の充実などを図る必要がある。

（3）公正・公平で安心・安全な国家

わが国は、自立した個人、企業が個性や能力を発揮できる公正・公平で安心・安全な国家を目指さなければならない。

民主・自由・平和の理念の下での国家の役割は、個人や企業が各々の責任の下で自由な競争を展開し、その能力を発揮できるための基盤を整備することにある。個人は、国家に頼ることなく自らの個性や能力を自由に発揮するとともに、社会や他者に対する責任や義務を全うする。また、企業は、企業倫理やルールを遵守し、公正で公平な市場の下で競争を通じて国の繁栄に貢献する。

そのために、国家は、その大前提となる法治国家としての公正なルール整備、市場の透明性の確保、機会の均等、セーフティーネットや再挑戦への制度整備、生命・財産の保護をはじめとした安心や安全を確保し続けること、その実施のための透明で効率的な統治システムを構築することが責務であり、課題である。

3．優先的に取り組むべき基本問題

以上、我々は、基本理念と目標としての国家像について、それぞれ三点に絞って整理してみたが、これらを具体的な問題と課題として捉え直してみたい。理念・目標を実現するために特に注力しなければならない基本問題の第一は、全ての活動の前提となる安心・安全の確保のための安全保障であり、国際社会への積極的な関与、信頼の獲得に向けた外交である。

第二に、これらの理念・目標を具体化するためには、国の基本法である憲法の見直しが避けられない。

第三に、理念・目標を実行するための、民主的・効率的な国の統治システムのあり方である。

第四に、これ以外にも、国をあげて取り組みを強化しなければならない個別の重要政策課題がある。

次章以下では、これら四つの基本問題について、各々の課題と今後の方向性について、基本的な考え方を述べていきたい。

第三章　外交・安全保障を巡る課題

1．わが国外交・安全保障を巡る認識

これまで、わが国は、主として経済力を背景とした外交により、諸外国との相互関係を深めるとともに国際経済社会の発展に貢献し、信頼と

存在感を高めてきた。また、安全保障面では、平和主義を掲げる現行憲法の下で、専守防衛を基本方針として、日米同盟並びに必要最小限の防衛力としての自衛隊の存在により、侵略の未然防止を図ってきた。国内においては、警察組織の整備強化によって世界最高水準の治安を維持してきた。その結果、戦後半世紀以上にわたって、わが国の平和と安全は安定的に維持され、国民や企業の自由な活動を通じた国の順調な発展の基盤が確保された。

反面、自衛隊活動に係る制約もあり、国際紛争など世界の安全保障を巡る諸問題に対し、国益を踏まえた戦略的な主張や、主体的な関与、貢献が不足してきたことは否めない。例えば、湾岸戦争時には、巨額の金銭的負担にもかかわらず、わが国の貢献は国際的にはほとんど評価されなかった。日米同盟の下で、自衛隊は存在することによる抑止力としての機能が中心であり、様々な制約の下で内外の安心・安全の確保や世界平和のための協力・貢献、ひいては国益に資する国民のための組織として有効に機能することは、いわば否定されてきた。

冷戦下の五五年体制や報道などの影響もあり、多くの国民は平和主義を「非軍事主義」と考え、軍事力を平和を維持、実現するための必須の要素として直視せず、結果的に「一国平和主義」と言われる無責任な主張が通用することもあった。安全保障の議論は、常に憲法第九条の制約の下で神学論争として繰り広げられ、冷戦の終焉以降、わが国を取り巻く外交・安全保障環境は劇的な変化を遂げているにもかかわらず、国家の本質論や環境変化に対応した国民の安心・安全確保、また国際社会の平和・安定にどのように関わっていくべきといった議論に至らなかった。

2. 国際社会との向き合い方に関する基本的考え方

(1) 世界の平和・安定に向けた主体的取り組みの必要性

資源に乏しく、通商に大きく依存するわが国の繁栄は、国際社会の平和と安定、また他国との協調なくしてはありえない。企業にとっても、内外の平和と安定は全ての活動の大前提である。企業自らが世界中の国々との相互関係を深めるなか、政府レベルでの相互関係、信頼関係の改善、強化は、企業活動にも大きなメリットを及ぼす。

経済大国として世界経済の一翼を担う今日、わが国が世界の平和と安定のための明確な提案、主張を行い、その実現のために行動していくことは国際社会の一員としての責務でもある。また、わが国の安全保障は、同時に他国や地域の安全保障に大きく影響しているという点も認識しなければならない。

冷戦の終結後、国家間の競争は軍事力のみならず、経済力、情報力、文化的魅力といった国の総合力の優劣、いわば実質的な中身が問われる「外交戦」の時代となっている。わが国の平和と繁栄、ひいては国際社会の秩序安定に貢献していくためには、複雑な国際情勢を的確に判断し、自主自立を基本に、自らの針路を自らの意志と責任により決断し、国際社会の抱える問題に主体的に取り組んでいくことが不可欠である。

(2) 経済・産業を中心とした相互関係の強化

わが国にとって、国際的な優位性を維持する最も重要な要素は経済力であり、これを支える技術力である。今後とも、国際社会での存在感を高めていくためには、経済・産業・金融を背景とした連携・協力関係を諸外国との間で深めることが重要である。

経済面における相互依存の深化は、安全保障面での国際秩序の安定にも寄与する。わが国としては、政府のみならず企業レベルでの連携強化も含め、東アジア諸国を中心に経済面での連携・協力関係をより深め、積極的に政治・安全保障面での関係強化にもつなげていくべきである。

そのためには、自由貿易体制の維持発展が、重要な鍵を握る。世界の通商環境は、WTO（世界貿易機関）などの国際的な枠組みをはじめとして、地域連携、二国間の協定まで多層的に進展している。世界的なルール体系、紛争処理などの調整機関として、WTO体制の強化、活用に努めると同時に、地域連携や友好国とのＥＰＡ（経済連携協定）の締結に向けた取り組みを強化していくべきであり、農業や人の移動といった国内問題についても、早期解決を図る必要がある。長期的な国益の確保のために、今、何が求められるかという総合的な視点に立ち、時宜を逃さない迅速な政策決定が求められる。

（３）外交力の一層の強化の必要性

これらの取り組みを強化していく上で、外交力の一層の強化、担い手としての国家的な視野と意志を持った人材の強化が急務である。複雑化する国際社会において、信頼を得るためには、卓越した国際感覚、構想力、交渉能力、専門性、幅広い見識、柔軟性、経験の蓄積などがこれまで以上に求められることは言うまでもない。場合によっては、主要国駐在大使には、閣僚クラスの人材の政治任用も検討すべきである。

また、例えば、ＥＰＡ締結を巡る対応など、国をあげて取り組むべき外交に関しては、国内の担当省庁縦割りを排除する必要がある。省益を越え、常に国益を価値判断の基準とする外交が可能となるよう、政府が一体的に取り組む体制が不可欠である。

３．わが国外交を巡る重要課題

（１）日米同盟の重要性

わが国周辺に未だ存在する核やミサイルなどの軍事的脅威からわが国を守るため、さらに東アジア地域全体の安定を維持するために、今後とも、日米安全保障体制を維持・強化させていくべきである。

米国は、戦後以来、わが国と理念や価値観を共有し、また、わが国の繁栄の基盤を支える最大のパートナーである。安全保障面以外においても、貿易投資、技術交流、人的交流など、さらにはＥＰＡ締結も視野に入れた緊密な協力関係を構築し、相互の信頼醸成を図る必要がある。それがまた、日米安全保障条約の基本的精神でもある。

わが国としては、米軍の再編などをはじめとして、安全保障にかかわる情勢と戦略目標について、共通の認識をもつよう努めながら、国益、および世界の平和と持続的発展への道筋を自ら判断し、国際社会全体の利益の観点から、米国に対して必要な意見を述べることで相互信頼を深めていくべきである。

（２）国連活動への取り組み強化

国際社会の平和・安定の実現に向けた国連の機能を活用しつつ、わが国は、平和国家としての立場を活かし、紛争の未然防止や復興支援活動を中心に、途上国支援、軍備管理・軍縮をはじめとする国連による国際秩序の維持活動に主導的な役割を果たすべきである。

そのためには、国連において、わが国の国際的地位に相応しい発言権を確保できるよう、安全保障理事会の常任理事国入り実現を目指し積極的に取り組むべきである。

（３）東アジア地域との連携強化

わが国にとって、東アジア諸国は、もはや単に地理的な隣国に留まる存在ではない。東アジア諸国は、世界の成長センターであり、国際的な競争相手であるとともに、相互依存関係を深めるパートナーでもある。同時に、国際安全保障において、日本のみならず世界を脅かすリスクを内在する地域である点にも留意しなければならない。

世界では、二五カ国からなるＥＵ、また、ＮＡＦＴＡ（北米自由貿易協定）に代表されるとおり、近隣諸国との地域連携強化により、自国の利益と地域の利益を共に増大させる動きが進んでいる。通商立国であるわが国が、国際化と地域化という世界の大きな流れの中で繁栄を続けていくためには、今後、東アジア地域の連携を早急に強化していく必要がある。

わが国としては、体制が異なる国々との協調に留意しつつ、早期に韓国、中国やＡＳＥＡＮ諸国とＥＰＡを締結し、民間による投資や貿易を通じた、経済面での連携を一層深めていくことが重要である。さらに、わが国がリーダーシップを発揮し、東アジア自由経済圏を早期に構築し、地域経済全体のさらなる発展の基盤を築くことが急務である。将来的には、東アジア地域の経済連携を政治・安全保障面での連携・協力へと発展させていくことで、相互関係の深化を、わが国のみならず、地域、ひいては世界の繁栄、平和・安定につなげていくべきである。わが国は、東アジア自由経済圏の構築と日米同盟の強化を外交政策の軸として、地域の安定と発展に最大限の努力を果たしていかなければならない。

東アジア自由経済圏を構築する上で、日中関係は極めて重要である。中国はわが国にとって、経済面では、米国に次ぐ重要なパートナーとなりつつある。政冷経熱と言われる現下の状況の改善に向けて、日中両国政府が、相互の価値観や立場の相違を克服するための前向きの努力を積み重ねることが望まれる。対中ODAについても、中国経済社会全体の実態や日中両国の関係を勘案しつつ対応すべきである。同時に、科学技術や文化の交流、若年層の大規模な人的交流といった様々な面での連携・交流を地道に進める必要がある。

4. 国際安全保障への積極的協力

(1) 紛争の未然防止、復興・発展支援への協力

平和を希求するわが国にとって、今後とも、安全保障面での国際協力・貢献は、軍事力によらない平和的手段を通じた紛争の未然防止と復興・発展支援を中心に据えた活動を積み重ねていくべきである。

そのためにも、わが国の経済力や技術力を最大限有効に活用することが重要である。ODAなどの政府支援や民間の経済交流などによって、人道支援、社会インフラ整備などを図ることで、紛争の主たる原因となる貧困の撲滅に努めるとともに、軍備管理・軍縮推進への貢献などを積極的に進める必要がある。

同時に、これらのわが国の協力・貢献活動を国際社会において、十分に周知することが重要である。

(2) 自衛隊による活動

紛争の未然防止への努力にもかかわらず現実に紛争が発生した場合や、紛争の早期終結にあたっては、わが国として、国際社会の平和・安定への主体的な関与という国家目標に沿った協力・貢献活動を行わなければならない。

その際、中心となるのは自衛隊による活動である。自衛隊の活動は、カンボジアにおけるPKO(国連平和維持活動)への参加を皮切りに、平和協力活動や人道復興支援活動へと継続し、国際的にも高い評価を得ている。国際社会や同盟国との協力を前提とした、自衛隊の国際活動を今後とも一層強化していく必要がある。

一方で、国内外の平和の実現に向けた自衛隊の活動が、軍事大国化、あるいは他国への脅威と受け取られることがあってはならない。この点に細心の注意を払いつつ、自衛隊の海外派遣の活動内容・範囲について、基本方針を明確にし、現在のような特別措置ではなく、一般法を早急に整備すべきである。また、自衛隊活動に係る基本方針などについて、内外に十分な周知を行うことで透明性を確保し、信頼を得る必要がある。

自衛隊による国際活動は、国際社会の一員たる国家として当然の責務であり、国際社会の平和・安定の実現の観点からも、シビリアン・コントロールの下で強化していくべきである。そのためには、何より、後述の通り、憲法における自衛隊の役割や集団的自衛権についての明確化が必要である。

なお、紛争予防、紛争後の平和構築・復興支援に関しては、自衛隊のみならず民間の協力も重要な役割を占める。社会インフラ整備、文化・技術交流、制度整備などについて、民間の活動を支援するよう、政府としては、資金面、安全確保などの環境整備を行うことが重要である。

5. 総合的な安全保障体制の確立

(1) 国民の安心・安全確保の重要性

今日、わが国が直面する脅威は多様化、複雑化しており、安心・安全な国家の実現という目標に向け、政府として、総合的な機能強化が求められている。

そのためには、防衛は自衛隊、海上安全は海上保安庁、犯罪は警察といった従来型の対応だけでは万全とは言えない。防災、治山・治水、情報、資源・エネルギー、技術、輸送、出入国管理、衛生、金融、食料などを含むあらゆる面において、国民や企業の安心・安全を確保する諸施策を講じなければならない。各省庁の連携はもとより、企業、非政府組織など民間、地域、住民、個人を含めた連携強化、政府内の体制整備が必要である。

（２）総合的な安全保障の実現に向けた体制整備

国民の安心・安全を確保することは、国民への責務として国が実現せねばならない基本的な課題であり、省庁を超えた戦略を策定し、強力な権限をもって実行する体制が欠かせない。

現在、総理大臣を議長とし、防衛政策、防衛上の重要事項、武力攻撃事態などに対応するよう、関係閣僚をメンバーとする安全保障会議が設置されている。これを抜本的に強化し、総理による強力なリーダーシップの下、わが国の安全保障について総合的に常時取り組む体制を整え、省庁や自治体間の調整・連携を強める必要がある。

抜本的強化の一環として、防衛のみならず、国の重要課題である経済安全保障、技術安全保障、資源・エネルギー安全保障、食料安全保障、海洋権益問題などの各政策が、国家目標や国民の安心・安全の確保の観点から、総合的な国家意志の形成に繋がる体制を整える必要がある。また、総合的に情報を収集・分析・管理する専任部門も必要になろう。その際、省庁縦割りに陥ることのないよう、あくまで政治のリーダーシップの下で国益の観点からの検討が可能となる体制とすべきである。

さらに、武力攻撃のみならず、テロ、大規模災害といった幅広い脅威・危機に迅速に対応できるよう、総理大臣への権限集中などを定めた緊急事態への対処法の整備が急務である。

（３）防衛力のあり方

自衛隊の任務は多様化する一方、厳しい財政状況の下、いかに効率的・効果的に防衛や国際協力・貢献活動を担っていくかが大きな課題となっている。そのためには、新たな時代に対応する防衛力の実現に向けて、法制、装備、組織、運用などの様々な改革が不可欠である。

国際安全保障環境の変化に対応した防衛力のあり方に関し、昨年一二月に新たな防衛計画の大綱がとりまとめられたところであるが、今後、特に重点的に対応すべき自衛隊の任務として、テロやミサイルなどの新たな脅威や国際活動への対応がある。防衛力に関しても、この対応に重点を置くとともに、人員の削減を装備・システムの能力向上でカバーすることも含めて、防衛生産・技術基盤の強化に配慮しつつ、改革を進める必要がある。また、多様な事態への対処のためには、陸海空各自衛隊のみならず、外務、警察、自治体、海上保安庁などの他省庁との連携による総合的な体制の確立、さらには同盟国である米国との相互運用性を高めていく必要がある。

（４）治安水準の回復

国民生活に不安をもたらす最も身近な課題は、治安の悪化である。刑事事件の件数は大幅に増大の傾向にあり、かつて、世界一安全な国といわれたわが国でも、その検挙率は低下傾向にある。

犯罪の主体も、個人、国内組織、国際犯罪組織に至るまで多様化している。国民が日常的に安心・安全な社会生活をおくれるよう、捜査体制、地方自治体の連携の強化、水際対策の強化など、治安の維持、強化策を講ずる必要がある。

とりわけ、世界共通の敵であるテロ行為に対する取り組みの強化は、喫緊の課題である。国内外の秩序を脅かすテロに対しては、わが国としても、国際的な連携の下で毅然とした態度をとり、資金・物資などの支援源を断つための措置、およびテロの温床となる貧困の撲滅などへの貢献が欠かせない。また、国内においても、重要施設の警備などの取り組みとともに、最新技術の有効活用による出入国管理の一層の強化が必要である。

なお、治安水準の回復のためには、健全な地域コミュニティーの構築が不可欠であり、社会の構成員として、企業の積極的な参画が求められる。

（５）シーレーンの安全確保など

海上交通の安全確保は、わが国の通商活動を支える重要な課題である。わが国の輸出入は、量においてほぼ全てを海上輸送に依存しており、その輸送ルートであるシーレーンの安定確保は死活問題である。とりわけ、中東からマラッカ海峡を経て、わが国に至るシーレーンは、原油調達の八割以上を中東に依存するわが国の生命線であり、沿岸国との協力の下で、テロや海賊などへの対応を強化すべきである。

また、国連海洋法条約に基づき、わが国周辺の大陸棚に関する精密調査を行い二〇〇九年までに申請することにより、二〇〇海里を越えて国土の一・七倍と推定される大陸棚にわが国の新たな経済的権利が発生する可能性がある。領土の拡大という国益に係る本プロジェクトを、国をあげて完遂させる必要がある。隣国との領土問題や東シナ海における海洋権益の問題に関しても、大局的な外交・安全保障戦略の下で正当な主張を行っていくべきである。

（６）情報収集・分析・管理政策の重要性

戦略的に外交を展開し、危機や脅威の未然防止、被害の最小化、迅速な復旧・復興を行っていくためには、あらゆる面での情報収集・分析・管理の能力を強化する必要がある。

各省庁ごとに閉じ込められがちな情報を、国家全体として有効に活用し、高度な情報に基づいた戦略を構築することができるよう、安全保障会議の強化策とも関連させつつ、人材の育成や専任組織の設置を検討すべきである。

さらに、友好国や民間の持つ情報力を有効に活用すること、また、情報収集に係る最先端の科学技術を積極的に活用することが、安全保障政策の効果的な展開に繋がる。高度な情報収集能力を持つ米国などとの協力関係を深めると同時に、わが国独自の情報収集衛星や人的情報など、自立的な情報源を充実させることで、主体的な外交・安全保障政策を確立していく必要がある。

一方、現代社会が情報通信システムへの依存を深めているなか、情報セキュリティーが、国家・経済・社会運営を支える前提条件となっている。国家機密、ネットワーク化された社会インフラ、個人情報、知的財産権など、幅広い情報・知的財産の保護に関する対応が急がれる。

第四章　憲法について

１．綻びが目立つ現行憲法

現行憲法については、翻訳調でわかりにくい前文の表現、第九条にみられる規定と現実の乖離、国際平和に向けた主体的活動への制約、実質的に機能していない違憲立法審査権、厳格すぎる改正条項など、様々な問題を抱えている。とりわけ、第九条の解釈をめぐっては、長らく神学論争が続けられ、結果として、一国平和主義や国際問題への消極的関与にもつながることとなった。さらに、これらを長らく放置したことから、国民の間に、憲法への信頼感が大きく薄らぎ権威が揺らぐ事態を招いている。法理と現実の乖離を埋めるために多くの解釈改憲がなされ、解釈がさらなる制約につながっているが、これ自体が民主の理念に反する。

現行憲法が制定された一九四六年当時と比べ、国内の経済社会やわが国を取り巻く国際安全保障環境は大きな変化を遂げた。二一世紀に生きるこれからの日本を創造するため、憲法の歴史的価値を棚卸しし、引き継ぐべきもの、新しく創造するもの、変えるもの、捨てるべきものを整理し、新たな国の針路に関して国民的な議論を行った上で、合意を形成すべきである。

2．憲法第九条について

（1）自衛隊の役割の明確化（憲法第九条第二項）

自衛隊の創設から五〇年が経つ現在、その役割は、過去の「存在する自衛隊」から、侵略からの防衛、テロなどの新たな脅威への対処、災害派遣に加え、国際的な平和協力へも拡大し、国民の安心・安全の確保と国際貢献のために幅広く「機能する自衛隊」へと大きな変革を遂げつつある。これらの活動は、自立する国家として当然の機能であると同時に、国際社会の平和・安定の実現に向けた協力・貢献の観点からも、シビリアン・コントロールの下で強化していくべき機能である。自衛隊の活動を通じた内外の平和・安定への協力や、これを通じた国際社会における信頼性の向上は、既に示した基本理念と国家目標の実現にも欠かせない。

現行憲法第九条第一項で規定されている国際平和の希求、侵略戦争の放棄が、わが国の基本理念である「平和」に根ざすものであることは言うまでもない。従って、第一項は引き続き存置されるべきである。

しかし、戦力の不保持を謳う第九条第二項は、明らかに現状から乖離しているとともに、その解釈や種々の特別措置法も含め、わが国が今後果たすべき国際貢献・協力活動を進める上での大きな制約にもなっている。

従って、憲法上、まず、自衛権を行使するための組織として自衛隊の保持を明確にし、自衛隊がわが国の主権、平和、独立を守る任務・役割を果たすとともに、国際社会と協調して国際平和に寄与する活動に貢献・協力できる旨を明示すべきである。

さらに、既に述べた通り、自衛隊の海外派遣の活動内容・範囲について、基本方針を明確にし、場当たり的な特別措置法ではなく、一般法を早急に整備すべきである。

（2）集団的自衛権

現在、わが国では、主権国家として当然に保有する集団的自衛権は「保有するが行使できない」という解釈に基づき、自衛隊による国際的な活動が制約されている。しかし、集団的自衛権が行使できないということは、わが国として同盟国への支援活動が否定されていることになり、国際社会から信頼・尊敬される国家の実現に向けた足枷となっている。今後、わが国が、世界の平和・安定に主体的に関わっていくためには、必要な場合には、自衛隊によるこうした活動が可能となるような体制を整備しておく必要がある。

従って、集団的自衛権に関しては、わが国の国益や国際平和の安定のために行使できる旨を、憲法上明らかにすべきである。同時に、安全保障に関する基本法を制定し、その行使にあたって、国際情勢、活動地域、活動内容を踏まえて、国会の事前承認を原則とすることなど、限定的、かつ、その歯止めとなる措置を整える必要がある。

（3）緊急的な対応の必要性

憲法改正を待つが故に、必要な改革が遅れるようでは本末転倒である。憲法改正は目的ではなく、基本理念や国家目標に合致した国づくりを進めるための手段であることを念頭に置き、国の改革に向けては、あらゆる可能な手段を講じていくことが必要である。

また、何時発生するかも知れない予測不能な多様な事態への対処を憲法改正に委ねてはならない。例えば、緊急事態への対処や自衛隊の国際活動の拡大、集団的自衛権の行使などは、昨今の国際情勢の変化を踏まえれば、一刻を争う課題である。

現在の憲法解釈が制約となっているもの、新たな立法により措置が可能なものなどについては、内外諸情勢の大きな変化を踏まえ、憲法改正を待つことなく、早急に手当てすべきである。

3．憲法改正要件（**憲法第九六条**）

現行憲法第九六条では、憲法改正には、国会の各議院の三分の二以上の賛成による発議を経て、国民投票の過半数を得ることとなっている。わが国とほぼ同時期に憲法が制定されたドイツやイタリアにおいて、戦後、数十回から十数回にわたる憲法改正が行われているのに対し、わが国で未だ一度も改正が行われてこなかった原因の一つには、改正要件が厳格に過ぎたことがある。憲法が国家の最高法規である以上、朝令暮改は厳に慎むべきではあるが、必要な時に国民の意志に基づいて必要な改正が出来ないようでは、民主的な国家とは言えない。国の進むべき針路と憲法の規定との間に齟齬が生じた場合、適正に両者の溝を埋めるための改正が行えるよう、発議要件などの改正要件を緩和すべきである。

さらに、憲法改正を具体的に実現可能なものとして議論する前提として、まずは、憲法改正のための国民投票法の早期成立が不可欠である。

4．憲法改正へのアプローチ

憲法は決して「不磨の大典」ではなく、わが国を取り巻く環境の変化に的確に対応しているか、国家理念を実現する上で必要な規定が具備されているか、などの視点から不断の見直しをしていくべきものであり、必要な時に必要な改正を行うことは、法の支配を貫徹する上でも重要である。

憲法に関する国民的な議論が湧き上がることが必要であり、これを通じ、国民一人一人が、わが国の理念や伝統について思いを巡らせ、今後の発展や国家意思の形成・遂行のあり方をより深く考えることも期待される。

当面、最も求められる改正は、現実との乖離が大きい第九条第二項（戦力の不保持）ならびに、今後の適切な改正のために必要な第九六条（憲法改正要件）の二点と考える。まず、これらの改正に着手し、あわせて、第五章以下で述べるようなこれ以外の憲法上の論点について、議論を展開していく必要があるのではないだろうか。

また、憲法として定めるべきは、真に国の基本原則として定めるべきものとすべきである。一般の法律に比して、相対的に改正が困難な憲法に委ねることは、却って法規範の硬直化を招く危険があり、憲法上の規定として何がふさわしいかを精査しつつ、改正議論を進めるべきである。

加えて、憲法は、全ての国民、また諸外国にとっても、可能な限り分かりやすく、無用な解釈論議を招かないような内容とする必要がある。

特に、憲法前文は、理解が困難である。前文を置く目的も検討しつつ、前文を置く場合には、わが国の歴史、文化、伝統などの固有性、独自性を十分に踏まえた国家理念の提示が求められる。

今般、皇室典範に係る検討が開始されたが、場合によっては、憲法上の議論も必要となろう。

第五章　より民主的で効率的な統治システムの実現

我々は、民主主義という基本理念が真に実現しているのか、また、国家目標の実現に向けた国のシステムが透明かつ効率的に運営されているのかを常に自問しなければならない。

こうした観点に立てば、戦後、大きな役割を果たしてきた官僚主導型の国家運営や立法システムを、新たな環境に適合した、より優れた仕組みに再構築すべく、憲法改正も含めた、抜本的な改革が求められていることは明らかである。

1．国と国民の関係

（1）一票の格差是正と政治・社会教育の充実

民主主義の最も基本的な条件は、国民一人一人が等しい権利を持ってその意思を政治に反映することである。そのため、一票の格差是正は極めて重要な課題であり、人口の増減を把握し、これを速やかに反映する仕組みを早急に実現する必要がある。

同時に、民主主義の本旨を実現するためには、国民一人一人が実際に投票に行くことが必要不可欠である。とりわけ、将来の日本を担う若い世代の「政治」への関心を高めるように、例えば、中学・高校での公民教育を一層充実させ、政治に参加する国民としての社会ルールや社会的責任のあり方を教育していく必要がある。同時に、選挙権・被選挙権の開始年齢の引き下げなど、投票を通じた政治参加を早くから体験させていくことも検討に値する。

（２）政治寄付を促進する制度整備

投票同様、政治寄付は、国民にとっての重要な政治参加の手段である。また、企業も法に則り、「良き企業市民」としての社会的責任の一端を果たす観点から、応分の支援をすべきである。

現在、主要政党は、党本部収入の大半を公的助成に依存しているが、これは、民主主義の根幹である政党の自立性・主体性の確保の上から、決して好ましい事態ではない。本来政党は、その思想・信条に賛同するものによって支えられるべきであり、民間の自発的な政治寄付の意義を再認識し、これを促進していく必要がある。

日本経団連では、政策本位の政治を実現すべく、政党の政策を評価するとともに、会員企業に対して政策評価を参考にした政治寄付の実施を呼びかけている。また、企業人政治フォーラムの活動を通じて、企業人の政治意識の高揚と個人寄付の促進に努めている。

今後、政治寄付を通じた個人や企業の政治参加をより拡大するためには、公正・透明な形で、政治寄付を行いやすい環境を整備する必要がある。このため、政党は、民間からの寄付を政策立案・推進能力の強化に充てるとともに、その使途を公表すべきである。併せて、政治資金規正法の抜本的な見直しを含め、法制・税制の整備を行うべきである。

（３）国民の権利と義務

国民の価値観の多様化や個人の権利・自由の拡大につれて、国民の間では、責任を伴う個人主義でなく、無責任な利己主義が蔓延しつつある。また、個人自らが社会に対して主体的に関与し、「公（おおやけ）」を担う気概が失われている傾向もある。

憲法上、権利や自由については個別の規定が設けられているが、義務に関しては、教育の義務（第二六条）、勤労の義務（第二七条）、納税の義務（第三〇条）のほかは、公共の福祉とのかかわりの中で付随的に言及されているにとどまる。

一方、国民の権利や自由と公共の関係を律する規範としては、現行憲法第一二条において、憲法によって国民に保障されている自由および権利が濫用されてはならないこと、そして、国民は、「常に公共の福祉のためにこれを利用する『責任』を負ふ」と規定されている。また、同じく第一三条において、「生命、自由及び幸福追求に対する国民の権利については、『公共の福祉に反しない限り』、立法その他の国政の上で、最大の尊重を必要とする」と規定されている通り、国民の権利も絶対的なものではなく、公共の福祉に反しない範囲、という一定の限定が課されている。さらに、財産権については第二九条において、「公共の福祉に適合するやうに」法律で財産権の内容を定めることになっており、私有財産も、正当な補償の下で公共の用に供されることが定められている。しかし、実態としては、例えば、国として必要な様々な公共プロジェクト推進に際して、私権との調整に手間取り、公共の利益の実現に支障をきたしている例もある。

個人の権利、自由が最大限確保されなければならないことは言うまでもないが、戦後の日本社会においては、行政や教育において、権利や自由に重きが置かれすぎてきた側面は否めない。国家が個人の集合体である以上、権利と義務、自由と責任は表裏一体をなすものであることについて、再確認する必要がある。

2. 効率的な統治システムの構築

（1）立法府に関する課題

・衆参両院の役割の明確化

一般に、二院制のメリットとしては、両院の選挙制度の違いに基づく民意反映の相互補完、慎重な審議の実現、一院による独断独走の抑制、議会解散時の民主的国政運営手段の確保などが挙げられている。しかし、現在の衆議院・参議院の二院制は、そのいずれにおいても意義が不鮮明である。それぞれの院の役割を再設計し、その役割をより実効的に果たすのに相応しい議員の選挙方法、選挙区の決定方法などを検討すべきである。

・閣僚の議院出席義務の緩和

憲法第六三条において、閣僚は「答弁又は説明のため出席を求められたときは、出席しなければならない」と定められている。もとより、議会に対する内閣の説明責任は必須であるが、この規定により、国会会期中、国務大臣自身が答弁・説明の要請に応えるため、国際会議に参加できないなど、それ以外の重要な業務が停滞するという弊害がある。副大臣制度、政務官制度により、閣僚自身によらずとも一定の説明責任を果たすことが出来る仕組みが整えられた現在、閣僚の答弁・説明義務を緩和すべきである。

・議員立法の活性化

現在、国会に提出される法案の大半は内閣提出法案が占めている。激変する時代の流れに応じて、国民や企業のニーズを直接反映したダイナミックな政策実現を図るためには、議員立法を一層活性化させるべきである。

現行の内閣提出法案策定を支える人材である官僚を、省益を代弁しない形で立法サイドへ活用する仕組みを構築するなど、議員立法活性化の基盤を強化する必要がある。

（2）行政府に関する課題

・省庁再編の総点検

国は、内外の急激な情勢変化に応じて、長期的な国益を確保しつつ、重要課題に対して機動的かつ効率的に対応を図っていかなければならない。民間企業においては、経済環境やグローバル化の進展などに伴い、全世界的な視点からグループの再編や再構築、組織・権限の見直しなどを進めている。これに対し、わが国の官僚機構を中心とした現行の行政システムは、基本的には明治以来、大きな変更は無い。また、安全保障や危機管理といった、国の基本的な機能へのニーズの高まりに対して、省庁の垣根を越えた対応力の強化が急務となっている。戦後の復興から高度成長期においては、各省庁ごとに細分化された分担に基づく、予算配分と法規制を通じた省益の拡大が、結果として国全体の利益の拡大につながってきた。しかし、バブル崩壊による歳入の減少や、右肩上がりを前提としたシステムの崩壊の中で、国のリストラの断行にあたり、これまでの仕組みは障害にすらなりつつある。その改善のために九〇年代以降の行政改革論議の中で取り組まれてきた省庁再編や総理のリーダーシップの強化策などが、所期の目的を達成しているかどうか、現行の省庁の在り方を所与とせずに改めて総点検し、必要な改革を断行すべき時期が到来している。

・内閣府機能の強化と省庁縦割りの排除

先の中央省庁等改革では、総理の「内閣の重要政策に関する基本的な方針」の発議権が内閣法に明記され、内閣官房がその企画立案を所掌し、その事務を補佐するために内閣府が新設され、総理がリーダーシップを発揮し得る体制整備が図られた。

内閣府には、総合的な政策審議のための諮問機関として経済財政諮問会議、総合科学技術会議などが設けられ、これらの合議体には、それぞれ一定の範囲で民間有識者が参画し、省庁横断的な総合政策形成に効果をあげている。

しかしながら、内閣府は各省庁からの人材で構成され、また、予算配分権限がないため、最終的な政策執行の段階で従来型の各省庁別の政策に陥りがちであり、期待された総合調整機能は未だ十分に機能するには至っていない。従って、例えば、総合的な安全保障に係る分野など、省庁横断的な対応が必要とされる重要分野については、政策の企画立案から予算要求に至るまで、総合的な観点から内閣府が政策執行できるような体制を整え、総理が掲げる政策方針を機動的に実現し得る仕組みを強化すべきである。

また、内閣の閣僚は、憲法第六八条に規定されているように、総理によって任意に罷免され得る存在であることを踏まえ、各省庁の代表ではなく、総理のリーダーシップの下に行政事務を分担しているという認識を基本に、行政権を行使すべきである。

・公務員制度の抜本的な改革

公務員制度改革大綱（二〇〇一年一二月二五日閣議決定）において、二〇〇三年中を目標に国会に提出するとされた国家公務員制度改革関連法案は、関係者の合意が得られず、法案の国会提出の目途が立たない状況が長く続いている。

これまで明らかにされた改正法案の中身は、もっぱら能力等級制の導入と再就職管理の適正化が柱とされているが、それらだけでは、国益よりも省益の追求を優先する国家公務員の意識や行動原理を根本から変えるものとはならず、あくまで改革の一歩に過ぎないと考えられる。

中央省庁等改革の総仕上げと位置付けられる公務員制度改革をこれ以上遅らせるべきではない。政府は、徹底的な情報公開の下で、納税者の視点を踏まえつつ、早期に抜本的な公務員制度改革に向けた検討体制を整備するとともに、法案の策定作業を急ぐべきである。加えて、地方公務員制度の改革についても同時並行的に議論していく必要がある。

・政治任用、民間人登用の拡大

与党と政府の連携を強化するため副大臣・政務官制度が導入され、また、府省間の人事交流や、官民交流制度、任期付任用制度の導入などによる公的部門と民間部門の人的な交流の取り組みも始まっているが、いずれの制度も未だ真価が発揮されるに至っていない。官民の各種人事制度の差異の解消など、一層の交流促進に向けて制度的に整備すべき課題が多く残されており、改善が必要である。

政治任用に関しては、その範囲を一層拡大し、人事面における総理のリーダーシップを強化すべきである。さらに、民間部門などでの多彩な経験を持つ優秀な人材を積極的に公的部門に登用することにより、固定観念や前例主義に囚われない政策運営を図るべきである。一方、民間部門においても、政策立案に係る人材育成や人材のプール制度などで、その下支えを強化する必要がある。

・行政における法治主義の徹底

行政分野における法治主義の徹底のためには、明確なルールに基づく行政の実施（裁量行政の排除）、アカウンタビリティとディスクロージャーの一層の推進が必要である。行政機関が制定する政省令、告示、通達などの行政立法に関しては、行政手続法の改正法案が二〇〇五年の通常国会に上程され、いわゆるパブリック・コメント手続の法制化が実現する見込みである。同法の施行により、行政機関並びに国民や企業は、従前にも増して、パブリック・コメント手続の活用を図り、行政立法の公正性、透明性の向上に努める必要がある。

また、行政府の内部自律的な行政評価システムとして、政策評価システムが導入され、各省庁や総務省などによる複層的な政策評価が始まっている。しかし、現行の制度は、評価の妥当性を外部の専門家が容易に検証できるような十分な情報提供がされていないなどの問題がある。こうした点の改善を図り、政策評価の実効性、迅速性を高めていく必要がある。

（3）司法府に関する課題

憲法の立法意図を尊重するためには、行政による判断ではなく、司法制度を通じた法治主義の貫徹が欠かせない。にもかかわらず、これまで最高裁は、いわゆる統治行為論に基づき、高度に政治性を持つ法律問題に対し違憲審査を自制する姿勢を示してきた。このため、最終的な憲法判断を下すことが出来る唯一最高の機関である最高裁判所は、その違憲立法審査機能を十分に果たしてこなかった。とりわけ、現行制度の下では、具体的な訴訟が提起されなければ違憲審査が行われず、範囲が限定されている。そのため、行政部局である内閣法制局が憲法解釈を行い、実質的に政府見解を拘束してきた。司法による判断を充実させるためにも、具体的な事件や争訟がなくとも法律などが憲法に合致しているかどうか判断できるように抽象的違憲審査権を付与するなど、最高裁における違憲立法審査機能の強化を図るべきである。

また、法治主義徹底の観点からは、通常の各種裁判手続が迅速に行われ、違法状態の早期是正や権利侵害などに対する迅速な救済を実現することが不可欠である。

（4）国と地方の関係

社会が豊かになるにつれ、国民一人一人の生き方や生活ニーズが多様化しており、中央政府による行政サービスの画一的な提供では不十分な側面が出ている。これからの中央政府は、外交・安全保障、地球環境・エネルギー問題など、国全体として整合的・一体的に取り組むべき課題に集中して政策資源を投入し、国民生活や企業活動に密着したインフラ整備や住民サービスについてはできるだけ受益者に近い地方の所管とすべきである。その際、地方行政の肥大化や都道府県の縦割り行政を回避するため、地方レベルにおいて、官と民の役割分担の考え方に基づく行政サービスの整理削減や効率化を図ることが重要である。

併せて地方行革の観点から、ある程度の規模に地方公共団体を再編する必要があり、市町村合併の推進や、複数の地方自治体が共同で行政サービスを提供する一部事務組合の活用を強力に推進すべきである。将来的には、州制の導入も視野に入れ、さらなる行政主体の広域化を図ることも検討に値しよう。

第六章　政策別の重要課題

前述の外交・安全保障、憲法に関する課題、統治システム以外にも、企業や国民の日々の活動に係わる国の基本問題は数多く存在する。様々な環境変化の下で、同時並行的にこれらの問題を解決することも喫緊の課題である。日本経団連では、既に主要政策ごとに、各々の委員会において提言、要望を行っているところであるが、本章では、それらの提言を踏まえつつ、特に国の基本に係わる問題である教育問題、少子化問題、科学技術政策、国・地方の財政問題、エネルギー・環境・食料問題について基本的な考え方を示す。

1．教育問題

（1）現行の教育の問題点

わが国の戦後の教育は、国民に平等な機会を提供し、全国共通の内容を教えることで、基礎的な学力水準の高い国民を産み出し、わが国の成長を支え続けてきた。しかし、二一世紀は、異なる価値観や文化、伝統などを有するさまざまな国や人々との間で、国際的な競争を展開する時代であり、多様な価値を創造する力が求められる。こうした時代の変化に的確に応え、均質な人材の育成を目標とする教育から脱却し、学力面では世界のトップクラスを目指すとともに、個人の個性や能力を伸ばす教育へ、「多様性」「競争」「評価」を基本とした大胆な改革を行う必要がある。

戦後の教育の成功体験に安住した結果、国は、時代の変化に対応した大胆な改革に踏み出していない。公教育は公立学校が担うという考え方のもと、私立学校は補完的存在とされ、学校経営や教育ノウハウのある者の参入を拒んでいる。また、教育の質にかかわらず教育予算が配分されるため、社会のニーズに対応しないまま学校が存続している。OECDの学習到達度調査結果などから明らかなように、わが国の子どもたちの学力は低下傾向にあり、教える力（教育力）の低下も顕著である。子どもたちの塾通いも常態化しており、塾や予備校の存在なしには、学校の授業が成立しないような状況に立ち至っている。

また、日本人として備えておくべき基本的な教養に関する教育も不十分である。グローバル化の進展により、諸外国の人々と交流する機会が増える中、自国の伝統・文化・歴史を学ぶことを通じて国を愛しむ心を持つことは、国際人として不可欠の要件であるが、戦後、これらの教育は遠ざけられてきた。

さらに、いじめや学級崩壊、青少年の生活態度の乱れなどに見られる通り、人間としての基本的な倫理観や道徳観が低下している。学校教育以前の問題として、基本的なしつけや生活習慣、倫理観を身につけることが必要であるが、家庭や地域社会がこれらを学校任せにしてきた点も大きな問題である。

（2）教育改革の方向性

次世代の国づくりを確実なものとするには、わが国全体の教育力を向上させていく必要があり、以下の点について大胆でスピード感のある教育改革を断行しなければならない。

・多様な主体による教育への参入

現在、小中学校の在学者の九割以上が公立学校に在籍している。公立学校では、ほぼ同一の方法で標準的な内容を教えることが期待されているため、独自色の強い教育を実践することは難しい。多様な教育を実施するためには、私立学校の比率を高めるほか、公設民営型学校の促進や株式会社立学校、NPO立学校などによる学校の設置・運営を促進し、教育の質の向上に向けて相互に競争、切磋琢磨する必要がある。

そのためには、学校の設置者を国と地方公共団体、学校法人に限定した教育基本法第六条、学校教育法第二条を改正すべきである。

・生徒の選択結果を反映する補助

社会のニーズに応えた質の高い教育を行っている学校に、予算を重点的に配分しなければならない。そのためには、生徒の選択結果を反映して学校への補助金を交付するバウチャー制度が有効と思われる。

例えば、初等中等教育では、児童・生徒や保護者に教育バウチャーを渡し、通学する学校を選ぶ権利を与えるようにすれば、多数から支持された学校に多くの補助金が配分され、社会や教育の受け手のニーズに合致しない学校は、自然淘汰されることとなる。

併せて、これからの教育予算のあり方を検討する上で、私学への助成根拠を明確にする観点から、法的な見直しを行うべきである。

・時代の変化に適合した教育内容

優れた人材の育成には学校の教育力の向上が不可欠であるが、何を子どもたちに教えるかという問題も極めて重要である。二一世紀のグローバル社会において、日本人はこれまで以上に国際社会において積極的に役割を担っていくことが求められる。国際社会で活躍するためには、国際人である前に日本人としての素養をしっかりと身につけていることが必要である。こうした観点から教育内容を見直す上で、教育基本法の見直しが求められる。

第一に、戦後の教育で不十分であった日本の伝統・文化・歴史に係わる教育を充実させることである。郷土や国を誇り、他国の人にも魅力ある国にしようという気持ちを育むための教育である。また、戦後の教育では個人の権利の尊重に重きが置かれてきたが、その結果、権利のみを主張する無責任な利己主義の弊害も見られることから、権利と義務は表裏一体であることを教育の中でも強調していく必要がある。こうした点を、教育基本法に示された教育理念の中に盛り込むべきである。

第二に、政治に関する教育である。現在の教育では、有権者としての権利を行使することなどの重要性を十分教えていない。従って、教育基本法に、政治に関する教育の重要性を追記すべきである。

第三に、宗教に関する教育である。自然や生命に対する畏敬の念を育むことや、異文化理解の素地となる宗教に関する知見を深めることの必要性が高まっている。しかしながら、公立学校の教育現場では特定の宗教のための教育を行わないとする教育基本法の規定に基づき、宗教に関係するあらゆる行為を排除するという極端な運用がなされるケースがある。従って、教育基本法の中で、社会生活における宗教の持つ意味を理解することの重要性をより明確に示すべきである。

このほか、国が、教育内容の方向を示すことについての正当性を明らかにすることが必要であり、条文解釈をめぐる教育現場での混乱を解消することが望まれる。

・組織的な学校管理・運営と評価

教育主体の多様化、教育予算や教育内容面での改革が、教員や学校の教育力向上に結びつくためには、教員や学校の取り組みに対する評価を徹底することが不可欠である。特に、高等教育機関においては、研究のみならず教育にも注力することが求められ、教育への取り組み実績についても評価する必要がある。こうした観点から、教育基本法に、高等教育機関における教育機能の重要性について新たに規定を設けるべきである。

また、学校運営にあたっては、外部ノウハウ・人材を積極的に活用することが求められる。このほか、教員に関する問題として、教育基本法に教員の自己研鑽努力義務を規定するとともに、教職員組合が職場環境、待遇の改善などの活動に徹することを期待する。

・家庭や地域の役割

教育の基本は家庭であり、基本的な生活習慣、基本的倫理観などを身につけさせるのは保護者の義務である。また、児童、生徒、学生や保護者など教育サービスを受ける側が、学校と協力して教育を良くしていこうという姿勢も必要である。さらに、家庭でのしつけを補う上でも地域社会の果たす役割は大きいこと、産業界が学校と交流・連携することを通じて教育の質を高めることも求められることから、教育基本法に、家庭教育の重要性や学校、家庭、社会の交流・連携の重要性、教育を受ける側の責務を規定することが望まれる。

2．少子化問題

安心・安全、持続可能な繁栄、国際社会への主体的な関与等々、いずれの国家目標の達成にあたっても、今後のわが国の少子化問題は大きな影響を与える。少子化を問題と捉えるのか、前提条件として捉えるのかも含め、今後のわが国が抱える最も大きな課題として、あらゆる面からの検討が必要である。

（1）労働力人口の長期減少

わが国の合計特殊出生率は、人口減少の分水嶺である二・一を割った一九七四年以来、すでに三〇年以上にわたって低下が続いており、直近（二〇〇三年）は一・二九まで落ち込んだ。これに伴い、総人口は二〇〇六年にピーク（一億二七〇〇万人）を迎えた後、以降は継続的に減少を続け、今世紀末には六四〇〇万人と半減が見込まれている。総人口が減少する中にあっては、労働力人口の減少も避けられない。日本経団連の推計によれば、労働力人口は二〇〇三年の六三一六万人から二〇五〇年には四一六一万人と、五〇年弱で二〇〇〇万人以上減少する。

わが国は、いまだかつて経験したことのない人口減少社会に突入する。国の持続的な成長のために最低限必要とされる労働力を安定的に確保していくとともに、少子化世代においても繁栄と豊かさを実現できる国家となるよう、短期、中期、長期の政策を効果的に組み合わせていかねばならない。

（２）女性や高齢者の一層の活用

中長期的に安定的な労働力を確保していくためには、現在、有効に活用できていない女性、さらに高齢者をいかに活かしていくかが鍵になる。特に女性に対しては、「仕事か育児か」といった二者択一を迫ることなく、社会進出を支援することが、結果的に少子化対策にも繋がる。年齢・性別を問わず、それぞれのライフスタイルに応じた柔軟な働き方が可能となる社会的仕組みを構築する必要がある。

（３）少子化対策の拡充

同時に、より本質的に問題を解決するため、少子化対策に取り組まねばならない。政府は九〇年代から、育児休業法の策定やエンゼルプランなど、種々の少子化対策に取り組んでいるものの、出生率は依然として減少し続けている。個人の価値観やライフスタイルの多様化により、少子化に直接効果がある政策の最適解を見つけるのは困難であるが、従来型の就業形態や家族の価値観を前提とした政策にとらわれない柔軟な政策メニューを用意すべきである。育児施設の拡充や就労システムの見直しとともに、まず、出産や育児に伴う経済的な負担の軽減に重点を置き、育児休業手当ての充実、育児コストの軽減、教育コストの軽減といった経済面での措置について、財源配分の見直しを通じて、公費を重点的に投入することも重要である。

（４）外国人労働者の受け入れ

また、少子化の影響を軽減するとともに、わが国経済社会の活力の源として多様性によるダイナミズムを高めるため、質と量の両面でのコントロールや外国人の人権擁護などに配慮しつつ、外国人の受け入れを進めるべきである。そのためにも、専門分野における受け入れの円滑化や、社会保障協定の締結などにより、オープンで柔軟な労働市場を確立しなければならない。同時に、不法滞在者の対策なども強化する必要がある。

3．科学技術政策

（１）科学技術創造立国の重要性

戦後の経済成長の過程と同様、資源に乏しいわが国が将来にわたり持続可能な繁栄を実現するためには、科学技術の発展を国の糧として位置付けていく必要がある。科学技術の発展は、わが国の国際競争力の源泉であると同時に、エネルギー・環境問題といった人類共通の問題を解決する上での鍵であり、国際社会に対する貢献の鍵となるものである。

さらに、外交・安全保障面においても、高度な技術力の保持は、国の優位性を確保するとともに潜在的な抑止力としても機能する。

政府においては、科学技術基本法に基づく科学技術基本計画を通じて、科学技術水準の向上による経済社会の持続的発展に向けた種々の施策を講じている。現在、第三期基本計画に向けた検討が始められているが、科学技術創造立国の実現に向けて、引き続き、国として優先的な資源配分を進める必要がある。

（２）科学技術政策の一層の強化に向けた今後の課題

科学技術政策における国の役割は、民間企業がカバーできない長期、巨大な研究開発プロジェクトの推進であり、国が技術安全保障上、保持しなければならない技術の維持発展である。また、科学技術を産業へと結びつけ、国の繁栄を図るための基盤を整備することである。さらに、技術交流を通じた関係強化の観点から、科学技術面における国際間の連携を強化していくことである。とりわけ、わが国としては、中国や東アジアにおけるエネルギーや環境関係技術での連携を通じて、予想される東アジア地域におけるエネルギー・環境問題の解決に向けたリーダーシップを発揮していくべきである。

わが国ではこれまで、平和主義の観点から、防衛関連の科学技術と他の科学技術とを区分して扱う傾向にあった。今後、国家目標である国際社会への主体的な関与という観点から、科学技術面においても防衛、民生の垣根を超えて、国民の安心・安全の確保や国際平和の実現につながる取り組みを進めるべきである。これに関連し、最先端技術の防衛目的での活用を制限している宇宙の平和利用原則や武器輸出三原則は、わが国の先端科学技術発展の観点から、見直しやさらなる緩和が必要である。

また、科学技術の発展を支えるのは言うまでもなく優秀な人材である。急激な少子化の中で、国や産業の将来基盤を支える重要分野における人材育成の強化を図る必要がある。産学官連携を強化し、人材や情報の国際交流を通じて、技術系人材の教育システムの改革を急ぐ必要がある。

さらに、産業の国際競争力の強化を図るために、戦略的な知的財産政策を推進することが求められる。わが国発の技術の国際標準化によって、競争力を高めて行く上でも、知的財産権の扱いは重要な課題である。

4. 財政の持続可能性の確保

（1）財政破綻の危機

現在、わが国の国・地方の長期債務残高はＧＤＰ比で一・四倍を超え、先進諸国において突出した危機的な状況にある。今後、高齢化の急速な進展による社会保障給付の増大、歳入の伸び悩み、成長率の低下などを受け、日本経団連の試算では、二〇二五年の政府債務残高はＧＤＰの五倍近くに達し、事実上デフォルト状態に陥る危険がある。仮にそうなった場合、金利の高騰、インフレ、大幅な増税が余儀なくされ、わが国財政は自由度を失い、政策運営は不可能となり、国家目標の達成は画餅に帰すこととなる。財政の健全化は、将来の問題ではなく、直面する国の基本問題であり、持続可能な豊かさを実現するための前提であるという点を強く認識しなければならない。

かつて赤字財政の代表国の一つであったイタリアは、ＥＵの財政規律協定を受け、財政悪化に一定の歯止めがかけられ、政府債務残高のＧＤＰ比も一・二倍程度と、日本よりもはるかに健全な状況にある。わが国においても、憲法に財政規律に関する規定を置くなど、一定の歯止めに係る制度整備を検討する必要がある。

（2）改革の方向性

財政の持続可能性を確保するためには、歳出の徹底した抑制、歳入強化策、財政の拠って立つ経済の安定的成長の三つの改革を同時並行的に進めなければならない。

・歳出抑制に向けた改革

歳出改革における最重要課題は社会保障制度改革である。急激な高齢化の結果、二〇二五年度の社会保障給付費は二〇〇四年度の一・八倍にも増大すると予想されており、財政の悪化のみならず、企業負担の増大や国民負担率の増大につながり、活力の低下、税収の減少を招く。「自立・自助・自己責任」を社会保障の原則としつつ、年金、医療、介護の各制度について、公的保障の範囲見直しなどを進めるべきである。また、地方財政は、現在、国庫補助負担や地方交付税交付金といった国から地方への巨額の財政移転により賄われており、地方のコスト意識の希薄化と同時に、特色ある自治体づくりや創意工夫による行政効率化の妨げとなっている。まず、国と地方の役割、事務区分、財政責任の明確化、国・地方の公務員数の徹底的な削減を進め、同時に税源の移譲を含む見直し（いわゆる三位一体改革）を図るべきである。その際、地方の行政サービスは、その受益者である住民自らが受益と税負担に照らして選択することを原則に、地方税制改革を同時に進める必要がある。

・消費税拡充による歳入の確保

少子・高齢化、低成長といった制約の中で、わが国が国際競争力を維持していくためには、景気や国際競争力に直接的な影響を与える個人所得税、法人税の引き上げの余地はない。経済成長への影響を極力抑えつつ、歳入確保による財政の再建を進めるためには、欧州諸国に見られる通り、消費税の拡充が最も有効な手段である。第一段階としては、二〇〇七年度頃までに一〇%程度にまで引き上げ、その後も段階的に引き上げ、欧州並みの税率とする必要があろう。

・経済成長に向けた政策

財政の持続可能性を回復・維持するための最善の方策は、いうまでもなく経済成長とこれに伴う歳入の確保である。財政再建は国の重要な基本問題であるが、併せて、将来の成長の芽を涵養することも忘れてはならない。他章で述べた通り、科学技術政策や少子化対策といった、重要政策を同時に展開しつつ達成されるものでなければならない。

5．エネルギー・環境・食料問題

（1）わが国にとってのエネルギー・環境問題

わが国の一次エネルギーの自給率は僅かに四%、原子力を国産エネルギーとみなしても二〇%程度に過ぎない。（二〇〇〇年ベース。国際エネルギー機関調べ）

また、一次エネルギーの約半分は石油の輸入に依存しており、うち九割近くを政情の不安定な中東に依存している。World Energy Outlook 2004によると、今後の見通しとしては、二〇〇二年から二〇三〇年までの間に、わが国では少子化や省エネの進展により、エネルギー需要はほぼ横ばいの傾向が見込まれる一方、中国の需要は倍増することが見込まれるなど、東アジアを中心とした大幅な増大が予想される。わが国は、エネルギー面において、どの先進諸外国よりも脆弱な環境下に置かれているという点を改めて認識した上で、国民生活や産業の基盤として、総合的なエネルギー国家戦略を構築・推進していく必要がある。また、京都議定書の発効を控え、地球温暖化への本格的な対応も一層重要性を増していく。エネルギー・環境問題に関しては、安定供給の確保、環境適合性、経済性という三つの課題の同時解決を念頭に取り組む必要がある。また、エネルギー源やその供給源の多様化を進めることで過度の集中によるリスク回避を図るべきである。

（2）今後のエネルギー・環境政策における課題

・東アジアを中心とした国際的な枠組み強化

エネルギー・環境問題は、国内問題ではなく人類共通の問題であるという観点からの取り組みが重要である。昨今の東シナ海における中国による天然ガス開発に見られる通り、各国の急激な需要拡大に伴い、エネルギー問題は国益のぶつかり合いとしての性格をますます強めていく可能性がある。わが国としては、エネルギー安全保障の観点、また国際平和の維持の観点からも、中国を含む東アジア諸国との間で、エネルギー備蓄や資源開発、技術協力などを通じた積極的な連携を進めていく必要がある。

・エネルギー・環境技術への取り組み強化

わが国の自立を支えるエネルギー自給率の向上と環境との融合を図る最も重要な方策は、技術開発である。特に、安定供給、環境への適応の両面に優れた基幹的準国産エネルギーである原子力については、核燃料サイクルも含めてさらなる活用が必要である。さらに、水素社会の構築に向けた取り組み、風力・太陽光発電、バイオマスといった新エネルギー、クリーンコール・テクノロジー、メタンハイドレートの活用など、エネルギー・環境分野に係る総合的な研究開発を展開すべきである。また、省エネルギーに係る技術開発も、環境への対応と同時に、間接的なエネルギーの創出であるとの観点から取り組みを強化すべきである。エネルギー・環境分野において世界最先端の技術を維持・発展させることは、わが国の安全保障上の優位性を高めるとともに、それを国際的に活用することにより、人類共通の課題に対する積極的な貢献を果たすことにつながる。

・民間の取り組みを重視した政策展開

エネルギー・環境問題は、最終的には、エネルギーの最終消費者である個々人の意識改革が鍵を握る。国家の役割は、国民や企業の自由な活動に必要なエネルギー源を安定的に供給するための環境整備であり、また、エネルギー・環境問題の重要性を周知し、民間の取り組みを支援していくことである。一国内での規制的な手段や税制では、何ら本質的な解決につながらないばかりか、国際競争力の低下などを招きかねない。

（3）食料の安定供給の確保

エネルギーと並んで、食料の安定供給の確保は国民の生命維持と生活の安定にとって不可欠である。

わが国はカロリーベースでみて食料の六割を海外に依存する世界最大の食料純輸入国であり、平素より国内生産の競争力向上と輸入・備蓄、国際協力を適切に組み合わせることで、食料の安定供給の確保を図っていく必要がある。

このため、国内農業については、農業従事者の高齢化による退出の増加、深刻な後継者難、耕作放棄・不作付地の増加など危機的な状況を克服するため、意欲ある担い手への農地の集積と施策の集中化など、構造改革の加速化を急ぐ必要がある。ＥＰＡへの対応を含め、健全な競争力のある国内農業と自由な国際通商体制との両立を図る観点から、国境措置による保護ではなく、欧米と同様に国内対策として対象を絞った担い手への直接支払の導入に取り組む必要がある。

また、有事の際の食料確保は、国家が行う危機管理政策、有事法制の一環として位置付けて検討する必要がある。

おわりに

本報告書では、内外の環境変化に対し、戦後のわが国を支えてきた枠組みの問題点を指摘し、基本理念に基づく新たな国家目標を提示するとともに、その基本理念、国家目標の実現のために必要な基本的課題として、外交・安全保障、憲法、統治システムおよび国の基本に係る重要政策ごとの課題について概観し、基本的な方向性を示してきた。

新たな世紀を迎え、すでに四年の歳月を経た。激変する内外の環境の中で、わが国は、過去経験したことのない数多くの難題に直面し、これに取り組み、また、国際社会においても、これまでに無い幅広い国際協力、貢献活動を進めている。

我々経済界は、これらに加え、さらに、外交・安全保障や憲法を中心とする国の基本問題に取り組むことを期待する。そして、その取り組みは、ここ数年内に着実に実を結ばなければならない。

その理由の第一は、漸く、わが国経済の先行きに明るさが見えてきたが、中長期的にはわが国を脅かす危機や発展を支える基盤への懸念材料があり、戦後の基本的な枠組みが限界を迎えている点である。今後の少子化・高齢化の進展を考えれば、わが国は今こそ中長期的道筋をつけておく必要がある。

第二に、与野党、衆参両院において、国の基本問題への取り組みの気運が高まっており、世論調査などでも憲法改正に対する国民の意識が高まっている点である。初の憲法改正の実現のためには、国会議員三分の二の発議と国民投票が必要となる。国民が必要と判断したときに、適切な改正が可能となるような仕組みをこの機を捉えて整えておくことを最優先すべきである。

第三に、世界情勢の激変に呼応してわが国の基本的枠組みを一刻も早く整備しないと、国際的な信頼を損ないかねない。同盟国、国連との協調はもとより、近隣諸国との関係を確固たるものにしていくためには、わが国が進むべき基本的方向性を早急に内外に明確に宣言しなければならない。

本報告書で取り上げた課題以外にも、国の基本的方向性に係わる政策課題は数多い。

日本経団連としては、本報告の理念や国家目標を基礎として、企業を取り巻く諸課題について、一層、取り組みを強化していく。

以上

資料Ⅲ・15

憲法改正試案

二〇〇五年一月二〇日
世界平和研究所

コメント

1．本改正案は、世界平和研究所が、二〇〇五年一月に発表した憲法改正提案である。

世界平和研究所は、一九八八年六月、総理府、防衛庁、経済企画庁、外務省、大蔵省および通商産業省の六省庁を主務官庁とする財団法人として発足、創設以来中曽根康弘を会長として運営されてきた研究機関である。

本改正案も、中曽根の強い影響力の下につくられたものであり、中曽根が関与してつくった改憲案としては、もっとも新しいものである。

二〇〇四年から〇五年にかけて、自民党内の憲法改正作業は盛り上がりを見せ、とくに、資料Ⅲ・12、Ⅲ・18の解説で書いたように、自民党の憲法調査会が主導していた改正作業が参議院の反対でつぶれ、〇四年一二月一五日、時の首相・党総裁小泉純一郎を本部長とする新憲法制定推進本部とその下につくられた新憲法起草委員会の作業に委ねられると、その起草委員に中曽根が招かれた。本試案は、そうした自民党の改正作業に影響を与えることを念頭においてつくられたものであると推測される。

2．この改正案の特徴は、中曽根のつくったものとしては、新保守主義的色彩が強く、また、中曽根年来の主張である首相公選制を提起していないなど、中曽根色は比較的希薄となっている。先にふれたように、自民党の憲法改正草案に影響を与えることを考慮したためかも知れない。現に、中曽根の直接の起草になると思われる本改正案の前文は、自民党の憲法改正草案づくりに際して中曽根自身の手で小委員会に持ち込まれている（舛添要一『憲法改正のオモテとウラ』講談社現代新書、二〇一三年）。

3．本改正案の特徴の第一は、日本の伝統が強調されている点である。「我ら日本国民は、アジアの東、太平洋の波洗う美しい北東アジアの島々に歴代相承け、天皇を国民統合の象徴として戴き、独自の文化と固有の民族生活を形成し発展してきた。／我らは今や、長い歴史の上に、新しい国家の体制を整え、自主独立を維持し、人類共生の理想を実現する。」と。

また前文が、大日本帝国憲法と日本国憲法を並列させている点も注目される。

4．本改正案の特徴の第二は、天皇を「元首」と明記している点である。

本改正案の特徴の第三は、九条の改正部分である。まず、九条一項にあたる部分は残された。二つ目、二項は変えられて「防衛軍」保持が明記された。三つ目は、国際貢献のための防衛軍の出動――これが集団的自衛権による軍の出動と並んで、九〇年代以降の改憲のねらいの一つだが――が明記された。「3 日本国は、国際の平和及び安全の維持、並びに人道上の支援のため、国際機関及び国際協調の枠組みの下での活動に、防衛軍を参加させることができる。」

本改正案の特徴の第四は、人格権、プライバシー権、環境権といった新しい人権が入っていることである。これまた、近年の憲法改正案に共通する特徴である。

本改正案の特徴の第五は、婚姻に関する人権規定が改正され、冒頭に「家庭は社会を構成する基本的な単位である。何人も、各自、その属する家族の維持及び形成に努めなければならない。」（二八条一項）という規定が入ったことである。これまた、二〇〇〇年代に入って以降の改憲案の特徴となっている新保守主義的規定である。

本改正案の特徴の第六は、国民の義務規定が拡充され、とくに、三五条で「平和と独立を守る責務」が謳われたことである。

本改正案の特徴の第七は、新自由主義的改革を遂行しうる効率的政治体制づくりの規定が入っていることである。参議院で否決された法案の再可決要件を現行の三分の二から過半数へと緩和する規定（六六条）や、財政の健全化規定（一〇〇条）などである。再可決要件は、この草案が出た二〇〇五年のときには緊急性がなかったが、民主党の伸張、〇七年の参院選での自民党敗北による衆参両院のネジレ以降、にわかに緊急性を帯びることになる。

また、草案は、同様のねらいから内閣総理大臣の権限強化の規定（七三条）も入れている。

それに関連して、本改正案の特徴の第八は、中曽根好みの規定が散見される点である。一つは、選挙時に政党が内閣総理大臣候補を明示する規定（七四条二項）が入っている点である。これは、中曽根の主張する首相公選論の名残である。また八四条で、内閣総理大臣が提出法案を国民投票にかける規定も中曽根好みの、他の草案にない規定である。

本改正案の特徴の第九は、緊急事態規定があることである（八七条）。

本改正案の特徴の第一〇は、憲法裁判所の設置が謳われ、抽象的違憲審査権が付与されていることである。

本改正案の特徴の最後は、九六条の改正要件緩和が定められていることである。ここでは、各議院の議員の過半数の賛成で、改正案の発議ができるようになっている。

前文

我ら日本国民は、アジアの東、太平洋の波洗う美しい北東アジアの島々に歴代相承け、天皇を国民統合の象徴として戴き、独自の文化と固有の民族生活を形成し発展してきた。

我らは今や、長い歴史の上に、新しい国家の体制を整え、自主独立を維持し、人類共生の理想を実現する。

我が日本国は、国民が主権を有する民主主義国家であり、国政は国民の信頼に基づき国民の代表者が担当し、その成果は国民が享受する。

我らは自由・民主・人権・平和の尊重を基本に、国の体制を堅持する。

我らは国際社会において、正義と秩序を基調とする国際平和を誠実に希求し、その実現に貢献する。

我らは自由かつ公正で活力ある日本社会の発展と国民福祉の増進に努め、教育を重視するとともに、自然との共生を図り、地球環境の保全に力を尽くす。

また世界に調和と連帯をもたらす文化の重要性を認識し、自国の文化とともに世界文化の創成に積極的に寄与する。

我ら日本国民は、大日本帝国憲法及び日本国憲法の果たした歴史的意義を想起しつつ、ここに新時代の日本国の根本規範として、我ら国民の名において、この憲法を制定する。

（天皇の地位）

第一条　天皇は、国民に主権の存する日本国の元首であり、国民統合の象徴である。

第一章　国民主権

（国民主権、主権の行使方法）

第二条　日本国の主権は国民に存し、国民は国会における代表者及び国民投票によって主権を行使する。

（選挙）

第三条　公務員を選定し、及びこれを罷免することは、国民固有の権利であり、責務である。

2　公務員の選挙については、成年者による普通選挙、自由選挙及び秘密選挙並びに投票価値の平等を保障する。

3　選挙人は、その選択に関し公的にも私的にも責任を問われない。

（政党）

第四条　国民は自由に政党を結成することができる。

2　政党は国民主権の原理を尊重するとともに、国民の政治的意思形成に協力し、民主政治の発展に努めなければならない。

（国の説明責任）

第五条　国は、国民の主権の行使に資するため、法律の定めるところにより、国務に係る情報の開示を行い、国民に対して説明責任を果たさなければならない。

第二章　天皇

（皇室典範）

第六条〈現行第二条〉

（天皇の権能）

第七条　1：〈現行第四条〉

2〈現行第四条〉

3　天皇の国事に関するすべての行為には、内閣総理大臣の助言と承認を必要とし、内閣総理大臣がその責任を負う。

（摂政）

第八条〈現行第五条〉

（天皇の任命権）

第九条　天皇は、衆議院の指名に基づいて、内閣総理大臣を任命する。

2　天皇は、国会の指名に基づいて、憲法裁判所の長たる裁判官を任命する。

3　天皇は、内閣総理大臣の指名に基づいて、最高裁判所の長たる裁判官を任命する。

（天皇の国事行為）

第十条　天皇は、内閣総理大臣の助言と承認により、国民のために、次の国事に関する行為を行う。

一〈現行第七条〉

二　国会召集の詔書を発すること。

三　衆議院の解散詔書を発すること。

四　衆議院議員の総選挙及び参議院議員の通常選挙の施行を公示すること。

五　国務大臣及び法律の定めるその他の公務員の任免並びに全権委任状及び大使及び公使の信任状を認証すること。

六―十〈現行第七条〉

第三章　安全保障及び国際協力

（戦争放棄、安全保障、防衛軍、国際平和等の活動への参加、文民統制）

第十一条　日本国民は、正義と秩序を基調とする国際平和を誠実に希求し、国権の発動たる戦争と、武力による威嚇又は武力の行使は、国際紛争を解決する手段としては、永久に認めない。

2　日本国は、自らの平和と独立を守り、国及び国民の安全を保つため、防衛軍をもつ。
3　日本国は、国際の平和及び安全の維持、並びに人道上の支援のため、国際機関及び国際協調の枠組みの下での活動に、防衛軍を参加させることができる。
4　防衛軍の指揮監督権は、内閣総理大臣に属する。防衛軍に武力の行使を伴う活動を命ずる場合には、事前に、時宜によっては事後に、国会の承認を得なければならない。

第四章　国民の権利及び義務

（国民の要件）
第十二条〈現行第十条〉
（基本的人権）
第十三条　何人も、生来の権利として、すべての基本的人権を享有する。この憲法が保障する基本的人権は、侵すことのできない永久の権利として、現在及び将来の国民に与えられる。
2　前項の権利は、権利の性質上制約されるものを除き、外国人に対しても ひとしく保障される。
（自由及び権利）
第十四条　この憲法が保障する自由及び権利は、各人の不断の努力によって保持するとともに、これを濫用してはならない。
2　何人も、相互に自由及び権利を尊重しなければならない。
（個人の尊重及び生命、自由、幸福追求権）
第十五条　すべて人は、個人として尊重される。生命、自由及び幸福を追求する権利については、公共の利益に反しない限り、立法その他の国政の上で、最も尊重されなければならない。
（法の下の平等）
第十六条　すべて人は、法の下に平等であって、人種、信条、性別、住所又は社会的身分により、政治的、経済的又は社会的関係において、差別されない。
2　〈現行第十四条二項〉
3　栄誉、勲章その他の栄典の授与は、いかなる特権も伴わない。栄誉、勲章その他の栄典の内容は法律でこれを定める。
4　〈現行第十四条四項〉
（公務員の本質）
第十七条　すべて公務員は全体の奉仕者であって、一部の奉仕者ではない。常に公務員は、この憲法が保障する自由及び権利の実現に努めなければならない。
（思想及び良心の自由）
第十八条〈現行第十九条〉
（信教の自由、公的支出の禁止）
第十九条〈現行第二十条一項〉
2　〈現行第二十条二項〉
3　国及びその機関は、特定の宗教を援助、助長若しくは促進又は圧迫若しくは干渉となるような宗教的活動をしてはならない。
（表現の自由）
第二十条〈現行第二十一条〉
（集会、結社の自由）
第二十一条〈現行第二十一条〉
（学問の自由、創造活動の自由）
第二十二条〈現行第二十三条一項〉
2　芸術、学術、科学技術及びその他の創造活動の自由は、これを保障する。知的財産権は法律の定めるところにより保護される。
（人格権）

第二十三条　何人も、自己の名誉、信用その他の人格を不当に侵害されない。
2　何人も、自己の私事及び家庭にみだりに干渉されず、また第三者に公開されない権利を有する。

〈苦役からの自由〉
第二十四条〈現行第十八条〉
（居住及び移転の自由）
第二十五条　何人も、居住及び移転の自由を有する。
2　何人も、外国に移住し、又は国籍を離脱する自由を有する。

（職業選択及び営業の自由）
第二十六条　何人も、公共の利益に反しない限り、職業選択及び営業の自由を有する。

（財産権）
第二十七条〈現行第二十九条一項〉
2　財産権の内容は、公共の利益に適合するように、法律でこれを定める。
3〈現行第二十九条三項〉

（家庭、家族関係における個人の尊厳と両性の平等）
第二十八条　家庭は社会を構成する基本的な単位である。何人も、各自、その属する家族の維持及び形成に努めなければならない。
2〈現行第二十四条一項〉
3　家族は、個人の尊厳と両性の本質的平等に立脚するものであり、国家はこれを保護する。
4〈現行第二十四条二項〉

（生存権、国の努力義務）
第二十九条〈現行第二十五条の「国民」を「何人」に変更〉
2〈現行第二十五条二項〉

（環境権）
第三十条　何人も、良好な環境を享受する権利を有し、その保全に努める義務を負う。
2　国は、良好な環境の保全に努めなければならない。

（教育を受ける権利）
第三十一条〈現行第二十六条の「国民」を「何人」に、「子女」を「子ども」に変更〉

（勤労の権利及び義務）
第三十二条〈現行第二十七条の「国民」を「何人」に変更〉

（労働者の団結権）
第三十三条〈現行第二十八条〉

（納税の義務）
第三十四条〈現行第三十条の「国民」を「何人」に変更〉

（平和と独立を守る責務）
第三十五条　すべて国民は、国の平和と独立を守る責務を負う。

（法定手続きの保障）
第三十六条　何人も、適正な法律の定める手続きによらなければ、その生命若しくは自由を奪われ、又はその他の刑罰及び行政処分を科せられない。

（裁判を受ける権利）
第三十七条　何人も、裁判所において裁判を受ける権利を保障される。

（逮捕の要件）
第三十八条〈現行第三十三条の「司法官憲」を「裁判官」に変更〉

（留置又は勾留の要件）
第三十九条〈現行第三十四条の「抑留」を「留置」に、「拘禁」を「勾留」に変えるのみ〉

（住居の不可侵）

第四十条　何人も、第三十八条の場合を除いては、正当な理由に基づいて発せられ、かつ捜索する場所及び押収する物を明示する令状がなければ、住居、書類及び所持品について、侵入、捜索及び押収を受けることはない。

2　捜索又は押収は、権限を有する裁判官が発する各別の令状により、行わなければならない。

（拷問及び残虐刑の禁止）

第四十一条〈現行第三十六条〉

（刑事被告人等の権利）

第四十二条〈現行第三十七条三項の「刑事被告人」を「刑事被告人及び勾留された被疑者」に変更〉

（刑事被告人の権利）

第四十三条　一、三項〈現行第三十八条〉

2　〈現行第三十八条二項の「抑留若しくは拘禁」を「留置若しくは勾留」に変更〉

（遡及処罰の禁止、一事不再理）

第四十四条〈現行第三十九条〉

（刑事補償請求権）

第四十五条〈現行第四十条の「抑留又は拘禁」を「留置又は勾留」に変更〉

（請願権）

第四十六条〈現行第十六条〉

（国家賠償請求権）

第四十七条〈現行第十七条〉

第五章　国会

（立法権）

第四十八条　立法権は国会に属する。

（両院制）

第四十九条〈現行第四十二条〉

（両議院の組織）

第五十条〈現行第四十三条〉

（議員及び選挙人の資格）

第五十一条　両議院の議員及び選挙人の資格は、法律で定める。ただし、人種、信条、性別、住所、社会的身分、教育財産又は収入によって差別してはならない。

（衆議院議員の任期）

第五十二条〈現行第四十五条〉

（参議院議員の任期）

第五十三条〈現行第四十六条〉

（選挙に関する事項）

第五十四条　選挙区、投票の方法その他両議院の議員の選挙に関する事項は、法律で定める。ただし、衆議院議員は、国民が直接選挙しなければならない。

（両議院議員の兼職の禁止）

第五十五条〈現行第四十八条〉

（議員の歳費）

第五十六条〈現行第四十九条〉

（議員の不逮捕特権）

第五十七条〈現行第五十条〉

（議員の発言及び表決の無責任）

第五十八条〈現行第五十一条〉

（常会）

第五十九条〈現行第五十二条〉

（臨時会）

第六十条　内閣総理大臣は、国会の臨時会の召集を決定することができる。いずれかの議院の総議員の四分の一以上の要求があれば、内閣総理大臣は、その召集を決定しなければならない。

（衆議院の解散、特別会、参議院の緊急集会）

第六十一条　一、三項〈現行第五十四条〉

2　衆議院が解散されたときは、参議院は同時に閉会となる。ただし、内閣総理大臣は、国に緊急の必要があるときは、参議院の緊急集会を求めることができる。

（資格争訟の裁判）

第六十二条〈現行第五十五条〉

（定足数、表決）

第六十三条　両議院は、各々その総議員の三分の二以上の出席がなければ議決することができない。

2〈現行第五十六条二項の「定」を「規定」に変更〉

（会議の公開、秘密会、会議の記録）

第六十四条〈現行第五十七条〉

（役員の選任、議院規則）

第六十五条〈現行第五十八条〉

（法律案の議決、衆議院の優越）

第六十六条　法律案は、この憲法に特別の規定のある場合を除いては、両議院で可決したとき法律となる。

2　衆議院で可決し、参議院でこれと異なった議決をした法律案は、衆議院で再び可決したときは、法律となる。

3〈現行第五十九条三項〉

4　第二項の規定による衆議院の再議決は、参議院の議決後、国会休会中の期間を除いて六十日を経なければならない。

5〈現行第五十九条四項〉

（衆議院の予算案先議、衆議院の優越）

第六十七条　予算案は、先に衆議院に提出しなければならない。

2　予算案について、参議院で衆議院と異なった議決をした場合に、法律の定めるところにより、両議院の協議会を開いても意見が一致しないとき、又は参議院が、衆議院の可決した予算案を受け取った後、国会休会中の期間を除いて三十日以内に、議決しないときは、衆議院の議決を国会の議決とする。

（条約の承認、衆議院の優越）

第六十八条〈現行第六十一条〉

（公務員の任命への同意）

第六十九条　法律で定める重要な公務員の任命については、参議院の同意を得なければならない。

（国政調査権）

第七十条　両議院は、各々国政に関する調査を行い、これに関して、証人の出頭及び証言並びに記録の提出を要求することができる。この調査は、各々その総議員の十分の一以上の賛成があるときには、行わなければならない。

2　両議院は、前項の調査を行った場合には、その結果の記録を保存し、特に秘密を要すると認められるもの以外は、これを公表しなければならない。

（閣僚の議会での答弁の義務と議会出席の権利）

第七十一条　両議院は、内閣総理大臣及び国務大臣に対して、答弁又は説明のため出席を求めることができる。内閣総理大臣及び国務大臣は出席を求められたときは、出席しなければならない。

2　また、内閣総理大臣及び国務大臣は、両議院の一に議席を有するとしないとにかかわらず、何時でも議案の内容及びその取扱いについて発言するため議院に出席することができる。

（弾劾裁判所、訴追委員会）

第七十二条　参議院に、罷免の訴追を受けた裁判官を裁判するため、参議院議員で構成される弾劾裁判所を設ける。

2　衆議院に、前項の訴追のため、衆議院議員で構成される訴追委員会を置く。

3　訴追及び弾劾に関する事項は、法律で定める。

第六章　内閣総理大臣

（行政権、国会への責任）

第七十三条　行政権は、内閣総理大臣に属する。

2　内閣総理大臣は、行政権の行使について、国会に対し責任を負う。

（内閣総理大臣の推挙）

第七十四条　総選挙は、衆議院議員選出と内閣総理大臣推挙のために行われる。

2　政党は、総選挙に際し、内閣総理大臣候補を明示しなければならない。

（内閣総理大臣の指名）

第七十五条　内閣総理大臣は、衆議院議員の中から衆議院の議決で指名する。この指名は他のすべての案件に先立って行う。

2　前項の指名にあたって、過半数の得票者のない場合には、投票の最多数を得た者二人につき、更に投票を行い、多数の得票を得た者を指名することとする。

（内閣総理大臣の解散権、内閣総理大臣不信任決議）

第七十六条　内閣総理大臣は衆議院を解散することができる。

2　内閣総理大臣は、衆議院で不信任決議が可決され、又は信任の決議案が否決されたときは、衆議院を解散しなければならない。

（内閣の構成）

第七十七条　内閣は、法律の定めるところにより、内閣総理大臣及びこれを補佐する国務大臣で構成される。

2　内閣総理大臣及び国務大臣は、文民でなければならない。

（国務大臣の任命及び罷免）

第七十八条〈現行第六十八条〉

（内閣の総辞職）

第七十九条〈現行第六十九条一項〉

2　前項の場合には、内閣は、あらたに内閣総理大臣が任命されるまで引き続き憲法の定める職務を行う。

（内閣総理大臣の臨時代理）

第八十条　内閣総理大臣に事故あるとき、又は内閣総理大臣が欠けたときは、そのあらかじめ指定する国務大臣が内閣総理大臣の職務を行う。

（内閣総理大臣の職務権限）

第八十一条　内閣総理大臣は、内閣の重要事項に関する基本方針を定め、これについて責任を負う。

2　内閣総理大臣は、法律案、予算案その他の議案を国会に提出し、一般国務及び外交関係について国会に報告する。

3　内閣総理大臣は、行政各部を指揮監督する。

（国務大臣の職務権限）

第八十二条　国務大臣は、法律の定めるところにより、主任の大臣として行政事務を分担管理する。

2　国務大臣は、内閣総理大臣が定めた基本方針に基づき、自らの責任において、自己の分担する行政事務を行う。

（内閣総理大臣の職務）

第八十三条　内閣総理大臣は、国務大臣の補佐を受けて、他の一般行政事務のほか、次の事務を行う。

一、二〈現行第七十三条一、二号〉

三　条約を締結すること。ただし、事前に、時宜によっては事後に、国会の承認を得ることを必要とする。

四　法律の定める基準に従い、公務員に関する事務を掌理すること。

五　予算案を作成すること。

六、七〈現行第七十三条六、七号〉

第八十四条　内閣総理大臣は、自ら提出した法律案について、国民投票に付託することができる。

2　前項の場合には、それに先立って、両議院において、各々その総議員の三分の一以上の同意を得なければならない。

3　内閣総理大臣は、国民投票の結果を国会に説明する義務を負う。

4　国会は、法律案が国民投票に付された場合には、その結果にしたがわなければならない。

5　国民投票に関する事項は、法律で定める。

（法律及び政令への署名）

第八十五条〈現行第七十四条〉

（国務大臣の特権）

第八十六条〈現行第七十五条〉

（緊急事態の宣言、指揮監督権）

第八十七条　内閣総理大臣は、国の独立と安全又は多数の国民の生命、身体若しくは財産が侵害され、又は侵害される恐れがある事態が発生し、その事態が重大で緊急に対処する必要があると認めるときは、法律の定めるところにより、全国又は一部地域について、緊急事態の宣言を発することができる。

2　内閣総理大臣は、緊急事態の宣言を発した場合には、法律に基づき、防衛軍のほか、警察、海上保安、消防その他の行政機関を統制するとともに、地方公共団体の長を直接指示することができる。

（国会承認と宣言の解除）

第八十八条　内閣総理大臣は、緊急事態の宣言を発したときは、二十日以内に国会に付議して、その承認を求めなければならない。衆議院が解散されているときは、緊急集会による参議院の承認を求めなければならない。

2　内閣総理大臣は、国会が緊急事態の宣言を承認しなかったとき、又は宣言の必要がなくなったときは、すみやかに宣言を解除しなければならない。

（緊急措置、基本的人権の尊重、公正な手続き）

第八十九条　内閣総理大臣は、緊急事態の宣言を発した場合には、国民の生命、身体又は財産を守るために必要最小限のものと法律が認める範囲内で、この憲法が保障する自由及び権利を制限する緊急の措置をとることができる。

2　内閣総理大臣は、前項の措置をとる場合には、基本的人権を尊重しなければならない。

3　第一項の措置は、公正かつ適正な手続きの下に行われるものとし、その実施に係る国民の権利利益の救済に係る手続きについても、迅速に処理されなければならない。

第七章　裁判所

（司法権、特別裁判所の禁止、裁判官の職務上の独立）

第九十条　すべて司法権は、憲法裁判所、最高裁判所及び法律の定めるところにより設置する下級裁判所に属する。

2、3〈現行第七十六条二、三項〉

（憲法裁判所の違憲審査権）

第九十一条　憲法裁判所は、一切の条約、法律、命令、規則又は処分が憲法に適合するかしないかを決定する権限を有する終審裁判所である。

（憲法裁判所の管轄）

第九十二条　憲法裁判所は、次の事項を管轄する。

一　条約、法律、命令、規則又は処分について、内閣又はいずれかの議院の総議員の三分の一以上の申し立てがあった場合に、法律の定めるところにより、憲法に適合するかしないかを審判すること。

二　具体的訴訟事件で、最高裁判所又は下級裁判所が求める事項について、法律の定めるところにより、憲法に適合するかしないかを審判すること。

三　具体的訴訟事件の当事者が最高裁判所の憲法判断に異議がある場合に、法律の定めるところにより、その異議の申し立てについて、審判すること。

（憲法裁判所の違憲判断の効力）

第九十三条　憲法裁判所が、条約、法律、命令、規則又は処分について、憲法に適合しないと決定した場合には、その決定は、それ以降、国及び地方公共団体を拘束する。

（憲法裁判所の裁判官、任期、報酬）

第九十四条　憲法裁判所は、その長たる裁判官及び法律の定める員数のその他の裁判官でこれを構成し、その長たる裁判官以外の裁判官は、半数ずつ、国会及び内閣総理大臣が任命する。

2　憲法裁判所の裁判官は、任期を十年として、再任されない。

3　憲法裁判所の裁判官は、すべて定期に相当額の報酬を受ける。この報酬は、在任中、これを減額することができない。

（最高裁判所の裁判官、任期、報酬）

第九十五条　最高裁判所は、その長たる裁判官及び法律の定める員数のその他の裁判官でこれを構成し、その長たる裁判官以外の裁判官は、内閣総理大臣が任命する。

2　最高裁判所の裁判官は、任期を十年とし、再任されることができる。

3　〈現行第七十九条六項〉

（下級裁判所の裁判官、任期、定年、報酬）

第九十六条　下級裁判所の裁判官は、最高裁判所の指名した者の名簿によって、内閣総理大臣が任命する。その裁判官は、任期を十年とし、再任されることができる。ただし、法律に定める年齢に達した時に退官する。

2　〈現行第八十条二項〉

（最高裁判所、憲法裁判所の規則制定権）

第九十七条　〈現行第七十七条一項〉

2　前項のうち、憲法裁判所に関する事項については、憲法裁判所がその規則を定める権限を有する。

3　検察官は、憲法裁判所及び最高裁判所が定める規則に従わなければならない。

4　〈現行第七十七条三項〉

（裁判官の身分保障）

第九十八条　〈現行第七十八条〉

（裁判の公開）

第九十九条　〈現行第八十二条〉

第八章　財政

（財政処理の基本原則）

第百条　国の財政は、国会の議決に基づいて、内閣総理大臣が処理する。

2　国は、健全な財政の維持及び運営に努めなければならない。

（課税）

第百一条　〈現行第八十四条〉

（国費の支出及び国の債務処理）

第百二条　〈現行第八十五条〉

（予算案、継続費）

第百三条　内閣総理大臣は、毎会計年度の予算案を作成し、国会に提出して、その審議を受け議決を経なければならない。

2　特別に継続支出の必要があるときは、年限を定め、継続費として国会の議決を経なければならない。

（予備費）

第百四条　予見し難い予算の不足に充てるため、国会の議決に基づいて予備費を設け、内閣総理大臣の責任でこれを支出することができる。

2　すべて予備費の支出については、内閣総理大臣は、事後に国会の承諾を得なければならない。

（皇室財産）

第百五条〈現行第八十八条〉

（公の財産の用途制限）

第百六条　公金その他の公の財産は、宗教上の組織若しくは団体の使用、便益若しくは維持のため、又は公の支配に属しない慈善、教育又は博愛の事業であって、法律で定めるものに対し、これを支出し、又はその利用に供してはならない。

（決算検査、会計検査院）

第百七条　国の収入支出の決算は、すべて毎年会計検査院がこれを検査し、内閣総理大臣は、次の年度に、その検査報告とともに、これを国会に提出しなければならない。

2〈現行第九十条二項〉

（財政状況の報告）

第百八条　内閣総理大臣は、国会及び国民に対し、定期に、少なくとも毎年一回、国の財政状況について報告しなければならない。

第九章　地方自治

（地方自治の基本原則）

第百九条　地方自治は、地方公共団体及びその住民が、地域における住民の日常生活に密接な関連性を有する事務を、自らの意思及び責任において行うことを原則とする。

2　地方公共団体の組織、権能及び運営に関する事項は、前項の原則を尊重し、法律でこれを定める。

（地方議会、長・議員等の直接選挙）

第百十条〈現行第九十三条一項〉

2　地方公共団体の長、その他の議会の議員及び法律で定めるその他の公務員は、その地方公共団体の住民が、直接選挙する。

（地方公共団体の権能、条例制定権、課税権）

第百十一条　地方公共団体は、その財産を管理し、事務を処理し、及び行政を執行する権能を有し、法律の趣旨の範囲内で条例を制定することができる。

2　地方公共団体は自らの権能の実施のために、条例により租税を課すことができる。また、その財源は健全に維持及び運営されなければならない。

（特別法の住民投票）

第百十二条　特定の地方公共団体のみに適用される特別法は、法律の定めるところにより、その地方公共団体の住民の投票においてその過半数の同意を得なければ、国会は、これを制定することができない。

第十章　改正

（改正の手続き及び公布）

第百十三条　この憲法の改正は、各議院の総議員の過半数の賛成で、国会が発議し、国民に提案してその承認を得なければならない。この承認には、特別の国民投票又は国会の定める選挙の際行われる投票において、その過半数の賛成を必要とする。

2　憲法の改正について前項の承認を得たときは、天皇は、国民の名で、この憲法と一体を成すものとして、直ちにこれを公布する。

第十一章　最高法規

（憲法の最高性）

第百十四条　この憲法は、国の最高法規であって、その条規に反する条約、法律、命令及び国務に関するその他の行為の全部又は一部は、その効力を有しない。

（国際法規の遵守）

第百十五条〈現行第九十八条二項〉

（憲法尊重擁護義務）

第百十六条　天皇又は摂政及び内閣総理大臣、国務大臣、国会議員、裁判官その他の公務員は、この憲法を尊重し擁護する義務を負う。

資料Ⅲ・16

新憲法試案

二〇〇五年二月

鳩山由紀夫

［出典］『新憲法試案』二〇〇五年二月、PHP研究所

コメント

1．本案は、民主党にあって、早くから憲法改正を主張してきた鳩山由紀夫が作成公表した、憲法改正案である。当時は、二〇〇五年九月に行われた総選挙による自民党の大勝前であったため、民主党が順調に議席を伸ばしていた時代であり、同時に、鳩山はすでに代表をやめ、政治の中枢にいたわけでもなかった。比較的に時間もあった。そのなかで、改憲案の作成に取り組んだものである。

2．鳩山の改正案は、自衛隊の海外出動、新自由主義改革遂行という、保守支配層の課題達成を強く意識した改憲案でもなく、また、かといって新保守主義的なそれでもない。その点からいえば、当代改憲案の共通項を盛り込んだあまり個性のないものだが、鳩山改憲案の個性は別のところにみられる。それは、鳩山の信条の一つである、地域・自治体の重視という視点から、鳩山が主要な統治原則であると考える「補完性原理」を前面に出し、それに基づき地域自治体の組織と権限を定めた第六章「市、圏及び国」が規定されている点である。

3．鳩山改正案の特徴は、以下の諸点である。

鳩山案の特徴の注目すべき第一は、前文に鳩山が信奉する国家原則が掲げられている点である。一つは友愛の国づくりで、「私たち

は、自立と共生の精神に基づいた友愛の国づくりを目指す。」、もう一つが補完性原理で、「また、補完性の原理による秩序の下で、地域の自治と自立を最大限に尊重するとともに、地球的視野に立ち、全世界の人々と友情と智で結ばれた、尊厳ある国づくりを共に進めることを念願し、ここに新しい日本国憲法を制定する。」という具合である。

特徴の第二は、天皇の条項で、一つは天皇を「元首」と規定していることである。二つ目は、七条で女帝を認める規定を置いている点である。

特徴の第三は、人権関係の諸条である。一つは、定住外国人に地域自治体の選挙権等を認めている点である。二つ目は、他の憲法草案と同様、新しい人権を列記している点である。プライバシー権、情報公開請求権、環境権、犯罪被害者の権利のほか、生命倫理に関する規定を置いている点が注目される。また、現行憲法二五条にあたる生存権の条文の第三項に住居保障の規定を入れていることも注目される。

特徴の第四は、平和主義関係であるが、まず鳩山案では平和主義と安全保障の章が二つに分けられている。平和主義の章では、国際貢献に基づく軍の派兵が謳われていること――読売新聞の改正試案の影響であるが――が注目される。「第四七条（国際活動への参加）日本国は、国際連合その他の確立された国際的機構が行う平和の維持と創造のための活動に積極的に協力する。」

安全保障の章では、「自衛軍」の保持が謳われているほか、「大量破壊兵器の不保持」また徴兵制の禁止規定が注目される。

特徴の第五、鳩山案の最大の特徴は、地域自治体を、市と圏に分け、詳細な組織と権限規定をもっていることである。

基礎自治体は、「市」であり、広域自治体が「圏」である。鳩山案は、国と自治体の関係を律する補完性の原理を規定する。「第五六条（補完性の原理）市、圏及び国は、補完性の原理に基づき、住民の創意と自発に基づく自治活動を尊重し、その事務を分担する」と。こうした市―圏―国の分担によって、できるだけ地域に権限を委ね、地域で新自由主義改革を担わせる体制は、後に鳩山内閣が成立した際、「地域主権改革」として実施に移されることになる。

特徴の第六は、鳩山案が、「政党」を憲法上の組織として重視していることである。第八章は「政党」という章であり、政党の規定、政党助成金の規定に次ぎ、選挙に際して、政党に内閣総理大臣候補を明示することを求めている。

特徴の第七は、鳩山案も憲法裁判所の設置を謳っていることである。

特徴の第八は、鳩山案も新自由主義改革遂行に適した統治の改革を規定していることである。まず、行政権は「内閣総理大臣」にあるという規定は、新自由主義改革時代における首相権限の強化のねらいをもっている。また財政健全化規定（一二四条）ももっている。

ただし鳩山案は、新自由主義改革とは必ずしも一致しない規定ももっている。たとえば、鳩山案は、内閣総理大臣の解散権を内閣不信任案の可決か信任案否決に限っている。また、鳩山案は、内閣総理大臣と国会に、提出法案を国民投票にかける権限を与えている。

特徴の第九は、鳩山案も緊急事態規定を設けている点である。

鳩山案の最後の特徴は、鳩山案も、他の改憲案同様、憲法改正条項の緩和を図っている点である。ただし、鳩山案は、やや独自の方式を採っている。すなわち、鳩山案の第一章から第五章までの主権、政体、人権、安保関係規定の改正は、従来どおりとし、残りの統治機構に関する改正のみ、国会議員の過半数の賛成で発議―国民投票か、国会の総議員の三分の二の賛成で改正できるとする。

前文

この憲法は、明治二十二年憲法によって創始された議会主義と政党政治の伝統を受け継ぎ、昭和二十一年憲法によって確立された国際協調と平和主義の理念をさらに発展的に継承するものである。

私たちは、人間の尊厳を重んじ、平和と自由と民主主義の恵沢を全世界の人々とともに享受することを希求し、世界、とりわけアジア太平洋地域に恒久的で普遍的な経済社会協力および集団的安全保障の制度が確立されることを念願し、不断の努力を続けることを誓う。

私たちは、自立と共生の精神に基づいた友愛の国づくりを目指す。すなわち、この国の長い歴史に培われた伝統と文化を受け継ぎ、豊かな自然環境と美しい国土を守り、後世に伝えるよう努める。また、補完性の原理による秩序の下で、地域の自治と自立を最大限に尊重するとともに、地球的視野に立ち、全世界の人々と友情と智で結ばれた、尊厳ある国づくりを共に進めることを念願し、ここに新しい日本国憲法を制定する。

第一章　総則

第一条（主権及び政体）　日本国の主権は、日本国民に存する。

2　日本国は、国民統合の象徴である天皇を元首とする民主主義国家である。

3　日本国民の要件は、法律で定める。

第二条（人間の尊厳及び基本的人権の不可侵）　人間の尊厳は不可侵である。この憲法が国民に保障する基本的人権は、侵すことのできない永久の権利であり、日本国民は、すべての基本的人権の享有を妨げられない。

第三条（最高法規）　この憲法は、国の最高法規であって、その条規に反する法律、命令、詔勅及び国務に関するその他の行為の全部又は一部は、その効力を有しない。

第四条（憲法遵守の義務）　天皇又は摂政及び国務大臣、国会議員、裁判官その他の公務員は、この憲法を尊重し、遵守する義務を負う。

第五条（国旗、国歌、元号）　国旗、国歌及び元号は、法律で定める。

第六条（公用語）　日本国の公用語は、日本語である。

第二章　天皇

第七条（皇位）　皇位は、世襲のものであって、国会の議決した皇室典範の定める継承順位に従い、皇統に属する男子又は女子が継承する。

第八条（天皇の任命権）　天皇は、国会の指名に基いて、内閣総理大臣を任命する。

2　天皇は、内閣総理大臣の指名に基づいて、最高裁判所の長たる裁判官を任命する。

3　天皇は、国会、内閣総理大臣及び最高裁判所の指名に基づいて、憲法裁判所の裁判官を任命する。

第九条（天皇の国事行為）　天皇は、内閣の助言と承認により、次の国事に関する行為を行う。天皇の国事に関する行為の責任は内閣総理大臣が負う。

一　憲法改正、法律、政令及び条約を公布すること。

二　国会を召集すること。

三　国会を解散すること。

四　国会議員の選挙の施行を公示すること。

五　国務大臣及び法律の定めるその他の官吏の任免並びに全権委任状及び大使及び公使の信任状を認証すること。

六　大赦、特赦、減刑、刑の執行の免除及び復権を認証すること。

七　栄典を授与すること。

八　批准書及び法律の定めるその他の外交文書を認証すること。
九　外国の大使及び公使を接受すること。
十　国賓を接遇すること並びに友好親善のため諸外国を訪問すること
十一　儀式を行うこと
2　天皇は、法律の定めるところにより、国事に関する行為を委任することができる。
3　皇室典範の定めるところにより摂政を置くときは、摂政は、天皇の名でその国事に関する行為を行う。
第一〇条（財産授受の制限）　皇室に財産を譲り渡し、又は皇室が、財産を譲り受け、若しくは賜与することは、国会の議決に基づかなければならない。

第三章　国民の権利及び義務

第一一条（自由・権利の保持義務、濫用の禁止、利用の責任）　この憲法が国民に保障する自由及び権利は、国民の不断の努力によって、これを保持しなければならない。また、国民は、これを濫用することなく、常に公共の福祉のためにこれを利用する責任を負う。
第一二条（個人の尊重、生命・自由・幸福追求の権利の尊重）　すべて国民は、個人として尊重される。生命、自由及び幸福追求に対する国民の権利については、公共の福祉に反しない限り、立法その他の国政の上で、最大の尊重を必要とする。
第一三条（法の下の平等、貴族制度の否認、栄典の限界）　すべて国民は、法の下に平等であって、人種、信条、性別、社会的身分又は門地により、政治的、経済的又は社会関係において、差別されない。
2　華族その他の貴族の制度は、これを認めない。
3　栄誉、勲章その他の栄典の授与は、いかなる特権も伴わない。栄典の授与は、現にこれを有し、又は将来これを受ける者の一代に限り、その効力を有する。
第一四条（公務員選定罷免権、住民投票及び国民投票への参加、投票の義務）　公務員を選定し及び罷免することは、国民の権利であり、すべて公務員は、全体の奉仕者であって一部の奉仕者ではない。
2　国会議員及び基礎自治体の長又は議員その他の公務員の選挙については、成年者による普通選挙を保障する。国民投票又は住民投票についても同様とする。
3　すべて国民は、公務員の選挙並びに国民投票及び住民投票に際しては、投票する義務を負う。
4　定住外国人の、地域自治体公務員の選挙及び住民投票への参加については、各地域自治体の憲章で定めるものとする。
5　投票の秘密は、これを侵してはならない。選挙人及び投票人は、その選択に関し公的にも私的にも責任を問われない。
第一五条（請願権）　何人も、損害の救済、公務員の罷免、法律、命令又は規則の制定、廃止又は改正その他の事項に関し、平穏に請願する権利を有し、かかる請願をしたためにいかなる差別待遇も受けない。
第一六条（国及び地域自治体の賠償責任）　何人も、公務員の不法行為により、損害を受けたときは、法律の定めるところにより、国又は地域自治体に、その賠償を求めることができる。
第一七条（奴隷的拘束及び苦役からの自由）　何人も、いかなる奴隷的拘束も受けない。また、犯罪による処罰の場合を除いては、その意に反する苦役に服させられない。
第一八条（思想及び良心の自由）　思想及び良心の自由は、これを侵してはならない。
第一九条（信教の自由、国の宗教活動の禁止）　信教の自由は、何人に対してもこれを保障する。いかなる宗教団体も、国から特権を受け、又は政治上の権力を行使してはならない。

2　何人も、宗教上の行為、祝典、儀式又は行事に参加することを強制されない。

3　地域自治体及び国並びにその機関は、特定宗教のための教育その他いかなる宗教的活動もしてはならない。

第二〇条（集会・結社・表現の自由、検閲の禁止、通信の秘密）　集会、結社及び言論、出版その他一切の表現の自由は、これを保障する。

2　検閲は、これをしてはならない。通信の秘密は、これを侵してはならない。

第二一条（名誉権、プライバシー権、情報アクセス及びコントロール権）　何人も、個人としての名誉及び信用を侵害されない権利を有する。

2　個人の私生活に関する情報の収集、保管、利用及び流布は、本人の同意に基づいて、又は法律の定める正統な理由に基づいて、特定の目的のために公正に処理される場合以外には許されない。

第二二条（情報公開請求権）　何人も、法律の定めるところにより、地域自治体又は国の事務に関する情報の公開を求めることができる。

第二三条（居住・移転・職業選択の自由、外国移住・国籍離脱の自由）　何人も、公共の福祉に反しない限り、居住、移転及び職業選択の自由を有する。

2　何人も、外国に移住し、又は国籍を離脱する自由を侵されない。

第二四条（学問の自由）　学問の自由は、これを保障する。

第二五条（家族の尊重及び個人の尊厳と両性の平等）　家族は、社会の基礎的単位として尊重されなければならない。

2　婚姻は、両性の合意のみに基いて成立し、夫婦が同等の権利を有することを基本として、相互の協力により、維持されなければならない。

3　配偶者の選択、財産権、相続、住居の選定、離婚並びに婚姻及び家族に関するその他の事項に関しては、法律は、個人の尊厳と両性の本質的平等に立脚して制定されなければならない。

第二六条（生存権、国の生存権保障義務）　すべて国民は、健康で文化的な最低限度の生活を営む権利を有する。

2　国は、社会福祉、社会保障及び公衆衛生の向上及び増進に努めなければならない。

3　国は、快適な住居を保障するよう努めなければならない。

第二七条（子ども、高齢者、障害者の権利）　子どもは、健康で良好な生活に必要な保護と配慮を受ける権利を有する。

2　高齢者は、その経験と知識が尊重され、尊厳ある生涯をおくる権利を有する。

3　障害者は、その自立並びに社会生活への参加及び就業の権利を有する。

第二八条（生命倫理）　医学生命科学技術の分野においては、人の選別等を目的とする優生学的行為、人体又はその一部を営利の目的とする行為並びにヒトのクローニングは、これを禁止する。

第二九条（環境権及び環境保全義務）　何人も、良好な環境を享受する権利を有する。

2　何人も、自然環境及び歴史的文化的遺産の保全に努め、共同体としての良好な生活環境を維持し、発展させる義務を負う。

3　地域自治体及び国その他の公的な機関は、国民が良好な環境を享受するために必要な措置を講じなければならない。

第三〇条（教育を受ける権利、教育の義務、義務教育の無償）　何人も、生涯にわたり、能力に応じて、必要な教育を受ける権利を有する。教育権は国民に存する。

2　地域自治体及び国は、法律の定めるところにより、すべての国民が普通教育を受ける権利を保障する義務を負う。公立学校における義務教育は無償とする。

第三一条（労働の権利・義務、労働条件の基準、子ども酷使の禁止）すべて国民は、労働の権利を有し、義務を負う。
2　賃金、就業時間、休息その他の労働条件に関する基準は、法律で定める。
3　子どもは、これを酷使してはならない。
第三二条（労働者の団結権・団体交渉権）労働者の団結する権利及び団体交渉その他の団体行動をする権利は、これを保障する。
第三三条（財産権）財産権は、これを保障する。ただし公共の利益のために、かつ法律の定める場合と条件に基づいて、損失に対する正当な補償が適切な時点で支払われるときは、この限りではない。
2　知的財産は保護されるものとする。
第三四条（納税の義務）国民は、法律の定めるところにより、納税の義務を負う。
第三五条（法定手続の保障）何人も、法律の定める手続によらなければ、その生命若しくは自由を奪われ、又はその他の刑罰を科せられない。
第三六条（裁判を受ける権利）何人も、裁判所において裁判を受ける権利を奪われない。
第三七条（逮捕に対する保障）何人も、現行犯として逮捕される場合を除いては、裁判官が発し、かつ理由となっている犯罪を明示する令状によらなければ、逮捕されない。
第三八条（抑留・拘禁に対する保障）何人も、理由を直ちに告げられ、かつ、直ちに弁護人に依頼する権利を与えられなければ、抑留又は拘禁されない。また、何人も、正当な理由がなければ拘禁されず、要求があれば、その理由は、直ちに本人及びその弁護人の出席する公開の法廷で示されなければならない。
第三九条（住居侵入・捜索・押収に対する保障）何人も、その住居、書類及び所持品について、侵入、捜索及び押収を受けることのない権利は、第三十七条の場合を除いては、正当な理由に基いて発せられ、かつ捜索する場所及び押収する物を明示する令状がなければ、侵されない。
2　捜索又は押収は、裁判官が発する各別の令状により、これを行う。
第四〇条（拷問及び残虐な刑罰の禁止）公務員による拷問及び残虐な刑罰は、絶対にこれを禁止する。
第四一条（刑事被告人の諸権利）すべて刑事事件においては、被告人は、公平な裁判所の迅速な公開裁判を受ける権利を有する。
2　刑事被告人は、すべての証人に対して審問する機会を充分に与えられ、また、公費で自己のために強制的手続により証人を求める権利を有する。
3　刑事被告人は、いかなる場合にも、資格を有する弁護人を依頼することができる。被告人が自らこれを依頼することができないときは、国でこれを付する。
第四二条（不利益な供述の強要禁止、自白の証拠能力）何人も、自己に不利益な供述を強要されない。
2　強制、拷問若しくは脅迫による自白又は不当に長く抑留若しくは拘禁された後の自白は、これを証拠とすることができない。
3　何人も、自己に不利益な唯一の証拠が本人の自白である場合には、有罪とされ、又は刑罰を科せられない。
第四三条（刑罰法規の不遡及、二重刑罰の禁止）何人も、実行の時に適法であった行為又は既に無罪とされた行為については、刑事上の責任を問われない。また、同一の犯罪について、重ねて刑事上の責任を問われない。
第四四条（刑事補償）何人も、抑留又は拘禁された後、無罪の裁判を受けたときは、法律の定めるところにより、国にその補償を求めることができる。

第四五条（犯罪被害者の権利）　犯罪行為による被害者又はその遺族は、法律の定めるところにより、国の救済を受けることができる。

第四章　平和主義及び国際協調

第四六条（侵略戦争の否認）　日本国民は、国際社会における正義と秩序を重んじ、恒久的な世界平和の確立を希求し、あらゆる侵略行為と平和への破壊行為を否認する。

2　前項の精神に基づき、日本国は、国際紛争を解決する手段としての戦争及び武力による威嚇又は武力の行使は永久に放棄する。

第四七条（国際活動への参加）　日本国は、国際連合その他の確立された国際的機構が行う平和の維持と創造のための活動に積極的に協力する。

第四八条（主権の移譲）　日本国は、この憲法の定める統治の基本秩序に反しない限り、法律により、主権の一部を国際機構に移譲することができる。

2　日本国は、国際社会の平和と安定に寄与するため、集団的安全保障活動に参画するときは、法律により、主権を制限することができる。

第四九条（国際法の遵守）　日本国が締結した条約および確立された国際法規は、誠実に遵守する。

第五章　安全保障

第五〇条（自衛権）　日本国は、自らの独立と安全を確保するため、自衛軍を保持する。

2　自衛軍の組織及び行動に関する事項については、法律で定める。

第五一条（内閣総理大臣の指揮監督権限）　自衛軍の最高の指揮監督権限は、内閣総理大臣に属する。

第五二条（国会の承認）　内閣総理大臣が、自衛軍の出動を命ずるときは、法律の定めるところにより、国会の承認を必要とする。

第五三条（大量破壊兵器の不保持）　核兵器、生物化学兵器をはじめとする大量破壊兵器は、開発し、製造し、及び保有することを禁ずる。

第五四条（徴兵制の否定）　日本国民は、自衛軍への参加を強制されない。

第六章　市、圏及び国

第五五条（地域自治体の構成）　地域自治体は、基礎自治体としての市、及び広域自治体としての圏で構成する。

第五六条（補完性の原理）　市、圏及び国は、補完性の原理に基づき、住民の創意と自発に基づく自治活動を尊重し、その事務を分担する。

第五七条（市の権限）　市は、この憲法の規定により国の専属的立法権限とされた事項を除くほか、その地域の事務に関する立法の権限を有し、当該事務を自主的に行う権能を有する。

2　市は、課税と徴税に関する自主権を有し、自ら必要な財源を確保することができる。

第五八条（圏の権限）　圏は、国の専属的立法権限に属する事項を除くほか、域内各市の相互調整に関する事務その他その地域の事務のうち市が行うことができない事務に限り、立法の権限を有し、当該事務を自主的に行う権能を有する。

2　圏が、その任務を遂行するために必要とする財源は、圏議会が割り当てるところに従い、域内各市が拠出する財政分担金によるものとする。

第五九条（国の権限）　国は、国家の存立にかかわる事項、国家として対外的に代表しなければならない事項及び全国的な基準が必要な事項に関する立法の権限を有し、この憲法の条規に従い、その事務を行う。

第六〇条（国の専属的立法権）　次に掲げる事項は、国の専属的な立法権限に属する。

一　天皇及び皇室に関すること
二　外交及び安全保障に関すること
三　国会議員選挙に関すること
四　司法並びに民事及び刑事に関する基本原則に関すること
五　国の機関の組織及び財政に関すること
六　通貨、公定歩合、公正取引の確保、金融、資本市場、貿易、物価の統制、工業規格、度量衡、知的所有権に関すること
七　国籍、税関、出入国管理及び旅券に関すること
八　海難審判、海上保安及び航空保安に関すること
九　基礎的な公的年金に関すること
十　全国的な電波監理に関すること
十一　医療従事者の資格に関する基準及び薬品の規制に関すること
十二　国勢調査等の全国的な統計調査に関すること
十三　国家賠償責任に関すること

第六一条（競合的立法権）　次に掲げる事項は、市及び圏と国の競合的立法権限に属する。

一　治安の維持及び大規模災害への対処に関すること
二　税制に関すること
三　教育に関すること
四　公的保険及び生活保護並びに労働基準に関すること
五　基本食糧の確保及び資源エネルギーの確保に関すること。
六　重要な文化財の保護及び環境の保全に関すること
七　全国を対象とする骨格的かつ基幹的な交通通信基盤施設の整備及び管理に関すること
八　全国的な気象事業に関すること
九　郵便に関すること
十　道路交通、海上交通及び航空交通に関すること
十一　土地取引に関すること
十二　感染病に対する措置に関すること

2　競合的立法の事項においては、国はその全国的な基準について定めるものとし、市及び圏は、国が法律において全国的な基準を設定した事項について、それぞれの地域の特性に対応できるよう、その具体化を行うものとする。また必要に応じて基準等を付加し、又は緩和することができる。

第六二条（国の財政調整責任）　国は、地域自治体間の財源の格差を調整するため、必要な措置を講じなければならない。ただし、この憲法が定める権限に基づき、地域自治体が行使する自主性を損なうものであってはならない。

第六三条（係争処理制度）　国と地域自治体又は地方自治体相互の係争は、憲法裁判所においてこれを処理する。

第七章　市及び圏の組織

第六四条（憲章の制定）　市及び圏は、基本法としての憲章を定めるものとする。憲章では、この憲法が定める統治の基本原則に従い、その立法と行政の組織について定める。

2　憲章の制定及び改廃は、市議会又は圏議会の議員の三分の二以上の賛成による可決、又は議会の総議員の過半数の賛成による発議に基づく住民投票において有効投票の過半数の賛成による承認を得なければならない。

第六五条（市の立法）　市の立法は、市議会が行う。

2　市議会は、予算を定め、決算を承認することその他市憲章が定める事項について議決する。

3　市議会は、市の行政が適正に行われることを確保するため、市行政に対する調査権を有する。

4　市議会の議員は、その市の住民が直接選挙する。

第六六条（市の行政）　市の行政は、市行政委員会が行う。

2　市行政委員会の長を市長と称し、住民が直接選挙により選任する。

3　市長の任期は四年とし、同一の者が継続して十二年を超えて務めることはできない。

4　市行政委員会の委員は、市長が任免する。

第六七条（圏の立法）　圏の立法は、圏議会が行う。

2　圏議会は、予算を定め、決算を承認することその他圏憲章が定める事項について議決する。

3　圏議会は、圏の行政が適正に行われることを確保するため、圏行政に対する調査権を有する。

4　圏議会の議員は、その域内に属する市がそれぞれの憲章に基づいて選出する。

第六八条（圏の行政）　圏の行政は、圏行政委員会が行う。

2　圏行政委員会の長を圏知事と称し、圏議会議員の中から圏議会が任命する。

3　圏知事の任期は四年とし、同一の者が八年を超えて務めることはできない。

4　圏知事は、圏行政委員会の委員を任免することができる。ただし、圏行政委員会委員の過半数は圏議会議員でなければならない。

5　圏知事は、圏議会で不信任決議案が可決されたときは、十日以内に圏議会を解散しない限り、辞職しなければならない。

第六九条（住民投票）　市及び圏の住民は、憲章の定めるところにより、住民投票により、その市及び圏の決定に直接参加することができる。

第七〇条（監査、行政監視）　市及び圏は、憲章の定めるところにより、発生主義に基づく公会計の制度を設け、あわせて議会が承認した第三者による会計監査機関を置くものとする。

2　市及び圏は、憲章の定めるところにより、その行政委員会の活動に関して、住民の申立てに基づいて調査し、議会に報告するとともに、行政委員会に対して必要な是正措置を講ずるよう勧告する行政監視機関を置くことができる。

第八章　政党

第七一条（政党）　日本国民は、自由に政党を設立する権利を有する。

2　政党は、国民の政治的意思形成を支援する。

3　政党は、国民主権と民主主義の原則を尊重しなければならない。

4　政党たる要件は、法律によって定める。

第七二条（政党助成）　国は、法律の定めるところにより、政党運営に必要な資金を助成する。

2　政党は、法律の定めるところにより、その政治活動に関する資金の収支を公開しなければならない。

第七三条（内閣総理大臣候補者の明示）　政党は、国会議員の総選挙に際しては、内閣総理大臣候補としての党首及びその施政の基本方針を明示して臨まなければならない。

第九章　国会

第七四条（国会の地位）　国の立法権は国会に属する。

第七五条（一院制）　国会は、全国民を代表する、選挙された議員で組織する一院で構成する。

2　国会議員の定数は、法律で定める。

第七六条（議員及び選挙人の資格）　国会議員及びその選挙人の資格は、法律でこれを定める。ただし、人種、信条、性別、社会的身分、門地、教育、財産又は収入によって差別してはならない。

第七七条（国会議員の任期）国会議員の任期は四年とする。ただし、国会解散の場合には、その期間満了前に終了する。

第七八条（国会議員の選挙）国会議員の選挙方法及び選挙区、その他国会議員の選挙に関する事項は、法律で定める。

第七九条（議員の歳費）国会議員は、法律の定めるところにより、国庫から相当額の歳費を受ける。

第八〇条（議員の不逮捕特権）国会議員は、法律の定める場合を除いては、国会の開会中逮捕されず、休会中又は解散中に逮捕された議員は、国会の要求があれば、開会中これを釈放しなければならない。

第八一条（議員の発言表決の無答責）国会議員は、国会で行った演説、討論又は表決について、国会外で責任を問われない。

第八二条（通年国会）国会の会期は、四月一日から、翌年の三月三十一日までとする。ただし休会期間をおくことが出来る。

2　国会が解散された場合は当期の会期はその日をもって終了するものとし、総選挙後に召集された国会の会期は、その召集された日から三月三十一日までとする。

第八三条（総選挙）国会が解散されたときは、解散の日から四十日以内に、国会議員の総選挙を行い、その選挙の日から三十日以内に、国会を召集しなければならない。

第八四条（資格争訟）国会は、その議員の資格に関する争訟を裁判する。ただし、議員の議席を失わせるには、出席議員の三分の二以上の多数による議決を必要とする。

第八五条（議事の定足数と過半数議決）国会は、その総議員の三分の一以上の出席がなければ、議事を開き議決することができない。

2　国会の議事は、この憲法に特別の定めのある場合を除いて、出席議員の過半数でこれを決し、可否同数のときは、議長の決するところによる。

第八六条（法律、予算、条約等の議決）法律案は、国会で可決したときに法律となる。

2　予算及び条約締結の承認には、国会の議決を要する。

第八七条（会議の公開と会議録）国会の会議は、公開とする。ただし、出席議員の三分の二以上の多数で議決したときは、秘密会を開くことができる。

2　国会は、その会議の記録を保存し、秘密会の記録の中で特に秘密を要すると認められるもの以外は、これを公表し、かつ一般に頒布しなければならない。

3　出席議員の五分の一以上の要求があれば、各議員の表決は、これを会議録に記載しなければならない。

第八八条（役員の選任及び議院の自律権）国会は、議長その他の役員を選任する。

2　国会は、会議その他の手続及び内部の規律に関する規則を定め、また、国会内の秩序をみだした議員を懲罰することができる。ただし、議員を除名するには、出席議員の三分の二以上の多数による議決を必要とする。

第八九条（憲法裁判所の裁判官の指名）憲法裁判所の裁判官の指名には、出席議員の三分の二以上の多数による議決を要する。

第九〇条（議院の国政調査権）国会は、国政に関する調査権を有する。これに関して、証人の出頭及び証言並びに記録の提出を要求するときは、総議員の三分の一以上の議員の賛成を要する。

第九一条（憲法裁判所への提訴）国会が、法律、条約、命令、規則又は処分について、その憲法適合性を判断するため、憲法裁判所に提訴するときは、総議員の三分の一以上の議員の賛成を要する。

第九二条（会計検査の要求）国会が、具体的な国の事業について、その予算の執行が適正に行われているかについて会計検査院に調査を求めるときは、総議員の三分の一以上の議員の賛成を要する。

第九三条（国務大臣の出席）　内閣総理大臣その他の国務大臣は、国会に議席を有すると有しないとにかかわらず、何時でも議案について発言するため国会に出席することができる。また、答弁又は説明のため出席を求められたときは、出席しなければならない。

第九四条（弾劾裁判所）　国会は、罷免の訴追を受けた裁判官を裁判するため、国会の議員で組織する弾劾裁判所を設ける。

2　弾劾に関する事項は、法律でこれを定める。

第九五条（緊急事態宣言下における議員資格の特例）　内閣総理大臣が国家緊急事態を宣言したとき、国会議員の任期が満了し、又は国会が解散している場合には、内閣総理大臣がこの憲法及び法律の規定に従って国家緊急事態宣言を解除するまでの間、前任者の任期を延長することとする。

第十章　内閣

第九六条（行政権の帰属）　国の行政権は、内閣総理大臣に属する。

第九七条（内閣総理大臣の指名）　内閣総理大臣は、国会議員の中から、総議員の過半数の支持を得た者を指名する。この指名は、他のすべての案件に先だって行う。

第九八条（内閣の組織と責任）　内閣総理大臣は、行政権を行使するため内閣を組織し、その構成員たる国務大臣及び内閣総理大臣を補佐するために法律で定められた官吏を任免する権限を有する。

2　内閣総理大臣は、施政の基本方針を定め、これについて責任を負う。国務大臣は、内閣総理大臣の施策の基本方針の範囲内において、独立してかつ自らの責任において、その所轄する事務を行う。

3　国務大臣の過半数は、国会議員の中から選ばれなければならない。

4　内閣総理大臣その他の国務大臣は、文民でなければならない。

5　内閣総理大臣は、事故あるときに備え、あらかじめその職務を代行する国務大臣を指名しておかなければならない。

6　内閣総理大臣は、行政権の行使について、国会に対して責任を負う。

第九九条（内閣総理大臣の職務）　内閣総理大臣は、議案を国会に提出し、一般国務及び外交関係について国会に報告する。

2　内閣総理大臣は、その施政の基本方針に基づき、行政各部を指揮監督する。

3　内閣総理大臣は、他の一般行政事務のほか、次の事務を行う。

一　法律を誠実に執行し、国務を総理すること。
二　外交関係を処理すること。
三　条約を締結すること。ただし、事前に、時宜によっては事後に、国会の承認を経ることを必要とする。
四　法律の定める基準に従い、官吏に関する事務を掌理すること。
五　予算を作成して国会に提出すること。
六　法律の規定を実施するために、政令を制定すること。ただし、政令には、特にその法律の委任がある場合を除いては、罰則を設けることができない。
七　大赦、特赦、減刑、刑の執行の免除及び復権を決定すること。

第一〇〇条（不信任決議と解散）　内閣総理大臣は、国会で不信任の決議案を可決し、又は信任の決議案を否決したときにのみ、天皇に国会の解散を助言することができる。ただし、十日以内に国会が解散されないときは、内閣総理大臣はその他の国務大臣とともに辞職しなければならない。

2　内閣総理大臣は、国会で、内閣総理大臣に対して国務大臣の罷免を要請する決議案が可決されたときは、第九十八条の規定にかかわらず、その国務大臣を罷免しなければならない。

第一〇一条（内閣総理大臣の欠缺又は総選挙施行による辞職）　内閣総理大臣が欠けたとき、又は国会議員総選挙の後に初めて国会の召集があったときは、内閣総理大臣及びその他の国務大臣は辞職しなければならない。

第一〇二条（辞職後の職務続行）　前二条の場合には、内閣総理大臣又は内閣総理大臣の職務を代行する国務大臣が、あらたに内閣総理大臣が任命されるまで引き続きその職務を行う。

第一〇三条（法律及び政令への署名と連署）　法律及び政令には、すべて主任の国務大臣が署名し、内閣総理大臣が連署することを必要とする。

第一〇四条（国務大臣訴追の制約）　国務大臣は、その在任中、内閣総理大臣の同意がなければ、訴追されない。ただし、これがため、訴追の権利は、害されない。

第一〇五条（緊急事態への対処）　内閣総理大臣は、国家の存立と国民の生命の安全が危殆に瀕するおそれがある事態に際しては、法律の定めるところにより、国家緊急事態を宣言し、必要に応じて緊急命令を発布することができる。

2　内閣総理大臣が、国家緊急事態を宣言したときは、十日以内に国会の承認を得なければならない。

3　国家緊急事態宣言に際しては、その区域を定め、その期限をあらかじめ明示しなければならない。

4　国家緊急事態宣言の有効期間は、最大三十日とする。ただし、国会の事前承認により、これを延長することが出来る。

5　内閣総理大臣は、国会緊急事態宣言の有効期間が終了したとき、国会が国家緊急事態を承認しなかったとき、又は国会が国家緊急事態の終了を議決した場合には、当該緊急措置を終了しなければならない。

第十一章　国民投票

第一〇六条（内閣総理大臣の国民投票実施権）　内閣総理大臣は、特に必要と認めるときには、法律案又は条約の締結の承認について、その議決の前に国民投票に付することができる。ただし、予算及び租税に関する法律案については国民投票に付することはできない。

第一〇七条（国会の国民投票の要求権）　内閣総理大臣は、国会の総議員の二分の一以上の要求があるときは、法律案又は条約の締結の承認について、その議決の前に国民投票に付さなければならない。

第一〇八条（国民投票結果の拘束力）　国民投票に付された提案は、有権者の過半数が投票に参加し、有効投票の過半数の賛成を得たときに、承認されたものとする。

2　国民投票の方法その他必要な事項は、法律で定める。

第十二章　憲法裁判所

第一〇九条（憲法裁判所の違憲立法審査権）　憲法裁判所は、条約及び法律が憲法に適合するかしないかを決定する権限を有する。

第一一〇条（地域自治体と国の係争処理権限）　憲法裁判所は、地域自治体と国又は地域自治体相互の権限に関して、地域自治体の長又は内閣総理大臣から提訴があったときは、その当否を決定する権限を有する。

第一一一条（違憲立法審査の対象）　憲法裁判所は、次の場合に、憲法に適合するかしないかを審理し、決定する。

一　条約及び法律の憲法適合性について、内閣総理大臣又は国会からの提訴があったとき。

二　地域自治体に関わる条約及び法律の適合性について、地域自治体の長から提訴があったとき。

三　具体的訴訟事件で裁判所から、憲法適合性について判断を求められたとき。

四　具体的訴訟事件で当事者が最高裁判所の憲法判断を不服として提訴したしとき。

第一一二条（憲法裁判所の判断の効力）　前条各号に関する憲法裁判所の判断は、国民と地域自治体及び国のあらゆる機関を拘束する。

第一一三条（選任方法、定員、任期）　憲法裁判所の定員は九人とし、三人ずつをそれぞれ国会、内閣総理大臣、最高裁判所が指名する。

2　憲法裁判所の長たる裁判官は、互選により指名する。

3　憲法裁判所の裁判官の任期は六年とし、再任されない。

第一一四条（憲法裁判所裁判官の資格、定年）　憲法裁判所の裁判官は、識見の高い、法律の素養のある、年齢四十歳以上の者の中からこれを指名しなければならない。

2　憲法裁判所の裁判官は、満七十歳に達したときには退官しなければならない。

第一一五条（規則制定権）　憲法裁判所は、審理に関する手続、裁判所内部規律及び事務処理に関する事項について、規則を定める権限を有する。

第一一六条（身分保障）　憲法裁判所の裁判官は、その良心に従い独立してその職権を行い、この憲法にのみ拘束される。

2　憲法裁判所の裁判官は、裁判により、心身の故障のために職務を執ることができないと決定された場合を除いては、公の弾劾によらなければ罷免されない。憲法裁判所の裁判官の懲戒処分は、行政機関がこれを行うことはできない。

3　憲法裁判所の裁判官は、すべて定期に相当額の報酬を受ける。

第十三章　司法

第一一七条（司法権の機関と裁判官の職務上の独立）　司法権は、憲法裁判所が所管する事項を除き、最高裁判所及び法律の定めるところにより設置する下級裁判所に属する。

2　特別裁判所は、これを設置することができない。行政機関は、終審として裁判を行うことができない。

3　すべて裁判官は、その良心に従い独立してその職権を行い、この憲法及び法律にのみ拘束される。

第一一八条（最高裁判所の規則制定権）　最高裁判所は、訴訟に関する手続、弁護士、裁判所の内部規律及び司法事務処理に関する事項について、規則を定める権限を有する。

2　検察官は、最高裁判所の定める規則に従わなければならない。

3　最高裁判所は、下級裁判所に関する規則を定める権限を、下級裁判所に委任することができる。

第一一九条（裁判官の身分の保障）　裁判官は、裁判により、心身の故障のために職務を執ることができないと決定された場合を除いては、公の弾劾によらなければ罷免されない。裁判官の懲戒処分は、行政機関がこれを行うことはできない。

第一二〇条（最高裁判所の構成、任期、定年）　最高裁判所は、その長たる裁判官及び法律の定める員数のその他の裁判官でこれを構成し、その長たる裁判官以外の裁判官は、内閣総理大臣がこれを任命する。

2　最高裁判所の裁判官は、任期を十年とし再任を妨げない。

3　最高裁判所の裁判官は、法律の定める年齢に達した時に退官する。

4　最高裁判所の裁判官は、すべて定期に相当額の報酬を受ける。

第一二一条（下級裁判所の裁判官）　下級裁判所の裁判官は、最高裁判所の指名した者の名簿によって、内閣総理大臣がこれを任命する。その裁判官は、任期を十年とし、再任されることができる。ただし、法律の定める年齢に達した時には退官する。

2　下級裁判所の裁判官は、すべて定期に相当額の報酬を受ける。

第一二二条（対審及び判決の公開）　裁判の対審及び判決は、公開法廷でこれを行ふ。

2　裁判所が、裁判官の全員一致で、公の秩序又は善良の風俗を害するおそれがあると決した場合には、対審は、公開しないでこれを行うことができる。ただし、政治犯罪、出版に関する犯罪又はこの憲法第三章で保障する国民の権利が問題となっている事件の対審は、常にこれを公開しなければならない。

第十四章　財政

第一二三条（財政国会中心主義）　国の財政を処理する権限は、国会の議決に基づいて、これを行使しなければならない。

第一二四条（健全な財政運営）　国は、健全な財政の維持と運営に努めなければならない。

2　国の歳出は、公債又は借入金以外の歳入をもって、その財源としなければならない。やむを得ず公債を発行し、又は借入金をなすときは、事前に国会の承認を得るとともに、その償還についての計画を国会に提出し、承認を得なければならない。

第一二五条（課税の要件）　新たに租税を課し、又は現行の租税を変更するには、法律又は法律の定める条件によることを必要とする。

第一二六条（国費支出及び債務負担の要件）　国費を支出し、又は国が債務を負担するには、国会の議決に基づくことを必要とする。

第一二七条（予算の作成）　内閣総理大臣は、毎会計年度の予算を作成し、国会に提出して、その審議を受け議決を経なければならない。

2　内閣総理大臣が、多年度にわたる支出を要すると認める事業については、その年限を定め、継続予算として、国会の審議を受け議決を経なければならない。

第一二八条（予備費）　予見し難い予算の不足に充てるため、国会の議決に基づいて予備費を設け、内閣総理大臣の責任でこれを支出することができる。

2　すべて予備費の支出については、内閣総理大臣は、事後に国会の承諾を得なければならない。

第一二九条（皇室財産及び皇室費用）　すべて皇室財産は、国に属する。すべて皇室の費用は、予算に計上して国会の議決を経なければならない。

第一三〇条（公の財産の用途制限）　公金その他の公の財産は、宗教上の組織若しくは団体の使用、便益若しくは維持のため、これを支出し、又はその利用に供してはならない。

第一三一条（国の会計及び決算）　国は、発生主義に基づく公会計の制度を設けなければならない。

2　国の収入支出の決算は、内閣総理大臣が、次の年度にすみやかに国会に提出しなければならない。

第一三二条（会計検査院）　国の予算が適正に執行されているかを調査し、国の収入支出の決算を検査するために、会計検査院を置く。

2　会計検査院は、毎年国の決算を検査し、国会及び内閣総理大臣に報告する。

3　会計検査院は、国会から調査を求められた事項について、改善を要すると認めるときは、速やかに国会に報告するとともに、内閣総理大臣に対してその改善を命ずることができる。

4　会計検査院の組織及び権限は、法律で定める。

第一三三条（財政状況の報告）　内閣総理大臣は、国会及び国民に対し、定期に、少なくとも毎年一回、国の財政状況について報告しなければならない。

第十五章　改正

第一三四条（主権、政体、人権、国際協調に関する条項の改正）　第一章から第五章までの条項の改正は、国会の総議員の三分の二以上の賛成で、国会が発議し、国民投票により、有権者の過半数が投票に参加し、有効投票の過半数の賛成による承認を経なければならない。

2　この条による憲法改正案は、国会議員が提出する。

第一三五条（統治機構に関する条項の改正）　前条に定めるもの以外の条項の改正は、次のいずれかの手続によらなければならない。

一　国会の総議員の過半数の賛成で、国会が発議し、国民投票により、有権者の過半数が投票に参加し、有効投票の過半数の賛成による承認を経る。

二　国会の総議員の三分の二以上の賛成で可決する。

2　この条による憲法改正案は、内閣総理大臣又は国会議員が提出する。

第一三六条（天皇による公布）　前二条により、憲法改正の承認又は可決があったときは、天皇は、国民の名で、直ちに公布しなければならない。

第十六章　補則

第一三七条（施行期日等）　この憲法は、公布の日から起算して一年を経過した日から施行する。ただし、第五十五条から第七十条までの条項については、公布の日から三年を経過した日から施行する。

2　この憲法を施行するために必要な法律の制定及びこの憲法を施行するために必要な準備手続は、前項の期日の三箇月前に終了しなければならない。

資料Ⅲ・17

憲法をめぐる議論についての論点整理

二〇〇五年三月一〇日

社会民主党全国連合常任幹事会

コメント

1．本文書は、社民党の改憲についての見解を述べた文書である。同党が改憲の山場とみなした、二〇〇五年三月に出された。

とくに、本文書は、二〇〇四年六月に出された自民党「論点整理案」（⇩Ⅲ・04）、民主党の「憲法提言中間報告」（⇩Ⅲ・08）を対象に、それに対する批判の形で、詳細に社民党の憲法擁護の立場を展開している。

また本文書は、現行憲法の理念が未だ十分に実現されていないという立場に立って、たんに条文の擁護のみならず、憲法を具体化する立法措置などを提言している点も注目される。

2．まず総論部分で注目されることは、現在進行中の改憲論が、第一に憲法前文、九条に焦点をあて自衛隊の海外派兵の現実に憲法を合わせようとしたものであり、第二に国家権力を縛る立憲主義の原則を変質させることをねらっていると指摘している。次に、社民党の方針は、単に憲法条文の擁護にとどまらず憲法理念の積極的実現をめざすと主張している。

3．各論部分では、自民党の論点整理案が打ち出す改憲論にそって、前文の改正、天皇条項の改正、九条の改正による戦力保持に対して批判を加えている。

また人権部分では、新しい人権規定は不要であること、人権制約の文言「公共の福祉」を「公共の利益」に置き換える議論、一三条の「個人尊重」規定の見直し論、二〇条の政教分離規定の緩和論、二四条改正による「家族」の価値規定論、二五条に「社会保障制度維持義務」を入れるという改正論などに対する批判を展開している。

統治機構の部分では、自民党の出している「迅速かつ適切な決定」を可能とする改憲に反対し、文民条項廃止論、首相公選論、政党規制論、憲法裁判所論、最高裁判所裁判官の国民審査廃止論、地方自治特別法に関する住民投票制度廃止論、財政における単年度主義緩和論、私学助成違憲論、地方自治の章の改正論、道州制論、九六条の憲法改正手続緩和論、国民投票法制定論、憲法擁護義務削除論等に対し、各々詳細に批判を加えている。

4．本文書が「8．憲法理念具現化のために」において、憲法理念を実現するための法制措置などを積極的に提案していることも注目される。

〈総　論〉

1．はじめに

二〇〇〇年一月に衆参両院に憲法調査会が設置されて以来、懸念していたように改憲に向けた動きが加速化されることとなった。改憲を党是とする自民党は、結党五〇年を迎える今年の一一月までに独自の改憲案を取りまとめることを表明し、昨年六月には同党の憲法改正プロジェクトチームが「論点整理案」（以下、自民党・論点整理案）を発表した。同様に民主、公明の両党も「憲法提言中間報告」（〇四年六月、以下、民主党・中間報告）、「党憲法調査会による論点整理」（〇四年六月、以下、公明党・論点整理）など、憲法の在り方、今日の議論について党としての考え方を表明した。

憲法調査会が五年余りにおよぶ議論の内容について「最終報告書」を取りまとめ、自民党が改憲案を発表する〇五年は、改憲の動きが頂点に達することが予想される。

言うまでもなく、憲法は国の最高規範として戦後日本社会の平和と民主主義の礎（いしずえ）となってきた。日本社会の将来像、アジアと世界の平和と安定、これを実現する安全保障政策の在り方などが徹底して論じられることのないまま、憲法尊重擁護義務を最も強く負っているはずの首相自らが、改憲の意思を国会の場で堂々と表明すること自体、憲法の危機であり、政治の危機である。

このような観点から、憲法をめぐり、焦点となっている課題について、以下のように党の見解を取りまとめることとした。

2．この間の改憲をめぐる議論の在り方について

〈憲法調査会の活動について〉

憲法調査会は、第一四五回通常国会での国会法改正（九九年八月）に基づき衆参両院に設置されることとなった。党は、調査会を設置するまでもなく、憲法に関連した議論は衆参両院の各常任委員会で十分に行なうことができるとの立場から、国会法改正に反対した。それは憲法調査会が、改憲を目的にした機関になることに強い危ぐを抱いたからである。

設置に反対した社民党、共産党などの意見を踏まえ、国会法改正案の採決に先立ち、衆院議院運営委員会の理事会では「憲法調査会は、議案提出権がないことを確認する」と申し合わせ、憲法調査会が事実上、改憲のための発議権を持たないことを確認した。また、国会法改正では憲法調査会の設置目的を「日本国憲法について広範かつ総合的に調査を行なう」ことに限定した。

しかしながら、同調査会の活動は、憲法が占領軍から強要された「押しつけ憲法」だったのではないかという生成過程への疑問から始まり、

果ては自民、民主、公明各党が取りまとめた憲法についての考え方を議論するに至るなど、憲法が社会にどのように反映されているのかという調査から大きく逸脱してきた感は否めない。

「最終報告書」については、例えば衆議院の憲法調査会では取りまとめの在り方が正式に議論されていない。にもかかわらず、「改憲が多数」、「護憲は少数」などの記述が盛り込まれると一部で報道されている。もし、そのような記述が盛り込まれるとすれば「広範かつ総合的な調査」という調査会の目的に反し、改憲の方向を提示するものであって、このような編集の在り方は容認できるものではない。さらに与党の自民、公明両党は、「最終報告書」を提出した後も憲法調査会を存続させ、国会法を改正して同調査会に法案審議権を付与し、実際に憲法改正手続きを定めた国民投票法案について審議することで合意している。この合意では、改憲案を発議できる常任委員会へと憲法調査会を衣替えさせることにも含みを持たせている。これらは、憲法調査会設置時の趣旨に合致しないばかりか、政治が主導する形で改憲の気運をいたずらに煽ることになりかねないものである。

憲法調査会の活動が、ともすれば改憲の後押しへと舵を切る中、昨年六月に発表された自民党・論点整理案の冒頭では「新時代にふさわしい新たな憲法を求める国民的気運は、かつてない高まりを見せている」と指摘し、憲法の全面改正を必要とする根拠とした。

確かに各種世論調査で、憲法にプライバシー権や環境権など「新しい人権」が必要とする割合が増えつつあることは注視しなければならない。しかしながら、焦点となっている九条については「変えないほうがいい」という回答が「変えるべき」という回答を上回っているのが各種調査の動向であり、国会における改憲論議とは大きな隔たりがある。

憲法調査会に参考人として出席した学者・知識人、あるいは中央・地方公聴会で意見を述べた公述人の多くが、憲法を変えることではなく「憲法を活かす」ことの重要性を訴えていることなども踏まえるならば、憲法の理念や価値がいまだに実現されていない事実を放置したまま、一方的に「国民の間で改憲の気運が高まっている」と結論付け、全面的な改憲に踏み込もうとする考えには賛同しがたい。

〈憲法に違反した事実を積み重ね、改憲を主張するのは本末転倒〉

一方、様々な観点から論じられている改憲論の最終的なターゲットが、憲法前文および九条の変更にあることも明白になりつつある。自衛隊を「自衛軍」と位置づけ、集団的自衛権が行使できるよう明記し、海外での武力の行使を容認する考え方が、それである。

しかし、「テロ特措法」による海上自衛艦のインド洋派遣、自衛隊のイラク派遣と多国籍軍参加に明らかなように、政府自らがこれまで枠をはめてきた「必要最小限度の自衛力」あるいは「専守防衛」といった考え方からさえ逸脱し、憲法違反の事実を積み重ね、「現実と憲法が合わなくなった」として、違憲の現実に憲法を合わせるための改憲に踏み込むことは本末転倒である。

むしろ、憲法と現実の関係で問題にしなければならないのは、九条との関連以外にも、(一)「思想及び良心の自由」(一九条)を著しく制限して戦争協力を求めた有事法制、(二)「政教分離の原則」(二〇条三項)に違反しながら繰り返される首相の靖国参拝、(三)「法の下の平等」(一四条)に反して厳然と存在する男女間の不平等、(四)すべての社会福祉・社会保障における「国の努力義務」(二五条)を果たさず、繰り返される制度改悪と生活権の侵害、(五)「勤労の権利」(二七条)にそぐわない劣悪な雇用・職場環境——などの点である。これらの現実こそ、政治の責任で点検し、改善に取り組まなければならない課題である。

〈憲法は権力を抑制する力〉

立憲主義の原則は、国家権力に対して厳しい規制や制限を加え、主権者としての国民の権利を保障したことにある。戦前・戦中における軍部の暴走とこれを許した反省から生まれた現憲法の重要な要素でもある。

ところが、現在の改憲論は「近代憲法が立脚する『個人主義』が戦後のわが国においては正確に理解されず、『利己主義』に変質させられた結果、家族や共同体の破壊につながってしまった」(自民党・論点整理案）あるいは「新しい憲法」を「国民と国家の強い規範」「国民一人ひとりがどのような価値を基本に行動を取るべきなのかを示すもの」(民主党・中間報告）にすべきといった考え方を色濃く打ち出している。

これらの考え方は立憲主義の原則を誤まって解釈しているか、あるいは意図的に転換させるものと言えよう。憲法を、国民の「義務・責任」を明示した「規範」にすべきだという考え方は、個人の尊厳や基本的人権の尊重という価値観を著しく損ねるものである。

3．社民党の態度

〈憲法を護り、活かし、広げる〉

現憲法は、「政府の行為によつて再び戦争の惨禍が起ることのないやうにすることを決意し、ここに主権が国民に存することを宣言し、この憲法を確定する」と前文に明確にうたっているように、国家による戦争の惨禍、多大な犠牲に対する強い反省の下に生まれ、戦後の日本社会に平和と民主主義の重要性を根付かせる大きな力となってきた。戦争を否定する九条があったからこそ、戦後の国際紛争で日本が武力を行使して人々を犠牲にしたり、また犠牲になることもなかった。戦後の復興を経て国際社会で一定の評価を得るに至った背景には、現憲法の存在が強く寄与してきたことは疑いない。

これらの事実を踏まえたとき、社民党は戦後の日本社会の歩みそのものを否定するような現在の改憲の流れにはくみせず、憲法を護り、社会・政治・暮らしの隅々に活かし、憲法の理念を二一世紀の国際社会の規範として広げていく立場に立つ。とりわけ、前文と九条を変えて、戦争を否定した国から「戦争を肯定する国」へと変質させていくことに対し、党の総力を挙げて反対する。

先にも触れたように、一方では憲法をないがしろにし、空洞化させるような現実もまた存在している。その意味で社民党は、憲法の条文がそのまま維持されればそれでよしとする立場には立たない。基本法や個別法などの充実を出発点に、憲法の理念を積極的に実現する、そのことに全力を挙げることが立憲政治に求められた使命だと考える。

〈各　論〉

1．前文について

改憲論者からは、「憲法前文は翻訳調である」、「正しい日本語で書き直すべき」等の批判があるが、こうした感情的、非論理的な理由で、すでに国民の間に定着している憲法前文を変える必要はまったくない。「前文」は、国際協調主義、平和的生存権など条文からだけでは読み取りづらい憲法の根本理念や発想を展開している重要な一部であり、前文と本文は不可分な一体をなしている。なお、前文を村上春樹、俵万智、石原慎太郎、曽野綾子といった著名な文筆家に書いてもらってはどうかなどという声もあるが、前文の意義をまったく理解せずこれをもてあそぶ議論であり、論外である。

日本国憲法に対して「一国平和主義」であるとの批判があるが、これはまったくあたらない。日本国憲法は国連憲章の理念をさらにすすめたものであって、その実現には国際社会の「平和を維持し、専制と隷従、圧迫と偏狭を地上から永遠に除去」する努力が欠かせないことは当然である。日本国憲法のめざすものはただ日本一国の平和ではなく「全世界の国民が、ひとしく恐怖と欠乏から免かれ、平和のうちに生存する」ことであり、そのためには「自国のことのみに専念し他国を無視してはならない」ことを、憲法前文は明記しているのである。

自民党・論点整理案は、現行憲法の三つの原則を維持しつつ、わが国の歴史、伝統、文化に根ざした「国柄」を盛り込むべき等と主張している。この中身は、武士道や皇室、国家神道といったものにほかならず、時代錯誤もはなはだしい。「伝統」や「国民性」といった多様で内容が一様ではないものを改憲してまで憲法に書く意味はない。公共の精神、日本の歴史・伝統文化の尊重、愛国心、家族、道徳心や倫理観等を強調するのは、教育基本法改正論議とも軌を一にする国家主義的な志向にほかならず、認められない。これら愛国心や道徳心等は、そもそも憲法や法律に書いて国民に強制できるものではないのである。

2．天皇制について

自民党・論点整理案は、象徴天皇制は維持しつつも、天皇を「元首」と明記することに触れているが、社民党は天皇の「元首」化には断固反対である。天皇は統治権の総覧者ではなく、「元首」でも「君主」でもない。天皇を「元首」とすることは、国民主権の原理に反するものであり認められない。現行の象徴天皇制を維持するべきである。

自民党・論点整理案は宮中祭祀の主宰などの皇室行為を新たな天皇の「公的行為」と位置づけることを提起しているが、宗教的要素の強い皇室行為を「公的」に位置づけることは重大な問題である。

また、女帝問題を検討すべきとされているが、女性天皇については世論の多くも支持しており、社民党としても積極的に認めるべきと考えている。女性皇族が結婚後も皇籍を離脱しなくなることによって皇族が増える等の問題も指摘されるが、男女の扱いに差を認める理由とはならないからである。しかし、女性天皇の問題は皇室典範改正によって実現することで、憲法改正とは関わりのない問題であり、ここで議論すべき問題ではない。

そもそも世襲による「天皇制」は法の下の平等を定め貴族制度を否定する憲法第一四条と矛盾するのではないかという指摘も根強い。しかし、憲法第一章の天皇に関する規定は、あらゆる権限が集中した戦前の絶対君主「天皇」の復活を防ぎ、戦後の民主主義と調和させるという積極的な役割を果たしてきたと考えることもできる。いずれにしても象徴天皇制が定着している現状を考えれば、いま「第一章・天皇」の条項の改正を行なう状況とはいえない。

3．憲法第九条について

（1）すでに実態は違憲状態

新たな防衛大綱（〇四年一二月）、新中期防衛計画等で明確になっているように、アメリカの戦略といっそうの一体化をはかろうとする小泉政権の安全保障政策は、平和憲法の意義をなし崩しに無力化するものであり、社民党として強く反対している。武器輸出三原則の緩和、海外派遣の本来任務への格上げをはかる自衛隊法改正、海外派遣のための恒久法の制定、防衛庁の「省」昇格等の動きは断じて認められるものではない。

自民党の憲法改正作業への陸上自衛隊幹部の関与が明らかになった（〇四年一二月）が、このような文民統制（シビリアンコントロール）の原則を逸脱する事例が続出している。軍事に対して政治が優越するという文民統制の原則は民主主義国家の基本原則であり、平和憲法を持つ日本ではとくにきびしく徹底されるべきであるのは当然である。公務員の憲法尊重擁護義務や文民統制原則などのルールを徹底させ、実力部隊が独走することを万が一にも許してはならない。

すでに、新ガイドライン以降、周辺事態法、テロ対策特措法、ＰＫＯ法の改正、イラク特措法、有事関連法制など、憲法第九条の理念に反する立法が積み重ねられ、自衛隊の活動領域は実質的に「専守防衛」の範囲を大きく超えて拡大している。にもかかわらず憲法第九条の規定がなお、日本の軍事的対応を制約する最大の要素となっており、日本国の平和主義の最後の砦として重要な役割を果たしていることは間違いないのである。

（2）第九条二項の「改正」が狙い

これまでに提案されている様々な改憲案も、現行憲法の「平和主義」自体は否定せず、第九条二項の「戦力の不保持」を改めようとするものが多い。自衛隊を憲法の中に位置づけ、現行憲法下での制約を取り払った「軍隊」として活用しようという流れである。自民党・論点整理案は、（一）戦力の保持の明記、（二）集団的自衛権の容認、（三）非常事態に関する規定の明記を主張しており、公明党の論点整理も「制約された自衛権」の追記等を掲げている。民主党内にも国連決議の下での武力行使を認め集団的自衛権の行使を容認すべきとする勢力が強い。社民党は、こうした一切の第九条改憲論に明確に反対である。

国際人道法は、一八九九年のハーグ平和会議以降、戦争のルール化から戦争自体の違法化へ着実に進んできた。一九二〇年の国際連盟規約、一九二八年の不戦条約と歩んできた戦争違法化の潮流の一定の到達点が、自衛目的を除く加盟国の武力行使を全面的に禁止した一九四五年の国際連合憲章である。日本国憲法第九条は国連憲章が到達した戦争違法化の原則を徹底させたものであり、戦力の不保持を定めた第九条第二項がその具体化である。社民党が策定中の「社会民主主義宣言二〇〇五」（第一次草案）では、「平和的生存権」を「もっとも根源的権利」と明記し重視する姿勢を打ち出しているが、日本国憲法こそ世界で初めて「平和」を人権の一つとして保障する立場をとったものであり、その核心である「戦力の放棄」すなわち第九条二項は人類の叡智ともいえる。戦争は違法であり、紛争解決の手段として武力に訴えることは主権国家の正当な権利ではないという国際人道法の到達点＝日本国憲法第九条を後退させることがあってはならないのである。

総合的に判断すれば、現在の改憲論議の狙いが憲法第九条二項の「改正」にあることは疑いなく、第九条の擁護こそが護憲運動の核心であることを強く認識しなくてはならない。「戦争と戦力」を放棄した平和国家日本のあり方こそが、今、注目されつつあるのであって、専守防衛に徹した最小限の自衛力＝自衛隊を米国とともに実際に戦える「普通の軍隊」に戻すことなどあってはならないのである。社民党は運動の中心を第九条擁護にすえ、明文改憲を阻止することはもとより、これ以上の解釈改憲を許さず、憲法の理念の実現に向けて軍縮をすすめ、非軍事面での国際貢献を強化するなど、平和国家日本の実質化のために全力をあげる決意である。

（3）平和国家の創造へむけて

すでに社民党も最小限の実力としての自衛隊を憲法の中に位置づけたうえで、軍事力によらない安全保障体制の整備をすすめながら段階的かつ積極的な軍縮を行なうという方法で、将来の非武装の日本を目指すという立場をとっている。自衛隊の実態については多くの問題があるが、災害救援等に果たしている役割は国民からも評価されており、国会内では自衛隊の存在自体を否定する議論はほとんどなくなっている。あえて憲法を変えてまで自衛隊の位置づけを明記しなくてはならない実質的な意味はほとんどないのである。この現実を考えれば、改憲の真の狙いが単に自衛隊の認知にとどまらず米国の随伴者として世界中で自由に武力行使が出来る戦争国家体制の実現にあることは明かだ。有事法制＝戦争法制の整備、国旗・国歌法の制定、自衛隊の海外派遣等の動きと軌を一にする国家主義、軍事大国化の流れを完成させるものに他ならないのである。社民党としてこの流れに全力で抗し、平和国家創造への決意と具体策を提起していきたい。

国際貢献は、軍隊や軍事力によらない、例えば大規模災害への緊急援助、発展途上国の社会開発への協力、紛争予防の外交努力、医療、教育など非軍事面での貢献策等を追求するべきである。平和憲法の理念は二一世紀の国際社会の規範たり得るものであり、現実を平和憲法の理念に接近させる着実な努力こそが求められている。

このため社民党は、アジアに軸足を置いた集団安全保障の枠組みとして「北東アジア総合安全保障機構」を構築し、北東アジアに非核地帯を設けるなどして、地域全体で軍事依存を低めていく道筋を描いた『二一世紀の平和構想』（通称「土井ドクトリン」）の提起を基本に位置づけている。このなかで、「平和基本法」を定め自衛隊を災害救援のための非武装の国際協力隊等に縮小・再編することや、「人間の安全保障」の理念の徹底、日米安保を平和友好条約に転換すること、平和主義・第九条を世界に拡げるため「非核不戦国家宣言」を国会で決議し国連総会で承認してもらうこと、など様々な提起を行なっている。

（※ここで社民党の提案のすべてにふれることはできないので、前述の「土井ドクトリン」参照のこと）

4．国民の権利及び義務

（1）「平和的生存権」について

憲法の前文は「全世界の国民が、ひとしく恐怖と欠乏から免かれ、平和のうちに生存する権利を有することを確認する」と明確にうたっている。私たちは、不戦・戦力の不保持・交戦権の放棄を明確にした九条、すべての国民が個人として尊重され、生命、自由及び幸福追求に対する国民の権利の最大限の尊重を必要とした一三条、すべての国民が健康で文化的な最低限度の生活を営む権利を保障した二五条と合わせ、「平和のうちに生きる権利」＝平和的生存権を最も根源的な権利として重視する。平和的生存権は、一九四一年の年頭教書で米・ルーズベルト大統領が唱えた、（一）言論の自由、（二）宗教の自由、（三）欠乏からの自由、（四）恐怖からの自由という、人類の「四つの自由」などにその原点があるといえるが、憲法上に位置づけたのは日本国憲法が先駆的なものといえる。人権は法的に保障されていても、戦時には制限され剥奪されるのが通例だ。国家の存亡のかかっているとき、国民は人権を犠牲にして国家に奉仕するのが当然という前提によるものだろう。しかし平和的生存権は、戦力の放棄・交戦権の否認と一体となって、このような前提自体を否定している。つまり、不戦憲法でなければ平和的生存権を基本的人権として保障することはできない。それは戦争によって多くの命を失った代償として獲得した、まさに日本国憲法独自の宝であり、過去の歴史から学び取った日本の英知ともいえる。

一九七三年の長沼ナイキ基地訴訟一審判決（札幌地裁）では、平和的生存権が「全世界の国民に共通する基本的人権そのもの」とされ、国際社会においても、一九七八年の「平和に生きる社会の準備宣言」（国連総会採択）では、「個人、国家、そして全人類の平和に生きる権利」が前文で確認され、本文で「各国民と各人は、人種、思想、言語、性による別なく平和に生きる固有の権利を持っている」とされた。

憲法は、「個人の尊重」という価値観をさらに発展させて、平和的生存権という人権を保障している。一人ひとりを個人として尊重するからには、その一人ひとりの命が大切に守られ、恐怖と欠乏に怯えることなく平和に生きていくことができなければならないことを「権利」としてはっきりと保障した。したがって国家はこの人権を保障する義務を負うことになる。内政はもとより外交も安全保障も、国家の政治はすべてこの平和的生存権という人権に奉仕するものでなければならないのである。その意味で、平和的生存権は、憲法前文及び九条、一三条、二五条によって位置づけられるにしても、各人権条項、さらには統治機構の条項も含めた憲法全体の平和憲法体系の中を貫くものとして平和的生存権が存在するともいえる。もちろん、平和的生存権は「全世界の国民」の権利であるだけでなく、「いずれの国家も自国のことのみに専念して他国を無視してはならない」とされているため、日本は全世界が恐怖と欠乏から免れるようにする責任がある。したがって日本は、非暴力の手段によって積極的な活動をする世界一国際貢献度の高い国でなければならない。平和的生存権は、これからの世界の進むべき方向を明らかにしたものであり、日本国憲法の先進性を示すものといえる。

改憲論者の主張する前文の改変、九条第二項の交戦権否認の削除、一三条や二五条の見直しは、この平和的生存権の削除・無意味化を狙ったものともいえる。しかしそれは、まさに一九世紀の自由権から始まり、二〇世紀の社会権、そして二一世紀は平和的生存権と人間の安全保障という近代憲法の発展の流れを逆行させるものにほかならない。

（２）「新しい人権」について

自民党・論点整理案は、「新しい時代に対応する新しい権利をしっかりと書き込むべきである」として、環境権、プライバシー権、生命倫理に関する規定、犯罪被害者の権利に関する規定など、「新しい人権」を設けるべきであるとしている。また、民主党・中間報告もプライバシー権、名誉権、知る権利、環境権、自己決定権などの「新しい人権」を明記するが、さらに国際人権法の尊重、永住外国人への地方参政権付与を含む外国人の権利、合理的な財産権の行使と制約、知的財産権に対する保護、子どもの権利などについて積極的に打ち出している。公明党・論点整理は、環境権等の「新しい人権」を明示すべきであるとしたうえで、法律扶助を受ける権利や犯罪被害者の権利を盛り込むことを検討すべきだとする。

現代社会の進展につれて、憲法制定時には思いも及ばなかった、たとえば児童虐待やストーカーなど新しい形の人権の侵害や、保護に値する新しい利益はつねに発生する。「新しい人権」は、憲法制定時には明記されてはいなかったけれども、社会の変遷に伴い、自律的な個人が人格的に生存するために、不可欠と考えられる基本的な権利・自由として保護するに値すると考えられる法的利益であり、時代の変化・発展に対応して具体化され定着しつつある。

まず、「新しい人権」にとって、憲法上明文規定がなかったことが障害となっているのかどうか検証する必要がある。「新しい人権」は、憲法が障害となったことはなく、逆に、憲法の包括的人権規定ともいうべき、第一三条（個人の尊重、幸福追求権）及び第二五条（生存権）、第九八条（国際主義）が根拠となっている。これら人権を豊富化する条項によって、「新しい人権」が憲法体系上位置づけられ、個々の権利が裁判上の救済を受けることができる具体的権利であると解されるようになったのである。たとえば、環境権やプライバシー権は幸福追求権や生存権をよりどころとして主張されてきたし、これまでも運動の積み重ねや裁判闘争によって、判例上確立してきた。さらに「子どもの権利」やＩＬＯ関係の労働権、「女性差別撤廃条約」などのように、九八条に基づく国内法整備を通しても人権の豊富化は図られてきた。

むしろ「新しい人権」の実現に対しては、官僚の抵抗や自民党政権が消極的であったことが障害となっている。たとえば、大規模公共事業を推し進め環境破壊を引き起こし、また環境基本法に「環境権」を盛り込むことに反対してきた人が「環境権」を言い出した。情報公開法に「知る権利」を盛り込むのに反対した人が憲法に「知る権利」を盛り込めという。個人情報の保護をいう人がいわゆる盗聴法を推進し、メディア規制を強化しようとしている。

たとえ改憲勢力が「新しい人権」を憲法に規定したとしても権利の内容の実効性は乏しい。九条がありながら自衛隊を強化し、二五条がありながら「プログラム規定」とする改憲勢力にとって、たとえば「環境権」を盛り込んでも、せいぜい行政に努力義務を課す程度のものとされ、具体的な建設差し止めなどの法的権利を認めることにはならないであろう。加えて人権の総則規定で「公共の秩序」を強調するなどして、「新しい人権」についても実質的には制限される危険性もある。これは、憲法一三条などを活かして日本国憲法の創造性を発揮させてきたこれまでの運動や判例の到達点をさらに進めるというのでなく、逆に制限することにつながりかねない。権利を実施する努力を放棄しながら条文を変えたらできるがごとく改憲派が「新しい人権」を持ち出すことの「真の狙い」はどこにあるのかを見落としてはならない。

一方、九条の「改悪」には反対だが、知る権利や環境権などの「新しい人権」については、憲法に盛り込んでもよいのではないかという意見も世論調査等で見られるようになってきた。指摘されている課題については、憲法の包括的人権条項に基づいて、「新しい人権」を具体化するための基本法の制定や法制度の整備などを進めることで解決していけると考えているが、これらの議論は保守勢力の憲法改悪志向とは異なる性格のものと受け止めるべきである。大切なことは憲法「改悪」の阻止とともに、「新しい人権」の内容自体の実現であり、そのために党がこれらの人々と手を取り合っていくことは当然である。

（3）国民の義務・責務規定の追加について

現行憲法に対し、国民の権利規定ばかり多く、義務規定が少ないとの非難を浴びせ、各種の義務規定の追加が打ち出されている。例えば、自民党・論点整理案においては、「権利・自由と一体をなす義務・責任」が強調され、「社会連帯・共助の観点からの公共的な責務」、「家族を扶助する義務」、「国の防衛、非常事態における国民の協力義務」、「環境保全義務」などの義務規定や責務規定を大幅に増やそうとしている。民主党・中間報告も、環境保全義務などを盛り込むことを打ち出している。

そもそもこれらの改憲論者の主張には、憲法とは主権者たる国民が権力者の権限行使に制約を課したものであるという、立憲主義の根幹に関する意図的な誤解若しくは無理解がある。

「国の防衛、非常事態における国民の協力義務」は、軍事目的のために国民を総動員する根拠にもなりかねないし、「家族を扶助する義務」は社会保障の責任転嫁につながるおそれがある。国民に対する「環境保全の責務」も、自然との共生のための規定ではなく、環境を実際に破壊している企業の無法・不当な経済活動や大型開発の責任をあいまいにするとともに、負担を国民に押しつけるねらいが背後にある。あわせて「意に反する苦役の禁止」規定の廃止や、「表現の自由」への青少年保護などを理由とした制限の拡大など現在の憲法上の権利の縮小・剥奪の動きにも注意すべきである。

（4）「公共の利益」について～人権調整原理の強者優先原理への転換

自民党・論点整理案では、現憲法一二条、一三条、二二条、二九条に規定する「公共の福祉」について、抽象的で意味不明であるとか、概念が不明確であると指摘したうえで、「公共の利益」あるいは「公益」とすべきであるとしている。

これは、単に言葉の言い換えではない。人権相互の矛盾・衝突を調整するための実質的公平の原理である「公共の福祉」は、明治憲法下の「安寧秩序」、あるいは戦時中の「公益優先」、「滅私奉公」のように、個人の権利を否定し、個人を犠牲にした上での権力に対する忠誠を意味するものではない。

「公共の福祉」を「公共の利益」や「公益」といった抽象的な最高概念として位置づけることは、対等な人権の調整から、強者のために弱者の権利を犠牲にすることへの転換であり、現憲法の三大原理の一つである基本的人権が明治憲法下における「法律の留保」のついた人権保障におとしめられ、法律による人権制限が容易に肯定される状況を生み出す恐れがある。例えば国家の安全、軍事目的のために、表現の自由や思想・信条の自由等が制限されることにつながり、戦争への批判を立法によって制限する根拠にもなりかねない。しかも仮に「新しい人権」を憲法上規定しても、人権総則において「公共の利益」で制約を課せられてしまっては、市民にとって「新しい人権」を盛り込む意味はなくなってしまう。

問題は、「公共の福祉」概念が本来、政治的・経済的・社会的な強者のためのものではないにもかかわらず、多数による少数者の人権に対する侵害の根拠として利用してきた、これまでの解釈・運用にある。

(5) 憲法一三条について

「個人より国家、個より公」を強調する改憲論者から、現憲法に対し、個人主義的であり、自己中心の利己的な風潮を生んだとの指摘がある。例えば、自民党・論点整理案は、「近代憲法が立脚する『個人主義』が戦後のわが国においては正確に理解されず、『利己主義』に変質させられた結果、家族や共同体の破壊につながってしまったのではないか」とした上で、「権利が義務を伴い、自由が責任を伴うことは自明の理」であり、「家族・共同体における責務を明確にする方向で、新憲法における規定ぶりを考えていくべき」としている。

しかし、個人主義は全体主義と対抗する主張であって、決して利己主義を意味するのではない。ひとりひとりの自由・人権が抑圧され、民主主義が不十分な戦前の体制が戦争遂行を支えたということに対する反省の上に立って、現憲法は、「すべて国民は、個人として尊重される。生命、自由及び幸福追求に対する国民の権利については、公共の福祉に反しない限り、立法その他の国政の上で、最大の尊重を必要とする」としているのである。この「個人の尊重」は、「お国のために」の対極の概念として位置づけられるべきである。

人権の点では、国連やILOなどから度重なる勧告を受けていることからも、日本は先進国でない。同時に、日本の民主主義の脆弱性の根底に個人の尊重、民主主義の徹底という憲法理念の実現が不十分な面があり、そこに私たちの運動の弱さもあることは否めない。一二条にもあるように、人権をみんなの努力で守り発展させていく一層の取り組みが必要である。

一三条の規定は、憲法三大原理である国民主権、平和主義、基本的人権尊重の根源的価値である「個人の尊重」を規定するとともに、包括的人権規定として、時代の変化・発展に対応して生み出される新しい人権の根拠規定ともなりうる重要な意義を有している。

(6) 信教の自由・政教分離について

自民党・論点整理案は、政教分離規定(憲法二〇条三項)について、「わが国の歴史と伝統を踏まえたものにすべき」であるとする。これは、軍事大国化にとって焦眉の急の課題の一つである靖国神社への公式参拝が違憲と判断されないようにするとともに、靖国神社を今後増えるであろう自衛隊や多くの国民の戦死者をまつる公的な慰霊の施設とすることにある。

旧憲法は、「信教の自由を保障する条項」(二八条)がおかれていたものの、その保障は「安寧秩序ヲ妨ケス及臣民タルノ義務ニ背カサル限ニ於テ」という制限があり、加えて国家神道に対し事実上国教的な地位が与えられ、ときとして国家神道に対する信仰が要請されたり、逆に一部の宗教団体に対し厳しい迫害・弾圧が加えられたりしたこと等もあって、信教の自由の保障は不完全なものであった。国家と宗教と武力とが密接に結びつき、日本のみならず世界、特にアジアの人々の基本的人権と平和を侵害したとの反省を込めて、日本国憲法は、信教の自由を無条件に保障することとし、さらに政教分離規定を設けるに至ったのである。精神的自由は非常に重要であり、現憲法の政教分離規定はきわめて厳格に解されなければならない。

なお、宗教そのものではないが、「人間の力を超えたものに対する畏敬の念」を強調する学習指導要領や、民主主義を標榜しつつ権威への内面的服従意識を植え付ける学校儀式などの無宗教儀礼についても、国家権力が権威と結合して個人の自由に介入し圧迫するものとして、思想・信条の自由の観点からも注意する必要があるのではないか。

（7）憲法二四条について

自民党・論点整理案は、婚姻・家族における両性平等の規定（二四条）について、「家族の崩壊」といわれる現象や、諸外国の憲法や世界人権宣言などで「国家、社会の基礎」として家族が位置付けられていることなどを引き合いに出し、「家族や共同体の価値を重視する観点から見直すべきである」としている。改憲論者の中には、現行憲法に義務規定が少ないと批判し、「すべて国民は家族を愛し、国家を愛さなければならない」旨を明記すべきと主張する者もいる。

しかし、日常「男は仕事、女は家庭」、「男らしさ、女らしさ」が強調されるように、そもそも家族形成に関する自己決定権や夫婦同権を認めた二四条の理念や、一四条の性差別の禁止の理念が日本には十分に根付いていないのではないか。女性差別撤廃条約やこどもの権利条約など国際的人権条約の発展の中で、日本の家族法制や男女平等のあり方が厳しく問われており、国際的な人権の流れに沿って、日本のあり方を改革すべきである。家族生活における「個人の尊厳」と「男女の平等」を見直していこうという「逆流」は決して許されない。

二四条の見直しは、個人の人権を抑制する「公共」の基盤として家族・共同体を位置付け、事実上の戦前の戸主中心の家制度の復活にもなりかねない。これは一人一人の個人の自由よりも家長・戸主の権限を高め女性を男性の従属下におくことになるが、家庭を国家の代行機関とした家制度は、天皇と国民の関係を親子関係になぞらえたうえで、親に対する孝を天皇に対する忠にすりかえることになり、このことが「富国強兵」のかけ声の下、戦争を勝ち抜くための体制となった。家族が大切であることは論を待たない。だが家族が尊重されるということは家族を構成する個人を尊重することであり、二四条が日常生活に根づかなければ本当の平和とはいえない。

また、国民の権利としての二五条を、国民の義務としての二五条に変えようとする方向性からすると、二四条の見直しは、男女不平等・性別役割分業型の家族と連結させせられることになり、家族扶助の名目で女性に家庭内労働を押しつけようとすることになりかねない。単身赴任や長時間労働のような、家族的責任を果たせないような働き方を強いる社会環境や企業のあり方こそが問題であり、家族形成を損なう状況に対して、「個人の尊厳と両性の本質的平等に立脚して、制定されなければならない」とする二四条の理念に基づく具体的な支援策を求めていく。

（8）憲法二五条について

自民党・論点整理案は、国に対し社会保障の充実の責務を定めた二五条をはじめとする社会権規定を、「社会連帯・共助の観点から社会保障制度を支える義務・責務のような規定」に変えることを志向している。

もともと生存権をはじめとする社会権規定は、資本主義経済の進展に伴う、貧富の差の拡大や失業の増大、労働者に対する搾取の強化等の社会的矛盾の激化に対し、資本や経営者の自由、やりたい放題にまかせておくのではなく、国家が適切な規制・介入をすることによって、労働者や社会的弱者の人間的生存を保障する責任を有するという流れが背景にあり、第一次世界大戦後のドイツのワイマール共和国の憲法（一九一九年）ではじめてみとめられ、第二次世界大戦後、各国憲法の中で大きな位置を占めるようになった。

現憲法も、この社会権の流れを受け継ぎ、二五条で人間に値する「健康で文化的な最低限度の生活を営む権利」として生存権を規定するとともに、二六条で教育を受ける権利を、二七条・二八条で勤労の権利及び労働基本権（労働者の団結権・団体交渉権・団体行動権）を規定している。

しかし、自民党の方向は、国家による生存権の保障義務を国民の社会扶助に転換させようとするものであり、社会権規定が自己責任・自助努力の推進の根拠規定へ変質され、福祉切り捨てと負担の国民への転嫁をより推進しようとするものといえる。

問題は、社会権規定が「プログラム規定」に矮小化されてしまい、所得・資産の二極分化、三万人を超える自殺者の発生、リストラによる解雇、不払い労働・過労死の横行、労働の流動化、非正規労働者の増大等といった現実を生んでいるというところにある。

5．統治機構、財政及び地方自治

（1）統治機構について〜強権政治を進める統治システムへ

自民党・論点整理案は、「迅速かつ的確な政策決定及び合理的かつ機動的な政策執行を可能とする統治システム」を目指し、政治主導の政策決定システムの徹底、プロセスの大胆な合理化、時代の変化に即応したスピーディーに政治判断を実行に移せるシステムづくりを標榜している。国会のあり方については、国務大臣の出席義務の緩和、議事の定足数（五六条一項）の削除、法律案の提案権の国会議員への限定を打ち出すとともに、閣議における内閣総理大臣のリーダーシップ、衆議院の解散権の行使主体及び行使要件、国会の予算修正権など、現憲法では必ずしも明確でない事項について明確な規定を置くべきであるとしている。

特権官僚が政治を実質的に主導する明治以来の「官僚内閣制」を脱却し、国民の直接公選による議員で構成される国会が、国権の最高機関として行政権の首長である内閣総理大臣を指名し、成立した内閣は国会に対して連帯して責任を負うという、国会と内閣の抑制と均衡による本来の「議院内閣制」を実現することは、いまや国民的課題である。

現在でさえ、多数の横暴による国会の形骸化が進んでいる。例えば、昨年の年金法案の場合、法案提出者である閣僚の年金保険料未納問題、公聴会すら省略した審議のあり方を不問にし、国民不在のまま政府案の衆議院厚労委員会採決を強行、参議院段階でも中央公聴会すら開かず、社民、共産、無所属の委員に質問すらさせないまま再び委員会採決を強行した。さらに散会となったはずの参院本会議の開会を強行し法案の成立が図られた。徹底審議を求める野党と制度改悪に反対する圧倒的多くの国民を顧みることなく、多数の暴力で繰り返された強行採決は、暴挙に暴挙を重ねたものであり、国会の形骸化きわまれりという状態だ。

しかし、自民党・論点整理案の打ち出している方向は、議会制民主主義の充実や議院内閣制の本来の機能強化を目指すものではない。数の力による「強権政治」の土壌となる危険性があり、国会は一層形骸化するとともに、官僚制の民主化をもさらに阻害するおそれがある。参議院選挙制度の改悪、二院制の見直し、首相公選制も痛みを強いる構造改革をよりスピーディーに推進しようというその延長線上にある。

政治主導の政策決定を困難にした大きな理由の一つは、自民党の長期単独政権にある。つまり、大臣・政務次官を短期間（平均八か月）で入れ替えることによって、公的ポストを政党内部の利益体系や昇進コースの中に組み込み、官僚への従属を促進させたことを見失ってはならない。

また、現実の立法過程は、立法していいかの判断基準から憲法が彼方に追いやられてしまう「悪法」が多い。「官僚の官僚による官僚のための立法」の面が色濃く、国会の役割も政府の提出法案に、正統性・お墨付きを与えるだけの「法律作成マシーン」ともいうべき状況にとどまっている。しかし本来、立憲主義に対して果たす中心的役割を憲法が保障しているのであって、法案の内容を活発な議論を通じて詰めていく過程こそ、国権の最高機関であり唯一立法機関たる国会にふさわしい活動であり、憲法の求める立法活動である。同時に法案作成・法制化に当たっては、憲法尊重擁護義務に基づく対応が不可欠である。

（2）文民条項廃止について

自民党・論点整理案では、国務大臣の文民条項（六六条二項）の削除が提案されている。これは陸軍大臣・海軍大臣の現役武官制が軍部の増長・横暴を招き、戦争遂行に拍車をかけたことの反省に立って国務大臣の文民条項が設けられたことへの無理解である。「戦争する国」づくりを進め、自衛隊の政治への介入を招来する危険もあり、シビリアンコントロール原則にも抵触するため、文民条項の廃止は断じて認められない。

その後、自衛隊出身で元防衛庁長官である中谷元氏の依頼で陸上自衛隊の幹部が改憲案をつくって自民党憲法改正案起草委員会に提出したことが明らかとなった。そこには、軍隊設置、国民の国防義務、集団的自衛権の行使、国家緊急事態の布告などが盛り込まれている。戦前の陸軍の「国家改造」を思わせるような逸脱行為である。

（3）二院制の見直しについて

自民党も民主党も積極的に二院制の見直しを打ち出している。例えば自民党・論点整理案は「現在の二院制については、両院の権限や選挙制度が似かよったものとなっている現状をそのまま維持すべきではなく、何らかの改編が必要である」とし、民主党も二院制のあり方を見直し、衆院と参院の役割分担を図ることを「中間報告」に盛り込んでいる。

しかし、参議院は、議院内閣制の弱点を補完して衆議院及び内閣に対するチェックアンドバランスを発揮するとともに、異なる制度、異なる時期による選挙によって、国民の多元的な意思をより良く国会に反映することから、議会の任務である行政への抑止の役割をより重く担っている存在である。そういう意味で、連邦国家の二院制や貴族院型の二院制と異なり、日本の参議院は、「民主主義を強化する二院制の先駆的制度」であるということができる。「良識の府」にふさわしい参議院の機能の発揮こそが必要である。

（4）首相公選について

政治への閉塞感から首相公選制への期待が持たれているが、首相公選制には、議院内閣制を形骸化させ、行政優位の官僚政治や「リーダーシップ」に名を借りた危機管理対策をますます強めたり、国民に犠牲と負担を強いる「構造改革」の推進に利用されたりする恐れがある。とくに首相公選が英雄待望論と結びつくことによって、かえって人々の政治への責任を放棄させ、民主主義の空洞化をもたらし、ナチズムのような危険な政治状況をつくり出すことにつながりかねない。むしろ、国会の行政府に対する監視・統制機能の強化が必要であり、行政優位に拍車をかけ、強権政治を推進することにつながる首相公選論には賛成できない。

また、首相のリーダーシップの発揮の観点から、内閣に属している行政権を、内閣総理大臣に属するものに変えようとする主張もある。これは国民に痛みや抵抗を生み出す問題について、閣議の一致をとらなくても突破できるようにしようとするものである。

（5）政党規制について

従来から、憲法に政党の位置づけがないことに対し、（一）政党政治の再生のために、政党法（あるいは政党基本法）を制定すべきであるとの主張や、（二）政党の役割を憲法にしっかり明記することにより、議会政治に対する政党の重要性を示す必要がある、（三）政党の健全化や政官業の癒着構造の打破などにつながる、（四）政党の意義を明文化することにより、政党の役割は拡大し、国民的利益の集約機能がより高まり、国民の多様な意見・要求が反映しやすくなるなどということから、政党に対して法的な規制を加えて、各政党に党内民主主義等を法的に要求する必要があるという意見がある。民主党の「中間報告」でも、政党規定の導入を打ち出している。

しかし、憲法上に政党規定を設けるにせよ、政党法を制定するにせよ、結社の自由の保障（憲法二一条）の点でも、議会制民主主義の活性化の点でも、逆に作用する可能性が高い。党内民主主義は一様ではなく、問題があるからといって、法律を介入させ、例えば、党首選挙における選挙違反を処罰するとなると、結社の自由は政党には保障されなくなってしまう。また、政党が国会で政党に関する法律を作るとなると、どうしても、多数派の肯定あるいは許容する内容になってしまう一方、人数や綱領、規約、運営方法などについて、少数党に不利な規定が行われかねない。旧西ドイツで行われてきたように、現体制に反対する政党が国家権力によって禁止され、解散させられ、その財産が没収されたりする危険性もある。

議会制民主主義の点で見ても、議会内多数派が少数派を弾圧・抑制するために、政党法が利用されることになれば、自由な議論・政策論争を通じて、政権交代が行なわれることを阻害することになり、議会制民主主義は活性化するどころか、衰退してしまいかねない。

したがって、政党規制の導入は、憲法二一条に保障された結社の自由を侵害するものとなってしまうことが懸念され、痛みを強いる構造改革や「戦争する国」づくりに反対・抵抗する政党の活動に制約を加えようとするものになりかねない。

日本国憲法が、結社の自由をうたうのみで政党それ自身を規定しないのは、戦前の無産政党への弾圧や翼賛政党化が戦争遂行を食い止められなかったとの反省の上を踏まえてのことである。憲法の理念に立脚するならば、結社の自由によって日本の民主主義を豊富化させ、戦争体制作りをストップさせることが求められる。

（6）憲法裁判所について

自民党・論点整理案は、最高裁判所による法令審査権、いわゆる違憲立法審査権の行使の現状に不満を表明したうえで、「憲法裁判所制度など憲法の実効性を担保する制度」について「この際明確に位置づけるべきである」とし、「民主的統制を確保しつつも政治部門が行う政策決定・執行に対する第三者的な立場から憲法判断をする仕組み（憲法裁判所制度、あるいは最高裁判所の改組など）について検討すべきである」という。民主党「中間報告」も違憲審査部門の導入を盛り込んでいる。

しかし、第一に、法律が制定されてすぐに、具体的な事件もないのに、紛争が生じないにもかかわらず、意見が違うというだけで、議会の三分の一や政府が憲法裁判所へ持っていくというようなことになれば、憲法裁判所で合憲になったからとして十分な国民的議論もないまま政府や多数党の政策に憲法上のお墨付きを与えるだけのものとなりかねない。第二に、例えばドイツの場合は、ナチスの再現を決して許さないとの立場からその芽を封じるための措置として憲法裁判所を設けているのであって、ドイツの憲法裁判所は非常にすぐれているからその制度を日本に持ってくれば違憲審査は活性化するといったことは乱暴な議論である。なお、ドイツ型を推奨するのであれば、国民が憲法上の権利を侵された場合に直接救済を求めることができる「憲法異議申立」制度を導入しないのは、国民の権利救済のための憲法裁判所という意識が導入論者に欠落していることを表している。第三に、下級裁判所の持つ法令審査権を損なうことになり、具体的事件の発生に伴う権利救済が困難になる。

たしかに「違憲審査をめぐる閉塞状況」が指摘されているが、原告適格や訴えの利益の有無、統治行為論等によって、消極的に違憲審査が行われてきたことが問題である。違憲立法審査権は、日本国憲法八一条に明記され、憲法の最高法規性、三権の抑制と均衡、基本的人権の保障を守る上で重要な規定である。とくに最高裁判所は、「一切の法律、命令、規則又は処分が憲法に適合するかしないかを決定する権限を有する終審裁判所」（八一条）であり、下級裁判所と異なり決定権限を有している。憲法の平和主義、あるいは基本的人権の尊重、国民主権主義という基本的な理念、憲法価値の番人として、決定権も含む違憲立法審査権がつくられたという趣旨を活かす方向での最高裁判所が権限行使することこそがまず必要である。

（7）最高裁裁判官国民審査の廃止、地方自治特別法の住民投票の廃止について

自民党・論点整理案は、最高裁裁判官国民審査（七九条）について、「最高裁判所裁判官の国民審査の制度は廃止し、廃止後の適格性審査の制度についてはさらに検討を行うべきである」、地方自治特別法の住民投票（九五条）について、「昭和二六年以降『一の地方公共団体のみに適用される特別法』の制定はなく、現行九五条は削除する方向で検討する」としている。

「憲法の番人」たる最高裁裁判官の任命は重要な政治的行為であり、国民の監視が必要である。国民審査は事後的ではあるが、内閣の任命を審査し、不適格な裁判官を罷免することのできる、国民に与えられた現在唯一の手段である。国民審査の投票のあり方や資料作成など今までの運用にこそ問題がある。

また、実務上、地方自治特別法とされ、住民投票に付されたのは広島平和記念都市建設法、長崎国際文化都市建設法、首都建設法、旧軍港都市転換法（横須賀、呉、佐世保、舞鶴）等一五法、一八都市にとどまり、五一年公布の軽井沢国際親善文化観光都市建設法を最後に特別法とその賛否を問う住民投票は、実施されていない。しかし、九五条は、特定の地方公共団体の本質に関わるような不利益・不平等な特例を設けることを防止し、中央権力による自治権への侵害を防止するために、議会を介さず、直接投票によって住民の意思を問う手法である。これは、住民の基本的人権である。問題は、例えば沖縄関係の諸立法のように、本来特別法が適用されるべき事例でありながら、国政レベルで九五条がないがしろにされてきたところにある。

いずれにせよ、七九条、九五条は、主権者の意思を直接に表明する民主主義の制度のひとつである。代表民主制を基本とした日本国憲法下において直接民主制を取り入れ、国民主権を実質化させるという意味を持つ条項であり、主権者の直接民主主義的権利の剥奪は許されない。

（8）財政について

憲法八六条は、予算の作成権が内閣にあることを示すとともに、予算についての最終的決定権が国会にあることを示す規定である。これも財政民主主義の一環である。また、会計年度独立の原則、会計年度主義）、会計統一の原則、総計予算主義、予算事前議決の原則も示される。この予算の単年度主義について、「会計年度を一年とすることを前提とした憲法・財政法の定める財政システムを検証」すべきとの意見が自民党・論点整理案には盛り込まれている。

たしかに、配分された予算をその年度のうちに使い切らなければならないとして、年度末に不必要な物品の購入をしたり、無駄な工事を行ったりといったように、単年度主義が予算の無駄遣いにつながるという批判も多く、例外規定として、継続費制度、国庫債務負担行為制度、繰越明許制度などがある。

このうち財政法第一四条の二に定められている継続費は、完成に年度を要する事業に充てられるものだが、もともと明治憲法では六八条（特別ノ須要ニ因リ政府ハ予メ年限ヲ定メ継続費トシテ帝国議会ノ協賛ヲ求ムルコトヲ得）に明定されていたものの、現行憲法に規定は設けられていないし、制定当初の財政法にも盛り込まれていなかったものである。財政法改正当時から、（一）旧憲法に規定があって新憲法に規定がないことは継続費制度を否定しており継続費は違憲ではないか、（二）複数会計年度を前提にしている継続費は現行八六条の単年度原則を鮮明にしている規定に反するのではないか、（三）財政規律の維持・健全化を損なうのではないか、（四）かつてのように戦費使用・軍艦建造に利用され、戦争遂行のための財源作りとなるのではないか（財政法五条の公債の日銀引き受け禁止も同趣旨）といった疑義が出されていた経緯がある。実際、旧憲法第六八条が明文で継続費を認めていたことが、軍部によって濫用され、議会の審議権（統制権）が非常に弱められる結果となった。現在、継続費が組まれている事業は、防衛庁のイージス艦や潜水艦の建造であり、軍艦建造に乱用されるとの当時の危惧があたっていたといわざるをえない。

継続費を否定し予算の単年度主義を新憲法の原則とした起草者の意思は、戦争中の軍事費拡大に戦時公債の乱発や継続費が使われたということに対する苦い経験があるということを忘れてはならない。そもそも憲法は主権者による権力者への授権を定めたものであり、旧憲法にあったものがわざわざ削除された継続費制度は、憲法に明記されていないかぎりは、授権されていないことから、政府が権限行使できないと解すべきである。

また、現行単年度予算においても、予算の透明性が十分確保されているとは言えず、多年度予算になればさらに透明性が確保されにくくなるのではないかという問題も生じる。

憲法と財政について論議する以前の問題として、充分に国会に対する予算・財政の透明化が図られ、国会がコントロール可能な状態に置かれているか、議決のあり方をどのようにするのかということも大切である。例えば、(一)一会計、二三特別会計、八機関の会計について、三案一括して議題として採決するということでいいのか、(二)「国会に提出して、その審議を受け議決を経なければならない」について単に国会は質問するだけに終わり、国権の最高機関としての国会による修正例がほとんど無いことを考えてみる必要がある。いずれにせよ国民の血税をどう使われるかを為政者ではなく国民の代表者が決めるのが議会制民主主義の源である。そうであれば、まず「隗よりはじめよ」として、国会の憲法調査会最終報告書の予算、とりわけ七七〇〇万円の翻訳料の扱いについて、憲法調査会の場で論議することが必要である。

(9) 私学助成について

自民党・論点整理案は、「現憲法八九条を書き直し、私学助成に関する明文規定を置くべき」であるとしている。

しかし、八九条の趣旨は、財政民主主義の観点から、公金支出の不当な利用・濫費を防止し、公共の利益に反する事業に公金を支出しないようにするとともに、私的な教育などにたいする公権力の干渉を排除しようとするものである。私立学校は、学校教育法、私立学校法、私立学校振興助成法など各種の監督規定のもとにあり、公金の不当な利用や濫費を防止しうる程度の監督是正は及んでいる。また、国の基準に従って六・三・三制をとりカリキュラムも学習指導要領に基づいて行われており、教育内容は公の支配に属しているといえる。さらに私学助成は私学振興財団を介在させ、財団の人事等を公が行うことで公の支配にあるといえる。「公の支配」に属することはいうまでもない。

私学助成について与党が憲法上問題ありというなら、今の政府は違憲の行為をしていることになる。

私立学校については、公教育をになっており、私学助成は八九条だけでなく、憲法二六条等の国民の教育を受ける権利や教育の機会均等を実質化するための意味があることもあわせて解するべきであって、私学助成の障害となるからと憲法八九条の条文をいじる必要はない。

(10) 地方自治について

明治憲法=大日本帝国憲法体制下では、地方行政も内務省を中心に中央直轄、知事は任命制で、そもそも地方自治という考え方そのものが存在していなかった。日本の地方自治の出発は、第二次大戦敗戦直後の四七年に公布された新憲法=日本国憲法の成立を待たなければならなかった。憲法は、「地方自治の本旨」を定め、地方自治の重要性を提起する点で、地方自治のかけらもない旧憲法と大きく異なっている。

憲法は、九二条で「地方自治の基本原則」をうたい、地方公共団体の組織・運営は地方自治の本旨に則って定めると規定している。つづく九三条では地方議会を設置し、その議員や首長は住民の直接選挙をもって選ぶべきこととし、九四条「地方公共団体の権能」には財政問題について、「財産を管理し、事務を処理し、及び行政を執行する権限を有し、法律の範囲内で条例を制定することができる」旨、明言され、さらに九五条が住民投票の規定になっている。

戦争放棄を宣言した憲法が同時に地方自治を明確に位置づけ、保障するものとなった—この事実には、「二度と再び戦争をしない」という国家的意思・国民合意と地方自治創設のねらいとのはっきりした結びつきが示されている。戦争を押しとどめられず、逆に戦争遂行体制・国家総動員体制を支えた最大の内政的条件は、旧内務省を中心に編成された中央集権体制・一元的内政支配、府県・市町村体制という官治・集権の地方支配システムであったという認識・反省に立って、戦争体制復活の芽を摘み取ってしまうためには内務省の解体は当然として、あわせて極度の集権体制にブレーキをかける地方自治の具体化が必要とされたのである。

そして、分権・自治が民主主義的な国家の本質的な基盤の一つであるとして、「地方自治の本旨」を踏まえた多様で豊かな自治の擁護と強化を求めている。そもそも地方自治については、フランスのトクヴィルが『アメリカの民主政治』で「タウンミーティングの民主主義に対する関係は小学校の学問に対する関係に該当する」と論じ、イギリスの政治家ブライスも主著『近代民主政治』のなかで、「地方自治は、民主主義の源泉であるだけでなく、学校である」と論じているように、民主主義にとって地方自治は極めて重要なものである。憲法は、「民主主義の学校」と称される地方自治を充実させることで、真の民主主義を日本社会に根付かせようとした。

「国と地方公共団体との基本的関係を確立することで民主的で能率的な行政の確保を図り、地方公共団体の健全な発達を保障する」ことを地方自治の目的として掲げ、自治体の中央政府からの相対的な自立と民主的運営を強調している地方自治法が、憲法と同時に施行されたことは、平和と民主主義の点で大きな意味がある。

この第八章地方自治について、自民党・論点整理案は、「地方分権をより一層推進する必要がある」として、地方分権の基本的な考え方や理念を憲法に書き込む必要があるとしている。また、いわゆる「道州制」を含めた新しい地方自治のあり方についての基本的事項を明示するとともに、地方財政における受益と負担の関係の適正化などに関する議論を進め、また、住民投票の濫用防止規定についても更に検討を進めることとしている。しかし、道州制や市町村合併を強調し住民投票を否定する自民党の方向性は、分権・自治を充実強化ではなく、グローバル経済の大競争時代における競争力強化・国家機能の確立、「戦争する国」に協力する地方体制への再編を目指したものといえる。

一方、分権・自治を補強・推進する立場からも、九二条の「地方自治の本旨」の意味は曖昧であり、内容を明確に規定すべきではないか、事務の分配の考え方（基礎的自治体優先の原則、国の事務の限定）を明記すべきではないか、地方公共団体を「自治体」或いは「地方政府」に変更するべきではないか、条例制定権の拡大を図るべきではないか、住民の主体的な参加を明確にすべきではないか、財政自主権・自主課税権を明確に位置づけるべきではないか、国に財源保障と財政格差是正の義務があることを明記するべきではないか、地方自治に影響を及ぼす事項について、国に自治体への意見聴取を義務づける規定を置くべきではないかなどの論点が提起されている。

しかし、憲法があるから分権・自治が押しとどめられたのではなく、憲法の理念を無視するこれまでの政治・行政に問題があったのであり、言葉で分権を憲法に規定しても自治の内実が伴わなければ実際は自治性発揮の封じ込めにしかならない。

もちろん中央政府主導の官僚政治の構造を、住民の参加と決定を保障した新しい民主主義のシステムに転換させることは不可欠の課題である。

「地方自治の本旨」は、人権の最大限の尊重、住民の住民による住民のための政治、自治体の自主性・事務及び財源配分の優先制を含んでおり、国民主権に基づく民主的な体制を地方行政の部面にとり入れるとともに、国の民主的政治体制の基礎を培養しようとするものである。九二条は民主主義・基本的人権をめぐる住民・国民の運動とのかかわりにおいて、その内容が確定し、充填され豊富化されていく「傾向的概念」である。市民や自治体の側からの住民自治創造の運動的積み重ねをとおすことによってのみ、自治を名乗るにふさわしい住民主権の確立＝実質化を実現することができる。そのためにもヨーロッパ地方自治憲章や世界地方自治宣言などの国際的な趨勢も踏まえ、住民が自治体を設立するという理念に基づき、自治体のことは自治体が決めるという大原則を規定する地方自治基本法などの法整備を図っていかなければならない。

(11) 道州制について

道州制は、全国を七〜一〇ほどのブロックの地方制度に改編することであるが、地方庁型、地方制、自治州、連邦型といったようにいくつかバリエーションがあり、道州制の概念そのものが曖昧である。都道府県を超える広域需要について、都道府県の合併を進め連邦制や道州制で対応すべきとの議論が経済界に根強くある。そこには多国籍企業の活動拠点づくりに向けて、従来の都道府県ごとの規制をより広域化し緩和する狙いがある。また、市町村合併後の課題として地方制度調査会等でも検討が進められている。自民党が論点整理案で言及し、民主党が〇三年マニフェストで打ち出している。

憲法は、自治の単位となる「地方公共団体」の概念規定をしていないが、地方制度を考える際にいちばん大切なのは、憲法の求める「地方自治の本旨」をどうやって実現するかという視点である。都道府県合併や道州制は、住民からも大きく遊離し、行政の官治化と画一化、縦割り行政の悪弊を生じるのではないか、重複行政となるのではないか、新たな市町村合併を呼び起こし、ますます住民自治が失われていくのではないか、憲法の規定する地方特別法に対する住民投票の意義が損なわれるのではないかなどの問題を抱えている。

現行四七都道府県は定着しており、近年住民の生活圏域の広がりに伴う行政で扱う課題の広域化や、医療、福祉、地域開発、廃棄物処理や環境保全など一自治体では解決が困難な広域的行政需要は都道府県の協力の推進や広域連合で対応することとし、現行の二層制を維持しながらまず分権の実現を勝ち取ることが先決である。

連邦制や道州制はその上で論議されるべき将来の課題である。その場合も、自主・自立の権限と財源を付与したもので中央集権国家を解体し地方分権＝地域主権にするためでなければならないし、住民自治の深化につながるものでなければならない。自治体の在り方・自治の範囲を決定するのは、そこに暮らす住民自身の権利であり、関係住民の主体的選択と自主性を尊重することが大前提である。

6. 憲法改正手続き・最高法規

(1) 改正手続きの緩和について

現憲法の改正要件について、自民党・論点整理案は、「かなり厳格」であり、「時代の趨勢にあった憲法改正を妨げる一因になっている」としたうえで、「引き続き議論を継続する必要がある」とはしながらも、(一) 憲法改正の発議の要件である「各議院の総議員の三分の二以上の賛成」を「各議院の総議員の過半数」とする、(二) 各議院にて総議員の三分の二以上の賛成が得られた場合には、国民投票を要しないものとする、等の緩和策を講ずる（そのような憲法改正を行う）べきではないかなどを打ち出している。

しかし、立憲主義において憲法とは、為政者・国家権力が暴走したり恣意的な統治をしたりしないよう課す、国家に対する規範＝縛りのはずである。改正手続きの緩和は、主権者である憲法制定権力者を議会の立法権者と同一視する考えに立つものであり、大きな問題があるといわざるをえない。自民党・論点整理案の主張は、自分たちに不利だからルールを緩和しようとすることであり、縛りをかけられている側から改正条件の緩和を持ち出すことは認められない。

そもそも憲法は、国家の存在を基礎づける基本法であるから、憲法がすべての法の中で最高法規としての性質を有するものであることは当然である。しかし、最高法規としての性質を真に有するためには、憲法の改正に際しては、通常の立法手続きによって改正されるのではなく、より厳格な手続きが要求される。そして「憲法は、国の最高法規であつて、その条規に反する法律、命令、詔勅及び国務に関するその他の行為の全部又は一部は、その効力を有しない」（九八条第一項）とされることで、最高法規としての性質は完全になる。

日本国憲法が、改正の手続きを厳しく定めている硬性憲法であるのは、基本的人権の保障、国民主権、平和主義という憲法の基本原理を改憲勢力から守るためでもある。

（2）憲法改正権の限界

国民主権は、「人類普遍の原理」（前文）に基づくものである。基本的人権は、「侵すことのできない永久の権利として、現在及び将来の国民に与へられる」（一一条）ものであり、「人類の多年にわたる自由獲得の努力の成果」（九七条）である。平和主義は、「人間相互の関係を支配する崇高な理想」（前文）である。そして、「われらは、これに反する一切の憲法、法令及び詔勅を排除する」（前文）とともに、「この憲法は、国の最高法規であつて、その条規に反する法律、命令、詔勅及び国務に関するその他の行為の全部又は一部は、その効力を有しない」（九八条）とされている。したがって、九六条の改正手続きによっても、憲法の基本原理である国民主権、基本的人権の尊重、平和主義を否定するような「改正」は、内容的にも手続き的にも憲法「改悪」として排除される。憲法の基本精神を変えてしまうような改正（＝「改悪」）は、日本国憲法そのものを否定してしまうことになるからである。国民主権、基本的人権の尊重、平和主義の三大原理に反する内容に改める憲法「改悪」は憲法自身が許していない。「改正」と「改悪」を峻別しなければならない。

憲法「改正」を考える場合、立憲主義の観点から、「改正」内容が、（一）国家権力に歯止めをかけるために必要か、（二）国民の基本的人権を拡充する方向での「改正」なのか、（三）平和主義や国民主権が充実するのかどうか、（四）今の政治家の下で大丈夫なのか、が重要なポイントである。

（3）立法「不作為」か

憲法に改正条項があるにもかかわらず、国民投票についての法整備がなされていないことをもって、立法「不作為」ではないかとの主張がある。本来、立法「不作為」とは、ある法律があったり、あるいはあったとしてもそれを改善しなかったりしたために、主権者の権利が侵害されることである。例えば、ハンセン病に関する国の対応にみられたような、憲法が定めている人権などの基本的原理を守るべき法的対応をしていないときにこそ使われるもので、国民生活に不可欠な問題について法的措置を講じていない、あるいは国民生活に損害が生じているにもかかわらず損害の補てんをサボタージュしていることである。しかしかつて選挙制度調査会が内閣に「日本国憲法の改正に関する国民投票制度要綱」を答申し、それを参考に当時の自治庁が「日本国憲法改正国民投票法案」を作成したことがあるが、内閣の政治的配慮によってその国会提出を見送ったという経緯がある。その後も、戦後政治のなかで改憲問題が何回となく登場してきたが、国民の批判や反対で国民投票法案の提出までいたらなかったのである。これは立法府の「不作為」・怠慢ではなく、国民がその制定の必要性を認めなかったということである。国民は一貫して、日本国憲法を支持してきたのであって、改憲が具体的政治日程に上っていない段階で「国民投票法」が存在しなかったことは当然のことである。

現時点でも、憲法の「改正」は国民世論のなかで切実な声にもなっていない。とくに九条について、国民からの不都合を変えてほしいという強い要求・運動は見られない。例えば内閣府大臣官房政府広報室が二〇〇四年六月にまとめた「国民生活に関する世論調査」の「政府に対する要望について」では、一位「医療・年金等の社会保障構造改革」六七・七％、二位「景気対策」五八・六％、三位「高齢社会対策」四九・八％、四位「雇用・労働問題」四一・三％などであり、憲法改正や郵政民営化に力を注ぐよりも、年金問題や景気・雇用対策など生活関連課題に取り組む要望が高い。差し迫った緊急課題として憲法改正が国民の側から求められているのではないし、国民の憲法改正権が侵害されて、国民投票法の不存在が問題にされているのではない。今回の改憲騒動自体、改憲を意図する勢力の「押しつけ」であり、自衛隊のイラク派兵などの憲法九条を破壊する行為を事実上すすめていき、その限界を突き破るものとしての「九条改憲」準備の進行のなかでの国民投票法制定の動きであり、その政治的意図はきわめて明白である。改憲のための「不作為」をいう前に、日本国憲法の諸原則の完全実施に対する「不作為」こそ重要課題であり、憲法の完全実施がまずなされなければならないのであって、改憲勢力が自らの動きの根拠として立法「不作為」論をいうのは、筋が通らない。

（4）国民投票法案について

九六条は、主権者たる国民の憲法制定権の行使を保障するものであり、主権そのものの行使として公平で最も民主的な手続きで実施されなければならない。そのためには、少なくとも、（一）投票者の意思を正確に投票結果に反映されるようにするため、全体を一括して投票に付すのではなく、個別の条項ごとに賛否の意思を表示できる提案方法及び投票方法とすべきであること、（二）公職選挙法の規定を横滑りさせるのではなく、言論・表現の自由、国民投票運動の自由が最大限尊重されるよう、戸別訪問や集会の開催、文書の配布、情報媒体を使ってのPR等については、原則自由とするべきであること、（三）通常の選挙における投票権者に加えて、一八歳以上の者の投票権や通常の選挙では認められていない重度身体障害者の在宅投票・代理投票を認めるなどできるだけ拡大すべきであること、（四）国民投票の前に、憲法教育をあらためて徹底することが大前提となることはいうまでもなく、国会発議から投票実施まで、国民が十分な情報を収集し、学び、考え、話し合う時間をとるべきであること、（五）国の最高法規たる憲法の改正というきわめて重要な問題を問うのであるから、賛成票の数え方については有効投票数の過半数ではなく、全有権者の過半数或いは少なくとも最低限総投票数の過半数を超えたかどうかで決すべきであること、（六）憲法改正案に反対の者だけに×印を付けさせ、それ以外の投票はすべて賛成であるとみなすといった国民の声を積極的に聞かない方法を採用しないこと、（七）憲法改正案の承認についての意思が十分かつ正確に反映されたことになるよう、投票率が一定割合に達しない場合の扱いを定めるべきであること、などは不可欠の要件といわざるをえない。

しかし、自民党や民主党が中心となった憲法調査推進議員連盟が検討している憲法改正に関する国民投票法案及び国会法改正案については、国民主権の視点が重視されておらず、（一）改憲案の提案権の主体、（二）審議の定足数、（三）各条文または各項目ごとに提案すべきか、全体をまとめて不可分一体として提案すべきかという提案方式、（四）〇をつけるのか×をつけるのかという投票方式、（五）投票権の範囲、（六）国民の「過半数」の数え方、（七）最低投票総数についての規定、

（八）運動に対する規制などについて見過ごすことのできない多くの問題がある。とくに投票方式について、一括して賛否を問う形態にするのか、「改正」条項ごとに賛否を問う方式にするのかは、改憲発議の際に決めるということになっており、まったく法案の体をなしていない。例えば一括方式では、Aを変えたいがBは変えたくないという場合、賛成票を投じると全部変えられてしまうし、反対票を投じるとAは変えることができなくなり、どちらにしても投票者の意思が反映されないことになり、一つ一つの条項について自らの意思を表示し決定することができるようにすることが必要である。

それだけでなく、「国民投票に関し憲法改正に対し賛成又は反対の投票をさせる目的をもってする運動」が規制対象とされているが、憲法改正について意見を表明するあらゆる行為が対象となるなど、過度に広汎な規制となるおそれがある。とりわけ新聞、雑誌、テレビ等のマスコミ報道及び評論に過剰な規制を設けようとするなど、看過できない問題点が含まれている。

憲法改正の手続法については、それ自体憲法の保障する諸原理に則っていなければならないが、議連で検討されている法案では、国民の自由な議論は阻害され、真に民意を反映する投票は実施できない。しかも改憲ムードをあおり改憲のための法的基盤に格好をつけるためだけに、民主主義的保障もないままスピード成立させられようとしていることは許してはならない。

いずれにせよ、国民投票については、投票方式や投票運動のあり方、「過半数」の意味合い、国民の「承認」の効力発生時期をはじめ議論すべき課題は多く、法的に内容面の十分な精査が必要である。あわせて「改悪」につながらないかどうか政治的に慎重な検討が必要である。同時に、主権者が、自ら責任を負った判断と権利を行使するためにも、国会のなかだけの議論ではなく、国民的にしっかりと議論がなされることが不可欠である。議論なき国会だけの判断による手続法の整備は、断じて認めることはできない。

（5）憲法調査会の「衣替え」について

衆議院憲法調査会は、最終報告書の作成のための分野別の締めくくり討議を終え、参議院憲法調査会も公聴会を経て最終報告書に向けた作業を進めている。しかし、なぜ「最終」報告なのか。確かに憲法調査会の規程では、「憲法調査会は、日本国憲法について広範かつ総合的に調査を行う」「、「調査を終えたときは、調査の経過及び結果を記載した報告書を作成し、会長からこれを議長に提出する」旨定めている。しかし本当の意味で広範かつ総合的な調査は終わっていない。憲法を見直したり変えたりするにしても、まずは憲法の内容を完全実施することが大前提である。そのためには、憲法が機能していない部分はどこで、それは何が原因なのかを客観的に明らかにされなければならないが、問い直しは終わっていないどころか始まってもいない。とても調査を終えたなどといえる段階ではない。

また、憲法調査会を憲法改正国民投票法等を審議できるように「衣替え」するための国会法改正が取りざたされている。しかし、あくまでも「日本国憲法について広範かつ総合的に調査を行うため」、各議院に憲法調査会が設置されている。憲法調査会の「衣替え」は、「憲法調査会は議案提出権がない」という各議院の議院運営委員会理事会の申し合わせ違反であり、断じて認められない。

7. 憲法尊重擁護義務について

自民党・論点整理案は、「現憲法第一〇章（最高法規）については、国民の憲法尊重擁護義務を含めることとしつつ、その各条文の内容に応じて、『前文』あるいは『国民の権利及び義務』にその趣旨を盛り込むものとし、章としては削除すべきであるとの意見があった」ことを紹介している。

しかし九九条において、天皇又は摂政及び国務大臣、国会議員、裁判官その他の公務員に課せられている憲法尊重擁護義務を、国民全般の憲法尊重擁護義務に転換しようとすることは、憲法と法律の性格の違いに対する無理解甚だしいといわざるをえない。法律は、「国家権力による強制力を持った社会規範」であり、国民を縛るものだが、憲法は、法律とは異なり、国家権力に歯止めをかけるものである。すなわち憲法は、憲法制定権力である国民と、憲法によって組織される統治権力を区別する。その意味で国民は自らの憲法が権力によって侵害されることのないよう憲法の実現状況を監視することになる。一方、憲法によって組織された統治権力を担う公務員は、憲法の定める人権保障はじめ諸原則に従って権力を行使するものとして、憲法尊重擁護義務を負うことになる。法の支配とは、権力者の意思ではなく、あらかじめ定められた「法」によって国家統治を行うことであり、現在においては、立法権を含めたすべての国家権力が憲法という法に拘束されることを意味する。このことを通じて多数意見でも奪えない価値＝基本的人権を保障している。

国民は憲法を制定し、監視する立場であり、公務員は憲法を尊重擁護し憲法に従う義務がある。国民全般の尊重擁護義務への転換は、「国家」に対する国民の義務の拡大を正当化することにつながる。本来、国家権力を制限するために主権者＝国民が求める規範が憲法であるにもかかわらず、その意義を転換させ、「国家」に対する国民の義務拡大を正当化しようとすることは認められない。

もともと九九条を設けずとも、公務員は、主権者である国民の信託によって、かつ国最高法規である憲法に基づいて公務をつかさどっているのであるから、すべて公務員には憲法尊重擁護の義務が存在するのは立憲主義の原則からして当然である。このことを憲法上の義務としたのは、当時もっとも民主的と言われたワイマール憲法の下で、ワイマール体制が崩壊しナチス・ドイツが形成されていった歴史を振り返るまでもなく、権力の座にある者が憲法を軽視・無視して国民の基本的人権を抑圧した事実に対する歴史的反省が込められているのであって、日本国憲法においても、天皇又は摂政及び国務大臣、国会議員、裁判官その他の公務員の行為によって国民が戦争の惨禍を受けるに至ったという過去の苦い経験からあえて明記したということを忘れてはならない。

8. 憲法理念具現化のために

日本国憲法の三大原理である国民主権や基本的人権、平和主義は「古くなった」とはいえない。両性の平等が「古くなった」ともいえない。また、憲法は、個人の尊重・幸福追求権、地方自治の本旨など人権や民主主義を豊富化する条項を有している。そういう意味で、戦争の時代の多くの犠牲の上に立って作られた日本国憲法は、二一世紀の時代を先取りする価値を持っている。

一方、個人より国家、権利より義務が強調される今の改憲論は、「改正」と称して改悪を図るものであり、決して私たちの理想の憲法案の提示・実現にはつながらない。「平和的生存権」を徹底して保障するのが現憲法の特徴であり、戦争肯定の生活を強いる条文変更は「改正」ではない。「戦争する国」づくり、国民に痛みを強いる構造改革をさらに一層推し進めようとするための改憲である。しかも、カネにまみれ自浄能力のない政治家が改憲を狙っているのであって、今の政治情勢の下で、今の信頼できない政治家たちに憲法に手をつけさせることで後顧の憂いはないのか。平和だけでなく、個人の尊厳や基本的人権、幸福追求権、生存権、勤労権、地方自治をはじめ憲法のあらゆる面がないがしろにされている今、憲法を見直し変えるにしても、まずは憲法の内容を完全実施することが大前提ではないのか。

「護憲」とは、憲法の条文を墨守することなのではない。憲法の理念・精神、条文を国民の立場で捉え返し、憲法を護らせ、活かし、実行し、広げていくことである。条文の「改悪」を阻止することだけではなくて、憲法が人びとの暮らしの中でしっかりと生きていること、脈々と息づいていることでなくてはならない。憲法が危機にある今、「護憲」の意味を今一度しっかりとかみしめて、幅広い護憲勢力の結集を急がなくてはならない時である。

(1) 市民による「違憲調査会」と「違憲白書」の運動

まず数多い憲法違反問題を洗い出し、どこに憲法違反の原因があるのか明らかにしたり、日常の国民生活の中で憲法がどのように扱われているかをきちんと検証したりする取り組みを強化しなければならない。戦後六〇年を迎え、憲法にかかわって起こった訴訟、社会問題を洗い直してみる必要がある。例えば、二五条生存権を求めた朝日訴訟、九条との関わりを求めた自衛隊訴訟、政教分離との関わりを求めた訴訟など、数多くの訴訟が憲法との関係で起きている。これらの訴訟を真摯にみつめ直すことが憲法の精神の具体化を考える上で重要である。

また、法律の制定や政策の立案に当たって、憲法上何か制約になったことがあったのかということも検証してみなければならない。「新しい人権」が今の憲法に規定されていないといった主張もなされているが、憲法が新しい人権の足をひっぱったことがあったのか、本当に憲法によってそれらが進まなかったのか、憲法をよりどころとして工夫してきたからこそ何とかここまでやってくることができたのではないか、などについて真摯に見つめ直す必要がある。

そして、今までの政権が憲法にどう対応してきたのか、政府の憲法記念日の取り組みには寂しいものがあるが、憲法と現実の矛盾をなくす努力が政権の側でどれだけ真剣になされてきたのかを問い直す必要がある。「痛みを伴う改革」で生存権が、リストラで労働基本権が危うい状況にある。メディア規制のための法整備は進められ、「テロ対策」を名目に人身の自由が制約され、ビラ配付への弾圧事件など表現の自由も侵されている。現実に憲法を合わせるというのではなく、憲法が十全に機能していない部分はどこで、それは何が原因なのかを客観的に明らかにすべきである。

(2) 憲法実施法律案や政策案の提起・具体化の提案

現憲法の起草制定に力を発揮した金森徳次郎国務大臣は、「この憲法は末広がり」と述べるなど、現憲法は可能性に満ちたものであることを示唆している。改憲ではなく、憲法の幸福追求権や生存権、勤労権など、憲法の有する理念・価値の具体化によって、暮らしや雇用、将来の安心を確立すべきである。これまでの憲法理論の成果を受け継ぎながら、時代の進展に沿った憲法の革新にもチャレンジしていかなければならない。憲法の理念に基づき、憲法を完全実施するための法整備や政策の豊富化を進める。

日本国憲法の完全実践に基づく平和、福祉、人権などの新しい設計図を明らかにしながら、これからのビジョンについて骨太の論争をいどみ、憲法の持つ価値を現実の中で実現していく積極的な取り組みを展開し、二一世紀こそ憲法が光輝く時代にすることを目指していきたい。

市民こそ主権者であり、憲法は政治の「契約書」である。「信託」は決して政治家への白紙委任ではない。いまほど憲法が国民に保障する自由及び権利を国民の不断の努力によって保持しなければならないときはない。

憲法実施法律案・政策案の例

◎軍隊や軍事力によらない、大規模災害への緊急援助、発展途上国の社会開発への協力、紛争予防の外交努力、医療、教育など非軍事面での貢献策を追求する。

◎日米地位協定の抜本見直しの実現、「基地返還アクションプログラム」の策定、在日米軍基地の整理・縮小・撤去、非核基本法の制定、被爆者援護施策の充実等に取り組む。

◎「土井ドクトリン」（通称、正式名『二一世紀の平和構想』）の提起を基本に位置づけ、自衛隊の機能別の再編縮小、人間の安全保障、日米安保の平和友好条約化、「平和基本法の制定」等を実現する。

◎一三条の個人の尊重・幸福追求権を柱に、護憲論の豊富化を図るため、憲法の理念・精神に沿って、「知る権利」や「自己情報コントロール権」、「移動の権利（交通権）」、「患者の権利」など、「新しい人権」を具体化するための基本法や法制度を整備する（政府からの独立性を保障された人権救済機関を創設、障害者差別禁止法の制定、高齢者虐待禁止法の制定、情報公開法・個人情報保護法の抜本改正、環境基本法の抜本改正、アセス法の抜本改正、公共事業チェック法の制定、交通基本法・運輸安全基本法の制定、患者の権利基本法の制定、水基本法の制定等）。

◎「公共の福祉」を大企業の横暴・自由競争の行き過ぎ、独占に対する規制の根拠とするなど、国民大衆の最大幸福の実現のために活用する（消費者保護施策の充実、独占禁止法改正、消費者保護を最優先する「金融サービス法」の制定等）。

◎二四条は、家族関係の法律を作るときには、個人の尊厳と両性の本質的平等に立脚しなければならないことを国家に対して指示する規定であり、単身赴任や長時間労働のような、家族的責任を果たせないような働き方を強いる社会環境や企業のあり方こそが問題であり、家族形成を損なう状況に対して、二四条に基づく具体的な支援策を求める（選択的夫婦別姓のための民法改正、育児・介護休業法改正、子ども政策の充実、生涯にわたって女性の健康を保障する法律の制定、セクハラ禁止法の制定等）。

◎生存権や労働権規定の内実を、福祉国家から自治分権・市民参加型のものに、さらに「自己実現」保障型の社会権理論へと発展させていくとともに、これら社会権規定を人間らしい生活を保障し、暮らしに安心を取り戻すという憲法規定の本来の趣旨に沿ったものとして活用する（生活保護制度や最低賃金の充実、雇用継続保障法、パート労働法、非正規雇用均等待遇法の制定等）。

◎国会がその権能を十分に発揮し、活発かつ実質的な議論を行い、国民の負託により一層応えることができるように、国の唯一の立法機関である国会の政策立案機能が十分発揮できるようにする。両院の常任委員会調査室、議院法制局、国会図書館の機能、各会派の政策スタッフなど立法府にふさわしい補佐機関の質量両面の充実・権限強化を図るとともに、質問主意書制度や一般質疑、フリートーキング方式、常時の公聴会の開催等の活用、議員発議に必要な賛成者の員数要件の緩和など、国会改革の推進に引き続き取り組んでいく。

◎住民の権利と自治体の役割を明確にした地方自治基本法の制定、自治体への税源移譲や自治体の活動の計画・実施・評価のあらゆる段階への住民参加の保障、情報公開の推進、住民投票の制度化、直接請求制度の改善などを通じ、都道府県と市町村の関係、自治体と住民の関係を改革する取り組みなど、市民や自治体の側からの新たな地方分権推進・地方自治確立の運動を進める。

◎子どもの権利やＩＬＯ関係の労働権の充実など、九八条の条約及び確立された国際法規の誠実遵守義務に基づく人権の豊富化を図る。

◎公務員の憲法尊重擁護義務は、憲法を大切にするといった程度のことではなく、憲法の定めることを積極的に実現していくことでなければならない。その意味で公務員の憲法尊重擁護の実施状況のチェック、一五条の公務員の選定・罷免権の実質化の法整備を図る。

資料Ⅲ・18

自民党新憲法起草委員会　各小委員会要綱

二〇〇五年四月四日

自由民主党新憲法起草委員会

コメント

1．本要綱をつくった、自民党新憲法起草委員会は、それまで自民党の憲法改正をリードしてきた党憲法調査会とその下につくられた憲法改正プロジェクトチーム、さらにその論点整理をふまえて条文化するためにつくられた憲法改正案起草委員会の改憲案（「憲法改正草案大綱（たたき台）」⇩Ⅲ・12）が同党参議院議員等の猛反発を受け潰れた代わりに設置された機関である。

参議院の反発で憲法改正案起草委員会が廃止され、二〇〇四年一二月一五日の総務会で、改めて、小泉純一郎総裁を本部長とする新憲法制定推進本部が設立され、その下に元首相森喜朗を委員長とする新憲法起草委員会が設置された。本起草委員会は、党政調会長であった与謝野馨を事務総長、事務局長には保岡興治、事実上の事務を取り仕切る事務局次長に舛添要一を据え、〇五年一月二四日に第一回会合を行い、一〇の小委員会を設けることを決定した。

新憲法起草委員会は、憲法改正案起草委員会の轍を踏まぬよう、二つの特徴を押し出した。一つは、党の幅広いメンバーを総結集することであった。委員長への森喜朗の起用にはじまり、前文小委員会には委員長になんと中曽根康弘が、また天皇に関する小委員会には宮澤喜一がというように首相経験者が総動員され、衆議院と参議院のバランスも図られた。二つ目の特徴は、この憲法改正草案を、自民党色の強いものではなく、公明党や民主党も呑める、現実に憲法改正に持って行ける草案にしようというねらいである。とくに、後者の点は、与謝野や舛添のなかには明確にあったと推測される。本要綱も、そうした特徴が現れている。

2．本要綱は、一〇の小委員会がそれぞれ三、四回の会合を経て、三月末までに委員長か代理の手でまとめた要綱を集めたものである。そこでは意見の対立部分は両論併記になっている。

この要綱を見て分かることは、自民党内にも、天皇や安保などについても大きな意見の広がりと対立があることである。

注目すべき特徴は以下の諸点である。

第一、前文に関する小委員会の要綱は、委員長中曽根康弘・委員長代理安倍晋三の意見が色濃く反映されたものとなっていることが特徴である。「自由民主党の主義主張を堂々と述べながら、広く国民の共感を得る内容とする。」というのは、中曽根ら復古派と舛添ら事務局の「現実派」の妥協の産物であるが、「現行憲法に欠けている日本の国土、自然、歴史、文化など、国の生成発展についての記述を加え、国民が誇り得る前文とする。」という方針は、復古派の意見が入ったものである。後に大きな対立点となる。

第二、天皇に関する小委員会の要綱では、天皇を現行どおり「象徴」とする意見を多数と記している点が注目される。小委員会の議論でも、「象徴」維持派が多数であったことは、自民党内の意見分布を知るうえで興味深い。

第三、安全保障及び非常事態に関する小委員会要綱では、平和主義原則の維持、「自衛軍」の保持については一致したが、ほかの点、九条一項を残すか新しい文言に代えるか、非常事態規定の存否、集団的自衛権を新たに規定するか否かはふれられていない。

第四、国民の権利及び義務に関する小委員会の要綱では、自由には責任が伴うことを明記する、「公共の福祉」という文言はあいまいなので「公益あるいは公の秩序」に変える、二〇条の信教の自由に関しては、国などの宗教活動への関与の要件を緩和する、表現の自由に対する制限、結社に対する制限規定を入れる、知る権利、犯罪被害者の権利、環境権、知的財産権など新しい人権を入れる、などが一致した。

とくにこの要綱で注目されたのは、義務ではないが訓示規定として、「国防の責務」や「社会的費用を負担する責務」「家庭を保護する責務」などの「責務」規定を入れるべきだという意見が書かれたことである。これは後にまで議論されることになる。

第五、国会に関する小委員会要綱では、前からの因縁で「二院制」の維持が明記されたこと、当時小泉内閣が郵政民営化問題で強行突破するため、解散にでるのではないかという警戒を強めた自民党内民営化反対派から、首相の解散権を縛るため、いわゆる七条解散を否定するという意見が出され、現行どおり七条解散も認めるべしという意見と併記されたことが注目される。政党に関する規定の挿入は一致した。

第六、内閣に関する小委員会の要綱でも注目される点がある。九〇年代以降の現代の改憲論では、新自由主義改革の遂行の観点から行政権を「内閣」から「内閣総理大臣」に変え、首相の権限を強めるべきだという意見が有力であったが、本要綱では「衆議院の解散権」ほか三つを除いて従来どおり「内閣」にするとされたことである。民間の改憲派の意見と異なり、自民党のなかでは首相権限強化には懐疑的意見が強いことが注目される。ここには郵政民営化をはじめとする諸課題をめぐる小泉官邸と自民党内の対立が反映されている。

第七、司法に関する小委員会要綱では、国民審査制度の改革と、憲法裁判所は設けない点で一致した点が注目される。小委員会内では憲法裁判所を設けると「時の政権に左右される危険性がある」（舛添要一『憲法改正のオモテとウラ』講談社現代新書、二〇一三年、一六六頁）というまっとうな意見がでて、当時の改憲論で流行の観を呈していた憲法裁判所論を否定したことも、注目される。

第八、財政に関する小委員会要綱では、新自由主義改革による財政削減の志向を反映して、財政健全主義を打ち出したが、予算については新自由主義的改憲論が主張していた複数年予算論ではなく単年度予算原則維持、が打ち出された点が注目される。

第九、地方自治に関する小委員会要綱では、当時小泉内閣下で新自由主義改革の目玉の一つとして、地方財政の「三位一体改革」が推進されていたことを反映し、大きな変更を求めるものとなった。地方自治体の首長の直接選挙の規定を変更すること、地方自治体の住民投票の廃止などがそれである。

また、地方財政の在り方をめぐって、地方に自主財源を渡すと同時に地方に財政削減を負わせようという財務省の新自由主義改革・財政削減的構想と地方自治体の平等な行政を確保するためには、国の財政保障が不可欠とする総務省の対立が反映し、多くの論点で両論併記がなされた点が注目される。とくに、補完性原理の考え方を憲法に入れるか否か、地方財政の財源をどう規定するかなどが対立した。後者では「地方自治体の自主性及び自立性を尊重し、その行うべき役務の提供を確保するとともに、2の理念を達成するため、法律の定めるところにより、必要な財政措置を講ずることとすること。」という形で、この時点では妥協がなった。

第一〇、改正及び最高法規に関する小委員会要綱では、発議要件の過半数への緩和が書かれ、他方この時期の改憲案で問題とされその削除が求められていた、憲法の最高法規性（九八条）、公務員等の憲法尊重擁護義務（九九条）は現行どおりとされたことが注目される。

【前文に関する小委員会・要綱】

1、前文作成の指針

①　新たな憲法前文の草案は、自由民主党の主義主張を堂々と述べながら、広く国民の共感を得る内容とする。

②　現行憲法から継承する基本理念（国民主権、基本的人権、平和主義）をより簡潔に記述し直すとともに、現代および未来の国際社会における日本の国家の目標を高く掲げる。

③　現行憲法に欠けている日本の国土、自然、歴史、文化など、国の生成発展についての記述を加え、国民が誇り得る前文とする。

④　「なぜ今、新憲法を制定するのか」という意義を前文で明らかにする。戦後六十年の時代の進展に応じて、日本史上初めて国民みずから主体的に憲法を定めることを宣言する。

⑤　憲法前文の文体が翻訳調、生硬、難解であるのに対し、新たな前文は正しい日本語で、平易でありながら一定の格調を持った文章とする。

2、前文に盛り込むべき要素

①国の生成

・アジアの東の美しい島々からなるわが国は豊かな自然に恵まれ、国民は自然と共に生きる心を抱いてきたこと。

・日本国民が多様な文化を受容して高い独自の文化を形成したこと。我々は多元的な価値を認め、和の精神をもって国の繁栄をはかり、国民統合の象徴たる天皇と共に歴史を刻んできたこと。

・日本国民が先の大戦など幾多の試練、苦難を克服し、力強く国を発展させてきたこと。

②国の原理

・日本は国民が主権を有する民主主義国家であり、国政は国民の信託に基づき、国民代表が担当し、成果は国民が受けること。

・自由、民主主義、人権、平和の尊重を国の基本理念とすること。

・我々は、自由、民主主義、人権、平和を基本理念とする国を愛し、その独立を堅持すること。

③国の目標

・日本国民は人権を享受するとともに、広く公共の福祉に尽力すること。

・内にあっては、自由で活力に満ちた経済社会を築くとともに、福祉の増進に努めること。経済国家にとどまらず、教育国家、文化国家をめざすこと。中央集権を改めて地方自治を尊重すること。

・外に向けては、国際協調を旨とし、積極的に世界の平和と諸国民の幸福に貢献すること。地球上いずこにおいても圧政や人権侵害を排除するための不断の努力を怠らないこと。地球環境の保全と世界文化の創造に寄与すること。

④結語

・明治憲法（大日本帝国憲法）、昭和憲法（現行日本国憲法）の歴史的意義を踏まえ、日本史上、初めて国民自ら主体的に憲法を定める時機に到達したこと。

・日本国民およびその子孫が世界の諸国民と共に、更なる正義と平和と繁栄の時代を生きることを願い、国の根本規範として、国民の名において、新たな憲法を制定すること。

【天皇に関する小委員会・要綱】

一、憲法上の位置づけ

○前文との関連

天皇がわが国の歴史、伝統及び文化と不可分であることについては共通の理解が得られたが、前文においても「天皇」について言及するべきか否かについては、賛否両論があった。

○本則中の位置づけ

天皇の規定は、現行どおり第一章に位置づけること。

二 象徴天皇制

現行の象徴天皇とする。なお、元首と明記すべきとの意見もあった。

三 皇位継承及び継承順位

皇位継承資格や継承順位については皇室典範において規定すること。なお、皇室典範については、有識者会議の意見を参考にすること。

四 天皇の国事行為等

○国事行為の表現の明確化について

国事行為中「国会議員の総選挙」（七条四号）のように、文言の不正確な点を修正すること。

○「公的行為」について

憲法に定める「国事行為」と私人としての「私的行為」以外の行為として、「象徴としての行為（公的皇位）」が幅広く存在することに留意すべきである。

【安全保障及び非常事態に関する小委員会・要綱】

1．戦後日本の平和国家としての国際的信頼と実績を高く評価し、これを今後とも重視することとともに、我が国の平和主義の原則が不変のものであることを盛り込む。

さらに、積極的に国際社会の平和に向けて努力するという主旨を明記する。

2．自衛のために自衛軍を保持する。

自衛軍は、国際の平和と安定に寄与することができる。

3．内閣総理大臣の最高指揮権及び民主的文民統制の原則に関する規定を盛り込む。

検討事項

1 軍事裁判所
2 非常事態
3 安全保障基本法
4 国際協力基本法

【国民の権利及び義務に関する小委員会・要綱】

①権利と義務の規定の全体について

○基本的人権と国民の義務に関する一〇条から四〇条に関しては、おおむね存置することとするが、②以降の点については修正を加えるべきである。

○各条文の主語が、「すべて国民は…」や「何人も…」であったり、主語がなかったりとまちまちであるので、この際、主語を整理すべきである。

○「個人の権利には義務が伴い、自由には責任が当然伴う」との趣旨の文言を前文に明記するか、現行一二条（自由、権利の保持義務）で言及すべきである。

＊前文に関する小委員会との調整が必要。

②基本的人権の不可侵規定（一一条）について

○第一〇章の最高法規を削除することとなった場合は、九七条（基本的人権の由来特質）の規定は、一一条に包含すること。

＊改正及び最高法規に関する小委員会との調整が必要

③公共の福祉（一二、一三条）について

○現行の「公共の福祉」の概念は曖昧である。個人の権利を相互に調整する概念として、または国家の安全と社会秩序を維持する概念として明確に記述すべきである。

○「公共の福祉」の概念をより明確にするため、「公益」あるいは「公の秩序」などの文言に置き換える。

○「すべての国民は、個人として尊重される」に加えて、「自己の尊厳を保持しなければならない」ことを追加する。なお、「自己の尊厳」については、前文に書くべきとの意見もある。

＊前文に関する小委員会との調整が必要。

④平等の原則（第一四条）について

○「人種、信条、性別、社会的身分」に加えて、「障害の有無」によっても差別されないことを付け加える。

○「門地」は過去の華族、士族、平民などの身分制を指すが、実態がないことや、広い意味の社会的身分に吸収されるため、削除すべきである。

⑤権利規定で一部修正すべき点

a．信教の自由（二〇条）について

○政教分離原則は維持すべきだが、一定の宗教的活動に国や地方自治体が参加することは、社会的儀礼や習俗的・文化的行事の範囲内であれば、許容される。

＊国などが参加する一定の宗教的活動としては、地鎮祭への関与や公金による玉串料支出、公務員等の殉職に伴う葬儀等への公金支出などが考えられる。なお、社会的儀礼の範囲を超える多額の公金支出は認められない。

＊八九条（公の財産の使用制限）のうち、「宗教上の組織若しくは団体の使用、便益、維持のため」公金を利用してはならないとの条文を変更すべきだが、財政に関する小委員会との調整が必要。

○国や地方自治体は、特定の宗教や宗派を教育することは出来ないが、一般的な宗教に関する教育は実施できる。

＊「一般的な宗教に関する教育」とは、それぞれの宗教が持つ特徴や文化的・歴史的要素、あるいは社会や日常生活における宗教の役割などを教えることであり、特定の宗教や宗派を教え、その信仰を強要して改宗を迫るものではない。

b．表現の自由（二一条）について

○集会、結社及び言論、出版その他一切の表現の自由は保障されるが、青少年の健全育成に悪影響を与えるおそれのある有害情報や図書の出版・販売は、「公共の秩序」に照らして、法律によって制限されうることを追加する。

＊「思想・表現の自由」は基本的人権の中でも最も重要な概念であるが、有害図書の氾濫という現状を考えるとその一部制限はやむをえない。

c．結社の自由（二一条）について

○暴力的破壊活動を行う結社、あるいは犯罪を目的とする結社は、「公共の秩序」に照らして、法律により制限されうることを追加する。

d．財産権（二九条）について

○第一項の「財産権は、これを侵してはならない」を、「財産権は保護されるべきだが、土地に関しては現在及び将来の国民のための限られた資源であることに鑑み、公益が重視されるべきである」という趣旨の文言に換える。

○財産権が一部制限される目的として、「公益」の維持に加え、「良好な環境（景観を含む）の保護」を加える。

⑥追加すべき新しい権利規定

a．国民の知る権利（情報アクセス権）

○国及び地方自治体は、その諸活動を国民に説明する責任を有する。

○国民の国などに対する情報開示請求権を明記する。その要件は法律によって規定される。

b．国民の個人情報などを守る権利

○国民の個人情報や肖像権及び名誉は、保護されなければならない。

○国や地方自治体、ならびに法律によって定められた情報管理者は、国民や家庭の個人情報を保護しなければならない。

c．犯罪被害者の権利

○犯罪被害者及びその家族・遺族は、個人の尊厳が重んじられ、その尊厳にふさわしい処遇が保証されなければならない。（犯罪被害者等基本法の理念からの引用）

＊現行憲法は犯罪加害者や刑事被告人の権利擁護（三三～四〇条）に偏っており、被害者の権利を守るためには従来の基本的人権規定の適用だけでは十分ではない。被害者の人権擁護の必要性を明記してバランスを確保すべきである。

d．環境権

○国民は、現在から将来に亙って、「公益」に反しない限り、良好な環境の下で生活する権利を有する。

＊産廃の不法投棄や汚染物質の流出、さらには地球温暖化の脅威などに対抗して、良好な環境の下、健康で文化的な生活を享受するためには、二五条の生存権の規定だけでは不十分である。

e．知的財産権

○二九条の一般的財産権にあわせて、知的創造力を高め、活力ある社会を実現するため、知的財産を保護する制度の整備に努めることを国に課する。

f．司法への国民参加

○裁判員制度の施行（平成二一年度）に伴い、司法への国民参加（権利と義務の両方）に関する規定を置く。

＊この義務については第六章の司法の部分で述べるべきとの意見もあるが、司法に関する小委員会との調整が必要。

⑦追加すべき新しい責務

＊国民一人ひとりが主人公として国づくりに参加する中で、その責任を自ら進んで分担することを明らかにする趣旨で、「責務」という文言を使う。これは裁判所において具体的に強制することが可能な「義務」ではなく、幅広く抽象的な訓示規定を意味する。

a．国防の責務

○国家の独立と国民の安全は、国の責務であると同時に、国民の不断の努力により保持されなければならない。

＊「国防の責務」は具体的条文に規定するよりも、前文に記述したほうが望ましいとする意見もあるが、その際は前文に関する小委員会との調整が必要。

b．社会的費用を負担する責務

○国民は納税の義務（三〇条）に加えて、社会保障制度の保険料など社会的費用を負担する責務を有する。

＊二五条の生存権の条項に入れ、「国が社会福祉、社会保障の向上に努める際、国民も社会的費用の負担によって協力する責務を有する。」とする意見もある。

＊この責務は法律事項に落とすべきとの意見もある。

c．家庭等を保護する責務

○国民は夫婦の協力と責任により、自らの家庭を良好に維持しなければならない。

○国民は自己の保護下にある子どもを養育する責務を有するとともに、親を敬う精神を尊重しなければならない。

○国及び地方自治体は、家庭の社会的、経済的及び法的保護を保証しなければならない。

○国民は相互の協力と参加により、地域社会の秩序を良好に維持しなければならない。

＊これらの責務は具体的条文に規定するよりも、前文に記述したほうが望ましいとする意見もあるが、前文に関する小委員会との調整が必要。

＊一方、これらの責務を二四条（家族関係における個人の尊厳と両性の平等）に加えるという案、法律条項に落とせばよいとする案もある。

d．生命の尊厳を尊重する責務

○国民は生命の尊厳を尊重しなければならない。

○国は、生殖医学や遺伝子技術の濫用（例えばクローン人間の製造など）から、生命の尊厳を保護しなければならない。

＊前文に記載すべきとの意見もあるが、前文に関する小委員会との調整が必要。

e．憲法尊重擁護の義務

○第一〇章の最高法規を削除することとなった場合は、九九条（憲法尊重擁護の義務）は、第一二条で国民の立場に加えて、為政者の立場で憲法尊重擁護義務を触れるか、あるいは前文で触れるべきである。

＊改正及び最高法規に関する小委員会、及び前文に関する小委員会との調整が必要。

f．環境を保護する責務

○国及び地方自治体は、国民に対して良好な環境を維持する義務を負う。

○国及び地方自治体がこの責務を遂行する際、国民は環境保護の重要性を認識し、国などに協力する責務を有する。

【国会に関する小委員会・要綱】

（※印を付した論点は、内閣に関する小委員会における議論と関連した項目であることを示す。）

一．国会の構成等について

1．国会は二院制とすること。

＊なお、一院制とすべきとの意見があった。

2．二院制とする場合は、参議院の決算審査の充実など両議院の役割分担・議員の選出方法について見直すべきであるとの意見があった。

二．国会と内閣との関係

※1　内閣総理大臣の選出等について

現行どおりとすること。

※2　国務大臣の任命について

現行どおりとすること。

＊なお、国務大臣は全員国会議員でなければならないとする等の意見があった。

※3　衆議院の解散要件について

衆議院の解散については、①現行どおりでよい（いわゆる七条解散を認める）とする意見と、②衆議院を解散できるのは、現行憲法六九条の場合に加えて、本予算案又は内閣提出の重要な法律案が成立しなかったときに限るものとすべきであるとの意見があった。

※4　内閣の法案提出権について

現行どおりとすること。

※5　国務大臣の議院出席義務について

内閣総理大臣その他の国務大臣の議院又は委員会への出席義務を緩和し、「職務遂行上出席が困難な事情」がある場合には、「職務代行者（副大臣等）」を代理出席させることができることとすること。

三．議事の定足数について

議事の定足数の規定は廃止し、議決の定足数のみの規定とすること。

四．政党の位置づけについて

政党について憲法に位置付けるべきであるとの意見があった。

【内閣に関する小委員会・要綱】

（※印を付した論点は、国会に関する小委員会における議論と関連した論点であることを示す。）

一．行政権の主体等について

1　行政権の主体について

「衆議院の解散権」、「自衛隊の指揮権」及び「行政各部の指揮監督・総合調整権」の三つを内閣総理大臣個人に専属させることにし、残余の権限は現行どおり内閣に属するものとすること。

2　いわゆる独立行政委員会について

独立行政委員会が内閣に対して高度の独立性を有していることについてはそれが悪影響を及ぼしているのであればその弊害を除去するべく、各根拠法律の改正等により対処するものとすること。

二．内閣総理大臣及び国務大臣の選出等について

※1　内閣総理大臣の選出等について

現行どおりとすること。

※2　国務大臣の任命について

現行どおりとすること。

なお、国務大臣はすべて国会議員でなければならないとする等の意見があった。

三．国会と内閣の間の抑制均衡について

衆議院の解散については、①現行どおりでよい（いわゆる七条解散を認める）とする意見と、②衆議院を解散できるのは、現行憲法六九条の場合に加えて、本予算案又は内閣提出の重要な法律案が成立しなかったときに限るべきとの意見があった。

四．内閣の権能について

※1　内閣の法案提出権について

現行どおりとすること。なお、その場合でも、内閣法制局の法案審査の在り方については、見直しを進めること。

※2　政令の制定（七三条六号）について

七三条六号を改正し、国民の権利及び義務に関する事項は、法律で定めることとし、政省令等は、法律の個別の委任がある場合に限り、制定することができるものとすること。

また、国会が、必要に応じて、政省令等の内容をチェックすることができるようにする仕組みを、法律において定めるものとすること。

五．国務大臣の議院出席義務について

内閣総理大臣その他の国務大臣の議院又は委員会への出席義務を緩和し、「職務遂行上出席が困難な事情」がある場合には、「職務代行者（副大臣等）」を代理出席させることができることとすること。

六．その他

「内閣は、他の一般行政事務の外、左の事務を行う（七三条柱書き）」の「他の一般行政事務の外」を削除すること。

【司法に関する小委員会・要綱】

1．司法権の独立

（1）最高裁判所裁判官の現行の国民審査制度（七九条二項）

①最高裁判所裁判官の国民審査制度は、改める。

＊最高裁判所裁判官の適格性審査については、国民審査制度を抜本的に改革する、弾劾裁判所の機能強化を図るなどの意見と、国会、特に参議院において任命・承認を行うという意見があった。司法権独立に対する配慮や民主的基盤の確保という点から検討が必要である

（2）裁判官の任命・任期など（七九条、八〇条）

①裁判官の任命・任期は現行どおりとする。

＊なお、最高裁判所裁判官については、任期を一〇年とし、再任されないとすべきとの意見があったが、任期一〇年を超えた裁判官は最高裁創設以来六人で、昭和三二年以降は皆無であることから、憲法上再任すべきでないと明記する必要はないと思われる。

（3）裁判官の報酬（七九条六項、八〇条二項）

①現行憲法七九条六項及び八〇条二項に、経済情勢又は財政状況によ

り公務員の給与が一斉に引き下げられる場合など、司法権の独立を不当に侵害するとはいえないような場合には、裁判官の報酬を減額することができる旨の明文規定を置く。

2．裁判所の組織、権限等

（1）違憲審査制のあり方（八一条）

①憲法裁判所は、設けない。

＊違憲審査制の機能強化を求める意見もあったが、国会が国権の最高機関であるという規定（四一条）との関係もあり、憲法裁判所設置については、慎重意見・反対意見が多数を占め、現行の付随的審査制維持が多数であった。

（2）軍事裁判所について（安保小委関連）

①軍事裁判所設置については、第九条改正に伴い設置すべきとの意見もあったが、最高裁判所を終審とする軍事裁判所を設けることは、現行憲法の改正を必要としないのではないかと思われる。

（3）行政訴訟について

①行政訴訟については、憲法事項とせず、法律事項とする。

（改正行政事件訴訟法の四月一日施行）

3．その他

（1）裁判の迅速化について

①民事事件においても迅速な裁判を受ける権利を有する旨の明文規定を置くべきとの意見と慎重意見があり、結論に至らなかった。（国民の権利・義務小委関連）

（2）司法への国民参加について（国民の権利・義務小委関連）

①司法への国民参加に関する明文規定を置くべきとの意見があったが、これを司法の章に置くべきか、国民の権利及び義務の章に置くべきかについては、調整が必要である。

（3）裁判の公開について（八二条一項・二項）

①裁判の公開原則の見直しを求める意見があったが、現行憲法八二条二項において、「裁判所が、裁判官の全員一致で、公の秩序又は善良の風俗を害する虞があると決した場合には、対審は、公開しないでこれを行ふことができる」と規定されているため、公開原則の見直しのために憲法を改正する必要はない。

ただし、軍事裁判所設置の場合には、軍事裁判所の審理を原則非公開とする法律上の手当てが必要となる。

【財政に関する小委員会・要綱】

1．健全財政主義

健全財政に関する訓示的な規定を憲法上置く。

2．予算が成立しなかった場合の対応

予算が成立しなかった場合に、必要最小限の支出が行われるよう憲法上に規定を置く。

3．複数年度予算の編成

財政民主主義の観点から単年度主義の原則は維持しつつ、年度を跨る手当てが必要なものについては、現在法律で規定されている継続費等の制度を活用し、その弾力的な運用で対応する。

4．私学助成

現行でも合憲とされている私学助成については、違憲の疑念を抱かれないような表現とする。

5．決算と会計検査院

・決算審査の充実、予算へのフィードバック、予算執行面の透明性の向上を図る観点から、決算について、国会の役割を明確化する規定を憲法上に置くとともに法律上の手当てを行う。

・会計検査院の位置付けについては、現行どおり独立性を確保する。

【地方自治に関する小委員会・要綱】

一 地方自治の理念、国と地方の役割分担と相互協力

1　地方自治体は、住民の福祉を増進するため、地域における行政を住民相互の協働に基づき自主的かつ総合的に実施する役割を広く担うとともに、これに伴う責任を果すこととすること。

2　住民は、その属する地方自治体の役務をひとしく受ける権利を有し、その負担を公正に分任する義務を負うとともに、その地方自治体の運営に参画するように努めることとすること。

3　国は、地方自治体の役割を尊重することを基本としてその本来果すべき役割を適切に担い、国と地方自治体は、それぞれの役割分担を踏まえ相互に協力することとすること。

二 立法原則、地方自治の本旨

地方自治体に関する法律は、住民自治と団体自治を基本とする地方自治の本旨に基づいて定めることとすること。

三 地方自治体の事務処理権能、条例制定権

地方自治体は、事務を処理する権能を有し、法律の範囲内で、条例を制定することができることとすること。

四 地方自治体の機関

【第一案】

1　地方自治体には、法律の定めるところにより、条例、予算その他の重要事項を議決する機関として、議会を設置することとすること。

2　地方自治体の議会の議員は、その地方自治体の住民が、直接これを選挙することとすること。

3　地方自治体の長は、法律の定めるところにより、その地方自治体の住民の直接選挙その他の民主的な方法により選出することとすること。

【第二案】

1　地方自治体には、法律の定めるところにより、条例、予算その他の重要事項を議決する機関として、議会を設置することとすること。

〔第一案の1と同じ〕

2　地方自治体の長、その議会の議員および法律の定めるその他の公務員は、その地方自治体の住民が、直接これを選挙することとすること。

五 地方自治体の種類

【第一案】

1　地方自治体は、基礎自治体及びこれを包括し、補完する広域自治体とすることとすること。

2　基礎自治体及び広域自治体は、法律でこれを定めることとすること。

3　地域における事務の処理は、基礎自治体によることを基本とし、広域自治体はこれを包括し、補完する役割を担うものとすることとすること。

【第二案】

1　地方自治体は、基礎自治体及びこれを包括し、補完する広域自治体とすることとすること。〔第一案の1と同じ〕

2　基礎自治体及び広域自治体は、法律でこれを定めることとすること。〔第一案の2と同じ〕

六 地方自治体の財政

1　地方自治体は、法律の範囲内で、条例の定めるところにより、地方税を課すことができることとすること。

2　地方自治体の分担する役割及び責務に応じた財源は、地方税のほか、地方自治体が自主的に使途を決定できる財源をもってこれに充てることを基本とすることとすること。

3　地方自治体の自主性及び自立性を尊重し、その行うべき役務の提供を確保するとともに、2の理念を達成するため、法律の定めるところにより、必要な財政措置を講ずることとすること。

4　地方自治体は、合理的かつ効率的な財政運営に努め、国や他の地方自治体の財政に累を及ぼすことのないようにすることとすること。

※4については、「財政」の章における健全財政に関する規定との平仄を合わせることが考えられる。

七．地方自治体の違法な行為の是正、政府の違法な行為からの救済

地方自治体の事務の処理が法律に反している場合の是正及び地方自治体に関する政府の事務の処理が法律に反している場合の救済については、法律で定めることとすること。

八．住民投票

地方自治特別法に対する住民投票制度（九五条）は、廃止することとすること。

付記　新憲法起草委員会への要望事項

一．「地方自治」の前文への明記について

新憲法草案の前文には、「地方自治」に関する記述を盛り込むべきであるとの意見が多く出された。

二．法律又は条例の規定に基づく住民投票制度について

法律又は条例の規定に基づく住民投票制度の在り方については、地方自治体における議会の役割との関係等を整理し、法律において、適正にこれを位置づけるよう検討するべきであるとの意見が多く出された。

【改正及び最高法規に関する小委員会・要綱】

【改正規定について】

〈国会の発議〉

・憲法改正案の原案の提案権を国会議員に限定する。

・国会による発議の要件については、「各議院の総議員の過半数の賛成」に緩和する。

※この点については、天皇制、平和主義、基本的人権、改正手続など、憲法の基本に関わる規定の改正の発議はより慎重な手続で行うべきとの有力な意見もあった。

〈国民投票による承認〉

・現行上、憲法改正には必ず国民投票を行わなければならないとされている点（強制的国民投票制）については、これを維持する。

・国民投票については、特別の国民投票として行うことに限定する。

・国民投票における承認の要件は、「有効投票の総数の過半数の賛成」とする。

〈天皇の公布〉

・天皇による公布の規定は、現行のまま維持する。

【最高法規】

最高法規の章については、現行のまま維持する。

資料Ⅲ・19
衆議院憲法調査会報告書〈抄〉

衆議院憲法調査会
二〇〇五年四月一五日

コメント

1. 本報告書は、一九九九年七月二九日、国会法改正（国会法一〇二条の6、⇩Ⅱ・20）で設置された衆議院憲法調査会が、二〇〇五年四月に出した報告書である。

憲法の調査・審議機関については、内閣の憲法調査会（⇩Ⅰ・27）が一九五七年から六四年まで活動し、六四年七月に最終報告書（⇩Ⅰ・48）を提出しているが、その後の政治には大きな影響は与えなかった。憲法改正に反対する国民の声を受けて、自民党政権は、その後三〇年あまりにわたり憲法改正を禁欲してきた。

一九九〇年代以降、現代の改憲論が台頭・活発化するのと並行して、今度は国会に憲法調査会を設けるべきであるという議論がおこり、Ⅱ・20でみたように、議員提案で国会法改正がなされ、衆・参両院に憲法調査会が設置され、二〇〇〇年一月、活動を開始した。

2. 調査会は、その任務を「日本国憲法について広範かつ総合的に調査を行うため」（国会法一〇二条の6）の機関とし、それが憲法改正のため改憲案を発議する母体となるのではないかという護憲派の懸念をふまえて、議決権、法案提出権を持たない、調査するだけの組織であることを明示して、内閣の憲法調査会と異なり、改憲に反対する共産党、社民党の議員も出席してスタートした。

3. 衆議院の調査会は五〇名、会長は互選により、全会一致で中山太郎が就任した。

この調査会は、二〇〇二年の常会で、「基本的人権の保障」「政治の基本機構の在り方」「国際社会における日本の在り方」「地方自治」の四つの小委員会を設置して調査を進めることとし、さらに、〇三年には改組して憲法の全条文を調査した。

また、憲法調査議員団の海外調査を行い、〇四年秋には全国九カ所で地方公聴会を開催し、〇五年に本報告書を提出した。

3. 報告書では、意見を多数決で採決しない代わりに、出された意見が発言した人数のうち三分の二以上にのぼるときは、報告書に「多く述べられた」と明記された。こういう記述方式は、衆議院の報告書に限られている。

また衆議院報告書の末尾には、「現在の衆議院憲法調査会の基本的枠組みを維持しつつ、これに憲法改正手続法の起草及び審査権限を付与することが望ましい（とする意見が多く述べられた）」という提言がなされ、調査会の次のステップとして憲法改正手続法を制定するという方向が示唆された。

ここでは本報告書のうちもっとも焦点となった、憲法九条と平和主義を扱った「安全保障及び国際協力」の部分のみを掲載した。

目次

第４款　安全保障及び国際協力

Ⅰ　安全保障

安全保障に関しては、九条に対する評価、自衛権及び自衛隊、集団的自衛権、日米安全保障条約、在日米軍基地問題及び核兵器の廃絶等について、多岐にわたり、活発な議論が行われた。

第1　九条に対する評価

安全保障に関する議論では、九条がこれまで我が国の平和や繁栄に果たしてきた役割を評価する意見が多く述べられた。また、少なくとも同条一項の戦争放棄の理念を堅持し、平和主義を今後も維持すべきであるとする意見が多く述べられた。

九条に対する評価については、次のような意見が述べられた。

a　現行の憲法は優れた憲法であり、戦後の日本の平和と安定・発展に大きく寄与してきた。

b　九条は単なる理念ではなく、軍事大国に進まない歯止めとなっている。日本の平和が守られてきたことに平和主義は大きな貢献をしている。

c　九条と前文に基づく平和主義と徹底した平和主義への国民の努力が、我が国の平和に大きな貢献をしてきたことは、アジア各国からの平和主義への支持と積極的な評価からも明らかである。

d　安全保障を確保するには外交的手段と軍事的手段とがあるが、憲法は、軍事的手段による安全保障を否定し、徹底して人間の安全保障を希求している。

e　九条があることにより、日本が紛争を起こさず、他国にも侵略されていないとする議論があるが、日米安全保障条約及び自衛隊の存在があったからこそ、我が国は、平和と経済的繁栄を享受してきた。

f　九条は、日本の復興から高度成長の時期に日本のために歴史的役割を果たし、終戦当時の理想や国際情勢を反映した非戦の思想などの優れた原理により日本の発展や世界の平和に貢献してきたが、現在、九条と国際社会の現実とが乖離し、解釈でこれを取り繕った結果、憲法の軽視と形骸化が生み出されている。

〔参考人等の発言〕

・九条は平和主義を徹底したこと、平和と人権が一体を成すものとして構成されていること等の点において先駆的であり、世界からも高く評価されている。したがって、同条改正による軍隊保有、海外派兵等は、憲法の優れた体系的一貫性及び徹底性を破壊し、かえって地域紛争等の解決を妨げるおそれがある。（小田中聰樹意見陳述者）

・米国の一方的な安全保障政策が展開され、また、グローバル化が進行する現代において、日本は、人間の安全保障及びその法理念である平和的生存権を国家理念として掲げ、国連を改革して米国中心の安全保障を転換させるとともに、地域的な安全保障の確立を図るべきである。その際、軍備の撤廃、非核地帯の設置、紛争防止、社会発展の支援等人間の安全保障の具体化を図ることが重要である。また、国家の安全保障と人間の安全保障とを対立的なものとして考えることは無意味であり、人間の安全保障を基準として国家安全保障政策を考えていくべきである。（武者小路公秀参考人）

・九条二項は自衛力を持つことを許容している一方で、同条は軍事力によって国際関係を作るのではなく、軍備のレベルを低くすることで協調主義体制を築き、国境の壁を低くすることにより相互依存を強めていくという「脱軍事化」を示している。（進藤榮一参考人）

・強大な軍事力を有する諸国に囲まれた日本が、非武装を徹底することで平和を享受することは困難であり、日米安全保障条約が日本の安全の条件であった。つまり、日本の平和は、九条ではなく、同条約により維持されてきたと考える。（北岡伸一参考人）

第2　自衛権及び自衛隊

自衛権の行使として、武力の行使が認められるか否かについては、国及び国民の生命・財産を守るために、自衛権の行使として必要最小限度の武力の行使を認める意見が多く述べられたが、たとえ自衛権の行使としてであっても、武力の行使は認められないとする意見もあった。

1　自衛権及び自衛隊と憲法規定との関係

上記のとおり、自衛権の行使として必要最小限度の武力の行使を認める意見が多く述べられたが、この意見は、自衛権及び自衛隊と憲法規定との関係に関しては、（ア）自衛権及び自衛隊の憲法上の根拠を明らかにするための措置をとるべきであるとする意見、（イ）自衛権の行使や自衛隊の法的統制に関する規定を憲法に設けるべきであるとする意見、（ウ）自衛のための必要最小限度の武力の行使を認めつつ、九条を堅持すべきであるとする意見に大別することができる。なお、（ウ）の意見の中には、自衛隊に関する規定を憲法に追加すべきか否かについては、今後の議論の対象であるとする意見を含んでいる。

また、（エ）自衛権の行使としての武力の行使及び自衛隊に否定的な意見もあった。

上記のように意見は分かれているが、自衛権及び自衛隊について何らかの憲法上の措置をとることを否定しない意見が多く述べられた。

ア　自衛権及び自衛隊の憲法上の根拠を明らかにするための措置をとるべきであるとする意見、自衛権及び自衛隊の憲法上の根拠を明らかにするための措置をとるべきであるとする意見は、その論拠として次のようなものを挙げている。

国連を含む国際社会の実情やテロやミサイル問題等の現実の脅威を踏まえると、我が国が武力を行使しない限り平和であると考えることや、「諸国民の公正と信義」に信頼することで足りると考えることは妥当ではなく、国及び国民の生命・財産を守るために防衛体制の整備が必要である。しかし、憲法は防衛に関する基本的な規定を欠いていることから、これを憲法に明記すべきである。具体的には、九条一項の戦争放棄の理念は堅持し、国家の自己保存権としてその保持と行使が国際的に認められている個別的自衛権及び集団的自衛権を我が国も保持し、行使できることを明らかにするため、同条二項を削除するか、あるいは自衛権について憲法に明文規定を設けるべきである。また、自衛隊については、憲法上その位置付けが曖昧であり、同条に違反しているのではないかとの疑念を抱かせるものとなっているため、我が国の防衛を担う組織として憲法上明確に位置付けるべきである。

この立場の中にも、自衛権の行使の限度等について言及するものとして、次のような意見が述べられた。

a　自衛権の行使としての武力の行使は、我が国の防衛のために必要不可欠な場合に限られ、抑制的であるべきである。

b　自衛隊の位置付けを憲法上明記するとともに、内閣総理大臣の指揮権や国会の関与といったシビリアン・コントロールの原則も明記する必要がある。

イ　自衛権の行使や自衛隊の法的統制に関する規定を憲法に設けるべきであるとする意見

自衛権の行使や自衛隊の法的統制に関する規定を憲法に設けるべきで

あるとする意見は、その論拠として次のようなものを挙げている。

a　強大な公権力の行使である自衛権の発動が、憲法においてその内容や限度について規定されず、解釈の下で行われていることは、立憲主義・法の支配の観点から問題である。侵略戦争を行わないという九条の理念を守り、個別的自衛権及び集団的自衛権を含め自衛権の行使を制限的・抑制的なものとするために、自衛権の発動要件と限界及び自衛隊の行動原則を、憲法に規定してシビリアン・コントロールに服させるべきである。

b　憲法の解釈の指針となる立法者意思が明らかでないことや、文言上多岐にわたる解釈が可能であることから、憲法が恣意的に解釈される可能性があり、その曖昧さの持つ危険性を認識すべきである。自衛権は、諸外国にも理解される形で位置付けと歯止めを明記すべきである。また、現在の条文は、自衛隊が保持し得る実力は自衛のための必要最小限度のものである旨が解釈できない可能性があるので、その旨を明記すべきである。

ウ　自衛のための必要最小限度の武力の行使を認めつつ、九条を堅持すべきであるとする意見

自衛のための必要最小限度の武力の行使を認めつつ、九条を堅持すべきであるとする意見は、その論拠として次のようなものを挙げている。

現行憲法は、平和や社会経済の発展に大きな役割を果たしてきており、専守防衛、侵略戦争の放棄、戦力の不保持を内容とする九条の精神は、アジアに対して安心感を与えてきたことを踏まえ、同条及び恒久平和主義を不変のものとして堅持しつつ、時代の進展とともに提起されてきた問題については、憲法に規定を加えて補強すべきである。自衛のための必要最小限度の武力の行使は認められ、個別的自衛権の担保として自衛隊が存在する。九条二項で保持が禁止されている戦力と自衛隊の関係については、自衛隊が保持する実力は自衛のための必要最小限度のものであり、同項の戦力には当たらないと解することが可能である。したがって、同条一項及び二項は堅持すべきであるが、自衛隊に関する規定を憲法に追加すべきか否かについては、今後の議論の検討対象である。

なお、九条一項及び二項は一体となってあらゆる戦争を違法なものとしているとし、自衛隊に関する規定に言及することなく、同条はそのまま堅持すべきであるとする意見もあった。

エ　自衛権の行使としての武力の行使及び自衛隊に否定的な意見

自衛権の行使としての武力の行使及び自衛隊に否定的な意見は、その論拠として次のようなものを挙げている。

a　平和は武力の行使によっては実現しない。戦争放棄、戦力の不保持及び交戦権の否認を定めた九条をはじめとする恒久平和主義の点で、現行憲法は世界に誇るべき内容を持っており、同条は時代の先駆けをなすものである。同条は、我が国が軍事大国になることへの歯止めとなっており、その理念の下で、紛争の未然防止及び紛争が生じた場合の平和的解決に向けての努力を行うべきである。

b　九条は自衛権を否定していないが、同条の立場からは、中立及び軍事力によらない自衛を図るべきである。

c　主権国家が自衛権を保持することは否定しないが、その発動は各国の憲法が規定するところによるのであり、我が国ではこれを九条が規定している。

d　戦争による自衛権の行使は国民の生命・財産を犠牲にすることから、非暴力の抵抗により対処すべきである。

e　九条が日本の侵略戦争への反省に基づくものであることは、国民の一致した認識である。また、現行憲法の下で非軍事に徹するという安全保障の方向性は、我が国が国際社会に復帰する際の公約になっていたものである。同条の改正により、アジア地域に軍事的な緊張をもたらす事態は避けるべきであり、現実と憲法との乖離については、現実を憲法

に合わせて是正すべきである。

f　世界において武力紛争はなくなってはいないが、九条の戦争放棄、戦力の不保持及び交戦権の否認の規定の価値は少しも失われていない。

g　世論調査では、国民の多数が九条の改正に賛成していない。

この立場からは、自衛隊について、次のような意見が述べられた。

a　自衛隊は明確に憲法に反する。憲法学界の通説も、自衛隊を違憲としている。現状と憲法との間に乖離が生じた場合には、立憲主義の立場から、憲法に基づいて現状を是正すべきであり、憲法は、自衛隊の段階的な解消を求めている。

b　自衛隊は、現在、災害緊急出動や国土保安のため必要な存在として人々に評価されているが、他方、近年の海外における活動は平和憲法の理念からかけ離れ、軍隊としての性格を強めている。

c　米国が憲法違反を承知で日本に軍隊を作らせ、集団的自衛権を持たせようとするのは、押しつけ改憲論である。

d　自衛隊は合憲であるが、災害対策のための別組織などへの縮小、改組など、憲法の理念に近付ける努力をすべきである。将来的には非軍事国家を目指すべきである。

e　国民は、専守防衛、非軍事大国化、非核三原則、文民統制などの理念の下で、自衛隊を認めている。しかし、クラスター爆弾を保有するに至っては、専守防衛の域を超えていると言うほかはない。防衛費の大きさを見ると、軍事大国化への歯止めがないことが懸念される。

2　その他

(1)　自衛権

その他、自衛権について、次のような意見が述べられた。

a　先制攻撃による自衛権の行使は、国際法上許されないものであり、武力による急迫不正の侵害を受けた場合に限り、武力による阻止や反撃を行うべきである。

b　我が国は、領域保全のために自衛権を行使すべきであり、他国の領域、海外での武力の行使は許されない。我が国の安全は、日米安全保障条約に基づき、日本が盾、米国が矛の役割を果たすことにより守られる。

c　専守防衛の考え方を九条に明記することを検討すべきである。

d　ミサイル発射等に対応できるよう、防衛力をミサイル基地攻撃能力にまで高める必要がある。

e　国民の生命・財産を守ることを国家の役割として前文に明記すべきである。

f　国際社会の信頼を得るためにも、安全保障の基本原則を確立し、自衛権について、その基本部分を憲法に明記するか、安全保障に関する基本法において示すべきである。

g　自衛のための戦力の保持及び交戦権まで放棄したものと解釈し得る九条二項は、主権国家の憲法規定として不適切である。

h　宣戦布告をすることなく戦闘行為が行われる現状において、交戦国としての権利を否定してもあまり意味がない。九条二項は、少なくとも自衛権の行使や国連の集団安全保障活動への参加を妨げるものではない。

(2)　自衛隊

その他、自衛隊について、次のような意見が述べられた。

a　自衛隊の国際協力活動を国民が評価していることを踏まえ、国際協力を担う組織として自衛隊を憲法上位置付けるべきである。

b　政府は、自衛隊を合憲的存在とするために自ら課してきた専守防衛、文民統制、武器輸出三原則などの諸原則を破ろうとしている。発足当初に比して自衛隊の軍事化が進むなか、国会において国民が納得するような議論がなされなくなってきている。

c　ドイツの緊急事態法制において議会による統制が徹底されている

ことを参考に、自衛隊に対し監視・規制を十分に行い、また、議会内の少数者の調査権限を強化することにより、シビリアン・コントロールを実効性のあるものにすべきである。特に、自衛隊の海外派遣に当たっては、国会による事前承認、あるいは、事後承認などの関与が必要である。

d　法の支配の観点から、自衛隊の存在を憲法上明記し、憲法によりこれを統制すべきであるが、単独行動主義をとる米国と行動をともにし、国際法上の原則に従わないのであれば、自衛隊を憲法上の存在と認めることは難しい。

（参考人等の発言）

〈自衛権〉

・武力攻撃を受けた場合に国民を守ることは、国家の責務であり、国際常識である。したがって、侵略戦争を否定する九条一項を堅持した上で、二項について、①削除、②自衛戦争の容認の明記、③国際安全保障上の共同行動への参画の容認の明記、④後段の削除のいずれかの改正を検討すべきである。（五百旗頭真参考人）

・自衛権は、本来、急迫不正の侵害を排除することを含む概念であることから、自衛権をそのような意味で捉えた場合には、憲法は自衛権を否定していると考えられる。（浦部法穂意見陳述者）

・自衛権は国家の権利であり、その行使の是非や方法は、国際法上認められる範囲内で、各国の自主的な判断に委ねられている。したがって、武力をもって自衛権を行使しない旨を憲法に定めることと、国際法上自衛権を有することとは矛盾しない。（松井芳郎参考人）

・自衛権は、自然権及び国家主権の一要素であり、憲法上否定されるものではない。しかし、九条は、公権力が自衛権を行使する態様について、武力の行使等を禁止するとともに戦力の不保持を定めている。したがって、侵略を受けた場合でも非暴力・不服従の抵抗をすることが、憲法の想定する自衛権行使の純粋な形と考えられる。（小林武参考人）

〈自衛隊〉

・自衛権は憲法上明白に否定されない限り存在し、また、自衛のための軍事組織を持たないことは国家の本質から外れることから、自衛隊の存在は合憲である。そして、一定規模の軍隊の保持及びその活動方針を憲法上明確にすべきである。（北岡伸一参考人）

・九条は、国と国民を守る組織が存在することについては明確にしていない。これを明確にするため、同条三項に自衛軍の保持を明記すべきであり、このことは、平和憲法の理念に背くものではない。（松本健一参考人）

・自衛隊について、その存在、必要最小限度の自衛力の保持等を憲法に明記するとともに、国民の直接的なコントロールの下に置くべきである。（安次富修意見陳述者）

・芦田修正の趣旨にかんがみれば、九条の解釈として自衛のための必要最小限度の軍事力を保持することは可能であり、自衛隊の存在は違憲ではない。

また、自衛隊の存在は多くの国民から認知されていることからも、九条の改正は必要ない。ただし、現在の自衛隊の規模は異常であり、「脱軍事化」に沿ったかたちで、かつ、国家・国民の立場に立って、我が国の軍事力のあり方を考えなければならない。（進藤榮一参考人）

・自衛隊の存在は違憲であるが、現存する自衛隊をどのように日本の国益のために使うのか、憲法本来の趣旨にどのように近付けるのか等の議論は必要である。九条を改正すべきであるとは考えていないが、国民が同条を改正することで一致するのであれば、軍事力の行使を自衛権の発動及び国連の強制行動の場合に限定する諸外国の憲法に定められているような形で改正することも考えられる。（松井芳郎参考人）

・九条の文言解釈及び立法者意思にかんがみれば、自衛のための戦力の保持及び自衛戦争は認められるという解釈は妥当でない。自衛のための戦力の保持は違憲であるが、自衛隊を直ちに解体することは現実的ではない。自衛隊の規模を縮小し、災害救助、国連平和維持活動等を任務とする非軍事的な組織へと段階的に転換させていくべきである。（結城洋一郎意見陳述者）

第3　集団的自衛権

集団的自衛権に関しては、その行使の是非、行使を認める場合の法的根拠などについて議論が行われた。

1　集団的自衛権の行使の是非

集団的自衛権の行使の是非については、これを認めるべきであるとしつつその行使の限度に言及しない意見、これを認めるべきであるとしつつその行使に限度を設けるべきであるとする意見及びこれを認めるべきではないとする意見に、ほぼ三分された。

（1）集団的自衛権の行使を認めるべきであるとする意見

（i）認めるべきであるとする意見の論拠

集団的自衛権の行使を認めるべきであるとする意見は、その論拠として次のようなものを挙げている。

a　最近の緊迫した国際情勢を踏まえて、米国と共同して行う我が国の防衛及び我が国周辺における国際協力をより円滑・効果的に行うため、あるいは、米国との対等な同盟関係を構築するため必要である。

b　集団的自衛権は主権国家が持つ自然権であり、国連憲章上も認められていることから、我が国においてもその行使は認められる。

c　個別的自衛権と集団的自衛権を一体として捉えるのが国際常識であり、集団的自衛権だけを取り出して、保有するが行使はできないと解釈することは妥当ではない。

なお、アジア地域における地域安全保障の枠組みについては、集団的自衛権を行使できないことが我が国の安全保障政策の選択肢を狭めたり、外交上の足枷になる可能性がないかという点を踏まえ、議論すべきであるとする意見も述べられた。

（ii）集団的自衛権の行使の限度

集団的自衛権の行使を認めるべきであるとする立場から、集団的自衛権の行使の限度について、次のような意見があった。

a　限度を付すことにより他国と共同して行う活動に支障を来す場合も想定されるため、憲法にあらかじめ限度を設けるべきではなく、状況に応じて随時、政策判断をなすべきである。

b　集団的自衛権は国家としての基本的な自然権であり、我が国の防衛や国際的な平和協力業務を有機的、実効的に行うために、これを行使できるようにすべきであるが、これをどのような場合に行使するかは、その時々に判断すべきことである。

c　集団的自衛権の行使について、安全保障に関する基本法において、周辺事態などの地理的な限定を付すべきである。

d　個別的自衛権及び集団的自衛権を含め、自衛権の行使は我が国の防衛のために必要不可欠である場合や我が国の死活的利益に重大な影響がある場合に限られるべきであり、その行使は抑制的であるべきである。

e　集団的自衛権の行使は、①同盟国間に限定する、②東アジア地域に限定する、③我が国の防衛の目的に必要不可欠である場合に限定するなどの限度を付して認めるべきである。

f　九条一項の理念を堅持する限り、無限定の集団的自衛権の行使はあり得ない。個別的自衛権の延長線上にあるものとして行使の範囲を整理すべきである。

（2）集団的自衛権の行使を認めるべきではないとする意見

集団的自衛権の行使を認めるべきではないとする意見は、その論拠として次のようなものを挙げている。

a　現行憲法は集団的自衛権を認めていない。九条の解釈として、集団的自衛権を持たないと考えることが憲法学界でも当たり前の見方である。

b　歴代政府は、我が国は主権国家として国際法上集団的自衛権を保有するが、九条の下で行使できないという統一見解を公にしている。これが解釈により変遷し、混乱が生じていることから、統一見解の原点に戻るべきである。同条は、例外的に日本だけが採用していると考えるのではなく、これを国際社会の規範とすべきである。そのためには、戦争を否定し軍隊を放棄した世界の構築に向けて、自らがまず努力していくという決意を示す必要がある。

c　武力を行使しないという憲法の理念から、我が国は非軍事分野における国際協力を行うべきであって、集団的自衛権の行使を認める憲法改正を行うべきではない。

d　集団的自衛権は、国連憲章上、例外的かつ暫定的なものとされている。また、現実には軍事同盟の根拠に用いられ、攻撃権と同じである。世界の多くの国は軍事同盟に参加していないという国際的な潮流を重視すべきである。

e　集団的自衛権の行使を認めることは、地球的規模で行われる米国の戦争に自衛隊が制約なく参加できるようにするものである。

f　集団的自衛権の行使を認めることは、アジア諸国に対して不信感と脅威を与える結果となる。武力の行使はあってはならず、日本だけではなく、アジアのすべての国が戦争を起こさないような枠組みを作っていくことが、日本のあり方として重要な課題であり、それが九条を現実に生かしていくことである。

2　集団的自衛権の行使を認める場合の法的根拠

集団的自衛権の行使を認めるべきであるとする立場から、その法的根拠について、憲法改正によるべきであるとする意見が多く述べられたが、憲法解釈の変更により認められるとする意見もあった。

ア　憲法改正によるべきであるとする意見

集団的自衛権の行使は憲法改正によるべきであるとする意見は、その論拠として次のようなものを挙げている。

a　個別的・集団的を問わず、我が国が自衛権を保持し、行使できるということを明らかにするために、九条二項を削除するか、あるいは自衛権についての明文規定を設けるべきである。

b　自衛権の発動要件や限度を憲法に規定して、シビリアン・コントロールに服させることが必要である。集団的自衛権を含む自衛権の行使の限度を明確にするため、憲法に明記すべきである。

なお、この立場からは、①集団的自衛権は解釈で認めることも可能ではあるが、もともと自国の死活的利益に関わる範囲で許されるとする考え方に基づいていたことを踏まえ、これを明記して行使の限度を明確にすべきであるとする意見や、②個別的自衛権と集団的自衛権の区別は、自衛権の行使のあり方について憲法に規定がないなかで、自衛権の行使の限度を画する上で必要な区分であったが、憲法に自衛権の行使の要件や限度が規定されれば、両者を区別する必要性は乏しいとする意見も述べられた。

c　集団的自衛権の行使という重要な問題は、解釈の変更によって行うべきではなく、また、憲法上の根拠に基づき国民の合意の下に行使できるようにするため、憲法改正により認めるべきである。

イ　憲法解釈の変更により認められるとする意見、集団的自衛権の行使は憲法解釈の変更により認められるとする意見は、その論拠として次のようなものを挙げている。

a　国家は、その固有の権利として、個別的・集団的を問わず自衛権を有し、行使できるのであり、集団的自衛権の行使を認めることを憲法に明記する必要はない。

b　政府解釈は、集団的自衛権の行使は自衛のための必要最小限度の範囲を超えるため認められないとするが、その限度は時代に応じて変化している以上、憲法改正をしなくても集団的自衛権の行使は可能である。

c　憲法改正の論議と並行して、安全保障に関する基本法を制定し、その中で、集団的自衛権の行使を認めることも可能である。

3　その他

その他、集団的自衛権の行使について、次のような意見が述べられた。

a　憲法改正や憲法解釈によって集団的自衛権を現時点で認めることには賛成しない。まず平和主義を大原則とし、その上で経済、外交、政治も含めた地域安全保障を検討し、また、国際情勢にかんがみて、強い必要性がある場合に、集団的自衛権の行使について考えるべきである。

b　一般に、集団的自衛権よりも個別的自衛権の方が自制的であると考えられているが、行使の程度によっては、この考え方は必ずしも当てはまらないのではないか。また、「武力行使との一体化」論と集団的自衛権との関係について、検討すべきである。

（参考人等の発言）

〈集団的自衛権の行使の是非〉

・集団的自衛権に関する政府解釈は、当時の情勢の中では適切な判断であったといえる。しかし、今日の日本が置かれている国際情勢や今後の日米同盟のあり方から考えると、個別的自衛権と集団的自衛権とを区別することなく、自衛権を国家が普通に行使できるようにすべきである。（森本敏参考人）

・安全保障体制を共同で構築する方向性が示されているグローバル化社会において、自衛権の保持を明確にしていない憲法のままでは、集団的自衛権の行使を含む体制を構築することはできない。（松本健一参考人）

・集団的自衛権を行使する場合、何らかの線引きがなければ際限なく拡大する危険性があることから、その行使を無条件で肯定するという考え方には賛成し難い。（武村正義公述人）

・日本の安全に関わる問題は、領土だけではなく、周辺地域や国際社会全体と関わることから、集団的自衛権の行使の範囲をあらかじめ狭く限定することが、果たして実効性のあるものかどうか疑問である。（菊池努参考人）

・集団的自衛権は他衛であることから、その行使を認めると、日米同盟に基づき米国が必要とする戦争に日本が参戦し、ひいては、憲法を破壊することにつながる。（草薙順一意見陳述者）

・集団的自衛権の行使に関する政府解釈は、その行使を否認することで、我が国が軍事大国化することに歯止めをかけている。（田口富久治意見陳述者）

〈集団的自衛権の行使を認める場合の法的根拠〉

・集団的自衛権に関する政府解釈は理屈に合わず、また、集団的自衛権には、武力の行使を含まない行使の態様もあり得ることから、内閣総理大臣が公式に言明すれば、現行憲法の下でも集団的自衛権を行使することは可能である。また、自衛軍及び自衛措置に関する規定を設けることで、当然、個別的自衛権及び集団的自衛権の行使は認められる。（中曽根康弘公述人）

・集団的自衛権の行使が可能となるように解釈を変更するとするならば、九条全体を根本から見直す必要がある。従来の解釈との整合性を保ちつつ、解釈で処理できるかどうかは、非常に難しい問題である。（津野修参考人）

〈その他〉

・共通の脅威に対しては、一国で対処するより多数の国で対処する方が抑制的であることから、集団的自衛権の行使は認められないとする政府解釈は妥当ではない。（五百旗頭真参考人）

第4　日米安全保障条約

日米安全保障条約については、その存続を前提とする意見が述べられたが、同条約に否定的な意見もあった。

ア　日米安全保障条約の存続を前提とする意見

日米安全保障条約の存続を前提とするものとして、次のような意見が述べられた。

a　我が国の戦後の平和と繁栄に対して憲法が果たしてきた役割を高く評価するが、同時に、我が国の安全は日米安全保障条約や自衛隊により守られてきたことを認識すべきである。国際社会の実情を踏まえ、国益が激しく衝突する国連に過度に期待するよりも、日米同盟関係の存続、強化により安全保障体制を構築することが国益に適う。

b　核の脅威等に対し、我が国が一国で対応するとすれば、アジア地域に緊張を持ち込むことになる。日米同盟は、非常に現実的な安全保障政策である。

c　日米安全保障条約は片務的な条約であるため、集団的自衛権の行使を認めて、対等かつ双務的な日米関係を築く必要がある。

d　我が国の安全保障は、現実には日米同盟を前提に考えざるを得ないが、我が国の自立のためにも、国連中心主義を重視すべきである。

e　まず、自国において安全が確保できるようにすべきであり、その上で、日米同盟のあり方や国連の平和維持機能を多角的に考えるべきである。

f　我が国の外交・安全保障の方向性については、国連、米国、アジアの三つを柱とし、日米安全保障条約を重視しつつ、国際協調主義の観点から国連中心主義をも重視すべきである。

g　国連憲章は、地域的取極が国連の目的及び原則と一致することを条件としており、米国との同盟関係を国際協調より重視することは適当ではない。

h　日米安全保障条約には、国連憲章に従うことが規定されている。したがって、日米安全保障体制と国連を中心とする国際協調体制とを対立させて捉えるべきではない。

i　米国との同盟関係に偏重して米国の単独行動主義に追随すべきではなく、国連を中心とした国際秩序の維持が図られるように、国連の機能強化に努めるべきである。

イ　日米安全保障条約に否定的な意見

日米安全保障条約に否定的なものとして、次のような意見が述べられた。

a　平和主義を掲げる憲法と日米安全保障条約は矛盾している。九条の精神に沿って、同条約を解消すべきである。

b　先制攻撃戦略を掲げる米国と同盟関係を持つことは、国民の生命・安全を守ることにはならない。在日米軍は他国における紛争を解決する手段として運用されている。

c　日米安全保障共同宣言や新ガイドラインにより日米安全保障条約の適用範囲が拡大・変質し、憲法の理念が日米安全保障条約をはじめとする安全保障上の法体系により空洞化させられている。

d　我が国は、憲法の精神から、国連中心主義をとるべきである。国連への期待は冷戦崩壊後、一層高まっており、米国が単独行動主義をとるのに対し、国連を中心とした平和秩序の構築が求められている。

（参考人等の発言）

・国益が衝突する場である国連に、日本の安全保障を委ねることは危険である。戦後、日米安全保障条約の下で日本が侵略されなかった事実を踏まえると、米国と協調しながら国際社会において貢献していくのが望ましい。（安保克也公述人）

・日米同盟は、アジアにおける軍事的紛争が発生するのを抑止する手段として大きな公共的役割を担っているという認識が、アジア地域諸国に共有されつつある。（菊池努参考人）

・多極的な安全保障を構築することにより、米国の政策に対する独自の立場からの判断ができるよう、日米関係を「普通の関係」にすべきである。（姜尚中参考人）

・日米安全保障条約の基本を変更する必要はないが、現在の片務性を改め、信頼関係に基づく完全な双務性のある関係に早期に近付けることが必要である。また、日本が戦える軍隊を持つことになれば、周辺諸国に対する日米同盟の抑止力が高まる。（田久保忠衛参考人）

・在日米軍が存在することが他国からどのように評価されるかという問題を踏まえ、軍事中心の日米安全保障条約を破棄して、日米友好平和条約を締結すべきである。軍事的連関が必要ならば、その後に考えていくべきである。（小田実参考人）

・日米同盟のような軍事関係を締結して、国内に外国軍隊の駐留を認めることは、戦力の不保持を定める九条に照らし、違憲である。（小林武参考人）

第5　在日米軍基地問題

在日米軍基地の多くが沖縄に集中していることを念頭に、基地問題の現状と今後のあり方、基地問題と憲法との関係等について、次のような意見が述べられた。

a　沖縄が、戦前から今日まで、我が国の中で特別な位置にあり、今なお米軍基地が集中的に存在する戦略的拠点であることを踏まえた上で、安全保障の問題を考えることが重要である。

b　米軍基地が集中している沖縄の負担は重いが、日米安全保障条約を堅持し、東アジアの安全保障を維持することも必要である。沖縄の中核的な役割は残しつつ、グアムやフィリピンに米軍の訓練を移転することにより、その負担を軽減することも検討に値する。また、日米の真のパートナーシップを考えた場合に、日米地位協定を改定すべきである。

c　日本全土に広がる米軍基地、在日米軍への特権付与とその拡大、事実上の米軍支援となる自衛隊の海外派兵など、九条の理念に反して日米安全保障を優先させる現実がある。まさにこのことが、憲法の平和主義と現実との乖離である。また、基本的人権の保障の面から、不平等な日米地位協定の改定は当然である。

d　我が国が憲法で非武装を謳っている以上、速やかに日米安全保障関係を解消すべきである。歴史的な事実から、在日米軍基地所属の部隊が、他国における紛争解決の手段として使用されたことは、明らかである。

e　祖国復帰から今日に至るまでの沖縄は、憲法の理念に反する状況に置かれている。膨大な米軍基地や日米地位協定が存在するために、そのような状況が日常化しており、憲法の精神、理念の実現が求められている。

f　これまで、我が国に外国軍隊が駐留していることのリスクが真剣に考えられてこなかった。フィリピン憲法に外国軍隊の駐留を認めないとの規定があるように、憲法改正に当たって、同様の規定を設けるという考え方もある。

（参考人等の発言）

・沖縄における人間の安全保障が、我が国の国家安全保障と両立することが重要な課題である。人間の安全保障が脅かされていることがあれば、徹底的に改善される必要があり、それが一切脅かされないような沖縄を実現することが、憲法の精神を守るということの第一歩である。（猪口邦子公述人）

・沖縄には、「核抜き・本土並み」という返還時の公約が果たされないまま、半世紀以上にわたって、七五％に当たる在日米軍基地が集中しており、これは、政治のあり方として誤っている。また、新たな基地を設置するという考え方は、時代錯誤である。（山内徳信意見陳述者）

・沖縄の在日米軍基地の整理・縮小は県民の総意であること及び沖縄の米軍の展開が東アジア太平洋地域の平和と安全に寄与していることを踏まえた上で、前文の恒久平和の理念、九条の戦争放棄、地位協定における人権問題等の観点から、平和及び基地に関する沖縄問題について、真摯に議論を深めていく必要がある。（安次富修意見陳述者）

第6　核兵器の廃絶等

核兵器の廃絶や非核三原則の憲法への明記、核兵器に関する政策のあり方と憲法との関係等について議論が行われた。

核兵器を廃絶すべきであるとして、次のような意見が述べられた。

a　我が国が核兵器を保有することは憲法違反である。平和主義を掲げる憲法の精神を生かして核兵器の廃絶に努力すべきである。

b　核兵器の廃絶や非核三原則を、憲法に明記すべきである。

c　核抑止論から脱却しない限り、核兵器の拡散の危険性は続く。核兵器の廃絶と矛盾する核抑止論は認められない。

d　核兵器の廃絶は国際社会の世論となっており、核抑止論は支持を失っている。

e　北東アジア非核地帯構想を実現すべきである。

なお、核抑止力との関連では、次のような意見が述べられた。

a　唯一の核兵器による被爆国として、我が国が核兵器の廃絶を訴えながら米国の核抑止力に頼ることは疑問であり、核抑止力に頼らない防衛体制を整備すべきである。

b　米国の核抑止力に依存しなければ、必要最小限度とされる自衛権の行使だけで我が国の安全は確保できない。

（**参考人等の発言**）

・被爆者として、平和に生きるための世界を築く責任を果たす必要がある。忌まわしい戦争を再び起こさず、核兵器は絶対悪として一日も早く廃絶しなければならない。（高橋昭博意見陳述者）

・政府は武力の行使や威嚇ではなく、政治的、経済的な手段により、積極的に平和主義を実現する努力をしなければならない。その方策としては、国内的には非核三原則の厳守、非核法の制定、国際的には、非核地帯条約、特にアジア地域非核条約の締結などが考えられる。（石村善治意見陳述者）

・大量破壊兵器及び核兵器の廃絶は、日本だけではなく世界の念願であることを日本は明確に打ち出すべきである。（白石正輝公述人）

Ⅱ　国際協力

湾岸戦争を契機にＰＫＯ協力法が制定され、その後、テロ対策特措法、イラク人道復興支援特措法等の制定により、自衛隊の海外での活動が行われてきた。このような状況を踏まえ、自衛隊の海外での活動その他我が国の国際協力のあり方と九条との関係について、活発な議論が行われた。

我が国が今後もより積極的に国際協力を行うべきであるとする点については、概ね共通の理解があったが、我が国がどのような国際協力を行うべきであるのかについては、多様な意見が述べられた。具体的には、国連の集団安全保障活動等への参加、自衛隊の国際協力活動等について議論が行われた。

その他、地域安全保障の枠組みの構築や、国際機関への国家主権の移譲と憲法との関係についても議論が行われた。

第1　国際協力の推進と憲法との関係

国際協力について憲法に何らかの規定を置くべきであるか否かについては、何らかの規定を置くべきであるとする意見が述べられたが、新たに憲法に規定する必要はないとする意見も述べられた。

ア　憲法に何らかの規定を置くべきであるとする意見

国際協力について、憲法に何らかの規定を置くべきであるとするものとして、次のような意見が述べられた。

a　国際社会において求められる貢献を行うために、憲法に国際協力の根拠や活動の権限を示す明確な規定を置くべきである。

b　人間の安全保障を実践し、現在行っている国際貢献以上の貢献を行うために、国際協力を積極的に行う旨の規定や、国際社会における我が国の役割・責務等について定める規定を憲法に明記すべきである。

c　安全保障の基本原則として、国連を中心とした平和秩序を維持する活動への積極的な参加を憲法に明記すべきである。

d　海外派遣の必要が生じる度に、九条の制約との整合性をとりながら法律を制定して、自衛隊を海外に派遣するのではなく、自衛隊の海外派遣についての根拠規定を憲法に置くべきである。

e　国際協力の根拠規定を憲法に加えることが望ましい。その際、平和維持活動や国際平和協力活動が、①国連決議に基づいていること、②武力の行使を目的としないことなどの原則を明確にする必要がある。

f　国際的な平和維持活動への参加の基準や平和の維持・構築への関わり方など、我が国がどのような基準に基づいて国際協力を行うかについて、憲法上ある程度明確にすべきである。

g　現行憲法は、国際協力を担う実力組織や実力行使のための武器使用の面で足りない部分があるので、これを憲法に規定すべきである。また、軍事力の行使による国際協力が不可避である場合に、これを可能とするための憲法改正を行うべきである。

h　国際協力活動においては、武力の行使の可能性も認めるが、参加する分野は事後処理的平和構築に限定すべきであり、その点について、憲法に明文化すべきである。

i　国民の合意や憲法改正要件を考慮すると、当面は平和的分野における国際協力を規定し、それを超える部分については、長期的に合意形成を図るべきである。

j　平和主義の理念を継承し、更に発展させた上で、国際社会の平和と発展のために積極的な役割を担うことを憲法で宣言すべきである。

k　ＯＤＡ（政府開発援助）等の海外援助は、前文に国際協調の理念が述べられており、憲法上に明文規定がなくても認められるが、明文化が望ましい。同時に、海外援助に関する国会の関与を明文化すべきである。

l　国際協力の分野でＮＧＯ（非政府組織）が活躍する時代になっていることから、国際平和における国民の義務、役割を憲法に明記すべきである。

イ　新たに憲法に規定する必要はないとする意見

国際協力について、新たに憲法に規定する必要はないとするものとして、次のような意見が述べられた。

a　国際協力の推進に当たっては、国連憲章と憲法が共に生かされるよう積極的に努力することが重要であって、九条の下で、非軍事的な分野における支援活動を行うべきであり、憲法を改正する必要はない。

b　軍隊や軍事力によらなくても国際協力は十分可能であり、九条を生かし、具体化することが世界への貢献となる。具体的には、災害への緊急援助、発展途上国への社会開発協力、紛争予防のための外交努力、紛争後の選挙監視、人道支援等を通じて国際協力を行うべきである。

c　ＯＤＡ等の海外援助についての明文規定を置くことが望ましいとする見解があるが、九条、九八条二項などにより国際協調主義が担保されているので、根拠条文は必要ない。

（**参考人等の発言**）

・前文及び九条は、国連の活動や国際社会の公共性を反映する活動に我が国が参加することを制約するものではない。ただし、同条二項が存在するために、このような活動への参加が集団的自衛権と関連付けられ、制限されるおそれがあるので、同項を削除するか、又は削除の上、積極的な国際協力の推進に関する規定を設けるべきである。(田中明彦参考人)

・我が国は、国際協力を国際平和維持活動の分野に限定して捉えてはならない。平和、経済的社会発展、人権、民主主義等が不可分の関係にあることに留意した上で、独自の国際協力像を構築し、これを実現するよう国連に働きかけるべきである。その出発点は、憲法の平和主義、国際協調主義及び主権平等であり、これらは国連の国際協力の理念とも一致している。(松井芳郎参考人)

・憲法は、軍事的手段ではなく平和的手段を通じて積極的に国際協力を行うことを求めており、その根拠は前文にある。(小林武参考人)

第2　国際の平和及び安全の維持のための国際協力

1　国際の平和及び安全の維持と国連憲章

国際の平和及び安全の維持と国連憲章の関係について、次のような意見が述べられた。

a　国連中心主義や平和外交は大事であるが、国際テロや大量破壊兵器に国際法が対応しきれていない側面がある。

b　我が国が国連決議に基づかない武力の行使を支持することは、条約や国際法規の誠実な遵守を定めた九八条に抵触する可能性が高く、ひいては国務大臣の憲法遵守義務を定めた九九条に違反する。

c　主権国家の政権を倒すために軍事行動をとることは、国連憲章をはじめとする国際法上、合理的な理由を持たない。

d　米国のイラク攻撃への各国の対応に示されたように、無法な侵略を許さず、国際紛争を平和的な手段で解決するという原則を掲げた国連憲章や平和のルールを、各国は受け容れている。我が国は、自衛隊の海外派兵ではなく、戦争放棄を定めた九条を堅持し、世界とアジアの平和と安定を図るために積極的な役割を果たすことが強く求められている。

2　国連の集団安全保障活動等への参加

国連の集団安全保障活動への参加の是非については、非軍事の分野に限るべきであるとする意見もあったが、非軍事の分野に限らずこれに参加すべきであるとする意見が多く述べられた。また、後者の立場から、その法的根拠を憲法上明記すべきであるとする意見が多く述べられたが、現行憲法でも参加は可能であるとする意見もあった。なお、国連の枠組み以外における武力の行使を伴う国際的共同活動への参加についても意見が述べられた。

(1)　非軍事の分野に限らず国連の集団安全保障活動等に参加すべきであるとする意見

(i)　国連の集団安全保障活動に参加すべきであるとする論拠

非軍事の分野に限らず国連の集団安全保障活動に参加すべきであるとする意見は、その論拠として次のようなものを挙げている。

a　我が国の平和や繁栄は、国際の平和と安全から大きな恩恵を受けており、国際協力を行うことが我が国の平和と繁栄のために不可欠であることから、経済大国にふさわしい役割を果たすべきである。

b　一国平和主義から脱却して、他国とリスクを共有しながら国際協力を行うことが、より一層の貢献になる。

c　最近の国連の下で行われる平和維持のための活動は、多国籍軍型で自己完結させて、停戦監視から、治安、人道、経済面での支援まで含む複合的な活動を行うものになってきていることから、これに参加、協力できるようにすべきである。

d　国連の平和秩序を維持する活動に参加することは加盟国としての義務であることから、国連軍や多国籍軍を含めて積極的に参加すべきである。

この立場の中には、国連の集団安全保障活動への参加のあり方に言及するものとして、次のような意見があった。

我が国は、集団安全保障活動に参加すべきであるが、武力の行使を活動の前面に出て行うべきではなく、抑制的に行うべきである。

（ⅱ）国連の集団安全保障活動への参加について憲法上明記することの要否

ア　憲法上明記すべきであるとする意見

国連の集団安全保障活動に参加するために、法的根拠を憲法上明記すべきであるとするものとして、次のような意見が述べられた。

a　政府の憲法解釈を踏まえると、国連軍や多国籍軍に参加して武力の行使を伴う活動を行うことはできないことから、国連の集団安全保障活動に積極的に参加するために憲法を改正すべきである。

b　前文の国際協調主義は抽象的な規定であるので、集団安全保障活動への参加について明確な規定を設けるべきである。

c　国際協力として行われる武力の行使は現行憲法の下でも可能であるという解釈も成り立つが、その解釈の下で、専ら軍事的活動を行うものにまで我が国は参加すべきではないことから、武力の行使はあくまで究極かつ最終的なものであることを明記すべきである。

d　国連の集団安全保障活動については、武力の行使の可能性も認めつつ参加すべきであるが、先制攻撃的な活動に参加しないことを担保するために、治安維持などの紛争の事後処理的平和構築活動等に限定し、装備は必要最小限度とする旨を憲法上明確にすべきである。

なお、①現行憲法上も国連の集団安全保障活動に参加することは可能であるが、憲法に明記することが望ましいとする意見や、②九条は国家主権の発動に関する規定であるのに対し、国連軍、多国籍軍及び平和維持活動は、安保理決議等に基づいて加盟国として行う活動であり、国家主権の制約とも言えるものであることから、同条とは別条で規定すべきであるとする意見も述べられた。

イ　現行憲法でも参加は可能であるとする意見

国連の集団安全保障活動に参加することは現行憲法でも可能であるとするものとして、次のような意見が述べられた。

a　国連の集団安全保障活動は、九条が禁ずる国権の発動としての武力の行使ではなく、前文の国際協調主義に基づくものであり、自衛のための必要最小限度の武力の行使とは別枠で認められていると解釈することが可能である。

b　集団安全保障活動一般は、法律論、憲法論としては可能であるが、どこまで関与するかは、その時点における政策選択の問題である。

（ⅲ）国連の枠組み以外における武力の行使を伴う国際的共同活動への参加

国連の集団安全保障活動よりも広く、国際的な合意に基づく国際の平和と安全の維持や人道支援のために行う国際的共同活動にも参加すべきであり、そのために憲法を改正すべきであるとする意見が述べられた。

これは、①一人一人の人間の豊かな可能性を引き出し、意義ある生活が送れるよう支援を行うヒューマン・エンパワーメントと、②支援地域の社会秩序維持に関し国家が十分に機能を発揮できない場合に、軍事力の提供をも含む支援を行うプロテクションの側面を有する「人道上の人間の安全保障」という未来志向の柔軟で強靱な平和主義を実現すべきであることを論拠としている。これに対して、国際協力としての武力の行使は、国連の枠組みの下で行われる必要があるとする意見が述べられた。

（２）国連の集団安全保障活動等への参加は非軍事の分野に限るべきであるとする意見

国連の集団安全保障活動等への参加は非軍事の分野に限るべきであるとする意見は、その論拠として次のようなものを挙げている。

a　国際社会の共通の利益のために武力の行使を認める国連の集団安

全保障活動であっても、憲法は我が国がこれに参加して武力を行使することを認めていない。国連憲章が定める軍事的強制措置に対しては、我が国は、九条があるために参加しないということを明確にした上で、国連に加盟した。この考え方を変更することは、アジアをはじめとする世界に対する日本の対外的な公約を取り消すことになる。また、このような軍事的強制措置に我が国が参加することは、アジア諸国に対し不信感と脅威を与えるおそれがある。

b　たとえ国連による制裁のための武力の行使であったとしても、自衛隊の海外派兵は自衛のための必要最小限度を超えた武力の行使であり、憲法上許されないというのが歴代内閣の解釈である。集団安全保障活動への参加が可能となるように憲法を変える必要はない。

c　国連の集団安全保障活動について、国連の枠組みの下であれば、すべての武力の行使が可能であるとすることに対しては慎重な態度をとるべきであり、非軍事分野の支援活動として、PKO、ODA、NGOを有機的に組み合わせた多面的な国際協力をすべきである。

3　自衛隊の国際協力活動

(1) 自衛隊の国際協力活動の是非

国際協力の主体として、自衛隊を活用すべきであるとする立場からの意見と、これを活用することは適当ではないとする立場からの意見が述べられた。前者の立場からは、自衛隊の国際協力について、憲法に規定を置くか、あるいは、自衛隊の海外派遣について一般的に定める恒久法を制定すべきであるとする意見や、現行の憲法にも根拠を求めることができるとする意見が述べられた。また、自衛隊以外の組織の活用についても意見が述べられた。

ア　自衛隊を活用すべきであるとする立場からの意見

国際協力の主体として、自衛隊を活用すべきであるとする立場から、次のような意見が述べられた。

a　我が国は、経済大国として積極的な国際協力を行うべきであり、世界からは人的貢献を含む協力を行うことを期待されている。しかし、九条を改正しないで、必要がある度に法律を制定して自衛隊を派遣するという対応には限界がきている。そのため、自衛隊が国際協力活動に参加することを憲法に明確に位置付けるべきである。

b　国連中心主義の立場から、自衛隊は国連の国際協力活動に積極的に参加すべきである。このことを明確にするために、憲法に規定を設けるか、あるいは、派遣の度に制定される個別法に替えて、自衛隊の海外派遣に関する恒久法を制定すべきである。

c　国際協力のために自衛隊を海外に派遣する根拠規定は、前文三段や七三条の内閣の外交権限に求めることができる。

d　自衛隊の海外における人道支援活動は専守防衛の領域を超えているとの批判を踏まえ、その根拠法として安全保障に関する基本法などを制定する必要がある。

e　国連平和維持活動に積極的に参加すべきであるとの国民の合意は十分に得られている。また、安保理決議に基づき紛争終結後の非軍事分野での支援に自衛隊が出動することは、専守防衛を踏み出すものではなく、合憲である。

イ　自衛隊を活用することは適当ではないとする立場からの意見

国際協力の主体として、自衛隊を活用することは適当ではないとする立場から、次のような意見が述べられた。

a　自衛隊の海外派遣は、憲法上認められない。九・一一テロのような危機の発生を契機として、自衛隊を海外に派遣する動きが度々生じているが、このような動きは、憲法の基本的な部分を壊しかねない。

b　平和憲法を持つ我が国の果たす役割は多様であるべきであり、人的貢献について、まず自衛隊の派遣を問題にするのではなく、自衛隊以外の人的貢献のあり方について検討すべきである。例えば、自衛隊の派遣よりも、ＮＧＯの活動などを取り入れた外交を進めることが憲法の平和主義の実現につながる。

c　国連平和維持活動は軍事的側面を含むが、当該軍事的側面に参加することは憲法上許されない。個々の活動内容を具体的に検討した上で、非軍事的分野において協力することは当然である。

d　憲法上、国連平和維持活動への参加は、非武装の範囲での活動に限定されるべきであり、自衛隊は参加すべきではない。

ウ　自衛隊以外の組織の活用に言及する意見

国際協力の主体として自衛隊以外の組織の活用に言及するものとして、次のような意見が述べられた。

a　自衛隊とは別に国際協力を行う「国際協力部隊」の創設を検討すべきである。

b　集団安全保障活動への参加に関して自衛隊とは別の組織を創設することは、人材・費用の面において無駄である。

（２）その他の自衛隊の国際協力活動に関する意見

上記の意見のほか、自衛隊の国際協力活動について、次のような意見が述べられた。

a　国際協力活動の可否は専ら「武力行使との一体化」の基準により判断されているが、当該基準によらず、本来の活動目的が達成できるように検討すべきである。

b　自衛隊の国際協力活動が他国と共同して行われる以上、武器使用基準を国際水準に合わせるべきである。

c　攻撃を受けている他国部隊の救援等が可能であるか否かという問題について、憲法上の問題も含め検討すべきである。

d　我が国は、国連平和維持活動に積極的に参加すると同時に、近時、同活動の任務が拡大・変質し、重武装や強制的な武力行使の事例もみられるなかで、強制的措置あるいは強制的武力行使に至るような活動を是正すべきである。

4　国連に関する事項

（１）我が国が安全保障理事会の常任理事国になることの是非

我が国が安全保障理事会の常任理事国になることの是非について、常任理事国になるべきであるとする立場からの意見と、これになることは適当ではないとする立場からの意見が述べられた。

ア　常任理事国になるべきであるとする立場からの意見

我が国が安全保障理事会の常任理事国になるべきであるとする立場からは、次のような意見が述べられた。

a　我が国は、常任理事国になることにより、国際の平和と安全の維持に関する国連の意思決定に積極的に関与し、主導的役割を果たすべきである。

b　常任理事国になった場合には、安全保障理事会の決定事項を履行すべきである。したがって、集団安全保障活動には武力の行使を含め参加できるように憲法を改正すべきである。

c　常任理事国になっても、非軍事分野での貢献により、その役割を十分果たすことができる。

なお、常任理事国になることにより、集団安全保障活動における軍事力による寄与が求められるのであれば、常任理事国になるためには憲法改正が必要であるというべきであるが、国連改革により常任理事国としての役割、機能、責務が緩やかになり、軍事的な寄与が強く求められないようになるのであれば、憲法改正をせずに常任理事国になることは不可能ではないとする意見も述べられた。

イ　常任理事国になることは適当ではないとする立場からの意見

我が国が安全保障理事会の常任理事国になることは適当ではないとする立場からは、次のような意見が述べられた。

a　常任理事国になった場合には、国連への軍事的貢献が求められるが、これは九条に違反する。

b　日本が非軍事に徹することを表明して国連に加盟した事情を踏まえると、九条を改正して常任理事国になることは国際信義にもとり、軍事大国化につながることから反対である。

（2）国連における常設的な実力組織の創設等の是非

国連に、その集団安全保障措置を担うための常設的な実力組織を創設すること等について、これを望ましいとする意見とこれに慎重な意見が述べられた。

ア　国連における常設的な実力組織の創設等について望ましいとする意見

国連における常設的な実力組織を創設すること等について、これを望ましいとする立場からは、次のような意見が述べられた。

a　国連を強化するなかで国連警察軍を創設し、我が国は憲法の平和主義を維持しつつ、国連に対して主権を一部移譲し、これに参加することが望ましい。

b　今後の国際秩序のあり方として、各国は軍備を放棄、縮小し、国連が国連軍あるいは国連警察軍を創設し、唯一の警察官としての役割を果たすべきである。

イ　国連における常設的な実力組織の創設等について慎重な意見

国連における常設的な実力組織を創設すること等について、これに慎重な立場からは、国連軍が組織されたとしても、国連軍は米国の大義のために行動し、また、その行動は日本の大義と必ずしも合致しないおそれがあるとする意見が述べられた。

（3）国連の機能強化

国連の機能強化について、次のような意見が述べられた。

a　我が国は国連分担金を20％近く拠出する国として、拒否権の見直しなどの安全保障理事会の民主的な意思決定過程の確立、敵国条項の廃止、国連分担金の負担のあり方の見直しなどを求めるべきである。

b　国連改革について先導的役割を果たすことが国際協調主義の理念に沿うものである。我が国は、拒否権の見直しなどについて、より積極的に提言すべきである。

c　イラク戦争に至る過程での国連の機能低下が指摘されたが、国連は戦争を回避するために、本来の機能を発揮したと評価できる。

5　その他

（1）国際テロリズムへの対処

国際テロリズムへの対処について、次のような意見が述べられた。

a　国際テロリズムを撲滅するための国家間の警察行為として、諸国家の連合組織を作るべきであり、自衛隊のほか、海上保安庁や警察を参画させることも検討すべきである。

b　国際テロリズム防止は、当該テロの原因となっている問題を取り除くことが大事であることから、我が国は、非軍事、民生及び文民の立場で国際的な役割を果たすべきである。

（2）北朝鮮による拉致問題への対処

北朝鮮による拉致問題への対処について、次のような意見が述べられた。

a　拉致は我が国の主権を侵害する犯罪であり、これ以上の人権侵害はない。この問題を解決することなく、北朝鮮との国交正常化や経済協力等を行うべきではない。同時に、人類普遍の原理である人権が侵害されたことを、国際社会に訴えかけていくことも重要である。

b　拉致は、国家犯罪であって絶対に許されることではないが、戦後補償の問題や事実の究明等の交渉を開く努力を通じて、一つ一つ解決することが必要である。

（参考人等の意見）

〈国際の平和及び安全の維持と国連憲章〉

・国連憲章と日本国憲法との間には多くの共通の要素があり、九条は日本の自衛と国際社会の安全保障に対する参加を根拠付ける条文であると解釈するならば、国連憲章と九条との違いは極めて小さい。しかし、国権の発動としての国家の利益を追求する武力行使と、国際公共利益を実現するための武力行使を峻別しないで議論し、内閣法制局による解釈がとられ続けてきた結果、憲法が求めるものと国連憲章が求めるものとの間に大きな差が生じてしまっている。（大沼保昭参考人）

・冷戦構造が崩壊して新しい国際秩序を作っていく上で、それに適した国際社会を考えた場合に、今後も今の憲法を堅持していくということであれば、またそれに合わせて国際環境を作ることに対しても貢献しなければならない。それは、国連憲章そのものの見直しから始まるのではないか。（ペマ・ギャルポ公述人）

・世界では、地域的連帯が生まれ、互いに協力し合い平和的に問題を解決する動きが増えており、九条を持つ日本が役割を発揮できる機会が増えていくと考える。イラク戦争は、国連憲章に反するという批判が世界の多くの国々から出ており、話合いや相互の信頼関係の構築によって物事を解決することを訴えた国々の態度を見ても、九条は世界の流れに沿った現実にあった条文である。（青龍美和子公述人）

・日本は、憲法及び国連憲章の精神にのっとり、非軍事的な国際貢献をすべきであり、核軍縮への努力、アジア太平洋地域における協力型の安全保障の確立、イランや中央アジアとの外交経験の活用、国連難民高等弁務官事務所やユニセフとの一層の協力、NGOとの連携等を図るべきである。（田口富久治意見陳述者）

〈国連の集団安全保障活動等への参加〉

・九条について、国際公共価値を実現するための武力の行使は認められると解釈すれば、多国籍軍に参加することは同条に違反しない。（大沼保昭参考人）

・安全保障理事会の決議がある場合は、多国籍軍には一定範囲内で協力すべきであり、そのことは、憲法制定時には想定されていなかった事態である。（岩間陽子参考人）

・九条二項に自衛のための防衛軍を創設するための規定を、同条三項に国連や人道、人権、平和のための国際協力活動への参加を可能とする規定を設ける。そして、国際協力活動に防衛軍が参加でき、一定条件の下に武力の行使を認める旨の安全保障に関する基本法を制定することが必要である。（中曽根康弘公述人）

・国連による制裁発動には限界があり、国家間協力の枠組みにおいて解決せざるを得ない。国連中心ではなく、抑止力や勢力均衡により、平和を維持すべきである。（北岡伸一参考人）

・国連軍や国連平和維持活動において武力の行使を伴う活動が展開される場合、その活動は「国権の発動たる戦争」に当たらないので、自衛隊の存在自体に係る憲法論議を考慮しなければ、これに自衛隊が参加することに憲法上問題はない。安全保障理事会の授権に基づき行う加盟国による武力の行使が国連の活動と認められるためには、国連がこれを統括する必要がある。国連の統括下にない活動に協力することは、「国連」への協力ではなく、授権された「個々の加盟国」への協力であり、憲法違反である。（松井芳郎参考人）

・我が国は、海外において武力の行使をすべきではない。これは、憲法が改正されても、基本となるべきことである。（宮澤喜一公述人）

・国際的な集団安全保障活動への参加は、前文の国際協調の理念を具体化するものとして容認できる。ただし、武力の行使は避けるべきである。（武村正義公述人）

〈自衛隊の国際協力活動〉

・日本だけが平和であればよいという絶対的な平和主義に対する姿勢を変える必要がある。日本は過去の侵略戦争等を反省し、周辺諸国の理解

を得つつ、自衛隊の派遣を含め、世界の平和秩序の維持に積極的な役割を果たすべきである。（大沼保昭参考人）
・紛争直後においては、民間の力での貢献が可能となるまでの間は、実力組織によってしか効果的な貢献が望めない場合があり、その間における自衛隊の役割は大きい。（猪口邦子公述人）
・国連平和維持活動は、現実には戦争の問題と密接に関わり、同活動への参加は、外国で行われている戦争への参加であり、憲法上認められない。（後藤好成意見陳述者）
・国連平和維持活動の展開中に停戦合意が破棄され、武器を使用しなければならない場合に、自衛隊員が武器を使用することは、九条で禁止される武力の行使に当たらない。（大沼保昭参考人）

〈国連に関する事項〉

・国連が、紛争の初期段階で迅速に武力の行使を含めた対応をなし得る待機部隊を保持することは、現実には想定し難い。安全保障理事会の容認決議を得た多国籍軍の展開が、現実的な対応策である。（大沼保昭参考人）
・国連を道具として積極的に活用し、我が国が国際社会において優先的に取り組むべき政策の決定権を握るために、安全保障理事会の常任理事国になることを目指すことが重要である。（猪口邦子公述人）
・我が国が安全保障理事会の常任理事国になることは、安全保障理事会の民主化を推進する観点から支持するが、軍事的な貢献を求められた場合の対応については、十分に議論すべきである。（松井芳郎参考人）
・国連は世界で数少ない正当性を持った組織であるが、その活動には限界がある。その限界を踏まえた上で、国連への期待を持つべきである。（菊池努参考人）

第3　地域安全保障

アジアにおける地域安全保障の枠組みの構築に関しては、枠組みの必要性及びそのあり方、経済の自由化と地域安全保障との関係等について議論が行われた。

1　アジアにおける地域安全保障の枠組みの必要性及びそのあり方

（1）枠組みの必要性

アジアにおける地域安全保障の枠組みの構築や安全保障分野における協調体制の確立など、何らかの枠組みが必要であるとする意見が多く述べられた。その主なものは、次のような意見である。

a　国際的なテロへの共同対処の必要性や北東アジアの地域情勢を考慮すると、アジア諸国が日常的な外交、協議、信頼醸成等を積み重ねることにより安全保障を確保することが重要であり、そのための地域安全保障の枠組みを構築すべきである。

b　我が国の安全保障のあり方として、日米安全保障体制を維持・発展させるべきであるが、これに依存するだけでなく、他の外交的選択肢として、アジアにおける集団安全保障機構の創設を検討すべきである。

c　国連の平和維持機能に限界があるとともに、日米安全保障条約のみに頼る安全保障は危険であることから、アジアにおいて地域安全保障体制を構築すべきである。

d　二国間の安全保障から多国間の協調システムへという基本姿勢を念頭に、北東アジアの安全保障について協調体制を確立する方向で努力すべきである。

（2）枠組みのあり方

アジアにおける地域安全保障の枠組みのあり方については、武力の行使を含む枠組みを構築すべきであるとする意見と、非軍事的な安全保障対話の枠組みを構築すべきであるとする意見が述べられた。

ア　武力の行使を含む枠組みを構築すべきであるとする意見
武力の行使をも含む地域安全保障の枠組みを構築すべきであるとする

立場からは、次のような意見が述べられた。

アジアにおける集団安全保障機構を創設する場合には、アジア地域における問題を主体的に処理できるように、我が国としても、集団的自衛権の行使や集団安全保障活動への参加を前提に検討すべきである。特に、アジアの国々と安全保障条約を締結する場合には、我が国も他国と同等の責任を負う必要がある。

イ　非軍事的な安全保障対話の枠組みを構築すべきであるとする意見

非軍事的な安全保障対話の枠組みを構築すべきであるとする立場からは、次のような意見が述べられた。

a　地域安全保障については、九条の下、平和主義の原則に根差した平和のための安全保障対話の枠組みを構築すべきである。

b　冷戦崩壊後、二国間同盟よりも地域における多国間の協調的安全保障が重視されているが、その中身は、軍事力ではなく、相互の信頼醸成の具体化である。したがって、多国間による協調的な安全保障機構をはじめとする地域安全保障の仕組みは、外交的手段により中身を充実させることが大事である。

（3）その他

その他、アジアにおける地域安全保障の枠組みのあり方について、次のような意見が述べられた。

a　アジアは経済状態や政治体制の相違、歴史・文化などの点で様々な国を内包しており、地域的な統合の形成について、EUと同様に考えることはできない。

b　北朝鮮問題についての六者協議を安全保障面に拡大して、安全保障機構を目指すことも選択肢として考えることができる。

c　今後、パイプラインの安全確保や使用済み核燃料の処理のあり方が、地域の安全保障問題に密着した問題として生じてくる。

d　多国間協調体制を進める際、核の取扱いがエネルギーや資源の面で大きな意味を持つ。

e　過去の侵略戦争の清算の問題等があるために、日本がアジアにおける協力関係の構築を提唱することが適切でない場合があるのではないか。

2　経済の自由化と地域安全保障

FTA（自由貿易協定）等の経済の自由化と地域安全保障との関係について、次のような意見が述べられた。

a　経済の自由化と安全保障は不可分である。経済や環境分野において協力関係を構築することにより信頼関係を醸成し、それを基盤に安全保障体制を構築すべきである。

b　FTAの推進は、安全保障にかかる費用を減ずる効果が見込まれる。その意味で、「経済安全保障」として国家の安全保障の枠組みの一つに位置付けることができる。

c　我が国の安全保障を考える場合には、平和外交や軍事、経済問題だけに偏るのではなく、環境や人の安全、食料安全保障などを含めてバランスよく取り組むべきである。

d　FTA等により経済分野においてアジア各国との交流を深めていくことは、安全保障上の重要な柱であり、軍事的な安全保障よりも有効に機能することが期待される。

e　歴史的経緯から、我が国がFTAを推進することについては、慎重な意見もあり、植民地支配と侵略戦争への反省に基づく憲法の平和主義、民主主義等の諸原則を生かすとともに、経済主権及び平等互恵に配慮しなければならない。

（参考人等の発言）

〈アジアにおける地域安全保障の枠組みの必要性及びそのあり方〉

・日米安全保障条約への依存はある時期までは仕方のないことであった。しかし、情勢の変わった現在では、北東アジアにおける安全保障を複数

国間で解決する枠組みを、我が国が積極的に作る必要がある。(岩間陽子参考人)

・日本は、日米安全保障体制という基軸的な安全保障の枠組みを段階的に対等な関係として再構築しつつ、国家間関係以外の要因で生ずる脅威に対応できるよう、近隣アジア諸国との多極的かつ総合的な集団安全保障体制を構築すべきである。ただし、その体制は、軍事力を集団的に共有するなど軍事同盟としての性格が薄いものとすべきである。(姜尚中参考人)

・東アジアにおいて、軍事、エネルギー、食料等を含む総合安全保障体制を確立すべきである。(進藤榮一参考人)

・我が国は、アジアの国々との平和を実現する枠組みを積極的に作っているというメッセージを発し、今の憲法を生かす努力が必要である。(吉田健一公述人)

・軍事力の不保持を掲げる現行憲法の下でも、地域共同体の構築は可能であるが、全世界的視野に立った国際協調主義を強調する憲法を制定すれば、より東アジアの地域共同体の設立に寄与できる。(中村民雄参考人)

〈経済の自由化と地域安全保障〉

・FTAは安全保障上有益であるが、同時に、それがもたらす経済的な不均衡が国家間又は国内において問題となる可能性があり、FTAに過度に期待することはできない。(菊池努参考人)

・資源の乏しい我が国にとって、資源を供給する国や地域の平和と安定は、我が国の存亡に関わることである。一国平和主義に止まらない積極的な国際協力が求められる。(白石正輝公述人)

第4　国家主権の移譲と憲法との関係

近年、EUのように、国際機関に加盟することにより国家主権が一部制限されたり、移譲されるという事例がみられる。こうしたことを念頭に、我が国が将来、アジアにおける地域安全保障の枠組みや国連の集団安全保障活動に参加する場合を想定して、国家主権の移譲の可能性や憲法との関係について、次のような意見が述べられた。

a　アジアにおいて集団安全保障の枠組みを構築する場合や、国連の下における平和維持のための活動を行う場合に、国家主権の移譲又は制限についての憲法上の規定が必要となる場合があることが予想される。

b　我が国は、憲法の平和主義を維持しつつ、国連警察軍の創設などによる国連の機能強化に向けて努力すべきである。国連警察軍に参加する場合は、主権の一部を移譲するという形をとることが望ましい。

c　FTAの推進や市場経済の単一化の進展とともに、軍事や司法等の分野に関しても、国家主権の国際機関への移譲という事態が予想されることから、国家主権の移譲に関する憲法上の規定を設ける必要があるか否かについて検討すべきである。

d　国際化及び地方分権化が進展している現在、国家主権は国際機関又は地域に移譲されつつあり、国家が主権を強化する時代は終わった。

e　民族紛争や地域紛争は、一国による対処だけでは解決が困難であることから、国際機関がますます重要な意義を持つ。主権国家を前提とする国連憲章を超えた議論が必要である。

f　EU統合は主権の移譲を伴うものであるため、これまでの国家観や憲法観が大きく影響を受けるのではないか。本来主権で守られている部分を憲法改正という正当な手続を経ないで国際機関に移譲することは、憲法違反になるのではないか。

g　アジアにおいては、いまだ国家同士の国際紛争があることから、「国家」概念は重要であると考える。

〈参考人等の発言〉

・軍事力等の国家権限を移譲する世界連邦構想は、理想として追求すべ

きであるが、実現困難である。（松井芳郎参考人）

資料Ⅲ・20

日本国憲法に関する調査報告書〈抄〉

参議院憲法調査会
二〇〇五年四月二〇日

コメント

1．本報告書は、一九九九年七月二九日国会法改正（国会法一〇二条の6、⇩Ⅱ・20）で設置された参議院の憲法調査会が、二〇〇五年四月に出した報告書である。

国会に憲法調査会をつくるべきだという議論は、衆議院を中心に行われ、衆議院の憲法調査会を設置するための国会法改正案、衆議院憲法調査会規程案が提出され、七月六日衆院本会議で可決、国会法改正案は参議院に回付され、参議院にも憲法調査会を設置する旨の修正議決が行われ、「参議院憲法調査会規程案」が可決、同日衆議院に回付され、二九日、衆院本会議で同意、成立した。

参議院でも七月二三日、国会法改正の審議、採決を前に参議院議院運営委員会の理事会で、衆議院と同様の、以下の三点の申し合わせが行われた。

（1）議案提出権がない

（2）調査機関はおおむね五年程度を目途とする

（3）会長が会長代理を指名し、野党第一党の幹事の中から選定する

これは、憲法調査会設置に関する法改正等のコメント（⇩Ⅱ・20）においても述べたように、調査会が改憲のための機関となることを警戒し、それに強く反対する社民党や共産党の危惧を考慮して

なされた申し合わせである。

2．参議院の調査会は四五名の委員から成り、会長は、当初、村上正邦が就任し、二〇〇一年、その辞任により上杉光弘が、〇二年一〇月からは野沢太三、〇三年九月の一五七国会から再び上杉光弘、〇四年の参院選後一六〇国会から関谷勝嗣が務めた。

3．参議院の報告書も、憲法をめぐるさまざまな意見が並列される形でつくられたが、衆議院と異なり、「多くの意見」というような分布は書かれず、賛否両論が併記された。参議院の報告書では衆議院のそれと異なり、政党の意見に関しては政党名が記されている。ここでは参議院調査会報告書のうち、もっとも議論が行われている憲法と平和主義を扱った「平和主義と安全保障」の部分を収録した。

目次

［平和主義と安全保障］

1　第九条と平和主義の理念

憲法前文と第九条において表されている平和主義の理念は、戦争の惨禍を経験した国民から広く深い共感を呼ぶ一方、憲法制定後すでに半世紀以上を経過した現在、国際社会の実態に果たして適合しているのか問題であり、現実に即した平和主義の考えを持つべきとの意見がある。これに対して、憲法に示されている理念は今なお有効であり、現実を理想に近付けるべきとの意見がある。これは、平和を求める理念は共通しても、平和という状態の具体的内容をどう理解するか、平和主義の内容としてどのようなものを考え、どのようにして平和を実現するかという実践の在り方についての考え方がそれぞれ異なることに起因すると思われる。

平和主義の意義

平和主義の意義・理念を堅持すべきことは憲法調査会における共通の認識であった。調査会では、

・党の新憲法起草小委員会の検討（平成一七年）においては、戦後日本の平和国家としての国際的信頼と実績を高く評価し、これを今後とも重視するとともに、我が国の平和主義の原則は不変のものであることを強調し、今後とも積極的に国際社会の平和に向けて努力するとしている（自由民主党）、

・党の論点整理（平成一六年）は、新憲法は、平和主義の原則が不変のものであることを明確に世界に宣言するなど、二一世紀の新しい日本にふさわしいものにすべきとしている（自由民主党）、

・党の憲法調査会中間報告（平成一六年）は、日本は、一国による武力の行使を原則禁止した国連憲章の精神に照らし、徹底した平和主義を宣明しており、この原則的立場については、平和主義を国民及び海外に表明するものとして今後も引き継ぐべきとしている（民主党）、

・平和憲法の理念、精神性は堅持すべきであり、むしろ今こそ国民全体で再確認し、今後、より積極的に国際社会に対し平和主義からのメッセージを力強く発信すべき（公明党）、

・憲法は、二一世紀を平和で戦争のない世紀としようとする人々への導きの星となっており、これを守り抜くことへの世界の期待が強まっており、これにこたえるべき（日本共産党）、

・平和主義、国際協調主義が憲法の基本原理であることを再確認、明確

化するため、前文は基本的に堅持すべき、
・日本の国の在り方を考えたとき、平和主義が国の基本、
・戦争をやらせないということがこの憲法の本質であり、恒久平和主義、主権在民、基本的人権の尊重は一体となっている、
・九条があるから平和主義が日本に生まれたのではなく、日本の長い歴史や所与の条件から平和主義があるということを踏まえ、さらにこれを押し進めていくことが重要、
・平和憲法は、核の時代の平和を先取りして、世界の理想を体現している、
・憲法は、今までどおり平和主義を貫き、理想として不戦国家であることを高らかにうたい上げるべき、
などの意見が出された。

平和主義の内容

二一世紀における平和主義の内容、平和主義の在り方について、様々な議論が行われた。

平和主義の内容については、
・憲法の平和主義の原則は、一国による武力行使の放棄と国連主導の集団安全保障への積極関与の二点と考える、
との見解が示され、平和主義の在り方については、
・平和主義については、国際紛争を解決する手段としての戦争の放棄のみならず、国際社会に対する平和的貢献を積極的に行っていく旨をより明確に示すべきであり、憲法本文に国際協力にかかわる条項を設け、日本の国際協力の理念の提示と、国際社会の一致団結した活動への協力を明確に規定すべき、
・単に日本が国際平和を危うくしないだけではなく、国際平和貢献、紛争予防外交を積極的に展開し、平和への侵害があれば、国際的取極めに基づいて積極的にその復旧に努めてこそ国際の平和及び安全に最大限に努めたことになる、
・日本では、戦争体験に裏打ちされ、戦争の道具である軍事力そのものを全否定する純粋な平和主義が基調となったが、二一世紀には、純粋な平和主義に代わり、人間の安全保障の考え方に示された未来志向の強靱な平和主義を確立することが必要、
・二一世紀に目指すべきこの国のかたちは、積極的平和主義、すなわち国際貢献国家であり、平和人道国家を目指すべき、
・憲法が定めたからではなく、歴史、地政学上の当然の帰結として専守防衛を根幹とする平和主義が出てくる。これをリメークしてナショナルゴールを設定することが重要。日本の科学技術を総合し、人種や国境を越えた情報交流を図り人類の誤解と偏見を乗り越えるなど、わが国が先頭に立って情報による平和の創造を前文で訴えるべき、
などの意見が出され、
・武力による平和構築には問題のあることが明らかになり、前文と九条の下での日本のイニシアチブによる武力によらない平和構想を模索すべき。具体的方法としては、国連の枠組みの下での平和貢献、平和建設を改めて強調したい、
など、国連中心の平和主義を強調する意見も出された。

さらに、平和主義に人間の安全保障の考え方を入れるべきとの立場から、
・日本は、テロ、貧困、戦争、地球環境、人口、感染症など、今日の国際社会が直面する深刻な不安の解決に対し率先して取り組むべきであり、その場合、一人一人の人間としての視点から、世界じゅうのすべての人々がこれらの脅威から解放され、人間として生存と尊厳が保障されるいわゆる人間の安全保障の確立が重要（公明党）、
・日本は、純粋な平和主義に代わり、人間の安全保障の考え方に示された未来志向の強靱な平和主義を確立することが必要、

・グローバライゼーションの下、感染症、組織犯罪、テロ等が国際社会の共有する脅威となる中、従来の安全保障の概念を超えた新しい概念で対処する必要が生じ、国境を越えて、個々の人間を対象として人道的な立場から安全保障を考え直す人間の安全保障が議論されるようになってきている、

・日本は、国境を越えた人道の危機を克服するには国家中心の安全保障では限界があり、人間に焦点を当てた安全保障が必要であるとする人間の安全保障を外交の柱に位置付けており、そのために、ＯＤＡを戦略的に活用し、紛争地域の平和構築に国際社会と協力して積極的に貢献していくべき、

・人間の安全保障という考え方は、イラク・北朝鮮問題でも明らかなように、人権問題と密接に関連がある、

・恐怖と欠乏から逃れて平和に生きる権利が地球上の全市民に対して保障されること、人間の安全保障としての基本的人権保障こそ二一世紀の課題、

などの意見が出された。

平和的生存権

憲法前文で触れられている「平和のうちに生存する権利」についても、議論が行われた。

・平和的生存権とは、戦争や軍事力により自己の生命や生活を奪われない権利であり、徴兵を拒否する権利も含み、国の交戦権を否認して統治権を制限する権利としての意味を持ち、自由権であれ、社会権であれ、平和が確保されないと享受できない点で、最も根底的な二一世紀の権利、

・平和的生存権を人権として保障するときの国家のイメージを考えると、平和を創造する、平和外交・予防外交を中心としたものになり、非戦のためのＮＧＯに対する支援も含まれる、

などの意見が出された。

2　自衛権の有無（集団的自衛権を含む）と自衛隊の位置付け

前文と第九条に定められている平和主義、特に戦争放棄の規定は、自衛権及び自衛隊の解釈に関連して、昭和二〇年代から様々な議論を引き起こしてきた。

憲法制定当初、吉田首相は、「第九条は直接には自衛権を否定していないが、二項が一切の軍備と国の交戦権を認めない結果、自衛権の発動としての戦争も、又交戦権も抛棄した」旨答弁しており、「戦力」については無限定的な不保持を念頭に置いていたものと見られた。しかしその後、一九五二年に保安隊が設置された際、吉田内閣は「二項は、侵略、自衛の目的を問わず『戦力』の保持を禁止しており、『戦力』とは、近代戦争遂行に役立つ程度の装備編成を備えるものである」旨の答弁書を出した。

また、一九五四年の自衛隊発足にともない、鳩山内閣は、「一項は独立国家に固有の自衛権までも否定する趣旨のものではなく、自衛のための必要最小限度の武力を行使することは認められている」とした。これにより、第二項が保持を禁止する「戦力」は、「近代戦争遂行能力」から「自衛のための必要最小限度を超える実力」に変更され、この政府統一見解の内容は、現在に至るまで維持されている。

憲法が強調する平和主義の先駆的役割や歴史的価値は、広く国民から認められているところであるが、国家の自衛権まで否定するのか、もし自衛権を認めるなら個別的自衛権のみならず集団的自衛権まで認めるのかどうか、また、自衛隊の存在や在り方をどのように考えるかなどについて、様々な角度から議論がなされてきた。どの立場をとるかによって、憲法第九条の内容に対する姿勢も異なることになる。

これらの論点をめぐり、様々な議論が行われた。

第九条

憲法第九条の制定経緯について、

・九条は連合軍側の強い要請でつくられたが、唯一の被爆国として全日本民族の悲願として平和の確立と戦争放棄が九条に明記されたことも事実であり、九条の議論をするときにこの原点を忘れてはいけない、

・制定経過がどうであろうと、戦争のない世界を目指す世界の長い努力の到達点が日本では九条を持つ憲法という形で現れた、

などの意見が出された。

なお、第九条の発案者については、日本側か、ＧＨＱ側か議論があるところであるが、

・戦争の悲惨な体験から、二度と戦争はすべきでないとの気持ちが国民の中に充満する中で憲法九条がつくられ、その九条をつくった当事者は明らかに日本側（幣原喜重郎）であること、など憲法制定当時の状況を冷静に学ぶ必要がある、

との意見も出された。

第九条の意義・評価等については、

積極的に評価する意見

・九条は、アジアの諸国民に多大な犠牲を強いた大戦に対する反省と、再び戦争を繰り返さないとのメッセージを諸外国に発信してきた平和主義の根拠であり、戦後日本の平和と経済発展を築く上で果たしてきた役割は極めて大きいものがあったと認識している（公明党）、

・日本の戦後の歴史を振り返るとき、様々に変化する国際環境の中で平和国家として節度を保った対応がなされてきたのは、九条、特に二項の存在に負うところが大きかったと言える（公明党）、

・二つの世界大戦を経て武力行使の禁止、紛争の平和的解決が国際ルールになるところまで人類史が発展したが、九条こそ戦争違法化の最も先駆的な到達点として世界に誇るべきものである（日本共産党）、

・九条の戦争放棄の考え方は、日本の平和主義のシンボルで、世界に誇るべきもの。戦後、日本の平和主義は、国際社会に広く受け入れられ、アジア諸国と良好な関係を保ち、米国からの軍事力増強圧力に対する盾となって軍事費の負担を減らし、高度成長を支える重要な柱となった、

などの高く評価する意見が出された。これに対して、

消極的に評価する意見

・九条を文字どおり理解すると、自衛隊の保持も怪しくなり、絶え間ない神学論争に陥る一方で、いったん保持を認めるとその活動に歯止めができず、第九条は規範としての機能を失いかねない、

などの意見も出された。

また、憲法第九条の今後については、本憲法調査会では、戦争の放棄を定める第九条第一項の維持はおおむね共通の認識であったが、戦力及び交戦権の否認を定める第二項改正の要否については意見が分かれた。

条文を改正すべきとの意見

・条文が現実と合わず、現実の方が合理的な場合には、条文を変えるしかない、

・九条一項は、不戦条約やそれに連なる国連憲章の精神等に沿い、国際法上も定着した侵略戦争放棄の理念を明らかにしたもので、堅持すべきだが、不戦条約や国連憲章も自衛戦争までは禁止しておらず、また、現実の国際社会の常識との乖離が余りにも大きくなり、国内外を問わず非常に理解しにくいので、自衛権を明記すべき、・一項は保持し、二項は「自衛のための戦力の保有」及び「我が国防衛のため及び国際社会において必要とされる場合の許される範囲内における武力の行使を認める」と改正すべき、

・九条二項を改正し、自衛及び国際協力のための実力部隊を保持することができると明言すべきで、個別的及び集団的自衛権を認めること、国際協力のために自衛隊の持てる力を活用することを明確な形で九条に書

き込むべき、
など、条文を見直すべきとの意見が出される一方、

維持すべきとの意見

・九条と現実政治の乖離については、自衛隊の現実に合わせて九条を取り払う方向での解決ではなく、世界史的にも先駆的な意義を持つ九条の完全実施に向けて、憲法違反の現実を改革していくことこそ政治の責任である（日本共産党）、
・九条を今変える必要はない。現実的には憲法の精神をいかして、平和ないし安全保障のための基本法の制定が必要ではないだろうか。このことは、国民や近隣諸国に理解が得られ、日本への信頼と抑止力にもなる、
・国際平和主義と国際協調主義に立脚する現行憲法、とりわけ、それを具体化した九条は、不戦条約、国連憲章の流れをくむものであり、今後とも堅持すべき。制定後半世紀以上の歳月を経て、今や憲法は国民の間にしっかり根を張り定着しており、暴走に対する歯止めとして九条の存在意義は非常に高く、今後とも九条は堅持すべき、
・九条の内容は、政府解釈や実定法の立法化により明確な形で示されてきており、とりわけ、自衛権や自衛隊を認め、また国際貢献ができるとする憲法解釈は既に確立しており、あえて今更憲法を改正する実益がどの程度あるのか疑問、
・憲法の平和の理念を守っていくことが、今後も日本が国際紛争や戦争に巻き込まれない非常に重要な道であり、憲法に欠陥があるとは考えていない、
・日本人が重大な決意で決めた九条、特に二項を変えなければならないほどの国際情勢があるのか考えるべきで、日本こそ不戦の国ということを今こそ世界に向け明快に発言するとき、
など、条文を堅持すべきであるとの意見も出された。

　さらに現行の条文はそのままに、新たな項目を追加するという「加憲」を検討すべきとの立場から、

加憲を検討すべきとの意見

・今後の九条論議に当たっては、一項の戦争放棄、二項の戦力不保持の規定を堅持する姿勢に立った上で、自衛隊の存在の明記や国際貢献の在り方について、加憲の論議の対象としてより議論を深め、慎重に検討していく方針である（公明党）、
・九条一項の戦争放棄、二項の戦力不保持の規定を堅持するという姿勢に立った上で、自衛隊の存在を明記し、国際貢献の在り方について根拠規定を加えるべき、
などの意見が出された。

個別的自衛権の有無と武力

　個人の自衛権は自然権であり、個人の自衛権の集合としての国の自衛権も条文以前の自然権であると言われる。我が国が独立国家として個別的自衛権を有することを認めることは、本憲法調査会において共通した認識であった。
・党の論点整理（平成一六年）は、個別的、集団的自衛権の行使に関する規定を置くべきとの意見が出たとしている（自由民主党）、
・党の憲法調査会中間報告（平成一六年）は、我が国固有の自衛権を有することは当然であるが、その行使の際の制約原理を憲法上明記すべきであるとしている（民主党）、
・主権国家が自衛のための必要最小限の武力を持つことは当然の権利であり、政府もこれを認めているが、国民の間に完全なコンセンサスがない最大の原因は、文言上、自衛権や自衛隊はあり得ないと読める二項にある、
・九条についての憲法条文と運用との乖離は、国家が本来持っている固有の機能である自衛権を放棄できないということに対する洞察力の欠如とも言える、

・日本の安全保障のために自衛権を持ち、自衛のための戦いをすることは、憲法が当然許容している、
・主権国家が国際法上、個別的・集団的自衛権を有していることは国連憲章にも明記されており、日本も独立主権国家として、当然に自衛権を有している、
・個別的であれ集団的であれ、自衛権そのものを国連憲章の規定に従って位置付けるべき、
・自衛権が国家の自然権として認められている以上、個別的、集団的を問わず日本もその権利を有する、
などの意見が出された。なお、自衛権と自衛のための戦力保持を特に区別し、
・日本に自衛権があることは一貫した見地だが、自衛のための戦力保持は別問題であり、国民の合意の下に九条違反の自衛隊を解消して九条の完全実施を目指す（日本共産党）、
とする見解もあった。

さらに、自衛権行使の際の制約や歯止めについては、専守防衛、抑制性、憲法上の明文規定の必要性等、様々な視点から、
・党の憲法調査会中間報告（平成一六年）は、自衛権について、国連憲章上の制約された自衛権として、①緊急やむを得ない場合、すなわち他の手段をもっては対処し得ない国家的脅威を受けた場合に限定する、②国連の集団安全保障活動が作動するまでの間の活動である、③活動の展開に際しては国連に報告することの三要件を明記し、さらに武力の行使については、最大限抑制的であることを憲法上明記しつつ、日本の安全保障活動は、集団安全保障への参加と、専守防衛を明示した自衛権の行使に徹するものとすべきとしている（民主党）、
・自衛のための武力行使は最後の手段であり、自衛権行使の態様、特にしてはならないこと（核兵器の非保有・非使用原則、侵略戦争はしない、軍事能力の民主的コントロールルールの確立等）について、憲法上の明確な規定が必要、
・過去に自衛権の拡大として戦争に突入した歴史から、個別的自衛権についても、不法性、必要性又は均衡性といったものを入れておく必要があるのではないか、
・個別的でも集団的でも、平和主義の精神からすれば、自衛権の行使は抑制的に、必要最小限にすべきことは当然、
・専守防衛という形でこの国を守っていくことは、これからも当然のこと、
・自衛と称して侵略戦争が起きたのであり、自然権としての自衛権ということには反対。自衛権は、国連軍が出て行くまでの間しか認められていないという国連憲章の考え方を継承していくべき、
などの意見が出された。

集団的自衛権

集団的自衛権とは、国際法上、自国と密接な関係にある外国に対する武力攻撃を、自国が直接攻撃されていないにもかかわらず、実力をもって阻止する権利とされている。このような集団的自衛権に関する政府解釈の是非、集団的自衛権を憲法に明記すべきかなど、様々な議論が行われた。

集団的自衛権の政府解釈

集団的自衛権に関する政府解釈は「保有しているが行使は憲法上認められない」というものであり、「我が国は主権国家である以上、国際法上、集団的自衛権を保有しているが、憲法第九条の下で許容される自衛権の行使は自国を防衛するため必要最小限度の範囲にとどまるべきことから、集団的自衛権の行使については、この範囲を超えるため、憲法上認められない」としている（昭五六年五月二九日「稲葉誠一（衆）議員の質問主意書に対する答弁書」など）。

このような内閣法制局による集団的自衛権の解釈についてどのように考えるか、意見の対立があった。

・集団的自衛権について、政府は、保有すれども行使せずとの憲法解釈にこだわり続け、後方支援・非戦闘地域・武力行使一体化などの用語を使って自衛隊の海外派遣を欺瞞的に説明し、不毛の議論・神学的論争につながった、

・集団的自衛権については、①自国を守るための権利であり、主権国家の自然権として保持・行使できることは当然であること、②行使できないことが必要最小限という制約から必然的に出るものではなく、必要最小限という概念も変化するものであること、③個別的自衛権を全うするために出てきた概念であり、個別的自衛権と同根一体であること、④保有するが行使できない権利というのは論理的に矛盾していることから、政府解釈は改められるべき、

などの意見が出される一方、

・集団的自衛権をめぐる政府の憲法解釈について、①長年にわたる安定・定着した考え方であること、②長年の政府の政策が国益を損なってきたとは言えないこと、③長年の政策を変更する大きな情勢の変化は見られないことから、にわかに変える必要はない（公明党）、

・内閣法制局が厳しい現実の中で、自衛権はあるが集団的自衛権は行使しないという論理を立ててきたことは、法の支配という意味で評価でき、国民の努力がこの見解に表れている、

・集団的自衛権に関する内閣法制局の解釈は、日本がとるべき行動の必要性等をふまえた上で憲法の枠内で解決を図ろうというもので、ベトナムに派兵を迫られなかったというような歴史的機能も含めて評価すべき、

などの意見が出された。

なお、集団的自衛権を保有はしているが行使はしないという政府解釈の論理についても、議論が行われた。

・集団的自衛権は持ってはいるが行使は憲法違反との政府見解は、国際通念上理解され得るものではない、

などの意見が出され、これに対して、

・国際法上保有が認められた権利を実際に行使するか否かは、主権国家が自らの判断で決めるべき問題であり、具体的には主権者である国民の意思により制定された憲法等により、各国が決めるべき問題、

などの意見が出された。

集団的自衛権を認めることの是非

集団的自衛権を認めるかどうかについては、①認める、②認めない、③制限的に認める、と立場が分かれた。さらに、認めるとする立場であっても、憲法で明記すべきか、憲法解釈により可能であるかについては、本憲法調査会において、意見の対立があった。

まず、集団的自衛権を認めるかどうかについては、

認めるべきとの意見

・党の論点整理（平成一六年）は、個別的、集団的自衛権の行使に関する規定を置くべきであるとの意見が出たとしている（自由民主党）、

・主権国家が国際法上、個別的及び集団的自衛権を有していることは国連憲章にも明記されており、日本も独立主権国家として、国際法上の常識に合わせるべき、

・今は一国だけで防衛機能を十分果たすことのできる時代ではなく、解釈上疑義が生じないよう九条を改正し、集団的自衛権の行使についても必要最小限度で認められるようにすべき、

・冷戦終結後の日本の現状や国際社会の期待等を見ると、集団的自衛権を一切行使できないとすることは国の安全保障政策の遂行を妨げるおそれがあり、無制限な行使は認めるべきでないが、必要不可欠な場合には行使可能にすべき、

・アジアでは冷戦は完全に終結しておらず、日米同盟を基軸として一定

の軍事力を保有しつつ、米国の軍事的プレゼンスを維持することにより勢力均衡を維持し、地域紛争の勃発を抑止し、不必要な軍拡競争を回避することが求められる。その際、集団的自衛権を行使し、同盟国としての一定の役割を確保し、米国の政策決定に対して一定の影響力を行使する立場を確保することにより、日本の外交政策の選択肢を着実に拡大させることが必要となる、

・集団的自衛権に対する制約は、将来のことを考えると、日米同盟のみならず、国連その他を通じた国際貢献に際しても大きな障害となり得ることから、我が国の外交の選択肢を著しく狭め、国益を損なうことにもなりかねない、

などの意見が出される一方、

認めるべきでないとの意見

・集団安全保障措置の確立こそを日本の使命とすべきであり、集団的自衛権の行使を認めることはこれと相反する、

・自衛権はあるが集団的自衛権はないというのが憲法の在り方、形ということでよい、

・日本の領域内で起きたことは個別的自衛権を根拠として対応できること、諸国が集団的自衛権の名の下に正当性が疑わしい行為に従事してきたという歴史的事実を十分に考慮する必要がある、

・国連の本来の理念に反して集団的自衛権を取り入れる背景となった米ソの対立がなくなり、国連の集団的安全保障を機能させ得る可能性がある中で、日本が集団的自衛権の行使への道を歩むことは、大きな流れに逆行するものであり、すべきでない、

・集団的自衛権は、武力の乱用の歴史であり、また、米国のベトナム侵略、旧ソ連のチェコ、アフガンへの侵攻など国際法違反が問われた場合に合理化するための議論という実態を踏まえるなら、明記すべきではない、

・集団的自衛権は憲法改正論者の中のよじれた問題であり、集団的自衛権は自然権だから当然認められるべきとする点によじれの問題が生じている、

などの意見が出された。

また、折衷的な立場として、集団的自衛権を行使できる場合を特に限定する立場から、

・集団的自衛権の行使が、他国において他国の軍隊と共同で戦争をする意味である限り慎重にならざるを得ないが、国連軍に限定してしまうとハードルが高過ぎるので、国連の総意で決めた事態に対しては集団的自衛権を行使していくとすべき、

・自衛権が国家の自然権として認められている以上、個別的、集団的を問わず日本もその権利を有しており、その行使については、条文を疑義なく解釈できるよう明文化した上で、具体的行使の場面では限定的かつ厳格に考えていくことが国益に資する、

などの意見が出された。

さらに、集団的自衛権については慎重に判断することが必要として、

・集団的自衛権をめぐる政府の憲法解釈について、①長年にわたる安定・定着した考え方であること、②長年の政府の政策が国益を損なってきたとは言えないこと、③長年の政策を変更する大きな情勢の変化は見られないことから、にわかに変える必要はない（公明党）、

・集団的自衛権については、具体的にどのような場合に行使を認める必要があるのか、本当に集団的自衛権の問題なのか、行使を認めなければ国家存立が危うくなる場合が本当に存在するのか、憲法に集団的自衛権行使を明記した場合にどのようなリスクが生じるのか、他の解釈との長短・優劣はどうか、等の問題を具体的事案に即して吟味し、議論、検討していくことが必要、

・集団的自衛権は義務ではなく、日本の自主的な政策判断で決めること

であるが、その行使に当たっては、慎重を期さなければならないのは当然であり、その政策判断の過程に国会の関与を組み込むことが検討されてもよい、

などの意見が出された。

集団的自衛権を憲法に明記することの是非

集団的自衛権を認める場合に、憲法で明記すべきか、それとも解釈で可能なのかについては、それぞれの立場から意見が出された。

憲法に明記すべきとの意見

・個別的及び集団的自衛権を明確に認める形で憲法に書くべき、

・集団的自衛権に関する政府の憲法解釈の変更方法は、①官房長官談話や閣議決定等による政府の解釈変更、②国会決議、③議員立法、④安全保障基本法のような法律の中での明確化、⑤憲法改正の五つがあるが、従来からの解釈論や国会における議論の経緯等を踏まえると、憲法改正による対応が望ましい、

・集団的自衛権は持ってはいるが行使は憲法違反との政府見解は、国際通念上理解され得るものではなく、抜本的見直しが急がれるが、基本的には多様な解釈を生み出す憲法の改正こそ必要、

・集団的自衛権の行使について、より国民の理解や支持を受けるためには、憲法上明記し、同時に個別法で集団的自衛権の範囲や形態を定めることが望ましい、

などの意見が出された。

明記する必要はないとする意見

・日米安保条約下の日本の立場があいまいな中では、米国に押し切られる懸念があるので、前文で国際貢献を明記しておけば、集団的自衛権についてはあえて明記する必要はない、

などの意見が出された。

なお、明記の要否の議論とは別に、国会が統制すべきであるとして、

・明示的に認めるか解釈上認めるかについてはいずれも有り得るが、集団的自衛権の発動の態様及び範囲については国会の統制に服するものとすべき、

との意見も出された。

自衛隊の存在と位置付け

憲法第九条の議論と重なる面があるが、自衛隊の存在と位置付けについて、議論が行われた。自衛隊の前身である保安隊設置の際は、第九条第二項で禁止される「戦力」は「近代戦争遂行能力」とされたが、一九五四年の自衛隊設置に際して、鳩山内閣は、「戦力」の定義を、「自衛のための必要最小限度を超える実力」へと変更し、「自衛隊は、我が国を防衛するための必要最小限度の実力組織であるから、憲法に違反するものでないことはいうまでもない」こととした。このような政府解釈は今日まで引き継がれている。

自衛のための必要最小限度の組織が必要であることには、本憲法調査会ではおおむね共通の認識があった。しかし、憲法に明文で書くか、書くとすればどのような書き方になるかは意見が分かれた。

自衛隊の存在など、自衛のための戦力等について憲法に記述がないことは問題であるとして、

・党の憲法調査会中間報告（平成一六年）は、憲法の空洞化・形骸化の大きな背景として九条の問題があり、自衛隊が世界屈指の軍隊の実態を持ち、海外派遣を繰り返していく姿と憲法との乖離に国民は大変疑問を持っているとしている（民主党）、

・現実に世界四位の予算を使っている軍隊がありながら、その記述が明確にされず、その制御の仕組みがビルトインされていないことは憲法の大きな欠陥であり、国際的な信用面でも問題がある、

などの意見が出され、憲法上明文で書くべきとする立場から、

憲法を改正し明文で記載すべきとの意見

・党の新憲法起草小委員会の検討（平成一七年）においては、自衛のために自衛軍を保持する、その自衛軍は国際の平和と安定に寄与することができるとしている（自由民主党）、
・党の論点整理（平成一六年）は、自衛のための戦力の保持を明記することについて大多数の同意が得られたとしている（自由民主党）、
・九条についても、実情に合うように、自衛の組織について明記すべき、
・現在は政府解釈で自衛隊の存在を認めているが、九条を改正して憲法に基づいたものとしなければおかしい、
・①国家には自衛権があり、国民の生命・財産を守る手段として軍事的な実力実行部隊は必要不可欠、②今日では自衛隊が憲法違反でないとの国民的な合意がある、③世論調査等でも憲法改正を是とする理由のトップが自衛隊の位置付けの明確化である、④各国でも国防を担う軍について憲法に明確に位置付けられている、等の理由から、自衛隊を明記すべき、
・普通の自衛軍を持つという表現であるべきで、このような規定を持つと国民、政府の責任は重くなるが、自分の責任で自衛の問題について判断するというふうにすべき、
・自衛隊は明らかに軍隊であり、軍隊ではないという子供だましの議論はやめ、必要があれば憲法を改正して軍隊を設け、その行動を法律により規制するという当たり前のことを行えばよい、
などの意見が出された。これに対して、

憲法を改正する必要はないとする意見

・既に実態として合憲の自衛隊は定着しているのであえて書く必要はない、
・自衛隊が明らかに九条二項の戦力と言わざるを得ない現状を変えるには、先にあった憲法に自衛隊を合わせるべきであり、それがどのような現実になるのかを議論すべき、
などの意見が出された。
なお、

現在の自衛隊の合憲性に疑義があるとの意見

・九条の条文からも憲法制定議会の論議からも、自衛隊を持てるということも自衛隊をどこかへ派遣することができるということも出てこない（日本共産党）、
・現在の自衛隊の実態は、憲法が求める必要最小限の実力の範囲を逸脱しており、制約原理の空洞化も目立っているので、必要最小限の実力の範囲内、つまり合憲の自衛隊に縮小、再編しなければならない（社会民主党）、
との意見も出された。
また、現在の自衛隊は任意に志願した者を採用しているが、
・九条二項改正の際に、国民の心理的抵抗に配慮して徴兵制を採らないということをあえて明文化することも検討に値する、
との意見も出された。

自衛隊と法の支配

自衛隊もまた法の支配に服すべきとして、
・自衛隊と米軍の現実の活動を法の範囲内に置くべき。非現実的法体系の下では、いざというときには超法規的に行動してでも国を守るという思想が現場にある程度存在するのも事実、
・自衛隊のような力の存在があるから抑止が可能と考えるが、自衛隊も力である以上、凶器とならないよう明確なルールが必要であり、憲法上もこれを明示していくべき、
・どのような場合にどのような武器が使用可能かを定めた、自衛隊の交戦規定の確立が必要、
・自衛権の行使及び自衛隊の国際貢献の場合における法の支配を徹底するため、自衛隊司法制度を確立し、①隊内の命令、服従関係、ＲＯＥ、

武器使用の態様、緊急時における市民との関係等自衛隊及び自衛隊員の行動規範に関する法の整備、②法務省管轄下における防衛刑事裁判所の設置、③海外における自衛隊活動に対する法律の適用関係の整備、④自衛隊及び自衛隊員に関する訴訟手続法の整備をすべき、

などの意見が出された。

3　シビリアン・コントロール

軍組織に対する民主的統制は民主主義国家体制を守る上で不可欠であり、自衛隊を統制する上でも、前項で述べた法の支配と並び、シビリアン・コントロール（文民統制）は重要であるということがおおむね共通の認識であった。このような統制規定について、最高法規たる憲法に明示することが望ましいとして、自衛隊の存在を憲法上に明記しようとする立場から、シビリアン・コントロールも併せ明記する旨の主張がなされたが、具体的な内容については意見が分かれた。なお、憲法には、現役の武官が大臣に就任し、国政に大きな支配力を持った反省に基づき、国務大臣については、文民でなければならないとの規定が置かれている。

また、シビリアン・コントロールの意味や内容については議論のあるところであり、議会における戦争の宣言と予算の権限、行政府の長の指揮権、軍が国民の自由を不法に侵害した場合の裁判所の権限などが含まれるべきなどと言われている。

シビリアン・コントロールの意義、シビリアンの定義

シビリアン・コントロールの意義について、

・民主主義は歴史の中で達成された最善のシステムであるが、民主主義に基づくシビリアン・コントロールにより自衛隊を運用していくことも人類の英知と考える、

などの意見が出され、また、シビリアン・コントロールについて議論する必要性について、

・シビリアン・コントロールを担保する方策として、最近では軍の行動に対する法の支配が各国で言われているが、日本でも、コントロールを外れたときの責任について議論する必要がある、

・軍事に対する立法権によるコントロールは、重要な問題として国会において考えるべき問題、

などの意見が出された。

また、シビリアン・コントロールでは、シビリアンの具体的な身分もさることながら、立憲主義的なメカニズムこそが重視されるべきとして、

・シビリアン・コントロールについては、軍隊の最高指揮者が非軍人、文民でなければならないといった狭義の意味でとらえられるべきではなく、民主的手続によって選ばれた議会の統制に服するという、民主的統制として理解されるべきである、

・軍事力は本来的・本性的に暴走することもあるため、各国の憲法にも明記されているように、だれがコントロールするかのメカニズムを最高法規で決めておくことが必要、

などの意見も出された。

シビリアン・コントロールについて憲法に明記する必要性

さらに、憲法に明記する必要性については、

・党の新憲法起草小委員会の検討（平成一七年）においては、首相の最高指揮権及び民主的文民統制の原則に関する規定を憲法に盛り込むとしている（自由民主党）、

・党の論点整理（平成一六年）は、首相の最高指揮権及びシビリアン・コントロールの原則に関する規定を置くべきとの意見が出たとしている（自由民主党）、

・日本では、自衛隊が軍隊か否かの議論に終始し、自衛隊をどうコントロールするかについての議論が封じ込められてきたが、自衛隊のシビリアン・コントロールについての基本原理を憲法に定めておく姿勢は、絶

対に必要、
・各国の憲法は安全保障に関して詳細に記述しているが、これは軍が必要であるから持つという一方、軍をコントロールする仕組みが憲法に必要であるとのスタンスに立つからではないか、
・世界有数の予算を軍事力に使いながらそれを統制するシステムが憲法に明記されていないとの事実は、国際社会から信用をかち取るための、あるいは憲法を改正することへの大きな障害になる、
などの意見が出された。
また、
・先進国家が議会優位の民主主義体制から行政優位の形態に変貌し、シビリアン・コントロールにおいても、より専門性や機動性を持つ行政府のウエートが増し、国会によるコントロールが形骸化していくのではないかとの懸念を持つ、
などの意見が出された。

シビリアン・コントロールの内容

シビリアン・コントロールの手段として重要とされている指揮監督権や議会統制の在り方が議論され、
・自衛隊に対する民主的統制の原理として、①戦争の開始、②戦争の終了、③戦争の予算、の三点は議会の決定によるということを憲法上明記すべきであると考える、
・自衛隊法七条（内閣総理大臣は、内閣を代表して自衛隊の最高の指揮監督権を有する）や八条（防衛庁長官は、内閣総理大臣の指揮監督を受け、自衛隊の隊務を統括する）のような規定を憲法上設け、かつ、自衛隊の使用や派遣についての国会関与を憲法上規定すべきであり、これは個別法に憲法上の根拠を与えるものと考える、
・海外に自衛隊を出す場合の議会の関与に関する統一した原理原則をつくらない限り、本当の意味において議会の自衛隊に対するコントロールを確立することは出来ない、
・政治が軍事行動に関与する際、防衛力整備への関与は予算統制の形で比較的行いやすいが、作戦構想への関与は情報が共有されにくいため難しく、政治決定者に情報が十分届くかが問題となる、
などの意見が出された。
また、防衛庁の内局制度について、
・防衛参事官制度を廃止すべきとの議論や、防衛事務次官が持つ自衛隊に対する監督権を統幕長に移すべきとの議論があるが、これが現実になると、首相と自衛隊が直結するという形で、平成の統帥権独立制度になってしまうとの懸念を持つ、
・日本のシビリアン・コントロールの特色とされる内局制度と自衛隊の行動の法定化は、シビリアン・コントロールの必須要件ではないとされるが、これらにより、欧米諸国よりも一層徹底したシビリアン・コントロールになっていたのではないか、
などの意見が出された。

4　集団的な安全保障と日米安全保障条約

世界の安全保障や日本の安全保障を考えるに当たっては、冷戦終焉後、唯一の覇権国になった米国と同盟し、軍事力によりグローバル秩序の障害物を排除して平和秩序を維持していく構想と、国連憲章が想定する集団安全保障はまだ実現されていない状況ではあるが、国際連合を中心にし、また大国が自己規制をすることによって、平和秩序を維持していく構想という、二つが軸になると言われている。
世界の安全保障や日本の安全保障の考え方について、
・法律が遵守されるためには実行力が必要で、警察を不要と思う者はまずいない。国際社会も同様で、いかに自国の安全と世界の平和を守っていくか、現実を見据えた上でしっかりと憲法上もその制度を構築してい

くべき、

・日本の包括的な安全保障という概念を再構築し、その中で平和主義をきちんと確認しつつも、深刻な国家的脅威にいかにして的確に対処するかということが求められている、

・地球上から一切の紛争がなくなり、テロリストもいない理想の社会が来ることを皆が願っているが、現実に九・一一以降の世界では、米軍を含めすべての政策はテロとの戦いに向かっており、理想は理想として、現実を見据えた具体論が必要、

などの意見が出され、一方、

・日本が恒常的戦力によらずに安全保障を図ることが可能な時代が到来しつつあるとの立場を表明しているが、これは、九条の完全実施の前進・発展（日本共産党）、

・相手方が平和政策を導き出すための軍縮と核の廃絶、非核構想地帯と多国間の安全保障条約、その基底にある平和的生存権と人間の安全保障ということを考えている。非武装中立論は、国連全体に法治システムが完遂したときに実現すると考える（社会民主党）、

などの意見も出された。

集団安全保障

国連憲章は、平和に対する脅威に対し、加盟国は有効な集団的措置をとるものとし、個別の武力の威嚇又は行使を慎むとしている。これは個々の国家の自衛権行使をできるだけ少なくし、国際社会が協力して対処していくことを意味するが、国連憲章が想定する完全な集団安全保障はまだ実現していない。

国連の集団安全活動への参加については、

積極的に考えるべきとの意見

・党の憲法調査会中間報告（平成一六年）は、憲法に、国連安保理又は国連総会の決議による正統性を有する集団安全保障活動には関与できることを明確にし、地球規模の脅威と国際人権保障のために日本が責任を持ってその役割を果たすことを鮮明にすべきとしている（民主党）、

・五〇年間に日本は大きく発展し、国際的な責任と役割が増大し、国際的な安全保障に関して責任ある態度を取らなければならない。今、日本に求められていることは、国連憲章に基づく集団安全保障への参加について議論を展開することである、

・国連憲章上の国連軍はまだできておらず近い将来できる見通しもないが、国際社会における軍事的な実力の行使は国連の警察的機能に一元化し、すべて国連の意思決定に従って行うという理想を失ってはならない、

・集団安全保障措置の確立こそを日本の使命とすべきであり、集団的自衛権の行使を認めることはこれと相反する、

などの意見が出される一方、

慎重に考えるべきとの意見

・軍事的安全保障における集団主義は、現実の国際社会で普遍的なものになっているわけではなく、国連軍は有名無実になったとまで言われており、この点は慎重であるべき、

などの意見も出された。

日米安全保障条約

国際社会において米国の力が圧倒的になった中で、日米同盟の在り方はいっそう重要な課題となっている。日米安全保障条約には、日本の安全保障と地域の安全のための貢献という二つの目的があるが、今後は後者の比重が高まり、この部分における日本の役割分担が求められていると言われる。

日米安全保障条約については、

積極的に評価する意見

・日米安保体制は日本の防衛のために必要であるとともに、世界一・二位の経済大国であり、ＯＤＡの二大供与国でもある日米両国が協力関係

を維持することは、アジア太平洋地域のみならず、世界の平和と繁栄のためにも重要であるとの観点から、今後とも日米安保条約を基軸とした日米間の協力関係の維持に努めるべき（公明党）、

・日本は、米国に次いで世界をリードする経済力を持つほか、違いを認める文化を持ち文化面で世界に貢献できれば、世界は変わる。ここに日米同盟の新たな意義があり、日米同盟は、世界のために強化されなければならず、世界平和の基軸となる、

・アジアでは冷戦は完全に終結しておらず、日米同盟を基軸として一定の軍事力を保有しつつ、米国の軍事的プレゼンスを維持することにより勢力均衡を維持し、地域紛争の勃発を抑止し、不必要な軍拡競争を回避することが求められる、

などの意見が出される一方、

消極的に解する意見

・日米安保条約を廃棄し、米国を始めすべての国との対等・友好の関係を結び、非同盟諸国に参加して平和・中立・非同盟の道を進むことを提起している（日本共産党）、

・日米安保条約は不磨の大典ではなく、同条約一〇条により、片方が条約終了の意思を通告した後一年で終了するほか、国連が承認をし、日米両国政府が認めた安全保障体制ができれば終了するということも頭の中に入れておくべき、

などの意見も出された。

なお、

・日本の自衛力で不十分な場合、日米安保条約に依存することも政治の選択として正しいが、相互条約であることから、米国の安全保障に協力する面が出てくることは否定できず、その範囲について議論を深めることが必要、

などの意見も出された。

地域安全保障

アジア諸国と平和構築のため協力していくことは、日米関係、国連関係と並んで重要との意見があり、議論が行われた。

・日本は東アジアの不戦や地域協力と統合のために最大限の役割を果たすべきであり、これを憲法上の原則として規定することは、アジアの人々の日本に対する疑心暗鬼をなくし、日本の新しい出発に理解を得るためには欠かすことができない、

・長期的視点からは、東アジア地域での安全保障の枠組み構築に日本は積極的に取り組むべきであり、それが憲法の示す道である、

・日本、中国、韓国、ロシア、モンゴルにより、軍事面だけでなく、経済的結び付きを中心にした東アジア地域の安全保障のフォーラムをつくるべきであり、その前段として日本・南北朝鮮・モンゴルの間で非核地帯条約を結び、地域の信頼醸成を図るべき、

などの意見が出された。

5　国際平和とそのルール（国際連合、国際法）

第一次・二次世界大戦の惨禍の経験から、国際連合を中心とした国際平和の確立が目指された。国連憲章の戦争の災害から将来の世代を救おうという精神は、日本国憲法の理念と基本的にはつながるものである。

国際連合を中心とした国際平和活動に日本がどのようにかかわっていくかが大きな問題であるが、国際連合、特に安全保障理事会の在り方には、様々な意見がある。国際連合を重視するが、安全保障理事会をはじめ改革が必要であることは、憲法調査会におけるおおむね共通の認識であった。

また、国際社会においても、法の支配の確立を目指し、国際連合だけでなく、様々な努力が積み重ねられている。そして、二一世紀にはますます国際協調が進み、主権国家の制約が強まり、確立された国際法秩序

の下で法の支配に基づく行動が求められるようになると言われている。
このような、国際平和とそのルールをめぐって、議論が行われた。

国際社会の現状と国際平和の確立

現実の国際社会における問題状況の認識に基づき、平和の確立への取組について、

・国際的な世界各国の協調の場が国連であり、その上で、日本は日米関係を基軸としており、また日本はアジアの中にあることから、日本の今後の外交安全保障上の立場を考えるときには、国連と日米とアジアの三つの軸でしっかり考えるべき（公明党）、

・冷戦終結後の民族・宗教に起因する紛争の多発や難民の発生、グローバリゼーションの進展による貧富の差の拡大や社会・文化の多様性への影響等の問題が生じているが、このような課題に対しては、国連等の国際機構を通じた取組や、個々の課題ごとに集まった国家のグループによる取組が不可欠、

・戦争史上最大の悲惨をもたらした二つの世界大戦の教訓をいかした国連憲章と、それを一層発展させた日本国憲法を基本とし、国連憲章に規定された平和の国際秩序を擁護すべき、

・憲法が掲げる平和主義、国際協調主義は、国連、国連憲章と非常にかかわり合いがあるという意味で、日本が外交の基軸を国連中心に置くのは非常に意義のあること、

・米国が提供する軍事力による平和に世界も日本もゆだねるのか、国連をしっかりさせて国際社会を制度化し、法の支配を確立させる方向に行くのか重要なところにきている、

などの意見が出された。

国際連合

国際連合の役割と在り方について、

・人類が国連に代わる国際機関を持ち得ていない現在、日本は国連憲章の掲げる理想を追求し、その機能の強化に努めるべき、

・消極的に国連重視を語るだけであってはならず、国連改革など他の条件も整備しながら、国連を発足当初想定されていたような状態に近付ける努力をしなければいけない、

・平和の構築や貧困格差の是正、地球環境など、21世紀の全人類が直面する課題の解決のために国連が果たすべき役割は重要。冷戦終結後、国連が本来の機能を発揮する道を切り開くことも可能となり、日本は、国連の機能強化を進めるべき、

・日本は、人権と安全保障について、国連を中心とする国際機関の実効的措置やそのための組織・機関の強化について、国際刑事裁判所を始めとし、国連軍や国連警察軍の創設に至るまで、積極的に発言し、行動していくべき、

・国連の現実に理想から懸け離れた部分があることは否定できないが、世界平和の破壊や不正義が地球上に存在する限り、国連の不完全さを理由に傍観者然と振る舞うことはできず、日本は、国連決議による多国籍軍や国連平和維持活動に主体的に関与すべき、

などの積極的な意見が出されたほか、

・国連憲章の敵国条項が未だに削除されないのはおかしい、

などの意見も出された。

安全保障理事会

常任理事国の拒否権など、安全保障理事会の在り方や限界をめぐって、様々な議論がある。また、常任理事国に日本が入るべきとの意見は強い。これらの課題をめぐって、議論が行われた。

安全保障理事会常任理事国入りへの賛否について、

常任理事国入りを積極的に考えるべきとの意見

・日本の安保理常任理事国入りは、国連が幅広い手段で国際平和を実現していくことに不可欠であるとともに、国際社会における日本の役割と

貢献を更に高めていくことになると確信する、

・日本は常任理事国となって議論に参加し決議の提出にもかかわることが必要であり、二〇数パーセントの国連出資金を支出する日本が常任理事国にもなっていないこと自体が問題である、

などの意見が出され、実際に常任理事国となる場合の条件として、

・①旧敵国条項を含む国連憲章の改正、②日本の常任理事国入り、③憲法改正をワンパッケージで行うべき。集団的自衛権を認めることなく常任理事国になることは矛盾が多過ぎる、

などの意見が出された。

これに対して、

安全保障理事会との関わりを見直すべきとの意見

・国際活動への関与と称して国連安保理が志向されているが、軍事力による貢献ではなく、途上国の貧困撲滅、南北問題や世界環境問題の解決など、ユニセフ・ユネスコ・WHO等の機関による取組にもっと積極的に協力することが重要であり、憲法の平和原則、民主的な原則に基づく貢献を大いに重視すべき、

・国連中心主義は日本の外交の基本とは思うが、安保理がそれなりの国の思惑で動き、拒否権を持つ常任理事国が存在する中で、最後まで日本の安全保障を国連にゆだねることについては、議論すべきところがあるのではないか、

・国連は、世界各国が得意な分野を持ち寄って国際社会全体として最も効果的な行動を取るための掛け替えのない場であるが、イラク問題への対応をめぐり、安全保障理事会や国連の在り方に疑問が出てきた、

などの意見も出された。

国際法

近代国際社会の原則は、主権平等、国家平等の原則であるが、国家主権を制限し、人権と法の支配を重んじる努力が国際法分野でも行われているところであり、

・国際刑事裁判所の設置により、戦争犯罪等を犯した個人に対する被害者の賠償請求が認められたが、現実の救済には困難があると思われるので、加害者の所属国に法的責任があれば、そこに賠償責任を認めるよう国際法を確立し、それに応じた国内法も整備していくことが必要、

・国際法の中核と言ってよい国連憲章を再度、日本の憲法と併せて考える時代ではないか。現在、逆の方向へ世界が向かっていることを危惧する、

・国際社会の中で「名誉ある地位を占めたい」（前文）としながら、実際には憲法上の制約により条約・国際法規を誠実に遵守できない部分があるが、国際社会が合意したものを誠実に遵守し、実行できる国家でなければ、国際社会における主体的地位は占められない、

・国際刑事裁判所の設置により、国連軍が武力で犯罪・戦争犯罪等を解決するという一九世紀・二〇世紀の伝統を変え得るとすれば、国際刑事裁判所は、二一世紀の平和構築に重要な意味を持つ、

などの意見が出された。

6　国際貢献（PKOなどの国際平和活動、ODAなどの国際協力）

日本が、国際社会の一員として、国際平和活動やODAを活用するなど国際協力に積極的に取り組むべきことは本憲法調査会における共通の認識となっているが、国際貢献について憲法上明記するか否かについては、意見が分かれた。さらに、PKOや国連の決定に裏打ちされた多国籍軍などにも積極的に参加するかどうか、軍事面についても貢献を行うかどうかについては、これを積極的に推進すべきとする意見と、非軍事力による国際貢献に限るべきとの意見とに分かれた。

国際貢献の在り方

現行憲法の下では、一国平和主義ではなく国際平和への責務を負うことは、自国のことのみに専念してはならないという前文にも明らかなところであり、国際貢献の在り方について、議論が行われた。

　国際貢献を積極的に行うべきという点については、意見が一致したが、憲法上明記すべきとの点については意見が分かれた。

国際貢献について憲法への明記を検討すべきとの意見

・党の論点整理（平成一六年）は、平和への貢献を行う国家となるべきとの観点から、自衛権や国際協力、国際貢献のルールをどこまで新憲法に書き込むか検討するとしている（自由民主党）、

・日本が国際平和活動や国際協力に、より主体的、能動的に取り組んでいくためには、国民一人一人の理解が不可欠であるとともに、国家の基本法たる憲法本文に国際協力の理念や国際機構の活動への参加を明記することが必要、

・前文の国際協調主義、平和主義を具体的に書いた項目が憲法中になく、どのような国際協調主義かという条項がないので、新たに章立てをし、国際協力・国際協調を明記すべき、

・国際貢献・国際協力への対応が九条改正の中で取り上げられなければならない、

・日本の責務としての国際貢献について、前文で十分との意見もあるが、前文は政治宣言的な意味合いが強く、日本の責務としての国際貢献・国際的な安全保障における関与について、具体的条文に盛り込まれることが必要、

・日本の国際貢献は地球村の一員として当然の責務であり、自衛隊も含め、ＮＧＯ、ＮＰＯ、市民団体等様々な形態の人道支援、ＯＤＡを通じた非軍事的な協力等が考えられ、国際貢献又は国際協力として新たに条項を設けて規定してもよい、

などの積極的な意見が出された。

　具体的な貢献手段については、軍事的協力まで視野に入れるか、非軍事的協力に限定すべきかで意見が分かれ、

軍事的協力まで視野に入れるべきとの意見

・日本は、国連による平和維持・平和構築活動に積極的に参加するとともに、国連決議に基づいた正当な目的のために行われる活動に対しても可能な限り協力を行うことを検討すべき。これは、現九条の下においても十分可能である、

・冷戦後の世界情勢を見ると、安保理の決議を受けた多国籍軍の活動や武力行使を伴うＰＫＯが増えているが、これらの努力は貴重であり、日本も積極的に参加していくべきであり、日本が果たせる国際貢献の理想的な在り方の一つと考える、

などの意見が出される一方、

国際貢献は非軍事的協力に限定すべきとの意見

・九条は、戦争違法化という二〇世紀の流れを示した国連憲章に合致し、更に前に進めるという点で誇り得るものであり、このような憲法を持つ日本は、核兵器廃絶、南北問題の解決、環境破壊の防止など、非軍事の分野で国際的な平和貢献を積極的に行うべき。九条は国際貢献の足かせどころか日本が独自の積極的役割を果たすためのものになる、

・日本の最大の課題である世界平和のための国際貢献の基本は国際交流を深めることにあり、国際交流は国民参加の下で進めなければならず、そこで一番重要なことは世界の人々に来てもらうことである、

などの意見も出された。

ＰＫＯなどの国際平和活動

　国際法上、国際紛争解決の手段としての武力行使は正当化し得ないが、国連軍やＰＫＯが行う活動は、国際的公共的な性格を持ち、安全保障理事会の決定と国際連合の指揮の下で行われる。このことから、ＰＫＯや国連の集団的軍事措置への参加をめぐっては、国際法上正当とされる武

力行使であれば日本も参加すべきとの意見がある一方、この場合でも非軍事的な貢献に限るべきとの意見がある。

このような問題や貢献の在り方について、

日本は積極的にPKOなどに参加すべきとの意見

・憲法の平和主義の原則は、一国による武力行使の放棄と国連主導の集団安全保障への積極関与の二点と考えるが、後者は国連の実力部隊の行動に参加するということである、

・日本は、国連による平和維持・平和構築活動に積極的に参加するとともに、国連決議に基づいた正当な目的のために行われる活動に対しても可能な限り協力を行うことを検討すべき。これは、現九条の下においても十分可能である、

・冷戦後の世界情勢を見ると、安保理の決議を受けた多国籍軍の活動や武力行使を伴うPKOが増えているが、これらの努力は貴重であり、日本も積極的に参加していくべきであり、日本が果たせる国際貢献の理想的な在り方の一つと考える、

・日本は、平和構築に対し積極的にかかわる機能まで持つに至ったPKOや、国連の意思決定に裏打ちされた多国籍軍に、責任を持って積極的に参加すべき、

などの意見が出される一方、

自衛隊派遣を中心とする国際貢献は疑問との意見

・侵略や人道法の大規模な侵害を阻止、鎮圧する国連の軍事行動には、武力を伴うものであってもできるだけ参加すべきとの主張もあり、傾聴に値するが、軍事的安全保障における集団主義は、現実の国際社会で普遍的なものになっているわけではなく、国連軍は有名無実になったとまで言われており、この点は慎重であるべき、

・九条のために日本は国際貢献を果たせないというが、自衛隊派遣だけが国際的貢献ではなく、日本が国際的に協力できる分野は、政治、経済、人的協力など各分野にわたり多面的なものがあり、自衛隊派遣抜きの国際協力・国際協調はあり得ないとする最近の議論は、一面的である、

・国際貢献には賛成であるが、なぜ自衛隊でなければならないかという点には疑問を持つ。中国を始めとするアジア諸国は、自衛隊が強大になることを歓迎しない、

などの意見が出された。

また、派遣される実力組織について、

自衛隊の中から派遣すべきとの意見

・自衛隊のPKOの活動については、自衛隊とは別組織をつくり派遣すべきとの意見もあるが、日ごろの訓練による危機管理能力や装備の整備の点から考えても、自衛隊の中での派遣が妥当、

などの意見が出される一方、

別組織を派遣すべきとの意見

・日本がPKOや国連の意思決定に裏打ちされた多国籍軍に参加するための部隊は、日本の主権の行使に携わる自衛隊でなく、自衛隊と別組織の国連待機部隊とすることがよいと考える、

などの意見が出された。

さらに、武器使用の基準について、

・国連ないしこれに準ずる国際的なスキームの下での派遣にあっては、目的に照らして合理的な範囲で武器使用を認める方向で法により明確化すべき、

・海外でそれなりに危険な地域で活動するのであるから、武力行使と区別された武器使用の基準を自衛隊の活動の実態に即して考えることが喫緊の課題、

などの意見が出された。このほか、

・日本もPKO訓練センターをつくり、一般人、ジャーナリスト、NPOの人等が恒常的に訓練を受ける機会を持つことが重要、

・PKO活動に当たっては、何時どのようなときに撤退するか、その理念を持つことが重要、

などの意見が出された。

ODAなどの国際協力

世界の平和保障は、経済問題の解決をなくしては成り立たず、特に、南北問題や貧困などの解決が不可欠であることは憲法調査会における共通の認識と言える。これらの問題を解決するには、国家間で多様な経済的・社会的援助がなされることが重要であり、我が国もODA（政府開発援助）として、開発途上国の経済・社会の発展や福祉の向上に役立つように資金・技術提供を行っている。

ODAをはじめとする国際協力の問題に関して今後取るべき姿勢として、

・日本は、ODAを戦略的に活用し、また、紛争地域の平和構築に国際社会と協力して積極的に貢献していくべきであり、このような国際貢献の分野については、経済的貢献のみならず人的貢献、知的貢献などその総力を挙げて取り組むべき、

・自らの繁栄を平和で安全な世界の自由貿易体制に依存する日本は、国際社会共通の課題に応分の負担や協力を果たしていく責務があり、国際社会における長期的な国益につながる国際協力を打ち切ったり、性急に削減すべきではない、

などの意見が出された。

また、現在ODAの有効性に疑問が呈されていることに関連し、

・ODAについては、国民の間に不信感が満ちており、評判が良くない面もあるが、積極的に予算を増やしていく必要がある、

・ODAについては、政府全体としての戦略がなく、各省庁が縦割りで行っているが、日本全体としてODAを活用すべきであり、ODAが削減されている現状は全く逆行である、

などの意見が出された。

さらに、その他の国際協力について、

・青年海外協力隊を国際協力という視点でもっと重視すべきであり、政府が予算も付けて大きく発展させるべき、

・草の根無償資金は顔の見える支援であり、現地のニーズに強く、対応が難しい小規模な案件に即応できるが、海外のNGOが主たる対象であり、日本のNGOが対象となる場合も予算規模が見劣りするので、日本のNGO育成のために、政府を挙げて総合戦略を持って取り組むべき、

などの意見が出された。

7　緊急・非常事態法制

日本国憲法には、緊急事態あるいは非常事態を想定し対処する規定が設けられていないが、新たに憲法上明記するか否かについては意見が分かれた。憲法に緊急・非常事態に対する何らの措置をも予定しない国は、一見、立憲主義に忠実であるかのように見えるが、実は危機的状況において憲法の精神が踏みにじられる危険性をはらむものであるとして、ドイツのように根拠規定を置くことが必要とする意見がある。これに対して、現行の憲法は明治憲法の非常大権等とその運用実例に対する歴史的反省に立って制定されたものであり、むしろこのような規定を置かないという決断がなされたと解すべきとの意見も出されている。

さらに、緊急・非常事態に関する規定を憲法に置くことは基本的人権との関係で難しいため、憲法は現状のままとして、緊急・非常事態に対処する基本法を制定し、ここに国民保護法的なものも織り込んで対処する方がよいとの意見がある。

憲法に規定を置くことの是非

立憲主義の秩序の中で緊急事態等に対処できるように、憲法に規定を置くかどうかをめぐって議論が行われたが、本憲法調査会における意見

は分かれた。

憲法に規定を置くことに積極的な意見

・党の論点整理（平成一六年）は、非常事態全般、すなわち有事、テロ、大規模な暴動などの治安的緊急事態、自然災害の場合に関する規定を置くべきとの意見が出たとしている（自由民主党）、

・憲法制定時は占領下で緊急事態を想定する必要がなかったこと、ドイツでは戦後十数年たって緊急事態の規定を設ける憲法改正を行ったこと等にかんがみれば、憲法上、緊急権や緊急事態に関する規定がないのは、憲法の欠缺である、

・近代国家の果たすべき最低限の義務は国民の生命・財産を守ることだが、日本国憲法は事実上これを放てきし、国家としての脅威や非常時の備えを想定することも否定した、

・緊急事態が予測されるような状態においては、国として、内閣の緊急命令、緊急財政処分、立法緊急宣言などの諸制度が必要と考えるが、憲法上は、参議院の緊急集会の規定があるにとどまるので、その根拠を憲法に明確に規定すべき、

・国家非常事態の宣言及び国家緊急権の行使は国会の民主的統制下に置くことを憲法上明記しておく必要がある、

などの意見が出された。

憲法に規定を置くことに消極的な意見

・緊急事態は突然起こるものではなく、危機回避の平和外交こそ必要ではないか。予防外交、信頼醸成、多国間協議等の非軍事の力を日本の法体制の中でシステム化していくということが大事、

・緊急事態法制がないという憲法の沈黙は、法の欠陥ではなく、平和主義と積極的にリンクしていくとの意見は示唆に富むもの、

・緊急事態については、ぎりぎりの段階まで法規にのっとった形で対応すべきと考えるが、憲法に明文の国家緊急権規定を入れることは、ある意味ぎりぎりの努力の部分を放棄してしまうことにつながるのではないか、

などの意見が出された。

また、これに関連して、

・緊急事態を起こさせない外交努力等は非常に重要だが、まず日本が過去の戦争に対する反省の気持ちをしっかりと表明することが、アジアにおける日本の地位を高め、これが大きな安全保障の一つとなる、

などの意見が出された。

緊急・非常事態の対象

緊急・非常事態とは、具体的にはどのような事態かが問題となった。同じく危機的な状況であっても、武力が行使される事態なのか、大規模災害や原子力事故のような非軍事的なものも入るのか、危機の態様を整理して、議論すべきとの意見があり、これに関連して、議論が行われた。

・緊急事態に関し、憲法上どこまで許され、どこまで禁止されているのか様々な事態を想定しながら詰めるべき、

・国家非常事態を認定する基準を法上明確にしておく必要がある、

・東京に直下型地震が起きた場合の対応などが不明であり、危機管理について憲法上の言及が必要、

などの意見が出された。

緊急・非常事態への対処

緊急・非常事態への対処方法についてどのような形で明記するか、また、国民の人権の確保及び救済をどのように実現するかなどについて、議論が行われた。

・①首相が権限を行使する場合、国会との関係でどのようなチェックの仕組みが必要か、②公共の福祉による人権の制約がどこまで許されるか、それで十分か、③地方自治の制約はどこまで許されるか、制約について憲法に根拠を求めなくてよいか等について検討すべき、

・非常時にあっても憲法の機能を維持するため、首相が行使できる権限及び期限を明確にして緊急権行使を決めた上、それに対する国会による民主的統制の仕組みについても今後検討していくべき、
・国家緊急権の行使の態様及び範囲を法上明確にし、また、国家非常事態における自衛隊の行動の政治的中立性の堅持について憲法上明確にしておく必要がある、

などの意見が出された。

また、国民の人権確保と救済をどのようにするかについて、
・緊急事態が生じたときに公共の福祉を拡大的に解釈することは危険であり、非常措置を必要最小限にとどめ、その濫用を防止するためにも、憲法に明確な規定を設ける方がベター、
・国家国民の存亡にかかわるような緊急・非常事態に関する法律をあらかじめ整備しておかないと、基本的人権を結果的には損なう危険が大きいので、緊急・非常事態において基本的人権を必要最小限法律により制約できるとの規定を憲法上設けておくべき、
・補償により救済できる人権とそうでない人権があり、特に、精神的な自由にかかわる人権は別な考え方を取る必要がある、

などの意見が出された。

また、その対処体制について、
・日本の一番の問題は官僚制の縦割り、縄張争いであり、危機管理についても、それを統合する常駐の機関を設けることが必要、

などの意見が出された。

資料Ⅲ・21
国家のグランド・デザインを描くなかから新憲法の創出を
――民間憲法臨調提言

二〇〇五年五月三日

「二十一世紀の日本と憲法」有識者懇談会(民間憲法臨調)

コメント

1．本提言は、民間憲法臨調が、二〇〇二年一一月の報告(⇩Ⅱ・43)に続いて、憲法改正の即時実現を訴えた提言である。

この提言の出された〇五年には国会の憲法調査会が報告書を出し、一一月には自民党が憲法改正草案を出すことを予定するなど、九〇年代以降でももっとも明文改憲の気運が盛り上がっていたときであり、本提言はその流れに乗ってそれを促進することを目当てに出されたものである。

総じて提言では、〇二年の報告と比べても、復古色が強く押し出されたと言える。改憲草案が多数発表されるなかで、多くの草案は、読売新聞の憲法改正試案(⇩Ⅱ・10ほか)をはじめ、国民の合意を得ようと復古色を極力排除しようとしていた。自民党内の動きもⅢ・18でみるように、その傾向を強めていた。民間憲法臨調提言の復古色はそうした改憲案の傾向に危機感をもって、伝統的改憲派の「原則」を明確に打ち出した結果であると推測される。

2．本提言は、近年出された改憲草案に三つの点から不満を述べ、改憲草案でそれを明記することを訴えている。

第一の不満は、改憲案のなかにも、「憲法を国家対国民の対立関係を前提にして、国家の行動を規制するものと概念づけてきた」「近代立憲主義の憲法観」に立ったものが多いがそれを克服し、憲法を「国家とそれを構成している個人、家族、共同社会（コミュニティ）、地方自治体、および政府が、よりよき国家の形成を目指して、それぞれの役割を演ずるための基本的な法的文書」と位置づけることを主張している。これは近代立憲主義の憲法観への正面切っての批判である。

同様の考え方は、民主党の憲法調査会（⇩Ⅲ・08）でも表明されていた。二〇〇五年に発表された自民党の新憲法草案（⇩Ⅲ・24）はこの憲法観を採用しなかったが、一二年の日本国憲法改正草案（⇩Ⅲ・55）ではこの憲法観が採用されることになる。

第二の不満は、その延長線上であるが、改憲案のなかに「体系的な国家観」が表明されていないものが少なくないので、それを明確にすべきであるという主張である。

提言のいう体系的な国家観とは、具体的には以下の諸点を明示することである。第一、国家は外敵から主権を侵害されないためにあることから自衛権保持、そのための軍隊保持を明示すること、第二、国家は国内治安の維持に携わるから、そのための備え（緊急事態規定）が必要であること、第三、国際社会の平穏を維持することに寄与するため自衛隊の派兵を含めた国際貢献の明文規定が必要であること、第四、国家は国民の自由を守り、第五に国民の生活水準の維持向上に積極的にかかわっていくべきであること、である。同時に、提言は、憲法には戦後民主主義の弊害としての家族、地域社会の崩壊、イデオロギー教育の是正を明記しなければならないと指摘する。

第三の不満は、近年の改憲案に国民論がない点である。憲法には国家の規定のみならず「国民論」つまり国民の義務をも明記すべきだと主張している点である。愛国心、国防義務の明記などである。

はじめに

国会の衆参両院憲法調査会が、五年の審議を経て最終報告書を公表した。われわれは、両報告書において、改憲の方向性が打ち出されたことを深く喜ぶものである。今後は、憲法調査会を憲法委員会（仮称）に衣替えし、国民投票法および新憲法の作成に向けた審議が早急に行われることを期待する。

本年一一月には、立党五〇年を期して自民党が新憲法草案の発表を予定しており、また民主党は来年中に全面改正案をとりまとめる手はずを整えている。さらに、民間からも各種の試案が提示されている。

われわれは、占領下において制定された現行憲法の問題点を摘記し、具体的な憲法改正案を提起しようと鋭意努力している関係者の努力を高く評価したい。

民間憲法臨調は、これまで、個別具体的なテーマについてとりあげて検討し、平成一四年一一月に第一次中間報告を発表したが、現行憲法の全面改正・新憲法制定を前提とした諸案が提出されるようなあらたな状況を迎え、本会として以下のように提言するものである。

いうまでもなく、この提言は、あくまで現段階におけるものであって、本会としては今後さらに研究・検討を重ねて、具体的な提言をとりまとめた大綱としていきたい。

新しい憲法概念の確立を

① 近代立憲主義の憲法観においては、憲法を国家対国民の対立関係を前提にして、国家の行動を規制するものと概念づけてきたものが少なくない。発表されている諸憲法試案のなかにも、このような憲法概念にとらわれているものが見受けられる。しかし、まず国家には、統治機構としての国家、すなわち政府という意味だけではなく、歴史的文化的共

同体としての意味もあり、この両者は明確に区別されなければならない。わが国には、代議制民主主義のもと、政府が国民の代表によって組織されており、両者は、ともによりよき国家を形成するための協働関係にある、とみるべきである。

具体的には、国家とそれを構成している個人、家族、共同社会（コミュニティ）、地方自治体、および政府が、よりよき国家の形成を目指して、それぞれの役割を演ずるための基本的な法的文書と概念づけるべきである。新しい酒は、新しい酒袋に入れられなければならない。

② その意味で、現行憲法の基本原則とされる国民主権、象徴天皇制、平和主義、基本的人権の尊重、議院内閣制、地方自治といった諸原則についても、そもそも憲法の目的がよりよき国家の形成にあり、これらの諸原則はその実現のための手段である以上、いたずらに聖域視することなく、正しい把握と再検討が必要である。

—たとえば、国民主権のもとで、個々の国民が最高権力をもっているかのごとき誤解がみられたり、象徴と規定されたことによって、天皇の地位と権威が貶められたかのような幻想が生じた。また、平和主義を非武装あるいは非軍事と同一視し、そのことを声高に主張する勢力が存在した。さらに基本的人権の尊重という語が一人歩きし、利己主義の横行を産み落とし、個人の尊重が絶対視され、社会の秩序や家族の和および絆が消失されようとしている。その他、議院内閣制のもとで、閣議での合意を優先するあまり首相のリーダーシップの弱化をもたらす運用がなされてきた—。

新しい憲法を作成するにあたっては、現行憲法下にみられたこのような誤謬を是正し、正しい概念のもとで適正な運用がなされなければならない。

③ 一方で、時代は変りつつある。約六〇年前に施行された現行憲法では予測できなかったさまざまの事象が現出してきている。情報の顕著な発達によるIT革命、それに伴う個人情報拡散の危険性、深刻化に歯止めがかからない環境破壊、医療科学の発展によって重要性が増しつつある生命倫理の保護など、憲法レベルで対応すべき多くの事態が生じてきている。

これらの新しい事態に遭遇して、何を憲法事項として導入すべきか、真剣に討究されなければならない。

体系的な国家観の構築を

① 各種憲法試案には、技術的な条文作りが先行し、体系的な国家観がうかがえないものが多い。国家は、まず外国による侵略から国家の独立と平和を護り、国民の生命・自由・財産を保守しなければならない。第二に国内の治安と秩序を維持し、社会の平穏を守らなければならない。第三に国際社会の一員として、国際関係の平和と安定に寄与しなければならない。第四に国家は国民の権利と自由を保護するために基本的に介入してはならない領域を有する。そして第五に国民の最低限度の生活を保障し、福利増進をはかる任務を負う。

② 以上の国家の役割を認識すれば、憲法に規定されるべき国家の責務がおのずから明らかになる。

第一に国家は外敵から国家主権を侵されないために、自衛権の保持とこれを行使するための軍事組織の保有を憲法に明示することが必要である。また国益の保護に関する規定、すなわち有事のみならず平素から国家の総力をあげて国家の領域（領土、領海、領空）および海上権益（経済水域、海洋資源）を保護する決意が憲法の中で明示されるべきである。さらには、外国によるわが国の知的財産権の侵害からの保護や文化領域に関する内政干渉排除の問題など、国家主権にかかわる重要な諸課題について国家の責務を明示すべく、国益の保護に関する規定の中であわせて考究されるべきであろう。

第二に国家は国民の生命、自由、財産を守るため国内の治安、秩序が破壊されたり、社会の平穏が乱されないように、努める義務がある。このことは平時だけでなく、万一内乱、大規模自然災害などが発生した場合も同様である。それゆえ、そのための備えが必要である。

第三に国際社会の平穏が乱されたときに、その回復と平和構築に前記の軍事組織を含め、わが国が積極的に寄与し協力するための明文規定を設けなければならない。地球環境の維持や貧困の撲滅に対する貢献も、国家が果たすべき重要な責務としての観点から考察されるべきである。日本国は、その総合力からして、一国のみの繁栄や平和を追求することが許されない。

第四に国家は国民の表現の自由、信教の自由など精神的自由にかかわる分野には極力干渉することを避け、自由闊達な国民と活力ある国家体制を作りあげていかなければならない。もっとも自由といっても、当然に限界があり、その限界を明確な形で憲法に記述しなければならない。国民各自のプライバシーに干渉してはならないが、プライバシーを侵すような第三者の行為に対しては規制をはかることが求められる。

そして第五に国家は国民の生活水準の維持と向上に対しては、積極的にかかわっていく必要がある。国家が保護することにより、国民に安寧と福利を提供するという視点から、消費者の保護、犯罪被害者の救済などの規定が新設されるべきであろう。

③　戦後民主主義において、最大の問題点は、家族や地域社会の崩壊とイデオロギー教育の弊害である。家族は、世界人権宣言や国際人権規約で明記されているように、「社会の自然的かつ基礎的単位」である。わが国においては、祖先を敬い、夫婦、親子、兄弟が助け合って幸せな家族を築き、さらに子孫に継承していく、という縦軸としての家族観が美風として存在し、これを地域社会が支えてきた。国家は、このような家族を保護し、地域社会を支援していくべき存在である。

教育は次代を担う健全な青少年を育むという意味で、きわめて重大である。公教育の目標を設定し、公教育に対する国家の責務を憲法に明示することは不可欠である。

国民論の視点も

①　一九九九年四月に制定され、二〇〇〇年一月一日から施行されたスイスの憲法六条には、次のような規定がある。「何人も、自己に責任を負い、国家および社会における課題を達成するために、それぞれの能力に応じて、貢献しなければならない。」この規定は、国民に対して、自己責任を負うことと、国家と社会に貢献することを求めている。

わが国では憲法論議として国家論はあったが、国民論は希有だったように感じられる。憲法を政府と国民が協働してよき国家を築き上げるための基本的な法的文書と概念づけるならば、スイス憲法六条は、大いに参考とすべきであろう。

②　その意味で、国民は、よき国家とよき社会を築くために、権利のみならず、自己責任を負うことをなんらかの形で条文化することが考えられてよい。たとえば、愛国心の明記や国民の国防の責務の規定の導入も検討課題とされよう。

新しい憲法を作成するにあたり、国民の側から国家、地域社会の一員として、何ができるのか、何をなすべきかという声がわき上がることが期待される。

そのような声が国民のなかから澎湃とわき上がることによって、国民の、国民による、国民のための憲法が完成されるのである。

一刻も早い憲法改正の実現を

民間憲法臨調は、平成一四年一一月三日の『報告書』において、以下のような提言を行った。すなわち、

①すみやかに憲法九条改正に取り組むこと、とくに九条二項は削除し、軍隊の保持を明記すべきである。また、それに先行して、安全保障関係法規を整備し、九条に関する政府解釈（戦力、集団的自衛権など）を変

更すべきである。

②憲法改正の条件を緩和し、「憲法改正国民投票法」をただちに制定すべきである。

を「緊急提言」し、さらに

①前文は、日本の国家制度の歴史、伝統をふまえ、「新しい憲法の創造」という視点に立って、全面的に書き改めるべきである。

②国民の権利・義務については、わが国の歴史、伝統にもとづき、国家的、公共的利益をふまえて見直しをはかるとともに、知的創造、環境、プライバシーなどに関する新しい権利の導入および家族尊重規定の新設などについて検討すべきである。

③二院制の特色を発揮させるため、イ、衆議院の法律案再議決要件の緩和、ロ、参議院の内閣総理大臣指名権の廃止、ハ、裁判官弾劾裁判制度の再編を行なうべきである。

を「提言」としてまとめた。これらの諸提言は、今日においてもいささかも変るものではない。これらの諸提言を踏まえた一刻も早い憲法改正の実現を望むものである。

それとともに、本会としては、本提言において新たに提唱した「体系的な国家観の構築」および「国民論の視点」という観点に立って、(i)前文、(ii)九条改正、(iii)国益、(iv)政教分離、(v)家族保護、(vi)政治システムなどの諸論点に関しては、今後さらに研究を重ねて大綱としてとりまとめていくこととしたい。

資料Ⅲ・22

憲法条文試案〈抄〉

二〇〇五年七月

平沼赳夫

［出典］『新国家論　まっとうな日本を創るために』二〇〇五年七月、中央公論新社

コメント

1．この試案は、政治家として登場したときからの改憲論者である平沼赳夫が、明文改憲の波に乗って発表した著作のなかで示した改憲構想である。

平沼は、この二〇〇五年、郵政民営化に反対したため、自民党公認を得られなかったが、そのときに上梓した『新国家論』に、本構想は収録されている。この試案は、小泉純一郎内閣の推進する新自由主義に反対する新保守主義の見地を押し出すというより、伝統的な保守主義に近い立場からのものとなっている。

2．平沼は、憲法では日本の不変の価値と、変わる社会のなかでの変わる価値の双方を規定すべきであるとしているが、全体としてみると保守的色彩が強い。以下の特徴がある。

第一、天皇については「元首」と「象徴」の両方を規定すべきとしている。

第二、人権については個人の権利と社会の利益との調整が必要であるというと同時に、環境権などの新しい人権を規定すべきだとしている。国と地方の関係では「地域」（市町村）の自治を基本に、都道府県がそれを補完し、さらに国家の統治は原則として地域にできないものに限定すべしという。

第三、国会については代議制の積極面を評価し、当時小泉首相などが強調していた国民投票の限界を指摘している。内閣については、行政権は内閣総理大臣にあることを明確にするとともに、首相公選制には反対の態度を表明している。また、内閣総理大臣の権限に関連して、緊急事態規定を置くべきことを主張している。司法については憲法裁判所の設置を主張する。

第四、国際貢献については積極的に行い、自衛隊の派兵を認める規定を入れることを主張している。自衛のための軍隊の保持を認め、それにともなう軍事特別裁判所ほか、軍隊に関する法令整備が必要であり、集団的自衛権についても「日本の安全を保障する上で必要な限度」で認めるべきだとする、限定行使論に近い考えを憲法に入れるべきだと主張している。

それでは新たに制定すべき憲法の中身、その前提としての基本理念はどうあるべきかについて、私の考えを述べたいと思います。

まず制定過程の問題をきちんと整理するために、「国民の発意で制定する」ということを前文に明記すべきでしょう。

そのうえで基本的な考え方としては、「価値観の検証及び再確認」ということと「時代への対応」ということを重視したいと思います。どういうことかと申しますと、まず前者については、日頃あまり認識していない、あるいは認識していてもどこかで軽んじてはいるが、本当は重要な価値観は何か、ということを再度、明確に確認すべきだということです。時代の変遷にかかわりなく、あるいは時代が変遷しているからこそ、評価すべき価値観、誇りに思うべき日本人の価値観は何かをあらためて考えてみるということです。後者は逆に、時代の変化や国内・国際情勢の変動により、変更を迫られている価値観は何か、あるいはこれまで認識していなかったが新たに取りあげ、将来に担保していくべき価値観は何か、ということです。そして見直すべきものについてはこれまでのしがらみにとらわれず大胆に見直し、採用すべきものについては将来を見通したうえで大いに取り入れていこうということです。

こうした考えに基づき主要な事項について私の考えおよび具体的な条文試案を示したいと思います。

まず、国民主権のあり方についてです。国民に主権が存することは言をまたないことですが、ここで申し上げたいことは、主権は国民一人ひとりが有するものであるということです。すなわち漠然とした国民全体ではなく、皆さん一人ひとりが主権を持っているということを確認したいと思います。一人ひとりが主権を持って自らのあり方や国家としての振る舞い方を考えるということです。こうした国民の集合により国家が成立しているという意識を再確認するとともに、自分と同様、他人も主権を有する個人であることから、自分と同様に尊重すべきこと、ということになります。すなわち主権を持つ一人ひとりの国民は、自らの存在や考え方をきちんと位置づけられると同時に他をも尊重しなければならないということです。成熟した民主主義国家に至った日本は、こうしたしなやかで真に強い個人の存在によって支えられていくべきでしょう。

次に、伝統や文化、さらには自然との共生といった価値観についてです。これまで日本は近代化、現代化の流れの中で、先進国の理念や制度の導入を繰り返してきました。あるいは敗戦によりそれまでの日本の伝統的な価値観はほぼ一掃されてしまいました。こうした歴史の積み重ねにより、わが国固有の思想や文化が忘れられ、あるいはないがしろにされ、その結果、日本人の心の拠り所が希薄になり、無味乾燥な戦後の世相が出現したという流れは否定できないと思います。

したがって長い年月に支えられた日本固有の伝統や文化を再認識し、それを通じて自国への誇りをあらためて考えるべきだと思います。私は、先般設立された「日本の神話」伝承の会の理事長を務めさせていただいておりますが、これも日本の伝統・文化に対する私自身の想いによるものです。これは決して独善的な国家観を醸成しようということではなく、自国への誇りがあってこそ、他国への敬意や尊重の念が生まれると思います。またこれからの日本と世界の将来を考えた場合、自然との共生という理念は是非とも必要でしょう。これは日本の伝統・文化であると同時に、健全な地球を将来の世代に引き継いでいくためには欠かすことのできない重要な価値観です。

ここまで述べたことを憲法の前文として書き起こしてみると次のようになります。

日本国の主権は、日本国民一人ひとりに存するものであり、国政は国民の信頼に基づき国民の代表者が担当する。

日本国民は、自由と民主主義を尊重し、こうした価値が体現される国の体制を堅持する。

日本国民は、個人の自律と相互の協力の精神の下、互いの人権を尊重しあうとともに、諸国民の繁栄と世界平和の実現に積極的に貢献する。

日本国民は、わが国固有の文化や伝統を継承するとともに、自然との共生を図り、世界の文化の発展に寄与する。

この憲法は、日本国民の総意によって制定されたものであり、日本国民が遵守すべき日本国の最高法規である。

次に天皇についてです。まず天皇が日本の元首であることを明示すべきだと思います。元首とは対外的に日本を代表する者という意味です。また同時に日本と日本国民統合の象徴であることとします。象徴という概念がわかりにくいという指摘もありますが、国家および国民の統合としての天皇の地位は、国民に深く浸透し慣れ親しんだものとなっていると考えられ、将来にわたり国民一人ひとりが大切にすべき規定であると思います。

次に国民の権利と義務について触れたいと思います。国民主権のところで述べたとおり、国民の基本的人権は最大限尊重されるべきです。それと同時に、その国民は自分だけが存在しているものではなく、他人との共生のうえに成り立っている個人なのです。そしてその他人も、同様に尊重されるべき基本的人権を有しているわけです。

また主権を有する国民は、自らの活動の結果や成果について、国家や他人に責任の転嫁を図ってはなりません。自由には権利の裏返しとしての責任が伴うという、当たり前のことを再認識すべきだと思います。

また個人の権利と社会の利益との調整を図ることは、これからの社会においてますます必要になってきます。様々な制約要因が高まるなかで一人ひとりの利益を最大化させるためには、個人としての権利の行使に一定の制約を課す必要も生じてきます。これは国家権力と私権との対立ということではなく、平等な個人間の権利の調整としてとらえるべきことでしょう。なお現行憲法の「公共の福祉」というのはわかりにくいので、「公共の利益」としたほうがよいと思います。

この憲法が国民に保障する自由及び権利は、国民の不断の努力によって、これを保持しなければならない。

また、国民は、常に互いの自由及び権利を尊重し、国の安全や公の秩序、国民の健全な生活環境その他の公共の利益との調和を図り、これを濫用してはならない。

またいわゆる新たな権利及び義務として、「何人も良好な環境を享受する権利とその保全に努める義務」すなわち「環境権」に関する規定を明記することが、時代の要請に合っていると思います。

同様に「プライバシーの保護」ないしは「人格権」と呼ばれる、いわゆる「個人としての秘密や名誉を不当に侵害されない権利」を「表現の自由」とのバランスをとったうえで明記することが適切でしょう。

さらにいわゆる「知る権利」として、国防・外交・公安関係の機密情報を除く公的な情報についての国民の知る権利、ないしは国としての説明責任に関する規定を明記するべきでしょう。

次に国と地方との関係についてです。新憲法は、自己統治を原則にすることから、国の統治形態も個人に近いところが優先されることとなります。つまり、国家に権力のすべてが集中され、それを地域に分け与えるという分権の考え方ではなく、個人では対応できないことを地域に委ねるという地域自治の考え方を採るべきでしょう。

そう考えれば、公の統治は主権者の自己統治を補完する観点から、まずは地域の自治が基本となります。この場合、地域といっているのは、現在の制度でいうと、市町村です。国民に、より身近な市町村がまずは地域自治の中核となるべきでしょう。都道府県は、それをさらに補完するものとすべきでしょう。国家の行う統治事務は、原則として地域では対応できないものに限定し、新憲法において明確にします。これまで述べてきたように、外交、安全保障、財政、社会保障・教育の基幹的部分など、国民の命・安全・安心に直接関わる事項、すなわち国家の存立それ自体に必要な事項、全国共通に達成すべき基本的な政策に関わる事項、その他法律の定める事項、に集約されると思います。

また、このような地域自治を全面的に認めた場合、条例と法律の関係が問題になりますが、法律の範囲でしか条例を制定できないとする現憲法を変更し、原則として対置できるものとし、条例と法律の抵触や矛盾解消のために専門の機関を創設するというのも一案かと思います。

次に国会について申し上げます。そもそも一院制か二院制かの議論がありますが、これについては後述したいと思います。

国会は国民代表が言論を通じて国家運営の基本と方向を決めていく場として、最高の機関です。これは、いわば代議制の良さを積極的に認めていこうということで、すべての政策課題を国民投票で決めるという方法は、手続き的に大変だから、代議制をとっているということではなく、国民代表として選出された議員の国会における言論で、より政策の質が高まり、国家運営の安定と賢明さが確保されるということです。

国民投票にゆだねる場合、議論を賛成か反対かというように単純化せざるを得ず、言論を通じて内容が高まっていくことは期待できません。言論の効用は、いろいろな角度からの意見が発出されるために、その政策についての理解が深まることが期待されます。それゆえに、政党および議員は、国会や選挙における言論には、特別の責任を負うべきで、こうした言論における重い責任は、国民の国会や政治に対する信頼の向上に資するものと考えられます。

次に内閣についてです。行政権は内閣ではなく、内閣総理大臣にあることとし、内閣総理大臣の衆議院解散権を明確にすべきでしょう。他方、様々な提言がなされている首相公選制については、議院内閣制が長年にわたってなじんでいるという歴史的な背景と、天皇を元首とすることとの関係から、私は望ましくないと考えております。しかしながら、現行憲法下においては、行政のなかの連帯性がともすれば縦割りの非効率を生み、行政各セクターの自己目的化を助長したとの経験から、行政内の権力はトップに集中することとし、一方で、その集中された権力を国会を中心にチェックする仕組みに移行するのが適切と考えます。したがって国会の不信任決議がなされた際には、現行憲法と同様、衆議院を解散するか総辞職するかを選択することとします。

また、国防、テロ、大規模災害等の緊急事態に対応し、内閣総理大臣への一時的な権力集中、基本的人権の制約等といった憲法の関係条項について制限をもうけることを可能とするいわゆる非常事態に関する条文を整備するとともに、濫用を厳に慎むため、国会による承認を得ることとします。条文に書き下ろすと以下のとおりです。

内閣総理大臣は、国の独立と安全または多数の国民の生命、身体若しくは財産が侵害され、または侵害されるおそれが切迫している事態が発生し、その事態に緊急に対処する必要があると認めるときは、法律の定めるところにより、非常事態の宣言を発することができる。

内閣総理大臣は、非常事態の宣言を発した場合には、法律に基づき、自衛のための軍隊及び警察、消防、海上保安その他の行政機関を直接に指揮監督できるとともに、地方公共団体の長を直接指示することができる。

内閣総理大臣は、非常事態の宣言を発したときは、○○日以内に国会の承認を得なければならない。

内閣総理大臣は、国会が非常事態の宣言を承認しなかったとき、または宣言の必要がなくなったときは、すみやかに宣言を解除しなければならない。

内閣総理大臣は、非常事態の宣言を発した場合には、真にやむをえない範囲内で、この憲法が保障する自由及び権利を制限する緊急の措置をとることができる。

次に司法機能のあり方について触れます。

国会と内閣の機能を強化する一方で、その暴走や弊害をしっかり監視する必要は、これまで以上に高まります。そこで私は違憲審査権の終審裁判所として、最高裁判所とは別に憲法裁判所の創設を提案します。判断する対象としては、法律上の争訟を前提とした具体的審査権に加え、国会や内閣総理大臣によって提起された場合には事件性がなくても審査する抽象的審査権を含むものとすべきです。

また紛争の解決にあたって、新憲法の理念をきちんと反映させた判断を司法が行っていくことが必要であり、またその判断への国民の信頼を担保することが大切です。

したがって司法機能の強化とともに、裁判手続きへの主権者の参加規定を創設すべきと思います。これについても三権機能のあり方の項で触れます。

国際貢献という考えを憲法に取り入れるべきだと思います。貧困や飢餓、紛争など人類の安全を脅かす諸問題を解決するために、国際貢献を行う旨を明確にして、国家の自己利益だけではなく、人類の共通利益増進のために日本は汗をかくことを宣言すべきでしょう。

以下、条文として書き下ろすと次のようになります。

日本国は、国際の平和及び安全の維持、並びに人道上の支援のため、国際連合その他の確立した国際機構の枠組みの下での活動に積極的に協力する。必要な場合には、公務員を派遣し、自衛のための軍隊を国会の承認を得て参加させることができる。

次に侵略戦争の放棄と自衛のための戦力の保持についてですが、他国の独立と主権を侵害するような侵略戦争については、わが国としては絶対に行わないし、他国が行うことも是認しません。他方、自衛のために軍隊を持つことは必要であり、有事の際は武力を行使することもあり得ると考えます。他方、国家間の対立は、当然のことですが武力によって解決すべきではなく、紛争の未然防止のために外交努力を傾注する旨を明確にします。

戦力の不保持は、国民の生命と財産を護るという国家の責務を果たす観点から、自衛隊を戦力として明確に認めます。この帰結として軍隊に関する法令整備とその遵守をしっかりと担保することが不可欠であり、特別の裁判所を設け、軍隊に関する法令のみを対象にした判断を行うことが適切かと思います。

また集団的自衛権についても、自衛のための軍隊と武力の行使を憲法上位置づけることから、日本の安全を保障するうえで必要な限度において、これを行使することを可能とします。いずれにせよ国民的議論をしたうえで、その結論については、極力きちんと規定し、解釈等で曖昧にすべきでないと思います。

条文として書き下ろすと次のようになります。

> 日本国は、侵略戦争を行わず、また他国による侵略戦争を是認しない。この方針は永久にこれを保持する。
>
> 日本国は、自らの独立と主権を守り、国及び国民の安全を確保するため、自衛のための軍隊を保持する。
>
> 軍隊の指揮監督権は、内閣総理大臣に属する。軍隊に武力の行使を伴う活動を命ずる場合には、事前に、これが困難な場合には事後速やかに、国会の承認を得なければならない。
>
> 軍隊の任務に関する事項についての裁判は、特別裁判所である軍事裁判所がこれを行う。ただし、終審として裁判を行うことはできない。
>
> 日本国は、国家間の相互理解を促進し、戦争及び紛争を未然に防止するため、不断の外交努力を行う。

最後に改正規定ですが、憲法改正はタブーではなく、憲法は時代の変遷とともに刷新されるものとし、現憲法よりも柔軟な改正手続きとするのが適当でしょう。例えば現行憲法では、改正の発議は、各議院の総議員の三分の二以上の賛成が必要とされていますが、これを過半数とすることが考えられます。

資料Ⅲ・23

新憲法起草委員会・要綱　第一次素案

二〇〇五年七月七日

自由民主党新憲法起草委員会

コメント

1. この第一次素案は、自民党新憲法起草委員会が、二〇〇五年四月四日に、一〇の小委員会のまとめを合算した新憲法起草委員会小委員会要綱（⇩Ⅲ・18）を受けて、各小委員会間の調整、事務局の調整をふまえ、事務局次長の舛添要一が整理・統合し対立点を一本化したものである（舛添要一『憲法改正のオモテとウラ』講談社現代新書、二〇一三年、二二〇頁）。

四月の要綱発表後、起草委員会は、民間人を含めた「諮問会議」を三度開き、両論併記、対立する論点についての意見を求め、総裁議長経験者、小委員会の委員長、代理を集めた会議で調整を行い、本要綱第一次素案を作成した。対立点は、前文、安保関係を除けばあらかた、片がついた。

2. 本第一次素案の最大の特徴は、新憲法起草委員会幹部のねらいである、改憲を実現するために、自民党の主張を抑え、公明党や民主党の呑める草案にしていくという特徴が鮮明に現れた点である。その結果、党憲法調査会での大綱（たたき台）（⇩Ⅲ・12）に比べてはもちろん、四月の要綱と比べても、現行どおりの箇所が多くなったのである。

3. 本第一次素案の個別論点に関しては、先の四月の要綱（⇩Ⅲ・18）と比べて、以下の特徴がある。

第一、前文については、本素案も依然復古派の要請を入れたものとなっていたことである。

第二、天皇については、象徴天皇制維持、公的行為拡大を明記した。

第三、安全保障については、平和主義の堅持、自衛軍の保持、「自衛軍は、国際の平和と安定に寄与することができる。」という肝心な規定は定めたものの、平和主義堅持を強調するため九条一項を残すか否か、集団的自衛権を憲法の文言で明記するか否か、など決まっていない点は依然省かれた。

第四、人権については「公共の福祉」を「公益及び公の秩序」に変える、一九条の国の宗教活動への参加の要件を緩和する、八九条は改正するなどの諸点は規定されたが、ほかはなくなり、新しい人権、家族保護等の責務の挿入もペンディングとなった。

第五、国会については、二院制堅持、解散権も現行どおりと明記された。

第六、内閣、司法、財政については、要綱の時と変わりなし。

第七、地方自治に関しては、首長選挙は従来どおり、補完性原理については記述しない、地方財政については、要綱記載と同じ、九五条の住民投票は廃止となった。

第八、改正等については、小委員会要綱どおり憲法改正についての国会での発議要件を過半数に緩和することが明記された。

【前文】

1．前文作成の指針

① 新たな憲法前文の草案は、自由民主党の主義主張を堂々と述べながら、広く国民の共感を得る内容とする。

② 現行憲法から継承する基本理念（国民主権、基本的人権、平和主義）をより簡潔に記述し直すとともに、現代および未来の国際社会における日本の国家の目標を高く掲げる。

③ 現行憲法に欠けている日本の国土、自然、歴史、文化など、国の生成発展についての記述を加え、国民が誇り得る前文とする。

④ 「なぜ今、新憲法を制定するのか」という意義を前文で明らかにする。戦後六十年の時代の進展に応じて、日本史上初めて国民みずから主体的に憲法を定めることを宣言する。

⑤ 憲法前文の文体が翻訳調、生硬、難解であるのに対し、新たな前文は正しい日本語で、平易でありながら一定の格調を持った文章とする。

2．文に盛り込むべき要素

① 国の生成

・アジアの東の美しい島々からなるわが国は豊かな自然に恵まれ、国民は自然と共に生きる心を抱いてきたこと。

・日本国民が多様な文化を受容して高い独自の文化を形成したこと。我々は多元的な価値を認め、和の精神をもって国の繁栄をはかり、国民統合の象徴たる天皇と共に歴史を刻んできたこと。

・日本国民が先の大戦など幾多の試練、苦難を克服し、力強く国を発展させてきたこと。

② 国の原理

・日本は国民が主権を有する民主主義国家であり、国政は国民の信託に基づき、国民代表が担当し、成果は国民が受ける。

・自由、民主主義、人権、平和の尊重を国の基本理念とする。

・我々は、自由、民主主義、人権、平和を基本理念とする国を愛し、その独立を堅持する。

・日本国民は人権を享受するとともに、広く公共の福祉に尽力する。

③ 国の目標

・内にあっては、自由で活力に満ちた経済社会を築くとともに、福祉の増進に努める。経済国家にとどまらず、教育国家、文化国家をめざす、地方自治を尊重する。

・外に向けては、国際協調を旨とし、積極的に世界の平和と諸国民の幸福に貢献する。地球上いずこにおいても圧政や人権侵害を排除するため不断の努力を怠らない。地球環境の保全と世界文化の創造に寄与する。

④　結語

・明治憲法（大日本帝国憲法）、昭和憲法（現行日本国憲法）の歴史的意義を踏まえ、日本史上、初めて国民みずから主体的に憲法を定める時機に到達した。

・日本国民およびその子孫が世界の諸国民と共に、更なる正義と平和と繁栄の時代を生きることを願い、国の根本規範として、国民の名において、新たな憲法を制定する。

【天皇】

1．象徴天皇制

現行の象徴天皇とする。

2．天皇の国事行為等

①　国事行為の表現の明確化について

国事行為中「国会議員の総選挙（七条四号）」のように、文言の不正確な点を修正する。

②　公的行為」について

憲法に定める「国事行為」と私人としての「私的行為」以外の行為として、「象徴としての行為（公的行為）」が幅広く存在することに留意すべきである。

【安全保障及び非常事態】

1．戦後日本の平和国家としての国際的信頼と実績を高く評価し、これを今後とも重視することとともに、我が国の平和主義の原則が不変のものであることを盛り込む。さらに、積極的に国際社会の平和に向けて努力するという主旨を明記する。

2．自衛のために自衛軍を保持する。

自衛軍は、国際の平和と安定に寄与することができる。

3．内閣総理大臣の最高指揮権及び民主的文民統制の原則に関する規定を盛り込む。

【国民の権利及び義務】

1．権利と義務規定について

「個人の権利には義務が伴い、自由には責任が当然伴う」ことを言及する。

2．「公共の福祉」について

①　現行の「公共の福祉」の概念は曖昧である。個人の権利を相互に調整する概念として、または生活共同体として、国家の安全と社会秩序を維持する概念として明確に記述する。

②　「公共の福祉」の概念をより明確にするため、「公益及び公共の秩序」などの文言に置き換える。

3．信教の自由について

①　政教分離原則は維持すべきだが、一定の宗教的活動に国や地方自治体が参加することは、社会的儀礼や習俗的・文化的行事の範囲内であれば、許容されるものとする。

＊国などが参加する一定の宗教的活動としては、地鎮祭への関与や公金による玉串料支出、公務員等の殉職に伴う葬儀等への公金の支出などが考えられる。なお、社会的儀礼の範囲を超える多額の公金支出は認められない。

＊八九条（公の財産の使用制限）のうち、「宗教上の組織若しくは団体の使用、便益、維持のため」公金を利用してはならないとの条文を変更する。

注　更に議論すべき項目

① 環境権など追加すべき新しい権利
② 家庭等を保護する責務など追加すべき新しい責務

【国会】

1．国会の構成について
国会は二院制とすること。

2．国会と内閣との関係について
① 内閣総理大臣の選出について、現行どおりとする。
② 国務大臣の任命について、現行どおりとする。
③ 衆議院の解散について、現行どおりとする。
④ 内閣の法案提出権について、現行どおりとする。

3．議事の定足数について
議事の定足数の規定は廃止し、議決の定足数のみを規定する。

4．政党の位置づけについて
政党について憲法に位置付ける。

【内閣】

1．行政権の主体等について
「衆議院の解散権」、「自衛隊の指揮権」及び「行政各部の指揮監督・総合調整権」の三つを内閣総理大臣個人に専属させることにし、残余の権限は現行どおり内閣に属するものとする。

2．内閣総理大臣及び国務大臣について
① 内閣総理大臣の選出について、現行どおりとする。
② 国務大臣の任命について、現行どおりとする。

3．国会と内閣の間の抑制均衡について
衆議院の解散について、現行どおりとする。

【司法】

1．司法権の独立
最高裁判所裁判官の現行の国民審査制度は、見直す。

2．裁判所の組織、権限
憲法裁判所は、設けない。

3．下級裁判所としての軍事裁判所の設置については、第九条改正に伴い設置する。

【財政】

1．健全財政主義
健全財政に関する訓示的な規定を憲法上に置く。

2．予算が成立しなかった場合の対応
予算が成立しなかった場合に、必要最小限の支出が行われるよう憲法上に規定を置く。

3．複数年度予算の編成
財政民主主義の観点から単年度主義の原則は維持しつつ、年度を跨る手当てが必要なものについては、現在法律で規定されている継続費等の制度を活用し、その弾力的な運用で対応する。

4．私学助成
現行でも合憲とされている私学助成については、違憲の疑念を抱かれないような表現とする。

5．決算と会計検査院
決算審査の充実、予算へのフィードバック、予算執行面の透明性の向上等を図る観点から、決算について国会の役割を明確化する規定を憲法上に置くとともに法律上の手当てを行う。
なお、会計検査院の位置付けについては、現行どおり独立性を確保する。

【地方自治】

1．地方自治の理念、国と地方の役割分担と相互協力
① 地方自治体は、住民の福祉を増進するため、地域における行政を住民相互の協働に基づき自主的かつ総合的に実施する役割を広く担うと

ともに、これに伴う責任を果す。

② 住民は、その属する地方自治体の役務をひとしく受ける権利を有し、その負担を公正に分任する義務を負うとともに、その地方自治体の運営に参画するように努める。

③ 国は、地方自治体の役割を尊重することを基本としてその本来果すべき役割を適切に担い、国と地方自治体は、それぞれの役割分担を踏まえ相互に協力する。

2．立法原則、地方自治の本旨

地方自治体に関する法律は、住民自治と団体自治を基本とする地方自治の本旨に基づいて定める。

3．地方自治体の事務処理権能、条例制定権

地方自治体は、事務を処理する権能を有し、法律の範囲内で、条例を制定することができる。

4．地方自治体の機関

① 地方自治体には、法律の定めるところにより、条例、予算その他の重要事項を議決する機関として、議会を設置する。

② 地方自治体の長、その議会の議員及び法律の定めるその他の公務員は、その地方自治体の住民が、直接これを選挙する。

5．地方自治体の種類

① 地方自治体は、基礎自治体及びこれを包括し、補完する広域自治体とする。

② 基礎自治体及び広域自治体は、法律でこれを定める。

③ 地域における事務の処理は、基礎自治体によることを基本とし、広域自治体はこれを包括し、補完する役割を担う。

6．地方自治体の財政

① 地方自治体の分担する役割及び責務に応じた財源は、地方税のほか、地方自治体が自主的に使途を決定できる財源をもってこれに充てることを基本とする。

② 地方自治体の自主性及び自立性を尊重し、その行うべき役務の提供を確保するとともに、①の理念を達成するため、法律の定めるところにより、必要な財政措置を講ずる。

7．住民投票

地方自治特別法に対する住民投票制度（九五条）は、廃止する。

【改正及び最高法規】

1．新憲法の改正規定

① 国会の発議

・憲法改正案の原案の提案権を国会議員に限定する。

・国会による発議の要件については、「各議院の総議員の過半数の賛成」に緩和する。

② 国民投票による承認

・現行上、憲法改正には必ず国民投票を行わなければならないとされている点（強制的国民投票制）については、これを維持する。

・国民投票については、特別の国民投票として行うことに限定する。

・国民投票における承認の要件は、「有効投票の総数の過半数の賛成」とする。

2．最高法規

最高法規の章については、現行のまま維持する。

資料Ⅲ・24

新憲法草案

二〇〇五年一〇月二八日
自由民主党

コメント

1．二〇〇五年七月、自民党新憲法起草委員会が要綱・第一次素案（⇩Ⅲ・23）を発表した後、政治は、郵政民営化をめぐる自民党内の激しい対立、参議院での自民党議員の大量造反のため法案否決、八月八日の解散、九月一一日の総選挙による自民党圧勝と続き、とうてい憲法改正どころではなくなった。国会に関する小委員会委員長の綿貫民輔の反対・脱党をはじめとして、起草委員会にも大きな影響を与えた。

新憲法起草委員会は、総選挙後に再開し、論点の詰まっていない安保に関する小委員会などの議をふまえ、一〇月一二日の新憲法起草委員会で第二次草案が提示され、首相などへの根回しのあと、一〇月二八日の起草委員会で議論・了承され、政務調査会、総務会を通り、一〇月二八日に正式に党の決定をみた。これが新憲法草案である。

2．新憲法草案の特徴は、全体としていうと、この時代の改憲の最大の眼目、すなわち、自衛隊の海外での武力行使を可能にする憲法九条の改正を実現するために、草案が復古的なものとして公明党や民主党に忌避されないよう、現行憲法の条文をできるだけいじらず、とくに復古派からでていた前文の文章や、天皇元首化、人権条項のなかに家族保護や国防の責務を入れることなどを排除したものとなっている点である。

また九条の改正でも、公明党や民主党の嫌がる「集団的自衛権」の明記を避け、アメリカからの要請には、「国際社会の平和と安全を確保するために国際的に協調して行われる活動」という形で自衛隊の参加を確保し、くわしいことは国家安全保障基本法などに委ねる方針がとられているが、それもそうした配慮の結果である。

それに加えて、九六条の改正要件緩和がなされ、今後は過半数で改憲案を発議できるようにした。

こうしてみると、本草案は全体としては、同年一月にでた日本経団連の改憲提案――九条と九六条に焦点を合わせ、新自由主義改革推進規定を加える（⇩Ⅲ・14）――の線によく似ていると言えよう。

この点こそ、後に自民党が野党時代の二〇一二年につくった日本国憲法改正草案（⇩Ⅲ・55）と大きく異なる点である。

3．新憲法草案の個別の論点で注目される点は以下のとおりである。

第一、前文は現行と大きく書き換えられたが、中曽根案は採用されず、歴史と伝統の叙述は削除されたことである。

第二、第一章「天皇」の章は字句修正を除いて現状維持とされた。

第三、最大の変更点は、本改正のポイントである九条の改正である。まず九条第一項は残された。これも大きな特徴である。九条の二が新設され、自衛軍の保持、「法律の定めるところにより、国際社会の平和と安全を確保するために国際的に協調して行われる活動」への自衛軍の派兵、が規定された。これで、自衛隊（軍）は、海外での武力行使が可能となる憲法上の根拠を得たことになる。

集団的自衛権は憲法条文には明記されず、九条の二の四項で「前二項に定めるもののほか、自衛軍の組織及び統制に関する事項は、法律で定める。」と定め、法律に委ねられることとなった。

また、司法の章で、軍事裁判所の設置が謳われた。

第四、第三章「国民の権利及び義務」の章では、まず「公共の福祉」が「公益及び公の秩序」に変えられ、二〇条の信教の自由では、靖国参拝の合憲化をねらって、国や自治体は「社会的儀礼又は習俗的行為の範囲を超え」ない限り宗教的活動に参加が認められるよう緩和した。

他方、個人情報保護など新しい人権のいくつかが加えられた。これまた公明党などを意識したものであった。小委員会で復古派により主張された家族保護の責務や国防の責務は入れられなかった。

第五、国会の章では、五四条第一項で、内閣総理大臣の解散権が明記された。新自由主義改革の改憲案で主張されていた、参議院で否決された法案の衆議院での再可決要件を三分の二から過半数に緩和する改正は参議院議員の反対を顧慮して避けられた。六四条の二で政党が憲法で規定された。

第六、内閣、司法、財政の各章では、下級審での軍事裁判所の設置（七六条）、八三条の第二項での財政の健全性確保の規定、八九条の改正などのほかは字句上の修正に止まった。

第七、地方自治の章は大幅に変わった。九一条の二は、「地方自治の本旨」とは銘打ったものの、住民自治、団体自治ということを保障せず、また、第二項で、地域住民に対し給付と負担が連関するという新自由主義的規定を新設した。憲法上、地域住民は国民として平等な社会保障や教育に対する給付を受ける権利を有し、その負担は税という形で能力に応じて負担する義務を負っている。給付と負担は、関係ないのである。ところが草案は、あたかも給付と負担が連関しているような規定を置いて、国の給付責任を回避しようとしている。まさしく地方構造改革に沿った規定である。「住民は、その属する地方自治体の役務の提供をひとしく受ける権利を有し、その負担を公正に分任する義務を負う。」と。

また九五条の住民投票が廃止されたことも大きい。

第八、憲法改正に関しては発議の要件を国会議員の過半数へと緩和すると規定された。

前文

日本国民は、自らの意思と決意に基づき、主権者として、ここに新しい憲法を制定する。

象徴天皇制は、これを維持する。また、国民主権と民主主義、自由主義と基本的人権の尊重及び平和主義と国際協調主義の基本原則は、不変の価値として継承する。

日本国民は、帰属する国や社会を愛情と責任感と気概をもって自ら支え守る責務を共有し、自由かつ公正で活力ある社会の発展と国民福祉の充実を図り、教育の振興と文化の創造及び地方自治の発展を重視する。

日本国民は、正義と秩序を基調とする国際平和を誠実に願い、他国とともにその実現のため、協力し合う。国際社会において、価値観の多様性を認めつつ、圧政や人権侵害を根絶させるため、不断の努力を行う。

日本国民は、自然との共生を信条に、自国のみならずかけがえのない地球の環境を守るため、力を尽くす。

第一章　天皇

第一条（天皇）

天皇は、日本国の象徴であり日本国民統合の象徴であって、この地位は、主権の存する日本国民の総意に基づく。

第二条（皇位の継承）

皇位は、世襲のものであって、国会の議決した皇室典範の定めるところにより、これを継承する。

第三条
（第六条第四項参照）

第四条（天皇の権能）

天皇は、この憲法の定める国事に関する行為のみを行い、国政に関する権能を有しない。

第五条
（第七条参照）

第六条（天皇の国事行為）

① 天皇は、国民のために、国会の指名に基づいて内閣総理大臣を任命し、内閣の指名に基づいて最高裁判所の長たる裁判官を任命する。

② 天皇は、国民のために、次に掲げる国事に関する行為を行う。

一　憲法改正、法律、政令及び条約を公布すること。

二　国会を召集すること。

三　第五四条第一項の規定による決定に基づいて衆議院を解散すること。

四　衆議院議員の総選挙及び参議院議員の通常選挙の施行を公示すること。

五　国務大臣及び法律の定めるその他の国の公務員の任免並びに全権委任状並びに大使及び公使の信任状を認証すること。

六　大赦、特赦、減刑、刑の執行の免除及び復権を認証すること。

七　栄典を授与すること。

八　批准書及び法律の定めるその他の外交文書を認証すること。

九　外国の大使及び公使を接受すること。

一〇　儀式を行うこと。

③ 天皇は、法律の定めるところにより、前二項の行為を委任することができる。

④ 天皇の国事に関するすべての行為には、内閣の助言と承認を必要とし、内閣がその責任を負う。

第七条（摂政）

① 皇室典範の定めるところにより摂政を置くときは、摂政は、天皇の名で、その国事に関する行為を行う。

② 第四条及び前条第四項の規定は、摂政について準用する。

第八条（皇室への財産の譲渡等の制限）

皇室に財産を譲り渡し、又は皇室が財産を譲り受け、若しくは賜与するには、法律で定める場合を除き、国会の議決を経なければならない。

第二章　安全保障

第九条（平和主義）

日本国民は、正義と秩序を基調とする国際平和を誠実に希求し、国権の発動たる戦争と、武力による威嚇又は武力の行使は、国際紛争を解決する手段としては、永久にこれを放棄する。

第九条の二（自衛軍）

① 我が国の平和と独立並びに国及び国民の安全を確保するため、内閣総理大臣を最高指揮権者とする自衛軍を保持する。

② 自衛軍は、前項の規定による任務を遂行するための活動を行うにつき、法律の定めるところにより、国会の承認その他の統制に服する。

③ 自衛軍は、第一項の規定による任務を遂行するための活動のほか、法律の定めるところにより、国際社会の平和と安全を確保するために国際的に協調して行われる活動及び緊急事態における公の秩序を維持し、又は国民の生命若しくは自由を守るための活動を行うことができる。

④ 前二項に定めるもののほか、自衛軍の組織及び統制に関する事項は、法律で定める。

第三章　国民の権利及び義務

第一〇条（日本国民）
日本国民の要件は、法律で定める。

第一一条（基本的人権の享有）
国民は、すべての基本的人権の享有を妨げられない。この憲法が国民に保障する基本的人権は、侵すことのできない永久の権利として、現在及び将来の国民に与えられる。

第一二条（国民の責務）
この憲法が国民に保障する自由及び権利は、国民の不断の努力によって、保持しなければならない。国民は、これを濫用してはならないのであって、自由及び権利には責任及び義務が伴うことを自覚しつつ、常に公益及び公の秩序に反しないように自由を享受し、権利を行使する責務を負う。

第一三条（個人の尊重等）
すべて国民は、個人として尊重される。生命、自由及び幸福追求に対する国民の権利については、公益及び公の秩序に反しない限り、立法その他の国政の上で、最大の尊重を必要とする。

第一四条（法の下の平等）
① すべて国民は、法の下に平等であって、人種、信条、性別、障害の有無、社会的身分又は門地により、政治的、経済的又は社会的関係において、差別されない。
② 華族その他の貴族の制度は、認めない。
③ 栄誉、勲章その他の栄典の授与は、いかなる特権も伴わない。栄典の授与は、現にこれを有し、又は将来これを受ける者の一代に限り、その効力を有する。

第一五条（公務員の選定及び罷免に関する権利等）
① 公務員を選定し、及び罷免することは、国民固有の権利である。
② すべて公務員は、全体の奉仕者であって、一部の奉仕者ではない。
③ 公務員の選挙については、成年者による普通選挙を保障する。
④ 選挙における投票の秘密は、侵してはならない。選挙人は、その選択に関し、公的にも私的にも責任を問われない。

第一六条（請願をする権利）
① 何人も、損害の救済、公務員の罷免、法律、命令又は規則の制定、廃止又は改正その他の事項に関し、平穏に請願をする権利を有する。
② 請願をした者は、そのためにいかなる差別待遇も受けない。

第一七条（国等に対する賠償請求権）
何人も、公務員の不法行為により損害を受けたときは、法律の定めるところにより、国又は公共団体に、その賠償を求めることができる。

第一八条（奴隷的拘束及び苦役からの自由）
① 何人も、いかなる奴隷的拘束も受けない。
② 何人も、犯罪による処罰の場合を除いては、その意に反する苦役に服させられない。

第一九条（思想及び良心の自由）
思想及び良心の自由は、侵してはならない。

第一九条の二（個人情報の保護等）
① 何人も、自己に関する情報を不当に取得され、保有され、又は利用されない。
② 通信の秘密は、侵してはならない。

第二〇条（信教の自由）
① 信教の自由は、何人に対しても保障する。いかなる宗教団体も、国から特権を受け、又は政治上の権力を行使してはならない。
② 何人も、宗教上の行為、祝典、儀式又は行事に参加することを強制されない。
③ 国及び公共団体は、社会的儀礼又は習俗的行為の範囲を超える宗教教育その他の宗教的活動であって、宗教的意義を有し、特定の宗教に対

する援助、助長若しくは促進又は圧迫若しくは干渉となるようなものを行ってはならない。

第二一条（表現の自由）

① 集会、結社及び言論、出版その他一切の表現の自由は、何人に対しても保障する。

② 検閲は、してはならない。

第二一条の二（国政上の行為に関する説明の責務）

国は、国政上の行為につき国民に説明する責務を負う。

第二二条（居住、移転及び職業選択等の自由等）

① 何人も、居住、移転及び職業選択の自由を有する。

② すべて国民は、外国に移住し、又は国籍を離脱する自由を侵されない。

第二三条（学問の自由）

学問の自由は、何人に対しても保障する。

第二四条（婚姻及び家族に関する基本原則）

① 婚姻は、両性の合意のみに基づいて成立し、夫婦が同等の権利を有することを基本として、相互の協力により、維持されなければならない。

② 配偶者の選択、財産権、相続、住居の選定、離婚並びに婚姻及び家族に関するその他の事項に関しては、法律は、個人の尊厳と両性の本質的平等に立脚して、制定されなければならない。

第二五条（生存権等）

① すべて国民は、健康で文化的な最低限度の生活を営む権利を有する。

② 国は、国民生活のあらゆる側面について、社会福祉、社会保障及び公衆衛生の向上及び増進に努めなければならない。

第二五条の二（国の環境保全の責務）

国は、国民が良好な環境の恵沢を享受することができるようにその保全に努めなければならない。

第二五条の三（犯罪被害者の権利）

犯罪被害者は、その尊厳にふさわしい処遇を受ける権利を有する。

第二六条（教育に関する権利及び義務）

① すべて国民は、法律の定めるところにより、その能力に応じて、ひとしく教育を受ける権利を有する。

② すべて国民は、法律の定めるところにより、その保護する子に普通教育を受けさせる義務を負う。義務教育は、無償とする。

第二七条（勤労の権利及び義務等）

① すべて国民は、勤労の権利を有し、義務を負う。

② 賃金、就業時間、休息その他の勤労条件に関する基準は、法律で定める。

③ 児童は、酷使してはならない。

第二八条（勤労者の団結権等）

勤労者の団結する権利及び団体交渉その他の団体行動をする権利は、保障する。

第二九条（財産権）

① 財産権は、侵してはならない。

② 財産権の内容は、公益及び公の秩序に適合するように、法律で定める。この場合において、知的財産権については、国民の知的創造力の向上及び活力ある社会の実現に留意しなければならない。

③ 私有財産は、正当な補償の下に、公共のために用いることができる。

第三〇条（納税の義務）

国民は、法律の定めるところにより、納税の義務を負う。

第三一条（適正手続の保障）

何人も、法律の定める適正な手続によらなければ、その生命若しくは自由を奪われ、又はその他の刑罰を科せられない。

第三二条（裁判を受ける権利）

何人も、裁判所において裁判を受ける権利を奪われない。

第三三条（逮捕に関する手続の保障）

何人も、現行犯として逮捕される場合を除いては、裁判官が発し、かつ、理由となっている犯罪を明示する令状によらなければ、逮捕されない。

第三四条（抑留及び拘禁に関する手続の保障）

① 何人も、正当な理由がなく、若しくは理由を直ちに告げられることなく、又は直ちに弁護人に依頼する権利を与えられることなく、抑留され、又は拘禁されない。

② 拘禁された者は、拘禁の理由を直ちに本人及びその弁護人の出席する公開の法廷で示すことを求める権利を有する。

第三五条（住居等の不可侵）

① 何人も、正当な理由に基づいて発せられ、かつ、捜索する場所及び押収する物を明示する令状によらなければ、その住居、書類及び所持品について、侵入、捜索又は押収を受けない。ただし、第三三条の規定により逮捕される場合は、この限りでない。

② 前項本文の規定による捜索又は押収は、裁判官が発する各別の令状によって行う。

第三六条（拷問等の禁止）

公務員による拷問及び残虐な刑罰は、絶対に禁止する。

第三七条（刑事被告人の権利）

① すべて刑事事件においては、被告人は、公平な裁判所の迅速な公開裁判を受ける権利を有する。

② 被告人は、すべての証人に対して審問する機会を充分に与えられる権利及び公費で自己のために強制的手続により証人を求める権利を有する。

③ 被告人は、いかなる場合にも、資格を有する弁護人を依頼することができる。被告人が自らこれを依頼することができないときは、国でこれを付する。

第三八条（刑事事件における自白等）

① 何人も、自己に不利益な供述を強要されない。

② 拷問、脅迫その他の強制による自白又は不当に長く抑留され、若しくは拘禁された後の自白は、証拠とすることができない。

③ 何人も、自己に不利益な唯一の証拠が本人の自白である場合には、有罪とされない。

第三九条（遡及処罰等の禁止）

何人も、実行の時に適法であった行為又は既に無罪とされた行為については、刑事上の責任を問われない。同一の犯罪については、重ねて刑事上の責任を問われない。

第四〇条（刑事補償を求める権利）

何人も、抑留され、又は拘禁された後、無罪の裁判を受けたときは、法律の定めるところにより、国にその補償を求めることができる。

第四章　国会

第四一条（国会と立法権）

国会は、国権の最高機関であって、国の唯一の立法機関である。

第四二条（両議院）

国会は、衆議院及び参議院の両議院で構成する。

第四三条（両議院の組織）

① 両議院は、全国民を代表する選挙された議員で組織する。

② 両議院の議員の定数は、法律で定める。

第四四条（議員及び選挙人の資格）

両議院の議員及びその選挙人の資格は、法律で定める。この場合においては、人種、信条、性別、障害の有無、社会的身分、門地、教育、財産又は収入によって差別してはならない。

第四五条（衆議院議員の任期）
衆議院議員の任期は、四年とする。ただし、衆議院が解散された場合には、その期間満了前に終了する。

第四六条（参議院議員の任期）
参議院議員の任期は、六年とし、三年ごとに議員の半数を改選する。

第四七条（選挙に関する事項）
選挙区、投票の方法その他両議院の議員の選挙に関する事項は、法律で定める。

第四八条（両議院議員兼職の禁止）
何人も、同時に両議院の議員となることはできない。

第四九条（議員の歳費）
両議院の議員は、法律の定めるところにより、国庫から相当額の歳費を受ける。

第五〇条（議員の不逮捕特権）
両議院の議員は、法律の定める場合を除いては、国会の会期中逮捕されず、会期前に逮捕された議員は、その議院の要求があるときは、会期中釈放しなければならない。

第五一条（議員の免責特権）
両議院の議員は、議院で行った演説、討論又は表決について、院外で責任を問われない。

第五二条（常会）
① 国会の常会は、毎年一回召集する。
② 常会の会期は、法律で定める。

第五三条（臨時会）
内閣は、国会の臨時会の召集を決定することができる。いずれかの議院の総議員の四分の一以上の要求があれば、内閣は、その召集を決定しなければならない。

第五四条（衆議院の解散と衆議院議員の総選挙、特別会及び参議院の緊急集会）
① 第六九条の場合その他の場合の衆議院の解散は、内閣総理大臣が決定する。
② 衆議院が解散されたときは、解散の日から四〇日以内に、衆議院議員の総選挙を行い、その選挙の日から三〇日以内に、国会の特別会を召集しなければならない。
③ 衆議院が解散されたときは、参議院は、同時に閉会となる。ただし、内閣は、国に緊急の必要があるときは、参議院の緊急集会を求めることができる。
④ 前項ただし書の緊急集会において採られた措置は、臨時のものであって、次の国会開会の後一〇日以内に、衆議院の同意がない場合には、その効力を失う。

第五五条（資格争訟の裁判）
両議院は、各々その議員の資格に関する争訟を裁判する。ただし、議員の議席を失わせるには、出席議員の三分の二以上の多数による議決を必要とする。

第五六条（表決及び定足数）
① 両議院の議事は、この憲法に特別の定めのある場合を除いては、出席議員の過半数で決し、可否同数のときは、議長の決するところによる。
② 両議院の議決は、各々その総議員の三分の一以上の出席がなければすることができない。

第五七条（会議及び会議録の公開等）
① 両議院の会議は、公開しなければならない。ただし、出席議員の三分の二以上の多数で議決したときは、秘密会を開くことができる。
② 両議院は、各々その会議の記録を保存し、秘密会の記録の中で特に

秘密を要すると認められるものを除き、これを公表し、かつ、一般に頒布しなければならない。

③ 出席議員の五分の一以上の要求があるときは、各議員の表決を会議録に記載しなければならない。

第五八条（役員の選任並びに議院規則及び懲罰）

① 両議院は、各々その議長その他の役員を選任する。

② 両議院は、各々その会議その他の手続及び内部の規律に関する規則を定め、並びに院内の秩序を乱した議員を懲罰することができる。ただし、議員を除名するには、出席議員の三分の二以上の多数による議決を必要とする。

第五九条（法律案の議決及び衆議院の優越）

① 法律案は、この憲法に特別の定めのある場合を除いては、両議院で可決したとき法律となる。

② 衆議院で可決し、参議院でこれと異なった議決をした法律案は、衆議院で出席議員の三分の二以上の多数で再び可決したときは、法律となる。

③ 前項の規定は、法律の定めるところにより、衆議院が両議院の協議会を開くことを求めることを妨げない。

④ 参議院が、衆議院の可決した法律案を受け取った後、国会休会中の期間を除いて六〇日以内に、議決しないときは、衆議院は、参議院がその法律案を否決したものとみなすことができる。

第六〇条（予算案の議決等に関する衆議院の優越）

① 予算案は、先に衆議院に提出しなければならない。

② 予算案について、参議院で衆議院と異なった議決をした場合において、法律の定めるところにより、両議院の協議会を開いても意見が一致しないとき、又は参議院が、衆議院の可決した予算案を受け取った後、国会休会中の期間を除いて三〇日以内に、議決しないときは、衆議院の議決を国会の議決とする。

第六一条（条約の承認に関する衆議院の優越）

条約の締結に必要な国会の承認については、前条第二項の規定を準用する。

第六二条（議院の国政調査権）

両議院は、各々国政に関する調査を行い、これに関して、証人の出頭及び証言並びに記録の提出を要求することができる。

第六三条（国務大臣の議院出席の権利及び義務）

① 内閣総理大臣その他の国務大臣は、両議院のいずれかに議席を有すると有しないとにかかわらず、いつでも議案について発言するため議院に出席することができる。

② 内閣総理大臣その他の国務大臣は、答弁又は説明のため議院から出席を求められたときは、職務の遂行上やむを得ない事情がある場合を除き、出席しなければならない。

第六四条（弾劾裁判所）

① 国会は、罷免の訴追を受けた裁判官を裁判するため、両議院の議員で組織する弾劾裁判所を設ける。

② 弾劾に関する事項は、法律で定める。

第六四条の二（政党）

① 国は、政党が議会制民主主義に不可欠の存在であることにかんがみ、その活動の公正の確保及びその健全な発展に努めなければならない。

② 政党の政治活動の自由は、制限してはならない。

③ 前二項に定めるもののほか、政党に関する事項は、法律で定める。

第五章　内閣

第六五条（内閣と行政権）

行政権は、この憲法に特別の定めのある場合を除き、内閣に属する。

第六六条（内閣の組織及び国会に対する責任）

① 内閣は、法律の定めるところにより、その首長たる内閣総理大臣及びその他の国務大臣で組織する。

② 内閣総理大臣その他の国務大臣は、文民でなければならない。

③ 内閣は、行政権の行使について、国会に対し連帯して責任を負う。

第六七条（内閣総理大臣の指名及び衆議院の優越）

① 内閣総理大臣は、国会議員の中から国会が指名する。

② 国会は、他のすべての案件に先立って、前項の指名を行わなければならない。

③ 衆議院と参議院とが異なった指名をした場合において、法律の定めるところにより、両議院の協議会を開いても意見が一致しないとき、又は衆議院が指名をした後、国会休会中の期間を除いて一〇日以内に、参議院が指名をしないときは、衆議院の指名を国会の指名とする。

第六八条（国務大臣の任免）

① 内閣総理大臣は、国務大臣を任命する。この場合においては、その過半数は、国会議員の中から選ばれなければならない。

② 内閣総理大臣は、任意に国務大臣を罷免することができる。

第六九条（内閣の不信任と総辞職）

内閣は、衆議院が不信任の決議案を可決し、又は信任の決議案を否決したときは、一〇日以内に衆議院が解散されない限り、総辞職をしなければならない。

第七〇条（内閣総理大臣が欠けたとき等の内閣の総辞職）

内閣総理大臣が欠けたとき、又は衆議院議員の総選挙の後に初めて国会の召集があったときは、内閣は、総辞職をしなければならない。

第七一条（総辞職後の内閣）

前二条の場合には、内閣は、新たに内閣総理大臣が任命されるまで引き続きその職務を行う。

第七二条（内閣総理大臣の職務）

① 内閣総理大臣は、行政各部を指揮監督し、その総合調整を行う。

② 内閣総理大臣は、内閣を代表して、議案を国会に提出し、並びに一般国務及び外交関係について国会に報告する。

第七三条（内閣の職務）

内閣は、他の一般行政事務のほか、次に掲げる事務を行う。

一 法律を誠実に執行し、国務を総理すること。

二 外交関係を処理すること。

三 条約を締結すること。ただし、事前に、時宜によっては事後に、国会の承認を経ることを必要とする。

四 法律の定める基準に従い、国の公務員に関する事務を掌理すること。

五 予算案及び法律案を作成して国会に提出すること。

六 法律の規定に基づき、政令を制定すること。ただし、政令には、特にその法律の委任がある場合を除いては、義務を課し、又は権利を制限する規定を設けることができない。

七 大赦、特赦、減刑、刑の執行の免除及び復権を決定すること。

第七四条（法律及び政令への署名）

法律及び政令には、すべて主任の国務大臣が署名し、内閣総理大臣が連署することを必要とする。

第七五条（国務大臣の特権）

国務大臣は、その在任中、内閣総理大臣の同意がなければ、訴追されない。ただし、訴追の権利は、これにより害されない。

第六章　司法

第七六条（裁判所と司法権）

① すべて司法権は、最高裁判所及び法律の定めるところにより設置す

る下級裁判所に属する。
② 特別裁判所は、設置することができない。行政機関は、終審として裁判を行うことができない。
③ 軍事に関する裁判を行うため、法律の定めるところにより、下級裁判所として、軍事裁判所を設置する。
④ すべて裁判官は、その良心に従い独立してその職権を行い、この憲法及び法律にのみ拘束される。

第七七条（最高裁判所の規則制定権）
① 最高裁判所は、裁判に関する手続、弁護士、裁判所の内部規律及び司法事務処理に関する事項について、規則を定める権限を有する。
② 検察官、弁護士その他の裁判に関わる者は、最高裁判所の定める規則に従わなければならない。
③ 最高裁判所は、下級裁判所に関する規則を定める権限を、下級裁判所に委任することができる。

第七八条（裁判官の身分保障）
裁判官は、次条第三項に規定する場合及び心身の故障のために職務を執ることができないと裁判により決定された場合を除いては、公の弾劾によらなければ罷免されない。行政機関は、裁判官の懲戒処分を行うことができない。

第七九条（最高裁判所の裁判官）
① 最高裁判所は、その長たる裁判官及び法律の定める員数のその他の裁判官で構成し、最高裁判所の長たる裁判官以外の裁判官は、内閣が任命する。
② 最高裁判所の裁判官は、その任命後、法律の定めるところにより、国民の審査を受けなければならない。
③ 前項の審査において罷免すべきとされた裁判官は、罷免される。
④ 最高裁判所の裁判官は、法律の定める年齢に達した時に退官する。
⑤ 最高裁判所の裁判官は、すべて定期に相当額の報酬を受ける。この報酬は、在任中、やむを得ない事由により法律をもって行う場合であって、裁判官の職権行使の独立を害するおそれがないときを除き、減額することができない。

第八〇条（下級裁判所の裁判官）
① 下級裁判所の裁判官は、最高裁判所の指名した者の名簿によって、内閣が任命する。その裁判官は、任期を一〇年とし、再任されることができる。ただし、法律の定める年齢に達した時には退官する。
② 前条第五項の規定は、下級裁判所の裁判官の報酬について準用する。

第八一条（法令審査権と最高裁判所）
最高裁判所は、一切の法律、命令、規則又は処分が憲法に適合するかしないかを決定する権限を有する終審裁判所である。

第八二条（裁判の公開）
① 裁判の対審及び判決は、公開法廷で行う。
② 裁判所が、裁判官の全員一致で、公の秩序又は善良の風俗を害するおそれがあると決した場合には、対審は、公開しないで行うことができる。ただし、政治犯罪、出版に関する犯罪又は第三章で保障する国民の権利が問題となっている事件の対審は、常に公開しなければならない。

第七章　財政

第八三条（財政の基本原則）
① 国の財政を処理する権限は、国会の議決に基づいて行使しなければならない。
② 財政の健全性の確保は、常に配慮されなければならない。

第八四条（租税法律主義）
租税を新たに課し、又は変更するには、法律の定めるところによることを必要とする。

第八五条（国費の支出及び国の債務負担）
　国費を支出し、又は国が債務を負担するには、国会の議決に基づくことを必要とする。

第八六条（予算）
①　内閣は、毎会計年度の予算案を作成し、国会に提出して、その審議を受け、議決を経なければならない。
②　当該会計年度開始前に前項の議決がなかったときは、内閣は、法律の定めるところにより、同項の議決を経るまでの間、必要な支出をすることができる。
③　前項の規定による支出については、内閣は、事後に国会の承諾を得なければならない。

第八七条（予備費）
①　予見し難い予算の不足に充てるため、国会の議決に基づいて予備費を設け、内閣の責任でこれを支出することができる。
②　すべて予備費の支出については、内閣は、事後に国会の承諾を得なければならない。

第八八条（皇室財産及び皇室の費用）
　すべて皇室財産は、国に属する。すべて皇室の費用は、予算案に計上して国会の議決を経なければならない。

第八九条（公の財産の支出及び利用の制限）
①　公金その他の公の財産は、第二〇条第三項の規定による制限を超えて、宗教的活動を行う組織又は団体の使用、便益若しくは維持のため、支出し、又はその利用に供してはならない。
②　公金その他の公の財産は、国若しくは公共団体の監督が及ばない慈善、教育若しくは博愛の事業に対して支出し、又はその利用に供してはならない。

第九〇条（決算の承認）
①　内閣は、国の収入支出の決算について、すべて毎年会計検査院の検査を受け、法律の定めるところにより、次の年度にその検査報告とともに国会に提出し、その承認を受けなければならない。
②　会計検査院の組織及び権限は、法律で定める。

第九一条（財政状況の報告）
　内閣は、国会及び国民に対し、定期に、少なくとも毎年一回、国の財政状況について報告しなければならない。

第八章　地方自治

第九一条の二（地方自治の本旨）
①　地方自治は、住民の参画を基本とし、住民に身近な行政を自主的、自立的かつ総合的に実施することを旨として行う。
②　住民は、その属する地方自治体の役務の提供をひとしく受ける権利を有し、その負担を公正に分任する義務を負う。

第九一条の三（地方自治体の種類等）
①　地方自治体は、基礎地方自治体及びこれを包括し、補完する広域地方自治体とする。
②　地方自治体の組織及び運営に関する基本的事項は、地方自治の本旨に基づいて、法律で定める。

第九二条（国及び地方自治体の相互の協力）
　国及び地方自治体は、地方自治の本旨に基づき、適切な役割分担を踏まえて、相互に協力しなければならない。

第九三条（地方自治体の機関及び直接選挙）
①　地方自治体には、法律の定めるところにより、条例その他重要事項を議決する機関として、議会を設置する。
②　地方自治体の長、議会の議員及び法律の定めるその他の公務員は、当該地方自治体の住民が、直接選挙する。

第九四条（地方自治体の権能）

地方自治体は、その事務を処理する権能を有し、法律の範囲内で条例を制定することができる。

第九四条の二（地方自治体の財務及び国の財政措置）

① 地方自治体の経費は、その分担する役割及び責任に応じ、条例の定めるところにより課する地方税のほか、当該地方自治体が自主的に使途を定めることができる財産をもってその財源に充てることを基本とする。

② 国は、地方自治の本旨及び前項の趣旨に基づき、地方自治体の行うべき役務の提供が確保されるよう、法律の定めるところにより、必要な財政上の措置を講ずる。

③ 第八三条第二項の規定は、地方自治について準用する。

第九五条 削除

第九章　改正

第九六条

① この憲法の改正は、衆議院又は参議院の議員の発議に基づき、各議院の総議員の過半数の賛成で国会が議決し、国民に提案してその承認を経なければならない。この承認には、特別の国民投票において、その過半数の賛成を必要とする。

② 憲法改正について前項の承認を経たときは、天皇は、国民の名で、この憲法と一体であるものとして、直ちに憲法改正を公布する。

第一〇章　最高法規

第九七条（基本的人権の意義）

この憲法が日本国民に保障する基本的人権は、人類の多年にわたる自由獲得の努力の成果であって、これらの権利は、過去幾多の試錬に堪え、現在及び将来の国民に対し侵すことのできない永久の権利として信託されたものである。

第九八条（憲法の最高法規性等）

① この憲法は、国の最高法規であって、その条規に反する法律、命令、詔勅及び国務に関するその他の行為の全部又は一部は、その効力を有しない。

② 日本国が締結した条約及び確立された国際法規は、これを誠実に遵守することを必要とする。

第九九条（憲法尊重擁護義務）

天皇又は摂政及び国務大臣、国会議員、裁判官その他の公務員は、この憲法を尊重し擁護する義務を負う。

（注）新憲法草案の条文番号は、現段階では、参照の便宜のため現行憲法とそろえた。

資料Ⅲ・25

新憲法草案

二〇〇五年一〇月二八日

創憲会議

コメント

1．本草案は、民主党内の旧民社党・同盟グループが作成した改憲草案で、民主党の憲法提言とも著しく色合いの異なる、旧民社党のそれに近い、保守的、伝統的な改憲案である。そのため、党内、あるいは、社会的にも大きな影響力は持てなかった。

2．草案の保守的特徴は以下の諸点に現れている。第一に、前文で「悠久の歴史」「美しい国土と豊かな自然」というような日本の伝統を前面に出していることである。

第二に、天皇は「象徴」天皇制を維持しているが、国旗・国歌規定を設けている。

第三に、基本的人権について、一二条二項に、他の改憲草案にも見られないような包括的な人権制限規定を設けていることである。これでは、ほとんど憲法で基本的人権を保障した意義がなくなるような制限規定である。「2　この憲法が保障する自由および権利は、国もしくは公共の安全、公の秩序、公衆の健康もしくは道徳の保護、または他の者の自由および権利の保護のため、法律により、これを制限することができる。」

第四に、信教の自由を定めた一六条三項で、「3　国およびその機関は、宗派的な宗教活動をしてはならない。ただし、伝統的および儀礼的宗教行為は、この限りでない。」と但し書きをつけ、閣僚らの靖国参拝などの違憲を回避しようとしている。

第五に、三九条で、家族規定を入れている。その二項で親の子に対する監護養育義務を入れている。婚姻についても現行憲法と異なり、家族の価値を考慮対象に入れている。

三九条一項、二項は以下である。「家族は、社会の自然かつ基礎的な単位であり、国はこれを保護する。」「2　子を監護および養育することは、両親の権利であり義務である。国は、両親が子を監護および養育する責任を果たすために必要な援助を与える。」

第六に、四一条の教育に関する権利では、三項で、「国は、公教育の大綱を作成および実施する責任を負う。」と、国の教育事項への関与権を認めている。

第七に、四五条、四六条で、遵法義務や国を守る責務の規定を設けている。

第八に、八七条で緊急事態規定を設けている。

第九に、地方自治の章で、基礎自治体の首長の選任につき間接選挙を容認する規定を置いていることが注目される。また、一一二条では、「外交および国際関係」、「国防」ほか、国の専権事項を列挙している。

最後に、憲法改正条項は読売新聞の憲法改正試案（⇩Ⅱ・10）などと同様の緩和規定を置いている。憲法改正の発議は過半数で足り、三分の二の多数の賛成を得れば国民投票なしで改正が成立するという規定である。

3．本草案は、以上のような保守的規定とは別に、読売新聞試案などを参照して、新しい人権、憲法裁判所の規定などを入れているが、これらは本草案の個性を示すものではない。

4．九〇年代以降の改憲の最も重要な眼目である九条の改正については、本草案は、三条で「軍隊の保持」は謳うものの、「自衛権」

も国際平和協力を名目とする自衛隊の海外派兵も明示していない。ただし「安全保障に関する事項は、法律でこれを定める。」という規定を入れているので、細かなことは法律で規定できるようにしたと思われる。

前文

日本国民は、わが国と国際社会の平和および繁栄を念願し、この新しい憲法の制定にあたり、ここに決意を宣言する。

一、日本国民は、悠久の歴史を通じて、豊かな伝統と独自の文化をつくり上げてきた。われらは、これを承継発展させ、自立と共生の精神に基づく友愛の気風に満ちた国づくりを進める。

一、日本国民は、立憲主義の理念と伝統を受け継ぎ基本的人権尊重の原則に基づいて、自由で民主的な国家を築いてきた。われらは、この礎の上に、国民の福祉を増進し、活力ある公正な社会の建設に努める。

一、日本国民は、美しい国土と豊かな自然のなかで、大自然の営みを畏れ敬い、これと共に生きる心を育んできた。われらは、これを後世に伝えるとともに、地球規模で自然との共生の確保に努める。

一、日本国民は、古来、和の精神に基づき、異文化の摂取および他国との協和に努めてきた。われらは、平和を愛する諸国民と手を携え、国際平和の維持に積極的に寄与し、尊厳ある国づくりを進める。

一、日本国民は、変化に富む列島の気候風土のもと、個性あふれる地域文化を心の拠り所としてきた。われらは、地域社会の自治と自立を尊重し、多様性と創造力に富む国づくりを進める。

われらは、国家と国民の名誉にかけ、この崇高な理想と目的を達成することを誓う

序章

（象徴天皇制、国民主権）

第一条　天皇は日本国の象徴であり日本国民統合の象徴である。

2　主権は国民に属し、国のすべての権力は国民に由来する。国民は、代表者を通じて、またはこの憲法の定めるその他の方法を通じて、主権を行使する。

（人間の尊厳、基本的人権の擁護）

第二条　何人も、人間として尊重される。国民は、共生と友愛の精神に基づいて、この憲法の定める自由および権利の擁護に努めなければならない。

（国際平和主義、軍隊、徴兵制の禁止）

第三条　日本国民は正義と秩序を基調とする国際平和を誠実に希求し、国権の発動たる戦争と武力による威嚇または武力の行使は、国際紛争を解決する手段としては、永久にこれを放棄する。

2　日本国は、国の独立と主権を守り、国民の生命、自由および財産を保護し、国の領土を保全し、ならびに国際社会の平和に寄与するため、軍隊を保持する。

3　軍隊の最高の指揮監督権は、内閣総理大臣に属する。

4　徴兵制は、これを設けない。

5　安全保障に関する事項は、法律でこれを定める。

（国旗、国歌）

第四条　日本国の国旗は、日章旗である。

2　日本国の国歌は、君が代である。

（領土）

第五条　日本国の領土は、日本列島およびその附属諸島嶼である。

第一章　天皇

（皇位の承継）

第六条　皇位は、世襲のものであって、国会の議決した皇室典範の定めるところにより、これを承継する。

（天皇の権能、国事行為の委任、内閣総理大臣の助言と承認）

第七条　天皇は、この憲法第九条に定める行為のみを行い、国政に関する権能を有しない。

2　天皇は、法律の定めるところにより、その国事に関する行為を委任することができる。

3　天皇の国事に関するすべての行為には、内閣総理大臣の助言と承認を必要とし、内閣総理大臣が、その責任を負う。

（摂政）

第八条　皇室典範の定めるところにより摂政を置くときは、摂政は、天皇の名でその国事に関する行為を行う。この場合には、前条第一項の規定を準用する。

（天皇の国事行為）

第九条　天皇は、国民のために、左の国事に関する行為を行う。

一　衆議院の指名に基づいて、内閣総理大臣を任命すること。

二　内閣総理大臣の指名に基づいて、最高裁判所の長たる裁判官を任命すること。

三　憲法裁判所裁判官の互選に基づいて、憲法裁判所の長たる裁判官を任命すること。

四　憲法改正、法律、政令および条約を公布すること。

五　国会を召集すること。

六　第八十条に基づいて、衆議院を解散すること。

七　国会議員の選挙を公示すること。

八　国務大臣および法律の定めるその他の公務員の任免ならびに全権委任状および大使および公使の信任状を認証すること。

九　大赦、特赦、減刑、刑の執行の免除および復権を認証すること。

十　栄典を授与すること。

十一　批准書および法律の定めるその他の外交文書を認証すること。

十二　外国の大使および公使を接受すること。

十三　儀式を行うこと。

（象徴としての行為）

第十条　天皇は、伝統および慣習に従い、象徴としての行為を行う。

第二章　権利および義務

（日本国民の要件）

第十一条　日本国民たる要件は、法律でこれを定める。

（基本的人権の享有、自由および権利の尊重、法律上の制限、濫用の禁止）

第十二条　国民は、すべての基本的人権の享有を妨げられない。生命、自由および幸福追求に対する国民の権利については、立法その他の国政の上で、最大の尊重を必要とする。

2　この憲法が保障する自由および権利は、国もしくは公共の安全、公の秩序、公衆の健康もしくは道徳の保護、または他の者の自由および権利の保護のため、法律により、これを制限することができる。国民は、これらの自由および権利を濫用してはならず、不断の努力によってこれを保持しなければならない。

（外国人の権利、庇護権）

第十三条　外国人は、権利の性質上日本国民にのみ認められるものを除いて、この憲法が保障する権利を享受する。

2　何人も、迫害からの庇護を求めかつ享受する権利を有する。日本国籍を有しない者が日本国においてこの権利を享受し得る条件は、国際的な基準に配慮して、法律でこれを定める。

（法の下の平等）

第十四条　すべて国民は、法の下に平等であって、人種、信条、性別、社会的身分または門地により、政治的、経済的または社会的関係において、差別されない。
2　華族その他の貴族の制度は、これを認めない。
3　栄誉、勲章その他の栄典の授与は、いかなる特権も伴わない。栄典の授与は、現にこれを有し、または将来これを受ける者の一代に限り、その効力を有する。
（思想および良心の自由）
第十五条　思想および良心の自由は、これを侵してはならない。
（信教の自由、政教分離）
第十六条　信教の自由は、何人に対してもこれを保障する。いかなる宗教団体も、国から特権を受け、政治に介入し、または政治上の権力を行使してはならない。
2　何人も、宗教上の行為、祝典、儀式または行事に参加することを強制されない。
3　国およびその機関は、宗派的な宗教活動をしてはならない。ただし、伝統的および儀礼的宗教行為は、この限りでない。
（集会・結社・表現の自由・私事権・知る権利）
第十七条　集会、結社および言論、出版その他一切の表現の自由は、これを保障する。
2　検閲は、これをしてはならない。通信の秘密は、これを侵してはならない。
3　前二項で定める自由は、肖像権、名誉権および私事権ならびに青少年の保護育成のため、法律により、これを制限することができる。
4　情報を受け、および収集する権利は、これを保障する。
（政党）
第十八条　政党は、国民の政治的意思形成を主導し、国民の政治的参加の基礎的な手段となる結社である。
2　政党の結成および活動は、憲法および法令を遵守する限りにおいて、自由である。
3　政党の組織は、民主的なものでなければならない。
（学問の自由、大学の自治）
第十九条　学問の自由および大学の自治は、これを保障する。
（生命倫理の保護）
第二十条　生命の尊厳の保持、生命および身体の安全ならびに社会秩序の維持のため、国は、生命倫理の保護に努めなければならない。
（法定手続の保障）
第二十一条　何人も、法律の定める手続によらなければ、その生命もしくは自由を奪われ、またはその他の刑罰を科せられない。
（逮捕に対する保障）
第二十二条　何人も、現行犯として逮捕される場合を除いては、権限を有する裁判官が発し、かつ理由となっている犯罪を明示する令状によらなければ、逮捕されない。
（抑留・拘禁に対する保障）
第二十三条　何人も、理由を直ちに告げられ、かつ、直ちに弁護人に依頼する権利を与えられなければ、抑留または拘禁されない。また、何人も、正当な理由がなければ、拘禁されず、要求があれば、その理由は、直ちに本人およびその弁護人の出席する公開の法廷で示されなければならない。
（住居侵入・捜索・押収に対する保障）
第二十四条　何人も、その住居、書類および所持品について、侵入、捜索および押収を受けることのない権利は、第二十二条の場合を除いては、正当な理由に基づいて発せられ、かつ捜索する場所および押収する物を明示する令状がなければ、侵されない。

2　捜索または押収は、権限を有する裁判官が発する各別の令状により、これを行う。

（拷問および残虐刑の禁止）

第二十五条　公務員による拷問および残虐な刑罰は、絶対にこれを禁ずる。

（奴隷的拘束および苦役からの自由）

第二十六条　何人も、いかなる奴隷的拘束も受けない。また、犯罪による処罰の場合を除いては、その意に反する苦役に服させられない。

（刑事被告人の権利）

第二十七条　すべて刑事事件においては、被告人は、公平な裁判所の迅速な公開裁判を受ける権利を有する。

2　刑事被告人は、すべての証人に対して審問する機会を充分に与えられ、また、公費で自己のために強制的手続により証人を求める権利を有する。

3　刑事被告人は、いかなる場合にも、資格を有する弁護人を依頼することができる。被告人が自らこれを依頼することができないときは、国でこれを附する。

（犯罪被害者の救済）

第二十八条　重大な犯罪の被害者およびその遺族は、法律の定めるところにより、国家から救済を受けることができる。

（自己負罪拒否の権利、自白の証拠能力）

第二十九条　何人も、自己に不利益な供述を強要されない。

2　強制、拷問もしくは脅迫による自白または不当に長く抑留もしくは拘禁された後の自白は、これを証拠とすることができない。

3　何人も、自己に不利益な唯一の証拠が本人の自白である場合には、有罪とされ、または刑罰を科せられない。

（遡及処罰の禁止、二重の危険の禁止）

第三十条　何人も、実行の時に適法であった行為またはすでに無罪とされた行為については、刑事上の責任を問われない。また、同一の犯罪について、重ねて刑事上の責任を問われない。

（財産権）

第三十一条　財産権は、これを保障する。

2　財産権の内容は、法律でこれを定める。

3　土地、天然資源、自然環境その他国民生活に不可欠な財産は、その有効、適切かつ公正な利用を確保するための規制に服する。

4　私有財産は、正当な補償の下に、これを公共のために用いることができる。

（知的財産権）

第三十二条　知的財産権の保護は、国の責務である。

（居住・移転および職業選択の自由、外国移住・国籍離脱の自由）

第三十三条　何人も、居住、移転および職業選択の自由を有する。

2　何人も、外国に移住し、または国籍を離脱する自由を侵されない。

（裁判を受ける権利）

第三十四条　何人も、裁判所において裁判を受ける権利を奪われない。

（刑事補償請求権）

第三十五条　何人も、抑留または拘禁された後、無罪の裁判を受けたときは、法律の定めるところにより、国にその補償を求めることができる。

（請願権）

第三十六条　何人も、損害の救済、公務員の罷免、法律、命令または規則の制定、廃止または改正その他の事項に関し、平穏に請願する権利を有し、何人も、請願をしたためにいかなる差別待遇も受けない。

（国家賠償請求権）

第三十七条　何人も、公務員の不法行為により、損害を受けたときは、法律の定めるところにより、国または地方自治体に、その賠償を求めることができる。

（参政権）

第三十八条　公務員を選定し、およびこれを罷免することは、国民固有の権利である。

2　すべて公務員は、全体の奉仕者であって、一部の奉仕者ではない。

3　公務員の選挙については、成年者による普通選挙を保障する。

4　すべて選挙における投票の秘密は、これを侵してはならない。選挙人は、その選択に関し、公的にも私的にも責任を問われない。

（家族の保護、婚姻の自由）

第三十九条　家族は、社会の自然かつ基礎的な単位であり、国はこれを保護する。

2　子を監護および養育することは、両親の権利であり義務である。国は、両親が子を監護および養育する責任を果たすために必要な援助を与える。

3　婚姻は、両性の合意に基づいて成立し、夫婦が同等の権利を有することを基本として、相互の協力により、維持されなければならない。

4　配偶者の選択、財産権、相続、住居の選定、ならびに婚姻および家族に関するその他の事項に関しては、法律は、人間の尊厳、夫婦の本質的平等および社会の基礎としての家族の価値を尊重して、制定されなければならない。

（生存権）

第四十条　すべて国民は、健康で文化的な最低限度の生活を営む権利を有する。

2　国は、すべての生活部面について、社会福祉、社会保険および公衆衛生の向上および増進に努めなければならない。

3　第一項の権利は、これを具体化する法律の規定に従ってのみ、裁判所にその救済を求めることができる。

（教育に関する権利）

第四十一条　すべて国民は、法律の定めるところにより、その能力に応じて、ひとしく教育を受ける権利を有する。

2　すべて国民は、法律の定めるところにより、その保護する子に普通教育を受けさせる義務を負う。義務教育は、これを無償とする。

3　国は、公教育の大綱を作成および実施する責任を負う。

（勤労の権利および義務）

第四十二条　すべて国民は、勤労の権利を有し、義務を負う。

2　勤労者は、人間として尊重され、その職場において適正な処遇を受ける権利を有する。

3　賃金、就業時間、休息その他の勤労条件に関する基準は、法律でこれを定める。

4　児童は、これを酷使してはならない。

（勤労者の団結権および団体行動権）

第四十三条　勤労者の団結する権利および団体交渉その他の団体行動をする権利は、これを保障する。

（環境権）

第四十四条　何人も、良好な環境を享受する権利を有し、その保全に努める義務を負う。

2　国は、良好な環境を保全するための施策の実施に努めなければならない。

3　第一項の権利は、これを具体化する法律の規定に従ってのみ、裁判所にその救済を求めることができる。

（納税の義務）

第四十五条　何人も、法律の定めるところにより、納税の義務を負う。

（遵法の義務）

第四十六条　何人も、この憲法、ならびに国および地方自治体の定める法令を遵守する義務を負う。

（国を守る責務）

第四十七条　すべて国民は、国の安全と独立を守る責務を負う。

（行政監察官）

第四十八条　本章で定める自由および権利を擁護するため、法律により、行政監察官を設置し、国会でこれを任命する。

2　行政監察官は、国会の委任を受けて、行政の活動を監督および調査し、必要な助言および勧告を行う。

3　行政監察官は、毎年、行政の活動に関する報告書を国会に提出する。

第三章　立法権

（立法権）

第四十九条　立法権は、国会に属する。

（両院制）

第五十条　国会は、衆議院及び参議院の両議院でこれを構成する。

（両議院の組織）

第五十一条　両議院は、全国民を代表する選挙された議員でこれを組織する。

2　両議院の議員の定数は、法律でこれを定める。

（議員および選挙人の資格）

第五十二条　両議院の議員およびその選挙人の資格は、法律でこれを定める。ただし、人種、信条、性別、社会的身分、門地、教育、財産または収入によって差別してはならない。

（衆議院議員の任期）

第五十三条　衆議院議員の任期は、四年とする。ただし、衆議院解散の場合には、その期間満了前に終了する。

（参議院議員の任期）

第五十四条　参議院議員の任期は、六年とし、三年ごとに議員の半数を改選する。

（両議院議員選挙の原則、選挙に関する事項の決定）

第五十五条　衆議院議員および参議院議員は、国民の直接選挙によりこれを選出する。

2　選挙区、投票の方法その他両議院の議員の選挙に関する事項は、法律でこれを定める。

（両院議員兼職の禁止）

第五十六条　何人も、同時に両議院の議員たることはできない。

（議員の歳費）

第五十七条　両議院の議員は、法律の定めるところにより、国庫から相当額の歳費を受ける。

（不逮捕特権）

第五十八条　両議院の議員は、法律の定める場合を除いては、国会の会期中逮捕されず、会期前に逮捕された議員は、その議院の要求があれば、会期中これを釈放しなければならない。

（免責特権）

第五十九条　両議院の議員は、議院で行った演説、討論または表決について、院外で責任を問われない。

（常会）

第六十条　国会の常会は、毎年一回これを召集する。

（臨時会）

第六十一条　内閣総理大臣は、国会の臨時会の召集を決定することができる。いずれかの議院の総議員の四分の一以上の要求があれば、内閣総理大臣は、二十日以内に、その召集を決定しなければならない。

（合同委員会）

第六十二条　衆議院議員総選挙および参議院議員通常選挙の後に国会が召集されたときは、すみやかに両院の合同委員会を選出しなければならない。

2　合同委員会は、各議院から院内各派の議員数に比例して選出された二十人以上三十人以下の委員でこれを組織する。

3　合同委員会は、国に緊急の必要が生じ、かつ国会を召集することができない場合に、国会の権能を行使する。

4　合同委員会により採られた措置は、次の国会開会の後十日以内に、国会の同意がない場合には、その効力を失う。

5　合同委員会の委員は、議員としての任期満了後または衆議院が解散された後も、次の国会が召集されるまでの間、その職務を継続して行う。

（衆議院の解散、特別会、合同委員会の召集）

第六十三条　衆議院が解散されたときは、解散の日から四十日以内に、衆議院議員の総選挙を行い、その選挙の日から三十日以内に、国会を召集しなければならない。

2　衆議院が解散されたときは、参議院は、同時に閉会となる。ただし、内閣総理大臣は、国に緊急の必要があるときは、合同委員会の集会を求めることができる。

（議員の資格争訟）

第六十四条　両議院は、各々その議員の資格に関する争訟を裁判する。ただし、議員の資格を失わせるには、出席議員の三分の二以上の多数による議決を必要とする。

（議事議決の定足数、表決）

第六十五条　両議院は、各々その総議員の三分の一以上の出席がなければ、議事を開き議決することができない。

2　両議院の議事は、この憲法に特別の定めのある場合を除いては、出席議員の過半数でこれを決し、可否同数のときは、議長の決するところによる。

（会議の公開）

第六十六条　両議院の会議は、公開とする。ただし、出席議員の三分の二以上の多数で議決したときは、秘密会を開くことができる。

2　両議院は、各々その会議の記録を保存し、秘密会の記録の中で特に秘密を要すると認められるもの以外は、これを公表し、かつ一般に頒布しなければならない。

3　出席議員の五分の一以上の要求があれば、各議院の表決は、これを会議録に記載しなければならない。

（議院の自律権）

第六十七条　両議院は、各々その議長その他の役員を選任する。

2　両議院は、各々その会議その他の手続及び内部の規律に関する規則を定め、また、院内の秩序をみだした議員を懲罰することができる。ただし、議員を除名するには、出席議員の三分の二以上の多数による議決を必要とする。

（法律案の議決）

第六十八条　法律案は、この憲法に特別の定めのある場合を除いては、両議院で可決したとき法律となる。

2　衆議院で可決し、参議院でこれと異なった議決をした法律案は、衆議院で再び可決したときは、法律となる。ただし、参議院の議決後、国会休会中の期間を除いて六十日を経過した後でなければ、衆議院で再議決を行うことができない。

3　前項の規定は、法律の定めるところにより、衆議院が、両議院の協議会を開くことを求めることを妨げない。

4　参議院が、衆議院の可決した法律案を受け取った後、国会休会中の期間を除いて六十日以内に、議決しないときは、衆議院は、参議院がその法律案を否決したものとみなすことができる。

（予算の議決）

第六十九条 予算案は、さきに衆議院に提出しなければならない。

2 予算案について、参議院で衆議院と異なった議決をした場合に、法律の定めるところにより、両議院の協議会を開いても意見が一致しないとき、または参議院が、衆議院の可決した予算案を受け取った後、国会休会中の期間を除いて三十日以内に、議決しないときは、衆議院の議決を国会の議決とする。

（条約の承認）

第七十条 条約の締結に必要な国会の承認については、前条第二項の規定を準用する。

（議院の国政調査権）

第七十一条 両議院は、各々国政に関する調査を行い、これに関して、証人の出頭および証言ならびに記録の提出を要求することができる。

2 出席議員の三分の一以上が国政に関する調査を要求するときは、議院は調査を行わなければならない。

（憲法専門委員会）

第七十二条 両議院に、法律案の憲法適合性および政令の法律適合性を審査する専門委員会を設置する。

（国務大臣の議院出席の権利及び義務）

第七十三条 内閣総理大臣および国務大臣は、両議院の一つに議席を有すると有しないとにかかわらず、何時でも議案について発言するために議院に出席することができる。また、答弁または説明のため出席を求められたときは、出席しなければならない。

（弾劾裁判所）

第七十四条 国会は、罷免の訴追を受けた裁判官を裁判するため、両議院の議員で組織する弾劾裁判所を設ける。

2 弾劾に関する事項は、法律でこれを定める。

第四章 執行権

（執行権）

第七十五条 執行権は、内閣総理大臣に属する。

（国会に対する責任）

第七十六条 内閣総理大臣は、執行権の行使について、国会に対し責任を負う。

（総選挙における内閣総理大臣候補者と施政基本方針の明示）

第七十七条 衆議院議員総選挙の際、政党は、内閣総理大臣の候補者および施政の基本方針を明示しなければならない。

（内閣総理大臣の指名）

第七十八条 内閣総理大臣は、衆議院議員の中から衆議院の議決で、これを指名する。この指名は、他のすべての案件に先立って、これを行う。

（国務大臣、内閣）

第七十九条 内閣総理大臣は、国務大臣を任命する。ただし、その過半数は、国会議員の中から選ばれなければならない。

2 内閣総理大臣は、任意に国務大臣を罷免することができる。

3 内閣は、法律の定めるところにより、その首長たる内閣総理大臣および国務大臣でこれを組織する。

4 内閣総理大臣および国務大臣は、文民でなければならない。

（内閣不信任、衆議院解散）

第八十条 内閣は、衆議院で不信任の決議案を可決し、または信任の決議案を否決したときは、十日以内に衆議院が解散されない限り、総辞職をしなければならない。

（内閣総理大臣の臨時代行）

第八十一条　内閣総理大臣に事故のあるとき、または内閣総理大臣が欠けたときは、そのあらかじめ指定する国務大臣が、臨時に、内閣総理大臣の職務を代行する。

2　第八十条および前項の場合には、内閣総理大臣は、あらたに内閣総理大臣が任命されるまで引き続きその職務を行う。

(内閣総理大臣の職務)

第八十二条　内閣総理大臣は、国務を総理し、法律を誠実に執行し、および行政各部を指揮監督する。

2　内閣総理大臣は、この憲法の定めるもののほか、左の権限を有する。

一　憲法改正案、法律案その他の議案を国会に提出すること。

二　外交関係を処理すること。

三　条約を締結すること。ただし、事前に、時宜によっては事後に、国会の承認を経ることを必要とする。

四　法律の定める基準に従い、公務員に関する事務を掌理すること。

五　予算案を作成して国会に提出すること。

六　法律の規定を実施するために、政令を制定すること。ただし、政令には、特にその法律の委任がある場合を除いては、罰則を設けることができない。

七　大赦、特赦、減刑、刑の執行の免除および復権を決定すること。

(国務大臣の職務)

第八十三条　国務大臣は、内閣総理大臣を補佐し、主任の大臣として、行政事務を分担管理する。ただし、行政事務を分担管理しない大臣の存することを妨げない。

(法律・政令の署名)

第八十四条　法律および政令には、すべて主任の国務大臣が署名し、内閣総理大臣が連署することを必要とする。

(国務大臣の訴追)

第八十五条　国務大臣は、その在任中、内閣総理大臣の同意がなければ、訴追されない。ただし、これがため、訴追の権利は、害されない。

(諮問的国民投票)

第八十六条　特に重要な国政上の案件は、これを諮問的な国民投票に付すことができる。

2　国民投票は、内閣総理大臣の提案に基づき、国会の承認を得て、これを行う。

3　国民投票の条件および手続は、法律でこれを定める。

(緊急事態への対応)

第八十七条　防衛緊急事態、治安緊急事態および災害緊急事態において、内閣総理大臣および国会が行使する権限は、本条の定める原則に従い、法律でこれを定める。

2　内閣総理大臣は、この憲法および法律に基づいて、緊急事態の宣言を発し、軍隊、警察、消防その他国および地方自治体のすべての機関に対し、直接に、必要な措置を命ずることができる。

3　内閣総理大臣は、緊急事態の宣言を発した後十五日以内に、国会の承認を求めなければならない。国会両院を召集することができないときは、合同委員会に承認を求めなければならない。

4　緊急事態が宣言されている間は、衆議院を解散してはならない。

5　緊急事態において内閣総理大臣が命ずる措置は、国民の生命、自由および財産を保護するために必要な最小限度のものでなければならない。

第五章　司法権

(司法権、裁判官の独立)

第八十八条　すべて司法権は、最高裁判所および法律の定めるところにより設置する下級裁判所に属する。

(国務大臣の訴追)

2　行政機関は、終審として裁判を行うことはできない。
3　すべて裁判官は、その良心に従い独立してその職権を行い、この憲法および法律にのみ拘束される。

（最高裁判所の規則制定権）

第八十九条　最高裁判所は、訴訟に関する手続、弁護士、裁判所の内部規律および司法事務処理に関する事項について、規則を定める権限を有する。
2　検察官は、最高裁判所の定める規則に従わなければならない。
3　最高裁判所は、下級裁判所に関する規則を定める権限を、下級裁判所に委任することができる。

（裁判官の身分保障）

第九十条　裁判官は、裁判により、心身の故障のために職務を執ることができないと決定された場合を除いては、公の弾劾によらなければ罷免されない。裁判官の懲戒処分は、行政機関がこれを行うことはできない。

（最高裁判所の裁判官）

第九十一条　最高裁判所は、その長たる裁判官および法律の定める員数のその他の裁判官でこれを構成し、その長たる裁判官以外の裁判官は、内閣総理大臣がこれを任命する。
2　最高裁判所の裁判官は、法律の定める年齢に達した時に退官する。
3　最高裁判所の裁判官は、すべて定期に相当額の報酬を受ける。この報酬は、在任中、これを減額することができない。

（下級裁判所の裁判官）

第九十二条　下級裁判所の裁判官は、最高裁判所の指名した者の名簿によって、内閣でこれを任命する。ただし、法律の定める年齢に達した時には退官する。
2　下級裁判所の裁判官は、すべて定期に相当額の報酬を受ける。この報酬は、在任中、これを減額することができない。

（違憲審査）

第九十三条　最高裁判所および下級裁判所は、具体的な訴訟事件に適用される法令が憲法に違反している可能性があると認めたときは、手続を中止し、憲法裁判所の判断を求めなければならない。

（裁判の公開）

第九十四条　裁判の対審および判決は、公開法廷でこれを行う。
2　裁判所が、裁判官の全員一致で、公の秩序または善良の風俗を害するおそれがあると決した場合には、対審は、公開しないでこれを行うことができる。ただし、政治犯罪、出版に関する犯罪またはこの憲法第二章で保障する自由および権利が問題となっている事件の対審は、常にこれを公開しなければならない。

第六章　憲法裁判所

（憲法裁判所の裁判官）

第九十五条　憲法裁判所は、その長たる裁判官および法律の定める員数のその他の裁判官でこれを構成する。裁判官は、その四分の一ずつを、衆議院、参議院、内閣総理大臣および最高裁判所の長たる裁判官が、それぞれ指名する。
2　憲法裁判所の長たる裁判官は、憲法裁判所裁判官の互選による。
3　憲法裁判所の裁判官の任期は、十年とし、再任されることができない。
4　憲法裁判所の裁判官は、すべて定期に相当額の報酬を受ける。この報酬は、在任中、これを減額することができない。

（憲法裁判所の裁判官の身分保障）

第九十六条　憲法裁判所の裁判官の身分保障については、第九十条の規定を準用する。

（憲法裁判所の規則制定権）

第九十七条　憲法裁判所の規則制定権については、第八十九条第一項の規定を準用する。

（憲法裁判所の権限）

第九十八条　憲法裁判所は、左の権限を有する。

一　具体的訴訟事件に関し、最高裁判所または下級裁判所が要求する場合に、条約、法律、命令、規則または処分が憲法に適合するかしないかを審査すること。

二　内閣総理大臣または国会のいずれかの議院の総議員の三分の二以上の申し立てにより、条約、法律、命令、規則または処分が憲法に適合するかしないかを審査すること。

三　国と地方自治体の間、または地方自治体相互間の権限をめぐる争訟を裁定すること。

四　法律で定めるその他の事項。

（憲法裁判所の判決の効力）

第九十九条　憲法裁判所の判決は、公示の日の翌日より効力を有し、すべての公権力を拘束する。

2　憲法裁判所により憲法違反と判断された法令の条規は、一般的に無効となる。ただし、法令中、憲法違反とされなかった部分の効力は存続する。

第七章　財政

（財政運営の基本原則）

第百条　国の財政を処理する権限は、国会の議決に基づいてこれを行使しなければならない。

2　国は、均衡のとれた健全な財政運営に努めなければならない。

（課税の要件）

第百一条　あらたに租税を課し、または現行の租税を変更するには、法律または法律の定める条件によることを必要とする。

（国費の支出および債務負担）

第百二条　国費を支出し、または国が債務を負担するには、国会の議決に基づくことを必要とする。

（予算）

第百三条　内閣総理大臣は、毎会計年度の予算案を作成し、国会に提出して、その審議を受け議決を経なければならない。

2　内閣総理大臣は、予算案の作成に際して、第百六条第二項に定める参議院の勧告を尊重しなければならない。

（予備費）

第百四条　予見し難い予算の不足に充てるため、国会の議決に基づいて予備費を設け、内閣総理大臣の責任でこれを支出することができる。

2　すべての予備費の支出については、内閣総理大臣は、事後に国会の承諾を得なければならない。

（皇室財産）

第百五条　すべて皇室財産は、国に属する。すべて皇室の経費は、予算に計上して国会の議決を経なければならない。

（会計検査院、決算承認）

第百六条　会計検査院は、参議院の委任に基づいて国の財務を検査する最高監査機関である。

2　国の収入支出の決算は、すべて毎年会計検査院がこれを検査し、次の年度に参議院に報告書を提出して、その承認を得なければならない。

3　参議院は、決算の審査に際して、内閣総理大臣に対する勧告を決議することができる。

4　会計検査院の組織および権限は、法律でこれを定める。

（財政状況の報告）

第百七条　内閣総理大臣は、国会および国民に対して、定期に、少なくとも毎年一回、国の財政状況について報告しなければならない。

第八章　地方自治

（地方自治の基本原則）

第百八条　地方自治体の組織および運営に関する事項は、基礎自治体による住民自治の原則に基づいて、法律でこれを定める。

（基礎自治体の組織）

第百九条　基礎自治体は、法律の定めるところにより、住民の直接選挙に基づく議事機関を設置する。

2　基礎自治体には、法律の定めるところにより、住民または前項の議事機関の選任に基づく首長を置く。ただし、首長選挙の方法は、基礎自治体の規模および特性に応じて、条例でこれを定める。

（広域行政の組織）

第百十条　府県または道州の組織には、法律の定めるところにより、住民の直接選挙に基づく議事機関としての議会および首長を置く。

（地方自治体の権能）

第百十一条　地方自治体は、その財産を管理し、事務を処理し、および行政を執行する権能を有し、法律の範囲内で条例を制定することができる。

2　地方自治体は、条例により租税を課すことができる。

（国の専権事項）

第百十二条　国は、左の事項を処理する排他的な権限を有する。

一　国籍、出入国管理、外国人の身分および庇護権

二　外交および国際関係

三　国防

四　警察の大綱

五　海上保安

六　通貨制度

七　司法制度

八　刑法、民法、商法、労働法および訴訟法

九　知的財産権の保護

十　関税

十一　通商の規則

十二　国税

（特別法の住民投票）

第百十三条　特定の地方自治体のみに適用される特別法は、法律の定めるところにより、その地方自治体の住民投票において、その過半数の同意を得なければ、国会は、これを制定することができない。

第九章　改正

（憲法改正手続）

第百十四条　この憲法の改正は、各議院の総議員の過半数の賛成で、国会がこれを発議し、国民に提案してその承認を経なければならない。この承認には、特別の国民投票または国会の定める選挙の際行われる投票において、その過半数の賛成を必要とする。

2　国会の発議において、各議院の総議員の三分の二以上の賛成があったときは、国民の承認があったものとみなされる。

3　憲法改正について前二項の承認を経たときは、天皇は、国民の名で、直ちにこれを公布する。

4　憲法改正の手続に関する事項は、法律でこれを定める。

第十章　最高法規

（憲法の最高法規性、国際法の遵守）

第百十五条　この憲法は、国の最高法規であって、その条規に反する条約、法律、命令および国務に関するその他の行為の全部または一部は、その効力を有しない。

2　日本国が締結した条約および確立された国際条規は、これを誠実に遵守することを必要とする。

（公務員の憲法尊重擁護義務）

第百十六条　天皇または摂政および内閣総理大臣、国務大臣、国会議員、裁判官その他の公務員は、この憲法を尊重し擁護する義務を負う。

資料Ⅲ・26

日米同盟──未来のための変革と再編

二〇〇五年一〇月二九日〈外務省仮訳〉

ライス国務長官、ラムズフェルド国防長官、町村信孝外務大臣、大野功統防衛庁長官

コメント

1．本文書は、日米両国の外務大臣、防衛庁長官、国務長官、国防長官の四閣僚による「安全保障協議委員会」の合意をまとめた文書である。

この安全保障協議委員会では、日米双方が、①共通の戦略目標を確認し、②それに基づいて自衛隊・米軍の役割・任務・能力を確定し、③日本における米軍の兵力構成の見直しを提言している。本文書は、日米の安保外交閣僚の合意に基づき作成された文書として、大きな政治的意義を有している。

2．その中身は、冷戦終焉後のアメリカの世界戦略の転換に基づく日米同盟の強化の第二段階を画する文書としての性格を持っている。

冷戦終焉により「自由な」市場秩序が拡大し他面その秩序の維持・拡大が至上の命題となった状況で、アメリカは、日本に対し、たんに米軍基地の提供にとどまらず、自由な世界秩序維持のための軍事力行使に加担するよう強い圧力をかけるにいたった。それに基づいて日米同盟にも新たな役割が期待された。冷戦期の日米同盟は、日本および「極東平和と安全」の維持にあり、日本はアメリカの圧力にもかかわらず「極東における」米軍の支援にも消極的であったがその拡大が図られた。一九九六年日米安全保障共同宣言（⇩Ⅱ・12）は「アジア太平洋地域」を謳い、九七年新ガイドライン（⇩

Ⅱ・16）は、日米が日本の防衛だけでなく、「周辺事態」においても協力することを謳った。この段階での日米同盟の内容を象徴したのが小泉純一郎内閣による自衛隊のインド洋海域への出動と二〇〇四年自衛隊のイラク派兵であった。ここで自衛隊の「非戦闘地域」への派遣と米軍の支援が実施されたのである。

その実績をふまえて、日米同盟を新たな段階に引き上げることが合意されたのが、本文書であった。そこでは、「地域及び世界における共通の戦略目標」の存在が確認され、日米同盟が、①日本防衛・周辺事態対応とともに、②「国際平和協力活動への参加をはじめとする国際的な安全保障環境の改善のための取組」の二つの分野を重点にすることが確認された。

3．自衛隊・米軍の役割・任務・課題に関しては、二国間の安保・防衛協力の強化の分野では、弾道ミサイル防衛、海上交通の安全を維持するための機雷掃海などが具体的に列挙され、継続的な日米両軍の政策・運用面での調整、共同作戦計画策定、情報共有と秘密保護、相互運用性強化、訓練機会の拡大、施設の共同使用、などが明記された。

また、もう一つの重点分野である「国際的な安全保障環境の改善」の分野に関しては、「地域及び世界における共通の戦略目標を達成するため、国際的な安全保障環境を改善する上での二国間協力は、同盟の重要な要素となった。この目的のため、日本及び米国は、それぞれの能力に基づいて適切な貢献を行うとともに、実効的な態勢を確立するための必要な措置をとる。」という重要な指摘がなされた。

4．それをふまえた兵力態勢の再編では、まず、改めて、在日米軍の存在の意義が確認された。「アジア太平洋地域における米軍のプレゼンスは、地域の平和と安全にとって不可欠であり、かつ、日米両国にとって決定的に重要な中核的能力である。」と。

そのうえで米軍再編の具体案の作成、その迅速な実施が謳われた。とくに強調されたのが、米海兵隊の再編の一環としての普天間基地の移設である。ここではまず軍事上の理由をあげ、「双方は、普天間飛行場代替施設は、普天間飛行場に現在駐留する回転翼機が、日常的に活動をともにする他の組織の近くに位置するよう、沖縄県内に設けられなければならないと結論付けた。」ことを確認し、続いてそれを「キャンプ・シュワブの海岸線の区域とこれに近接する大浦湾の水域を結ぶL字型に普天間代替施設を設置する。」と明記した。

I．概観

日米安全保障体制を中核とする日米同盟は、日本の安全とアジア太平洋地域の平和と安定のために不可欠な基礎である。同盟に基づいた緊密かつ協力的な関係は、世界における課題に効果的に対処する上で重要な役割を果たしており、安全保障環境の変化に応じて発展しなければならない。以上を踏まえ、二〇〇二年一二月の安全保障協議委員会以降、日本及び米国は、日米同盟の方向性を検証し、地域及び世界の安全保障環境の変化に同盟を適応させるための選択肢を作成するため、日米それぞれの安全保障及び防衛政策について精力的に協議した。

二〇〇五年二月一九日の安全保障協議委員会において、閣僚は、共通の戦略目標についての理解に到達し、それらの目標を追求する上での自衛隊及び米軍の役割・任務・能力に関する検討を継続する必要性を強調した。また、閣僚は、在日米軍の兵力構成見直しに関する協議を強化することとし、事務当局に対して、これらの協議の結果について速やかに報告するよう指示した。

本日、安全保障協議委員会の構成員たる閣僚は、新たに発生している脅威が、日本及び米国を含む世界中の国々の安全に影響を及ぼし得る共通の課題として浮かび上がってきた、安全保障環境に関する共通の見解を再確認した。また、閣僚は、アジア太平洋地域において不透明性や不確実性を生み出す課題が引き続き存在していることを改めて強調し、地域における軍事力の近代化に注意を払う必要があることを強調した。この文脈で、双方は、二〇〇五年二月一九日の共同発表において確認された地域及び世界における共通の戦略目標を追求するために緊密に協力するとのコミットメントを改めて強調した。

閣僚は、役割・任務・能力に関する検討内容及び勧告を承認した。また、閣僚は、この報告に含まれた再編に関する勧告を承認した。これらの措置は、新たな脅威や多様な事態に対応するための同盟の能力を向上させるためのものであり、全体として地元に与える負担を軽減するものである。これによって、安全保障が強化され、同盟が地域の安定の礎石であり続けることが確保される。

Ⅱ. 役割・任務・能力

テロとの闘い、拡散に対する安全保障構想（ＰＳＩ）、イラクへの支援、インド洋における津波や南アジアにおける地震後の災害支援をはじめとする国際的活動における二国間協力や、二〇〇四年一二月の日本の防衛計画の大綱、弾道ミサイル防衛（ＢＭＤ）における協力の進展、日本の有事法制、自衛隊の新たな統合運用体制への移行計画、米軍の変革と世界的な態勢の見直しといった、日米の役割・任務・能力に関連する安全保障及び防衛政策における最近の成果と発展を、双方は認識した。

1. 重点分野

この文脈で、日本及び米国は、以下の二つの分野に重点を置いて、今日の安全保障環境における多様な課題に対応するための二国間、特に自衛隊と米軍の役割・任務・能力を検討した。

―日本の防衛及び周辺事態への対応（新たな脅威や多様な事態への対応を含む）

―国際平和協力活動への参加をはじめとする国際的な安全保障環境の改善のための取組

2. 役割・任務・能力についての基本的考え方

双方は、二国間の防衛協力に関連するいくつかの基本的考え方を確認した。日本の防衛及び周辺事態への対応に関連するこれらの考え方には以下が含まれる。

・二国間の防衛協力は、日本の安全と地域の平和と安定にとって引き続き死活的に重要である。

・日本は、弾道ミサイル攻撃やゲリラ、特殊部隊による攻撃、島嶼部への侵略といった、新たな脅威や多様な事態への対処を含めて、自らを防衛し、周辺事態に対応する。これらの目的のために、日本の防衛態勢は、二〇〇四年の防衛計画の大綱に従って強化される。

・米国は、日本の防衛のため、及び、周辺事態を抑止し、これに対応するため、前方展開兵力を維持し、必要に応じて兵力を増強する。米国は、日本の防衛のために必要なあらゆる支援を提供する。

・周辺事態が日本に対する武力攻撃に波及する可能性のある場合、又は、両者が同時に生起する場合に適切に対応し得るよう、日本の防衛及び周辺事態への対応に際しての日米の活動は整合を図るものとする。

・日本は、米軍のための施設・区域（以下、「米軍施設・区域」）を含めた接受国支援を引き続き提供する。また、日本は、日本の有事法制に基づく支援を含め、米軍の活動に対して、事態の進展に応じて切れ目のない支援を提供するための適切な措置をとる。双方は、在日米軍のプレゼンス及び活動に対する安定的な支持を確保するために地元と協力する。

・米国の打撃力及び米国によって提供される核抑止力は、日本の防衛を確保する上で、引き続き日本の防衛力を補完する不可欠のものであり、地域の平和と安全に寄与する。

また、双方は、国際的な安全保障環境の改善の分野における役割・任務・能力に関連するいくつかの基本的考え方を以下のとおり確認した。

・地域及び世界における共通の戦略目標を達成するため、国際的な安全保障環境を改善する上での二国間協力は、同盟の重要な要素となった。この目的のため、日本及び米国は、それぞれの能力に基づいて適切な貢献を行うとともに、実効的な態勢を確立するための必要な措置をとる。

・迅速かつ実効的な対応のためには柔軟な能力が必要である。緊密な日米の二国間協力及び政策調整は、これに資する。第三国との間で行われるものを含む定期的な演習によって、このような能力を向上し得る。

・自衛隊及び米軍は、国際的な安全保障環境を改善するための国際的な活動に寄与するため、他国との協力を強化する。

加えて、双方は、新たな脅威や多様な事態に対処すること、及び、国際的な安全保障環境を改善することの重要性が増していることにより、双方がそれぞれの防衛力を向上し、かつ、技術革新の成果を最大限に活用することが求められていることを強調した。

3．二国間の安全保障・防衛協力において向上すべき活動の例

双方は、あらゆる側面での二国間協力が、関連の安全保障政策及び法律並びに日米間の取極に従って強化されなければならないことを再確認した。役割・任務・能力の検討を通じ、双方は、いくつかの個別分野において協力を向上させることの重要性を強調した。

・防空

・弾道ミサイル防衛

・拡散に対する安全保障構想（ＰＳＩ）といった拡散阻止活動

・テロ対策

・海上交通の安全を維持するための機雷掃海、海上阻止行動その他の活動

・捜索・救難活動

・無人機（ＵＡＶ）や哨戒機により活動の能力と実効性を増大することを含めた、情報、監視、偵察（ＩＳＲ）活動

・人道救援活動

・復興支援活動

・平和維持活動及び平和維持のための他国の取組の能力構築

・在日米軍施設・区域を含む重要インフラの警護

・大量破壊兵器（ＷＭＤ）の廃棄及び除染を含む、大量破壊兵器による攻撃への対応

・補給、整備、輸送といった相互の後方支援活動。補給協力には空中及び海上における給油を相互に行うことが含まれる。輸送協力には航空輸送及び高速輸送艦（ＨＳＶ）の能力によるものを含めた海上輸送を拡大し、共に実施することが含まれる。

・非戦闘員退避活動（ＮＥＯ）のための輸送、施設の使用、医療支援その他関連する活動

・港湾・空港、道路、水域・空域及び周波数帯の使用

双方は、以上に明記されていない他の活動分野も同盟の能力にとって引き続き重要であることを強調した。上述の項目は、更なる向上のための鍵となる分野を強調したものであり、可能な協力分野を包括的に列挙することを意図したものではない。

4．二国間の安全保障・防衛協力の態勢を強化するための不可欠な措置

上述の役割・任務・能力に関する検討に基づき、双方は、更に、新たな安全保障環境において多様な課題に対処するため、二国間の安全保障・防衛協力の態勢を強化する目的で平時からとり得る不可欠な措置を以下のとおり特定した。また、双方は、実効的な二国間の協力を確保す

るため、これまでの進捗に基づき、役割・任務・能力を引き続き検討することの重要性を強調した。

・緊密かつ継続的な政策及び運用面の調整

双方は、定期的な政策及び運用面の調整が、戦略環境の将来の変化や緊急事態に対する同盟の適時かつ実効的な対応を向上させることを認識した。部隊戦術レベルから戦略的な協議まで、政府のあらゆるレベルで緊密かつ継続的な政策及び運用面の調整を行うことは、不安定化をもたらす軍事力増強を抑制し、侵略を抑止し、多様な安全保障上の課題に対応する上で不可欠である。米軍及び自衛隊の間で共通の運用画面を共有することは、運用面での調整を強化するものであり、可能な場合に追求されるべきである。防衛当局と他の関係当局との間のより緊密な協力もますます必要となっている。この文脈で、双方は、一九九七年の日米防衛協力のための指針の下での包括的メカニズムと調整メカニズムの実効性を、両者の機能を整理することを通じて向上させる必要性を再確認した。

・計画検討作業の進展

一九九七年の日米防衛協力のための指針が共同作戦計画についての検討及び相互協力計画についての検討の基礎となっていることを想起しつつ、双方は、安全保障環境の変化を十分に踏まえた上で、これらの検討作業が引き続き必要であることを確認した。この検討作業は、空港及び港湾を含む日本の施設を自衛隊及び米軍が緊急時に使用するための基礎が強化された日本の有事法制を反映するものとなる。双方は、この検討作業を拡大することとし、そのために、検討作業により具体性を持たせ、関連政府機関及び地方当局と緊密に調整し、二国間の枠組みや計画手法を向上させ、一般及び自衛隊の飛行場及び港湾の詳細な調査を実施し、二国間演習プログラムを強化することを通じて検討作業を確認する。

・情報共有及び情報協力の向上

双方は、良く連携がとれた協力のためには共通の情勢認識が鍵であることを認識しつつ、部隊戦術レベルから国家戦略レベルに至るまで情報共有及び情報協力をあらゆる範囲で向上させる。この相互活動を円滑化するため、双方は、関連当局の間でより幅広い情報共有が促進されるよう、共有された秘密情報を保護するために必要な追加的措置をとる。

・相互運用性の向上

自衛隊が統合運用体制に移行するのに際して円滑な協力を確保するため、自衛隊及び米軍は、相互運用性を維持・強化するため定期的な協議を維持する。共同の運用のための計画作業や演習における継続的な協力は、自衛隊と米軍の司令部間の連接性を強化するものであり、安全な通信能力の向上はこのような協力に資する。

・日本及び米国における訓練機会の拡大

双方は、相互運用性の向上、能力の向上、即応性の向上、地元の間での訓練の影響のより公平な分散及び共同の活動の実効性の増大のため、共同訓練及び演習の機会を拡大する。これらの措置には、日本における自衛隊及び米軍の訓練施設・区域の相互使用を増大することが含まれる。また、自衛隊要員及び部隊のグアム、アラスカ、ハワイ及び米本土における訓練も拡大される。

○特に、グアムにおける訓練施設を拡張するとの米国の計画は、グアムにおける自衛隊の訓練機会の増大をもたらす。

○また、双方は、多国間の訓練及び演習への自衛隊及び米軍の参加により、国際的な安全保障環境の改善に対する貢献が高まるものであることを認識した。

・自衛隊及び米軍による施設の共同使用

双方は、自衛隊及び米軍による施設の共同使用が、共同の活動におけるより緊密な連携や相互運用性の向上に寄与することを認識した。施設の共同使用のための具体的な機会については、兵力態勢の再編に関する勧告の中で述べられる（下記参照）。

・弾道ミサイル防衛（ＢＭＤ）

ＢＭＤが、弾道ミサイル攻撃を抑止し、これに対して防御する上で決定的に重要な役割を果たすとともに、他者による弾道ミサイルの開発及び拡散を抑制することができることを強調しつつ、双方は、それぞれのＢＭＤ能力の向上を緊密に連携させることの意義を強調した。これらのＢＭＤシステムを支援するため、弾道ミサイルの脅威に対応するための時間が限りなく短いことにかんがみ、双方は、不断の情報収集及び共有並びに高い即応性及び相互運用性の維持が決定的に重要であることを強調した。米国は、適切な場合に、日本及びその周辺に補完的な能力を追加的に展開し、日本のミサイル防衛を支援するためにその運用につき調整する。それぞれのＢＭＤ指揮・統制システムの間の緊密な連携は、実効的なミサイル防衛にとって決定的に重要となる。

双方は、一九九七年の日米防衛協力のための指針の下での二国間協力及び、適切な場合には、現在指針で取り上げられていない追加的な分野における二国間協力の実効性を強化し、改善することを確約した。

Ⅲ．兵力態勢の再編

双方は、沖縄を含む地元の負担を軽減しつつ抑止力を維持するとの共通のコミットメントにかんがみて、在日米軍及び関連する自衛隊の態勢について検討した。安全保障同盟に対する日本及び米国における国民一般の支持は、日本の施設・区域における米軍の持続的なプレゼンスに寄与するものであり、双方は、このような支持を強化することの重要性を認識した。

1．指針となる考え方

検討に当たっては、双方は、二国間の役割・任務・能力についての検討を十分に念頭に置きつつ、日本における兵力態勢の再編の指針となるいくつかの考え方を設定した。

・アジア太平洋地域における米軍のプレゼンスは、地域の平和と安全にとって不可欠であり、かつ、日米両国にとって決定的に重要な中核的能力である。日本は、自らの防衛について主導的な役割を果たしつつ、米軍によって提供される能力に対して追加的かつ補完的な能力を提供する。米軍及び自衛隊のプレゼンスは、地域及び世界における安全保障環境の変化や同盟における役割及び任務についての双方の評価に伴って進展しなければならない。

・再編及び役割・任務・能力の調整を通じて、能力は強化される。これらの能力は、日本の防衛と地域の平和と安全に対する米国のコミットメントの信頼性を支えるものである。

・柔軟かつ即応性のある指揮・統制のための司令部間の連携向上や相互運用性の向上は、日本及び米国にとって決定的に重要な中核的能力である。この文脈で、双方は、在日米軍司令部が二国間の連携を強化する上で引き続き重要であることを認識した。

・定期的な訓練及び演習や、これらの目的のための施設・区域の確保は、兵力の即応性、運用能力及び相互運用性を確保する上で不可欠である。軍事上の任務及び運用上の所要と整合的な場合には、訓練を分散して行うことによって、訓練機会の多様性を増大することができるとともに、訓練が地元に与える負担を軽減するとの付随的な利益を得ることができる。

・自衛隊及び米軍の施設・区域の軍事上の共同使用は、二国間協力の実効性を向上させ、効率性を高める上で有意義である。

・米軍施設・区域には十分な収容能力が必要であり、また、平時における日常的な使用水準以上の収容能力は、緊急時の所要を満たす上で決定的に重要かつ戦略的な役割を果たす。この収容能力は、災害救援や被害対処の状況など、緊急時における地元の必要性を満たす上で不可欠かつ決定的に重要な能力を提供する。

・米軍施設・区域が人口密集地域に集中している場所では、兵力構成の再編の可能性について特別の注意が払われる。

・米軍施設・区域の軍民共同使用を導入する機会は、適切な場合に検討される。このような軍民共同使用の実施は、軍事上の任務及び運用上の所要と両立するものでなければならない。

2．再編に関する勧告

これまでに実施された精力的な協議に基づき、また、これらの基本的考え方に従って、日米安全保障条約及び関連取極を遵守しつつ、以下の具体案について国内及び二国間の調整が速やかに行われる。閣僚は、地元との調整を完了することを確約するとともに、事務当局に対して、これらの個別的かつ相互に関連する具体案を最終的に取りまとめ、具体的な実施日程を含めた計画を二〇〇六年三月までに作成するよう指示した。これらの具体案は、統一的なパッケージの要素となるものであり、パッケージ全体について合意され次第、実施が開始されるものである。双方は、これらの具体案の迅速な実施に求められる必要な措置をとることの重要性を強調した。

・共同統合運用調整の強化

自衛隊を統合運用体制に変革するとの日本国政府の意思を認識しつつ、在日米軍司令部は、横田飛行場に共同統合運用調整所を設置する。この調整所の共同使用により、自衛隊と在日米軍の間の連接性、調整及び相互運用性が不断に確保される。

・米陸軍司令部能力の改善

キャンプ座間の在日米陸軍司令部の能力は、展開可能で統合任務が可能な作戦司令部組織に近代化される。改編された司令部は、日本防衛や他の事態において迅速に対応するための追加的能力を有することになる。この新たな陸軍司令部とその不可分の能力を収容するため、在日米軍施設・区域について調整が行われる。また、機動運用部隊や専門部隊を一元的に運用する陸上自衛隊中央即応集団司令部をキャンプ座間に設置することが追求される。これにより司令部間の連携が強化される。この再編との関連で、キャンプ座間及び相模総合補給廠のより効果的かつ効率的な使用の可能性が探求される。

・航空司令部の併置

現在府中に所在する日本の航空自衛隊航空総隊司令部及び関連部隊は、横田飛行場において米第五空軍司令部と併置されることにより、防空及びミサイル防衛の司令部組織間の連携が強化されるとともに、上記の共同統合運用調整所を通じて関連するセンサー情報が共有される。

・横田飛行場及び空域

二〇〇九年に予定されている羽田空港拡張を念頭に置きつつ、横田空域における民間航空機の航行を円滑化するための措置が探求される。検討される選択肢には、米軍が管制を行っている空域の削減や、横田飛行場への日本の管制官の併置が含まれる。加えて、双方は、嘉手納のレーダー進入管制業務の移管プロセスの進捗を考慮する。あり得べき軍民共同使用のための具体的な条件や態様が、共同使用が横田飛行場の運用上の能力を損なってはならないことに留意しつつ、検討される。

・ミサイル防衛

新たな米軍のXバンド・レーダー・システムの日本における最適な展開地が検討される。このレーダーは、適時の情報共有を通じて、日本に向かうミサイルを迎撃する能力、及び、日本の国民保護や被害対処のための能力を支援する。さらに、米国の条約上のコミットメントを支援するため、米国は、適切な場合に、パトリオットＰＡＣ－３やスタンダード・ミサイル（ＳＭ－３）といった積極防御能力を展開する。

・柔軟な危機対応のための地域における米海兵隊の再編

世界的な態勢見直しの取組の一環として、米国は、太平洋における兵力構成を強化するためのいくつかの変更を行ってきている。これらの変更には、海兵隊の緊急事態への対応能力の強化や、それらの能力のハワイ、グアム及び沖縄の間での再分配が含まれる。これによって、個別の事態の性質や場所に応じて、適切な能力を伴った対応がより柔軟になる。また、これらの変更は、地域の諸国との戦域的な安全保障協力の増進を可能とするものであり、これにより、安全保障環境全般が改善される。この再編との関連で、双方は、沖縄の負担を大幅に軽減することにもなる相互に関連する総合的な措置を特定した。

○普天間飛行場移設の加速：沖縄住民が米海兵隊普天間飛行場の早期返還を強く要望し、いかなる普天間飛行場代替施設であっても沖縄県外での設置を希望していることを念頭に置きつつ、双方は、将来も必要であり続ける抑止力を維持しながらこれらの要望を満たす選択肢について検討した。双方は、米海兵隊兵力のプレゼンスが提供する緊急事態への迅速な対応能力は、双方が地域に維持することを望む、決定的に重要な同盟の能力である、と判断した。さらに、双方は、航空、陸、後方支援及び司令部組織から成るこれらの能力を維持するためには、定期的な訓練、演習及び作戦においてこれらの組織が相互に連携し合うことが必要であり続けるということを認識した。このような理由から、双方は、普天間飛行場代替施設は、普天間飛行場に現在駐留する回転翼機が、日常的に活動をともにする他の組織の近くに位置するよう、沖縄県内に設けられなければならないと結論付けた。

○双方は、海の深い部分にある珊瑚礁上の軍民共用施設に普天間飛行場を移設するという、一九九六年の沖縄に関する特別行動委員会（ＳＡＣＯ）の計画に関連する多くの問題のために、普天間飛行場の移設が大幅に遅延していることを認識し、運用上の能力を維持しつつ、普天間飛行場の返還を加速できるような、沖縄県内での移設のあり得べき他の多くの選択肢を検討した。双方は、この作業において、以下を含む複数の要素を考慮した。

■近接する地域及び軍要員の安全

■普天間飛行場代替施設の近隣で起こり得る、将来的な住宅及び商業開発の態様を考慮した、地元への騒音の影響

■環境に対する悪影響の極小化

■平時及び緊急時において運用上及び任務上の所要を支援するための普天間飛行場代替施設の能力

■地元住民の生活に悪影響を与えかねない交通渋滞その他の諸問題の発生を避けるために、普天間飛行場代替施設の中に必要な運用上の支援施設、宿泊及び関連の施設を含めること

○このような要素に留意しつつ、双方は、キャンプ・シュワブの海岸線の区域とこれに近接する大浦湾の水域を結ぶＬ字型に普天間代替施設を設置する。同施設の滑走路部分は、大浦湾から、キャンプ・シュワブの南側海岸線に沿った水域へと辺野古崎を横切ることになる。北東から南西の方向に配置される同施設の下方部分は、滑走路及びオーバーランを含み、護岸を除いた合計の長さが一八〇〇メートルとなる。格納庫、整備施設、燃料補給用の桟橋及び関連設備、並びに新たな施設の運用上必要なその他の航空支援活動は、代替施設のうち大浦湾内に建設される予定の区域に置かれる。さらに、キャンプ・シュワブ区域内の施設は、普天間飛行場に関連する活動の移転を受け入れるために、必要に応じて、再編成される。

○両政府は、普天間飛行場に現在ある他の能力が、以下の調整が行われた上で、ＳＡＣＯ最終報告にあるとおり、移設され、維持されることで一致した。

■ＳＡＣＯ最終報告において普天間飛行場から岩国飛行場に移駐されることとなっているＫＣ－１３０については、他の移駐先として、海上自衛隊鹿屋基地が優先して、検討される。双方は、最終的な配置の在り方

については、現在行われている運用上及び技術上の検討を基に決定することとなる。

■緊急時における航空自衛隊新田原基地及び築城基地の米軍による使用が強化される。この緊急時の使用を支援するため、これらの基地の運用施設が整備される。また、整備後の施設は、この報告の役割・任務・能力の部分で記載されている、拡大された二国間の訓練活動を支援することとなる。

■普天間飛行場代替施設では確保されない長い滑走路を用いた活動のため、緊急時における米軍による民間施設の使用を改善する。

○双方は、上述の措置を早期に実現することが、長期にわたり望まれてきた普天間飛行場返還の実現に加えて、沖縄における海兵隊のプレゼンスを再編する上で不可欠の要素であることを認識した。

○兵力削減：上記の太平洋地域における米海兵隊の能力再編に関連し、第三海兵機動展開部隊（ＩＩＩＭＥＦ）司令部はグアム及び他の場所に移転され、また、残りの在沖縄海兵隊部隊は再編されて海兵機動展開旅団（ＭＥＢ）に縮小される。この沖縄における再編は、約七〇〇〇名の海兵隊将校及び兵員、並びにその家族の沖縄外への移転を含む。これらの要員は、海兵隊航空団、戦務支援群及び第三海兵師団の一部を含む、海兵隊の能力（航空、陸、後方支援及び司令部）の各組織の部隊から移転される。

○日本国政府は、このような兵力の移転が早期に実現されることへの沖縄住民の強い希望を認識しつつ、米国政府と協力して、これらのグアムへの移転を実現可能とするための適切な資金的その他の措置を見出すための検討を行う。

○土地の返還及び施設の共同使用：上記の普天間飛行場移設及び兵力削減が成功裡に行われることが、兵力の更なる統合及び土地の返還を可能にすることを認識しつつ、双方は、沖縄に残る海兵隊部隊を、土地の総面積を縮小するように統合する構想について議論した。これは、嘉手納飛行場以南の人口が集中している地域にある相当規模の土地の返還を可能にする。米国は、日本国政府と協力して、この構想の具体的な計画を作成し、実施する意思を強調した。

○さらに、自衛隊がアクセスを有する沖縄の施設が限られており、またその大半が都市部にあることを認識しつつ、米国は、日本国政府と協力して、嘉手納飛行場、キャンプ・ハンセンその他の沖縄にある米軍施設・区域の共同使用を実施する意思も強調した。このような共同使用は、この報告の役割・任務・能力の部分に記述されているように、共同訓練並びに自衛隊及び米軍の間の相互運用性を促進し、それにより、全体的な同盟の能力を強化するものと双方は考える。

○ＳＡＣＯ最終報告の着実な実施：双方は、この文書における勧告によって変更されない限りにおいて、ＳＡＣＯ最終報告の着実な実施の重要性を確認した。

・空母艦載機の厚木飛行場から岩国飛行場への移駐

米空母及び艦載機の長期にわたる前方展開の能力を確保するため、空母艦載ジェット機及びＥ－２Ｃ飛行隊は、厚木飛行場から、滑走路移設事業終了後には周辺地域の生活環境への影響がより少ない形で安全かつ効果的な航空機の運用のために必要な施設及び訓練空域を備えることとなる岩国飛行場に移駐される。岩国飛行場における運用の増大による影響を緩和するため、以下の関連措置がとられる。

○海上自衛隊ＥＰ－３、ＯＰ－３、ＵＰ－３飛行隊等の岩国飛行場から厚木飛行場への移駐。

○すべての米海軍及び米海兵隊航空機の十分な即応性の水準の維持を確保するための訓練空域の調整。

○空母艦載機離発着訓練のための恒常的な訓練施設の特定。それまでの間、現在の暫定的な措置に従い、米国は引き続き硫黄島で空母艦載機離発着訓練を実施する。日本国政府は、米海軍航空兵力の空母艦載機離発着訓練のために受け入れ可能な恒常的な訓練施設を提供するとのコミットメントを再確認する。

○ＫＣ－１３０を受け入れるために海上自衛隊鹿屋基地において必要な施設の整備。これらの施設は、同盟の能力及び柔軟性を増大するために、日本の他の場所からの追加的な自衛隊又は米軍のＣ－１３０又はＰ－３航空機の一時的な展開を支援するためにも活用される。

○岩国飛行場に配置される米海軍及び米海兵隊部隊、並びに民間航空の活動を支援するために必要な追加的施設、インフラ及び訓練区域の整備。

・訓練の移転

　この報告で議論された二国間の相互運用性を向上させる必要性に従うとともに、訓練活動の影響を軽減するとの目標を念頭に、嘉手納飛行場を始めとして、三沢飛行場や岩国飛行場といった米軍航空施設から他の軍用施設への訓練の分散を拡大することに改めて注意が払われる。

・在日米軍施設の収容能力の効率的使用

　在日米軍施設の収容能力の効率的使用に関連して、米国と日本国政府及び地元との協力を強化するための機会が、運用上の要請及び安全性と整合的な場合に追求される。例えば、双方は、災害救援や被害対処といった緊急時における地元の必要性を満たすため、相模総合補給廠の収容能力を活用する可能性を探求する。

　この報告の他の部分で取り扱われなかった米軍施設・区域及び兵力構成における将来の変更は、日米安全保障条約及びその関連取極の下での現在の慣行に従って取り扱われる。

資料Ⅲ・27

民主党「憲法提言」

二〇〇五年一〇月三一日
民主党憲法調査会

コメント

１．本提言は、民主党が、二〇〇四年六月に発表した「提言中間報告」（⇩Ⅲ・08）をさらに検討して完成させたもので、以後民主党はこれを条文化したものはつくっておらず、今のところ、民主党の改憲提言の完成版である。

　民主党の改憲構想の第一の柱である安保・外交構想では、自民党のそれと比べると、九条の改正によって「自衛権」を認めるものの、集団的自衛権に基づいてアメリカの要請に応えるという点では抑制的である。むしろ国連決議に基づく集団安全保障措置への参加を憲法上認めることで国連の多国籍軍による自衛隊の海外派兵、という形でアメリカの要請に応じた国際貢献を果たそう、というものである。

　第二の柱は、新自由主義国家と新自由主義改革推進に効率的な国家構想である。新自由主義改革推進という点では自民党より急進的な部分もある。いずれにせよ、同党改憲構想は、大きな文脈で、九〇年代以降の現代改憲の要請に応えるものとなっている。

２．提言の特徴の第一は、中間報告と同様、いまなぜ改憲が必要なのか、という点につき、憲法の空洞化、憲法規範と現実との乖離打破論を採っていることである。「とりわけ、今日われわれが目撃しているわが国の憲法の姿は、その時々の政権の恣意的解釈によって、憲法の運用が左右されているという現実である。同一の内閣においてすら、憲法解釈が平然と変更されて、いまや憲法の『空洞化』が叫ばれるほどになっている。いま最も必要なことは、この傾向に歯止めをかけて、憲法を鍛え直し、『法の支配』を取り戻すことである。」これは民主党の改憲論の一貫した主張だが、なぜ憲法の空洞化をもたらす政府の解釈を非難して、憲法を現実に合わせようとするのかは、説得力を欠く。むしろ現実の憲法逸脱の政治を是正すべきではないか。しかし民主党は、憲法と現実との乖離から、憲法の改正を主張するのである。

さらに、本提言の注目される点は、なぜいま改憲かという理由付けで、新たに、国民投票論的改憲論とでもいうべき論拠を出してきた点である。改憲手続法制を整備して、国民が自らの意思で憲法をつくるべきだという主張である。実はこの議論も、改憲派が常に援用する改憲論だが、本提言は、それを前面に押し立てた。「日本ではこれまで、憲法制定や改正において、日本国民の意思がそのまま反映される国民投票を一度も経験したことがない。私たちは、憲法を国民の手に取り戻すために、国民による直接的な意思の表明と選択が何よりも大事であることを強く受け止めている。」国民が自らの意思を主張するために憲法改正をしようという倒錯した議論である。

3．特徴の第二は、民主党の改憲論が近代立憲主義憲法の概念を否定していることでも一貫していることである。本提言でも、冒頭に、こうした立憲主義的憲法概念の修正が謳われている。すなわち憲法とは、国家権力に歯止めをかける＝近代立憲主義憲法概念、だけでなく、世界に対して国のあり方を示す「宣言」という二つの性質を持つというのである。

4．改憲論の内容上の特徴の第一は、新自由主義改革推進のための効率的体制づくりが前面に出ていることである。首相の権限を強化するために、憲法六五条を改正すべきであるという主張、衆参両院の役割分担論、憲法裁判所の設置による迅速な憲法判断、改憲にとどまらない国民投票制度の拡充などである。

5．内容上の特徴の第二は、知る権利、プライバシー、生命に対する権利、犯罪被害者の権利、子どもの権利などの新しい人権に加え、外国人の人権保障が謳われていることである。

6．内容上の特徴の第三は、地方自治の章の抜本改正を主張し「分権社会」を憲法上明記することを謳っていることである。とくに「補完性の原理」の明記、「住民自治に根ざす多様な自治体のあり方を認める」規定、財政自治権を認め、地方自治体のナショナルミニマムを確保するための地方交付税に代えて、水平的調整制度にとどめるなど、分権社会に名を借りて、地方に、社会保障の削減を委ね、国の福祉責任を回避する新自由主義的地方制度構想が打ち出されている。

こうした地方自治構想は、ボツになった二〇〇四年の自民党憲法調査会の「憲法改正草案大綱」（たたき台）（⇩Ⅲ・12）とも共通する発想であるが、道州制に対しては態度を決定していない。

7．内容上の特徴の第四は、安保・外交分野で、「国連憲章上の『制約された自衛権』」「国連が主導する集団安全保障活動への参加」を明記したことである。そして集団安全保障活動参加のガイドラインについて、憲法附属法として「安全保障基本法」を制定することを主張している。このあたりが当時の民主党の最大公約数であったと推測される。

1．未来志向の憲法を構想する

1. 憲法論議の土台を明確にし、未来志向の新しい憲法を構想する

多くの国民は、日本国憲法が戦後の平和国家日本の確立と持続に極めて大きな役割を果たすとともに、人権意識や民主主義をこの国に深く根づかせる土台となってきたことを認識している。これを踏まえ、私たちは、日本国憲法の根本規範に基づいて築き上げてきたものに誇りを持ち、それを堅持しつつ、さらにそれらを強化・発展させるために求められるのは何かという出発点に立って議論を進めている。

昨今、憲法論議が徐々に盛り上がってきている状況を、私たちは歓迎している。その中でいま、求められていることは、二一世紀の新しい時代を迎えて、未来志向の憲法構想を、勇気をもって打ち立てるということである。それは、現在の日本国憲法が掲げる基本理念を踏まえて、それらをいかに深化・発展させるかということであり、新たな時代にふさわしい「新しい国のかたち」を国民と共有することに他ならない。

2. 新しい憲法の構成

そもそも憲法とは、主権者である国民が、国家機構等に公権力を委ねるとともに、その限界を設け、これをみずからの監視下に置き、コントロールするための基本ルールのことである。同時に、これからの憲法を考えるに際しては、憲法のこうした固有の役割に加えて、憲法それ自体が国民統合の価値を体現するものであるとともに、国際社会と共存し、平和国家としてのメッセージを率先して発信するものでなくてはならない。未来志向の憲法は、国家権力の恣意的行使や一方的な暴力を抑制すること、あるいは国家権力からの自由を確保することにとどまらず、これに加えて、国民の意思を表明し、世界に対して国のあり方を示す一種の「宣言」としての意味合いを強く持つものである。そしてその構成は、日本国民の「精神」あるいは「意志」を謳った部分と、人間の自立を支え、社会の安全を確保する国（中央政府及び地方政府）の活動を律する「枠組み」あるいは「ルール」を謳った部分の二つから構成される。

3. 新しい憲法がめざす五つの基本目標

私たちは、こうした二つの性質を合わせ持つ新しい憲法は、以下の五つの基本目標を達成するものでなければならないと考えている。これはまた、民主党が五年間の憲法論議を通じて獲得し、共有した価値でもある。

① 自立と共生を基礎とする国民が、みずから参画し責任を負う新たな国民主権社会を構築すること。

② 世界人権宣言及び国際人権規約をはじめとする普遍的な人権保障を確立し、併せて、環境権、知る権利、生命倫理などの「新しい権利」を確立すること。

③ 日本からの世界に対するメッセージとしての「環境国家」への道を示すとともに、国際社会と協働する「平和創造国家」日本を再構築すること。

④ 活気に満ち主体性を持った国の統治機構の確立と、民の自立力と共同の力に基礎を置いた「分権国家」を創出すること。

⑤ 日本の伝統と文化の尊重とその可能性を追求し、併せて個人、家族、コミュニティ、地方自治体、国家、国際社会の適切な関係の樹立、すなわち重層的な共同体的価値意識の形成を促進すること。

4. 憲法の「空洞化」を阻止し、「法の支配」を取り戻す

私たちは曖昧さのつきまとう憲法解釈が、国際社会の要請や時代の変化に鋭く反応する気概をこの国の人々から喪失させているのではないかという懸念を抱いている。その上、日本ではいま、既成事実をさらに積み重ねて憲法の「形骸化」を目論む動きがある。

とりわけ、今日われわれが目撃しているわが国の憲法の姿は、その時々の政権の恣意的解釈によって、憲法の運用が左右されているという現実である。同一の内閣においてすら、憲法解釈が平然と変更されて、いまや憲法の「空洞化」が叫ばれるほどになっている。いま最も必要な

ことは、この傾向に歯止めをかけて、憲法を鍛え直し、「法の支配」を取り戻すことである。

5．憲法を国民の手に取り戻すために

私たちは、当面する課題として、憲法改正手続法制・国民投票法制の整備にとりかからなくてはならない。しかも、国民に開かれた形で、これらの議論を進めていかなければならない。

未来志向の憲法を打ち立てるに際しては、国民の強い意志がそこに反映されなくてはならない。しかし、日本ではこれまで、憲法制定や改正において、日本国民の意思がそのまま反映される国民投票を一度も経験したことがない。私たちは、憲法を国民の手に取り戻すために、国民による直接的な意思の表明と選択が何よりも大事であることを強く受け止めている。

6．大いなる憲法論議のための「提言」をもって行動する

ここにとりまとめた「憲法提言」は、その大いなる国民的議論に資するための一つの素材を提供するものである。

憲法についてそれぞれの想いで意見を発露することは必要だが、それだけでは現実の憲法を変えることはできない。

多様な憲法論議を踏まえて何らかの改革を行おうとするならば、衆参各院において国会議員の三分の二以上の合意を達成し、かつ国民多数の賛同を得るのでなければならない。政党や国会議員は、みずからの意見表明にとどまることなく、国会としてのコンセンサスと国民多数の賛同をどう取りつけていくのかに向けて真摯に努力していくことが求められている。

そもそも、憲法の姿を決定する権限を最終的に有しているのは、政党でも議会でもなく、国民である。今後はさらに、憲法を制定する当事者である国民の議論を大いに喚起していくことが重要である。民主党はその先頭に立って、国民との憲法対話を精力的に推し進めていく決意である。

2．国民主権が活きる新たな統治機構の創出のために

官主導の統治制度と決別して、民主導の新しい統治制度へ移行する。

政府の統治機構については、「国民主権の徹底」と「権力分立の明確化」を基本とし、（一）首相主導の政府運営の確立、（二）国民の付託を受けた国会の行政監視機能を拡充強化、（三）違憲審査機能の充実、を柱に検討しとりまとめた。とりわけ、行政監視院の設置や国政調査権の拡充など議会による行政監視機能の整備を通じて、「議会の復権」もしくは「国会の活性化」を可能とするための改革提案を行う。

1．首相（内閣総理大臣）主導の政府運営の実現

現行憲法では、第六五条で「行政権は内閣に属する」となっており、かつ第六六条第三項で内閣はその行使について「連帯して責任を負う」こととなっている。そのため、全会一致の閣議決定に権限行使が委ねられており、第六六条第一項にいう「首長」としての内閣総理大臣のリーダーシップが強く制限されてきた。

首相（内閣総理大臣）主導の政府運営の確立のため、統一的な政策を決定し、様々な行政機関を指揮監督してその総合調整をはかる「執政権（executive power）」を内閣総理大臣に持たせ、執政権を有する首相（内閣総理大臣）が内閣を構成し、「行政権（administrative power）を統括することとする。

① 憲法第五章（「内閣」）における主体を「内閣総理大臣」とするとともに、第六五条における「行政権」を「執政権」に切り替え、首長としての内閣総理大臣の地位と行政を指揮監督する首相（内閣総理大臣）の権限を明確にする。

② 政治主導・内閣主導の政治を実現するため、内閣法や国家行政組織法など憲法附属法の見直しを行い、政治任用を柔軟なものにし、

首相の行政組織権を明確なものにする。

③　現行の政官癒着の構造を断ち切り、個々の議員と官僚の接触を禁止するなどの「政官関係のあり方」についてさらに検討し、その規定を明確にする。

2．議会の機能強化と政府・行政監視機能の充実

政府に対する国民のコントロール権限が十分に発揮されるよう、議会の「政府・行政監視機能」を大幅に拡充する必要がある。このため、議会を単なる法案審議の場とするのではなく、今日の複雑な行財政システムや対外関係を律することが可能な専門的情報管理とチェック権能を果たすための仕組みに拡充していく。

さらに、現行の国政調査権をより活用できる仕組みを確立するとともに、二院制についても、決算・行政監視の充実など専門的・総合的な機能を兼ね備えた参議院制度の確立を目指すなどの見直しが必要である。ただし、この二院制の見直しに際しては、分権改革との関連や二大政党システムの確立と併せて検討されるべきである。

①　行政府の活動に関する評価機能をも併せ持った「行政監視院」を設置するなど、専門的な行政監視機構を整備する。政府から独立した第三者機関とするのか、議会の下に設置するのかについては、さらに検討を要する。

②　憲法上の規定があいまいなまま現在の行政府が所管しているいわゆる独立行政委員会については、その準司法的機関としての性格を踏まえ、内閣とは別の位置づけを明確にする。その上で、それらに対する議会による同意と監視の機能を整備する。

③　国政調査権を少数でも行使可能なものにし、議会によるチェック機能を強化する。

④　二院制を維持しつつ、その役割を明確にし、議会の活性化につなげる。例えば、予算は衆議院、決算と行政監視は参議院といった役割分担を明確にするとともに、各院の選挙制度についても再検討する。

⑤　政党については、議会制民主主義を支える重要な役割を鑑み、憲法上に位置づけることを踏まえながら、必要な法整備をはかる。

⑥　選挙制度については、政治家や政党の利害関係に左右されないよう、その基本的枠組みについて憲法上に規定を設ける。

3．違憲審査機能の強化及び憲法秩序維持機能の拡充

最高裁判所による違憲判断の事例が極めて少ないことから、わが国の司法の態度は自己抑制的であり、消極的すぎるとの批判を受けてきた。司法消極主義の下で繰り返されてきた政府・内閣法制局の憲法解釈を許さず、憲法に対する国民の信頼を取り戻し、憲法秩序をより確かな形で維持するため、違憲立法審査を専門に行う憲法裁判所の設置を検討する。

国家非常事態における首相（内閣総理大臣）の解散権の制限など、憲法秩序の下で政府の行動が制約されるよう、国家緊急権を憲法上明示しておくことも、重ねて議論を要する。

①　新たに憲法裁判所を設置するなど違憲審査機能の拡充をはかる。

②　行政訴訟法制の大胆な見直しを進めると同時に、憲法に幅広い国民の訴訟権を明示する。

③　国家緊急権を憲法上に明示し、非常事態においても、国民主権や基本的人権の尊重などが侵されることなく、その憲法秩序が確保されるよう、その仕組みを明確にしておく。

4．公会計、財政に関する諸規定の整備・導入

現行憲法では、公会計や財政処理に関する規定が明確ではなく、その責任もあいまいなまま放置されている。しかし、憲法の基本原理たる国民主権の本来の姿は、税の徴収と使用に対する国民監視がその根底にあり、この点を明確にすることは憲法の基本原理にもかかわる重要なことである。官僚や時々の政府の恣意的な財政支出や会計システムの利用を許さず、税に対する国民監視を強化する意味でも、先の「行政監視院」の設置と合わせて、公会計や財政責任に関する規定を明確にしておくことが重要である。また、中央銀行の位置づけについては、引き続き検討する。

①　責任の所在があいまいな現行の国の財政処理の権限については、国会の議決に基づいて、内閣総理大臣が行使することを明確にする。

②　内閣総理大臣に、国の財政状況、現在及び将来の国民に与える影響の予測について、国会への報告を義務付ける。また、予算については、複数年度にわたる財政計画を国会に報告し、承認を得る。

③　会計検査院（または新たに設置された行政監視院等）の報告を受けた国会は内閣に対して勧告を行い、内閣はこの勧告に応じて必要な措置を講ずることを明記する。

5. 国民投票制度の検討

現在、憲法改正に係る国民投票制度の在り方について、検討作業が進められているが、この制度自体は、直接民主主義に関わるものであり、より広汎な検討が必要とされるものである。こうした観点から、例えば、「主権の委譲」を伴う国際機構への参加や、重大な外交関係の変更などに関して、また特定地域の住民に特別の強い影響を及ぼす法制度の改革などに関して、国民投票制度の整備を行うことが必要である。

①　議会政治を補完するものとして、国民の意見を直接問う国民投票制度の拡充を検討する。

3. 「人間の尊厳」の尊重と「共同の責務」の確立をめざして

1. まず、「人間の尊厳」を尊重する

人間は自然の一部であり、命があり、自由な主体性を持っているが故に尊厳がある。「人間の尊厳」を尊重するとは、自然を守り、命あるものを守り、他者の自由な主体性をも守ることである。

これを基礎として、現行憲法に明記されている人権保障を踏まえて、さらに新しい時代にふさわしいものへと進化させていく必要がある。

日本国憲法の根本規範の一つである基本的人権の尊重を、抽象的な権利の主張としてではなく、日本社会に暮らす一人ひとりの人間としての「尊厳」を具体的な権利の主張として受け止める必要がある。

とりわけ、「人間の尊厳」を破壊する暴力については、国家と個人の関係はもとより、個人と個人の私的な関係においても、これを厳格に禁止すべきである。

また、「すべての人間は、生まれながらにして自由であり、かつ、尊厳と権利とについて平等である」との世界人権宣言第一条のこの規定の根底には、「人間の尊厳」（国連憲章前文）の尊重を人権保障のための第一原理として据える確乎たる思想がある。それは今日、国際人権保障体制との協力の下で達成されうるものであることを再確認する。この普遍的な考えの上に立ち、特に、以下の人権に係る規定を置く。

（1）生命倫理および生命に対する権利を明確にする。

人権保障の根本原理として「人間の尊厳は侵すことができない」という考えのもと、「生命に対する権利」を明確にする。

①　身体と精神に対する、本人の意思に反したさまざまな侵害を排除する権利である人体の統合の不可侵、人体とその一部の利用は、無償の提供によってのみ許されるという人体要素の無償原則、人体とその一部に関する情報の収集、保存、利用に対する個人のプライバシー保護を憲法上明確にする。

②　生殖医療及び遺伝子技術の濫用からの保護を明確にする。

③　自らの生命や生活に関して、本人自身が決定できる自己決定権については、憲法上保障する権利の内容を検討し明確にすべきである。

（2）あらゆる暴力からの保護を明確にする。

現代社会における暴力は、配偶者間・親子間・子どもの折檻などのドメスティック・バイオレンスや、異性間におけるセクシャル・ハラスメント等あるいは国際的な人身売買など、その関係、形態は多様である。あらゆる「人間の尊厳」を破壊する個人的・社会的暴力を厳格に禁止する旨を明確にする。

（3）犯罪被害者の人権を擁護する。

「人間の尊厳」の尊重の観点を踏まえ、何らかの表現で憲法に犯罪被害者の権利を明確にする。一方で、国家からの人身の自由を大前提とし、死刑制度廃止の是非についても検討をすべきである。

（4）子どもの権利と子どもの発達を保障する。

子どもを独立した人格の担い手として認め、「人間の尊厳」の尊重の観点から、その権利を明記する。また、「人間の尊厳」の尊重の基盤としての「教育への権利」を明確にし、良好な家庭的環境で成長するための施策も含め「国及び地方公共団体並びに保護者、地域等の教育に関する責務ないし責任」を明確にする。

（5）外国人の人権を保障する。

「人間の尊厳」の尊重はすべての人びとに保障されるとの観点に立ち、外国人の人権及び庇護権と難民の権利を憲法上明確にする。また、公的社会への参画の権利等について検討する。

（6）信教の自由を確保し、政教分離の原則を厳格に維持する。

信教の自由を「人間の尊厳」の保障に係るものとして位置づけ、かつ宗教団体と政党との関係、公の機関と宗教的活動との関係などに関して政教分離の厳格な規定を設ける。

（7）あらゆる差別をなくす規定を検討する。

「差別」は「人間の尊厳」を侵害するものである故に、「差別」はしてはならない。日本では、法律のレベルにおいても「差別」に対する厳格な規定をするものがあまりなく、このため人権保障が形骸化しているケースも少なくない。実質的な人権保障ができるよう、憲法上の規定のあり方を検討すべきである。

（8）人権保障のための第三者機関を設置する。

人権侵害の状況に対する不断の監視と、人権の実現のためのサポートシステムとして独立性の高い国内人権保障機関の設置を憲法上明確にする。

2.「共同の責務」を果たす社会へ向かう

権利だけで社会は維持できないが、だからと言って、「義務」を強調することで社会の統合力が高まるわけでもない。「納税の義務」「法に従う義務」などが法的拘束力の有する「義務」として、一般に挙げられる。しかし、環境保全の場合のような社会的広がりを持つ社会共通の切実な課題については、国、地方公共団体、企業その他の中間団体、および家族・コミュニティや個人の協力がなければ達成し得ないものである。われわれは、これらの課題に挑戦するものとして、国民の義務という概念に代えて、「共同の責務」という考えを提示したいと考える。いま、地域（国）や世代の対立を超えて、人権あるいは環境についてこれを良好に維持する「責務」を「共同」で果たし、互いに権利を思いやりながら暮らしていける社会の実現を目指すものである。

それはまた、〈国家と個人の対立〉や〈社会と個人の対立〉を前提に個人の権利を位置づける考えに立つのではなく、国家と社会と個人の協力の総和が「人間の尊厳」を保障することを改めて確認する。

（1）環境優先の思想を宣言する。

より環境を重視するとの観点に立ち、憲法において「地球環境」保全及び「環境優先」の思想について言及することが望ましい。

（2）人権・環境の維持向上のための「共同の責務」を果たすことから始める。

自然環境の維持・向上は、個人の権利としては馴染みがたく、かつ個人や行政の義務だけでも果たし得ない。国・企業その他の中間団体並びに家族やコミュニティ及び国民の「責務」を同時に明確にする。

（3）現在生きる人の利害だけでなく、将来の人々に対する責務も果たす。

世代間の負担の公平を確保し、優れた自然や環境を将来世代へ引き継ぐことの責務を明らかにして、目先の利害に囚われることなく、「未来への責任」を果たしていくことを明確にする。

（4）公共のための財産権の制約を明確にする。

財産権の見直しを行い、土地資源や自然エネルギー資源、公共的な価値を認めて利用と処分についての制限を設ける。例えば、都市景観については、適正な制限の下に調和した土地利用がなされる必要がある。これによって、良好な共同資源の維持の責務を果たすことができるようにする。なお、憲法において、適正手続の明確化と判例において曖昧に用いられてきた「正当な補償の下に」という文言の明確化を行い、制約基準を明確にする。

（5）曖昧な「公共の福祉」を再定義する。

日本社会では、国際人権規約委員会が指摘している通り、「公共の福祉」概念が曖昧であり、それが人権制約にかかる恣意的解釈を許している。現行憲法に関して言えば、そもそも、自由権から財産権まで、質の異なる基本権について「公共の福祉」という同一の用語でもって何らかの制限を課そうとするところに無理があると思われる。個人の自由で自律的な人生選択にかかわる基底的な基本権とその他の基本権とを区分し、その区分に基づいて「公共の福祉」について再定義する必要がある。

すなわち、人権の制約原理としての「公共の福祉」概念については、人権相互の調整原理と、社会的価値の実現もしくは確保のための「公共の福祉」とを明確に区分して再検討する。内面的自由の確保を核とする自由権に対する制約は、これを人権相互の調整の必要の範囲内でのことに限定し、より厳格な審査基準を設けて公権力による恣意性を一切排除する必要がある。これに対して、例えば、経済活動に関する権利のような社会的権利については、公共目的による「合理的な」制約を認めることも原理的に可能とすべきである。また特に、財産権に関連し、その財産の性質によっては「公共の福祉」に服すべき場合がより強く想定されるものについて、その制約原理や基準を憲法上明確にすることが必要である。

3．情報社会と価値意識の変化に対応する「新しい人権」を確立する

日本国憲法は人権に関する優れた規定を設けている。しかし、急激な社会変化や価値観の変容に伴い、憲法制定時には予想していなかった権利や利益を保障することの必要が指摘されるに至っている。二一世紀の新たな時代に求められる「新しい権利」の構築と憲法上の位置づけについて整理すべきである。とりわけ、高度情報社会にともなう社会変動に対応するため、「人間の尊厳」の維持にとって不可欠な権利の確立が求められており、権利に関する創造的な思考に基づき、新たな提言を行う。

（1）国民の「知る権利」を位置づける。

国民の「知る権利」を憲法上の権利とし、行政機関や公共性を有する団体に対する情報アクセス権を明確にする。

（2）情報社会に対応するプライバシー権を確立する。

従来「プライバシーの権利」として扱われてきた権利問題も、伝統的なプライバシーの観点からでは捉えきれない新たな問題を提起している。とりわけ、自己情報保護の観点からの再整理を行い、その権利性を明確にする必要がある。

（3）情報社会におけるリテラシー（読み解く能力）を確保し、対話の権利を保障する。

人は誰でも、コミュニケーションの主体として尊重かつ保障され、他者との交信・協働が支援される権利を有するという意味の「対話する権

利」なるものを組み立てる。具体的に、現行の行政手続法との関連を踏まえて、行政に対する回答請求権を確立して、対話する権利を保障することなどを検討する。同時に、情報リテラシー問題の発生や生涯学習社会の到来に対応し、人間の潜在能力の開発を支援することを国の責務とする、「学習権」の概念を確立し、それを明確にする。

(4) 勤労の権利を再定義し、国や社会の責務を明確にする。

価値観、ライフスタイルの多様化を受けて、「労働の権利」及び「職業選択の自由」の再定義を行う。とりわけ、個々人の職業選択の自由を具現化するための自由な労働市場の確保、職業訓練機会の保障などに関する国及び企業等の責務を明確にする。

また、報酬を得て行う労働ばかりでなく、無償労働(アンペイドワーク、ボランティア活動)への参加の保障を憲法上、明確にすべきである。

(5) 知的財産権を憲法上明確にする。

高度情報化社会により情報の流通が多元化・複雑化している現在、新たな検討課題として、「知的財産権」を整備する必要がある。知的財産権には、著作上・芸術上の財産権のほか、広く特許権や商標権などを含む考えもある。こうした知的財産権も含めて憲法上、明確にしていくべきである。

4. 国際人権保障の確立

今日、人権の実現と保障は「国際社会の共通の利益」と認識されており、日本における人権保障もまた、憲法とともに国際人権規範によって支えられている。国連憲章は「人権と基本的自由を尊重するよう助長すること」を国際連合の目的として掲げている。また、この目的の実現のために加盟国が国連と協力して共同及び個別の行動をとることを求めている。そして、そのもとに国連人権委員会を設置して、世界人権宣言を起草し、国際人権規約を作成した。国際人権保障もこうした国際規範の発展とともに展開されている。日本における人権保障の確立が未批准のまま放置することなく、国際条約に対応する国内措置を迅速に執ることを通じて、国際基準に見合った人権保障体制を確立する必要がある。

(1) 「国際人権規範」の尊重を明確に謳う。

憲法の中の司法に関する項に、「国際人権法」等の尊重を明確にする。

(2) 国際人権規範に対応する国内措置を義務づける。

憲法の最高法規及び条約に関する項に、国際条約の尊重・遵守義務に加えて、それに対応する「適切な国内措置」を講ずる義務を明確にする。

4. 多様性に満ちた分権社会の実現に向けて

1. 分権社会の創造に向けた基本的考え

現行憲法は、政治的民主化の一環として地方自治について四か条の原則的規定を定めた。しかし、その後も戦前と同様の機関委任事務制度が長く続いたことをはじめとして、自治体の組織・運営・財政の全般にわたって国の法律によるがんじがらめの統制が行われてきた。また、大半の地方自治体関係者もこれに甘んじてきたこと、中央政府が自らの事務や権限を一貫して肥大させ続けてきたことなどが、真の意味での地方自治の定着や自治の文化の形成を妨げてきた。これによって、中央集権と画一主義の弊害が強まり、いまや「分権改革」を求める声が国民世論ともなっている。

中央集権的な行政の形と政策展開は見直すべきである。地域自らの創意工夫が活かせる仕組みをつくり出し、中央政府を地域の多様な自治体活動をサポートするものにしていくべきである。また、地方に色々な補助金を配分することに多くの人材を投入することは改めるべきである。中央政府は、自治体の箸の上げ下げまで指示するような管理はやめて、中央政府でしかなしえない仕事に人材も財源も傾斜配分していくべきである。

一九八五年に制定され、現在ではヨーロッパの三〇か国もの国が批准しているヨーロッパ自治憲章には、「公的部門が負うべき責務は、原則として、最も市民に身近な公共団体が優先的にこれを執行するものとする」という補完性の原理・近接の原理を謳っている。コミュニティでできないことを基礎自治体で、基礎自治体でできないことを広域自治体で、広域自治体でできないことを国で、という補完性の原理を憲法原則として採用し、中央政府（国）と地方政府（自治体）の関係を構想する。

2.「補完性の原理」に基づく分権型国家へと転換する

連邦制はとらず単一国家を前提とする。国と地方の役割分担を明確にし、中央政府は外交・安全保障、全国的な治安の維持、社会保障制度など国が本来果たすべき役割を重点的に担う一方、住民に身近な行政は優先的に基礎自治体に配分する。「補完性の原理」の考え方に基づき、国と基礎自治体、広域自治体の権限配分を憲法上明確にするとともに、基礎自治体ではなしえない業務や権限は、都道府県ないし道州に相当する広域自治体が担当する。国あるいは広域自治体による自治権侵害の司法的救済は、最終的には憲法裁判所が「補完性の原理」を裁判規範として審査するものとする。

3.自治体の立法権限を強化する

これまで、特にまちづくりや環境保全などの分野で、国の法令に対する自治体の「上乗せ・横出し条例」が認められるかどうかなど、条例制定権の限界がしばしば争われてきたところであるが、自治体の組織および運営に関する事項や、自治体が主体となって実施する事務については、当該自治体に専属的あるいは優先的な立法権限を憲法上保障する。中央政府は、自治体の専属的立法分野については立法権を持たず、自治体の優先的立法分野については大綱的な基準を定める立法のみ許される。

4.住民自治に根ざす多様な自治体のあり方を認める

自治体の組織・運営のあり方は自治体自身が決めるという地方自治の本旨に基づき、基礎自治体、広域自治体において、首長と議会が直接選挙で選ばれるという二元代表制度の採否を自治体が選択できる余地を憲法上認める。これまでの二元代表制だけでなく、議院内閣制あるいは「執行委員会制」「支配人制」など多様な組織形態の採用、住民投票制度の積極的活用なども可能となる。

5.財政自治権・課税自主権・新たな財政調整制度を確立する

地方自治体が自らの事務・事業を適切に遂行できるよう、その課税自主権・財政自治権を憲法上保障し、必要な財源を自らの責任と判断で確保できるようにする。課税自主権は、各自治体が自らにふさわしいと考える税目・税率の決定権を含む。自治体の財政的自立を支えるものとして、現在の地方交付税制度に代えて、新たな水平的財政調整制度を創設する。

5.より確かな安全保障の枠組みを形成するために

1.民主党の基本的考え

① 憲法の根本規範としての平和主義を基調とする

そもそも日本国憲法は、国連憲章とそれに基づく集団安全保障体制を前提としている。そのうえで、日本は、憲法九条を介して、一国による武力の行使を原則禁止した国連憲章の精神に照らし、徹底した平和主義を宣明している。

日本国は、国連の集団安全保障が十分に機能することを願い、その実現のために常に努力することを希求した。そして日本国憲法は、その精神において、「自衛権」の名のもとに武力を無制約に行使した歴史的反省に立ち、その自衛権の行使についても原理的に禁止するに等しい厳格な規定を設けている。

このため、自衛権の行使はもとより、国連が主導する集団安全保障活動への関与のあり方について、不断に強い議論に晒されてきた。しかし、どのような議論を経たにせよ、わが国の憲法が拠って立つ根本規範の重要な柱の一つである「平和主義」については、深く国民生活に根付いており、平和国家日本の形を国民及び海外に表明するものとして今後も引き継ぐべきである。「平和を享受する日本」から「平和を創り出す新しい日本」へ、すなわち「平和創造国家」へと大きく転換していくことが重要である。

② 憲法の「空洞化」を許さず、より確かな平和主義の確立に向けて前進する

国際平和の確立と日本の平和主義の実現のために、いま、もっとも危険なことは歯止めのない解釈改憲による憲法の「空洞化」であり、国際社会との積極的な協調のための努力をあいまいにし続ける思想態度である。民主党は、その二つの弊害を繰り返してきたこれまでの内閣法制局を中心とする、辻褄合わせの憲法解釈にとらわれることなく、わが国のより確かな平和主義の道を確立し、国際社会にも広く貢献して、世界やアジア諸国から信頼される国づくりをめざす。

多角的かつ自由闊達な憲法論議を通じて、①「自衛権」に関する曖昧かつご都合主義的な憲法解釈を認めず、国際法の枠組みに対応したより厳格な「制約された自衛権」を明確にし、②国際貢献のための枠組みをより確かなものとし、時の政府の恣意的な解釈による憲法運用に歯止めをかけて、わが国における憲法の定着に取り組んでいく。併せて、今日の国際社会が求めている「人間の安全保障」についても、わが国の積極的な役割を明確にしていく。

2．わが国の安全保障に係る憲法上の四原則・二条件

以上の認識の下、いわゆる憲法九条問題について次の「四原則・二条件」を提示する。

（1）わが国の安全保障活動に関する四原則

① 戦後日本が培ってきた平和主義の考えに徹する

日本国憲法の「平和主義」は、「主権在民（国民主権）」、「基本的人権の尊重」と並ぶ、憲法の根本規範である。今後の憲法論議に際しても、この基本精神を土台とし、わが国のことのみならず、国際社会の平和を脅かすものに対して、国連主導の国際活動と協調してこれに対処していく姿勢を貫く。

② 国連憲章上の「制約された自衛権」について明確にする

先の戦争が「自衛権」の名の下で遂行されたという反省の上に立って、日本国憲法に「制約された自衛権」を明確にする。すなわち、国連憲章第五一条に記された「自衛権」は、国連の集団安全保障活動が作動するまでの間の、緊急避難的な活動に限定されているものである。これは、戦後わが国が培った「専守防衛」の考えに重なるものである。これにより、政府の恣意的解釈による自衛権の行使を抑制し、国際法及び憲法の下の厳格な運用を確立していく。

③ 国連の集団安全保障活動を明確に位置づける

憲法に何らかの形で、国連が主導する集団安全保障活動への参加を位置づけ、曖昧で恣意的な解釈を排除し、明確な規定を設ける。これにより、国際連合における正統な意志決定に基づく安全保障活動とその他の活動を明確に区分し、後者に対しては日本国民の意志としてこれに参加しないことを明確にする。こうした姿勢に基づき、現状において国連集団安全保障活動の一環として展開されている国連多国籍軍の活動や国連平和維持活動（ＰＫＯ）への参加を可能にする。それらは、その活動の範囲内においては集団安全保障活動としての武力の行使をも含むものであるが、その関与の程度については日本国が自主的に選択する。

④「民主的統制」（シビリアン・コントロール）の考えを明確にする

集団安全保障活動への参加や自衛権の行使にかかる指揮権の明確化をはかる。同時に、「民主的統制」に関する規定を設けて、緊急時における指揮権の発動手続や国会による承認手続きなど、軍事的組織に関するシビリアン・コントロール機能を確保する。その従来の考え方は文民統

制であったが、今日においては、国民の代表機関である「国会のチェック機能」を確実にすることが基本でなければならない。

(2) わが国において安全保障に係る原則を生かすための二つの条件

① 武力の行使については最大限抑制的であること

新たに明記される「自衛権」についても、戦後日本が培ってきた「専守防衛」の考えに徹し、必要最小限の武力の行使にとどめることが基本でなければいけない。また、国連主導の集団安全保障活動への参加においても、武力の行使については強い抑制的姿勢の下に置かれるべきである。そのガイドラインについては、憲法附属法たる安全保障基本法等に明示される。

② 憲法附属法として「安全保障基本法(仮称)」を定めること

広く「人間の安全保障」を含めてわが国の安全保障に関する基本姿勢を明らかにするとともに、民主的統制(シビリアン・コントロール)にかかる詳細規定や国連待機部隊等の具体的な組織整備にかかる規定および緊急事態に係る行動原則など、安全保障に関する基本的規範を取り込んだ「基本法」を制定する必要がある。この基本法は憲法附属法としての性格を有するものとして位置づけられる。

資料Ⅲ・28

九条改正に取り組み国家と国民の安全を確保せよ

二〇〇六年五月三日

「二一世紀の日本と憲法」有識者懇談会(民間憲法臨調)

コメント

1. 本提言は、民間憲法臨調が、明文改憲の盛り上がりに際し、当面の焦点である九条改正に限って提言したものである。

すでに、民間憲法臨調の二〇〇二年の提言(⇩Ⅱ・43)でも九条改正は提起されていたが、それと比べると、本提言の九条改正は、前回報告にあった国際貢献のための改正という視点は後退し日本を取り巻く東アジア情勢の緊張を前面に押し出し、自国の防衛に力を入れた改正案になっていることが注目される。

2. 本提言の第一の特徴は、九条改正の理由として「東アジア情勢の現実を直視せよ」という題の下、中国、北朝鮮の脅威を前面に出していることである。提言の中国脅威論は、近年の中国脅威論を理由とした改憲論、解釈変更論の初期のものと言え、注目される。

3. 本提言の第二の特徴は、先の報告にもあった、集団的自衛権の行使は禁止されているという解釈をはじめとした「政府の憲法解釈の見直し」を、強く打ち出している点である。政府解釈の見直し論は、第一次安倍晋三内閣の推進した明文改憲論が挫折した二〇〇七年以降急速に前面に出てくるが、この点でも、本提言の解釈見直し論は、早い段階の提言として注目される。

しかもこの点で注目されるのは、こうした政府解釈が存在する理由として憲法九条の存在を指摘すると同時に、政府が砂川事件最高裁判決（⇩Ⅰ・35）の趣旨を生かしていないと指摘している点である。この指摘は、二〇一四年になって、第二次安倍晋三内閣が、集団的自衛権の行使容認を解釈で認めようとする際に援用された論理につながるものであり、極めて注目される。提言は政府解釈をこう糾弾する。

「政府がなぜ国家としての体をなしえない解釈をとっているのか。最大の要因は、九条の規定がきわめてあいまいであるうえ、日本の非軍事化政策を強行した占領初期のＧＨＱの意図にそった解釈が、主権回復後も十分是正されずに持続されたこと、憲法九条は『わが国が主権国として持つ国家固有の自衛権は何ら否定されたものではなく、わが憲法の平和主義は決して無防備、無抵抗を定めたものではない』と明確に判示した最高裁砂川事件判決（昭和三四・一二・一六）を政府が充分に生かしてこなかったばかりではなく、『自衛権』について国際法の通念に基づく正しい解釈を示さなかったこと等によるものである。まことにいびつな事態が六〇年間、続いてきたといわなければならない。」と。

4．第三に、九条改正の提言のところでは、先にも指摘したとおり、前回報告と異なり、国際平和協力強化の規定がなくなった点が注目される。

はじめに

今年は、日本国憲法公布六〇周年の節目の年である。

昨年四月、衆参両議院に設置された憲法調査会が五年間の審議を経て、『報告書』を提出した。両報告書において、憲法と現実との乖離があきらかであるとの認識から、憲法改正の方向性が示された。

また一一月には、自民党が『新憲法草案』を作成し、自衛軍の存在を明記した。さらに民主党も、一〇月に『憲法提言』を発表、自衛権の存在と国連の集団安全保障活動への参加を義務づけるべく、憲法改正を提唱している。その他、読売新聞社、経済同友会、日本経団連、日本商工会議所などのマスコミ界・経済界などの民間団体も、あいついで憲法改正の提言を積極的におこなっている。

そのような風潮のなかでいま、国会で憲法改正国民投票法の制定に向けて審議がなされている。同法が可及的すみやかに制定されることを期待する。

憲法改正論議の焦点が九条改正の是非であることは、いうまでもない。本会は、九条の改正に関連して、すでに意見を表明しているが、ここに現下の諸問題を整理し、あらためて提言をこころみ、広く世に問いかけることとしたい

国家の要諦としての安全保障

国家の要諦は、国家主権を確保し、国民の生命・自由・財産を保全することにある。この理念を明確に示しているものとして永世中立国スイスで各戸に配布されている『民間防衛』という本がある。そのなかで次のように述べられている。

「すべての人びとは、平和を望んでいる。にもかかわらず、戦争に備える義務から解放されていると感じている人は、だれもいない。歴史がわれわれにそれを教えているからである。スイスは、侵略をおこなうなどという夢想を決してもっていない。しかし、生き抜くことを望んでいる。隣国によって踏みにじられることを断じて欲しない。」「たえず変動しているとしか思えない国際情勢を、ことさらに劇的に描いてみるのはやめよう。しかし、最小限度言い得ることは、世界がわれわれの望むようには少しもうまくいっていないということである。危機は潜在している。恐怖の上に保たれている均衡は、十分に安全を保障していない。とかく恒久平和を信じたいものだが、それに向かって進んでいると示して

くれるものはない。こうして出てくる結論は、わが国の安全保障はわれわれ軍民の国防努力いかんによって左右される、ということである。」

このように、国家の安全保障のために、国家と国民がともに努力していかなければならないことは、ごく当然の考え方である。しかしながら、このごく当然の考えが、戦後わが国において、長期間にわたり停止されたままであった。近年ようやく現実的思考が浸透しつつあるが、一部にはいまだに非現実的な非武装・平和主義論が唱えられている。

その最大の原因は、現行憲法が安全保障に関する明確な規定を欠いていることにある。「国家の要諦としての安全保障」を憲法上いかに位置づけるか、わが国をとりまく国際社会の現状を中・長期的に検討しつつ、具体的に考究していく必要がある。

なぜ憲法九条を問題にするか

東アジア情勢の現実を直視せよ

米ソ両超大国による冷戦が終了して一〇数年を経ているにもかかわらず、世界には平和がいっこうに訪れない。のみならず、わが国をとりまく東アジア情勢は、不安定要因が増加しつつある。

とりわけ中国は、一七年間にわたり軍事費が前年比二桁台の高い伸び率を示し、その軍事力は、長期的に東アジアの諸国にとって、「かなりの脅威になるだろう」とみられている（米国防報告書「中国の軍事力」二〇〇五）。平成一六（二〇〇四）年一一月には、同国の原子力潜水艦がわが国領海を侵犯する事件が発生したが、現在、一方的なガス田の開発などを含め、わが国の排他的経水域内で中国海軍の活発な活動がおこなわれている。それに付随して、わが国の防空識別圏への中国軍機の侵入が頻発している。いまや、わが国の主権に対する中国の侵犯は、看過できない事態に立ちいたっている。しかも、中国の台湾統一を念頭においた訓練への動きも急であり、核・ミサイル戦力、空軍力、海軍力を増強し、「反国家分裂法」（昨年三月）の採択により、台湾併合のために武力行使も辞さないことを明言している。

また北朝鮮がわが国に向けてテポドンを発射し、また工作船による海上保安庁の巡視船との銃撃戦があったことは周知の通りである。日本人拉致を認めたものの、その解決のための誠意は全く認められない。昨年二月には、核兵器保有を宣言し、現在、ノドンやテポドンⅠのほかに三五〇〇～六〇〇〇kmの射程をもつテポドンⅡが開発中といわれている。核兵器にかぎらず、科学・生物兵器などの大量破壊兵器（ＷＭＤ）も保有あるいは開発中とみられている。

こうして北朝鮮の軍事力増強は、東アジアの大きな「脅威」、中国のそれは「不安定要因」となっている（防衛研究所『東アジア概観』二〇〇六年）。

わが国固有の領土である尖閣列島、竹島、北方領土も、侵犯の脅威にさらされ、あるいは不法占領されたままである。

東南アジア諸国では、テロ組織による爆弾テロが何度も発生している。テロ行為がわが国に飛び火しないという保障はない。マラッカ海峡やシンガポール海峡などでは、海賊や武装強盗による事件が頻発しており、海上交通にも障害が生じている。大部分の資源を海外に依存しているわが国にとって、海上輸送路の確保は、死活的に重要な課題である。

このような現状と将来を見据えて、米軍の再編成がおこなわれている。わが国は、日米同盟の重要性を再認識するとともに、主権を侵害されても放置してきたこれまでの国益保持のあり方を抜本的に見直し、国益確保のため、主体的に行動することが求められている。

政府の憲法解釈見直しの緊急性

もしも東アジアにおける「脅威」や「不安定要因」が顕在化し、現実のものになったら、わが国はいかに対処できるのか。従来の政府解釈に依拠していては、十全な対応ができないことは、歴然としている。

たとえば政府は、憲法九条二項で保持を禁ずる「戦力」とは「自衛のため必要最小限度」を超えるものを指し、自衛隊はそのような「戦力」を保持してはならないと解釈し、そのため長距離爆撃機や戦略的ミサイルの保持は許されないとする。また「専守防衛」という国際的に理解不能な概念を防衛の基本に置いて国民の防衛意識を混乱させている。このような誤った「自衛力」解釈のもとでは、他国の武力攻撃を有効に排除することはできないから、「自衛」自体が不可能となる。

またよく知られているように、政府は、集団的自衛権について、「保有はしているが、憲法上行使できない」と解釈している。すなわち、政府は国際法上公認されている「集団的自衛権」は「自衛権」にあらずとする独善的解釈を行い、しかもその解釈の憲法条文上の根拠について全く示すことができない。また自衛隊の駐屯するイラクのサマワでは、同地域の治安任務についているイギリスとオーストラリアとに対する武力攻撃に対しては、何の行動もとることができない。

まさに国家としての体をなしていないといわなければならない。われわれは、これまで積み重ねられてきた政府の不合理な解釈は、早急かつ根本的に改めるべきである、と提言する。

憲法九条のいびつさとの決別を

政府がなぜ国家としての体をなしえない解釈をとっているのか。最大の要因は、九条の規定がきわめてあいまいであるうえ、日本の非軍事化政策を強行した占領初期のGHQの意図にそった解釈が、主権回復後も十分是正されずに持続されたこと、憲法九条は「わが国が主権国として持つ国家固有の自衛権は何ら否定されたものではなく、わが憲法の平和主義は決して無防備、無抵抗を定めたものではない」と明確に判示した最高裁砂川事件判決（昭和三四・一二・一六）を政府が充分に生かしてこなかったばかりではなく、「自衛権」について国際法の通念に基づく正しい解釈を示さなかったこと等によるものである。まことにいびつな事態が六〇年間、続いてきたといわなければならない。

昨年五月三日づけの朝日新聞には、世論調査の結果として、「憲法を改正して自衛隊の存在を明記するために憲法を改正する」「普通の軍隊として明記するために改正する」の合計が七〇％に達していることを報じている。また今年四月四日づけの読売新聞では、「自衛隊の存在を憲法で明確にすべきだと思うか」との設問に対して、七一％が肯定的に応えている。

これらの数値が、国民の素直な反応といえる。あいまいで、いびつな事態と決別するためには、憲法九条を改め、自衛隊を軍隊として認知し、国家として安全保障の指針を明確に示す必要がある。

憲法九条改正のための提言

以上のような現状をふまえ、本会は、「国家と安全保障」とのかかわりから、次のごとく憲法改正するように再提言するものである。

① 憲法前文および本文に、わが国が平和立国であることを宣明する。国家の安全を保障しつつ、国際社会の平和維持と構築に主体的にかかわることをはっきり示すものでなければならない。

② 国家の主権と独立を護持し、もって国民の生命・自由・財産を保障することを明文で定めなければならない。国家の安全保障を考えるうえでの根拠規定となるものである。

③ 九条一項の趣旨（国際紛争を解決する手段としての戦争、武力による威嚇または武力行使の放棄）を活かし、分かりやすく別の表現に改める。同項は、一九二八年の不戦条約を受けて、本来、限定的な「戦争、武力による威嚇又は武力行使の放棄」と解釈されるべきであるが、一部に誤解がみられるので、別の表現に改めることが望ましい。

④ 九条二項を全面的に削除する。同項につき、自衛のための戦力保持が許されるか否か、解釈が大きく分かれており、わが国の安全保障政策を模索するために最大のネックになっている。同項を削除し、次の諸項目を条文として設けるべきである

1．国家の安全保障と国際平和協力に資するため、「軍隊」の設置を明記する。

2．軍隊の最高指揮監督権を内閣総理大臣とし、軍隊の活動の基本については、国会の統制に服するものとする。シビリアン・コントロールの側面から、当然に設けられるべき項目である。

3．国家非常事態条項を新設すべきである。この国家非常事態には、対国家だけでなく、テロや大規模災害が含まれる。国家非常事態条項は、一つには国家権力の暴走を防ぐために、一つには国民自身がいわゆる有事にあって、いかに対処すべきかを認識するための意義を有する。

4．国民の「国防の責務」を規定する。本会は、憲法を国家と国民とが「よき国家」を協同して形成するための基本的な文書と位置づけており、その面から、国民が国防に責務を負わなければならない。ここにいう「責務」は「義務」と異なり、安全の保持および国家非常事態対処のために国および地方公共団体がおこなう各種行動に対して積極的に支援・協力するように努めなければならないという意味である。

おわりに

本会は、「はじめに」で記したように、憲法九条の改正を含む「提言」を何度か行ってきた（平成一七年五月三日発表『国家のグランドデザインを描くなかから新憲法の創出を』、平成一四年一一月三日『民間憲法臨調報告書―この一年の討議を振り返って―』など）。

本会は、憲法全体を見直すための「大綱」を作成すべく、鋭意努力中であるが、今回、安全保障にしぼって再提言したのは、その重大性と緊急性によるものである。

資料Ⅲ・29

新世紀の日米同盟

二〇〇六年六月二九日

日米首脳会談共同文書

コメント

1．本共同文書は、二〇〇六年六月二九日に行われた、ブッシュ大統領と小泉純一郎首相の首脳会談後にとりまとめられた文書である。

この共同文書がつくられた時期は、小泉内閣の下で、アフガニスタンのタリバン政権攻撃を支援すべく、〇一年にインド洋海域に護衛艦が派遣され、さらに〇三年のイラク攻撃に際しては自衛隊のイラク派兵が行われて、日米同盟は蜜月の時代といわれた。この文書はそうした日米同盟の強固さを確認したものとなった。

2．本文書のもっとも大きな特徴は、首脳会談で、日米同盟が「地球的規模」のものであることを確認したことにある。両首脳は、「二一世紀の地球的規模での協力のための新しい日米同盟を宣言した。」というのがそれであり「世界の中の日米同盟」「地球的規模での協力関係」が繰り返された。

他面、自衛隊イラク派兵後の日米同盟強化の具体策―集団的自衛権や普天間基地などにはふれられなかった。それらはすでに、〇五年一〇月に日米間で取り決められた「日米同盟―未来のための変革と再編」（⇩Ⅲ・26）などで合意されていたので、本文書ではそれら合意の確認をすればよかったからである。

二〇〇六年六月二九日、ジョージ・W・ブッシュ・アメリカ合衆国大統領は、小泉純一郎日本国総理大臣を公式の賓客としてホワイトハウスに招き、両首脳の間の緊密な友好関係や日米両国民の間の深い絆が強化されていることを祝した。

両首脳は、日米関係が歴史上最も成熟した二国間関係の一つであるとの見解で一致した。両首脳は、双方の指導の下で、より広範でより強化された協力関係が同盟の下で達成されたことを大いなる満足の意をもって振り返り、二一世紀の地球的規模での協力のための新しい日米同盟を宣言した。

1. 普遍的価値観と共通の利益に基づく日米同盟

日米両国は、共通の脅威に対処するのみならず、自由、人間の尊厳及び人権、民主主義、市場経済、法の支配といった中核となる普遍的価値観を共に推進していく。こうした価値観は、両国の長い歴史的伝統に深く根差したものである。

日米両国は、テロとの闘いにおける勝利、地域の安定と繁栄の確保、市場経済の理念・体制の推進、人権の擁護、シーレーンを含む航海・通商の自由の確保、地球的規模でのエネルギー安全保障の向上といった利益を共有している。

地域及び世界における日米協力の基盤を形成しているのは、こうした日米共通の価値観と利益である。

2. 政治・安全保障・経済の面での二国間の協力

総理大臣及び大統領は、双方が就任して以来日米の安全保障関係において達成された著しい進展を歓迎した。日米の安全保障協力は、弾道ミサイル防衛協力や日本における有事法制の整備によって、深化してきた。

両首脳は、二〇〇五年二月の共通戦略目標の策定や、日米同盟を将来に向けて変革する画期的な諸合意が行われたことを歓迎した。米軍及び自衛隊の過去数十年間で最も重要な再編をはじめとして、これらの合意は歴史的な前進であり、米軍のプレゼンスをより持続的かつ効果的にするものである。同時に、変化する安全保障環境において、日米同盟が様々な課題に対処するために必要とする能力を確保するものである。両首脳はまた、これらの合意の完全かつ迅速な実施が、日米両国にとってのみならず、アジア太平洋地域の平和と安定にとっても必要であることについて一致した。

アジアは、民主主義、自由、人権、市場経済、法の支配といった普遍的価値観に一層拠って立つ地域へと変わりつつある。両首脳は、アジアのこの歴史的変革を共に形作り支援していくことを表明した。このため、両国は、個人の自由の促進、政治・経済・軍事分野での透明性と信頼性の向上、人間の尊厳の保護、拉致問題を含む人道・人権問題の解決といった、地域における共通の課題に引き続き対処していく。

両首脳は、強固な日米協力が、中国の活力を生かし、北東アジアの平和と安寧の維持に資することを確認した。両首脳は、豪州のような地域の友好国や同盟国との戦略的対話を増進する重要性を再確認した。また、両首脳は、北朝鮮に対し、二〇〇五年九月の六者会合での共同声明における非核化の誓約を履行し、ミサイル実験モラトリアムを引続き遵守するよう呼びかけた。両首脳は、域内の孤立した政権が、人権と包括的な政治対話を含む民主主義の原則を尊重することが必要である旨話し合った。

両首脳は、テロとの闘いにおける最近の成功や、イラク新政府への支援、イラン問題を含む不拡散面での協力といった幅広い地球的規模の活動に関し、両国の共同の取組みを改めて評価した。大統領は、アフガニスタン及びイラクにおける日本の人道復興支援、並びにインド洋での多国籍軍に対する日本の支援を賞賛した。

日本の国連での重要な役割や貢献にかんがみ、日米両国は協力を強化し、日本の安全保障理事会常任理事国入りを実現すべく連携する。

両首脳は、戦略的開発協調の下で緊密な協力を継続していくことを表明し、また、自然災害への対応のための能力強化支援や鳥・新型インフルエンザの予防・対処という地球的規模の課題について、連携して取り組んでいくことを確認した。両首脳は、また、エネルギー安全保障、クリーン・エネルギー開発、汚染削減、気候変動といった相互に関連する課題に取り組んでいくことで一致した。

両首脳は、「成長のための日米経済パートナーシップ」の下で過去五年間にわたって達成されてきた進展を基礎として、互恵的な二国間経済関係を更に深化させ、地域や世界の経済問題に関する協力を強化するための方策を探っていくことで一致した。

このような協力の拡大は、成長と経済改革を促進し、開放された市場を維持・推進し、テロの脅威に対処しつつ合法的な物、サービス、人及び投資の効率的な移動を確保し、知的財産権の保護と取締りを強化し、地球的規模でのエネルギー安全保障を強化し、両国における透明性の高い良好なビジネス環境を促進するといったことを含むこととなろう。

両首脳は、また、世界貿易機関（ＷＴＯ）ドーハ開発アジェンダ交渉において、二〇〇六年末までに、市場を開放し全般的にバランスのとれた結果を達成するような野心的な成果を確保するため、力強い貢献を行っていく決意を確認した。両首脳は、アジア太平洋経済協力（ＡＰＥＣ）について、地域の安定、安全及び繁栄の促進のためのその極めて重要な役割を認識し、これを共に強化していく決意を表明した。

両首脳は、「世界の中の日米同盟」が一貫して建設的な役割を果たし続けるとの認識を共有した。両首脳は、日米間の友好関係や地球的規模での協力関係が今後とも益々発展していくことを共に希望した。

資料Ⅲ・30

集団的自衛権の行使へ

―普通の民主主義国としての責任を

二〇〇六年一〇月二六日

平和・安全保障研究所

コメント

1．本提言は、平和・安全保障研究所が、第一次安倍晋三内閣の成立、北朝鮮の核実験などを機に、集団的自衛権行使を禁じてきた既存の政府解釈の変更を打ち出したものである。

本研究所は、安保防衛関係のシンクタンクとして、一九七八年、外務省と防衛庁を主務官庁として設立された。提言は、当時の理事長に就任した西原正（前防衛大学校長）、前理事長で副会長の渡邉昭夫（青山学院大学名誉教授）、研究委員の田中明彦（東京大学教授）によりまとめられた。

本提言は、発表の直前、二〇〇六年九月には、「任期中の憲法改正」を掲げる安倍政権が誕生し、改憲の気運が盛り上がると同時に、国際的には、同年一〇月九日、北朝鮮が核実験を敢行しそれに対する国連安保理決議が出される状況で、政府の解釈とりわけ集団的自衛権行使禁止解釈を変更することで、日本がいっそう、国際社会での責任を果たすべきことを訴えた。

この提言は、集団的自衛権行使を禁止している限界を包括的に指摘し、解釈の変更によって集団的自衛権を認めるべきことを提言している点で、その後の政治の方向を示唆している。

2．提言は、まず、政府が長らく堅持してきた解釈（⇩Ⅰ・56）

――すなわち自衛隊は自衛のための「必要最小限度の実力」であり、自衛権発動には「我が国に対する急迫不正の侵害」があることを含めた三要件が必要であり、集団的自衛権行使は自衛権発動の三要件の範囲を超えるので認められないという解釈――が、「二一世紀の日本の安全保障環境に合わなくなっている」こと、この解釈に基づく限界内での周辺事態法やテロ対策特措法による後方支援は日米同盟の履行という点からも大きな限界があること、北朝鮮に対する国連の制裁措置への参加も限定されていることなどから限界にきていることを指摘する。

注目すべきは、その打開の試みとして当時の安倍首相の所信表明演説を取り上げ、これを「個別的自衛権の行使範囲をより柔軟に拡大」するものととらえ、その不十分性を批判していることである。実際には、安倍内閣が集団的自衛権行使の解釈による容認をめざしていたことは、その後、同内閣が「安全保障の法的基盤の再構築に関する懇談会」を立ち上げたことからも分かる。

3．次に提言は日本がどんな国をめざすべきかと問うて、「普通の民主主義国としての責任を」果たす国、「同盟国としての責任」を果たす国を掲げ、そのいずれにおいても集団的自衛権を容認することが求められるという。そのうえで、集団的自衛権を容認することについて、言われる懸念に反論している。

4．そのうえで、集団的自衛権は国連憲章五一条で認められた権利であり、かつ個別的自衛権と集団的自衛権はしばしば重複したりして分けて取り扱うことは適切でないことを理由に、「憲法解釈を変えることで集団的自衛権の行使は可能である」と結論づけている。

とくに、以下の一文は第二次、第三次安倍内閣の解釈変更の取り組みをみると興味深い。「安倍首相が示唆するように、『自衛のための最小限度の範囲』のなかに集団的自衛権の行使を入れることにすれば、憲法第九条が平和主義の原則に沿った、現実的な生き生きとしたものに生まれ変わるであろう。」

同時に、本提言は、九条をめぐる論争は「長期的には」明文改憲で決着をつけるべきだと提言している。

また、これに関連して、提言が補論で内閣法制局の「狭い解釈」を非難し、それが「政策の選択の幅を狭め、国益を阻害してきた」と言っている点も、第二次、第三次安倍内閣における集団的自衛権行使に関わる解釈変更を念頭におくと興味深い。

「重大な脅威」の生起

二〇〇六年一〇月九日北朝鮮が核実験を実施した。安倍首相は一〇日の閣議で「わが国の安全に対する挑戦であり、東アジアを中心とする国際社会の平和と安定に対する重大な脅威だ」と述べて、強い懸念を表明した。また一五日（日本時間）の国連安保理決議は、「国際社会の平和と安全に対する明白な脅威があると認定する」とした。日本や国連が東アジアの安全保障環境に対してこれだけ厳しい見方をしたのは近年では初めてである。

これまでの北朝鮮の行動を見ると、これからの行動も予測しがたいところが多い。核開発は続行しそうであり、このままの緊張状態が続けば、日本の安全にとっての脅威はさらに増大するであろう。このため、北朝鮮に対して核実験の中止、核開発の放棄などを要求して、日本は一三日に、いわゆる「追加制裁措置」を決定し、ついで国連安保理は一五日に憲章第七章第四一条に基づく制裁決議を採択した。

しかし国連安保理の決議は、日本の関連法体系の欠陥を浮き彫りにし、日本の安全保障に関わる基本的な法規定の弱点を露呈することとなった。①日本は集団的自衛権を行使することが憲法上禁じられている状態で、国連決議に従って、北朝鮮の港を出入りする船舶の検査をどの程度効果的に実施することができるのか、②船舶検査を実施するためには現状が周辺事態法の想定する事態にあるという認定が必要であるがそれはできるのか、③米軍が実施する検査を後方地域支援できるとしても、米軍以外の外国軍への後方地域支援はできなくて、日本は安保理決議の履行に関して十分な責任を果たすことができるのだろうか、といった問題が生起した。

北朝鮮の「脅威」の増大ばかりではなく、今後生じるであろう安全保障上の問題に責任をもって対応するためには、日本は集団的自衛権の行使を憲法上認め、より効果的な体制を作るべきである。ここでは、国連制裁決議履行上の日本の参加の限界、ならびに日本有事と周辺有事における日米同盟の機能の限界などを吟味し、日本のあるべき姿から判断して日本が憲法第9条の解釈を修正して、集団的自衛権の行使を容認する方向に動くのが急務であることを論じたい。

I　個別的自衛権の行使の限界

（1）「必要最小限度の防衛力」と「専守防衛」は現状に合わない

政府は長い間、「自衛のための必要最小限度の範囲内」の実力は憲法第九条第二項で禁止されている「戦力」ではないとの見解をとってきた。そしてこの解釈によって自衛隊の合憲性を主張して来た。しかしその「実力」の行使は、個別的自衛権の行使でなければならず、その上自衛権発動としての武力行使については、

①わが国に対する急迫不正の侵害があること、

②これを排除するために他の適当な手段がないこと、

③必要最小限度の実力行使にとどまるべきこと、

という厳格な三要件が必要であると説明してきた（例えば、一九六九年三月一〇日参議院予算委における高辻法制局長官答弁）。さらにこの三要件を満たすための防衛姿勢は「専守防衛」でなければならないとしてきた。

しかも政府は、「憲法第九条の下において許容されている自衛権の行使は、わが国を防衛するため必要最小限度にとどまるべきものであると解しており、集団的自衛権を行使することは、その範囲を超えるものであって、憲法上許されない」と考えてきた（例えば一九八一年五月二九日政府答弁書）。

しかしこうした憲法解釈から導き出された厳しい制約は二一世紀の日本の安全保障環境には合わなくなっている。ミサイルの飛距離は伸び、アジア大陸から日本に一〇分前後で着弾する時代に、「必要最小限度の防衛力」がいかなるものかは常に見直していかなければならない。また「専守防衛」の考え方も、深刻な限界を生起しつつある。例えば、朝鮮半島からのミサイル攻撃が確実と見なされる場合には、発射寸前ないし直後の段階でミサイルを打ち落とす作戦を取るのが効果的である。「座して待つ」という姿勢では、大規模な被害を食い止めることはできない。

こうした問題はもちろん政府も認識して、ミサイル防衛システムの導入などを進めており、さらに「他に手段がない場合、敵のミサイル基地をたたくことも自衛権行使の範囲だ」と述べるようになっている。（すでに一九五六年二月二九日の国会での鳩山首相答弁で、この趣旨の説明がなされていたが、近年ミサイル攻撃の可能性が現実性を帯びるに及んで、再びこうした発言がなされている。）これまでの憲法解釈に由来する「自衛のための必要最小限度の範囲」や「専守防衛」は限界に来ている。

（2）個別的自衛権と日米同盟の限界

日本は、日米安保条約における日本側の任務もまた、（1）で述べたような個別的自衛権の行使、「必要最小限度の範囲での防衛力」、および「専守防衛」によって規定して来た。しかしこのことによって、日米同盟の強化を実際に阻害しており、したがってまた日本の安全を弱めてい

る。ここに個別的自衛権の行使のみに固執することの限界がある。

例えば、米国が北朝鮮と戦闘状態にある時、日本国内の基地を出た米軍の作戦を自衛隊が「戦闘地域」で支援するのは集団的自衛権の行使（武力の一体化）となり禁じられているが、「戦闘行為が行われていない」「後方支援」での支援であれば個別的自衛権の範囲内であるので許容されることになっている（周辺事態法第三条第一項）。この際の自衛隊による物品の提供には、弾薬は含まれない。これは非現実的であり、米軍との効果的な共同行動を阻害することになる。米側の不信を生むのみならず、効果的な共同行動を阻害し、ひいては日本の安全を損なうことになる。

またテロ特措法の下で海上自衛隊が友邦国海軍（もちろん米海軍を含む）への燃料・飲料水の補給を実施しているが、補給中の艦船が攻撃を受けた場合は、それらの艦船が自衛隊の「管理の下」にあるので防護することは自衛権の行使になる。しかし待機中の艦船が攻撃を受けた場合に、それらの艦船を防護することは集団的自衛権の行使とみなされ、禁止されている。（テロ特措法第一二条）

さらにイラク特措法では、自衛隊がイラクにおける人道復興支援および安全確保支援活動のため提供する役務には、（米軍などへの）弾薬の提供や戦闘作戦行動のために発進準備中の（米軍などの）航空機に対する給油や整備を含めることはできない（イラク特措法第八条第二項）。それは集団的自衛権の行使（武力の一体化）と見なされるからである。

これらはすべて、個別的自衛権に固執することの不合理さを示している。その不合理さは、現在の北朝鮮に対する国連制裁措置の実施においても明白になっている。

（3）北朝鮮に対する国連制裁措置と日本の参加の限界

国連安保理の制裁決議は加盟国に対して、「国内法にしたがって」「荷物の検査などを通じた協調行動をとることが要請される」となっている。自衛隊がいま国内法にしたがえば、次のような制約の下に行動することになる。

①自衛隊の艦船が公海上で外国船を「臨検」する権限は与えられていない。臨検は交戦権のひとつであり、憲法第九条は交戦権を否定しており、また臨検が「武力による威嚇ないしは武力の行使」に当たると見なされるので、憲法上許容されていないことになっている。自衛隊ができるのは「船舶検査」のみである（周辺事態法第二条第二項）。その際の自衛隊の任務は、「当該船舶の停船を求め、船長等の承諾を得て、停止した当該船舶に乗船して書類及び積荷を検査し、確認する」作業であり、当該船舶の船長等が乗船を拒否した場合には乗船できないことになっている（船舶検査活動法第二条第二項、第五条別表）。

②日本有事ではなく、「周辺事態」と認定されれば、自衛隊の部隊は、臨検作戦中の米軍への後方地域支援（医療品、食糧品、燃料などの物品及び役務の提供）を行うことはできるが、米軍の臨検作戦が武力衝突などの緊張状態を生起したときには、支援の継続は「武力の一体化」となり、集団的自衛権の行使に当たるので、自衛隊の部隊はその地域から速やかに移動するか活動を中断しなければならない。（周辺事態法第六条第四項、第五項）。

③自衛隊の部隊は、米国以外の外国艦船の制裁参加に対して支援の提供ができないことになっている。法律は日米安保条約の実効性を高めるために決められているからである（周辺事態法第一条）。

ここに個別的自衛権に固執することのもう一つの限界がある。

（4）米国以外の友邦国への制裁参加支援は不可

日本が持っている同盟関係は米国とだけであり、しかも憲法は集団的自衛権の行使を禁じていると見なされているため、日本は個別的自衛権しか行使できない。したがって前記（3）の③に見たように、日本が米国以外の友邦国の制裁支援をすることは考えられていない。対北朝鮮制裁のための日本の艦船による船舶検査は周辺事態法およびそれを受けてできている船舶検査活動法を適用するのであるが、これらの法律は日米安保条約の実効性を高めるために制定されているので、米国以外の友邦国は適用を受けないことになる。友邦国の軍隊が船舶検査に参加して、日本から港湾施設、食糧品、医薬品、燃料補給、通信機能などの提供を受けようとしても、法的根拠がないことになる。

ここにも日本が普通の民主主義国として国際社会で積極的な役割を果たそうとしても憲法上の限界に直面することが分かる。

（5）安倍首相の個別的自衛権拡大案も限界

安倍首相は、二〇〇六年九月二九日の国会における所信表明演説で、「日米同盟がより効果的に機能し、平和が維持されるようにするため、いかなる場合が憲法で禁止されている集団的自衛権の行使に該当するのか、個別具体的な例に即し、良く研究してまいりたいと思います。」と述べた。また九月初めのテレビ出演で、「米軍の船が公海上で攻撃された際、一緒にいる海上自衛隊の船が何もできないという解釈が本当にそうなのか」とも述べている。このことから判断して、安倍首相は個別的自衛権の範囲を見直すために研究させる意向であると考えられる。そしてこの立場は、一九八三年に当時の中曽根首相が同じ問題に対して、日本への攻撃と見なすことができるから個別的自衛権の行使として自衛隊は応戦できるとの見解を示したのと類似している。

しかし個別的自衛権の行使範囲をより柔軟に拡大するという考えは限界に来ている。日本が責任ある民主主義国として、そして同盟国としての役割を果たすには、集団的自衛権の行使こそが重要であると考える。

II　日本はどんな国になりたいのか

日本がいまなぜ集団的自衛権を行使する必要があるのかという議論は、そもそも日本はどんな国になることを目指すべきなのかという議論と結びついている。

（1）普通の民主主義国としての責任

第二次大戦における敗戦国の反省として、日本は自国の行動に対して多くの法的および政治的な制約を自らに課してきた。憲法第九条の解釈によって集団的自衛権の行使を否定してきたことはその典型である。その意味で、日本は「普通の民主主義国」からはほど遠い存在である。他方政府は現実政治を見ながらその制約を徐々に緩和する努力もしてきた。しかしそれでも世界第二位の経済大国としての日本のもつ自国防衛の責任や国際平和への役割を果たそうとする観点からは、これまでの制約は日本の行動の幅をあまりにも狭めてきた。

日本は核兵器を保有しないという大きな制約を受け入れて今日までこれを堅持している点では、同じ敗戦国のドイツと共通であるが、そのドイツは北大西洋条約機構（ＮＡＴＯ）の有力な一国として西ヨーロッパの集団防衛体制に大きな寄与をしてきた。ドイツは、九四年の新ユーゴスラビア問題を契機に、ＮＡＴＯ軍の「域外派遣」に自国軍を参加させる決定を行なった。さらに九・一一テロへの対抗手段として、ＮＡＴＯ加盟国が二〇〇一年一〇月二日、アフガニスタンへの部隊を派遣する決定をした際にも、ドイツもこれに加わった。ＮＡＴＯ加盟国は条約第五条を発動させて、米国への攻撃は全加盟国に対する攻撃と見なして集団的自衛権を行使したのである。そうすることで、ドイツは自国が国際安全保障のための重要な寄与国であることを示した。いわば「普通の民主主義国」としてのあるべきモデルを示したのである

これに対して、日本は国際平和強力活動においても、責任ある民主主義国としての役割を果たしていることにならない。日本が国連の安保理常任理事国入りを目指すという意志であれば、日本は米、英、仏に劣らない集団的行動への参加姿勢を見せるべきである。国連安保理が北朝鮮

への制裁措置を決めながら、その制裁を実施するのは米国など他の加盟国であって、議長国日本の自衛隊ができることは限られているという、困惑する状態にある。

日本は民主主義国として、他の主要民主主義国と同じような役割を自国防衛においても国際平和協力においても果たして行くべきである。いわば「普通の民主主義国」としての役割である。

（2）同盟国としての責任

同時に、日本は米国との同盟関係を維持してきたが、個別的自衛権の行使を基本に日本の任務を規定しようとして、同盟の強化を妨げてきた。例えば、在日米軍は日本防衛を主任務としているが、もし、朝鮮半島有事に当たって日本近海の公海上で作戦中の米軍戦闘機が撃墜されパイロットが救出を求めている場合、自衛隊が救出するのは非戦闘行動であるから合憲であるが（日米の武力の一体化ではない）、もしその近辺に敵の攻撃があった時には、自衛隊は救出作戦（武力の一体化となるため）を中断してその場を離れなければならないとされている（周辺事態法第七条第五項）。救出作戦の継続は戦闘地域での行動と見なされるから、集団的自衛権の行使に当り、違憲であるという理由からである。日本のために行動している米軍パイロットの救出を中断して、日本は米国との同盟を維持できるであろうか。

同盟国としての責任を十分に果たしていないと米国側が認識すれば、日米同盟における日本の発言権は低下する。日米間の軍事能力の差は大きいため、日本の対米依存度は広がらざるを得ない。しかし日本も応分の責任を果たすことによってこのようなインバランスを是正することが、日本の国益に望ましい。

（3）日本有事と周辺事態の区別は不自然

日本が「普通の民主主義国」として行動するには、憲法の複雑な解釈のもとで、法律の難解な適用を操作して初めて行動できる状況から脱却し、事件が起きるたびに特措法を制定するという異常な状況を克服することである。上記の例で言えば、北朝鮮に対する制裁実施に当たって、周辺事態法が適用できるかどうかで時間と精力を浪費している。恒久法のようなものを基に、即座に行動に移れるような仕組みを作っておくのが常識である。

その中でも深刻なのは、日本が自国の周りの安全保障環境を見る際に、日本有事と周辺事態に分けて、それぞれ武力攻撃事態法と周辺事態法を用意していることである。前者は日本に対する外部からの武力攻撃があった事態（厳密には武力攻撃事態と武力攻撃予測事態とがある）に対処するためのものであり、後者は、「そのまま放置すればわが国に対する直接の武力攻撃に至る恐れのある事態等わが国周辺の地域におけるわが国の平和及び安全に重要な影響を与える事態」（第一条）に対処するためのものである。

両者を概念的に区別することは可能であるが、現実の緊張状態において両者を区別して防衛体制をしくのは不自然である。誰がどちらの事態にあるのかを認定するのか、また日本の周辺での緊迫状態であっても、それに周辺事態法を適用するかどうかの認定を誰がするのか、という問題が生じる。この両方の事態が短期間で起きる可能性がある。さらに周辺事態法の場合は、米軍が行動して初めて自衛隊が動く訳で、実際には米国ないし米軍が決めることになるかもしれない。

これが普通の民主主義国として行動のあり方とは思えない。集団的自衛権を行使できないとの立場から自衛隊に課している制約は、新しい安全保障環境には合わなくなっている。そして日本の国益を害している。その際の問題は、武力攻撃事態法と周辺事態法に分けていることの弱点が日米同盟の望ましい機能に障害になっていることである。

III　集団的自衛権の考え方

（1）同盟は本来集団的自衛権を前提としている

同盟関係において加盟国が同じ義務を負っていることは同盟の強さ、健全さを表す。日米同盟のように、日本は集団的自衛権を行使しないという前提の下にできている同盟は、本当に同盟と言えるか疑義が生じる。加盟国が助け合う約束をすることで同盟関係が成立する。日米同盟を片務同盟と見なして、これは同盟ではなく「保護国協定」だと揶揄する見方もあるくらいである。

（2）集団的自衛権の行使は軍国主義の復活を意味しない

日本が集団的自衛権を行使するようになると、軍国主義の復活につながるので危険であるとする見解がある。これは全くの誤った考えである。集団的自衛権は、国連憲章第五一条で、加盟国の自国防衛の当然の権利として認められている。

集団的自衛権の行使が軍国主義の復活を促すというのであれば、この権利を当然の権利として行使してきた加盟国はすべて軍国主義に走る可能性があり、危険だということになる。日本では一九三〇年代以降の軍国主義が苦い敗戦をもたらしたため、武力を行使することは軍国主義につながるとの思想が強く、それが日本の国際的責任や同盟国である米国への責任を不十分なものにしている。日本人が一日も早くこのトラウマを克服することが重要である。

（3）集団的自衛権の行使は戦争に巻き込まれることを意味しない

集団的自衛権の行使が他国の武力行使と一体になるので日本の望まない紛争に巻き込まれるとの不安から、集団的自衛権の行使は危険であるとする見解がある。理論的には、この可能性は否定できない。しかしそのようなリスクを覚悟して協力する意志がなければ、同盟も集団的安全保障も成り立たない。日本が危険になれば他国に防護を求め、他国が危険になった場合には日本は防衛に行かないというのは、利己的な勝手すぎる立場である。相互に助け合う姿勢を採ることで相互信頼関係が深まる筈である。むしろ危険に対して共同で対処する傑団的自衛権を行使する姿勢を採れば、共同で抑止効果を高めることができ、紛争を未然に防止し、危険を乗り切ることが出来ると考えるべきである。友邦国を助けることで、日本がより安全になる場合の方が多い。集団的自衛権の行使は、自衛権行使の一形態であって、自国の安全のためにするのだという考え方が国際社会ではむしろ常識である。

（4）国際平和協力活動は集団的自衛権とは異なる概念

国連安全保障理事会が国連憲章第七章第四一条（非軍事的制裁措置）や第四二条（軍事的制裁措置）に基づいて採択する決議によって取られる集団的措置は、集団安全保障（collective security）に参加する行為である。それに参加する自衛隊が同じ任務に従事している他国の軍隊などを支援することは、そもそも自衛権の行使ではない。攻撃を受けている隣接部隊を自衛隊が支援するのは、国際安全保障のための当然の任務遂行行為であって、集団的自衛権とは関係がないと考えるべきである。したがって仮に集団的自衛権（collective self-defense）を禁止している憲法の下であっても、それを理由に自衛隊の参加を禁止する必要はない。

このうち、第四二条に基づいてとられる行為は軍事行動であるが、これも「武力行使」（use of force）ではなくて、ブトロス・ガリ元国連事務総長が『平和への課題』報告書（一九九二年）の中で整理し、提唱したように、「平和のための強制措置」または「平和強制」（peace enforcement）という用語で説明するのが適切である。平和強制を武力行使と呼ぶと、国連は自ら禁じた行動を実際にとっていると見られてしまう。武力行使と平和強制はともに軍事行動を伴うが、両者を区別することは国連としての行動を説明する上で重要である。

さらに国連の集団安全保障体制は加盟国が自衛権を不当に拡大するのを防止するために創られたのであるから、むしろ自衛権との対立概念であるといってもよい。集団安全保障体制が機能していれば、その間、加盟国の固有の自衛権は休火山のように活動中止中のような状態になっているのが、国連体制の前提である。

Ⅳ　集団的自衛権の行使を憲法解釈修正で

（1）集団的自衛権は国連憲章で容認された武力行使である

集団的自衛権は、個別的自衛権と同じく、自衛権の一部であるから、日本が主権国家として固有の自衛権を行使することができるのであれば、集団的自衛権の行使も同様である。その上、個別的及び集団的自衛権は、国連憲章第五一条でも認められている。であるからこそ、サンフランシスコ平和条約（一九五一年）、日ソ平和共同宣言（一九五六年）、日米安保条約（一九五一年、一九六〇年改定）などにも、規定されている。そして世界中ほとんどの国が、自衛権を個別的、集団的の区別なく自然に行使している。これが「普通の民主主義の国」の姿である。

（2）個別的自衛権と集団的自衛権とは実際には重複する場合がある

政府の解釈によれば、個別的自衛権とは「外国からの武力攻撃に対して自国の防衛力で阻止する権利」であり、集団的自衛権とは、「自国と密接な関係にある外国に対する武力攻撃を、自国が直接攻撃されてもいないにかかわらず、実力を持って阻止する権利」（一九七二年一〇月一四日政府答弁）である。このように概念的には両者を区別することは可能であるが、実際には両者は重複する場合がある。次にその例を三つ挙げる。

［例1］日本周辺の公海上で日本防衛を支援している米艦船に対して外国から武力攻撃があった場合、日本がその武力攻撃を阻止しようとすることは、個別的自衛権の範囲で処理できると、一九八三年に当時の中曽根首相が述べて以来、現在の政府解釈も、個別的自衛権の行使であるとしているが、これを集団的自衛権の行使と見ることもできる。

［例2］日本周辺の公海上で作戦中の米空軍機が撃墜され米パイロットが海面に落ちたところを、海上自衛隊の艦船が救出しようとするのは、それが「非戦闘地域での後方地域探索活動」という解釈で、個別的自衛権の行使であると見なされている。（周辺事態法、第三条、第六条）。しかしこれを集団的自衛権の行使だと見ることもできる。国際的には集団的自衛権の行使と見られるだろう。

［例3］日米安保条約の下、日本国内に基地を持つ米軍は、有事には日本からインド洋や中東に出動してきた。政府は、米軍は日本から出動したのではなく、日本を離れてから、途中で出動を決めたものであるから日本が集団的自衛権を行使しているのではないと説明してきた。しかし米軍に対して後方支援を提供したことを見れば、これを集団的自衛権の行使と見ることもできる。

さらに個別的自衛権と集団的自衛権は、時にはある行動が両方の権利の行使であると考えることもできる。例えば、朝鮮半島で軍事衝突があった場合、韓国軍を支援する米軍を自衛隊が「非戦闘地域」で支援する行動は、日本の個別的自衛権と集団的自衛権の両方を行使している姿だと考えることができる。

このように両者には重複する部分や両面性をもっていることがあり、これを峻別しようとすることは、実際的には意味がないことを示している。

（3）憲法解釈修正で可能である

すでに述べたように、集団的自衛権は国連憲章第五一条で認められた固有の権利であり、また自衛権を個別的自衛権と集団的自衛権とに分けて扱うことは適切ではないことを考えると、憲法解釈を変えることで集団的自衛権の行使は可能である。

日本が集団的自衛権を行使することができるようになれば、現行の周辺事態法のなかの不自然な規定は不要になる。したがって北朝鮮に対する国連の制裁措置においても、自衛隊は、「戦闘地域」とか「非戦闘地域」などという不自然な規定にとらわれず、より適切な役割分担に基づいて、米軍とともに行動することができるようになる。自衛隊はその任務を「後方地域支援」などという形に限定する必要はないのである。

安倍首相が示唆するように、「自衛のための最小限度の範囲」のなかに集団的自衛権の行使を入れることにすれば、憲法第九条が平和主義の原則に沿った、現実的な生き生きとしたものに生まれ変わるであろう。これが「普通の民主主義国」のあるべき姿である。これによって国際社会に責任ある参加をすることができる。

（4）長期的には憲法改正が必要

憲法九条の解釈変更によって、日本は集団的自衛権を行使できることを論じてきた。さらに憲法改正には予想以上の時間がかかることを考えれば、なおのこと、第九条の解釈変更によるのが望ましい。

しかし現憲法制定以来六〇年間第九条の解釈をめぐって論争が続いてきたことを考えれば、長期的には憲法を改正して、こうした論争の起きる余地のないようにするのが賢明である。

補論

○内閣法制局の狭い解釈は政策選択の幅を狭めてきた

憲法第九条をめぐる解釈論争は戦後日本の政治過程で極めて大きな位置を占めてきた。解釈論争はしばしば現実とは離れた言葉の使い方をめぐるものに陥りがちであった。また瑣末な解釈をめぐる対立が国会審議を止め、非生産的な政治過程を象徴することが多かった。

そのなかで、内閣法制局の厳しい解釈が解釈論争に最終的に決着をつける傾向があり、それが政策の選択の幅を狭め、国益を阻害してきた。集団的自衛権はその代表的な例である。時代が変わり、国際安全保障環境が変化しても、過去の解釈にこだわり、憲法を狭く解釈しているのは、国益に合わない。

○質の高い文民統制（シビリアン・コントロール）の確立が急務

集団的自衛権の行使は今後憲法解釈修正によって可能となれば、それをどのように行使するかは、実際の外交政策や防衛能力などを検討しながら国益を決めていくことが必要である。憲法解釈修正や憲法改正によって集団的自衛権の行使の範囲を厳密に制約しようとするのではなく、国益に基づいた判断で適切に行使していくべきである。

とすれば、国民の代表として選ばれた政治指導者が自らの責任において集団的自衛権の行使のために防衛力を適切に使用する、質の高い文民統制（civiliancontrol）体制を早急に確立することが肝要である。実際の自衛隊の海外派遣を決定するのは、憲法解釈や法律解釈の問題ではなく、国益に基づいた政策判断の問題であるべきである。

戦後の日本は幸い国際紛争に巻き込まれたり、国土防衛のために武力行使したりする状況に直面することはなかった。これは幸いであったが、そのために憲法や自衛隊法で規定した戦闘行為における文民統制がうまく機能するかどうかを実際に確認する機会をもたずにここまでやってきた。いまや国務担当者や政治指導者の国防、国際安全保障に関する質の高い識見が一層望まれる時代になっている。

以上

財団法人　平和・安全保障研究所　役員一覧

平成18年6月19日現在

役職名	氏　名	常勤・非常勤の別	現　職	公務員歴
会　長	増田　信行	非常勤	三菱重工業㈱相談役	
副会長	渡邉　昭夫	非常勤	東京大学名誉教授	元東京大学教授
理事長	西原　正	常　勤		前防衛大学校長
常務理事	江口　博保	非常勤		元陸上自衛隊第13師団長
	宝珠山　昇	非常勤	防衛調達基盤整備協会相談役	元防衛施設庁長官
	山本　吉宣	非常勤	青山学院大学教授	元東京大学教授
理　事	飯田　亮	非常勤	セコム㈱最高顧問	
	伊奈　久喜	非常勤	日本経済新聞論説主幹兼編集委員	
	オアー，ロバート	非常勤	ボーイング・ジャパン社長	
	及川　耕造	非常勤	独立行政法人経済産業研究所理事長	元特許庁長官
	岡部　達味	非常勤	東京都立大学名誉教授	元東京都立大学教授
	金田　秀昭	非常勤	NPO法人岡崎研究所理事	元海上自衛隊護衛艦隊司令官
	神谷　不二	非常勤	慶膽義塾大学名誉教授	
	坂本　吉弘	非常勤		元通商産業審議官
	鈴木　善勝	常　勤		元陸上自衛隊九州地区補給処長
	添谷　芳秀	非常勤	慶磨義塾大学教授	
	土山　實男	非常勤	青山学院大学教授	
	中西　寛	非常勤	京都大学大学院教授	京都大学大学院教授
	西元　徹也	非常勤	NPO法人日本地雷処理を支援する会会長	元統合幕僚会議議長
	広瀬　崇子	非常勤	専修大学教授	
	弘中　喜通	非常勤	読売新聞東京本社メディア戦略局長	
	椋田　哲史	非常勤	（社）経団連防衛生産委員会事務局長	
	渡辺　泰造	非常勤		元在インドネシア特命全権大使
監　事	井上　禮之	非常勤	ダイキン工業㈱会長	
	永田　昌久	非常勤	㈱日本製鋼所社長	
顧　問	猪木　正道	非常勤	京都大学名誉教授	元防衛大学校長

（理事　23名）

資料Ⅲ・31

米日同盟——二〇二〇年に向けアジアを正しく方向付ける

二〇〇七年二月一六日
戦略国際問題研究所（CSIS）報告書（第二次アーミテージ報告）
リチャード・L・アーミテージ、ジョセフ・S・ナイ
憲法改悪反対共同センター訳

コメント

1．本報告は、アーミテージやナイら、共和党、民主党系の安全保障関係者が超党派で出した、日米同盟に関する二回目の提言、いわゆる第二次アーミテージ報告である。

二〇〇〇年の第一次アーミテージ報告（⇩Ⅱ・25）が、新ガイドライン（⇩Ⅱ・16）、周辺事態法（⇩Ⅱ・18）の成立で自衛隊が厳格な制限付きではあれ、海外で米軍の戦闘作戦行動の後方支援を行う枠組みが出たことをふまえ、それをさらに強化するために日本に集団的自衛権容認を迫るものであったのに対し、第二次レポートは、一方で小泉純一郎内閣の下でイラク派兵が敢行され、さらに安倍晋三内閣が成立して、日米同盟をさらに強化することが見込まれ、他方、国際的には中国の台頭がアジア・太平洋地域に大きな変動をもたらすことが予測されるなかで出されたものであった。

第二次レポートの主題は、「二〇二〇年に向けアジアを正しく方向付ける」というサブタイトルにみられるように、アメリカが重視するアジア、とりわけ台頭する中国に日米同盟はいかに対処するかという点にあった。

2．報告で注目すべき第一の点は、アメリカの利益を増進する世界秩序の鍵を握るのはアジアだとして、アジア重視を打ち出している点である。ブッシュ政権のあとをになうオバマ政権のアジア・太平洋重視戦略を先取りするような提起である。

報告はまずアジア情勢で注目すべきいくつかの論点をあげて検討しているが、その第一に検討しているのが中国の台頭である。レポートは中国が一方では、自由な市場秩序を支える「より大きな政治的自由と自由な制度を持ち、経済開放性を支え自国民と近隣諸国により責任ある対応をする、責任あるステークホルダー〔利害共有者〕」となる可能性を持ちながら、他方「国際規範をゆがめ近隣諸国を脅かすような、不自由な制度を伴った重商主義、排外的ナショナリズム」の方向に行く可能性もあると予測する。続けて、レポートは、インド、朝鮮半島、韓国、東南アジア、オーストラリア、ロシア、台湾、地域統合を相次いで検討している。

3．報告で注目すべき第二点は、二〇二〇年のアジアの予測のなかで、項を分けて「歴史」問題を扱い、日本が歴史問題に向き合い解決することを求めている点である。「われわれは、日本が民主国家として、自らの過去に取り組み、近隣諸国と協力的な未来を形作る力を持っていると確信している。しかしその未来は、過去と客観的に向き合うという点で、双方向のものでなければならない。」これはアメリカの親日的グループのなかでも日本が歴史の問題に向き合うべきだという合意があることがうかがわれて興味深い。

4．注目すべき第三点は、報告が変貌するアジアに対処するために日米両政府に注文をつけている点である。

日本に対し報告は、経済面では規制緩和による自由貿易体制の推進とりわけ日米FTAを、安保面では積極的な海外作戦参加と自国の防衛についての責任を引き受けるための措置——ミサイル防衛、緊急事態対処——の強化を求めている。

他方、報告はアメリカに対してはアジア・太平洋地域への全面的関与を提言している。

5．報告の後半部は、勧告である。注目すべき第四点は日本への勧告の部分で、改憲により、グローバルな規模での日米同盟への障害をなくせと強調している点である。第一次アーミテージレポート以来の日本政府の「前進」をふまえ、さらに安倍内閣の登場をふまえての新たな段階での要求となっている。

「憲法について現在日本でおこなわれている議論は、地域および地球規模の安全保障問題への日本の関心の増大を反映するものであり、心強い動きである。この議論は、われわれの統合された能力を制限する、同盟協力にたいする現存の制約を認識している。……米国は、われわれの共有する安全保障利益が影響を受けるかもしれない分野でより大きな自由をもった同盟パートナーを歓迎するだろう」と。

続けて、勧告は、安全保障政策決定機構の強化、自衛隊の海外派兵を可能とする一般法の制定、防衛費の増額などを打ち出している。これらはいずれもその後の政権が取り組む課題に掲げながら長らく実現をみなかったが、第二次安倍内閣で、集団的自衛権の行使容認の閣議決定、国家安全保障会議―国家安全保障局の設立、防衛費の一六年ぶりの増額などの形で実行された。

6．注目すべき第五点は、日米同盟に関する勧告である。そこでは、「地球規模」での同盟の拡大と日米FTAの締結、中国が「責任ある利害共有者」となるような方向付け、インドの新自由主義改革の推進、ASEAN統合の促進、シーレーン強化、アジア・太平洋自由貿易圏の構想、市場の自由秩序などの維持のための地球規模の協力などが謳われている。

また付属文書では、軍事面での協力強化の細かな課題が提言されているが、そのなかでは武器輸出三原則の見直し、兵器共同開発、情報共有と秘密保護の取り決め、共同作戦のための調整メカニズムの強化などが注目される。いずれも、その後、第二次安倍内閣で実行され、あるいは推進されている。

はじめに

世界規模の不確実性と移行の時代において、米国の揺るぎない利益のために求められるのは、これからの挑戦と現れつつある世界秩序をベストの形に仕上げる潜在的なチャンスを把握するための地平の先を見る明敏な認識だ。アジアは、世界人口の半分、世界経済の三分の一の力を擁し、国際システムにおいて経済、金融、技術、政治的な重要さを増しており、米国の利益をもっとも増進する安定し繁栄した世界秩序のカギを握っている。本報告の目的は、「自由にもっとも有利な力の均衡」（二〇〇二年米国家安全保障戦略から）を達成するための最上の展望を提供する構想を示すことである。

この点で、アジアを正しく方向付けるとは、米国の価値をこの地域で押し付けることを意味しない。そうではなくむしろ、地域の指導者たちが自らの国の成功を米国の政治的、経済的目標と一致するように定義するような環境を整えることである。それは、市場原理、自由で開かれた貿易、知的所有権の保護、労働基本権、環境を基礎とした経済的繁栄である。それは、いまこの地域が享受している経済的成功を強める自由な諸制度をともなう、より大きな政治的自由である。それは、軍事分野での透明性とともに、国の強みを人道的救済と復興の分野における共通の利益により振り向けることである。それは、主要な大国が鳥インフルエンザやテロといった国境を越えた脅威に焦点を当てた協力をおこなうような地域である。それは、ビルマのような問題国家から生起する内外の問題に、指導者たちが「内部問題不干渉」という時代遅れの考えに基づいて目をつぶるのではなく、対応することを選択するような地域である。それは、ナショナリズムと愛国心が、より大きな共通利益である地域問題の解決のための努力に導かれるような地域である。それは、重商主義的、地政学的競争に従事するのではなく、天然資源を産出し、分かち合う共同の努力である。

この構想を実現するための核心は、米国、日本、中国、ロシア、インド、欧州という主勢力の間の協力的関係であろう。それは、九・一一後の世界における挑戦に対処し、平和で繁栄した未来を形成するために決定的に重要となるだろう。死をもたらす破壊的イスラム過激派との対決がより切迫したものになる一方で、主要国間の協力を確保するという長期的な要請は、持続的で効果的な米国の外交政策のための組織化原理となるべきである。米国の未来は、二〇二〇年の新たなアジアとの強固でダイナミックな関係を求めており、その要石は引き続き米日同盟である。

冷戦後における両国関係の漂流を懸念した超党派グループは二〇〇〇年一〇月、リチャード・アーミテージとジョセフ・ナイを議長に、報告「米国と日本—成熟したパートナーシップに向けて」を発表した。その報告は、クリントン政権時に始まり今に続く一〇年間の米国の対日政策を特徴づけてきたのと同じ超党派の精神で練り上げられ発表された。政治、安全保障、沖縄、諜報活動、経済の各分野における協力強化の具体的措置を勧告したが、それはブッシュ政権の対日政策の青写真となった。

一一カ月後に米国がアルカイダの攻撃を受けたとき、ジョージ・W・ブッシュ大統領と小泉純一郎首相は、かつてない個人的および戦略的なパートナーシップを築き、それは「不朽の自由作戦〔アフガニスタン攻撃〕」、イラクの解放と再建、北朝鮮の核危機への対応、台湾・中国間の新たな緊張の現れ、二〇〇四年一二月の津波への大掛かりな対応といった大激動の中で試された。同様に重要なのは、新たに強化された戦略的関係が、太平洋の両岸で広く超党派の支持を受けたことである。

この同盟は、過去数年の試練を乗り越えてより強くなっている。しかし、新たな地球的および地域的挑戦の波が引き続き高まっている。地球規模での主要な挑戦には、テロ、多くのイスラム世界における近代化課題への引き続く対応不足、大量破壊兵器の拡散、環境を保護しながらエネルギー需要の増大にこたえることなどが含まれる。アジアは今日、中国とインドという二大国のかつてなかった同時台頭、日本の再覚醒、歴史的遺産の問題（台湾と朝鮮半島）、競合するナショナリズムによって特徴づけられる。こうした挑戦の下で、米国の利益に沿った地域の構造をつくることは、米国の政策立案者たちにこれまで以上の関心と注意を求めるだろう。

しかし、同盟の基礎は、これから数十年の間に起こるであろう一連の重要な挑戦に対処する十分な強さを持っているだろうか?

三世代にわたり米国のこの二国間同盟ネットワークは、東アジアの事実上の安全保障機構として日本と米国、そして地域の大半に恩恵をもたらしてきた。続く世代にこれと同じ成功を保証するために、本報告は、二〇二〇年までのアジアの展望と、アジアの未来に肯定的影響を与えるため米日がいま協力できる諸手段を検討する。

二〇二〇年にいたるアジア

中国

中国では奥深い変化が展開中であり、それは中国が支配的な地域大国に躍り出る可能性を示している。中断する可能性をはらみつつ、中国は地域の成長と地球的な活力の原動力であり続けるだろう。成長する中国の総合的な国力はすでに、国境付近で戦略的な環境を形成することを目的とした攻勢的な外交に反映されている。米国、日本および全アジアにとって主要な問題は、中国がその新たに見出した能力と資源を、経済および軍事大国として成熟していく中で、どう使っていくかということである。

二〇〇〇年一〇月のわれわれの報告が出て以降、おそらく太平洋地域のもっとも重要な出来事は、中国の爆発的経済成長であった。中国のGDPに占める貿易の割合は、過去一〇年間にほぼ倍加し、同国を米国、アジアをはじめとする市場と、オーストラリア、北米、そしてこれまで以上に中東からの天然資源という外部にいっそう依存させるようになった。中国の経済的成功はすべてにとっての機会を提示しているが、その一方で、アジアの隣人である東南アジア諸国連合の諸国に行くかもしれなかった資本と雇用をさらっていくなどの代償も現れている。

中国は成長するだろうが、その成長は複雑要因なしの直線的「隆盛」とは必ずしもならないだろう。中国は高齢化社会、不十分な社会保障、巨大で拡大が続く発展格差、構造的腐敗などの巨大な国内的挑戦をかかえ、それらすべてが社会不安となっている。中国の指導部はまた、労働者の中で拡大する不穏、脆弱な銀行・金融システム、止まない民族対立、西側の人間にはほとんど想像できないような環境問題、伝染病への脆弱性に直面している。これらの挑戦が全体として、中国指導部の関心を国内に集中させ、したがって対外的な安定を重視させている。中国はその総合的国力を発展させることのできる安定した平和的な国際環境を求めている。中国は石油と天然ガスをはじめとした資源と外国投資へのアクセスのいかなる混乱も回避する必要があり、経済成長と公共の福祉の目的に無関係なものに資源をむける余裕はない。

とはいえ、この地域の他のところと同様に、中国でもナショナリズムが強まっている。中国指導部の間では、特に経済成長が行き詰った場合、ナショナリズムは共産党への支持を集める便利な道具と見られているようだ。ナショナリズムへの依存は体制にリスクをもたらすものの、中国指導部は自らの正統性を支えるため愛国主義的な感情に頼り続けるだろう。これは、見通せる将来にわたり、米国と日本が中国に期待できる相互関係の質を制約するかもしれない。

相互関係の質を制約するものには、価値観の相違もある。そのもっとも深刻なものは、人権、宗教の自由、政治制度をめぐる違いに関係している。価値観の違いは、「信頼性の不足」を呼び起こすため、もっとも重大なかたちで問題となるものだ。中国の場合、ますます多くの証拠が示しているのは、価値観と外交の結びつきが米国の利益に否定的影響を与えうるということだ。そのことは、中国のイラン、スーダン、ベネズエラ、ジンバブエ、ウズベキスタンといった諸国に対する態度で明らかだ。相手国の無責任な行動の継続を可能にするような関係の作り方を中国がおこなっているのは、明白である。

中国外交の主要な特徴の一つは、中国国外にあるエネルギー資源への安全で信頼できるアクセスを確立するという要求である。巨大で増大するエネルギー不足と自由市場へのぬぐえない不信は、中国指導部の間で、拡大する外国へのエネルギー依存が脆弱性をつくりだすという認識を強めている。中国国内の需要を支えるために必要なエネルギーの確保、特にペルシャ湾岸の石油を将来の運輸需要にあてるのを期待して、中国は外国への株式投資とともに供給源の多角化の促進に乗り出した。米国、日本、またその他の国も、急増する中国のエネルギーと天然資源への需要によって、いっそう影響を受けるだろう。その結果のいくつかは、外国産原油の値上がり、環境悪化の進行、海事境界線をめぐる対立など、否定的なものとなりそうだ。しかし、同時にエネルギー効率や「クリーン石炭技術」、原子力にかんして協力をおこなう新たな機会ともなるだろう。また、中国の外部世界への依存増大は、米国とその友好国に外交的チャンスを与えることになるかもしれない。

中国の華々しい経済成長は、軍事への大きな投資を可能にした。中国の集中的な軍近代化努力は、台湾との起こりうる紛争への準備に焦点があてられ、その努力は報われつつある。中国は周辺でハイテク戦争をおこなう能力を高めつつある。例えば、中国は、兵器取得、訓練、兵站、ドクトリン・戦略など軍事の不可欠な各分野の間にみごとな調整をすすめてきた。歴史的に言って、そうした調整こそ軍の即応能力を向上させる法則であることが証明されている。中国はまた、真の統合軍事作戦を遂行する能力までは至ってないものの、各〔陸海空など〕軍間の障壁を部分的に除去し始めている。中国は軍事能力の拡大を続けるなかで、外洋海軍の発展により重点を置くだろう。それは、エネルギー供給源とシーレーンを防衛する必要があるとの認識からきている。

中国の近代化と成長は、その力と豊かさを保証するだろうが、その進む方向は不明なままである。二〇二〇年に中国は、より大きな政治的自由と自由な制度を持ち、経済開放性を支え自国民と近隣諸国により責任ある対応をする、責任あるステークホルダー〔利害共有者〕でありうる。一方で、中国の行動は、国際規範をゆがめ近隣諸国を脅かすような、不自由な制度を伴った重商主義、排外的ナショナリズム、腐敗により特徴付けられるかもしれない。中国はグローバルな舞台において、決定を求められるさまざまな場面に直面し続けるであろう。そうした場合に重要なのは、中国が平和的な統合と有益な競争の道をすすむような選択をする動機を持っていることである。

エネルギーの要素

国家情報評議会（ＮＩＣ）によると、二〇二〇年までの増大するエネルギー需要――とくに新興諸国の間での――は、地政学的関係に重要な影響を及ぼすだろう。ＮＩＣの報告書『グローバルな未来を描く(Mapping the Global Future)』は、エネルギー需要を左右する最重要の要素は、世界的な経済成長、とりわけ中国とインドのそれであると主張している。

中国は、外国のエネルギー源への依存の増大にともなうリスクを軽減するために幅広い取り組みをおこなってきた。供給先の多様化や戦略備蓄を推し進め、外国に株式投資を獲得することをめざした取り組みがすすめられており、それが中国の対外政策や外交を具体的な形で動かしている。しかし二〇二〇年までの中国のエネルギー開発の地政学的特長の核心は、そのほとんどがペルシャ湾岸からの輸入石油への依存度の四〇%から九〇%への上昇であろう。

石油やパイプラインの株式所有によっても、中国の世界的な石油市場への依存は大幅には低下しないだろう。二〇二〇年までに中国企業は、最大日産一二〇万バレルの石油株式を保有するかもしれないが、そのころには中国の一日あたりの石油輸入量はすくなくとも七～八〇〇万バレルに達するだろう。にもかかわらず、現在の中国の市場に対する不信は、海外の資産を守るための軍事能力の追求へとつながっている。このように、中国の一部には、エネルギー安全保障を最終的に保障するものは、人民解放軍、また懸念国家との同盟だとの考えがあるかもしれない。中国の軍事現代化は、非常に大きな効果を発揮してきた。中国の軍指導者は、「外洋海軍（ブルーウォーター・ネイビー）」と関連する戦力投射能力を発展させることに重点を置いてきた。二〇二〇年までに、われわれは、中国がこれらの分野で顕著な前進を見せるものと予想できる。他方で、戦略的石油備蓄といった、供給中断に対する防護措置が優先されるべきである。

また中国は、海底探査にも投資しており、このことが外交政策に影響を及ぼす可能性がある。これまでの主要な取り組みは、中国の主権の及ぶ海域（中国が資金を出している最大のプロジェクトは渤海）でおこなわれてきたが、中国の意欲はもっとおおきいかもしれない。いくつかのケースでは、海底探査への大きな意欲が、アジアの安定を強めるかもしれない（中国とベトナムは、かつて係争地域だった場所での合同探査の協定を結んだ）が、同時に中国は他の係争領域にたいする主張を強める誘惑にかられるかもしれない。係争領域からの石油・ガスは、いずれも、中国の基本的なエネルギー状況を変えるほどの規模ではないとはいえ、中国船による日本領海への数度の侵犯があった後では、それが日本の多くの人々に不安を抱かせたことは理解できることである。二〇二〇年までに、これらの紛争を、軍に依存することなく解決するための強力なメカニズムが作られることが、われわれの希望である。

中国の石油消費の増大は、同国が主要な発電原料としてひきつづき石炭に依存していること（中国はいまも世界最大の石炭の生産国であり消費国である）とあいまって、中国を温室効果ガスの最大の排出国の一つとしている。中国（およびインド）が成長と近代化を進める中で、両国が、地球の気候変動にかんする国際的な議論で大きな役割を果たすことは不可欠である。

アジアの状況では、エネルギーを、重大化しつつある問題として議論することが流行となってきた。貴重な資源をめぐる競争の激化や、中国のいくつかの行動は、表面的には「ゼロサム」的心理を示しているようだが、同時に、エネルギー安全保障は最終的には各国の関係を緊密化させる問題となるということもまた真実かもしれない。可能な協力の例としては、よりよいエネルギー・データベースの開発、戦略備蓄の調整、代替エネルギー源の合同研究、海上安全保障での協力などがある。

もし創造的に対応するなら、エネルギー安全保障の問題を組み替える機会が生まれるかもしれない。エネルギー需要の増大は、競争だけでなく、一連の共同の利益をつくりだす。米国、中国、日本、インドの間には、海事安全保障の改善にたいしてますます大きな共同の利益がある。不拡散や輸出管理についての見解の整合化も求められる。そしてこれら四カ国は、世界最大の石油生産地域であり続けている中東の安定促進にたいし鋭い関心を共有すべきである。エネルギー安全保障という名目のもとで、多くの内容を追求することができる。今後一五年間にエネルギー安全保障を促進する積極的な取り組みに、中国やインドを巻き込んでいくことは、われわれの共通の目標であるべきである。

インド

インドの大国としての興隆は、中国のそれと並ぶものであり、二〇二〇年まで、また二〇二〇年以降も、インドには巨大な潜在的成長能力がある。インドの成長率は現在、中国を下回るが、いくつかの要素は、二〇二〇年までにインドが中国を凌駕することを示唆している。インドの人口予測は、中国の労働力〔人口〕はその一人っ子政策の結果低下する一方、二〇二〇年を越えてその生産年齢人口が増大し続けることを示している。インドは政治的に、民主主義と開放の面で正しい選択を行なっており、それがより大きな国内的安定をもたらしている。さらに経済的に、インドは中国を上回る程度で、よく整備された法的・金融制度を確立している。インドはさらに、世界で一流の国際的ハイテク企業を持っており、世界市場における競争力を増強している。エネルギー安全保障に関して、インドの世界的なエネルギー需要への影響は、前述の中国の影響と非常に似通った道を進むだろう。

しかし、インドの究極的な可能性は、その隣国の将来に影響されるかもしれない。パキスタンにおける「啓蒙的穏健性」への成功は、インドがその世界的な可能性に到達するのを助けるだろう。戦争の可能性やテロの脅威で疲弊することがなければ、インドは、世界水準の経済を築き、残っている社会的課題に専念し、長年のインド－パキスタン紛争に関連した複合的問題を超える関係を築く、より積極的な試みにその資源と外交努力を集中させることができる。しかし、パキスタンが過激主義に陥ることは、インドの可能性を切り詰め、より広範な米国と日本の利益を脅かすだろう。

インドの経済と影響力の拡大につれて、インドの戦略的風土は引き続き変化する。インドがその従来の非同盟運動の方向を完全には変更せず、米国および日本との新たな関係の拡大を困難にすることはありえる。ワシントンと東京は双方ともに、インドとのそれぞれの戦略的関係を質的に改善した。しかしながら、両国は、インドは独自に中国と相乗作用の関係をもっていることに留意し、インドが日本や米国の対中均衡勢力の役割はしないだろうという予測に基づいてすすむべきである。ニューデリーは北京に関しては用心深く、中国との緊張を高めることに関心を抱いていない。それはそれとして、ニューデリーの「ルック・イースト政策」はとりわけアジアの関心を引いており、東アジアとの拡大する経済・政治・文化的関係は、インドを東アジア地域の戦略方程式の大きな部分とするだろう。とりわけ日本にとって、インドの民主主義的実践での成功は、共通の価値を基づく日本自身の外交の比重を大きくするだろう。

朝鮮半島

統一朝鮮への不可避の移行は、北東アジアの戦略バランスをつくり変えるであろう。統一の過程が二〇二〇年までに成就にいたる可能性は高い。死活的な問題は、その統一がいかに起こるかである。再統一シナリオの一つは、北朝鮮の不安定さを伴うもので、それは北の大量破壊兵器の管理について困難な挑戦をもたらし、おそらく韓国に重い負担がかかるため韓国自身の民主主義制度と経済的繁栄を危機にさらすだろう。もちろん、われわれの計算は、北朝鮮が核兵器開発を二〇二〇年まで、またそれを超えて開発し続ける可能性を含んでいなければならない。北朝鮮の核問題は再統一の場合のみ、ウクライナの同じ問題がソ連の崩壊の後に解決したのと似たような形で、最終的に解決する、との可能性がますます高まっているように見える。米国と日本はそうしたすべてのシナリオに備えるべきで、いずれの場合も、外交と抑止において、これまでにない機敏さが求められる。

われわれの実利的な評価では、一九九〇年以来の北朝鮮政府の行動は、自らの政治、経済システムにとらわれたものであることを示している。北京とソウルからの支援と激励にもかかわらず、北朝鮮はためらいながら改革に手を出しただけで、「先軍」政治を継続し、核不拡散条約から脱退し、国際的安定を脅かす核とミサイル能力に自らの将来を賭けようとしている。

北朝鮮は、きわめて親切な二人の韓国大統領とクリントン政権からの提案を拒否した。同国は見事な孤立と生命の維持を外国（特に中国と韓国）の親切に頼る道を選んだ。自国民の基礎的必要を満たすぐらいの経済も発展させられないでいる一方で、それでも同国はミサイルと核兵器をなんとか開発した。エリート層の贅沢のために同国は覚せい剤、偽一〇〇ドル紙幣、模造ブランド品を輸出している。同国は日本と韓国の市民を拉致し、何十年も秘密裏に拘束し、その行為を説明しなかった。

金体制は、鄧小平式の開放政策でリスクを負うよりも、二一〇〇万国民の将来は暗かろうとこのまま何とかやっていく方を選ぶだろう、というのがわれわれの結論だ。したがって、しばしば喧伝される「大取引」はとらえどころのないままだ。なぜなら金正日は米国に根深い不信を抱いており、米国により提供される経済的誘因を「毒りんご」と見る傾向があるからだ。それでも、二〇〇五年九月一九日の「六カ国協議」共同声明は、道理のある提案を盛り込んでいる。北朝鮮が六カ国協議合意を履行することはありえるが、これまでの同国の行動を考えるとひきつづき想像することは困難である。二〇〇六年の同国の核実験は、九・一九共同声明を北朝鮮政府が履行する気があるのかどうか深刻な疑念を呼び起こす挑発的行動であった。しかしながら、六カ国協議プロセスが、北朝鮮の核兵器開発を封じ込める、あるいは凍結するだけにでも役立つなら、価値あるものとなることは、注目されるべきだ。六カ国協議そのものが革新的枠組みを導入したものであり、朝鮮半島において変化に対応し北東アジアの将来における安全を増進する重要なものであると証明されるかもしれない。

韓国との相違の処理

現在の大韓民国（ＲＯＫ）政府にとって、朝鮮半島の不安定さは北朝鮮の核兵器計画以上の脅威とみなされている。このことが、ソウルの脅威評価を、米国および日本ではなく中国の評価に（中国の増大する力についての韓国の戦略的関心にもかかわらず）そろえさせている。ソウルの評価は、改革志向の「三八六世代」の影響と韓国の民主主義の成熟を反映している。現在の指導者の多くが、米国に支持された韓国の独裁政権に対するたたかいのなかで最初の政治的経験を積んでいる。彼らは、朝鮮戦争を直接経験するには若すぎ、そのうちの多数はいまだ米国の動機への疑念を抱いている。ワシントンと東京にとっての難問は、北朝鮮の核危機についての交渉の結果の場合にも戦略的不意打ちや断絶の場合にも、すべての同盟国の利益を保護する調整のとれた対応をおこなうことを確実にするため、韓国との緊密な協力関係を維持することである。

北朝鮮の核についての野心がもたらした脅威にいかに最善の対処をするかについて、米・日・韓の間にどのような短期的相違があろうとも、われわれ三国は共通の価値によって結束し、経済・安全保障上の利害を共有しているということを思い起こすことは、意味のあることである。米国と韓国は、共通の敵に対する血まみれのたたかいの中で作り上げられた同盟を共有しており、われわれは、直面する新たな挑戦に引き続き役立つことを確実にするためにわれわれの同盟を近代化してきた。将来の同盟において、韓国は主導的役割をはたし、米国は援助の役割をはたすだろう。戦力構造および指令機構はこの協力関係を反映するだろう。米軍は、再編成・統合され、数的には縮小されるが、その能力は、新たな技術の導入のおかげで、実際には拡大するだろう。

両国の二国間経済関係の範囲は広大である。韓国は米国の七番目に大きい貿易相手国である。米企業は韓国経済に何十億ドルもの投資をおこなっており、韓国企業は、米国内で活動する全外国企業の四分の一を占めている。さらに、一年間に七〇万人をはるかに越える韓国人が米国を訪問し、約一〇万人の米国民がソウルに居住している。

米韓自由貿易協定交渉が進んでいるのは、こうした状況の中においてである。これは、米国にとって、ずっと以前にカナダとおこなって以後、最大の二国間貿易交渉である。米国は、拡大する一方の自由貿易協定（ＦＴＡ）のネットワークを持っており、その傾向はドーハ・ラウンドでの包括交渉の挫折によって強まっている。これらのＦＴＡは、とりわけドーハ義務との整合性の確保が留意されている場合、関係各国のそれぞれの経済にとって極めて積極的な意味を持ちうる。われわれは、米韓協定もそうなるだろうと考える。

しかし、この複雑な交渉は韓国内の支持の消滅とワシントンでのきわめて厳しい交渉計画に直面しているのが現実である。韓国の自動車産業と農業の利益は韓国政府に困難な条件を課し、韓国政府はＦＴＡへの情熱を失っているように見える。ワシントンでは、ブッシュ政権も議会も、いかなるＦＴＡにも北朝鮮国内の開城工業団地で操業する韓国企業が製造した商品を含むことに反対しており、これは、開城構想を強く支援する現在の韓国政府に対する厳しい非難となっている。さらに、米国経済に対する世界貿易の影響についての広範な懸念の増大のために、貿易協定への議会の支持は衰弱している。最後に、貿易協定を交渉し、協定への修正なしで議会の採決を求めることのできる大統領権限が二〇〇七年夏には期限切れとなるため、交渉は厳しい制限時間の下に置かれている。（この立法プロセスは貿易促進権限と呼ばれ、以前はファスト・トラック権限と呼ばれていた。）

ＦＴＡをまとめ議会承認を得ることに失敗すること、ますますそうなりそうだが、は、ＦＴＡ交渉が始まっていなかった場合より悪いかもしれない。それは、とりわけワシントンで引き続き大きくなっている保護貿易主義と重商主義の傾向を増大させるかもしれない。われわれは、それが広義の米韓同盟の価値の認識に影響するかもしれないことを懸念している。

東南アジア

東南アジアは、引き続き、米国と日本にとってきわめて重要であろう。東南アジア諸国は、人口六億以上、国内総生産総計約八〇〇〇億ドルであり、その両方の急速な成長が予測される。経済的重要性に加えて、東南アジアは、世界の貿易量の三〇%、世界のエネルギー輸送の五〇%以上が通過しているペルシャ湾およびインド洋から太平洋への航路にまたがって位置していることから、戦略的重要性をもっている。

中国の大規模で増大する経済・政治的比重は、この地域の重要な要素である。過去二〇年におよぶ中国の急速な経済成長は、東南アジアの国々に新たな機会と挑戦をもたらした。東南アジア諸国連合(ASEAN)加盟国と中国との貿易は昨年だけで三〇%増大した。ASEANのほとんどは、中国との間の拡大した貿易および投資機会から利益を得ている一方で、アジアにおいては、中国の経済的興隆が経済・政治・安全保障の状況をいかに変えるかに関して、注目すべき論議がすすんでいる。

米国と日本は、民主主義と人権の前進でパートナーとなり、また経済成長の原動力である東南アジアの発展について、利益を共有している。日米両国は、さらに、テロリズム、拡散および感染症とのたたかいにおいて東南アジア諸国の全面的協力を必要としている。

東南アジアにおいては、民主主義的制度は脆弱なままであり、「ジェマ・イスラミーヤ(JI)」のような民主的改革に反対する組織はその力を増している。今日、ASEAN加盟国の間での国対国の紛争の可能性は少なく、ASEANの統合がさらにすすむことで、二〇二〇年にはそれはさらに少ないものとなるだろう。しかしながら、「ASEAN方式」は、JIやビルマの軍事政権、あるいはラオスとカンボジアの弱体政権のような内部問題にたいする地域としての対応を阻むかもしれない。ASEANはいまだ、ビルマ、カンボジア、ラオスおよびベトナムをその中に包含したその拡張を確固としたものとしておらず、ASEAN諸国間の亀裂が拡大し、テロリストに利用される可能性もある。ASEANの挑戦には、真の経済・政治的統合を達成し、民主的改革を継続し、外部勢力との平衡を保つ外交的比重を発展させることが含まれる。

ASEANの成功の鍵はその主要構成国の成功だろう。新たな民主主義インドネシアの成功は地域的にも世界的にも巨大な意味をもち、米国と日本にとって特別の関心となっている。シンガポールとわれわれの強大な安全保障および経済関係は、引き続き、米国の地域的および世界的な前方配備態勢にとって決定的に重要である。タイ、マレーシアおよびフィリピンと米国との関係は協力で多面的だが、民主主義の支柱——法の支配、自由なメディア、自由で公正な選挙——は、いずれも投資を必要としている。ベトナムがその潜在力を汲みつくし、ASEANの全面的な有効性にいっそう貢献するならば、すでに十分にすすんでいる経済改革に政治改革を補足する必要があり、恐らく次の一五年間にベトナムにとっての最大の機会が存在するだろう。ASEANはこれまで地域意識の覚醒の中心となり、現在は増殖する地域統合の全アジア的拡大の原動力である。

オーストラリア

二〇〇一年九月一一日の攻撃に対応して、ジョン・ハワード首相は米国を支持するためにANZUS条約を発動した。「不朽の自由作戦〔アフガニスタン〕」「イラク自由作戦」で米国を支援するとの同首相のその後の決定は、既に強力な同盟関係のさらなる強化に貢献した。

しかしながら、この同盟の強さを維持するためには熟達した政治的運営が求められるだろう。この同盟内では、米国が地球規模の状況を重視する一方、オーストラリアは地域的利益と世界規模の利益とのバランスを保とうとしているという、将来展望の違いから主要な問題が生じている。オーストラリアは自国周辺で、東チモール、西パプア、パプアニューギニアおよびソロモン諸島を含む多くの安全保障問題に直面しており、それぞれがオーストラリアの限られた防衛資源に大きな要求をおこなっている。この同盟では、防衛戦力と防衛支出の規模の不均衡をめぐっても、問題が生じている。

第一次世界大戦への参戦にまで立ち戻ると、オーストラリアの国家安全保障戦略は引き続き「連合」に焦点をあてている。オーストラリアの歴史、地理および国益が、オーストラリアを世界規模の利益を持った地域大国として定義する。その地域的利益を確保するために世界規模で行動しながら、オーストラリアは同時に、米国との関係を処理しつつ、地域各国と協力している。地域における指導的役割をオーストラリアが受け入れたことは、同国の戦略構想の根本的変化を特徴付けている。イラクの後、オーストラリアは地域の指導者としてアジア・太平洋地域に復帰するだろう。これは、米国が認識し尊敬すべき進化である。

オーストラリアは、日本および米国と同様に、汎アジアではなく、引き続き環太平洋の方向にある。この補完性は、三カ国〔米、日、豪〕がアジア・太平洋地域全体の開放性を促進するための協力の機会を提供している。

ロシア

ロシアは欧州により関心を集中しているが、地理、歴史、核兵器および国連安全保障理事会における地位からして、北東アジア方程式の一つの因数である。経済成長が最優先課題であるこの地域に対するロシアの経済的、政治・外交的関与の欠如は、ロシアが取るに足らない関係者であることを強く示している。しかしすべての上記理由から、ロシアは地域の均衡の一部であり、朝鮮についての六カ国協議へのロシアの参加が示すように、ロシアの選択は重要問題に影響を及ぼしている。さらに、世界最大の天然ガス埋蔵量を持つ世界第二の石油輸出国として、ロシアは地域のエネルギー安全保障に対する重要な貢献者でありうる。サハリンにおけるエネルギー開発と大きな論議となった原油およびガスのパイプラインは、北東アジアの将来のエネルギーに対するロシアの潜在的な重要性を浮き彫りにしている。

ロシアの現在の国家主義・民族主義的政策は北東アジア・エネルギー市場へのロシアの予期される統合を制限しているが、地域の主要消費国――中国、日本、さらに韓国――は、供給源の多様化および地域へのロシアの経済的統合のため、ロシア・シベリアの原油とガスに注目している。人間の基本的自由といっそうの民主主義的発展への脅威を表面化させたロシアの統治実績に、この間、非常に懸念されるべき傾向がある。ある種の「権威主義的民主主義」に向うロシアの漂流は、ロシアが東アジアでいかなる種類の関係者になるのかという深刻な疑念を生み出し、ロシアが安定の強化と複雑化の両方の可能性をもっているということを示した。

台湾

台湾およびその民主主義の成功は、米国と日本にとって重要である。台湾における民主主義の継続は、同じ考えを持つ友人として台湾との相互間および地域的協力の展望を強化し、それぞれの政治制度の自由化を志向するアジアの他の国々の手本として台湾を保護するという点で、台湾住民のためのよりよい統治と自由の最善の機会である。

米国と日本は二〇〇五年二月、両国の「2プラス2」閣僚協議の声明で、「台湾海峡に関する問題の対話を通じた平和的解決を促す」という共通の戦略目標を発表した。この賢明な目標は、二〇二〇年まで、あるいは当事者がその政治的相違を解決できない限り、われわれの指針原則としての役割を果たすだろう。

そのようなアプローチに組み込まれているのは、この問題の対話を通じた平和的解決の助けになる環境を築き維持する利益を、米国と日本が共有しているという認識である。この利益を促進するために、米国は、中国による軍事力の使用や威嚇を抑止し、同時に独立に向かう台湾の一方的な措置を思いとどまらせるという「二重抑制」の政策を採用した。米国にとって、これは、「一つの中国」政策を厳密に順守しつつ、台湾の正当な防衛要求の支援、力に抵抗する能力の維持、さらに相違を解決する手段として力に訴えるいかなる試みにも反対することを意味する。日本は、米国のこれらの義務を理解し、同盟国として台湾海峡をまたぐ平和と安定の維持に適切な方法で適応すべきである。米国と日本の両国にとって、これは、両側の肯定的・建設的な交流を促進し、挑発的主張や他の無用の政治画策を阻止し、断固として軍事的威嚇と脅迫に反対することを意味する。

このアプローチにさらに組み込まれているのは、台湾住民は、平和な海峡間対話に資する環境の促進に最善のものは何かについて、米国および日本と同様の展望を支持するだろうという想定である。しかしながら、時間とともに、台湾が民主主義のプロセスを通じて異なる方向を選択すれば、米国と日本は、地域において共有するわれわれの利益をいかに追求するのが最善かを再評価する必要があるだろう。短期的には、台湾は自らの防衛を強化し、その民主主義と統治を改善し、直接交流の承認を含む中国との積極的関与の計画をすすめ展開する措置を取るべきである。そのような措置は、米国、日本および地域に正しい合図を送るだろう。

地域統合

世界貿易機構（ＷＴＯ）は、二〇二〇年のアジア域内貿易が一兆二〇〇〇億ドルに達するだろうと予測する。米国は、地域の商品にとって引き続き重要な、しかし最大ではない、最終市場となるだろう。アジア域内貿易（全体の五一％）は、すでに北米自由貿易協定（ＮＡＦＴＡ）以上に結束性を持ち、傾向はこの方向で継続すると予想すべきあらゆる理由が存在する。しかし、太平洋横断域の貿易と投資も、より遅い速度でとはいえ、成長し続けてきた。アジア関連会議の増殖（ＡＳＥＡＮ、ＡＳＥＡＮ＋３　閣僚会議、アジア債券ファンド、チェンマイ・イニシアチブ、アジア協力対話、さらに東アジア首脳会議）は、汎アジア規模の貿易・投資形態の急成長の論理的副産物である。これらの会議はまた、始まったばかりだが進化しつつあるアジアのアイデンティティについての感覚の広がりを示している。政策的な難題は、アジア域内と太平洋横断域の間の経済および制度的統合をめぐる適切な関係を見つけることである。

アジア・太平洋経済協力会議（ＡＰＥＣ）は、太平洋を横断する地域でグローバル規準に一致した地域経済制度である。しかしながら、ＡＰＥＣはその初期の貿易自由化の活力を失っており、現在では東アジア首脳会議のような新たな会議との競争や急増する汎アジアＦＴＡへの取り組みに直面している。地域の指導者が貿易と投資を歪曲するブロックを回避することは、米国の利益とアジア・太平洋の安定に決定的に重要だろう。二〇二〇年における前向きのシナリオは、ＡＰＥＣを中心として、世界規模の制度に組み込まれている、お互いに強化しあう一連の制度の出現だろう。しかしながら、この地域の基本設計概念は、欧州連合や北米自由貿易協定（ＮＡＦＴＡ）の発展を導いた戦略的展望のようなものなしに、発作的に表れている。

中国は、他国の国内問題への「不干渉」と「低制約」の原理に基づいた多国間主義を受け入れている。中国の参加は歓迎されるが、国内問題は統合と協力の過程において重要問題となる。中国がその既存のＷＴＯ義務を完全に実行するためにあらゆる努力をすることは、中国自身および国際貿易システムの利益にとって、不可欠である。自由貿易協定は多角貿易自由化に追加のエネルギーを与えることができるが、自由貿易協定のすべてが等価値というわけではない。実質的にすべての分野を対象とせず、新たな開放への迅速な関与を生み出さない特恵貿易協定は、時間と資源を脇にそらすことであり、自由貿易に向かうアジアの動きを妨害することになるかもしれない。

この地域の課題は、テーブルに向かっている人とまったく同じように重要である。米国は、民主主義、法の支配、また政権の国内行動の現代的規準を支える課題を促進する努力を、日本や同じ考えの諸国とともに強める必要があるだろう。

もちろん、日中の競争関係、歴史的神経痛、異なる政治制度、さらに資源競争のような、アジアにおけるそのような統合への重大な障害が存在する。しかしながら、地域の構造は徐々に形をなしてきており、増殖する諸会議を通じて、その方向は二〇二〇年にはより明白になるだろう。われわれの利益への有害な影響を最小限にするためにこの雑然としたプロセスの結果を形作ることは、米国と日本が緊密に協議しなければならない挑戦課題である。

歴史

北東アジアでは歴史はまだ終わっていない。実際、日本、中国、韓国の国内政治では、過去がいまも未解決の問題であり続けている。過去五年以上にわたって、歴史をめぐる議論の多くは、小泉純一郎首相による靖国神社参拝をめぐっておこなわれた。二〇〇四年以来、中国は、歴史問題の適切な取り扱いと日本の指導者による同神社参拝の中止を、高級レベルの交流の条件としてきた。しかし二〇〇六年一〇月、中日両国政府は靖国問題を棚上げし、小泉の後継者である安倍晋三首相が北京を訪問し、中国の胡錦濤主席と会談した。北京で、安倍と胡は、日中関係の歴史を研究する学者の合同委員会で合意した。同委員会は、一二月末に東京で第一回会合を開いた。

東京では、靖国神社の将来と一九七八年に祭られた戦争中の東条英機首相を含む一四人のA級戦犯の将来をめぐって激しい政治的議論がおこなわれている。日本の世論調査では、問題の民主的な解決へ向けたコンセンサスが形成されつつあることを示唆している。このことは重要である。いかなる持続可能な結果も、日本国民の意思と支持を反映したものでなければならないからである。

われわれは、日本が民主国家として、自らの過去に取り組み、近隣諸国と協力的な未来を形作る力を持っていると確信している。しかしその未来は、過去と客観的に向き合うという点で、双方向のものでなければならない。

米国と日本――範を示し導く

米国がアジアにおける二〇二〇年の国際関係構造の発展を考えるにあたっては、避けるように努めるべきシナリオがある。とりわけ、アジアの主要諸国の勃興する力、影響力、ナショナリズム、そして資源要求からして、アジアにたいする米国の一極的な管理が持続不可能であることは明らかだし、その追求は、この地域における米国の役割を新しい現実に適応させていく上でむしろ逆効果となるだろう。

この地域にとっては米国と中国による共同管理が将来の当然の構造だとみる見方もある。しかし、米国と中国が異なった価値体系をもち、お互いの利益にたいする明確な理解を地域的にも世界的にも欠いている間は、そうした歩み寄りは米中関係の将来性を過大評価することになる、というのがわれわれの見解である。中国との共同管理は、もしそれを受け入れるような場合、中国がもつ比重や米国にとっての価値――部分的には地域の戦略バランスを達成する鍵である――の増大を懸念する地域全体の友好諸国や同盟諸国との関係の質を危険にさらすことになるだろう。

しかし同時に、米国と日本だけが中国と向き合うという二極構造は、競合する二極のどちらかを選択するよう地域の諸国に強いることになるので、無力だろう。米日の側に立つ国も若干あるかもしれないが、地域のほとんどの国は厳格な中立ないし中国との同盟を選ぶだろう。結局これは、アメリカや日本の民主主義がもつ力強い実例の力を弱めることになり、この地域を冷戦や一九世紀の勢力均衡論に後戻りさせることになるだろう。それは、地域の安定にとって好ましいことではないし、中国の将来の肯定的変化にとっても役立たない。東アジアの安定は、今後も米日関係の質にかかっており、米国は日本と緊密に同盟しているとはいえ、ワシントンは三国全体の良好な関係を奨励すべきである。

アジアにとってもっとも好ましい構造は、米国がこの地域にその力、関与、指導力を維持し続けながら、同時にアジアの他の成功している諸国が地域の諸問題に積極的に関与するというものである。日本、インド、オーストラリア、シンガポールその他が実例によって指導し、米国との連携(パートナーシップ)に依拠し、民主的価値を共有する、そういう開かれた構造が、自由市場、法の支配にもとづく持続的繁栄、政治的自由の増大を実現するもっとも効果的なやり方である。米国と日本はまた、アジアの通商生活への参加に関心を募らせているベトナム、価値を共有するニュージーランド、こうした諸国との関係構築も探求すべきである。こうしたとりくみをすべて、中国との協力分野を拡大するための諸措置と結びつけるとともに、意見が異なる分野については北京に率直にものをいうべきである。アジアにおいてこうしたやり方で活動することは、「アジアを正しく方向付ける」ことによって、中国を含むアジアのすべての国々の成長と方向に積極的に影響を及ぼす上で、重要だと考える。

米国と日本——同盟関係を正しく方向付ける

「アジアを正しく方向付ける」という目標とともに、米日同盟がこの戦略のどこに位置するのかという問題がある。もしわれわれが米日同盟にあまりにも依存しすぎるならば、われわれと日本はアジアにおいて孤立するだろうという人もいる。彼らは、歴史問題をめぐっての日本と中国、日本と韓国間の当面の緊張を指摘し、われわれの長期戦を中国の方向に転換するよう主張している。われわれは、そのような構図が地域におけるもっとも重要な戦略的な財産——緊密な米日同盟を不必要に弱体化させるということを確信している。この同盟は、米国のアジア戦略の核心であり続けることができるし、そうあるべきである。この戦略の成功へのカギは、同盟自身が共通の脅威に基づいた排他的な同盟から、共通の利益と価値観に基づいたより開かれて包括的な同盟へと発展し続けることにある。

二〇二〇年に確実なことが一つある。それは、米国と日本は、依然として、世界の中で、民主的制度と共通の価値観を持った二つの最も大きな経済国であり続けているということだ。だからこそ、米日同盟は過去と同様にアジアの将来を方向付け続けるであろうし、地球規模の「勢力」方程式のなかで決定的に重要な要因になり続けるだろう。

今日の日本の役割を考えてもらいたい。日本は、国連、世界銀行、国際通貨基金(IMF)、アジア開発銀行への二番目の援助資金供与国として、国際機関を支援している。世界の国々を対象にした二〇〇六年の世論調査では、日本は世界の中で(中国と韓国は例外だが)、もっとも尊敬を集めている国際公共財提供国となっている。日本は、自らの慎重な自衛能力、また米国のプレゼンスへの支持を通じて、アジアにおける力の均衡を支えている。日本は、二〇〇四年の津波のような場合、救援活動として五億ドルを超える資金援助と自衛隊の派遣をおこなった。日本は、経済発展、民主主義的原則、地球規模の協力の積極的なモデルとなっている。

国際システムへのこうした高いレベルの財政支援を維持する日本経済の能力は、二〇二〇年までに徐々に低下する見込みであるが、五〇年におよぶ消極姿勢の後に、日本の新しい指導者たちは、国際システムの中で日本の高い評価を維持する、より積極的な安全保障と外交の役割を主張している。米国は、確信を持ちその方向を約束する日本を、必要としている。米日同盟に背を向けたり、日本に対するわれわれの期待を低めたりすることは、地域の安定と地域における日本の役割に否定的な影響を与えるだろう。二〇二〇年の国際システムを支える日本の代わりに、日本は、せいぜい「中程度の力」に安住する国になるかもしれないし、御しがたく、厄介で、最悪の場合には国家主義的な国になるかもしれない。日本に対して、国際の安定と安全保障を支援する、より活動的な役割を担うことを奨励しないことは、国際社会の中で日本の全面的な潜在力を否定することである。しかし、もし米国の戦略が日本の国民感情と融合するような日本への高い期待を持ち続けるならば、日本は、この地域において、民主主義的な価値観の手段に基づいたリーダーシップとは何かについての強力なモデルとなるだろう。

この点に関して、われわれは米日関係のカギとなる二つの要因――経済と安全保障――に焦点を当てる。そして、米日同盟に対してわれわれが持っている強い期待とアジアの将来に影響を与える同盟の能力を実現することを目的とした超党派の行動計画を提案する。

経済

日本は、着実に持続的な経済回復の途上にあり、同国の構造的な経済課題の多くを克服しつつある。二〇〇一年四月の小泉首相とその顧問チームの誕生は、経済史における重要な方向転換となった。不良債権は、大部分、主要銀行のバランスシート（貸借対照表）から一掃された。かつて多額の借金と非生産的な資産を背負い込んでいた企業はバランスシートから削減し、今日では、一九八〇年代初期以来でもっとも強力な金融状況にある。資産と消費者物価の両方におけるデフレーションは、大部分、棚上げされてきた。その最終的な結果は、日本の生産者と消費者は、その経済状況において今日、一九九一年にバブル経済が崩壊して以来のいかなる時期よりも自信にあふれているということになった。

しかしながら、ここ数年のうちに手が打たれないならば、依然として三つの要因が国際的な経済大国としての日本の将来のうえに重くのしかかるだろう。

・第一は、国債残高である。日本の債務はGDP比で、着実に二〇〇％に近づきつつある。日本の堅実な経済パフォーマンスによって勢いづけられて、仮に金利がそのうち上昇するならば、この借金を財政的に管理することはますます難しくなるだろう。

・第二の要因は、人口統計である。日本の人口は、まぎれもなく減少している。六五歳を超える人口の割合は二〇一五年までに二五％を超える予定であり、それには社会的支援コストの困難や労働人口の急速な縮小の負担が伴う。

・第三に、日本は生産性を高めるためにかなり大きな発展を遂げなければならない。日本の製造業は効率性のためのグローバル・スタンダードを設定し続けているが、彼らの強さはサービスと金融部門における低い生産性によって相殺されている。生産性を全体的に向上させるためには、業界に革新のための自由裁量をより多く与え、長期にわたって発展が遅れているサービス部門を拡大できるように、規制緩和を継続することが必要である。さらに、経済全体を通じて資産に対する利益を増やすことが不可欠である。水素自動車や燃料電池、ナノテクノロジー、バイオテクノロジーといった新興分野――これらはすべて、二〇二〇年の経済における新しい成長部門になるだろう――への日本の実質的な投資はきわめて重要である。

過去数十年にわたって、また将来の見通しでも、急発展する中国の経済力は多くの日本国民、米国民にとって厄介なものになるとみられている。中国の台頭を、中国の利益がわれわれの損失になるようなゼロサム・ゲームとして見る人もいる。しかし、より正確な見通しというのは、製造業の中心地点としての中国の台頭は、とりわけ米国と日本の企業にとってみれば、消費需要、投資資本、高技術の中心的な供給源として、中国を米国と日本にますます依存するようにさせるということである。アジア域内輸出の最終地としての中国の役割の高まりにもかかわらず、中国が他のアジア諸国から輸入するものの多くは、それが木材のような原材料であろうと回路基板のような半製品であろうと、米国、欧州、日本の消費者が購入する製品という形で再輸出される。中国の発展の現段階においては、国内需要では成長を維持できない。われわれのノウハウ、資本、消費という「エネルギー」なしには、巨大な中国経済という機械の「歯車」は回転困難な時期にいたるだろう。

十分先の将来においても、米国と日本は、アジアにおける経済繁栄と安定のカギを握っている。われわれ二カ国は、アジアが主要な牽引となっている国際経済システムに対して指導力と賢明な管理者役を行使するという第一義的な責任を持っている。同様に、われわれは、それぞれの経済的、構造的、戦略的な課題を首尾よく克服するようお互いを援助する方法を考える必要がある。国際貿易交渉のドーハ・ラウンドが混乱しているなかで、われわれにとっては、単に経済だけでなく国家戦略にもしっかりと目を向けながら、経済パートナーシップの緊密さと深さを広げる方法を考えることがますます重要である。米国と日本は、二国間の自由貿易合意に向けた交渉を立ち上げることで、自由貿易と経済統合の力の促進と確保に向けてすばやく行動することを必要としている。これは、アジアで出現しているＦＴＡのネットワークの拠点になるだろうし、世界経済全体にエネルギーを提供するだろう。

自由貿易の交渉のための基盤がまだ存在していないと主張する人もいるかもしれない。実際、日本の規制制度を政府が約束しているグローバル・スタンダードに一致するようにし、その代わりに外国人と日本人企業家にとっての市場アクセスを高めるようにするには、多くの予備作業がまだなされなければならない。製薬、電話通信、医療サービス、農業、情報技術、エネルギーといった部門においては、効率性を高め、アクセスを広げるために削減することができるたくさんの具体的な障壁がある。金融サービスといった顕著な進展がみられる分野でさえも問題はまだ残っている。とりわけ、日本郵政システムの民営化が進むなかで、そのシステムを通じて商品を売買し、最終的には資産を購入するための外国人のアクセスに関しては、問題が残っている。

同時に、自由貿易の良い兆候を示す強力な内部圧力も働いている。たとえば、日本の農業部門における人口統計の変動だけでも、保護主義的政策の根本的な変化を強いている。日本の農業部門は低下しており、そのＧＤＰへの貢献は一九九〇年の二・四％から二〇〇四年の一・二％以下へと半減している（ＧＤＰへの農業の貢献は、工業の二〇分の一に過ぎない）。農民の圧倒的多数は、パートタイムであり、「農業世帯」が農業から得ている収入は彼らの収入全体の四分の一にすぎない。さらに、農業人口は急激に減っており、今日の二九〇万人から二〇一五年には二一〇万人という低さにまで減るという見通しである。六五歳を超える農民の割合は、一五から六四歳の間の農民のおよそ倍である。数の上で増えつつある農民人口の唯一の部分は、七〇歳を超える部分である。信じられないことだが、二〇一五年の日本における農業労働者の平均年齢は六五歳を越え、老齢者はとりわけ過酷なコメ栽培部門に集中しているだろう。要するに、日本は農業において人口統計的な危機に直面しているのである。

人口統計に駆り立てられて、日本は農業をよりいっそう自由化するための非常に強力な理由を持っているが、実行可能な代替案はほとんど持っていない。コメを含むすべての部門を交渉対象として、農業は米国と日本のＦＴＡの中心になれるし、なるべきである。しかし、そうしたＦＴＡは、日本の農民の感情と「コメ文化」を慎重に考慮する必要がある。自由化の課題のすっきりした解決策は、農民の引退と農業人口の減少を円滑かつ効果的に結合しながら、今後一〇年にわたって、関税引き下げを段階的にすすめることにあるだろう。同時に、日本国民は、自由化が日本における農業の抹消を意味するものではないことを認識する必要がある。リンゴ、牛肉、オレンジのようなすでに自由化が行われた部分に見られるように、野菜や果物、コメの農家は間違いなく、有機栽培のような高品質の得意分野に転換するだろうし、規模の経済を通じて効率性を高めることだろう。自由化は、農業においてさえも、日本にとってはウィン・ウィンの提案になりうる。

こうした理由から、米国と日本は、包括的な自由貿易合意についての交渉をできるだけ早く始める意図を宣言すべきである。貿易促進権限法が近々期限切れを迎えることで、FTA合意は二〇〇八年の選挙の前にはありそうもないが、米国と日本の指導者らは、それにもかかわらず、この目標を視野に入れておくべきである。この合意は、関税と税関手続きを調整するだけではなく、太平洋の両側において生産性を著しく向上させるという目標を持って、規制と投資環境の一致を目指していっそう深い内容に到達するだろう。ドーハの義務と両立するFTAは、日本の市場における外国人と新規参入者のための機会を顕著に促進しながら、条件を公平化し、全体的に透明性を高めるだろう。また、正しく行われるFTAは、間違いなく日本での米国の投資へより広く門戸を開放するだろうし、そのかわり、高齢化する社会に直面しているなかでさえも構造調整の課題を日本が達成することを支援するだろう。今後二〇年以上にわたり、米日FTAは、日本の対内直接投資のレベルをGDPの二・一%からGDPの一四%という米国のレベルへと引き揚げることを目指すべきである（そうなったとしても、GDPの二〇%というG7平均を下回っている）。

最後に、そして決定的な点として、WTOと両立する二国間自由貿易合意は、この地域の市場経済のネットワークの拠点として役に立つことができる。特に、米日FTAは、米国がシンガポール、オーストラリア、韓国、マレーシア、タイと結んでいるかあるいは交渉しているFTA網の一部分となりうるだろう。これは、中国がWTOの義務を果たすための力強い誘因になるだろうし、重要なことに、この質の高いFTA網の部分ともなるだろう。

要するに、包括的な米日自由貿易合意の直接的な経済利益は相当なものになるだろうということである。しかしながら、アジア太平洋州の共同体のすべての構成員にとっての政治的、戦略的な利益は、さらに大きなものになるだろう。米国と日本にとって、経済同盟の合意に署名すること――それは米日安全保障条約を基礎付けているものとまったく同様に強力な共通の核心的原則に基づいている――は、この地域と世界に著しく強力なシグナルを送るだろう。それは、経済的かつ政治的に、われわれ二カ国が国民の未来と世界の安定、繁栄のために同じ夢と願いを共有しているということを示すだろう。

安全保障

米日同盟の安全保障の側面はこの数年の間に顕著に成熟した。小泉首相の指導力と政治意思は、インド洋、イラク、中東のその他地域への展開によって、国際舞台における日本の地位を高めるものとなった。この点に関して、わが同盟の相対的力量を測る二つの重要な基準がある。第一は、同盟がどこまできたかという到達点の検討にもとづくものであり、第二は、同盟の現在の有効性、また将来その有効性を維持するために何が必要か、にもとづく。

両国の安全保障関係でなされた前進を否定することはできない。米日安全保障関係は、その存続したほとんどの期間にわたって、次の二つの基本原則にもとづいて運営されてきた。一つは、米国は日本とその施政下にある地域を防衛する、ということであり、もう一つは、日本は極東の安全のために国内の米軍に基地と施設を提供する、というものである。これは、日本が自らに課した専守防衛とともに安全保障上の枠組みを形づくり、最近にいたるまでその不可避的な主従関係を余儀なくしてきた。日本の自衛隊が、「不朽の自由作戦［アフガニスタン］」を支援してインド洋に展開し、復興努力を支援してイラク内および周辺に展開したことは、東アジアの地理的範囲を越えて貢献をおこなうという日本のイニシアチブを示すものとなった。日本の積極的な海外作戦参加は、日本の世界的な利害をよりよく反映したものであり、これまで米日関係の特徴だった安全保障上の上下関係を弱めるのに役立った。

米国と日本はまた二〇〇五年に、二〇〇四年一二月の東南アジアにおける津波の後の救援活動で、緊急に必要とされる軍事的・財政的貢献をおこなうために協力した。さらに米国と日本は、インドやオーストラリアとともに、「中核グループ」をつくって、国連が役割を引き受ける準備ができるまで、国際的な救援活動を調整し監督した。他の諸国とも協力しながらすすめられてきた、この大規模災害にたいするわが同盟の対応は、スピードや、必要とされる内容と規模をもったものだった。

地域におけるミサイル拡散の脅威の増大に対処するために、米国と日本は協力して、ミサイル防衛の技術と構想を開発してきた。米日は現在、世界一位・二位の経済大国の技術力を共有しつつ、ミサイル防衛システムの生産と採用をすすめている。この重要な事業に協力することで日本は、その統合作戦システムや、重要な情報を迅速に共有するための両国間の能力を改善するなど、ミサイル防衛指揮統制システムによる相乗効果から利益を得ることになる。お互いにミサイル防衛システムの生産と採用を順調にすすめるために、日本はその軍事関連輸出の禁止措置を変更して、米国への輸出を可能にした。これらすべての措置によって同盟は、現在の安全保障環境がもたらす挑戦にこたえるための防衛協力で急速な進歩を遂げた。

第二の基準は、両国の現在の有効性、また将来の挑戦にこたえるために何をなすべきか、にもとづいている。この点では、過去五年間になされた積極的な変化を考慮しつつも、両国の安全保障環境を前進させ、そのことによって、アジアにおける積極的で前向きのプレゼンスを支援するために、なお多くのことをなすことができる。この点で必要なのは、安全保障問題でのより大きな協力にとどまらず、この問題での日本の役割と自己認識を作り直すことである。日本はグローバルな影響力をもつ国である。しかし日本は最近まで、安全保障分野では強く自己規制してきた。日本がこの分野での突出を嫌ってきたことは歴史から説明がつくとはいえ、直面する挑戦や、グローバルな指導的役割を求める日本自身の願望から見て、こうしたやり方で今後も間に合うかどうか、将来的には意見の一致が求められる。

日本の平和維持活動や災害・人道支援活動は、この地域や世界中の諸地域にたいする重要な貢献となってきた。同様に、過去数年間に日本の安全保障環境はますます挑戦を受けるようになり、困難なものになった。同盟は、日本の安全保障の主要な構成部分である。しかし重要なのは、日本は自分自身の防衛の主要部分を担う点でも責任を引き受けることである。その中には、自国民や死活的なインフラ、および在日米軍区域を適切に守るためのミサイル防衛能力が含まれる。日本側における適切な防衛には、統合作戦の指揮・統制・通信・情報・監視・偵察（C3ISR）能力、ならびに、さまざまな緊急事態に対応する能力も含まれる。米国はひきつづき、日本の安全保障の重要な側面であり続けるが、日本は、自分自身の防衛に必要な分野でもっと多くのことを適切に担うことによって、同盟をより対等のものにしなければならない。

米国に何が求められているか

われわれが、東アジアの将来に良くも悪くも影響する最も重要な変数の一つが米国の立場に関連していることについても認めなければ、怠慢となるだろう。事実上、国力についてのあらゆる基準で、米国の優越性が二〇二〇年まで維持されることはほとんど疑いないとはいえ、アジアでの事態形成にたいするわれわれの相対的影響力が時とともに弱まっていく可能性を無視することはできない。これが確実であるとは到底いえないが、地域での指導的役割を維持するために、米国の政策立案者はひきつづき、われわれの影響力を侵食する挑戦にたいする警戒を怠ってはならない。言い換えれば、アジアにおける米国の優位は、永久不変なものではないのであって、そのように対応しなければならない。

　第一に、米国は、自らをアジア・太平洋国家とみなし、アジアの生活の全側面に関与することを決定しなければならない。もっとも順調な時でさえ、米国は多くのアジア人から気まぐれな国と見られ、あまりにしばしば偏狭な国内利益やイデオロギー的規範によって動いていると見られている。しかし、より悪いことに、多くの人々の意識の中には、「米国の」アジアへの長期にわたる無関心の傾向が映っている。もちろん、米国は現在、世界の別の地域に戦略的に手を取られているとの言い分も成り立つだろう。アジアへの関与が今後も時折おこなわれるだけで、十分に上級レベルの米当局者の関与が見られないままであれば、地域における主要国の序列に変化が起こりうる。緊急事態がない場合でも、中国がひきつづきその力の及ぶ範囲を拡大し、また米国が地域の主要国であり続けることへの信頼を地域全体が失うなら、米国の影響力のゆるやかな衰退は起こりえる。

　アジアの生活において米国が活発であり続けるための課題は多い。二〇二〇年までに米国が地域で効果的に行動をおこなうための財政的かつ軍事的な手段を保持するかどうか、深刻な疑問が存在する。膨大な財政赤字、国債の増大、軍の過剰展開、さらに国内的要請（老齢化する社会のための医療保険や社会保障から、公教育の復興の必要性まですべて）はいずれも、米国政府の意図にかかわらず、米国がアジアに影響を与える能力を左右しうる。

　それでも、アジアでの影響力を断固として維持する意思をもつ米国の政策立案者にとって、打開策は存在している。しかし、地域における二国間および多国間関係の巧みな運営で見出されるのは、その打開策の一部にすぎない。われわれが前進するに当たっては、われわれの課題にかんする冷静な自己認識もまた求められる。われわれは、自らの経済状態を立て直すために働くだけでなく、われわれの軍事的必要性にも対処しなければならない。われわれは、日本がそのソフトパワーを地域やそれを超えた諸問題に適用する能力に注目した。われわれは、ハード、ソフト両面のパワーを交渉の場にもたらす能力を向上させる必要を認識している。アジア・太平洋地域は、地理的には大洋、海、戦略的海峡が大きな位置を占めている。それは、海軍の活動する領域であり、そのため米国は引き続き軍事調達を追求するとともに、海軍活動領域に見合った適切に関連付けられた軍事戦略を採用する必要がある。

勧告――二〇二〇年に向けた課題

　われわれは勧告を四つのカテゴリーに分類した。主要には、関心あるこの報告の読者が、そうでなければ長大で扱いにくくなりかねないリストを、より容易に理解するのを助けるためである。われわれが選んだカテゴリーは、優先順位や序列、カテゴリーごとの二律背反を意味するものではない。勧告のリストは、一体のものとしてとらえ、広範かつ強固な課題として受け止めるべきである。われわれが提案するのは、日本への勧告（日本政府が独自に取る措置）、米日同盟への勧告（多くは両国関係の枠内の措置）、地域政策への勧告（アジアの他の諸国にたいし、米国と日本が進める措置や、多国間外交に関する措置）、そして地球規模の政策への勧告（アジア以外の諸国や地域にたいして、また地球規模や機能的な諸問題にたいして、米国と日本がとる措置）である。

日本への勧告

日本は、国内的な性質を持つ多くの個別的な決定に直面するだろう。日本がいかに、きちんと行動し、憲法問題を解決し、その資産を活用する道を選ぶかについてのきわめて具体的な決定は、日本自らが下さなければならない決定ではあるが、米日パートナーシップに大きな期待を抱く同盟パートナーとして、米国は日本がこのような諸問題にどのように取り組むかに強い関心を抱いている。われわれは、この精神から、客観的な観察者が日本の国内的決定事項だと正しく認めていることについて、日本への勧告を提案するものである。

1．日本は、もっとも効果的な意思決定を可能にするように、国家安全保障の制度と官僚機構をひきつづき強化すべきである。現代の挑戦が日本に求めているのは、外交・安全保障政策を、とりわけ危機の時期にあたって、国内調整と機密情報・情報の安全性を維持しながら、迅速、機敏かつ柔軟に運営する能力を持つことである。

2．憲法について現在日本でおこなわれている議論は、地域および地球規模の安全保障問題への日本の関心の増大を反映するものであり、心強い動きである。この議論は、われわれの統合された能力を制限する、同盟協力にたいする現存の制約を認識している。この議論の結果が純粋に日本国民によって解決されるべき問題であることを、われわれは二〇〇〇年当時と同様に認識しているが、米国は、われわれの共有する安全保障利益が影響を受けるかもしれない分野でより大きな自由をもった同盟パートナーを歓迎するだろう。

3．一定の条件下で日本軍の海外配備の道を開く法律（それぞれの場合に特別措置法が必要とされる現行制度とは反対に）について現在進められている討論も、励まされる動きである。米国は、情勢がそれを必要とする場合に、短い予告期間で部隊を配備できる、より大きな柔軟性をもった安全保障パートナーの存在を願っている。

4．ＣＩＡが公表した数字によると、日本は、国防支出総額で世界の上位五位にランクされているが、国防予算の対ＧＤＰ比では世界一三四位である。われわれは、日本の国防支出の正しい額について特定の見解を持っていないが、日本の防衛省と自衛隊が現代化と改革を追求するにあたって十分な資源を与えられることがきわめて重要だと考えている。日本の財政状況を考えれば資源が限られているのは確かだが、日本の増大しつつある地域的・地球的な責任は、新しい能力およびそれに与えられるべき支援を必要としている。

5．自ら課した制約をめぐる日本での議論は、国連安保理常任理事国入りへの日本の願望と表裏一体である。常任理事国となれば、日本は、時には武力行使を含む決定を他国に順守させる責任を持った意思決定機関に加わることになる。ありうる対応のすべての分野に貢献することなく意思決定に参加するというその不平等性は、日本が常任理事国となろうとする際に対処すべき問題である。米国は、ひきつづき積極的にこの目標を支援すべきである。

米日同盟への勧告

二〇〇〇年のわれわれの報告以降の著しい進展にもかかわらず、〔米日〕二国間関係における投資と取り組みは、経済・安全保障環境の引き続く変化に対処するよう、強化されなければならない。付属文書の序文で記した通り、われわれは、この報告の本文に含める勧告の性格の一貫性を保つことを追求した。そのため、われわれは、多くの場合、戦術的で、具体的で、難解な、軍事および安全保障分野での勧告を明らかにする付属文書をつくった。以下は、より広範囲の勧告である。

1．米国と日本は、一連の具体的な取り組み（付属文書参照）を通じ、軍事・安全保障分野における協力を引き続き強化しなければならない。

2．地球的規模の米日同盟は、引き続き、一貫した積極的な力である。核攻撃から日本を守るとの米国の誓約を含むわれわれの安全保障上の誓約のもっとも根本的な側面が、両国の最高位の政府当局者によって繰り返し言明され、強調されなければならない。

3．米国と日本は、包括的な自由貿易協定交渉を開始する意思があることを宣言すべきである。貿易促進権限法の期限切れ問題が未解決のため、近い将来にＦＴＡ（自由貿易協定）を締結することはなさそうだが、米国と日本の指導者は引き続きこの目標を視野に置くべきである。ドーハ基準に一致する合意は、米国と日本に直接の経済的利益をもたらすだろうし、アジア・太平洋地域社会のすべてのメンバーにもたらす政治的・戦略的利益はそれ以上に大きいだろう。

地域政策への勧告

米日同盟は引き続き、アジアの未来を形作る。しかし、わが同盟がこの地域にたいしてどのような立場を取るかによって、大きく異なるアジアの二つの未来の可能性があることが想像できる。一つの未来は、最適の結果ではなく、〔同盟による〕狭く、限定的で、孤立した関与を特徴としている。二つ目は対照的な未来で、地域の経済・政治・安全保障分野における前向きな発展のための積極的勢力としての同盟によって規定されるだろう。われわれの勧告は、アジアを方向づけるしっかりとした課題を採用する米日同盟によってアジアとアジアの人々はずっとより良い状態となる、という命題にもとづく実践的課題を採用し、実施するというものだ。

1．米国と日本は、中国の将来の方向によってその国益が最大の影響を受ける二つの国家といえ、同時に、その方向たいして最大の影響力を持つ二国家でもある。米国と日本は、中国にたいする同盟の組織的対応をつくりあげるため、緊密に協議しなければならない。この対応の一部においては、中国の国益は一定の分野では米国と日本の国益と合致しつつあり、三国間協力で利益を得る可能性のあるような分野においてはその努力が追求されるべきである、ということを認識しなければならない。中国の国益は、米国や日本のそれと重複するかもしれないが、同一ではない。北朝鮮やイランのような政権に彼らの態度を改めるよう促し、また台湾への対応では平和的手段のみを採用する点で、中国のより積極的協力が必要とされる重要な分岐点を示し、米国と日本は、中国が責任ある利害共有者となる方向に注意を喚起することを追求しなければならない。

2．米国と日本は、インドとの間でそれぞれ戦略的なパートナーシップを強化し、三カ国間協力にむけた適切な機会を追求しなければならない。民主主義と人間の自由という共有する信条は、関係強化のための政治的基礎となりうる。しかし、米国と日本は同時に、インドが自らの戦略態勢の中心的基盤として市場を基盤とした経済改革と規制緩和を質的に深化させるよう、奨励し支援すべきである。

3．米国と日本は引き続き、短期的には朝鮮半島への関心を維持し、安全保障分野での協力強化の努力を強めるべきである。加えて、米国と日本は、北東アジアの五大国（米国、日本、中国、韓国、ロシア）間で、問題の解決には多国間協力の方が適しているかもしれない機能的課題を識別することに、積極的であるべきである。そうした取り組みが米国と日本の国益を促進させることに効果的だと証明されれば、北東アジアの枠組みは、より大きな地域機構の準地域的〔下部〕構成要素に発展することができる。

4．米国と日本は、ＡＳＥＡＮ——米国や中国、日本との関係を拡大するだけでなく、米国と日本が信奉する規範および安全保障上の実践に基づいてその内部問題を処理するＡＳＥＡＮ——の統合を促進すべきである。ＡＳＥＡＮの将来にとって鍵となるのは、単一の経済・金融空間を確立するというその目標を実現することだ。インドネシアの指導者たちは、ＡＳＥＡＮにとってそのような将来像を心に描いているが、協力の程度は、インドネシア自身の経済成長と国民の繁栄がどれだけうまくいくかどうかによって左右される。米国と日本は、繁栄と民主主義、安全保障をＡＳＥＡＮ諸国にもたらすインドネシアの取り組みを支持すべきである。

5．豪日関係と米豪日の三カ国協力は、初期の段階にあるものの、発展している。米国と日本は、人権から宗教の自由、経済的成功の拡散にいたるまで、同じ考えを共有する、三つの長期にわたる民主主義国家の協力によって得られる相乗効果を十分活用することを確かなものとする努力を強めるべきである。この三カ国協力は、政治的かつ実践的なものでなければならない。

6．シーレーンはアジアの生命線である。海洋国家である米国と日本は、海事安全保障と海賊対策の問題で、重要な能力を提示できる。地域においては、シーレーンの安全保障と公海の安全にたいする多国間の取り組みが論議されており、米国と日本は、地域の海事安全保障政策の策定と履行について指導的役割を維持するべきである。

7．米国と日本は今、先進国の経済自由化というボゴール目標の期限である二〇一〇年に日本で開催されるＡＰＥＣ首脳会議を効果あるものとする準備に取り掛かるべきである。これは、アジア・太平洋自由貿易圏という米国の構想を実現化させる足掛かりとなるだろう。

8．米国と日本は、東アジア首脳会議のようなアジア地域の協議機構と既存の環太平洋の協議機構（とりわけＡＰＥＣおよびＡＳＥＡＮ地域フォーラム）との間の補完的関係の形成について協力すべきである。米国と日本は、相互に、また価値観を共有する諸国との間で定期的な会合を持ち、民主主義と法の支配を支持する課題を促進する地域機構を奨励するべきである。

地球規模の政策への勧告

米日同盟は、地球規模の到達範囲と地球規模の影響力を持つ。この同盟は、増大した能力と明確な政治的誓約によって、地球規模の幅広い問題にたいする積極的な勢力であり続ける。米国と日本は二〇二〇年まで、文字通り地球上のすみずみまで影響を与える経済的および軍事的手段を持った、二つのもっとも重要な民主主義国家であり続けるものと、われわれは考える。このことは負担と責任を伴うものであり、われわれの見解では、同盟としての地球規模の関与についての高度な戦略を必要とする。

1．米国と日本は、エネルギー協力を強化すべきである。主要なエネルギー消費国（米、日、中、印、韓国）の対話は、石油輸入国としての共有された利益にもとづく課題を構築すべきである。それは、いかなる国の個別的なエネルギー安全保障の必要も満たし得ない領有権主張や資源競争ではなく、市場の力、エネルギー効率、技術を支援する課題である。その原則は、エネルギー安全保障はゼロサム・ゲームではないということでなければならない。国際エネルギー機関（ＩＥＡ）の代表者に日本人が任命されたことは、この機関に中国とインドを全面的に参加させることの重要性を強めている。今後、エネルギー安全保障政策を調整する中印両国の責任は増大するだろう。

2．米日同盟は、アジアと世界の先進国と発展途上国の間の架け橋となり、気候変動に取り組む国家的、地域的取り組みを強め、統合するのにうってつけである。

3．地球規模の対テロ戦争は、問題を正確に捉えていない誤った命名である。実際には、これは過激主義との戦いであって、軍事的手段で対応できるのはそのわずかな部分にすぎない。過激主義に対抗し、アラブ世界での進歩――『国連アラブ開発報告』で示されているような――を奨励するにあたって、日本の豊かなソフトパワーは、長期におよぶ過激主義の根源に向けることができる。増大しつつある過激主義に対抗し、それへの代案を提示するために、開発援助といったソフトパワーを戦略的に位置づけることは、日本にとって重要な地球規模の使命である。

4．日本は、貧困や伝染病を軽減する取り組みで世界的なリーダーとなるのに理想的な位置にあり、この役割を追求するよう奨励されるべきである。米国と日本は、互いの対外援助戦略について定期的に協議し、可能な分野での相乗作用や妥当な任務分担をめざすべきである。

5．米国と日本は、世界貿易機関、国際通貨基金、世界銀行、世界保健機関などの地球規模の機関内で、特別な責任を負っている。米国と日本は、これらの重要な機関への関与を維持し、それらが世界的な経済および健康の諸課題を軽減するのに貢献するように全面的に方向付けられることを保障するため、それらの機関の諸課題を形成する上で指導力を発揮すべきである。

結論

六年前に発表した報告で、われわれは、米日関係の歴史を考察し、一五〇年以上にわたって「米日関係は、よきにつけ悪しきにつけ、日本とアジアの歴史を形作ってきた」と指摘した。新しい世紀の課題を展望しつつ、同報告は、「両国が個々にそして同盟のパートナーとして対応する」やり方が、「アジア・太平洋の安全と安定および新世紀の可能性を大きく決定することになるだろう」との見解を結論とした。

その判断はいまなお有効である。

実際、新しい世紀の課題――過激なイスラム原理主義による欧米の価値観への攻撃、テロを含む国際的な過激主義、大量破壊兵器とその運搬システムの拡散、岐路に立つ国家の台頭――は、米国と日本の個々の、また同盟パートナーとしてのさらに大きな努力を必要としている。われわれの利益は安定にあり、そのために米国、日本、中国、東アジアのすべての諸国は支援的役割を果たすことができる。とりわけ、東アジアの安定は、米、日、中の三国の関係に依存しており、われわれの強力な日本との同盟に加えて、その関係を育成していく必要がある。日本による、アフガニスタンでの米国への支援、イラクの戦後復興への貢献、拡散にたいする安全保障構想（ＰＳＩ）への早期の参加に特徴付けられる協力の取り組みは、将来のより緊密な協力のための確固とした礎石となっている。われわれは、多くを与えられた者には多くのことが期待される、という所見をのべて、この報告を締めくくりたいと思う。

付属文書―安全保障および軍事面での協力

われわれは、米国と日本の間の安全保障および軍事面での協力の質の向上をめざして、多くの非常に具体的な勧告を持っている。この報告に盛り込まれた多くの勧告のリストを振り返る中で、われわれは、軍事分野での勧告と経済、政治、外交分野での勧告の性質の間の不整合に気づいた。軍事面の勧告は多くの場合、戦術的、具体的、専門的であるのにたいし、他の分野でのわれわれの勧告は、より戦略的かつ一般的である。このように、われわれの報告の主文に盛られた諸勧告の間に実質的な首尾一貫性を保つために、われわれは、軍事および安全保障の分野でのわれわれの勧告を提示するために付属文書を作成することで一致した。

われわれは、米国と日本の間の安全保障および軍事面での協力の質を向上させるため以下の措置を勧告する。

＊　米国と日本は、緊急の危機に対する能力を向上させるべきである。日本の平和維持、人道支援、災害救援の諸任務にたいする能力も、強められなければならない。日本は、人質救出を計画し、必要な技能を発展させなければならない。日本は、現行法にのべられたこれらの任務の分野の優先順位を引き上げることを検討すべきである。これら分野に十分に取り組めるように日本の国防能力を引き上げることが、日本の自衛隊の配備や二〇二〇年にかけて日本が直面する安全保障環境を考えれば、必要となっている。

＊　日本は最近、いわゆる「武器輸出三原則」を修正し、米日ミサイル防衛計画への参加拡大の道を開いた。次の一歩として、日本は、のこる

禁止事項を解除すべきである。日本政府はまた、自国の民生産業基盤による国土安全保障と国防技術の開発へのより大きな関与を積極的に奨励すべきであり、日本の多額の科学技術予算から、国防関連技術の研究計画に資金を振り向けることを認めるべきである。特に、最近の事態に照らして、日本は、弾道ミサイル防衛への特別の予算を組むことを検討すべきである。

＊　米国と日本は、タイコンデロガ級イージス・ミサイル巡洋艦の後継機種CG（X）の中心システム、関連システム、関連技術の共同開発の機会を検討すべきである。CG（X）が、国家ミサイル防衛および次世代の脅威にたいする拡大対空防衛の双方で、きわめて重要な役割を果たすのは間違いない。

＊　米日の政府対政府、軍対軍の関係が改善するとともに、われわれはより緊密な国防産業間の協力も打ち立てるべきである。米国への軍事関連輸出の道を開くという日本の決意は、ますます高価となっている国防装備の開発・維持・製造の効率を高め、相互運用性を向上させる機会をもたらしている。政府間の機密情報の秘密保持のための包括的な協定を結ぶことは、この方向での重要な一歩である。さらに米国と日本は、公開可能性の問題を話し合うためのフォーラムを発展させるべきである。

＊　よりよい調整のために、米国は、米太平洋軍への日本の防衛省代表の配置、また統合幕僚監部への米軍代表の配置を促進すべきである。これは、地域での作戦統合の強化にむけた第一歩とみなすべきであり、集団的自衛についての日本の国内的決定いかんにかかわらずおこなわれるべきである。

＊　米日防衛協力のためのガイドラインの中で発展させられた「日米間の調整メカニズム」は、すばらしい枠組みである。しかしながら、両国の調整は、「共同統合運用調整所」〔＝外務省訳、直訳は「二国間共同作戦司令センター」〕を全面的に実行することで、作戦レベルにまで拡大すべきである。

＊　情報共有は急速に強められてきた。情報協力は、核とミサイルの拡散や、過激主義やテロ活動、その他の地球規模の非常事態に対応するためにいっそう強化しなければならない。これをよりよく促進するために、日本は、より大量の情報成果を受け取り、処理する能力を向上させるべきである。米国と日本は、国家地球空間情報局〔旧「国家画像地図局」。二〇〇四年に改称。国防総省傘下〕の活動で緊密に連携すべきである。

＊　われわれは、通信、早期警戒、情報の分野での安全保障協力を向上させるため、日本が宇宙空間の利用に関心を持っていることを歓迎し、国会がこの問題を討議する意向であることを関心をもって注目する。

＊　米国は、できる限り早期に、日本にF22の一個飛行中隊を配備すべきである。米国は、日本の航空自衛隊が、F18E／F、F22、F35、さらに（あるいは）現有F15の改良機を含め、米国の保有する最も先進的な戦闘機システムを入手することを保障するよう努めるべきである。

＊　安全保障環境、またわれわれの地球規模の利益に取り組むやり方が進化するにしたがって、同盟は、二国間協力を強化し、能力を向上させるべき分野を特定し、われわれの二国間の指揮管制システムを改良していくために、役割や任務の見直しをおこなうべきである。

資料Ⅲ・32

新憲法制定に向けて（中間報告）

二〇〇七年五月三日

「二十一世紀の日本と憲法」有識者懇談会（民間憲法臨調）

コメント

1．本報告と「新憲法大綱」は、二〇〇一年一一月三日に発足後、明文改憲機運の高揚のなかで活動を強めていた民間憲法臨調が、第一次安倍晋三内閣における改憲手続法の制定を見越して、改憲の実行を促進するために発表したものである。

当時国会で審議中の改憲手続法では、施行が三年後とされ、その間は憲法改正案の審議は行われないが、三年後の改憲案発議をめざして、新憲法大綱を発表した。

民間憲法臨調の憲法概念は、先に臨調が発表した「国家のグランド・デザインを描く中から新憲法の創出を」（⇩Ⅲ・21）で述べられたように、近代立憲主義の憲法概念を否定するものであることが冒頭で確認されている。「われわれは、国家と国民を単純な対立関係におくという従来型の憲法概念をあらため、国家を構成している個人、家族、地域共同社会（コミュニティ）、地方自治体および政府が、よりよき国家の形成を目的として作成する、基本的な法的文書と概念づけるべきであると考える。」と。

2．本報告に付属する「新憲法大綱」は、民間憲法臨調のこれまでの態度を踏襲して復古的性格の強いものである。それは以下のような点に現れている。

「前文」において日本が「悠久の歴史のなかで」天皇を中心とした「国柄」を有することを明記する点。天皇の「元首」化は明記していないが、その権能を拡大している点。権利の「国家的、公共的利益の確保」のための制限。政教分離規定の緩和。人権の章では公教育に対する国の責任の明記、家族保護の規定、保護すべき「国益」の明記――ちなみに、こうした国益を憲法に明記すべきとしているのは、民間憲法臨調案の特色である。その「国益」のなかに「国旗・国歌の尊重」を規定している。

3．しかし、大綱中には、必ずしも復古的ではない部分、当代の保守支配層が改憲に込めたねらい――一つは、自衛隊の海外での武力行使の解禁、もう一つは新自由主義改革に適応する効率的制度づくり――にそった部分もある。その部分は、現代の改憲に共通する改正案となっている。

安全保障の部分では、憲法九条二項の削除と「軍隊」の設置、国家非常事態規定の創設、国防の責務の明記などである。

統治機構の部分では、新自由主義改革を効率的に推進するため、参議院のハードルを低くするような、憲法五九条第二項の規定、すなわち衆議院で可決され参議院で否決された法案の再可決の要件を現行の三分の二から過半数に変更する改正、さらに効率的に合憲判断を出すべく、最高裁内に憲法訴訟を扱う専門部を設置すること、社会保障等を自治体に委ね財政削減を地方自治体の責任で行わせる一方、国防・外交など国が本来の事務を行えるよう国と自治体の役割分担を明記する改正、などがそれである。

そのほかに憲法改正要件を緩和して、衆参両院の五分の三以上の賛成で改憲発議をできるようにするというこの時期の改憲案に共通する改正も含まれている。

4．この報告は最後に、共産党や社民党などの護憲派の運動に対抗するべく、民間憲法臨調の課題を提起している。大綱の精緻化、各

■地での憲法集会、改憲諸勢力との連携などである。

日本国憲法は、六十年まえの今日、施行された。

その後、憲法改正の是非をめぐって、さまざまな意見がたたかわされてきた。「二十一世紀の日本と憲法」有識者懇談会（通称・民間憲法臨調）は、憲法見直しの立場から、平成十三年十一月三日に発足した。本会は、会員名簿に見るごとく、広く民間の各界各層を代表する有識者で組織されている。毎年、公開フォーラムを開催し、いくつもの提言をおこなうなど、世論喚起に努めてきた。その存在意義は、年々、大きくなり、いまや各方面に確たる影響力を与えるようになっている。

国会では、衆参両議院に設置された憲法調査会が、平成十七年四月にそれぞれ報告書を提出した。そこでは、現行憲法の問題点が数多く摘出されている。

各党においても、自民党は、平成十七年十一月に『新憲法草案』を発表し、民主党も、同年十月には『憲法提言』を公表した。同月、民主党内のグループ「創憲会議」は、『新憲法草案』を作成した。公明党は、加憲の立場を明確にしている。

民間でも、言論機関、主要経済団体から、憲法改正の提言がなされている。憲法改正の波は、大きなうねりとなっているといって過言ではない。

すでに憲法改正問題は、抽象的に憲法を論じる段階から、具体的なテーマを論じるべき段階に移りつつある。まさに憲法改正は、政治のステージへあげられなければならない。

■議員グループ・新憲法制定促進委員会準備会との連携

今会期中には、憲法改正のための国民投票法が成立する見通しである。同法は、公布されてから、三年後に施行されることになっており、この間、国会は憲法改正案の審議は行なわず、憲法に関する調査のみをおこなうこととなっている。

しかしその三年間を、無為に過ごすわけにはいかない。

昨秋、国会議員有志のなかから、新憲法制定を推進しようとする超党派の議員グループの形成を目指す動きが生まれてきた。運営委員会としては、この新憲法制定促進委員会準備会（座長・古屋圭司衆議院議員）と連携を深め、協力することは、今後の憲法改正を推進していくうえで、必要性が大きいと判断した。そこで、同会が新憲法大綱作を発表するのに合わせ、本年の公開憲法フォーラムを同会との共催行事として開催することとした。

■『新憲法制定に向けて（中間報告）』の作成

それとともに、本会としても独自に『新憲法大綱案』作成に着手することの必要性を認識するにいたった。以下に『新憲法制定に向けて（中間報告）』を提示するしだいである。同案は、本会のこれまでの提言および会員の発言要旨を集約したもので、さらに具体化させていく必要があることはいうまでもない。今後の討論のたたき台としての意味をもつものであることをご理解いただきたい。

■提案理由—再考されるべき憲法概念

近代立憲主義の立場から、従来、憲法は国家対国民の対立関係を前提にして、国家の行動を規制する基本法であると概念づけられてきた。しかし、国家には、統治機構としての国家、すなわち政府という意味だけではなく、歴史的文化的共同体としての意味もあり、この両者は明確に区別されなければならない。歴史的文化的共同体としての国家は、過去から現在におよび、将来にわたって連綿として受け継がれる国家を意味する。わが国では、議会制民主主義のもと、政府が国民の代表によって組織されており、政府と国民は、一定の緊張関係をはらみつつも、ともによりよき国家を形成するための協働関係にある、とみるべきである。

われわれは、国家と国民を単純な対立関係におくという従来型の憲法概念をあらため、国家を構成している個人、家族、地域共同社会（コミュニティ）、地方自治体および政府が、よりよき国家の形成を目的として作成する、基本的な法的文書と概念づけるべきであると考える。

新憲法大綱（案）

一、前　文

「前文」は、憲法の「顔」というべき存在である。諸国憲法の前文をみると、神への加護の祈念、建国や独立の経緯、国家の構成、さらに歴史や伝統の明記など、それぞれの国の特色が浮き彫りにされている。

わが国憲法の前文は、日本国としての特性の表現をはなはだ欠いているといわなければならない。「新憲法」を作成するに当たっては、前文に少なくとも次の項目が導入されなければならない。

① 日本国は、古代から今日まで続く悠久の歴史のなかで、独自の文化と伝統を築き上げ、「日本国および日本国民統合の象徴」として常に天皇（皇室）が存在してきた国柄を有すること。

② 個人、家族、地域共同社会、地方自治体および政府が、連帯してよりよき国家の形成を目指すこと。

③ 国民主権（総体としての国民が最終的に国家権力発動の淵源であること）とそれを具体化する議会制民主主義の堅持、およびより機能的な統治機構を確立すること。

④ 国柄、国土や国益を守るとともに、世界の恒久平和の構築や地球規模での自然環境保護などを主体的に推進していくこと。

⑤ 国民の権利・自由を尊重するとともに、各人が公民としての自覚を涵養すること。

二、天　皇

天皇は、歴史上「日本国および日本国民統合」の「象徴」として、わが国の伝統・文化を体現してきた。そのような天皇の象徴性にふさわしい地位と役割を憲法上、明記しなければならない。

① 天皇は、「日本国および日本国民統合の象徴」であることの意義を再確認し、また国際的にわが国を代表する存在であることを明示する。

※天皇が「国家元首」であるかどうかをめぐって、解釈上の論争があることは、周知の通りである。国家元首の概念が「統治権の総攬者」から、「国際的に国家を代表する存在」に変わってきていることにかんがみ、たとえば「天皇は、国を代表して外国の大使および公使を接受する」というような規定を設けることによって、解釈上の疑念を払拭するようにする。

② 天皇に現行の内閣総理大臣および最高裁判所の長たる裁判官の任命権に加え、衆議院議長および参議院議長の任命権を与える。その際、衆議院議長の任命については衆議院の議決（指名）に、また参議院議長の任命については参議院の議決（指名）にもとづくことは、当然である。

※天皇が行政権および司法権の長に加えて、立法権を構成する衆議院および参議院のそれぞれの長を任命するのは、バランス上、当然といえる。

③ 現行憲法に定められている「国事行為」のほかに、象徴としての天皇がおこない得る「公的行為」（いわゆる象徴行為）の規定をおく。

※憲法解釈上、天皇は憲法で定められている国事行為に限定されるのか、あるいは象徴としての行為（たとえば外国への公式訪問、国会開会式における「おことば」など）をおこない得るのかという点で争いがある。このような争いに終止符を打つため、国事行為のほかに、伝統と慣習にしたがい、《公的行為》をおこなうことができることを明記する。

三、安全保障

国家の要諦は、国家主権を護持し、国民の生命・自由・財産を保全することにある。それと同時に、国民自身も、みずからの生命、家族・地域の安全、そして国家の存立に責任を負わなければならない。国の安全保障は、まさに国家と国民の努力によってこそ、維持されるのである。

※わが国をとりまく東アジア情勢は緊迫の度を加え、国家的危機はますます増大している。二〇〇六年十月には、北朝鮮が核実験を実施したと宣言した。同国は、すでに同年七月、日本海に向けて、テポドン・ミサイルを含む七発のミサイルを発射している。中国の軍拡は、いっこうに止まるところを知らない。同国とは、尖閣列島の領有、ガス田の開発など、重要な問題が未解決のままである。韓国とは、竹島の領有、そしてロシアとは北方領土の帰属をめぐり、紛争状態が続いている。

憲法九条の解釈をめぐっては、完全非武装説から自衛軍保持可能説まで並存し、それぞれが正当性を主張している。これは国家の基本法として、まことにいびつであるといわなければならない。われわれは、速やかにこのようないびつさから決別すべきである。

そこで安全保障との関連で、次のように現行憲法を改正すべきことを提唱する。

① 憲法前文および本文に、わが国が平和立国であることを宣明する。この「平和立国」は、ただ観念的なものであってはならない。わが国の独立と安全を保障しつつ、国際社会の平和維持に主体的にかかわることを明示するものでなければならない。

② 国家の主権と独立を保持し、もって国民の生命・自由・財産を保障する旨を明文で定めなければならない。

③ 憲法九条一項の趣旨（国際紛争を解決する手段としての戦争、武力による威嚇または武力行使の放棄）を活かし、分かりやすく別の表現に改める。なぜならば、同項は一九二八年の不戦条約をふまえ、本来、自衛戦争を除く「侵略的性格を有する戦争、武力による威嚇または武力行使を放棄したもの」と解釈すべきであるが、一部に誤解がみられるからである。

④ 憲法九条二項を全面的に削除する。

⑤ 国家の安全保障と国際平和への協力に資するため、「軍隊」の設置を明記する。

⑥ シビリアン・コントロールの観点から、軍隊の最高指揮監督権を内閣総理大臣とし、軍隊の行動の基本については、国会の統制に服するものとする。

⑦ 国家非常事態条項を新設すべきである。この国家非常事態には、対国家だけでなく、対テロや大規模災害も含まれる。国家非常事態条項は、国家的危機の克服という本来の目的に加え、一つには国家権力の暴走を防ぐために、また一つには、国民自身がいわゆる有事にあっていかに対処すべきかを認識するために、規定されなければならない。

⑧ 国民の「国防の責務」を規定すべきである。ここにいう「責務」は「義務」と異なり、安全の保持および国家非常事態対処のために国および地方自治体がおこなう各種行動に対して、積極的に支援・協力するように努めなければならないという意味である。

四、国民の権利義務

国民の権利・義務については、人間の尊厳を基底にすえつつわが国の歴史、伝統、文化をふまえ、抜本的な見直しをはかるため、次のように提言する。

① 公共的利益をふまえた権利・義務の概念を確立すべきである。

※国民の権利の尊重は当然であるが、今日、その過剰な主張や行動が、国家社会の安定を揺るがすほどの弊害を生み出していることは、周知の通りである。西欧の歴史において、キリスト教の果たしてきた役割に明らかなごとく、本来、国民の権利を守るための自己規制の規範は、それぞれの国の歴史、文化、伝統の中に見いだされる。本来、権利と道徳と

は対立するものではなく、伝統的道徳が権利をささえてきたのである。

ところが、日本国憲法では、歴史的、伝統的な価値観が否定され、「公共の福祉」も、たんに国民相互間の権利調整の原理にとどまると解されてきたために、国家的、公共的利益を確保するために必要とされる権利の一時的制約でさえ、困難となっているのが現状である。

わが国には、古くから、わが国独自の伝統的な権利・義務観念が存在し、「思いやり」、「譲り合い」、「和」といった言葉で他人の権利を尊重する規範意識を表現してきた。こうした国柄をふまえ、国家的、公共的利益の確保を前提とする権利・義務の概念が確立されるべきである。

② わが国の歴史・伝統をふまえた政教分離規定を設けるべきである。

※もともと政教分離は、信教の自由を制度的に保障するためのものである。ところが、憲法二十条に定められた政教分離規定は、多元的な価値の存在を認める寛容な多神教的風土の上に形成されてきた日本の社会に多くの対立と混乱を生み出してきた。

このような事態に終止符を打ち、政教関係の調和と真の安定を確保するためには、わが国の歴史的文化的諸条件に見合った政教分離のあり方が検討されなければならない。その場合、国家や公共団体は、いっさい宗教とかかわってはならないとした完全分離の解釈を導くような文言は極力避け、あくまでも「特定宗教の布教・宣伝を目的とした宗教的活動の禁止」にとどめるべきである。それとともに、「宗教的伝統の尊重」や「宗教的寛容の必要性」なども明記しておくことが望ましい。

③ 環境やプライバシーなどに関する新しい権利を導入すべきである。

※日本国憲法施行から六十年を経た今日、時代の変化に応じて現実にそぐわなくなった条文を整理する一方で、環境やプライバシーに関する権利など、いわゆる新しい権利の導入についても検討する必要がある。

ただし、環境権については、あわせて環境保全の義務についても言及されなければならない。

④ 公教育に関する国の責任を明記すべきである。

※教育は次代を担う健全な青少年を育むという意味で、きわめて重大である。公教育の目標を設定し、公教育に対する国家の責務を憲法に明記することは不可欠である。

⑤ 家族の保護規定を設けるべきである

※家族は、世界人権宣言や国際人権規約で明記されているように、「社会の自然的かつ基礎的単位」である。また同時に、わが国においては、祖先を敬い、夫婦、親子、兄弟が助け合って幸せな家族を築き、これを子孫に継承していく、という縦軸としての家族観が美風として厳存している。国家は、このような家族を保護し、支援していくべき存在である。

五、統治機構

わが国の二院制は、一院制の行き過ぎを防ぎ、議会制民主主義を安定させるために採用されている。しかし現在、二院制の意義が十分に発揮されているとは思えないから、その意義を十分に発揮させるため、両院関係の見直しをはかる必要がある。

具体的には、第二院たる参議院に期待する役割の一つとして、参議院には衆議院と異なる角度から、国民の意見（たとえば、地域的な立場に立った意見、政党を通じては反映されない意見など）を反映させることである。そのため、参議院議員の選出方法の再検討をおこなうべきであるが、当面、少なくとも次のような改革を提唱する。

① 衆議院の法律案再可決要件の緩和

※憲法五十九条二項によれば、衆議院で可決し、参議院でこれと異なった議決をした法律案は、衆議院で出席議員の三分の二以上の多数で再び可決したときにのみ、法律として成立する。これは、最初の表決で反対票を投じた衆議院議員が再議決の際に賛成に転じる可能性（つまり議員個人の独立性）を前提とした規定であるが、政党化された現実の衆議院において、ときの政府・与党が法律案を通過させるためには、両院で過

半数の議席を獲得しているか、あるいは参議院で過半数の議席を獲得していないときは、衆議院で三分の二以上の議席を保有していなければならない。

参議院が、拒否権行使の府ではなく、時を異にしてもう一度見直す府としての機能を発揮するために、憲法五十九条二項を次のように改正する。

改正五十九条二項　衆議院で可決し、参議院でこれと異なった議決をした法律案は、衆議院で出席議員の過半数で再び可決したときは、法律となる。ただし、この再可決は、衆議院で最初に可決した日から国会の休会中を除いて、九十日以後でなければならない。

② 裁判官弾劾裁判所の組織方法の変更

※現行法上、衆議院と参議院は、ともに訴追委員会と弾劾裁判所を組織している。このような組織方法は非効率であるし、各議院の役割分担という点でも望ましくない。ゆえに、裁判官の訴追を衆議院の、訴追された裁判官の裁判を参議院の権限とし、この役割分担に沿って、憲法六十四条を次のように改正する。

改正六十四条　罷免の訴追を受けた裁判官を裁判するため、参議院に、参議院議員で組織する弾劾裁判所を置く。

② 前項の訴追のため、衆議院に、衆議院議員で組織する訴追委員会を置く。

③ 訴追及び弾劾に関する事項は、法律でこれを定める。

六、国益事項

国家の独立・平和の確保、国民の生命・自由・財産の保守など、本大綱において確認された国家の責務に対応し、憲法には、国家権力の行使を通じて積極的に保護すべき国益（国家・国民の利益）を明記することが必要である。

国益事項には、主として、①国家主権の保持にかかわる事項、②文化的・社会的領域にかかわる事項がある。

① 国家主権の保持にかかわる事項

軍事および安全保障と密接にかかわる国益事項として、

（イ）国家領域（領土・領海・領空）の規定と保全

（ロ）海上権益（経済水域・海洋資源）の規定と保護

国家の独立・主権を象徴する国益事項として、

（イ）国旗・国歌の尊重

などを明記することが必要である。

② 文化的・社会的領域にかかわる事項

（イ）文化的分野（たとえば、教育内容や伝統的宗教的慣習など）における相互尊重、内政不可侵

（ロ）知的財産権の保護（たとえば違法コピー・産業スパイなど外国による組織的侵害からの保護）

などを明記することが必要である。

七、憲法改正手続

現行憲法上、憲法改正は、各議院において総議員の三分の二以上の賛成で国民に提案し、国民投票で過半数の賛成があったときに、成立することになっている。このような議決要件はやや厳格に過ぎ、結果的に、各議院の少数派に憲法改正に対する絶対的拒否権を与えるものとなっている。

社会状況の変化に対応し、民意にもとづいて適切な改正をおこない、もって憲法の規範力を維持することを可能にするため、憲法九十六条に定める改正要件を次のように緩和することが必要である。

改正九十六条　この憲法の改正は、各議院の在籍議員の三分の二以上の出席により、出席議員の五分の三以上の賛成で議決し、国会がこれを発議し、国民に提案してその承認を経なければならない。この承認には、特別の国民投票又は国会の定める選挙の際行われる投票において、有効

投票の過半数の賛成を必要とする。

② 憲法改正について前項の承認を経たときは、天皇は、国民の名で、直ちにこれを公布する。

八、その他の検討課題

新しい憲法を構想するに際しては、これまで述べた問題のほかに、次の事項も併せて検討することが必要である。

① 憲法裁判の合理化

※憲法の最高法規性を維持し、時代状況の変化とともに必然的に生じる憲法規範と現実とのギャップを国民の前に明らかにするため、裁判所における違憲審査の果たす役割はきわめて大きい。しかし、通常裁判所による現行の違憲審査制度においては、憲法判断の対象や方法にさまざまな制約があり、合憲性統制が必ずしも十分に機能していない。

この対策として、欧州諸国を中心に広く普及している憲法裁判所を新設する方法がしばしば引き合いに出されるが、そのような大規模な変革にいたらないまでも、たとえば最高裁判所の中に憲法訴訟を専門に扱う部門を設置し、具体的な争訟の中で生じた憲法問題に関する判断をこの部門に集中させ、通常裁判の停滞防止と憲法解釈の統一をはかることが必要である。

② 国と地方の役割分担

※地方分権一括法の制定・施行を機に、中央から地方への権限・財源移譲はもはや既定の路線となっているが、地方自治に関する現行憲法の規定は、このような新しい地方自治のあり方に必ずしも対応していない。課税自主権の明確化、地方自治法の大綱化など、各自治体がその規模と特性に合わせて効果的にその権能を行使することができるような工夫を盛り込んだ憲法規定を検討すべきである。

なお、自治体の権限強化の目的は、地方行政のサービス向上だけでなく、国と地方の役割分担を明確化し、国がその本来の事務に専念することを可能にすることにもある。ゆえに、一部の自治体の行為によって国民全体の利益が損なわれる事態を防ぐため、国防・外交など国際関係に属する事項をはじめ、国の専権事項を憲法上に列記にすることが必要となろう。

■本会としての今後の取り組みについて

前述したように、国会における憲法改正案の審議は三年間凍結されることになっている。この間、あくまでも現行憲法を一字一句かえさせまいとする護憲派の諸勢力は活発な活動を行なうものと思われる。

たとえば、共産党は、護憲グループ「九条の会」と一体となって、「憲法九条を守れ」をスローガンにしている。

しかし、同党はもともと「憲法九条は一個の空文にすぎず、わが国の自衛権を抛棄して民族の独立を危うくする危険がある、それゆえにわが党は民族独立のためにこの憲法に反対しなければならない」と明言していた（昭和二十一年八月二十四日、衆議院本会議）。同党は、『日本人民共和国憲法（草案）』（昭和二十一年六月発表）をいまだに保持している。

『日本共産党綱領』（平成十六年一月改定）には、「社会主義・共産主義の社会をめざして」の見出しのもとに、「日本の社会発展の次の段階では、資本主義を乗り越え、社会主義・共産主義の社会への前進をはかる社会主義的変革が、課題となる」と明記されている。この課題を達成するには、天皇制を容認し、資本主義を前提としている現行憲法を守っていては、絶対に不可能である。必ず憲法を改正しなければならない。共産党が護憲を唱えることは、自己矛盾以外の何ものでもない。変革の受け皿として、『日本人民共和国憲法（草案）』を描いているのか、あるいは新たな憲法を用意するのか。共産党は、この点について明確にする説明責任を負っている。

社民党は、旧社会党時代、非武装中立を党是とし、自衛隊違憲、日米安保条約破棄を主唱していた。しかし、委員長の村山富市氏は、自衛隊合憲と日米安保条約堅持を唱えた。この方向転換を明確な形で国民に説明していない。同党は、「最小限の実力としての自衛隊の存在」を否定していないようである（平成十五年一月「憲法をめぐる議論についての論点整理」）。そうならば、いったいどの程度の規模であれば、合憲なのか、その根拠を憲法解釈上どこにおくのか、はっきり説明する責任がある。

同党はまた、「憲法を活かせ」と主張している一方で、憲法九十六条の改正手続きを定める「国民投票法案」に絶対反対を表明している。「憲法を活かす」ためには、「憲法改正国民投票法」は不可避の存在である。まさに自己矛盾に陥っていると言わざるをえない。

しかし、いかに矛盾しているとはいえ、これらの護憲派政党と護憲派の民間団体は、護憲の国民世論形成に向けて活発な活動に取り組んでいる。かれらの働きかけを軽視すべきではないだろう。

そこで本会としては、国会および民間の憲法改正諸勢力と連携を深め、国会における憲法改正案の発議および国民投票における改正支持を実現していくため、今後、左記の四点を柱として決意も新たに取り組んでいくこととしたい。

第一に、本会会員の意見を聴取し、『大綱』をさらに精緻化していく。

第二に、全国各地で憲法行事を開催し、現行憲法の問題点を摘出しつつ、本会『大綱』に沿ったあるべき憲法像を提示する。またそのような機会を活かし、『大綱』の中身を再検討していく。

第三に、世論啓発のための冊子を発行する。また会員の関係書籍の普及と宣伝に努める。

第四に、憲法改正諸勢力と連携し、その中核的役割を占めるように努める。

資料III・33

改憲手続法

（日本国憲法の改正手続に関する法律）

二〇〇七年五月一八日法律第五一号

コメント

1．本法は、第一次安倍晋三内閣の下で、二〇〇七年に成立した、憲法九六条に基づく憲法改正に際して必要な改憲案の発議の手続き、国民投票等の手続きを定めた法律（以下、改憲手続法）である。憲法改正手続きを定めたこの法律の制定により、憲法改正をすすめる制度が一応出揃った。

2．日本国憲法は、九六条において、改正のための二つのハードルを設けている。

第一のハードルは、憲法改正案は衆参両院の各議員の三分の二の多数が賛成しなければ発議できないというハードルである。しかし改憲は、このハードルを越えただけではできない。第二のハードルは、衆参両院の三分の二で発議した改憲案を国民投票にかけて「その過半数の賛成」を得なければならないというものである。憲法九六条は改正の最終的判断を直接国民に問う制度を設けたのである。この二つの改正手続きを具体化したのが手続法である。

3．改憲手続法は、講和後、保守党政権が憲法改正を志向して以来、何度か制定が試みられたことはあるが、結局立法化されないまま、六〇年が経過した。自民党はこれをもって「立法不作為」と非難したが、六〇年もの間これが制定されなかったのは、立法府の怠慢でも何でもなく、自民党政権が憲法改正を現実の政治日程に載せることができなかったからである。改正を提起すれば国民が警戒心を抱くのを恐れたからである。

自民党が長年の沈黙を破って、改憲手続法制定に乗り出したのは、二〇〇〇年代に入り、小泉純一郎内閣の下、解釈により自衛隊を海外に派遣する試みが強行され、逆に、政府解釈による自衛隊の「派遣」の限界が露わになるなかで、明文の改憲の動きが台頭したのと並行している。改憲手続法制定の試みは、小泉内閣下で始まり、第一次安倍内閣に引き継がれ、一気に具体化した。

4．改憲手続法制定に際しては、とくに二つのねらいがあった。一つは、発議された「改憲案を絶対に国民投票で敗北させない」ということである。つまり「勝つためのルール」にしたいということである。政府は、「公正なルール」を標榜していたから、これとは矛盾するようだが、発議にまでこぎつけた憲法改正案を国民投票でボツにするわけにはいかないので、できるだけ通しやすいルールにしたいというねらいである。ポイントは、改憲反対の主力となると予想される、公務員労働組合や「九条の会」などの運動体の活動を規制すること、運動期間中のマスメディアの報道の規制や、改正についての宣伝などである。

改憲手続法のもう一つのねらいは、その制定の過程で、民主党を巻き込むというねらいである。これは、改憲案の発議には、衆参両院で三分の二の多数の賛成が必要であり、自民党、公明党のみでなく民主党の賛成が不可欠であったという事情に規定されていた。

この二つのねらいは矛盾するものであった。民主党と共同で法案をつくるとすれば、あまり露骨な「勝つためのルール」づくりはできないからである。そのため、この二つの矛盾したねらいをどう調整するかは、改憲手続法の与党案で最大の難関になっていたが、与党は大ざっぱにいうと次のように調整をした。重要でない部分は極力民主党に譲歩し、改憲案を通すために絶対に落とすことのできない反対運動規制の部分については、与党の意向を貫徹するという方針である。

制定過程で、この二つのねらいの比重は揺れ動いた。改憲手続法の制定過程を眺めると、二〇〇六年の通常国会に法案を提出するまでは、与党・自民党は、この二つのねらいのうちの国民投票で「勝利」する方向をもっぱら追求していたといえる。改憲案を通すには、運動期間は短ければ短いほどよい、投票方式は一括投票にして九条の改憲と新しい人権の挿入をひとまとめで○か×かとすれば九条改憲に批判的な人も○をつける確率が出てくる、運動期間中のマスコミについては厳しく規制する方がよい、等々、とにかく負けないような仕組みづくりをめざしていた。

ところが、法案が国会に提案されて以降とくに安倍内閣になって以降は、第二のねらいが前面に出てきたのである。改憲を実現するには民主党の賛成が不可欠となれば、改憲手続法で民主党の意に反する法律を強行しても意味はないからである。

こうして、二〇〇六年の一二月、臨時国会最終盤になると、ほとんど民主党の要求を丸のみする状況が現出したのである。すなわち、投票期間は民主党の主張を呑んで六〇日から一八〇日に変更し、投票方式も一括投票はやめて関連事項別に行う、マスコミ規制の規定はなくす、さらに一八歳以上に投票資格を認めるという民主党の主張さえ呑む構えを見せたのである。一八歳投票権を実現するには、改憲手続法のみでなく現行の法体系全体を変えなければならないが、そこまで犠牲を払ってでも民主党の意見を呑む方向が模索されたのである。

衆議院の憲法調査特別委員会では、民主党の枝野幸男と自民党の船田元らが共同して社民党や共産党の意見に応えるという形がとられ、共同修正案にまで踏み込んで、民主党を抱き込んで一気に改憲に突入する道が開けたのである。

しかし、舞台は再び暗転した。二〇〇七年に入り安倍内閣は再び強硬路線に転じた。安倍首相は正月の年頭記者会見で「憲法改正のために改憲手続法を今国会で絶対通す。民主党が反対する場合には単独採決も辞さない」と言明した。また「参議院選挙で憲法改正を争点にする」とも発言したのである。これは、船田元や中山太郎が追求してきた民主党との協調路線とはまったく違う露骨な強硬路線の表明であった。さらに安倍が「今年の五月三日までに法案を上げる」とまで発言するにおよんで事態は一変した。民主党は反対に回り、安倍内閣は、国会で一八に及ぶ附帯決議でお茶を濁して手続法を強行可決したのである。

5．こうして成立した改憲手続法はそのねらいに応じて、以下のような特徴を持っている。

第一の特徴は、教員や公務員の憲法改正に関する運動を規制するために、教員・公務員等の政治活動禁止規定の憲法改正国民投票運動への適用、公務員の「地位利用の禁止」規定の国民投票運動への適用がめざされたが、国会での反対を受けて、いずれも後退、修正を余儀なくされて規定されたことである。

まず公務員の政治活動禁止規定の国民投票運動への適用についてである。そもそも、公務員の政治活動を一律に禁止してしまうこうした規定は憲法違反の疑いが濃厚だが、この禁止の理屈は、特定の党派の候補の当選や落選をめざす党派的な運動が、公務員の「全体の奉仕者」としての「中立性」を失わせるというものだ。しかし国民投票運動、つまり憲法改正が是か非かを問う運動というのは、特定の党派に対する支持もしくは不支持を訴える選挙運動とは、同じ「政治運動」でもまったく性格が違うものである。むしろ、そうした政治的活動は憲法上優越的な地位で保障されるべきである。こうした声を受けて、与党も、国民投票運動は「なるべく運動が萎縮されることのないよう」（船田元）活発に行われるべきだという建前から、一度は、国民投票運動については公務員の政治活動禁止規定は適用しないようにすると約束したが、自民党内タカ派の巻き返しを受け、結局、法では、附則第一一条において国民投票運動にどの程度適用するかを検討し「必要な法制上の措置をとる」というあいまいな規定になった。この点は後の第二次安倍内閣下の法改正（⇩Ⅲ・73）で決着がついた。

次が、公務員等の「地位利用」の禁止規定の適用である。そもそも、この「地位利用の禁止」の規定は、公務員や教員が市民や保護者、子どもたちに対して持っている影響力の大きさを利用して選挙運動に際し、特定候補の支持、不支持を強要することを禁止しようとして設けられている規定である。

この規定自身も問題のある規定だが、これを選挙とはまったく性格を異にする国民投票運動に持ってこようというものである。この規定に対しては、共産党、社民党のみならず、次第に民主党委員からも疑問の声が上がり、これら批判を受けて与党側委員も、地位利用の禁止規定は設けた（法第一〇三条）が、この違反に対する刑事罰を外すという妥協を余儀なくされた。

三つ目は、運動団体の国民投票運動を制約するため、「組織的多数人買収・利害誘導罪」が設けられた（法第一〇九条）ことである。これは、労働組合や政党や市民団体が「組織」の決定によって、一般組合員や集会の参加者など多数人を買収したり、利害誘導をすることを処罰する規定であるが、明らかに、政党や労働組合、市民団体の運動を取り締まることをねらったものである。

この規定も、公選法の二二一条の「単純買収・利害誘導罪」、二二二条の「多数人に対する買収利害誘導罪」から持ってきたものである。公選法は先進国のなかで最も厳しい選挙運動規制を行っており、それを持ってくること自体違憲の疑いがあるが、実はこの規定は、公選法の規定とは似て非なるものになっている点が重要である。その証拠に公選法の二二一条、二二二条は、「組織による」という規定はない。公選法は、たとえば、ある特定の候補者が、自分の後援会員をバスに乗せて歌舞伎座に連れていって、芝居を見させて、お弁当を配って、最後にお金を配って「お願いします」というような運動をするのを取り締まることをめざしてつくられている規定である。自民党や公明党、共産党が選挙に際して「組織」の決定で買収をする、などという非現実的なことは公選法上も想定していないし、そんなことはありそうもない。

ところが、改憲手続法には、単純買収罪も、多数人買収罪もなく、「組織による」多数人買収・利害誘導罪のみが設けられたのである。与党議員自身も答弁中で認めるとおり、憲法改正是非の国民投票運動で買収が行われることなど、ほとんど考えられない。にもかかわらずこれを入れたのは、「買収」よりはむしろ「利害誘導罪」を使い、しかも「組織による」という文言を入れることによって、政党や労働組合、「九条の会」のような市民団体の運動を萎縮させようというねらいがあると考えるほかない。たとえば、衆議院、参議院の特別委員会では、改憲反対の団体が改憲反対の集会でやるコンサートなどは利害誘導になるのか、ということが議論になっている。もちろん特別委員会の議論では、与党側委員は「利害誘導に当たりません」と答えているが、そういう活動がこの規定の取り締まり対象になっていることが重要なのである。

6．法の特徴の第二は、憲法改正案を通すに有利なような規定がほかにも規定されたことである。

一つは有料広告が解禁されたことである。広告の、国民投票への過大な影響の危険という批判に応えて、与党側委員は、有料広告については「一四日前からは禁止だから、いいだろう」といったが、たとえば運動期間が六〇日であったとすれば、一四日前までの四六日は解禁されていることになる。この期間の広告にはまったく規制がないのである。

二つ目は、野党が要求していた最低投票率が設けられなかったことである。そのためいくら低投票率でも有効投票の過半数さえ獲得すれば改憲は成立する。しかも、白票は無効票として数えるという制度にしたため、○か×かで悩み保留した票はなんと無効票になる。通例の投票では、白票は否決に数えられるから、この点でも改憲案賛成に有利につくられている。

第一章　総則

（趣旨）

第一条　この法律は、日本国憲法第九十六条に定める日本国憲法の改正（以下「憲法改正」という。）について、国民の承認に係る投票（以下「国民投票」という。）に関する手続を定めるとともに、あわせて憲法改正の発議に係る手続の整備を行うものとする。

第二章　国民投票の実施

第一節　総則

（国民投票の期日）

第二条　国民投票は、国会が憲法改正を発議した日（国会法（昭和二十二年法律第七十九号）第六十八条の五第一項の規定により国会が日本国憲法第九十六条第一項に定める日本国憲法の改正の発議をし、国民に提案したものとされる日をいう。）から起算して六十日以後百八十日以内において、国会の議決した期日に行う。

2　内閣は、国会法第六十五条第一項の規定により国民投票の期日に係る議案の送付を受けたときは、速やかに、総務大臣を経由して、当該国民投票の期日を中央選挙管理会に通知しなければならない。

3　中央選挙管理会は、前項の通知があったときは、速やかに、国民投票の期日を官報で告示しなければならない。

（投票権）

第三条　日本国民で年齢満十八年以上の者は、国民投票の投票権を有する。

（投票権を有しない者）

第四条　成年被後見人は、国民投票の投票権を有しない。

（本籍地の市町村長の通知）

第五条　市町村長は、第二十二条第一項第一号に規定する登録基準日から国民投票の期日までの間、その市町村に本籍を有する者で他の市町村に住所を有するもの又は他の市町村において第三十七条の規定による在外投票人名簿の登録がされているものについて、前条の規定により投票権を有しなくなるべき事由が生じたこと又はその事由がなくなったことを知ったときは、遅滞なくその旨を当該他の市町村の選挙管理委員会に通知しなければならない。

（国民投票を行う区域）

第六条　国民投票は、全都道府県の区域を通じて行う。

（投票区及び開票区）

第七条　公職選挙法（昭和二十五年法律第百号）第十七条及び第十八条の規定は、国民投票の投票区及び開票区について準用する。

（国民投票の執行に関する事務の管理）

第八条　国民投票の執行に関する事務は、この法律に特別の定めがある場合を除くほか、中央選挙管理会が管理する。

2　公職選挙法第五条の三から第五条の五までの規定は、国民投票の執行に関する事務について準用する。

（国民投票取締りの公正確保）

第九条　公職選挙法第七条の規定は、国民投票の取締りに関する規定の執行について準用する。

（特定地域に関する特例）

第十条　交通至難の島その他の地において、この法律の規定を適用し難い事項については、政令で特別の規定を設けることができる。

第二節　国民投票広報協議会及び国民投票に関する周知

（協議会）

第十一条　国民投票広報協議会（以下この節において「協議会」という。）については、国会法に定めるもののほか、この節の定めるところによる。

（協議会の組織）

第十二条　協議会の委員（以下この節において「委員」という。）は、協議会が存続する間、その任にあるものとする。

2　委員の員数は、憲法改正の発議がされた際衆議院議員であった者及び当該発議がされた際参議院議員であった者各十人とし、その予備員の員数は、当該発議がされた際衆議院議員であった者及び当該発議がされた際参議院議員であった者各十人とする。

3　委員は、各議院における各会派の所属議員数の比率により、各会派に割り当て選任する。ただし、各会派の所属議員数の比率により各会派に割り当て選任した場合には憲法改正の発議に係る議決において反対の表決を行った議員の所属する会派から委員が選任されないこととなるときは、各議院において、当該会派にも委員を割り当て選任するようできる限り配慮するものとする。

4　前項の規定は、予備員の選任について準用する。

5　委員に事故のある場合又は委員が欠けた場合は、憲法改正の発議がされた際にその者の属していた議院の議員であった予備員のうちから協議会の会長が指名する者が、その委員の職務を行う。

（会長の権限）

第十三条　協議会の会長は、協議会の議事を整理し、秩序を保持し、協議会を代表する。

（協議会の事務）

第十四条　協議会は、次に掲げる事務を行う。

一　国会の発議に係る日本国憲法の改正案（以下「憲法改正案」という。）及びその要旨並びに憲法改正案に係る新旧対照表その他参考となるべき事項に関する分かりやすい説明並びに憲法改正案を発議するに当たって出された賛成意見及び反対意見を掲載した国民投票公報の原稿の作成

二　第六十五条の憲法改正案の要旨の作成

三　第百六条及び第百七条の規定によりその権限に属する事務

四　前三号に掲げるもののほか憲法改正案の広報に関する事務

2　協議会が、前項第一号、第二号及び第四号の事務を行うに当たっては、憲法改正案及びその要旨並びに憲法改正案に係る新旧対照表その他参考となるべき事項に関する分かりやすい説明に関する記載等については客観的かつ中立的に行うとともに、憲法改正案に対する賛成意見及び反対意見の記載等については公正かつ平等に扱うものとする。

（協議会の議事）

第十五条　協議会は、憲法改正の発議がされた際衆議院議員であった委員及び当該発議がされた際参議院議員であった委員がそれぞれ七人以上出席しなければ、議事を開き議決することができない。

2　協議会の議事は、出席委員の三分の二以上の多数で決する。

（協議会事務局）

第十六条　協議会に事務局を置く。

2　事務局に参事その他の職員を置き、参事のうち一人を事務局長とする。

3　事務局長は、協議会の会長の監督を受けて、庶務を掌理し、他の職員を指揮監督する。

4　事務局長以外の職員は、上司の命を受けて、庶務に従事する。

5　事務局長その他の職員は、協議会の会長が両議院の議長の同意及び両議院の議院運営委員会の承認を得て、任免する。

6　前各項に定めるもののほか、事務局に関し必要な事項は、両議院の議長が協議して定める。

（両院議長協議決定への委任）

第十七条　この節に定めるもののほか、協議会に関する事項は、両議院の議長が協議して定める。

（国民投票公報の印刷及び配布）

第十八条　協議会は、第十四条第一項第一号の国民投票公報の原稿を作成したときは、これを国民投票の期日前三十日までに中央選挙管理会に送付しなければならない。

2　中央選挙管理会は、前項の国民投票公報の原稿の送付があったときは、速やかに、その写しを都道府県の選挙管理委員会に送付しなければならない。

3　都道府県の選挙管理委員会は、前項の国民投票公報の原稿の写しの送付があったときは、速やかに、国民投票公報を印刷しなければならない。この場合においては、当該写しを原文のまま印刷しなければならない。

4　公職選挙法第百七十条第一項本文及び第二項の規定は、国民投票公

報の配布について準用する。この場合において、同条第一項中「当該選挙に用うべき選挙人名簿」とあるのは「投票人名簿」と、「選挙の期日前二日」とあるのは「国民投票の期日前十日」と、同条第二項中「選挙人」とあるのは「投票人」と読み替えるものとする。

（国民投票の方法等に関する周知等）

第十九条 総務大臣、中央選挙管理会、都道府県の選挙管理委員会及び市町村の選挙管理委員会は、国民投票に際し、国民投票の方法、この法律に規定する規制その他国民投票の手続に関し必要と認める事項を投票人に周知させなければならない。

2 中央選挙管理会は、国民投票の結果を国民に対して速やかに知らせるように努めなければならない。

3 投票人に対しては、特別の事情がない限り、国民投票の当日、その投票権を行使するために必要な時間を与えるよう措置されなければならない。

第三節 投票人名簿

（投票人名簿）

第二十条 市町村の選挙管理委員会は、国民投票が行われる場合においては、投票人名簿を調製しなければならない。

2 投票人名簿は、政令で定めるところにより、磁気ディスク（これに準ずる方法により一定の事項を確実に記録しておくことができる物を含む。以下同じ。）をもって調製することができる。

3 国民投票を行う場合において必要があるときは、投票人名簿の抄本（前項の規定により磁気ディスクをもって投票人名簿を調製している市町村の選挙管理委員会にあっては、当該投票人名簿に記録されている全部若しくは一部の事項又は当該事項を記載した書類。第三十二条において同じ。）を用いることができる。

4 投票人名簿の調製については、行政手続等における情報通信の技術の利用に関する法律（平成十四年法律第百五十一号）第六条の規定は、適用しない。

5 第一項の規定により調製された投票人名簿は、当該国民投票に限り、その効力を有する。

（投票人名簿の記載事項等）

第二十一条 投票人名簿には、投票人の氏名、住所、性別及び生年月日等の記載（前条第二項の規定により磁気ディスクをもって調製する投票人名簿にあっては、記録）をしなければならない。

2 投票人名簿は、市町村の区域を分けて数投票区を設けた場合には、その投票区ごとに編製しなければならない。

3 前二項に規定するもののほか、投票人名簿の様式その他必要な事項は、政令で定める。

（被登録資格等）

第二十二条 投票人名簿の登録は、国民投票の期日現在で年齢満十八年以上の日本国民（第四条の規定により投票権を有しない者を除く。）で、次のいずれかに該当するものについて行う。

一 国民投票の期日前五十日に当たる日（以下「登録基準日」という。）において、当該市町村の住民基本台帳に記録されている者

二 登録基準日の翌日から十四日以内に当該市町村の住民基本台帳に記録された者であって、登録基準日においていずれの市町村の住民基本台帳にも記録されていないもの（登録基準日後当該住民基本台帳に記録された日までの間に他の市町村の住民基本台帳に記録されたことがある者及び当該住民基本台帳に記録された日においていずれかの市町村の在外投票人名簿に登録されている者を除く。）

2 市町村の選挙管理委員会は、政令で定めるところにより、当該市町村の投票人名簿に登録される資格を有する者を調査し、その者を投票

人名簿に登録するための整理をしておかなければならない。

（登録）

第二十三条　市町村の選挙管理委員会は、中央選挙管理会が定めるところにより、当該市町村の投票人名簿に登録される資格を有する者を投票人名簿に登録しなければならない。

（縦覧）

第二十四条　市町村の選挙管理委員会は、投票人名簿を調製したときは、中央選挙管理会が定める期間、市役所、町村役場又は当該市町村の選挙管理委員会が指定した場所において、前条の規定により投票人名簿に登録した者の氏名、住所及び生年月日を記載した書面を縦覧に供さなければならない。

2　市町村の選挙管理委員会は、縦覧開始の日前三日までに縦覧の場所を告示しなければならない。

（異議の申出）

第二十五条　公職選挙法第二十四条第一項及び第二項の規定は、投票人名簿の登録に関する異議の申出について準用する。

2　行政不服審査法（昭和三十七年法律第百六十号）第十五条第一項第一号から第四号まで及び第六号並びに第四項、第二十一条、第二十五条、第二十六条、第三十一条、第三十六条、第三十九条並びに第四十四条の規定は、前項において準用する公職選挙法第二十四条第一項の異議の申出について準用する。

3　公職選挙法第二百十四条の規定は、第一項において準用する同法第二十四条第一項の異議の申出について準用する。

（訴訟）

第二十六条　公職選挙法第二十五条第一項から第三項までの規定は、投票人名簿の登録に関する訴訟について準用する。この場合において、同条第一項中「前条第二項」とあるのは、「日本国憲法の改正手続に関する法律第二十五条第一項において準用する前条第二項」と読み替えるものとする。

2　公職選挙法第二百十三条、第二百十四条及び第二百十九条第一項の規定は、前項において準用する同法第二十五条第一項及び第三項の訴訟について準用する。この場合において、同法第二百十九条第一項中「一の選挙の効力を争う数個の請求、第二百七条若しくは第二百八条の規定により一の選挙における当選の効力を争う数個の請求、第二百十条第二項の規定により公職の候補者であった者の当選の効力を争う数個の請求、第二百十一条の規定により公職の候補者等であった者の当選の効力若しくは立候補の資格を争う数個の請求又は選挙の効力を争う請求とその選挙における当選の効力に関し第二百七条若しくは第二百八条の規定によりこれを争う請求と」とあるのは、「一の縦覧に係る投票人名簿への登録又は投票人名簿からの抹消に関し争う数個の請求」と読み替えるものとする。

（補正登録）

第二十七条　市町村の選挙管理委員会は、第二十三条の規定により投票人名簿の登録をした日後国民投票の期日までの間、当該登録の際に投票人名簿に登録される資格を有し、かつ、引き続きその資格を有する者が投票人名簿に登録されていないことを知った場合には、その者を直ちに投票人名簿に登録し、その旨を告示しなければならない。

（表示及び訂正等）

第二十八条　市町村の選挙管理委員会は、投票人名簿に登録されている者が第四条の規定により投票権を有しなくなったことを知った場合には、直ちに投票人名簿にその旨の表示をしなければならない。

2　市町村の選挙管理委員会は、投票人名簿に登録されている者の記載内容（第二十条第二項の規定により磁気ディスクをもって調製する投票人名簿にあっては、記録内容）に変更があったこと又は誤りがあることを知った場合には、直ちにその記載（同項の規定により磁気ディスクをもって調製する投票人名簿にあっては、記録）の修正又は訂正をしなければならない。

（登録の抹消）

第二十九条　市町村の選挙管理委員会は、当該市町村の投票人名簿に登録されている者について次の場合に該当するに至ったときは、これらの者を直ちに投票人名簿から抹消しなければならない。この場合において、第二号の場合に該当するときは、その旨を告示しなければならない。

一　死亡したこと又は日本の国籍を失ったことを知ったとき。

二　登録の際に登録されるべきでなかったことを知ったとき。

（通報及び調査の請求）

第三十条　公職選挙法第二十九条の規定は、投票人名簿に登録される資格の確認に関する通報及び投票人名簿の修正に関する調査の請求について準用する。

（投票人名簿の再調製）

第三十一条　公職選挙法第三十条の規定は、投票人名簿の再調製について準用する。

（投票人名簿の保存）

第三十二条　投票人名簿及びその抄本は、第百二十七条の規定による訴訟が裁判所に係属しなくなった日又は国民投票の期日から五年を経過した日のうちいずれか遅い日まで、市町村の選挙管理委員会において保存しなければならない。

第四節　在外投票人名簿

（在外投票人名簿）

第三十三条　市町村の選挙管理委員会は、国民投票が行われる場合においては、投票人名簿のほか、在外投票人名簿を調製しなければならない。

2　在外投票人名簿は、政令で定めるところにより、磁気ディスクをもって調製することができる。

3　国民投票を行う場合において必要があるときは、在外投票人名簿の抄本（前項の規定により磁気ディスクをもって在外投票人名簿を調製している市町村の選挙管理委員会にあっては、当該在外投票人名簿に記録されている全部若しくは一部の事項又は当該事項を記載した書類。第四十五条において同じ。）を用いることができる。

4　在外投票人名簿の調製については、行政手続等における情報通信の技術の利用に関する法律第六条の規定は、適用しない。

5　第一項の規定により調製された在外投票人名簿は、当該国民投票に限り、その効力を有する。

（在外投票人名簿の記載事項等）

第三十四条　在外投票人名簿には、投票人の氏名、最終住所（投票人が国外へ住所を移す直前に住民票に記載されていた住所をいう。以下同じ。）又は申請の時（第三十七条第一項第一号に掲げる者にあっては投票人が公職選挙法第三十条の五第一項の規定による申請書を同条第二項に規定する領事官又は同項に規定する総務省令・外務省令で定める者に提出した時をいい、第三十七条第一項第二号に掲げる者にあっては投票人が第三十六条第一項の規定による申請書を同条第二項に規定する領事官又は同項に規定する総務省令・外務省令で定める者に提出した時をいう。同条第一項及び第三項において同じ。）における本籍、性別及び生年月日等の記載（前条第二項の規定により磁気ディスクをもって調製する在外投票人名簿にあっては、記録）をしなければならない。

2　市町村の選挙管理委員会は、市町村の区域を分けて数投票区を設けた場合には、政令で定めるところにより、在外投票人名簿を編製する投票区（以下「指定在外投票区」という。）を指定しなければならない。

3　前二項に規定するもののほか、在外投票人名簿の様式その他必要な事項は、政令で定める。

（在外投票人名簿の被登録資格）

第三十五条　在外投票人名簿の登録は、国民投票の期日現在で年齢満十八年以上の日本国民（第四条の規定により投票権を有しない者を除く。次条第一項において同じ。）で、次のいずれかに該当するものについて行う。

一　登録基準日において当該市町村の在外選挙人名簿（公職選挙法第四章の二の在外選挙人名簿をいう。次条第一項及び第四項並びに第三十七条第一項第一号において同じ。）に登録されている者（登録基準日においていずれかの市町村の住民基本台帳に記録されている者を除く。）

二　次条第一項の規定により在外投票人名簿の登録の申請をした者（当該申請に基づき在外投票人名簿の登録を行おうとする日においていずれかの市町村の投票人名簿に登録されている者を除く。）

（在外投票人名簿の登録の申請）

第三十六条　国民投票の期日現在で年齢満十八年以上の日本国民で、国外に住所を有する者（在外選挙人名簿に登録されている者を除く。）は、政令で定めるところにより、文書で、最終住所の所在地の市町村の選挙管理委員会（その者が、いずれの市町村の住民基本台帳にも記録されたことがない者である場合には、申請の時におけるその者の本籍地の市町村の選挙管理委員会）に在外投票人名簿の登録の申請をすることができる。

2　前項の規定による申請は、政令で定めるところにより、第二条第三項又は第百三十五条第五項の規定により中央選挙管理会が国民投票の期日を告示した日から登録基準日（登録基準日前十日に当たる日から登録基準日までの間に国内の市町村から国外へ転出（住民基本台帳法（昭和四十二年法律第八十一号）第二十四条に規定する転出をいう。）をした者にあっては、登録基準日後七日に当たる日）までの間に、前項の規定による申請書を、在外投票人名簿の登録の申請に関し当該申請をする者の住所を管轄する領事官（領事官の職務を行う大使館若しくは公使館の長又はその事務を代理する者を含む。以下この節において同じ。）（当該領事官を経由して申請を行うことが著しく困難である地域として総務省令・外務省令で定める地域にあっては、総務省令・外務省令で定める者。以下この節において同じ。）に提出し、当該領事官を経由してしなければならない。

3　前項の場合において、領事官は、政令で定めるところにより、第一項の規定による申請書にその申請をした者の在外投票人名簿に登録される資格に関する意見を付して、直ちに、当該申請をした者の最終住所の所在地の市町村の選挙管理委員会（当該申請をした者が、いずれの市町村の住民基本台帳にも記録されたことがない者である場合には、申請の時におけるその者の本籍地の市町村の選挙管理委員会）に送付しなければならない。

4　登録基準日までの間に、公職選挙法第三十条の五第一項の規定による申請書を同条第二項に規定する領事官又は同項に規定する総務省令・外務省令で定める者に提出した者（登録基準日において同条第三項第二号に規定する三箇月を経過していない者及び在外選挙人名簿に登録されている者を除く。）については、当該申請を第一項の規定による申請とみなす。

（在外投票人名簿の登録）

第三十七条　市町村の選挙管理委員会は、次の各号に掲げる者が当該市町村の在外投票人名簿に登録される資格を有する者である場合には、中央選挙管理会が定めるところにより、当該各号に掲げる者を在外投票人名簿に登録しなければならない。

一　登録基準日において当該市町村の在外選挙人名簿に登録されている者

二　前条第一項の規定による申請をした者

2　市町村の選挙管理委員会は、国民投票の期日前十五日に当たる日以後においては、前項の規定にかかわらず、登録を行わない。

3　市町村の選挙管理委員会は、第一項第二号に掲げる者について同項の規定による登録をしたときは、前条第三項の規定により同条第一項の規定による申請書を送付した領事官を経由して、同項の規定による申請をした者に、在外投票人名簿に登録されている者であることの証明書（以下「在外投票人証」という。）を交付しなければならない。ただし、同条第四項の規定により公職選挙法第三十条の五第一項の規定による申請を前条第一項の規定による申請とみなされた場合は、この限りでない。

4　前項本文の規定により交付された在外投票人証は、当該国民投票に限り、その効力を有する。

（在外投票人名簿に係る縦覧）

第三十八条　市町村の選挙管理委員会は、在外投票人名簿を調製したときは、中央選挙管理会が定める期間、市役所、町村役場又は当該市町村の選挙管理委員会が指定した場所において、前条第一項の規定により在外投票人名簿に登録した者の氏名、経由領事官（同項第一号に掲げる者にあっては公職選挙法第三十条の七第一項に規定する経由領事官をいい、前条第一項第二号に掲げる者にあっては当該在外投票人名簿に登録した者に係る第三十六条第一項の規定による申請書を同条第三項の規定により送付した領事官をいう。以下この項において同じ。）の名称、最終住所及び生年月日（当該在外投票人名簿に登録した者がいずれの市町村の住民基本台帳にも記録されたことがない者である場合には、その者の氏名、経由領事官の名称及び生年月日）を記載した書面を縦覧に供さなければならない。

2　市町村の選挙管理委員会は、縦覧開始の日前三日までに縦覧の場所を告示しなければならない。

（在外投票人名簿の登録に関する異議の申出）

第三十九条　公職選挙法第二十四条第一項及び第二項の規定は、在外投票人名簿の登録に関する異議の申出について準用する。

2　行政不服審査法第十五条第一項第一号から第四号まで及び第六号並びに第四項、第二十一条、第二十五条、第二十六条、第三十一条、第三十六条、第三十九条並びに第四十四条の規定は、前項において準用する公職選挙法第二十四条第一項の異議の申出について準用する。

3　公職選挙法第二百十四条の規定は、第一項において準用する同法第二十四条第一項の異議の申出について準用する。

（在外投票人名簿の登録に関する訴訟）

第四十条　公職選挙法第二十五条第一項から第三項までの規定は、在外投票人名簿の登録に関する訴訟について準用する。この場合において、同条第一項中「前条第二項」とあるのは「日本国憲法の改正手続に関する法律第三十九条第一項において準用する前条第二項」と、「七日」とあるのは「七日（政令で定める場合には、郵便又は民間事業者による信書の送達に関する法律（平成十四年法律第九十九号）第二条第六項に規定する一般信書便事業者、同条第九項に規定する特定信書便事業者若しくは同法第三条第四号に規定する外国信書便事業者による同法第二条第二項に規定する信書便による送付に要した日数を除く。）」と読み替えるものとする。

2　公職選挙法第二百十三条、第二百十四条及び第二百十九条第一項の

規定は、前項において準用する同法第二十五条第一項及び第三項の訴訟について準用する。この場合において、同法第二百十九条第一項中「一の選挙の効力を争う数個の請求、第二百七条若しくは第二百八条の規定により一の選挙における当選の効力を争う数個の請求、第二百十条第二項の規定により公職の候補者であった者の当選の効力を争う数個の請求、第二百十一条の規定により公職の候補者等であった者の当選の効力若しくは立候補の資格を争う数個の請求又は選挙の効力を争う請求とその選挙における当選の効力に関し第二百七条若しくは第二百八条の規定によりこれを争う請求と」とあるのは、「一の縦覧に係る在外投票人名簿への登録又は在外投票人名簿からの抹消に関し争う数個の請求」と読み替えるものとする。

（在外投票人名簿の表示及び訂正等）

第四十一条　市町村の選挙管理委員会は、在外投票人名簿に登録されている者が第四条の規定により投票権を有しなくなったことを知った場合には、直ちに在外投票人名簿にその旨を表示しなければならない。

2　市町村の選挙管理委員会は、在外投票人名簿に登録されている者の記載内容（第三十三条第二項の規定により磁気ディスクをもって調製する在外投票人名簿にあっては、記録内容）に変更があったこと又は誤りがあることを知った場合には、直ちにその記載（同項の規定により磁気ディスクをもって調製する在外投票人名簿にあっては、記録）の修正又は訂正をしなければならない。

（在外投票人名簿の登録の抹消）

第四十二条　市町村の選挙管理委員会は、当該市町村の在外投票人名簿に登録されている者について次の場合に該当するに至ったときは、これらの者を直ちに在外投票人名簿から抹消しなければならない。この場合において、第二号に掲げる場合に該当するときは、その旨を告示しなければならない。

一　死亡したこと又は日本の国籍を失ったことを知ったとき。

二　登録の際に登録されるべきでなかったことを知ったとき。

（在外投票人名簿の修正等に関する通知等）

第四十三条　市町村長は、その市町村に本籍を有する者で他の市町村の在外投票人名簿に登録されているもの（以下この項において「他市町村在外投票人名簿登録者」という。）について戸籍に関する届書、申請書その他の書類を受理し若しくは職権で戸籍の記載をした場合又は戸籍の附票の記載、消除若しくは記載の修正をした場合において、当該他の市町村の選挙管理委員会において在外投票人名簿の修正若しくは訂正をすべきこと又は当該他市町村在外投票人名簿登録者を在外投票人名簿から抹消すべきことを知ったときは、遅滞なく、その旨を当該他の市町村の選挙管理委員会に通知しなければならない。

2　公職選挙法第二十九条の規定は、在外投票人名簿に登録される資格の確認に関する通報及び在外投票人名簿の修正に関する調査の請求について準用する。

（在外投票人名簿の再調製）

第四十四条　公職選挙法第三十条の規定は、在外投票人名簿の再調製について準用する。

（在外投票人名簿の保存）

第四十五条　第三十二条の規定は、在外投票人名簿及びその抄本の保存について準用する。

（在外投票人名簿の登録に関する政令への委任）

第四十六条　第三十五条から前条までに規定するもののほか、在外投票人名簿の登録に関し必要な事項は、政令で定める。

第五節　投票及び開票

（一人一票）

第四十七条　投票は、国民投票に係る憲法改正案ごとに、一人一票に限る。

（投票管理者）

第四十八条　国民投票ごとに、投票管理者を置く。

2　投票管理者は、国民投票の投票権を有する者の中から市町村の選挙管理委員会の選任した者をもって、これに充てる。

3　投票管理者は、投票に関する事務を担任する。

4　投票管理者は、国民投票の投票権を有しなくなったときは、その職を失う。

5　市町村の選挙管理委員会は、市町村の区域を分けて数投票区を設けた場合には、政令で定めるところにより一以上の投票区を指定し、当該指定した投票区の投票管理者に、政令で定めるところにより、当該投票区以外の投票区に属する投票人がした第六十一条の規定による投票に関する事務のうち政令で定めるものを行わせることができる。

（投票立会人）

第四十九条　市町村の選挙管理委員会は、各投票区における投票人名簿に登録された者の中から、本人の承諾を得て、二人以上五人以下の投票立会人を選任し、国民投票の期日前三日までに、本人に通知しなければならない。

2　投票立会人で参会する者が投票所を開くべき時刻になっても二人に達しないとき又はその後二人に達しなくなったときは、投票管理者は、その投票区における投票人名簿に登録された者の中から二人に達するまでの投票立会人を選任し、直ちにこれを本人に通知し、投票に立ち会わせなければならない。

3　同一の政党その他の政治団体に属する者は、一の投票区において、二人以上を投票立会人に選任することができない。

4　投票立会人は、正当な理由がなければ、その職を辞することができない。

（投票所）

第五十条　投票所は、市役所、町村役場又は市町村の選挙管理委員会の指定した場所に設ける。

（投票所の開閉時間）

第五十一条　投票所は、午前七時に開き、午後八時に閉じる。ただし、市町村の選挙管理委員会は、投票人の投票の便宜のため必要があると認められる特別の事情のある場合又は投票人の投票に支障を来さないと認められる特別の事情のある場合に限り、投票所を開く時刻を二時間以内の範囲内において繰り上げ若しくは繰り下げ、又は投票所を閉じる時刻を四時間以内の範囲内において繰り上げることができる。

2　市町村の選挙管理委員会は、前項ただし書の場合においては、直ちにその旨を告示するとともに、これをその投票所の投票管理者に通知し、かつ、直ちにその旨を都道府県の選挙管理委員会に届け出なければならない。

（投票所の告示）

第五十二条　市町村の選挙管理委員会は、国民投票の期日から少なくとも五日前に、投票所を告示しなければならない。

2　天災その他避けることのできない事故により前項の規定により告示した投票所を変更したときは、国民投票の当日を除くほか、市町村の選挙管理委員会は、同項の規定にかかわらず、直ちにその旨を告示しなければならない。

（投票人名簿又は在外投票人名簿の登録と投票）

第五十三条　投票人名簿又は在外投票人名簿に登録されていない者は、投票をすることができない。ただし、投票人名簿に登録されるべき旨の決定書又は確定判決書を所持し、国民投票の当日投票所に至る者があるときは、投票管理者は、その者に投票をさせなければならない。

2　投票人名簿又は在外投票人名簿に登録された者であっても投票人名簿又は在外投票人名簿に登録されることができない者であるときは、投票をすることができない。

（投票権のない者の投票）

第五十四条　国民投票の当日（第六十条の規定による投票にあっては、当該投票の当日）、国民投票の投票権を有しない者は、投票をすることができない。

（投票所においての投票）

第五十五条　投票人は、国民投票の当日、自ら投票所に行き、投票をしなければならない。

2　投票人は、投票人名簿又はその抄本（当該投票人名簿が第二十条第二項の規定により磁気ディスクをもって調製されている場合には、当該投票人名簿に記録されている全部若しくは一部の事項又は当該事項を記載した書類。第六十九条及び第七十条において同じ。）の対照を経なければ、投票をすることができない。

（投票用紙の交付及び様式）

第五十六条　投票用紙は、国民投票の当日、投票所において投票人に交付しなければならない。

2　投票用紙には、賛成の文字及び反対の文字を印刷しなければならない。

3　投票用紙は、別記様式（第六十一条第一項、第二項及び第四項並びに第六十二条の規定による投票の場合にあっては、政令で定める様式）に準じて調製しなければならない。

（投票の記載事項及び投函）

第五十七条　投票人は、投票所において、憲法改正案に対し賛成するときは投票用紙に印刷された賛成の文字を囲んで○の記号を自書し、憲法改正案に対し反対するときは投票用紙に印刷された反対の文字を囲んで○の記号を自書し、これを投票箱に入れなければならない。

2　投票用紙には、投票人の氏名を記載してはならない。

（点字投票）

第五十八条　投票人は、点字による投票を行う場合においては、投票用紙に、憲法改正案に対し賛成するときは賛成と、憲法改正案に対し反対するときは反対と自書するものとする。

2　前項の場合においては、政令で定める点字は文字とみなし、投票用紙の様式その他必要な事項は、政令で定める。

（代理投票）

第五十九条　身体の故障又は文盲により、自ら○の記号を記載することができない投票人は、第五十七条第一項、第六十三条第四項及び第五項並びに第八十二条の規定にかかわらず、投票管理者に申請し、代理投票をさせることができる。

2　前項の規定による申請があった場合においては、投票管理者は、投票立会人の意見を聴いて、当該投票人の投票を補助すべき者二人をその承諾を得て定め、その一人に投票の記載をする場所において投票用紙に当該投票人が指示する賛成の文字又は反対の文字を囲んで○の記号を記載させ、他の一人をこれに立ち会わせなければならない。

3　前二項の場合において必要な事項は、政令で定める。

（期日前投票）

第六十条　国民投票の当日に次に掲げる事由のいずれかに該当すると見込まれる投票人の投票については、第五十五条第一項の規定にかかわらず、国民投票の期日前十四日に当たる日から国民投票の期日の前日までの間、期日前投票所において、行わせることができる。

一　職務若しくは業務又は総務省令で定める用務に従事すること。

二　用務（前号の総務省令で定めるものを除く。）又は事故のためその属する投票区の区域外に旅行又は滞在をすること。

三　疾病、負傷、妊娠、老衰若しくは身体の障害のため若しくは産褥にあるため歩行が困難であること又は刑事施設、労役場、監置場、少年院、少年鑑別所若しくは婦人補導院に収容されていること。
四　交通至難の島その他の地で総務省令で定める地域に居住していること又は当該地域に滞在をすること。
五　その属する投票区のある市町村の区域外の住所に居住していること。
2　前項の場合においては、次の表の上欄に掲げる規定の適用については、これらの規定中同表の中欄に掲げる字句は、それぞれ同表の下欄に掲げる字句に読み替えるものとし、第四十八条第五項及び第七十一条の規定は、適用しない。

第四十九条第一項	各投票区における投票人名簿に登録された者	国民投票の投票権を有する者
	二人以上五人以下	二人
	三日	十五日
第四十九条第二項	投票所	期日前投票所
	その投票区における投票人名簿に登録された者	国民投票の投票権を有する者
第四十九条第三項	投票区において、二人以上	期日前投票所において、二人
第五十三条第一項	国民投票の当日投票所	第六十条第一項の規定による投票の日、期日前投票所
第五十六条第一項	国民投票の当日、投票所	第六十条第一項の規定による投票の日、期日前投票所
第五十七条第一項	投票所	期日前投票所
第六十四条	第七十四条	第六十条第三項において準用する第七十四条
	投票所	期日前投票所
	最後	当該投票の日の最後
第六十七条第一項	投票所	期日前投票所
	閉鎖しなければ	閉鎖しなければならない。ただし、翌日において引き続き当該投票箱に投票用紙を入れさせる場合においては、その日の期日前投票所を開くべき時刻になったときは、投票管理者は、当該投票箱を開かなければ
第六十七条第二項	できない	できない。ただし、前項ただし書の規定により投票箱を開いた場合は、この限りでない
第六十九条	投票管理者が同時に開票管理者である場合を除くほか、投票管理者は、一人又は数人の投票立会人とともに、国民投票の当日	投票管理者は、期日前投票所において、当該期日前投票所を設ける期間の末日に
	を開票管理者	（以下この条において「投票箱等」という。）を市町村の選挙管理委員会に送致し、当該投票箱等の送致を受けた市町村の選挙管理委員会は、国民投票の期日に、当該投票箱等を開票管理者

3　第五十条から第五十二条まで及び第七十二条から第七十四条までの規定は、期日前投票所について準用する。この場合において、次の表の上欄に掲げる規定中同表の中欄に掲げる字句は、それぞれ同表の下欄に掲げる字句に読み替えるものとする。

第五十条	市役所	国民投票の期日前十四日に当たる日から国民投票の期日の前日までの間（二

		以上の期日前投票所を設ける場合にあっては、一の期日前投票所を除き、市町村の選挙管理委員会の指定した期間）、市役所
第五十一条第一項	午前七時	午前八時三十分
	投票人の投票の便宜のため必要があると認められる特別の事情のある場合又は投票人の投票に支障を来さないと認められる特別の事情のある場合に限り、投票所を開く時刻を二時間以内の範囲内において繰り上げ若しくは繰り下げ、又は投票所を閉じる時刻を四時間以内の範囲内において	二以上の期日前投票所を設ける場合にあっては、一の期日前投票所を除き、期日前投票所を開く時刻を繰り下げ、又は期日前投票所の閉じる時刻を
第五十一条第二項	通知し、かつ、直ちにその旨を都道府県の選挙管理委員会に届け出なければ	通知しなければ
第五十二条第一項	から少なくとも五日前に、投票所	前十四日に当たる日から少なくとも五日前に、期日前投票所の場所（二以上の期日前投票所を設ける場合にあっては、期日前投票所の場所及び当該期日前投票所を設ける期間）
第五十二条第二項	投票所	期日前投票所
	国民投票の当日を除くほか、市町村	市町村

4　第一項の場合において、投票録の作成の方法その他必要な事項は、政令で定める。

（不在者投票）

第六十一条　前条第一項の投票人の投票については、同項の規定によるほか、政令で定めるところにより、第五十三条第一項ただし書、第五十五条、第五十六条第一項、第五十七条第一項、第五十九条及び第六十三条の規定にかかわらず、不在者投票管理者の管理する投票を記載する場所において、投票用紙に投票の記載をし、これを封筒に入れて不在者投票管理者に提出する方法により行わせることができる。

2　投票人で身体に重度の障害があるもの（身体障害者福祉法（昭和二十四年法律第二百八十三号）第四条に規定する身体障害者、戦傷病者特別援護法（昭和三十八年法律第百六十八号）第二条第一項に規定する戦傷病者又は介護保険法（平成九年法律第百二十三号）第七条第三項に規定する要介護者であるもので、政令で定めるものをいう。）の投票については、前条第一項及び前項の規定によるほか、政令で定めるところにより、第五十三条第一項ただし書、第五十五条、第五十六条第一項、第五十七条第一項、第五十九条及び第六十三条の規定にかかわらず、その現在する場所において投票用紙に投票の記載をし、これを郵便又は民間事業者による信書の送達に関する法律（平成十四年法律第九十九号）第二条第六項に規定する一般信書便事業者、同条第九項に規定する特定信書便事業者若しくは同法第三条第四号に規定する外国信書便事業者による同法第二条第二項に規定する信書便（以下「郵便等」という。）により送付する方法により行わせることができる。

3　前項の投票人で同項に規定する方法により投票をしようとするもののうち自ら投票の記載をすることができないものとして政令で定めるものは、第八十二条の規定にかかわらず、政令で定めるところにより、あらかじめ市町村の選挙管理委員会の委員長に届け出た者（国民投票の投票権を有する者に限る。）をして投票に関する記載をさせることができる。

4　特定国外派遣組織に属する投票人で国外に滞在するもののうち国民投票の当日前条第一項第一号に掲げる事由に該当すると見込まれるものの投票については、同項及び第一項の規定によるほか、政令で定めるところにより、第五十三条第一項ただし書、第五十五条、第五十六条第一項、第五十七条第一項、第五十九条及び第六十三条の規定にかかわらず、国外にある不在者投票管理者の管理する投票を記載する場所において、投票用紙に投票の記載をし、これを封筒に入れて不在者投票管理者に提出する方法により行わせることができる。

5　前項の特定国外派遣組織とは、法律の規定に基づき国外に派遣される組織のうち次の各号のいずれにも該当する組織であって、当該組織において同項に規定する方法による投票が適正に実施されると認められるものとして政令で定めるものをいう。

一　当該組織の長が当該組織の運営について管理又は調整を行うための法令に基づく権限を有すること。

二　当該組織が国外の特定の施設又は区域に滞在していること。

6　特定国外派遣組織となる組織を国外に派遣することを定める法律の規定に基づき国外に派遣される投票人（特定国外派遣組織に属するものを除く。）で、現に特定国外派遣組織が滞在する施設又は区域に滞在しているものは、この法律の規定の適用については、当該特定国外派遣組織に属する投票人とみなす。

7　投票人で船舶安全法（昭和八年法律第十一号）にいう遠洋区域を航行区域とする船舶その他これに準ずるものとして総務省令で定める船舶に乗って本邦以外の区域を航海する船員（船員法（昭和二十二年法律第百号）第一条に規定する船員をいう。）であるもののうち国民投票の当日前条第一項第一号に掲げる事由に該当すると見込まれるものの投票については、同項及び第一項の規定によるほか、政令で定めるところにより、第五十三条第一項ただし書、第五十五条、第五十六条、第五十七条第一項、第五十九条及び第六十三条の規定にかかわらず、不在者投票管理者の管理する場所において、総務省令で定める投票送信用紙に投票の記載をし、これを総務省令で指定する市町村の選挙管理委員会の委員長にファクシミリ装置を用いて送信する方法により、行わせることができる。

8　国が行う南極地域における科学的調査の業務を行う組織（以下この項において「南極地域調査組織」という。）に属する投票人（南極地域調査組織に同行する投票人で当該南極地域調査組織の長の管理の下に南極地域における活動を行うものを含む。）で次の各号に掲げる施設又は船舶に滞在するもののうち国民投票の当日前条第一項第一号に掲げる事由に該当すると見込まれるものの投票については、同項及び第一項の規定によるほか、政令で定めるところにより、第五十三条第一項ただし書、第五十五条、第五十六条、第五十七条第一項、第五十九条及び第六十三条の規定にかかわらず、その滞在する次の各号に掲げる施設又は船舶の区分に応じ、それぞれ当該各号に定める場所において、総務省令で定める投票送信用紙に投票の記載をし、これを総務省令で指定する市町村の選挙管理委員会の委員長にファクシミリ装置を用いて送信する方法により、行わせることができる。

一　南極地域にある当該科学的調査の業務の用に供される施設で国が設置するもの　不在者投票管理者の管理する場所

二　本邦と前号に掲げる施設との間において南極地域調査組織を輸送する船舶で前項の総務省令で定めるもの　この項に規定する方法による投票を行うことについて不在者投票管理者が当該船舶の船長の許可を得た場所

（在外投票等）

第六十二条　在外投票人名簿に登録されている投票人の投票については、第六十条第一項及び前条第一項の規定によるほか、政令で定めるところにより、第五十五条、第五十六条第一項、第五十七条第一項、第五十九条及び次条の規定にかかわらず、次に掲げるいずれかの方法により行わせることができる。

一　国民投票の期日前十四日に当たる日から国民投票の期日前六日に当たる日（投票の送致に日数を要する地の在外公館であることその他特別の事情があると認められる場合には、あらかじめ総務大臣が外務大臣と協議して指定する日）までの間（あらかじめ総務大臣が外務大臣と協議して指定する日を除く。）に、自ら在外公館の長（総務大臣が外務大臣と協議して指定する在外公館の長を除く。以下この号において同じ。）の管理する投票を記載する場所に行き、在外投票人証又は在外選挙人証（公職選挙法第三十条の六第三項に規定する在外選挙人証をいう。以下同じ。）及び旅券その他の政令で定める文書を提示して、投票用紙に投票の記載をし、これを封筒に入れて在外公館の長に提出する方法

二　当該投票人の現在する場所において投票用紙に投票の記載をし、これを郵便等により送付する方法

2　在外投票人名簿に登録されている投票人の国内における投票については、第五十三条第一項ただし書中「投票人名簿」とあるのは「在外投票人名簿」と、「投票所」とあるのは「指定在外投票区の投票所」と、第五十五条第一項中「投票所」とあるのは「指定在外投票区の投票所」と、同条第二項中「、投票人名簿」とあるのは「、在外投票人証又は在外選挙人証を提示して、在外投票人名簿」と、「当該投票人名簿」とあるのは「当該在外投票人名簿」と、「第二十条第二項」とあるのは「第三十三条第二項」と、「書類」とあるのは「書類。第六十九条及び第七十条において同じ。」とあるのは「書類」と、第六十条第一項中「期日前投票所」とあるのは「市町村の選挙管理委員会の指定した期日前投票所」と、「投票区」とあるのは「指定在外投票区」と、同条第二項の表第五十三条第一項の項中「第五十三条第一項」とあるのは「第六十二条第二項の規定により読み替えて適用される第五十三条第一項」と、「国民投票の当日投票所」とあるのは「国民投票の当日指定在外投票区の投票所」と、「期日前投票所」とあるのは「市町村の選挙管理委員会の指定した期日前投票所」とする。

3　在外投票人名簿に登録されている投票人の投票については、前条第二項から第八項までの規定は、適用しない。

（投票人の確認及び投票の拒否）

第六十三条　投票管理者は、投票をしようとする投票人が本人であるかどうかを確認することができないときは、その本人である旨を宣言させなければならない。その宣言をしない者は、投票をすることができない。

2　投票の拒否は、投票立会人の意見を聴き、投票管理者が決定しなければならない。

3　前項の決定を受けた投票人において不服があるときは、投票管理者は、仮に投票をさせなければならない。

4　前項の投票は、投票人をしてこれを封筒に入れて封をし、表面に自らその氏名を記載して投票箱に入れさせなければならない。

5　投票立会人において異議のある投票人についても、また前二項と同様とする。

（退出させられた者の投票）

第六十四条　第七十四条の規定により投票所外に退出させられた者は、最後になって投票をすることができる。ただし、投票管理者は、投票所の秩序を乱すおそれがないと認める場合においては、投票をさせることを妨げない。

（投票記載所における憲法改正案等の掲示）

第六十五条　市町村の選挙管理委員会は、国民投票の当日、投票所内の

投票の記載をする場所その他適当な箇所に憲法改正案及びその要旨の掲示をしなければならない。ただし、憲法改正案及びその要旨の掲示が著しく困難である場合においては、当該投票所における国民投票公報の備付けをもって当該掲示に代えることができる。

2　市町村の選挙管理委員会は、国民投票の期日前十四日に当たる日から国民投票の期日の前日までの間、期日前投票所及び不在者投票管理者のうち政令で定めるものの管理する投票を記載する場所内の適当な箇所に、憲法改正案及びその要旨の掲示をしなければならない。ただし、憲法改正案及びその要旨の掲示が著しく困難である場合においては、当該期日前投票所又は投票を記載する場所における国民投票公報の備付けをもって当該掲示に代えることができる。

3　国民投票広報協議会は、前二項の憲法改正案の要旨を作成したときは、速やかに、これを中央選挙管理会に送付しなければならない。

4　中央選挙管理会は、前項の送付があったときは、速やかに、これを都道府県の選挙管理委員会を経由して、市町村の選挙管理委員会に送付しなければならない。

5　前各項に定めるもののほか、第一項又は第二項の掲示に関し必要な事項は、都道府県の選挙管理委員会が定める。

（投票の秘密保持）

第六十六条　何人も、投票人のした投票の内容を陳述する義務はない。

（投票箱の閉鎖）

第六十七条　投票所を閉じるべき時刻になったときは、投票管理者は、その旨を告げて、投票所の入口を閉鎖し、投票所にある投票人の投票の結了するのを待って、投票箱を閉鎖しなければならない。

2　何人も、投票箱の閉鎖後は、投票をすることができない。

（投票録の作成）

第六十八条　投票管理者は、投票録を作り、投票に関する次第を記載し、投票立会人とともに、これに署名しなければならない。

（投票箱等の送致）

第六十九条　投票管理者は、一人又は数人の投票管理者が同時に開票管理者である場合を除くほか、投票管理者は、一人又は数人の投票立会人とともに、国民投票の当日、その投票箱、投票録、投票人名簿又はその抄本及び在外投票人名簿又はその抄本（当該在外投票人名簿が第三十三条第二項の規定により磁気ディスクをもって調製されている場合には、当該在外投票人名簿に記録されている全部若しくは一部の事項又は当該事項を記載した書類。次条において同じ。）を開票管理者に送致しなければならない。

（繰上投票）

第七十条　島その他交通不便の地について、国民投票の期日に投票箱を送致することができない状況があると認めるときは、都道府県の選挙管理委員会は、適宜にその投票の期日を定め、開票の期日までにその投票箱、投票録、投票人名簿又はその抄本及び在外投票人名簿又はその抄本を送致させることができる。

（繰延投票）

第七十一条　天災その他避けることのできない事故により投票を行うことができないとき又は更に投票を行う必要があるときは、都道府県の選挙管理委員会は、更に期日を定めて投票を行わせなければならない。ただし、その期日は、都道府県の選挙管理委員会において、少なくとも五日前に告示しなければならない。

2　前項に規定する事由を生じた場合においては、市町村の選挙管理委員会は、国民投票分会長を経て都道府県の選挙管理委員会にその旨を届け出なければならない。

（投票所に出入し得る者）

第七十二条　投票人、投票所の事務に従事する者、投票所を監視する職権を有する者又は当該警察官でなければ、投票所に入ることができない。ただし、投票人の同伴する幼児その他の投票人とともに投票所に入ることについてやむを得ない事情がある者として投票管理者が認めたものについては、この限りでない。

(投票所の秩序保持のための処分の請求)

第七十三条 投票管理者は、投票所の秩序を保持し、必要があると認めるときは、当該警察官の処分を請求することができる。

(投票所における秩序保持)

第七十四条 投票所において演説討論をし、若しくは喧騒にわたり、又は投票に関し協議若しくは勧誘をし、その他投票所の秩序を乱す者があるときは、投票管理者は、これを制止し、命に従わないときは投票所外に退出させることができる。

(開票管理者)

第七十五条 国民投票ごとに、開票管理者を置く。

2 開票管理者は、国民投票の投票権を有する者の中から市町村の選挙管理委員会の選任した者をもって、これに充てる。

3 開票管理者は、開票に関する事務を担任する。

4 開票管理者は、国民投票の投票権を有しなくなったときは、その職を失う。

(開票立会人)

第七十六条 政党等(第百六条第二項に規定する政党等をいう。第四項において同じ。)は、各開票区における投票人名簿に登録された者の中から、本人の承諾を得て、開票立会人となるべき者一人を定め、国民投票の期日前三日までに、市町村の選挙管理委員会に届け出ることができる。

2 前項の規定により届出のあった者が、十人を超えないときは直ちにその者をもって開票立会人とし、十人を超えるときは届出のあった者の中から市町村の選挙管理委員会がくじで定めた者十人をもって開票立会人としなければならない。

3 前項の規定によるくじを行うべき場所及び日時は、市町村の選挙管理委員会において、あらかじめ告示しなければならない。

4 第二項の規定による開票立会人が三人に達しないとき又は国民投票の期日の前日までに三人に達しなくなったときは市町村の選挙管理委員会において、開票立会人が国民投票の期日以後に三人に達しなくなったとき又は開票立会人で参会する者が開票所を開くべき時刻になっても三人に達しないとき若しくはその後三人に達しなくなったときは開票管理者において、その開票区における投票人名簿に登録された者の中から三人に達するまでの開票立会人を選任し、直ちにこれを本人に通知し、開票に立ち会わせなければならない。ただし、同項の規定による開票立会人を届け出た政党等又は市町村の選挙管理委員会若しくは開票管理者の選任した開票立会人の属する政党等と同一の政党等に属する者を当該政党等の届出に係る開票立会人又は市町村の選挙管理委員会若しくは開票管理者の選任に係る開票立会人と通じて三人以上選任することができない。

5 開票立会人は、正当な理由がなければ、その職を辞することができない。

(開票所の設置)

第七十七条 開票所は、市役所、町村役場又は市町村の選挙管理委員会の指定した場所に設ける。

(開票の場所及び日時の告示)

第七十八条 市町村の選挙管理委員会は、あらかじめ開票の場所及び日時を告示しなければならない。

(開票日)

第七十九条 開票は、すべての投票箱の送致を受けた日又はその翌日に行う。

（開票）

第八十条　開票管理者は、開票立会人立会いの上、投票箱を開き、まず第六十三条第三項及び第五項の規定による投票を調査し、開票立会人の意見を聴き、その投票を受理するかどうかを決定しなければならない。

2　開票管理者は、開票立会人とともに、各投票所及び期日前投票所の投票を開票区ごとに混同して、投票を点検しなければならない。

3　開票管理者は、投票の点検を終わったときは、直ちにその結果を国民投票分会長に報告しなければならない。

（開票の場合の投票の効力の決定）

第八十一条　投票の効力は、開票立会人の意見を聴き、開票管理者が決定しなければならない。その決定に当たっては、次条第二号の規定にかかわらず、投票用紙に印刷された反対の文字を×の記号、二重線その他の記号を記載することにより抹消した投票は賛成の投票として、投票用紙に印刷された賛成の文字を×の記号、二重線その他の記号を記載することにより抹消した投票は反対の投票として、それぞれ有効とするほか、次条の規定に反しない限りにおいて、その投票した投票人の意思が明白であれば、その投票を有効とするようにしなければならない。

（無効投票）

第八十二条　次のいずれかに該当する投票は、無効とする。

一　所定の用紙を用いないもの

二　○の記号以外の事項を記載したもの

三　○の記号を自書しないもの

四　賛成の文字を囲んだ○の記号及び反対の文字を囲んだ○の記号をともに記載したもの

五　賛成の文字又は反対の文字のいずれを囲んで○の記号を記載したかを確認し難いもの

（開票の参観）

第八十三条　投票人は、その開票所につき、開票の参観を求めることができる。

（開票録の作成）

第八十四条　開票管理者は、開票録を作り、開票に関する次第を記載し、開票立会人とともに、これに署名しなければならない。

（投票、投票録及び開票録の保存）

第八十五条　投票は、有効無効を区別し、投票録及び開票録と併せて、市町村の選挙管理委員会において、第百二十七条の規定による訴訟が裁判所に係属しなくなった日又は国民投票の期日から五年を経過した日のうちいずれか遅い日まで、保存しなければならない。

（一部無効による再投票の開票）

第八十六条　憲法改正案に係る国民投票の一部が無効となり再投票を行った場合の開票においては、その投票の効力を決定しなければならない。

（繰延開票）

第八十七条　第七十一条第一項本文及び第二項の規定は、開票について準用する。

（開票所の取締り）

第八十八条　第七十二条本文、第七十三条及び第七十四条の規定は、開票所の取締りについて準用する。

第六節　国民投票分会及び国民投票会

（国民投票分会長）

第八十九条　国民投票に際し、都道府県ごとに、国民投票分会長を置く。

2　国民投票分会長は、国民投票の投票権を有する者の中から都道府県の選挙管理委員会の選任した者をもって、これに充てる。
3　国民投票分会長は、国民投票分会に関する事務を担任する。
4　国民投票分会長は、国民投票の投票権を有しなくなったときは、その職を失う。
（国民投票分会立会人）
第九十条　第七十六条の規定は、国民投票分会立会人について準用する。この場合において、同条第一項中「各開票区における投票人名簿に登録された者」とあるのは「国民投票の投票権を有する者」と、「市町村の選挙管理委員会」とあるのは「国民投票分会長」と、同条第二項及び第三項中「市町村の選挙管理委員会」とあるのは「国民投票分会長」と、同条第四項中「又は国民投票の期日の前日までに三人に達しなくなったときは市町村の選挙管理委員会において、開票立会人が国民投票の期日以後に三人に達しなくなったとき」とあるのは「、国民投票分会の期日までに三人に達しなくなったとき」と、「開票所」とあるのは「国民投票分会」と、「開票管理者」とあるのは「、国民投票分会長」と、「その開票区における投票人名簿に登録された者」とあるのは「国民投票の投票権を有する者」と、「開票に」とあるのは「国民投票分会に」と、「市町村の選挙管理委員会若しくは開票管理者」とあるのは「国民投票分会長」と読み替えるものとする。
（国民投票分会の開催）
第九十一条　国民投票分会は、都道府県庁又は都道府県の選挙管理委員会の指定した場所で開く。
2　都道府県の選挙管理委員会は、あらかじめ国民投票分会の場所及び日時を告示しなければならない。
3　国民投票分会長は、都道府県の区域内におけるすべての開票管理者から第八十条第三項の規定による報告を受けた日又はその翌日に国民投票分会を開き、国民投票分会立会人立会いの上、その報告を調査しなければならない。
4　国民投票分会長は、憲法改正案に係る国民投票の一部が無効となり再投票を行った場合において第八十条第三項の規定による報告を受けたときは、前項の規定の例により、他の部分の報告とともに、更にこれを調査しなければならない。
（国民投票分会録の作成及び国民投票分会録その他関係書類の保存）
第九十二条　国民投票分会長は、国民投票分会録を作り、国民投票分会に関する次第を記載し、国民投票分会立会人とともに、これに署名しなければならない。
2　国民投票分会録は、第八十条第三項の規定による報告に関する書類と併せて、都道府県の選挙管理委員会において、第百二十七条の規定による訴訟が裁判所に係属しなくなった日又は国民投票の期日から五年を経過した日のうちいずれか遅い日まで、保存しなければならない。
（国民投票分会の結果の報告）
第九十三条　国民投票分会長は、第九十一条第三項及び第四項の規定による調査を終わったときは、国民投票分会録の写しを添えて、直ちにその結果を国民投票長に報告しなければならない。
（国民投票長）
第九十四条　国民投票に際し、国民投票長を置く。
2　国民投票長は、国民投票の投票権を有する者の中から中央選挙管理会の選任した者をもって、これに充てる。
3　国民投票長は、国民投票会に関する事務を担任する。
4　国民投票長は、国民投票の投票権を有しなくなったときは、その職を失う。
（国民投票会立会人）
第九十五条　第七十六条の規定は、国民投票会立会人について準用する。この場合において、同条第一項中「各開票区における投票人名簿に登録された者」とあるのは「国民投票の投票権を有する者」と、「市町村の選挙管理委員会」とあるのは「国民投票長」と、同条第二項及び第三項中「市町村の選挙管理委員会」とあるのは「国民投票長」と、同条第四項中「又は国民投票の期日の前日までに三人に達しなくなったときは市町村の選挙管理委員会において、開票立会人が国民投票の期日以後に三人に達しなくなったとき」とあるのは「、国民投票会の期日までに三人に達しなくなったとき」と、「開票所」とあるのは「国民投票会」と、「開票管理者」とあるのは「、国民投票長」と、「その開票区における投票人名簿に登録された者」とあるのは「国民投票の投票権を有する者」と、「開票に」とあるのは「国民投票会に」と、「市町村の選挙管理委員会若しくは開票管理者」とあるのは「国民投票長」と読み替えるものとする。

（国民投票会の開催）

第九十六条　国民投票会は、中央選挙管理会の指定した場所で開く。

2　中央選挙管理会は、あらかじめ国民投票会の場所及び日時を告示しなければならない。

3　国民投票長は、すべての国民投票分会長から第九十三条の規定による報告を受けた日又はその翌日に国民投票会を開き、国民投票会立会人立会いの上、その報告を調査しなければならない。

4　国民投票長は、憲法改正案に係る国民投票の一部が無効となり再投票を行った場合において第九十三条の規定による報告を受けたときは、前項の規定の例により、他の部分の報告とともに、更にこれを調査しなければならない。

（国民投票録の作成及び国民投票録その他関係書類の保存）

第九十七条　国民投票長は、国民投票録を作り、国民投票会に関する次第を記載し、国民投票会立会人とともに、これに署名しなければならない。

2　国民投票録は、第九十三条の規定による報告に関する書類と併せて、中央選挙管理会において、第百二十七条の規定による訴訟が裁判所に係属しなくなった日又は国民投票の期日から五年を経過した日のうちいずれか遅い日まで、保存しなければならない。

（国民投票の結果の報告及び告示等）

第九十八条　国民投票長は、第九十六条第三項及び第四項の規定による調査を終わったときは、国民投票録の写しを添えて、直ちにその結果を中央選挙管理会に報告しなければならない。

2　中央選挙管理会は、前項又は第百三十五条第六項後段の報告を受けたときは、直ちに憲法改正案に対する賛成の投票の数及び反対の投票の数、投票総数（憲法改正案に対する賛成の投票の数及び反対の投票の数を合計した数をいう。）並びに憲法改正案に対する賛成の投票の数が当該投票総数の二分の一を超える旨又は超えない旨を官報で告示するとともに、総務大臣を通じ内閣総理大臣に通知しなければならない。

3　内閣総理大臣は、前項の通知を受けたときは、直ちに同項に規定する事項を衆議院議長及び参議院議長に通知しなければならない。

（準用）

第九十九条　第七十一条第一項本文、第七十二条本文、第七十三条及び第七十四条並びに公職選挙法第八十二条の規定は、国民投票分会及び国民投票会について準用する。この場合において、第七十一条第一項本文中「都道府県の選挙管理委員会は」とあるのは、「国民投票分会に関しては都道府県の選挙管理委員会は、国民投票会に関しては中央選挙管理会は」と読み替えるものとする。

第七節　国民投票運動

（適用上の注意）

第百条　この節及び次節の規定の適用に当たっては、表現の自由、学問の自由及び政治活動の自由その他の日本国憲法の保障する国民の自由と権利を不当に侵害しないように留意しなければならない。

（投票事務関係者の国民投票運動の禁止）

第百一条　投票管理者、開票管理者、国民投票分会長及び国民投票長は、在職中、その関係区域内において、憲法改正案に対し賛成又は反対の投票をし又はしないよう勧誘する行為（以下「国民投票運動」という。）をすることができない。

2　第六十一条の規定による投票に関し、不在者投票管理者は、その者の業務上の地位を利用して国民投票運動をすることができない。

（中央選挙管理会の委員等の国民投票運動の禁止）

第百二条　中央選挙管理会の委員及び中央選挙管理会の庶務に従事する総務省の職員並びに選挙管理委員会の委員及び職員並びに国民投票広報協議会事務局の職員は、在職中、国民投票運動をすることができない。

（公務員等及び教育者の地位利用による国民投票運動の禁止）

第百三条　国若しくは地方公共団体の公務員若しくは特定独立行政法人（独立行政法人通則法（平成十一年法律第百三号）第二条第二項に規定する特定独立行政法人をいう。第百十一条において同じ。）若しくは特定地方独立行政法人（地方独立行政法人法（平成十五年法律第百十八号）第二条第二項に規定する特定地方独立行政法人をいう。第百十一条において同じ。）の役員若しくは職員又は公職選挙法第百三十六条の二第一項第二号に規定する公庫の役職員は、その地位にあるために特に国民投票運動を効果的に行い得る影響力又は便益を利用して、国民投票運動をすることができない。

2　教育者（学校教育法（昭和二十二年法律第二十六号）に規定する学校の長及び教員をいう。）は、学校の児童、生徒及び学生に対する教育上の地位にあるために特に国民投票運動を効果的に行い得る影響力又は便益を利用して、国民投票運動をすることができない。

（国民投票に関する放送についての留意）

第百四条　一般放送事業者（放送法（昭和二十五年法律第百三十二号）第二条第三号の三に規定する一般放送事業者をいう。第百六条において同じ。）、有線テレビジョン放送事業者（有線テレビジョン放送法（昭和四十七年法律第百十四号）第二条第四項の有線テレビジョン放送事業者をいう。）、有線ラジオ放送（有線ラジオ放送業務の運用の規正に関する法律（昭和二十六年法律第百三十五号）第二条の有線ラジオ放送をいう。）の業務を行う者又は電気通信役務利用放送（電気通信役務利用放送法（平成十三年法律第八十五号）第二条第一項の電気通信役務利用放送をいう。）の業務を行う者（次条において「一般放送事業者等」という。）は、国民投票に関する放送については、放送法第三条の二第一項の規定の趣旨に留意するものとする。

（投票日前の国民投票運動のための広告放送の制限）

第百五条　何人も、国民投票の期日前十四日に当たる日から国民投票の期日までの間においては、次条の規定による場合を除くほか、一般放送事業者等の放送設備を使用して、国民投票運動のための広告放送をし、又はさせることができない。

（国民投票広報協議会及び政党等による放送）

第百六条　国民投票広報協議会は、両議院の議長が協議して定めるところにより、日本放送協会及び一般放送事業者のラジオ放送又はテレビジョン放送（放送法第二条第二号の三に規定する中波放送又は同条第二号の五に規定するテレビジョン放送をいう。）の放送設備により、憲法改正案の広報のための放送をするものとする。

2　前項の放送は、国民投票広報協議会が行う憲法改正案及びその要旨その他参考となるべき事項の広報並びに憲法改正案に対する賛成の政党等（一人以上の衆議院議員又は参議院議員が所属する政党その他の政治団体であって両議院の議長が協議して定めるところにより国民投票広報協議会に届け出たものをいう。以下この条及び次条において同じ。）及び反対の政党等が行う意見の広告からなるものとする。

3　第一項の放送において、国民投票広報協議会は、憲法改正案及びその要旨その他参考となるべき事項の広報を客観的かつ中立的に行うものとする。

4　第一項の放送において、政党等は、両議院の議長が協議して定めるところにより、憲法改正案に対する賛成又は反対の意見を無料で放送することができる。この場合において、日本放送協会及び一般放送事業者は、政党等が録音し、又は録画した意見をそのまま放送しなければならない。

5　政党等は、両議院の議長が協議して定めるところにより、両議院の議長が協議して定める額の範囲内で、前項の意見の放送のための録音又は録画を無料ですることができる。

6　第一項の放送に関しては、憲法改正案に対する賛成の政党等及び反対の政党等の双方に対して同一の時間数及び同等の時間帯を与える等同等の利便を提供しなければならない。

7　第一項の放送において意見の放送をすることができる政党等は、両議院の議長が協議して定めるところにより、当該放送の一部を、その指名する団体に行わせることができる。

8　第一項の放送の回数及び日時は、国民投票広報協議会が日本放送協会及び当該放送を行う一般放送事業者と協議の上、定める。

（国民投票広報協議会及び政党等による新聞広告）

第百七条　国民投票広報協議会は、両議院の議長が協議して定めるところにより、新聞に、憲法改正案の広報のための広告をするものとする。

2　前項の広告は、国民投票広報協議会が行う憲法改正案及びその要旨その他参考となるべき事項の広報並びに憲法改正案に対する賛成の政党等及び反対の政党等が行う意見の広告からなるものとする。

3　第一項の広告において、国民投票広報協議会は、憲法改正案及びその要旨その他参考となるべき事項の広報を客観的かつ中立的に行うものとする。

4　第一項の広告において、政党等は、両議院の議長が協議して定めるところにより、無料で、憲法改正案に対する賛成又は反対の意見の広告をすることができる。

5　第一項の広告に関しては、憲法改正案に対する賛成の政党等及び反対の政党等の双方に対して同一の寸法及び回数を与える等同等の利便を提供しなければならない。

6　第一項の広告において意見の広告をすることができる政党等は、両議院の議長が協議して定めるところにより、当該広告の一部を、その指名する団体に行わせることができる。

（公職選挙法による政治活動の規制との調整）

第百八条　公職選挙法第二百一条の五から第二百一条の九までの規定は、これらの条に掲げる選挙が行われる場合において、政党その他の政治活動を行う団体が、国民投票運動を行うことを妨げるものではない。

第八節　罰則

（組織的多数人買収及び利害誘導罪）

第百九条　国民投票に関し、次に掲げる行為をした者は、三年以下の懲役若しくは禁錮又は五十万円以下の罰金に処する。

一　組織により、多数の投票人に対し、憲法改正案に対する賛成又は反対の投票をし又はしないようその旨を明示して勧誘して、その投票をし又はしないことの報酬として、金銭若しくは憲法改正案に対する賛成若しくは反対の投票をし若しくはしないことに影響を与えるに足りる物品その他の財産上の利益（多数の者に対する意見の表明の手段として通常用いられないものに限る。）若しくは公私の職務の供与をし、若しくはその供与の申込み若しくは約束をし、又は憲法改正案に対する賛成若しくは反対の投票をし若しくはしないことに影響を与えるに足りる供応接待をし、若しくはその申込み若しくは約束をしたとき。

二　組織により、多数の投票人に対し、憲法改正案に対する賛成又は反対の投票をし又はしないようその旨を明示して勧誘して、その投票をし又はしないことの報酬として、その者又はその者と関係のある社寺、学校、会社、組合、市町村等に対する用水、小作、債権、寄附その他特殊の直接利害関係を利用して憲法改正案に対する賛成又は反対の投票をし又はしないことに影響を与えるに足りる誘導をしたとき。

三　前二号に掲げる行為をさせる目的をもって国民投票運動をする者に対し金銭若しくは物品の交付をし、若しくはその交付の申込み若しくは約束をし、又は国民投票運動をする者がその交付を受け、その交付を要求し若しくはその申込みを承諾したとき。

（組織的多数人買収及び利害誘導罪の場合の没収）

第百十条　前条の場合において収受し、又は交付を受けた利益は、没収する。その全部又は一部を没収することができないときは、その価額を追徴する。

（職権濫用による国民投票の自由妨害罪）

第百十一条　国民投票に関し、国若しくは地方公共団体の公務員、特定独立行政法人若しくは特定地方独立行政法人の役員若しくは職員、中央選挙管理会の委員若しくは中央選挙管理会の庶務に従事する総務省の職員、選挙管理委員会の委員若しくは職員、国民投票広報協議会事務局の職員、投票管理者、開票管理者又は国民投票分会長若しくは国民投票長が故意にその職務の執行を怠り、又は正当な理由がなくて国民投票運動をする者に追随し、その居宅に立ち入る等その職権を濫用して国民投票の自由を妨害したときは、四年以下の禁錮に処する。

2　国若しくは地方公共団体の公務員、特定独立行政法人若しくは特定地方独立行政法人の役員若しくは職員、中央選挙管理会の委員若しくは中央選挙管理会の庶務に従事する総務省の職員、選挙管理委員会の委員若しくは職員、国民投票広報協議会事務局の職員、投票管理者、開票管理者又は国民投票分会長若しくは国民投票長が、投票人に対し、その投票しようとし、又は投票した内容の表示を求めたときは、六月以下の禁錮又は三十万円以下の罰金に処する。

（投票の秘密侵害罪）

第百十二条　中央選挙管理会の委員若しくは中央選挙管理会の庶務に従事する総務省の職員、選挙管理委員会の委員若しくは職員、投票管理者、開票管理者、国民投票分会長若しくは国民投票長、国民投票事務に関係のある国若しくは地方公共団体の公務員、立会人（第五十九条第二項の規定により投票を補助すべき者及び第六十一条第三項の規定により投票に関する記載をすべき者を含む。以下同じ。）又は監視者（投票所（第六十条第一項に規定する期日前投票所を含む。以下この節において同じ。）、開票所、国民投票分会場又は国民投票会場を監視する職権を有する者をいう。以下同じ。）が投票人の投票した内容を表示したときは、二年以下の禁錮又は三十万円以下の罰金に処する。その表示した事実が虚偽であるときも、また同様とする。

（投票干渉罪）

第百十三条　投票所又は開票所において、正当な理由がなくて、投票人の投票に干渉し、又は投票の内容を認知する方法を行った者は、一年以下の禁錮又は三十万円以下の罰金に処する。

2　法令の規定によらないで、投票箱を開き、又は投票箱の投票を取り出した者は、三年以下の懲役若しくは禁錮又は五十万円以下の罰金に処する。

（投票事務関係者、施設等に対する暴行罪、騒擾罪等）

第百十四条　投票管理者、開票管理者、国民投票分会長、国民投票長、立会人若しくは監視者に暴行若しくは脅迫を加え、投票所、開票所、国民投票分会場若しくは国民投票会場を騒擾し、又は投票、投票箱その他関係書類（関係の電磁的記録媒体（電子的方式、磁気的方式その他人の知覚によっては認識することができない方式で作られる記録であって電子計算機による情報処理の用に供されるものに係る記録媒体をいう。）を含む。）を抑留し、損ない、若しくは奪取した者は、四年以下の懲役又は禁錮に処する。

（多衆の国民投票妨害罪）

第百十五条　多衆集合して前条の罪を犯した者は、次の区別に従って処断する。

一　首謀者は、一年以上七年以下の懲役又は禁錮に処する。

二　他人を指揮し、又は他人に率先して勢いを助けた者は、六月以上五年以下の懲役又は禁錮に処する。

三　付和随行した者は、二十万円以下の罰金又は科料に処する。

2　前項の罪を犯すため多衆集合し当該公務員から解散の命令を受けることが三回以上に及んでもなお解散しないときは、首謀者は、二年以下の禁錮に処し、その他の者は、二十万円以下の罰金又は科料に処する。

（投票所、開票所、国民投票分会場又は国民投票会場における凶器携帯罪）

第百十六条　銃砲、刀剣、こん棒その他人を殺傷するに足るべき物件を携帯して投票所、開票所、国民投票分会場又は国民投票会場に入った者は、三年以下の禁錮又は五十万円以下の罰金に処する。

（携帯凶器の没収）

第百十七条　前条の罪を犯した場合においては、その携帯した物件を没収する。

（詐偽登録、虚偽宣言罪等）

第百十八条　詐偽の方法をもって投票人名簿又は在外投票人名簿に登録をさせた者は、六月以下の禁錮又は三十万円以下の罰金に処する。

2　投票人名簿に登録をさせる目的をもって住民基本台帳法第二十二条の規定による届出に関し虚偽の届出をすることによって投票人名簿に登録をさせた者も、前項と同様とする。

3　在外投票人名簿に登録させる目的をもって公職選挙法第三十条の五第一項の規定による申請に関し虚偽の申請をすることによって在外投票人名簿に登録をさせた者も、第一項と同様とする。

4　第六十三条第一項の場合において虚偽の宣言をした者は、二十万円以下の罰金に処する。

（詐偽投票及び投票偽造、増減罪）

第百十九条　投票人でない者が投票をしたときは、一年以下の禁錮又は三十万円以下の罰金に処する。

2　氏名を詐称し、その他詐偽の方法をもって投票し、又は投票しようとした者は、二年以下の禁錮又は三十万円以下の罰金に処する。

3　投票を偽造し、又はその数を増減した者は、三年以下の懲役若しくは禁錮又は五十万円以下の罰金に処する。

4　中央選挙管理会の委員若しくは中央選挙管理会の庶務に従事する総務省の職員、選挙管理委員会の委員若しくは職員、国民投票広報協議会事務局の職員、投票管理者、開票管理者、国民投票分会長若しくは国民投票長、国民投票事務に関係のある国若しくは地方公共団体の公務員、立会人又は監視者が前項の罪を犯したときは、五年以下の懲役若しくは禁錮又は五十万円以下の罰金に処する。

（代理投票等における記載義務違反）

第百二十条　第五十九条第二項の規定により賛成の文字又は反対の文字を囲んで○の記号を記載すべきものと定められた者が投票人の指示する賛成の文字又は反対の文字を囲んで○の記号を記載しなかったときは、二年以下の禁錮又は三十万円以下の罰金に処する。

2　第六十一条第三項の規定により投票に関する記載をすべき者が投票人の指示する賛成の文字又は反対の文字を囲んで○の記号を記載しなかったときは、二年以下の禁錮又は三十万円以下の罰金に処する。

3　前項に規定するもののほか、第六十一条第三項の規定により投票に関する記載をすべき者が、投票を無効とする目的をもって、投票に関する記載をせず、又は虚偽の記載をしたときも、前項と同様とする。

（立会人の義務を怠る罪）

第百二十一条　立会人が、正当な理由がなくてこの法律に規定する義務を欠くときは、二十万円以下の罰金に処する。

（国民投票運動の規制違反）

第百二十二条　第百一条又は第百二条の規定に違反して国民投票運動をした者は、六月以下の禁錮又は三十万円以下の罰金に処する。

（不在者投票の場合の罰則の適用）

第百二十三条　第六十一条第一項の規定による投票については、その投票を管理すべき者は投票管理者と、その投票を記載すべき場所は投票所と、その投票に立ち会うべき者は投票立会人と、投票人が指示する賛成の文字又は反対の文字を囲んで○の記号を記載すべきものと定められた者は第五十九条第二項の規定により賛成の文字又は反対の文字を囲んで○の記号を記載すべきものと定められた者とみなして、この節の規定を適用する。

2　第六十一条第二項の規定による投票については、投票人が投票の記載の準備に着手してから投票を記載した投票用紙を郵便等により送付するためこれを封入するまでの間における当該投票に関する行為を行う場所を投票所とみなして、第百十三条第一項の規定を適用する。

3　第六十一条第四項の規定による投票については、その投票を管理すべき者は投票管理者と、その投票を記載すべき場所は投票所と、その投票に立ち会うべき者は投票立会人と、投票人が指示する賛成の文字又は反対の文字を囲んで○の記号を記載すべきものと定められた者は第五十九条第二項の規定により賛成の文字又は反対の文字を囲んで○の記号を記載すべきものと定められた者とみなして、この節の規定を適用する。

4　第六十一条第七項の規定による投票については、船舶において投票を管理すべき者及び投票を受信すべき市町村の選挙管理委員会の委員長は投票管理者と、投票の記載をし、これを送信すべき場所及び投票を受信すべきファクシミリ装置は投票所と、投票を受信すべき投票箱と、船舶において投票に立ち会うべき者は投票立会人と、投票人が指示する賛成の文字又は反対の文字を囲んで○の記号を記載すべきものと定められた者は第五十九条第二項の規定により賛成の文字又は反対の文字を囲んで○の記号を記載すべきものと定められた者とみなして、この節の規定を適用する。

5　第六十一条第八項の規定による投票については、同項の施設又は船舶において投票を管理すべき者及び投票を受信すべき市町村の選挙管理委員会の委員長は投票管理者と、投票の記載をし、これを送信すべき場所及び投票を受信すべき場所は投票所と、同項の施設又は船舶において投票に立ち会うべき者は投票立会人と、投票人が指示する賛成の文字又は反対の文字を囲んで○の記号を記載すべきものと定められた者は第五十九条第二項の規定により賛成の文字又は反対の文字を囲んで○の記号を記載すべきものと定められた者とみなして、この節の規定を適用する。

（在外投票の場合の罰則の適用）

第百二十四条　第三十六条第二項及び第三項に規定する在外投票人名簿の登録の申請の経由に係る事務、第六十二条第一項第一号に規定する在外投票に係る事務その他のこの法律及びこの法律に基づく命令により在外公館の長に属させられた事務に従事する在外公館の長及び職員並びに第三十六条第二項及び第三項に規定する在外投票人名簿の登録の申請の経由に係る事務に従事する者は、第百二条、第百十一条、第百十二条及び第百十九条第四項に規定する選挙管理委員会の職員とみなして、この節の規定を適用する。

2　第六十二条第一項第一号の規定による投票については、その投票を管理すべき在外公館の長は投票管理者（第百十四条に規定する投票管理者に限る。）と、その投票を記載すべき場所は投票所と、その投票に立ち会うべき者は投票立会人と、投票人が指示する賛成の文字又は反対の文字を囲んで○の記号を記載すべきものと定められた者は第五十九条第二項の規定により賛成の文字又は反対の文字を囲んで○の記号を記載すべきものと定められた者とみなして、この節の規定を適用する。

3　第六十二条第一項第二号の規定による投票については、投票人が投票の記載の準備に着手してから投票を記載した投票用紙を郵便等により送付するためこれを封入するまでの間における当該投票に関する行為を行う場所を投票所とみなして、第百十三条第一項の規定を適用する。

（国外犯）

第百二十五条　第百九条、第百十一条、第百十二条、第百十三条第一項、第百十四条から第百十六条まで、第百十九条から第百二十一条まで及び第百二十二条（第百一条第二項又は第百二条の規定に違反して国民投票運動をした者に係る部分に限る。）の罪は、刑法（明治四十年法律第四十五号）第三条の例に従う。

第三章　国民投票の効果

第百二十六条　国民投票において、憲法改正案に対する賛成の投票の数が第九十八条第二項に規定する投票総数の二分の一を超えた場合は、当該憲法改正について日本国憲法第九十六条第一項の国民の承認があったものとする。

2　内閣総理大臣は、第九十八条第二項の規定により、憲法改正案に対する賛成の投票の数が同項に規定する投票総数の二分の一を超える旨の通知を受けたときは、直ちに当該憲法改正の公布のための手続を執らなければならない。

第四章　国民投票無効の訴訟等

第一節　国民投票無効の訴訟

（国民投票無効の訴訟）

第百二十七条　国民投票に関し異議がある投票人は、中央選挙管理会を被告として、第九十八条第二項の規定による告示の日から三十日以内に、東京高等裁判所に訴訟を提起することができる。

（国民投票無効の判決）

第百二十八条　前条の規定による訴訟の提起があった場合において、次に掲げる事項があり、そのために憲法改正案に係る国民投票の結果（憲法改正案に対する賛成の投票の数が第九十八条第二項に規定する投票総数の二分の一を超えること又は超えないことをいう。第百三十五条において同じ。）に異動を及ぼすおそれがあるときは、裁判所は、その国民投票の全部又は一部の無効を判決しなければならない。

一　国民投票の管理執行に当たる機関が国民投票の管理執行につき遵守すべき手続に関する規定に違反したこと。

二　第百一条、第百二条、第百九条及び第百十一条から第百十三条までの規定について、多数の投票人が一般にその自由な判断による投票を妨げられたといえる重大な違反があったこと。
三　憲法改正案に対する賛成の投票の数又は反対の投票の数の確定に関する判断に誤りがあったこと。
2　前項第一号の国民投票の管理執行に当たる機関には、国民投票広報協議会を含まないものとする。

（国民投票無効の訴訟の処理）
第百二十九条　第百二十七条の規定による訴訟については、裁判所は、他の訴訟の順序にかかわらず速やかにその裁判をしなければならない。
2　当事者、代理人その他の第百二十七条の規定による訴訟に関与する者は、前項の趣旨を踏まえ、充実した審理を特に迅速に行うことができるよう、裁判所に協力しなければならない。

（国民投票無効の訴訟の提起と国民投票の効力）
第百三十条　第百二十七条の規定による訴訟の提起があっても、憲法改正案に係る国民投票の効力は、停止しない。

（国民投票無効の訴訟に対する訴訟法規の適用）
第百三十一条　第百二十七条の規定による訴訟については、行政事件訴訟法（昭和三十七年法律第百三十九号）第四十三条の規定にかかわらず、同法第十三条、第十九条から第二十一条まで、第二十五条から第二十九条まで、第三十一条及び第三十四条の規定は、準用せず、また、同法第十六条から第十八条までの規定は、第百二十七条の規定により憲法改正案に係る国民投票の無効を求める数個の請求に関してのみ準用する。

（国民投票無効の訴訟についての通知及び判決書謄本の送付）
第百三十二条　第百二十七条の規定による訴訟が提起されたときは、裁判所の長は、その旨を、総務大臣及び中央選挙管理会に通知しなければならない。その訴訟が係属しなくなったときも、また同様とする。
2　第百二十七条の規定による訴訟につき判決が確定したときは、裁判所の長は、その判決書の謄本を、総務大臣及び中央選挙管理会並びに衆議院議長及び参議院議長に送付しなければならない。

（憲法改正の効果の発生の停止）
第百三十三条　憲法改正が無効とされることにより生ずる重大な支障を避けるため緊急の必要があるときは、裁判所は、申立てにより、決定をもって、憲法改正の効果の発生の全部又は一部の停止をするものとする。ただし、本案について理由がないとみえるときは、この限りでない。
2　前項の規定による憲法改正の効果の発生を停止する決定が確定したときは、憲法改正の効果の発生は、本案に係る判決が確定するまでの間、停止する。
3　第一項の決定は、第三者に対しても効力を有する。
4　第一項の決定の管轄裁判所は、本案の係属する裁判所とする。
5　第一項の決定は、疎明に基づいてする。
6　第一項の決定は、口頭弁論を経ないですることができる。ただし、あらかじめ、当事者の意見を聴かなければならない。

（国民投票無効の告示等）
第百三十四条　第百二十七条の規定による訴訟の結果憲法改正案に係る国民投票を無効とする判決が確定したとき又は前条第一項の規定による憲法改正の効果の発生を停止する決定が確定したとき若しくはその決定が効力を失ったときは、中央選挙管理会は、直ちにその旨を官報で告示するとともに、総務大臣を通じ内閣総理大臣に通知しなければならない。
2　内閣総理大臣は、前項の通知を受けたときは、直ちにこれを衆議院議長及び参議院議長に通知しなければならない。

第二節　再投票及び更正決定

第百三十五条　第百二十七条の規定による訴訟の結果、憲法改正案に係る国民投票の全部又は一部が無効となった場合（第六項の規定により憲法改正案に係る国民投票の結果を定める場合を除く。）においては、更に国民投票を行わなければならない。

2　第百二十七条の規定による訴訟を提起することができる期間又は同条の規定による訴訟が裁判所に係属している間は、前項の規定による国民投票を行うことができない。

3　第一項の規定による国民投票は、これを行うべき事由が生じた日から起算して六十日以後百八十日以内において、国会の議決した期日に行う。

4　内閣は、国会法第六十五条第一項の規定により国民投票の再投票の期日に係る議案の送付を受けたときは、速やかに、総務大臣を経由して、当該国民投票の再投票の期日を中央選挙管理会に通知しなければならない。

5　中央選挙管理会は、前項の通知があったときは、速やかに、国民投票の再投票の期日を官報で告示しなければならない。

6　第百二十七条の規定による訴訟の結果、憲法改正案に係る国民投票の全部又は一部が無効となった場合において、更に国民投票を行わないで当該憲法改正案に係る国民投票の結果を定めることができるときは、国民投票会を開き、これを定めなければならない。この場合においては、国民投票長は、国民投票録の写しを添えて、直ちにその憲法改正案に係る国民投票の結果を中央選挙管理会に報告しなければならない。

第五章　補則

（費用の国庫負担）

第百三十六条　国民投票に関する次に掲げる費用その他の国民投票に関する一切の費用は、国庫の負担とする。

一　投票人名簿及び在外投票人名簿の調製に要する費用（投票人名簿及び在外投票人名簿を調製するために必要な情報システムの構築及び維持管理に要する費用を含む。）

二　投票所及び期日前投票所に要する費用

三　開票所に要する費用

四　国民投票分会及び国民投票会に要する費用

五　投票所等における憲法改正案等の掲示に要する費用

六　憲法改正案の広報に要する費用

七　国民投票公報の印刷及び配布に要する費用

八　国民投票の方法に関する周知に要する費用

九　第百六条及び第百七条の規定による放送及び新聞広告に要する費用

十　不在者投票に要する費用

十一　在外投票に要する費用

（国の支出金の算定の基礎等）

第百三十七条　前条の負担に係る地方公共団体に対する支出金の額は、国民投票事務の円滑な執行を確保するため、地方公共団体が当該事務を行うために必要でかつ充分な金額を基礎として、これを算定しなければならない。

2　前項の支出金は、その支出金を財源とする経費の支出時期に遅れないように、これを支出しなければならない。

（行政手続法の適用除外）

第百三十八条　この法律の規定による処分その他公権力の行使に当たる行為については、行政手続法（平成五年法律第八十八号）第二章及び

第三章の規定は、適用しない。

（行政不服審査法による不服申立ての制限）

第百三十九条　この法律の規定による処分その他公権力の行使に当たる行為については、行政不服審査法による不服申立てをすることができない。

（特別区等に対する適用）

第百四十条　この法律中市に関する規定は、特別区に適用する。

2　この法律の規定の適用については、政令で定めるところにより、地方自治法（昭和二十二年法律第六十七号）第二百五十二条の十九第一項の指定都市（以下「指定都市」という。）の区は市と、指定都市の区の選挙管理委員会及び選挙管理委員は市の選挙管理委員会及び選挙管理委員とみなす。

（国民投票に関する期日の国外における取扱い）

第百四十一条　この法律に規定する国民投票に関する期日の国外における取扱い（第六十一条第一項、第四項、第七項及び第八項の規定による投票に関するものを除く。）については、政令で定める。

（国民投票に関する届出等の時間）

第百四十二条　この法律又はこの法律に基づく命令の規定によって総務大臣、中央選挙管理会、選挙管理委員会、投票管理者、開票管理者、国民投票分会長、国民投票長等に対してする届出、請求、申出その他の行為は、午前八時三十分から午後五時までの間にしなければならない。ただし、次に掲げる行為は、当該市町村の選挙管理委員会の職員につき定められている執務時間内にしなければならない。

一　第三十条において準用する公職選挙法第二十九条第二項の規定による投票人名簿の修正に関する調査の請求

二　第四十三条第二項において準用する公職選挙法第二十九条第二項の規定による在外投票人名簿の修正に関する調査の請求

2　前項の規定にかかわらず、第六十一条第一項、第四項、第七項若しくは第八項の規定による投票に関し国外においてする行為、第六十二条第一項第一号の規定による投票又はこの法律若しくはこの法律に基づく命令の規定によって在外公館の長に対してする行為は、政令で定める時間内にしなければならない。

（不在者投票の時間）

第百四十三条　前条第一項の規定にかかわらず、第六十一条第一項、第四項、第七項又は第八項の規定による投票に関し不在者投票管理者等に対してする行為（国外においてするものを除く。次項において同じ。）のうち政令で定めるものは、午前八時三十分から午後八時（当該行為を行おうとする地の市町村の選挙管理委員会が地域の実情等を考慮して午後五時から午後八時までの間でこれと異なる時刻を定めている場合にあっては、当該定められている時刻）までの間にすることができる。

2　前条第一項の規定にかかわらず、第六十一条第一項、第四項、第七項又は第八項の規定による投票に関し不在者投票管理者等に対してする行為のうち政令で定めるものは、当該行為を行おうとする地の市町村の選挙管理委員会の職員につき定められている執務時間内にしなければならない。

（国民投票に関する届出等の期限）

第百四十四条　この法律又はこの法律に基づく命令の規定によって総務大臣、中央選挙管理会又は選挙管理委員会に対してする届出、請求、申出その他の行為（内閣総理大臣、選挙管理委員会等が総務大臣又は選挙管理委員会に対してする行為を含む。）の期限については、行政機関の休日に関する法律（昭和六十三年法律第九十一号）第二条本文及び地方自治法第四条の二第四項本文の規定は、適用しない。

（一部無効による再投票の特例）

第百四十五条　憲法改正案に係る国民投票の一部無効による再投票については、この法律に特別の規定があるものを除くほか、当該再投票の行われる区域等に応じて政令で特別の定めをすることができる。

（在外投票を行わせることができない場合の取扱い）

第百四十六条　第六十二条第一項第一号の規定による投票を同号に定める期間内に行わせることができないときは、更に投票を行わせることは、しないものとする。

（政令への委任）

第百四十七条　この法律に定めるもののほか、この法律の実施のための手続及び費用の負担その他その施行に関し必要な事項は、政令で定める。

（国民投票事務の委嘱）

第百四十八条　都道府県又は市町村の選挙管理委員会が、都道府県知事又は市町村長の承認を得て、当該都道府県又は市町村の補助機関たる職員に国民投票に関する事務を委嘱したときは、これらの職員は、忠実にその事務を執行しなければならない。

（投票人に関する記録の保護）

第百四十九条　市町村の委託を受けて行う投票人名簿又は在外投票人名簿に関する事務の処理に従事している者又は従事していた者は、その事務に関して知り得た事項をみだりに他人に知らせ、又は不当な目的に使用してはならない。

（事務の区分）

第百五十条　この法律の規定により地方公共団体が処理することとされている事務は、地方自治法第二条第九項第一号に規定する第一号法定受託事務とする。

第六章　憲法改正の発議のための国会法の一部改正

第百五十一条　国会法の一部を次のように改正する。

第六章の次に次の一章を加える。

第六章の二　日本国憲法の改正の発議

第六十八条の二　議員が日本国憲法の改正案（以下「憲法改正案」という。）の原案（以下「憲法改正原案」という。）を発議するには、第五十六条第一項の規定にかかわらず、衆議院においては議員百人以上、参議院においては議員五十人以上の賛成を要する。

第六十八条の三　前条の憲法改正原案の発議に当たっては、内容において関連する事項ごとに区分して行うものとする。

第六十八条の四　憲法改正原案につき議院の会議で修正の動議を議題とするには、第五十七条の規定にかかわらず、衆議院においては議員百人以上、参議院においては議員五十人以上の賛成を要する。

第六十八条の五　憲法改正原案について国会において最後の可決があった場合には、その可決をもって、国会が日本国憲法第九十六条第一項に定める日本国憲法の改正（以下「憲法改正」という。）の発議をし、国民に提案したものとする。この場合において、両議院の議長は、憲法改正の発議をした旨及び発議に係る憲法改正案を官報に公示する。

憲法改正原案について前項の最後の可決があった場合には、第六十五条第一項の規定にかかわらず、その院の議長から、内閣に対し、その旨を通知するとともに、これを送付する。

第六十八条の六　憲法改正の発議に係る国民投票の期日は、当該発議後速やかに、国会の議決でこれを定める。

第八十三条の四を第八十三条の五とし、第八十三条の三の次に次の一条を加える。

第八十三条の四　憲法改正原案について、甲議院の送付案を乙議院が否決したときは、その議案を甲議院に返付する。

憲法改正原案について、甲議院は、乙議院の回付案に同意しなかった場合において両院協議会を求めないときは、その議案を乙議院に返付する。

第八十六条の次に次の一条を加える。

第八十六条の二　憲法改正原案について、甲議院において乙議院の回付案に同意しなかったとき、又は乙議院において甲議院の送付案を否決したときは、甲議院は、両院協議会を求めることができる。

憲法改正原案について、甲議院が、乙議院の回付案に同意しなかった場合において両院協議会を求めなかったときは、乙議院は、両院協議会を求めることができる。

第八十七条第一項中「及び条約」を「、条約及び憲法改正原案」に改める。

「第十一章の二　憲法調査会」を「第十一章の二　憲法審査会」に改める。

第百二条の六中「日本国憲法」の下に「及び日本国憲法に密接に関連する基本法制」を加え、「行う」を「行い、憲法改正原案、日本国憲法に係る改正の発議又は国民投票に関する法律案等を審査する」に、「憲法調査会」を「憲法審査会」に改める。

第百二条の七中「前条」を「第百二条の六から前条まで」に、「憲法調査会」を「憲法審査会」に改め、同条を第十一章の二中第百二条の十とする。

第百二条の六の次に次の三条を加える。

第百二条の七　憲法審査会は、憲法改正原案及び日本国憲法に係る改正の発議又は国民投票に関する法律案を提出することができる。この場合における憲法改正原案の提出については、第六十八条の三の規定を準用する。

前項の憲法改正原案及び日本国憲法に係る改正の発議又は国民投票に関する法律案については、憲法審査会の会長をもって提出者とする。

第百二条の八　各議院の憲法審査会は、憲法改正原案に関し、他の議院の憲法審査会と協議して合同審査会を開くことができる。

前項の合同審査会は、憲法改正原案に関し、各議院の憲法審査会に勧告することができる。

前二項に定めるもののほか、第一項の合同審査会に関する事項は、両議院の議決によりこれを定める。

第百二条の九　第五十三条、第五十四条、第五十六条第二項本文、第六十条及び第八十条の規定は憲法審査会について、第四十七条（第三項を除く。）、第五十六条第三項から第五項まで、第五十七条の三及び第七章の規定は日本国憲法に係る改正の発議又は国民投票に関する法律案に係る憲法審査会について準用する。

憲法審査会に付託された案件についての第六十八条の規定の適用については、同条ただし書中「第四十七条第二項の規定により閉会中審査した議案」とあるのは、「憲法改正原案、第四十七条第二項の規定により閉会中審査した議案」とする。

第十一章の二の次に次の一章を加える。

第十一章の三　国民投票広報協議会

第百二条の十一　憲法改正の発議があったときは、当該発議に係る憲法改正案の国民に対する広報に関する事務を行うため、国会に、各議院においてその議員の中から選任された同数の委員で組織する国民投票広報協議会を設ける。

国民投票広報協議会は、前項の発議に係る国民投票に関する手続が終了するまでの間存続する。

国民投票広報協議会の会長は、その委員がこれを互選する。

第百二条の十二　前条に定めるもののほか、国民投票広報協議会に関する事項は、別に法律でこれを定める。

附則

（施行期日）

第一条　この法律は、公布の日から起算して三年を経過した日から施行する。ただし、第六章の規定（国会法第十一章の二の次に一章を加える改正規定を除く。）並びに附則第四条、第六条及び第七条の規定は公布の日以後初めて召集される国会の召集の日から、附則第三条第一項、第十一条及び第十二条の規定は公布の日から施行する。

（在外投票人名簿の登録の申請等に関する特例）

第二条　政令で定める日前に住民基本台帳に記録されたことがある者であって、同日以後いずれの市町村の住民基本台帳にも記録されたことがないものに対するこの法律の適用については、第三十六条第一項中「最終住所の所在地の市町村の選挙管理委員会（その者が、いずれの市町村の住民基本台帳にも記録されたことがない者である場合には、申請の時におけるその者の本籍地の市町村の選挙管理委員会）」とあり、及び同条第三項中「当該申請をした者の最終住所の所在地の市町村の選挙管理委員会（当該申請をした者が、いずれの市町村の住民基本台帳にも記録されたことがない者である場合には、申請の時におけるその者の本籍地の市町村の選挙管理委員会）」とあるのは「申請の時におけるその者の本籍地の市町村の選挙管理委員会」と、第三十八条第一項中「領事官をいう。以下この項において同じ」とあるのは「領事官をいう」と、「、最終住所及び生年月日（当該在外投票人名簿に登録した者がいずれの市町村の住民基本台帳にも記録されたことがない者である場合には、その者の氏名、経由領事官の名称及び生年月日）」とあるのは「及び生年月日」とする。

2　当分の間、北方領土問題等の解決の促進のための特別措置に関する法律（昭和五十七年法律第八十五号）第十一条第一項に規定する北方地域に本籍を有する者に対するこの法律の適用については、第五条中「市町村長」とあるのは「北方領土問題等の解決の促進のための特別措置に関する法律（昭和五十七年法律第八十五号。以下「特別措置法」という。）第十一条第一項の規定により法務大臣が指名した者」と、「その市町村に本籍を有する者で」とあるのは「特別措置法第十一条第一項に規定する北方地域に本籍を有する者で」と、第三十六条第一項及び第三項中「申請の時におけるその者の本籍地の市町村」とあるのは「申請の時において特別措置法第十一条第一項の規定により法務大臣が指名した者が長である市又は町」と、第四十三条第一項中「市町村長は、その市町村に本籍を有する者で」とあるのは「特別措置法第十一条第一項の規定により法務大臣が指名した者は、同項に規定する北方地域に本籍を有する者で」と、前項の規定により読み替えて適用される第三十六条第一項及び第三項中「申請の時におけるその者の本籍地の市町村」とあるのは「申請の時において特別措置法第十一条第一項の規定により法務大臣が指名した者が長である市又は町」とする。

（法制上の措置）

第三条　国は、この法律が施行されるまでの間に、年齢満十八年以上満二十年未満の者が国政選挙に参加することができること等となるよう、選挙権を有する者の年齢を定める公職選挙法、成年年齢を定める民法（明治二十九年法律第八十九号）その他の法令の規定について検討を加え、必要な法制上の措置を講ずるものとする。

2　前項の法制上の措置が講ぜられ、年齢満十八年以上満二十年未満の者が国政選挙に参加すること等ができるまでの間、第三条、第二十二条第一項、第三十五条及び第三十六条第一項の規定の適用については、これらの規定中「満十八年以上」とあるのは、「満二十年以上」とする。

（この法律の施行までの間の国会法の適用に関する特例）

第四条　第六章の規定による改正後の国会法第六章の二、第八十三条の

四、第八十六条の二、第百二条の六、第百二条の七及び第百二条の九第二項の規定は、同法第六十八条の二に規定する憲法改正原案については、この法律が施行されるまでの間は、適用しない。

（地方自治法の一部改正）

第五条　地方自治法の一部を次のように改正する。

別表第一に次のように加える。

日本国憲法の改正手続に関する法律（平成十九年法律第▼▼▼号）	この法律の規定により地方公共団体が処理することとされている事務

（国会議員の歳費、旅費及び手当等に関する法律の一部改正）

第六条　国会議員の歳費、旅費及び手当等に関する法律（昭和二十二年法律第八十号）の一部を次のように改正する。

第八条の二中「憲法調査会」を「憲法審査会」に改める。

（議院に出頭する証人等の旅費及び日当に関する法律の一部改正）

第七条　議院に出頭する証人等の旅費及び日当に関する法律（昭和二十二年法律第八十一号）の一部を次のように改正する。

第六条中「憲法調査会」を「憲法審査会」に改める。

（住民基本台帳法の一部改正）

第八条　住民基本台帳法の一部を次のように改正する。

第十七条の二第一項中「登録された者」の下に「及び日本国憲法の改正手続に関する法律（平成十九年法律第▼▼▼号）第三十七条第一項の規定に基づいて在外投票人名簿に登録された者」を加え、同条第二項中「とき、又は」を「とき若しくは」に改め、「抹消したとき」の下に「、又は日本国憲法の改正手続に関する法律第三十七条第一項の規定により在外投票人名簿に登録したとき若しくは同法第四十二条の規定により在外投票人名簿から抹消したとき」を加える。

（総務省設置法の一部改正）

第九条　総務省設置法（平成十一年法律第九十一号）の一部を次のように改正する。

第二十二条第二項中「及び」を「、日本国憲法の改正手続に関する法律（平成十九年法律第▼▼▼号）及び」に改める。

（行政手続等における情報通信の技術の利用に関する法律の一部改正）

第十条　行政手続等における情報通信の技術の利用に関する法律の一部を次のように改正する。

別表に次のように加える。

日本国憲法の改正手続に関する法律（平成十九年法律第▼▼▼号）	第三十六条第一項	第三条
	第三十七条第三項	第四条

（公務員の政治的行為の制限に関する検討）

第十一条　国は、この法律が施行されるまでの間に、公務員が国民投票に際して行う憲法改正に関する賛否の勧誘その他意見の表明が制限されることとならないよう、公務員の政治的行為の制限について定める国家公務員法（昭和二十二年法律第百二十号）、地方公務員法（昭和二十五年法律第二百六十一号）その他の法令の規定について検討を加え、必要な法制上の措置を講ずるものとする。

（憲法改正問題についての国民投票制度に関する検討）

第十二条　国は、この規定の施行後速やかに、憲法改正を要する問題及び憲法改正の対象となり得る問題についての国民投票制度に関し、その意義及び必要性の有無について、日本国憲法の採用する間接民主制との整合性の確保その他の観点から検討を加え、必要な措置を講ずるものとする。

別記様式（第五十六条関係）

表

折目

日本国憲法改正国民投票

都（道府県）（市）（区）（町）（村）
選挙管理委員会　　印

裏

折目

○注意

一　憲法改正案に賛成するときは、次の欄内の賛成の文字を○の記号で囲むこと。

一　憲法改正案に反対するときは、次の欄内の反対の文字を○の記号で囲むこと。

三　○の記号以外は何も書かないこと。

記載欄	
賛成	反対

備考

一　用紙は、折りたたんだ場合においてなるべく外部から○の記号を透視することができない紙質のものを使用しなければならない。

二　二以上の憲法改正案に係る投票用紙であるかを表示しなければならない。

三　投票用紙に押すべき都道府県の選挙管理委員会の印は、都道府県の選挙管理委員会の定めるところにより、都道府県の印又は市区町村の選挙管理委員会の印若しくは市区町村の印をもってこれに代えても差し支えない。

四　不正行為を防止することができる方法で投票用紙を印刷することができると認められる場合に限り、都道府県の選挙管理委員会は、その定めるところにより、投票用紙に押すべき都道府県又は指定都市の選挙管理委員会の印を刷込み式にしても差し支えない。

五　投票用紙は、片面印刷の方法により調製しても差し支えない。

資料Ⅲ・34

国会法改正（憲法審査会設置）

二〇〇七年五月一八日

コメント

1．改憲手続法一五一条により国会法が改正され、憲法改正原案を国会に発議する手続が定められ、また、「憲法改正原案、日本国憲法に係る改正の発議又は国民投票に関する法律案を審査する」ため憲法審査会が設けられることとなった。本改正は、これに基づいて憲法調査会を廃止して憲法審査会を設置する国会法改正である。

2．改正の眼目は、法一〇二条の六で、憲法審査会に、国会で付議された憲法改正原案の審査、日本国憲法の改正の発議の審査を委ねた点である。

第十一章の二　憲法審査会

第百二条の六　日本国憲法及び日本国憲法に密接に関連する基本法制について広範かつ総合的に調査を行い、憲法改正原案、日本国憲法に係る改正の発議又は国民投票に関する法律案等を審査するため、各議院に憲法審査会を設ける。

第百二条の七　憲法審査会は、憲法改正原案及び日本国憲法に係る改正の発議又は国民投票に関する法律案を提出することができる。この場合における憲法改正原案の提出については、第六十八条の三の規定を準用する。

②　前項の憲法改正原案及び日本国憲法に係る改正の発議又は国民投票に関する法律案については、憲法審査会の会長をもって提出者とする。

第百二条の八　各議院の憲法審査会は、憲法改正原案に関し、他の議院の憲法審査会と協議して合同審査会を開くことができる。

②　前項の合同審査会は、憲法改正原案に関し、各議院の憲法審査会に勧告することができる。

③　前二項に定めるもののほか、第一項の合同審査会に関する事項は、両議院の議決によりこれを定める。

第百二条の九　第五十三条、第五十四条、第五十六条第二項本文、第六十条及び第八十条の規定は憲法審査会について、第四十七条（第三項を除く。）、第五十六条第三項から第五項まで、第五十七条の三及び第七章の規定は日本国憲法に係る改正の発議又は国民投票に関する法律案に係る憲法審査会について準用する。

②　憲法審査会に付託された案件についての第六十八条の規定の適用については、同条ただし書中「第四十七条第二項の規定により閉会中審査した議案」とあるのは、「憲法改正原案、第四十七条第二項の規定により閉会中審査した議案」とする。

第百二条の十　第百二条の六から前条までに定めるもののほか、憲法審査会に関する事項は、各議院の議決によりこれを定める。

資料Ⅲ・35

新テロ対策特別措置法

（テロ対策海上阻止活動に対する補給支援活動の実施に関する特別措置法）

二〇〇八年一月一六日法律第一号

コメント

1．二〇〇一年に小泉純一郎内閣下で制定されたテロ対策特措法（⇩Ⅱ・35）は、期限の延長を繰り返したが、〇七年の参議院選挙で自民党が敗北し同法の延長が不可能となったことを理由の一つとして第一次安倍内閣が退陣し、続く福田康夫内閣も民主党小沢一郎代表との大連立交渉が挫折したためこの法律の延長の合意をとれず、〇七年一一月に失効した。このため、「テロ対策海上阻止活動」を行う諸外国の軍隊等に対（する）補給支援活動」に限って活動を再開・継続することをねらって期間一年の時限立法としてつくられたのが、本法律である。法案は野党が多数を占める参議院で否決されたが、衆議院で再可決され、成立した。

2．本法は活動を限定したほかは、武器使用等についてはテロ対策特措法と同様の規定であったが、テロ対策特措法が基本計画に基づく自衛隊の活動については国会の事後承認を求めることを義務づけていた（同法五条）のに対し、本法では実施計画については国会への報告（同法七条）にとどめた。これは、衆参のネジレの下で、国会での承認が得られないことを恐れたためであった。

3．本法は、一年後の〇八年一二月、再び参議院での否決、衆議院での再可決という手続きを経て、一年延長されたが、〇九年、民主党政権への政権交代を経て、鳩山由紀夫内閣は同法を延長せず、自衛隊による給油活動は終了した。

（目的）

第一条 この法律は、我が国がテロ対策海上阻止活動を行う諸外国の軍隊その他これに類する組織（以下「諸外国の軍隊等」という。）に対し旧平成十三年九月十一日のアメリカ合衆国において発生したテロリストによる攻撃等に対応して行われる国際連合憲章の目的達成のための諸外国の活動に対して我が国が実施する措置及び関連する国際連合決議等に基づく人道的措置に関する特別措置法（平成十三年法律第百十三号）に基づいて実施した海上自衛隊による給油その他の協力支援活動が国際的なテロリズムの防止及び根絶のための国際社会の取組に貢献し、国際連合安全保障理事会決議第千七百七十六号においてその貢献に対する評価が表明されたことを踏まえ、あわせて、平成十三年九月十一日にアメリカ合衆国において発生したテロリストによる攻撃によってもたらされている脅威（以下「テロ攻撃による脅威」という。）がいまだ除去されていない現状において、同理事会決議第千三百六十八号、第千三百七十三号その他の同理事会決議が国際連合のすべての加盟国に対し国際的なテロリズムの行為の防止等のために適切な措置をとることを求めていることを受けて、国際社会が国際的なテロリズムの防止及び根絶のための取組を継続し、その一環として、諸外国の軍隊等がテロ攻撃による脅威の除去に努めることにより国際連合憲章の目的の達成に寄与する活動を行っていること、及び同理事会決議第千七百七十六号において当該活動の継続的な実施の必要性が強調されていることにかんがみ、テロ対策海上阻止活動を行う諸外国の軍隊等に対し補給支援活動を実施することにより、我が国が国際的なテロリズムの防止及び根絶のための国際社会の取組に引き続き積極的かつ主体的に寄与し、もって我が国を含む国際社会の平和及び安全の確保に資することを目的とする。

（基本原則）

第二条　政府は、この法律に基づく補給支援活動を適切かつ迅速に実施することにより、国際的なテロリズムの防止及び根絶のための国際社会の取組に我が国として積極的かつ主体的に寄与し、もって我が国を含む国際社会の平和及び安全の確保に努めるものとする。

2　補給支援活動の実施は、武力による威嚇又は武力の行使に当たるものであってはならない。

3　補給支援活動については、我が国領域及び現に戦闘行為（国際的な武力紛争の一環として行われる人を殺傷し又は物を破壊する行為をいう。以下同じ。）が行われておらず、かつ、そこで実施される活動の期間を通じて戦闘行為が行われることがないと認められる次に掲げる地域において実施するものとする。

一　公海（インド洋（ペルシャ湾を含む。以下同じ。）及び我が国の領域とインド洋との間の航行に際して通過する海域に限り、海洋法に関する国際連合条約に規定する排他的経済水域を含む。第五条第五項において同じ。）及びその上空

二　外国（インド洋又はその沿岸に所在する国及び我が国の領域とこれらの国との間の航行に際して寄港する地が所在する国に限る。以下同じ。）の領域（当該補給支援活動が行われることについて当該外国の同意がある場合に限る。）

4　内閣総理大臣は、補給支援活動の実施に当たり、第四条第一項に規定する実施計画に基づいて、内閣を代表して行政各部を指揮監督する。

5　関係行政機関の長は、前条の目的を達成するため、補給支援活動の実施に関し、防衛大臣に協力するものとする。

（定義）

第三条　この法律において、次の各号に掲げる用語の意義は、それぞれ当該各号に定めるところによる。

一　テロ対策海上阻止活動　諸外国の軍隊等が行っているテロ攻撃による脅威の除去に努めることにより国際連合憲章の目的の達成に寄与する活動のうち、テロリスト、武器等の移動を国際的協調の下に阻止し及び抑止するためインド洋上を航行する船舶に対して検査、確認その他の必要な措置を執る活動をいう。

二　補給支援活動　テロ対策海上阻止活動の円滑かつ効果的な実施に資するため、自衛隊がテロ対策海上阻止活動に係る任務に従事する諸外国の軍隊等の艦船に対して実施する自衛隊に属する物品及び役務の提供（艦船若しくは艦船に搭載する回転翼航空機の燃料油の給油又は給水を内容とするものに限る。）に係る活動をいう。

（実施計画）

第四条　内閣総理大臣は、補給支援活動を実施するに当たっては、あらかじめ、補給支援活動に関する実施計画（以下「実施計画」という。）の案につき閣議の決定を求めなければならない。

2　実施計画に定める事項は、次のとおりとする。

一　補給支援活動の実施に関する基本方針

二　補給支援活動を実施する区域の指定に関する事項

三　補給支援活動を外国の領域で実施する自衛隊の部隊等（自衛隊法（昭和二十九年法律第百六十五号）第八条に規定する部隊等をいう。以下同じ。）の規模及び構成並びに装備並びに派遣期間

四　自衛隊がその事務又は事業の用に供し又は供していた物品以外の物品を調達して諸外国の軍隊等に譲与する場合には、その実施に係る重要事項

五　補給支援活動の実施のための関係行政機関の連絡調整に関する事項

六　その他補給支援活動の実施に関する重要事項

3　第一項の規定は、実施計画の変更について準用する。

（補給支援活動としての物品及び役務の提供の実施）

第五条　防衛大臣又はその委任を受けた者は、実施計画に従い、補給支援活動としての自衛隊に属する物品の提供を実施するものとする。

2　防衛大臣は、実施計画に従い、補給支援活動としての自衛隊による役務の提供について、実施要項を定め、これについて内閣総理大臣の承認を得て、自衛隊の部隊等にその実施を命ずるものとする。

3　防衛大臣は、前項の実施要項において、当該補給支援活動を実施する区域（以下この条において「実施区域」という。）を指定するものとする。

4　防衛大臣は、実施区域の全部又は一部がこの法律又は実施計画に定められた要件を満たさないものとなった場合には、速やかに、その指定を変更し、又はそこで実施されている活動の中断を命じなければならない。

5　補給支援活動のうち公海若しくはその上空又は外国の領域における活動の実施を命ぜられた自衛隊の部隊等の長又はその指定する者は、当該補給支援活動を実施している場所の近傍において、戦闘行為が行われるに至った場合又は付近の状況等に照らして戦闘行為が行われることが予測される場合には、当該補給支援活動の実施を一時休止し又は避難するなどして当該戦闘行為による危険を回避しつつ、前項の規定による措置を待つものとする。

6　第二項の規定は、同項の実施要項の変更（第四項の規定により実施区域を縮小する変更を除く。）について準用する。

（物品の無償貸付及び譲与）

第六条　防衛大臣又はその委任を受けた者は、その所管に属する前条第一項の物品につき、諸外国の軍隊等からテロ対策海上阻止活動の用に供するため当該物品の無償貸付又は譲与を求める旨の申出があった場合において、当該テロ対策海上阻止活動の円滑な実施に必要であると認めるときは、その所掌事務に支障を生じない限度において、当該申出に係る物品を当該諸外国の軍隊等に対し無償で貸し付け、又は譲与することができる。

（国会への報告）

第七条　内閣総理大臣は、次に掲げる事項を、遅滞なく、国会に報告しなければならない。

一　実施計画の決定又は変更があったときは、その内容

二　補給支援活動が終了したときは、その結果

（武器の使用）

第八条　補給支援活動の実施を命ぜられた自衛隊の部隊等の自衛官は、自己又は自己と共に現場に所在する他の自衛隊員若しくはその職務を行うに伴い自己の管理の下に入った者の生命又は身体の防護のためやむを得ない必要があると認める相当の理由がある場合には、その事態に応じ合理的に必要と判断される限度で、武器を使用することができる。

2　前項の規定による武器の使用は、現場に上官が在るときは、その命令によらなければならない。ただし、生命又は身体に対する侵害又は危難が切迫し、その命令を受けるいとまがないときは、この限りでない。

3　第一項の場合において、当該現場に在る上官は、統制を欠いた武器の使用によりかえって生命若しくは身体に対する危険又は事態の混乱を招くこととなることを未然に防止し、当該武器の使用が同項及び次項の規定に従いその目的の範囲内において適正に行われることを確保する見地から必要な命令をするものとする。

4　第一項の規定による武器の使用に際しては、刑法（明治四十年法律第四十五号）第三十六条又は第三十七条に該当する場合のほか、人に

危害を与えてはならない。

（政令への委任）

第九条　この法律に定めるもののほか、この法律の実施のための手続その他この法律の施行に関し必要な事項は、政令で定める。

附則

（施行期日）

第一条　この法律は、公布の日から施行する。

（自衛隊法の一部改正）

第二条　自衛隊法の一部を次のように改正する。

附則第七項中第一号を削り、第二号を第一号とし、同号の次に次の一号を加える。

二　テロ対策海上阻止活動に対する補給支援活動の実施に関する特別措置法（平成二十年法律第一号）　補給支援活動としての物品の提供

附則第八項中第一号を削り、第二号を第一号とし、同号の次に次の一号を加える。

二　テロ対策海上阻止活動に対する補給支援活動の実施に関する特別措置法　部隊等による補給支援活動としての役務の提供

附則第九項第一号を削り、同項第二号中「前項第二号」を「前項第一号」に改め、同号を同項第一号とし、同号の次に次の一号を加える。

二　前項第二号に定める活動　自己と共に現場に所在する他の隊員又はその職務を行うに伴い自己の管理の下に入った者

（この法律の失効等）

第三条　この法律は、施行の日から起算して一年を経過した日に、その効力を失う。ただし、その日より前に、補給支援活動を実施する必要がないと認められるに至ったときは、速やかに廃止するものとする。

第四条　前条の規定にかかわらず、施行の日から起算して一年を経過する日以後においても補給支援活動を実施する必要があると認められるに至ったときは、別に法律で定めるところにより、同日から起算して一年以内の期間を定めて、その効力を延長することができる。

第五条　前条の規定は、同条（この条において準用する場合を含む。）の規定により効力を延長した後その定めた期間を経過しようとする場合について準用する。

資料Ⅲ・36

自衛隊のイラク派兵差止等請求事件

名古屋高等裁判所判決二〇〇八年四月一七日

（平成一八（ネ）四九九　自衛隊のイラク派兵差止等請求控訴事件）

コメント

1．本判決は、二〇〇四年の自衛隊イラク派兵に対し、同年二月二三日の第一次提訴以来、七次にわたって行われた、自衛隊イラク派兵差し止め訴訟（第一次～五次訴訟）の控訴審判決である。

本判決では、原告・控訴人が求めてきた、イラク特措法の違憲確認、平和的生存権侵害を理由とする自衛隊イラク派兵の差し止め、慰謝料請求の三点については、前二者は不適法で却下、損害賠償請求に関しては棄却という原審判決を踏襲して控訴を棄却したが、実体判断を行い、自衛隊のイラク派兵は、武力行使を禁止し活動地域を非戦闘地域に限定したイラク特措法、ならびに憲法九条に違反すると判断し、また原告が主張した「平和的生存権」につきその具体的権利性を認めた。この点では、下級審の判断ながら画期的な意義を持つ。

2．アメリカのイラク戦争開始に呼応して、二〇〇三年七月、イラク特措法が成立、同年一二月の閣議決定に基づき、〇四年一月、自衛隊のイラク派兵が敢行された。

これに対し、北海道を皮切りに全国で自衛隊のイラク派兵の違憲を問う裁判が提起されたが、名古屋でも、〇四年二月二三日の第一次訴訟を皮切りに七次にわたる自衛隊イラク派兵差し止め訴訟が提起された。そのうち、第一次～第五次訴訟の第一審判決が、〇五年四月一四日に出され、原告の訴えを却下した。同年四月二〇日原告が控訴したことに対する控訴審判決が本判決である。

3．本件判決のくわしい検討は省略するが、その画期的な点は二点ある。

第一は、本件判決が自衛隊のイラク派兵を、イラク特措法違反と並んで憲法九条違反と判断したことである。本判決は、自衛隊の合・違憲の判断には踏み込まず、憲法九条についての政府解釈、とりわけ、自衛隊の海外での活動に制約を加えた政府解釈を前提にし、それに照らして、自衛隊のイラクでの活動を検討した。

ここで参照された政府解釈とは、一つは、自衛隊の海外での武力行使を目的とした「海外派兵」は許されない、二つ目は、武力行使にわたらない協力でも、それが「他国による武力行使と一体となるようなもの」は自らも武力行使を行ったという法的評価を受けるもので許されない、というものである。この場合「他国の武力行使との一体化」の有無は、戦闘活動の行われている地点との「地理的関係」、「当該行動の具体的内容」などが基準となるが、「地理的関係」について、イラク特措法は、活動を「非戦闘地域」に限ると定めていたから、具体的には、自衛隊の派遣されたバクダッドなどが戦闘地域にあたるか否か、また自衛隊の兵員輸送活動などが、「他国による武力行使と一体化した行動」と見なされるか否かが争点となった。

判決はその点を検討して、自衛隊のイラク派兵は「他国による武力行使と一体化した活動」であると認定し、「よって、現在イラクにおいて行われている航空自衛隊の空輸活動は、政府と同じ憲法解釈に立ち、イラク特措法を合憲とした場合であっても、武力行使を禁止したイラク特措法二条二項、活動地域を非戦闘地域に限定した同条三項に違反し、かつ、憲法九条一項に違反する活動を含んでいることが認められる。」と認定したのである。

４．判決の注目すべき点の第二は、判決が、原告が差止請求ならびに損害賠償請求の根拠とした「平和的生存権」を具体的権利として容認した点である。

判決は、まず、平和的生存権は、「現代において憲法の保障する基本的人権が平和の基盤なしには存立し得ないことからして、全ての基本的人権の基礎にあってその享有を可能ならしめる基底的権利であるということができ、単に憲法の基本的精神や理念を表明したに留まるものではない」として法規範性を認め、さらに、この権利は「自由権的、社会権的又は参政権的な態様をもって表れる複合的な権利ということができ、裁判所に対してその保護・救済を求め法的強制措置の発動を請求し得るという意味における具体的権利性が肯定される場合がある」とした。

そのうえで、判決は、「憲法九条に違反する国の行為、すなわち戦争の遂行、武力の行使等や、戦争の準備行為等によって、個人の生命、自由が侵害され又は侵害の危機にさらされ、あるいは、現実的な戦争等による被害や恐怖にさらされるような場合、また、憲法九条に違反する戦争の遂行等への加担・協力を強制されるような場合には、平和的生存権の主として自由権的な態様の表れとして、裁判所に対し当該違憲行為の差止請求や損害賠償請求等の方法により救済を求めることができる場合があると解することができ」るとしたのである。

本件原告は、自衛隊のイラク派兵によって生命、自由の侵害にさらされあるいは戦争遂行等への加担を強制される者ではないという点から、判決は原告らの差止請求、損害賠償請求を認めなかったが、それら訴えを認める可能性を示唆したのである。

判　決

当事者の表示　別紙当事者目録記載のとおり

主　文

1　本件控訴をいずれも棄却する。

2　控訴費用は控訴人らの負担とする。

事実及び理由

第1　当事者の求めた裁判

1　控訴人ら

（1）原判決を取り消す。

（2）別紙当事者目録別紙控訴人目録2記載の控訴人ら（以下「控訴人Aら」という。）の請求

ア　被控訴人は、イラクにおける人道復興支援活動及び安全確保支援活動の実施に関する特別措置法（以下「イラク特措法」という。）により、自衛隊をイラク及びその周辺地域並びに周辺海域に派遣してはならない。

イ　被控訴人がイラク特措法により、自衛隊をイラク及びその周辺地域に派遣したことは、違憲であることを確認する。

（3）控訴人ら全員（別紙当事者目録別紙控訴人目録1に記載）の請求

被控訴人は、控訴人らそれぞれに対し、各一万円を支払え。

（4）訴訟費用は、第一、二審とも被控訴人の負担とする。

2　被控訴人

主文と同旨

第2　事案の概要

1　本件は、被控訴人がイラク特措法に基づきイラク及びその周辺地域に自衛隊を派遣したこと（以下「本件派遣」という。また、以下、イラク共和国及びその周辺地域のことを単に「イラク」ということがある。）は違憲であるとする控訴人らが、本件派遣によって平和的生存権ないしその一内容としての「戦争や武力行使をしない日本に生存する権利」等（以下、一括して「平和的生存権等」ということがある。）を侵害されたとして、国家賠償法一条一項に基づき、各自それぞれ一万円の損害賠償を請求するとともに（以下「本件損害賠償請求」という。）、控訴人Aらにおいて、本件派遣をしてはならないこと（以下「本件差止請求」という。）及び本件派遣が憲法九条に反し違憲であることの確認（以下「本件違憲確認請求」という。）を求めた事案である。

原判決は、控訴人Aらの本件差止請求及び本件違憲確認請求にかかる訴えは不適法であるとして訴えを却下し、控訴人らの本件損害賠償請求については請求を棄却したところ、控訴人らが控訴した。

2　前提事実（公知の事実、当裁判所に顕著な事実等）

（1）平成一五年七月二六日、第一五六回国会において、四年間の時限立法であるイラク特措法（平成一五年法律第一三七号）が可決成立し、同年八月一日、公布、施行された。

（2）内閣は、平成一五年一二月九日、同法に基づく人道復興支援活動又は安全確保支援活動（以下「対応措置」という。）に関する基本計画（以下単に「基本計画」ということがある。）を閣議決定した。

（3）防衛庁長官（平成一八年一二月法律一一八号による改正以前。以下同様。）は、基本計画に従って、対応措置として実施される業務としての自衛隊による役務の提供について実施要項を定め、これについて内閣総理大臣の承認を得て、自衛隊に準備命令を発するとともに、航空自衛隊先遣隊に派遣命令を発して、これを同月二六日からイラク、クウエート国（以下「クウェート」という。）へ派遣し、その後、陸上自衛隊に派遣命令を発して、これを平成一六年一月一六日からイラク南部ムサンナ県サマワに派遣するなど、自衛隊をイラクに派遣した。

（4）陸上自衛隊は、平成一八年七月一七日、サマワから完全撤退した。しかし、航空自衛隊は、その後、クウェートからイラクの首都バグダッド等へ物資・人員の空輸活動を継続している（平成一八年八月に基本計画の一部変更を閣議決定）。

（5）平成一九年六月二〇日、第一六六回国会において、イラクへの自衛隊派遣を二年間延長することを内容とする改正イラク特措法（平成一九年法律第一〇一号）が可決成立し、現在も航空自衛隊の空輸活動が行われている。

3　当事者の主張

別紙のとおり

第3　当裁判所の判断

1　当裁判所も、控訴人Aらの本件違憲確認請求及び本件差止請求にかかる訴えはいずれも不適法であるから却下すべきであり、控訴人らの本件損害賠償請求はいずれも棄却すべきであると判断するが、その理由は以下のとおりである。

2　本件派遣の違憲性について

（1）認定事実

公知の事実、当裁判所に顕著な事実に加え、証拠（各箇所に掲記のもの）及び弁論の全趣旨を総合すれば、以下の事実が認められる。

ア　イラク攻撃及びイラク占領等の概要

（ア）平成一五年三月二〇日、イラクのサダム・フセイン政権（以下「フセイン政権」という。）が大量破壊兵器を保有しており、その無条件査察に応じないことなどを理由として、国際連合（以下「国連」という。）の決議のないまま、アメリカ合衆国（以下「アメリカ」という。）軍、英国（グレートブリテン及び北アイルランド連合王国）軍を中心とする有志連合軍がイラクへの攻撃を開始した（以下、これを「イラク攻撃」という。）。

　これにより、間もなくフセイン政権が崩壊し、同年五月二日、アメリカのブッシュ大統領がイラクにおける主要な戦闘の終結を宣言した。
　（イ）フセイン政権の崩壊後、アメリカ国防総省・復興人道支援室（Office of Reconstruction and Humanitarian Assistance。以下「ＯＲＨＡ」と略称する。）がイラクを統治し、平成一五年五月、国連の安全保障理事会（以下「安保理」という。）決議一四八三号（加盟国にイラクでの人道、復旧・復興支援並びに安定及び安全の回復への貢献を要請するもの）が採択されたことを受け、アメリカを中心とする連合国暫定当局（Coalition Provisional Authority。以下「ＣＰＡ」と略称する。）がＯＲＨＡからイラクの統治を引き継いだ。
　なお、イラク特措法は、この国連安保理決議一四八三号を踏まえ、イラクにおける人道復興支援活動及び安全確保支援活動を行うものとして（同法一条）、同年七月に制定されたものである。
　（ウ）平成一六年六月一日、イラク暫定政府が発足し、同月九日、国連安保理において決議一五四六号が全会一致で採択され（イラク暫定政府設立の是認、占領の終了及びイラクの完全な主権の回復の歓迎、国連の役割の明確化、多国籍軍の任務の明確化等を内容とする。）、同月二八日には、ＣＰＡから主権移譲が行われた。これに伴い、多国籍軍が発足し、この多国籍軍に日本の自衛隊も参加することになった。
　（エ）その後、平成一七年一月三〇日、イラク暫定国民議会の議員を選出する選挙が実施され、同年四月二八日、移行政府が発足した。同年八月二八日、イラク国民議会でイラク新憲法草案が採択され、同年一〇月一五日に同憲法草案の国民投票が実施され、同月二五日までの開票の結果、これが承認された。同年一二月一五日、新憲法下でイラク国民議会の選挙が実施され、平成一八年五月二〇日には、イラクにイスラム・シーア派（以下単に「シーア派」という。）のマリキ首相を首班とする正式政府が発足して、これによりイラクは主権を回復した。しかし、その後も、イラク政府の要請により、多国籍軍がイラクに駐留している。
　（オ）もっとも、当初のイラク攻撃の大義名分とされたフセイン政権の大量破壊兵器は、現在に至るまで発見されておらず、むしろこれが存在しなかったものと国際的に理解されており、平成一七年一二月には、ブッシュ大統領自身も、大量破壊兵器疑惑に関する情報が誤っていたことを認めるに至っている。
　（カ）イラク攻撃開始当初の有志連合軍及びＣＰＡからの主権委譲後の多国籍軍に参加したのは、最大四一か国であり、いわゆる大国のうち、フランス共和国、ロシア連邦、中華人民共和国、ドイツ連邦共和国等は加わっておらず、イラク攻撃への国際的な批判が高まる中、参加国も次々と撤収し、現在（当審における口頭弁論終結時）の参加国は、アメリカ、英国及び我が国を含めて二一か国となっている。

イ　イラク各地における多国籍軍の軍事行動

（ア）ファルージャ

　イラク中部のファルージャでは、平成一六年三月、アメリカ軍雇用の民間人四人が武装勢力に惨殺されたことから、同年四月五日、武装勢力掃討の名の下に、アメリカ軍による攻撃が開始され、同年六月以降は、間断なく空爆が行われるようになった。

　同年一一月八日からは、ファルージャにおいて、アメリカ軍兵士四〇〇〇人以上が投入され、クラスター爆弾並びに国際的に使用が禁止されているナパーム弾、マスタードガス及び神経ガス等の化学兵器を使用して、大規模な掃討作戦が実施された。残虐兵器といわれる白リン弾が使用されたともいわれる。これにより、ファルージャ市民の多くは、市外へ避難することを余儀なくされ、生活の基盤となるインフラ設備・住宅は破壊され、多くの民間人が死傷し、イラク暫定政府の発表によれば、死亡者数は少なく見積もって二〇八〇人であった。

（以上、《証拠略》）

（イ）首都バグダッド

a　平成一六年六月のイラク暫定政府発足後、首都バグダッドにおいて、政府高官を狙った自爆攻撃等が相次いで多数の者が死傷し、武装勢力による多国籍軍に対する攻撃も相次ぎ、同月二七日及び同年七月末、いずれもバグダッド空港離陸直後にC１３０輸送機が銃撃を受け、アメリカ人とオーストラリア人の乗組員二人が死亡した。また、平成一七年一月三〇日には、バグダッド近郊を低空で飛行していた英国軍のC１３０輸送機が、武装勢力（アンサール・イスラム＝イスラムの支援者が実行の声明を発したが、実際はイスラム・スンニ派（以下単に「スンニ派」という。）の武装組織ともいわれる。）により撃墜され、乗員全員（少なくとも一〇人）が死亡する事件が生じた。さらに、バグダッドでは、多国籍軍と武装勢力との衝突が頻繁に生じていた。

このような事態を受けて、多国籍軍は、バグダッドにおいて、武装勢力に対する大規模な掃討作戦を展開するに至った。

b　平成一七年五月二九日、アメリカ軍約一万人、イラク軍約四万人を動員して大規模な掃討作戦が行われた。しかし、武装勢力を掃討することはできず、却ってバグダッドの治安が悪化した。そこで、多国籍軍は、バグダッド及びその周辺における掃討作戦を強化させ、平成一八年八月からはアメリカ兵約一万五〇〇〇人をバグダッドに集中させて、掃討作戦を行うなどした。

c　多国籍軍は、バグダッド市内において、宗派対立等による武装勢力同士の衝突が激しくなったことを受けて、平成一八年末ころからこれらに対する掃討作戦を実施して、その回数を増やし、アメリカ軍もこのころイラク駐留軍を増派した。アメリカ軍は、平成一九年一月二二日、イラク治安部隊と共同で行った過去四五日間の掃討作戦の結果を発表したが、この発表によれば、シーア派民兵に対して五二回、スンニ派民兵に対して四二回の掃討作戦を実施し、シーア派の強行派といわれるムクタダ・サドル師派（以下「サドル師派」という。）の民兵六〇〇人を拘束したものであった。同月二四日には、バグダッド中心部のハイファ通りでスンニ派に対して猛攻撃を加え、同日だけで三〇人を殺害した。

d　同年二月一四日、アメリカ軍は、イラク治安部隊とともに、合計九万人を投入して、イラク戦争開始以来最大規模の作戦といわれ「法の執行作戦」と名付けられた掃討作戦をバグダッドにおいて実施し、多数の一般市民が犠牲となった。

e　アメリカ軍は、同年八月八日、バグダッドのシーア派居住区であるサドル・シティを空爆し、イランからの爆弾輸送に関与していた武装勢力三〇人を殺害したと発表したが、イラク警察は、女性や子どもを含む一一人が死亡したと発表している。同年九月六日には、バグダッドのマンスール地区を空爆したが、その中でもサドル師派の民兵が活動し、シーア派住民が多いワシャシュ地域を攻撃し、少なくとも一四人が死亡した。同年一〇月二一日には、サドル・シティを攻撃し、市民一三人が死亡した。

f　このように、アメリカ軍を中心とする多国籍軍は、時にイラク軍等と連携しつつ掃討作戦を行い、特に平成一九年に入ってから、バグダッド及びその周辺において、たびたび激しい空爆を行い、同年中にイラクで実施した空爆は、合計一四四七回に上り、これは前年の平成一八年の約六倍の回数となるものであった。

g　アメリカ軍は、平成二〇年一月八日から、イラク軍とともに、イラク全土で大規模な軍事作戦「ファントム・フェニックス」を開始し、同月一〇日からは、その一環として、バグダッド南郊において大規模な集中爆撃を行い、四〇箇所に爆弾を投下した。

（以上、《証拠略》）

（ウ）その他の地域

多国籍軍は、平成一六年中に、イラク国内のマハムディヤ、マッサーラ、ラマディ、モスル等において、一〇〇〇人規模の兵士を投入した掃討作戦を実施した。特に、モスルでは、同年一一月一四日から、大規模な掃討作戦を実施し、平成一七年一月八日、アメリカ軍のF16戦闘機が五〇〇トンの爆弾を投下し、民家を爆撃して住民五人が死亡した。

多国籍軍は、平成一七年には、カイム、ハディーサ、タルアファル等において、大規模な掃討作戦を実施し、同年九月一〇日のタルアファルでの攻撃にはアメリカ軍及びイラク治安部隊併せて約八五〇〇人が動員された。同年一〇月一六日、スンニ派の地域といわれるラマディにおいて空爆を行い、武装勢力七〇人を殺害したと発表したが、実際は少なくとも三九人が一般市民であったとも報じられている。

平成一九年八月には、アメリカ軍がイラク中部のサマラにおいて、武装勢力からの攻撃を受けた後に民家をミサイルで爆撃し、女性二人、子ども五人が死亡した。

（以上、《証拠略》）

ウ　武装勢力について

（ア）ところで、多国籍軍による上記のような掃討作戦の対象となったことがあると認められる武装勢力には、思想や宗派を問わず様々なものがあるが、有力な武装勢力として、少なくとも次のものが認められ、互いに協力又は対立の関係に立ちつつ、時として海外の諸勢力から援助を受けつつ、その活動を行っているものと認められる。

a　フセイン政権の残党

平成一五年五月のブッシュ大統領による主要な戦闘終結宣言の後にも、イラク国内には、旧フセイン政権の軍人等からなる反政府武装勢力が残存しており、その実体は不明な点が多いが、海外に拠点を置きつつ、イラク国内においてゲリラ戦を行っているとみられる。平成一六年四月及び同年一一月になされたファルージャにおける掃討作戦では、実はこの反政府武装勢力が対象であったともいわれており、現在も、スンニ派の一部と連携し、バグダッド市内の一部を実質支配していると見られている。

b　シーア派のサドル師派

フセイン政権崩壊後、シーア派強硬派のムクタダ・サドル師が率いる民兵組織「マフディー軍」が、各地で多国籍軍と武力衝突しており、特に、イラク中部のナジャフにおいて、平成一六年八月、戦車やヘリコプターを用いた大規模な武力衝突が生じたとされている。サドル師派においては、社会福祉事業、交通警備等の公共事業の場で自発的に労働する一五〇万人のイラク人を動員できるとの報告もあり、日本においても、同年四月の時点で、内閣法制局が、当時の福田内閣官房長官に対し、マフディー軍を「国に準じるもの」に該当する旨報告していた。

なお、シーア派には、フセイン政権時代から反フセイン・ゲリラ部隊を有しており、現在はマリキ政権を支える最大組織「イラク・イスラム革命最高評議会」があり、サドル師派との間で宗派内対立の状況にある。

c　スンニ派武装組織

シーア派に対抗するスンニ派にも反米、反占領を掲げる武装組織があり、特に、その中のアンサール・アル・スンナ軍は、イラク西部のラマディやヒートを中心とするスンニ派住民の多いアンバル州一帯を拠点とし、アメリカ軍やイラク軍に兵器で敵対するほか、シーア派やクルド人を襲撃するなどの過激な武力闘争を展開している。平成一七年五月に日本人を拘束したのも、アンサール・アル・スンナ軍であるといわれている。

（以上、《証拠略》）

（イ）武装勢力の兵員数について

イラクにおいて反政府武装勢力とされる者らの人数は、平成一五年一一月に五〇〇〇人、一六年一一月に二万人、一七年一一月に二万人、一八年一一月に二万五〇〇〇人、シーア派民兵の数は、平成一五年一一月に五〇〇〇人、一六年一一月に一万人、一七年一一月に二万人、一八年一一月に五万人といわれ、年々増加している。《証拠略》

(ウ) 武装勢力の用いたとされる強力兵器について

現地においては、次のような内容の報道がなされている(なお、以下の武器を使用したとされるのが、具体的にどの武装勢力であるかは、証拠上必ずしも明らかではない。)。

a ファルージャにおける平成一六年一一月の掃討作戦においては、武装勢力の側においても、多連型カチューシャ・ロケットの架台を積んだ車両を用い、ファルージャに近いカルマとサクラーウィーヤにおいて、グラーダやリーリク・ミサイル約一六〇発をアメリカ軍の集結地に発射した。

b 平成一六年一一月二一日午前八時一五分ころ、バグダッドの北方のバラドにあり、アメリカ兵二五〇〇人が駐留するバクルアメリカ軍基地に、化学物質の弾頭を装備したロケット弾四発を打ち込まれ、アメリカ兵二七〇人以上が死亡した。抵抗勢力は、過去にもハバーニーヤ、ハドバ、ラマディ、モスル、ドウェイリバの各アメリカ軍基地の攻撃に化学兵器を使用した。

c イスラム抵抗勢力の報道官は、平成一六年一二月一五日、ファルージャにおいて敗走するアメリカ兵を、軽火器とBKS、クラシニコフ銃、RBG携行型ロケットを遣って追撃した、本日少なくとも五〇〇人のアメリカ兵を殺害し、一〇〇両以上の戦車と装甲車を破壊したと述べた。

(以上、《証拠略》)

エ 宗派対立による武力抗争

(ア) 平成一八年二月、スンニ派のテロ組織がシーア派聖地サーマッラーのアスカリ廟を爆破し、シーア派・スンニ派の両派が抗議デモを起こしたが、聖廟破壊に怒ったシーア派武装勢力がスンニ派のモスクなどを襲撃して衝突し、二〇〇人以上が死亡する事件が起こった。

(イ) 平成一八年一一月ころには、首都バグダッドでシーア派とスンニ派との対立が激化し、街を二分して双方から迫撃砲が飛び交う状況となり、マフディ軍がスンニ派地区へ迫撃砲を同月初旬の一週間に四七発撃ち込み、スンニ派武装勢力のイラク・イスラム軍が、シーア派地区に迫撃砲四四発、ロシア製ミサイル四発を打ち込んだ。

また、同月から一二月にかけて、バグダッドのシーア派地区で連続爆弾テロが発生し、マフディ軍が治安維持に乗り出してテロは収まったものの、アメリカ軍がマフディ軍をアルカイダ以上の脅威とみなして、本格的に掃討を進め、民兵六〇〇人と幹部一六人を拘束した。そこで、平成一九年一月になってマフディ軍が一時活動を停止したところ、その隙を狙ってスンニ派の武装勢力がシーア派地区で爆弾テロを繰り返し、同年二月三日、バグダッドの市場でテロが発生し、一三五人の死者が出た。

(ウ) フセイン政権下では、暴力的な宗派対立は殆どなかったが、フセイン政権の崩壊により重しが取れ、占領政策の稚拙さとも相俟って、上記のような武力抗争を伴う激しい宗派対立が生じるようになったものといわれており、多国籍軍はこれらに対応せざるを得ず、前記のとおり、特に平成一九年になってから、バグダッド等の都市への掃討作戦が一層激しくなったものと理解される。

(以上、《証拠略》)

オ 多数の被害者

(ア) イラク人

世界保健機関(WHO)は、平成一八年一一月九日、イラク戦争開始以来、イラク国内において戦闘等によって死亡したイラク人の数が一五万一〇〇〇人に上ること、最大では二二万三〇〇〇人に及ぶ可能性もあることを発表し、イラク保健省も、このころ、アメリカ軍侵攻後のイラクの死者数が一〇万人から一五万人に及ぶと発表した。なお、平成一八年一〇月一二日発行の英国の臨床医学誌ランセットは、横断的集落抽出調査の結果を基にして、イラク戦争開始後から平成一八年六月までの間のイラクにおける死者が六五万人を超える旨の考察を発表している。

平成一九年の死亡者については、NGO「イラク・ボディ・カウント」が同年中の民間人犠牲者数は約二万四〇〇〇人に上っていると発表した。イラク政府発表の死亡者数も、同年六月一二四一人、同年七月一六五二人、同年八月一七七一人であることからして、上記約二万四〇〇〇人という死亡者数は信憑性が高いといわれている。

また、イラクの人口の約七分の一にあたる約四〇〇万人が家を追われ、シリアには一五〇万人ないし二〇〇万人、ヨルダンには五〇万人ないし七五万人が難民として流れ、イラク国内の避難民は二〇〇万人以上になるといわれている。

《証拠略》

（イ）アメリカ軍の兵員等

平成一九年八月の時点で多国籍軍の兵士の死者数が四〇〇〇人を超えたと報道され、アメリカ国防総省の発表によれば、イラク戦争開始以来現在までのアメリカ軍の死亡者は、約四〇〇〇人であり、重傷者は一万三〇〇〇人を超えている。特に、平成一九年に死亡した米軍兵士は、同年一一月の時点で八五二人に上り、それまで最も多かった平成一六年の八四九人を超えて、過去最高となっている。

《証拠略》

カ　戦費・兵員数

イラク攻撃開始後、イラク駐留アメリカ軍の兵員数は概ね一三万人から一六万人の間で推移しており、アメリカのイラクにおける戦費は四四〇〇億ドルに達する見込みであり、イラク関連の歳出としてはベトナム戦争の戦費（貨幣価値換算で約五七〇〇億ドル）を上回ったともいわれている。

キ　航空自衛隊の空輸活動

（ア）輸送機について

航空自衛隊は、イラクにおける輸送活動にC－130H輸送機三機を用いているが、これはアメリカ軍が開発したパラシュート部隊のための輸送機であり、その輸送能力については、完全武装の空挺隊員（パラシュート隊員）六四人を輸送することが可能であり、物資については最大積載量が約二〇トンである。

《証拠略》

（イ）フレアの装備と事前訓練

後記のとおり、現在、航空自衛隊のC－130H輸送機は、バグダッド空港への輸送活動を行っているが、飛行の際に地対空ミサイルを回避するための兵器であるフレア（火炎弾）を臨時装備しており（フレアは制式兵器ではない。）、イラクへの出発前、硫黄島においてフレア訓練を実施しており、実際にバグダッド空港での離着陸時にフレアが自動発射されている。《証拠略》

（ウ）空輸活動についての多国籍軍との連携

航空自衛隊は、C－130H輸送機三機の空輸活動にあたり、中東一帯の空輸調整を行うカタール国（以下「カタール」という。）のアメリカ中央軍司令部に空輸計画部を設置し、アメリカ軍や英国軍と機体のやりくりを調整して飛行計画を立て、クウェートのアリ・アルサレム空港（アメリカ空軍基地）を拠点とする上記三機に任務を指示している。

《証拠略》

（エ）平成一八年七月ころ（陸上自衛隊のサマワ撤退時）までの空輸状況

航空自衛隊のC－130H輸送機は、平成一六年三月二日から物資人員の輸送を行っているところ、クウェートのアリ・アルサレム空港からイラク南部のタリルまで、週に四回前後、物資のほかアメリカ軍を中心とする多国籍軍の兵員を輸送した。その数量は、平成一七年三月一四日までに、輸送回数一二九回、輸送物資の総量二三〇トン、平成一八年五月末までに、輸送回数三二二回で、輸送物資の総量四四九・二トン、同年八月四日までに、輸送回数三五二回、輸送物資の総量四七九・四トンとなる。したがって、輸送の対象のほとんどは、人道復興支援のための物資ではなく、多国籍軍の兵員であった。

（《証拠略》）

（オ）平成一八年七月から現在までの空輸状況

航空自衛隊のイラク派遣当初は、首都バグダッドは安全が確保されないとの理由で、バグダッドへは物資人員の輸送は行われなかったが、陸上自衛隊のサマワ撤退を機に、アメリカからの強い要請により、航空自衛隊がバグダッドへの空輸活動を行うことになり、平成一八年七月三一日、航空自衛隊のＣ－１３０Ｈ輸送機が、クウェートのアリ・アルサレム空港からバグダッド空港への輸送を開始した。以後、バグダッドへ二回、うち一回は更に北部のアルビルまで、タリルへは二回、それぞれ往復して輸送活動をするようになり、その後、週四回から五回、定期的にアリ・アルサレム空港からバグダッド空港への輸送を行っている。

平成一八年七月から平成一九年三月末までの輸送回数は一五〇回、輸送物資の総量は四六・五トンであり、そのうち国連関連の輸送支援として行ったのは、輸送回数が二五回で、延べ七〇六人の人員及び二・三トンの事務所維持関連用品等の物資を輸送しており（平成一九年四月二四日衆議院本会議における安倍首相の答弁）、それ以外の大多数は、武装した多国籍軍（主にアメリカ軍）の兵員であると認められる。

（《証拠略》）

（カ）政府の情報不開示と政府答弁

ａ　政府は、国会において、航空自衛隊の輸送内容について、多国籍軍や国連からの要請により、これを明らかにすることができないとしており（平成一九年五月一一日、同月一四日の衆議院イラク特別委員会における久間防衛大臣の答弁）、行政機関の保有する情報の公開に関する法律により国民からなされた行政文書開示請求に対しても、顕微鏡・心電図・保育器などの医療機器を空輸した一件（《証拠略》）以外は、全て黒塗りの文書を開示するのみで、航空自衛隊の輸送内容を明らかにしていない。（《証拠略》）

ｂ　他方で、久間防衛大臣は、国会において、「実は結構危険で工夫して飛んでいる」（平成一九年五月一四日衆議院イラク特別委員会）、「刃の上で仕事しているようなもの」（同年六月五日参議院外交防衛委員会）、「バグダッド空港の中であっても、外からロケット砲等が撃たれる、迫撃砲等に狙われるということもあり、そういう緊張の中で仕事をしている」、「クウェートから飛び立ってバグダッド空港で降りる、バグダッド空港から飛び立つときにも、ロケット砲が来る危険性と裏腹にある」（同月七日参議院外交防衛委員会）、「飛行ルートの下で戦闘が行われているときは上空を含め戦闘地域の場合もあると思う」（同月一九日参議院外交防衛委員会）、などと答弁している。

（２）憲法九条についての政府解釈とイラク特措法

ア　自衛隊の海外活動に関する憲法九条の政府解釈は、自衛のための必要最小限の武力の行使は許されること（昭和五五年一二月五日政府答弁書）、武力の行使とは、我が国の物的・人的組織体による国際的な武力紛争の一環としての戦闘行為をいうこと（平成三年九月二七日衆議院ＰＫＯ特別理事会提出の政府答弁）を前提とした上で、自衛隊の海外における活動については、

①　武力行使目的による「海外派兵」は許されないが、武力行使目的でない「海外派遣」は許されること（昭和五五年一〇月二八日政府答弁

書)、

② 他国による武力の行使への参加に至らない協力(輸送、補給、医療等)については、当該他国による武力の行使と一体となるようなものは自らも武力の行使を行ったとの評価を受けるもので憲法上許されないが、一体とならないものは許されること(平成九年二月一三日衆議院予算委員会における大森内閣法制局長官の答弁)、

③ 他国による武力行使との一体化の有無は、〈ア〉戦闘活動が行われているか又は行われようとしている地点と当該行動がなされる場所との地理的関係、〈イ〉当該行動の具体的内容、〈ウ〉他国の武力行使の任に当たる者との関係の密接性、〈エ〉協力しようとする相手の活動の現況、等の諸般の事情を総合的に勘案して、個々的に判断されること(上記大森内閣法制局長官の答弁)、を内容とするものである。

イ そして、イラク特措法は、このような政府解釈の下、我が国がイラクにおける人道復興支援活動又は安全確保支援活動(以下「対応措置」という。)を行うこと(一条)、対応措置の実施は、武力による威嚇又は武力の行使に当たるものであってはならないこと(二条二項)、対応措置については、我が国領域及び現に戦闘行為(国際的な武力紛争の一環として行われる人を殺傷し又は物を破壊する行為)が行われておらず、かつ、そこで実施される活動の期間を通じて戦闘行為が行われることがないと認められる一定の地域(非戦闘地域)において実施すること(二条三項)を規定するものと理解される。

ウ 政府においては、ここにいう「国際的な武力紛争」とは、国又は国に準ずる組織の間において生ずる一国の国内問題にとどまらない武力を用いた争いをいうものであり(平成一五年六月二六日衆議院特別委員会における石破防衛庁長官の答弁)、戦闘行為の有無は、当該行為の実態に応じ、国際性、計画性、組織性、継続性などの観点から個別具体的に判断すべきものであること(平成一五年七月二日衆議院特別委員会における石破防衛庁長官の答弁)、全くの犯罪集団に対する米英軍等による実力の行使は国際法的な武力紛争における武力の行使ではないが(平成一五年六月一三日衆議院外務委員会におけるE内閣法制局第二部長の答弁、同年七月二日衆議院イラク特別委員会、同月一〇日参議院外交防衛委員会における秋山内閣法制局長官の答弁)、個別具体的な事案に即して、当該行為の主体が一定の政治的な主張を有し、国際的な紛争の当事者たり得る実力を有する相応の組織や軍事的実力を有する組織体であって、その主体の意思に基づいて破壊活動が行われていると判断されるような場合には、その行為が国に準ずる組織によるものに当たり得ること(上記秋山内閣法制局長官の答弁)、国内治安問題にとどまるテロ行為、散発的な発砲や小規模な襲撃などのような、組織性、計画性、継続性が明らかでない偶発的なものは、全体として国又は国に準ずる組織の意思に基づいて遂行されているとは認められず、戦闘行為には当たらないこと、国又は国に準ずる組織についての具体例として、フセイン政権の再興を目指し米英軍に抵抗活動を続けるフセイン政権の残党というものがあれば、これに該当することがあるが、フセイン政権の残党であったとしても、日々の生活の糧を得るために略奪行為を行っているようなものはこれに該当しないこと(平成一五年七月二日衆議院特別委員会における石破防衛庁長官の答弁)、非戦闘地域イコール安全な地域を意味するわけではなく、米軍が指定するコンバットゾーンが戦闘地域と同義でもないこと(《証拠略》)、等の見解が示されている。

(3) 以上を前提として検討するに、前記認定事実によれば、平成一五年五月になされたブッシュ大統領による主要な戦闘終結宣言の後にも、アメリカ軍を中心とする多国籍軍は、ファルージャ、バグダッド、ラマディ等の各都市において、多数の兵員を動員して、時に強力な爆弾、化学兵器、残虐兵器等を用い、あるいは戦闘機で激しい空爆を繰り返すなどして、武装勢力の掃討作戦を繰り返し行い、武装勢力の側も、時として

てこれに匹敵する強力な兵器を用い、あるいは相応の武器を用いて応戦し、その結果、双方に多数の死者が出るなどしてきているのみならず、子どもたちを含む民間人を多数死傷させ、民家を破壊し、都市機能を失わせ、多数の者が難民となって近隣諸国へ流出することを余儀なくさせるなどの重大かつ深刻な被害を生じさせているものである。そして、これら掃討作戦の標的となったと認められるフセイン政権の残党、シーア派のマフディ軍、スンニ派の過激派等の各武装勢力は、いずれも、単に、散発的な発砲や小規模な襲撃を行うにすぎない集団ではなく、日々の生活の糧を得るために略奪行為を行うような盗賊等の犯罪者集団であるともいえず、その全ての実体は明らかでないものの、海外の諸勢力からもそれぞれ援助を受け、その後ろ盾を得ながら、アメリカ軍の駐留に反対する等の一定の政治的な目的を有していることが認められ、千人、万人単位の人員を擁し、しかもその数は年々増えており、相応の兵力を保持して、組織的かつ計画的に多国籍軍に抗戦し、イラク攻撃開始後五年を経た現在まで、継続してこのような抗戦を続けていると認められる。したがって、これらを抑圧しようとする多国籍軍の活動は、単なる治安活動の域を超えたものであって、少なくとも現在、イラク国内は、イラク攻撃後に生じた宗派対立に根ざす武装勢力間の抗争がある上に、各武装勢力と多国籍軍との抗争があり、これらが複雑に絡み合って泥沼化した戦争の状態になっているものということができる。このことは、アメリカ軍がこの五年間に一三万人から一六万人もの多数の兵員を常時イラクに駐留させ、ベトナム戦争を上回る戦費を負担し、単発で非組織的な自爆テロ等による被害も含むとはいえ、双方に多数の死傷者を続出させながら、なお未だ十分に治安の回復がなされていないことに徴しても明らかである。

以上のとおりであるから、現在のイラクにおいては、多国籍軍と、その実質に即して国に準ずる組織と認められる武装勢力との間で一国国内の治安問題にとどまらない武力を用いた争いが行われており、国際的な武力紛争が行われているものということができる。とりわけ、首都バグダッドは、平成一九年に入ってからも、アメリカ軍がシーア派及びスンニ派の両武装勢力を標的に多数回の掃討作戦を展開し、これに武装勢力が相応の兵力をもって対抗し、双方及び一般市民に多数の犠牲者を続出させている地域であるから、まさに国際的な武力紛争の一環として行われる人を殺傷し又は物を破壊する行為が現に行われている地域というべきであって、イラク特措法にいう「戦闘地域」に該当するものと認められる。

なお、現在にまで及ぶ多国籍軍によるイラク駐留及び武装勢力との戦闘は、それがイラク政府の要請に基づくものであり、国連の理解ないし支持を得たものであるとしても（前記安保理決議一四八三号、一五四六号等）、平成一五年三月に開始されたイラク攻撃及びこれによってもたらされた宗派対立による混乱が未だ実質的には収束していないことの表れであるといえることや、現在のイラク政府が単独でこれら武装勢力と対抗することができないため、現在も敢えて外国の兵力である多国籍軍の助力を得ているものと理解できることに鑑みれば、多国籍軍と武装勢力との間のイラク国内における戦闘は、実質的には当初のイラク攻撃の延長であって、外国勢力である多国籍軍対イラク国内の武装勢力の国際的な戦闘であるということができ、この点から見ても、現在の戦闘状況は、国際的な紛争であると認められる。

しかるところ、その詳細は政府が国会に対しても国民に対しても開示しないので不明であるが、航空自衛隊は、前記認定のとおり、平成一八年七月ころ以降バグダッド空港への空輸活動を行い、現在に至るまで、アメリカが空挺隊員輸送用に開発したC－130H輸送機三機により、週四回から五回、定期的にアリ・アルサレム空港からバグダッド空港へ武装した多国籍軍の兵員を輸送していること、これは陸上自衛隊のサマワ撤退を機にアメリカからの要請でなされているものであり、アメリカ軍はこの輸送時期と重なる平成一八年八月ころバグダッドにアメリカ兵を増派し、同年末ころから、バグダッドにおける掃討作戦を一層強化していること、それ以前の空輸活動がカタールのアメリカ中央軍司令部において、アメリカ軍や英国軍と機体のやりくりを調整し飛行計画を立ててなされているものであり、平成一八年七月以後も同様にアメリカ軍等との調整の上で空輸活動がなされているものと推認されること、C－130H輸送機には、地対空ミサイルによる攻撃を防ぐためのフレアが装備され、これが事前訓練を経た上で、実際にバグダッド空港での離着陸時に使用されていること、バグダッド空港はアメリカ軍が固く守備をしているとはいえ、その中にあっても、あるいは離着陸時においても、現実的な攻撃の危険性がある旨防衛大臣が答弁していること、航空自衛隊が多国籍軍の武装兵員を輸送するに際し、バグダッドでの掃討作戦等の武力行使に関与しない者に限定して輸送している形跡はないことが認められる。これらを総合すれば、航空自衛隊の空輸活動は、それが主としてイラク特措法上の安全確保支援活動の名目で行われているものであり、それ自体は武力の行使に該当しないものであるとしても、多国籍軍との密接な連携の下で、多国籍軍と武装勢力との間で戦闘行為がなされている地域と地理的に近接した場所において、対武装勢力の戦闘要員を含むと推認される多国籍軍の武装兵員を定期的かつ確実に輸送しているものであるということができ、現代戦において輸送等の補給活動もまた戦闘行為の重要な要素であるといえることを考慮すれば《証拠略》、多国籍軍の戦闘行為にとって必要不可欠な軍事上の後方支援を行っているものということができる。したがって、このような航空自衛隊の空輸活動のうち、少なくとも多国籍軍の武装兵員をバグダッドへ空輸するものについては、前記平成九年二月一三日の大森内閣法制局長官の答弁に照らし、他国による武力行使と一体化した行動であって、自らも武力の行使を行ったと評価を受けざるを得ない行動であるということができる。

（4）よって、現在イラクにおいて行われている航空自衛隊の空輸活動は、政府と同じ憲法解釈に立ち、イラク特措法を合憲とした場合であっても、武力行使を禁止したイラク特措法二条二項、活動地域を非戦闘地域に限定した同条三項に違反し、かつ、憲法九条一項に違反する活動を含んでいることが認められる。

3　本件差止請求等の根拠とされる平和的生存権について

憲法前文に「平和のうちに生存する権利」と表現される平和的生存権は、例えば、「戦争と軍備及び戦争準備によって破壊されたり侵害ないし抑制されることなく、恐怖と欠乏を免れて平和のうちに生存し、また、そのように平和な国と世界をつくり出していくことのできる核時代の自然権的本質をもつ基本的人権である。」などと定義され、控訴人らも「戦争や武力行使をしない日本に生存する権利」、「戦争や軍隊によって他者の生命を奪うことに加担させられない権利」、「他国の民衆への軍事的手段による加害行為と関わることなく、自らの平和的確信に基づいて平和のうちに生きる権利」、「信仰に基づいて平和を希求し、すべての人の幸福を追求し、そのために非戦・非暴力・平和主義に立って生きる権利」などと表現を異にして主張するように、極めて多様で幅の広い権利であるということができる。

このような平和的生存権は、現代において憲法の保障する基本的人権が平和の基盤なしには存立し得ないことからして、全ての基本的人権の基礎にあってその享有を可能ならしめる基底的権利であるということができ、単に憲法の基本的精神や理念を表明したに留まるものではない。法規範性を有するというべき憲法前文が上記のとおり「平和のうちに生存する権利」を明言している上に、憲法九条が国の行為の側から客観的制度として戦争放棄や戦力不保持を規定し、さらに、人格権を規定している憲法一三条をはじめ、憲法第三章が個別的な基本的人権を規定していることからすれば、平和的生存権は、憲法上の法的な権利として認められるべきである。そして、この平和的生存権は、局面に応じて自由権的、社会権的又は参政権的な態様をもって表れる複合的な権利ということができ、裁判所に対してその保護・救済を求め法的強制措置の発動を請求し得るという意味における具体的権利性が肯定される場合があるということができる。例えば、憲法九条に違反する国の行為、すなわち戦争の遂行、武力の行使等や、戦争の準備行為等によって、個人の生命、自由が侵害され又は侵害の危機にさらされ、あるいは、現実的な戦争等による被害や恐怖にさらされるような場合、また、憲法九条に違反する戦争の遂行等への加担・協力を強制されるような場合には、平和的生存権の主として自由権的な態様の表れとして、裁判所に対し当該違憲行為の差止請求や損害賠償請求等の方法により救済を求めることができる場合があると解することができ、その限りでは平和的生存権に具体的権利性がある。

なお、「平和」が抽象的概念であることや、平和の到達点及び達成する手段・方法も多岐多様であること等を根拠に、平和的生存権の権利性や、具体的権利性の可能性を否定する見解があるが、憲法上の概念はおよそ抽象的なものであって、解釈によってそれが充填されていくものであること、例えば「自由」や「平等」ですら、その達成手段や方法は多岐多様というべきであることからすれば、ひとり平和的生存権のみ、平和概念の抽象性等のためにその法的権利性や具体的権利性の可能性が否定されなければならない理由はないというべきである。

4　控訴人らの請求について

（1）控訴人Aらの本件違憲確認請求について

民事訴訟制度は、当事者間の現在の権利又は法律関係をめぐる紛争を解決することを目的とするものであるから、確認の対象は、現在の権利又は法律関係でなければならない。しかし、本件違憲確認請求は、ある事実行為が抽象的に違法であることの確認を求めるものであって、およそ現在の権利又は法律関係に関するものということはできないから、同請求は、確認の利益を欠き、いずれも不適法というべきである。

（2）控訴人Aらの本件差止請求について

ア　民事訴訟としての適法性

イラク特措法は、対応措置を実施するための具体的手続として、①内閣総理大臣が対応措置の実施及び基本計画案につき閣議の決定を求めること（四条一項、基本計画の変更の場合も同様。同条三項）、②当該対応措置について国会の承認を求めなければならないこと（六条一項）、③防衛大臣は対応措置についての実施要項を定め、内閣総理大臣の承認を得た上で、自衛隊の部隊等にその実施を命ずること（八条二項。実施要項の変更の場合も同様。同条9項）を規定しているところ、これら規定からすれば、イラク特措法による自衛隊のイラク派遣は、イラク特措法の規定に基づき防衛大臣に付与された行政上の権限による公権力の行使を本質的内容とするものと解されるから、本件派遣の禁止を求める本件差止請求は、必然的に、防衛大臣の上記行政権の行使の取消変更又はその発動を求める請求を包含するものである。そうすると、このような行政権の行使に対し、私人が民事上の給付請求権を有すると解することはできないことは確立された判例であるから（最高裁昭和五六年一二月一六日大法廷判決・民集三五巻一〇号一三六九頁等参照）、本件差止請求にかかる訴えは不適法である。

イ　行政事件訴訟（抗告訴訟）としての適法性

そこで、仮に、本件差止請求にかかる訴えが、行政事件訴訟（抗告訴訟）として提起されたものと理解した場合について検討する。

本件派遣は、前記のとおり違憲違法な活動を含むものであり、関係各証拠によれば、本件派遣が控訴人Aらに大きな衝撃を与えたものであることは認められる。しかしながら、本件派遣は控訴人Aらに対して直接向けられたものではなく、本件派遣によっても、日本において控訴人Aらの生命、自由が侵害され又は侵害の危機にさらされ、あるいは、現実的な戦争等による被害や恐怖にさらされ、また、憲法九条に違反する戦争の遂行等への加担・協力を強制されるまでの事態が生じているとはいえないところであって、全証拠によっても、現時点において、控訴人Aらの具体的権利としての平和的生存権が侵害されたとまでは認められない。

なお、控訴人Fは、本件派遣によってアフガニスタンで行っている自らのNGO活動に支障が生じ、また、アフガニスタン人の対日感情の悪化により生命身体の危険が高まった旨主張するが、アフガニスタンにおける控訴人FのNGO活動への支障又は生命身体への危険が本件派遣によってもたらされたと認めるに足りる十分な証拠はなく、控訴人Fの平和的生存権が侵害されているとは認められない。

そうすると、控訴人Aらは、本件派遣にかかる防衛大臣の処分の取消しを求めるにつき法律上の利益を有するとはいえず、行政事件訴訟（抗告訴訟）における原告適格性が認められない。したがって、仮に本件差止請求にかかる訴えが行政事件訴訟（抗告訴訟）であったとしても、不適法であることを免れない。

（3）控訴人らの本件損害賠償請求について

関係各証拠によれば、控訴人らは、それぞれの重い人生や経験等に裏打ちされた強い平和への信念や信条を有しているものであり、憲法九条違反を含む本件派遣によって強い精神的苦痛を被ったとして、本件損害賠償請求を提起しているものと認められ、そこに込められた切実な思いには、平和憲法下の日本国民として共感すべき部分が多く含まれているということができ、決して、間接民主制下における政治的敗者の個人的な憤慨、不快感又は挫折感等にすぎないなどと評価されるべきものではない。

しかしながら、控訴人Aらの本件差止請求に関して前述したのと同じく、本件派遣によっても、控訴人らの具体的権利としての平和的生存権が侵害されたとまでは認められないところであり、控訴人らには、民事訴訟上の損害賠償請求において認められるに足りる程度の被侵害利益が未だ生じているということはできない。

よって、控訴人らの本件損害賠償請求は、いずれも認められない。

第4　結論

以上のとおりであって、原判決は結論においていずれも正当であるから、控訴人らの本件控訴をいずれも棄却することとし、主文のとおり判決する。

名古屋高等裁判所民事第三部
裁判長裁判官　青山邦夫
裁判官　坪井宣幸
裁判官　上杉英司

資料Ⅲ・37

「安全保障の法的基盤の再構築に関する懇談会」報告書

二〇〇八年六月二四日
安全保障の法的基盤の再構築に関する懇談会

コメント

1．本報告書は、第一次安倍晋三内閣がつくった「安全保障の法的基盤の再構築に関する懇談会」（以下、安保法制懇）が二〇〇八年六月に提出した報告書である。

自衛隊の艦船と併走している米艦が攻撃を受けたときの自衛隊の応戦などいずれもこれまでの政府解釈では自衛隊の行動が禁止されている四つの類型をあげ、既存の政府解釈を変更すべきことを提言した。集団的自衛権の行使、武力行使と一体化した活動の解禁など、解釈改憲の方針を初めて具体化した報告であったが、報告が提出されたときには、すでに安倍内閣は退陣しており、政治効果はなしに終わった。

しかし、二〇一二年一二月、第二次安倍内閣の発足とともに、安保法制懇は再開され、安倍内閣による解釈改憲の有力な装置として、活用されることとなった。

2．安保法制懇は、第一次安倍内閣時に、安倍が公約に掲げた「任期中の改憲」すなわち明文改憲と並行して、その実現まで待っていられない日米共同作戦の実行をめざして、集団的自衛権解釈を部分的にでも突破したいという安倍の思いに基づいて設置された。

当時安倍改憲の主たる目標はあくまで明文改憲であり、解釈改憲は当座の緊急避難的措置であった。安倍は、集団的自衛権の特例的な容認なら簡単に突破できると思ったふしがある。そのため、安倍は、この安保法制懇に集団的自衛権の包括的容認ではなく、ごく限られた四つの類型については集団的自衛権の容認等の解釈変更が必要ではないかと諮問したのである。安倍があえてこの四つに絞ったのは、これなら答申も出しやすく、解釈を変えても国民の納得が得やすい、という思惑があった。安保法制懇による解釈見直しは、あくまで明文改憲へのつなぎの側面が強かった。

3．安倍首相が諮問した四つの類型とは、①公海における米艦に対する攻撃への対処、②米国に向けられた弾道ミサイルの迎撃、③PKO活動等における自衛隊のいわゆる「駆け付け警護」、④PKO活動等における他国への後方支援、である。これらの場合、既存の政府解釈では自衛隊の活動に重大な支障が出るので、その変更はできないかというものであった。

そのうち、最初の二つの類型は集団的自衛権行使容認を求めたものである。一つは、米軍艦船と日本の自衛隊の艦船の併走しているときに米艦船が攻撃された場合に自衛隊が米艦船を援護する行動ができるかという場合である。従来の政府解釈では、米艦船と護衛艦が近接している場合には、米艦船への攻撃と護衛艦への攻撃が区別できないため、個別的自衛権の延長、あるいは自衛隊法九五条に基づく行動で正当化できるが、遠く離れていた場合には、集団的自衛権行使にあたりできないとされた。

第二の類型は、アメリカへ向け発射された弾道ミサイルが日本上空を通過していったときにそれを迎撃できるかという場合であった。これも、従来の政府解釈では、日本へ向けられたミサイル迎撃は警察権行使あるいは個別的自衛権行使で対処できるが、アメリカへ向けられたミサイル迎撃はこれらでは対処はむずかしいというものであった。そこで、本報告は、これら類型については、いずれも「限定的なもの」として、特例的に集団的自衛権を認めるべしという方針を打ち出した。

あとの二つは自衛隊の国際平和活動に関するものである。第三類型は、国際平和活動における武器使用の厳格な制限を緩和して自衛隊のいわゆる駆け付け警護を認めようというものであり、第四類型は、自衛隊の後方支援につき「武力の行使と一体化」した活動を認めないという制約を取り払おうというものであった。

4. この報告のもっとも注目すべき点は、報告が既存政府解釈の変更を提言しながら、それをどのような理屈で変更すべきかについて、大きな矛盾を持っていたことである。

報告は、一方で、上記のように、四類型を個別に検討し、そのいずれの場合も、既存の政府解釈にしたがって自衛隊が行動できないと、日米同盟あるいは国際貢献上大きな不都合が生じるとしてその変更を求めたが、いかなる法解釈でそれら活動が憲法上認められるか、既存の政府解釈をいかに変更すべきかについては、語っていない。他方、報告は、第三部に「憲法九条に関する懇談会の基本認識」という部を設け、ここで、既存政府解釈に代わる解釈論、いわば包括的な集団的自衛権、集団安全保障への参加合憲論を展開していたのである。

包括的な集団的自衛権、集団安全保障の容認の論理として報告は、二つの論理を用意した。そのうち、集団的自衛権を包括的に容認する論理として報告が打ち出したのは、極めて古典的な、その提唱者の一人である芦田均の名をとった、いわゆる芦田修正の解釈論、すなわち「自衛戦力合憲論」であった。芦田解釈とは以下のような論理を持っていた。

①すなわち、憲法九条第一項で禁止されている戦争、武力行使というのは、日本が「国際紛争を解決する手段として」行っている武力行使と戦争であって、集団的自衛権、個別的自衛権を含めた自衛のための戦争や武力行使、さらには、制裁戦争や集団安全保障のための戦争、武力行使は、禁止されていない。

②そのうえで、第二項は「前項の目的を達成するため」の「戦力」を禁止しているのだから、個別的だろうが集団的だろうが、自衛権を根拠として武力行使を行う自衛隊は、二項の禁止する「戦力」にはあたらない。つまり集団的自衛権や「自衛のための戦力」は、九条のもとで包括的に認められているという解釈である。

報告では、国連の集団安全保障措置への参加や国際平和活動での武力行使を容認するためのもう一つの論理も用意された。それは、憲法九条が禁止している「国際紛争を解決する手段としての」戦争や武力行使とは、日本が単独で、当事国として紛争を解決するときに――たとえば尖閣問題――武力行使に訴えてはならないという話であって、国連決議などに基づきイラクを制裁するとか、シリアを攻撃するとかいう場合のように、国際社会が「国際紛争を解決する手段として」行う戦争や武力行使に訴える行動に自衛隊が参加することは、なんら九条には違反しないという論理である。この「解釈」は、九〇年代初頭に、アメリカの圧力で自衛隊の海外での出動が求められた際、当時自民党幹事長であった小沢一郎が精力的に展開した理論であったので、ここでは便宜上、小沢解釈と呼んでおこう。

しかし、こうした解釈は、実は重大な問題と矛盾を内包していた。第一に、芦田解釈は、政府が一貫して採用を拒否してきた「解釈」であり、また小沢解釈も政府が採用したことはなかった。つまりこうした「解釈」を採用することは、政府－内閣法制局が一九五〇年代以降六〇年近くにわたり積み上げてきた膨大な九条解釈の体系を全否定するものであり、政府にはとうてい呑めない代物であったことである。

第二に、芦田「解釈」や小沢「解釈」を採用してしまえば、わざわざ報告が四類型を個別に検討する意味はまったくなくなることであった。なぜなら、芦田解釈をとれば、たとえば、集団的自衛権行使はすべてOK、何ら制限されていないというのだから、わざわざ、併走する米艦が攻撃を受けた場合などという、ありそうもない仮定を設ける必要は一切不要となるからである。報告が四類型を個別に検討したことなどまったく不必要かつ無意味となるのである。

5．以上の点からみると、本報告は、たとえ第一次安倍内閣が健在であっても、それをすんなり採用できるようなものではなかった。しかし、懇談会が報告を出す前、二〇〇七年九月に安倍内閣は崩壊し、続く福田内閣は、報告書を受け取るとそのままゴミ箱に放り込んだ。

ところが、先述のように、第二次安倍内閣が発足し事態は大きく転換した。安倍内閣は、発足後、ただちに安保法制懇を再開し、改めて、政府解釈の見直しを諮問したのである。しかも、今度は、明文改憲の補完物ではなく、むしろこれが、集団的自衛権行使容認の主たる方針となったのである。そのため、先に指摘した矛盾の克服が求められることとなった（⇩Ⅲ・71）。

はしがき

第二次世界大戦後、我が国は、国際平和を乱すことなく、ひたすら戦後復興と経済成長に励んできた。我が国が外国を侵略せず、軍国主義に走らないという意味での平和主義は、戦後しっかりと根付いたし、今後ともこれを堅持していかねばならない。しかしながら、自国の平和を志向するだけで国の安全と世界の平和を守ることができないことは明らかである。我が国が戦後平和の内に生き続けることができたのは、外交によって平和な国際環境を構築するとともに、自衛の努力とこれを補う日米同盟によって有効な抑止力を維持してきた結果である。

第二次世界大戦後、長きにわたって国会の内外でいわゆる安保論議が盛んに行われてきた。保守、革新両陣営の間における論議の大部分は、自衛隊が合憲か違憲か、日米安保条約に賛成か反対かといった、多分にイデオロギー的な論争であった。また、安保条約の運用や関連事項をめぐる具体的な問題もこのようなイデオロギーを背景とすることが多かった。そこでは、冷厳な国際関係の中にあって我が国国民の生命・財産、国土、そして基本的人権、民主主義の原則等の基本的価値を守るにはどうすれば良いかという安全保障の基本が論じられることは少なかった。

このような状況に若干の変化をもたらしたのは、平成二、三年（一九九〇、一九九一年）の湾岸危機であった。我が国では、湾岸危機への対応、さらにその後国連PKOへの参加の是非をめぐり、戦後初めて憲法第九条の解釈が自衛権の問題にとどまらず、集団安全保障の観点からも、国会の内外で広く論議された。このような論議を経て、我が国としても、単に国際平和を乱さないというだけでなく、より積極的に国際平和に協力する必要性が認識され、遅ればせながら国連PKO等の平和活動に参加するようになった。しかしながら、憲法第九条については、基本的に従来の解釈の範囲内にとどまっているため、我が国の活動は、なお多くの制約の下に置かれている。

冷戦終結後、安全保障環境は、更に激変した。テロの深刻化と大量破壊兵器の拡散という新たな脅威が外国からの侵略という古くからある脅威に加わった。特に、近隣の北朝鮮の核兵器とミサイルの開発は、我が国にとって直接かつ新たな脅威として出現した。我が国は、今や多様な脅威に緊急に対応することを迫られている。

日本国憲法が施行された第二次世界大戦直後の時期、冷戦時代、冷戦終結直後、さらにその後今日までの時期において、我が国をめぐる安全保障環境が激変したことについては、この報告書に詳述しているとおりである。このような安全保障環境の激変の中にあって、かけがえのない我が国国民の生命・財産、国土及び基本的人権の尊重、民主主義の堅持等の基本的価値を守るにはどうすれば良いかという安全保障の基本を初心に立ち帰って真剣に考えかつ行動することが急務である。それと同時に、我が国の国際社会における役割の重要性にかんがみ、国際平和への協力も、重視しなければならない。憲法第九条の解釈についても、平和の意義と安全保障の本来の目的を見失うことなく、また、先例墨守や思考停止の弊害に陥ることなく、憲法の規定を虚心坦懐に見つめ直す必要がある。そして、冷厳な国際安全保障環境を直視し、世界の平和と我が国の安全を確保するため、最善の安全保障政策を見出さなくてはならない。この報告書が安全保障の法的基盤の再構築に資することを切に望むものである。

安全保障の法的基盤の再構築に関する懇談会
座長　柳井俊二

第一部　我が国をめぐる安全保障環境と法的基盤再構築の必要性

1．安全保障環境と法的基盤

安全保障環境は日々変化する。二一世紀の我が国を取り囲む安全保障環境は、二〇世紀と同じではない。第二次世界大戦直後のアジアの安全保障環境と冷戦時代とは違ったし、冷戦時代の安全保障環境と冷戦が終わったときの安全保障環境は大きく異なるものであった。さらに冷戦終結直後の状況から、現在の安全保障環境は、更に変化している。こうした客観情勢の変化だけでなく、我が国の主体的条件も大きく変容を遂げてきており、我が国の国際社会における地位は向上し、それに伴う責任は増大している。我が国の安全保障政策は、このような変化に適切に対応したものでなければならない。

他方、国の安全保障政策は、法治国家として当然であるが、明確な法律に基づいて実施されなければならない。すべての法律の基礎には憲法があり、憲法を基盤として、これの適切な解釈の下に様々な法律が組み立てられる。このような法的基盤の上に安全保障政策も実施しなければならない。

しかし、このような法的基盤もまた、常に安全保障環境の変化という現実によって、不断に再検討しなければならない。現行の法的基盤は、日本国憲法に基づいて形成されてきたものであるが、その形成過程は、その時々の安全保障環境や政治状況によって規定された歴史的なものである。したがって、現在の法的基盤のある部分が、現在の安全保障環境の下で、最適であるか否かについては、常に再検討が必要である。

もちろん、安全保障環境がそれほど大きく変化していないのであれば、現存する憲法解釈や法律からなる法的基盤を変更させる必要はないかもしれない。しかし、二一世紀の安全保障環境は、日本国憲法が制定された二〇世紀中葉から大きく変化し、また、集団的自衛権等に関する様々な政府解釈が打ち出されてきた冷戦期からも大きく変化している。更に言えば、冷戦終結直後の状況とも異なる様相を呈しているのが、二一世紀の安全保障環境なのである。憲法解釈も含め法的基盤に関する不断の検討が必要な所以である。

いうまでもなく、法に関する解釈は、単に現実に合わせるだけの便宜的なものであってはならない。しかし、これまで維持されてきた解釈のみが、法的に見て唯一可能で合理的なものであるというわけではない。歴史的に成立してきた様々な政府解釈は、法的な体系として見た場合に、かえって、過度に複雑であったり、不適切な概念を導入している可能性もあり、また、国際法との整合性に欠ける場合もある。安全保障環境への適合性と並んで、このような法解釈の一貫性・合理性という観点からも、法的基盤を見直す必要が存在している。

安倍前総理は、このような安全保障環境の変化や法解釈の適切性に留意し、以下の四つの事例を問題意識として提示され、本懇談会で検討するよう指示された。

① 共同訓練などで公海上において、我が国自衛隊の艦船が米軍の艦船と近くで行動している場合に、米軍の艦船が攻撃されても我が国自衛隊の艦船は何もできないという状況が生じてよいのか。

② 同盟国である米国が弾道ミサイルによって甚大な被害を被るようなことがあれば、我が国自身の防衛に深刻な影響を及ぼすことも間違いない。それにもかかわらず、技術的な問題は別として、仮に米国に向かうかもしれない弾道ミサイルをレーダーで捕捉した場合でも、我が国は迎撃できないという状況が生じてよいのか。

③ 国際的な平和活動における武器使用の問題である。例えば、同じPKO等の活動に従事している他国の部隊又は隊員が攻撃を受けている場合に、その部隊又は隊員を救援するため、その場所まで駆け付けて、要すれば武器を使用して仲間を助けることは当然可能とされている。我が国の要員だけそれはできないという状況が生じてよいのか。

④ 同じPKO等に参加している他国の活動を支援するためのいわゆる「後方支援」の問題がある。補給、輸送、医療等、それ自体は武力の行使に当たらない活動については、「武力の行使と一体化」しないという条件が課されてきた。このような「後方支援」のあり方についてもこれまでどおりでよいのか。

以上の問題意識には、このような事例において我が国が適切な対応をすることができなければ、我が国の安全保障が脅かされるとの認識があったと思われる。それぞれについて、これまでの政府の見解を踏まえた上で、政府見解の修正や法律改正も含めて、どのように法的基盤を整備していくかが、本懇談会に問われた内容であると認識する。基本的に、①と②は自衛権に関する問題であり、③と④は国際的な平和活動に関する問題であって、両者は明確に区別して考察されなければならない。

四つの事例に関する本懇談会での検討については第二部で詳述し、この検討を通じて得られた憲法第九条に関する本懇談会の基本認識を第三部で述べ、本懇談会としての提言は第四部で行う。以下では、その前提としての、現在の安全保障環境の特徴、これまでの安全保障に関する政府の憲法解釈の概略を提示することにする。

2. 二一世紀の安全保障環境

二一世紀の安全保障環境は、これまでの安全保障環境とどこが異なっているのであろうか。第一に挙げるべきは、安全保障上の脅威の多様化である。冷戦の終結によって、大国間戦争の可能性は低下したが、その可能性がゼロになったわけではない。また、幾つかの国々の安全保障政策がもたらす脅威は継続している。核兵器等の大量破壊兵器や弾道ミサイルを保持し、周辺諸国との間で、武力の行使を辞さない姿勢を示したりする国家が存在する。

また、ナショナリズム等に起因する対立が解決されず、場合によっては大規模な武力紛争に発展しかねない紛争が世界各地に存在している。世界の様々な地域では、民族や部族の対立を解決して国家を統合することができずに内戦や内戦状況を継続させている例が見られる。さらに、大規模暴力の形態としてのテロリズムの問題が大きく浮上してきたのも二一世紀の特徴である。二〇〇一年の九・一一テロはその典型例であるが、これにとどまらず、世界各地でテロの脅威が続いている。テロリストの国際的ネットワークは、内戦等によって国内統治の十分でない国々に拠点をおく傾向があり、テロの脅威と内戦の継続は密接に関連するようになっている。また、国際社会に脅威を与え得る特殊な国がテロリスト等と連携する可能性も否定できない。大量破壊兵器や弾道ミサイルがテロリストの手に渡る危険も無視し得ない。

このような脅威の多様化の背景には、様々な要因があるが、技術の役割も見過ごすことはできない。技術進歩は、テロリストや危険な国家のもたらす脅威を更に深刻なものにする可能性もあるが、それらに対抗する手段を生み出す面もある。弾道ミサイルの脅威と弾道ミサイル防衛の可能性は、まさにそのような技術進歩による安全保障環境の変化を物語っている。

安全保障環境をめぐる変化の第二の側面は、安全保障問題に対する国際社会としての共同対処の動きが強まってきていることである。多くの国際紛争の解決に当たって、国連安保理による判断が重視されるようになってきている。各地の内戦においても、そしてテロとの戦いにおいても、国連決議等によって設立された国際的な平和活動が展開されるようになってきた。各国が大量破壊兵器や弾道ミサイルの拡散を阻止するための共同作戦を実施するようにもなってきている。この間、国際社会では、国際司法裁判所の判決・意見等を通して、集団的自衛権についての考え方や、集団安全保障の考え方等についての概念的整理も進んできた。

つまり、安全保障上の脅威が多様化する中で、国際社会としての共同の取り組みが重視されるようになってきているのが、現在の安全保障環境の特徴である。我が国にとっても、自国の安全保障のために自らの防衛体制を実効的なものとして維持していく必要性はいささかも低下していないが、これに加えて、日米同盟を更に実効性の高いものとして維持し、国際社会全体との協力をするための努力が求められている。我が国の安全保障政策に関する法的基盤も、また、このような観点から見直してみる必要がある。

3．安全保障に関する政府の憲法解釈

我が国の安全保障政策に関する法的基盤の根幹は、日本国憲法であり、とりわけ憲法第九条である。そして、憲法第九条をめぐっては、制定当時から、その解釈をめぐって様々な考え方が存在してきたし、政治的にも種々の論争を引き起こしてきたことは周知のとおりである。この解釈に関する論争に決着をつけるために憲法改正を求める声もある。以下では、安全保障に関連して政府が提示してきた典型的な見解をまとめておく。

第一に、政府は、従来、我が国は自衛権を保有しており、自衛隊は憲法違反ではないとの解釈をとってきている。例えば、自衛権の存在については、「憲法は自衛権を否定していない。自衛権は国が独立国である以上、その国が当然に保有する権利である。憲法はこれを否定していない。したがって、現行憲法の下で、我が国が自衛権を持っていることはきわめて明白である」とし、この解釈を受けて、「自衛隊のような自衛のための任務を有し、かつ、その目的のため必要相当な範囲の実力部隊を設けることは、なんら憲法に違反するものではない」（昭和二九年一二月二二日大村防衛庁長官答弁）としたのである。

第二に、政府は、自衛権の行使については制約があるとの解釈をとっている。例えば、昭和六〇年九月二七日政府答弁書にあるように、「憲法第九条の下において認められる自衛権の発動としての武力の行使については」、「①我が国に対する急迫不正の侵害があること、②これを排除するために他に適当な手段がないこと、③必要最小限度の実力行使にとどまるべきこと」という三要件が必要であるとしてきた。

第三に、「集団的自衛権」に関しては、昭和四七年一〇月一四日の政府見解で示され、これとほぼ同趣旨の昭和五六年五月二九日政府答弁書に見られるように「我が国が、国際法上、このような集団的自衛権を有していることは、主権国家である以上、当然であるが、憲法第九条の下において許容されている自衛権の行使は、我が国を防衛するため必要最小限度の範囲にとどまるべきものであると解しており、集団的自衛権を行使することは、その範囲を超えるものであって、憲法上許されないと考えている」との見解を示してきた。

第四に、国連等が行う国際的な平和活動においても、武力の行使につながる可能性のある行為は、憲法第九条違反のおそれがあるとされてきた。たとえば、平成一〇年五月一四日の秋山内閣法制局第一部長答弁では、「もとより集団的安全保障あるいはPKOにかかわりますいろいろな行動のうち、憲法第九条によって禁じられている武力の行使または武力による威嚇に当たる行為につきましては、我が国としてこれを行うことが許されない」とされている。

第五に、国連等の活動であれ、同盟国の行う活動であれ、他国の行う武力の行使と「一体化」するとみなされる行為は、それ自体が武力の行使でなくとも憲法違反であるとの解釈がなされるようになってきている。

4．憲法解釈の変更を促す要因

我が国をめぐる今日の安全保障環境は、上述のように、冷戦時代及び冷戦終結直後の状況とは大きく異なってきている。大量破壊兵器や弾道ミサイルの拡散、あるいはテロの深刻化により安全保障上の脅威が多様化する一方で国家からの脅威も依然として存続しており、また、国際社会として共同で対処すべき多数の国際紛争が生じている。

このような安全保障環境の現実に直面する我が国の安全保障戦略の基本は、第一に、我が国に対する直接の脅威を抑止し、もし現実に脅威が及ぶ場合にはその損害を最小限にとどめるため、自助努力によって効果的な防衛力を保持することである。第二に、今日如何なる国も一国のみでは自国の安全保障を全うすることができず、特に我が国の場合には一層そうした事情が顕著である以上、日米安全保障条約を基礎とする日米同盟を維持し、継続的にこれを整備することが必要である。この点について、米国は、我が国が武力攻撃を受けた場合に、日米安全保障条約に基づいて我が国を防衛する義務を負い、また、極東の平和と安全に寄与するため我が国と協力する唯一の同盟国であることを忘れてはならない。

このため、日米協力体制の信頼性向上が不可欠である。特に近年、北朝鮮ミサイルを追尾する日米イージス艦の共同行動が行われているが、その際、我が国の海空自衛隊がこれを掩護できないこととなれば問題である。さらに、我が国のイージス艦がミサイル迎撃能力を得たにもかかわらず、必要な日米共同作戦を行えないということになれば、日米同盟の維持強化にとって大きな障害となり得ることを認識すべきである。第三に、世界各地で生ずる紛争を解決し、国際の平和と安全を維持・回復するための国際社会の共同の努力に貢献することは、国際社会の責任ある一員としての我が国の責務であるのみならず、安全保障環境を改善することは、我が国自身の安全を確保する上でも必要であることを十分認識し、このような国際社会の共同の努力に積極的に寄与する必要がある。

そうであるとすると、今日の複雑かつ不安定な安全保障環境の下で、以上のような戦略に基づく我が国の安全保障政策を実施するための法的基盤、なかんずく憲法第九条の政府解釈は、適切にして十分なものであろうか。憲法第九条の下で我が国は個別的自衛権を有し、我が国に対する急迫不正の侵害があること等の三要件に合致すれば、その行使として武力を行使することはできるが、集団的自衛権を行使することは、我が国を防衛するための必要最小限を超えるものであって、憲法上許されないという解釈、すなわち、我が国は、主権国家として国際法上集団的自衛権を有するものの、憲法上これを行使することが許されないという解釈は、現在の安全保障環境の下で日米同盟を効果的に維持することに適合し得るものであろうか。また、従来の政府見解では、国連PKO等の国際的な平和活動への我が国の参加に当たっても、武力の行使につながる可能性のある武器使用は、憲法第九条に違反するおそれがあるとしてきた。さらに、この政府見解では、我が国の行う後方支援のようにそれ自体が武力の行使でなくとも、他国の武力の行使と一体化する場合には憲法第九条に違反するとされてきた。このような解釈から生み出される法制度は、我が国が効果的に国際的な平和活動に従事することを可能にするであろうか。

まさに前述の四つの類型こそは、日米同盟の有効性を今後とも維持するとともに、国際的な平和活動に我が国が積極的な関与をしていくに当たっての具体的問題を示している。第二部から第四部にかけて詳述するように、本懇談会は、この四つの類型に関して、我が国が適切な行動がとれないとすれば、それは我が国の安全を著しく脅かす可能性があるものであると判断し、しかも、憲法解釈を変更することによって、この四類型に適切な対処をすることが十分可能であると判断した。

いうまでもなく、本懇談会は、四類型に対処するという現実の必要性のみから法的に合理的でない解釈変更を提示しようとするものではない。ここで提起する憲法解釈は、法的に見ても一貫した論理に基づき国際的にも適切な解釈と考えるものである。現行の政府解釈に固執することこそ、かえって、法的に合理的でない解釈の連鎖を生み出しかねないのである。安全保障環境の変化にも適合し、国際法的にも整合した新しい解釈をとるべきであろう。

第二部　四類型の安全保障問題のそれぞれに関する懇談会の意見

本懇談会は、第一部で述べた基本認識に基づき四類型の安全保障問題を検討した。以下においては、四類型のそれぞれについて、現在の安全保障環境の下において我が国が対処を迫られている具体的かつ現実的な安全保障問題を特定するとともに、このような問題に有効に対処するためには何をなすべきかという政策課題に関する認識を述べ、さらに、現在の法的基盤、換言すれば、これまでの政府の憲法解釈を含む法解釈でかかる政策が実行できるか否か、如何なる制約があるか、また、その課題を解決して我が国の安全を確保するには如何なる方策があり得るかという問題について本懇談会の意見を記述することとする。以下、各類型について、（1）現実の状況、（2）問題に対する政策目標、（3）現行の法的基盤の制約及び（4）法的制約に関する問題解決の選択肢に分けて論点を整理することとする。なお、これら以外の論点に関する意見がある場合には、（5）関連事項として示すものとする。

1．公海における米艦の防護

（1）現実の状況

共同訓練等で公海上において、我が国自衛隊の艦船が米軍の艦船と近くで行動している場合に、米軍の艦船が攻撃されても我が国自衛隊の艦船は何もできないという状況が生じてもよいのかというのが提示された問題意識である。日米の艦船が互いに近くで行動している場合として一般に想像されるのは、例えば、日米の艦船が併走して給油活動をしているような場合であろうが、共同行動といっても、広大な公海上で日米の艦船が互いに数百キロ離れていることがあるのが実態であって、至近距離で給油活動をしているような場合は、稀である。

さらに、この問題を検討するに当たっては、ミサイル攻撃の実態も踏まえる必要がある。第一に、米艦が我が国に対するミサイル攻撃を警戒・監視する活動に従事している場合、すなわち米艦の活動が我が国の安全保障と密接に関連している場合で、米艦がミサイルの飛来する方向にレーダーを集中しているときは、自艦の防護能力が下がるので、近くにいる自衛隊の艦艇及び航空機が米艦を防護する必要性が大きくなる。

第二に、洋上で日米の艦船が共同活動をしている場合、遠距離から撃たれる対艦ミサイルについては、自衛艦があくまでも自己や武器等の防護のために武器を使用する場合にその「反射的効果」として米艦を防護する場合があるとの従来の考え方では、自衛艦自身に対する攻撃が未だ行われていない段階で米艦防護を行うための法的根拠が曖昧であり、現実的に対処が困難である。

（2）問題に対する政策目標

厳しさを増す安全保障環境の下で、我が国の国民の生命・財産を守るためには、日米同盟を効果的に機能させることが一層重要であり、米艦防護の問題も、同盟国相互の信頼関係の視点から考えることが基本的に重要である。したがって、前記（1）のような現実の状況において、我が国の安全保障のために自衛隊の艦船と共同で活動している米艦が攻撃に晒されたような場合に米艦を防護することは、同盟国相互の信頼関係維持のために当然なすべきことであり、また、我が国自身の安全保障に資することである。

（3）現行の法的基盤の制約

我が国は国際法上集団的自衛権を有するが、これを行使することは憲法上禁止されているというこれまでの政府の解釈によれば、設問のような場合に自衛艦が米艦を防護することは、集団的自衛権の行使に当たるので、原則的にできないこととなる。従来の憲法解釈及び現行法の規定によれば、我が国に対する「組織的・計画的」な武力攻撃と認められる我が国有事の場合に、個別的自衛権を行使するか又は自衛艦が米艦に併走して給油をしているような場合に限り、自己の防護や自衛隊法第九五条に基づく武器等の防護により、結果的に反射的効果として米艦の防護が可能な場合があるという国会答弁がある。しかしながら、前記（1）のような現実の状況から見てもこのような状況は稀であり、また、このような反射的効果による防護では、離れた海域で共同活動をしている米艦から掩護を求められた場合には、対処できない。

（4）法的制約に関する問題解決の選択肢

前記（2）の政策目標と法的制約との間の間隙を埋める方法としては、従来の憲法解釈の延長線上で個別的自衛権の適用を拡大して、離れた海域にある米艦も防護するという考え方と、個別的自衛権しか行使し得ないという憲法解釈を変更し、集団的自衛権も行使し得ることとするという考え方があり得よう。しかしながら、自衛艦が攻撃されていないにもかかわらず、個別的自衛権の適用を拡大して米艦を防護するということについては、国際法に適合した説明が困難であり、また、政策目標の達成も中途半端なものとなる。これに対し、集団的自衛権の行使によって米艦を防護するという方法は、米艦を防護するという政策目標が達成できるとともに、我が国が主権国家として有する集団的自衛権を行使するのであるから、国際法上も問題ない。

2．米国に向かうかもしれない弾道ミサイルの迎撃

（1）現実の状況

弾道ミサイル、特に大量破壊兵器を搭載したミサイルは、軍事目標のみならず一般市民にも甚大な被害を及ぼすものであり、人道上の観点から看過し得ないものである。また、ミサイルへの対処は、分秒の間に判断する必要があり、さらに、複数のミサイルが日米双方に向かう場合に、我が国に向かうものは撃ち落せるが、米国に向かうものは撃ち落せないということになれば、撃墜の可否を即座に判断することは困難なものとなる。したがって、ミサイル攻撃への対応は、単純・明快かつ迅速にとり得るものでなくてはならない。

（2）問題に対する政策目標

設問にもあるとおり、同盟国である米国が弾道ミサイル攻撃によって甚大な被害を被るようになれば、我が国自身の防衛に深刻な影響を及ぼすこととなり、また、我が国の安全保障の基盤たる日米同盟を根幹から揺るがすことになる。

弾道ミサイル防衛は、日米共同で成り立ち、かつ、情報、核抑止力等の面で我が国が米国に大幅に依存しており、従来以上に日米の緊密な連携関係を前提としている。したがって、このような連携関係を離れて我が国のミサイル防衛だけを考えることはできない。

さらに、我が国に飛来する弾道ミサイルは個別的自衛権で撃ち落せる

が、米国に向かうミサイルを撃ち落すことは集団的自衛権の行使に当たるのでできないとの立場、あるいは、いずれの場合か判断できないため対応が遅れるという状況は、弾道ミサイルに対する抑止力を阻害する。

以上にかんがみ、米国に向かうかもしれない弾道ミサイルを我が国が撃ち落す能力を有するにもかかわらず撃ち落さないという選択はあり得ない。

（3）現行の法的基盤の制約

我が国は、国際法上集団的自衛権を有するが、憲法上これを行使することはできないとのこれまでの政府見解を維持する限り、同盟国たる米国に向かうミサイルを撃ち落すことができず、前記（2）に述べた政策目標を達成することはできない。

また、これまでの考え方は、我が国に向けてミサイルが発射されてもそれが武力攻撃に該当するか否かが必ずしも明確ではないので、まずは自衛隊法第八二条の二に基づく警察権で対応するというものである。この措置は、国際法的には緊急避難としての対応を意味する。そのミサイル攻撃が我が国に対する武力攻撃であると認められれば、安全保障会議、閣議決定、国会承認という手続を経て個別的自衛権で対応するという二段構えの非常に慎重な仕組みをとっているのである。しかし、このような体制では米国に向かうミサイルに対応することができるかは現実問題として疑問である。

なお、前述の政府の考え方のようにミサイルに対しても警察権の行使により対応できるという見方もあるが、国際法上は、国家の主権が及ばない宇宙空間では、原則として警察権は行使できない。

（4）法的制約に関する問題解決の選択肢

前記（2）で述べたように、米国に向かう弾道ミサイルを我が国が撃ち落せる場合には撃ち落すべきであるということが我が国の政策目標である以上、この目標達成を法制的に可能にする方法としては、集団的自衛権の行使を認める以外にないと思われる。

（5）関連事項

ミサイル防衛に関して最も重要なことは、極めて迅速に決断し、遅滞なく実施し得る体制と手続を平時より整備しておくことである。

3．国際的な平和活動における武器使用

（1）現実の状況

国際的な平和活動には、国連の関与するものだけをとっても、安保理が多国籍軍に許可を与えてイラク軍への反撃をさせた湾岸戦争の例に見られるように、強制力を伴うようなものから、停戦合意を前提として強制力を伴わないものまで、種々の段階の活動がある。これまで我が国が参加してきた活動は、停戦合意を前提とする伝統的な国連PKOであるが、現在、我が国のPKO派遣要員数は、主要国の中で最下位にある。その一因は、国連PKOに参加する自衛隊員の武器使用が国際基準より厳しく制限されていることにある。

紛争当事者間の停戦合意を前提とする国連の伝統的なPKOにおいても、国連は、要員を防護するための武器使用（いわゆるAタイプ）とともに、国連PKOの任務遂行に対する妨害を排除するための武器使用（いわゆるBタイプ）を認めている。しかるに、我が国の国際平和協力法では、Aタイプの武器使用のうちでも自己や現場に所在する他の自衛隊員等と自己の管理下にある者の防護のためにしか「武器の使用」を認めておらず、同じ国連PKOに参加している他国の部隊又は隊員が攻撃された場合に駆け付けて仲間を警護するため必要な場合には武器を使用することが許されていない。さらに、妨害排除のための武器使用（Bタイプ）も認められていない。

このように、武器使用の程度が最も低い伝統的な国連PKOの場合でさえ、我が国の武器使用基準は国際基準とは著しく異なっており、自衛隊は同じ国連PKOに参加し、共同行動をしている他国の部隊とは別の基準で行動せざるを得ない。このような状態では、国連ＰＫＯへの積極的な参加は困難である。

（２）問題に対する政策目標

第一部で述べたように、国際の平和と安全を維持・回復するための国際社会の共同の努力に貢献することは、我が国の責務であるのみならず、安全保障環境の改善を通じて我が国自身の安全を確保する上でも必要であり、我が国としては国際的な平和活動に一層積極的に関与していくべきである。

確かに、自衛隊が戦闘行動を主たる任務として国際的な平和活動に参加することは、現状からの極めて大きな変更であり、基本的な政治決定が必要であろう。しかしながら、それ以外の場合については、積極的に参加することを検討すべきである。その際、国連ＰＫＯ等が国際社会の共同活動である以上、これに参加する自衛隊にも武器使用に関する国際基準を適用し、他国の部隊や隊員とともに共同の活動を行えるようにすべきである。具体的には、国際基準に従い、第一に、同じ国連ＰＫＯ等に従事している他国の部隊又は隊員が攻撃を受けている場合に、その部隊又は隊員を救援するため、その場所まで駆け付けて、要すれば武器を使用して仲間を助けること（いわゆる駆け付け警護）を自衛隊にも認めることである。第二に、国連ＰＫＯの基準で認められた妨害排除のための武器使用（Ｂタイプ）を自衛隊にも認めることである。第一の点については、同じ国連ＰＫＯ等で共同任務を行う他国の部隊や要員が危険に晒され、自衛隊に救援を求めているにもかかわらず我が国独自の基準により武器使用が認められていないために他国の部隊や要員を救援しないことは常識に反しており、国際社会の非難の対象になり得る。第二の点については、例えば、ＰＫＦ本体業務への参加等においては必要不可欠である。

（３）現行の法的基盤の制約

これまでの政府見解によれば、我が国は、個別的自衛権を行使することができるが、自衛権の三要件に合致する限り我が国は、憲法第九条の下では、憲法上認められないということになる。従来の政府見解では、国連ＰＫＯ等において自衛官が攻撃を受けた場合に武器を使用して防御することは、「自己保存のための自然権的権利」であるので、憲法上も認められるが、いわゆる駆け付け警護や妨害排除のために武器を使用することは、相手方が国又は国に準ずる組織である場合には、憲法で禁じられた武力の行使に当たるおそれがあるので、認められないというものであった。

（４）法的制約に関する問題解決の選択肢

憲法第九条が禁じているのは、個別国家としての我が国による「国際紛争を解決する手段として」の「国権の発動たる戦争と、武力による威嚇又は武力の行使」であって、国連等が国際平和の回復・維持のために行う集団安全保障や国連ＰＫＯとは次元を異にするものであり、これへの参加は憲法で禁止されていないと考えるべきである。もとより、国連憲章が本来予定した、国連軍の創設を含む形での集団安全保障体制が実現しておらず、また、安保理決議に基づく平和活動にも種々の段階があり、それらが単なる個別国家の活動でないとしても、国連の関与の度合いに差があることも事実であるので、このような平和活動への参加については、個々の場合について政策的に慎重な検討が必要である。しかしながら、少なくとも、国連ＰＫＯの国際基準で認められた武器使用が国連憲章で禁止された「武力の行使」に当たると解釈している国はどこにもなく、したがって、自衛隊が国連ＰＫＯの一員として、駆け付け警護や妨害排除のために国際基準に従って行う武器使用は、憲法第九条の禁ずる武力の行使に当らないと解すべきである。

（５）関連事項

アジア・太平洋地域においては、最近、ソロモン地域支援ミッション、ミンダナオ国際監視団、アチェ監視ミッション等の活動が行われるようになってきている。これらの活動は、いずれも、諸般の事情から、国連決議に基づいていないが、関係諸国の了解の下で行われる平和活動であり、戦闘行動を伴うものではない。アジア・太平洋における地域紛争を解決し、地域の平和と安全を維持・回復することについて、この地域の諸国、ひいては国際社会は、我が国のより積極的な貢献を期待しており、また、我が国自身の安全保障の観点からも、貢献することが望ましい。よって、このような場合に、国連決議に基づかない平和活動への我が国の参加が要請されたときは、我が国として積極的に参加できるようにすべきである。

4．同じ国連PKO等に参加している他国の活動に対する後方支援

（1）現実の状況

同じ国連PKO等に参加している他国の部隊に自衛隊が補給、輸送、医療等、それ自体は武力の行使に当たらない後方支援をする場合であっても、支援を受けた他国の部隊が武力を行使するときは、自衛隊の後方支援も、その密接性等から、他国の武力の行使と一体化して、我が国による武力の行使として評価され、憲法に違反するというのがこれまでの政府見解である。「武力の行使との一体化」というのは、我が国特有の概念であり、現実の問題としても、他国の武力の行使とどの程度密接に後方支援が行われたら武力の行使と一体化するのかといった基準が明確でないこと、刻々と変化する事態の中で一体化の有無を判断するのが非現実的である等の困難を提起してきた。これまで「一体化」する場合が広く解されてきたこともあり、国連PKO等の平和活動において、我が国の得意とする後方支援活動を不当に制限してきたきらいがある。

（2）問題に対する政策目標

国連PKO等国際社会が協力して行う共同活動に我が国が貢献する方法は種々あるが、補給、輸送、医療、建設、通信等の後方支援は、技術、装備、組織力等に優れた自衛隊が行い得る最も重要な貢献分野であり、我が国は今後一層この分野で貢献を強化すべきである。国際社会からも、この分野における我が国への期待は極めて大きい。

（3）現行の法的基盤の制約

既に述べたとおり、いわゆる「一体化」論は、本来は武力の行使に当たらない我が国の補給、輸送、医療等の後方支援であっても、その支援を受ける他国の部隊が武力を行使し、我が国の後方支援と当該他国の武力の行使とが密接である等の場合には、我が国の後方支援も憲法上禁止された武力の行使として評価されるというものである。しかも、他国の武力の行使との密接性は、ことの性質上客観的な基準をもって判断し得ないものであるから、実際の運用上我が国の後方支援活動に不当な制約を課してきた。このため、前記（2）の政策目標を達成する上での制約要因となっている。

元来「一体化」論は、日米安保条約の下で、米軍に対する我が国の後方支援が米軍の武力の行使と一体化する場合には、我が国の後方支援も憲法の禁止する集団的自衛権に該当するという文脈で議論されたものである。しかし、この考え方を日米安保条約の脈略で論理的に突き詰める場合には、極東有事の際に同条約第六条の下で米軍が我が国の基地を戦闘作戦行動に使用すれば、我が国による基地の提供とその使用許可は、米軍の「武力の行使と一体化」することになるので、安保条約そのものが違憲であるというような不合理な結果になりかねない。

また、周辺事態において我が国が米軍の活動に後方支援を供与することは、抑止力を高めることとなり、我が国の安全保障上望ましいものであるが、「一体化」論は、この面でも制約を課すこととなる。

（4）法的制約に関する問題解決の選択肢

この問題の解決方法としては、次のような選択肢が考えられる。

第一に、仮に「一体化」論を認めるとしても、憲法が明文で禁止している「国際紛争を解決する手段としての武力の行使」との一体化に限る。

第二に、「一体化」論を廃止し、他国の平和活動に対して我が国が後方支援を行うか否か、行うとしてどの程度実施するかという問題は、政策的妥当性の問題として判断する。

第三に、集団安全保障又はそれに準ずる国際的な平和活動は憲法第九条の下で禁止されている活動ではないこと、かつ、そうした国際任務における武器使用は憲法第九条が禁止している「武力の行使」ではないという解釈をとる。

そもそも問題の根源は、これまでの政府見解において、集団安全保障又はそれに準ずる国際的な平和活動への参加の場合も、我が国の行為であることに変わりはないので、憲法第九条で禁止されている「武力の行使」となるおそれがあるという憲法解釈が示されている点である。国際的な平和活動の文脈で援用される「一体化」論は、その活動に参加している外国部隊の武器使用を個別国家による「武力の行使」と混同している点、及びそうした外国部隊との連携があたかも違法なこととみなしている点で二重に問題である。

上記第三の選択肢をとれば、自衛隊が前述のような国際的な平和活動に参加して国際基準に従って武器を使用しても、それは憲法第九条が禁止している「武力の行使」には当たらず、まして自衛隊による後方支援が外国部隊の「武力の行使と一体化」して憲法第九条に抵触するなどという問題が生ずる余地がなくなるので、ＰＫＯ等に対する後方支援に関する「一体化」の問題は、根本的に解決する。なお、根本的な解決に至る以前の段階においても、第二の選択肢により政策的妥当性の問題として解決することもできよう。

第三部　憲法第九条に関する懇談会の基本認識

1．四類型に関する意見とその前提

本懇談会は、安倍前総理の示された四類型の問題、すなわち、①公海における米艦の防護、②米国に向かうかもしれない弾道ミサイルの迎撃、③国際的な平和活動における武器使用及び④同じ国連ＰＫＯ等に参加している他国の活動に対する「後方支援」に関し、これまでの政府の憲法解釈及び法制度によって我が国の安全を確保し、また、我が国の安全にとって不可欠な国際の平和と安全の維持に十分な貢献ができるか否かを検討した。検討の過程において本懇談会で共有された主要な意見は、第二部で詳述したとおりであるが、本懇談会としては、第一部で述べたとおり、二一世紀の安全保障環境は、日本国憲法が制定された第二次世界大戦直後と大きく異なることはもとより、これまでの様々な政府解釈が打ち出された冷戦期からも大きく変化しており、さらに、冷戦終結直後の安全保障環境とも異なっているとの基本認識を確認した。その上で、本懇談会は、前記の四類型については、これまでの政府解釈をそのまま踏襲することでは、今日の安全保障環境の下で生起する重要な問題に適切に対処することはできないとの結論に達した。したがって、我が国をめぐる今日の安全保障環境と国際常識に適合するよう憲法解釈にも必要最小限の変更をもたらさなければならないが、これには、次の二つの大前提がある。その第一は、日本国憲法の根幹にある「平和主義」及び「国際協調主義」の基本原則を維持するということである。その第二は、新たな安全保障政策の下における集団的自衛権の行使についても、また、国連等による集団安全保障への我が国の参加についても、無制限ではなく、第四部の具体的提言で示すように一定の制約を課すことを明確にすることである。

2．憲法第九条の解釈

本懇談会における議論の多くは、憲法第九条の解釈をめぐるものであったが、ここで具体的な提言に入る前に、同条の解釈に関する本懇談会の基本認識を要約しておくことも有益であろう。これまでの政府の解釈

は、我が国は国際法上個別的自衛権を有するとともに、憲法上も一定の要件の下でこれを行使することができるが、集団的自衛権については、国際法上保有していても、憲法上その行使が禁止されており、また、国連憲章に基づく集団安全保障体制における各種の活動についても、研究の余地はあるものの、憲法第九条によって禁じられている武力の行使又は武力による威嚇に当たる行為を行うことは許されないというものである。政府の国会答弁、質問主意書に対する答弁書等によれば、このような解釈の基礎に次のような基本見解が看取される。

すなわち、「憲法第九条の文言は、我が国として国際関係において実力の行使を行うことを一切禁じているように見えるが、政府としては、憲法前文で確認している日本国民の平和的生存権や憲法第一三条が生命、自由及び幸福追求に対する国民の権利を国政上尊重すべきこととしている趣旨を踏まえて考えると、憲法第九条は、外部からの武力攻撃によって国民の生命や身体が危険にさらされるような場合にこれを排除するために必要最小限度の範囲で実力を行使することまでは禁じていないと解している。」（平成一六年六月一八日政府答弁書）とされている。この基本見解に基づき、集団的自衛権や集団安全保障体制の下での武力の行使は、「必要最小限度の範囲」を超えるので、憲法上許されないというのがこれまでの一貫した政府の解釈である。つまり、憲法第九条は、文理上は我が国として「国際関係において実力の行使を行うことを一切禁じているように見える」が、憲法前文や第一三条に照らせば、個別的自衛権の行使までも禁ずるものではないというものである。

憲法を含め、およそ成文法の解釈においては、まずそれぞれの規定の文理を解釈すべきことは当然であるが、それに加えて、法全体の文脈、法の制定経緯、国の基本戦略、各時代の社会・経済等の要請その他関連の諸事情も考慮する必要がある。さらに、特定の規定が国際関係に関するものである場合には、その規定に含まれる概念又は用語が国際法上持つ意味、各時代における国際関係の動態等も考慮に入れるべきであることはいうまでもない。国の基本法である憲法については、このような総合的な解釈の姿勢が極めて重要である。特に憲法第九条の対象となっている戦争、武力の行使、個別的自衛権、集団的自衛権、集団安全保障等は、本来国際法上の概念であり、国際法及び国際関係の十分な理解なしには適切な解釈は行い得ないものである。

憲法第九条が国民を守るための必要最小限の実力行使、すなわち個別的自衛権しか認めていないというこれまでの政府の解釈は、日本国憲法が制定された終戦直後の時代及び冷戦時代の国際関係、そしてこれらの時代における我が国国内の状況を反映するものであったと考えられる。このような憲法解釈は、特に、乏しい資源を軍事に割くことなく、敗戦の荒廃から必死に立ち直ろうとしていた我が国の時代背景を良く反映したものであったことは容易に理解できるところである。しかしながら、このような考え方は、第一部及び第二部で既に述べたように、激変した国際情勢及び我が国の国際的地位に照らせばもはや妥当しなくなってきている。

3．集団的自衛権の行使及び国連集団安全保障への参加

ひるがえって、政府がこれまで一貫して保持してきた憲法第九条の文理解釈については、次のことを指摘しておく必要があろう。前述の如く、政府の解釈は、「憲法第九条の文言は、我が国として国際関係において実力の行使を行うことを一切禁じているように見える」という文理解釈を出発点としている。念のため憲法第九条の文言は、次のとおりである。「日本国民は、正義と秩序を基調とする国際平和を誠実に希求し、国権の発動たる戦争と、武力による威嚇又は武力の行使は、国際紛争を解決する手段としては、永久にこれを放棄する。前項の目的を達成するため、陸海空軍その他の戦力は、これを保持しない。国の交戦権は、これを認めない。」特に、「国権の発動たる戦争と、武力による威嚇又は武力の行

使は、国際紛争を解決する手段としては、永久にこれを放棄する。」という文言は、「我が国として国際関係において実力の行使を行うことを一切禁じているように」は見えず、この規定の意味するところは、むしろ、国権の発動たる戦争と、武力による威嚇又は武力の行使を「国際紛争を解決する手段としては、永久に放棄する」ものであって、個別的自衛権はもとより、集団的自衛権の行使や国連の集団安全保障への参加を禁ずるものではないと読むのが素直な文理解釈であろう。憲法第九条第一項の「戦争放棄」は、一九四六年に日本国憲法で突然出てきたものではなく、国際連盟規約、一九二八年のパリ不戦条約、国連憲章等の国際法発展の長い歴史の中で進化してきたものである。この歴史を通じて、個別的・集団的自衛権や集団安全保障を排除する考え方は、一度も出てきたことがない。むしろ、「戦争放棄」の考え方は、国際紛争を国際連盟や国際連合が国際社会の協力を通じて平和的手段により又は集団安全保障体制によって強制的に解決することを前提に、個別国家が武力によって紛争を解決することを禁ずるという体制の一環として出てきたものである。このような背景からすれば、我が国が一方で自国の紛争を武力で解決しないことを約束しながら、他方で国際的な平和の維持・回復に積極的に参加しないという立場はとれないはずである。ちなみに、一九二八年のパリ不戦条約の規定は、次のとおりであり、憲法第九条の規定の淵源となっている。すなわち「締約国ハ国際紛争解決ノ為戦争ニ訴フルコトヲ非トシ且ソノ相互関係ニ於テ国家ノ政策ノ手段トシテノ戦争ヲ抛棄スルコトヲ其ノ各自ノ人民ノ名ニ於テ厳粛ニ宣言ス」と規定している。

前述のように、憲法第九条第一項が、国権の発動たる戦争と、武力による威嚇又は武力の行使を「国際紛争を解決する手段としては、永久にこれを放棄する」ものであって、個別的・集団的自衛権の行使や国連の集団安全保障への参加を禁ずるものでないとすれば、「前項の目的を達成するため、陸海空軍その他の戦力は、これを保持しない」という第二項は、第一項の禁じていない個別的・集団的自衛権の行使や国連の集団安全保障への参加のための軍事力を保持することまでも禁じたものではないと読むべきであろう。なお、第二項末尾の「国の交戦権は、これを認めない。」の意味については、かつては国際法上認められていた「戦争をする権利」を認めず、また、戦争の開始、終了等に関する国際法上の権利を認めないものと解すべきであろう。このことは、第一項で「国権の発動たる戦争」を放棄している以上当然ではあるが、これを確認的に規定したものと考えられる。他方、この規定にいう「交戦権」が認められないということは、一九四九年ジュネーヴ諸条約及び同追加議定書等の国際人道法上の権利・義務に影響するものでないことは明らかである。

4．自衛権の発動要件

第一部で触れたように、政府は従来、憲法第九条の下に認められる自衛権発動の三要件として、①我が国に対する急迫不正の侵害があること、②これを排除するために他の適当な手段がないこと、③必要最小限度の実力行使にとどまるべきこと、としてきた（昭和六〇年九月二七日政府答弁書）。しかるに、①の要件は、「我が国に対する……侵害」とあるように、明らかに、個別的自衛権のみを想定している。しかし、集団的自衛権の行使を認めるということになれば、この部分については変更する必要がある。また、①の「急迫不正の侵害」という概念は、明らかに国連憲章の規定する自衛権発動の要件からは乖離している。国連憲章第五一条では、第二次世界大戦以前の世界において、「急迫不正」という曖昧な要件の下に自衛権が濫用された歴史を反省し、その要件を「武力攻撃」に限定したのである。何らかの理由で国連憲章が適用されないような場合には、一般国際法の下で「急迫不正の侵害」ないし「武力攻撃に至らない武力の行使」等に対して自衛権が発動される場合がないわけではなく、国際判例でもそのことは認められている。しかし、それが極めて限定的な状況に限られるということは確認しておかなければならない。この問題について、我が国では「マイナー自衛権」という用語で議論されることもあるが、この用語も曖昧であり、国際的理解が十分には得られていない。こうした概念が援用される背景としては、我が国における自衛権の発動は、防衛出動の発令が前提であるが、自衛隊の防衛出動には、安全保障会議を経て閣議決定、さらに国会の事前承認という極めて「重い手続」が課せられており、防衛出動発令以前における緊急事態に適切に対応できないということが指摘されよう。こうした手続では、弾道ミサイルやテロリズム等の新しい脅威に対して実効的に対応し得ないと考えられ、これらに対しては即時かつ実効的な対応が可能となるよう、法制を考慮すべきであろう。

5. 集団的自衛権の保有と行使、国際紛争の概念

集団的自衛権については、昭和三五年三月三一日の政府答弁では、その「本体」部分、すなわち外国に出かけて行ってその国を防衛するという意味の集団的自衛権は、我が国の憲法上認めていないとしているが、その他の部分については、学説上も一致していないとして明確な答弁が行われないままとなっていた。集団的自衛権に関する現行の政府見解は、昭和四七年の国会審議で示された。そこでは、集団的自衛権を「自国と密接な関係にある外国に対する武力攻撃を、自国が攻撃されていないにもかかわらず、実力をもって阻止すること」とし、「我が国が、国際法上右の集団的自衛権を有していることは、主権国家である以上、当然といわなければならない。ところで、……我が国は国際法上いわゆる集団的自衛権を有しているとしても、国権の発動としてこれを行使することは、憲法の容認する自衛の措置の限界を超えるものであって許されない」としている（昭和四七年一〇月一四日政府見解）。これとほぼ同趣旨であるが、昭和五六年五月二九日政府答弁書は、集団的自衛権を「自国と密接な関係にある外国に対する武力攻撃を、自国が直接攻撃されていないにもかかわらず、実力をもって阻止する」権利として定義し、「我が国が、国際法上、このような集団的自衛権を有していることは、主権国家である以上、当然であるが、憲法第九条の下において許容されている自衛権の行使は、我が国を防衛するため必要最小限度の範囲にとどめるべきものであると解しており、集団的自衛権を行使することは、その範囲を超えるものであって、憲法上許されないと考えている」としたのである。この点について、権利の「保有」とその「行使」との関係をいかに捉えるべきか、個別的自衛権が認められていながら集団的自衛権の行使が何ゆえ「憲法上」認められないのか等の点について、政府は明確な根拠を示してこなかったため、国民の理解を十分に得られていないと思われる。

また、憲法第九条第一項の「国際紛争を解決する手段としては」武力による威嚇又は武力の行使を放棄するという文言についても、そこでの「国際紛争」は我が国が当事者となっている国際紛争の解決のために我が国が個別国家として武力に訴えることは放棄するという趣旨であって、我が国が国連等の枠組みの下での国際的な平和活動を通じて、第三国間の国際紛争の解決に協力することは、むしろ憲法前文（「われらは、いづれの国家も、自国のことのみに専念して他国を無視してはならない……」）からも期待されている分野と言わなければならない。

6. 第三部の概括

こうした点が未整理なままであったため、安全保障をめぐる幾つかの問題について、政府は、国際法的にも国内法上も、不自然・不合理とも思われる綱渡りの解釈で対応してきたことの問題性が指摘される。すなわち、集団的自衛権の行使が許容されていないことから、個別的自衛権の「拡張」によって、あるいは、自衛隊法第九五条の「武器等防護」の規定を援用することによって、必要な対応を図ろうとしてきたこと等で

ある。集団的自衛権の対象となるべき事項を個別的自衛権の適用範囲を拡張して説明しようとすることは、国際法では認められない。また、自衛隊法第九五条は、米軍との共同海上作戦や国際的な平和活動において適用することを想定した条文ではないためにその根拠として援用することは極めて不適切と言わざるを得ない。

第四部　四類型の安全保障問題及び関連事項に関する提言

本懇談会は、以上の諸考察を踏まえ、四類型の安全保障問題のそれぞれ及び関連する事項に関して、以下のとおり提言する。

1．四類型に関する提言

（1）公海における米艦の防護

第二部で示した本懇談会での議論からも明らかなとおり、厳しさを増す二一世紀の安全保障環境の中で、我が国の国民の生命・財産を守るためには、日米同盟の効果的機能が一層重要であり、日米が共同で活動している際に米艦に危険が及んだ場合にこれを防護し得るようにすることは、同盟国相互の信頼関係の維持・強化のために不可欠である。個別的自衛権及び自己の防護や自衛隊法第九五条に基づく武器等の防護により結果的に反射的効果として米艦の防護が可能な場合があるというこれまでの憲法解釈及び現行法の規定では、自衛隊は極めて例外的な場合にしか米艦を防護できず、また、対艦ミサイル攻撃の現実にも対処することができない。よって、この場合には、集団的自衛権の行使を認める必要がある。このような集団的自衛権の行使は、我が国の安全保障と密接に関係する場合の限定的なものである。

（2）米国に向かうかもしれない弾道ミサイルの迎撃

この問題については、従来の自衛権概念や国内手続を前提としていては十分に実効的な対応ができない。ミサイル防衛システムは、これまで以上に日米間の緊密な連携関係を前提として成り立っており、そこから我が国の防衛だけを切り取ることは、事実上不可能である。米国に向かうかもしれない弾道ミサイルを我が国が撃ち落す能力を有するにもかかわらず撃ち落さないことは、我が国の安全保障の基盤たる日米同盟を根幹から揺るがすことになるので、絶対に避けなければならない。この問題は、第二部で詳述したように、個別的自衛権や警察権によるという従来の考え方では解決し得ない。よって、この場合も集団的自衛権の行使によらざるを得ない。また、この場合の集団的自衛権の行使による弾道ミサイル防衛は、基本的に公海上又はそれより我が国に近い方で行われるので、積極的に外国の領域で武力を行使することとは自ずから異なる。

また、ミサイル防衛システムを発動するか否かの判断は、分秒の単位で行わねばならないので、従来の意思決定過程を前提としていては実効性のあるシステムになり得ない。したがって、ミサイル攻撃への対応が単純・明快かつ迅速にとり得るよう手続を整備する必要がある。

（3）国際的な平和活動における武器使用

第一部で述べたように、安全保障をめぐる国際社会の取り組みは、今日ますます共同的なものになりつつあり、我が国が国連ＰＫＯ等の国際的な平和活動に積極的に参加することは、国際社会への貢献にとどまらず、国際平和を必要とする我が国の安全保障にとっても不可欠になってきている。現在は、武器使用の程度が最も低い伝統的な国連ＰＫＯの場合でさえ、自衛隊は、自己の防護や武器等の防護のためのみに「武器の使用」を認められており、同じ国連ＰＫＯに参加している他国の部隊や要員が攻撃された場合に駆け付けて警護するため及び国連のＰＫＯ任務に対する妨害を排除するための武器使用を認める国際基準と異なる基準で参加している。共同任務を遂行する他国の部隊や要員が危険に晒され、自衛隊に救援を求めているにもかかわらず、我が国独自の基準により武器使用が認められていないために他国の部隊や要員を救援しないことは、常識に反し、国際社会の非難の対象になり得る。憲法第九条が禁じている武力の行使は、個別国家としての我が国による「国際紛争を解決する手段としての」武力の行使であり、国連等による集団安全保障やＰＫＯとは次元の違うものであるので、基本的には、集団安全保障への参加は憲法第九条で禁止されないと整理すべきであり、このような立場を早急にとるようにすべきである。少なくとも、国連等によるＰＫＯは、個別国家の活動ではなく、国際社会による共同の平和活動であるから、いわゆる駆け付け警護の場合を含め、自衛隊の武器使用は、国際基準に従うようにすべきである。国連の集団安全保障への我が国の参加を認める場合にも、もとより、我が国としてすべての活動に参加する必要はなく、参加の可否は、国益に照らして政策的に決定すれば良い。また、集団安全保障に基づく国際的な平和活動についても、自衛隊の部隊は戦闘行動を主たる任務としてこのような活動に参加することはない旨を明らかにしておくことも良いであろう。

なお、集団安全保障への自衛隊の参加を一般的に認める段階に至るまでの当面の現実的な対応を講ずることも一考に値しよう。政府は、これまで、武器使用がすべて憲法第九条の禁ずる「武力の行使」とはいえないとしつつ、武器使用の相手方が「国又は国に準ずる組織」である場合には、憲法が禁ずる「武力の行使」に当たるおそれがあるとの見解を示してきた。他方、相手方が「国又は国に準ずる組織」である場合であっても、①国際平和協力法第二四条等に規定する「いわば自己保存のための自然権的権利ともいうべき武器の使用」及び②自衛隊法第九五条に規定する「武器等の防護のための武器の使用」については、憲法の禁ずる「武力の行使」には当らない「武器の使用」であるとの見解も示してきた。以上にかんがみ、これまでの政府見解との整合性という観点からも、今後種々の国際的な平和活動を対象とする一般法の制定を検討する過程で、このような「第三の類型」ともいうべき「武器の使用」の概念について検討を深めることは有益であろう。

（４）同じＰＫＯ等に参加している他国の活動に対する後方支援

第二部で述べたように、後方支援でも「武力の行使と一体化」する場合には憲法第九条の禁ずる武力の行使とみなされるという考え方は、元来日米安保条約の脈略で議論されたものであるが、このような考え方を論理的に突き詰める場合には、極東有事の際安保条約第六条の下で米軍が戦闘作戦行動のために我が国国内の基地を使用すれば、我が国の基地使用許可は、米軍の「武力の行使と一体化」するので、安保条約そのものが違憲であるというような不合理な結果になりかねない。このほか、国連平和協力法案（廃案）、国際平和協力法案、周辺事態法案、テロ特措法案及びイラク特措法案の国会審議の際にしばしば問題になったように、「一体化」論は、後方支援が如何なる場合に他国による武力の行使と一体化するとみなすのか、「戦闘地域」「非戦闘地域」の区分は何か等、事態が刻々と変わる活動の現場に適用することが極めて困難な概念である。この問題は、日米安保条約の運用及び国際的な平和活動への参加の双方にまたがる問題であるところ、集団的自衛権の行使及び集団安全保障への参加が憲法上禁じられていないとの立場をとれば根本的に解決するが、その段階に至る以前においても、補給、輸送、医療等の本来武力の行使であり得ない後方支援と支援の対象になる他国の武力の行使との関係については、憲法上の評価を問うこれまでの「一体化」論をやめ、他国の活動を後方支援するか否か、どの程度するかという問題は、政策的妥当性の問題として、対象となる他国の活動が我が国の国民に受け入れられるものかどうか、メリット・デメリットを総合的に検討して政策決定するようにすべきである。

２　**新たな安全保障政策に課すべき制約（いわゆる「歯止め」）**

以上のとおり、本懇談会は、我が国が二一世紀の安全保障環境の中で、我が国の安全を確保し、国際の平和と安全の維持により積極的に貢献するには何をなすべきかについて検討し、諮問に付された四類型の問題について提言をまとめた。提言には、我が国による集団的自衛権の行使及び国連の集団安全保障への参加を認めるよう、憲法解釈を変更することが含まれている。集団的自衛権を認める場合には、同盟国たる米国が当事国になっている紛争の多くに我が国が参加させられるのではないか、あるいは、集団安全保障措置に基づくすべての国際的な平和活動に参加しなくてはならなくなるのではないかという不安が国民の間に生ずることが予想され、そのような不安も理解できるところである。前記1．で記述した各類型についての提言の中で、それぞれの措置に伴う制約についても言及したところであるが、我が国が新たな安全保障政策の下で何を行わないのかということについての明確な制約を以下に提言することとしたい。

（1）法律

米艦防護及び弾道ミサイル防衛に関して、集団的自衛権に基づいてとり得る措置については、それぞれの関係法律において、その具体的措置の範囲と手続を規定する。また、国連PKO等の国際的な平和活動への参加については、活動の態様に応じて、自衛隊に与えられる任務と武器使用の手続及び限度を国際平和協力に関する一般法等で定める。ただし、これらの手続を定めるに当たっては、安全保障上真に必要な集団的自衛権の行使や国際平和の維持・回復のための正当な武器使用を阻害することのないよう留意すべきである。

（2）自衛隊の部隊の海外派遣に当たっての国会承認

現行の国際平和協力法の下でも、国際平和維持隊（いわゆるPKF本体業務）として自衛隊の部隊を海外派遣する場合には、国会の承認が必要とされているが、将来これ以外の国際的な平和活動に参加する場合であって、武器使用の蓋然性の高いものについては、同様に自衛隊の部隊の海外派遣を国会承認にかからしめることとする。

（3）基本的安全保障政策の確定

集団的自衛権に基づいて同盟国たる米国に協力する場合は、日米同盟の信頼性を維持・増進する上で必要不可欠であり、我が国の安全確保に資するものに限ること等の基本方針を閣議決定等の手続を経て確定し、これを国民の前に明らかにする。また、集団安全保障に基づく国際的な平和活動への参加についても、例えば国連安保理の決議に基づくものであればすべてに参加するということではなく、我が国の国益、能力、メリット・デメリット、国民の理解の程度等を踏まえて慎重に検討した上で参加の可否を決定するとの基本方針を同様の手続で確定し、明らかにする。その際、例えば、自衛隊の部隊は戦闘行動を主たる任務としてこのような活動に参加することはないとの方針を含めることも考えられる。

3．新たな安全保障政策構築の方法

我が国による集団的自衛権の行使及び国連の集団安全保障への参加を認めることについては、憲法第九条の下で認められるのは個別的自衛権の行使のみであって、それを超える武力の行使は憲法に違反するというこれまでの政府解釈を変更することになる。このような憲法解釈は、長年にわたって確立したものであって憲法改正によらなければ変更できないという意見もある。しかしながら、次の理由により、このような変更は、解釈によって可能である。第一に、憲法第九条が禁じているのは、「国際紛争を解決する手段として」の「国権の発動たる戦争と、武力による威嚇又は武力の行使」であり、国際法上我が国が固有の権利として有する集団的自衛権の行使及び国連憲章に基づく集団安全保障措置への参加を明文上禁ずるものではない。第二に、個別的自衛権しか行使できないという従来の解釈は、過去その時々の安全保障環境や政治状況に照らしつつ、個々具体的な問題に直面して、政府が主として国会答弁で表明してきたものである。第三に、これまでの解釈が過去の安全保障環境や政治情勢を反映した歴史的なものである以上、その解釈はこのような環境や情勢が激変した前世紀末から二一世紀にかけての時代に適合せず、その変更が迫られているものと考えられる。よって、解釈の変更は必要であり、かつ、変更は政府が適切な形で新しい解釈を明らかにすることによって可能であり、憲法改正や立法措置を必要とするものではない。

4. 結語

いうまでもなく、国家存立の基礎は、安全の確保である。安全保障がなければ、経済政策も、社会政策その他の政策も成り立たない。本報告書の第一部で述べたように、我が国を取り巻く二一世紀の安全保障環境は、日本国憲法が制定された前世紀中葉とは大きく異なり、また、集団的自衛権等に関する様々な政府解釈が打ち出された冷戦期とも違ってきており、さらには冷戦終結直後の状況とも異なっている。他方、国の安全保障政策は、憲法を頂点とする法的基盤の上に構築され、実施されなくてはならない。しかし、このような法的基盤も、また、安全保障環境という冷厳な現実に照らして常に再検討されていかねばならない。本懇談会は、このような基本的認識に基づいて、諮問に付された四類型の問題を検討し、日本国憲法第九条の解釈を変更することについて以上の諸提言を行うものである。本懇談会としては、これらの提言のいずれも、激変する二一世紀の安全保障環境の中で我が国の存立を確保する上で緊急に実現することが必要であり、かつ、可能であるものと考える。

第一部において述べたように、我が国の安全保障戦略の基本は、第一に、自助努力によって効果的な防衛力を保持すること、第二に、日米安全保障条約を基礎とする日米同盟を維持・整備すること、そして第三に、国際社会に対する責務として、また、我が国自身の安全保障環境を改善するため、世界各地の紛争を解決し、国際の平和と安全のための国際社会の共同努力に貢献することである。本報告書で示した提言は、このような意味で、何よりも我が国の安全保障に資するものであり、これによって我が国の負担が増えるものではないことを付言しておく。

なお、国際的な平和活動に関する武器使用と後方支援に関する提言については、目下政府与党において検討されている一般法制定の過程で実現されることを期待するものである。

「安全保障の法的基盤の再構築に関する懇談会構成員」（平成二〇年六月二四日現在）

岩間陽子　政策研究大学院大学准教授
岡崎久彦　NPO法人 岡崎研究所理事長・所長
葛西敬之　東海旅客鉄道株式会社代表取締役会長
北岡伸一　東京大学教授
坂元一哉　大阪大学教授
佐瀬昌盛　防衛大学校名誉教授
佐藤　謙　財団法人 世界平和研究所副会長
田中明彦　東京大学教授
中西　寛　京都大学教授
西　　修　駒澤大学教授
西元徹也　元防衛庁統合幕僚会議議長
村瀬信也　上智大学教授
柳井俊二　国際海洋法裁判所判事

資料Ⅲ・38

日米同盟試練の時

――「広範でバランスのとれた同盟」への進化が急務――

二〇〇八年一一月

松下政経塾　政経研究所　日米次世代会議プロジェクト

コメント

1．二〇〇八年一一月、創立三〇周年を前にして、松下政経塾（以下、政経塾と略す）の政経研究所のプロジェクト「日米次世代会議プロジェクト」が発表した報告書である。

この報告は、その内容もさることながら、その執筆者の顔ぶれなど出され方自体も注目されるものであった。すなわち、この報告は、〇七年参議院選挙で民主党が躍進し政権交代も展望されるという当時の政治状況の下で、自民・民主の大連立をも視野に入れたものであった。

2．報告書には、三つのねらいがある。第一のねらいは、民主党の躍進による参議院での与野党逆転、政権交代の可能性を視野に入れて、自民党、民主党の安全保障政策をできるだけ共通化することである。この意図は、内容より報告者の構成から見てとれる。報告には、その執筆者と見られる「プロジェクト委員」三名と「報告賛同者」として五名の名が記されているが、この内訳をみると、自民党議員が逢沢一郎、小野寺五典の二名、民主党が前原誠司、野田佳彦の二名、それに自治体首長が山田宏、中田宏、松沢成文の三名という具合である。自民党、民主党の対話、政策共通化という点では絶妙のバランスである。

第二のねらいは、第一の延長線上だが、総選挙後の議席をにらんで、場合によっては自民、民主の大連立を図ろうという意図である。すでに〇七参院選後に、小沢一郎（当時民主党代表）―福田康夫（当時首相）の間で大連立の模索があった。そのときは民主党幹部の総反発を受けて挫折したが、そのとき反対した野田、前原も含め、今後情勢の如何によっては、自民、民主の大連立も視野に入れるというメッセージがこの報告の裏には見てとれる。

報告書の第三のねらいは、小泉純一郎内閣時に強化されながら、その後の政治的動揺のため、日米同盟が日米双方からの不信・疑念の増大により「試練の時」を迎えているという判断の下、日米同盟を、自民党、民主党の党派を超えた合意の形成により、アジア・太平洋地域を対象とした、より対等な同盟として強化することである。

3．こうしたねらいに基づく報告書の内容で注目すべき特徴は以下の諸点である。

第一の特徴は、報告が、日米同盟を試練にさらしている大きな契機としてアジア・太平洋地域における新たな動き、とくに中国、北朝鮮の動きとそれへのアメリカの対応を重視している点である。

その一つは北朝鮮の核保有に対するアメリカの融和的態度と日本の不信である。第二は中国の台頭、米中大国の協調によりアメリカが中国を刺激することを避けるため中国の日本に対する軍事的威圧に関与することに消極的となることへの懸念の増大である。「真に懸念すべきは、中国が秩序攪乱者の方向にシフトしていった場合に、日米の対中認識が一致せず、日米同盟が十分な抑止効果を発揮し得ないという事態を生じることであろう。」

他方、日本で強まっている「東アジア共同体」論も、報告は中国の台頭に対して迎合・追随する非現実的構想ととらえ、これまた日米同盟を試練にさらすものとして非難している。

このように、報告が、台頭する中国の影響力に注目し警戒していることが大きな特徴である。

第二の特徴は、報告が試練にさらされている日米同盟の強化の方途として、日本の役割の増大、アジア・太平洋地域における安保への貢献により、同盟をより対等な軍事同盟にすることを打ち出していることである。

報告は、日米同盟強化のための日本の課題として、日本が「太平洋国家」であることを改めて明確にし、日本防衛にいっそう直接的な責任を負うと同時に、アジア・太平洋地域の安定に、より積極的な貢献をすべきであると主張する。すなわち、日本は日本防衛の一義的責任を負うという立場を明確にして、離島防衛や領海をめぐる軍事的衝突には自力で対処するだけでなく、日米の安保面での非対称性緩和のため、グアム防衛に日本が貢献すべきであり、沖縄―グアム間のシーレーン防衛を担うべしと、主張している。そのうえで、「将来的には、西太平洋を相互防衛の条約領域とする形で、日米安保条約を改定することを考えるべきである」とまで提案しているのである。

第三の特徴は、報告が、集団的自衛権見直し、海外派兵恒久法、さらに九条改憲を打ち出している点である。報告は言う。日米同盟強化の「当面の障害は、集団的自衛権の行使を違憲とする現行政府解釈にある。集団的自衛権の行使を違憲とする政府解釈を改めると同時に、自衛隊の海外活動に関する恒久法を整備しなければならない。現在制限されている国際安全保障における活動の多くは、解釈変更によって可能と私たちは考えるが、憲法改正により少なくとも第九条第二項を書き換えることが新しい自己定義に基づく日本の国際安全保障活動について国民的合意に基づく正統性を確立する上で望ましいであろう」。このように、解釈で集団的自衛権行使容認を認め、地域と世界の平和に積極的に貢献すべきという考え方は、その後、第二次安倍晋三内閣で追求される方向である。

4．以後の政治は、この報告のねらいとは著しく異なる方向へ進んだ。自民党と民主党の大連立という方向ではなく、民主党の躍進と政権交代という方向である。その過程で、民主党は自民党の安保・外交政策とは異なる方向を前面に出した。鳩山由紀夫内閣は、報告が非難した「東アジア共同体」の主張を打ち出し、普天間基地の国外・国内移転、小泉内閣以来続けてきた自衛隊の海外派兵の見直しなどをめざしたのである。この報告のような構想、とりわけ集団的自衛権についての憲法解釈の見直し、海外派兵恒久法、改憲は、民主党の公式見解として採用されなかったばかりでなく、社民党など民主党が連立の相手とした政党も受け入れがたかったからである。鳩山内閣のあとを継いだ菅直人内閣（⇩Ⅲ・47）や野田佳彦内閣（⇩Ⅲ・51）下では、この報告が打ち出した方向の具体化が模索されたが、大きな潮流とはならなかった。

そのため、報告の政治的影響力はほとんどなかったが、ここでの考え方は、二〇一二年に自民党が再び政権交代し第二次安倍内閣が登場して以後、改めて浮上することとなった。

1. 報告書の目的

数年前、日米関係は「史上最高」の状態にあると言われた。しかし、今日の日米は戦略的な一体感を喪失し、再び九〇年代半ばのような「漂流」のサイクルに入っているように見える。

近年、日本では、米国の東アジアの安定へのコミットメントへの疑問が、静かに、しかし確実に広がっている。短期的には、テロ支援国家指定の解除に向けた動きなど、ブッシュ政権の北朝鮮政策が、日本から見て、かなり性急な形で転換し、米国は肝心なときに頼りにならないのではないか、との疑念が生まれている。加えて、サブプライム問題に端を発した金融危機は、米国の経済・金融システムを混乱させており、ドルの基軸通貨としての地位も揺らいでいる。また、中長期的には、米国が、中国を刺激するような形で東アジアに関与することを控えるようになるのではないかという懸念も、日本の少なくない層でもたれるようになっている。

対して、米国においては、同盟や国際社会に対する日本のコミットメントへの疑念が広がっているのではないだろうか。「ねじれ国会」の現状は、対テロ戦争への日本の関わり方をはじめ、日本の対外政策を様々な形で制約している。九・一一後、世界政治のプレイヤーとして立ち上がったはずの日本が、また以前のような消極的姿勢に回帰しつつあるのではないかという失望が、太平洋の向こう側から聞こえてくる。

今必要なことは、日米関係が試練の時を迎えている、という切実な認識を持つことであろう。特に深刻な問題は、日米両国が、同盟の目的を見失っているようにみえることである。日米が同盟の目的を再確認し、同盟を進化させるために努力し続けなければ、日米の戦略的一体性は失われてしまうであろう。

日米同盟の中核的な目的は何か。それは何よりも、日米安保条約に言うところの「極東における国際の平和及び安全の維持」にある。「世界の中の日米同盟」と言われるように、同盟の機能は、今やグローバルな広がりを持つようになっている。それでも、「極東における国際の平和及び安全」なくして日米同盟はないと言っても過言ではない。日米同盟の第一の焦点が、アジア太平洋地域、とりわけ極東地域にあることに今なお変わりはないのである。

極東を含むアジア太平洋地域は、今まさに地政学的変動のただ中にある。この衝撃をいかに受け止めるかで日本と米国の将来は決まってくるだろう。本報告書では、地域の望ましい姿を「平和・繁栄・自由のアジア太平洋」として描出したが、その実現のためには、まず日本自身が困難な自己変革を成し遂げるとともに、日米両国が同盟関係を新しいビジョンのもとで「広範でバランスのとれた同盟（Broad and Balanced Alliance）」へと進化させていく必要がある。

この報告書は、今後日本と日米同盟が目指すべき方向性を示すものである。だが、結局のところ、いかに洗練された宣言がなされようとも、それを本気で推進していく政治勢力が存在しなければ、結果を生み出すことはできない。我々自身、このビジョンが現実のものとなるべく尽力していく。

本報告書は、日米同盟にまつわる課題とその実行的な解決策を提示する松下政経塾・日米次世代会議プロジェクトの初期の成果である。この報告書が、今後の日米両国で行なわれる真剣かつ前向きな対話の出発点となるならば幸いである。

2. アジア太平洋地域におけるチャレンジ

アジア太平洋地域はダイナミックに発展しているが、同時に、様々なチャレンジに直面してもいる。安全保障面だけをとっても、朝鮮半島情勢、領土問題の残存、中台関係の行方、アフガニスタンやパキスタンなどの不安定な国家体制、国際テロ組織の広がりなど、課題は山積している。その中で、当面、日米同盟にとって最大の懸念材料は、北朝鮮の動向である。巨視的には、この地域の将来を規定する決定的な要因は、台頭する中国、経済統合の行方、市民社会の変質、ということになるだろう。

注意すべきことは、これらのチャレンジが、いずれも日米の戦略的一体性を弱める潜在的可能性をはらんでいるということである。日米は、事態の進展に受動的に対応するのではなく、「平和・繁栄・自由のアジア太平洋」を実現するため、共通の展望を持ち、これらの要因を共同で適切に管理するべく行動していく必要がある。

〈北朝鮮：今そこにある危機〉

朝鮮戦争の勃発が日米同盟のかたちを決定づけたという経緯からうかがえるように、朝鮮半島の動向は歴史的に日米同盟にとって最大の関心事であり続けてきた。

今日の朝鮮半島で、最も深刻な懸念事項は、北朝鮮の核武装の動向である。二〇〇六年に、北朝鮮は、長中短距離弾道ミサイルの同時発射実験を行い、続いて核実験を強行し、事実上の核保有国としての地位を得るかどうかの瀬戸際にある。六者協議が北朝鮮の完全な核非武装化を実現するにはまだ長期間かかるものと思われ、その間にも北朝鮮は、完全な核保有国としての地位を得るために既成事実を積み重ねていく可能性が高い。また、仮に北朝鮮が、核能力を放棄したとしても、核兵器をつくる知識や能力は残ることになる。

懸念されるのは、北朝鮮の核武装をめぐっては、日米間に認識ギャップが生まれつつあるように見えることである。米国にとっては、北朝鮮が少数の核兵器を保有すること自体はそれほどの脅威とは言えず、ボトムラインは北朝鮮の核兵器・関連技術がテロリストやならず者国家に拡散することを防ぐことにおかれているものと見られる。対して、日本にとっては北朝鮮の核保有はたとえ少数であっても自国に対する明白な脅威であり、許容できるものではない。このため、ブッシュ政権末期の対北朝鮮政策は、日本において、米国が北朝鮮の核を完全に廃棄させるという目的を放棄した宥和政策ではないかとの懐疑を生じさせた。このような日米間の認識ギャップを放置するならば、日本国内で、独自の核武装を求める意見が力を増してくる可能性もある。

〈台頭する中国：戦略的岐路にある大国〉

アジア太平洋地域の地政学的変動の焦点は、言うまでもなく、台頭する中国である。中国の国力の増大は、地域のパワーバランスを大きく変える潜在力を有しており、中国が今後どのような進路をとるか次第で、地域の平和と豊かさを促進する安定化要因にも、それを阻害する混乱要因にもなりうる。

中国が、国際ルールに基づいて安定した経済成長を続け、環境・エネルギーなどの問題を解決しつつ、政治的にも安定した大国として、地域に平和と繁栄をもたらす責任を共有する存在となることは国際社会にとって望ましいことである。だが、その戦略的な方向性はいまだ不透明といわざるを得ない。汚職、環境問題、高齢化、社会格差、インフレ懸念、民主化への胎動と、中国が国内に様々な課題を抱えていることも、中国の将来を一層見えづらいものにしている。

日本には、米国が、中国の地域覇権国的地位を容認し、東アジアにおける主導的役割を期待するようになるのではないか、と懸念する声もあるが、米中の関係が接近すること自体は日本にとってむしろ歓迎すべきことであり、否定的に捉える必要はない。真に懸念すべきは、中国が秩序攪乱者の方向にシフトしていった場合に、日米の対中認識が一致せず、日米同盟が十分な抑止効果を発揮し得ないという事態を生じることであろう。

日米の離間は、個別の問題に関する日米の温度差を中国が利用する形でも生じうる。例えば、中国が、東シナ海における領土や海洋資源などをめぐって、日本に対して軍事的威圧を加え、米国が局外者としてふるまうとすると、日本側には米国の同盟コミットメントに関して深刻な疑念を生じる可能性がある。

〈地域経済統合：東アジア vs 太平洋〉

東アジア経済は、グローバリゼーションを背景に、ダイナミックな市場統合の過程にあり、一つの経済圏を形成しつつある。域内における物品の流れ、資金の流れ、人の流れ、技術の流れ、情報の流れは急速に増大しており、東アジアの域内貿易比率は、ＥＵほどではないにしても、ＮＡＦＴＡを上回るものになっている。従来は結びつきの弱かった南アジアと東アジアの間の経済関係も近年急速に深まっている。

こうした中、日本を含む東アジア各国では、「東アジア共同体」創出の機運が高まっている。ＡＳＥＡＮ＋３（日中韓）の諮問機関が、東アジア共同体を目指す方向性を打ち出したことをきっかけに、二〇〇五年からは東アジア・サミットが開催され、東アジア共同体実現に近づいたとの印象が広がった。共同体の具体像は不明だが、まずは経済的統合性を高め、次いで政治・安保・文化・社会の面でも何らかの共通感覚を醸成することが期待されている。

これに対し、米国側には、「東アジア共同体」は、自らを排除する意図をもった動きとして受け止める向きが強く、中国がそうした長期的展望を持っている可能性も高い。このため米国は、ＡＰＥＣなど太平洋（transpacific）の枠組みを重視してきた。

現実問題として、東アジアの域内貿易比率が高いといっても、それは東アジアで完結しているのではなく、米国という巨大な輸出先の存在が前提になっていることを無視すべきではない。近年のグローバルな金融危機も、この基本的構造を変えるものではなかろう。日本において散見される、米国の政治的・経済的影響力減退に対するヘッジ、米国の単独行動主義に対する牽制、台頭する中国に対するバンドワゴン、といった（経済的だけでない政治的な）動機から東アジアという枠組みでの経済統合を推進する議論は、実体を伴わない空論であるばかりか危険な幻想ですらある。

経済統合の進展は、経済領域だけでなく、政治面や人々の意識の面でも大きな含意を持ちえる。このため、今後どのような方向で更なる経済統合を進めていくかについて、政治的な思惑を背景に、各国間・各国内で激しい政治的綱引きが行なわれるであろう。日米間で利害が完全に一致することは考えられないが、全体的な方向感をめぐって、日米の見解が異なるようであれば、相互の不信感を高め、安全保障を含む両国のパートナーシップに亀裂を生む可能性があることに注意が必要である。

〈激変する市民社会：安定か動揺か〉

民主化や経済発展、ＩＴ革命を駆動力に、東アジアの市民社会は急速に変質を遂げつつある。それが、社会に安定をもたらすのか、動揺をもたらすのかによって、アジア太平洋地域の将来は大きく異なってくるだろう。

自由の拡大や民主化は基本的に望ましいことであるが、過渡期には、社会の混乱の源泉ともなりうる。また、経済発展が適正な分配政策と結びつかなければ、国内の貧富の格差が度を越して拡大し、社会の中に深刻な亀裂を生じるかもしれない。民主化の途上にあるような不安定な体制は、他国を敵とする排外的ナショナリズムを利用して求心力を維持し、国民の一体感を創り出す誘惑に駆られやすい。ナショナリズムには、中国における反日暴動が、日本における反中感情を刺激する、というように、相互にエスカレートしていく傾向がある。しかも、インターネットなど情報技術の発展により、世論の方向性の触れ幅はますます大きくなっており、他国民からはもちろん、当事国の政策当局者からすらも見えづらいものになってきている。

こうした東アジアの市民社会の変貌にどう関わっていくかについても、同盟の遠心力として働きうる。米国は、人権や民主化に関し、自ら普遍的と考える原則を促進しようとする傾向にあるが、日本の場合、当事者の主体性や自発性を重視する結果、国ごとの多様性に比較的寛容であり、自国の基準を適用することにより慎重である。米国の普遍主義的態度が、各国で反米感情をかきたてれば、日本はますます米国に同調しがたくなるだろう。

歴史問題の扱いも同盟にとっての躓きの石となるかもしれない。中国や韓国では、世論の影響が増大したことで、かつてはエリート間の黙契により抑えられてきた日本との歴史問題が先鋭化する傾向にあり、日本のナショナリズムを刺激している。こうした中、靖国問題や従軍慰安婦問題などへの日本の対応について、米国から不満や疑問が寄せられることも増えているが、日本側から見ると誤解や認識不足に基づく指摘が多く、反米勢力を勢いづかせる要因ともなっている。アジア諸国間の歴史問題は、日米関係の緊張を生む火種となっている。

3．新生日本への決意―アジア太平洋の「安定化勢力」の一員として

今日、日本の利害はグローバルな広がりを持っているが、日本の存立基盤は、第一にアジア太平洋地域にある。まず、日本の領土や国民の生命を直接脅かす可能性のある外的脅威は、何よりも極東地域の不安定化に起因するものである。大量破壊兵器拡散やテロリズムは脱地理的側面を有するが、日本の安全という意味では、そうした脅威も日本周辺の国家・非国家主体からもたらされる可能性が高い。更に、アジア太平洋地域には日本の死活的な経済的利害がかかっている。米国経済の停滞や中国経済の頓挫、東南アジア経済の混乱は、日本の経済に確実に負の影響を及ぼす。

すなわち、日本には、前節で述べたような様々なチャレンジを乗り越え、望ましいアジア太平洋を実現していく責務と自己利益が存在している。日本は、アジア太平洋の「安定化勢力」の一員として、様々な利害を持つ域内諸国を調整しつつ、地域における「平和・繁栄・自由」を促進していくべきであり、またそのための潜在力を十分備えていると考える。

私たちが目標とするのは以下のような中核的原則に基づく「平和・繁栄・自由のアジア太平洋地域」である。

平和のための原則（principles for peace）

- 大国間関係の安定
- 地域紛争の予防
- 紛争の平和的解決という規範の確立
- 大量破壊兵器の拡散防止
- テロリズムの温床となる原理主義、過激主義の抑制
- 国内、国家間における法に基づく支配

繁栄のための原則（principles for economic prosperity）

- 安定的で均衡のとれた経済成長の持続
- 自由貿易体制の維持
- 開放的で透明な地域主義
- シーレーンの安定と航海の自由の確保
- エネルギー・資源の安定供給の維持
- 環境保全と経済活動の両立

自由のための原則（principles for people's freedom）

- 思想・良心の自由、信教の自由、表現・結社の自由、報道の自由の尊重
- 自由な社会の前提となる私有財産制、経済的自由、自発的な市場取引の保証
- 人々が自ら問題を解決していくための自立能力の構築
- 環境、衛生、健康など持続可能な生活基盤の確立
- 異なる文化、宗教、民族を受け入れる寛容の精神の促進

このような「平和・繁栄・自由」のアジア太平洋を実現するため、日本は以下のような方向で自己変革を遂げ、新生日本として生まれ変わら

ねばならない。

〈**日本は太平洋国家であり続ける**〉

まず日本は、東アジア国家としての顔だけでなく、太平洋国家としての顔を持ち続ける、という大原則を確認しておきたい。

近代化以降、日本には、先進国の一員という自画像と東アジアの一員という自画像との間を揺れ動いてきた。戦後は、特に米国との同盟を基軸とし、主として西側先進国の一角として自己認識を確立してきたが、東アジアの経済発展を背景に、再び、自己認識にゆらぎが生じつつある。その一つの表れが東アジア共同体を志向する動きである。

緊密な経済関係や地理的条件を考えると、東アジアというまとまりは、共同体の枠組みとしていかにも適当なものに感じられる。だが、八〇年代は「環太平洋」、九〇年代は「アジア太平洋」という枠組みでの地域協力が熱心に論じられていた。

「アジア太平洋」と「東アジア」の最大の違いは米国を含むかどうかである。日本と東アジア諸国との国家間関係が、常に米国を介して築かれているわけでない以上、東アジアの一員という自己認識にも意味はある。しかし、米国を含まない、東アジアだけによる平和、東アジアだけによる繁栄というものはおよそ成立し得ない、という現実を日本を含む東アジアの人々は直視しなければならない。

中国の東アジア共同体への積極姿勢には米国を排除・牽制する底意があるが、日本にとって、確実性の高い日米共同体を不確実な東アジア共同体で代替することは、あまりにリスクの高い選択である。

私たちは、日米の共同体を基点に「太平洋共同体」を作り出していくというアイディアに今なお高い将来性があると考える。東アジア国家という日本の自己認識は、太平洋国家としての自己認識を手放すことなく培われていくべきものと私たちは考える。それは太平洋国家としての顔と大西洋国家、そしてアメリカ大陸国家としての顔を、米国が同居させてきたことと同様である。

日本は、東アジアとの経済的相互依存を深めつつも、引き続き、日米間の活力ある関係に積極的な意義を見出し、その発展のために努力していくべきである。

〈**世界と地域の平和と安定に関与する国家として立つことを決意する**〉

特に安全保障面では、日本は、安定化勢力、現状維持勢力のパワフルな一員として、地域と世界の平和と安定に積極的に関与する覚悟を持たなければならない。

戦後日本の安全保障政策の基調は、憲法九条の枠組みの下、規模・能力などを専守防衛の範囲に限定した自衛力を漸次整備しつつ、対外的な武力行使については米国に依拠するというものだった。そして、米軍に基地提供しつつも、自国領域外の米国の軍事行動への関与は避け、国際紛争ではできるだけ局外者でいようとするのが、日本の対外的な基本姿勢であった。日本は、日本さえ問題を起さなければ平和を維持できる、という態度で、専ら経済的な発展に邁進してきた。

しかし、現在の日本にとって、こうした態度を採り続けることの代償はあまりに大きい。何よりも、そうした受身の姿勢に長く慣れ親しんでしまうと国家・国民の安全保障感覚が鈍り、劇的な環境変化が生じた際に、大きな判断、決断が出来なくなってしまう。加えて、地域や世界の安全保障問題に関してあまりにも無責任、消極的と思われることにより、日本の国際的な影響力が失われることも問題である。

地域や国際社会の安定が、自らの繁栄や安全にとっても不可欠の条件であることを考えれば、日本さえ問題を起さなければ平和を維持できる、という態度では不十分である。しかも、集団安全保障や平和構築など、今日の国際安全保障においては、各国が協力してことにあたるアプローチが主流であり、他国の実力行使はよくても、日本が行う実力行使だけはダメ、という理屈は成り立ち難い。

また、冷戦の終結により、米国に基地を提供し、極東の一角を専守防衛に徹して守っていれば、日本が米国のグローバル戦略に寄与することにもなる、という日米の戦略的リンケージが変化したことも看過できない。その結果、日本に対する米国の期待は変質し、朝鮮半島有事のような自らに影響が及ぶ事態で日本が動かなければ日米同盟はもたない、と言われるようになった。新しい論理に基づいて、日米間の戦略的なバーゲンを再定式化することが必要である。

私たちは、日本は、安定化勢力の一員として、地域と世界の平和と安定に積極的に関与する国家として自らを明確に再定義すべきと考える。新しい日本の自己定義の構成要素は、大まかに言って「侵略戦争の放棄」「侵略に対する防衛」「国際安全保障への参加」に整理できる。これらは、冷戦後の日本が目指してきた方向感に沿うものであるが、新しく自己定義の下、日本は「結果を出す」ことを従来以上に重視する。

まず侵略戦争の放棄という戦後日本の大原則は引き続き維持すべきである。その上で自国の防衛については、一義的には自らの手で行うという当然の責務を確認し、同時に、現状維持勢力の有力な一員として、国際社会の安定の維持・創出に積極的に参加していくべきである。

ただし、日本の国際安全保障活動の地理的焦点は明確にしておくべきだろう。日本の国際安全保障活動に地理的限定をおく必要はないが、日本にとって最優先すべきはアジア太平洋地域の平和と安定であると私たちは考える。

日本が実践において「結果を出す」ためには、自衛隊をはじめとする実行組織をメリハリをつけて再編することや、インテリジェンス能力を含む官邸主導の戦略立案・実施体制を強化することが必要だが、あわせて政治的決断によって安全保障の法的基盤を整えることが大前提となる。

当面の障害は、集団的自衛権の行使を違憲とする現行政府解釈にある。集団的自衛権の行使を違憲とする政府解釈を改めると同時に、自衛隊の海外活動に関する恒久法を整備しなければならない。現在制限されている国際安全保障における活動の多くは、解釈変更によって可能と私たちは考えるが、憲法改正により少なくとも第九条第二項を書き換えることが新しい自己定義に基づく日本の国際安全保障活動について国民的合意に基づく正統性を確立する上で望ましいであろう。

〈国力の基盤である経済・技術の活力を維持する〉

アジア太平洋地域における日本の影響力の基盤は、巨大な経済力と先進的な技術力にあると私たちは考える。新興国家群の目をみはる台頭に比して、日本経済は伸び悩んでおり、国際的に見て相対的な地盤沈下は否めない。日本の国際的な存在感を維持するためにも、今後も経済大国としての活力を持ち続けることが不可欠である。それには、思い切った政策転換をはかり、オールジャパンでの潜在力を発揮する必要がある。

少子高齢化という条件下で経済成長を持続するには、少子高齢化に伴う労働参加率の低下を何らかの形で食い止めるか、労働生産性をあげるかのどちらかしかない。前者については少子化対策や高齢者や女性の労働参加の促進、移民政策の変更などがありうるが、いずれも不確実性が高い。政府としては生産性向上に向けて積極的な政策を打ち出すことに注力すべきであろう。

まず第一に必要なのは、金融部門の再編・強化である。このところの金融危機でグローバルな産業資本主義から金融資本主義へのシフトは変調をきたしているが、日本の金融部門改革の必要性は減じていない。日本の金融市場は世界から資金を集める魅力に欠け、日本の金融部門の質は低い。アジアの経済成長の果実を日本が享受し、また東アジアの経済成長を牽引していくには、閉鎖的な日本の金融市場を、アジアの企業が上場しやすく、上場すれば儲かるという開放的な場所に変革していくことが必要である。そのためには、日本は、国内の会計基準や税制を見直す一方、国際的な市場ルール形成に積極的に参画していかなければならない。国際競争力を持つ金融人材が日本で活躍することも不可欠である。世界中の金融人材を日本にひきつけると同時に、金融教育を世界レベルに強化し、中長期的に金融人材を育成していく必要がある。

第二に、競争力強化、生産性向上につながる研究開発を促進することである。特に、バイオテクロジー、医療福祉、ナノテク、環境・エネルギー技術など今後の需要増が期待される分野に集中して予算を投入する必要がある。また、研究開発の成果が最速で市場化されるべく、特許などの知的財産権が迅速に付与されるメカニズムを整えると同時に、戦略的に強化すべき分野については、米国並に政府調達の割合を高めていくべきであろう。

第三に、各地域が主体的に、機動的かつ多様な経済活動を展開できるようにしていくことも必要である。そのためには、地域主権型道州制を導入するなどして、経済政策立案・実施機能を含めて中央政府の権限を大胆に地方政府に移すことが不可欠である。

第四に、従来のような農地保護中心の農政から、農業従事者の意欲を最大限引き出す農政へと転換し、農業部門の生産性を高める必要がある。国際環境に左右されない食料の安定供給はいかなる政府にとっても重要な責務であるが、政治や行政の介入による短期的な視野での農業保護政策の結果、日本の農業は国際的競争力を欠き、将来展望を欠く魅力のない部門になっている。株式会社の本格導入、農地重視の政策の放棄、農業に関わる研究教育など、生産性向上の観点から農業政策を見直すべきだと考える。日本の通商政策を転換するためにも、農業の生産性向上を優先課題とし、農業従事者のやる気と自立心を回復する必要がある。

これらの施策は、強力な利益団体の支持があるわけでもなく、むしろ既得権に抵触するため、政治の場で支持を得られにくいものばかりである。しかし、我々は、こうした根本的な改革のため努力を傾注していく。

〈多様性、多元性の尊重を含む普遍的価値を積極的に擁護する〉

近年日本外交でも、普遍的価値観を強調する傾向が強まっており、特に安倍政権は「価値観外交」という外交方針を打ち出した。端的に言って、民主主義、自由、基本的人権、法の支配、市場経済といった普遍的価値を、日本自身も血肉化しており、それらの促進を日本外交の基準の一つにしていく、という発想である。

私たちも、これらの価値が普遍的なものであり、日本自身もこうした価値を共有する、という「価値観外交」の基本認識を共有する。そして、これらの価値、中でも各種の自由を促進することは人類共通の利益と考える。また、すでに価値を共有している国々との関係を、地域やグローバルな安定のビルディング・ブロックとして、一層揺るぎない、生産的なものに固めていくことも必要と考える。

他方、私たちは、普遍的価値についての自らの基準を一方的に他国に当てはめることが日本外交のアプローチとして効果的とは考えない。外交は結果を出すものでなければならない。相手国の主体性を重んじ、普遍的価値の多様な発現を受け入れていく、双方的なアプローチこそが、日本が「価値観外交」を実行する上で、不可欠と考える。相手国の国内事情をよく把握した上で、ニュアンスに富んだアプローチをとることが求められよう。

多様性への寛容性、多元性の尊重ということ自体、私たちは、積極的に擁護すべき普遍的価値の一つではないかと考える。特に、自らのアイデンティティに関わるような、伝統・歴史・文化・宗教・言語などについては、異なる集団間で相互に尊重されるべきであり、日本は、そうした多様性を確保することに積極的な意義を見出していくべきである。

日本は、押し付けを避けつつも、多様性、多元性の尊重を含む普遍的な諸価値を重視し、それらを希求する人々の側に立つ立場を国際社会に対して明言すべきである。更に、日本自身も、掲げる価値を国内で徹底して実現し、他国から見ても魅力的な国家・社会を築いていかねばならない。

4．日米同盟の新しいビジョン

以上のような新生日本にとっての最大のパートナーは、やはり米国である。日米同盟は、これまで日本の安全とアジア太平洋地域の平和・安定の要として機能してきており、今後も引き続きそうであり続けるだろう。米国の軍事力は圧倒的であり、見渡しうる将来においてその優位が揺らぐことは考えにくい。このところの金融危機にもかかわらず、日米は引き続き世界有数の経済大国であり、両国が相互に努力することで両国のみならず地域や世界に更なる繁栄をもたらしていくことが可能になる。また、日米は、民主主義、自由、基本的人権、法の支配、市場経済と言った根本的な価値を共有しており、理想とする国際秩序・地域秩序の大まかな方向性も重なり合う。

日米同盟が引き続き重要であるということは、これまでの日米同盟の基本的な構図を自明視し続ける、ということとは異なる。日米の同盟関係は、その潜在力を活かす形になっておらず多くの眠れる資産が存在する。冷戦後、日本の当局は、国際平和協力法、ガイドライン改定、周辺事態法、テロ特措法、イラク特措法、米軍再編協議などの状況対応的措置を通じて日米同盟の活力を保持しようとしてきた。だが、日本が基地を提供し、米国が日本防衛にコミットする戦略的バーゲンは、日米同盟の基調であり続けている。

日米同盟を、アジア太平洋地域の公共財を提供する、「広範でバランスの取れた同盟（Broad and Balanced Alliance）」に進化させるべき時がきている。そのためには、日本が自国防衛の主たる役割を自ら果たし、地域安全保障で、政治的シンボリズムを超えた貢献をする姿勢が、米国には基地提供や非軍事活動を含む日本の役割に敬意を払い、日本の意見に耳を傾けるという姿勢が求められよう。

私たちのみるところ、今後の日米同盟の進化は以下の方向に進められるべきである。

①同盟関係におけるギブアンドテイクを再検討する

今日の日米同盟は、米国に守ってもらう替わりに、基地を提供する、という初期のギブアンドテイクだけで成り立っているわけではないが、日米関係をパトロン－クライアント関係とみる意識は日米両国で今なお根強い。新しい戦略的バーゲンの定式化が必要である。日本は主体的に、国土防衛、地域安全保障、国際安全保障の役割を担っていくが、果たす責任の増大は、同盟内での発言力の向上を伴うものでなければならない。

②総合的な同盟協力を追求する

日米同盟の中核機能が軍事同盟であることは論をまたないが、日米の同盟協力には、安全保障分野だけに限っても、外交、情報、金融、治安、復興、開発といった非軍事的分野を含む包括的なアプローチが求められるようになっている。米国の軍事的貢献を過度に優先した評価基準は修正されるべきであろう。非軍事的貢献は今日の国際安全保障の不可欠の要素であり、またその負担は決して軽いものではない。ブッシュ政権により「戦略的開発同盟（strategic development alliance）」というコンセプトが提起されたことがあるが、具体的な結果を生むにいたっていない。日米は、同盟協力を総合化していく道を探っていくべきであろう。

③米国の同盟・友好国間の安全保障協力を追求する

伝統的に、日本の安全保障・外交政策は、米国との二国間関係に狭く視野を限定されていた。しかし、今後日本は米国以外の国々、特に豪州、韓国、インド、シンガポール、ＮＡＴＯ諸国など米国の同盟・友好国との安全保障協力を柔軟に追求すべきである。今日の安全保障課題のほとんどは、インド洋における地震・津波災害の際に見られたように、有志諸国の協力で対処する必要があり、その受け皿としても、日米を核に多国間の安全保障協力の枠組みを構築していく必要がある。

④同盟の可能性を積極的に開拓する

私たちのみるところ、日米同盟の潜在力はまだ十分発揮されていない。日米が結束して創造的に取り組めば、よりよいアジア太平洋、よりよい世界が築かれるはずである。従来の同盟のありかたを前提とせず、共通の価値をもつ責任ある大国として、互いを信頼し、人類のよりよい未来のために同盟の可能性を切り開いていくべきである。

より具体的には、以下の点について日米間で検討が必要である。

〈日本防衛と相互防衛〉

上述したように、日本防衛の一義的な責任は日本自身が負う、という前提に立って、日米の役割分担を見直していく必要がある。特に、離島防衛や領海をめぐる軍事的小競り合いに関しては、米国との連絡調整を密接に行ないつつも、まず自ら抑止し、対処する防衛体制を確立すべきである。

他方で、日米の防衛コミットメントの非対称性を緩和するには、日米がお互いを守る、という側面を強化すべきであろう。具体的には、西太平洋における米戦略の要衝であるグアム防衛に日本が貢献すべきと考える。当面の選択肢としては、沖縄‐グアム間のシーレーン防衛を担うことが考えられる。将来的には、西太平洋を相互防衛の条約領域とする形で、日米安保条約を改定することを考えるべきである。その前提として、日本が集団的自衛権に関する方針を変更し、機密保護体制を強化するといった措置が必要であることは言うまでもない。

〈拡大抑止の信頼性確保〉

日本防衛の一義的責任は日本が担うとしても、米国による拡大抑止、特に「核の傘」の提供、という日米同盟の根幹となる機能は残り続ける。当面、戦略核バランスにおける米国の圧倒的優位は維持されようが、東アジアにおける核バランスは不安定性を増す傾向にある。インドの核保有が事実上認められるなどＮＰＴを中核とする核不拡散体制も変質しつつある。日米両国間で「核の傘」の信頼性について再確認すべき時期にきている。

米国による核の傘が十分信頼できるものであるかぎり、日本自身が核武装する意義はそれほどない。日本にとっては、米国の核戦力と相補うミサイル防衛や、独自の敵ミサイル基地攻撃能力などを充実すれば事足りる。

だが、二〇〇六年一〇月に北朝鮮が核実験を行い、日本国内では、米国による拡大抑止の信頼性を疑問視する声も出てきている。日本にとって、北朝鮮の核保有は、少数であっても認められるものではないが、その後ブッシュ政権が北朝鮮に対して融和的とも見える態度をとるようになっており、日米両国の戦略的一体性は損なわれつつある。短期的には、対北朝鮮政策で歩調をあわせ、北朝鮮の核脅威に対する日米の戦略的一体性を回復することが最優先されるべきであろう。

将来的にみてより問題なのは、中国の核戦力が一層増強され、米国が日本に提供する拡大抑止が疑問視されるようになることであろう。その時点でも、ミサイル防衛システム等が核戦力を相殺できるほど高度化しているとは考えにくく、そうしたシナリオが現実のものとなるならば、核の傘の信頼性を維持する上で、米国首脳が日本を核防衛すると約するだけでは足りなくなるだろう。

このような段階にいたれば、米国の核抑止力の信頼性を高めるための追加的措置が必要になろう。最低限、日米間でも核協議を制度化することが求められる。非核三原則のうち「持ち込ませず」という原則を修正することも検討されるかもしれない。現状はそこまで歩を進める段階とは考えないが、拡大抑止の在り方について、首脳レベルから事務方レベルにいたるまで日ごろから突っ込んだ議論をしておくことが重要である。両国の有識者同士でもそうした議論が活発におこなわれることが望ましい。

〈国土安全保障分野での協力〉

日米両国にとって、敵対的な国家の軍事力による伝統的な安全保障上の脅威は引き続き存在しているが、言うまでも無く、日米両国が直面している脅威は、それだけではない。むしろ、テロ対策や大規模災害や大型感染症への対処、重要インフラ防護、情報セキュリティのような非伝統的な安全保障課題への取り組みが両国において益々重要になってきている。

こうした国土安全保障分野に関して、日米両国の関係機関同士間で一定程度意見交換や協力の模索が行われているが、目立った成果を生み出すにはいたっていない。日米両国は、国土安全保障分野での協力を、伝統的な安全保障協力と並ぶ同盟協力の柱として位置づけるべきだろう。そのためには法執行・国土安全保障関連の機関も参加して国土安全保障に関する戦略協議を行なう拡大2＋2を設置するなど、協議の制度化を進める必要がある。

国土安全保障に関しては、技術革新が必要となる面が多い。科学技術大国である日米両国にとって、技術面での協力を促進することが有益であろう。日米の防衛技術交流は、従来、両国に様々な制約があり、必ずしも良好に推移してきたとはいいがたい。国土安全保障をめぐる技術交流に関しては、その轍を踏まないよう、新たなスキームを構築する必要がある。

国土安全保障は、日米のみならず地域や世界の共通の課題である。また、感染症などが典型であるが、日米両国だけで対策が完結するものでもない。その意味で、国土安全保障分野での日米協力は、以下に述べる地域安全保障の文脈においても、推進していかなければならない。

〈地域安全保障〉

アジア太平洋地域の平和と安定は日米両国にとって死活的に重要であり、日本としても、主体的に、米国との安全保障協力を推進していくべきところである。

中長期的に重要なことは、日米中の大国間関係を安定させていくことである。中国は明示的な敵対国ではないが、その戦略方向性が不透明である以上、日米間で対中戦略に関して一定の共通了解が存在していることが望ましい。中国をめぐって日米間に疑心暗鬼を生ずる事態は避けなければならない。そのためには、首脳会談から事務方レベルにいたるまで、中国についての情勢認識を恒常的に共有し、必要に応じて平素から対応を論議していくことが必要である。その上で日米中の首脳会談を定期的に開催することも視野にいれていくべきであろう。

その際、間違いなく一つの焦点となるのが台湾の扱いである。台湾問題は、基本的には両岸の人々の意思によるものであるが、台湾海峡の緊張は中国と台湾だけの問題のみならず、地域全体に深刻な影響をもたらしうる。中台のどちらかが一方的に現状を変更しようとすることは、日米両国にとっても決して望ましいことではない。二〇〇五年二月の日米安全保障協議委員会（2＋2）は、「台湾海峡を巡る問題の対話を通じた平和的解決を促す」ことを、日米の地域における共通の戦略目標の一つに挙げた。馬政権誕生以来、中台関係は比較的安定してきているが、日米両国は、今後とも、台湾問題の平和的解決が両国の関心事項であるとの意思表示を行なうべきである。

並行して、テロ防止、大量破壊兵器の不拡散、海賊対策、海上の安全確保、自然災害対処といった地域共通の安全保障課題（多くは上述の国土安全保障分野）に関しては、ARFのような対話志向の枠組みとは別に、主として、米国の同盟相手国（日、韓、豪、比、タイ、加等）や友好国（シンガポール、マレーシア、インドネシア、インド等）を中心に、行動志向のゆるやかな協力ネットワークを形成していくべきである。こうしたネットワークは特定国の排除を狙ったものではなく、特定の条件を満たせば、あらゆる国が参加可能である。日常的な情報交換、多国間演習、ガイドライン作成などを通じて、ネットワークとしての危機対処・予防能力を高めることが望ましい。日米豪、日米韓といった日米＋αの戦略対話やＰＳＩ（拡散安全保障構想）は、その重要なビルディング・ブロックとして引き続き重要である。上述した、国土安全保障面での日米協力が進展すれば、その成果を、第三国に及ぼしていくこともできるだろう。

私たちは、在日米軍基地がこのような地域安全保障のインフラとして機能していることを積極的に評価し、ホスト・ネーション・サポートや米軍基地再編もその観点から推進していくべきものと考える。従来日本政府は、在日米軍の行動範囲を、安保条約によって法的に限定する方針を堅持してきたが、我々は適切な協議枠組みさえ確立されれば、在日米軍の行動範囲は極東に限定される必要はないと考える。また、在韓米軍の司令部機能が変化する可能性や第一米陸軍司令部の移転をふまえ、米側には、在日米軍司令部を、日本側のカウンターパートとなりうる太平洋司令部並みの地域コマンドに格上げ・再編し、地域安全保障の司令塔とする選択肢について検討を求めたい。

〈世界の中の日米同盟〉

上述したように、日米同盟の地理的焦点は、あくまでアジア太平洋に置かれるべきである。対テロ戦争やイラクでみられたような、自衛隊が米軍とグローバルに協力するという選択肢については、事態の重要性に応じて、日本政府はその都度検討していくことになろう。インド洋における海上自衛隊による給油活動は当面継続していくべきだが、優先順位と能力を考慮すると、当面グローバルな日米協力は、非軍事分野を中心に拡大していく方が効果的かつ実践的であろう。私たちは、「人々の自由と人間の安全保障のための同盟（Alliance for People's Freedom and Human Security）」を「世界の中の日米同盟」の中核的コンセプトにすえることを提唱する。

グローバル安全保障での日米協力の大きな柱は、九・一一テロ直後の金融市場安定化措置や、アフガニスタンへの財政支援、イラクの債務削減などに見られた、経済的な貢献であろう。日米は引き続き、安全保障上の危機がグローバル経済に与える悪影響を限定し、鍵となる国が破綻国家化しないために、金融面、開発面で協力していく必要がある。

加えて、狭い意味での安全保障問題にはあたらないが、今日、地球温暖化対策や感染症対策など、個々の人々の安全を脅かす、国際社会全体として取り組まなければ解決できない問題が数多く存在する。また、人間の自由な活動を促進するには、その大前提として、自ら問題を解決していくための自立能力を構築することや、環境、衛生、健康など持続可能な生活基盤を確立することが必要である。

日米両国は、こうしたグローバルな課題に協力して取り組み、先進国としての責務を果たさなければならない。日米両国は、「人々の自由と人間の安全保障のための同盟」として行動すべきである。

一九九三年七月の宮沢・クリントン首脳会談で設置された「日米コモン・アジェンダ」は、まさにこうした主旨のものであり、「保健と人間開発の促進」「人類社会の安定に対する挑戦への対応」「地球環境の保護」「科学技術の進歩」の四つの柱を立てて、様々なプロジェクトが実施された。

だが、コモン・アジェンダの成果は両国内ですらほとんど知られていない。日米両国は、コモン・アジェンダを再活性化し、その規模や範囲を格段に拡充すべきである。段階的に、第三国を加えていくことも考慮すべきであろう。

日米両国は、Ｇ８や国連といった主要なグローバル・ガバナンスの枠組みを、今日の課題に適合させていくために協力せねばならない。特に、日米両国は、日本が国連安全保障理事会の常任理事国となることが、国連の実効性を高める不可欠の要素であることを再確認し、結束してその実現に努力していくべきである。

〈自由市場経済の守護者、繁栄の牽引〉

日米関係の重要性は安全保障分野にとどまらない。日米は、経済の分野においても、相互に重要なパートナーであり続けるだろう。二国間の経済関係を深めるのみならず世界第一位、第二位の経済大国として、開かれた国際経済秩序を維持し、繁栄を牽引していく責務がある。

当面、金融不安を克服し、世界経済の安定と成長を確保することが喫緊の課題である。その上で両国の経済関係を更に深化させ、また安定させていくため、引き続き、貿易面、投資面、人材面での相互交流を促進するための措置をとっていく必要がある。関税撤廃にとどまらない包括的な日米ＦＴＡの締結についても、両国間の政策アジェンダにのせていくべきだろう。

グローバルなモノやヒトの移動、資本・技術・情報の移転が容易になることで大量破壊兵器拡散や輸送機関を対象にしたテロなど安全保障面での負のインパクトを生じており、安全保障上の考慮によって、自由な貿易が制約される傾向が強まっている。自由な貿易の受益者であり、またその守護者である日米両国は、安全保障と自由な貿易を両立させるために最大限努力しなければならない。

日米がぜひとも協力すべき分野は、安全かつ円滑な貿易を可能にするセキュア・トレードの確立である。近年、テロ懸念や安全保障貿易管理の必要性が、自由貿易体制の生命線とも言うべき運輸・物流の効率性を下げる懸念が出ている。そこで、相互認証制度を確立するなど、サプライチェーン全体の安全性確保が急務になっているが、システムの開発・導入・統合にはコストがかかる。まず日米で先進的なシステムを構築し、第三国、とりわけアジア太平洋諸国に移転していくべきであろう。

環境・資源エネルギー問題も、成長のボトルネックとなりうる。特に、資源エネルギーをめぐる競争は、安全保障上の焦点にもなりやすい。代替エネルギーなど、環境・資源エネルギー問題を技術的に解決するための研究開発に関し、日米は協力していくべきである。

特にアジア太平洋地域の文脈では、地域統合のあり方について、日米間で緊密な調整が必要である。近年、東アジアには、近年経済分野を中心に「東アジア共同体」を目指した地域統合強化の動きがあるが、私たちは、東アジア経済は、太平洋経済と連結して、開放的で透明性の高いアジア太平洋経済圏を築いていくべきものと考える。米国側が受身の態度をとっていることが、米国を除外した経済統合への流れを作っている面があり、米国側の能動的な対応を求めたい。

〈普遍性と多様性の両立〉

米国には、自らの民主主義や人権の基準を性急に適用する傾向があり、即効性は高いものの、各地で無用な反発を招いてしまうこともある。そうでなくとも、グローバルな超大国であるというだけで米国に対しては心理的反感が生まれやすい。更に、近年では、グローバリゼーションが、欧米風の文化によって非欧米文化が画一化されるプロセスとみなされ、反発の対象になることもある。米国にとって、歴史・文化・伝統・宗教・制度の多様性を積極的に擁護する姿勢を、あらためて強調すべき時が来ているように思われる。

対して、戦後の日本外交は、民主化や人権に関し、相手国の主体性を尊重したアプローチを採用してきた。その結果は、各種国際世論調査で、日本に対する高い好感度や評価として現れており、日本外交の資産となっている。また、数少ない非欧米の先進国として、固有の文化慣習と普遍的価値を両立させてきた先行例とする評価もある。他方で、普遍的価値の促進についてどれだけ本気なのか、疑問の目で見られることもしばしばである。

要するに、普遍性の追求と多様性の尊重との両立は、日米両国にとって共通の課題なのである。両者のアプローチの違いは、どちらが正しい

小野寺五典　自由民主党　衆議院議員　松下政経塾第一一期生

というものではないため、協働はそれほど容易ではないだろう。しかし、こうした価値に関わる問題について、日米の有識者が論じ合い、学びあう機会は必要と考える。日米間の文化教育交流についての意見交換の場である日米文化教育交流会議（ＣＵＬＣＯＮ）に倣い、価値や文化に関わるグローバルな問題を日米有識者が論じ合う、定期的な公的会合を設置することを提案したい。

5．結語

過去半世紀以上にわたり、日米同盟はアジア太平洋地域の平和と繁栄の礎であった。かつて戦火を交えた両国が、お互いにとってはもちろん、地域全体にとって、これほど生産的な関係を築いてきたことは驚嘆と賞賛に値しよう。もちろん、独立した主権国家として、両国の利害は常に一致していたわけではないが、両国の指導者及び国民各層は、深い信頼と、前向きな対話を通じて、同盟の将来を切り開いてきたのである。

アジア太平洋地域の現実は、今まさに、日米間の信頼関係と前向きな対話を必要としていると私たちは考える。この報告書が、両国が力を寄せ合うための一つのきっかけとなることを私たちは期待するものである。

プロジェクト委員

山田　宏　東京都杉並区長　松下政経塾第二期生
前原誠司　民主党　衆議院議員　松下政経塾第八期生
金子将史　ＰＨＰ総合研究所　主任研究員　松下政経塾第一九期生

報告書賛同者

逢沢一郎　自由民主党　衆議院議員　松下政経塾第一期生
野田佳彦　民主党　衆議院議員　松下政経塾第一期生
松沢成文　神奈川県知事　松下政経塾第三期生
中田　宏　神奈川県横浜市長　松下政経塾第一〇期生

資料Ⅲ・39

提言　新防衛計画の大綱について
――国家の平和・独立と国民の安全・安心確保の更なる進展――

二〇〇九年六月九日

自由民主党政務調査会　国防部会・防衛政策検討小委員会

コメント

1．本文書は、二〇〇四年に策定された「防衛計画の大綱」（いわゆる一六大綱、⇩Ⅲ・13）の二〇〇九年における改訂を見越して、自民党政務調査会国防部会が、改訂に向け党の基本方針を提言した文書である。

この提言が出された〇九年六月には、民主党の伸長が著しく、来るべき総選挙では民主党への政権交代も考えられる状況の下、それも見越して、大綱の基本方向を打ち出しておき、民主党の政権をも縛りたいという意欲も見てとれる。この自民党の思惑は、政権交代後の、新時代の安保防衛懇（⇩Ⅲ・47）、二二大綱（⇩Ⅲ・49）でおおむね達成された。

この提言は、民主党への政権交代のため大綱改訂には直接影響を与えなかったが、民主党政権の防衛政策にも影響を与え、さらに第二次安倍晋三内閣後の防衛政策にも引き継がれ、重要な役割を果たしたと言える。

2．この提言がもっとも強調していることは、「〇七大綱」（⇩Ⅱ・11）以来防衛費の縮減がすすみ、さらに「一六大綱」が小泉純一郎内閣による新自由主義改革のまっただ中で出されたため、骨太方針に基づき防衛予算も例外なく削減対象になり防衛費の削減がさらに一層すすんだことを批判し、防衛費の増額を主張した点である。

すなわち、提言は、「はじめに」の部分で、「〇七大綱」以来の縮減により「現状の防衛力は、質・量ともに不十分で乖離が大きく、早急に、縮減方針を見直し、適切な人員と予算の確保を強く要望する」と書かれ、さらに提言末尾で、改めて「自衛隊の体制はやりくりの限界を超えている」として『〇七大綱』以降の縮減方針の見直しが急務である」ことが強く要望されている。

実際には、提言直後の八月三一日の総選挙で民主党政権ができ、同党政権の手で防衛計画の大綱の見直し（いわゆる「二二大綱」）が行われたため、防衛費の削減方向は踏襲された。防衛費の削減が見直されたのは、第二次安倍内閣が、策定後五年たっていない「二二大綱」の見直しに着手し、二〇一三年一二月防衛計画の大綱（⇩Ⅲ・69）を出してからである。

3．この提言には、その後の日本の防衛政策の転換、軍事大国としての体制整備を予想させる基本的な点が出そろっていると同時に、尖閣諸島をめぐる日中間の紛争前であったこともあって、中国脅威論がまだ前面には出ていないなどの時代的特徴も見てとれる。

その後の防衛政策の転換を先取りしている特徴としては、以下の諸点が注目される。

第一、これは、自民党提言の恒例でもあるが、「基本的防衛政策」の冒頭で「憲法改正」があげられていることである。提言では改憲手続法が成立したにもかかわらず憲法審査会ができていないことに対し、その「状況の打破」が謳われると同時に、明文改憲がすすんでいないことをふまえて、安倍内閣下でつくられた安保法制懇の報告（⇩Ⅲ・37）が打ち出した解釈改憲の方策の重要性を指摘していることが注目される。

第二、その延長上で注目されるのは、国家安全保障基本法を制定し、そこで集団的自衛権行使容認などを明記することを主張している点である。国家安全保障基本法方式はともかく、解釈による集団的自衛権行使容認などの政策は、第二次安倍内閣で具体化された。

第三に、それだけでなく、自衛隊が実際に機能しうるように、自衛隊の装備・編成の強化、戦争遂行体制整備の諸方策が提案されている点である。

日本版ＮＳＣの新設、同事務局の常設、情報体制の強化、内閣直属情報機関の設置、集団的自衛権行使容認・国際平和協力活動における武器使用拡大など安保法制懇が提起した解釈改憲の実行、ミサイル攻撃などに対処すべく従来米国に依存してきた「策源地攻撃能力の保有」、島嶼防衛など領域警備の強化、防衛生産基盤拡充のため武器輸出三原則見直し、定員確保・人材充足、普天間移転をはじめとする「在日米軍再編」、国際平和協力一般法の制定、などがそれである。これら方策をみれば第二次安倍内閣が実施した方策のほとんどすべてが出そろっていることに驚かされる。

ただし、その後登場してくる軍事大国化方策で、未だこの時期にはでていないか、重視されていない点もある。

第一は、先に述べたように、情勢認識では、中国をはじめとした伝統的脅威よりは、テロなど抑止の効きにくい非国家的脅威がより重視されていたことである。

第二にそれに関連して、島嶼防衛も順位的には高くなかった。また、二〇一三年の自民党提言（⇩Ⅲ・64）に出てくる海兵隊設置構想はまだ打ち出されていない点などである。

一、はじめに

わが党は、結党以来、国家運営の基盤は、安全保障及び防衛であるとの理念のもと、常に党において積極的・主体的に議論を交わし、政府に対し、その在り方や具体的な安全保障政策や防衛政策を提言するとともに、国民に広く理解していただく努力を積み重ねてきた。

わが党の使命は、国家の平和と独立及び国民の安全・安心を確保し得るためは、外交力の強化とともに、専守防衛、非核三原則、軍事大国とならないとの前提を堅持しつつ、着実な防衛政策を推進していくことが、政権与党としての責任である。

近年の変化は、わが国周辺及び地球規模の情勢の変動、大規模な自然災害の多発、北朝鮮の核実験・ミサイル発射、中国の軍事力強化とロシアの復調、米国オバマ政権の誕生や米国の金融問題から発した世界経済の急落等がある。

また、現防衛計画の大綱（「一六大綱」）以降、防衛省の省移行、国際平和協力活動等の本来任務化などが実現し、イラク人道復興支援活動が成功裏に終了した。現在、自衛隊の海外での活動としては、ＰＫＯのほか、インド洋への補給支援活動の継続、ソマリア沖・アデン湾での海賊対策などが行われている。また、防衛省改革が推進されている。

こうした状況下で、現大綱を分析・評価し、新しい安全保障及び防衛力の在り方の指針を再検討する必要がある。また、防衛計画の大綱が示す安全保障及び防衛力の在り方の指針は、防衛力の特性から三〇数余年以降にも影響を及ぼす。

今後の方向性は、地政学的特性・構造的情勢変化に対応する「かくあるべし（理念）」と、わが国を取巻く新たな安全保障環境において国家の安全と国民の安全・安心を確保するために、「必ずやる（実現）」の区分を明確化し、安全保障政策や防衛政策、特に防衛力整備・運用・管理並びに法制の整備等を着実に進展させることが必要である。

一方、政権交代を主張する野党・民主党は未だに安全保障や防衛に関する考え方を公表しておらず国民に不安を抱かせている。

本提言は、以上の視点から、国防部会・防衛政策検討小委員会で、わが党として取り組むこととしている憲法改正を視野に入れつつ、政権与党としての責務を果たすため、数次にわたる真剣な議論を行い、党としての考えを取りまとめた。

今回は、今後の防衛力の在り方の方向性を「基本的防衛政策」と「今後整備する防衛力」に大別して明らかにした。特に重要なことは、〇七大綱策定以降縮減された防衛力を、今後の新しい安全保障環境に適応させ実効力を伴うものとするため、「質」「量」ともに必要な水準を早急に見直し、適切な人員と予算の確保を図るべきである。

以下、今年末に策定される新防衛計画の大綱について具体的な提言を記した。

二、わが国をめぐる安全保障環境

1、わが国の地政学的な基本特性

わが国周辺大陸からの地政学的脅威は、いわゆる三正面（北、西北、南西）と海洋国家としての海上交通路を通じてわが国に及ぶものということができ、これらが国家防衛の一義的な抑止・対処の対象と認識される。また、わが国の沿岸部に人口稠密社会が形成され、特に首都圏・阪神地区等の大都市も安全保障上の考慮が必要である。

2、国際情勢の構造的変化

（1）伝統的脅威と抑止の効きにくい脅威

① わが国周辺の中国・ロシアと同盟国米国の周辺地域での覇権争奪の影響を地政学的に考察すると、北・西北・南西との三正面への脅威と海洋国家としての生存からシーレーンへの脅威は常に存在する。

② 冷戦終結後に表面化した貧困・経済格差、イデオロギー・宗教・民族対立等の紛争の火種は、ユーラシア大陸一部沿岸部やアフリカ大陸から国際社会全体に影響を及ぼす非伝統的脅威出現の要因となっている。わが国の生命線たるシーレーンはその影響を受けやすく、かつ、わが国もその脅威の対象とされているが、その主体が不透明ゆえに抑止が効きにくく事前の兆候察知も困難であり、事態発生への即応体制が必要とされている。

（2）感染症や自然災害、気候変動等地球規模の危機

① わが国は、国内のみならず海外でのこれらの危機発生の影響を直接受け易く、活発的な国際的な交流により国家の繁栄を享受している面もあることから、危機発生に関し早期に情報を入手し先行的に対応することが求められる。

② 地球温暖化により、北極海の海氷の範囲が縮小しつつあり、北極海航路開通が、わが国の安全保障に影響を与える可能性に考慮せねばならない。

3、わが国周辺国の動向と危機・脅威の方向性

（1）国家の平和と独立に及ぼす危機・脅威

① 北朝鮮

北朝鮮は、軍事力、対外交渉力の向上を志向し、現体制の維持を図るため、核保有国（核弾頭搭載大陸間弾道弾を含む）となることを追求している。その上で、政治的恫喝手段の拡充（テロ・BM等）と大量破壊兵器の拡散による地域及び世界の不安定化を醸成している。また、特殊部隊一〇万人増強・核弾頭・長射程ミサイル開発、固体燃料ロケット（一〇〇㎞級短距離ロケット）技術取得などを行っている。

② 中国

中国は、多極化に向けて軍事力（核・ミサイル戦力に加え、空母等海上プレゼンス・着上陸能力の飛躍的向上等）の拡充（公表国防費は二一年連続二桁の伸張、最近五年間の対前年度最大伸び率二四％）と東アジアの覇権争奪、特に東シナ海・南シナ海から太平洋への進出の動きがある。

③ ロシア

多極化に向けて軍事力の復調傾向（国防費は二〇〇〇年以降七年間で約六倍の伸張であり、最近五年間の対前年度最大伸び率二七％）にある。特に、北極海航路が進展した場合は、ロシア海軍のオホーツク海・太平洋地域への関与が増大し、米露、米中との覇権争奪は周辺国の態勢に影響を及ぼす。

④ シーレーン周辺国の不安定化

シーレーンは、わが国の生命線であるため、その周辺における海賊行為、テロの発生は、大きな脅威となっている。

（2）国民の安全・安心に及ぼす脅威

国民の安全・安心に及ぼす脅威は、朝鮮半島では、北朝鮮の内部崩壊・南進行動による混乱、避難民の流出が考えられる。中台問題では、米中台関係緊迫による危機が生じる恐れがある。また、国内テロとしては、国際テロ組織の拡大・分散に伴う生起公算が高まる可能性も否定できない。

さらに、新型インフルエンザなど感染症・大規模災害等で、社会インフラが崩壊・機能低下する恐れもある。

三、基本的防衛政策

1、憲法改正

わが国の安全保障及び防衛力の在り方を検討する最も重要な前提は、党是でもある憲法改正である。そのためには、自民党・新憲法草案（一七・一一・二二発表）にある、自衛隊の憲法上の位置づけの明確化、軍事裁判所の設置などの方針に沿った改正を早急に実現することが必要である。

憲法改正は、国民の発意によるもので、国民運動に発展させる努力が不可欠であるが、平成一九年五月一四日「国民投票法」が参院可決以降も、衆議院憲法審査会の「衆議院憲法審査会規程（仮称）」は制定されておらず、委員の選任も行われていない。今後は、これらの状況を打破し、安全保障及び防衛にかかる法的基盤としての、国家安全保障基本法や国際平和協力活動一般法の制定、防衛二法の改正並びに安保法制懇談会報告書の体現に努めることが必要である。

2、新たな安全保障環境へ対応する法基盤の見直し（安保法制懇報告（四類型）の体現）

（1）日米安保体制の実効性確保のための集団的自衛権の行使に関する解釈見直し

① 公海において日米共同で行動中に米艦に危険が及んだ場合にこれを防護し得るようにすることは、同盟国相互の信頼関係の維持・強化のために必要不可欠である。現行の法解釈では例外的にしか防護できず、特に艦船にとって大きな脅威である対艦ミサイルへの対処ができない。自衛艦が防護するためにはわが国の安全保障に関係する限定的な運用として、国会の同意を得て、集団的自衛権の行使を認める解釈変更が必要である。

② ＢＭＤシステムは日米間の緊密な連携を前提に成り立っており、運用上、日本防衛だけに適用することは困難である。米国に向かうかもしれない弾道ミサイルを、わが国が迎撃出来る能力を有するにもかかわらず対処しない場合は、わが国の安全保障の基盤たる日米同盟を根幹から揺るがすことになり絶対避けなければならない。

日本周辺に展開するわが国のＢＭＤシステムにより当該弾道ミサイルを迎撃するためには、わが国の安全保障上必要な運用として集団的自衛権の行使を認める解釈変更が必要である。この場合の行使は、積極的に外国の領域で武力を行使する集団的自衛権の行使とおのずと異なることを明確にする必要がある。

（2）国際社会による復興支援、平和構築活動への実効性ある貢献の

ための見直し

① 国際的な平和活動において、他国と共同任務を遂行中、他国の部隊や要員が危険に晒され、自衛隊に救援を求めていても現行法解釈はその場合の武器使用基準が認められておらず、駆け付けて警護をしないことやPKO任務に対する妨害を排除する武器使用を認められておらず、他の共同任務部隊や要員を援護しないことは、国際社会の非難の対象となる。

国連等による集団安全保障やPKOでの自衛隊の武器使用は国際基準に準じて使用できるよう解釈変更が必要である。憲法九条の武力行使は「個別国家による国際紛争を解決する手段」を規定するもので、国連等の集団安全保障への参加を禁止していないとの解釈を整理すべきである。

② PKO等に参加している他国の活動への後方支援は法解釈評価以前に政策的妥当性として、支援対象となる他国の活動がわが国の国民に受け入れられるか、メリット・デメリットの評価等を、総合的に検討して政策決定すべき事項とすべきである。日米安保条約の運用や国際平和協力活動への参加等に係る根本的な問題であり、日米同盟再定義や国際平和協力一般法制定過程において、わが国の立場を明確にする法基盤の見直しが必要である。

(平成二〇年六月二四日「安全保障の法的基盤の再構築に関する懇談会・報告書」参照)

(3) 安全保障の目的達成のための法的基盤見直しの必要性の国民の理解を深化

① 安全保障環境の変化とわが国の国際社会での地位の向上・責任の拡大等から、わが国の安全保障問題解決のための国際社会における共同対処・協力の要請が増加するということについて国民の理解を深める必要がある。

② わが国の安全保障の基盤である日米協力体制の信頼強化に不可欠の活動との理解を国民に広げる必要がある。

3、国家安全保障基本法の制定

国家の安全保障を考えるには、新たな安全保障環境を踏まえて、実効性ある安全保障政策を行うために、憲法改正を視野に入れつつ、安全保障の基本である「国民の生命・財産、国土そして基本的人権、民主主義の原則等の基本的な価値を守る」ことを踏まえる必要がある。

そのためには、安全保障政策の主体となる国防戦略の基本である「わが国の平和と独立並びに国民の安全・安心を確保する」こと、自衛隊の意義付け、集団的自衛権行使や武器使用に関する法的基盤の見直し等を安全保障の基盤として的確に意義付ける「国家安全保障基本法」を制定することが必要である。

また、安全保障に関する戦略については、安全保障基盤として、防衛力の在り方を示す大綱とともに国民の理解を深めることが必要である。

4、総合的統合的安全保障戦略の作成

(1) 基本方針

新しい安全保障環境において、「安定した安全保障環境の構築に協力・貢献」するとともに、「危機・脅威が顕在化しない外交努力」と「わが国自らの防衛体制と日米安保体制による抑止力と対処機能の実効性を向上」させ、自らの安全保障を確保する。

この際、経済・エネルギー、食糧、技術等国の安全を律するとの観点からの国家戦略と連携するとともに、防衛政策では、その基本方針である専守防衛、文民統制、非核三原則、軍事大国とならないこと、節度ある防衛力整備は堅持する。

(2) 安全保障戦略を推進するための体制強化

① 国家安全保障に関して官邸がリーダーシップを発揮するための官邸機能の強化

ア 国家安全保障に関する長期的戦略を策定

長期的な国家目標を示すとともに複数の省庁に属する政策を迅速に意思決定できる基盤を確立する。また、国家危急事態が生起した場合には、対処に関する基本方針を示し政府全体で毅然と対応できる体制を構築する

イ　情報部門の強化と政策部門と情報部門の連接

正確かつ総合的な情勢判断のため不可欠であり、政府全体の情報収集機能及び情報分析機能を強化して、情報部門が政策部門に必要かつ適切な情報をタイムリーに提供できる体制を確立する（具体的には「情報体制の強化」で提言）。

ウ　国家安全保障問題担当補佐官を常設し、総理に定期的に報告・意思疎通を図り、安全保障政策の推進のため活動を行う。

エ　防衛省・自衛隊出身総理大臣秘書官や自衛官の副官配置など総理大臣補佐機能強化を図る。

②　安全保障会議の機能を吸収した「国家安全保障会議（日本版ＮＳＣ）」及び同事務局を新設して、国家安全保障に関して大局的な視点に立った重要事項を機動的かつ実質的に議論を行い、安全保障戦略を作成し、事態に応じて各省庁に基本的指針を提示、総合的な活動を行う。

③　政府全体として総合的統合的安全保障を推進しうる人材育成

各省庁からの人材抜擢による官邸機能強化ではなく、政府全体で所要の人材を養成し、官邸と各省庁に適切な人材を配置し、総合的統合的安全保障を推進できる態勢を確立することが必要である。

④　これからは、国民自身が、今まで以上に国の平和や独立、国民の安全・安心について考え、国民自身の責任を自覚することも要求される時代となってきていることから、パブリック・リレーションズを重視して国民に働きかけることが重要であり「広報戦略」を官邸主導で構築すべきである。

５、防衛戦略

（１）基本方針

防衛は、武力攻撃事態の未然防止から排除までの間隙のない抑止・即応対処態勢を構築するとともに、武力攻撃事態以外の各種事態等に際しても自衛隊の能力を駆使して、国の平和と独立及び国民の安全・安心を確保する。その際、日米安保体制の確保に十分留意する。

また、国際的な安全保障環境の改善のための国際平和協力活動、わが国周辺の安定的な安全保障環境醸成のための能動的取り組みを積極的に実施する。

（２）防衛力の役割

①　各種武力事態への実効性ある抑止と対処

新たな安全保障環境を踏まえれば、現在の防衛計画の大綱（一六大綱）で示された三つの防衛力の役割（新たな脅威や多様な事態への実効的な対応、本格的な侵略事態への備え、国際的な安全保障環境の改善のための主体的・積極的な取組）や防衛力整備の優先順位の再検討が必要である。

わが国の地政学的基本特性等を踏まえて認識される伝統的な脅威と抑止の効きにくい脅威に対する役割として、三正面への備えと海上交通路の保護及び各種武力事態に即応性・機動性ある対処が必要である。

②　国民の安全・安心確保

国民の安全・安心のためには、国民保護、大規模震災対処、新型インフルエンザなどの感染症対策、民生協力などで関係機関と連携を万全なものとする。

③　国際及び日本周辺の安全保障環境の構築

自衛隊の国連平和維持活動（ＰＫＯ）、国連平和構築活動（ＰＢＯ）や海賊対処等の国際平和協力活動、日本周辺域での訓練等を通じた環境醸成に努める。

（３）防衛計画大綱の位置付け

① 防衛計画の大綱は、安全保障戦略を受け、防衛力の在り方の指針・運用・整備の基本を示す防衛戦略である。

② 大綱別表の意義

防衛力の整備（戦力化を含む）は、長期間を必要とする特性と情勢変化への的確な対応の二面性を有しており、一六大綱別表は「防衛力の役割を果たす具体的な体制」として具体的な防衛力整備の目標指針としたが、留意事項で「大綱の防衛力の在り方はおおむね十年後までを念頭に置いたもの」と規定していることから一〇年後の整備目標と解せられ、情勢の変化への対応を重視した整備目標との評価ができる。

今後の別表の検討に当たっては、その必要性を検証するとともに、必要とされた場合には、防衛力整備において防衛生産基盤や防衛技術基盤の維持、防衛力は戦力化に長期間を要することなどを考慮すべきである。

6、防衛力整備と財政

（1）防衛力整備に長期間が必要との特性

① 人材育成

自衛隊は、長期にわたる人材運用が可能な人的基盤があって、初めてキャリアとして充当できる時間と適任の人材を選択することができることから、人の確保は必須の要件である。現在、政府全体の人件費削減を狙いとする行政改革推進法を一律に特別職たる自衛隊員にも適用していることが、必要な人的防衛力の確保を難しくし、人材育成面においても支障をきたしており、その見直しが必要である。

第一線部隊を指揮できる大隊長・艦長・飛行隊司令等や射撃・情報・通信・指揮統制・整備・補給等の専門性の高い職種・職域のプロを育成するには二〇年以上必要であり、将来の大きな情勢変化に対応する人的柔軟性を確保するためにも適切な人員の確保は必要である。

② 装備の研究開発・生産・維持

昭和四五年に示された「装備の自主的な開発・国産を推進する」という考え方に関する基本方針に基づく防衛生産・技術基盤の育成・維持は、防衛力整備や作戦運用を支える役割を果たしてきている。しかし、防衛生産・技術基盤を巡る今後の厳しい環境（主要装備品は数千社の企業と二〇年〜三〇年の開発・維持期間が必要であるが、今後の防衛生産・技術の縮小、更には撤退、企業倒産等の傾向）からは、政府としての検討を行い、長期に安定した活動を確保することが必要である。

（参考1）昭和四五年七月一六日　中曽根防衛庁長官決定（同日事務次官通達）

「防衛の本質からみて、国を守るべき装備はわが国の国情に適したものを自ら整えるべきものであるので、装備の自主的な開発・国産を推進する」

③ 部隊の練成のための人材の育成・装備の維持・練成訓練の積上げ

防衛力は、装備の戦力化が整えられて初めてその役割を果たすことが出来ることから、部隊の練成環境、特に練成機会と練成場所の確保と装備の維持機能の確保が重要である。現在、地方自治体の理解と協力を得て使用している訓練場・演習場・射撃場等を引き続き円滑に使用するための施策は重要である。

また、長期にわたり運用する装備の維持のため必要な生産・技術基盤を確保するとともに装備品の更新・換装に対応する練度の維持のための練成訓練を積上げられる訓練環境の確保が必要である。

（2）防衛力の特性に適合した中長期の財源確保

長期的な施策である防衛力整備に関しては、防衛計画の大綱と中期防衛力整備計画により、整備目標が示されている。その達成に必要な財源の見積り、執行に当たっては中期防衛力整備計画策定時、中期財源充当見積を連接させ、年度毎に防衛力の役割等を評価し、必要な経費を配分する特別枠方式等について、政府として検討すべきである。

7、基本的な自衛隊体制（配置・編成）の在り方

(1) 国内運用（域内運用と全国運用）と国外運用指針の確立

① 国内運用は、域内の国民の安全・安心を確保しつつ全国運用することを基本とし、陸上自衛隊における運用統括機能：陸上総隊により方面隊等の運用を容易にすることが必要である。

② 国外運用は、国内運用、即ち国家の安全や国民の安全・安心を確保しつつ行うことを基本とする。現行運用はPKO法において、二〇〇〇名が上限とされ各特措法では、その時々の状況に応じて定められるが、実効性ある活動を継続するに当たっては、国土防衛分野への影響が懸念されていることにも考慮すべきである。

③ 将来は、国際平和協力活動の一般法制定にあわせて海外運用の基本方針を示すことが必要である。

(2) 地方自治体や国民の安全・安心への影響

① 全国に隙のない基地・駐屯地の配置により、即応性をもって事態に対処する。

② 地方自治体が主体となって担任する災害対応・感染症対応等自治体の能力を自衛隊が補完すべき分野の確保を前提に、各種職種・職域部隊配置を基本とする。

③ 地域配置部隊を掌理する中間司令部が、自衛隊が補完すべき分野を域内運用で補うか、必要により全国運用で補うかなどを地方自治体と連携して調整する。

④ 配置・編成の見直しに当たっては、地域の安全と安定や地域経済及び地域社会へ及ぼす影響などにも十分考慮し、地域の要望にも十分配慮して検討することが必要である。この際、創隊以来の各地域で自衛隊が運用している防衛財産の有効活用についての検討も必要である。

8、情報体制の強化

(1) 内閣の情報集約・総合分析・総合調整機能の強化

① 情報要求を適切に提示できる閣僚級の「情報会議（仮称）」設置

② 内閣情報官の格上げと各省庁の総理への情報報告への関与

③ 現在の内閣情報分析官の体制を強化するとともに、内閣情報官を委員会議長とする情報委員会（仮称）を運営し各省庁の情報を集約化し、国家情報としての評価を行い、重要情報を迅速かつ正確に総理へ報告できる体制を確立する。

④ 情報コミュニティによる情報活動を内閣情報官の下で調整し、内閣情報官が保有する情報のアクセス権や各省庁の情報関連予算の重複を調整する権限を付与する。

(2) 内閣直轄の情報機関の設置による対外情報機能の強化

① 新たな危機や脅威へ対応する国家情報機能の強化と一体となった国家の情報力を増強する統合的な国家的情報組織、特に対外情報業務に特化した情報機関を新設する。

② 国家的情報保全組織と法の整備が必要である。

(例：主要情報の適切な管理に関する法律)

③ 高度な専門性を有する人材育成、特に対外情報の収集・分析要員を重視すべきである。

(3) 情報共有の促進・情報コミュニティの緊密化と秘密保持

政府全体での情報共有システムの構築と各省庁共通の情報保全基準を強化する。

(4) 国会への情報委員会の設置

審議の対象となる秘密を確実に保護するための法律等の所要の措置をとる。

(平成一八年六月二二日「国家の情報機能強化に関する提言」参照)

(5) 積極的な宇宙利用によるネットワーク化された情報収集態勢の強化

情勢の変化に対応する衛星による情報収集を行うためには、頻度を高めた収集システムが必須である。そのためには、大型情報収集衛星以外に、小型偵察衛星（低コスト）を複数機運用するとともに、情報要求に基づき情報収集指令のアップリンクや収集した情報のダウンリンクの即応性を確保するための専用通信衛星を組合せ運用できる情報収集態勢を確立することが必要である。

また、情報要求に応じて迅速かつ確実に情報収集態勢を確立するためには即応性の高い打上げシステムの整備が必要である。

9、日米安保体制の強化

（1）日米安保条約改訂五〇周年「新日米安保共同宣言」

① 来年は、日米安保条約改訂五〇周年であり、日米両国で、「日米共同宣言」以降の米軍の変革・在日米軍の再編とわが国の新防衛計画の大綱を確実に進展させ、日米同盟及び日米安保体制をさらに強固なものとするため、「新日米安保共同宣言」を締結すべきである。

② 沖縄の米軍基地の整理・統合・縮小など、国民の負担軽減に、今日政府が最大限に努力し、国の平和と独立そして国民の安全・安心を確保していることへの国民の理解拡大に努める。

（2）日米役割分担の柔軟性確保のためのわが国の防衛力の方向性

周辺国に対する抑止態勢において、打撃力については、米国に大きく依存している。今後は、オバマ政権の米国の拡大抑止戦略やスマートパワー重視政策などを考慮し、米国との役割分担に柔軟性の確保が必要となる。

また、米国の打撃力に対する自衛隊の支援・補完能力を向上するため、打撃部隊の援護（対艦・対空・対地・対潜攻撃能力）や情報収集支援、後方支援機能の強化が必要である。

10、日米安保体制下の敵ミサイル基地攻撃能力の保有

（1）専守防衛、非核三原則、軍事大国とならないこと、節度ある防衛力の整備といった防衛政策の基本は維持しつつ、強固な日米安保体制を前提とし、「座して自滅を待つ」ことのないよう、弾道ミサイル防衛の一環としての攻撃能力を確保。

弾道ミサイル（BM）による脅威に対し、有効に抑止・対処する手段には弾道ミサイル防衛（BMD）システムによる迎撃と敵ミサイル基地攻撃があり、わが国は、日米安保体制の下での協力により対応しており、現状は、打撃力については米国に依存している。

今後は、BMの能力向上（質・量）、核弾頭の小型化技術の進展に柔軟かつ迅速に対応するためにも、専守防衛の範囲（予防的先制攻撃は行わない）で、日米の適切な役割を見出し、わが国自身による敵ミサイル基地攻撃能力の保有を検討すべきである。

その際、BMDにおけるミサイル発射基地・車両等への対処に限定した抑制的な運用要領（使用は国家安全保障会議により決定）と外交等あらゆる手段による抑止活動と連接する枠組みを確立し、ダメージコントロール可能な通常弾頭程度の威力と被害極限を追求できる高精度の弾着と効果確認可能な敵ミサイル基地攻撃能力を保有し、そのためにも、より強固な日米安保体制を堅持することが必要である。

（参考2）昭和三一年二月二九日衆院・内閣委員会鳩山総理答弁・船田防衛庁長官代読

「わが国に対して急迫不正の侵害が行われ、その侵害の手段としてわが国土に対し、誘導弾等による攻撃が行われた場合、座して自滅を待つべしというのが憲法の趣旨とするところだというふうには、どうしても考えられないと思うのです。そういう場合には、そのような攻撃を防ぐのに万やむを得ない必要最小限度の措置をとること、例えば、誘導弾等による攻撃を防御するのに、他に手段がないと認められる限り、誘導弾等の基地をたたくことは、法理的には自衛の範囲に含まれ、可能であるというべきものと思います。」

（2）保有する攻撃能力は、情報体制の強化施策と相まって、わが国の宇宙科学技術力を総合的に結集し、宇宙利用による情報収集衛星と通信衛星システムによる目標情報のダウンリンクと巡航ミサイルや小型固体ロケット技術を組合せた飛翔体（即応性よりも秘匿性を重視した巡航型長射程ミサイル又は迅速な即応性を重視した弾道型長射程固体ロケット）への指令により正確に弾着させる能力の開発を実現可能とすべきである。

11、情報収集・警戒監視・偵察（ISR）活動時の安全確保、領域警備、航空警備の法制化

（1）法整備により、平時から多様な事態への移行を抑止又は阻止するため平時から有事まで、時間的・空間的に間隙のない（平時から有事の不安定な状態をなくした）対処を可能とし、国家の安全と国民の安全・安心を確保する。

（2）ISR活動時の安全確保

平時、領海・領空及び公海・公海上空で、情報収集・警戒監視・偵察活動中における自衛隊艦船・航空機に対する不法行動に対して、武器を使用して、その行動を抑止或いは対処することが必要である。

（3）領域警備

平時（防衛出動や治安出動・・海上警備行動には至らない）に、日本の領域内で、武装工作員、武装工作船等による不法活動に対処するため、警察機能を補完する形で対処することが重要である。

国境離島については「国境離島新法」の推進と併行して領域警備の体制を確立することが必要である。

（4）航空警備

平時（防衛出動や治安出動発令には至らない）に、領空及び公海上空で、国際民間航空条約等の国際法規に違反した不法行動に対して、空の警察機能を行使することが必要である。

12、武器輸出三原則等の見直し

（1）新しい武器関連技術に関する輸出管理原則

輸出禁止対象国としては、テロ支援国、国連決議対象国、国際紛争当事国、輸出貿易管理の不十分な国とし、それ以外の国・地域を対象とする武器輸出については、許可に係る判断基準「武器及び武器関連技術に関する輸出管理の指針」を定め、厳正に武器等の輸出を管理した上で、個別に輸出の可否を決定する仕組みを構築する。

（2）政府統一見解（三木内閣）等の見直し

武器輸出三原則等運用においては、昭和五八年の米国への武器技術輸出、平成一七年のBMD共同開発移行等に際して安全保障環境の変化に対応して逐次緩和してきているが、今後は国際的に主流となる多国間による装備の共同開発への参加スキームが構築されることから、国際的な技術レベルを維持するとともに他国との技術交流を維持するため、米国以外との企業との共同研究・開発、生産、や「武器」の定義の緩和等、更なる三原則の見直しが必要である。

（参考3）昭和五一年二月二七日武器輸出に関する政府統一見解（三木総理大臣）

○政府の方針

「武器」の輸出については、平和国家としてのわが国の立場から、それによって国際紛争等を助長することを回避するため、政府としては、従来から慎重に対処しており、今後とも、次の方針（①三原則対象地域には武器の輸出を認めない。②対象地域以外の地域については、憲法及び外国為替及び外国貿易管理法の精神にのっとり武器の輸出を慎むものとする。③武器製造関連設備の輸出については武器に準じて取り扱うものとする。）により処理するものとし、その輸出を促進することはしない。

13、防衛分野の宇宙利用（積極的な宇宙利用と柔軟な打上げシステム）

（1）情報収集・偵察・早期警戒・測位・通信・電波観測衛星等の研

究・開発

（2）各種打上げシステムの確保、特に即応性の高いシステムの確保

現在の打上げシステムは、運用期日・打上げ方向に制約があり、即応性に欠けるため、制約のない新規射場等の整備を考慮すべきである。

（3）緊急事態における即応型情報収集システムの確保

中小企業支援策で推進する超小型衛星群の開発結果を活用して、超小型衛星群を即応型情報収集衛星群として活用する方向で中小企業での開発状況をフォローすることが必要である。

14、防衛生産・技術基盤の維持

（1）オンリーワン中小零細企業への補助金交付等

防衛産業（生産・技術）政策を立案・策定するための政府としての検討枠組みを設置し、企業リスクの大きな中小企業、特に緊要な技術・生産を担っている企業を維持させるため補助金等の交付について検討を行う。

また、インセンティブの向上、防衛技術管理（調査・分析・整理）、国内調達の健全性確保等の施策も積極的に推進することが必要である。

（2）必要な税制面の優遇措置（研究開発促進税等）

将来の装備は高度な科学技術の応用が必要で、民間技術・生産に依存する分野は大きく、装備の効率的な開発・調達のために官・民のデュアルユースの装備の同時開発が期待されるため、民の技術・生産の一層の活用を促進するため税制面の優遇措置等の施策を積極的に推進することが必要である。特に、宇宙分野の技術・生産における衛星・通信システム、打上げシステムは官・民のデュアルユースの装備として検討すべきである。

四、今後整備すべき防衛力

1、自衛隊の態勢・防衛力整備の重点

（1）自衛隊の基地・駐屯地等の意義

①　平時・有事を通じた陸・海・空自衛隊活動の基盤

地政学的な戦略的な脅威（三正面＋シーレーン）の抑止・対処を基本とした全国隙のない配置が必要である。

②　演習場、訓練空域・海域は練度維持・向上のための道場、研究開発の実験場

部隊の配置・編成の見直しに当たっては、自衛隊創隊以来各地域で運用（教育訓練）している演習場等の防衛財産の有効活用についても考慮が必要である。

③　地方自治体にとっては雇用・経済と住民の安全・安心を付与する基盤

地方自治体の特性と陸海空自衛隊の運用上の特性を整合した配置を基本として、検討するが、政経中枢や経済活動の中心である都市部は、テロ・ゲリラ、BM攻撃、感染症、大規模災害等に脆弱であり考慮が必要である。

④　過疎化・高齢化の進む地方や雇用情勢の悪化が著しい地方においては、若者の雇用及び教育の場としての有効性を考慮して、その配置を検討することが必要である。

（2）必要な人員・予算確保

①　防衛力の役割（運用）に応ずる人員確保

任務遂行に必要な人員確保の必要性を要望しているが、行政改革推進法を自衛隊員へ適用していることは防衛力整備の特性を考慮しているとは認めがたく、その適用を見直し、その改正が必要である。

自衛隊の現状は、総人件費改革等により、充足率が約九〇％台前半に抑制され、部隊での「実員」不足が常態化し、一人二役・三役のやりくりも限界にきて、人材育成にも支障が生じている。

適切な自衛官定数の長期確保と自衛官充足率を向上させることにより、

「定員」と「実員」の乖離をなくし、常続的な部隊の実効性を維持・向上するとともに適切な人事・階級構成を維持して将来の戦略の振れ幅に対し柔軟に対応できる人的基盤を確立すべきである。この際、部隊の中核的人材育成・確保のための自衛隊生徒制度の再考を要望する。

② 中長期的財源確保

「骨太の方針：ゼロベース」の見直しが必要である。

〇七年の防衛費は、世界五位の規模であるが、その内訳は人件・糧食費で半分近くを占めているのが現状である。

防衛力整備は長期的な施策として人的・物的両面のバランスをとることが必要であり、中長期の財源確保が必要である。

宇宙の防衛利用、米軍再編経費は防衛費の枠外として、その特性を考慮した財源確保策を講じるべきである。特に〇七年で中国の国防費が世界三位となっており、わが国との乖離が一層増大していることに注意が必要である。

（3）統合運用

① 運用企画局を廃止し統合幕僚監部に機能移管し、運用機能を一元化

運用企画局の廃止に関し、これまでの同局が果たしていた役割を陸海空幕僚長、統幕長、防衛政策局長との間で適切に果たしていくため、組織改革にあたっては、自衛官と文官の有機的な協働の体制確保が必要である。

また、各種事態に迅速・的確に対応するために運用・管理に関する大臣補佐機能を統幕長に一本化するとともに、統幕長による自衛隊に対する一元的な指揮命令の実効性を確保することが必要である。

② 統合運用ニーズを反映した防衛力整備

防衛力整備部門の一元化にあたっては、防衛力の整備・運用・管理について各幕僚監部の意見や現場部隊のニーズが的確に反映できるとともに統合運用ニーズとの整合を図り、効果的・効率的な防衛力整備が推進できる組織改革が必要である。

この際、自衛官と文官の有機的な協働の体制確保が必要である。

③ 統合運用の態勢強化

官邸の機能強化と併行して迅速・正確な意思決定・情報提供を可能にする防衛省・自衛隊の体制整備として、統合運用と自衛隊の情報機能の一元化を併せて推進することが必要である。

実効性ある統合運用を推進するため、陸自の運用統括機能としての陸上総隊創設、宇宙利用を含む統合指揮通信機能強化、迅速な的確に各種事態の対処に任ずる統合司令部や地域司令部の常設により、各級・各種部隊レベルまで整合ある統合対処計画の策定及び統合部隊練成等を実施させることが必要であるとともに陸・海・空の輸送力を強化して、統合運用の実効性を向上させるべき。

（平成二〇年四月二四日「提言・防衛省改革」、平成二〇年七月一五日「防衛省改革会議・報告書」参照）

（4）陸上自衛隊

① 陸自の運用統括機能としての陸上総隊の創設

② 地方司令部としての方面隊の維持（平時からの地域・関係機関との連携）

③ 三正面（北方、西北、南西）の抑止・対処能力維持

④ 特殊部隊からの政経中枢、重要施設等の防護能力向上

⑤ 国外任務対応能力の強化

⑥ 国民の安全・安心確保活動（大規模災害、国民保護、感染症等）強化

⑦ マンパワーの確保

防衛力におけるマンパワーは、国家の防衛意思の表明そのものであり、また、実効性のある対処として国民の期待に応えるためには、的確な対処に必要な人的規模を確保する必要がある。常備自衛官の充実について

は、最低限現状維持から増員の幅で検討することが必要であり、予備自衛官の充実については、各種予備自衛官制度を拡充してその勢力維持を図ることが必要である。テロ・ゲリラ対処、大規模災害、国際平和協力活動等の各種活動の基礎は人であり、消防団員の減少・高齢化や長期・機動的運用に弱点を有する地方自治体の能力補完も人が主体であることからマンパワーの確保は重要である。

（5）海上自衛隊

① 周辺海域の防衛に加えて海上交通の安全確保態勢の強化（ＩＳＲ含む）

② 周辺海域における海洋秩序の維持・強化（不審船対処、機雷除去、邦人輸送）

③ 国際安全保障環境改善のための態勢強化（外交的ツール）

④ 弾道ミサイル対処強化（イージス艦へのＳＭ－３搭載のための改修の推進、実弾射撃訓練の実施、策源地攻撃のための海上発射型巡航ミサイル導入について他の手段と連接して検討が必要である。）

⑤ 対潜戦機能強化（潜水艦整備とＰ－１）

⑥ 洋上支援能力強化（補給艦、指揮統制）

⑦ 人的基盤の強化

従前の物先行型から人・物均衡型の海上防衛力に転換し、海上防衛力の多様な役割を的確に遂行する態勢を確立するため、①装備と人のバランスのとれた体制として、護衛艦部隊の充足率向上・定員の考え方の見直し等を、②プロフェショナル養成態勢の再構築として入隊時教育の充実・艦艇長養成の仕組みの見直し等を、③活気みなぎる組織の再生としての勤務と休養のバランス確保・処遇の適正化等を推進することが必要である。

（6）航空自衛隊

① 実効的な抑止・対処能力向上（Ｆ－Ｘの第五世代機導入、各種機能のネットワーク化）

② 国外任務対応能力強化（航空機動・海外展開能力向上にＣ－ＸとＫＣ－７６７の組み合わせ、ＡＷＡＣＳ・Ｅ２Ｃなどによる警戒監視活動や救難機などへのニーズ対応）

③ ＩＳＲ機能強化（宇宙・無人機を含む）

④ ＢＭＤ能力強化（ＰＡＣ－３化・レーダー整備推進、ＴＨＡＡＤ導入についても検討）

⑤ 核実験の監視・情報収集能力の強化

⑥ 操縦者の確保

航空防衛力の根幹である操縦者の現状は、厳しい募集環境（要員確保困難）・課程教育中の罷免増加（他の職域への転換希望）・依願退職増加から、操縦者（人的防衛力）の不足に陥り部隊運用・飛行安全確保に重大な影響を及ぼす危険性が大きくなってきている。

危機的状況を打開するためには、全省挙げての取組みとして①募集範囲の拡大・選抜要領の見直しによる人材確保、②課程学生入力数の増加・飛行教育体系の・教育要領の見直しによる人材養成、③能力主義による抜擢・航空手当て制度の改善による官民の給与格差防止・将来に不安を抱かない諸施策による人材管理の改善が必要である。

2、防衛省・自衛隊の情報体制の強化

（1）既存の情報収集・警戒監視能力（電波、画像、航空機等）の強化と効率的運用

（2）無人機等新たな情報収集アセット、手段の導入及び運用環境の整備

（3）情報収集衛星の機数の増加と能力向上、商用衛星との相互補完の強化

（4）防衛政策、自衛隊の運用に資する質の高い分析力向上

（5）中央から現地部隊に至る情報伝達・情報共有システム強化と保全の確保

（6）官邸・情報コミュニティ等政府関係部署への適時適切な情報伝達

（7）長期的展望に立った情報要員（ＨＵＭＩＮＴ）の育成

（8）サイバーテロに対する防護態勢の構築・強化

3、国際及び日本周辺の環境安定化活動への態勢（体制）強化

（1）国際平和協力活動の一般法制定等法的基盤整備

新しい安全保障環境の変化では、国際社会における共同対処・協力が求められており、わが国の国際社会における地位の向上と責任の拡大等から、わが国への期待・要請が増加しつつある。

これまでは、新たな事態が生起して平和協力活動の必要が生じるごとに、特別措置法により対応してきたが、時間を要するとともに積極的・主体的に協力できない欠点（①緊急の事態に間に合わない・遅れてしまう、②要員訓練・予算措置等の準備に後れをとる③国際協力に対する姿勢が熱心でないとの誤解）があった。

国民の理解を得て、国際平和協力活動の一般法を制定し、わが国の国際平和協力の理念を内外に示すとともに国際平和協力活動について一貫して迅速かつ効果的に取り組んでいくことを可能にする。この際、国際社会の要求に応えるために、国際平和協力活動の一般法では、現行の国際平和協力法に対し次の点を明確にすることが必要である。

① 一定の国際機関の要請と国連決議の関わり

② 対応する活動内容の拡大（＋警護・治安維持・船舶検査と後方支援）

③ 憲法九条に関する法基盤の見直し（武器使用等安保法制懇報告を踏襲）

④ 国会の関与

⑤ 国外運用の基本（国家の安全や国民の安全・安心の確保を基本に運用）

（平成二〇年六月二〇日・与党ＰＴ「国際平和の一般法について中間報告」参照）

（2）国際社会全体に関わる安全保障問題への積極的・能動的関与

（3）二正面以上派遣可能な体制・装備

（4）日本周辺の安定化活動（環境醸成）

多国間災害対処訓練やＰＳＩ訓練等に参加し、相互信頼性・共同対処能力向上

（5）拡大する要求に対応する多国間調整機能・海外対応装備品・海空輸送力の強化

（6）安保対話、防衛交流の推進、軍備管理・軍縮分野の諸活動への参画

（7）人材育成（語学含む）、学術・研究交流促進、知的基盤ボトムアップ

4、弾道ミサイル防衛システムの更なる整備・強化

（1）多層的なわが国ＭＤシステムの強化

① 積極的に宇宙を利用した早期警戒衛星・情報収集衛星やミッドコースでの正確な撃破を追求する新しい地上発射ミサイル（例：ＳＭ－３改地上型）の研究開発を検討とする。

② イージス艦のＢＭＤ能力強化、ＰＡＣ－３増強・レーダーの整備推進検討

③ ＳＭ－３やＳＭ－３改への拡充とＴＨＡＡＤ導入の検討

④ 被害局限（国民保護、被害情報収集・救助）

（2）日米安保体制の抑止力の確保

米国の攻撃力と日本の攻撃支援・補完力の調整

5、警戒・監視・情報収集態勢（ＩＳＲ）の着実な整備

（1）宇宙・無人機を含むネットワーク化された統合的ＩＳＲの構築

①　わが国の安全保障活動に係る全域をネットワーク化・システム化

②　通信衛星の他に高高度飛行船を組み込んだ通信網の構築を検討

（2）平素から有事まで間隙のない態勢構築

（3）友好国や海上交通路周辺国との情報共有

6、島嶼防衛の強化

（1）南西諸島防衛

①　常備部隊の主要島嶼への配置及び迅速な機動展開能力と関係地方自治体との調整能力

特に国境離島においては「国境離島新法」との連携を留意

②　島嶼防衛のため我の長射程火力整備と敵の長射程・精密火力に対する防空能力

③　南西航路帯の安全確保

日米協力体制下の防衛力として、空対艦・艦対艦・地対艦ミサイルの統合運用とミサイルの射程や低い即応性（飛翔時間が長い）を補完する地対艦弾道弾（中国軍は開発着手）の研究開発により、国家の安全と国民の安全・安心を確保する。

④　南西空域の航空優勢確保

（2）南西諸島から本州～硫黄島～グアムに至る海域での海上（航空）優勢の確保

わが国の広大な領域（領海・排他的経済水域）の安全確保の基盤となり、海上航路帯の運航の自由度を確保し、日米協力態勢・国民の経済活動の安定を維持するため、南西諸島や同航路帯に配置・運用する陸海空自衛隊の統合運用を強化する。

7、テロ・特殊部隊攻撃への実効的対処

（1）潜入の阻止

工作船等による潜入を阻止するための洋上・沿岸監視を重視する。

（2）破壊活動への対処

重要施設の防護能力を確保するとともに、テロリスト、特殊部隊の捜索・警戒のための能力向上を図る。

8、人材育成と処遇改善

（1）自衛隊の体制再構築に対応する人的諸施策の確行

①　人材確保

ハローワークの協力確保、地方公共団体等の協力拡充、魅力ある自衛隊のブランド・イメージの確立、女性自衛官の活用（託児所整備）、高齢自衛官の活用（職域別定年延長・再任用制度の活用）、予備自衛官制度の充実（予備自衛官補の活用）等を検討

②　人材育成

さまざまな職域（医療、スポーツなどを含む）におけるプロフェッショナル化自衛隊の年齢構成の適正化、大卒幹部自衛官採用拡大、非任期制自衛官採用拡大、服務教育等の充実、相談態勢の強化等を検討

（2）処遇改善

隊員がモチベーションを維持し、名誉や誇りを実感できるような処遇の適正化（新階級の創設、俸給等の改善（職階差に見合う格差、専門性の配慮、危険度考慮）、自衛官の栄典・補償の改善、留守家族支援策の充実、新たな援護組織の構築、退職後の給付の充実等を検討）

（平成一九年六月六日「自衛官の質的向上と人材確保・将来の活用に関する提言」参照）

9、防衛基盤の維持強化

（1）受け入れ地方自治体との連携

防衛警備や災害等において国民と一体となって対応しうる態勢

（2）過度の中央調達の是正と地産地消

（3）健全で規律正しい人材の社会への還元

（4）防衛産業・技術基盤維持・強化

① 主要な装備品については、国内で生産・整備可能な態勢の維持・強化

② 技術開発力の高さは抑止力でもあり、民間技術へのスピンオフの側面についても配慮が必要である。

（5）広報など情報発信機能の拡充

五、むすびに

わが国は、各時代の安全保障環境に対応した安全保障と防衛の在り方を適宜に示しつつ平和と独立並びに国民の安全・安心を確保し、今日では国際社会におけるわが国の地位の向上や責任・期待の大きさを国民自身が認識する時代を迎えている。

冷戦時代は、米ソの対立や均衡の枠組みにあって日米安保体制の維持と自らの基盤的防衛力を整備し、ポスト冷戦後も、米国一極構造の日米協力・国際協調の枠組みにあって基盤的防衛力の整備を継続した。

これまで、米国一極・国際協調の枠組みにあって多機能弾力的、対処重視の考え方をとりつつ、防衛力の縮減に注力した。

しかしながら、今日の安全保障環境からは伝統的な脅威と抑止が効きにくい脅威や感染症や大規模災害等突発的な危機への対応、更には国際平和協力活動への取り組と多様な（多忙な）防衛力の役割が期待されるが、自衛隊の体制は陸海空自衛隊ともにやりくりの限界を超えている。

そこで、わが党としては、縮減された人員と予算を適切に手当てし適正な防衛力に回復するなど、「〇七大綱」以降の縮減方針の見直しが急務であることを強く要請するものである。

安全保障能力の整備は、国の平和と独立、国民の安全・安心を守る役割の基本であり、諸外国の防衛力整備状況も考慮して、わが国の防衛力整備に必要な防衛予算及び整備基盤の維持・拡充を行うべきである。

本提言については、わが党として今後の政府の取り組をフォローアップし、適切に措置されるように努める。

資料Ⅲ・40

衆議院憲法審査会規程

二〇〇九年六月一一日議決

コメント

1．これは、衆議院の憲法審査会の組織と運営を定めた規程である。憲法審査会は、二〇〇七年五月一八日、憲法改正手続法（改憲手続法⇩Ⅲ・33）の公布により、同年八月七日、衆・参両院に設置された。しかし、同二〇〇七年の参院選で民主党が躍進し、衆・参のネジレが生じたことから改憲手続法の施行に向けた作業がはかどらず、衆議院憲法審査会規程は、ようやく二〇〇九年六月の衆議院本会議で議決された。憲法審査会の始動は、さらに遅れ、二〇一〇年五月の改憲手続法の全面施行のあと、ようやく同年一〇月の第一七九国会から始動した。

2．本規程の最も重要な特徴は、第一条で審査会の任務を規定したことである。そこでは改憲原案の審査を行い、改憲案の発議または改憲手続法の改正案等を提出することができる。「第一条　憲法審査会は、日本国憲法及び日本国憲法に密接に関連する基本法制について広範かつ総合的に調査を行い、日本国憲法に係る改正の原案（以下「憲法改正原案」という。）、日本国憲法に係る改正の発議又は国民投票に関する法律案等を審査するものとする」である。

3．本規程による審査会の概要は、委員は五〇名、各会派の所属議員数に応じて割り当てる。会長、幹事は委員の互選で決め、会長が野党第一党幹事の中から会長代理を指名する。幹事会には、幹事の割り当てのない会派からもオブザーバーを出すことができる。審査会は公聴会を開くことができるが、改憲原案の審査の場合には公聴会の開催が義務づけられるなどである。

（設置の趣旨）

第一条　憲法審査会は、日本国憲法及び日本国憲法に密接に関連する基本法制について広範かつ総合的に調査を行い、日本国憲法の改正案の原案（以下「憲法改正原案」という。）、日本国憲法に係る改正の発議又は国民投票に関する法律案等を審査するものとする。

（委員数）

第二条　憲法審査会は、五十人の委員で組織する。

（委員）

第三条　委員は、会期の始めに議院において選任し、議員の任期中その任にあるものとする。

2　委員は、各会派の所属議員数の比率により、これを各会派に割り当て選任する。

3　前項の規定により委員が選任された後、各会派の所属議員数に異動があったため、委員の各会派割当数を変更する必要があるときは、議長は、第一項の規定にかかわらず、議院運営委員会の議を経て委員を変更することができる。

4　衆議院規則第三十七条、第三十九条及び第四十条の規定は、委員について準用する。

（会長）

第四条　憲法審査会の会長は、憲法審査会において委員が互選する。

2　衆議院規則第百一条及び第百二条の規定は、会長について準用する。

第五条　会長は、憲法審査会の議事を整理し、秩序を保持し、憲法審査会を代表する。

（幹事）

第六条　憲法審査会に数人の幹事を置き、委員がこれを互選する。
2　会長は、憲法審査会の運営に関し協議するため、幹事会を開くことができる。
3　衆議院規則第三十八条第二項の規定は、幹事について準用する。

（小委員会）
第七条　憲法審査会は、小委員会を設けることができる。
2　衆議院規則第九十条の規定は、小委員会について準用する。

（開会）
第八条　憲法審査会は、会期中であると閉会中であるとを問わず、いつでも開会することができる。
第九条　会長は、憲法審査会の開会の日時を定める。
2　衆議院規則第六十七条第二項の規定は、憲法審査会の開会について準用する。

（定足数）
第十条　憲法審査会は、委員の半数以上の出席がなければ、議事を開き議決することができない。

（表決）
第十一条　憲法審査会の議事は、出席委員の過半数でこれを決し、可否同数のときは、会長の決するところによる。

（委員の発言）
第十二条　委員は、議題について、自由に質疑し、及び意見を述べることができる。

（委員でない議員の意見聴取）
第十三条　憲法審査会は、審査又は調査中の案件に関して、委員でない議員に対し必要と認めたとき又は委員でない議員の発言の申出があったときは、その出席を求めて意見を聴くことができる。

（委員の派遣）
第十四条　憲法審査会において、審査又は調査のため委員を派遣しようとするときは、議長の承認を得なければならない。

（国務大臣等の出席説明）
第十五条　憲法審査会は、審査又は調査のため必要があるときは、議長を経由して、国務大臣、最高裁判所長官及び会計検査院長の出席説明を求めることができる。

（報告又は記録の提出）
第十六条　憲法審査会は、審査又は調査のため必要があるときは、議長を経由して、内閣、官公署その他に対し、必要な報告又は記録の提出を求めることができる。

（公聴会）
第十七条　憲法審査会は、審査又は調査のため必要があるときは、公聴会を開くことができる。
2　憲法改正原案については、前項の公聴会を開かなければならない。
3　衆議院規則第七十七条から第七十九条までの規定は、公聴会について準用する。

（参考人）
第十八条　憲法審査会は、審査又は調査のため必要があるときは、参考人の出頭を求め、その意見を聴くことができる。

（会議の秩序保持）
第十九条　委員が憲法審査会の秩序を乱し又は議院の品位を傷つけるときは、会長は、これを制止し、又は発言を取り消させる。命に従わないときは、会長は、当日の憲法審査会を終わるまで発言を禁止し、又は退場を命ずることができる。

（休憩及び散会）
第二十条　会長は、憲法審査会の議事を整理し難いとき又は懲罰事犯があるときは、休憩を宣告し、又は散会することができる。

（懲罰事犯の報告等）
第二十一条　会長は、憲法審査会において、懲罰事犯があると認めたときは、これを議長に報告し処分を求める。
2　衆議院規則第二百三十五条の規定は、憲法審査会における懲罰事犯について準用する。
（会議の公開及び傍聴）
第二十二条　憲法審査会の会議は、公開とする。ただし、憲法審査会の決議により非公開とすることができる。
2　会長は、秩序保持のため、傍聴を制限し、又は傍聴人の退場を命ずることができる。
（会議録）
第二十三条　憲法審査会は、会議録を作成し、会長及び幹事がこれに署名し、議院に保存する。
2　会議録は、これを印刷して各議員に配付する。ただし、第十九条の規定により会長が取り消させた発言については、この限りでない。
3　衆議院規則第六十一条の規定は、会議録について準用する。
（合同審査会の開会の決議等）
第二十四条　憲法審査会が参議院の憲法審査会と合同審査会を開くには、会長が参議院の憲法審査会の会長と協議した後、その決議をしなければならない。
2　衆議院規則第九十九条の規定は、合同審査会について準用する。
（事務局）
第二十五条　憲法審査会の事務を処理させるため、憲法審査会に事務局を置く。
2　事務局に事務局長一人その他必要な職員を置く。
3　事務局長は、会長の命を受けて、局務を掌理する。
（準用）
第二十六条　衆議院規則第三十一条、第三十六条後段、第四十一条、第四十四条、第四十五条の二、第四十五条の三、第四十七条から第五十二条まで、第五十七条、第五十九条から第六十条の二まで、第六十四条、第六十九条、第七十条、第八十六条、第八十七条から第八十九条まで、第九十一条、第百十五条、第百十六条、第百十九条前段、第百三十一条、第百三十六条、第百四十三条第一項ただし書、第百四十四条、第百四十七条、第百七十六条、第百七十八条から第百八十条まで、第二百条第十二号、第二百三十四条、第二百四十三条第一項及び第二百五十四条の規定は、憲法審査会について準用する。この場合において、次の表の上欄に掲げる同規則の規定中同表の中欄に掲げる字句は、それぞれ同表の下欄に掲げる字句に読み替えるものとする。

第八十六条第二項	国会法第五十七条の三	国会法第百二条の九第一項において準用する同法第五十七条の三
第八十九条	委員会において特に秘密と認めた部分及び第七十一条	衆議院憲法審査会規程第十九条
第九十一条	案件	法律案
第百十九条前段	同一の委員会又は特別委員会	憲法審査会
第百四十七条	過半数	過半数（憲法改正原案及びその修正案については総議員の三分の二以上）
	議決したとき	議決したとき（憲法改正原案に係るものについては総議員の三分の二以上の多数で議決したとき）
第二百四十三条第一項	国会法第四十二条第一項及び第四十五条第二項	衆議院憲法審査会規程第三条第一項

（細則）
第二十七条　この規程に定めるもののほか、議事その他運営等に関し必

要な事項は、憲法審査会の議決によりこれを定める。

附則

（日本国憲法の改正手続に関する法律の施行までの間のこの規程の適用に関する特例）

1　第一条、第十七条第二項及び第二十六条の規定は、第一条に規定する憲法改正原案については、日本国憲法の改正手続に関する法律（平成十九年法律第五十一号）が施行されるまでの間は、適用しない。

（衆議院憲法調査会規程の廃止）

2　衆議院憲法調査会規程（平成十一年七月六日議決）は、廃止する。

（衆議院政治倫理審査会規程の一部改正）

3　衆議院政治倫理審査会規程（昭和六十年六月二十五日議決）の一部を次のように改正する。

第三条第一項中「若しくは特別委員長」を「、特別委員長若しくは憲法審査会の会長」に改める。

資料Ⅲ・41

海賊対処法

（海賊行為の処罰及び海賊行為への対処に関する法律）

二〇〇九年六月二四日法律第五五号

コメント

1．本法は、二〇〇九年当時、ソマリア沖で頻発した海賊に対処するため、自衛隊の派遣を根拠づけることをめざして制定された法律である。本法は、それが一般法として制定された点、自衛隊の武器使用要件が緩和された点などで、自衛隊の海外での武力行使を拡大する試みの一環として位置づけられる。

2．ソマリア沖での海賊行為は、ソマリア内戦の深刻化にともない、二〇〇三年頃から活発化し、国連も〇八年に入り、決議一八一六号（六月二日）、決議一八三八号（一〇月七日）、決議一八四六号（一二月二日）、決議一八五一号（一二月一六日）において、各国に対し海賊対処のための軍艦や軍用機派遣を促した。

　これを好機として、日本政府も海賊対処のための海上自衛隊の護衛艦の派遣の検討に入ることを表明し、与党内でのプロジェクトチームの検討を経て、まず暫定措置として、自衛隊法八二条の「海上警備行動」を根拠に、護衛艦のソマリア沖派遣が強行された。海上警備行動は、本来日本近海での行動を念頭に置いた活動であり、それをソマリア沖にまで拡大した点で重大な問題があったが、政府はその瑕疵をなくすため、海賊対処法の制定に向かったのである。

3．本法は、海賊行為に対する対処のため、海上保安庁と同時に、自衛隊にも対処行動の権限を与えるものであったが、これは、これまで、周辺事態法（⇩Ⅱ・18）、テロ対策特措法（⇩Ⅱ・35）、イラク特措法（⇩Ⅱ・48）で行われてきた自衛隊への権限付与を拡大し自衛隊の海外での活動を拡大する性格を持っていた。

第一に、本法はソマリアで続発する海賊対処を謳いながら、特措法、時限立法の形をとらず、海賊対処のための一般法として、地域限定抜きで自衛隊の海外での行動を根拠づけるものである点で、従来の政府解釈が自衛隊の海外での武力行使、後方支援を厳しく限定してきた制約を超えるものであった。

第二に、本法は、海賊船を停止させるための「危害射撃」を認める（六条、八条二項）ことにより、これまで政府解釈により自衛隊の国際活動で厳しく制限されてきた武器使用を一気に拡大するものであった。

第三に、本法は、自衛隊の海賊対処行動については、国会報告で足りる（七条三項）とし、自衛隊の海外派遣につき、これまで義務づけていた国会承認要件を緩和した。

（目的）

第一条 この法律は、海に囲まれ、かつ、主要な資源の大部分を輸入に依存するなど外国貿易の重要度が高い我が国の経済社会及び国民生活にとって、海上輸送の用に供する船舶その他の海上を航行する船舶の航行の安全の確保が極めて重要であること、並びに海洋法に関する国際連合条約においてすべての国が最大限に可能な範囲で公海等における海賊行為の抑止に協力するとされていることにかんがみ、海賊行為の処罰について規定するとともに、我が国が海賊行為に適切かつ効果的に対処するために必要な事項を定め、もって海上における公共の安全と秩序の維持を図ることを目的とする。

（定義）

第二条 この法律において「海賊行為」とは、船舶（軍艦及び各国政府が所有し又は運航する船舶を除く。）に乗り組み又は乗船した者が、私的目的で、公海（海洋法に関する国際連合条約に規定する排他的経済水域を含む。）又は我が国の領海若しくは内水において行う次の各号のいずれかの行為をいう。

一 暴行若しくは脅迫を用い、又はその他の方法により人を抵抗不能の状態に陥れて、航行中の他の船舶を強取し、又はほしいままにその運航を支配する行為

二 暴行若しくは脅迫を用い、又はその他の方法により人を抵抗不能の状態に陥れて、航行中の他の船舶内にある財物を強取し、又は財産上不法の利益を得、若しくは他人にこれを得させる行為

三 第三者に対して財物の交付その他義務のない行為をすること又は権利を行わないことを要求するための人質にする目的で、航行中の他の船舶内にある者を略取する行為

四 強取され若しくはほしいままにその運航が支配された航行中の他の船舶内にある者又は航行中の他の船舶内において略取された者を人質にして、第三者に対し、財物の交付その他義務のない行為をすること又は権利を行わないことを要求する行為

五 前各号のいずれかに係る海賊行為をする目的で、航行中の他の船舶に侵入し、又はこれを損壊する行為

六 第一号から第四号までのいずれかに係る海賊行為をする目的で、船舶を航行させて、航行中の他の船舶に著しく接近し、若しくはつきまとい、又はその進行を妨げる行為

七 第一号から第四号までのいずれかに係る海賊行為をする目的で、凶器を準備して船舶を航行させる行為

（海賊行為に関する罪）

第三条 前条第一号から第四号までのいずれかに係る海賊行為をした者

は、無期又は五年以上の懲役に処する。
2　前項の罪（前条第四号に係る海賊行為に係るものを除く。）の未遂は、罰する。
3　前条第五号又は第六号に係る海賊行為をした者は、五年以下の懲役に処する。
4　前条第七号に係る海賊行為をした者は、三年以下の懲役に処する。ただし、第一項又は前項の罪の実行に着手する前に自首した者は、その刑を減軽し、又は免除する。
第四条　前条第一項又は第二項の罪を犯した者が、人を負傷させたときは無期又は六年以上の懲役に処し、死亡させたときは死刑又は無期懲役に処する。
2　前項の罪の未遂は、罰する。
（海上保安庁による海賊行為への対処）
第五条　海賊行為への対処は、この法律、海上保安庁法（昭和二十三年法律第二十八号）その他の法令の定めるところにより、海上保安庁がこれに必要な措置を実施するものとする。
2　前項の規定は、海上保安庁法第五条第十七号に規定する警察行政庁が関係法令の規定により海賊行為への対処に必要な措置を実施する権限を妨げるものと解してはならない。
第六条　海上保安官又は海上保安官補は、海上保安庁法第二十条第一項において準用する警察官職務執行法（昭和二十三年法律第百三十六号）第七条の規定により武器を使用する場合のほか、現に行われている第三条第三項の罪に当たる海賊行為（第二条第六号に係るものに限る。）の制止に当たり、当該海賊行為を行っている者が、他の制止の措置に従わず、なお船舶を航行させて当該海賊行為を継続しようとする場合において、当該船舶の進行を停止させるために他に手段がないと信ずるに足りる相当な理由のあるときには、その事態に応じ合理的に必要と判断される限度において、武器を使用することができる。
（海賊対処行動）
第七条　防衛大臣は、海賊行為に対処するため特別の必要がある場合には、内閣総理大臣の承認を得て、自衛隊の部隊に海上において海賊行為に対処するため必要な行動をとることを命ずることができる。この場合においては、自衛隊法（昭和二十九年法律第百六十五号）第八十二条の規定は、適用しない。
2　防衛大臣は、前項の承認を受けようとするときは、関係行政機関の長と協議して、次に掲げる事項について定めた対処要項を作成し、内閣総理大臣に提出しなければならない。ただし、現に行われている海賊行為に対処するために急を要するときは、必要となる行動の概要を内閣総理大臣に通知すれば足りる。
一　前項の行動（以下「海賊対処行動」という。）の必要性
二　海賊対処行動を行う海上の区域
三　海賊対処行動を命ずる自衛隊の部隊の規模及び構成並びに装備並びに期間
四　その他海賊対処行動に関する重要事項
3　内閣総理大臣は、次の各号に掲げる場合には、当該各号に定める事項を、遅滞なく、国会に報告しなければならない。
一　第一項の承認をしたときその旨及び前項各号に掲げる事項
二　海賊対処行動が終了したときその結果
（海賊対処行動時の自衛隊の権限）
第八条　海上保安庁法第十六条、第十七条第一項及び第十八条の規定は、海賊対処行動を命ぜられた海上自衛隊の三等海曹以上の自衛官の職務の執行について準用する。
2　警察官職務執行法第七条の規定及び第六条の規定は、海賊対処行動を命ぜられた自衛隊の自衛官の職務の執行について準用する。この場

合において、同条中「海上保安庁法第二十条第一項」とあるのは、「第八条第二項」と読み替えるものとする。

3　自衛隊法第八十九条第二項の規定は、前項において準用する警察官職務執行法第七条及び同項において準用する第六条の規定により自衛官が武器を使用する場合について準用する。

（我が国の法令の適用）

第九条　第五条から前条までに定めるところによる海賊行為への対処に関する日本国外における我が国の公務員の職務の執行及びこれを妨げる行為については、我が国の法令（罰則を含む。）を適用する。

（関係行政機関の協力）

第十条　関係行政機関の長は、第一条の目的を達成するため、海賊行為への対処に関し、海上保安庁長官及び防衛大臣に協力するものとする。

（国等の責務）

第十一条　国は、海賊行為による被害の防止を図るために必要となる情報の収集、整理、分析及び提供に努めなければならない。

2　海上運送法（昭和二十四年法律第百八十七号）第二十三条の三第二項に規定する船舶運航事業者その他船舶の運航に関係する者は、海賊行為による被害の防止に自ら努めるとともに、海賊行為に係る情報を国に適切に提供するよう努めなければならない。

（国際約束の誠実な履行等）

第十二条　この法律の施行に当たっては、我が国が締結した条約その他の国際約束の誠実な履行を妨げることがないよう留意するとともに、確立された国際法規を遵守しなければならない。

（政令への委任）

第十三条　この法律に定めがあるもののほか、この法律の実施のための手続その他この法律の施行に関し必要な事項は、政令で定める。

附則

（施行期日）

第一条　この法律は、公布の日から起算して三十日を経過した日から施行する。ただし、附則第六条の規定は、犯罪の国際化及び組織化並びに情報処理の高度化に対処するための刑法等の一部を改正する法律（平成二十一年法律第号）の施行の日又はこの法律の施行の日のいずれか遅い日から施行する。

（経過措置）

第二条　犯罪の国際化及び組織化並びに情報処理の高度化に対処するための刑法等の一部を改正する法律の施行の日がこの法律の施行の日後である場合におけるこの法律の施行の日から犯罪の国際化及び組織化並びに情報処理の高度化に対処するための刑法等の一部を改正する法律の施行の日の前日までの間における組織的な犯罪の処罰及び犯罪収益の規制等に関する法律（平成十一年法律第百三十六号）の規定の適用については、第三条第一項及び第四条の罪（第二条第四号に係る海賊行為に係るものに限る。）は同法第十三条第二項に規定する罪と、第三条第一項から第三項まで及び第四条の罪は同法別表に掲げる罪とみなす。

第三条　第三条第四項ただし書の規定は、この法律の施行後に自首した者がその施行前にした行為についても、適用する。

第四条　この法律の施行の際現に自衛隊法第八十二条の規定により行動を命ぜられている自衛隊の部隊の当該行動については、第七条第一項後段の規定は、適用しない。

（自衛隊法の一部改正）

第五条　自衛隊法の一部を次のように改正する。

第八十二条第二項中「第八十二条の二第一項」を「第八十二条の二の規定による海賊対処行動、第八十二条の三第一項」に改める。

第八十二条の二を第八十二条の三とし、第八十二条の次に次の一条を加える。

（海賊対処行動）

第八十二条の二　防衛大臣は、海賊行為の処罰及び海賊行為への対処に関する法律（平成二十一年法律第号）の定めるところにより、自衛隊の部隊による海賊対処行動を行わせることができる。

第八十六条中「第八十二条の二第一項」を「第八十二条の三第一項」に改める。

第九十三条の二中「第八十二条の二第一項」を「第八十二条の三第一項」に改め、同条を第九十三条の三とし、第九十三条の次に次の一条を加える。

（海賊対処行動時の権限）

第九十三条の二　第八十二条の二に規定する海賊対処行動を命ぜられた自衛隊の自衛官は、海賊行為の処罰及び海賊行為への対処に関する法律の定めるところにより、同法の規定による権限を行使することができる。

第百七条第四項中「第八十二条の二第一項」を「第八十二条の三第一項」に改める。

（組織的な犯罪の処罰及び犯罪収益の規制等に関する法律の一部改正）

第六条　組織的な犯罪の処罰及び犯罪収益の規制等に関する法律の一部を次のように改正する。

第十三条第二項に次の一号を加える。

十二　海賊行為の処罰及び海賊行為への対処に関する法律（平成二十一年法律第号）第二条第四号に係る海賊行為に係る同法第三条第一項及び第四条（人質による強要、人質の殺傷）の罪

資料Ⅲ・42

わが国の防衛産業政策の確立に向けた提言

二〇〇九年七月一四日

日本経済団体連合会

コメント

1．この提言は、二〇〇九年に予定されていた、防衛計画の大綱いわゆる「一六大綱」（⇩Ⅲ・13）の改訂に向け、日本経団連が出した提言である。提言は防衛産業が危機的状況にあるとして、大綱に、予算の増額、武器輸出三原則見直し等、防衛産業政策の強化のための方策を盛り込むことを謳っている。

2．提言は防衛産業が危機的状況にあるのみならず、これまで日本の防衛装備調達を担ってきたライセンス生産もこのままでは継続できないことを訴え、大綱に防衛産業拡充の方針の盛り込みを訴えている。そこで強調されている要望は、以下の諸点である。

第一は、システムインテグレーションの能力向上ほかの防衛予算の確保である。

第二は、日本経団連の年来の要求である武器輸出三原則等を見直し、「個々のケースについて検討し適切に対応」すべしという提案である。とくに提言が武器輸出三原則の例外とすべきとしているのは、欧米諸国との国際共同研究開発等、三分野である。

第三は、防衛における宇宙開発・装備の推進である。

第四に、最後に提言は、大綱で「防衛産業政策」を策定することを提言している。

本年四月、北朝鮮が国連安全保障理事会の決議に違反して長距離弾道ミサイルを発射し、五月には地下核実験を行うなど、北東アジアの安全保障環境は緊迫化している。こうした安全保障環境のもとにおいて、防衛省・自衛隊の役割は、わが国の防衛のみならず、インド洋、イラク、ソマリア沖でのテロ・海賊対策等、海外派遣を含む幅広い範囲へと拡大してきた。

かかる状況のもとで、本年末に新たな「防衛計画の大綱」および「中期防衛力整備計画」が策定される。日本経団連では、現在の防衛大綱および中期防の策定に向けて、「今後の防衛力整備のあり方について」(二〇〇四年七月)をとりまとめている。今回の大綱策定に対しても、わが国の防衛技術・生産基盤の維持・強化のため、新しい安全保障環境のもとでの防衛産業政策の確立に向けて、以下の通り考えを述べる。

1. 防衛産業の現状

防衛力は国民の安全・安心を守る安全保障の要であり、その重要な要素である防衛装備品の開発・生産を担っているのが防衛産業である。わが国の防衛産業は、「産業」と称しているが一般に大企業の一部門が防衛を手がけているケースが多く、防衛事業の比率は高い企業でも一〇〜二〇%、中には数%にすぎない企業も多い。わが国においては、欧米のような防衛専業の大企業は存在せず、特定の大企業の一部門とその下請けである中小企業が防衛技術・生産基盤を支えている。採算が厳しいプログラムも多く、新規企業の参入も少ない。産業基盤としては規模・体制ともに不十分であると言わざるを得ない。

しかも、わが国においては、防衛関係費の減少傾向が続いており、とりわけ主要装備品の新規契約額は漸減し、一九九〇年度のピーク時の六割程度の水準の約七〇〇〇億円に落ち込んでいる。防衛装備品の調達数量は徐々に減少し、この数年間全く調達がない装備品もある。そもそも中期防衛力整備計画で示された調達数量が達成されず、企業の生産計画に変動が生じているだけでなく、装備品の調達数量の減少はわが国の安全保障にとって大きなリスクとなっている。戦闘機は二年間新規契約が途絶えており、このまま細々とした生産を維持するのでは、人員の新規採用も進まず、現在の技術者や現場技能者などの退職に伴い、後継者がいなくなる事態に陥ることは必至である。このような厳しい環境のもと、各社とも人員削減や民生部門へのシフトなどで対応してきたが、これも限界に近づいており、すでに防衛事業から撤退したり、撤退を検討している企業も少なからず出てきている。

2. わが国の防衛産業をとりまく環境変化

わが国の防衛産業は、第二次世界大戦までに培われた産業基盤を基本的に活用してきた。ただし、戦後の防衛生産空白期の技術的な遅れを取り戻すために、戦闘機はじめ第一線の装備品は米国製のものが導入され、米国からの技術導入・ライセンス生産によって技術力の不足を補い、一方でわが国固有の運用要求が求められる装備品は、わが国の高度な民生技術の応用を進め、コスト面でも効率的に、国土・国情にあった独自の装備品が開発されてきた。わが国は、防衛分野における政府の研究開発投資が欧米諸国に比べて少なく、戦闘機など主要装備については、新たな技術分野に挑戦し新製品を開発するより、米国で実証された技術・装備品の導入により装備体系を維持してきたのが実態である。しかし、近年、こうした状況に大きな変化が起きている。

第一の変化は、いまや米国はじめ先進諸国は最先端の防衛技術の流出について非常にセンシティブになっていることである。同盟国といえども、これまで通りに最新の装備品や関連技術が提供・開示されることは困難であり、わが国が最新の装備品を外国から調達できる可能性は低下している。輸入できたとしても、中核技術はブラックボックス化されたり、運用支援を外国に依存せざるを得なかったり、ダウングレードされたスペックの装備品を提供される可能性も高く、運用の自律性という面で問題が多い。

第二の変化は、防衛関係の受注が減少していることに加えて、事業毎の採算性が重視される経営環境の中での世界的な経済危機である。防衛部門は、民生部門の豊富な研究開発投資で培った先端材料・エレクトロニクスなどの技術や、製造面での高精度・精密加工技術、その設備などを活用することで、防衛への研究開発投資の少なさを補い、最新の装備品を開発・生産してきた。また、人員等のリソースも民生部門と融通を図り、効率的な生産体制を維持している。しかし、昨年秋からの民生部門の業績の急激な悪化により、これまでのような民生部門の技術やリソースの活用による防衛事業の運営は困難な状況となっており、防衛部門自体としての事業の維持・強化が求められている。民生部門に頼らない形で防衛産業が発展し、防衛技術・生産基盤を維持・強化するために、政府の明確な防衛産業政策が必要である。

3．防衛技術・生産基盤の意義

防衛産業は防衛装備品のライフサイクル全般にわたり、開発・生産、部隊配備、運用支援、能力向上等によって防衛の一翼を担っている。このための防衛技術・生産基盤の意義は以下のとおり多岐にわたっており、基盤を維持・強化することは、国民の安全・安心を確保するため国としての重大な責務である。

（1）高度な技術力による抑止力と自律性の確保

高いレベルの技術力を有することにより、他国からの侵略に対する抑止力や外交交渉力を高め、防衛装備品の調達を他国に頼らない国家としての自律性を確保する。

（2）迅速な調達・運用支援と装備品の能力向上

緊急事態における調達、故障時の不具合の調査や修理等に対する迅速な対応、技術進歩に応じた装備品の改修・能力向上を実施する。輸入品では、海外に修理を出す場合は長期間を要し、その間の運用のため多くの予備品を用意しなければならないなど、かえって多くの費用が必要になることも多い。

（3）国土・国情にあった装備品の開発・生産

四方を海に囲まれ、山岳地帯や離島が多い日本列島の地理的環境や、専守防衛を第一とする基本方針にあった、わが国の防衛にとって最適な装備品の開発・生産と運用支援を行う。

（4）技術・経済波及効果

防衛技術・生産基盤を活用し、国内への投資により開発・生産を行うことは、国内産業の発展、経済成長につながる。また、最先端技術である防衛技術の開発は、新たな技術的ブレークスルーをもたらし、民生部門への大きな技術波及効果が期待される。米国で開発された軍事通信網、軍隊の位置把握のための先端的技術が民生部門へ波及し、いわゆるスピンオフによって、インターネット、GPS衛星を利用した自動車のナビゲーションシステムなどに発展し、世界中の経済社会に大きな影響を与えている。

（5）輸入やライセンス生産におけるバーゲニングパワーの確保

外国からの装備品の輸入、国内でのライセンス生産に際しての価格交渉にあたって、自ら開発・生産できる能力は国としてのバーゲニングパワーの確保につながる。

4．適正予算の確保と重要分野への集中投資

不安定な安全保障環境が続くなかで、自衛隊の任務の多様化が進んでいる。わが国の防衛関係費は減少傾向にあるが、安全保障にとって不可欠な装備品を取得するためには適正な規模の予算の確保が必要である。その前提のもとで、厳しい財政状況のなかで防衛技術・生産基盤の意義を踏まえ、わが国にとって重要となる以下の三分野に対して集中的に投資し、磐石な安全保障体制を確立すべきである。

（1）システムインテグレーション能力の向上等

「抑止力と自律性」、「迅速な調達・運用支援と装備品の能力向上」等の観点から、防衛技術の急速な進歩を背景に、新たな脅威や多様な事態への対応が必要となっており、脅威への弾力的な対応能力の維持、運用支援能力の確保を図るために個々の要素技術とそれをシステム全体としてとりまとめるシステムインテグレーション能力の向上が必要な分野である。こうした能力は、長期にわたり大規模な投資を必要とし、いったん基盤を喪失すると回復が困難である。具体的には、戦闘機、哨戒機、ヘリコプター、護衛艦、ミサイルシステム、航空エンジン、C４ＩＳＲ[1]等のシステムインテグレーション能力ならびに精密誘導、ステルス、センサー等の要素技術が該当する。とりわけ、戦闘機の国内技術・生産基盤は弱体化しつつあり、次期戦闘機については国内の基盤を維持できる形での導入が必要である。

（2）わが国固有の運用要求への対応

わが国の国土・国情から必要となる運用要求に対応し、また専守防衛の基本方針に合致した装備品の独自開発を行うため、国内に技術・生産基盤を維持することが非常に重要な分野である。具体的には他国に依存できない潜水艦・魚雷、戦車・火砲・弾薬、飛行艇等が該当する。

（3）技術の国際的優位性の確保

「技術・経済波及効果」の観点から、科学技術創造立国として、防衛と民生両部門が連携して、総合的に技術の国際的優位性を確保するため、防衛部門への投資が民生部門に波及し長期的な経済発展につながることが期待される分野である。具体的には、航空機、センサー、新素材等が該当する。

5．輸出管理政策の見直しによる安全保障強化と国際平和維持

一九六七年の武器輸出三原則および一九七六年の武器輸出に関する政府統一見解（以下、両者を合わせて「武器輸出三原則等」と言う）により、わが国ではこれまで一部の例外を除き、武器および武器技術の輸出が実質的に全面禁止とされてきた。一方、日米の安全保障協力が進むなか、弾道ミサイル防衛システムの日米共同開発・生産については例外として扱うことになっている。また、テロや海賊対策に関する途上国への貢献の観点から、すでにＯＤＡを活用したインドネシアへの巡視船艇の供与が実現している。

わが国の武器および武器技術に対する海外からのニーズは多岐にわたっており、その内容や最終の仕向け先、用途を総合的に勘案し、その製品や技術を提供することがわが国や国際社会の安全保障・平和維持に対してどのように貢献するかを判断基準として、一律の禁止でなく個々のケースについて検討し、適切に対応することが必要である。かかる観点から、平和国家の基本理念を踏まえつつ、武器輸出三原則等を見直すべきであり、まず以下の事例について検討する必要がある。

（1）欧米諸国等との国際共同研究開発

1．政府間の共同開発プログラム

現在、開発が進められている次世代戦闘機Ｆ－35（ＪＳＦ：Joint Strike Fighter）のように、装備品の高機能化・高価格化に伴う国際共同開発が欧米を中心に盛んに行われている。こうした国際共同開発においては、ハードウェアや武器技術の輸出が必然的に伴うことから、わが国は参加してこなかった。しかし、すでに一国だけで最先端装備を開発・生産する時代は終了したと言っても過言ではなく、その取得のためには、研究開発の段階から積極的に国際共同開発に参加すべきである。開発終了後に開発参加国に先駆けて装備品を調達したりライセンス生産することは極めて難しく、開発初期段階から参加することが最先端装備を早期に取得し、わが国の防衛力を強化するために最も有効な方策である。

2．民間レベルの共同研究等

政府間による装備化の正式決定の前に、先端的な装備品の要素技術について基礎的な共同研究が民間企業間で行われることがある。こうした初期の段階に日本企業が参加することも、防衛産業の技術力向上とわが国の将来の装備化に向けて重要である。また、外国政府プログラムに民間レベルで参画し、外国メーカの下で構成品の開発・生産を担当する場合についても、検討する必要がある。

（2）ライセンス提供国の装備品取得ニーズへの対応

わが国が欧米諸国等からライセンスを取得して生産している装備品のなかには、ライセンス元での生産がすでに終了し、スペア部品等の調達に支障をきたしているものがある。こうした装備品をライセンス提供国の取得ニーズに応えて日本から輸出することにより、装備調達における支援や両国関係の強化が図れるだけでなく、結果的に調達数量の増加を通じたコスト低減につながる可能性もある。

（3）装備品開発における輸入品調達に関する技術提供

防衛省向け装備品の開発において海外から部品を調達する場合、外国企業に発注仕様を日本から提示する必要がある。その際、関連技術を提供しなければならない場合があり、適切な対応が求められる。

6．防衛における宇宙開発利用の推進

二〇〇八年五月に成立した宇宙基本法により、専守防衛の枠内において安全保障分野で宇宙を利用することが可能になった。また、本年六月に宇宙基本法に基づいて策定された宇宙基本計画では、安全保障分野での新たな宇宙開発利用として、早期警戒機能のためのセンサーの研究、各種衛星の防衛での活用によるデュアルユースの推進等が盛り込まれた。

これを踏まえ、防衛大綱および中期防において、早期警戒衛星や偵察衛星、射場の開発・整備等についても取り上げるべきである。予算については、政府の宇宙開発戦略本部に特別予算枠を設け[2]、それを活用することを検討すべきである。

7．安全保障の確保に向けた防衛産業政策の策定

安全保障政策は国家の根幹であり、それを担保する防衛技術・生産基盤の維持は国が責任を持って行うべきである。近年、大地震等の自然災害に際して派遣された自衛隊の活動に関する報道が増えてきた。また、インド洋やイラク等で使命感を持って活動する自衛隊に対する国民の関心は日増しに向上し、安全保障の重要性に対する理解は着実に深まっている。

政府は、国民の期待に応え、わが国の安全保障に係る基本方針を明確に示したうえで、防衛産業が担っている防衛技術・生産基盤の維持・強化を図るため、長期的観点に立った防衛産業政策の策定を防衛大綱に盛り込み、それを実行すべきである。具体的には、すでに述べたように、防衛技術・生産基盤を維持するための適正な規模の予算の確保、重点分野への集中投資、武器輸出三原則等の見直しによる国際共同研究開発の枠組み構築などの施策の実施である。国の防衛力とは国の技術力、開発・生産能力そのものであり、技術あってこその抑止力である。

日本経団連としても、安全保障の強化のみならず防衛産業の振興を通じた経済発展に向けて、企業の自主的な研究開発の推進など、産業界として防衛技術・生産基盤の維持・強化に努めていく所存であり、政府の一貫した防衛産業政策の策定を期待する。

以上

（1）　Command（指揮）、Control（統制）、Communications（通信）、Computers（コンピューター）、Intelligence（情報）、Surveillance（監視）、Reconnaisance（偵察）の略語。敵の状況を正確に把握し、味方を適時適切に運用するための機能。

（2）　日本経団連の提言「戦略的宇宙基本計画の策定と実効ある推進体制の整備を求める」（二〇〇九年二月一七日）では、「将来的には、既存の予算に加えて（宇宙開発戦略）本部の特別予算枠を設け、重要プロジェクトの推進を図るとともに、本部による一括要求も含めた宇宙関係予算要求のあり方についても検討すべきである」とした。

資料Ⅲ・43

「安全保障と防衛力に関する懇談会」報告書

二〇〇九年八月
安全保障と防衛力に関する懇談会

コメント

1．本報告書は、「防衛計画の大綱」いわゆる「一六大綱」（⇩Ⅲ・13）の改訂期を迎え、二〇〇九年一月に麻生太郎内閣が設置した懇談会「安全保障と防衛力に関する懇談会」が、一一回の討議をふまえ、二〇〇九年八月に出した報告書である。

本懇談会は、当時の麻生首相が開催し、当時東京電力株式会社社長であった勝俣恒久を座長として、本資料末尾のメンバーで開催された。

報告書が出された直後の総選挙で自民党は大敗し、民主党への政権交代が起こったため、本報告書はお蔵入りとなり、鳩山由紀夫内閣は、防衛計画の大綱の改訂を一年延期して、改めて「新たな時代の安全保障と防衛力に関する懇談会」（⇩Ⅲ・47）を立ち上げた。

2．報告では、以後の日本の防衛政策、とりわけ第二次安倍晋三内閣で具体化されている防衛政策を先取りした提言がいくつか行われていることが注目される。

第一に、報告が第一章第1節で「安全保障戦略の理念と目標」を置き、そのなかで、日本の安全等とともに「自由で開かれた国際システムの維持」を掲げ、日本がグローバルな秩序維持のために活動することを目標にあげたことが注目される。

第二に、この報告が、この国際システムの維持に関して「留意しておかねばならない点」としてあえて歴史認識の問題をあげ、これが「対外政策の遂行にとって制約要因となっている」とし、この問題の解決を呼びかけたことも注目される点であった。「この問題が、引き続き日本の取り組みを妨げることがないように努め、共同歴史研究などを通じ日本と関係国の相互の共通理解を深めていく必要がある。」

この点は、第二次安倍内閣の靖国参拝や歴史認識問題を考えると興味深い。

第三に、報告は、第三章で「安全保障に関する基本方針の見直し」を掲げ、とりわけ、これまで政府が日本の防衛政策の基本としてきた「専守防衛」の見直しを提起した。このような方針は冷戦時代には意義があったが、今日では不十分となっているといい、その再検討を呼びかけたのである。「私たち日本人が『専守防衛』と唱え続けようとも、世界の安全保障環境はそれと無関係に刻々と変化している。脅威がグローバル化・トランスナショナル化し、弾道ミサイルなどが拡散する世界は、従来、『専守防衛』で想定していたものではない」と。報告がグローバル大国への脱皮をめざすことを表明する重要な点である。

この専守防衛論はいままでの日本の防衛政策の基本的柱であり、直前の自民党の提言（⇩Ⅲ・39）ですらその踏襲を明言していたから、この見直しの提案は本報告書が最初である。

二〇一〇年の防衛計画の大綱、いわゆる「二二大綱」（⇩Ⅲ・49）は専守防衛方針を明確に否定して「動的防衛力」構想を掲げ、第二次安倍内閣下でつくられた二〇一三年の大綱「二五大綱」（⇩Ⅲ・69）は、「統合機動防衛力」構想を打ち出したが、こうした見直しは、安保防衛懇報告が口火を切ったものであった。

第四に、この報告は、安保法制懇の報告（⇩Ⅲ・37）を継承して自衛隊の国際平和協力活動は、憲法九条の禁止する「武力行使にあたらない」ので、武力行使との一体化論などはとる必要がない、また、日米同盟強化の立場から米国へ向けて発射された弾道ミサイル迎撃や自衛隊艦船と併走中の米艦に対する攻撃への日本の反撃は日米同盟には不可欠であり、集団的自衛権についての解釈を見直せと提言したが、この点は次の菅直人内閣下の新時代の安保防衛懇報告（⇩Ⅲ・47）にも受け継がれ、第二次安倍内閣の解釈見直しにつながる点で極めて注目される。

第五に、報告は、自民党の提言（⇩Ⅲ・39）を受けて、武器輸出三原則の見直し、安保政策決定の司令塔としての日本版ＮＳＣの創設を提言し、さらに秘密保護法制の必要を提起していたが、これは日本のグローバル大国化に不可欠の課題と見なされたからである。

これらの課題も、菅内閣の「新時代の安保防衛懇」を経て、第二次安倍内閣に受け継がれ実現をみるのである。

「はじめに」

冷戦が終結してはや二〇年、二極構造は終焉を迎えましたが、その後も民族紛争は絶えず、国際テロリストの活動の活発化、破綻国家の存在や海賊行為の頻発など、世界は未だ平和と安定を迎えていません。また、わが国の周辺地域に目を向けても、弾道ミサイル発射や核実験を再開した北朝鮮、経済力を背景に軍事力の増強を続ける中国など、安全保障上の課題は複雑化しています。さらに、圧倒的な軍事力を背景として、ときに単独主義的な行動をとってきた米国が、オバマ政権の誕生により国際協調を重視することで、安全保障をめぐる世界の潮流が変化するとの指摘もあります。

こうした時代背景の中、紛争後の復旧・復興や大規模災害時の救援などの国際平和協力活動に、わが国自衛隊の活躍が求められる場面は増大しています。このことは、自由で民主的な国際システムの維持・構築のために、あるいは憲法前文において、「国際社会において、名誉ある地位を占めたい」とするわが国が、自ら果たすべき役割を自問自答する機会でもあります。

加えて、国土が狭く、四方を海に囲まれたうえ、エネルギー・食料などの自給率が低いわが国にとって、海上輸送路の安全確保はとりもなおさず日本国民の安全・安心を守ることになります。このように、安全保障や自衛隊の活動は、かつてのように国土防衛だけでなく、さまざまな側面から語られるようになってきました。

安全保障環境の大きな変化を踏まえつつ、懇談会において多角的な議論を進めて参りましたが、その中で出た意見の大勢は次の三点だと思います。

一点目は、安全保障環境の変化を受け、日米同盟を深化させつつ、日本自身の役割を明確にしていく必要があること。

二点目は、国際テロ、破綻国家など、グローバル化した新たな課題に立ち向かうためにはわが国の国際協力の質と量を充実させていく必要があること。

三点目は、少子高齢化や経済の低成長といった社会の成熟化や厳しい財政事情の中にあっても、わが国の防衛を支える人や産業・技術、地域社会などの基盤の維持が重要であること。

今回、当懇談会に座長として参加させていただくという機会に恵まれましたが、懇談会での議論を通じ、私自身が感じたことが二つあります。

一つ目は、安全保障の問題やあるべき姿について、国民的議論をせずとも平和を享受できていたわが国では、世界の安全保障を脅かす事案や国際社会からの要請に遭遇しながらも、国民全体として必ずしも切迫感を持つことができてこなかったのではないかということです。しかしながら、安全保障環境が変革期を迎えた今、わが国のこういった姿勢は、もはや国際社会から許されるものではなく、平和国家たる日本が果たすべき役割や課題について、国民に分かりやすい形で提示し、国民的関心を喚起するとともに、必要な法整備などの議論も含めてしっかりと考えていく必要があるということです。

二つ目は、今後ますます多様化し、重要性が増す自衛隊の活動については、国民からの十分な理解や支持が不可欠ですが、そのためには防衛省のみならず政府全体での努力が必要であるということです。災害救援や海外派遣、またミサイル防衛など、自衛隊の活動が国民の眼に触れる機会が増えてきている今日こそ、日本や世界の平和と安全のために必要な人的・物的コスト、あるいは自衛隊活動を支える地域社会との共生について、国民レベルで正面から見つめ直すべきと思います。

今回、豊富な知識と経験を持つ委員の皆さんの献身的なご協力を得て、本報告書を作り上げることができました。具体的な内容は本章に譲りますが、本報告書が、次期防衛大綱策定の資となることはもとより、国民的関心を引き起こす一つの契機となれば幸いです。

最後に、議論を盛り立てていただいた委員や有識者の皆さん、そして事務局として懇談会を支えてくれた内閣官房に心より御礼申し上げます。

安全保障と防衛力に関する懇談会
座長　勝俣恒久

序章

二〇〇一年九月一一日からすでに七年が過ぎ、冷戦終結から二〇年が過ぎた。さらに先の大戦からは六五年が過ぎようとしている。この間、世界は多くの戦争、貧困、混乱に見舞われたが、日本は戦火を交えることもなく、国民は基本的に安心で豊かな生活を送っている。民主主義は定着し、言論の自由が保障される中、学び、批判する自由がある。世界有数の経済大国になり、国際社会の重要な構成員である。日本は現在の自由で開かれた国際社会の恩恵を最も享受している国の一つといえよう。

これまで、日本は国際安全保障にも、日本の防衛にも抑制的に関わることを選択してきた。しかし、今日、世界には大きな変化が訪れている。消極的に行動していても日本の安全が保障されるという時代は終わりつつある。日本が国際安全保障における自国の役割についてより真剣に考え、より積極的に行動する時期にきている、と本懇談会は考える。軍事力を実際に用いることなく、平和が維持されることが安全保障にとって望ましいのは当然である。私たちは、軍事力の使用が最後の手段であるという原則を決して放棄すべきではない。しかし、平和は非軍事と同義ではない。日本の防衛のためにも、国際社会の安全のためにも、平和を守るためには軍事力を用いなければならない場合もある。重要なのは、例え犠牲を強いてでも守るべき安全保障上の目標について国民の間で十分な議論と了解があること、そして、その目標達成のために軍事力が適切に使われる仕組みを平素から築いていくことである。これからも日本人が大切だと思う世界が維持されるためには、いまいちど、日本がめざす世界を明らかにし、その理想の実現に向けて能動的に努力していかなくてはならない。

この報告書では、安全保障戦略を描くことを目標とした。日本には、明文化された国家安全保障戦略は存在しない。このため、政府の各施策の整合性が十分にとれず、効果的な対外政策、安全保障政策を進めることができないことがしばしばあった。日本がめざす安全保障目標をどうやって実現していけばよいかを示すのがこの報告書の目的である。冷戦時代と比べて、現在の安全保障環境の特徴は、平時と有事の白黒がつきにくく、脅威の存在も特定しにくいことである。そのため、安全を守るためには、防衛力だけでなく、外交力、経済力、文化交流などさまざまな方法で安全を確保していくことが必要となっている。したがって、本報告書でも、防衛力のあり方を中心に据えながらも、他の施策のあり方についても提言している。

防衛計画の大綱については、本懇談会は、二〇〇四年に制定された現行の大綱（一六大綱）を見直すべきだと提言している。一六大綱が想定していた安全保障環境と現在を比較すると、いくつかの変化があり、それらに対応するために、私たちは防衛力の見直しが必要だと考える。具体的には、後に詳述するように、圧倒的な力の優位をもって国際システムを牽引してきた米国の力に変化がみられる一方で、一国だけでは解決し得ず国際協力を必要とする多岐にわたる問題が増えているという状況がある。日本周辺に目を転じると、北朝鮮の核兵器・ミサイル能力は向上し、現実的な脅威となっている。また、中国の軍事力増強が地域の不安定要因となり得るなど、地域の安全保障環境にも変化がみられる。これらグローバル及び地域的な変化に的確に応えるための見直しが必要である。なお、九・一一以降の国際テロなど新たな脅威への認識や北朝鮮の核・ミサイル開発など日本周辺の不安定要因を踏まえて、一六大綱が打ち出した多機能弾力的防衛力については、その実効性をいっそう上げるための提言を行っている。

今回の報告書で、私たちは、安全保障上の脅威や懸念についても明記することにした。問題を直視し、それを伝えることによって透明性を高め、国民とともに考えることが重要だと考えたからである。これは、私たちの日本の民主主義に対する信頼感と自信にも基づいている。適切に防衛力が使われることを担保するのは、究極的には民主主義である。民主主義国家においては、軍事力行使をも含む安全保障の判断は、国民一人ひとりに責任がある。海外に向けては、日本がめざす方向を示し、正直に懸念を表明することによって、日本の意図や行動に対する誤認が生じることを避けようとする狙いがある。懸念を表明した場合でも、それは敵対的な態度の表れではなく、安定的な関係を構築したいという意図があるからである。

これまでの防衛政策から一歩踏み出す一方で、そのことが日本の安全にマイナスの影響を及ぼさないような施策を講じることも同時に提言している。それは、周辺諸国との協力関係推進や、文民統制（シビリアン・コントロール）をより実効的にするための見直しなどである。防衛力を保有し、使用するにあたって、私たち日本人が正しい判断を下し、実行できる制度と環境を整備していくことが重要である。

この報告書を基に国民的な議論が深まり、適切で実効性の高い安全保障政策が実現されることを期待する。

本報告書では、第一章で新しい日本の安全保障戦略を提示する。まず、安全保障戦略の理念と目標を示した上で、日本をとりまく安全保障環境を俯瞰し、目標達成の妨げになる脅威や取り組まなくてはならない問題を特定する。その上で、どのようにそれらを解決していくかの手立てを示す。第二章では、とくに防衛力に焦点を絞って、そのあり方、使い方についての提言を示す。第三章は、懇談会が提案する安全保障戦略を実現するために検討すべき制度や政策上の課題について述べる。

第一章　新しい日本の安全保障戦略

第1節　安全保障戦略の理念と目標――日本がめざす世界

（1）日本の安全と繁栄の維持

○日本の安全

日本がめざす世界においては、まず、日本の安全が確保されなくてはならない。日本人が求める安全のレベルは非常に高く、人々は毎日の暮らしのなかで安全保障を意識しないですむ状態が維持されることを当然としている。しかし、ひとたび安全が脅かされれば、日常生活に優先してその回復に努めなければならない。そのような状況に陥らないように未然に脅威や問題を取り除くことが必要である。そのためには、日本に対する武力による侵害・威嚇を防ぎ、また被害を最小化するための備えが求められる。

○海外で活動する日本人の安全

日本人の活動は日本国内に限定されないので、世界各地で活動する日本人の安全がグローバルに守られなくてはならない。日本人が自由に世界各地を行き来できるよう、交通の安全も守られなくてはならない。

○自由で豊かな生活

多くの日本人が現在の社会や日常生活が維持されることを望んでいるであろう。自由で豊かな国民生活を維持するためには、開かれた国際システムの下、経済活動や移動の自由が保障される必要がある。日本の経済基盤を維持し、科学技術力、産業競争力を強化することが望まれる。

（2）地域と世界の安定と繁栄の維持

○地域と世界の安定

日本の安全のためには、日本の周辺における安定が確保されなければならない。とくに、隣接する地域における安定は重要である。また、日本人の生活の基盤を守るためにも、地域の安定、世界の安定が必要である。

○市場と市場へのアクセスの安定

経済的な繁栄を維持するためには、資源や食料の供給が維持され、市場へのアクセスが確保されると同時に、海上輸送路（シーレーン）の安全が維持されなければならない。海外の市場も安定している必要があり、日本にとって重要な貿易相手国・地域の安定も不可欠である。

（3）自由で開かれた国際システムの維持

○個人の自由と尊厳が守られる世界の実現

豊かな生活は物質的な豊かさにとどまらない。日本国内と世界各国において自由で民主的な価値を増進させることが求められる。世界中で、基本的人権が守られるようになることも大きな目標である。世界の多くの地域では、未だに平和や安全を欠き、餓えと恐怖に怯える人々も少なくない。統治能力を欠く、破綻した国家・社会の中にあっては将来に希望を抱いて生きることも困難である。政府が迫害など恐怖の源泉であることもある。個人がこの世界に生まれて、その能力を最大限に発揮できるような機会を得ることが個人の幸せと世界の豊かさにつながる。そして、世界の人々の暮らしが向上し、社会が安定することが、個人の自由や民主主義を尊重する社会を築くことにもつながる。

○国際的なルール・取り決めが遵守される世界の維持

国際社会においては、国内とは異なり中央政府が存在せず、各国の国益が対立する場面も少なくない。利害の調整が武力によって行われることもあるが、今日の世界は不完全ながらも、国際条約や国際連合及びその専門機関などによって国際的なルールが整備されている。これらの国際的なルールや取り決めが遵守されなくてはならない。違反行為に対しては厳しく罰していく制度・能力の強化も必要であろう。そのためには、国際機関がさらに整備され、規範意識が醸成される必要がある。日本としても、国際機関の強化や国際的な規範作りに、積極的な役割を果たしていく必要がある。

○武力による現状変革が指向されない世界の維持

日本は、侵略戦争を否定し、武力による紛争解決を否定している。国際安全保障にこれまでよりも積極的に関与することになってもこの原則が変わることはない。国際紛争を武力によって解決しないという了解が世界に広まることが、日本人のめざす世界であろう。

日々、緊密になる世界にあって、これらの目標を実現することが、日本が希求する世界の実現につながる。人と人との間に壁を立てることができない以上、一国の安全のためには世界全体が平和になることが必要である。

若者がそれぞれの夢の実現のために留学し、海外から日本に来て学ぶ。家族が海外旅行に出かけて無事に帰って来る。企業が海外の企業と取引を行い、共同で新しい製品を開発する。意見の違いがあれば、実力によるのではなく、話し合いや裁判によって解決を図る。これら当たり前のように見えることが、これからも当たり前である世界が続くことが大事だ。

第2節　日本をとりまく安全保障環境

日本がめざす世界の実現には、まず現在の国際環境を分析し、目標の達成を妨げる課題を特定しなければならない。その上で、持てる手段をどのように使って、それらの課題を解決していくかを考える必要がある。

（1）基本趨勢

○グローバル化の進展

世界の経済、社会のグローバル化は進展している。経済を中心に相互依存は深化し、一国の営みを一国だけで担おうとしても、もはやそれは不可能に近い。どこか一国だけが得をしたり損をしたりという状況は少なくなり、利益も被害も共有することが多い。グローバル化進展の好ましい結果として、主要国間の安定がもたらされ、大国間の大規模戦争の蓋然性が低くなった。

その一方で、グローバル化の進展は、脅威の拡散の原因にもなっている。一見、特定の地域に限定されているような問題も、その影響は全世界に広まっている。例えば、ソマリアのように日本から遠く離れた国家の国内情勢が日本及び国際的な安全に影響を与えている。ある国の統治能力の低下が国内治安の悪化を招き、国際テロや国際犯罪の温床になりかねない。以前は人道的な見地から捉えられがちだった国際協力は、よりいっそう安全保障の文脈で考えられるべき状況になっている。

○トランスナショナルな問題の増加

グローバル化と同時に国境をまたぐ（トランスナショナルな）問題も

増えている。地球規模の気候変動、環境問題、感染症など、国家間で協力しないと解決できない問題が増えており、深刻化している。安全保障上の脅威も国際テロ、大量破壊兵器の拡散、海賊問題と、いずれも国境を超えた問題である。国境を超えた問題の増加は、国境を固めて鎖国状態の中で平和を維持しようと思っても不可能に等しい状況を生んでいる。この結果、今までとは質の異なる新しい問題を解決するために、国際的な協力と健全に機能する国際システムの存在がこれまで以上に求められる。

○国際システムの変動

ところが、その国際システムそのものに変化の予兆がみられる。戦後六五年間、国際システムを先頭に立って主導してきたのは米国で、現在もその点には変わりはない。米国は、政治、経済、社会、文化とさまざまな面で多くの国に支持されている。日本にとっても米国は密接で重要な国であり続け、日米同盟は安全保障上の利益を守るための便宜的な関係をはるかに超えた強い絆を提供している。しかし、米国の絶対的な力の優位に変わりはないものの、中国、インドといった新興国の台頭などによって、パワーバランスには変化が生じている。さらに、一国では解決できない問題が増加しているため、米国が単独で問題解決することができる範囲は以前に比べて小さくなっている。

東アジアに限ってみると、中国は経済発展によってその軍事力も増強している。中国のパワーの増大が地域の安定を乱すのではなく、資するようにしていくことは、日本にとっても地域にとっても重要である。

(2) グローバルな課題

①破綻国家・国際テロ・国際犯罪

○破綻国家と人間の安全保障(1)

冷戦後の安全保障環境の特徴の一つに、内戦型の紛争の増加があげられる。冷戦構造の下では顕在化しなかった民族や宗教などの対立に起因する紛争が増加し、九〇年代前半から旧ユーゴスラビア、ソマリア、ルワンダなどで市民を巻き込んだ紛争が頻発した。このような紛争は二〇〇〇年以降も世界各地で生起している。内戦型の紛争では、当該国の統治機構が破壊され、いわゆる破綻国家となる。この場合、停戦後も統治能力の回復には時間がかかり、生存に必要な安全や食料などが提供されないような、いわゆる「人間の安全保障」が侵されることがある。(2)

○国際テロ

一方で、九・一一テロ以降、破綻国家は新たな側面から国際安全保障にとって深刻な問題であると認識されるようになった。脆弱な統治が国際テロ組織に「聖域」を与え、治安の悪化が政府の正統性と統治能力の回復を妨げるという問題である。グローバルなテロとの闘いにおいて、米国をはじめとする国際社会は、国際テロ組織アルカイダなどによる脅威の除去のための取り組みを進め、その結果、公然とテロリストを匿う政体や国際テロ組織の拠点は駆逐され、幾つかのテロ攻撃を未然に防ぐことに成功した。しかし、アフガニスタン・パキスタン国境地域は国際的なテロの温床とされており、今後、長い取り組みが必要と考えられている。自爆テロやIED(簡易爆弾)攻撃など非正規戦を主たる抵抗手段とするテロ組織に対抗するには、軍事作戦だけではなく、警察による法執行や行政による民生の安定など統合的な取り組みが重要であるとの認識が強まっている。

○国際犯罪・海賊

国際犯罪組織や海賊は、国際テロ組織と同じく統治の脆弱な地域や空間を「聖域」にしていることから、その不法な活動が国際テロ組織のトランスナショナルな活動や後方支援を容易にするおそれがある。このため密入国や薬物、大量破壊兵器関連物資の取締り、資金洗浄の監視など国際犯罪に対する法執行について、テロ対策の文脈からも国際的な取り組みの強化が求められるようになっている。

社会経済のグローバル化の進展は、脅威の影響が全世界に及ぶという点で新たな課題といえる。例えば、世界各地に広がるアルカイダ・ネットワークや、ソマリア沖の海賊のように、遠く離れた国、地域の情勢が日本を含む全世界の安全保障に影響する。

破綻国家、国際テロ、国際犯罪は互いに関連した問題である。そして国際社会は、各国の協力のもと統治を維持し、問題に取り組む当該政府の能力構築を支援している。その際、民政部門と軍事部門が協働し包括的に取り組む必要があり、これは治安が不安定な地域での文民活動の必要性と同時に、軍が果たす役割が拡大し、軍事作戦以外の能力が多く求められるようになったことを意味する。(3)

このほか法執行機関が国際協力で果たす役割も拡大している。PKOにおいては警備活動などにあたる文民警察官が多く求められ、治安部門改革(SSR)のうち警察などの再建にも同じく法執行機関当局から指導者を送り出すことが必要である。

②大量破壊兵器・弾道ミサイル拡散の脅威

大量破壊兵器、中でも核兵器の拡散は、国際安全保障を脅かす重大な要素となっている。冷戦終結後、米ロの戦略核戦力は大幅に削減された。現在、STARTI後継条約に向けた米ロの協議が進められている。英仏も核軍縮を進めており、中国の戦略核戦力が透明性を欠き、また軍縮もされていないとみられることを除けば、核兵器国の核軍縮は進行しつつある。

しかし一方では、冷戦終結後、核兵器の保有へと進んだ国のほか、北朝鮮などのように核開発計画が露見した国もある。核兵器の拡散はパワーバランスを変化させ周辺地域の安定を乱すだけでなく、さらなる核兵器保有国を生む核の連鎖を引き起こすおそれがある。とくに、北朝鮮の核兵器保有は、日本の周辺地域を不安定にするとともに、日本に対する直接的な脅威となる。北朝鮮は、冒険的な挑発行為を続けており、国際社会が結束して厳しく対処し、非核化を実現させていくことが急務となっている。また、核兵器が過激なテロ組織に渡ることになれば、世界全体への深刻な脅威となる。そのため、核兵器・核技術を保有している国の核関連施設の安全確保も国際安全保障上の大きな課題となってきている。

現在の安全保障環境の特徴は、冷戦時代に比べて抑止が効きにくいことで、信頼性の高い抑止を維持するためには、新しい取り組みが必要と考えられる。(4)人道的な見地から、米国など核兵器保有国が実際に核兵器を使う閾値(threshold)は非常に高い。抑止力をより信頼性と有効性が高いものにしていくため、従来の核戦力による報復的抑止に加えて、通常戦力による抑止力と態勢を強化し、重層的な抑止戦略を構築する必要がある。

③米国の影響力の変化と国際公共財の不足

一朝一夕には解決が望めないような複雑な安全保障の問題が山積する状況にあって、「単極の時代」といわれた米国の影響力にも変化がみられる。米国は一九九〇年代から政治、経済、軍事とあらゆる面で圧倒的なパワーを誇ってきた。その米国の絶対的な優位は現在もこれから先も変わらないと考えるが、対テロ活動や、イラクへの武力行使などによって軍事的負担が増大するとともに、一国主義的な行動に対して批判が生まれ、その威信の低下が米国内外で議論されている。経済危機がこれに追い打ちをかけ、米国はこれまでほど国際安全保障に積極的に関与できないのではないかという認識が米国内外に生じている。加えて、中国、インドという新興国の台頭が米国の相対的なパワーを低下させている。

軍事的には、米国はこれまで「グローバル・コモンズ」と呼ばれる国際公共空間をコントロールしてきた。(5)この能力が、米国に米国以外の紛争に関与することを可能にし、世界のほぼ全域において米国はどの国の挑戦をも許さない圧倒的な力を誇ってきた。他方、米国がグローバル・コモンズをコントロールしていることによって、世界各国に公海の自由航行などが保障され、国際公共財として提供された。現在でも、米国の力の優越性は変わらない。しかし、新興国の力の増大などによって、特定の区域では米国の介入を拒否する動きが生まれつつある。このことが意味することは、米国が「世界の警察官」として行動を続けるにはこれまで以上にコストが伴い、米国は自国の利益に照らして選択的にしか関与しなくなる可能性があるということである。協調的な国際システムの維持のためには、国際公共財として自由航行の確保や国際金融システムの安定、自由貿易体制の維持、経済援助などの提供と、軍事制裁など強制力を伴う措置が必要である。もし、米国の世界に対する関与が減ることになると、世界の安全、地域の安定、そして日本の安全にそれぞれ以下のような大きな影響を与える。

第一に、世界の安全への影響である。健全に機能する国際システムを維持し、国際協力を確立できるかどうかは、国際社会にとって今後の最大の課題だが、仮に米国の影響力が低下すれば、この難題の解決がさらに難しくなる。国際公共財の不足が進めば、破綻国家や破壊志向的な国家やグループがはびこることにつながり、世界の安全保障のレベルが低下する危険がある。また、国際公共財の供給が減ると、中国、インドなどの新興国が現存の国際システムや先進国が作ったルールに対して不満を抱く可能性もある。新興国がシステムを破壊する側ではなく支える側に回り、責任あるステークホルダーとなるように促すことが重要である。

第二に、アジア太平洋地域はダイナミックに変化しており、潜在的な不安定要因も存在するが、米国が地域に関与していることによって現状破壊的な行動は抑制されていた。しかし、米国の強いコミットメントの意志に関わらず、それが減少するという認識が広まれば、アジア太平洋地域が不安定になることも考えられる。

第三に、これらのことは、日本の安全にも影響する。日米同盟は強固で、日本防衛に対する米国のコミットメントに対する信頼は高い。とくに、日本に対する本格的な武力侵攻があった場合に米国が日本を守らないということは考えられない。しかし、中東やアフガニスタン・パキスタンなど、他地域の情勢などによっては、地域に振り向けることのできる軍事資源のレベルが低下することもあり得る。また、先に述べたように、米国の関与が減少するという認識が広まると抑止が低下し、他国が日本に対して侵攻する誘因ともなり得る。

このような事態を回避するために、米国を補完して、EU諸国や日本など主要国が共同して国際的な問題の解決にあたる必要がある。具体的には、これまで米国が主導的に国際公共財を提供してきた努力に加えて、各国がその提供に共同して参画しなければならない。安全保障の分野では海上交通や宇宙・サイバー空間の安定利用を保障していくことが重要で、国際社会に敵対的な国家やグループが他国の利用を制限できないようにする必要がある。

（3）日本周辺の安全保障環境

①北朝鮮

北朝鮮は、国際社会の非難にも関わらず、核・ミサイル開発を続けており、世界の平和と安定に対する脅威となっている。とくに、軍事力に頼った閉鎖的な政権であるため、諸外国に対する敵対的な警戒心が強いことに加え、外界の意図を正確に把握しているのかどうかが不明であり、北朝鮮が誤った判断をする可能性が懸念される。その結果、北朝鮮に対して抑止が働くかどうかの不安が生じる。このことがいっそう国際社会の脅威感を強めている。北朝鮮の核開発計画については、六者会合を通じて事態改善の試みがなされたものの、計画を中止させることに成功せず、事態は悪化している。北朝鮮は、本年（二〇〇九年）四月に日本上空を飛び越える長射程の弾道ミサイルを発射し、五月には二〇〇六年一

○月以来二回目の地下核実験を行った。核・ミサイルの開発は、交渉材料や外貨獲得のために続けられているとする見方もあるが、これらが北朝鮮国内の混乱、国際社会に対する不信感、誤認などに基づく冒険主義的行動や事故と組み合わせられることにより、北東アジア地域を大きな危険にさらすことになる。

北朝鮮の核開発と運搬手段（弾道ミサイル）の進展は、日本にとっても直接的な安全保障上の脅威となっている。今後、北朝鮮が核兵器の小型化を進め、核弾頭を搭載した弾道ミサイルを発射する能力を保有することになれば、地域、ことに日本に対する脅威は多大なものになる。

北朝鮮の問題は、核開発や弾道ミサイルの脅威に限定されない。北朝鮮は、世界で有数の規模の特殊部隊を保有しており、これを用いて日本国内の重要施設に対する破壊工作を行うようなことがあれば、日本にとって大きな脅威となる。また、拉致問題も未解決である。さらに、北朝鮮の体制は先行き不透明であり、権力継承問題のゆくえによっては、指導部内の分裂や体制の崩壊につながる可能性もある。朝鮮半島情勢が不安定化した場合、「周辺事態」をも念頭に置いた対応策をあらかじめ練っておくことが必要である。また、このような場合、北朝鮮に存在する核兵器関連物質の流出や使用を防ぐために、米韓をはじめとする国際社会がそれを取り押さえ、国際機関の管理下に置くことが重要となる。この際に、日本がどのような貢献ができるのかなど、さまざまなケースを想定した準備が必要である。

②中国

中国は、経済、政治、軍事とさまざまな面で急速に変化している。日本にとって好ましい変化も少なくない。この数十年の間に大きく発展し、国際的に開かれ、国内的にも安定し、以前に比べると個人の自由も増した。日中間では、多分野で協力が進んでいる。とくに、経済的には中国は日本にとって最大の貿易相手国であり、さまざまな利益を共有している。この三〇年間日本は一貫して中国の経済発展と国際化を促し、支援しており、その果実が実っているといえる。中国の経済発展は、世界と日本の経済に貢献し、今後も経済発展が続くことは日本にとっても歓迎すべきことである。安全保障・外交面でも、北朝鮮の核開発問題などで協力し合う重要なパートナーであり、日中戦略対話が定期的に開催されるなど「戦略的互恵関係」を確立する努力が続けられている。事柄によっては競争相手となる場面もみられるが、建設的な競争は、地域と両国の発展に好影響を与えている。

その一方で、地域と日本にとって懸念される変化もある。中国は経済発展に伴い、その軍事力を急速に増強させている。中国は、一九七〇年代末から軍の近代化を進めており、とくに一九九〇年代以降加速し、航空戦力、海上戦力を強化している。[6] 核兵器の運搬手段である弾道ミサイルについても、質・量ともに向上させている。これら新しい軍事力を増強する意図とその規模が不透明であるため、懸念材料となっている。

また、中国は、これまで自らの軍事力の実態を十分に明らかにしていない。例えば、中国の公表国防予算は、二一年連続で二桁の伸びを示しているが、公表されない予算も多いといわれ、実態は不明である。また、多くの国では武器取得の全体計画が明らかにされるが、中国の場合は将来的に戦闘機を何機程度取得するのかなど中長期計画が明らかになっていない。これは、中国の軍事行動についても同様である。中国海空軍は、日本の領海、排他的経済水域や周辺海空域でも活動を活発化させているが、その目的は不明である。安全保障政策の決定過程や党軍関係についても不透明な点が多い。こうした不透明な軍事力増強は、周辺地域の不安定化につながる。

台湾海峡両岸の関係は、国民党が八年ぶりに台湾の政権に復帰して以来、比較的安定している。このため、一時期の緊張が緩和し、台湾海峡における武力紛争の可能性は低下している。政治的な安定は歓迎されるが、反面、中国は台湾に対する軍事力の使用の可能性を否定しておらず、台湾の対岸に配備する短距離弾道ミサイル（ＳＲＢＭ）の増強等の傾向にも、大きな変化は認められない。

地域の安定のためには、良好な日中関係が不可欠である。日本と地域、そして世界の安定のためには、中国が責任ある大国となることが、当然、望ましい。日本としては、中国が自らその道を選択することを期待するとともに、そのための環境を整備する必要がある。

③ロシア

ロシアは国際社会において、外交・安全保障面で大きなプレゼンスを示す大国で、アジア太平洋地域の安全保障に影響を与え得るプレーヤーとして、今後の動向が注目される。日本を含む先進諸国とは、必ずしも規範を共有するばかりではないが、冷戦後、民主化を進め、Ｇ８のメンバーでもある。日ロ関係は、資源エネルギー開発などの経済分野において深い関係を築きつつあるが、一方で、未解決の領土問題が存在している。

軍事力については、極東地域に、依然として核兵器を含む大規模な軍事力を保持している。また、国防費も増加し、核戦力、即応部隊の近代化が継続されている。冷戦時代に比べれば、訓練や演習などの活動水準は大幅に下がっているものの、近年は、訓練活動活発化の傾向もみられる。[7]

二〇〇八年八月に南オセチアをめぐり発生したロシアとグルジアとの紛争では、欧米諸国との関係が一時緊張したが、決定的な対立には至っておらず、また北東アジアにおける安全保障情勢には直接は影響していない。この紛争で、ロシア軍は短期間で大規模な兵力を展開し、機動力、統合運用能力の高さを示した。また、中国の新型装備の多くがロシアから輸入されたものであることからも分かるように、高い装備技術力を持つ。その意味で、ロシアの蓄積された潜在能力は高い。

ロシアが責任ある大国として行動するように仕向けていくことは、日本周辺の安全保障環境を改善し、国益を増進する上で重要である。とくに、海洋の安全保障などの分野では、協力の拡大を期待できる。現在、捜索救難訓練を含め、日ロ間で実施されている防衛交流を更に拡大し、この地域における二国間の信頼関係を更に充実させるべきである。

④アジア太平洋地域

アジア太平洋地域は、政治、経済、社会ともに急速な変化を遂げている。そのため、協調と対立の要因が併存している。一方では、域内の経済的交流が深化し、東アジアサミットが開かれるなど、地域の結びつきが強まっている。二国間の防衛交流も進んでおり、日本も中国、ロシア、韓国、豪州、インドネシア、マレーシア、フィリピン、シンガポール、タイ、ベトナム、カンボジア、東ティモール、インド、ニュージーランドなどと交流を行っている。他方でこの地域には、南シナ海をはじめ、いくつかの領土問題が未解決である。さらに、経済的な発展を背景に、一九九〇年代から域内の多くの国が軍の近代化を進めており、今後の動向に注意が必要である。

日韓は、文化的にも歴史的にも深い関係にあり、地理的にも近い。両国は、北朝鮮の脅威など安全保障上の問題も多く共有していることから、近年、安全保障上の協力関係を推進しており、本年（二〇〇九年）五月には日米韓の防衛相会議がはじめて行われた。今後、さらに協力関係が深化することが期待される。

アジア太平洋地域において、安全と秩序を担保し、脅威や紛争に対して安全保障上の手段を最も有効に提供できるのは、「ハブ・アンド・スポーク」と称される米国を軸にした二国間同盟の束である。しかし、米国を中心に同盟が形成されていることもあり、地域内の国と国、または多国間の安全保障上の連携は限定的で、地域安全保障の枠組は依然として弱体である。この地域の多国間安全保障の枠組であるＡＳＥＡＮ地域フォーラム（ＡＲＦ）は、第一段階の信頼醸成措置から第二段階の予防外交へと軸足を移し、安全保障対話の組織として進展しつつあるが、第三段階である紛争処理メカニズムの構築までには至っていない。さまざまな変動が起こっているこの地域における協力枠組の欠如は、地域内の国家間関係を脆弱なものにしている。テロ、感染症、武器・麻薬の密輸などの国際犯罪防止、海上交通の安全確保、気候変動、経済、災害復興支援など多分野における協力を、安全保障面の協力に結びつけていくことが必要である。実効性のある地域安全保障枠組の構築には時間がかかることにも留意すべきである。

第3節　多層協力的安全保障戦略

このような安全保障環境の下で、日本はどのような安全保障戦略を持つべきであろうか(8)。

本章第1節に掲げた日本がめざす世界の実現を、新しい安全保障環境に照らして考えたとき、三つの目標の達成が必要となる。一つめは、日本の安全の確保である。日本への直接的な脅威・リスクを排除し、日本に害が及ばないようにすることを目標とする。二つめは、脅威の発現の防止である。国際的な安全保障環境を改善することによって、現時点では直接的な脅威には至っていない問題が、今後、脅威として発現することがないように予防することを目標とする。三つめの目標は、国際システムの維持・構築である。現存の国際システムを維持し、さらに効果的に安全保障協力を実施できるような制度作りをめざす。一六大綱に記述された日本の「安全保障の基本方針」は、日本の防衛と国際的安全保障環境の改善という二つの目標を掲げていた。しかし、現在の国際社会が直面する安全保障上の問題には、大量破壊兵器の拡散や国際テロなど、自由で開かれた国際システムを脅かすものが多い。一方、これまで国際システムを支え牽引してきた米国の影響力に変化がみられる現在、日本が健全な国際システムの維持・構築のために努力することは国際社会全体にとっても重要になっている。

では、これら三つの目標を達成するために、どのようなアプローチをとればよいだろうか。第一に考えられるのは日本自身でとる行動である。しかし、日本が自国だけですべての安全保障上の脅威・問題を解決することは、トランスナショナルな脅威が増えている現状から考えても不可能である。そこで、他国と協力していく必要が生じる。他国との協力は、まず、同盟国との協力が考えられる。これが第二のアプローチである。日米同盟は今後とも日本自身の防衛努力とともに日本の安全保障戦略の中で重要な柱である。第三のアプローチは、地域における協力である。第四のアプローチは、国際社会との協力である。日本をとりまく安全保障環境は、いっそうの国際的な取り組みを要求している。日本はいくつかの国際平和協力活動などに参加してきたが、今後は国際社会との協力によって自国の安全が担保されるとの認識を強くして、より積極的に進める必要がある。

第三のアプローチである地域における協力については、一六大綱の「安全保障の基本方針」の中で明確な位置づけを与えられなかった。しかし、地理的な近接性などから日本は多くの安全保障上の問題を地域と共有しており、また、地域との協力なしには解決が難しい問題は多い。そこで、本懇談会としては、地域における協力を目標達成のためのアプローチの一つとして捉えることとした。他の地域の例では、多国間の安全保障協力の機構は、地域内の協力を促進し、潜在的な対立を抑制する効果があると考えられている。アジア太平洋地域は、世界でも最も急速に発展する変化の大きい地域で、域内の経済活動が活発である一方、ヨーロッパにあるような実効性のある地域安全保障枠組が存在しない。現時点での限界と、将来的な発展の可能性の双方を認識しつつ、地域における協力を進めるための有効な政策を考え出していくことが求められる。

したがって、新しい安全保障戦略は、①日本自身の努力、②同盟国との協力、③地域における協力、④国際社会との協力、という四つのアプローチを組み合わせることによって、日本に対する脅威を取り除くとともに、脅威の発現を防止し、国際システムの維持・構築をめざす方法を示すものになる。

本懇談会が提案する、三つの目標と四つのアプローチの概念を整理すると、例えば、次のような表になる。

	日本の安全	脅威の発現の防止	国際システムの維持・構築
日本自身の努力	・多機能弾力的防衛力 ・統合的アプローチ ・情報機能強化	・在日米軍駐留経費負担 ・国際平和協力活動 ・「総合安全保障」	・国連改革 ・周辺海空域の監視
同盟国との協力	・拡大抑止 ・相互運用性 ・役割・任務・能力	・共通戦略目標 ・米軍再編	・国際公共財の提供
地域における協力	・対話枠組 ・地域諸国との協力	・信頼醸成 ・地域協力（海賊対策等）	・地域安全保障枠組 ・地域災害救援活動 ・PSI
国際社会との協力	・国連制裁決議の履行	・軍備管理レジーム ・核軍縮	・国際レジームの強化 ・コアグループの形成

ここで確認しておきたいのは、三つの目標は重複している部分も多く、完全に区分できるものではないという点である。四つのアプローチにしても同様である。現在の安全保障環境の特徴として、地理的な概念が希薄になり特定の地域に限定された脅威は少なくなっており、また、平時と有事の境界が曖昧になると同時に事態進展の速度が非常に速くなっているからである。三つの目標の達成のためには、それぞれのアプローチをシームレスに連携、機能させていくことが重要になる。

本節では、安全保障上の脅威や問題に対応するための方法（戦略）を示すが、問題それぞれについて、四つのアプローチを連携させ、重層的に解決にあたることが重要なことから、個々の問題について、アプローチ別に提示するのではなく、四つのアプローチを統合して提示する。

日本の安全保障戦略は、いうまでもなく、他国の安全を脅かすことを目的とするものではない。しかし、地理的な近接性などから、日本をとりまく地域が安全保障のジレンマを起こし易い環境にあるということも現実である。[9] そのことを十分に認識し、安全保障戦略が実行されなくてはならない。また、世界の歴史を振り返るとき、現状維持国の力が低下し新興国が台頭するときには国際社会が不安定になりやすい。現状維持国が新興国に抱く警戒心と焦りが新興国の不満を助長し、関係が悪化する場合が多い。過去の大きな戦争は、大国間のパワーバランスの変化を国際社会がうまく管理できなかった結果という側面がある。次に失敗すれば、この世界の終焉となりかねない。主要国間の協調もみられる今日、協力の芽を育てる仕組みを構築し、対立や危険の「種」を取り除くことを目的とした、包括的・重層的で実効性のある戦略、すなわち、多層協力的安全保障戦略が必要である。

（1）日本の安全――日本に対する直接的な脅威・問題への対応

日本は、他国を侵略することは決してない。同時に、他国の侵略を許すこともない。日本の安全保障にとって最も重要なことは、外的脅威から日本の安全を確保することである。これは、攻撃を退ける（拒否する）用意と決意があることを示すことなどにより侵略の意図を放棄させ、敵対的な行為を抑止すること、また、抑止が成功せず実際の攻撃に至った場合でも、被害を最小限にとどめ、相手の政治目的の達成を阻止することの二つの手段によって達成される。

日本をとりまく安全保障環境の中で、北朝鮮による核と弾道ミサイル、そして、特殊部隊を用いた攻撃は、すでに日本への脅威となっている。また、国際テロ組織が日本をターゲットとして攻撃を企図する可能性も否定できない。

加えて、日本の地理的条件から生ずる安全保障上の問題も存在する。日本の離島・島嶼は、自衛隊、海上保安庁などの基地から離れたところに位置することが多く、その安全を確保する上で、脆弱な環境にあることが多い。また、日本は地震や台風といった自然災害が発生しやすく、大規模自然災害がもたらす被害は国の安全に関わる大きな脅威といえる。

日本が直面するこれらの安全保障上の脅威・問題は、種類も質もそれぞれ異なり、また、平時か有事かに明確に区分できず、中間的な領域に位置するものも多い。したがって、自衛隊の装備などのハードウェア、日本の国内法制や同盟の枠組などのソフトウェアの両面で、事態にシームレスに対応することに着意する必要がある。

以下、これらの脅威・問題に対応する手段を提示する。

○多機能弾力的防衛力

一六大綱は、基盤的防衛力構想[10]の有効な部分を継承しつつ[11]、冷戦後の新しい脅威に対処するために「多機能で弾力的な実効性のある防衛力」を保有するという考えを示した。これは、防衛力を新たな脅威や多様な事態に実効的に対応し得るものにするため、即応性、機動性、柔軟性及び多目的性を備え、高度な技術力と情報能力に支えられたものにするとともに、部隊や装備に多様な機能を持たせて、弾力的な運用を行うという考え方であった。日本が置かれた、少子化や経済の低成長など国内の要因からも、規模の拡大に頼らない弾力的な運用が必要と考えられた。

一六大綱が想定していた安全保障環境と現在のそれを比較すると、既に見たようないくつかの変化が生じている。日本は、自ら主体的に自国を守れる防衛力を保有するとともに、国際社会の安全のために海外においても効果的に活動できる態勢を築くことが必要である。また、日本国内の状況については、二〇〇四年時点と比べ少子化や経済・財政状況の悪化がいっそう進行しており、社会保障費の増加などの財政的な状況は中長期的に続くとみられる。そこで、新しい安全保障戦略の下、引き続き防衛力を多機能弾力的なものにするとの方向性を維持しつつ、日本の安全に対する脅威や問題について優先順位を明確にし、効率的・効果的に防衛力を整備していくことが必要である。

○北朝鮮の核・弾道ミサイル等に対する抑止力の維持[12]

抑止の目的は、相手の意志を挫くことにある。北朝鮮から日本に向けられる核・弾道ミサイルの脅威に対しては、それが現実に使われることのないよう、北朝鮮の意志を挫かなければならない。そのため、まず第一に、ミサイル防衛能力の信頼性を向上させることによって、拒否的抑止力を高める必要がある。例えミサイルを撃っても、迎撃され、結局自らの目標は達成できないという状況を作ることによって、攻撃を断念させるのである。これは同時に、実際に攻撃された場合の最大の防衛手段となる。第二に、被害の局限や国民の冷静な対応・行動を促すため、情報提供システムの整備もいっそう進める必要がある。第三に、報復的抑止力を高める必要がある。米国の拡大抑止、いわゆる「核の傘」を軸としつつ、その他の打撃力による抑止についても日米間の役割について綿密に協議し、役割分担を確認し、信頼性を向上することが重要である。

北朝鮮による核・ミサイルの使用を確実に抑止するためには、抑止の網を幾重にもかける必要があり、日本自身の努力と同盟国との協力の効果的な組み合わせが極めて重要である。

日本が、独自の防衛力を用いて抑止・対処しなければならない事態の例として、特殊部隊による攻撃が考えられる。朝鮮半島における緊張が高まったときは、攻撃から日本国内重要施設などを防護するとともに、侵入した特殊部隊を捕捉し、撃破できるような態勢を整備しなければならない。

○米国との安全保障・防衛協力

日本の安全保障にとって米国との同盟関係は、日本自身の努力と並ぶ重要な柱である。これは、米国の影響力に変化が見える現在も変わることはない。

現行の日米安全保障条約は、二〇一〇年に締結五〇周年を迎える。かつて戦火を交えた日本と米国は、その過去を乗り越えて、世界でも有数の強固な信頼関係を築くことに成功した。今や両国は、政治的・経済的な利益のみならず、文化、倫理観など、さまざまな価値観を共有している。同盟の次の半世紀に向けて、日本は米国と協力して、日米を含む世界全体の安全を確保するために行動していかなくてはならない。これまでは、日米同盟の中で日本は米国にリードされていれば事無きを得る面もあったが、今後は、日本自身が主体的に日本と世界の安全のために取り組み、米国と協力して行動することが必要とされている。日本の安全確保においても、日本は自力での防衛をめざしつつ、日本単独では解決・対処できない問題について米国と協力することが重要である。

日米は、戦略、戦術の両面で意思確認を怠らずに共通の目標に向かって行動し、能力を維持することが重要である。日米間では、インターオペラビリティ（相互運用性）を上げるための戦術、装備面での努力がなされてきた。また、戦略面でも日米安全保障協議委員会（「2＋2」）で共通戦略目標が設定された。今後とも、共通戦略目標を両国で設定し、それを達成するための役割・任務・能力を着実に実現していくことが重要である。とくに、日米で所要兵力や運用などについて、綿密な協議を重ね、即応性の高い防衛態勢を維持することが重要である。また、このような日米同盟を通じた日本の安全保障の確保にとって、安定的な在日米軍の駐留は不可欠であり、日本の在日米軍駐留経費の適切な負担はこれを支援する役割を果たすものである。

○北朝鮮への働きかけ

北朝鮮の核・ミサイルの放棄を外交的に達成するためには、国際社会が共同して行動することが不可欠であり、日本はそのための重層的な働きかけを行わなければならない。国連制裁決議を確実に実行するとともに、関係国への外交努力を積極的に行う必要がある。

これまで六者会合の場において、日本は、米中韓ロと協同で解決策を模索してきた。六者会合の開催の有無に関わらず、今後も五者の連携は続けるべきであり、とくに日米韓は北朝鮮の核兵器・弾道ミサイルの脅威の解決のため連携を強化しなくてはならない。同時に、日中韓の連携も強化していく必要がある。三カ国の関係は、二〇〇八年に福岡で開かれた首脳会議や、ＡＳＥＡＮ＋３（ＡＳＥＡＮ一〇カ国と日中韓三カ国）などを通じて深化しており、今後、北朝鮮の問題の解決に向けても連携が必要である。北朝鮮との関係が深い両国との情報面の協力も重要である。また、日米、日韓、日豪という形で米国及びその同盟国とのネットワークを北朝鮮問題の解決のためにも活用していく必要がある。米国が主導する大量破壊兵器拡散防止の取り組みの一つである「拡散に対する安全保障構想（ＰＳＩ）」には、豪州をはじめ韓国も全面参加を表明しており、この面での連携の強化も重要である。

○国際犯罪・国際テロの取締り

麻薬取引や資金洗浄などの国際犯罪はテロリストの資金源となっていることも多い。日本国内でかかる犯罪の取締り、不正な資金の流れの遮断、不法入国の阻止など地道な活動を長期的に続けることが、国際テロ活動を制することにもつながる。

国際テロは、現在の安定した国際システムや秩序を破壊することを目的としており、日本もその標的になり得る。鎖は弱いところから壊れるといわれるように、攻撃しやすいところが標的になる確率が高い。法執行機関（警察、入国管理、税関）を中心に日常的に警戒を続けることが重要である。また、アルカイダ系のテロ組織の根絶、活動の無力化のための国際的な協力にも積極的に参画しなければならない。

○統合的なアプローチ

日本に対する脅威に対応する上で最も重要なことは、国内各機関の連携である。政府は、領海侵入、大規模災害、重大事故等の緊急事態における危機管理機能を強化するための態勢整備を図ってきた。このような取り組みは、課題に対し、ややもすると組織ごとに縦割りで対応しがちである日本の政府機関が連携を強化する上で有効であったが、今後は、危機管理という観点からだけでなく、安全保障全般にわたり、防衛力、外交力、警察力、経済施策などを機能的に組み合わせた統合的なアプローチが必要である。とくに、平時と有事の間のグレーな状況にどのように対処していくかが大きなテーマとなる。

離島・島嶼の問題については、その帰属をめぐる意見の対立が軍事的な紛争にエスカレートすることがないように、まずは外交力を発揮し、自衛隊や海上保安庁による警戒・監視活動を日常的に実施し、また、離島・島嶼への展開能力の向上、部隊配置等を通じて、対応能力を向上させる必要がある。

大規模震災に対しては、政府のみならず国全体でその被害の局限に努める必要がある。とくに、首都直下型の地震では被害は甚大で、内閣府の被害想定では、約八五万棟の建物が全壊し、一万人を超える死者が予想されている。自衛隊による災害派遣活動は、都道府県知事等の要請に基づいて行うこととされており、政府と都道府県とが、情報連絡体制の充実、共同防災訓練の実施を通じて、平常時から連携体制の強化を図ることが重要である。

○情報機能の強化

米国や国際社会と協力し、相互に補完して安全保障にあたるためには、日本が独自に情報収集し、分析し、政策を決定する能力が必要である。

情報収集分析能力の向上のためには、まず、適切な「問い」を政策決定サイドが情報サイドに投げかけ、その答えを一元的に集約して、政策決定に活かす必要がある。日本の安全保障に関する情報収集は、内閣情報調査室、警察庁、公安調査庁、外務省、防衛省、金融庁、財務省、経済産業省、海上保安庁などが行っているが、これらの情報収集能力を高めるとともに、収集された情報が迅速・的確に官邸に一元化して集められる体制を拡充していく必要がある。具体的な情報収集能力の向上の方策については、情報保全の強化とともに、第三章第5節で詳述する。

○文民統制の強化

防衛力の有効性を計る指標は、防衛力を使って政治的な目標をどれだけ実現できるかという点に集約される。そして、自衛隊をもってこれを達成するためには、健全に機能する文民統制が不可欠である。現在進められている防衛省改革などを通じて、文民統制が機能する制度を拡充することが重要である。文民統制には、二つの目的がある。一つは「国民の安全と世界の平和のために軍を使うこと」、もう一つは「軍が独走しないようにすること」である。日本においては、軍が独走することを防止するという側面が強調される傾向があるが、文民統制には、政治目標の実現を確実に担保するという、もう一つの重要な側面がある。自衛隊の国内外における任務が増える中、健全な政軍関係は、今後いっそう重要となってくる。その際、文民である政治の側も安全保障問題に対する関心、知識の向上に努め、文民統制の実効性を高めていくことが適切である。

（2）脅威の発現の防止

二つめの目標である「脅威の発現の防止」は、脅威が形を成すよりも前の段階から、脅威の「種」に働きかけることにより、現実の脅威になるのを防ぐことを目的とする。したがって、「脅威の発現の防止」という目標を達成するためには、直接的な働きかけだけではなく、影響力や相互理解など間接的な効果を期待する手法も用いなければならない。

脅威の発現を未然に防止するには、安定的な国際関係を構築する必要がある。アジア太平洋地域における地域秩序の維持については、米国のプレゼンスが極めて重要である。米国のコミットメントが低下するという認識が広まった場合、冒険主義的な行動が生起することも考えられる。アジア太平洋地域はダイナミックな変化を続ける地域である一方、潜在的な不安定要因も存在することから、米国のプレゼンスとコミットメントが維持されるよう、同盟関係における役割を分担するなど日本自身の努力が必要である。同時に、災害復興支援活動などを通じて、地域の国々との協力関係を深め、アジア太平洋地域の安全保障環境を改善する努力も必要である。

また、天然資源や食料供給の多くを海外に依存している日本にとって、海洋の安全は死活的な利益である。海賊などから船舶を守り、シーレーンの安全を確保するために、関係国との協力をより主体的に進めていく必要がある。一方、現在の国際社会には、国際テロや大量破壊兵器等の拡散のように、国境を越える脅威・リスクが存在する。これらの脅威・リスクが、日本に及ばないようにするための協力も必要である。

これらの課題に対応する手段として、以下が考えられる。

○アジア太平洋地域における米軍再編

米軍が取り組んでいるトランスフォーメーションと世界的な配置の見直し（GPR）は、冷戦後に登場した新しい脅威に対応するものである。西太平洋における米軍の再配置は、在韓米陸軍の縮小、在日米海兵隊のグアム移転、及びグアムの海空軍力強化を主眼としている。とくにグアムは、米軍の恒久的なインフラストラクチャーが希薄だった東南アジアから中東に至る地理空間への「東の玄関口」として、米軍の機動的な展開を支える一大拠点と位置づけられることとなった。

米軍の再配置に合わせて、日米同盟の変革（トランスフォーメーション）もめざされた。二〇〇五年一〇月の「2＋2」共同文書の中では、国際的な安全保障環境を改善する上での日米協力の重要性や、国際的な活動に寄与するために他国との協力を強化することなどが謳われており、今後とも国際平和協力活動や多国間演習の開催などを通じて、日米両国が協力して地域の安全保障環境をより安定的なものにしていく必要がある。

在日米軍の再編計画には、在沖縄米海兵隊の司令部機能のグアム移転を含んでおり、同計画を進めることは、米軍基地を抱える自治体の負担を軽減するばかりでなく、米軍の地域におけるプレゼンスの維持にもつながるため、その実現は日本の安全保障上大きなメリットがある。日本政府は米軍再編計画の実施を着実に進めるため、引き続き努力すべきである。

○地域における協調・協力

地域の安全保障に関わる諸問題が不安定要因とならないように、各国が協調して行動する必要がある。そのためには、まず、信頼関係を深める必要がある。各国が政策の透明性を高め、互いの意図を明確にすることによって不信感が軽減される。こうした信頼関係をさらに深めるには、行動規範を作るなど、制度化への努力が有益である。

こうした努力は現在、海洋の安全保障の分野で進展してきている。ASEAN諸国と中国との間には、南シナ海における問題を解決する際の原則を明記した「行動宣言」についての合意がある。東シナ海など他の海域においても行動規範などを設け、偶発的な事故を防止し、事故が危機に拡大しないような制度が必要である。

マラッカ海峡の海賊問題に対する、アジア海賊対策地域協力協定（ReCAAP）に基づく日本主導の取り組みは、二〇〇三年から五年連続で被害発生件数が減少するなどの効果を着実にあげている。このような貢献を今後もより推進していく必要がある。

日本は、地域の安全保障に関し、米国の同盟国である韓国や豪州と問題意識を多く共有している。韓国とは国際平和協力業務、国際緊急援助活動などで、豪州とは海上・航空の安全確保などで、協力を図っていくことで合意している。今後とも、日韓、日豪の二国間協力の強化、米国をハブとした協力の追求などにより安全保障上の関係を強化し、災害救援などの個別の取り組みについて連携することにより、地域の安定に貢献していくべきである。

○国際平和協力活動への積極的参加

破綻国家は国際テロ組織に「聖域」を提供し得るため、脅威の「種」に働きかけるという観点から、統治の脆弱な国家を支援することはますます重要となる。いったん破綻国家となった国に対しては、和平交渉、平和定着、国家再建までの包括的な支援の取り組みを国際社会が一致して行うことが必要である。紛争後の社会の安定に、経済援助や教育支援が果たす役割は大きく、日本はこれまで、このような分野でさまざまな貢献を果たしてきた。一方、アフガニスタンでは武装解除・動員解除・社会復帰（DDR）に携わるなど、紛争終結直後の段階から平和構築に貢献してきた。このような活動に今後もより積極的に取り組むことが必要である。

日本が、国連PKOにこれまでよりも積極的に参加していく必要があることは論をまたない。しかし、国内外の情勢やPKOミッションが変容してきているなどさまざまな要因から、現在、日本は十分な貢献ができていない状況にある。この問題についての考え方は第三章第2節で改めて述べることとするが、世界の平和と安全を考えるときに、日本がどのように行動することが適切なのか、国民的コンセンサスを得るための議論が必要である。

○軍備管理、不拡散

大量破壊兵器の拡散を防止するためには、核兵器を含む武器管理レジームを推進し、強化していくことが重要である。しかし、冷戦後、いくつかの国が核開発計画を進めたこともあり、現在、核不拡散体制（NPT体制）は動揺している。このため、管理体制の包括的な強化が求められている。国際原子力機関（IAEA）は、保障措置協定・同追加議定書ならびに国連の決議等を受けて、核査察を行っているが、その強制力には限りがある。軍備管理レジームをより実効的なものにするための関係国・関連機関の連携に、日本は積極的に貢献する必要がある。

戦後、日本は一貫して核兵器の廃絶を訴えてきたが、オバマ米大統領の核廃絶演説を受けて、核軍縮の機運が盛り上がっていることは歓迎すべきだと言える。核軍縮を進めていく上で、米ロの協調は重要であるが、中国及びその他の核保有国による核軍縮にもつなげていく必要がある。しかし、核兵器を究極的に廃絶するまでの過程においては、通常兵器を含む米国の拡大抑止の信頼性が低下することがないように留意することも必要である。

核軍縮に向けた取り組みにおいて、日本は傍観者とならず、積極的に関与し、さまざまな課題を提起する必要がある。

○周辺諸国との信頼醸成

中国は、軍事力の増強を続け、近隣諸国の安全に影響を及ぼすことができる能力を備えつつある。日本にとって中国の経済成長の維持は重要な利益だが、同時に、中国は経済成長とともに今後も軍事力増強を続けることが予想される。日本は、紛争を予防するために、自国とその周辺をカバーする防衛能力の保持に努める必要がある。日本が整備する防衛能力については、防衛交流などを通じて、その意図を明確にすることが重要である。同時に、相手国にも同様の対応を求めるべきである。周辺諸国との信頼醸成に努めることが、結果的に日本の安全保障のレベルを上げることになる。防衛交流を、単なる人的な交流や互いの情報を入手する手段とは考えずに、軍事力による抑止と両輪の関係にある重要な安全保障の施策ととらえ、積極的に推進することが必要である。
○新しい「総合安全保障」

九・一一テロ以降、世界は、安全保障に軍事力は不可欠であるが、軍事力だけでは安全は確保できないということを改めて認識した。米国はその反省に立ち、硬軟織り交ぜたさまざまなパワーを賢明に行使して（スマートパワー）安全を保障しようとしている。日本は、一九七〇年代末、「総合安全保障」を議論したことがあった。[13]今後とも、防衛力の実効性を高めつつ、外交力、経済力、文化の魅力など、日本のさまざまなパワーを総合的・有機的に組み合わせて安全保障目標の実現をめざすべきである。戦後の荒廃から経済発展を成し遂げた経験、自由・民主主義などの普遍的価値、優れた科学技術、国連への貢献、平和志向の安全保障政策などは日本の優れた無形の資産である。これらの価値が世界に認識されることによって、日本の安全がいっそう高まる。

（３）国際システムの維持・構築

三つめの目標は「国際システムの維持・構築」である。日本がめざす一つめの世界像は、国家間の紛争が平和的に解決される世界である。二つめは、日本人を含む人々の移動の自由が確保され、自由な経済活動が保障される世界である。そして三つめは、地球上のどこであっても個人の自由と尊厳が守られ、人間の安全保障に目が向けられるような世界である。

このような世界像を実現するためには、現行の自由で開かれた国際システムを維持することが好ましい。現在の世界の経済発展は、自由貿易体制の存在抜きには語り得ないものであるし、貧困や感染症の蔓延といった人間の安全保障を脅かす課題に応ずるためには、現在の国連機関の効率性を高めつつ、それを中心に各国が協力していくことが最も有効であると考えられるからである。

他方、現代の課題がトランスナショナルな性格を強めていく中で、これまでの国際システムでは十分対応できない場合にそれを補完するためのシステムを構築することも重要である。例えば、ＰＳＩは、新たな国際規範作りをめざすのではなく、大量破壊兵器の拡散防止の意志を共有する国家が集まり、協力する取り組みである。日本にとって好ましい世界の実現に資する補完的システムを産み出すことも、日本にとっての課題である。

日本が国際システムの維持・構築に積極的に関わっていこうとするときに留意しておかなければならないのは、いわゆる歴史認識の問題が、ときに日本の対外政策の遂行にとって制約要因になっているという事実である。この問題が、引き続き日本の取り組みを妨げることがないように努め、共同歴史研究などを通じ日本と関係国の相互の共通理解を深めていく必要がある。
○国際システム維持の方法

現行の国際システムを維持するための最良の方法は、現状に不満を持つ国やグループを少なくすることである。国際システムに対して破壊的な行為に走るのではなく、支える側に回る国が多ければ多いほど国際社会は安定する。それには、二通りの方法が考えられる。一つは、破壊的な行動をとることが割に合わない状況をつくることである。具体的には違反行為を罰する体制を確立し、軍事力を含めた強制力をもって抑止し、国際システムへの挑戦を諦めさせる方法である。二つめの方法は、潜在的な破壊者が国際システムから恩恵を受けられると認識できる状況を作ることによって、国際的なルールを自発的に守るようにさせることである。伝統的に国際公共財と考えられてきた自由な貿易・通貨システム、海洋の自由などに加えて、経済援助、教育支援、貧困の減少などさまざまな公共財が提供されることが必要である。これまで主に米国によって提供されてきた国際公共財を、日本をはじめとする他の主要国が米国と協同して提供していくことが重要になる。新興国は、国内にさまざまな問題を抱え、当分の間、国際公共財を提供する側には回りそうにない。米国とともに日本をはじめとする先進主要国が国際システムを支えつつ、新興国が国際社会を支える側に回るように促す必要がある。

○重層的なアプローチの重要性

「国際システムの維持・構築」は、本報告書が新たに掲げた目標であるが、これを達成するための手段をひと揃え新たに用意する必要はない。例えば、日本の行う国際平和協力活動については、脅威の発現の防止の観点から既に取り上げているが、日本がこのような活動を実施することは、個人の自由と権利が侵されないような国際システムの維持にもつながる。また、同じく脅威の発現の防止の文脈で紹介したアジア太平洋地域における米軍再編と米国のプレゼンス維持は、この地域において紛争を平和的に解決するルール作りを行う上でも重要で、この地域に日本にとって望ましい国際システムを維持することにもつながる。

重要なのは、安全保障上の取り組みが日本にとって好ましい国際システムの維持・構築につながっているかどうかに留意しながら、さまざまな取り組みを重層的に進めていくことである。

○国連機構改革

日本は、国連安保理の改革を含む国連機構改革の実現に積極的に取り組む必要がある。国連は、国際的な規範に基づいて国際システムを管理・運営するための機関であり、不備も多いが、普遍的で正統性が高い。国連が健全に機能していくことは、国際システムの維持のためにも、日本の安全のためにも重要である。

日本が、国際システムの維持・構築に能動的に取り組むにあたって、国連の意思決定にも深く関わっていくことが、日本が望ましいと思う世界の実現にとって重要である。そのためにも、日本が国連安保理の常任理事国になることを含む国連改革のために引き続き努力することが必要である。

日本人の国際機関への積極的な参画も望まれる。日本は、他国に比べて国際機関への参画が少ない。例えば、国連事務局に勤務する職員数は、国連が示している望ましい日本人職員数の下限の二分の一にも満たない。また、国際機関の長を務める日本人も多くない。国際機関での勤務の機会を得やすくするように政府としても必要な施策を講じる必要がある。

○アジア太平洋地域における地域安全保障枠組

アジア太平洋地域に包括的な地域安全保障枠組を作るのは容易ではなく、また時間もかかることから、いくつかのレベルに分け、実行可能な分野から協力を進めることが現実的であろう。重層的に協力関係を構築し、将来的にはこれらを有機的に連携させることが望ましい。日本はこれまで、地域の安全保障について、抑制的な行動をとる傾向がみられた。しかし今後は、より安定的な地域関係の構築に向けて、安全保障面でも貢献していく責任がある。

地域の安定にとって、中国を建設的なメンバーとして国際システムや地域的な枠組に統合することは重要な課題である。そのためには、中国が他国と協調して地域の安定に貢献するメカニズムを構築し、同時に、地域の規範や枠組を通じて、非協調的な行動をとるコストを中国に理解させることが重要である。

地域安全保障枠組を構築する方法としては、第一に、現在ある米国の同盟国・友好国である日本、韓国、豪州、フィリピンなどとの「ネットワーク化」を進めることが重要である。それによって、米国のコミットメントを引き続き確保し、同盟国間の安全保障協力を促進することができる。これらの国が連携を深め、地域の安定に向けた戦略目標を共有することが重要である。とくに、北東アジアには、日米、米韓という二つの同盟があり、日米韓の三カ国協力体制の強化を通じて、日韓関係の協力強化を図ることが必要である。日米韓防衛実務者協議の閣僚級への格上げなどにより、この地域の安全に対する懸念や課題について協力して対応する態勢を作っていくことが必要である。

第二に、これと並行して地域に多国間の安全保障協力のための枠組を構築する努力も必要である。既存の多国間の枠組であるARFと他の枠組を重層的に連携させていかなければならない。米国との同盟の実効性を前提としつつ、地域の安定を重層的に担保していくために、長期的には包括的な多国間地域安全保障枠組の構築が不可欠である。包括的な枠組をつくることによって、米国の同盟に属さない国々との信頼醸成に寄与し、安全保障のジレンマの緩和につながることが期待される。多くの国が参加しやすい排他的でない組織にする一方で、紛争処理能力を有する強固な組織にし、「攻撃が割に合わないアジア」をつくる必要がある。

具体的には、ARFが、単なる協議の枠を超えて、紛争処理メカニズムの構築に取り組む必要がある。これに加えて、ASEAN＋3や、日印戦略的グローバル・パートナーシップを土台としたインドとの協力、G20のメンバー国である日本、韓国、中国、豪州、インド、インドネシアの連携など、それぞれの協力関係を基に、多層な地域枠組を形成していく必要がある。

さらに、地域協力の枠組を機能的に構築するため、災害救援の分野での協力体制の組織化を進める必要がある。日本は、災害救援の専門能力が高く、この分野で地域をリードしていくことが期待されている。現在、国連人道問題調整事務所（OCHA）が、紛争・災害の際の人道支援の調整などを行っているが、地域の災害救援に速やかに対応するためには、地域的な組織作りも必要である。災害の際に拠出可能な機材、人員などを予め登録し、指定しておくことによって迅速な対応が可能になる。また、こうした調整機能を持つ多国間組織によって、特定の国家間に存在する個別の政治問題などに影響されることなく救援活動を実施できる。自然災害は、価値観や政治的立場の違いに左右されない問題であり、協同して活動することが比較的容易である。災害救援活動を通して地域の軍事・救援組織の連携・協力が生まれ、地域安全保障枠組の土台が強化されることが期待される。

○米国及びコアグループとの協力

米国は、グローバル・コモンズへのアクセスをどこの国にも保障するなどの形で国際公共財を提供することで、今日の国際システムを支えてきた。しかし、将来的には米国単独では従来と同じレベルで国際公共財を提供できない可能性もある。

日本はこれまでも、米国と協力し、経済、金融面などから国際システムを支えてきた。しかし、開かれた海洋国家である日本は、海上・航空輸送路の安全によって極めて大きな利益を受け取ってきたのであり、輸送路の安全を脅かされることは日本の経済的利益を著しく害する。したがって、今後は、他の国とも協力し、グローバル・コモンズの安全について米国が担ってきた役割を補完する必要がある。この点、日本は長年にわたって周辺海・空域の常続的監視を行ってきており、グローバルな安全を確保する上でより積極的な役割を担うことができる。さらに、情報革命の進展によって、社会・経済など市民生活の多くがインターネットに依存するようになっており、サイバー空間の安全も国際公共財として捉える必要も出てきている。このような方面での日本の果たすべき役割も、今後の課題となるであろう。

また、国際システムの維持・構築には、核となる数カ国がコアグループとして連携を強める必要がある。現在、そのような枠組は確立していないが、日米をはじめとする数カ国が迅速に意思決定し行動できる組織体を形成していくことが必要である。このコアグループが、G8をはじめ、インド、中国、ブラジルなどの新興国を含むG20や国連加盟各国と連携を広めていくことが重要である。

第二章　日本の防衛力のあり方

第1節　防衛力の役割

（1）防衛力が担うべき役割に関する基本的考え方

第一章では、新たな日本の安全保障戦略として多層協力的安全保障戦略を提示した。この戦略が示す方向に従い、日本は、安全保障政策の一環として防衛力をいっそう機動的、効果的に活用し、日本の安全、脅威の発現の防止、国際システムの維持・構築という三つの目標を達成しなければならない。

第一章でも述べたように、本報告書が提示する三つの目標と四つのアプローチは、いずれも切れ目なくつながり、互いに連携して機能することが重要である。第二章では、三つの目標を達成する中で、とくに日本の防衛力が果たす役割について詳述する。具体的には、第一のアプローチ「日本自身の努力」のうち防衛力の役割を示すほか、第二、第三、第四のアプローチである同盟国、地域、国際社会との協力においても日本の防衛力が担う役割について述べる。本節では、それを、防衛力が用いられる地理的空間、すなわち、日本の周囲、地域、グローバルという三つの空間に即して提示する。

第一章の分析に基づいて、安全保障環境を三つの空間に分けて見ると、まず、日本の周囲においては、北朝鮮による核兵器・弾道ミサイルの脅威が増大するとともに朝鮮半島の南北関係や台湾海峡両岸の関係などの問題がある。また、領土をめぐる意見対立が存在し、特殊部隊を含む大規模な軍事力の集中といった状況も継続している。加えて、テロや大規模災害などの事態が生起する可能性も続いている。防衛力は、これらの課題に実効的に対処し得る必要がある。

次に、アジア太平洋地域は、軍事情勢の不透明性、不確実性が存在し、各国の軍事力近代化による軍拡競争の危険性もはらんでおり、将来、日本に不利益をもたらすような国際環境の変化が生ずる可能性を否定できない。また、同地域にはＥＵやＮＡＴＯのような政治・経済面、安全保障面での強力な多国間協力の枠組が現存せず、既存の枠組も対話を中心としたものである。したがって、日本は、同盟国や域内諸国と連携して安全保障枠組の構築、活性化を促進するとともに、これらの国と協力して、防衛力を活用した地域の安定への取り組みに積極的に貢献していく必要がある。

国際社会が抱える国際テロや破綻国家など、グローバルな安全保障環境における課題は、ソマリア沖の海賊のように、日本の利害に直接の影響を与えるものである。従来、日本は、これらの問題の解決には非軍事面での貢献を中心に対応してきたが、アフガニスタンなどの国際的な取り組みの現場でも明らかとなったように、治安の悪い地域における復興支援や同地域で活動する文民の保護など、軍事力にしかなし得ない種類の活動があることは事実である。日本が国際システムの維持・構築に責任を持つ上で、国際平和協力の分野で防衛力をより積極的に使用することが必要不可欠である。

以上を踏まえ、日本の防衛力が担う役割を、①日本及び日本周辺における事態の抑止・実効的対処、②地域的な環境・秩序のいっそうの安定化、③グローバルな安全保障環境の改善という、三つの区分に即して示す。

（2）防衛力が担う役割

①日本及び日本周辺における事態の抑止・実効的対処

今後、多様化・重層化の傾向を強めていく脅威に対して有効な抑止力を構築していくためには、平時と有事の中間にあるグレーな領域における事態が焦点になりつつあること、事前に兆候をつかみにくく事態の生起までの猶予期間が短くなっていること、軍事技術の進歩によって作戦の計画から執行までの周期が著しく短縮されていることを考慮しなければならない。そのため、即応性の低い防衛力では急速に拡大する事態に対応できない可能性が生じており、防衛力の「存在による抑止」（静的抑止）に加えて、平素からの活動を通じた「運用による抑止」（動的抑止）を重視していく必要が高まっている。

例えば、平素から、情報収集、警戒監視、偵察（ＩＳＲ）活動や領空侵犯対処を行うとともに、即応性向上のための訓練を実施することにより、安全保障上の問題に対する油断のない姿勢を明示していくことは、武装工作員の侵入や島嶼部等における主権の侵害などを物理的に阻止する能力を日常的に示すこととなり、現在の安全保障環境における実効的な抑止力を構築していく上で極めて重要である。

平時と有事の間のグレーな状況において、自衛隊の部隊は平素の任務を果たすだけでは不十分であり、事態の進展にシームレスに対応しなければならない。このため、現場部隊が適時適切に動くことができなければ、相手の企図を阻むことができなくなる。現場部隊から政府中央（官邸等）への情報集約、中央における迅速な意思決定と適切な部隊への権限付与、そして、中央から部隊への指揮統制の各段階において、指揮通信（Ｃ４）システムなどのハードウェアや法制を含むソフトウェアの更なる充実が必要である。

また、結果として抑止が破れ、日本の主権が侵害されるような事態が生起した場合には、防衛力によって実効的に対処し、侵害を排除する必要がある。想定し得る事態に実効的に対処可能な防衛力を着実に整備しなければならない。

ア　弾道ミサイルへの対応

北朝鮮の弾道ミサイルは、核開発と相まって、日本の平和と安全に対する重大な脅威である。これに対応するため、米国の抑止力を基調としつつ、弾道ミサイル対処能力の向上を進めるとともに、警察、消防を含む自治体と連携して被害局限のための態勢を強化し、ミサイル攻撃に対する防衛体制を構築することが必要である。

弾道ミサイルの脅威に対しては、これを攻撃や恫喝の手段として使わせないための抑止が最も重要である。核による報復的抑止については引き続き米国に依存するが、その他の打撃力による抑止については、主として米国に期待しつつ、日本としても、これを効果的にするための作戦上の協働・協力を行う必要がある。現実にミサイルが撃たれた場合のミサイル防衛による対処能力の向上や、国民保護措置による被害局限も、攻撃の効果を阻止する意味で抑止の一環となる。

このように、弾道ミサイルに対する抑止は、日米共同を前提として重層的に構成されている。抑止が実効的に機能するためには、日米が、絶え間ない協議を通じて脅威認識・評価を共有するとともに、相互の役割分担や作戦手順に関する共通理解に立って、ミサイル防衛による攻撃排除と打撃力による抑止を適切に組み合わせる必要がある。なお、弾道ミサイル以外の手段による侵略や軍事力を用いた不法行為などの事態についても、抑止の信頼性をいっそう高めるため、日本自身の対処能力の向上とともに、日米の運用面・情報面での協力、米軍への支援について内容を具体化していくことが必要である。

ミサイル防衛システムは、日本のミサイル対処能力の最重要の柱である。現在計画中のイージス艦へのミサイル防衛能力の付与と地対空ミサイル部隊へのＰＡＣ－３導入を着実に進めるとともに、新型の海上発射型迎撃ミサイル（ＳＭ－３ブロックⅡＡ）の日米共同開発を促進すべきである。

敵基地攻撃能力など、ミサイル防衛システムを補完し、あるいは打撃力による抑止をさらに向上させるための機能について、本懇談会は、日米共同対処を前提としつつ、米国との間で適切な役割分担を協議・具体化しながら、日本として適切な装備体系、運用方法、費用対効果を検討する必要があると考える。弾道ミサイル対処に必要な情報機能については、米国のシステムと同様のシステムを持つのではなく、相互補完して日米双方にとって情報能力の強化につながるような機能を構築すべきである。

イ　特殊部隊、テロ等への対処

北朝鮮の特殊部隊や国際テロ組織による日本を標的とする破壊、殺傷等の工作に対しては、その兆候を察知するための情報能力を強化するとともに、現実の攻撃となって現れた場合はすみやかにこれに対処する必要がある。対処の早期段階では、自衛隊は、テロリスト等の動向を把握するための情報収集、侵入を防ぐ警戒監視、水際対策などに関し、法執行機関を支援する役割を担う。テロ行為が切迫しているか、もしくは実行に移された場合は、沿岸部における警戒監視や、日本の重要施設の防護、救援等に機動的にあたることが必要であり、とくに、特殊部隊の制圧や化学・生物・核攻撃への対処については、自衛隊が警戒監視、敵の排除、被害局限などについて中心的役割を担うべきである。

ウ　周辺海・空域及び離島・島嶼の安全確保

日本は、周辺海域において、領土をめぐる意見対立や、排他的経済水域が未確定といった問題を抱えている。それらの平和的解決及び国際法に基づく海洋の利用秩序の確立を図り、かつ、実力による一方的な現状変更を防止しなければならない。このため、適切な規模の部隊を展開し、常続的な警戒監視活動を行い、警察機関を情報面等で支援するとともに、部隊の警戒監視能力、対空・対水上・対潜能力の向上を図り、質的優位を保つことが必要である。

また、島嶼部の安全を確保するため、陸・海・空部隊の新たな配置を検討するとともに、緊急展開能力の向上を図るべきである。

エ　大規模災害への対処等を通じた国民の安全・安心の基盤の保持

自然災害の多い日本の特性を踏まえ、自衛隊は、その配置、組織力、即応能力を活かし、国内の大規模災害に際して、人命救助、救援、医療、関係機関との連絡調整等に重要な役割を担うべきである。

また、地域の防災能力の低下等の傾向がみられる中において、自衛隊の有する対処能力だけでなく、全国くまなく配置された駐屯地等の存在は、国民の安全・安心の基盤であり、自衛隊は今後とも地域との連携を強化すべきである。

オ　本格的武力攻撃への備え

現下の国際情勢においては、日本の国家としての存立そのものを脅かすような本格的な武力侵攻が生起する可能性は低い。他方、こうした事態への備えは、独立国として本来保有すべき機能であり、周辺に大規模な軍事力が集中しているといった状況に照らして、日本としては、このような機能の保持に留意する必要がある。将来、このような本格的武力侵攻の可能性が生じ得るような予期しない情勢変化に備えて、これに対処し得る必要最小限の能力を維持すべきである。また、このような能力を保持することは、さまざまな事態に対処するための基盤ともなるものである。

②地域的な環境・秩序のいっそうの安定化

ア　平素からの情報優越の確立

東シナ海や西太平洋を含む日本周辺地域において、中国の海洋活動や、ロシアの警戒飛行の活発化などの事象がみられており、こうした各国の軍事的な活動量の増大が将来日本の安全に影響を及ぼさないよう、また、地域にとっての不安定要因とならないように注視していく必要がある。

本項①にて、平素からの防衛力の常続的な運用が、日本の防衛・安全確保のための抑止力として重要であることを指摘したが、これは地域の安全保障環境・秩序の安定化にとっても重要である。ＩＳＲ活動により周辺各国の軍事動向を正確に把握し、日本側の情報優越を確立すべきである。また、ＩＳＲ活動は、日米両国が協力して地域的な安全保障環境・秩序の安定化をめざす上での共通の基盤となる分野であり、自衛隊と米軍の間の連携を強化していくべきである。

イ　地域における防衛交流・協力の充実

地域の安全保障環境の安定化のための信頼醸成の意義は第一章第3節の中で詳述したとおりである。日本の防衛交流は、中国との艦船の相互訪問の実現など、地域の国々との信頼醸成に成果をあげてきた。また、近年、防衛交流の意義として、信頼醸成に加え、さまざまな課題の解決に向けた他国との協力関係の構築・強化の重要性が認識されてきている。

アジア太平洋地域においては、海洋の安全保障や、災害救援のような分野における協力が重要となる。このような地域共通の課題への取り組みには、多数の国の参加が必要である一方、政治的立場に左右されないため協力を呼びかけやすい。海洋の安全保障の問題の中でも重要な海賊対処について、例えば、日中両国は、ともにソマリア沖の海賊対処のために艦船を派遣しているが、両国は、インド洋から南シナ海までのシーレーンを共有している。シーレーンの安全のような国際公共財の提供のため両国が協力することは、日中二国間関係にとどまらず、地域全体にとっても好ましい影響を及ぼすものである。

また、日本と共通する価値観を持つ地域の国々との協力を拡大することも重要である。日・韓・豪が地域のさまざまな課題に率先して取り組み、米国も交えて域内各国との協力を拡大し、地域をリードしていく必要がある。韓国、豪州は、米国の同盟国であり、装備品や運用上のコンセプトについて米国や日本と共通するものも多いため、日本との実務的な協力の素地が備わっている。今後さらに情報分野や調達、補給、輸送、医療等の後方支援分野での協力について具体化を図ることが必要である。また、国際平和協力活動が部隊間協力を拡大・深化する絶好の機会であることは、東ティモールにおける韓国軍との協力、イラクにおける豪軍との協力等によっても明らかになった。これらの国と部隊派遣について協力することが可能な地域については、日本も積極的に部隊を派遣することを検討すべきである。

ウ　地域安全保障枠組

防衛省は、ARF参加国との局長級会合である東京ディフェンスフォーラムに加え、昨年からはASEAN各国との次官級会合を主催するなど、防衛当局者間の意見交換を強化してきている。日本は、これらの枠組を積極的にリードし、軍事力の透明化、実力による現状変更の禁止など、合意可能な目標の設定とその達成に向けた努力を促進する形で、地域の安定化に貢献すべきである。

人道支援、災害救援、テロ対策、海洋管理に関する演習の相互参加・視察や各種の多国間共同訓練は、域内各国間の信頼醸成のための手段として有効であり、将来的な多国間協力枠組の芽とも成り得る。日本は、ASEAN各国の主体性を重んじつつ、このような訓練等にアイデアを提供するなど、適切な支援を行うべきである。

③グローバルな安全保障環境の改善

ア　テロに対する取り組み

アルカイダの掃討を中心とする国際的なテロに対する取り組みは、短期間で終息するとは考え難い。テロに対する取り組みの成否は、中東、南西アジアといった日本にとって重要な地域の安定に影響するものであり、こうした取り組みにおける協力は、国際社会の一致した意思の表明及び日米同盟の信頼性の証としても日本にとって重要な課題である。テロに対する取り組みの一環として、インド洋における海上阻止活動への海上自衛隊による支援を行っているが、この活動に限らず、日本がこのような取り組みを長期にわたって実施することが可能な体制を強化しなければならない。

イ　破綻国家への支援・国連平和維持活動への参加等

日本は、従来から、国際社会からの要請なども考慮しつつ、カンボジアへの国連PKOやイラク復興支援などに関わってきたが、「平和協力国家」[14]としての日本の国際的指導力を高めるためにも、破綻国家の再建などの活動により積極的に関わっていくべきである。その際、自衛隊は、専門性を活かした人道・復興支援に加え、文民の防護や治安維持機能向上のための支援に重点を置くべきである。また、日本は先般、国連待機制度[15]への登録を行ったが、引き続き、国連PKO局等への要員の派遣を含め、国連平和維持活動により積極的に参加するための条件整備を進める必要がある。

さらに、気候変動により、海面の上昇のほか、洪水、干ばつ、暴風の発生頻度が増加するといわれており、また新型インフルエンザをはじめとする感染症の爆発的な流行拡大（パンデミック）が懸念される中で、今後、災害救援活動の重要性が高まる可能性がある。国際緊急援助活動は、自衛隊が培ってきた災害対処ノウハウを有効に活用できる活動であることから、積極的に参加していくべきである。

ウ　大量破壊兵器の拡散問題への対応

大量破壊兵器の拡散の阻止や武器・武器技術の移転管理は国際社会が協力して早期に取り組むべき課題である。PSIなど、大量破壊兵器やミサイルの拡散を防ぐための取り組みに自衛隊を積極的に従事させるべきである。また、軍備管理・軍縮の問題を扱う国際機関に軍事専門家として自衛官を派遣することにも、さらに前向きに取り組むべきである。

エ　グローバルな防衛交流・協力の拡大

日本は、地域にとどまらず、NATOや欧州諸国等との安全保障に係る政策対話とともに、グローバルな安全保障課題に関する交流・協力を積極的に進めていくべきである。こうした取り組みは、国際平和協力活動の迅速かつ円滑な実施に資するのみならず、協調的な秩序の構築へとつながることも期待できる。

第2節　新たな防衛力の機能と体制

（1）防衛体制構築の指針

今日の安全保障環境の下で、防衛力が対処すべき事態は多岐にわたる。テロはいつでも起こり得るものであり、平時と有事の区別を論じることが難しい。また、武力攻撃の態様も、弾道ミサイルや特殊部隊による攻撃など、兆候を察知するのが容易でないものが予想される。このような事態に際しては、事態の悪化を防ぐべく、状況に応じたシームレスな対応をとる必要がある。

防衛力の役割が国の防衛にとどまらず国民の安全確保のための各種活動に広げられるべきであるという考え方が〇七大綱以来定着してきたが、国民の安全確保に関する防衛力の役割は、当時から想定されていた災害対処、在外邦人等の輸送などに加え、近年はテロ攻撃に際しての住民の避難措置が付け加わるなど、さらに拡大している。また、本年（二〇〇九年）海賊対処法が成立したことにより、自衛隊は海上保安庁との協力の下、本格的に法執行を担うことまで求められるようになった。

国内のみならず、環境が著しく異なる海外でも活動することが求められている。テロ対処、平和構築、災害救援等の各種の非軍事的活動にも従事する必要があり、さらに、自然条件が厳しい遠隔地への迅速な展開や、長期間に及ぶ活動の継続も要請される。

このように、今日の防衛力は、多種多様な任務に従事可能な「多機能」性を持ち、突発的な危機にも迅速・的確に対処し得る「柔軟な」運用が可能なものへと発展すべきである。このような視点で現在の自衛隊を見れば、自衛隊の体制は一六大綱を受けた変革の途上にあるが、上に述べた防衛力の役割を果たせるよう、いっそうの体制変革が必要である。

これまでの大綱制定の経緯を見ると、防衛力の質の向上を前提としつつ、〇七大綱では防衛力の「合理化・効率化・コンパクト化」が、また、一六大綱では、本格的な侵略事態への備えとしての装備・人員の縮減が目指され、現在も一六大綱が示す体制への移行が続いている。こうした経緯を受けて、今回の大綱見直しにおいては、新たな安全保障環境の下、防衛力の役割が拡大している点や、継続的な活動と、対応の迅速性が重視される点を踏まえ、防衛力の水準を検証し、時代の要請に即した体制を実現する必要がある。

また、今日、事態生起までの猶予時間が短くなる一方、部隊、隊員に求められる能力が高度化・専門化していることから、事態対処に当たっては、部隊が平素からの編制を維持したまま対処することが前提となる。したがって、平時から部隊の定員に対する充足率を高く保ち、即応性ある防衛力を構築すべきである。部隊の充足率が低いことによって、その実効性にリスクを生じさせることは許されない。

防衛力を「多機能」で「柔軟」なものに発展させるに際し、装備・編成の優先順位を明確化しつつ、調達改革を進めることにより、効率的な経費使用を行うべきことは当然であるが、かつてのGNP比のように固定的な水準を前提に防衛予算を定めることはできない。防衛力がその役割を適切に果たすために必要な装備・人員を確保し、それを運用できるよう、政府全体の中で適切に資源を配分していくことが必要である。

（2）防衛力の機能発揮のための共通の要請

東アジア地域に大規模な軍事力が集中する状況や、日本と比較した周辺国の国力の相対的な動向を踏まえれば、今後日本は、適切な日米間の役割分担の視点も考慮しながら、装備については量よりも質に配意すべきである。同時に、保有する装備の機能を全力発揮させるためのソフトウェアを重視し、より費用対効果の高い防衛力を構築していくべきである。そのための共通の要請として、以下を重視すべきである。

第一に、相手よりも状況を早く正確に収集・分析・評価すること、すなわち、情報優越を獲得することにより、その防衛力が機能を効果的に発揮できるようにすることである。このため、ISR活動に従事する航空機、艦船等の整備とネットワーク化を進めていく必要がある。この際、宇宙空間も効率的・効果的に利用することが適切である。政府は、安全保障を強化する宇宙開発利用の推進策として、高分解能を有する商業用画像衛星その他先行する民生技術の活用や、防衛利用の観点も踏まえたデュアルユース技術の研究も積極的に進めるべきである。

第二に、現場と中央を結ぶ指揮通信（C4）機能、また、それと表裏の関係にある情報セキュリティ機能の充実を図ることである。事態の進展にシームレスに対応するため、抗堪性のある大容量通信によって現場と中央を直結することが必要である。また、国際平和協力活動をさらに強化するための基盤として、国外部隊と本国との通信、国外部隊同士の通信の能力向上について重点的に対応すべきである。

情報ネットワークに対する脅威は、近年ますます増大している。攻撃者がその存在を秘匿したまま容易に攻撃を加えられること、攻撃には大規模システムを必要としないことなどの特性から、防衛力に対する切迫した脅威となっている。情報セキュリティがあらゆる任務遂行の基盤となるとの認識に立ち、攻撃に強いネットワークを形成しつつ、脅威の進化にあわせた改善を図る態勢を持つことが不可欠である。

第三は、高度な科学技術力の活用である。周辺国の軍事力を念頭に、量のみに着目して日本の安全を確保しようとするのではなく、ステルス化、ネットワーク化、精密誘導化などの世界の軍事技術の趨勢を踏まえ、日本の有する高度な科学技術力の活用により、質を高めていくことが必要である。また、日本の民間企業は省エネルギー・再生可能エネルギーの分野についても高い技術水準を有している。自衛隊の能力を低下させない範囲で、燃料費の軽減や補給の負担軽減といったメリットを追求するため、新しい技術の活用を検討すべきである。

第四は、日本が三千キロに及ぶ列島線を抱え、多くの島嶼を有するといった日本の地理的条件を踏まえることである。日本本土と離島との距離を克服するためには、部隊を迅速に展開させる機動力の向上が必要である。他方、従来から空自レーダーサイトが離島に配置されているように、日本が離島を領土として保有することはISR活動などにおいて利点でもある。この両面に着意した防衛力整備を進めていくことが重要である。

（3）統合運用の強化と更なる統合の拡大

弾道ミサイル攻撃のように瞬時に状況が変化する事態には、三自衛隊のアセット（資源）を有機的に連携させることによって的確に対処することが求められる。その場合、統合幕僚監部や陸・海・空自衛隊の統合任務部隊司令部（メジャーコマンド）を中心とした統合運用によって作戦を遂行することが必須の条件である。

統合幕僚監部が新設され、運用機能が一元化されて三年が経過するが、これまでに得られた教訓をも踏まえ、統合幕僚監部の機能強化に加え、メジャーコマンドレベルにおいても統合運用能力をいっそう高める必要がある。

また、防衛力が統合により多機能性を発揮するためには、対処すべき事態ごとの作戦指針を明確化し、教育訓練に取り入れていくと同時に、任務に応じた部隊編成の多様化を図ることが必要となる。その観点から、統合運用の円滑かつ効果的な実施のための教育訓練や部隊編成の手法を確立すべきである。

さらに、統合運用される自衛隊が効果的にその能力を発揮するためには、運用を担当する統合幕僚監部が作戦面からの優先順位を判断し、防衛力整備について意見具申する権限を持つことが必要である。

（4）日米同盟の強化に資する防衛力整備

二〇〇五年一〇月の「2＋2」共同文書は、日米の共通の戦略目標を達成するための具体的協力内容を定めた文書であり、日米間の計画検討作業に具体性を持たせることに言及している。計画検討作業を通じ、緊急事態における日米の役割と任務の分担が具体化され、日米協力における能力の相互補完を検討する基礎となる。自衛隊と米軍の間の能力補完は、すでに広範な分野で行われている。例えば、米軍の打撃力の中軸をなす空母部隊が日本防衛のために展開する場合、自衛隊は、対潜水艦能力や米軍に不足する機雷掃海能力を提供することができる。また、日米が共同で航空作戦を行うためには双方の航空機の間の相互運用性の存在が前提となるが、自衛隊の持つ広域の警戒管制情報が、このような作戦を支えることとなる。

したがって、日本の防衛力を構築するに際しては、今後とも、米国との役割・任務の分担や日米間の相互運用性の向上の観点から常に確認していくことが重要である。

（5）国際平和協力活動の強化のための体制整備

国際平和協力活動は、一六大綱の中で防衛力の主要な役割としての位置づけを与えられ、さらに二〇〇七年からは自衛隊の本来任務とされた。

しかしながら、近年の自衛隊の国際平和協力活動への参加実績は、他の主要国の国際派遣の実績と比較して十分な水準とは言えず、日本は、国際システムの維持・構築の役割を担う立場から、より積極的に参画していく必要がある。本懇談会としては、大規模かつ多様化したミッションへ常時複数箇所、自衛隊の部隊を派遣することが可能な態勢を確保すべきであると考えている。

陸上自衛隊については、海外オペレーションに適した装備品等の整備をはじめ、国際平和協力活動に迅速かつ長期間対応するための能力をいっそう向上させるとともに、一定規模の部隊を常続的に派遣することを可能にする部隊交代の態勢や後方支援態勢等を保持すべきである。海上自衛隊については、インド洋のような遠隔地域において国際平和協力活動を的確に実施するための体制を維持するとともに、洋上を含む現地での後方支援態勢等を確保すべきである。また、航空自衛隊については、中東、アフリカ等の遠隔地域での国際平和協力活動において、陸自部隊等の機動的な展開や救援物資等を迅速に運搬するための効率的な輸送態勢を整備するとともに、派遣部隊の安全を確保するための警戒監視等、活動する手段の多様化を図るべきである。

このような海外オペレーションを円滑に遂行するため、いっそうの統合運用体制の強化や指揮通信の強化も必要である。また、災害救援や人道復興支援などの現場で対応すべきニーズが多様化・複雑化している現状にあわせ、関係国部隊や国際機関との連絡調整能力の向上、現地の地誌情報の収集や、これらに資する隊員の語学力の向上、さらには、現地の文化や習慣に対する理解の向上を図るべきである。さらに、海外オペレーションの拡大と並行して、任務遂行に当たる隊員のみならず、負傷・帰還した隊員やその家族を支援する体制の整備を行うことが必要である。

第3節　防衛力を支える基盤

防衛力がその能力を発揮する上で、これを支えるさまざまな基盤が重要な役割を果たす。そこで第3節では防衛力を発揮するために必要な人的、物的、社会的基盤それぞれについてその現状を検証し、今後のあるべき姿を検討する。

これまで、第1節で示した防衛力の役割を基に、第2節では、今後日本の防衛力に求められる機能と体制を検討してきた。これらの構想を具体化する上で、高い能力を持つ隊員、情報化・ネットワーク化に対応した先進技術を具備する装備品が必要である。しかし、少子化によって優秀な人材の供給は減少し、また、高価格化や国際的な技術の発展に伴い装備品の調達環境も変化している。このため、人的基盤としては少子化への対応等について、そして、物的基盤としては防衛生産・技術基盤について検討する必要がある。

さらに、部隊が高い練度を維持するためには、部隊が駐留し、訓練する空間を提供し、部隊の活動を支える地域社会の協力が不可欠である。また、海外の過酷な環境下でのオペレーションなど、困難な任務が多くなることも予想され、組織や隊員の士気を維持するには国民の支持や理解も必要であることから、社会的基盤として国民の支持と地域との協力についても検討する。

（1）人的基盤（少子化への対応など）

自衛隊は、人的基盤に関し二つの喫緊の課題に直面している。

一つめの課題は、日本国内で急激に進行する少子化である。自衛官の主な募集対象であった一八歳から二六歳の男性の人口は、〇七大綱策定時と比べて三割程度減少しており、従来の採用方針では、一定の質的水準を維持しつつ募集定員を充たすことができなくなるおそれがある。

二つめは、自衛隊の階級・年齢構成がいびつになっている点である。若い隊員が安定的に充足され、任期を経て定期的に除隊していく徴兵制のある国や、志願制ではあるが階級別に滞留制限のある米国・英国とは異なり、日本では自衛官の定年延長、高年齢での部内からの幹部登用などが行われてきた結果、現場指揮官クラスである尉官を含む幹部の平均年齢が他国と比較して高い。これは自衛隊の精強性維持の観点、また、多様化・複雑化する任務への柔軟な対応という観点からも問題となる。

少子化の中で隊員募集を円滑に行うためには、雇用の安定という若者への訴求力の向上が必要だが、二年一任期の任期制隊員から定年まで自衛隊にとどまることのできる非任期制隊員へと募集をシフトすることは、二つめの課題である平均年齢の高齢化を招く要因となる。したがって、これら二つの課題には総合的に取り組むことが不可欠である。

少子化への対応として、まず、女性自衛官の積極的な採用・登用を一段と進めることが考えられる。女性の特性や母性保護などを考慮しつつ職域の拡大を図り、女性自衛官の比率を高めていくことが必要である。

また、隊員募集時の訴求力向上は避けて通れない問題であり、募集時点から、長期安定的な雇用形態を提示していく必要がある。このため、任期制である一般隊員（2士・1士・士長）から非任期制である曹クラス

（3曹から曹長まで）への昇任を考慮しつつ、全体の人事制度についても、非任期自衛官の採用数の増加を前提に設計し直す必要がある。

二つめの課題である年齢構成の是正のため、曹クラスから幹部への部内登用については、抑制の方向で見直しを行う必要がある。一方、曹クラスと幹部とで別の俸給体系とし、同時に、曹クラスにとって目標となる新たな階級を創設することによって、曹クラスの隊員の動機付けと活性化を図ることが望ましい。さらに、非任期制隊員については、米・英同様に階級別の滞留年限を定めることなどによる、早期退職制度の導入も検討課題である。しかしながら、この制度を機能させるためには、早期退職する自衛官が不安を覚えないよう、社会の側で退職自衛官を受け入れる受け皿作りが必要不可欠である。この際、社会の好意に頼るばかりではなく、自衛官としての専門的知識・能力・経験等の利点を活用した政府全体による再就職支援が重要である。

最後に、自衛隊の活動の多様化・複雑化や、国民の自衛隊への期待の高まりに伴い、隊員への教育訓練を通じた人材育成の重要性は今後ますます増大する。厳しい募集環境の中で採用した人材を優秀な隊員に育てられるか否かは、ひとえに自衛隊の教育訓練のシステムの適否にかかっている。効果的な教育訓練の結果、個々の隊員が、防衛省改革会議報告書にいうところのポジティブな「プロフェッショナリズム（職業意識）」を確立することは、自衛隊が高い士気を維持し、強固で健全な組織を作り上げていく上で不可欠な要素である。また、個々の自衛官がプロフェッショナリズムを確立することは、退官後、再就職する際にも社会に還元できる大きな財産となり得る。さらに、これに関連し、自衛隊がプロフェッショナリズムの質を高めるためには、社会との人材交流を目的として自衛官を民間企業等で研修させること、技術専門家の育成のため国内外に留学させることや、反対に専門的な知識経験を有する人材を隊内に受け入れることで組織の活性化を図ることも重要である。このため、一般職における任期付任用職員と同様の短期現役制度などを導入することも検討する必要がある。

人的基盤について、本懇談会では、問題点の改善に向けた論点を提示した。この問題の安全保障上の重要性に鑑み、今後、政府全体として検討し、施策化に取り組んでいくことを期待する。

（2）物的基盤（防衛生産・技術基盤）

米軍から貸与・供与された装備で発足した自衛隊は、その後、独自の防衛構想に適合した装備を取得すること、また、補給を海外に依存することで有事の継戦能力が損なわれないようにすることなどを目的として、順次、装備品の国産を進めてきた。こうした国産化の努力は、国内における確実な供給・運用支援基盤を構築し、また、緊急時には自らの防衛力を拡張し得るという意味で、潜在的抑止力を確保する役割を果たしてきた。しかし、今日、高性能化に伴う装備品の高価格化が進む一方、防衛関係費は過去数年間逓減傾向にあるなど、装備品の調達に関わる環境は変化しつつある。装備品の調達の減少により、一部には、技術者や熟練技術者の維持が困難となり防衛生産から撤退した企業もみられる。

冷戦終結以降、各先進国では、コスト削減を図りつつ先進的技術を追求した装備を導入するため、装備品の取得方法の改善が行われた。その手法として、民生品の活用に加え、国際共同開発への参加が行われてきている。また、防衛産業の統合も進んでいる。先進国であっても、一国ですべての装備に関する生産・技術基盤を維持することは非常に難しくなっているのである。

翻って日本では、主要な防衛関連企業における防衛需要（防需）依存度が極めて低く、防衛分野の企業統合の動きもさほどみられない。また、防衛省の研究開発投資の水準は先進国と比較して極めて低いため、装備技術に関する研究開発は民間の創意に依存してきた側面がある。これは、デュアルユース技術の防衛装備品への適用に役立った反面、防需の仕事量の変動を企業側の負担で吸収することともなってきた。しかし、このような民依存型の防衛生産・技術基盤が、外部環境の変化に耐えられるかどうか、試練の時期を迎えている。

今後、自衛隊が先進技術を活かした装備を、コストを抑制しながら取得していくためには、国内外の情勢変化を踏まえた新たな方策を打ち出さなければならない。防衛省改革会議等で示されたＩＰＴ（統合プロジェクトチーム）の推進などの整備・調達改革を引き続き着実に実行していくことが重要である。また、防衛装備品は、一般競争入札に馴染まない性格を有しており、この点を踏まえた合理的な調達方式を検討すべきである。

加えて、日本の防衛のために必要な装備でもその全てについて国内で開発・製造体制を堅持することが不可能であるとすれば、国としての防衛生産・技術基盤に関する基本的な方向性を示すことがよりいっそう必要になってくる。その際、個別戦闘の勝敗を決するような要素、秘匿を要する要素、維持・整備の必要性等から自国に基盤を保持しなければ戦力を発揮し得ない要素に着目して基準を設け、重点的に維持・育成すべき防衛生産・技術基盤を明確化し、これに従って、防衛省の装備品の取得方式（国産、輸入、他国との共同開発等）を決定すべきである。国内に維持すべき種類の防衛生産・技術基盤に留意し、それをどのように維持・発展させるかという包括的な防衛産業政策を政府が明確にすることが必要である。また、政府は、国内の防衛関連企業に対して、長期的な観点で投資、研究開発、人材育成を行うための予見可能性を与えることなどを通じて、最終的にはコストを抑制しつつ優れた装備品を調達し得る防衛生産・技術基盤の実現をめざすべきである。

世界水準の先進技術に追いつくため、また、独自で開発を行うリスクやコストを低減するため、国際共同開発に積極的に踏み込むことが必要である。これに関連して、武器輸出三原則等のあり方、防衛装備品への先行投資を可能とする契約等のあり方、相互の秘密保護のあり方等について見直しが必要である。

武器輸出三原則等の見直しに関しては第三章第４節で詳述する。

（３）社会的基盤（国民の支持と地域との協力）

有事における日本の防衛に関し自衛隊が果たすべき役割については国民から十分な理解と支持を得られていると思われるが、有事の際には国民の負担や協力が必要な場面が想定されることをよく理解している国民は少ないのではないか。また、イラク復興支援の際の国内の議論で明らかになったように、日本が国際平和の実現のためより積極的に関与していくことについて、国民の間で多様な見解が存在する。これまで日本では、安全保障や防衛に関し、平素からの国民的議論が忌避されてきたため、何か問題が生じた時に冷静な議論が行えない傾向があったが、安全保障環境が大きく変化した今、日本の安全保障政策のさまざまな側面に関して、広く国民の間で議論がなされるべきであり、そのためにも正確な情報、適切な説明を提供していくことが重要である。

国民への広報については、自衛隊の活動の重要性が国民に分かりやすく伝わるよう、防衛省のみならず政府一体となって努力すべきである。その際に、崇高な任務を負う自衛隊員の士気を高め、自覚を促すような配慮も重要である。自衛隊は絶えず国民からの視線を意識し、ありのままの姿を見せ、国民からの共感を獲得することが重要である。透明性の確保、説明責任の重要性に対する認識を高めるよう、継続的な教育が重要である。

災害派遣や民生協力は、自衛隊の重要な任務の一つであり、国民や地域住民の期待が高い。また、国際社会に対し、自衛隊の高い能力を示すことにもつながる。訓練や日常の交流を通じて地域と密着した部隊は、現実の災害発生時にも地域の協力を得て、十分にその力を発揮すると考えられる。

また、別の側面として、自衛隊の存在は基地・駐屯地を受け入れている地域において雇用・経済を支えるものであることや、自衛官やその家族と地域社会の間の親密な関係が部隊の士気にも良い影響を与えることも留意すべきである。

多様化する任務に自衛隊が迅速・機動的に対処することが求められる今日、展開能力の向上により、平時における部隊配置をより柔軟に考えることが可能になってきている。したがって、自衛隊部隊の配置を決定する場合には、日常の訓練のしやすさや地域社会との連携の強さをも考慮すべきである。

このように、自衛隊に対する国民の理解や支持、地域住民の協力は、重層的な意義を持つようになっており、今や、防衛力を構成する重要な要素となっていることについて、再認識されるべきである。

第三章　安全保障に関する基本方針の見直し

第一章では、新しい日本の安全保障戦略として多層協力的安全保障戦略を示した。これは、日本自身の努力、同盟国との協力、地域における協力、国際社会との協力というアプローチを組み合わせて、日本の安全を守り、脅威の発現を防止し、国際システムの維持・構築をめざすものであり、防衛力を含む日本のパワーが平和と安全のためにより積極的に使われることが提案された。これを受けて、第二章では防衛力が果たす役割について検討され、日本の国家意思の作用として、防衛力が効果的に運用され、目標が達成できるよう、適切な機能や体制などの整備が提言された。

これらの取り組みについては、日本の保持する資源が限られていることから、その優先順位を正しく設定する必要がある。一方、その限られた資源を最大限活用するため、政策や法制度などについて再検討することは重要である。そこで第三章では、とくに国、政府全体の問題として取り組むべき政策上、法制上の課題を整理し、その再構築を提言する。

第１節　安全保障政策に関する指針について

日本の安全保障政策に関する最も基本的な方針を定めた文書として、一九五七年に決定された「国防の基本方針」（参考１）がある。同方針は、策定から五〇年以上の間、一度も修正されることがなかった。

このことは、同方針の定めた内容が日本の不変の国情に合致していたからともいえるが、同時に安全保障政策の変化と照らし合わせてもなお修正を要しないような一般的な内容しか定められていないことを意味しており、「国防の基本方針」が日本の現実の安全保障政策を決定する上での十分具体的な指針とはなり得ていない、とみることがむしろ適当である。

また、日本は、防衛費のＧＮＰ一％枠を撤廃した翌年の一九八七年、「今後の防衛力整備について」と題した閣議決定を行い、その中で、（ア）専守防衛、（イ）他国に脅威を与えるような軍事大国にならない、（ウ）文民統制を確保する、（エ）非核三原則といった、それぞれ異なる文脈の下に策定された方針事項を並べるなど、本閣議決定を日本の防衛力整備の新たな歯止めの基準とした。それ以来、これら四つの方針は、防衛白書などで、「国防の基本方針」とともに、「防衛政策の基本」を構成するものと紹介され、また、一六大綱に至るまでの政府の主要文書の中で忠実に繰り返されてきた。

これら四つの方針は、客観的・主体的状況の変化を踏まえて検証する必要があるが、軍事大国とならない、核兵器を持たないという否定の形で、日本の防衛政策に歯止めを掛ける意義を持ってきた。他方、日本が今後、国際的な課題に積極的に取り組んでいく中で、「日本は何をするのか」についての十分な説明を提供するものではない。

日本の防衛政策の歯止めについて、本懇談会は、日本国民が自身の民主主義を信頼し、これを機能させることに優る歯止めは存在しないと考える。その意味で、文民統制は、今日でも日本の基本的防衛政策の一つとして重要であり、また、今後ともその価値は変わらないと考える。また、軍事大国にならないとの方針は、日本の平和志向に根ざした国内外へのメッセージとして引き続き重要であり、これを維持することは、日本の防衛力整備の方向性に関する信頼性を高めるという意義がある。

他方、例えば、「専守防衛」という言葉は、自衛隊の発足直後その合憲性が国会等においてさかんに問われていた状況において、他国を侵略するのではなく専ら日本を守る、そのために必要最小限度の防衛力を整備していくという政府の立場を説明する際にしばしば用いられたものである。この言葉は、佐藤内閣[16]において「わが国の防衛」の「本旨」とされて以降、「憲法の精神にのっとった受動的な防衛戦略の姿勢」という考え方として定着している。しかし、この言葉の持つ語感は、日本の防衛のためにどのような装備体系や部隊運用が必要かを具体的に議論するに当たり、率直かつ自由な思考・発想を止めてしまう要因となっていることに留意しなければならない。私たち日本人が「専守防衛」と唱え続けようとも、世界の安全保障環境はそれと無関係に刻々と変化している。脅威がグローバル化・トランスナショナル化し、弾道ミサイルなどが拡散する世界は、従来、「専守防衛」で想定していたものではない。

今後、日本が自らの安全保障政策の指針として「専守防衛」を維持するのかについてはさらに議論しなければならないが、少なくとも、「専守防衛」の内容が不必要なまでに広く解釈されることは好ましいことではない。日本は不必要な軍拡競争が生まれないように留意しつつ、有効な防衛力を効率的に整備する、そして、侵略に対しては不退転の決意で防衛に当たる、ただし、憲法が認めていない「先制攻撃」を行うことはない、といった基本的な要素を押さえながら、「専守防衛」の意味を明確化させることが有益と考える。

「国防の基本方針」策定以降、今日までの間に、日本をとりまく安全保障環境は大きく変化した。同時に、日本の主体的条件も、国際システムの受益者から、これを担っていく関与者へと変わってきた。こうした変化を踏まえ、国民と国際社会に対して説得力と透明性のある安全保障政策の策定が必要不可欠である。本懇談会は、このような認識に立って、日本がめざす「安全保障政策の基本方針」を定め、内外に示すべきであり、その際に、あわせて、専守防衛など、日本の基本姿勢を表す概念についても、今日の視点から検証すべきであると考える。

第2節　国際平和協力活動に関する方針・制度について

（1）国連PKO参加の現状

破綻の危機に瀕している脆弱国家における平和定着や、破綻してしまった国家に対する復興支援といった国際的な努力に積極的に関わっていくことは、「平和協力国家」をめざす日本にとって当然の責務といえる。

しかし、二〇〇七年に国際平和協力活動が自衛隊の本来任務とされ、また国際活動教育隊や中央即応連隊が新編されるなど自衛隊が国際平和協力活動に主体的・積極的に取り組むための各種体制が整いつつある一方で、国連PKOへの日本の参加は低調である。日本はUNTAC（国連カンボジア暫定統治機構）への参加を皮切りに、国際平和協力法の下、多くの国連PKOに参加し、その業務範囲も拡大してきた。東ティモールにおいては、司令部への要員派遣、文民警察要員による警察コミッショナーへの助言、最大六八〇人からなる施設部隊による後方支援、民生支援などを実施し、経済援助や技術指導などとも連携したこれらの活動は、その派遣先等において高い評価を受けた。これまで、日本は質の高い貢献を行ってきたが、他の先進国と比べると、その規模や業務範囲は限定的である。国際平和協力法（PKO法）は、同法に基づいて派遣される要員の上限を二〇〇〇人としているのに対し、現在派遣されているのは五四名（二〇〇九年五月現在）[17]である。日本は他のG８諸国等と並ぶ応分の努力を行う必要がある。[18]

従来、国連ＰＫＯへの日本の要員の派遣は、参加五原則（参考２）に基づき、いわゆる宮沢四原則（参考３）も念頭に置きつつ、その可否を判断してきた。しかし、一九九〇年代以降、国連ＰＫＯは、国家間紛争に対応する伝統的なものから、多数の当事者が存在する内戦型の紛争、非国家主体との紛争等に対応した大規模・多機能型のものに変化し、参加五原則に当てはまらないケースが多くみられるようになった。また、活動地域の多くがアフリカ等の遠隔地であり日本の安全や利益に直結するとは感じにくいことから、政策判断としても積極的な派遣がなされなかった側面もある。このため、参加五原則や宮沢四原則など、ＰＫＯの派遣を判断する法的・政策的基準について、国際標準にあわせる形で見直す必要がある。

（２）参加基準の見直し

参加五原則とは、国際平和協力法の法案作成に当たり取りまとめられたものであり、その考え方は同法の規定の中に組み込まれている。参加五原則は同法制定当時（一九九二年）設置されていた国連ＰＫＯミッションの形態を念頭に作られ、五つの原則のうち、停戦合意、受け入れ同意、中立性の三つの原則はいずれも「紛争当事者」との関連で定められている原則だが、当時は、国家間紛争や、統制のとれた少数の主体間での紛争を想定していた。しかし、脆弱国家や破綻国家における紛争の場合には、「紛争当事者」に該当する可能性のある主体が多数存在することが多い。日本の積極的参加を実現するためには、これら三つの原則が満たされているかどうかの要件については、全ての当事者ではなく、国連や地域連合が紛争当事者であると認定した主体について判断する、という考え方に切り替えることが必要となる。

次に、参加五原則の一つに、「武器の使用は、要員の生命等の防護のために必要な最小限のものに限られる」という項目があるが、破綻国家においては、住民や避難民の防護が必要であり、また、多機能型ＰＫＯでは文民や民生活動に従事する軍人も多数参加することから、文民等の警護が活動実施の鍵となる。自衛隊による文民や他国の要員の防護を含め、活動に必要な武器使用のあり方についても見直す必要がある。

本懇談会は、これらの課題を解決し、日本のＰＫＯ参加拡大を図るため、参加五原則を見直し、これと表裏一体の関係にある現国際平和協力法を改正すべきであると考える。

次に、宮沢四原則は、ＰＫＯへの参加の是非を政策的に判断する基準として、国内の支持と国際社会からの評価、要員の安全、及び、日本に相応しい業務を挙げたものである。しかし、日本では、アフリカなど遠隔地への派遣について、国内の支持を得ることが難しい場合が多かったのも事実である。実際、今日の国連ＰＫＯの過半数がアフリカにおける活動であるにもかかわらず、日本は、一九九五年以降、アフリカへの部隊派遣を行っていない。このため、宮沢四原則についても、次のような考え方を基に、見直しを進める必要があると考える。

ここで日本のＰＫＯ参加について改めて考えると、参加を判断する政策的基準の一つめは正統性の有無である。日本が参加するＰＫＯミッションには、国連決議や地域的な合意など国際的な正統性が確保されているべきである。二つめに、ＰＫＯ要員等の安全が自衛隊による警護等によって確保されることである。この際、日本の要員以外に、保護を必要とする各国文民等の安全確保も重要である。三つめに、実施すべき業務について、自衛隊の能力を含む日本の指導力、行政能力等が適切に発揮されることである。そして、これら三つの評価を踏まえた上で、当該ＰＫＯミッションへの参加が日本の国益に合致するか否かを判断すべきである。また、本懇談会は、日本がＰＫＯを含む国際平和協力活動に参加することは、日本にも及びうる脅威の発現を未然に防止し、日本もその一部である自由で開かれた国際システムを維持するための手段である、という認識が国民の間に広く受け入れられるよう、さまざまな場での議論がなされるべきであると考える。同時に、日本の参加のあり方として、戦闘行為を含む強制措置を直接の任務とはしないことを明確にすることも、国民の支持を広げる観点から有意義であると考えられる。

なお、国連が公表した国連ＰＫＯに関する文書[19]によれば、ＰＫＯ参加部隊の武器使用権限は、ミッション要員の防護を含む自衛のほか、国連安保理決議に基づくマンデートの遂行を妨害する行為を排除するための武器の使用を含むとしており、これが国際平和協力法上認められた武器使用の範囲と異なるという問題が元来存在している。また、紛争解決から国家再建までのシームレスな支援に必要な文民等の警護や住民の防護、治安部門改革といった活動への参加は、現行の国際平和協力法に基づく活動としては難しいが、本懇談会は、これらの活動についても、今後日本が積極的に実施すべきであると考える。このため、国際平和協力法を改正する際には、民軍協力、ＯＤＡとの連携、外国部隊との協働などを想定して業務の範囲を拡大することや、武器使用の範囲の見直しについても検討すべきものと考える。

（３）国際平和協力に関する恒久法の制定

国際平和協力活動の形態は、国連ＰＫＯだけではなく、安保理決議に基づく多国間の取り組み、相手国の要請等に基づき、地域の安定化を目的として関係諸国が国連の枠外で行う非国連型の取り組みなど多様化してきている。日本は、ＰＫＯ以外での自衛隊派遣のうち、安保理決議の要請を踏まえた多国間の取り組みについては、テロ特措法やイラク特措法など、その対象と期限を限った特別措置法によって対応してきた。しかし、その都度法律を作ることは、時間的な損失、政治状況による影響、派遣基準が不明確などの点で問題があり、また特別措置法では情勢変化に伴う修正や期限の延長などが必要な場合、改めて法的手続きが必要となる。

こうした点を踏まえ、日本が国際平和協力により積極的に取り組むため、自衛隊が参加できる活動の範囲を拡大する観点から、活動を行う国際的枠組、参加する活動の範囲、武器使用基準、国会の関与のあり方などを規定した恒久法の早期制定が必要である。このような恒久法の制定は、国際平和協力に関する日本の基本的方針を内外に示す上でも有意義である。

（４）国際平和協力に関する法的基盤の確立

「安全保障の法的基盤の再構築に関する懇談会（安保法制懇談会）」報告書では、国連の集団的措置の一環である国際平和協力は、日本を当事者とする国際紛争ではなく、したがって、憲法が禁止する「国際紛争の一環としての武力の行使」に当たると理解されるべきではないこと、及び、補給、医療等の後方支援が、「他国の武力行使と一体のものと評価される場合には憲法の禁止する武力の行使となる」という「一体化論」は、国際的な理解や国際協力における実態と乖離していることから是正すべきことを提言した。本懇談会は、この報告書の結論を強く支持し、今後の法制度の中で活かされるよう期待している。

第３節　弾道ミサイル攻撃への対応に関する方針について

（１）日米協力の重要性

日本に対する弾道ミサイルによる攻撃から自らを防衛するには、外交による働きかけ、報復攻撃能力による抑止、打撃力を用いた敵基地等への攻撃、ミサイルの迎撃による拒否、被害局限という重層的な方策が必要である。このうち、報復的抑止力について日本は米国に依存しているが、その他の方策について日本が果たすべき役割は大きい。外交による働きかけについては、制裁のための国際的な取り組みをより実効性あるものにするため努力すべきである。ミサイル迎撃については、Ｃ４ＩＳ

Rの分野で米国から支援を受けつつ、主として日本がその役割を果たすべきであると考えられる。国民保護等による被害局限は、専ら日本の果たすべき役割である。

敵基地攻撃能力など、ミサイル防衛システムを補完し、あるいは打撃力による抑止をさらに向上させるための機能についての本懇談会の考え方は第二章第一節（2）で述べたとおりであるが、仮に日本が新たな装備体系を導入するとした場合でも、実際の運用にあたっては情報の交換を含め米国との協調が必要であると考えられ、その具体的なあり方については、日米間の役割分担に関する協議を経る必要がある。

ミサイル発射情報を入手する上では、日本独自のセンサー（イージス艦搭載レーダーや地上配備型のレーダー）によって得られる情報とともに、米国から提供される早期警戒情報を活用することが今後も有効である。本年（二〇〇九年）四月の北朝鮮の弾道ミサイル発射の際、早期警戒情報が直ちに米軍から日本に伝達されており、この事実は日米協力の高い信頼性の現われとして積極的に評価されるべきである。今後さらに日米協力を進め、発射情報の探知手段の多様化・向上を図っていくべきである。

（2）法的基盤の確立

安保法制懇談会では、「米国に向かうミサイルを迎撃すること」、「日米が共同で活動している際に米軍艦船に危険が及んだ場合にこれを防護すること」は、いずれも同盟国として果たすべき日本の任務であり、これらが常に可能となるよう、警察権や武器等防護の論理によらずに、集団的自衛権に関する従来の政府解釈を変更すべきである旨提言された。本懇談会は、この提言を強く支持し、これらの論点について以下のように考える。

①米国に向かうミサイルの迎撃

北朝鮮の弾道ミサイルの性能が向上することにより、その射程には、日本全土に加え、グアム、ハワイなど米国の一部も含まれ、日米は共通の脅威にさらされることとなる。ミサイル防衛システムは日米の緊密な連携により運用されるものであること、またグアム、ハワイ等は日本が攻撃を受けた際に米軍が来援する拠点であることから、米国に向かうミサイルを迎撃することは、日本の安全のためにも必要であり、可能な手段でこれを迎撃する必要がある。従来の集団的自衛権に関する解釈を見直し、米国に向かうミサイルの迎撃を可能とすべきである。

②米艦船の防護

本年（二〇〇九年）四月の北朝鮮によるミサイル発射の際には、自衛隊と米軍の艦船が日本海に展開したが、未だ日本に対する武力攻撃が発生していない状況で公海上の当該米艦船に対する攻撃が行われ、かつ、これが自衛隊艦船に対する攻撃と認めがたいとき、自衛隊の艦船が米軍艦船を防護するための法的根拠は見いだしにくい。

しかし上述のとおり、弾道ミサイルへの対処は、日米が緊密に連携して行うものであり、ミサイルの警戒にあたる米軍艦船について自衛隊艦船が防護できないとすれば、日米同盟の信頼性の低下を招き、北朝鮮に対する有効な軍事的対処ができなくなり、日本の安全を大きく損なうおそれがある。したがって、このような場合においても自衛隊が米艦船を防護できるよう、集団的自衛権に関する解釈の見直しも含めた適切な法制度の整備が必要である。

第４節　武器輸出三原則等について

（1）武器輸出に関する今日の課題

日本は、憲法の理念である平和国家としての立場を踏まえ、国際紛争を助長することを回避するため、武器輸出三原則等（参考４）により武器等の輸出について慎重に対処してきた。また、武器技術、投資、建設工事についても武器輸出三原則等に準じて同様に対処することとしてきた。本懇談会は、日本の武器輸出のあり方を律する武器輸出三原則等には十分な意義があったと考える一方で、日本の安全保障上の要請との整合性において、現在いくつかの課題が存在すると考える。

まず、防衛装備品について世界の趨勢を見た場合、主要国間における紛争の可能性が低下する中、欧米諸国は、高性能化・高価格化する装備品を一国のみで多額の経費とリスクを負担し取得することはもはや現実的ではないとの認識の下、国際的な分業体制を作り出すことを志向している。このような国際的な共同研究開発・生産体制によって生み出される先進的技術や装備品は、プロジェクトに参加した国々の間でのみ共有され、あるいは優先的に供給される可能性が高い。日本がこのような国際共同研究開発・生産の枠組に参加できない場合、国際的な技術の発展から取り残されるリスクが高まっている。

また、このような国際共同研究開発・生産案件や、既に個別案件毎に認められるとされている日米二国間の共同開発・生産案件に日本が参加する場合、研究開発・生産の成果が相手国から第三国へ移転することを可能としなければ、当該共同事業の発展性を確保することができない。

さらに、米国からライセンスを受けて国内で生産する装備品等の米国への輸出や、当該装備品等について米国から第三国への移転を可能にすることは、日米協力を深化させることにもつながる。

政府は、一九八三年に米国への武器技術供与を決定し、さらに、二〇〇四年にはミサイル防衛システム関連の共同開発・生産に係る対米武器等の輸出を可能とすることなどによって、武器輸出三原則等と日本の安全保障上の要請との調和を図ってきた。また、二〇〇四年以降、弾道ミサイル防衛以外の米国との共同開発・生産案件、テロ・海賊対策等への支援に資する案件について「今後、国際紛争の助長を回避するという平和国家としての基本理念に照らし、個別の案件ごとに検討の上、結論を得る」とした。しかし、その後の四年間の実績で、テロ、海賊対策に資する輸出案件が一件あったのみである。個別検討の方式は、事実上、入り口段階での超えがたいハードルになっており、テロ対策用の検知・判定機材などの日本の科学技術力を活用した製品のうち「武器」に該当するものについては輸出が行われず、この点でテロ対策のための国際的な取り組みに十分寄与できていないとの指摘もある。

（2）武器輸出三原則等の修正

本懇談会は、日本があらゆる武器等の輸出をめざすのではなく、引き続き、抑制的な方針を貫くべきであると考える。国際紛争等を助長することを回避するという日本の平和国家としての基本的立場と相容れないからである。

他方、上記（1）で述べたような課題に対応できなければ、最先端技術へのアクセスが確保できず、また、日米防衛協力の深化への足かせともなり得るなど、日本の防衛力の低下にもつながっていくことが懸念される。また、第二章第3節で述べた、国内防衛産業の健全な維持・発展を日本の安全保障にとっての基盤の一つと位置づける観点からも、武器輸出三原則等による国内防衛産業に対する過度な制約は適切でないと考える。

現在、日本はワッセナー・アレンジメント（WA）[20]に参加し、通常兵器の輸出管理に関する国際的な申し合わせにのっとった輸出管理を実施している。日本はWAを含む武器輸出等に関する全ての国際レジームへの参加により国際的な責務を十分果たしている。このことを前提に、本懇談会は、武器輸出を律するための新たな政策方針を定めることが適切であると考える。

新たな政策方針には、（ア）武器輸出に関する国際ルールを厳守すること、（イ）武器輸出に関する抑制的な方針を継承すること、（ウ）日本の安全保障上の要請に適合する、あるいは、世界の平和と安全に寄与する性格の武器輸出は容認すること、といった内容が盛り込まれるべきである。

なお、それまでの間、現行の武器輸出三原則等に基づく枠組が維持される場合でも、最低限、上記（1）に述べた個別の課題については、従来から行われてきた武器輸出三原則等の一部例外化により、早急に手当てすべきである。

（3）武器輸出三原則等の例外化の範囲

国際的な共同研究開発・生産への参画については、これが一般に最先端技術へのアクセスの確保等による防衛力の維持・向上に寄与するものであることから、武器輸出三原則等によらないものとすべきである。この場合、日本政府による厳格な管理を行えることを条件にするとともに、共同研究開発・生産の相手国は、自由・民主主義・基本的人権の尊重といった共通の価値観を有する国に限る、などの基準を設け、平和国家としての理念に反することのないように担保する必要がある。

国家間の国際共同開発に限らず、民間レベルの先行的な共同技術開発や民間企業による他国の装備品開発・生産プログラムへの参画などについても、同様に扱うべきである。

さらに、他国との共同研究開発・生産の成果の相手国から第三国への移転、米国から受けたライセンス生産装備品等の米国への輸出や、米国から第三国への移転についても、同様に厳格な管理が確保できることを前提に、武器輸出三原則等によらないこととすべきである。

また、従来個別案件ごとに検討するとされてきた弾道ミサイル防衛以外の米国との二国間共同研究開発・生産、テロ・海賊対策等への支援にかかる案件も、厳格な管理が確保できることを前提に、武器輸出三原則等によらないこととすべきである。

第5節　新たな安全保障戦略の基盤について

（1）官邸機能の強化

国の安全は、防衛力のみならず、外交、経済、文化といったさまざまなパワーを統合して達成される。また、達成すべき国家目標を明確にし、中・長期戦略を政府部内で共有し、個別課題への対応を通して絶えず戦略を検証するというプロセスが必要となる。したがって、安全保障政策を統合的に実施するためには、日本の持つ総合的な能力や、戦略と政策の相互プロセスをとり仕切る、官邸の司令塔としての機能強化が重要となる。二〇〇七年の「国家安全保障に関する官邸機能強化会議」で、また二〇〇八年の「防衛省改革会議」においても官邸の安全保障に関する司令塔機能の強化が提言されているが、その施策はまだ十分に実施されていない。

官邸の司令塔機能の強化は、安全保障問題への総理大臣及び関係閣僚の積極的な関与と、それを支える高度な専門家の組み合わせによって達成される。その観点からは、既存の安全保障会議の活性化・実質化をめざし、閣僚による定期的な協議の場を設けることや、安全保障に関する総理補佐官やアドバイザーを置くことなど、現行制度の範囲で実行可能な施策が存在しており、政府が早期にこれらの取り組みを開始することを期待する。

また、「国家安全保障に関する官邸機能強化会議」の報告書に含まれている、安全保障に関する閣僚級の会議体を支える恒常的な事務局を創設するとの提言は、安全保障に関する少数精鋭の専門家に明確な権限を与えてその能力を発揮させるという観点から意義のあるものであり、将来的な課題として引き続き検討すべきである。

（2）情報機能と情報保全体制の強化

第一章第3節で触れたように、安全保障に関わる判断を支える基盤は情報である。近年、情報収集衛星の機能向上、内閣情報分析官の新設や情報コミュニティの拡大など、日本の情報収集・分析体制には一定の進展がみられるが、引き続き、内閣が中心となり、情報機能の計画的な強化を図るべきである。

とくに、日本の安全保障にとって、不透明な周辺諸国の政治・軍事動向を適時適切に把握することが不可欠であることに加え、近年は、国際テロ、海賊などの新たな脅威や、これまで日本と関わりの少なかった国や地域に根差したリスクなどに対応する必要性が高まるなど、情報収集を必要とする対象は拡がりを増す一方である。こうしたニーズに的確に対応するためには、ヒューミント（対外人的情報収集）の抜本的強化や、機数増を含めた情報収集衛星の機能の更なる拡充強化が急がれる。また、他国の政府・機関との情報交換を通じて得られる情報も価値が高いものであり、外国との情報協力・情報保全の枠組を拡充することも必要である。さらに、幅広い情報収集・分析を可能とするため、オシント（公開情報収集）の強化に向けた基盤整備にも努めるべきである。加えて、情報分析能力の向上のため、国際情勢・安全保障のアナリスト、研究者のさらなる育成も求められる。

強固な情報機能は強固な情報保全の枠組によって支えられる。近年、日本の安全保障上の秘密が政府職員から流出する事案が発生し、また、政府機関のみならず、大学や企業に対する他国政府による情報活動によっても、国の安全や利益は脅威にさらされ得る。これに対しては、政府機関の秘密保全を実効あるものとするため、とくに国の重要な秘密については、その漏えい等に対する重い罰則や秘密取扱者にかかる適格性確認制度など秘密の管理について定める統一的な法制を速やかに整備するとともに、政府以外の機関が有する重要な情報に対する保護措置やカウンターインテリジェンス、コンピュータ・ネットワークを介した不法アクセス・情報流出対策を強化する必要がある。

（３）国会による文民統制の強化

いわゆる「五五年体制」といわれた時代には、国会における論戦では、防衛に関する憲法解釈や手続き等を巡っての議論が戦略的な議論に先行し、また、自衛隊の活動をいかに監視・制約するかという消極的な思考が自衛隊の能力を積極的に活用しようという発想を阻んできたといえる。国の安全保障については、手段、優先順位に関する政党間の意見対立はあっても、その目標に関するコンセンサスが必要である。複雑な安全保障環境の下で、国の安全確保に総合的な努力が求められる今日、特定の法案、条約や承認案件にかかる議論にとどまらず、党首討論を含め、国会が、実質的な政策論議を通じて安全保障政策の指針を示すことが重要である。それが、防衛力をいかに制約するかという観点からだけではなく、いかに使うかという視点に立った国会による文民統制の強化につながる。

国会が安全保障政策に関する実質的関与を深める過程では、機微にわたる情報を基にした議論が必要となることも予想される。こうした状況に備え、国会における秘密会のあり方や秘密保護のルール化についても検討されることが望ましい。

注

（１）「人間の安全保障」は、国家安全保障に対比して生まれた概念で、人間一人ひとりの安全を保障することを目的にする。一九九四年に国連開発計画（ＵＮＤＰ）が初めて提唱した。その背景には、グローバル化の進展や内戦や地域紛争の勃発に伴い、一国家が個人の安全を十分に確保できない状況が生じていることがある。また、国家そのものが個人の安全を侵しているケースもある。人間の安全保障のためには、紛争と開発の両面から生じる人間の安全保障の問題に包括的に取り組むことが必要だとされており、個人の餓えと恐怖からの保護をめざす。日本政府は一九九八年から、人間の安全保障の重要性を提唱し、取り組んでいる。二〇〇三年の「人間の安全保障委員会」報告書（緒方貞子、アマティアス・セン共同議長）は、紛争の危険や武器拡散からの人々の保護、移動する人々の安全保障の推進、最低限の生活水準の保障、基礎保健サービスの完全普及、普遍的な基礎教育の完全実施などを提言している。

（2）国際社会は人道的な見地から、これら内戦型の紛争解決に取り組んできたが、国益と密接な関係が見出しやすい地域と明確な関連がない地域では支援の程度に差があり、また国際社会による関与から取り残された国や地域では、人権抑圧的な状況が生じている。二〇〇五年九月に採択された国連首脳会合成果文書では、各々の国家及び国際社会が、さまざまな手段を通じて、大量殺戮、戦争犯罪、民族浄化及び人道に対する犯罪からその国の人々を保護する責任を負うとのいわゆる「保護する責任（Responsibility to Protect：R2P）」の考え方が確認された。しかし、状況は未だ十分には改善されてはいない。

（3）例えば、アフガニスタンの地方復興チーム（PRT）において、軍は、アフガニスタン治安当局の活動の支援等を行いつつ、治安の悪い環境のなかで活動する政務部門などの文民を保護している。また民生安定のための即効性のある復興支援事業を行うなど、民生分野での貢献や民軍協力も拡大している。

（4）冷戦時代、米ソは対立していたが、核軍縮・軍備管理の交渉を通じて、互いの意図がある程度確認できる状態に至った。しかし、冷戦後、核開発を進めた国の多くは、抑止が成立する要件（抑止する側の能力と意図が正しく理解され、状況に関する認識を共有している、という条件）を満たさない国家である。また、テロ組織など領土を持たない非国家主体に核兵器が渡ることになれば、報復する地理的な対象が存在しないため、抑止は非常に困難になる。

（5）「グローバル・コモンズ」という概念は、世界中の国が行き来するのに用いる国際公共空間のことで、現在では、公海と排他的経済水域とそれらの上空の空域を指す。このコモンズを支配する（「コマンド・オブ・ザ・コモンズ」）とは、どの国にもアクセスは認めるものの、アクセスを拒否する能力も持っていることを意味する。かつての大英帝国が7つの海を支配していたように、現在では米国がコモンズを支配していると同時に、世界中の国に対してその使用を保障していると考えられている。

（6）とくに、F－15など日本の主力戦闘機と同レベルのいわゆる第四世代戦闘機の拡充が著しい。ロシアからSu－27、Su－30戦闘機の導入・ライセンス生産を行っているほか、国産のJ－10戦闘機の配備も進めている。海軍は、静粛性に優れた潜水艦や防空・攻撃能力の高い水上艦艇を取得したほか、空母への関心も明らかにしている。このほか、陸上戦力の機械化、IT化を進め、機動力の向上を図っている。

（7）日本周辺での活動について、スクランブル発進件数では、他の国に比べて、ロシアの活動は近年多いが、ピーク時に比べると、その水準は低い。ただし、原子力潜水艦によるパトロールや爆撃機、哨戒機による警戒飛行が再開されるなど、その活動には変化の兆候が見られ、領空侵犯事案なども実際に起こっている。

（8）戦略とは推進すべき目標に対して持てる手段を適切に組み合わせて、その実現を図る総合的な方策を示すものである。目標と手段は鎖のようにつながっている。推進したい目標は多くあっても手段は無限ではないので、目標に優先順位をつけたり、場合によっては一部の目標を修正することも必要となる。つまり、新しい国際環境の下で新しい戦略を考えるということは、安全保障目標を特定し、その実現のためにどのような手段をいかなるアプローチで実施していくかを考えることになる。

（9）安全保障のジレンマとは、自国の安全を高めるために各国がそれぞれの軍事合理性に基づいて防衛力整備を行うと、これを見た他国がさらにそれに備えて防衛力を整備し、攻撃的な意図の有無にかかわらず、両国にとって安全保障のレベルを下げてしまうジレンマのことをいう。安全保障のジレンマは、兵器の特性から攻撃用か防御用かの見分けがつきにくい場合や、ミサイルなど攻撃側に有利な技術が発達している攻撃優位の時代、過去の経緯などから国家間に不信感が存在する時に激化すると考えられている。

(10) 一九七六年の防衛計画の大綱（五一大綱）が提示した概念。当時米ソ間の緊張緩和が進んだことなどを背景に、特定の脅威を想定せず、独立国として保有すべき必要最小限の防衛力の水準を示した。

(11)「基盤的防衛力構想」の有効な部分とは、日本の防衛力が、日本に対する軍事的脅威に直接対抗するものではないこと、日本への侵略を未然に防止するため、周辺諸国の軍備の動向など日本が置かれている戦略環境や地理的特性などを踏まえた防衛力を保持するという点だと考えられた。

(12) 抑止の目的は、侵略者の攻撃を拒否すること、あるいは罰する用意があることを示して、攻撃を思いとどまらせるのを目的とする。抑止には、拒否的抑止と報復的抑止がある。「攻撃しても守りが堅いから成功しない」と示すのが拒否的抑止で、「攻撃したら仕返しがある」と脅して思いとどまらせるのが報復的抑止である。攻撃と防御が軍事力の使用を伴うのに対して、抑止は必ずしも軍事力の使用を伴わない。攻撃を止める手段は軍事力の潜在的な行使である。抑止が成立する要件として、①挑戦する側が得られると期待する利得よりも大きなコストを強いる能力を抑止側が保有していること、②その能力を行使する意図が存在していること、③抑止する側の能力と意図が挑戦側に伝達されて正しく理解され、状況に関する認識を共有できること、などが挙げられている。

(13) 一九七九年、大平総理大臣の委嘱により発足した「総合安全保障研究グループ」は、国際関係、エネルギー・食糧供給、大規模地震対策など多岐にわたる問題について検討し、翌一九八〇年、報告書をまとめた。

(14) 二〇〇八年一月、福田総理が国会における施政方針演説の中で、世界の平和と発展に貢献する「平和協力国家」として、国際社会において責任ある役割を果たしていく考えを表明した。

(15) 国連加盟国がPKOに提供可能な要員の種類、規模等を予め通報しておくことにより、国連PKO局から各国への協力打診の迅速化・円滑化を図るために設けられた制度。一九九四年の制度発足後、現在までに八八カ国が登録済みであり、日本は二〇〇九年七月に登録。

(16) 佐藤政権下の昭和四五年に防衛庁（中曽根長官）が作成した「日本の防衛」で、「わが国の防衛は、専守防衛を本旨とする」と説明された。

(17) UNDOF司令部要員三名、派遣輸送隊四三名、UNMIN軍事監視要員六名、UNMIS司令部要員二名。これ以外にも連絡調整要員六名を派遣。

(18) 国連の統計上は、カナダ一七六人、フランス一八七九人、ドイツ二八二人、イタリア二六九〇人、日本三九人、ロシア三二八人、英国二八三人、米国九三人。（二〇〇九年六月現在）ここには、国連安保理決議に基づくPKOではない国際活動への参加人数は含まれない。参考としてISAF（国際治安支援部隊）への参加人数はカナダ二八三〇人、フランス二七八〇人、ドイツ三三八〇人、イタリア二三五〇人、英国八三〇〇人、米国二万八八五〇人。（二〇〇九年六月一五日現在）

(19) 二〇〇八年三月、PKOの性質や任務についてまとめた「国連PKO：原則と指針」（いわゆるPKOキャップストーン・ドクトリン）と題する文書を公表した。

(20) 通常兵器及び関連汎用品・技術の責任ある輸出管理を実施することにより、地域の安定を損なうおそれのある通常兵器の過度の移転と蓄積を防止することを目的として、一九九六年七月に成立した新しい国際的申し合わせに基づく国際的輸出管理体制。

（参考1）

国防の基本方針（一九五七年（昭和三二年）閣議決定）

国防の目的は、直接及び間接の侵略を未然に防止し、万一侵略が行われるときはこれを排除し、もつて民主主義を基調とするわが国の独立と平和を守ることにある。この目的を達成するための基本方針を次のとおり定める。

一、国際連合の活動を支持し、国際間の協調をはかり、世界平和の実現を期する。

二、民生を安定し、愛国心を高揚し、国家の安全を保障するに必要な基盤を確立する。

三、国力国情に応じ自衛のため必要な限度において、効率的な防衛力を漸進的に整備する。

四、外部からの侵略に対しては、将来国際連合が有効にこれを阻止する機能を果し得るに至るまでは、米国との安全保障体制を基調としてこれに対処する。

（参考2）

参加五原則

1．紛争当事者の間で停戦の合意が成立していること。

2．当該平和維持隊が活動する地域の属する国を含む紛争当事者が当該平和維持隊の活動及び当該平和維持隊への我が国の参加に同意していること。

3．当該平和維持隊が特定の紛争当事者に偏ることなく、中立的な立場を厳守すること。

4．上記の基本方針のいずれかが満たされない状況が生じた場合には、我が国から参加した部隊は撤収することができること。

5．武器の使用は、要員の生命等の防護のために必要な最小限のものに限られること。

（参考3）

宮沢四原則（一九九三年（平成五年）三月三一日の久保田参議院議員（社会）に対する河野官房長官（当時）の答弁等で表明）

1．憲法、国際平和協力法の枠内で行われるべきこと。

2．国内の支持を受けるものであり、また国際社会からも評価されるものであること。

3．現地の事情に合わせて要員の派遣が効果的にかつ安全に行われるために万全の支援体制を整え得ること。

4．我が国が適切に対応することが可能な分野であること。

（参考4）

武器輸出三原則等

武器輸出三原則とは、武器輸出に関して一九六七年に表明された、（1）共産圏諸国向け、（2）国連決議により武器等の輸出が禁止されている国向け、（3）国際紛争の当事国又はそのおそれのある国向け、の場合には武器輸出を認めない政府の方針をいう。その後、一九七六年の「政府統一見解」により、三原則対象地域以外の地域についても、「武器」の輸出は慎むこととされた。

したがって、現時点においては、三原則対象地域であるか否かにかかわらず、原則として、「武器」の輸出は認められないこととされている。但し、①対米武器技術供与取り決めに基づく輸出、②ＡＣＳＡ（日米物品役務相互提供協定）及び同改正協定に基づく輸出、③人道的な対人地雷除去活動に必要な貨物等の輸出、④化学兵器禁止条約に基づく中国国内における遺棄化学兵器の処理事業の実施に伴う武器等の輸出、⑤旧テロ対策特別措置法及びイラク人道復興支援特措法に基づく活動の実施に伴う武器等の輸出、⑥ミサイル防衛システム等一定の場合における輸出、⑦テロ・海賊対策等のためのインドネシアに対する巡視船艇の輸出等については、内閣官房長官談話などにより、例外とされてきている。

安全保障と防衛力に関する懇談会の開催について

平成二一年一月七日

内閣総理大臣決裁

1．設置の趣旨

我が国の安全保障を巡っては、引き続き、大量破壊兵器等の拡散や国際的テロ等の新たな脅威や多様な事態が課題であることに加え、国際平和協力活動への積極的な取組への期待がさらに高まっている。今後、我が国がこのような安全保障環境により適切に対応していくためには、我が国の安全保障と防衛力の在り方について、幅広い視点から、総合的な検討を行うことが必要である。

このため、内閣総理大臣が、安全保障と防衛力の在り方に関係する分野等の有識者を委員として、これに加え同分野に関する行政実務上の知験を有する者を専門委員として参集を求め、御意見をいただくことを目的として、「安全保障と防衛力に関する懇談会」（以下、「懇談会」という。）を開催する。

2．構成

（1）懇談会は、別紙に掲げる者により構成し、内閣総理大臣が開催する。

（2）内閣総理大臣は、別紙に掲げる委員の中から、会議の座長を依頼する。

（3）懇談会は、必要に応じ、関係者の出席を求めることができる。

3．その他

会議の庶務は、関係府省の協力を得て、内閣官房において処理する。

（注）本懇談会と同名の「安全保障と防衛力に関する懇談会」（平成一六年四月二〇日設置）は、「安全保障と防衛力に関する懇談会」報告書～未来への安全保障・防衛力ビジョン～（平成一六年一〇月四日）を提出後、廃止されている。

（別紙）

安全保障と防衛力に関する懇談会の構成員

（委員）

青木節子　慶應義塾大学総合政策学部 教授

植木（川勝）千可子　早稲田大学大学院アジア太平洋研究科 教授

◎勝俣恒久　東京電力株式会社 会長

北岡伸一　東京大学大学院法学政治学研究科 教授

田中明彦　東京大学大学院情報学環 教授

中西　寛　京都大学大学院法学研究科 教授

（専門委員）

加藤良三　日本プロフェッショナル野球組織 コミッショナー

（前駐米大使）

佐藤　謙　財団法人世界平和研究所 副会長

（元防衛事務次官）

竹河内捷次　株式会社日本航空インターナショナル 非常勤顧問

（元防衛庁統合幕僚会議議長）

（注）◎は座長

役職については、平成二一年八月現在

2

民主党政権の成立と改憲の停滞＝二〇一〇～一二年

資料Ⅲ・44

国際平和協力法案

二〇一〇年五月二六日
第一七四回国会、衆第二四号
自由民主党

コメント

1．本法案は、野党に転落した自民党が、かねて主張していた国際平和協力活動の一般法を法案化し、国会に提出したものである。

冷戦終焉以降アメリカの圧力で自衛隊の海外派兵の試みが行われてきたが、小泉純一郎内閣は、九・一一のテロ事件に対し、アメリカの圧力を受けて、テロ対策特措法（⇩Ⅱ・35）で自衛隊をインド洋海域に、また二〇〇三年のイラク戦争では、イラク特措法（⇩Ⅱ・48）を制定して、イラクに派兵した。しかし、その頃から、必要が生じるたびに、いちいち特措法をつくって派兵するのでは、緊急の要請に間に合わないから国際平和協力活動の一般法をつくれという声が起こった。本法案は、その延長線上で、国際平和協力法というかたちで一般法をつくり、かつそれに合わせて、自衛隊の海外派兵の拡大や武器使用の緩和を図ったものである。

2．法案の第一の特徴は、自衛隊を派兵して、後方支援活動などを行える条件を極めて広く設定したことである。二条三項は、自衛隊の国際平和協力活動で海外に派遣できる場合を、①国連決議、あるいは国連等国際機関の要請ある場合、のほか②「国際連合加盟国その他の国の要請」のあった場合、すなわちアメリカの要請があった場合、さらに③要請がなくとも「国際社会の取組に寄与するため我が国が国際平和協力活動を実施することが特に必要であると認められる事態」にも出動できるとした。これはほぼあらゆる場合に、自衛隊を海外に出動させることができることにしたものである。

3．法案の第二の特徴は、「国際紛争を解決する手段としての」武力行使にあたる活動を禁じていることである。二条四項がそれであり、これは従来の政府解釈の確認ともとれるが、「国際紛争を解決する手段としての武力による威嚇又は武力の行使に当たるものであってはならない」と、わざわざ「国際紛争を解決する手段としての」とつけているのは、芦田解釈論に基づいて、「国際紛争の解決の手段」でなければ「武力行使」も可、という解釈をとる道も残しているつもりなのかは分からない。もっとも同二条六項では、自衛隊をいわゆる非戦闘地域にのみ派遣できるとしており従来の政府解釈を維持しているので、法案が従来の政府解釈をこの点で変更しようとしているとは断定できない。

法案の第三の特徴は、国際平和協力活動として人道復興支援のほか、停戦監視、安全確保、警護活動、船舶検査活動、後方支援活動と網羅的に活動を認めていることである。

自衛隊の実施するこれら活動については原則として国会の事前承認を得ることになっている（九条）。

4．法案の第四の特徴は、自衛隊員が、自己の活動に対する抵抗抑止、他の国際平和協力活動等従事者等の生命、身体の防護のためにも武器使用ができるとし、武器使用の緩和と拡大を行っている点である。

5．こうした国際平和協力活動の一般法制定の意欲は、第二次、第三次安倍内閣において再び強まっている。

第一章　総則

（目的）

第一条　この法律は、国際連合を中心として国際の平和及び安全の維持に係る多様な取組が行われていることを踏まえ、国及び国民の安全を保ち我が国の繁栄を維持するためには国際の平和及び安全の確保が不可欠であるとの認識の下に、国際平和協力活動及び物資協力、これらの実施の手続その他の必要な事項を定め、国際の平和及び安全の維持に係る国際社会の取組に我が国として主体的かつ積極的に寄与することを目的とする。

（基本原則）

第二条　政府は、我が国としてこの法律に基づく国際平和協力活動及び物資協力を実施することが必要であると認める場合には、これらを適切かつ迅速に実施することにより、国際の平和及び安全の維持に係る国際社会の取組に主体的かつ積極的に寄与するものとする。

2　政府は、前項に規定する国際社会の取組が国際的協調の下に行われるよう必要な努力をするものとする。

3　国際平和協力活動は、第一号の決議若しくは要請に基づき、又は第二号の事態に際して実施するものとする。

一　第一項に規定する国際社会の取組の実施に関する次に掲げる決議又は要請

イ　国際連合の総会、安全保障理事会又は経済社会理事会の決議

ロ　次に掲げる国際機関の要請

（1）国際連合

（2）国際連合の総会によって設立された機関、国際連合の専門機関又は我が国が締結した条約その他の国際約束により設立された国際機関で政令で定めるもの

（3）国際平和協力活動に関する活動に係る実績又は専門的能力を有するものとして政令で定める国際機関

二　前号の決議又は要請がない場合における次に掲げる事態

イ　次に掲げる要請に応じ第一項に規定する国際社会の取組に寄与するため我が国が国際平和協力活動を実施することが必要であると認められる事態

（1）武力紛争の当事者（以下「紛争当事者」という。）の合意に基づく要請

（2）（1）に掲げるもののほか、国際連合加盟国その他の国の要請（当該国の領域における国際平和協力活動の実施に関するものに限る。）

ロ　イに掲げるもののほか、第一項に規定する国際社会の取組に寄与するため我が国が国際平和協力活動を実施することが特に必要であると認められる事態

4　国際平和協力活動及び物資協力の実施は、国際紛争を解決する手段としての武力による威嚇又は武力の行使に当たるものであってはならない。

5　国際平和協力活動の実施に際しては、我が国が締結した条約その他の国際約束及び確立された国際法規を遵守しなければならない。

6　国際平和協力活動については、我が国領域及び現に国際的な武力紛争の一環として行われる人を殺傷し又は物を破壊する行為が行われておらず、かつ、そこで実施される活動の期間を通じて当該行為が行われることがないと認められる次に掲げる地域において実施するものとする。ただし、国際平和協力本部の事務局の職員及び警察庁の職員が人道復興支援活動を実施する場合であって、小型武器を携行しないときは、この限りでない。

一　外国の領域

二　公海（海洋法に関する国際連合条約に規定する排他的経済水域を含む。以下同じ。）及びその上空

7　国際平和協力活動は、第一項に規定する国際社会の取組に係る活動を行う国際連合その他の国際機関及び国際連合加盟国その他の国（以下「国際連合等」という。）との適切な連携を図りつつ、我が国政府の指揮監督の下に実施するものとする。

8　政府は、国際平和協力活動及び物資協力の実施に当たっては、関係行政機関の専門的な知識経験を活用するとともに他の施策を適切に組み合わせ、国際の平和及び安全の維持に係る国以外の者が行う活動について留意しつつ、一体的、効果的かつ効率的にこれを行うものとする。

9　政府は、国際平和協力活動の実施に当たっては、その実施への需要、現地の治安の状況その他の当該活動を取り巻く情勢の推移を的確に把握し、その実施について必要な見直しを適切に行うものとする。

10　内閣総理大臣は、国際平和協力活動の実施に当たり、第七条第一項に規定する実施計画に基づいて、内閣を代表して行政各部を指揮監督する。

11　所管行政機関の長は、前条の目的を達成するため、国際平和協力活動の実施に関し、相互に密接な連携を確保するものとする。

12　関係行政機関の長は、前条の目的を達成するため、国際平和協力活動の実施に関し、実施行政機関の長に協力するものとする。

（定義等）

第三条　この法律において、次の各号に掲げる用語の意義は、それぞれ当該各号に定めるところによる。

一　国際平和協力活動　人道復興支援活動、停戦監視活動、安全確保活動、警護活動、船舶検査活動又は後方支援活動をいう。

二　人道復興支援活動　人道的精神に基づいて国際の平和及び安全の維持を危うくするおそれのある紛争その他の事態（以下「紛争等」という。）によって被害を受け若しくは受けるおそれがある住民その他の者（以下「被災民」という。）を救援し若しくは紛争等によって生じた被害を復旧するため、又は紛争等によって被害を受けた国の復興を支援するために我が国が実施する活動をいい、当該活動として実施される業務は、次に掲げるもの（これらの業務にそれぞれ附帯する業務を含む。）とする。

イ　医療（防疫上の措置を含む。）

ロ　被災民の捜索若しくは救出若しくは帰還の援助、被災民に対する食糧、衣料、医薬品その他の生活関連物資の配布又は被災民の収容施設の設置

ハ　被災民の生活若しくは紛争等によって被害を受けた国の復興を支援する上で必要な施設若しくは設備の復旧若しくは整備又は紛争等によって汚染その他の被害を受けた自然環境の復旧

ニ　武装解除（武器の収集については、当該武装解除の対象となる組織が同意している場合に限る。）又は武装解除がされた者に対する就業若しくは就学の支援その他の社会復帰のための措置

ホ　放棄された地雷又は不発弾による被害を防止するための措置

ヘ　議会の議員の選挙、住民投票その他これらに類する選挙若しくは投票の公正な執行の監視又はこれらの管理

ト　警察行政機関の職員に対する教育訓練、警察行政事務に関する助言若しくは指導又は警察行政事務の監視

チ　トに掲げるもののほか、軍隊その他これに類する組織による次に掲げる活動に関する助言、指導又は教育訓練

（１）職員の採用、育成その他の組織及び運営に関する制度の企画及び立案

（２）派遣先国に対する外部からの武力攻撃に際しての国民の保

護のための活動
（3）公共の秩序の維持のための活動
（4）天災地変その他の災害に際しての人命又は財産の保護のための活動
（5）民生の安定のための活動
リ　ト及びチに掲げるもののほか、行政事務に関する助言、指導又は教育訓練
ヌ　イからリまでに掲げるもののほか、輸送、保管（備蓄を含む。）、通信、建設、修理若しくは整備、補給又は消毒
ル　イからヌまでに掲げる業務に類するものとして政令で定める業務
三　停戦監視活動　武力紛争の停止及びこれを維持するとの紛争当事者の間の合意の遵守の確保のために我が国が実施する活動をいい、当該活動として実施される業務は、次に掲げるもの（これらの業務にそれぞれ附帯する業務を含む。）とする。
イ　武力紛争の停止の遵守状況の監視又は紛争当事者の間で合意された軍隊その他これに類する組織の再配置若しくは撤退若しくは武装解除の履行の監視
ロ　緩衝地帯その他の武力紛争の発生の防止のために設けられた地域における駐留及び巡回
ハ　車両その他の運搬手段又は通行人による武器（武器の部品を含む。ニにおいて同じ。）の搬入又は搬出の有無の検査又は確認
ニ　放棄された武器の収集、保管又は処分
ホ　紛争当事者が行う停戦線その他これに類する境界線の設定の援助
ヘ　紛争当事者の間の捕虜の交換の援助
ト　イからヘまでに掲げる業務に類するものとして政令で定める業務
四　安全確保活動　前条第一項に規定する国際社会の取組が円滑に実施されるよう、当該国際社会の取組が実施されている地域において暴力を用いて人の生命若しくは身体に危害を加え又は建造物その他の物を破壊する行為を防止するとともに、人の生命又は身体に危険を及ぼすおそれのある天災、事変等危険な事態において危害を防止することにより当該地域における安全を確保するために我が国が実施する活動をいい、当該活動の実施は、次に掲げる態様によるものとする。
イ　駐留及び巡回を行うこと。
ロ　当該行為がまさに行われようとするのを認めた場合に、その予防のために必要な措置を実施すること。
ハ　当該行為が現に行われている場合に、その行為を制止すること。
ニ　当該行為が既に行われたと認められる場合に、その再発を防止するために必要な措置を実施すること。
ホ　イからニまでに掲げるもののほか、当該行為を防止するために必要な措置を実施すること。
ヘ　人の生命又は身体に危険を及ぼすおそれのある天災、事変、工作物の損壊、交通事故、危険物の爆発等危険な事態がある場合に、危害防止のために必要な措置を実施すること。
五　警護活動　国際連合事務総長若しくは前条第一項に規定する国際社会の取組が実施されている地域において国際連合事務総長の権限を行使する者若しくはこれらに準ずる者が行う要請に基づく人、施設若しくは物品（国際連合等が実施する同項に規定する国際社会の取組に係る活動の円滑な実施を確保するために我が国が必要と認めるものに限る。）の警護又は国際平和協力活動の円滑な実施を確保するために必要な政令で定める人、施設若しくは物品の警護を行う

ために我が国が実施する活動をいい、当該活動の実施は、次に掲げる態様によるものとする。
イ　当該人、施設又は物品（以下「警護対象」という。）に対する侵害行為がまさに行われようとするのを認めた場合に、その予防のために必要な措置を実施すること。
ロ　当該侵害行為が現に行われている場合に、その行為を制止すること。
ハ　当該侵害行為が既に行われたと認められる場合に、その再発を防止するために必要な措置を実施すること。
ニ　イからハまでに掲げるもののほか、当該侵害行為を防止するために必要な措置を実施すること。
ホ　警護対象に危険を及ぼすおそれのある天災、事変、工作物の損壊、交通事故、危険物の爆発等危険な事態がある場合に、危害防止のために必要な措置を実施すること。
六　船舶検査活動　前条第一項に規定する国際社会の取組として実施される貿易その他の経済活動又は国際テロリストその他の人若しくは大量破壊兵器その他の物の移動等に係る規制措置であって我が国が参加するものの厳格な実施を確保する目的で、当該厳格な実施を確保するために必要な措置を執ることを要請する国際連合安全保障理事会の決議に基づいて、又は旗国（海洋法に関する国際連合条約第九十一条に規定するその旗を掲げる権利を有する国をいう。以下同じ。）の同意を得て、船舶（軍艦及び各国政府が所有し又は運航する船舶であって非商業的目的のみに使用されるもの（以下「軍艦等」という。）並びに軍艦等に警護されているものを除く。以下同じ。）の積荷並びに乗組員及び旅客（以下「乗組員等」という。）を検査し、確認するために我が国が実施する活動をいい、当該活動の実施は、次に掲げる態様によるものとする。
イ　船舶の航行状況を監視すること。
ロ　無線その他の通信手段を用いて、船舶の名称、船籍港、目的港又は目的地、積荷その他の必要な事項を照会すること。
ハ　当該規制措置の対象となる人又は物のうち、移動が制限されているもの（政令で指定するものに限る。以下「移動制限対象」という。）又は権限のある機関への引渡しが認められているもの（政令で指定するものに限る。以下「引渡対象」という。）を輸送しているかどうかを確かめるため、船舶の進行を停止させて立入検査をし、又は乗組員等に対して必要な質問をすること（以下「停船検査」という。）。
ニ　停船検査を行った船舶の船長又は船長に代わって船舶を指揮する者（以下「船長等」という。）に対し、我が国の港若しくは外国の港へ回航すべき旨又は航路若しくは目的港若しくは目的地を変更すべき旨を命じ、当該命令の履行を確保するために必要な監督をすること（以下「回航等の措置」という。）。
ホ　引渡対象の一時的な拘束又は保管その他船舶検査活動の目的を達するため必要な措置を行うこと。
七　後方支援活動　国際連合等が実施する前条第一項に規定する国際社会の取組に係る活動を支援するために我が国が実施する活動をいい、当該活動として実施される業務は、次に掲げるもの（これらの業務にそれぞれ附帯する業務を含む。）とする。
イ　医療、輸送、保管（備蓄を含む。）、通信、建設、修理若しくは整備、補給、空港若しくは港湾業務、基地業務、宿泊又は消毒
ロ　外国の軍隊その他これに類する組織の活動に際して行われた前条第六項に規定する行為によって遭難した戦闘参加者の捜索又は救助（救助した者の輸送を含む。）
ハ　イ及びロに掲げる業務に類するものとして政令で定める業務

八　物資協力　前条第一項に規定する国際社会の取組に係る活動を実施する国際連合等に対し国際平和協力本部に属する物品を無償又は時価よりも低い対価で譲渡すること（第六十二条の規定により行うものを除く。）をいう。
九　派遣先国　国際平和協力活動が行われる外国をいう。
十　実施行政機関　国際平和協力本部、警察庁、海上保安庁及び防衛省をいう。
十一　所管行政機関　実施行政機関及び外務省をいう。
十二　関係行政機関　次に掲げる機関で政令で定めるものをいう。
イ　内閣府並びに内閣府設置法（平成十一年法律第八十九号）第四十九条第一項及び第二項に規定する機関並びに国家行政組織法（昭和二十三年法律第百二十号）第三条第二項に規定する機関
ロ　内閣府設置法第四十条及び第五十六条並びに国家行政組織法第八条の三に規定する特別の機関

第二章　国際平和協力本部

（設置及び所掌事務）

第四条　内閣府に、国際平和協力本部（以下「本部」という。）を置く。
2　本部は、次に掲げる事務をつかさどる。
一　国際平和協力活動の実施に関する計画（以下「実施計画」という。）の案の作成その他国際平和協力活動の企画及び立案並びに調整に関すること。
二　国際平和協力活動の実施に関する所管行政機関の連携の確保に関すること。
三　人道復興支援活動及び後方支援活動の実施に関すること（他の実施行政機関の所掌に属するものを除く。）。
四　前三号の事務に関する派遣先国における国際連合の職員その他の者との連絡に関すること。
五　国際平和協力活動の実施のための関係行政機関への要請及び国以外の者に対する協力の要請に関すること。
六　物資協力に関すること。
七　この法律に基づく国際平和協力活動、物資協力等に関する調査及び知識の普及に関すること。
八　前各号に掲げるもののほか、法令の規定により本部に属させられた事務

（組織）

第五条　本部の長は、国際平和協力本部長（以下「本部長」という。）とし、内閣総理大臣をもって充てる。
2　本部長は、本部の事務を総括し、所部の職員を指揮監督する。
3　本部に、国際平和協力副本部長（以下この条において「副本部長」という。）を置き、内閣官房長官をもって充てる。
4　副本部長は、本部長の職務を助ける。
5　本部に、国際平和協力本部員（以下この条において「本部員」という。）を置き、次に掲げる者をもって充てる。
一　所管行政機関（本部を除く。）の長
二　前号に掲げる者のほか、内閣法（昭和二十二年法律第五号）第九条の規定によりあらかじめ指定された国務大臣、関係行政機関の長及び内閣府設置法第九条第一項に規定する特命担当大臣のうちから、内閣総理大臣が任命する者
6　本部員は、本部長に対し、本部の事務に関し意見を述べることができる。
7　本部に、その事務を処理させるため、事務局を置く。
8　事務局に、事務局長その他の職員（以下「本部職員」という。）を置く。

9　事務局長は、本部長の命を受け、局務を掌理する。
10　前各項に定めるもののほか、本部の組織に関し必要な事項は、政令で定める。

第三章　国際平和協力活動

第一節　通則

（受入国等の同意）
第六条　外国の領域において実施する国際平和協力活動は、当該活動が実施される地域の属する国又は国際連合の総会若しくは安全保障理事会の決議で政令で定めるものに従って当該国において施政を行う機関の同意がなければ実施することができない。

（実施計画）
第七条　内閣総理大臣は、国際平和協力活動を実施することが必要であると認めるときは、当該国際平和協力活動を実施すること及び実施計画の案につき閣議の決定を求めなければならない。
2　実施計画に定める事項は、次のとおりとする。
一　国際平和協力活動に関する基本方針
二　国際平和協力活動の実施に関する次に掲げる事項
イ　当該国際平和協力活動に係る基本的事項
ロ　当該国際平和協力活動の種類（人道復興支援活動、停戦監視活動又は後方支援活動を実施する場合には業務の種類を含む。以下この条において同じ。）及び内容
ハ　当該国際平和協力活動を実施する区域の範囲及び当該区域の指定に関する事項
ニ　当該国際平和協力活動を行うべき期間
ホ　本部職員が当該国際平和協力活動を実施する場合における次に掲げる事項
（1）本部職員が実施する当該国際平和協力活動の種類及び内容
（2）当該国際平和協力活動を小型武器を携行する本部職員が我が国以外の領域（公海及びその上空を含む。以下同じ。）で実施する場合には、当該本部職員の規模及び構成並びに装備並びに派遣期間
ヘ　警察庁の職員が当該国際平和協力活動を実施する場合における次に掲げる事項
（1）警察庁の職員が実施する当該国際平和協力活動の種類及び内容
（2）当該国際平和協力活動を小型武器を携行する警察庁の職員が我が国以外の領域で実施する場合には、当該職員の規模及び構成並びに装備並びに派遣期間
ト　海上保安庁の船舶又は航空機を用いて当該国際平和協力活動を実施する場合における次に掲げる事項
（1）海上保安庁の船舶又は航空機を用いて実施する当該国際平和協力活動の種類及び内容
（2）当該国際平和協力活動を海上保安庁の職員が我が国以外の領域で実施する場合には、当該職員の規模及び構成並びに装備並びに派遣期間
チ　自衛隊の部隊等（自衛隊法（昭和二十九年法律第百六十五号）第八条に規定する部隊等をいう。以下同じ。）又は個別派遣自衛隊員（国際平和協力活動の実施を命ぜられた自衛隊の部隊等に所属する自衛隊員（自衛隊法第二条第五項に規定する隊員をいう。以下同じ。）以外の自衛隊員をいう。以下同じ。）が当該国際平和協力活動を実施する場合における次に掲げる事項
（1）自衛隊の部隊等又は個別派遣自衛隊員が実施する当該国際平和協力活動の種類及び内容

（２）当該国際平和協力活動（船舶検査活動を除く。）を自衛隊の部隊等又は個別派遣自衛隊員が我が国以外の領域で実施する場合には、当該自衛隊の部隊等又は当該個別派遣自衛隊員の規模及び構成並びに装備並びに派遣期間

（３）当該国際平和協力活動として自衛隊の部隊等が船舶検査活動を実施する場合には、当該自衛隊の部隊等の規模及び構成並びに装備並びに実施期間

リ　当該国際平和協力活動として国際連合等に無償又は時価よりも低い対価で譲渡するために関係行政機関がその事務又は事業の用に供し又は供していた物品以外の物品を調達する場合には、その実施に係る重要事項

ヌ　当該国際平和協力活動に従事する者の安全の確保に関する事項

ル　当該国際平和協力活動の実施に関する関係行政機関の協力に関する重要事項

ヲ　その他当該国際平和協力活動の実施に関する重要事項

3　外務大臣は、国際平和協力活動を実施することが必要であると認めるときは、内閣総理大臣に対し、第一項の閣議の決定を求めるよう要請することができる。

4　第一項及び前項の規定は、実施計画の変更（国際平和協力活動の終了に係る変更を含む。）について準用する。

5　国際平和協力活動を我が国以外の領域で実施する場合には、当該活動が実施される地域の属する国（前条に規定する決議に従って当該国において施政を行う機関を含む。）及び第二条第一項に規定する国際社会の取組に係る活動を実施する国際連合等と協議して、実施する区域の範囲を定めるものとする。

（国会への報告）

第八条　内閣総理大臣は、次に掲げる事項を、遅滞なく、国会に報告しなければならない。

一　実施計画の決定又は変更があったときは、当該決定又は変更に係る実施計画の内容

二　実施計画に定める国際平和協力活動が終了したときは、当該国際平和協力活動の実施の結果

三　実施計画に定める国際平和協力活動を行う期間に係る変更があったときは、当該変更前の期間における当該国際平和協力活動の実施の状況

（国会の承認等）

第九条　内閣総理大臣は、自衛隊の部隊等が実施する国際平和協力活動（国際連合の統括の下に行われる活動のために自衛隊の部隊等が実施する人道復興支援活動及び後方支援活動を除く。）については、当該国際平和協力活動の実施前に、当該国際平和協力活動を実施することにつき国会の承認を得なければならない。ただし、国会が閉会中の場合又は衆議院が解散されている場合には、当該国際平和協力活動の実施後最初に召集される国会において、遅滞なく、その承認を求めなければならない。

2　政府は、前項ただし書の場合において不承認の議決があったとき又は国会が同項の国際平和協力活動を終了すべきことを議決したときは、遅滞なく、当該国際平和協力活動を終了させなければならない。

3　第一項の国際平和協力活動のうち、第二条第三項第一号の決議又は要請に基づかないで実施するものについては、第一項の規定による国会の承認を得た日から一年を経過する日を超えて引き続きこれを行おうとするときは、内閣総理大臣は、当該日の三十日前の日から当該日までの間に、当該活動を引き続き行うことにつき国会に付議して、その承認を求めなければならない。ただし、国会が閉会中の場合又は衆議院が解散されている場合には、その後最初に召集される国会におい

てその承認を求めなければならない。

4　政府は、前項の場合において不承認の議決があったときは、遅滞なく、同項の国際平和協力活動を終了させなければならない。

5　前二項の規定は、国会の承認を得て第三項の国際平和協力活動を継続した後、更に一年を超えて当該活動を引き続き行おうとする場合について準用する。

第二節　国際平和協力活動の実施等

（本部による国際平和協力活動の実施）

第十条　本部長は、実施計画に従い、国際平和協力活動について実施要領を定め、本部職員にその実施を命ずるものとする。

2　本部長は、前項の実施要領において、同項の規定により国際平和協力活動を実施する区域（以下この条において「実施区域」という。）を指定するものとする。

3　本部長は、第一項の規定による国際平和協力活動の実施に当たり本部職員の安全の確保が困難となった場合又は実施区域の全部若しくは一部がこの法律若しくは実施計画に定められた要件を満たさないものとなった場合には、速やかに、実施区域の指定を変更し、又はそこで実施されている活動の中断を命じなければならない。

4　第一項の規定により国際平和協力活動の実施を命ぜられた本部職員は、自己の生命又は身体に危険が及ぶ可能性があり、安全の確保のため必要であると判断される場合には、当該活動の実施を一時休止し又は避難するなどして当該危険を回避しつつ、所要の措置を講ずるものとする。

5　第一項の規定により行う国際平和協力活動は、人道復興支援活動又は後方支援活動とし、人道復興支援活動として行う業務は第三条第二号イからヌまで（同号チを除く。）に掲げる業務又はこれらの業務に類するものとして同号ルの政令で定める業務とし、後方支援活動として行う業務は第三条第七号イに掲げる業務（空港及び港湾業務並びに基地業務を除く。）又は同号イに掲げる業務に類するものとして同号ハの政令で定める業務とする。

（警察庁による国際平和協力活動の実施）

第十一条　警察庁長官は、実施計画に従い、国際平和協力活動について実施要領を定め、警察庁の職員にその実施を命ずるものとする。

2　前条第二項から第四項までの規定は、前項の規定による国際平和協力活動について準用する。この場合において、同条第二項及び第三項中「本部長」とあるのは「警察庁長官」と、同条第二項中「前項」とあり、並びに同条第三項及び第四項中「第一項」とあるのは「第十一条第一項」と、同条第三項及び第四項中「本部職員」とあるのは「警察庁の職員」と読み替えるものとする。

3　第一項の規定により行う国際平和協力活動は、人道復興支援活動とし、人道復興支援活動として行う業務は、第三条第二号トに掲げる業務又は当該業務に類するものとして同号ルの政令で定める業務とする。

（海上保安庁による国際平和協力活動の実施）

第十二条　海上保安庁長官は、実施計画に従い、国際平和協力活動について実施要領を定め、海上保安庁の船舶又は航空機の乗組員たる海上保安庁の職員にその実施を命ずるものとする。

2　第十条第二項から第四項までの規定は、前項の規定による国際平和協力活動について準用する。この場合において、同条第二項及び第三項中「本部長」とあるのは「海上保安庁長官」と、同条第二項中「前項」とあり、並びに同条第三項及び第四項中「第一項」とあるのは「第十二条第一項」と、同条第三項中「本部職員」とあるのは「海上保安庁の船舶又は航空機の乗組員たる海上保安庁の職員」と、同条第四項中「本部職員」とあるのは「海上保安庁の船舶又は航空機の乗組員たる海上保安庁の職員のうち海上保安庁長官が指定する者」と読み替えるものとする。

3　第一項の規定により行う国際平和協力活動は、人道復興支援活動とし、人道復興支援活動として行う業務は、第三条第二号ロ、ハ、ト、リ若しくはヌに掲げる業務又はこれらの業務に類するものとして同号ルの政令で定める業務とする。

（自衛隊による国際平和協力活動の実施）

第十三条　防衛大臣は、実施計画に従い、国際平和協力活動について実施要領を定め、これについて内閣総理大臣の承認を得て、自衛隊の部隊等又は個別派遣自衛隊員にその実施を命ずるものとする。

2　防衛大臣は、前項の実施要領において、同項の規定により国際平和協力活動を実施する区域（以下この条、第四十四条、第五十一条及び第六十一条において「実施区域」という。）を指定するものとする。

3　防衛大臣は、第一項の規定により国際平和協力活動のうち船舶検査活動の実施を命ずるときは、同項の実施要領において、停船検査を実施する区域（以下「停船検査区域」という。）を指定するものとする。

4　防衛大臣は、第一項の規定による個別派遣自衛隊員による国際平和協力活動の実施に当たり個別派遣自衛隊員の安全の確保が困難となった場合又は実施区域の全部若しくは一部がこの法律若しくは実施計画に定められた要件を満たさないものとなった場合には、速やかに、実施区域の指定を変更し、又はそこで実施されている活動の中断を命じなければならない。

5　第一項の規定により国際平和協力活動の実施を命ぜられた自衛隊の部隊等の長又はその指定する者は、当該部隊等に所属する自衛隊員の生命又は身体に危険が及ぶおそれがあり、業務の遂行が困難と判断される場合には、当該活動の実施を一時休止し又は避難するなどして当該危険を回避するとともに、その状況を防衛大臣に報告し、前項の規定による命令その他の指示を待つものとする。

6　第一項の規定により国際平和協力活動の実施を命ぜられた個別派遣自衛隊員は、自己の生命又は身体に危険が及ぶ可能性があり、安全の確保のため必要であると判断される場合には、当該活動の実施を一時休止し又は避難するなどして当該危険を回避しつつ、所要の措置を講ずるものとする。

7　第一項の規定は、同項の実施要領の変更（第四項の規定により実施区域を縮小する変更を除く。）について準用する。

8　第一項の規定により自衛隊の部隊等が行う国際平和協力活動は、人道復興支援活動、停戦監視活動、安全確保活動、警護活動、船舶検査活動又は後方支援活動とし、人道復興支援活動として行う業務は、第三条第二号イからホまでに掲げる業務、同号チからヌまでに掲げる業務又はこれらの業務に類するものとして同号ルの政令で定める業務とする。

9　第一項の規定により個別派遣自衛隊員が行う国際平和協力活動は、人道復興支援活動、停戦監視活動又は後方支援活動とし、人道復興支援活動として行う業務は、第三条第二号イからホまでに掲げる業務、同号チからヌまでに掲げる業務又はこれらの業務に類するものとして同号ルの政令で定める業務とする。

10　第三条第七号ロの業務を実施する場合において、戦闘参加者以外の遭難者が在るときは、これを救助するものとする。

（活動環境整備措置）

第十四条　実施行政機関は、外国の領域において国際平和協力活動を実施するときは、当該活動が的確かつ円滑に実施できる環境を整備するため、当該活動の一環として、当該活動を実施する地域の住民との良好な関係を構築し、及び維持するために必要な措置を講ずるものとする。

（外務大臣の措置等）

第十五条　外務大臣は、実施計画に従い、国際平和協力活動の的確かつ円滑な実施に資するために必要な措置を講ずるものとする。

2　実施行政機関の長は、国際平和協力活動の的確かつ円滑な実施のため必要と認めるときは、外務大臣に対し、前項に規定する措置の実施に関し必要な要請をすることができる。

3　外務大臣は、外交政策の遂行上必要であると認めるときは、実施行政機関の長に対し、国際平和協力活動の実施について協議を求めることができる。

4　外務大臣の指定する在外公館長は、外務大臣の命を受け、第一項に規定する措置を講ずるほか、国際平和協力活動の実施のために必要な協力を行うものとする。

5　第十条第一項、第十一条第一項、第十二条第一項又は第十三条第一項の規定により、国際平和協力活動の実施を命ぜられた本部職員、警察庁の職員、海上保安庁の船舶又は航空機の乗組員たる海上保安庁の職員、自衛隊の部隊等及び個別派遣自衛隊員は、外国の領域において国際平和協力活動を実施するに当たり、外務大臣の指定する在外公館と密接に連絡を保つものとする。

（関係行政機関の協力）

第十六条　実施行政機関の長は、国際平和協力活動を実施するため必要があると認めるときは、関係行政機関の長に対し、その所管に属する物品の管理換えその他の協力を要請することができる。

2　関係行政機関の長は、前項の規定による要請があったときは、その所掌事務に支障を生じない限度において、同項の協力を行うものとする。

第三節　国際平和協力活動等従事者

第一款　職員の採用等

（職員の採用）

第十七条　本部長は、第十条第五項に規定する国際平和協力活動に従事させるため、当該活動に従事することを志望する者のうちから、選考により、任期を定めて本部職員を採用することができる。

2　警察庁長官は、第十一条第三項に規定する国際平和協力活動に従事させるため、当該活動に従事することを志望する者のうちから、選考により、任期を定めて警察庁の職員を採用することができる。

3　本部長及び警察庁長官は、前二項の規定による採用に当たり、関係行政機関若しくは地方公共団体又は民間の団体の協力を得て、広く人材の確保に努めるものとする。

（関係行政機関の職員の派遣）

第十八条　本部長は、関係行政機関の長に対し、実施計画に従い、国際平和協力活動であって本部職員が行うものを実施するため必要な技術、能力等を有する職員（国家公務員法（昭和二十二年法律第百二十号）第二条第三項各号（第十六号を除く。）に掲げる者を除く。）を本部に派遣するよう要請することができる。

2　関係行政機関の長は、前項の規定による要請があったときは、その所掌事務に支障を生じない限度において、同項の職員に該当する職員を期間を定めて本部に派遣するものとする。

3　前項の規定により派遣された職員のうち自衛隊員以外の者は、従前の官職を保有したまま、同項の期間を任期として本部職員に任用されるものとする。

4　第二項の規定により派遣された自衛隊員は、同項の期間を任期として本部職員に任用されるものとし、本部職員の身分及び自衛隊員の身分を併せ有することとなるものとする。

5　第三項の規定により従前の官職を保有したまま本部職員に任用され

る者又は前項の規定により本部職員の身分及び自衛隊員の身分を併せ有する者は、本部長の指揮監督の下に国際平和協力活動に従事する。
6　本部長は、第二項の規定に基づき防衛大臣により派遣された本部職員（以下この条において「自衛隊派遣本部職員」という。）について、その派遣の必要がなくなった場合その他政令で定める場合には、当該自衛隊派遣本部職員の本部職員としての身分を失わせるものとする。この場合には、当該自衛隊員は、自衛隊に復帰するものとする。
7　自衛隊派遣本部職員は、自衛隊員の身分を失ったときは、同時に本部職員の身分を失うものとする。
8　第四項の規定により本部職員の身分及び自衛隊員の身分を併せ有することとなる者に対する給与等（第二十一条に規定する国際平和協力活動等手当以外の給与、災害補償及び退職手当並びに共済組合の制度をいう。）に関する法令の適用については、その者は、自衛隊のみに所属するものとみなす。
9　第四項から前項までに定めるもののほか、同項に規定する者の身分取扱いに関し必要な事項は、政令で定める。

（国家公務員法の適用除外）

第十九条　第十七条第一項の規定により採用される本部職員又は同条第二項の規定により採用される警察庁の職員については、それぞれ本部職員又は警察庁の職員になる前に、国家公務員法第百三条第一項に規定する営利企業（以下この条において「営利企業」という。）を営むことを目的とする団体の役員、顧問若しくは評議員（以下この条において「役員等」という。）の職に就き、若しくは自ら営利企業を営み、又は報酬を得て、営利企業以外の事業の団体の役員等の職に就き、若しくは事業に従事し、若しくは事務を行っていた場合においても、同項及び同法第百四条の規定は、適用しない。

第二款　研修等

（研修）

第二十条　第十条第一項、第十一条第一項、第十二条第一項又は第十三条第一項の規定により、国際平和協力活動の実施を命ぜられた本部職員、警察庁の職員、海上保安庁の船舶又は航空機の乗組員たる海上保安庁の職員、自衛隊の部隊等に所属する自衛隊員及び個別派遣自衛隊員は、それぞれ実施行政機関の長が定めるところにより行われる国際平和協力活動の適切かつ効果的な実施のための研修を受けなければならない。
2　実施行政機関の長は、前項に定めるもののほか、国際平和協力活動に係る人材の育成に資するため、それぞれが実施する国際平和協力活動に従事することが見込まれる者に対し、国際平和協力活動に関する研修の実施に努めるものとする。

（国際平和協力活動等手当）

第二十一条　次に掲げる活動等に従事する者（以下「国際平和協力活動等従事者」という。）には、当該活動等が行われる地域の勤務環境及び当該活動等の特質にかんがみ、国際平和協力活動等手当を支給することができる。
一　我が国以外の領域において実施される人道復興支援活動、停戦監視活動、安全確保活動、警護活動及び後方支援活動
二　船舶検査活動
三　第七条第二項第二号ハに規定する区域の範囲又はその近傍（我が国領域を除く。）において実施される第四条第二項第一号、第二号又は第四号に掲げる事務
四　第七条第二項第二号ハに規定する区域の範囲又はその近傍（我が国領域を除く。）において実施される第十五条第一項に規定する措置
2　前項の国際平和協力活動等手当に関し必要な事項は、政令で定める。

3　内閣総理大臣は、前項の政令の制定又は改廃に際しては、人事院の意見を聴かなければならない。

（記章等）

第二十二条　国際平和協力活動、第四条第二項第一号、第二号又は第四号に掲げる事務及び第十五条第一項に規定する措置に従事する者の記章に関し必要な事項は、政令で定める。

2　国際平和協力活動及び第七条第二項第二号ハに規定する区域の範囲又はその近傍（我が国領域を除く。）において実施される第四条第二項第一号、第二号又は第四号に掲げる事務に従事する本部職員には、その職務遂行上必要な被服を支給し、又は貸与することができる。

第四節　国際平和協力活動における権限等

第一款　自衛官の権限等

第一目　安全確保活動における権限等

（質問）

第二十三条　第十三条第一項の規定により安全確保活動の実施を命ぜられた自衛隊の部隊等の自衛官であって、第三条第四号イからへまでに掲げる態様による活動の実施を命ぜられたもの（以下「安全確保担当自衛官」という。）は、異常な挙動その他周囲の事情から合理的に判断して同号に規定する行為を行い、若しくは行おうとしていると疑うに足りる相当な理由のある者又は既に行われた当該行為について、若しくは当該行為が行われようとしていることについて知っていると認められる者を停止させて質問することができる。

2　その場で前項の質問をすることが本人に対して不利であり、又は交通の妨害になると認められる場合においては、質問するため、その者に付近の他の場所に同行することを求めることができる。

（凶器の一時的な保管等）

第二十四条　安全確保担当自衛官は、凶器を携帯し、又は運搬していると疑うに足りる相当な理由のある者が、異常な挙動その他周囲の事情から合理的に判断して第三条第四号に規定する行為を行うおそれがあると認められ、かつ、権限のある機関が必要な措置を実施することが困難であると認めるときは、凶器であると疑われる物を提示させ、又はそれが隠されていると疑われる物を開示させて調べることができる。

2　安全確保担当自衛官は、凶器を携帯し、又は運搬している者が、異常な挙動その他周囲の事情から合理的に判断して第三条第四号に規定する行為を行うおそれがあると認められ、かつ、権限のある機関が必要な措置を実施することが困難であると認める場合において、その危害を防止するため必要があるときは、これを提出させて一時的に保管することができる。

3　安全確保担当自衛官は、前項の規定による保管を行った場合は、速やかに、その保管に係る凶器を権限のある機関に引き渡さなければならない。

4　前項に規定するもののほか、第二項の保管に関し必要な事項は、防衛大臣が定める。

（第三条第四号に規定する行為等の予防及び制止）

第二十五条　安全確保担当自衛官は、第三条第四号に規定する行為がまさに行われようとするのを認め、かつ、権限のある機関が必要な措置を実施することが困難であると認めるときは、その予防のため関係者に必要な警告を発し、また、もしその行為により人の生命若しくは身体に危険が及び、又は建造物その他の物に重大な損害が及ぶおそれがあって、急を要する場合においては、その行為を制止することができる。

2　安全確保担当自衛官は、当該自衛官の活動の実施に対して暴行又は脅迫による妨害が現に行われている場合であって、権限のある機関が必要な措置を実施することが困難であると認めるときは、その行為を制止することができる。

（一時的な拘束）

第二十六条 安全確保担当自衛官は、第三条第四号に規定する行為の制止又は再発の防止のため、権限のある機関が必要な措置を実施することが困難であると認めるときは、現に当該行為を行い又は現に当該行為を行い終わった者（以下この条及び第二十九条において「行為者」という。）を一時的に拘束することができる。

2 次の各号のいずれかに該当する者が、当該行為を行い終わってから間がないと明らかに認められるときは、これを行為者とみなす。

一 行為者として追呼されているとき。

二 明らかに当該行為の用に供したと思われる凶器その他の物を所持しているとき。

三 身体又は被服に当該行為の顕著な証跡があるとき。

四 誰何されて逃走しようとするとき。

3 安全確保担当自衛官は、第一項の規定により行為者を拘束したときは、速やかに、当該行為者を権限のある機関に引き渡さなければならない。

（一時的な拘束の場合の凶器の検査）

第二十七条 安全確保担当自衛官は、前条第一項の規定により拘束した者については、その所持品又は身体について凶器を所持しているかどうかを調べることができる。

2 安全確保担当自衛官は、前項の規定による検査の結果、凶器を発見したときは、前条第三項の規定による引渡しの時までこれを取り上げることができる。

（避難等の措置）

第二十八条 安全確保担当自衛官は、人の生命又は身体に危険を及ぼすおそれのある天災、事変、工作物の損壊、交通事故、危険物の爆発等危険な事態があり、かつ、権限のある機関が必要な措置を実施することが困難であると認めるときは、その場に居合わせた者、その事物の管理者その他関係者に必要な警告を発し、及び特に急を要する場合においては、危害を受けるおそれのある者に対し、その場の危害を避けしめるために必要な限度でこれを引き留め、又は避難させることができる。

（立入り）

第二十九条 安全確保担当自衛官は、第二十五条第一項若しくは前条に規定する危険な事態が発生し、人の生命若しくは身体若しくは建造物その他の物に対し危害が切迫した場合において、その危害を予防し、損害の拡大を防ぎ、若しくは被害者を救助するため、又は第二十六条第一項の規定により行為者を拘束するため、やむを得ないと認め、かつ、権限のある機関が必要な措置を実施することが困難であると認めるときは、合理的に必要と判断される限度で他人の土地、建物又は船車の中に立ち入ることができる。

2 安全確保担当自衛官は、前項の規定による立入りに際しては、みだりに関係者の正当な業務を妨害してはならない。

（報告）

第三十条 安全確保担当自衛官は、第二十四条から前条までに規定する権限を行使したときは、速やかに、防衛大臣の指定する者にこれを報告しなければならない。

2 防衛大臣の指定する者は、前項の規定による報告を受けたときは、必要に応じ、関係機関への連絡その他の措置を講ずるものとする。

第二目　警護活動等における権限等

第三十一条 前目の規定は、第十三条第一項の規定により警護活動の実施を命ぜられた自衛隊の部隊等の自衛官であって、第三条第五号イからホまでに掲げる態様による活動の実施を命ぜられたもの（以下「警護担当自衛官」という。）が、警護対象を警護する場合について準用する。この場合において、第二十三条から前条までの規定中「安全確保担当自衛官」とあるのは「警護担当自衛官」と、第二十三条から第二十六条までの規定中「同号に規定する行為」とあり、及び「第三条第四号に規定する行為」とあるのは「警護対象に対する侵害行為」と、第二十五条第一項中「人の生命若しくは身体に危険が及び、又は建造物その他の物に重大な損害」とあるのは「警護対象に危険」と、第二十六条第二項第二号中「明らかに」とあるのは「盗品（警護対象である物品に限る。）又は明らかに」と、第二十八条中「人の生命又は身体」とあるのは「警護対象」と、「その場に居合わせた者」とあり、及び「危害を受けるおそれのある者」とあるのは「警護対象である人」と、第二十九条第一項中「人の生命若しくは身体若しくは建造物その他の物」とあるのは「警護対象」と、「被害者」とあるのは「被害を受けた警護対象である人」と読み替えるものとするほか、必要な読替えは、政令で定める。

2　第二十五条第二項及び前条の規定は、第十三条第一項の規定により人道復興支援活動、停戦監視活動又は後方支援活動の実施を命ぜられた自衛隊の部隊等の自衛官について準用する。この場合において、前条第一項中「第二十四条から前条まで」とあるのは、「第三十一条第二項において準用する第二十五条第二項」と読み替えるものとする。

第三目　船舶検査活動における権限等

（停船検査）

第三十二条　第十三条第一項の規定により船舶検査活動の実施を命ぜられた海上自衛隊の自衛艦その他の部隊の長（以下「艦長等」という。）は、停船検査区域を航行している船舶が移動制限対象又は引渡対象（以下「規制対象」という。）を輸送していることを疑うに足りる相当な理由があるときは、この条から第四十二条までの規定の定めるところにより、当該区域において、当該船舶について停船検査を行うことができる。

（停船命令）

第三十三条　艦長等は、停船検査を行おうとするときは、あらかじめ、無線その他の通信手段を用いて、当該船舶に対し、進行の停止を命ずるものとする。

2　艦長等は、前項の規定により進行の停止を命じた場合において、当該船舶がこれに従わないときは、接近、追尾、伴走又は進路前方における待機を行って、繰り返し進行の停止を命ずるものとする。

3　前二項の場合において、艦長等は、自衛艦旗を掲げるほか、必要に応じ、呼びかけ、信号弾及び照明弾の使用その他の適当な手段により、自己の存在を示すものとする。

（船上検査の実施）

第三十四条　艦長等は、前条第一項又は第二項の規定による命令を受けた船舶が停止したときは、海上自衛隊の三等海尉以上の自衛官を当該船舶に乗り込ませ、第三十六条から第三十八条までの規定による検査（以下「船上検査」という。）を行わせるものとする。

（船長等に対する告知）

第三十五条　前条の自衛官（以下「船上検査官」という。）は、船上検査を行う船舶に乗船したときは、その船長等に対し、船上検査を行う旨及び船上検査の手続に関し苦情があるときは艦長等に対し理由を記載した文書を提出して苦情の申出をすることができる旨を告知するものとする。

（船舶書類の検査）

第三十六条　船上検査官は、船長等に対し、次に掲げる書類（以下「船舶書類」という。）の提示を求めることができる。

一　船舶国籍証書その他の船舶の国籍を証明する書類
二　乗組員等の名簿
三　航海日誌その他の航行の状況を記録する書類
四　船荷証券その他の積荷に関する書類

（乗組員等への質問）
第三十七条　船上検査官は、必要があると認めるときは、乗組員等に質問をすることができる。

（積荷の検査等）
第三十八条　船上検査官は、前二条の規定による検査を行った場合においても、なお当該船舶が規制対象を輸送している疑いがあると認めるときは、船長等を立ち会わせて、積荷の検査その他必要な検査をすることができる。

（出入禁止）
第三十九条　船上検査官は、船上検査を行う間は、乗組員等（船長等を除く。）に対し、許可を得ないでその場所に出入りすることを禁止することができる。

（一時的な拘束）
第四十条　船上検査官は、船上検査の結果、引渡対象であると認められる乗組員等を発見した場合において、その逃走を防止することその他必要があると認めるときは、当該乗組員等を一時的に拘束することができる。

2　船上検査官は、前項の規定による乗組員等の拘束を行ったときは、直ちに、その旨を艦長等に報告しなければならない。

3　艦長等は、前項の報告を受けたときは、速やかに、当該乗組員等を権限のある機関に引き渡さなければならない。

4　第二十七条の規定は、第一項の規定により船上検査官が乗組員等を拘束した場合について準用する。この場合において、同条第一項中「前条第一項」とあるのは「第四十条第一項」と、同条第二項中「前条第三項」とあるのは「第四十条第三項」と読み替えるものとする。

（艦長等への報告）
第四十一条　船上検査官は、船上検査を行ったときは、直ちにその結果を艦長等に報告しなければならない。

（停船検査の終了）
第四十二条　艦長等は、前条の報告を受けたときは、次条第一項の規定による引渡しの求め又は第四十四条第一項若しくは第二項の規定による命令をするときを除き、速やかに、停船検査を終了しなければならない。

（引渡対象の引渡し）
第四十三条　第四十一条の報告を受けた艦長等は、当該報告に係る船舶の積荷が引渡対象であると認められ、かつ、当該積荷をその自衛艦に収容することができるときは、当該船舶の船長等に対し、当該積荷の引渡しを求めることができる。

2　艦長等は、前項の引渡しを受けたときは、調書を作成し、当該船舶の船長等に交付しなければならない。

3　艦長等は、第一項の引渡しを受けたときは、速やかに、当該積荷を権限のある機関に引き渡さなければならない。

（回航等の命令）
第四十四条　第四十一条の報告を受けた艦長等は、次の各号のいずれかに該当するときは、当該報告に係る船舶の船長等に対し、我が国の港又は実施区域内にある外国の港へ回航すべきことを命ずることができる。

一　当該船長等が前条第一項の規定による引渡対象の引渡しの求めに応じないとき。
二　当該船舶が引渡対象を輸送していると認めるとき（前条第一項の

規定により引渡対象の引渡しを求めることができる場合を除く。）。

三　当該報告のほか、当該船舶の外観、航海の態様、乗組員等の異常な挙動その他周囲の事情等から判断して、なお当該船舶が引渡対象を輸送している疑いがあると認めるとき（前二号に該当するときを除く。）。

2　第四十一条の報告を受けた艦長等は、次の各号のいずれかに該当するときは、当該報告に係る船舶の船長等に対し、必要に応じ、当該船舶の航路又は目的港若しくは目的地を変更すべき旨を命ずることができる。

一　当該船舶が移動制限対象を輸送していると認めるとき。

二　当該報告のほか、当該船舶の外観、航海の態様、乗組員等の異常な挙動その他周囲の事情等から判断して、なお当該船舶が移動制限対象を輸送している疑いがあると認めるとき（前号に該当するときを除く。）。

3　艦長等は、前二項の規定による命令をしようとするときは、あらかじめ、船長等に対し、弁明を記載した文書を提出する機会を与えなければならない。

（監視措置）

第四十五条　艦長等は、前条第一項又は第二項の規定による命令をしたときは、船上検査官に、当該船舶の船舶書類及びその乗組員等又は積荷のうち規制対象であるもの（規制対象の疑いがあるものを含む。）の移動を監視するために必要な封印をさせ、又は装置を取り付けさせることができる。

（回航等監督官の派遣）

第四十六条　艦長等は、第四十四条第一項又は第二項の規定による命令をした場合であって、船長等が当該命令に従わないおそれがあるときその他必要があると認めるときは、当該命令の履行の確保に必要な監督をさせるため、海上自衛隊の三等海尉以上の自衛官を当該命令に係る船舶（以下「回航等船舶」という。）に乗り込ませることができる。

（船長等に対する告知）

第四十七条　前条の自衛官（以下「回航等監督官」という。）は、回航等船舶に乗船したときは、その船長等に対し、第四十四条第一項又は第二項の規定による命令の内容及び回航等の措置の手続に関し苦情があるときは艦長等に対し理由を記載した文書を提出して苦情の申出をすることができる旨を告知するものとする。

（回航等監督官の権限）

第四十八条　回航等監督官は、第四十四条第一項若しくは第二項の規定による命令の履行の確保又は航行の安全若しくは船内の秩序維持のため必要があると認めるときは、回航等船舶の船長等に対し、必要な措置をとるべきことを指示することができる。

2　回航等監督官は、船長等が前項の規定による指示に従わない場合において、やむを得ない必要があるときは、自ら当該指示に係る措置をとることができる。

3　艦長等は、回航等監督官に、第四十五条に規定する措置を講じさせることができる。

（一時的な拘束）

第四十九条　回航等監督官は、前条の規定によるもののほか、引渡対象であると認められる乗組員等を発見した場合において、その逃走を防止することその他必要があると認めるときは、当該乗組員等を一時的に拘束することができる。

2　第二十七条並びに第四十条第二項及び第三項の規定は、前項の規定により回航等監督官が乗組員等を拘束した場合について準用する。この場合において、第二十七条第一項中「前条第一項」とあるのは「第四十九条第一項」と、同条第二項中「前条第三項」とあるのは「第四十九条第二項において準用する第四十条第三項」と、第四十条第二項中「前項」とあるのは「第四十九条第一項」と、同条第三項中「前項」とあるのは「第四十九条第二項において準用する第四十条第二項」と読み替えるものとする。

（回航等船舶への自衛艦旗の掲揚）

第五十条　回航等監督官は、回航等船舶に、当該船舶の旗国の国旗及び自衛艦旗を掲げさせるものとする。

（引渡し）

第五十一条　艦長等は、第四十四条第一項の規定による命令をした場合において、回航等船舶が我が国の港又は実施区域内にある外国の港に到着したときは、速やかに、乗組員等又は積荷のうち引渡対象であるもの（引渡対象の疑いがあるものを含む。）を権限のある機関に引き渡さなければならない。

（妨害行為の制止）

第五十二条　第二十五条第二項の規定は、第十三条第一項の規定により船舶検査活動の実施を命ぜられた海上自衛隊の自衛艦その他の部隊の自衛官について準用する。

（報告）

第五十三条　艦長等は、停船検査を行ったとき、又は回航等の措置をとったときは、速やかに、当該停船検査又は回航等の措置に関する報告書を作成し、防衛大臣に提出しなければならない。

2　艦長等は、第四十四条第一項若しくは第二項の規定による命令をしたとき、又は船長等から第三十五条若しくは第四十七条に規定する苦情の申出があったときは、直ちにその旨を防衛大臣に報告しなければならない。

3　前条の自衛官は、同条において準用する第二十五条第二項に規定する権限を行使したときは、速やかに、艦長等にこれを報告しなければならない。

4　防衛大臣又は艦長等は、前二項の規定による報告を受けたときは、必要に応じ、関係機関への連絡その他の措置を講ずるものとする。

（艦長等の配慮義務）

第五十四条　艦長等並びに船上検査官及び回航等監督官は、停船検査を行い、又は回航等の措置をとるときは、その対象となる船舶が必要以上に予定の航路を変更することのないように配慮しなければならない。

第四目　補則

（身分証明書の提示等）

第五十五条　この款の規定により権限を行使する自衛官は、当該権限を行使する場合においては、その身分を示す証明書を携帯し、関係者の請求があるときは、緊急の場合を除いて、これを提示しなければならない。

2　この款の規定による自衛官の権限は、犯罪捜査のために認められたものと解釈してはならない。

（行政手続法の適用除外）

第五十六条　この款の規定による処分については、行政手続法（平成五年法律第八十八号）第三章の規定は、適用しない。

（行政不服審査法による申立て）

第五十七条　この款の規定による処分については、行政不服審査法（昭和三十七年法律第百六十号）による不服申立てをすることができない。

第二款　武器の使用

（小型武器の保有）

第五十八条　本部は、国際平和協力活動に従事する本部職員の安全保持のために必要な政令で定める種類の小型武器を保有することができる。

（小型武器の貸与）

第五十九条　本部長は、第十条第一項の規定により本部職員を国際平和協力活動に従事させる場合であって、現地の治安の状況等を勘案して特に必要と認めるときには、当該本部職員が同条第二項に規定する実施区域（我が国領域を除く。）に滞在する間、前条の小型武器であって第七条第二項第二号ホ（2）の規定により実施計画に定める装備であるものを当該本部職員に貸与することができる。

2　次の各号に掲げる者は、第十一条第一項又は第十二条第一項の規定により当該各号に定める職員を国際平和協力活動に従事させる場合であって、現地の治安の状況等を勘案して特に必要と認めるときには、当該職員が第十一条第二項又は第十二条第二項において準用する第十条第二項に規定する実施区域（我が国領域を除く。）に滞在する間、小型武器（前条の政令で定める種類の小型武器に相当するものをいう。次条第一項第二号及び第三号において同じ。）であって第七条第二項第二号ヘ（2）又はト（2）の規定により実施計画に定める装備であるものを当該職員に貸与することができる。

一　警察庁長官　警察庁の職員（警察官である者を除く。次条第一項第一号において同じ。）

二　海上保安庁長官　海上保安庁の船舶又は航空機の乗組員たる海上保安庁の職員（海上保安官及び海上保安官補（以下「海上保安官等」という。）である者を除く。次条第一項第一号において同じ。）

3　小型武器を管理する責任を有する者として本部職員、警察庁の職員及び海上保安庁の職員のうちからそれぞれ本部長、警察庁長官及び海上保安庁長官により指定された者は、前二項の規定による貸与のため、小型武器を保管することができる。

4　小型武器の貸与の基準、管理等に関し必要な事項は、政令で定める。

（本部職員等による武器の使用）

第六十条　第十条第一項、第十一条第一項、第十二条第一項又は第十三条第一項の規定により、国際平和協力活動の実施を命ぜられた者であって、次の各号に掲げるものは、それぞれ、自己又は自己と共に現場に所在する他の国際平和協力活動等従事者若しくはその職務を行うに伴い自己の管理の下に入った者の生命又は身体を防衛するためやむを得ない必要があると認める相当の理由がある場合には、その事態に応じ合理的に必要と判断される限度で、当該各号に定める小型武器又は武器を使用することができる。ただし、刑法（明治四十年法律第四十五号）第三十六条又は第三十七条の規定に該当する場合を除いては、人に危害を与えてはならない。

一　本部職員又は警察庁の職員　前条第一項又は第二項の規定により貸与を受けた小型武器

二　警察官　第七条第二項第二号ヘ（2）の規定により実施計画に定める装備である小型武器で、当該警察官が携帯するもの

三　海上保安官等　第七条第二項第二号ト（2）の規定により実施計画に定める装備である小型武器で、当該海上保安官等が携帯するもの

四　個別派遣自衛隊員　第七条第二項第二号チ（2）の規定により実施計画に定める装備である武器（第五十八条の政令で定める種類の小型武器に相当するものに限る。）

2　前項第三号の規定による小型武器の使用は、当該現場に上官が在るときは、その命令によらなければならない。ただし、生命又は身体に対する侵害又は危難が切迫し、当該命令を受けるいとまがないときは、この限りでない。

3　第一項第三号の規定により小型武器を使用する場合において、当該現場に在る上官は、統制を欠いた小型武器の使用によりかえって生命若しくは身体に対する危険又は事態の混乱を招くこととなることを未然に防止し、当該小型武器の使用が同項の規定に従いその目的の範囲内において適正に行われることを確保する見地から必要な命令をする

ものとする。

（自衛隊の部隊等の自衛官による武器の使用）

第六十一条　第十三条第一項の規定により国際平和協力活動の実施を命ぜられた自衛隊の部隊等の自衛官であって、次の各号に掲げるものは、それぞれ、当該各号に定める事態に応じ合理的に必要と判断される限度で、第七条第二項第二号チ（２）又は（３）の規定により実施計画に定める装備である武器を使用することができる。ただし、刑法第三十六条又は第三十七条の規定に該当する場合を除いては、人に危害を与えてはならない。

一　人道復興支援活動、停戦監視活動又は後方支援活動の実施を命ぜられた自衛隊の部隊等の自衛官　自己若しくは次に掲げる者の生命若しくは身体の防衛のため又は第三十一条第二項において準用する第二十五条第二項の規定による権限の行使に対する抵抗の抑止のため必要であると認める相当の理由がある場合

イ　自己と共に現場に所在する他の国際平和協力活動等従事者又はその職務を行うに伴い自己の管理の下に入った者

ロ　当該部隊等に所属する自衛隊員

ハ　実施区域内に所在する者であって、当該活動の円滑な実施を確保するために必要であるとして防衛大臣が定めるもの

二　安全確保活動の実施を命ぜられた自衛隊の部隊等の自衛官　自己若しくは前号イ若しくはロに掲げる者若しくは実施区域内に所在する者（同号イ及びロに掲げる者を除く。）の生命若しくは身体の防衛のため、前款第一目の規定による権限の行使に対する抵抗の抑止のため又は第二十六条第一項の規定による一時的な拘束のため必要であると認める相当の理由がある場合

三　警護活動の実施を命ぜられた自衛隊の部隊等の自衛官　自己若しくは第一号イ若しくはロに掲げる者の生命若しくは身体若しくは警護対象の防衛のため、第三十一条第一項において準用する前款第一目の規定による権限の行使に対する抵抗の抑止のため又は同項において準用する第二十六条第一項の規定による一時的な拘束のため必要であると認める相当の理由がある場合

四　船舶検査活動の実施を命ぜられた自衛隊の部隊等の自衛官　自己若しくは第一号イ若しくはロに掲げる者若しくは実施区域内に所在する者であって当該活動の円滑な実施を確保するために必要であるとして防衛大臣が定めるものの生命若しくは身体の防衛のため、前款第三目の規定による権限の行使に対する抵抗の抑止のため又は第四十条第一項若しくは第四十九条第一項の規定による一時的な拘束のため必要であると認める相当の理由がある場合

2　第十三条第一項の規定により安全確保活動又は警護活動の実施を命ぜられた自衛隊の部隊等の自衛官であって、次の各号に掲げるものは、前項の規定により武器を使用する場合のほか、それぞれ、当該各号に定める事態に該当すると認める相当の理由があるときは、その事態に応じ合理的に必要と判断される限度で、第七条第二項第二号チ（２）の規定により実施計画に定める装備である武器を使用することができる。

一　安全確保活動の実施を命ぜられた自衛隊の部隊等の自衛官　次に掲げる場合

イ　多衆集合して暴行若しくは脅迫をし、又は暴行若しくは脅迫をしようとする明白な危険があり、武器を使用するほか、他にこれを鎮圧し、又は防止する適当な手段がない場合

ロ　イに掲げる場合のほか、小銃、機関銃（機関けん銃を含む。）、砲、化学兵器、生物兵器その他その殺傷力がこれらに類する武器を所持し、又は所持していると疑うに足りる相当の理由のある者が暴行又は脅迫をし又はする高い蓋然性があり、武器を使用する

ほか、他にこれを鎮圧し、又は防止する適当な手段がない場合

二　警護活動の実施を命ぜられた自衛隊の部隊等の自衛官　警護対象が侵害を受け、又は受けようとする明白な危険があり、武器を使用するほか、他にこれを排除する適当な手段がない場合

3　第十三条第一項の規定により船舶検査活動の実施を命ぜられた自衛隊の部隊等の自衛官は、第一項の規定により武器を使用する場合のほか、艦長等が第三十三条第二項の規定に基づき当該船舶の進行の停止を繰り返し命じても乗組員等がこれに応ぜずなお当該活動の実施に抵抗し、又は逃亡しようとする場合において、当該船舶の進行を停止させるため他に手段がないと信ずるに足りる相当の理由があるときは、その事態に応じ合理的に必要と判断される限度で、第七条第二項第二号チ（3）の規定により実施計画に定める装備である武器を使用することができる。

4　前三項の規定により自衛官が武器を使用するには、刑法第三十六条又は第三十七条に該当する場合を除き、当該部隊指揮官の命令によらなければならない。

5　前各項に定めるもののほか、自衛隊の部隊等の自衛官による武器の使用に関し必要な事項は、防衛大臣が定める。

第五節　物品の譲渡及び無償貸付け

第六十二条　次の各号に掲げる大臣又はその委任を受けた者は、第十条第一項、第十一条第一項、第十二条第一項又は第十三条第一項の規定による国際平和協力活動の実施に際し、国際連合等から第二条第一項に規定する国際社会の取組に係る活動の用に供するため当該各号に規定する物品の譲渡又は無償貸付けを求める旨の申出があった場合において、当該活動の円滑な実施に必要であると認めるときは、その所掌事務に支障を生じない限度において、当該国際平和協力活動として当該申出に係る物品を当該国際連合等に対し無償若しくは時価よりも低い対価で譲渡し、又は無償で貸し付けることができる。

一　内閣総理大臣　本部又は警察庁に属する物品

二　国土交通大臣　海上保安庁に属する物品

三　防衛大臣　自衛隊に属する物品

第四章　物資協力

第六十三条　内閣総理大臣は、第二条第一項に規定する国際社会の取組に係る活動を実施する国際連合等から要請があった場合において当該活動の円滑な実施に必要であると認めるときは、閣議にかけて、物資協力を行うことができる。

2　外務大臣は、第二条第一項に規定する国際社会の取組に係る活動の用に供するため必要と認めるときは、内閣総理大臣に対し、前項に規定する閣議の決定を求めるよう要請することができる。

3　本部長は、物資協力のため必要があると認めるときは、関係行政機関の長に対し、その所管に属する物品の管理換えを要請することができる。

4　関係行政機関の長は、前項の規定による要請があったときは、その所掌事務に支障を生じない限度において、その所管に属する物品の管理換えを行うものとする。

第五章　雑則

（民間の協力等）

第六十四条　実施行政機関の長は、第三章の規定による措置によっては国際平和協力活動を十分に実施することができないと認めるときは、関係行政機関の長の協力を得て、物品の譲渡若しくは貸付け又は役務の提供について国以外の者に協力を求めることができる。

2　本部長は、物資協力に関し必要があると認めるときは、関係行政機関の長の協力を得て、物品の譲渡について国以外の者に協力を求めることができる。

3　政府は、前二項の規定により協力を求められた国以外の者に対し適正な対価を支払うとともに、その者が当該協力により損失を受けた場合には、その損失に関し、必要な財政上の措置を講ずるものとする。

（政令への委任）

第六十五条　この法律に特別の定めがあるもののほか、この法律の実施のための手続その他この法律の施行に関し必要な事項は、政令で定める。

附則

（施行期日）

第一条　この法律は、別に法律で定める日から施行する。

（国際連合平和維持活動等に対する協力に関する法律の廃止）

第二条　国際連合平和維持活動等に対する協力に関する法律（平成四年法律第七十九号）は、廃止する。

（経過措置及び関係法律の整理）

第三条　前条に定めるもののほか、この法律の施行に伴い必要となる経過措置及び関係法律の整理については、別に法律で定める。

理　由

国際連合を中心として国際の平和及び安全の維持に係る多様な取組が行われていることを踏まえ、国及び国民の安全を保ち我が国の繁栄を維持するためには国際の平和及び安全の確保が不可欠であるとの認識の下に、国際の平和及び安全の維持に係る国際社会の取組に我が国として主体的かつ積極的に寄与するため、国際平和協力活動及び物資協力、これらの実施の手続その他の必要な事項を定める必要がある。これが、この法律案を提出する理由である。

資料Ⅲ・45

提言・新防衛計画の大綱について

―国家の平和・独立と国民の安全・安心確保の更なる進展

二〇一〇年六月一四日

自由民主党政務調査会・国防部会

コメント

1．この提言は、政権交代によって野党となった自民党が、二〇一〇年の防衛計画の大綱の改定に向けて、民主党政権に影響を与えることを念頭において出した提言である。〇九年にも自民党は、一六大綱の改定に向けて、提言（⇩Ⅲ・39）を出しているが、本提言は、政権交代をふまえて、〇九年の提言の基本を受け継ぎながら、より露骨な、拡充した主張を行っている。

この提言は、民主党政権下で作成された「防衛計画の大綱」、いわゆる二二大綱（⇩Ⅲ・49）に影響を与えただけでなく、政権復帰後の自民党政権、第二次安倍晋三内閣の防衛政策にも影響を与えた。

2．本提言が、まずこれまで長年にわたり削減されてきた人員と予算の拡充を訴えていることは〇九提言と同様である。本提言は、とくに自衛官の定員増、骨太方針の防衛予算への適用除外を訴えるとともに民主党政権が自衛隊についても「事業仕分け」を行ったことを批判している。

3．〇九提言を受け継いで、本提言が強調しているのは以下の諸点である。

第一に、自主憲法制定を主張していることは前回と同様であるが、より解釈改憲を強調している点が注目される。「しかしながら、安全保障に関する憲法議論は新憲法の中心に関わる事項であり、長時日の国民議論が必要となることから、安全保障環境の変化に対応する中期的な安全保障に関する法基盤の整備は、次項『国家安全保障基本法』や『国際平和協力法』の制定において安保法制懇談会報告書（平成二〇年六月二四日）や安保防衛懇談会報告書（平成二一年八月四日）の提言を体現し、適切な防衛政策実行基盤を整備する」がそれである。

第二に、国家安全保障基本法制定による集団的自衛権行使の解釈変更を主張していることも注目される。また、国際平和協力の一般法の制定により国際平和協力活動を活発化すること、駆け付け警護や武器使用の範囲を拡大することも謳われている。さらに、戦後の防衛政策の基本となってきた非核三原則や武器輸出三原則の見直しも主張されている。さらに日本版ＮＳＣの設置も提起されている。

第三に、「専守防衛の見直し」と「新専守防衛」が打ち出されていることは、〇九提言に比べた変化であり、〇九年八月の安全保障と防衛力に関する懇談会報告（⇩Ⅲ・43）の影響を受けていると推測される。

この点に関係して、抑止の考え方につき、「防衛力の存在による抑止」に変えて「運用による抑止」が打ち出されていることも注目される。これが、民主党政権の手による二二大綱（⇩Ⅲ・49）に受け継がれ「動的抑止」につながったと見られる。

第四に、すでに指摘したが、提言がわざわざ「新たな安全保障環境へ対応する法基盤の見直し」という項を設けて、安保法制懇報告（⇩Ⅲ・37）を受け、集団的自衛権に関する政府解釈の見直しを提起していることは注目される。

第五に、日米同盟に関し、提言がオバマ政権の政策転換をふまえて、「我が国」の役割増大を指摘していることはその後の第二次安倍晋三内閣の動きにつながる注目すべき点である。「今後は、オバマ政権の米国の拡大抑止戦略やスマートパワー重視政策、『２０１０ＱＤＲ』に見られる同盟国に対する期待の一層の高まりなどを考慮し、米国との役割分担を見直し、わが国自身の果たすべき役割増大に応じた自衛隊の能力向上を図る。」と。

また日米同盟における日本の役割増大との関係でも集団的自衛権行使が指摘されていることも注目される。

第六に、我が国の役割増に関連して、「敵ミサイル基地攻撃能力の保有」が改めて強調され、具体的に、弾道ミサイル、巡航ミサイル保持が匂わされていることは注目される。

一、はじめに

わが党は、結党以来、国家運営の基盤は、安全保障及び防衛であるとの理念のもと、常に党において積極的・主体的に議論を交わし、政府に対し、その在り方や具体的な安全保障政策や防衛政策を提言するとともに、国民に広く理解していただく努力を積み重ねてきた。

わが党の使命は、国家の平和と独立及び国民の安全・安心を確保し得るためは、外交力の強化とともに、専守防衛、非核三原則、軍事大国とならない、文民統制の確保の前提を堅持しつつ、着実な防衛政策を推進していくことである。

近年の変化は、わが国周辺及び地球規模の情勢の変動、大規模な自然災害の多発、北朝鮮の核実験・ミサイル発射、中国の軍事力強化とロシアの復調、米国オバマ政権の誕生や米国の金融問題から発した世界経済の急落の影響等があり、米国は２０１０ＱＤＲ・ＢＭＤＲ・ＮＰＲを公表し、特にテロ戦争の終結と中国の軍拡への懸念・北朝鮮の核・ミサイル整備への注意、核のない世界の一歩として非核保有国への核不使用や同盟国への拡大抑止として戦術核を廃止し、戦略核や通常戦力等の役割を増大することなどを強く訴えている。

また、現防衛計画の大綱（「一六大綱」）以降、防衛省の省移行、国際平和協力活動等の本来任務化などが実現し、イラク人道復興支援活動やインド洋への補給支援活動が成功裏に終了した。現在、自衛隊の海外での活動としては、ゴラン高原、ハイチPKOのほかソマリア沖・アデン湾での海賊対策などが行われている。

政権交代により、政府は、防衛計画の大綱見直しを一年先送りし「新しい時代の安全保障及び防衛力に関する懇談会」を発足、議論を開始するとともに、防衛省改革については一段階目の改革で停止し、見直しのための新たな有識者懇談会において議論を始めたばかりである。

また、普天間基地移設に関する日米政府合意を検証したものの、ほぼ現行案に近い政府案を米政府、沖縄等関係自治体に提示し、協議中であるが、米軍再編や当該地域の抑止力確保への影響、基地負担地方自治体への影響が錯綜し、解決には更なる混迷が予想され、国民並びに同盟国及び周辺諸国の不安を増長することが予想される中において、日米同盟五〇周年を節目とする日米同盟深化、特に日本自身の役割を明確にする協議が開始されている。

こうした状況下で、一六大綱を分析・評価し、新しい安全保障及び防衛力の在り方の指針を早急に再検討する必要がある。また、防衛計画の大綱が示す安全保障及び防衛力の在り方の指針は、防衛力整備の特性から三〇数余年以降にも影響を及ぼすものであり、喫緊の課題はもとより、将来を見据えた検討を行なうことが、我々に課せられた未来に対する責任である。

今後の方向性は、地政学的特性・構造的情勢変化に対応する「かくあるべし（理念）」と、わが国を取巻く新たな安全保障環境において国家の安全と国民の安全・安心を確保するために、「必ずやる（実現）」の区分を明確化し、安全保障政策や防衛政策、特に防衛力整備・運用・管理並びに法制の整備等を着実に進展させることが必要である。

一方、政権与党となったにも拘わらず民主党を中心とする連立与党は未だに安全保障や防衛に関する考え方を公表しておらず国民に不安を抱かせている。

本提言レビューは、以上の視点から、国防部会で、わが党として取り組むこととしている自主憲法制定を視野に入れつつ、野党第一党としての責務を果たすため、数次にわたる真剣な議論を行い、党としての考えをまとめた昨年度の提言を安全保障環境の変化や政権与党が安全保障等に関する考え方を明らかにしていないことから生じている国民や同盟国並びに周辺国に与えている不安や不信を払拭するために、更なる真剣な数次の検証を行い、再度、提言レビューとして取りまとめ、公表・政府へ提言するものである。

提言レビューでは、今後の防衛力の在り方の方向性を「基本的防衛政策」と「今後整備する防衛力」に大別して明らかにした。

特に重要なことは、〇七大綱策定以降縮減された防衛力を、今後の新しい安全保障環境に適応させ実効力を伴うものとするため、「質」「量」ともに必要な水準を早急に回復できるように、適切な人員と予算の増大を図るべきである。

以下、今年末に策定される新防衛計画の大綱について具体的な提言を記した。

二、わが国をめぐる安全保障環境

1、わが国の地政学的な基本特性

わが国周辺大陸からの地政学的脅威は、いわゆる三正面（北、西北、南西）と海洋国家としての海上交通路を通じてわが国に及ぶものということができ、これらが国家防衛の一義的な抑止・対処の対象と認識される。

また、わが国の沿岸部に人口稠密社会が形成され、特に首都圏・阪神地区等の大都市も安全保障上の考慮が必要である。

２、国際情勢の構造的変化

（１）伝統的脅威と新たな脅威

①　わが国周辺の中国・ロシアと同盟国・米国の周辺地域での覇権争奪の影響を地政学的に考察すると、北・西北・南西との三正面への脅威と海洋国家としての生存からシーレーンへの脅威は常に存在する。

②　冷戦終結後に表面化した貧困・経済格差、イデオロギー・宗教・民族対立等の紛争の火種は、ユーラシア大陸の一部沿岸部やアフリカ大陸から国際社会全体に影響を及ぼす非伝統的脅威出現の要因となっている。

わが国の生命線たるシーレーンはその影響を受けやすく、かつ、わが国もその脅威の対象とされているが、その主体が不透明ゆえに抑止が効きにくく事前の兆候察知も困難であり、事態発生への即応体制が必要とされている。

（２）感染症や自然災害、気候変動等地球規模の危機

①　わが国は、国内のみならず海外でのこれらの危機発生の影響を直接受け易く、活発的かつ国際的な交流により国家の繁栄を享受している面もあることから、危機発生に関し早期に情報を入手し先行的に対応することが求められる。

②　地球温暖化により、北極海の海氷の範囲が縮小しつつあり、北極海航路開通が、わが国の安全保障に影響を与える可能性を考慮せねばならない。

３、わが国周辺国の動向と危機・脅威の方向性

（１）国家の平和と独立に及ぼす危機・脅威

①　北朝鮮

北朝鮮は、軍事力、対外交渉力の向上を志向し、現体制の維持を図るため、核保有国（核弾頭搭載大陸間弾道弾を含む）となることを追求している。その上で、政治的恫喝手段の拡充（テロ・ＢＭ等）と大量破壊兵器の拡散による地域及び世界の不安定化を醸成している。韓半島の不安定化の対象として、韓国との領海問題を挺子に軍事衝突（ＮＬＬ侵犯・哨戒艦への魚雷攻撃）を惹起させている。また、特殊部隊一〇万人増強・核弾頭・長射程ミサイル・生物・化学兵器開発、固体燃料ロケット（一〇〇㎞級短距離ロケット）技術取得などを行っている。

②　中国

中国は、多極化に向けて軍事力（核・ミサイル戦力に加え、空母等海上プレゼンス・着上陸能力等のパワープロジェクション及びサイバー攻撃・対衛星攻撃を含むアクセス拒否能力の飛躍的向上等）の拡充（公表国防費は二〇〇九年度まで二一年連続二桁の伸張、最近五年間の対前年度最大伸び率二四％）と東アジアの覇権争奪、特に東シナ海・南シナ海から太平洋への進出の動きがある。

③　ロシア

多極化に向けて軍事力の復調傾向（国防費は二〇〇〇年以降九年間で約八倍の伸張であり、二〇〇九年度の対前年度最大伸び率三八％）にある。特に、北極海航路が進展した場合は、ロシア海軍のオホーツク海・太平洋地域への関与が増大し、米中との覇権争奪は周辺国の態勢に影響を及ぼす。また、ミサイル防衛やロシアに対する領土的要求を軍事的脅威と位置づけた新軍事ドクトリンについて注視する必要がある。

④　シーレーン周辺国の不安定化

シーレーンは、わが国の生命線であるため、その周辺における海賊行為、テロの発生は、大きな脅威となっている。

（２）国民の安全・安心に及ぼす脅威

国民の安全・安心に及ぼす脅威は、朝鮮半島では、北朝鮮の内部崩壊・南進行動による混乱、避難民の流出が考えられる。中台問題では、

米中台関係緊迫による危機が生じる恐れがある。また、国内テロとしては、国際テロ組織の拡大・分散に伴う生起公算が高まる可能性も否定できない。

さらに、新型インフルエンザ・口蹄疫など感染症・大規模災害等で、社会インフラが崩壊・機能低下する恐れもある。

また、地方の過疎化等による社会構造の変化は、地方の防災能力を低下させ、災害等に対する脆弱性を増大させている。雇用情勢の悪化と相まって地方の不安は増大しており、これらは内なる脅威と捉えることが必要である。

三、基本的防衛政策

1、**自主憲法制定**（二二・一・二四「平成二二年綱領」より）

わが国の安全保障及び防衛力の在り方を検討する最も重要な前提は、党是でもある自主憲法制定である。

そのためには、国民投票法が平成二二年五月一八日に施行され、新憲法案の発議が可能となったことから、九条第二項の改正、自衛隊（自衛官）の憲法上自衛軍との位置づけの明確化、軍事裁判所の設置などの方針に沿った新憲法の制定を目指し、早急に自民党・新憲法草案（一七・一一・二二発表）を検証するとともに、憲法改正を発議し国会内で議論できる環境を整えることが必要である。

しかし、平成一九年五月一四日に「国民投票法」が参院で可決されたにも関わらず、参議院憲法審査会の「参議院憲法審査会規程（仮称）」は制定されておらず、衆議院でも審査会規定はあるが委員の選任が行われていない状況である。自主憲法制定を早期に実現するため、改正案を発議して衆参議院憲法審査会を早期に始動させ「新しい国のかたち」をつくるため精力的な憲法論議を進め、各党各会派の連携を強化するとともに国民運動に発展させなければならない。

しかしながら、安全保障に関する憲法議論は新憲法の中心に関わる事項であり、長時日の国民議論が必要となることから、安全保障環境の変化に対応する中期的な安全保障に関する法基盤の整備は、次項「国家安全保障基本法」や「国際平和協力法」の制定において安保法制懇談会報告書（平成二〇年六月二四日）や安保防衛懇談会報告書（平成二一年八月四日）の提言を体現し、適切な防衛政策実行基盤を整備する。

2、**国家安全保障基本法の制定**

国家の安全保障を考えるには、新たな安全保障環境を踏まえて、実効性ある安全保障政策を行うために、自主憲法制定を視野に入れつつ、安全保障の基本である「国民の生命・財産、国土そして基本的人権、民主主義の原則等の基本的な価値を守る」ことを踏まえる必要がある。

そのためには、安全保障政策の主体となる国防戦略の基本である「わが国の平和と独立並びに国民の安全・安心を確保する」こと、自衛隊（自衛官）の意義付け、集団的自衛権行使や武器使用に関する法的基盤の見直し等を安全保障の基盤として的確に意義付ける「国家安全保障基本法」を制定することが必要である。

制定に当たっては、現在の安全保障の基本的な方針を定めた「国防の基本方針」（昭和三二年五月二〇日）を五〇年以上修正することなく維持されており、わが国の不変の国情に合致していたとする評価、また多様な安全保障政策の決定に資するには十分具体的な指針とはなり得ていないとする評価を踏まえて、国防の基本方針の見直しを含めることが必要である。

防衛政策の基本である①専守防衛②軍事大国にならない③文民統制の確保④非核三原則については基本的に堅持すべきであるが、「非核三原則」については、先の「密約調査」以降、政府は「核の持ち込み」に関する日米間の認識の違いを放置したまま、米国の核戦略が変更されたことによって問題は生じないと説明している。しかし、これでは緊急時におけるわが国の核抑止は脆弱かつ不確実なものとならざるを得ず、この問題については正面から議論を行う必要がある。

また、「専守防衛」についても、安全保障環境のグローバル化、トランスナショナル（国境を越える）化し、弾道ミサイルの拡散、宇宙やサイバー空間を利用する脅威等に対応する環境は、基本施策として「専守防衛」を想定（昭和四五年防衛白書）していた時代から劇的な変化をしており、今日の視点で新たな意義を検証し、「新専守防衛」を明らかにすることが必要である。

見直しに当たっては、不必要な軍拡競争を生まない、実効性の追求、先制攻撃不使用等を基本要素として明確化する等安全保障に関する戦略については、安全保障基盤として、防衛力の在り方を示す新大綱とともに国民の理解を深めることが必要である。

3、国際平和協力法の制定

（1）背景

○国際平和協力に関する一般法の制定の必要性

国際平和協力活動は、国連ＰＫＯだけでなく安保理決議に基づく多国間の取組、相手国の要請に基づき、地域の安定化を目的として関係各国が国連の枠外で行う非国連型の取組など多様化している。わが国も、テロ特措法、イラク特措法等対象と期限を限った特措法で対応してきたが、時間的な損失、政治状況の影響、派遣基準が不明確、情勢変化に伴う修正も法的手続きとなり国際平和協力活動に積極的に寄与することが難しい。

この問題を解決するため、自衛隊の活動範囲の拡大の観点から、活動の国際的枠組、活動範囲、活動要領（閣議決定された実施計画に基づき、協力隊編成を廃止し、実施行政機関相互の連携と国際平和協力本部との連携による活動）、武器使用基準、国会の関与を規定した一般法を早期に制定する必要がある。

制定にあわせて、国際平和協力に関する日本の基本的方針を内外に示すとともに、日本の国際平和協力活動への参加は、日本にも及びうる脅威の発現を未然に防止し、日本も参画しその効果を享受している自由で開かれた国際システムを維持する手段であるとの認識を、国民に広く受け入れられるように議論がなされるべきである。

この際、日本の参加のあり方として、戦闘行為を含む強制措置を直接の任務にしないこと（国際平和協力活動地域は、非国際的武力紛争地域に限定）を明確にして国民の支持を広げることが重要である。

○ＰＫＯ派遣の判断の法的・政策的基準を国際標準に合わせる見直しが必要

「平和協力国家」を目指すわが国にとって国際平和協力活動や物資協力は、当然の責務であり、二〇〇七年、国際平和協力活動を自衛隊の本来任務とし、主体的・積極的な取組の体制は整いつつあるが、国連ＰＫＯ参加は、低調で他の先進国と比べると規模・業務範囲は限定的である。

その要因は現在のＰＫＯは、参加五原則や宮沢四原則を念頭に派遣の可否を判断してきたが、一九九〇年代以降の国連ＰＫＯは、伝統的な紛争対応から内戦型紛争対応の大規模・多機能型に変化し、参加五原則が適用できないケースが多く、わが国から遠く離れたアフリカ地域での活動が、わが国の安全・国益に直結すると感じにくく積極的な派遣がなされなかった側面もあった。判断基準を国際標準にあわせるため下記の見直しが必要である。

○紛争当事者に関する原則見直し

脆弱国家や破綻国家における紛争の場合、紛争当事者に該当する主体が多数存在し、停戦合意・受け入れ同意・中立性の原則確保は困難であるので、国連や地域連合が紛争当事者の主体として判断する、という考え方に切り替える。

○国際的な正統性確保

国連決議・国際機関の要請や地域的な合意（紛争当事者の合意に基づく要請・領域国の要請）があることと国際の平和及び安全の維持に係る国際社会に寄与するためわが国の国際平和協力活動が必要と認められること。

必要性は、結果として国民の支持（国会の事前承認等規定から）が得られることであり、実施すべき業務が、自衛隊の能力を含むわが国の指導力・行政能力に適合し、わが国の国益（日本にも及びうる脅威の発現を未然に防止し、自由で開かれた国際システムからわが国が享受している国益を確保する）に合致していることを国民に理解いただくことである。

○国連ＰＫＯで公表されている武器使用の範囲に権限拡大

安保法制懇の提言の体現として、憲法上の基本原則の堅持としては「国連の集団的措置の一環である国際平和協力は、日本を当事者とする国際紛争ではなく、憲法が禁止する『国際紛争の一環としての武力の行使』に当たらない」を踏まえ、国際平和協力活動の地域を「非国際的紛争地域」に限定した上で、武器使用権限は、駆けつけ警護を可能にし、権限行使に対する抵抗抑止のための武器使用を可能にし、自衛隊による文民や他国の要員の防護を含め国際平和協力活動で国連が認めている権限行使を可能にする。

（２）目的

「国際平和協力活動および物資協力を実施し、国際の平和と安全の維持に関わる国際社会の取組に、わが国として主体的・積極的に寄与する」

○国際の平和と安全に係る国際社会の取組を広く対象とし、紛争解決から国家再建までのシームレスな支援に必要な文民等の警護や住民の防護、治安部門改革活動への参加、民軍協力、ＯＤＡ連携、外国軍隊との協働を想定した業務範囲の拡大として、国際平和協力活動における、安全確保活動、警護活動、船舶検査活動を追加し、人道復興支援活動においても新たに派遣先国の軍隊等に公共の秩序維持等に関して助言・指導・教育訓練すること、ＤＤＲ（武装解除・動員解除・社会復帰）のための措置、地雷除去を追加している。

○民主主義的文民統制を徹底するとともに国民の理解と支持を得るための国会関与の強化として、国会での事前承認、実施計画の国会報告、国会議決による終了、一年毎の国会承認を規定。

４、新たな安全保障環境へ対応する法基盤の見直し（安保法制懇報告（四類型）の体現）

（１）日米安保体制の実効性確保のための集団的自衛権の行使に関する解釈見直し

①　公海において日米共同で行動中に米艦に危険が及んだ場合にこれを防護し得るようにすることは、同盟国相互の信頼関係の維持・強化のために必要不可欠である。現行の法解釈では例外的にしか防護できず、特に艦船にとって大きな脅威である対艦ミサイルへの対処ができない。自衛艦が防護するためにはわが国の安全保障に関係する限定的な運用として、国会の同意を得て、集団的自衛権の行使を認める解釈変更が必要である。

②　ＢＭＤシステムは日米間の緊密な連携を前提に成り立っており、運用上、日本防衛だけに適用することは困難である。米国に向かうかもしれない弾道ミサイルを、わが国が迎撃出来る能力を有するにもかかわらず対処しない場合は、わが国の安全保障の基盤たる日米同盟を根幹から揺るがすことになり絶対避けなければならない。

日本周辺に展開するわが国のＢＭＤシステムにより当該弾道ミサイルを迎撃するためには、わが国の安全保障上必要な運用として集団的自衛権の行使を認める解釈変更が必要である。この場合の行使は、積極的に外国の領域で武力を行使する集団的自衛権の行使とおのずと異なることを明確にする必要がある。

（２）国際社会による復興支援、平和構築活動への実効性ある貢献のための見直し

①　国際的な平和活動において、他国と共同任務を遂行中、現場に所在しない他国の部隊や要員が危険に晒され、自衛隊に救援を求めていても、現行法解釈ではその場合の武器使用が認められておらず、またＰＫＯ任務に対する妨害を排除する武器使用も認められておらず、他の共同任務部隊や要員を援護しないことは、国際社会の非難の対象となる。

国連等による集団安全保障やＰＫＯでの自衛隊の武器使用は国際基準に準じて使用できるよう解釈変更が必要である。憲法九条が禁止する武力行使は「個別国家による国際紛争を解決する手段」を規定するもので、国連等の集団安全保障への参加を禁止していないとの解釈を整理すべきである。

②　ＰＫＯ等に参加している他国の活動への後方支援は法解釈評価以前に政策的妥当性として、支援対象となる他国の活動がわが国の国民に受け入れられるか、メリット・デメリットの評価等を、総合的に検討して政策決定すべき事項とすべきである。日米安保条約の運用や国際平和協力活動への参加等に係る根本的な問題であり、日米同盟再定義や国際平和協力法制定過程において、わが国の立場を明確にする法基盤の見直しが必要である。

（平成二〇年六月二四日「安全保障の法的基盤の再構築に関する懇談会・報告書」参照）

（３）安全保障の目的達成のための法的基盤見直しの必要性に関する国民の理解を深化

①　安全保障環境の変化とわが国の国際社会での地位の向上・責任の拡大等から、わが国の安全保障問題の解決のための国際社会における共同対処・協力の要請が増加するということについて国民の理解を深める必要がある。

②　わが国の安全保障の基盤である日米協力体制の信頼強化に不可欠な活動との理解を国民に広げる必要がある。

５、総合的統合的安全保障戦略の作成

（１）基本方針

新しい安全保障環境において、「安定した安全保障環境の構築に協力・貢献」するとともに、「危機・脅威が顕在化しない外交努力」と「わが国自らの防衛体制と日米安保体制による抑止力と対処機能の実効性を向上」させ、自らの安全保障を確保する。

この際、経済・エネルギー、食糧、技術等国の安全を確保するとの観点からの国家戦略と連携するとともに、防衛政策では、その基本方針である文民統制、非核三原則、軍事大国とならないこと、節度ある防衛力整備は堅持する「新専守防衛」（新専守防衛の意義：日本の安全を確保するため、自衛権として最小限の規模の基盤的防衛力を行使すること）とする。わが国の基本姿勢について、安全保障環境の変化を踏まえ、国民と国際社会に対する説得力や透明性を確保できる範囲で検証する。

安保防衛懇は、三つの目標（日本の安全確保・脅威の発現の防止・国際システムの維持構築）の実現を日本自身の努力、同盟国との協力、地域での協力、国際社会との協力のバランスの取れた政策により確保しようとしたが、現在の安全保障環境は、自由で開かれた国際システムへの脅威が増加する一方、これを支えてきた米国の影響力の変化から同盟国との協力が重要視されてきている。

さらには、環境は地理的概念が希薄となり、平時と有事の境界が曖昧になり、各種政策を重層的にかつシームレスに機能させることができる戦略が必要である。

（２）安全保障戦略を推進するための体制強化

①　国家安全保障に関して官邸がリーダーシップを発揮するための官邸機能の強化

ア　国家安全保障に関する長期的戦略を策定

長期的な国家目標を示すとともに複数の省庁に属する政策を迅速に意思決定できる基盤を確立する。

また、国家危急事態が生起した場合には、対処に関する基本方針を示し政府全体で毅然と対応できる体制を構築する。

イ　情報部門の強化と政策部門と情報部門の連接

正確かつ総合的な情勢判断のため不可欠であり、政府全体の情報収集機能及び情報分析機能を強化して、情報部門が政策部門に必要かつ適切な情報をタイムリーに提供できる体制を確立する（具体的には「情報体制の強化」で提言）。

ウ　国家安全保障問題担当補佐官を常設し、総理に定期的に報告・意思疎通を図り、安全保障政策の推進のため活動を行う。

エ　防衛省・自衛隊出身総理大臣秘書官や自衛官の副官配置など総理大臣補佐機能強化を図る。

②　安全保障会議の機能を吸収した「国家安全保障会議（日本版ＮＳＣ）」及び同事務局を新設して、国家安全保障に関して大局的な視点に立った重要事項を機動的かつ実質的に議論を行い、安全保障戦略を作成し、事態に応じて各省庁に基本的指針を提示、総合的な活動を行う。

③　政府全体として総合的統合的安全保障を推進しうる人材育成

各省庁からの人材抜擢による官邸機能強化ではなく、政府全体で所要の人材を養成し、官邸と各省庁に適切な人材を配置し、総合的統合的安全保障を推進できる態勢を確立することが必要である。

④　これからは、国民自身が、今まで以上に国の平和や独立、国民の安全・安心について考え、国民自身の責任を自覚することも要求される時代となってきていることから、パブリック・リレーションズを重視して国民に働きかけることが重要であり「広報戦略」を官邸主導で構築すべきである。

６、防衛戦略

（１）基本方針

防衛は、武力攻撃事態の未然防止から排除までの間隙のない抑止・即応対処態勢を構築するとともに、武力攻撃事態以外の各種事態等に際しても自衛隊の能力を駆使して、国の平和と独立及び国民の安全・安心を確保する。その際、日米安保体制の確保に十分留意する。

また、国際的・地域的な安全保障環境の改善のための国際平和協力活動、わが国周辺の安定的な安全保障環境醸成のための能動的取り組みを積極的に実施する。

（２）防衛力の役割

①　日本及び日本周辺における各種武力事態への抑止と実効性ある対処

新たな安全保障環境を踏まえれば、現在の防衛計画の大綱（一六大綱）で示された三つの防衛力の役割（新たな脅威や多様な事態への実効的な対応、本格的な侵略事態への備え、国際的な安全保障環境の改善のための主体的・積極的な取組）や防衛力整備の優先順位の再検討が必要である。

今後、多様化・重層化する脅威を有効に抑止するためには平時と有事の中間にあるグレーな領域、事態生起までが至短時間の対応が求められるので、「防衛力の存在による抑止」に加えて、平素からの活動を通じた「運用による抑止」を重視する必要性がある。

わが国の地政学的基本特性等を踏まえて認識される伝統的な脅威と抑止の効きにくい脅威に対する役割として、三正面への備えと海上交通路の保護及び各種武力事態に即応性・機動性ある対処が必要であり、平素からのＩＳＲ機能、即応体制等油断のない姿勢・態勢を構築することが必要である。

主要な事態は、弾道ミサイルへの対応（日米共同対処を前提とするミサイル防衛システムを補完する敵基地攻撃能力、更なる打撃力の向上による抑止の向上を含む)、自衛隊が中心的な役割を担う特殊部隊・テロ等への対応、海洋の利用秩序を確立する周辺海・空域に適切な規模の部隊の展開、質的優位を保つこと及び離島・島嶼の安全確保については陸・海・空部隊の新たな配置・緊急展開能力の向上等実効性を追求し、本格的武力攻撃への備えは独立国として本来保有すべき機能として対処し得る必要最小限の能力(多様な事態への対処の基盤となる新しい基盤的防衛力)を維持すべきである。

② 国民の安全・安心確保

国民の安全・安心の基盤として自衛隊の能力を活かし、国民保護、大規模震災対処、新型インフルエンザなどの感染症対策、民生協力などで関係機関と連携を万全なものとするために全国くまなく配置された基地・駐屯地等の存在は重要であり、地域の防災能力の低下等の傾向を鑑みると、地域に密着・連携を強化し、地域の活性化にも寄与することが必要である。

また、外国における災害、争乱その他の緊急事態に際して、生命・身体の保護を要する邦人等の避難措置を実効あらしめるものとするため、自衛隊法第八四条三「在外邦人等の輸送」に関する規定を見直すことが必要である。

③ 地域的な環境・秩序の安定化及びグローバルな安全保障環境の改善

東シナ海、西太平洋を含むわが国周辺地域における平素の運用による抑止とISR活動における日米の協力・連携の強化による情報の優越を確立するとともに地域における防衛交流・協力の充実に積極的な部隊派遣も検討すべきである。また、グローバルな役割では自衛隊の国連平和維持活動(PKO)、国連平和構築活動(PBO)、国際緊急援助隊活動や海賊対処等の国際平和協力活動、日本周辺域での訓練等を通じた環境醸成に努めるとともに、早急に国際平和協力法を制定し、主体的・積極的な活動を確保する。

(3) 防衛計画の大綱の位置付け

① 防衛計画の大綱は、安全保障戦略を受け、防衛力の在り方の指針・運用・整備の基本を示す防衛戦略である。

② 大綱別表の意義

防衛力の整備(戦力化を含む)は、長期間を必要とする特性と情勢変化への的確な対応の二面性を有しており、一六大綱別表は「防衛力の役割を果たす具体的な体制」として具体的な防衛力整備の目標指針としたが、留意事項で「大綱の防衛力の在り方はおおむね十年後までを念頭に置いたもの」と規定していることから一〇年後の整備目標と解せられ、情勢の変化への対応を重視した整備目標との評価ができる。

今後の別表の検討に当たっては、その必要性を検証するとともに、必要とされた場合には、防衛力整備において防衛生産基盤や防衛技術基盤の維持、防衛力は戦力化に長期間を要することなどを考慮すべきである。

7、防衛力整備と財政

(1) 防衛力整備に必要な要件

① 人的基盤の充実

自衛隊における「人」は、戦力発揮の大きな要素であるため、人的基盤の「量」を十分に確保するとともに、先進技術で構成される能力発揮のため、高い「質」の隊員の確保は極めて重要である。

また、自衛隊は長期にわたる人材運用が可能な人的基盤があって、初めてキャリアとして充当できる時間と適任の人材を選択することができることから、人の確保は必須の要件である。

現在、政府全体の人件費削減を狙いとする行政改革推進法を一律に特別職たる自衛隊員にも適用していることが、必要な人的防衛力の確保を難しくし、人材育成面においても支障をきたしており、その見直しが必要である。

第一線部隊を指揮できる大隊長・艦長・飛行隊司令等や射撃・情報・通信・指揮統制・整備・補給等の専門性の高い職種・職域のプロを育成するには二〇年以上必要であり、将来の大きな情勢変化に対応する人的柔軟性を確保するためにも適切な人員の確保は必要である。

② 装備の研究開発・生産・維持

昭和四五年に示された「装備の自主的な開発・国産を推進する」という考え方に関する基本方針に基づく防衛生産・技術基盤の育成・維持は、防衛力整備や作戦運用を支える役割を果たしてきている。しかし、先進国であっても一国で全ての装備に関する生産・技術基盤を維持することが難しくなっている。防衛生産・技術基盤を巡る今後の厳しい環境（主要装備品は数千社の企業と二〇年〜三〇年の開発・維持期間が必要であるが、今後の防衛生産・技術の縮小、更には撤退、企業倒産等の傾向）からは、政府として防衛装備品の取得要領、国際共同開発への積極的な踏み込み、先行投資を可能にする契約等の検討を行い、長期に安定した活動を確保することが必要である。

この際、国家として中長期的な防衛産業戦略として、装備技術の自主的な研究・開発の推進と、装備品の国産化方針等を策定することが必要である。

（参考一）昭和四五年七月一六日中曽根防衛庁長官決定（同日事務次官通達）「防衛の本質からみて、国を守るべき装備はわが国の国情に適したものを自ら整えるべきものであるので、装備の自主的な開発・国産を推進する」

③ 部隊の練成のための人材の育成・装備の維持・練成訓練の積上げ

防衛力は、装備の戦力化が整えられて初めてその役割を果たすことが出来ることから、部隊の練成環境、特に練成機会と練成場所の確保と装備の維持機能の確保が重要である。現在、地方自治体の理解と協力を得て使用している訓練場・演習場・射撃場等を引き続き円滑に使用するための施策は重要である。自衛隊の展開能力の向上により平時の部隊配置は柔軟に考察し、日常の訓練のしやすさ、地域との連携の強さも考慮する必要がある。

また、長期にわたり運用する装備の維持のため必要な生産・技術基盤を確保するとともに装備品の更新・換装に対応する練度の維持のための練成訓練を積上げられる訓練環境の確保が必要である。

（2） 防衛力の特性に適合した中長期の財源確保

防衛力がその役割を適切に果たすためには必要な装備・人員を確保し、それを運用できるように、政府全体の中で防衛力の優先順位を適切に位置付け、そのための資源を確保し、適切に資源を配分していくことが必要である。

従来の防衛政策は、否定的な形で抑制的（「歯止めをかける」）であったが、日本は何をするのかとの防衛力の使用についてコンセンサスが必要であり、国会が安全保障政策の指針を示す、防衛力を如何に節約するかの観点から、如何に使うかの視点に立った議論が国会における文民統制の強化にもつながる。

長期的な施策である防衛力整備に関しては、防衛計画の大綱と中期防衛力整備計画により、整備目標が示されている。その達成に必要な財源の見積り、執行に当たっては中期防衛力整備計画策定時、中期財源充当見積を連接させ、年度毎に防衛力の役割等を評価し、必要な経費を配分する特別枠方式等について、政府として検討すべきである。

8、基本的な自衛隊体制（配置・編成）の在り方

（1） 国内運用（域内運用と全国運用）と国外運用指針の確立

① 国内運用は、域内の国民の安全・安心を確保しつつ全国運用することを基本とし、陸上自衛隊における運用統括機能としての陸上総隊により方面隊等の運用を容易にすることが必要である。

② 国外運用は、国内運用、即ち国家の安全や国民の安全・安心を確

保しつつ行うことを基本とする。現行運用はＰＫＯ法において、二〇〇〇名が上限とされ各特措法では、その時々の状況に応じて定められるが、実効性ある活動を継続するに当たっては、国土防衛分野への影響が懸念されていることにも考慮し、国土防衛に必要な人員と併せ、国外運用所要の人員を十分に確保することが必要である。

③　議員立法として国会に提出した国際平和協力法制定にあわせて海外運用の基本方針を示すことが必要である。

（２）地方自治体や国民の安全・安心への影響

①　自衛隊は、全国に隙のない基地・駐屯地の配置により、即応性をもって事態に対処し、地域の安全・安心を確保するとともに、地元の雇用創出や経済の活性化に寄与できる唯一の国の機関であり、また、その教育により、有為な人材を社会へ還元している。これをなし得るためには、基地・駐屯地の役割に適合する人的基盤の維持が必要である。

②　地域の防災能力の低下傾向を踏まえ、地方自治体が主体となって担任する災害対応・感染症対応等自治体の能力を自衛隊が補完すべき分野の確保を前提に、各種職種・職域部隊配置を基本とする。

③　地域配置部隊を掌理する地域司令部が、自衛隊が補完すべき分野を域内運用で補うか、必要により全国運用で補うかなどを地方自治体と連携して調整する。

④　配置・編成の見直しに当たっては、地域の安全と安定や地域経済及び地域社会へ及ぼす影響などにも十分考慮し、地域の要望にも十分配慮して検討することが必要である。この際、創隊以来の各地域で自衛隊が運用している防衛財産の有効活用についての検討も必要である。

9、情報体制の強化

（１）内閣の情報集約・総合分析・総合調整機能の強化

①　情報要求を適切に提示できる閣僚級の「情報会議（仮称）」設置

②　内閣情報官の格上げと各省庁の総理への情報報告への関与

③　現在の内閣情報分析官の体制を強化するとともに、内閣情報官を委員会議長とする情報委員会（仮称）を運営し各省庁の情報を集約化し、国家情報としての評価を行い、重要情報を迅速かつ正確に総理へ報告できる体制を確立する。

④　情報コミュニティによる情報活動を内閣情報官の下で調整し、内閣情報官が保有する情報のアクセス権や各省庁の情報関連予算の重複を調整する権限を付与する。

（２）内閣直轄の情報機関の設置による対外情報機能の強化

①　新たな危機や脅威へ対応する国家情報機能の強化と一体となった国家の情報力を増強する統合的な国家的情報組織、特に対外情報業務に特化した情報機関を新設する。

②　国家的情報保全組織と法の整備が必要である。（例：主要情報の適切な管理に関する法律）

③　高度な専門性を有する人材育成、特に対外情報の収集・分析要員を重視すべきである。

（３）情報共有の促進・情報コミュニティの緊密化と秘密保持

政府全体での情報共有システムの構築と各省庁共通の情報保全基準を強化する。

（４）国会への情報委員会の設置

審議の対象となる秘密を確実に保護するための法律等の所要の措置をとる。

（平成一八年六月二二日「国家の情報機能強化に関する提言」参照）

（５）積極的な宇宙利用によるネットワーク化された情報収集態勢の強化

情勢の変化に対応する衛星による情報収集を行うためには、頻度を高めた収集システムが必須である。そのためには、大型情報収集衛星以外に、小型偵察衛星（低コスト）を複数機運用するとともに、情報要求に基づき情報収集指令のアップリンクや収集した情報のダウンリンクの即応性を確保するための専用通信衛星を組合せ運用できる情報収集態勢を確立することが必要である。

また、情報要求に応じて迅速かつ確実に情報収集態勢を確立するためには即応性の高い打上げシステムの整備が必要である。

10、日米安保体制等の深化

（1）日米安保条約改訂五〇周年協議

① 日米安保条約改訂五〇周年に当っての「2＋2」共同発表で謳われた、日米同盟深化を現実のものとするため、日米両国で米軍の変革・在日米軍の再編とわが国の新防衛計画の大綱を確実に進展させ、日米同盟及び日米安保体制をさらに強固なものとすべきである。

② 中国の軍事力拡大特に外洋進出の懸念、北朝鮮の不透明かつ不安定情勢など東アジアの安全保障環境を概観し、在沖縄海兵隊等在日米軍のプレゼンスによる抑止力の意義、そしてアジア太平洋地域における日米同盟の国際的公共財としての価値に対する国民の理解増進に努めるとともに、在日米軍再編を着実に推進し、普天間基地の返還をはじめとした沖縄の負担軽減に最大限努力する。

（2）日米役割分担の見直しに基づくわが国の防衛力の在り方の検討

周辺国に対する抑止態勢において、打撃力については、米国に大きく依存している。今後は、オバマ政権の米国の拡大抑止戦略やスマートパワー重視政策、「2010QDR」に見られる同盟国に対する期待の一層の高まりなどを考慮し、米国との役割分担を見直し、わが国自身の果たすべき役割増大に応じた自衛隊の能力向上を図る。

また、米国の打撃力に対する自衛隊の支援・補完能力を向上させるため、打撃部隊の援護（対艦・対空・対地・対潜攻撃能力）や来援基盤の確保、情報収集支援、後方支援機能の強化が必要となる。

（3）日米安保体制の実効性確保のための集団的自衛権の行使に関する協議

① 公海において日米共同で行動中に米艦に危険が及んだ場合に、これを防護し得るようにするにはわが国の安全保障に関係する限定的な運用として、国会の同意を得て、集団的自衛権の行使を認める解釈変更が必要である。

② 日本周辺に展開するわが国のBMDシステムにより、米国に向かうかもしれない弾道ミサイルを迎撃するためには、わが国の安全保障上必要な運用として国会の同意を得て、集団的自衛権の行使を認める解釈変更が必要である。

わが国の防衛は、日米間の緊密な連携を前提に成り立っており、運用上、日本防衛だけに適用することは困難であり、わが国が防護や迎撃能力を有するにもかかわらず対処しない場合は、わが国の安全保障の基盤たる日米同盟を根幹から揺るがすことになり絶対避けなければならない。当該ケースにおける集団的自衛権の行使は、積極的に外国の領域で武力を行使する集団的自衛権の行使とおのずと異なることを明確にし、国民に理解をいただく必要がある。

（4）朝鮮半島情勢を踏まえ、「周辺事態」認定に至る前段階における日米そして日米韓、また本年五月、日豪両政府が自衛隊と豪軍が食料・水、燃料などを提供し合う物品役務相互提供協定（ACSA）署名を受けて、日豪、日米豪等多国間における協力体制の内容の充実を図る。

11、日米安保体制下の敵ミサイル基地攻撃能力の保有

（1）国家安全保障基本法に定める基本方針に基づき、強固な日米安保体制を前提とし、「座して自滅を待つ」ことのないよう、弾道ミサイル防衛の一環としての攻撃能力を確保。

弾道ミサイル（BM）による脅威に対し、有効に抑止・対処する手段には弾道ミサイル防衛（BMD）システムによる迎撃と敵ミサイル基地攻撃があり、わが国は、日米安保体制の下での協力により対応しており、現状は、打撃力については米国に依存している。

今後は、BMの能力向上（質・量）、核弾頭の小型化技術の進展に柔軟かつ迅速に対応するためにも、予防的先制攻撃は行わない範囲で、日米の適切な役割を見出すため、わが国自身による敵ミサイル基地攻撃能力の保有を検討すべきである。

その際、BMDにおけるミサイル発射基地・車両等への対処に限定した抑制的な運用要領（使用は国家安全保障会議により決定）と外交等あらゆる手段による抑止活動と連接する枠組みを確立し、ダメージコントロール可能な通常弾頭程度の威力と被害極限を追求できる高精度の弾着と効果確認可能な敵ミサイル基地攻撃能力を保有し、そのためにも、より強固な日米安保体制を堅持することが必要である。

（参考二）昭和三一年二月二九日衆院・内閣委員会鳩山総理答弁・船田防衛庁長官代読

「わが国に対して急迫不正の侵害が行われ、その侵害の手段としてわが国土に対し、誘導弾等による攻撃が行われた場合、座して自滅を待つべしというのが憲法の趣旨とするところだというふうには、どうしても考えられないと思うのです。そういう場合には、そのような攻撃を防ぐのに万やむを得ない必要最小限度の措置をとること、例えば、誘導弾等による攻撃を防御するのに、他に手段がないと認められる限り、誘導弾等の基地をたたくことは、法理的には自衛の範囲に含まれ、可能であるというべきものと思います。」

（2）保有する攻撃能力のレベルは、日米協力体制下、わが国の役割としての情報体制の強化施策と相まって、わが国の宇宙科学技術力を総合的に結集し、宇宙利用による情報収集衛星と通信衛星システムによる目標情報のダウンリンクと巡航ミサイルや小型固体ロケット技術を組合せた飛翔体（即応性よりも秘匿性を重視した巡航型長射程ミサイル又は迅速な即応性を重視した弾道型長射程固体ロケット）への指令により正確に弾着させる能力であり、その開発を実現可能とすべきである。

12、情報収集・警戒監視・偵察（ISR）活動時の安全確保、領域警備、航空警備の法制化

（1）法整備により、平時から多様な事態への移行を抑止又は阻止するため平時から有事まで、時間的・空間的に間隙のない（平時から有事の不安定な状態をなくした）対処を可能とし、国家の安全と国民の安全・安心を確保する。

（2）ISR活動時の安全確保

平時、領海・領空及び公海・公海上空で、情報収集・警戒監視・偵察活動中における自衛隊艦船・航空機に対する不法行動に対して、武器を使用して、その行動を抑止或いは対処することが必要である。

（3）領域警備

平時（防衛出動や治安出動…海上警備行動には至らない）に、日本の領域内で、武装工作員、武装工作船等による不法活動に対処するため、警察機能を補完する形で対処することが重要である。国境離島については「国境離島新法」の推進と併行して領域警備の体制を確立することが必要である。

（4）航空警備

平時（防衛出動や治安出動発令には至らない）に、領空及び公海上空で、国際民間航空条約等の国際法規に違反した不法行動に対して、空の警察機能を行使することが必要である。

13、武器輸出三原則等の見直し

（1）新しい武器関連技術に関する輸出管理原則

輸出禁止対象国としては、テロ支援国、国連決議対象国、国際紛争当事国、輸出貿易管理の不十分な国とし、それ以外の国・地域を対象とする武器輸出については、引き続き抑制的な方針を貫くため許可に係る判断基準「武器及び武器関連技術に関する輸出管理の指針」を定め、厳正に武器等の輸出を管理した上で、個別に輸出の可否を決定する仕組みを構築する。

（２）政府統一見解（三木内閣）等の見直し（修正）

武器輸出三原則等運用においては、昭和五八年の米国への武器技術輸出、平成一七年のＢＭＤ共同開発移行等に際して安全保障環境の変化に対応して逐次緩和（例外化）してきているが、今後は国際的に主流となる多国間による装備の共同開発への参加スキームが構築されることから、国際的な技術レベルを維持するとともに他国との技術交流を維持するため、米国以外の企業との共同研究・開発、生産や「武器」の定義の緩和等、国内防衛産業に対する過度の制約とならないような更なる三原則の見直し（修正）が必要である。特に、武器輸出に関する国際ルールの厳守、抑制的な方針の継承、わが国の安全保障上の要請に適合、世界の平和・安全に寄与する性格の事案の容認を認める方向で早急に検討すべきである。

（参考三）昭和五一年二月二七日武器輸出に関する政府統一見解（三木総理大臣）

○政府の方針

「武器」の輸出については、平和国家としてのわが国の立場から、それによって国際紛争等を助長することを回避するため、政府としては、従来から慎重に対処しており、今後とも、次の方針（①三原則対象地域には武器の輸出を認めない。②対象地域以外の地域については、憲法及び外国為替及び外国貿易管理法の精神にのっとり武器の輸出を慎むものとする。③武器製造関連設備の輸出については武器に準じて取り扱うものとする。）により処理するものとし、その輸出を促進することはしない。

14、**防衛分野の宇宙利用（積極的な宇宙利用と柔軟な打上げシステム）**

（１）情報収集・偵察・早期警戒・測位・通信・電波観測衛星等の研究・開発

（２）各種打上げシステムの確保、特に即応性の高いシステムの確保

現在の打上げシステムは、運用期日・打上げ方向に制約があり、即応性に欠けるため、制約のない新規射場等の整備を考慮するとともに、空中発射（航空機を利用する）打上げシステムについても検討すべきである。

（３）緊急事態における即応型情報収集システムの確保

中小企業支援策で推進する超小型衛星群の開発結果を活用して、超小型衛星群を即応型情報収集衛星群として活用する方向で中小企業での開発状況をフォローすることが必要である。

15、**防衛生産・技術基盤の維持**

（１）オンリーワン中小零細企業への補助金交付等

防衛産業（生産・技術）政策を立案・策定するための政府としての検討枠組みを設置し、企業リスクの大きな中小企業、特に緊要な技術・生産を担っている企業を維持させるため補助金等の交付について検討を行う。

また、インセンティブの向上、防衛技術管理（調査・分析・整理）、国内調達の健全性確保等の施策も積極的に推進することが必要である。

（２）必要な税制面の優遇措置（研究開発促進税等）

将来の装備は高度な科学技術の応用が必要で、民間技術・生産に依存する分野は大きく、装備の効率的な開発・調達のために官・民のデュアルユースの装備の同時開発が期待されるため、民の技術・生産の一層の活用を促進するため税制面の優遇措置等の施策を積極的に推進することが必要である。特に、宇宙分野の技術・生産における衛星・通信システム、打上げシステムは官・民のデュアルユースの装備として検討すべきである。

（３）自主的防衛技術研究・開発並びに装備品の国産化の基本方針の策定

防衛生産・技術基盤に関する基本的な方向性として、技術立国としての独立性を確保するため、戦闘機をはじめとする自主的な防衛技術研究・開発及び装備品の国産化の方針と日米協力体制強化としての共同開発・生産（装備品及び各部品）について、国家として中長期的な防衛産業戦略とともに示すことが必要。この際、国家の安全確保に必要な防衛技術・生産基盤を維持するために日本版「バイ・アメリカン法」の導入も視野に入れて検討すべきである。

四、今後整備すべき防衛力

1、自衛隊の態勢・防衛力整備の重点

（1）自衛隊の基地・駐屯地等の意義

① 平時・有事を通じた陸・海・空自衛隊活動の基盤

地政学的な戦略的な脅威（三正面＋シーレーン）の抑止・対処を基本とした全国隙のない配置が必要である。

② 演習場、訓練空域・海域は練度維持・向上のための道場、研究開発の実験場

部隊の配置・編成の見直しに当たっては、自衛隊創隊以来各地域で運用（教育訓練）している演習場等の防衛財産（訓練のしやすさや地域との連携の強さ）の有効活用についても考慮が必要である。

③ 地方自治体にとっては雇用・経済と住民の安全・安心を付与する基盤

地方自治体の特性（雇用・経済、家族と地域の関係）と陸海空自衛隊の運用上の特性を整合させた配置を基本として、政経中枢や経済活動の中心である都市部は、テロ・ゲリラ、BM攻撃、感染症、大規模災害等に脆弱であり考慮が必要である。

④ 過疎化・高齢化の進む地方や雇用情勢の悪化が著しい地方においては、若者の雇用及び教育の場としての有効性を考慮して、その配置を検討することが必要である。

（2）必要な人員・予算増大

① 防衛力の役割（運用）に応ずる人員増大

任務遂行に必要な人員確保のため行政改革推進法の対象期間が平成22年度で終了することを契機として、今後早急に人員充足を回復・向上すべきである。

自衛隊の現状は、総人件費改革等により、充足率が約九〇％台前半に抑制され、部隊での「実員」不足が常態化し、一人二役・三役のやりくりも限界にきて、人材育成にも支障が生じている。こうした中、昨年政府が実施した事業仕分けにおいて、安全保障の見地からの議論が不十分なまま、防衛省の「実員要求」の見送りが決定されたことは極めて不適切であり、大綱見直しにおいて十分に議論すべきである。

厳しさを増す安全保障環境を踏まえ、適切な自衛官定数の増加と、その自衛官定数の長期確保並びに自衛官充足を向上させることにより、「定員」と「実員」の乖離をなくし、常続的な部隊の実効性を維持・向上することが必要である。また、適切な人事・階級構成を維持して将来の戦略の振れ幅に対し柔軟に対応できる人的基盤を確立すべきである。この際、部隊の中核的人材育成・確保のための自衛隊生徒制度の再考と予備自衛官制度の拡充を要望する。

② 中長期的財源増大

「骨太の方針：ゼロベース」の見直しが必要である。

○八年の防衛費は、世界七位の規模であるが、その内訳は人件・糧食費で半分近くを占めているのが現状である。

防衛力整備は長期的な施策として人的・物的両面のバランスをとることが必要であり、中長期の財源確保が必要である。なお、昨年の事業仕分けにおいて、防衛力の骨幹を成す装備品（弾薬を含む）までも一般事務経費と同様に取り扱われたのは「国家の基本は国防にあり」とする国

家の最大責務である安全保障政策を放棄せんとするに等しい行為であり断固抗議するとともに、防衛計画の大綱見直しや次期中期防衛力整備計画策定を通じてしっかり国会で議論することを要望する。

宇宙の防衛利用、米軍再編経費は防衛費の枠外として、その特性を考慮した財源確保策を講じるべきである。

特に〇八年で中国の国防費が世界二位となっており、わが国との乖離が一層増大していることに注意が必要であり、八年連続で防衛関係費を削減している現状を直ちに是正し、早急に防衛関係費を回復すべきである。

（3）統合運用

① 運用企画局を廃止し統合幕僚監部に機能移管し、運用機能を一元化

運用企画局の廃止に関し、これまでの同局が果たしていた役割を陸海空幕僚長、統幕長、防衛政策局長との間で適切に果たしていくため、組織改革にあたっては、自衛官と文官の有機的な協働の体制確保が必要である。シビリアンコントロールの確保の観点から適宜・適切な情報収集・処理・伝達を確保するとともに、各種事態に迅速・的確に対応するために軍事情報、部隊運用・管理に関する大臣補佐機能を統幕長に一本化するとともに、統幕長による自衛隊に対する一元的な指揮命令の実効性を確保することが必要である。

② 統合運用ニーズを反映した防衛力整備

防衛力整備部門の一元化にあたっては、防衛力の整備・運用・管理について各幕僚監部の意見や現場部隊のニーズが的確に反映できるとともに統合運用ニーズとの整合を図り、統合運用される自衛隊が効果的に能力を発揮できる効率的な防衛力整備が推進できる組織改革が必要である。

又、日米共同における自衛隊と米軍の能力補完について、米国との役割・任務の分担や日米間の相互運用性の向上の観点も確認できなければならない。この際、自衛官と文官の有機的な協働の体制確保が必要である。

③ 統合運用の態勢強化

官邸の機能強化と併行して迅速・正確な意思決定・情報提供を可能にする防衛省・自衛隊の体制整備として、統合運用と自衛隊の情報機能の一元化を併せて推進することが必要である。

実効性ある統合運用を推進するため、陸自の運用統括機能としての陸上総隊創設、宇宙利用を含む統合指揮通信機能強化特に専用通信衛星の確保、迅速・的確に各種事態の対処に任ずる統合司令部や地域司令部の常設により、各級・各種部隊レベルまで整合ある多機能性の高い統合対処計画の策定及び統合部隊練成等を実施させることが必要であるとともに陸・海・空の輸送力を強化して、統合運用の実効性を向上させるべき。

（平成二〇年四月二四日「提言・防衛省改革」、平成二〇年七月一五日「防衛省改革会議・報告書」参照）

（4）陸上自衛隊

① 陸自の運用統括機能としての陸上総隊の創設と方面隊の維持

② 三正面（北、西北、南西）の抑止・対処能力向上

・基盤となる機能を欠落なく保持した師団・旅団の全国隙のない配置

・配置が十分でない南西諸島の部隊の充実（新たな配置を含む）

③ 特殊部隊からの政経中枢、重要施設等の防護能力向上

④ C41SR機能の強化

⑤ 国外任務対応能力の強化

一定規模の部隊を常続的に派遣することを可能にするCH等の展開能力向上や部隊交代の態勢と後方支援態勢の保持

⑥ 国民の安全・安心確保活動（大規模災害、国民保護、感染症等）強化

国家の防衛財産である基地・駐屯地を地方自治体との連携を考慮して

全国隙なく配置

⑦ マンパワーの確保・充実

防衛力におけるマンパワーは、国家の防衛意思の表明そのものであり、また、実効性のある対処として国民の期待に応えるためには、必要な人的規模を確保する必要がある。

シームレスな事態へ適切に対処するためには、常備自衛官の必要性が増しているが、諸外国の水準と比べ、極めて少ない定員・実員ともに早急に回復・増強することが必要である。また、予備自衛官の充実については、多様な役割で求められる特殊な人材を各種予備自衛官制度の拡充により、その勢力の維持と人材運用の柔軟性・即応性を高めることが必要である。

（5）海上自衛隊

① 周辺海域の防衛に加えて海上交通の安全確保態勢の強化（ＩＳＲ含む）

② 周辺海域における海洋秩序の維持・強化（不審船対処、機雷除去、邦人輸送）

③ 国際安全保障環境改善のための態勢強化（外交的ツール）

④ 弾道ミサイル対処強化（イージス艦へのＳＭ－３搭載のための改修の推進、実弾射撃訓練の実施、策源地攻撃のための海上発射型巡航ミサイル導入について他の手段と連接して検討が必要である。）

⑤ 対潜戦機能強化（潜水艦整備とＰ－１）

⑥ 洋上支援能力強化（補給艦、指揮統制）

遠隔地における国際平和協力活動実行の態勢、現地での後方支援態勢の確保

⑦ 人的基盤の強化

従前の物先行型から人・物均衡型の海上防衛力に転換し、海上防衛力の多様な役割を的確に遂行する態勢を確立するため、①装備と人のバランスのとれた体制として、護衛艦部隊の充足率向上・定員の考え方の見直し等を、②プロフェショナル養成態勢の再構築として入隊時教育の充実・艦艇長養成の仕組みの見直し等を、③活気みなぎる組織の再生としての勤務と休養のバランス確保・処遇の適正化等を推進することが必要である。

（6）航空自衛隊

① 実効的な抑止・対処能力向上

（Ｆ－Ｘの第五世代機導入、各種機能のネットワーク化）

② 国外任務対応能力強化

遠隔地域で陸自部隊等の機動的な展開、物資の運搬の輸送態勢の整備（航空機動・海外展開能力向上に、Ｃ－ＸとＫＣ－７６７の組み合わせ、ＡＷＡＣＳ・Ｅ２Ｃなどによる警戒監視活動や救難機などへのニーズ対応）

③ ＩＳＲ機能強化（宇宙・無人機を含む）

④ ＢＭＤ能力強化（ＰＡＣ－３化・レーダー整備推進、ＴＨＡＡＤ導入についても検討）

⑤ 核実験の監視・情報収集能力の強化

⑥ 操縦者の確保

航空防衛力の根幹である操縦者の現状は、厳しい募集環境（要員確保困難）・課程教育中の罷免増加（他の職域への転換希望）・依願退職増加から、操縦者（人的防衛力）の不足に陥り部隊運用・飛行安全確保に重大な影響を及ぼす危険性が大きくなってきている。

危機的状況を打開するためには、全省挙げての取組みとして

○募集範囲の拡大・選抜要領の見直しによる人材確保、

○課程学生入校数の増加・飛行教育体系の教育要領の見直しによる人材養成、

○能力主義による抜擢・航空手当て制度の改善による官民の給与格差

防止・将来に不安を抱かない諸施策による人材管理の改善が必要である。

2、防衛省・自衛隊の情報体制の強化（情報優越の獲得）

（1）既存の情報収集・警戒監視能力（電波、画像、航空機等）の強化と効率的運用

高度な科学技術力の活用、離島をＩＳＲの拠点として活用

（2）無人機等新たな情報収集アセット、手段の導入及び運用環境の整備

（3）情報収集衛星の機数の増加と能力向上、商用衛星との相互補完の強化

（4）防衛政策、自衛隊の運用に資する質の高い分析力向上

（5）中央から現地部隊に至る情報伝達・情報共有システム強化と保全の確保

抗堪性のある大容量通信の確保、情報セキュリティ機能の充実

（6）官邸・情報コミュニティ等政府関係部署への適時適切な情報伝達

（7）長期的展望に立った情報要員（ＨＵＭＩＮＴ）の育成

（8）サイバー攻撃に対する防護態勢の構築・強化

3、国際及び日本周辺の環境安定化活動への態勢（体制）強化

（1）国際平和協力法制定等法的基盤整備

新しい安全保障環境の変化では、国際社会における共同対処・協力が求められており、わが国の国際社会における地位の向上と責任の拡大等から、わが国への期待・要請が増加しつつある。

これまでは、新たな事態が生起して平和協力活動の必要が生じるごとに、特別措置法により対応してきたが、時間を要するとともに積極的・主体的に協力できない欠点（①緊急の事態に間に合わない・遅れてしまう、②要員訓練・予算措置等の準備に後れをとる③国際協力に対する姿勢が熱心でないとの誤解）があった。

国民の理解を得て、国際平和協力法を制定し、わが国の国際平和協力の理念を内外に示すとともに国際平和協力活動について一貫して迅速かつ効果的に取り組んでいくことを可能にする。この際、国際社会の要求に応えるために、国際平和協力法では、現行の国連ＰＫＯ協力法に対し次の点を明確にすることが必要である。

①　一定の国際機関の要請と国連決議の関わり

②　対応する活動内容の拡大（警護・治安維持・安全確保・船舶検査と後方支援・物資協力）、ＯＤＡとの連携、外国軍隊との協働、民軍協力

③　憲法九条に関する法基盤の見直し（武器使用等安保法制懇報告を踏襲）

④　国会の関与

参加基準の見直し特に国益評価

（ＰＫＯ五原則：当事者の規定・武器使用範囲、宮沢四原則：正統性・安全確保・能力発揮）

⑤　国外運用の基本（国家の安全や国民の安全・安心の確保を基本に運用）

⑥　名誉・補償という観点からの参加隊員の処遇改善

過酷な勤務環境で国際平和協力活動に従事する隊員に係る勤務環境の改善、ＰＫＯ手当の地方税の非課税化（ＰＫＯ手当を全額寄付した隊員に翌年地方税が課税）、ＰＫＯ保険の保険料の国費負担化等の検討

（平成二二年五月　自民党「国際平和協力法案」参照）

（2）国際社会全体に関わる安全保障問題への積極的・能動的関与

（3）二正面以上に、より迅速に派遣可能な体制・装備

（4）先進国として、「量」より「質」を重視した態勢の強化

（5）日本周辺の安定化活動（環境醸成）

多国間災害対処訓練やＰＳＩ訓練等に参加し、相互信頼性・共同対

処能力向上

（6）拡大する要求に対応する多国間調整機能・海外対応装備品・海空輸送力の強化、特殊技能保有予備自衛官の召集・運用制度の制定

（7）安保対話、防衛交流の推進、軍備管理・軍縮分野の諸活動への参画

（8）人材育成（語学含む）、学術・研究交流促進、知的基盤ボトムアップ

4、弾道ミサイル防衛システムの継続的な整備・強化

（1）多層的なわが国MDシステムの強化（ミサイルの迎撃による拒否）

① 積極的に宇宙を利用した早期警戒衛星・情報収集衛星やミッドコースでの正確な撃破を追求する新しい地上発射ミサイル（例：SM－3改地上型）の研究開発を検討する。

② イージス艦のBMD能力強化、PAC－3増強・レーダーの整備推進検討

③ SM－3やSM－3改への拡充とTHAAD導入の検討

④ 被害局限（国民保護、被害情報収集・救助）

（2）日米安保体制の抑止力の確保

① 弾道ミサイル防衛を補完する米国の攻撃力（敵基地等への攻撃や報復攻撃）

② 日本の攻撃支援・補完力の調整

発射情報の探知手段の多様化・向上のための日米協力

③ 米国に向かうかもしれない弾道ミサイル対処

BMDシステムは日米間の緊密な連携を前提に成り立っており、運用上、日本防衛だけに適用することは困難である。わが国が迎撃出来る能力を有するにもかかわらず対処しない場合は、わが国の安全保障の基盤たる日米同盟を根幹から揺るがすことになり絶対避けなければならない。

日本周辺に展開するわが国のBMDシステムにより当該弾道ミサイルを迎撃するためには、わが国の安全保障上必要な運用として集団的自衛権の行使を認める解釈変更が必要であり、日米同盟深化協議の対象として議論すべきである。この場合の行使は、積極的に外国の領域で武力を行使する集団的自衛権の行使とおのずと異なることを明確にする必要がある。

5、警戒・監視・情報収集態勢（ISR）の着実な整備

（1）宇宙・無人機を含むネットワーク化された統合的ISRの構築

① わが国の安全保障活動に係る全域をネットワーク化・システム化

② 専用通信衛星の他に高高度飛行船を組み込んだ通信網の構築を検討

（2）平素から有事まで間隙のない態勢構築

（3）友好国や海上交通路周辺国との情報共有

6、島嶼防衛の強化

（1）南西諸島防衛

① 常備部隊の主要島嶼への配置及び迅速な機動展開能力と関係地方自治体との調整能力、特に国境離島においては監視能力を高めるとともに「国境離島新法」との連携を留意

② 島嶼防衛のため我の長射程火力整備と敵の長射程・精密火力に対する防空能力

③ 南西航路帯の安全確保

日米協力体制下の防衛力として、空対艦・艦対艦・地対艦ミサイルの統合運用とミサイルの射程や低い即応性（飛翔時間が長い）を補完する地対艦弾道弾（中国軍は開発着手）の研究開発により、国家の安全と国民の安全・安心を確保するとともに、米軍の来援を確実にする。

④ 南西空域の航空優勢確保

（2）南西諸島から本州～硫黄島～グアムに至る海域での海上（航

空）優勢の確保

わが国の広大な領域（領海・排他的経済水域）の安全確保の基盤となり、海上航路帯の運航の自由度を確保し、日米協力態勢・国民の経済活動の安定を維持するため、南西諸島や同航路帯に適切な部隊を配置・運用するとともに、陸海空自衛隊の統合運用を強化する。

7、テロ・特殊部隊攻撃への実効的対処

（1）潜入の阻止

工作船等による潜入を阻止するための洋上・沿岸監視を重視する。

（2）破壊活動への対処

重要施設の防護能力を確保するとともに、テロリスト、特殊部隊の捜索・警戒のための能力向上を図る。このため、全国隙のない配置をとるとともに、首都圏については首都防衛・警備のための部隊を新編する。

8、人材育成と処遇改善

（1）自衛隊の体制再構築に対応する人的諸施策の確行

①　人材確保

自衛官の確保は、防衛力に直結することから、国家として責任を持って実効ある取組が必要である。また、全国に配置される自衛官を安定的に確保することは、地域における雇用の創出や有為な人材の社会還元という効果もあることから、必要な人件費を確保するとともに、ハローワークの協力確保、地方公共団体等の協力拡充、魅力ある自衛隊のブランド・イメージの確立、女性自衛官の活用（託児所整備）、高齢自衛官の活用（職域別定年延長・再任用制度の活用）、予備自衛官制度の充実（予備自衛官補の活用）等を検討。

②　人材育成

さまざまな職域（医療、スポーツなどを含む）におけるプロフェッショナル化、自衛隊の年齢構成の適正化、大卒幹部自衛官採用拡大、非任期制自衛官採用拡大、服務教育等の充実、相談態勢の強化等を検討。

（2）処遇改善

国家安全基本法制定に伴い、自衛官に軍人としての名誉・処遇を付与し、隊員がモチベーションを維持し、名誉や誇りを実感できるような処遇の適正化（新階級の創設、俸給等の改善（幹部・曹士別立て俸給・職階差に見合う格差、専門性の配慮、危険度考慮）、自衛官の栄典・補償の改善（叙勲の対象者の拡大）、留守家族支援策の充実、新たな援護組織（政府全体による再就職支援を含む）の構築、退職後の給付（恩給等）の充実等を検討）を推進するとともに、少子・高齢化への対応や年齢構成の歪是正のための早期退職制度（二〇年勤務恩給）、非任期制士の拡大等の新しい人事制度の制定。

（平成一九年六月六日「自衛官の質的向上と人材確保・将来の活用に関する提言」参照）

9、防衛基盤の維持強化

（1）受け入れ地方自治体との連携

防衛警備や災害等において国民と一体となって対応しうる態勢

（2）過度の中央調達の是正と地産地消

（3）健全で規律正しい人材の社会への還元

（4）防衛産業・技術基盤維持・強化

①　主要な装備品については、国内で生産・整備可能な態勢の維持・強化

防衛技術の民間へのスピンオフ以外に、防衛省開発装備品（例：航空機・NBC防護等）の民間（他省庁含む）転用について政府一体となってメリットの最大化を追求すべき。

②　技術研究・開発力の高さは抑止力でもあり、情報探知等の情報化・ネットワーク化に対応した先進技術は民間技術へのスピンオフの側面についても配慮が必要である。

（5）広報など情報発信機能の拡充

五、むすびに

わが国は、各時代の安全保障環境に対応した安全保障と防衛の在り方を適宜に示しつつ平和と独立並びに国民の安全・安心を確保し、今日では国際社会におけるわが国の地位の向上や責任・期待の大きさを国民自身が認識する時代を迎えている。

冷戦時代は、米ソの対立や均衡の枠組みにあって日米安保体制の維持と自らの基盤的防衛力を整備し、ポスト冷戦後も、米国一極構造の日米協力・国際協調の枠組みにあって基盤的防衛力の整備を継続した。

これまで、米国一極・国際協調の枠組みにあって多機能弾力的、対処重視の考え方をとりつつ、防衛力の縮減に注力した。

しかしながら、今日の安全保障環境からは抑止が必要な伝統的な脅威と抑止が効きにくい脅威や感染症や大規模災害等突発的な危機への対応、更には国際平和協力活動への取り組と多様な（多忙な）防衛力の役割が期待されるが、自衛隊の体制は陸海空自衛隊ともにやりくりの限界を超えている。

そこで、わが党としては、縮減された人員と予算を適切に手当てし適正な防衛力に回復するなど、「〇七大綱」以降の縮減方針の見直しが急務であることを強く要請するものである。

安全保障能力の整備は、国の平和と独立、国民の安全・安心を守る役割の基本であり、諸外国の防衛力整備状況も考慮して、わが国の防衛力整備に必要な防衛予算及び整備基盤の拡充を行うべきである。

本提言についてわが党としては、国会が、実質的な安全保障等の政策論議を通じて安全保障政策や防衛政策の指針を示せるように今後の政府の取り組をフォローアップし、国会による文民統制の強化につなげるように努める。

資料Ⅲ・46

新たな防衛計画の大綱に向けた提言

二〇一〇年七月二〇日
日本経済団体連合会

コメント

1．本提言は、日本経団連が、二〇一〇年に予定された防衛計画の大綱改訂に向けて、防衛産業にかかわる要望を出したものである。

二〇〇九年七月に、〇九年に予定されていた大綱見直しに向け、日本経団連はすでに提言（⇩Ⅲ・42）を発表していたが、政権交代により大綱見直しは一年ズレ、新たに民主党政権下で「新時代の安全保障と防衛力に関する懇談会」が立ちあげられ、そこで大綱見直しの方針がねられていることを見越し、日本経団連が改めて発表したものである。

2．本提言の中身は、経団連の〇九提言とほぼ同様である。まず、提言は近年の防衛費の減少により防衛産業は危機にあり、環境変化も相俟って防衛産業政策を確立することは急務であると主張する。欧米では防衛技術、生産基盤の強化策、国際共同開発が推進されていることをふまえ、日本もその方向に進むべきことが主張される。

そのうえで、重点投資分野の明確化、資金の重点配分、武器輸出三原則の見直しと「新しい武器輸出管理原則」の確立、宇宙開発利用の促進、防衛産業政策の確立などが謳われている。

日本経団連は、二〇〇九年七月一四日、政府の防衛計画の大綱および中期防衛力整備計画に向けて「わが国の防衛産業政策の確立に向けた提言」を公表した。その後、政権交代により、防衛計画の大綱と中期防衛力整備計画の策定は本年末に行われることとなった。

北東アジアの安全保障環境は緊迫しており、防衛力の整備の必要性は依然として高い。北朝鮮の核や弾道ミサイルの脅威は大きく、特に現在、韓国の哨戒艦沈没事件をめぐり朝鮮半島において緊張状態が続いている。また、わが国の近海において、外国の潜水艦などが活動を活発化させている。

国際的には、昨年七月に施行された海賊対処法に基づくソマリア沖・アデン湾の海賊対処のための護衛艦や哨戒機の派遣、本年一月に発生したハイチ大地震への国際緊急援助活動など、自衛隊の活動範囲は拡大している。

本年二月、政府は「新たな時代の安全保障と防衛力に関する懇談会」を発足させ、検討を行っており、近々、新たな防衛計画の大綱に向けた報告書が発表される。

そこで、日本経団連としては、本年三月の「欧州の防衛産業政策に関する調査ミッション」で得られた成果も踏まえつつ、新たな防衛計画の大綱に向けて改めて提言をとりまとめた。

1. 防衛産業の現状と環境変化

(1) 現状

防衛力は国民の安全・安心を守る安全保障の要であり、その重要な要素となる防衛装備品の開発・生産、自衛隊の運用支援を担っているのが防衛産業である。大企業だけでなく多くの中小企業が関わっており、例えば戦闘機の関連企業は約一二〇〇社、戦車であれば一三〇〇社に達する(図1《略》)。

しかし、わが国の防衛関係費の減少傾向が続く中で、主要装備品の新規契約額は漸減し、一九九〇年度の一兆七〇〇億円をピークとして、二〇一〇年度では六割程度の約六八〇〇億円に落ち込んでいる。生産数量の減少に伴い、企業は人員の削減や民生部門でのリソースの活用などの努力を行ってきたが、各装備品の運用支援のための人員や設備の維持などを考えると、企業努力も限界であり、防衛生産から撤退を余儀なくされる企業が出ているなど、防衛産業基盤は弱体化しつつある。加えて、中期防衛力整備計画で示された調達数量が達成されず、将来の展望も明確でない。

防衛装備品の開発や技術者の育成には長期間を要するため、一旦喪失された防衛産業基盤を回復することは極めて困難である。主要装備品の新規契約額が漸減する中で、技術者や現場技能者の減少は防衛産業基盤の喪失につながる恐れがある。

特に、二〇一一年度に生産が終了する戦闘機については、その後は生産空白期間が生じることから、技術・生産基盤の維持が大きな課題となっている。

(2) 環境変化

防衛産業は高度な民生技術をベースに、開発・生産設備や人員を民生部門と共用することで効率的な開発・生産を行ってきた。こうした中で、以下のような環境変化が生じており、防衛部門自体としての事業の維持・強化が求められている。民生部門に頼らずに防衛産業が発展し、防衛技術・生産基盤を維持・強化するために、政府の明確な防衛産業政策が必要である。

第一に、最先端の防衛技術は、たとえ同盟国に対してでも、提供が制限されるようになっている。わが国が主要装備品を中心に行ってきた米国からの技術導入も、技術流出の制限により難しくなっている。装備品の中核技術はブラックボックス化されるなど、運用の自律性の面で問題が出てきており、わが国の自主技術力の強化が求められている。

第二に、企業の格付けや株価、事業ごとの採算性が重視される中で、世界経済危機に端を発する厳しい経営環境が依然として続いている。これにより、民生部門の技術やリソースの活用による防衛事業の運営は難しくなっており、防衛事業の意義や将来性等のステークホルダーへの説明責任も十分果たせない状況に陥っている。

2．防衛技術・生産基盤の意義と欧米諸国の基盤強化策

（1）防衛技術・生産基盤の意義

防衛産業は防衛装備品のライフサイクル全般にわたり防衛の一翼を担っている。防衛技術・生産基盤の意義は以下のとおりであり、基盤の維持・強化は、国家としての重大な責務である。

1．高度な技術力による抑止力と自律性の確保

高いレベルの技術力を有することにより、他国からの侵略に対する抑止力や外交交渉力を高め、防衛装備品の調達を他国に頼らない国家としての自律性を確保する。

2．迅速な調達・運用支援と装備品の能力向上

緊急事態における調達、故障時の不具合の調査や修理等に対する迅速な対応、技術進歩に応じた装備品の改修や能力向上を実施できる。この結果、高い可動率[1]や安全性を確保することができる。輸入品では、海外に返送が必要な修理に長期間を要し、その間の運用に多くの予備品が必要になるなど、かえって費用がかかることも多い。

3．国土・国情にあった装備品の開発・生産

四方を海に囲まれ、山岳地帯や離島が多い日本列島の地理的環境や、専守防衛を第一とする基本方針に合った、わが国の防衛にとって最適な装備品の開発・生産と運用支援を行う。

4．技術・経済波及効果

防衛技術・生産基盤を活用し、国内への投資により開発・生産を行うことは、国内産業の発展や雇用の創出につながる。最先端技術である防衛技術の開発は、新たな技術的ブレークスルーをもたらし、民生部門への大きな技術波及効果が期待される。

5．輸入やライセンス生産におけるバーゲニングパワーの確保

外国からの装備品の輸入や、国内でのライセンス生産のための価格や技術開示の交渉にあたって、国としてのバーゲニングパワーの確保につながる。

（2）欧米諸国の基盤強化策

テロ、大量破壊兵器の拡散、海賊問題など安全保障をめぐる課題が山積する中で、欧米諸国は、防衛技術・生産基盤の強化に向けた政策を推進している。

米国では、本年二月に国防省が公表したＱＤＲ（Quadrennial Defense Review：四年ごとの国防計画の見直し）で、防衛産業基盤の強化の必要性を初めて指摘した。また、同盟国の防衛産業の能力を評価し、協力の深化を求めている。

日本経団連の欧州ミッションでは、各国政府が防衛技術・生産基盤の意義を踏まえ防衛産業政策を策定し、基盤強化に取り組んでいる実態を調査した。欧州では、例えばイギリスやフランスでは、国として重点投資すべき分野や、国際共同開発を推進すべき分野を明確にするなど、産業界にとって長期的な見通しが立てられる環境を整えている。また、ＮＡＴＯや、ＥＵの一機関であるＥＤＡ（European Defense Agency：欧州防衛庁）の枠組みを通じて、参加国間の共同プログラムを推進するなど、防衛産業の競争力を強化している。

そこで欧州では、国内に技術・生産基盤を維持する必要がある装備品については重点的な研究開発投資により国内の基盤を維持する一方で、国際共同開発の枠組みによる最先端の装備品の効率的で優先的な取得を行ったり、輸入により海外に依存するといったように、装備品ごとに取得政策を明確にしている。

防衛関連企業としてもこうした方針があれば、計画的な投資や人員の採用により安定的で効率的な開発・生産を行うことができる。欧州の取組みは、わが国の防衛産業政策にとって大変参考になる。

3．わが国としての防衛産業政策のありかた

（1）重点投資分野の明確化

財政事情が厳しい中、適正な規模の予算の確保を前提として、防衛技術・生産基盤の意義を踏まえ、防衛産業政策の一環として、わが国の重点投資分野を明確にする必要がある。

重点投資分野としては、システムインテグレーション能力、最先端の要素技術、固有の運用要求に対応する技術、運用支援能力、国際的優位性を確保する技術の五分野（表1参照）が挙げられる。政府においては、将来必要となる装備体系構想を前提として、それぞれの重点投資分野において具体的な技術と装備品を明示するべきである。

表1：重点投資分野

専用／両用	重要技術分野	必要な理由
防衛専用技術（長期にわたり大規模な投資を必要とし、いったん喪失すると回復が困難）	システムインテグレーション能力	個々の要素技術を装備品のシステム全体としてとりまとめ、運用も考慮した自律性の確保
	最先端の要素技術	レーダ、センサーや新素材等の適用
	固有の運用要求に対応する技術	わが国の地形や、専守防衛の基本方針など、国土・国情に合わせた運用要求への対応
	運用支援能力	平時および有事の際の補給・支援
防衛・民生両用技術	国際的優位性を確保する技術	科学技術創造立国として、防衛・民生の両用技術への投資により総合的な技術の国際的優位性を確保

防衛産業政策の一環として、重点投資分野の明確化による選択と集中が不可欠である。特に、防衛・民生両用技術については、経済効果も大きいと期待されるため、産学官が連携して開発することが適切である。第四期科学技術基本計画の策定にあたっても、国民の安全・安心に関わる技術として、防衛関連技術を明確に位置付けるべきである。

また、諸外国に比べてわが国の防衛関連の研究開発費は少なく、上記の重点投資分野に対する研究開発費の充実が必要である。

現在、輸送機や飛行艇など、防衛省が開発する航空機の民間転用が検討されている。航空機の開発には防衛・民生両用技術が多く用いられており、防衛技術・生産基盤を維持・強化する観点から、民間転用を推進することが長期的には有効である。

重点投資分野の明確化により、（1）装備品の自律的な運用能力を保持するため、国内で技術・生産基盤を維持するもの、（2）海外との技術交流や技術導入による国際共同開発やライセンス生産を行うもの、（3）海外から輸入するものを分類し、明確な装備品の取得政策を策定すべきである（図2《略》）。

（2）新しい武器輸出管理原則の確立

一九六七年の武器輸出三原則および一九七六年の武器輸出に関する政府統一見解（以下、「武器輸出三原則等」[2]）により、わが国ではこれまで一部の例外を除き、武器輸出および武器技術供与が実質的に全面禁止とされてきた。

一方、日米の安全保障協力が進む中、弾道ミサイル防衛システムの日米共同開発・生産は例外とされている。また、テロや海賊対処のための途上国への貢献の観点から、すでにODAを活用したインドネシアへの巡視船艇の供与も実現している。これに加えて、アデン湾・ソマリア沖の海賊対処として、イエメンへの巡視船艇の供与が検討されている。

現在、装備品の高機能化や開発費の増大に伴い、戦闘機など装備品の

多国間による国際共同開発が進んでいる。しかし、わが国は武器輸出三原則等により、国際共同研究開発に参加できず、いわば技術的な鎖国状態に陥っている。そこで、武器輸出および武器技術供与によって同盟国間の連携の強化や紛争の防止が可能となり、国際安全保障や平和維持に貢献する側面があることに注目して、欧米諸国などとの国際共同研究開発に積極的に取り組めるようにすべきである。

その際、国際共同研究開発において重要な役割を担うには、自主技術力の向上が不可欠であり、研究開発投資による技術基盤の強化が求められる。また共同開発に続く共同生産段階においては、共同生産国からの再輸出についても考慮しておく必要がある。現状では、欧米企業とのライセンスで生産した装備品について、ライセンス提供国からの供給の要請に応えることができないが、こうした対応も検討すべきである。

このため、政府として、現行の武器輸出三原則等に代わる新しい武器輸出管理原則を確立すべきであり、以下に産業界の考え方を示す（表2参照）。

表2：新しい武器輸出管理原則

方針	武器輸出三原則等による武器輸出および武器技術供与の実質的な全面禁止の状況を改め、個別案件について、その内容や、最終の輸出先、用途の観点から総合的に審査する。 大量破壊兵器拡散防止、テロ等の脅威の根絶のため武器輸出および武器技術供与の管理体制を構築し、国際的な枠組みの中でわが国としての取り組みを確立する。
判断基準	わが国並びに国際社会の安全保障や平和維持への貢献の観点から総合的に判断する。
管理体制	輸出管理当局は関係省庁間の情報交換や連携強化を図り、規制対象の明確化、個別案件の審査に関する考え方の公表等により輸出管理の透明性を向上させる。

（3）取得・調達政策の改善

防衛装備品の調達数量減少による生産効率の低下に加え、調達予算の減少により、防衛産業は装備品の生産のために投入したコストを回収できないなど、企業収益は圧迫されており、取得・調達政策の改善が大きな課題である。

防衛装備品の多くは量産開始以降も競争入札による契約となるため、企業は翌年度以降の見通しが立たず、計画的な投資や人材の採用ができない。このため、長期的な展望に立った経営が難しく、効率的な生産に支障が生じている。少なくとも主要装備品に関しては、初回の契約で選定された企業を次年度以降も固定して長期契約した方が、効率的な生産やコストの低減に資するため、長期的な装備品調達計画の策定や複数年契約を検討する必要がある。

契約面でも、複雑な契約制度や企業の間接費用の増大に結びつく細かい企業監査や調査を改め、企業の自主的な経営改善の努力を促し、安価で高品質な装備品の取得につなげることができる取得・調達政策の改善を実施すべきである。

4．防衛における宇宙開発利用の推進

安全保障の確保に向けて宇宙開発利用が貢献する役割はますます大きくなっている。わが国においても、北朝鮮の弾道ミサイルの脅威をはじめとする北東アジアの緊迫した情勢を踏まえ、防衛目的の宇宙開発利用を推進する重要性が高まっている。

昨年六月に宇宙基本法に基づいて策定された宇宙基本計画では、安全保障分野での新たな宇宙開発利用として、早期警戒機能のためのセンサーの研究、防衛・民生両用分野における各種衛星の活用の推進等が盛り込まれた。日本経団連の「国家戦略としての宇宙開発利用の推進に向けた提言」（二〇一〇年四月一二日）で指摘したとおり、防衛計画の大綱

および中期防衛力整備計画において、早期警戒衛星、偵察衛星、通信衛星、ロケット等による防衛目的の宇宙開発利用とインフラとしての射場の整備を盛り込む必要がある。予算については、政府に特別予算枠を設け、それを活用することを検討すべきである。

5．新たな防衛計画の大綱への期待

安全保障政策は国家の根幹であり、それを担保する防衛技術・生産基盤の維持は国が責任を持って行うべきである。わが国の安全保障に係る基本方針を明確に示したうえで、長期的観点に立った防衛産業政策の策定を防衛計画の大綱に盛り込み実行することを求める。

防衛産業政策の策定にあたっては、国家としての上記の基本方針をもとに、将来の国際的な安全保障環境を想定し、その対処のために必要な防衛能力を明確化することがまず必要となる。それに基づき、必要となる最先端の装備品を検討し、重点投資分野の明確化による防衛技術・生産基盤の維持・強化につながる防衛産業政策を策定すべきである。防衛産業は政府と緊密な連携を図り、最先端の装備品の情報提供や技術的な検討を通じて、防衛産業政策の策定に積極的に協力する。

防衛産業が国民の安全・安心を守る防衛の一翼を担っているという誇りと使命感をもって、磐石な安全保障体制の構築に貢献できるよう、わが国も政策面で一歩踏み出す時である。また、政府は、防衛産業の役割とその重要性について、国民が認識を深め、正しく理解するように努めるべきである。

日本経団連としても、安全保障の強化のみならず防衛産業の振興を通じた経済効果も視野に入れ、企業の自主的な研究開発や経営の効率化などを推進する。

以上

（1）装備品を運用したい時に正常に動くことができる時間の比率。戦闘機の場合、航空戦力（可動機数）＝配備機数×可動率。

（2）一九六七年に佐藤内閣総理大臣が衆議院決算委員会で表明した「武器輸出三原則」は、（1）共産圏諸国向け、（2）国連決議により武器等の輸出が禁止されている国向け、（3）国際紛争当事国又はそのおそれのある国向けの場合には武器輸出を認めない政府の方針である。その後、一九七六年に三木内閣総理大臣が衆議院予算委員会で表明した「武器輸出に関する政府統一見解」により、三原則対象地域以外の地域についても武器の輸出を慎むとされた。この二つを合わせて「武器輸出三原則等」と言う。

資料Ⅲ・47

新たな時代における日本の安全保障と防衛力の将来構想

―「平和創造国家」を目指して

二〇一〇年八月

新たな時代の安全保障と防衛力に関する懇談会

コメント

1．本懇談会（「新時代の安保防衛懇」と略す）は、自民党政権から民主党政権への政権交代後、自民党政権時代に行われていた、「防衛計画の大綱」（いわゆる「一六大綱」⇩Ⅲ・13）の改訂作業をやり直すため、鳩山由起夫内閣により二〇一〇年二月に設けられた。新時代の安保防衛懇が、次の菅直人内閣時代に提出したのが本報告書である。この報告に基づき、民主党が方針（⇩Ⅲ・48）を決定し、二〇一〇年一二月「防衛計画の大綱」が改訂（⇩Ⅲ・49）された。

本懇談会報告と、麻生太郎内閣時代に出された安保防衛懇報告（⇩Ⅲ・43）の間には自民党政権から民主党政権へという大きな転換があったにもかかわらず、したがって懇談会のメンバーにも大きな違いがあったにもかかわらず、これら報告には驚くほどの連続性が見られる点は極めて注目される。民主党は、政権をとる前には自民党の安保・防衛政策とは相当異なる方針を打ち出していたが、本報告では、民主党の安保・防衛政策は影を潜め、むしろ、自民党のそれをそっくり受容した結果であろうか。

2．本報告のもっとも強調する点は、日本が受動的平和国家から能動的「平和創造国家」へと成長するべきであるということである。「それは、世界の平和と安定に貢献することが、日本の安全と平和を達成する道である、との考えを基礎とし、国際紛争への政治的関与を最低限に抑制しようとした冷戦期の受動的な姿勢とは異なって、国際平和協力、非伝統的安全保障、人間の安全保障といった分野で積極的に活動することを基本姿勢とする」という。この考え方は、日本が、武力を含めて積極的に海外に打って出るというもので、その後、第二次安倍晋三内閣の打ち出した「積極的平和主義」につながる考え方である。

この点と関係して注目されるのは、報告が、一九七六年以来日本が長年防衛力の原則としてきた「基盤的防衛力」論を否定して、「動的防衛力論」を打ち出した点である。「平和創造国家を目指す上では、この面で防衛力をさらに積極的に活用することが不可欠である。そのため、冷戦下において米国の核抑止力に依存しつつ日本に対する限定的な侵略を拒否する役割に特化した『基盤的防衛力』概念がもはや有効でないことを確認し、冷戦期から残されてきた時代に適さない慣行を見直すことが必要である」。

この点で報告は、自民党から民主党への政権交代にもかかわらず日本のグローバル大国化、日米同盟における、より積極的な役割分担をめざす方向で一貫していたと言えよう。

3．報告は、第一次安倍内閣、麻生内閣以来の防衛体制整備の方向を継承して打ち出している。すなわちこの報告でも、集団的自衛権解釈の見直しが謳われ、さらに、武器輸出三原則の見直し、秘密保護法制定、日本版NSCの設置、国家安全保障戦略の策定などが並べられている。

特に重要な点は、報告が、わざわざ「第四章　安全保障戦略を支える基盤の整備」という章を設け、ここで、安保体制整備として、日本版NSC、秘密保護法制定、国家安全保障戦略の策定、日米同盟強化のための集団的自衛権解釈見直し、PKO参加五原則の見直し、武器使用の見直しなどを包括的に提起したことである。

とりわけ、集団的自衛権をはじめとする政府解釈の見直しについては、こう述べられている。第二次安倍内閣につながる考えなので引用しておきたい。

「防衛に割り当てられる資源が限られる中、日米の共同運用の実効性を高めることは日本の防衛にとって合理的な選択肢である。現状および近い将来において、日米安保体制をより一層円滑に機能させていくためには、改善すべき点が存在するが、その中には自衛権行使に関する従来の政府の憲法解釈との関わりがある問題も含まれている。……たとえば、日本防衛事態に至る以前の段階で、ミサイル発射に備えて日米共同オペレーションに従事する米艦にゲリラ的攻撃が仕掛けられた場合に、これを自衛隊が防護することは従来の憲法解釈では認められていない。また、弾道ミサイル防衛について、日本のイージス艦がハワイ等米国領土に向かう弾道ミサイルを撃ち落とすことが、将来能力的に可能となったとしても、従来の憲法解釈では日本防衛以外のシナリオでの弾道ミサイルの迎撃は認められていない。つまり、日本は、現在、米艦艇の防護や米国向けの弾道ミサイルの撃墜を、国益に照らして実施するかどうかを考えるという選択肢さえないのである。」と。

いうまでもなく、この二事例は、安保法制懇のあげていた事例である。報告は、こうした現実に合わない解釈を変えねば平和創造国家ができないというのである。

現実に合わせて解釈を変えろ――これが報告の解釈改憲の立場であった。「本懇談会が強調したいことは、憲法論・法律論からスタートするのではなく、そもそも日本として何をなすべきかを考える、そういう政府の政治的意思が決定的に重要であるということである。これまでの自衛権に関する解釈の再検討はその上でなされるべきものである。」と。

4．その反面、民主党政権があれだけ騒いだ米軍基地問題は、本報告ではまったくといっていいほど無視された。「沖縄に米軍基地が集中している現状は、日本国内の基地負担のあり方としてはバランスを欠いており、その負担の軽減努力を継続しなければならないものの、沖縄の地理的・戦略的な重要性に鑑みて、総合的に判断されるべき性質を持っている」（傍点引用者）。たったこれだけである。

はじめに

いかなる国家にとってもその安全は最も基本的な価値である。国の安全なくして国民の独立も繁栄も福祉もありえない。一方、日本をめぐる安全保障環境は、世界的にも地域的にも、まさに歴史的と言えるほどに変容しつつあり、安全保障はますます大きな課題となりつつある。冷戦終結以降、世界は地域紛争、破綻国家、大量破壊兵器の拡散、テロ、海賊など、冷戦の時代以上に多様な安全保障上の課題に直面し、日本もそうした課題に対応するべく努力してきた。しかし、これからの世界の変化、とりわけ新興国の台頭によるパワーバランスの世界的、地域的変化を考えれば、日本をめぐる安全保障環境は重要な変動期に入ったと言える。

本懇談会は、こうした安全保障環境の変化に鑑み、日本の安全保障政策と防衛政策をタブーなく再検討し、継承すべきは継承し、見直すべきは見直すことを試みた。それが「新たな時代における」日本の安全保障と防衛力について構想することを求められた本懇談会の使命であると考えたからである。

日本は、第二次世界大戦後、防衛については基本的に抑制的な姿勢を維持しつつ、米国との同盟によってその安全を確保する政策をとってきた。日本が六〇年以上にわたって享受してきた平和と安全と繁栄はこの政策によるところが大きい。またこの政策は、アジア太平洋地域のパワーバランスを維持することを通じ、地域と世界の安定にも大きな意義を持つものであった。日本はこれからも基本的にこの政策を継承していくべきである。

しかし、これは、日本の安全保障政策と防衛政策を見直す必要が全くないということではない。冷戦終結以降、政府が安全保障政策、防衛政策を適時、見直してきたことは評価できるものの、体制整備は十分と言えず、日本の安全保障政策と防衛政策はなお受動的で事態対応型の体質を残している。本懇談会としては、日本はもっと能動的に世界の平和と安定のために貢献すべきであり、そしてそれが日本の平和と繁栄を維持する最善の道だと考える。

本報告書はこうした問題意識に立って日本の安全保障および防衛戦略を提示する。その基本的な方向は、日本が自国の平和と安全を守り繁栄を維持するという基本目標を実現しつつ、地域と世界の平和と安全に貢献する国であることをめざすべきだ、というものである。あるいは別の言い方をすれば、日本が受動的な平和国家から能動的な「平和創造国家」へと成長することを提唱する。日本は創意と工夫によって、国際安全保障において、今後大きな積極的役割を果たすことができるはずである。

この目標達成のためには、日本はその持てる様々な手段を活用する必要があるが、特に防衛力は他では代替不可能な重要な役割を担っている。二〇〇四年制定の現行の防衛計画の大綱（一六大綱）は、時代の変化に合わせた見直しを謳っており、実際、本懇談会は、日本が整備すべき防衛力の体制にまで踏み込んだ検討を行った。そして、本報告書は、冷戦期に提唱され、冷戦終結後も継承されてきた「基盤的防衛力整備」の考え方を見直し、多様な事態が複合的に生起する「複合事態」への対応を念頭に置いた防衛力の整備を提言した。

新しい時代の安全保障と防衛戦略はそれを支える基盤を必要とする。したがって、本報告書では、防衛力を支える基盤と安全保障戦略を支える基盤についてもこれまでのあり方を見直し、その充実を提言した。これからの日本にとってその持てる資源を有効に活用し、同盟関係・友好関係を活用して、その安全保障を確保することは決定的に重要であり、そのためにはこれまでの政策で合理性を欠くところがあれば、それは改められなければならない。

日本はいま歴史の大きな転換点にある。二〇〇九年九月の政権交代は、国民がそれを理解し、新しい日本のかたちを求めていることを示すものであろう。いうまでもなく、安全保障は日本の死活的国益であり、本懇談会としては、政権交代があったからといって、その安全保障政策、防衛政策を軽々に見直すべきとは考えない。しかし、これは国民がこれまでの政策の不合理なところを見直す絶好の機会でもある。日本の直面する安全保障環境は、これからますます大きく変容していく。そうした中、日本が世界の平和と安定に貢献する国として生きていくために、政府が、これまでの安全保障政策、防衛政策のよいところを継承、発展させる一方、冷戦時代の遺産にとらわれることなく、未来を直視し、果敢に能動的に取り組んでいくことを大いに期待したい。

第一章　安全保障戦略

冷戦の終結は、世界システムとしては二極体制の終焉を意味し、欧州では東欧諸国の民主化、東西ドイツの統一、欧州統合の進展、アジア太平洋地域では中国とベトナムの市場経済化の進展、そして北朝鮮の国際規範への挑戦をもたらした。二〇〇一年九月一一日に米国で発生した同時多発テロは、冷戦後の問題が解決しないうちに、対テロ戦争という新しく、しかも困難な問題を追加するものであった。この新たな時代において、日本が自らの安全を確保し、また世界と相和して生きるためにどうすればよいのか。

国家は、一般に、自国の独立、安全、繁栄、好ましい国際環境といった諸目標の実現を図ろうとする。そのために多くの国は、自国が達成しようとする目標を明確化し、自国が置かれている国際環境を精密に分析した上で、目標達成のための手段とその利用方策を検討する。こうした考察の総体を安全保障戦略と呼ぶことができよう。本章では、日本がこれからとるべき安全保障戦略として、安全保障上の目標を定義し、現在から2020年前後を目処に日本の置かれるであろう国際環境について分析を加えた上で、日本がいかなる手段を用意し、その利用を図るべきかについて基本的方針を論じる。

第1節　目標

①日本の安全と繁栄

安全保障の最も基本的な課題は、日本の主権、領土および国民の安全（日本の安全）を守ることである。

日本の安全はまた、日本人の享受する豊かさ、日本人のもつ価値意識などと完全に切り離すこともできない。日本の安全と繁栄のためには、日本の領域と排他的経済水域において利用可能な資源を適切に利用し、日本の科学技術力、産業競争力に裏付けされた経済力を維持・発展する必要がある。また資源と市場が限られた日本が自由で豊かな生活を維持するためには、開かれた国際システムの下、経済活動、移動の自由などが保障される必要がある。

日本国外に居住、滞在する日本人の安全を図ることも安全保障上の要請である。もちろん、世界は、今日でも、主権国家システムを基本とし、他国の主権下にある日本人に対し国内と同様の保護、安全を保障することは難しい。しかし、他国、さらには国際機関、非国家主体とも連携し、危険に遭遇する国外の日本人の安全を図れるよう、常に準備をしておく必要がある。

②日本周辺地域と世界の安定と繁栄

日本の周辺地域の安定は日本の安全を確保する上で基本的条件である。また交通、通信技術等の発達によって、今日では、世界のいかなる地域の事象も日本に何らかの影響を与える可能性があり、そうした観点から、世界各地における紛争を防止し、あるいはこれに対処して、そのリスクを抑えることも、日本の安全保障の重要な要素となる。

周辺地域と世界全体の安定は日本国民の生活基盤を守るためにも重要である。また資源調達、食糧安定供給に必須の市場へのアクセス、海上輸送交通路（シーレーン）の安全維持などは、日本を含む周辺地域と世界共通の利益である。平和な経済交流は日本の繁栄の基礎であり、日本の貿易相手国・地域の安定と繁栄は日本にとって重要な目標である。

③自由で開かれた国際システムの維持

第二次世界大戦後、日本の享受してきた安全と繁栄は、自由で開かれた国際システムに依拠してきた。資源や市場を海外に依存する日本にとって、自由貿易体制の維持は死活的課題であり、国際社会における国際的ルール、取り決めの遵守もまた同様である。特に安全保障においては、武力による現状変更を行わないという規範が定着しなければ、日本と世界の安全と平和を守るコストは極めて高くなる。そのためにも世界の主要国が国際秩序の維持のために協力を深めることが必要である。

自由で開かれた国際システム維持のためには、個人の自由と尊厳といった普遍的、基本的価値が守られなければならない。その意味で、統治能力の欠如した破綻・脆弱国家は国際システムそのものに対する脅威となりうる。こうした国家においては生命・財産の保障といったごく基本的で普遍的な価値が守られていない。個々人の自由と尊厳が守られる社会を実現するためにも、「人間の安全保障」[1]の観点から、より自由で開かれた国際システムの形成が望まれる。

第2節　日本をとりまく安全保障環境

（1）グローバルな安全保障環境

①グローバル化と国家間紛争パラダイムの変化

世界の安全保障環境の趨勢についての第一の特徴は、経済的・社会的グローバル化であり、その加速度的な進行は今後も継続するであろう。グローバル化のもたらす相互依存関係の進展によって、主要国間の大規模戦争の蓋然性は低くなっている。一方、グローバル化は、これまで一国内で対処できた脅威を拡散させ、地理的距離に関係なく、世界全体に深刻な影響を引き起こす原因ともなっている。

こうした脅威は、基本的に国境を越える（transnational）性質のものである。九・一一同時多発テロをはじめ、大量破壊兵器（ＷＭＤ）の拡散、海賊問題などは、全て国境を越えた問題であり、当面、根絶されそうにない。また近年、地球規模の気候変動、環境汚染、大規模な自然災害、感染症、宇宙・サイバー空間への攻撃なども安全保障上の脅威となっている。こうした国境を越える安全保障上の問題は、自国の中だけで平和を維持することをほとんど不可能とする問題であり、しかもこれらの問題はこれからも確実に増加する趨勢にある。

またグローバル化によって主要国間の戦争の蓋然性は大幅に低下したとはいえ、軍事的な競争、対立、紛争がなくなったわけではない。明白な戦争ではなく、主権、領土、資源、エネルギー等について「平時と有事の中間領域」に位置する紛争は、むしろ増大する傾向にある。そうしたグレーゾーンに端を発した紛争が主要国を巻き込み当事者の意図を超えた対立となる危険性についても十分認識しておく必要がある。

②パワーバランスの変化と国際公共財の劣化

世界の安全保障環境の趨勢についての第二の特徴は、世界的なパワーバランスの変化である。冷戦終結以降、米国は、軍事力、経済力、国際社会における合意形成能力など、あらゆる分野において、圧倒的な力をもつ唯一の超大国と見なされた。しかし、アフガニスタン、イラクにおける戦争以降、その安定化と戦後統治には予想以上のコストがかかり、また国際的な亀裂を招くこととなった。さらに二〇〇八年には、住宅金融バブルの崩壊に端を発した米国発の金融危機が世界を席巻した。この結果、米国の軍事的、経済的優越は圧倒的なものと見なされなくなりつつあり、米国は超大国であるが、他国を無視できるような圧倒的力を持っているわけではないというのが米国も含めた一般的認識となっている。

その一方、グローバル化は中国、インド、ロシア、ブラジルなどの新興国（emerging powers）の台頭をもたらし、二〇〇八年の経済危機以降、これらの国々の存在感はおしなべて高くなっている。二〇〇八年にはじまったＧ20首脳会合はそうした変化の象徴的存在であり、かつてのように先進資本主義国だけで国際秩序を運営することは困難となっている。こうした多極化に向かう動きはこれからも継続するであろう。新興国は、先進国、さらには世界の他の多くの国々とともに、グローバル化のメリットを享受し、グローバル化のもたらす脅威に協力して対処しようとしている。しかし、これらの国々の中には、先進資本主義国と違う利益、違う価値観をもった国や、経済成長、域内大国の動向、近隣諸国間の信頼の不足等を背景として軍事力の増強を試みている国もある。

米国の圧倒的優越性の低下、パワーバランスの変化は、かつて米国が中心となって提供した国際公共財の劣化をもたらしている。「グローバル・コモンズ」と呼ばれる国際公共空間は、公海と排他的経済水域とその上空空域などを指し、近年では、宇宙、サイバー空間を含むと観念されるようになってきている。これまで米国は、その圧倒的な力によってグローバル・コモンズをコントロールし、世界にその利用の自由を提供してきた。しかし、新興国の台頭とともに、複数の国がグローバル・コモンズの一部を囲い込む能力、具体的に言えば、自国付近の海・空域への兵力展開を妨害する能力、衛星破壊能力、サイバー攻撃能力等を獲得・強化しつつあり、グローバル・コモンズの開放性が劣化するリスクが出現している。

③大量破壊兵器と運搬手段の拡散

世界の安全保障環境の趨勢についての第三の特徴は、WMDとその運搬手段拡散の危険が安全保障上の課題として重要性を増しているということである。[2]

冷戦終結後、米露の戦略核戦力は大幅に削減され、世界規模の核戦争の危険は遠のいた。しかし、北朝鮮は複数回、核爆発実験を実施した。イランは核兵器開発を疑われており、国際原子力機関（IAEA）、欧米諸国による核開発計画中止の要求を拒否している。南アフリカ、イラク、リビアのように、WMD保有計画が発覚し、強制的に放棄させられるか、自発的に放棄した国もある。また二〇一〇年の核セキュリティ・サミットで指摘されたとおり、核兵器あるいは核物質がテロ組織、破綻国家の手に入り、実際に使用されることになれば、これは、全世界にとって深刻な脅威となる。近い将来、これが現実のものとなる可能性は否定できない。

二〇〇九年、オバマ米大統領はプラハで「核兵器なき世界」を提唱し、米ロは二〇一〇年、新しい戦略核兵器削減条約に調印した。また二〇一〇年五月の核兵器不拡散条約（NPT）運用検討会議では核不拡散について全会一致で最終文書が採択され、基本的な行動計画が合意された。これは核不拡散と核軍縮に向けた好ましい徴候であるが、同時に核拡散問題がいかに深刻かを示すものでもある。実際、他のすべての核兵器国が核軍縮の努力を行っている一方で、中国は核戦力を増強している。またインドとパキスタンは核実験を行い、核兵器を保有している。イスラエルも核兵器保有を疑われている。このように「核兵器なき世界」への道は困難な課題を抱えており、これからもその解決は決して楽観できない。

化学兵器については、国際的な制限、廃棄体制は、冷戦後、強化される傾向にある。生物兵器についても制限強化に向けた取り組みが行われている。しかし、ミサイル能力の向上、拡散や国際テロ活動ともあいまって、こうした兵器が市民社会に対する脅威となる可能性は依然として存在し、今後、核兵器の役割縮小が図られる中、これらの兵器の使用をいかに抑止していくかは、安全保障上の大きな課題であり続けるだろう。また将来、原子力発電所の急速な増加が予想されることからすれば、核物質と核廃棄物の管理はこれからますます大きな課題となる。

④地域紛争・破綻国家・国際テロ・国際犯罪

世界の安全保障環境の趨勢についての第四の特徴は、国際安全保障上の課題としての地域紛争・破綻国家・国際テロ・国際犯罪の重要性である。冷戦後、民族、宗教対立に起因する内戦型の地域紛争、あるいは統治機構が事実上崩壊した破綻国家に安全保障上の関心が集まるようになった。近い将来、こうした地域紛争、破綻国家に関わる問題がなくなることはありえない。

破綻国家は、アルカイダに聖域を提供した一九九〇年代のスーダンや現在のアフガニスタンの事例に見られるように、国際テロの温床となることがある。二〇〇一年の九・一一同時多発テロは、米国から遠く離れた破綻国家が米国の心臓部の安全と直結していることを明らかにした。破綻国家はまた、麻薬、人身売買といった国際犯罪、海賊などの聖域ともなっている。その意味で、破綻国家は非伝統的安全保障上の大きな課題である。

また、一般に、地域紛争、国家破綻は、治安の悪化や大量の難民の発生を伴う。一九九〇年代、旧ユーゴスラビア、ソマリア、ルワンダなどで対応に苦慮した経験に鑑み、国際社会は、紛争が起こったとき、あるいは国家が破綻したとき、協力してこれに関与することの重要性を理解するようになっている。そのときには、現地の一般住民の生存、生活の安全に焦点を当てた人間の安全保障が重要な課題となる。

（2）日本の周辺地域および重要地域の安全保障環境

日本は太平洋の北西、アジアの東端に位置する。上に述べたグローバルな国際環境変化は当然、日本にも影響を及ぼし、さらに、日本を取り巻く周辺地域および日本にとって重要な地域においても、日本の安全保障に直接的な関わりを持つ課題をもたらす。

特に日本周辺の東アジア地域は、朝鮮半島、台湾海峡、北方領土問題等、未処理の主権・領土問題や冷戦の遺構がいまだに残存する一方、政治、経済、社会は大きく変化し、域内の経済的交流が深化して、地域の結びつきが強まっており、総体として協調と対立の要因が併存する特徴をもつ。この地域ではまた、資源エネルギー問題、環境問題などが急速に重要性を増しており、それが一国内にとどまらない影響を持つ。その結果、東アジアでは協力が主流とはいえ、対立も起こりうる。こうした構造が近い将来、解消されるとは考えにくい。この地域ではこれからも対立的要因が存続し、場合によっては増大する可能性が存在する。

①米国の抑止力の変化

第二次世界大戦後、米国は米軍のプレゼンスおよびコミットメント、巨大な経済力、緊密な人的、知的ネットワークの構築などによってこの地域の安定に欠かせない存在となり、冷戦終結後も、アジア太平洋地域に引き続き深くコミットする意向を示してきている。現在の米国は、日本、韓国、オーストラリアといった伝統的な同盟国との協力関係を基礎とすることに加え、主要な東南アジア諸国連合（ASEAN）諸国との協調、中国、インドなど新興国との対話の増進、アジア太平洋経済協力（APEC）や北朝鮮に関する六者会合など地域的多国間枠組みの重視の方針を打ち出している。多極化に向かう動きへのこのような対応は今後も継続していくであろう。

安全保障の面で、米国は、核兵器の脅威に対しては核による抑止を堅持する一方、核兵器の役割を低減させるとしている。それに伴い、ミサイル防衛を含めた通常兵力の役割が大きくなると考えられる。また、アフガニスタン等における現在の戦争における勝利、核テロや大量破壊兵器の拡散防止を主たる安全保障上の課題と位置づけ、「アンチ・アクセス能力」を獲得しつつある国家に対する対応を表明している。

こうした米国のアジア太平洋地域での政策およびプレゼンスは引き続き、地域の安定要因としての役割を果たす趨勢にある。ただし、この地域における米国の力の優越は絶対的なものではなく、その意思決定は地域諸国との関係や米国の利害に左右される程度が増大するであろう。その意味で、将来、同盟国に対する米国の安全保障上の期待が高まることが予想され、日本を含めた地域諸国が地域の安定を維持する意思と能力を持つかがこれまで以上に重要となる。

②不確実性の残存と域内パワーバランスの変化

この地域における不確実性はこれからも継続あるいは増大する可能性が大きい。北朝鮮は、冷戦終結後、ロシア、中国との関係を後退させ、孤立した独裁体制を維持してきた。北朝鮮の経済は困難な状況にあると見られるが、大規模な軍事力を維持し続けており、また国際社会の圧力、制裁にもかかわらず、核・弾道ミサイル開発を続け、瀬戸際外交を繰返している。さらに北朝鮮は極端な情報統制下にあるため、その意思決定については不確実性が極めて高い。北朝鮮の核・弾道ミサイル開発、あるいは特殊部隊による活動は、日本を含めた北東アジア地域にとって直接的な脅威である。また北朝鮮の指導者交代は内部的混乱をもたらす可能性もあり、朝鮮半島情勢の不安定化も懸念される。

中国はすでに世界経済の安定を左右する大国となり、国際社会において一定の役割を果たすようになった。安全保障においても、中国は、北朝鮮に関する六者会合を主催するなど、国際社会に対する責任を分担する傾向が見られる。また、中台関係には一定の改善が見られ、台湾海峡における軍事的緊張は低下した。国際社会は中国が今後とも一層、その経済規模に見合った「責任ある大国」として国際秩序運営の責任を引き受けることを強く期待している。

その一方、地域と日本にとって懸念される傾向もある。中国は、一九九〇年代以降、その軍事力を急速に近代化し、海・空戦力やミサイル、宇宙活動、海洋活動、ＩＴ能力を質的に向上させ、台湾との軍事バランスは、全体として中国側に有利な方向に変化している。こうした軍事力の近代化に伴い、中国の海洋活動は、東シナ海、南シナ海を越えて太平洋にまで広がり、日本近海でも活発化している。その背景には、領土・領海の防衛のため可能な限り遠方の海域で敵の作戦を阻止すること、台湾の独立を抑止・阻止すること、海洋権益を獲得・維持・保護すること、海上交通を保護することといった狙い[3]があると見られる。こうした中国の積極的な海洋進出はこれからも続くものと予想される。

中国の軍事力については、こうした能力の拡充に加え、その能力、意図に関する不透明性・不確実性が問題である。中国は「国防白書」の公表などを通じてこうした批判に対応しているが、公表された国防費の規模は国際的信用を得ておらず、武器調達の全体計画も明らかでなく、周辺諸国をはじめ、国際社会の不安を解消することには成功しているとは言えない。

中国と政治、経済、社会、文化的に深い関係をもち、また地理的に近接する日本にとって、中国の経済的発展は、軍事力の強化とともに、安全保障上、様々な意味で極めて重要な課題である。中国の政治的、経済的発展は日本にとって極めて重要な利益であり、両国の協力関係は、「戦略的互恵関係」を基本として、これからも増進されるべきである。

ロシアはソ連邦解体以降、軍事力を大幅に縮小したが、大国としてその国際的地位の確保を図っており、極東地域においても、核兵器を含む相当規模の軍事力を保持している。国防費も増加傾向にあり、核戦力、通常兵力の近代化も進行している。ロシアの軍事技術、軍の機動力、統合運用能力は非常に高いと見られているが、他方、ロシアは、人口の減少と低い平均寿命、民生分野での経済技術基盤の脆弱性といった問題を抱えている。

日露関係は、北方領土問題交渉が続けられる一方、サハリン・プロジェクトなどエネルギー分野で一定の協力も見られる。しかし、近年、ロシアは、日本周辺においても、近接飛行を含む軍事訓練等の活動を活発化し、北方領土周辺での活動も目立つようになっている。ロシアの極東における軍事的潜在力には引き続き注目が必要である。

③シーレーンおよび沿岸諸国の不安定要因の継続

資源・エネルギーの乏しい日本にとって、シーレーンとその周辺の地域は安全保障上の重要地域と言える。日本は石油エネルギーの多くをインド洋経由の海上輸送に頼っている。このため、ペルシャ湾から、インド洋、マラッカ海峡、南シナ海、バシー海峡、台湾東岸、日本近海に至るシーレーンとその周辺諸国の安定は、日本にとって極めて重要であり、これは将来においても変わらない。

この地域はまた、新興国として発展する国々と地域紛争、破綻国家、国際テロ等の諸問題を抱える国々を含む。インドネシアは一時の混乱を克服し、政治的安定と経済成長の好循環に入っている。インドは独自の核戦力を有する南アジアの大国である。また、インドは高い経済的潜在力を持っており、新興国としてその存在感はますます高まっている。さらに、日本との関係を見ても、日印安全保障共同宣言等の安全保障協力の進展、原子力協力交渉の開始といった連携強化が見られる。パキスタンは核兵器保有国であるが、その国内体制は脆弱であり、アフガニスタンの安定のためにも、その安定は国際社会の大きな課題となっている。

中東湾岸諸国、アフリカ東沿岸地域は日本の海洋安全保障、エネルギー供給に重要な地域であり、この地域の平和と安定を維持し、日本との友好協力関係を増進することは日本の重要な利益である。イランの核疑惑、イラクの戦後復興、ソマリアとその周辺海域の治安等は、日本自身の課題であると認識する必要がある。

第3節　戦略と手段

本節では、前節に概観した国際安全保障環境の分析を踏まえ、日本の安全保障目標を実現するための戦略および手段を検討する。

(1) 日本の特性と「平和創造国家」としてのアイデンティティ

①自然環境および地理的特性

日本は南北に細長い列島で、長大な海岸線と多くの島嶼を有し、国土は狭く山が多く、国土の縦深性に乏しい。つまり、日本は軍事的に防衛しにくい地理的特性を持っている。また、日本は狭い国土に一億三〇〇〇万近い人口を抱える国であり、しかも人口の大部分は狭小な平野部に集中している。都市の生活は高度にシステム化されたライフ・ライン、情報通信等のインフラに依存している。さらに、日本は、地震、台風など自然災害の多い国であり、大規模テロ、感染症の爆発的流行(パンデミック)などにも脆弱である。

②経済力・防衛力の特性

日本の経済は、戦後、自由貿易体制の下で驚異的発展を遂げた。しかし、冷戦終結後、その経済力は、新興国の台頭などによって、相対的に低下する趨勢にある。また、少子高齢化も急速に進んでおり、防衛力に多くの資源を投入することはこれからも難しい。さらに、日本は、エネルギー、食糧等、多くの資源を海外に依存しており、これに起因する脆弱性はこれからも継続する。

日本は、第二次世界大戦における敗戦の経験から、戦後一貫して、抑制的防衛政策をとってきた。日本は平和憲法に基づき、他国の脅威にならない専守防衛政策をとり、国民もこれを基本的に支持してきた。また、日米安保体制の下、主として自衛隊が対外的な拒否的抑止力の機能を担い、懲罰的な抑止力については基本的に米軍に依存するという役割分担を維持してきた。さらに日本は、他の先進国には例を見ない事実上の武器禁輸政策を維持し、憲法解釈上、集団的自衛権は行使できないものとして、その安全保障政策、防衛政策を立案、実施してきた。ただし、こうした政策は、日本自身の選択によって変えることができる。

③歴史的制約要因の特性

戦後の日本は、協調的外交政策、あるいは政府開発援助(ODA)のような国際協力を通じて国際社会から高い評価を得てきた。これは、日本がグローバルな安全保障環境を改善するため主導的立場をとる上で、有利な条件である。しかし、ODAは近年、減少する傾向にあり、国際社会の高い評価が維持されるかどうかは、今後の日本の選択にかかっている。

一方、アジアの近隣諸国、特に中国、韓国とは、戦争や植民地支配の記憶についての「歴史問題」が継続している。これに起因する近隣諸国の警戒心が、特に安全保障に関する積極的な協力関係を構築する上で、一定の障碍となっていることは否定できない。「歴史問題」について、日中・日韓の歴史共同研究のような努力もなされているが、将来的な行方は、日本自身が過去とどう向き合うかに加え、相手国がどのように日本との関係を構築しようとするかにも依存するため、変化の振れ幅は大きい。

④「平和創造国家」としてのアイデンティティ

上に見たような日本の特性を考えれば、日本の外交・安全保障政策が基づくべきアイデンティティとは、国際社会に存在する様々な脅威やリスクを低減するために行動することによって、日本が国際社会における存在価値を高め、同盟、協調関係、さらにはもっと広く外交力を強化することによって、日本自身の防衛力と相まって、自国の安全保障目標を実現しようとする「平和創造国家」と表現することができるだろう。それは、世界の平和と安定に貢献することが、日本の安全と平和を達成する道である、との考えを基礎とし、国際紛争への政治的関与を最低限に抑制しようとした冷戦期の受動的な姿勢とは異なって、国際平和協力、非伝統的安全保障、人間の安全保障といった分野で積極的に活動することを基本姿勢とする。冷戦終結後の日本は漸進的にこうした方向に進んできたが、そうした変革は十分ではなかった。日本は、平和創造国家としてのアイデンティティに則って、持てる資源や手段を最も効果的に利用すべきである。

(2) 日本自身の取り組み

①安全保障に関わる外交政策

今日、一国の安全保障の手段としては、政府による外交および軍事力といった伝統的な要素に加えて、経済力、文化的感化力といった要素が重要性を増し、それに伴って政府だけでなく非政府的主体の役割が拡大し、外交や軍事力も伝統的な形態、役割だけでなく、非伝統的な形態としてパブリック外交[4]や非戦闘的機能も重視されるようになっている。さらに、外交・安全保障政策の場も、一国で行われる政策や二国間関係を基調としたものに加え、多国間関係、国際機関等での規範の形成や実行といった多層的、重層的な形態のものが顕著になっている。

今日のグローバル化と国際政治の緊密化を踏まえれば、いかなる国も自国のみによってその安全保障目標を実現することは困難であり、同盟、友好関係の促進、国際環境の全般的な改善策などを講じることが不可欠となっている。しかし、そのためには、自国がその安全のためにいかなる努力をし、どのような責任を負っているかを示すことが前提である。多様化する外交手段を適切に組み合わせ、最大の効果を得るためには、政府が高いレベルで安全保障戦略を検討し、定義する体制を整えることが肝要である。これについては第四章で詳述する。

②防衛力整備

日本の安全保障目標の実現のため、日本独自で行うべき取り組みとして重要なのは、日本自身の防衛力を整備し、抑止力を発揮することである。米国の抑止力に一定程度依存していることは、日本の通常戦力による防衛努力を減じてもよいということを意味しない。それどころか、核兵器の役割を縮小させようとしている米国の核戦略の動向も踏まえれば、通常戦力の分野における日本独自の取り組みは重要性を増している。

防衛力のあり方の詳細については第二章において検討するが、概括的に言えば、冷戦終結後、各国の軍事力における非戦闘的役割は多様化しつつ増大し、信頼醸成、平和活動、災害対応など外交的、民生的役割が加わった。また、先進国を中心に、軍事力は同盟、友好関係を確認、増進する基幹的手段ともなった。日本の防衛力もこうした非戦闘的、非伝統的な役割を徐々に担うようになってきた。しかし、平和創造国家を目指す上では、この面で防衛力をさらに積極的に活用することが不可欠である。そのため、冷戦下において米国の核抑止力に依存しつつ日本に対する限定的な侵略を拒否する役割に特化した「基盤的防衛力」概念がもはや有効でないことを確認し、冷戦期から残されてきた時代に適さない慣行を見直すことが必要である。

③安全保障に関する省庁間連携と官民協力

日本一国の努力においても、防衛力のみでは十分ではなく、他の諸手段との連携、すなわち、政府内の各省庁の連携と、官民の間の協力が極めて重要である。現在の世界において、安全保障上の課題の大半は、外交・防衛以外の分野の動員なくして解決は困難であり、防衛力と警察や海上保安庁の警察力あるいは経済的な力とを組み合わせて取り組んでいかなければならない。

政府全体としては、安全保障と危機管理に関する情報力を引き続き強化すべきである。また、領海内における不法行為、大規模災害、重大事故などの危機管理事案のための態勢整備を引き続き図る必要がある。

ＯＤＡについては、予算額が過去13年間で半減するなど、日本の国際社会におけるプレゼンスは後退している。民間・政府関係機関の資金の活用も重要な課題であるが、ＯＤＡの役割はまだ大きく、厳しい財政事情の中でも一定の水準を確保し、メリハリをつけた上で、関係省庁一体となって効果的活用を図ることが肝要である。また、人間の安全保障の観点から、テロや海賊が生まれる社会・経済的な原因にも着目し、その状況を軽減するための戦略的なＯＤＡの活用を検討し、推進することが必要である。人間の安全保障に関する課題には、非政府組織（ＮＧＯ）、民間企業による支援などを含め、官民が緊密に連携をとりながら取り組むことが求められる。その際、医療や教育など日本が重視してきた分野での援助を続けるとともに、場合によっては現地社会の治安・秩序維持能力を強化するために、軍隊・警察・司法等の治安部門の能力向上に対する取り組みも視野に入れるべきである。

（3）同盟国との協力

①共通の価値と戦略的利害の一致

日米同盟関係は、日本の安全保障にとって戦略的意義を持つだけでなく、広く地域と世界の平和と安定の柱ともなっており、また自由民主主義、法の支配、人権といった価値を共有する国同士の同盟として、日本外交の大きな支えとなっている。[5] こうした事情を考えれば、日本として、今まで以上に主体的に、日本の安全と世界の平和のために取り組むことが重要であり、それが中長期的に米国との協力を強化し、日本単独では解決・対処できない問題について米国の支援を得る前提ともなる。

日米両国は、二〇〇五年二月の日米安全保障協議委員会（２＋２）合意で、共通戦略目標を設定して以降、その実現に向けて努力を積み重ねてきた。日本は今後とも米国と不断に協議し、共通戦略目標達成のための役割と能力の実現に努めるべきである。

これまで日本は、開放的な国際経済システムや米国が支えてきたグローバル・コモンズ、たとえば海上・航空輸送路の安全から極めて大きな利益を享受してきた。これらの国際公共財が劣化することは、日本の安全と繁栄を著しく害することとなる。日本は、こうした観点からグローバル・コモンズの安全確保について米国を補完していく必要があり、長年にわたり日本周辺海・空域において行ってきた常続的監視といった役割はこれからもますます重要となる。

②米国による拡大抑止

米国は、同盟国である日本に対して拡大抑止を提供している。それは通常戦力と核戦力の双方においてである。米国の日本に対する拡大抑止、特に核戦力による拡大抑止は、日本の安全のみならず地域全体の安定を維持するためにも重要である。それは究極的な目標である核兵器廃絶の理念と必ずしも矛盾しない。米国の拡大抑止のコミットメントについて、その実効性を保証するため、米国任せにはせず、日米間で緊密な協議を行う必要がある。

なお、「持たず、作らず、持ち込ませず」という非核三原則に関して、当面、日本の安全のためにこれを改めなければならないという情勢にはない。しかし、本来、日本の安全保障にとって最も大切なことは核兵器保有国に核兵器を「使わせないこと」であり、一方的に米国の手を縛ることだけを事前に原則として決めておくことは、必ずしも賢明ではない。

日米同盟を通じた日本の安全保障の確保にとって、在日米軍の安定的な駐留は不可欠であり、日本による駐留経費の適切な負担は、これを支援する役割を果たすものである。また、沖縄に米軍基地が集中している現状は、日本国内の基地負担のあり方としてはバランスを欠いており、その負担の軽減努力を継続しなければならないものの、沖縄の地理的・

戦略的な重要性に鑑みて、総合的に判断されるべき性質を持っている。

（４）多層的な安全保障協力

紛争の火種を早めに消すため大切なことは、主要国間の協調的な秩序の構築である。日本は、多層的な安全保障協力を通じて、グローバルな予防的関与や、国際公共財の強化、アジア太平洋地域における安定の確保、国際システムの維持に努めるべきである。

①パートナー国との協力

日本は、米国の同盟国を中心に韓国、オーストラリアといった域内の「志を共にする国」（like-minded countries）を安全保障協力のパートナー国として、協力を進めるべきである。米国の同盟国とは、安全保障面のみならず政治や経済の面でも利害や価値観を共有しやすく、また装備や運用面でも協力のための基礎的なプラットフォームを共有している。今後、第三章で言及する装備の共同開発なども含め、こうした協力を米国の同盟国に拡げていくことで、日本の安全保障上のパートナーを増やしていくことが必要である。

米国の同盟国・友好国あるいはパートナー国間のネットワークの強化も検討されるべきである。こうしたネットワークは米国のコミットメントを引き続き確保し、同盟国間の安全保障協力を促進する。北東アジアには、日米、米韓という二つの強固な同盟があるが、北朝鮮の核開発や挑発行為への対応を考えれば、日韓安全保障関係を強めることが日米韓のネットワークの強化の観点から望ましいし、また、日米韓以外に協力国を拡大することも検討してよい。

さらに、海上交通の確保の観点から、日本のシーレーンと関わりの深い米国の同盟国・パートナー国との協力関係を深めていくことや、域内にとどまらず、北大西洋条約機構（ＮＡＴＯ）や欧州諸国とも協力や交流を積極的に進め、安全保障上の課題に共同して取り組んでいくことも必要である。

新興国であるインドとの安全保障上の協力も強化する必要がある。インドは日本と多くの価値を共有する重要なパートナー国である。またインドはインド洋において中東から日本に至るシーレーンに大きな影響力を及ぼす地域大国でもある。日本はインドと潜在的に多くの戦略的利益を共有している。核不拡散および軍縮についても、インドとの協力を通じて積極的に推進すべきである。

②地域の安定化にとって重要な新興国への関与

中国、ロシアのような、地域の安定にとって重要な新興国への関与を強化し、国際システムの維持・構築に積極的に参加する機会を増やすことが必要である。歴史に鑑みれば、新たに台頭した国が国際システムの現状に不満をもち、その結果、国際システムが不安定化するという事例は少なくない。これを避けるには、新興国が「責任ある大国」として国際システムを支える立場に立つことが自らの利益となるという状況を作り出す必要があり、そのために日本が努力すべきである。

国連安保理の常任理事国であり、核兵器を保有する軍事大国でもある隣国の中国やロシアとの関係は日本にとって重要である。両国との信頼関係を強め、両国が国際社会において責任ある行動をとり、また非伝統的安全保障の分野での協力を構築・発展するべく、積極的な関与を行うべきである。

③多国間安全保障枠組みの構築と活用

アジア太平洋地域では米国を中心とした同盟関係の比重が大きく、域内国同士または多国間の安全保障上の連携はこれまで限定的だった。その中で、地域における多国間の安全保障枠組みとして、ＡＳＥＡＮ地域フォーラム（ＡＲＦ）は重要であり、ＡＲＦは信頼醸成を超えて、「行動指向型」の予防外交メカニズムに踏み出す必要がある。二〇〇九年五月、米比の共催で実施された「民主導、軍支援」の災害救援実動演習は、その意味で、大いに歓迎される。日本としては、ＡＳＥＡＮ＋３、東アジアサミット（ＥＡＳ）、日中韓サミットなども活用し、主要近隣諸国と安全保障問題を含めた率直な意見交換を進めていくとともに、日米韓、日米豪などの協力関係を基礎として、地域的な安全保障の枠組みを多層的に形成していく必要がある。

テロ、海賊、大規模自然災害、環境問題といった国境を越える非伝統的な脅威に対しては、こうした幾重にもある既存の多国間の枠組みを取捨選択しつつ利用し、また必要に応じて新たに作り上げたりしていく方が現実的である。たとえば、海上自衛隊に加え海上保安庁というアジア太平洋地域でも最高水準の海上勢力を有する日本は、海上安全保障に関する地域的多国間協力を進める責任を有しており、日本が主要な役割を担うアジア海賊対策地域協力協定（ＲｅＣＡＡＰ）における協力をはじめ、ＡＲＦの会期間会合で開始された実務レベルの協力に積極的に参加するなど、取り組みの強化を図ることが重要である。

さらに、人間の安全保障の観点から、防災、保健等の分野についても、アジア太平洋地域におけるネットワーク強化を図るべきである。特に災害や感染症等に関する早期警戒システムを構築すること、コミュニティの防災能力の向上を図るような支援をすることも重要である。

④国連・グローバルレベルでの努力

日本は国連などのプラットフォームを使い、グローバルレベルでの安全保障環境の改善に努めるべきである。このレベルでまず重視されるべき課題は、脆弱な国家を国際的に支援し、その国家破綻を防ぐこと、また、破綻国家に対しては、包括的な平和構築支援の取り組みを国際社会が一致して行うことである。日本は紛争後の社会の復興に経済援助や教育支援が果たす役割を重視して積極的に貢献してきたが、その姿勢は継続されるべきである。また、紛争後の武装解除、動員解除、社会復帰（ＤＤＲ）といった活動についてもこれまで以上に積極的に取り組むべきである。最近、治安部門改革（ＳＳＲ）の重要性が注目され、軍隊だけでなく、警察、司法の専門家が参加する形の国際協力が一層求められるようになってきていることを考えれば、日本としても、各省庁が足並みを揃え、政府一体としての対応を強化していく必要がある。

日本が国連平和維持活動（ＰＫＯ）を含めた国際平和協力活動に割ける資源は有限であるが、それを踏まえた上で積極的な参加を志向すべきであり、自衛隊のみならず政府全体の課題として取り組まなければならない。日本の長所や特性が活かせる効果的・効率的な派遣を行うよう努力すべきである。

次に、核兵器をはじめとするＷＭＤの軍備管理・拡散防止の課題が挙げられる。オバマ大統領の呼びかけもあって核軍縮の機運が高まっている。米露両国の戦略核兵器削減合意に引き続き、全核兵器保有国が核兵器削減に向かうことが極めて重要であり、日本として呼びかけていく必要がある。ただし、核兵器を究極的に廃絶するまでの過程においては、通常兵器を含む米国の拡大抑止の信頼性が低下することのないよう、留意する必要がある。

ＷＭＤの拡散を防止するには、グローバルレベルで軍備管理レジームを強化していくことが重要であるが、現在ＮＰＴによる核不拡散体制は挑戦を受けて動揺しており、核管理体制の包括的な強化が求められている。日本は軍備管理レジームをより実効的なものにするため関係国・関係機関の連携を進めるなどの活動を強化すべきである。

これらの活動を進めていく上で、日本が国連における意思決定に深く関わることが望ましい。国連が健全に機能していくことは国際システム維持のためにも重要であるとの観点から、安保理を含めた国連機構改革に積極的に取り組み、安保理の常任理事国となるよう、引き続き努力すべきである。また、日本人の国際機関への積極的な参加を勧めるような制度的な後押しも重要である。

⑤防衛装備協力・防衛援助

これまで日本は「武器を輸出しないことで平和に貢献する」という観点から、武器輸出三原則等により事実上の武器禁輸政策を維持してきた。しかし国際情勢を無視して日本だけが武器輸出を禁じることが世界平和に貢献するという考えは一面的であり、適切な防衛装備の協力や援助の効果を認識すべきである。

そもそもこれまで日本の装備政策のうち貿易管理に関する部分については、「武器輸出三原則等」などと総称されてきたが、これは誤解を与える表現であり、現状については、対米技術供与などの個別の例外措置を除くと事実上の武器禁輸状態となっていると解さざるを得ない。こうした現状は日本の装備政策を時代遅れにしつつある。

日本政府が時々の状況に応じて表明した見解や答弁が積み重なり、原則的な武器禁輸政策となっていながら「武器輸出三原則等」といった表現をとってきたことに問題がある[6]。

近年、紛争後の平和構築、人道支援・災害救援、テロや海賊等の非伝統的安全保障問題への対応等のための国際協力が拡大している。このような協力の手段として、防衛装備品・装備技術の活用は効果的であり、実際、インドネシア政府による海賊取締り目的のため、同国の海上警察への巡視船艇供与を武器輸出三原則等の例外として認めた事例がある。しかし、事実上の武器禁輸政策のため、個別案件ごとに例外を設ける必要があり、これらの課題に対する国際協力の促進の妨げとなっている。平和創造国家を目指す日本としては、こうした国際協力をむしろ促進すべきであり、この分野については、個別の案件毎に例外を設ける現状の方式を改め、原則輸出を可能とすべきである。

もちろん国際的に見ても装備の国際移転に関する管理体制は厳格となっており、こうした国際基準を遵守し、また、平和創造国家として武力紛争誘発の危険性を高めるような装備の輸出に対して厳格な規制を設けることは言うまでもない。

一般に、装備品の有効な供与によって相手国との紛争は比較的発生しにくくなり、むしろ友好関係が増進される。日本がテロ・海賊対策等のために装備品を有効に供与することは、相手国との二国間関係を増進し、かつ当該国および周辺地域の安定化にも資することによって日本をとりまく安全保障環境の改善にも貢献する。その点からも、このような政策は平和創造国家としての日本のあり方に合致しうるのである。

防衛装備協力、防衛援助が国際安全保障環境の改善に資するという理念の下、新たな原則をうち立てた上で適切な協力と援助を進めていくべきである[7]。

第二章　防衛力のあり方

第1節　基本的考え方

基盤的防衛力構想を見直す必要性が出てきていることは第一章第3節で指摘したとおりであるが、同構想は、主として部隊・装備の量（規模）に着目した防衛力の存在をもって抑止力を構成するという、いわば静的抑止の考え方に立っていた。

しかし、近年の軍事科学技術の飛躍的な発展により、装備の質の優劣による戦闘能力の差違が顕著になってきており、装備の量のみをもって防衛能力を測ることは以前よりも困難になってきている。事態が生起するまでの猶予期間（ウォーニング・タイム）も短縮化される傾向にあり、抑止が有効に機能しにくい事態に対応する必要性も増していることから、装備の保有数量のみならず、即応性等の部隊運用能力がますます重要となっている。防衛力を評価する上では、部隊・装備の量（規模）に加え、その質、さらに、隊員の練度、後方支援能力等を総合した能力が重要性を増してきていると言える。このような防衛力の特性の変化に伴い、平素から警戒監視や領空侵犯対処を含む適時・適切な運用を行い、高い防衛能力を明示しておくことが、抑止力の信頼性を高める重要な要素となっている。

このようなことから、高い運用能力を兼ね備えた、いわば「動的抑止力」がより重要になってきているのであり、静的抑止力の考え方ではもはや十分とは言えない。また、従来「防衛計画の大綱」に書かれていた「別表」は、防衛装備の数量に偏った表記となっており、いったんそれが決まると、その数字が上方・下方硬直性をもってしまいかねない。動的抑止力を重視する観点から、その存否も含め再検討されるべきである。

つまり、基盤的防衛力構想は、日本の防衛という役割に限ってみても、すでに過去のものとなっているのである。一六大綱は『基盤的防衛力構想』の有効な部分は継承」するとしているが、今日では、基盤的防衛力という概念を継承しないことを明確にし、それに付随する受動的な発想や慣行から脱却して、踏み込んだ防衛体制の改編を実現することが必要な段階に来ている。

本懇談会は、安全保障環境の趨勢から、予想される将来、日本の国家としての存立そのものを脅かすような本格的な武力侵攻は想定されないと判断している。ただし、将来的に、この趨勢をくつがえすような戦略環境の大きな変化が生起することを否定することはできない。一度失った機能を回復するには長時間を要することから、将来の変化に対応できるよう備えるため、本格的な武力侵攻対処のための最小限のノウハウ維持を考慮する必要がある。しかし、基盤的防衛力構想の名の下、これからの安全保障環境の変化の趨勢からみて重要度・緊要性の低い部隊、装備が温存されることがあってはならない。防衛力の整備にあたっては、次節で述べるように、多様な事態が個別に起きるだけでなく、同時にまたは継続的に生起する複合事態となる可能性を考慮し、そのような複合事態にまで対応しうる能力を目途とすべきである。

二〇〇四年に策定された一六大綱は、「新たな脅威や多様な事態」への実効的な対応を行い得る「多機能・弾力的・実効性を有する防衛力」を目指すことを掲げている。日本の防衛力が引き続きこれを目指すべきであることは当然のことである。しかし、一六大綱策定後の日本周辺における情勢変化を踏まえると、日本の防衛力については、多様な事態への対処能力に裏打ちされた、信頼性の高い、動的抑止力の構築に一層配意していく必要がある。

第2節　多様な事態への対応

新たな時代の防衛力のあり方を考えるためには、上記の基本的な考え方を踏まえつつ、防衛力の果たすべき役割を具体的に示すことが必要である。本懇談会は、一六大綱が示す「新たな脅威や多様な事態への実効的な対応」、「本格的な侵略事態への備え」、「国際的な安全保障環境の改善のための主体的・積極的な取り組み」という三つの役割について、①多様な事態への対応、②日本周辺地域の安定の確保、③グローバルな安全保障環境の改善に、再構成することを提案する。本節以降で各々の役割について検討する。

①弾道ミサイル・巡航ミサイル攻撃[8]

北東アジアは、弾道ミサイルや巡航ミサイルが増強されている地域である。特に北朝鮮は、日本を射程内に置く弾道ミサイルを数多く配備しており[9]、同時に核開発を進めている。弾道ミサイルの脅威に対しては、これを攻撃や恫喝の手段として使わせないための抑止が最も重要である。日本は、核兵器および通常兵器による懲罰的抑止については、基本的に米国に依存している。一方、実際にミサイルが発射された場合のミサイル防衛による対処能力の向上や国民保護措置による被害局限も、攻撃の効果を低減させる意味では拒否的抑止を構成する。このため、早期警戒システムや迎撃ミサイルの一層の能力向上による迅速な情報収集・対応能力の強化や、自治体との連携強化を図る必要がある。

弾道ミサイルおよび巡航ミサイルに対しては、防御に加えて、打撃力による抑止を担保しておくことが重要である。日本としては、ミサイル防衛システムを補完し、米軍の打撃力を主とした抑止力を向上させるための日米協力の機能について、適切な装備体系、運用方法、費用対効果を不断に検討する必要がある。

②特殊部隊・テロ・サイバー攻撃

特殊部隊による攻撃、国際テロ組織による大規模なテロ攻撃、サイバー攻撃といった非対称戦は、日本のように国土が狭く、人口が都市に密集し、IT化が進んでいる国にとっては、大きな脅威となりうる。自衛隊として対応が迫られるのは、原発など重要施設への急襲や核物質・生物・化学兵器などを使ったテロ攻撃のような烈度の高いケースである。これらのケースについて、事前に対応策を講じ、即応性を高めておく必要がある。また、重要施設防護では警察や海上保安庁等の関係機関との連携を維持向上させることが重要である。

サイバー攻撃は、単独でも攻撃対象の経済・社会を混乱に陥れることが可能であるが、テロ攻撃や武力攻撃の事前あるいは同時に行えば、その効果は増幅されうる。サイバー攻撃およびその対処については各国の軍隊が軍事的活動の一分野として認識をし始めているが、その性格上、軍事のみにとどまらず、経済部門なども含めた国家的な課題である。自衛隊としては、特に国家主体による軍事的なサイバー攻撃に対して、最新の情報を収集・分析するとともに、サイバー攻撃に関する高度な知識・技能を持つ人材を養成し、他の政府機関が行う日本の重要なネットワークの防護に貢献する必要がある。特に、自らのネットワークを防御し、部隊運用能力が損なわれないよう、自らの防御態勢を強化する必要がある。さらにサイバー攻撃への対抗手段については、国際的な動向も踏まえ、法制・技術面を含めた政府レベルでの総合的な検討が必要である。

③周辺海・空域および離島・島嶼の安全確保

日本は多くの離島を有し、日本の周辺海域には、多種の海洋資源の存在が見込まれる。離島・島嶼の安全確保は日本固有の領土および主権的権利の保全という主権問題であるが、こうした地域への武力攻撃を未然に防止するには、平素からコストをかけて動的抑止を機能させることが重要である。そのためには、自衛隊による平素からの周辺海・空域における警戒監視、訓練の強化に加え、自衛隊の新たな配置や緊急展開能力の向上を図る必要がある。特に、離島地域の多くは日本の防衛力の配置が非常に手薄であり、領土や海洋利用の自由が脅かされかねない状況にある。日本としては、そうした地域において必要な部隊の配置、物資の事前集積に加え、機動展開訓練の実施、空中と海上・海中、沿岸部における警戒監視活動の強化、統合運用と日米共同運用の強化などを図る必要がある。

また、日本が離島地域における動的抑止を強化し、シームレスな対応能力を整備することによって周辺海・空域や離島地域の安全を確保することは、グローバル・コモンズをめぐる紛争の未然防止にも役立ち、米軍との共同作戦基盤を確保する上でも戦略的に重要である。

④海外の邦人救出

日本国外に居住、滞在する日本人が危険にさらされる状況が発生する可能性が高まっている。そのなかには、自衛隊が邦人救出のために出動しなければならないケースがあり得る。邦人救出に必要な長距離の機動・展開能力は他の事態への対応に必要な能力とも重なる部分が多い。自衛隊は、平素から外務省や当該国当局との情報協力や連携を図りながら、必要に応じて危険にさらされた海外の邦人救出に努めなければならない。

⑤日本周辺の有事

日本の周辺地域においては、朝鮮半島の分断など領土・主権をめぐる意見対立や、排他的経済水域が未確定であるといった問題があり、海軍力・空軍力を急速に増強している国や国家体制の先行きが不透明な国も存在する。将来これらの問題が、武力行使あるいは武力の威嚇による一方的な現状変更といった形で、紛争に発展する可能性は、完全には否定できない。これらの事態は「日本の平和と安全に重要な影響を与える事態」（周辺事態）に進展する可能性がある。

このような場合、自衛隊は情報収集・警戒監視・偵察（ＩＳＲ）活動の強化に加え、邦人輸送などを求められる可能性が高い。また、米軍が周辺事態に対処するため出動した場合、自衛隊は後方地域支援を行うなどの対処を行わなければならない。周辺事態は、そのまま放置すれば日本への直接の武力攻撃に至るおそれもあるような事態であるので、米軍への支援を含め万全な対応をとる必要がある。

周辺事態に対応するための法制はすでに整備されている。ただし、米軍に対する武器・弾薬の提供ができない、自衛隊の活動可能範囲が限定されている等の制約は残っており、現実的かつ能動的な協力を可能とする内容に変えるべきである。

⑥複合事態

上記の各事態は、単独で発生するとは限らない。複数の脅威が同時に押し寄せてくるために、多様な事態への同時対処が求められる場合もあれば、一つの事態が他の事態へと発展し、それらの影響が累積する中で、防衛力に複合的な対処を強いることもある。特殊部隊による国内の重要施設を狙った攻撃や国外からのサイバー攻撃が同時に生起するような事例が前者であるし、周辺事態が発生し米軍への後方地域支援をしているさなかに日本への武力攻撃事態に発展し、弾道ミサイル・巡航ミサイル攻撃や離島地域を巻き込んだ戦闘に対処しなければならないような事例が後者である。

これらを総称して「複合事態」と呼ぶとすれば、この複合事態に効果的に対応できる日本の防衛力を設計し、運用していく必要がある。

⑦大規模災害・パンデミック

自然災害が多い日本において、自衛隊は様々な災害に対し数多くの災害派遣を実施してきた経験を有するが、複数の地域で大規模な災害が同時期に発生するなど、過去の経験をはるかに上回る規模の対応を迫られることも考えられる。また、新型インフルエンザや口蹄疫等の例にも見られるように、感染症対策は、国内において迅速かつ関係機関が一丸となった対応が必要であり、その対策の成否はパンデミックの阻止や国際貿易の維持の観点からも、世界的にも大きな影響を与える。

自衛隊は、平素から地方自治体、警察、消防、海上保安庁、厚生労働省など関係諸機関との連携を取り、情報交換や共同防災訓練などを積み重ねる必要がある。また、全国に広く配置されている駐屯地や基地を十分に活用すべきである。

第３節　日本周辺地域の安定の確保

日本にとって、周辺地域の秩序を安定的に維持する上で最も重要な要素は、日米安保体制の下での日米防衛協力である。パワーバランスが変化し、国際公共財が劣化する傾向にあるこの地域において安定を確保するためには、自衛隊と米軍の一層緊密な連携が必要となる。同時に、それを補完する種々の取り組みも進めていかなくてはならない。

ＩＳＲ活動は、日米連携の基盤となる分野でもあり、重視していかなければならない。また、各国との間の防衛交流・協力、地域安全保障枠組への参画も強化する必要がある。

①情報収集・警戒監視・偵察活動の強化

平素からの防衛力の運用は、日本の防衛・安全確保のための抑止力として重要であるが、それは地域の安全保障環境の安定確保にとっても重要である。現在、自衛隊の態勢として、空自レーダーサイト等による日本周辺の上空監視、海自哨戒機による周辺海域航行船舶の状況監視などを行っているほか、日本周辺で軍事的に特異な事象を察知すれば、自衛隊の様々なアセットを用いた情報収集が行えるようになっている。このようなＩＳＲ活動によって周辺各国の軍事動向を的確に把握し、日本の情報優位を確立すべきである。

今後のＩＳＲ活動の強化の方向性として、宇宙、サイバー空間、空中、水中などの空間をシームレスに状況監視できることが必要となっていく可能性がある。そのために必要であれば、法改正や無人装備を含め新たな装備導入も検討すべきである。また、ＩＳＲ活動を支えるため、周辺の友好国・地域との情報協力を強化すべきであり、そのためにも日本の情報保全の強化が必要である。

②防衛協力の促進と防衛交流・安保対話の充実

韓国、オーストラリアといった国々との防衛協力は地域の安定化に向けた日本の取り組みとして非常に重要である。韓国、オーストラリアとは、東ティモール、イラク、ハイチにおいて自衛隊が国際平和協力活動を実施した際、部隊間協力を行った実績があり、今後も、これらの国と部隊派遣について協力が可能な地域には、日本も積極的に派遣を検討すべきである。二〇一〇年五月、日本は、オーストラリアとの間で物品役務相互提供協定（ＡＣＳＡ）に署名した[10]が、韓国とも同様の取り決めの締結を目指すとともに、今後は後方支援分野に加え情報分野での協力についても具体化することが必要である。

防衛交流は、従来、信頼醸成が主たる意義だととらえられてきた。しかし、今後は、グローバル・コモンズの維持等、各国が共通の関心を有する分野を含め、安全保障上の様々な課題の解決に向けた他国との協力関係の構築・強化が重要となっていく。防衛省・自衛隊は、自国の安全保障戦略上重要なパートナー国との関係強化を意識しつつ、それらの国の軍隊との間での実務的・実動的な協力を深化させていくことを目指すべきである。上記の韓国、オーストラリアのほか、たとえば安保共同宣言を発出しているインドとの間では、今後も外務・防衛両省の次官級協議を続け、また、国際平和協力活動や共同訓練の実施等を通じて具体的・実際的な協力関係を構築していくことが重要である。さらに海上交通の要衝を占め、安全保障分野で日本と共通の利害を有する東南アジア諸国との協力関係は重要であるが、防衛省・自衛隊として、これらの国に対する能力構築支援を行うなど、積極的に協力関係を深化させていくべきである。

防衛交流の場で、懸念事項を含めて率直に意見交換することは引き続き大切である。日本は、上記の国々を含む数多くの国との間で、ハイレベルの相互訪問、軍種別交流、スタッフ・トークス、留学生の相互派遣など、様々な二国間・多国間の防衛交流を進めてきた。特に中国やロシアとの間では、率直な対話や艦船の相互訪問などの交流を通じ、相互理解や信頼関係の増進を図っている。近年、日本周辺海域では、事故につながりかねない危険な行動が目立っている。偶発的衝突の政治的コストは極めて高くつくのであって、海上や空域での偶発事故防止の観点から関係国に協力を呼びかけるべきである。まずは対話を通じて、地域諸国との間でホットライン等の連絡メカニズムを構築する必要があるが、特に中国との間では、同国の軍事活動活発化を踏まえて高次元の安全保障対話を行うことが喫緊の課題であり、政治レベルでの対応が必要とされている。

③地域安全保障枠組への取り組み

防衛当局は、地域における安全保障協力枠組に積極的に参加し、地域の平和と安定に貢献する役割を担うべきである。

特に、人道支援・災害救援、テロ対策、海上安全保障に関する多国間会議や各種の多国間共同訓練は、域内各国間の信頼醸成や地域における対処能力の向上に有効であり、こうした非伝統的安全保障分野における具体的な協力の発展・深化をさらに促進すべきである。この点で、地域的安全保障枠組みであるARFが、その災害救援実動演習の実施に見られるように、具体的協力の段階へ深化を始めていることに鑑み、日本もこうした協力に積極的に参加すべきである。

ARF参加国との局長級会合である東京ディフェンス・フォーラムや、二〇〇八年から開始されたASEAN各国との防衛次官級会合を主催するなど、防衛省は地域的な防衛当局間の意見交換を強化している。防衛省は、自らが主催する会議に加えて、地域における安全保障協力枠組みにより積極的に参加し、地域の平和と安定に貢献すべきである。また、二〇一〇年開催予定の拡大ASEAN国防大臣会合（ADMMプラス）は、ASEAN域外国も含めた形では初の地域における防衛当局間の閣僚レベル会合であり、地域における具体的な安全保障協力の核として機能していくことが期待され、日本としても積極的に協力していくことが重要である。

第4節　グローバルな安全保障環境の改善

二〇〇七年の自衛隊法改正により、国際平和協力活動への参加は、自衛隊の本来任務となった。自衛隊は、国際平和協力活動を通じて、平和創造国家としての日本のプレゼンスを世界に示すべきであり、可能なものについては、積極的に参加を検討すべきである。また、自衛隊による活動は、平和創造の目標に適合するよう、現地で暮らす人々の生命の安全や生活の再建と維持を支えるものでなければならない。

さらに自衛隊の活動は、官民による緊急人道支援や、中長期的な就業訓練、雇用創出、コミュニティ再建等の多様な活動と連携して行われるべきである。防衛省・自衛隊は、国内では国際協力機構（JICA）をはじめとする他省庁や民間部門との連携、国外では外国政府や国際機関、国際NGO等との協力関係をさらに強化していかなければならない。その際、NGOの中には軍からの独立性を重視するものもあるといった各組織の特性にも配慮し、連携方策をきめ細かく検討すべきである。

①破綻国家・脆弱国家支援、国際平和協力業務への参加等

国家の破綻という現象は根絶される趨勢にはなく、むしろ長期にわたって破綻状態が存続したり、脆弱な国家が新たな破綻国家となったりする可能性さえある。自衛隊は、これまでもPKOをはじめとする国際平和協力業務のみならず、イラクの人道復興支援などに際し海外派遣を実施してきた。自衛隊の参加には、原則として国連安保理決議のマンデートがあることが望ましいが、常にそれを前提条件にする必要はない。

必要に応じて、地域的枠組や特定国との協力で効果的かつ適切に取り組めるものがあれば、そうした活動にも参加すべきである。

PKO等への参加を政策判断するに際しては、他の緊急度の高い事案の存否等を考慮することは当然であるが、自衛隊にとっての訓練になることや、日本の情報収集のための環境が整備されるといった側面的要素も含め、総合判断がなされるべきであろう。また、日本にとって必要不可欠な情報力は国外での任務経験を通じて蓄積されるものであることも十分留意されるべきである。

②テロ・海賊等国際犯罪に対する取り組み

貧困や民族・宗教紛争なども根絶される趨勢にはなく、テロや海賊活動は長期にわたって続く可能性が高い。日本は、テロや海賊に対する国際的取り組みに後ろ向きであってはならない。自衛隊は、これまで、インド洋への補給艦等の派遣、ソマリア沖・アデン湾への護衛艦等の派遣等を行ってきた。今後、国連安保理の決議に基づくケースを基本としながら、そうした決議のない場合でも、同盟、友好国として取り組む可能性も含めて、参加する可能性に備えるべきである。

③大規模自然災害に対する取り組み

地震、津波、台風被害といった大規模自然災害は世界中で随時発生しうる。経済・社会的状況からこうした災害への対策に優先度を置くこと

ができず、災害への脆弱性が高い国が多数であるという趨勢は今後も長期にわたって予測される。さらに、気候変動の影響によって海面上昇、洪水、干ばつ、暴風といった自然災害の被害が拡大するという可能性があること、新型インフルエンザ等のパンデミック発生の可能性もあることを考えれば、国際的な災害救援・人道支援活動の必要性はさらに高まる。自衛隊は長年、災害対処に関する経験を蓄積しており、国際緊急援助活動において能力を必要とされる場合、その経験を有効に活かしつつ、また、他の文民組織とも効果的に連携しながら活動を実施できる。アジア太平洋地域および世界の大規模災害に備え、迅速な災害救援・人道支援態勢を維持・強化することによって、世界の人々の生命と安全を守ることに大きな貢献ができるであろう。

④大量破壊兵器・弾道ミサイル拡散問題への取り組み

大量破壊兵器・弾道ミサイル拡散の趨勢に鑑みると、情報収集を強化し、その防止を図るとともに、その行為を発見した場合、拡散に対する安全保障構想（ＰＳＩ）に基づく取り組み等、具体的な拡散阻止のための行動に踏み込む必要がある。これまで、各国が自国の領域内において国内管理、輸出管理等の措置を実施してきたが、ＰＳＩは、各国が自国の領域内に限らず、自国の領域を越える範囲でも他国と連携して大量破壊兵器等の拡散を阻止することを提唱している。また、自国の領域内においても、法執行機関、軍・防衛当局、情報機関等、関係機関の間の連携を重視する。日本ではＰＳＩの取り組みには、海上保安庁、警察、税関等と連携して自衛隊も関与しており、すでに多くの阻止訓練等が実施されているが、今後は実際の阻止行動実施を見据えた、国内外の諸機関とのより実践的な連携の強化が重要となる。

大量破壊兵器・弾道ミサイルの移転および輸送の阻止のための措置には、特別な訓練を受けた部隊・要員が必要となることも考慮すべきである。

⑤グローバルな防衛協力・交流

日本として、地域にとどまらず、世界各地域における安全保障問題に関心を持ち、関与することは、同時に世界各国に北東アジアの戦略的環境に関する理解を広める機会を得ることを意味し、日本の理解者を増やすこととなる。防衛省・自衛隊は、ＮＡＴＯや欧州諸国等と、テロなどのグローバルな課題に対処するため防衛協力・交流を積極的に進めていくべきであり、アフリカＰＫＯセンターへの講師派遣等を通じたアフリカ諸国との交流も重要である。こうした取り組みは、交流の域を超えて、国際平和協力活動の迅速かつ円滑な実施や、協調的な秩序の構築へとつなげることができる。他方で、グローバルな防衛協力・交流に関しては、組織上の費用対効果を勘案しつつ、マンパワーその他の資源配分を慎重に判断する必要がある。

このほか、日本の防衛交流は基本的に政策説明や部隊間交流による信頼醸成が主であり、日本は多くの発展途上国が軍事交流で期待する武器や技術分野、軍建設のノウハウといった分野での協力を実施してこなかった。また、日本が防衛顧問団を派遣することもなく、あるいは、軍事・安全保障分野で、ＯＤＡ[11]以外の資金協力枠組みを活用することもほとんどなかった。しかしながら、たとえば日本の資金援助で海外においてテロ対策の能力構築セミナー等のプログラムを実施し、各国の軍人を参加させる、また、復興支援の対象国の民主的な軍隊建設を経験豊富な退職自衛官が支援するなどの事業は、平和創造国家としてふさわしいと言えるのであり、防衛援助のあり方について体系的な検討を行い、単なる対話・交流から、実質的な協力関係を構築する選択肢を可能とすべきである。

第５節　防衛力の機能と体制

（１）防衛力整備に関する基本的な考え方

これまでの三節において、新たな防衛力が果たすべき役割を示したが、そうした役割を果たす防衛力を整備するためには、一六大綱が目指した「多機能・弾力的・実効性を有する防衛力」の考え方を引き継ぎつつ、特に以下のア〜ウを具体的に達成することを目指すべきである。

ア　地域的およびグローバルな秩序の安定化

平和創造国家を目指す日本の防衛力は、国際社会に安定的な秩序を生み出す努力に積極的に関わらなければならない。アジア太平洋地域においては、国際秩序の武力による現状変更や、グローバル・コモンズへの平等なアクセスを阻害するような動きを許容しない意図を示すため、米軍やパートナー国の軍隊と連携し、平時からの常続的な警戒監視活動等をさらに充実させるほか、多国間の共同訓練をより積極的に実施することとし、それに必要な体制を備える必要がある。また、グローバルな国際システムの維持の観点から、国際平和協力活動を着実に実施するための体制整備を続けていくことも必要である。

イ　複合事態への米国と共同での実効的対処

一六大綱の下でこれまでに行われてきた防衛力整備は、「新たな脅威や多様な事態」の五つの類型のそれぞれが独立して生起した場合、それに対処し得る体制を目指して行われてきたと言える。しかし、現実の緊急事態では、防衛力は、多様で複合的な対処を要請されるものと考えるべきであり、かつ、事態の収拾のためには、日米両国が、予め定められた役割分担に従って緊密に連携する必要がある。したがって、現実的に想定すべき複合事態に対する自衛隊の対処能力を向上させるとともに、日本が米国と共同で対処し得るよう、米軍との共同作戦基盤を向上させることが重要である。

ウ　平時から緊急事態への進展に合わせたシームレスな対応

平時と緊急事態は互いに完全に独立した状況として扱われるべきではない。たとえば、警戒監視活動中の自衛隊の部隊が、急速な事態の拡大に直面することも考えられる。そのような場合には、現場部隊と中央の司令部、時には米軍との間で、作戦状況を即時に共有し、柔軟に対応することが求められる。このように、防衛力は、平時と有事の狭間のグレーな状況に、事態の進展に合わせてシームレスに対応できるものとして整備されなければならない。

今後自衛隊が強化すべき能力の共通の特徴とは、ＩＳＲ能力、即応性、機動性、日米の相互運用性などである。さらに、分野をしぼった自衛隊の比較優位を強化することが求められる。こうした方向で、軍事技術水準の動向を踏まえた高度な技術力と情報能力に支えられた防衛力整備が求められる。

その際、個々の装備品の更新を中心とした考え方ではなく、自衛隊の持つ能力を客観的に評価し、強化すべき能力や、不足する能力を補うため、装備の購入や、訓練の実施、可動率の向上等を組み合わせて最適な防衛力を構築する必要がある。

また、同じ装備でも運用水準を高め（high operational readiness）、その活動量を増大させることで、より大きな能力を発揮することが求められる。このためには一定の活動経費（燃料、維持整備費）の確保が必須である。一方で在庫管理の効率化、あるいはミサイル等の可動率を上げるための日米での共同整備基盤確保、維持整備・教育訓練業務に関し民間能力を積極的に活用するなど、多面的に後方基盤を強化する必要がある。

（２）日米間の役割分担の考え方

日米間の役割分担は、軍事専門的な見地からの詳細な検討を要する分野ではあるが、戦略的見地から提言すれば、次のような点を指摘できよう。

まず、日米同盟の中核である日本防衛に関連した任務について、自衛隊が目指すべき方向性は、相互補完性の強化である。たとえば米軍の攻撃力の中軸をなす空母部隊が日本防衛のために展開する場合、自衛隊は対潜水艦戦の機能や米軍が不足している機雷掃海の機能を提供することができるのであり、こうした機能を自衛隊が維持・強化することで、相互補完性を強化することが考えられる。

また、日本が米国の能力に依存することで、自らの負担を避けてきた任務分野がいくつか存在する。危険地域からの非戦闘員の退避活動や、弾道ミサイル警戒中の僚艦への護衛などがその例であるが、このような「一方的補完」の関係を改め、日本側として任務を担うべき分野がないか、日本自身が突き詰めて検討するとともに、日米間の運用、政策に関する協議の場で議論していくべきである。

今よりも多くの種類の任務分野に、たとえ部分的にでも参画できる力を自衛隊が持ち、米軍との共同行動がとれるようになれば、日米間の情報共有の範囲も広がるし、個々の作戦実施に関する意思決定にも日本が参加できる。日米の共同作戦によって、米軍単独で作戦を行う時以上の能力を発揮できるようになれば、日米同盟の有効性を高めることになり、同盟の将来にとって重要な意義を持つ。

最後に、日米同盟をグローバルに発展させる観点から自衛隊が目指すべき方向性として、自衛隊が自らの責任で任務を遂行できる範囲を広げていくことも重要である。PKO活動等自衛隊が海外での任務に従事する際、機能面で他国、特に米国に依存するものが非常に多かったとされる。世界中に張り巡らされた米国の情報力等のインフラに依存することは合理的であるものの、今後は、海外においてもできるだけ自力で任務を遂行できるよう、必要な能力を整備していくべきである。

（3）防衛力の選択と集中

①統合の強化と拡大

弾道ミサイル攻撃のように、瞬時に状況が変化する事態には、三自衛隊の資源を有機的に連携させることによって、的確に対処することが求められる。その場合、ネットワークや情報重視の上で、統合幕僚監部や、陸・海・空自衛隊の統合任務部隊司令部を中心とした統合運用によって作戦を遂行することが必須の条件となる。特殊部隊・テロ・大規模災害への対処、部隊の海外派遣も、統合運用が欠かせない。

多様で複合的な事態に対応するには、陸・海・空全ての部隊を統合部隊化するのではなく、事態に応じて柔軟に編成できる陸・海・空の特色を持った部隊も必要である。ただし、指揮通信、サイバー攻撃等対処、輸送統制等は、陸・海・空の枠を越えた共通の機能であり、統合部隊化を図り、運用の一層の円滑化を図る必要がある。

こうした必要性に鑑みて、統合幕僚監部の充実強化を図るべきであり、現行の自衛隊の組織について、統合運用をより円滑に行うために必要な運用部門と管理（行政）部門の再整理等の組織改編を検討し、実施することが肝要である。また、防衛力整備に関しても、統合運用の構想を十分踏まえた各自衛隊の整備が行われなければならない。陸上自衛隊は、一層の統合運用能力向上のため、組織改編も含め検討する必要があるが、その際には、指揮統制の一層のフラット化を実施すべきである。同時に、統合作戦を支える重要な要素として、陸・海・空の間のネットワーク化を進め、作戦状況図等の共有を図らねばならない。

なお、現在各自衛隊が個々に保有している、地対空ミサイル部隊、陸上配備の航空救難部隊、自衛隊病院、防衛医官等について、各自衛隊間で整理、移管および共同部隊化の徹底等により機能の重複を排除し、その効率化を図る必要がある。

②陸上防衛力

陸上防衛力として、従来の重火器中心から脱却し、軽量で機動力に富んだ陸上戦闘力、特殊作戦能力、核・生物・化学（NBC）防護能力およびISR機能などの向上を重視しつつ、引き続き効率的な陸上防衛力に再編していく必要がある。同時に、国内重要施設の防護および国民保護を、関係行政機関等と役割を分担し、連携しつつ実行できる能力を備える必要がある。

既存の演習場の活用等を考えると、現状の駐屯地の配置を大きく変えることには困難な面もあり、部隊配置には、今後とも、地域社会との関係の密接性や各種災害への対応能力等への配慮も必要である。しかし、機動力が向上すれば、平素の駐屯地と事態に対処すべき場所は同一である必要はなく、全体として機動性を重視する方向に進むことが望ましい。さらに離島防衛に資するため、対艦ミサイル能力の強化を検討する必要がある。特に、離島地域については、自衛隊配備の空白地域となっているところもあることから、平素からの部隊配備を検討する必要がある。その際、一部の陸上部隊が極めて手薄となっている地域に関しては、必要最小限の拠点を確保し、有事や緊急事態に際して、当該防衛拠点を活用して緊急に機動展開し、重点地域を防衛できる必要がある。

なお、各種の課題に柔軟に対応できる陸上防衛力の中心は人であり、精強性の観点からバランスのとれた編成や配置を行う必要がある。実員の確保に関しては十分な配慮をする必要があるが、同時に、引き締まった人員規模の下でも最大限の能力が発揮できるよう、駐屯地や後方業務の効率化・合理化を図らなければならない。さらに、限られた人的資源を有効に使うため、無人装備の導入の検討を進めるべきである。

③海上防衛力

海上防衛力として、平素からの日本周辺海域でのＩＳＲ活動や国際平和協力活動を通じ、また、米軍および他のパートナー国の軍隊との緊密な協力の下に、海洋国家日本にとって極めて重要な海洋利用の自由を守り、シーレーンの安全を確保する能力を一層向上させる必要がある。

離島防衛やミサイル防衛等の事態が生起した時には、日本周辺海域に日米の海上部隊が展開できるようにしなければならない。このため護衛艦、哨戒機、潜水艦といった装備について、性能向上を図りつつ全体として質量を効果的に確保する必要がある。護衛艦、哨戒機については今後の大量除籍時期を見据えれば隻数・機数の減勢は避けられず、艦齢・耐用命数の延伸、あるいは地域配備の護衛艦の機動運用化等、一層の柔軟性、効率化を図る必要がある。一方で、有効な水中監視能力を一層向上させる必要があり、艦齢を延伸するなどして、潜水艦を増強することを検討すべきである。また、特別警備隊のような部隊も、多様な事態に対応するために維持する必要がある。

④航空防衛力

航空防衛力として、日本の周辺空域における防空戦闘能力をさらに向上させる必要がある。現代の航空戦は、戦闘機のみならず、これを支援する総合的な機能がネットワークとして一体的に機能することが肝要である。そうした点を考慮すれば、今後の航空防衛力は量を質で優越することを追求することが重要である。これを実現するため、冷戦期を前提とした現状の手厚い対領空侵犯の態勢について見直しを図り、新戦闘機の導入、現有機の性能向上、早期警戒管制機、電子戦機、空中給油機等の各種装備を含め総合的に航空防衛力を構築する必要がある。なお、性能が陳腐化し、性能向上を図ることが難しい装備については早期に廃止することも考慮する必要がある。

また、空中、特に高々度でのＩＳＲ能力を高める必要がある。それは単に航空戦闘のためだけではなく、自衛隊全体の運用のため、外洋や陸上部を含めた情報を含む。なお、情報収集に関しては、リスク回避が可能な無人機を含めた様々な方式を検討すべきである。

露天の滑走路は、ミサイル攻撃に対し本質的に脆弱である。弾道ミサイル・巡航ミサイルの脅威が増大している現在、基地被害を極小化しつつ、基地機能を速やかに回復できるような能力（base resiliency）、さらには代替滑走路を使用しうるような装備、運用の柔軟性に配慮する必要がある。

さらに、即応性や緊急展開能力、海外活動のための支援能力の必要性に鑑みると、航空自衛隊は長距離の輸送能力を強化するとともに、その整備には統合的視点から全体の輸送所要を考慮する必要がある。

⑤国際平和協力活動強化のための体制整備

自衛隊の本来任務となった国際平和協力活動は、グローバルな安全保障環境の改善に寄与し、同時に日本のプレゼンスを国際社会に示すという重要な課題であり、今後さらに積極的に参加していくべきである。近年の自衛隊の国際平和協力活動への参加実績は、他の主要国の国際派遣実績と比較して十分な水準とは言えず、改善の余地がある。

国際平和協力活動は、国土防衛のための訓練や災害派遣の実績により培った自衛隊の能力を援用することが基本である。一方で、海・空の長距離輸送能力の強化、衛生・施設等のニーズの高い機能、統合運用体制の整備など、国際任務に適合的な能力を増強する必要がある。特に迅速に海外に機動・展開した後、持続的に活動することを可能にする部隊交代の態勢や後方支援態勢を確保すべきである。

国際平和協力活動は、日本から地理的にも文化的にも遠く離れた地域で行われることが多い。したがって、一朝一夕には獲得できない日本の周辺地域以外の言語・風俗習慣・地理的条件・自然環境といった情報は事前に蓄積するか、あるいは蓄積された情報にアクセスすることができるように平素から情報収集・交換をしておくとともに、言語、現地事情に関する隊員の教育訓練を計画的に行い、いくつかのシナリオに沿った派遣が可能な人材のプールを作っておくべきである。また、海外活動の拡大と並行して、任務遂行に当たる隊員のみならず、負傷・帰還した隊員やその家族へのケアをしっかりと行う体制を整備する必要がある。

第三章　防衛力を支える基盤の整備

本章は、日本の目指すべき防衛力を支えるために、どのような基盤整備をすべきかについて述べる。安全保障と防衛は国家行政の根本に位置付けられるべき分野であり、それに充当されるべき資源は、国際情勢の判断の下、最も高度な政治決断により、適切な規模を確保すべきである。一方、日本をとりまく少子高齢化等の趨勢からすれば、防衛予算が大きく伸びるとの想定を置いて今後の防衛力を考えることはあまり現実的ではない。むしろ防衛分野に投入される資源に制約があるからこそ、防衛力を支える様々な基盤について、従来の政策の延長で考えることをやめ、中長期的な観点から課題に取り組まなければならない。

本章は、防衛力を支える基盤として、人的、物的、社会的基盤の課題と、今後整備すべき方向を提案する。なお、防衛省では、「防衛省改革に関する防衛大臣指示」に基づき、その改革の検討が開始されたところであり、本章の記述に関わる諸改革が進められることを期待する。

第1節　人的基盤

自衛隊の周辺海・空域の警戒監視、海外展開への所要、事態への即応性といった要求がますます高まるなか、人件費が四四〜四五%を占める防衛関係費全体の抑制もあり、自衛隊の部隊活動を支える燃料、装備品の維持整備費等、いわゆる活動経費が圧迫されている。これは望ましいことではない。しかし、単なる人員削減による人件費の抑制は答えとならない。自衛隊が複合事態に実効的に対処できる態勢を維持するには人的戦力の確保は決定的に重要だからである。人的戦力にはメリハリをつけ、第一線への充当を重視していく必要がある。

防衛力の人的側面の問題については、すでに防衛省で新たな安全保障環境等に対応した人的基盤の拡充の観点から検討され、二〇〇七年に報告書がまとめられている。そこでは人的基盤に関する主要な問題に関し、「任期制」か「非任期制」かについては「非任期制」中心、大学卒や部内選抜により昇任する幹部を中心にして曹から昇任する初級幹部を抑制、幹部自衛官を対象とした早期退職制度の導入、幹部と曹士の二本立ての俸給表の導入を基本方針としている。防衛省は、それぞれの課題について現在の状況を踏まえた再検討を含めて早期に具体的な制度設計を行い、少子高齢化時代の自衛隊の人的基盤の整備に着手すべきである。なお、制度設計にあたっては、非任期制の割合、早期退職制度の対象など、複数の選択肢についてシミュレーションを行い比較するなど十分な評価に基づくこと、陸・海・空の人的戦力の構成、特性に合わせて、必要な人材を確保すること、隊員のインセンティブを高める工夫をすることが必要である。その際、以下の諸点については、特に注意する必要がある。

第一は自衛隊の階級・年齢構成のバランスである。米国、英国等の軍隊と比較して、自衛隊では、自衛官の定年延長、高年齢の曹の幹部登用などの結果、現場指揮官クラスの尉官を含む幹部の平均年齢が高くなっており、自衛官全体で見ても高齢化が進んでいる。複合事態にシームレスに対処する上で、自衛隊は、精強性（そのためには若く体力のある隊員が必要）と技術、熟練、専門性（たとえば、サイバー防衛等）をうまくバランスさせた人的基盤を整備しなければならない。そうした制度設計においては、自衛官のこのような特性を適切に評価しつつ、早期退職制度等の活用により、適切な階級・年齢構成を実現することが重要である。また、早期退職制度の導入に際しては、早期退職を迫られる隊員が安心して職務に専念できるよう、地方自治体、民間の防災関係業務等、自衛官としての知識や経験を活かすことのできる再就職先の確保について、政府として特段の配慮を行う必要がある。

第二は民間活力の有効活用である。ますます複雑化する安全保障環境のなか、自衛隊のみで国の防衛を全うできるものではない。職務に危険が伴うなど特殊性が高い一方で給与水準の比較的高い自衛官は、自衛官にしかできない仕事、任務にあたるべきであり、人事・会計・施設管理等の管理業務、装備の維持整備等については、経費効率を考えつつ民間活力の有効利用をさらに進める必要がある。民間活用に当たっては、若年の自衛官退職者の技能を活かせるよう、公平かつ透明な再就職制度を設けることが必要である。また、この関連で、必ずしも自衛官でなくともできる仕事については、自衛官に準ずる身分を新設し、現役自衛官をこれに移し、事務官・技官に準じた処遇をする等、人材を効率的かつ安定的に活用することも考えられる。

第三に、自衛官の採用にあたっては、少子高齢化時代における若手人材の有効活用の観点から、景気の動向にできるだけ左右されないよう、資格や学歴取得等、適切な採用、退職援護施策の充実を検討する必要がある。また、募集・援護業務について、たとえば、任期制士などを経て警察・消防・海上保安官・その他公務員へと転身するための支援を充実させるなど、国としての取り組みが求められる。

なお、定年退職、早期退職を問わず、崇高な宣誓の下、国の防衛に従事した自衛官に対しては、国として、相応の栄誉をもって報いるべきである。こうした観点から、退官後の制服着用や呼称、叙勲等のあり方についても、政府として真剣に検討すべきである。

第2節　物的基盤

日本国内に有力な防衛産業が存在し、日本の防衛生産と防衛技術を支えていることは、日本の防衛力を維持・発展させる上で欠かすことのできない物的基盤である。

防衛装備品は、高性能化の進展と開発コストの上昇、さらに日本の場合には市場が国内に限定されていることから、一般に、高価格となる傾向にある。厳しい財政状況下、高コストが調達数量の減少を招き、それが単価増を招く、そういう負のスパイラルに日本の防衛の物的基盤が陥ることは望ましくない。こういうリスクを見据え、日本としては、国内の防衛生産・技術基盤を健全に維持するため、その方策を検討していかなければならない。

①防衛産業・技術戦略の確立

防衛装備品の調達は、過去、装備品を可能な限り国産化することと、国内における確実な供給・運用支援基盤を維持することに重点を置いて行われてきたが、このことが防衛産業の高コスト体質の温存を許してきたと言えないこともない。また、防衛関係費が頭打ちで推移する中、将来展望が描けずに防衛生産から撤退する企業も増えつつある。

日本の防衛生産・技術基盤をめぐる行き詰まりを打破するためには、従来の発想を捨て、国内で維持すべき生産・技術分野について官民が共通の認識を持った上で、歩調を合わせて重点投資を行う、選択と集中が必要となる。

そのため政府は「防衛産業・技術戦略」を示さなければならない。その目的は、日本の安全保障上、外国にゆだねるべきでない分野を特定し、重点投資分野を明確化することである。同戦略に基づき、国内防衛産業は、長期的な視点で投資、研究開発、人材育成に努めることができるようになる。同時に、同戦略は、民需の分野で発達した技術の成果を取り入れる民需からのスピンオンの可能性等にも目配りした効率的な防衛力整備に資するものとなるべきである。

また、同戦略の前提として、選択と集中にあたり、国産か輸入かという二者択一ではなく、国際共同開発・共同生産という第三の道を選択肢に加える必要がある。この点については、次項②で詳述する。さらに、国内防衛産業は国際的競争にさらされてこなかったため、どの防衛技術に日本の優位性があるのかが現状でははっきりしないという課題にも取り組む必要がある。日本の防衛技術と民生技術を合わせたトータルな技術力を総点検する、いわば「棚卸し」作業として、長期的視点から「将来の技術マップ」を作成する必要がある。

②国際共同開発・共同生産の活用

日本ではこれまで、ごく一部の例外を除き、防衛装備品の調達については、国産か輸入か、どちらかの選択肢しかなかった。その一方、防衛産業をめぐる世界的潮流に目を転じれば、諸外国においては防衛産業の再編と巨大化が進み、装備品の国際共同開発・生産も一般的となっている。

しかし、日本は、武器輸出三原則等に基づく事実上の武器禁輸政策によって、国内防衛産業としてもこうした流れに乗ることができず、実際、日本は、米国以外の友好国との国際共同開発・生産、あるいは国と国の間の国際共同開発に至る前の民間レベルの先行的な共同技術開発等への参画すら検討できないでいる。そのため、国内防衛産業は、最先端技術にアクセスできず、国際的な技術革新の流れから取り残されるリスクにさらされている[12]。

日本はこれまで日米の共同開発・共同生産等を武器輸出三原則等の例外として認めてきた。しかし、日本の安全保障における防衛生産・技術基盤の重要性に鑑みれば、武器輸出三原則等の下での武器禁輸政策については、見直すことが必要である。共同開発・共同生産の活用を進めれば、先端技術へのアクセス、装備品の開発コスト低減等のメリットがある。また、共同開発・共同生産は、日米同盟の深化、米国以外の国々との安全保障協力関係の深化にもつながる。科学技術分野の進歩には極めてめざましいものがあり、仮に日本が現在、優位性を持つ技術領域であっても、時機を逸すれば、世界的な技術革新の波に乗り遅れ、取り返しのつかないことになりかねない。共同開発・共同生産についての見直しの決断は、できるだけ早く行われることが望ましい[13]。

国際共同開発・共同生産に踏み込むことは、日本の技術が入った装備品が他国でも使われる可能性があることを意味する。それは、単に共同開発のパートナーをどのように選ぶかだけではなく、第三国への移転をどう認めるかという問題に関わる。日本はこれまで、武器の移転は全面的に禁止するという姿勢で臨んできており、どの国に対して武器の移転を容認するかを考えないできた。武器禁輸政策の見直しに当たっては、本政策の見直しが国際の平和と日本の安全保障環境の改善に資するよう、慎重にデザインすることが求められる。そこで重要なことは、移転された武器の厳格な管理をはじめ、いかなる要件を満たす国に武器の移転を認めるかである。そうした要件としては、価値の共有、軍備管理・軍縮の推進等が考えられる。[14]

なお付言するならば、米国以外の国々との共同開発・共同生産を進める場合には、相互に機密性の高い情報をやりとりする可能性があるため、それらの国々との間で相互の秘密保護のあり方などについても早急に検討する必要がある。

③装備品取得改革の推進

国内の防衛生産・技術基盤の維持を図る上で、装備品の唯一の顧客である防衛省が「賢い消費者」として振る舞い、開発・生産や維持整備を担う各企業と共存する関係を築くことは極めて大きな意味を持つ。

防衛省が、先進技術を活かした装備を、コストを抑制しながら取得し、維持整備していくため、省内で進めている総合取得改革を引き続き推進すべきであり、装備品の構想から廃棄に至るまでのライフサイクルを通じたコスト管理を進めていく必要がある。また、その際には、企業側にコスト抑制させるインセンティブを与えることも重要である。

装備品の構想から開発、調達までの過程では、統合プロジェクトチーム（ＩＰＴ）[15]の設置により、要求性能のみに固執するのではなく、費用対効果の観点等からの適切性といった様々な見地からの一体的な検討を推進することが有効である。

装備品の調達に際しては、企業側にもメリットのある一括契約などの取り組みをさらに進めるべきである。防衛装備品に関しては基本的に最長五年間の国庫債務負担行為によって調達されているが、調達の優先順位が高く、かつ、長期の一括契約によって大幅なコスト抑制効果が期待されるような装備品については、五年を超える国庫債務負担行為も含めた契約のあり方を検討すべきである。ただし、その検討に際しては、防衛予算の硬直化をもたらす恐れ、技術革新が生じた場合にかえって非効率となる恐れなど、財政規律の視点から問題がないかについても慎重な考慮が必要である。

また、装備品の維持整備に関しては、今後の防衛力整備の方向性として重視すべき、装備品の高い運用水準を実現するとともに、維持コストの抑制を図らなければならない。維持整備に携わる企業との契約形態を改め、維持整備の作業量に応じて対価を付与するのではなく、運用のパフォーマンスの達成に対して対価を付与する形態（ＰＢＬ：Performance Based Logistics）の方法を導入することも積極的に検討すべきである。

第３節　社会的基盤

自衛隊や日米同盟は、国民一般の支持と、防衛施設所在地域の住民の理解や支援なしには有効に機能しえない。このため、防衛力を支える社会的基盤として、国民の支持拡大、防衛施設所在地域との協力が非常に重要となる。

①国民の支持拡大

自衛隊は有事の際に日本を防衛する組織であり、この点について国民からの理解は得られていると思われる。ただし、国民の間で安全保障に関する議論が深まりを見せているとまでは言えない。政府は正確な情報、適切な説明を提供する責任があるのはもちろんだが、有事法制を整備した時のように、基本的な安全保障政策において、野党を含めより多くの国民の意見を一致に近づけるよう努めなければならない。重要なのは、国民とのねばり強い対話を通じてコンセンサスを作り上げる、絶え間ない努力である。

また、長年にわたって国内外での災害救援・人道支援活動、ＰＫＯ等が実績を上げてきたことにより、自衛隊に対する国民の支持は高まっている。他方で、有事の際には国民の協力や負担が必要となることもまた否定しえない事実である。特に、広い意味での国民保護の観点での政府の施策は、整備されて日が浅く、実績も少ないことから、国民の理解・支持が定着しているとは言い難く、政府としても広報の強化が必要である。

緊急事態において、国民に対する迅速な情報提供は必須であるが、台風情報や地震速報と同様にミサイル警報等も試行錯誤を経ながら定着しつつある。特に緊急性の高い情報の迅速かつ信頼性の高い伝達のあり方を、ＩＴ技術の進展も踏まえながら、今後も不断に検討していく必要がある。

②防衛施設所在地域との協力

平時において、自衛隊の部隊は、隊員の採用・再就職、隊員家族への支援などについて、基地・駐屯地所在地域との関係に多くを依存しており、地域からの協力が得られなければ、部隊の存立そのものが危うくなると言っても過言ではない。そのような意味で、地域住民との関係は、防衛力を支える重要な社会的基盤となっている。

全国の自衛隊の部隊は、訓練場所の確保を含めた防衛上の考慮から適切に配置されるべきものであり、その観点からの配置の見直しは不断に行う必要がある。一方で、過疎地域に置かれた自衛隊の基地・駐屯地の存在は、各種災害への対応等、地域住民の安心・安全の要となっているし、地方の高齢化が進む中、若者を地方に再配分するという機能も果たしている。そうした地域住民の期待に応えることの意義は看過されるべきではないだろう。なお、部隊の配置がいかなるものであろうとも、部隊が任務を果たすためには、事態に即して部隊を集中するための機動性とそれを担保する輸送力の充実を必要とすることも忘れてはならない。

反面、防衛施設の存在は、施設が所在する地域住民の生活環境等に影響を及ぼすことがあり、地域住民に理解と協力を求める必要がある。特に沖縄の米軍基地問題については、歴史的経緯に起因する過剰な負担に配慮しつつ、日米政府間で緊密に連携し、取り組んでいく必要がある。

また、これに関連して、日米による防衛施設の共同使用化を進めていくことの重要性を指摘することができる。施設の日米共同使用により、自衛隊と米軍の関係強化を図ることができるのはもちろんだが、さらに米軍と地域住民の間に自衛隊が介在するような関係を構築すれば、両者の文化の相違（日米の文化の違い、軍人と一般市民の文化の違い）をより適切に調整できるようになることが期待できる。地域住民にとって目に見える負担軽減策として、日米両政府が共同使用の問題に積極的に取り組むべきことを提言したい。

第四章　安全保障戦略を支える基盤の整備

本章は、第一章で提起した日本のとるべき安全保障戦略をより効果的なものとし、また、防衛力を安全保障の手段として適切に活用するために必要な、様々な制度や体制などの基盤をどのように整備すべきかについて述べる。日本の制度はいまだ受動的な性質を残しており、使いにくい制度については早急な改善が必要である。

第１節　内閣の安全保障・危機管理体制の基盤整備

①内閣の安全保障機構の強化

安全保障に関わる判断は総理大臣を中心とした内閣でなされる。内閣において安全保障会議や内閣官房といった安全保障・危機管理を担当する機構（内閣の安全保障機構）は、これまで累次の制度改革を経ている。

まず日本の現行制度では、国会が文民である内閣総理大臣を指名し、内閣総理大臣が内閣を代表して自衛隊の最高指揮監督権を有するとともに、防衛省・自衛隊すべてを適切に指揮監督する防衛大臣を任命するなど、国会、内閣、防衛大臣と様々なレベルでシビリアン・コントロールが制度的に担保されている。

ここで重要なことは、文民指揮監督者が十分な情報と知識をもって指揮監督権を行使できる体制を整備することである。現状では、内閣レベルの会議体である安全保障会議が設置されており、安全保障上の重要問題について、内閣総理大臣を長として関係閣僚が情報を共有し議論をする場として機能している。特に、自衛隊の任務が多様化するにつれ、防衛力整備の問題に加え、自衛隊の活動や各種事態への政府の対処に関する重要事項を審議・決定する頻度が増え、その役割は増大している。また、近年、安全保障問題について緊密に協議するため、少数の関係閣僚による会合が随時開かれ、安全保障会議の機能を補完するようになっている。

次に、危機管理・安全保障政策の司令塔である内閣総理大臣を補佐する組織である内閣官房は、その役割を強化し、有効性を増してきた。内閣危機管理監を中心とする現在の危機管理体制は、これまでの実績を見ても、自然災害、重大事件および事故等の危機に対して有効に機能していると評価できる。また、武力攻撃事態や周辺事態等への対応に関しては、官房長官を委員長とする事態対処専門委員会が置かれ、安全保障会議を補佐する態勢となっている。

こうした基盤に立って、今後取り組むべき課題の一つは、自然災害等の危機への対応とともに、武力攻撃事態のような国家的な緊急事態が発生した際にも、内閣の安全保障機構が十全に機能を発揮するための準備と検証であろう。そのためには、武力攻撃事態や周辺事態、あるいは大規模サイバー攻撃といった事態を想定し、平素から、政府全体としての総合的な演習を定期的に実施することにより、現行態勢の問題点を洗い出すとともに、平時から有事への国としてのシームレスな対応が確保できるよう、所要の改善措置を講じていくべきである。また、こうした演習には、内閣総理大臣と関係閣僚の参加も必要である。どのような制度にしても、それを指導者が使いこなす意思と能力を持つことが最も重要だからである。

もう一つの課題は、内閣の安全保障機構における国家安全保障戦略の策定である。日本の内閣の安全保障機構と米国等の国家安全保障会議（NSC）とを単純に比較することは適切ではないが、両者の大きな違いは、日本の内閣の安全保障機構が、高次元での国家安全保障戦略そのものを策定する態勢になっていないことである。その態勢整備のためには、法改正による機構改革が必要となるケースもあるが、新たな機構にNSCという名称を冠するかどうかは本質的な問題ではなく、実効性のある制度を整備することが重要である。ただし、米国をはじめとして多くの国がNSCを有していることに鑑み、日本における彼らのカウンターパートがどの部署の誰であるか、いわば「誰に電話をかければよいか」が時に不明になってしまうという通弊は早急に改善されるべきである。内閣の安全保障機構を強化し、そのトップを職務に専念できる一元化した安全保障・危機管理の責任者として対外的にも明確化することが求められる。

②情報機能の強化

安全保障に関わる政策判断を支える重要な基盤は情報（インテリジェンス）である。内閣における情報機構もまた、累次の制度改革を経て、強化されているが、課題は残っている。まず縦割りの弊害を克服し、政府全体の情報を一元的に集約した上で分析するオール・ソース・アナリシスを強化する必要がある。次に内閣レベルでインテリジェンス・サイクルが効果的に稼働するよう強化することである。情報は、戦略的なニーズに基づき、政策サイド（カスタマー）から発注され、それに応えた情報をカスタマーが受け取り、評価をし、それに基づく政策を行うという形で初めてサイクルが回り始める。つまり、政策サイドの情報関心が示されなければ、情報サイドがたとえどれほど優秀でも独り相撲をとらざるを得ない。政策サイドと情報サイドの間で情報関心について意見交換を行うことにより、インテリジェンス・サイクルを機能させなければならない。

その場合、内閣における情報のカスタマーは、内閣総理大臣をはじめとする官邸の幹部のみに限定されない。上述のように、内閣の安全保障機構が安全保障戦略を策定する役割を果たすことで、同機構が情報のカスタマーとして効果的に機能できる。政策サイドと情報サイドが平素から互いを鍛え合う取り組みを地道に継続することこそ、日本の安全保障・危機管理体制の発展につながる。政策サイドと情報サイドの改革は、まさに車の両輪である。ただし、「情報の政治化」を防ぐため、政策サイドと情報サイドの分離についても注意を払わなければならない。

また、これまで実施されてきた様々なタイプの情報収集に加え、日本が今後、特に力を入れるべき領域として、宇宙やサイバー空間の状況監視、対外人的情報収集（ヒューミント）などが指摘される。日本としては、これらの情報収集・分析能力の強化に取り組むとともに、中長期的に安全保障を目的とした衛星システムの整備に努める必要がある。また、デュアル・ユース技術を利活用して、陸域・海域観測衛星、海洋探査、地理空間情報システムを整備し、日本とその周辺における海洋監視能力を向上させる必要がある。これら日本が独自に収集した情報を適切に保護するためにも省庁間における秘区分および取扱手続の共通化など、政府横断的な取り組みとして情報保全の強化を一層進めるべきである。なお、情報保全の強化とともに適切な文書管理にも配慮する必要がある。

また、今日の世界で、日本だけで安全保障上の課題に取り組むことは不可能である。インテリジェンスの分野で日本のパートナーを増やし、他国との情報協力を進めるためにも、情報保全機能を強化して日本に対する信頼を増進しなければならない。

こうした情報保全の強化の取り組みに法的基盤を与えるため、秘密保護法制が必要である。

③安全保障戦略策定方式の改善

日本の安全保障戦略・防衛戦略を策定する方式にも、改善の余地がある。日本には、一九五七年に定められた国防の基本方針と一九八七年の閣議決定（専守防衛、軍事大国にならない、文民統制の確保、非核三原則のいわゆる四方針）が、日本の安全保障と防衛に関する基本方針として存在する。米国が公表しているような「国家安全保障戦略」は日本には存在しない。さらに、防衛力整備に関して、防衛計画の大綱と中期防衛力整備計画が策定されている。このなかで、防衛計画の大綱策定の参考にするため、過去三回と同様、今回も内閣総理大臣が有識者を集めて懇談会を開催し、政府の検討の出発点とする方式を採用してきた。

しかし、防衛大綱のような重要な政府の方針は、情勢の変化に照らし、継続的に見直しを加える作業が必要であり、従来の有識者懇談会方式から決別すべきではないだろうか。内閣官房のような組織において、有識者会議を常設して対話を行いつつ、防衛大綱・中期防の進行管理の作業を行うことも一案である。その場合、当該有識者にはみなし公務員として守秘義務を課し、秘密情報を共有できるようにすることも必要となる。

また、懇談会での議論から政府による検討までの連続するプロセスが防衛大綱の見直しをゴールとすることとの関連で、本懇談会は名称に「安全保障」を冠しつつも、防衛力のあり方に焦点を当てて議論することが求められた。将来、新方式をとる場合には、安全保障をより広い視野でとらえた議論を行い、ODA大綱のあり方なども含め、外交・防衛をはじめとする政府の関連施策を遂行する上で指針となる安全保障戦略を策定することについても期待したい。なお、安全保障戦略・防衛戦略策定方式の改善については、前述した内閣の安全保障機構の強化と併せて、総合的な検討を加えるべきであることを提言したい。

第2節　国内外の統合的な協力体制の基盤整備

①オール・ジャパン体制の構築

より効果的な危機管理・安全保障行政を推進するには、省庁間、中央・地方間の垣根を越えた連携が必要である。防災や国民保護の分野では、中央・地方間の協力体制、特に、自衛隊と地方自治体の協力体制をしっかりと構築することが、オール・ジャパンで国民の安全・安心を守ることにつながる。破綻国家の復興などについても、治安、司法など、関係する省庁が連携した取り組みが重要であり、関係省庁の意識改革を進めるとともに、省庁連携のための新たなフォーラムを設けるべきであろう。

また、今日のグローバル化の時代において、他国との信頼関係を強化するには、NGOや経済界を含めた民間セクター主導の有識者間、市民間の交流がますます重要となっている。政府セクターの努力との相乗効果を生み出すための協調的関係を考えるべき時代にきている。

国際平和協力活動の現場では、平和構築における民軍協力も重要な課題となっている。他方NGOの側も、国際平和協力を本来任務化した自衛隊とどのように連携していくべきかという問題意識を持つようになっている。具体的な協力事例を積み上げ、官民が協力してオール・ジャパンとしての平和構築能力を高めていくべきである。日本が縦割りの弊害を克服し、オール・ジャパンの対応をすることが、国際的な場における協力をさらにスムーズに進める前提ともなる。

②日米の共同運用の実効性向上

第一、二章において、日本の安全保障と防衛力について、本報告書は日米同盟の重要性について繰り返し強調してきた。防衛に割り当てられる資源が限られる中、日米の共同運用の実効性を高めることは日本の防衛にとって合理的な選択肢である。現状および近い将来において、日米安保体制をより一層円滑に機能させていくためには、改善すべき点が存在するが、その中には自衛権行使に関する従来の政府の憲法解釈との関わりがある問題も含まれている。

これまで様々な場で、弾道ミサイル防衛や米艦艇の防護など具体的な類型を提示しつつ提言が行われてきたように、弾道ミサイル防衛技術の進展など、近年の科学技術の進歩により安全保障環境も大きく変化している。加えて宇宙、サイバー空間の安定した秩序が保たれることも重要な課題となっている。こうした環境の変化に、日米の共同運用に関する法制が十分追いついていない。

たとえば、日本防衛事態に至る以前の段階で、ミサイル発射に備えて日米共同オペレーションに従事する米艦にゲリラ的攻撃が仕掛けられた場合に、これを自衛隊が防護することは従来の憲法解釈では認められていない。また、弾道ミサイル防衛について、日本のイージス艦がハワイ等米国領土に向かう弾道ミサイルを撃ち落とすことが、将来能力的に可能となったとしても、従来の憲法解釈では日本防衛以外のシナリオでの弾道ミサイルの迎撃は認められていない。つまり、日本は、現在、米艦艇の防護や米国向けの弾道ミサイルの撃墜を、国益に照らして実施するかどうかを考えるという選択肢さえないのである。

平時と有事の間の明確な線が引きにくい事態が想定される21世紀の安全保障環境と軍事技術状況を前にして、二〇世紀的な解釈や対応には限界がある。国の防衛や同盟の維持の必要性から出発して柔軟に解釈や制度を変え、日米同盟にとって深刻な打撃となるような事態が発生しないようにする必要がある。こうした対応策を事前に決めず、先送りすることは、平素からの想定や訓練の点でも難があり、望ましいことではない。政府が責任をもって正面から問題に取り組み、事前に結論を出して、平素から準備をできる状態にすることこそが大切である。

本懇談会が強調したいことは、憲法論・法律論からスタートするのではなく、そもそも日本として何をなすべきかを考える、そういう政府の政治的意思が決定的に重要であるということである。これまでの自衛権に関する解釈の再検討はその上でなされるべきものである。

③国際平和協力実施の枠組みの見直し

日本は現在、国際平和協力活動を重視する立場にある。実際、カンボジアPKO以来、日本は少なからぬ貢献をしてきたし、イラクやインド洋への自衛隊派遣といったPKO以外の国際任務にも参加するようになった。しかし、国際社会の課題の変化（破綻国家の出現等）に対応して、国際平和協力活動は国家再建までを含む多機能型へと進化しつつある。破綻国家の復興など「国づくり」は日本の得意分野にできる可能性がある。ところが、日本の国際平和協力の実施体制は、冷戦終結直後に作り出されたPKO参加五原則（参加五原則）[16]に基づいており、時代の流れに適応できていない部分がある。

まずは、参加基準であるが、参加五原則は、一九九二年に国際平和協力法が制定された時に想定されていた国連PKOミッションの形態をもとに作られたものであり、停戦合意、受け入れ同意、中立性の三つの原則は、紛争当事者に該当する明確な主体の存在を前提としていた。しかしそうした前提では、脆弱国家や破綻国家における紛争の場合、参加する必要性が認められ、能力的に参加が可能でも、形式的に基準に合致しないために参加が許されないケースが出てくる可能性がある。このような体制は、平和創造国家として日本が応分の貢献を行う上での障碍となる。

次に、参加五原則は、「武器の使用を要員の生命等の防護のために必要最小限」に制限しているが、複雑な法解釈を熟知した上での対応を求めることで、現地に送り出す個々の自衛官にかなりの負担を強いている。また、業務が限定的になってしまうため、参加可能なPKOが限られ、あるいはPKO部隊の派遣に際して過度に慎重にならざるを得ないなどの事例が起きている。こうしたことが自衛隊のPKOに対する態度にも影響している可能性がある。今後、こうした点を考慮し、参加五原則を国際平和協力の実態（停戦合意の当事者要件、武器使用基準等）に合致するものに修正するよう、積極的に検討すべきである。

脆弱国家や破綻国家においては、住民や避難民の防護が必要であり、また、多機能型PKOでは文民や民生活動に従事する軍人も多数参加することから、文民等の警護が活動実施の鍵となっている。そもそもPKOは国際紛争を解決するための武力の行使ではない。したがってこうした武器使用は、海外における武力の行使とは無関係であり、自衛隊の任務として他国の要員の警護を追加すべきである。同様に、PKO活動に参加している他国の活動に対する後方支援もまた、「武力の行使との一体化」とは無関係であり、自衛隊の任務として当然認められるべきである。こうした点は、国際的な常識や基準に照らし合わせて、必要であれば従来の憲法解釈を変更する必要がある。

さらに、国連PKO以外の国際平和協力活動に関して、国連決議や地域的合意などにより国際的な正統性が確保されている場合には、これまでも特別措置法を制定するなどして対応してきた。ただし、新たな事態に合わせて毎回特別措置法制定を繰り返すことは、法秩序の安定といった点からみても好ましいことではない。また、国として国益および国際社会の利益を見据え、主体的・能動的に国際平和協力に取り組むため、その基本的な考え方を明確にする必要がある。その実現のための立法上の方策としては、国際平和協力法の全部改正なども考えられるが、いずれにせよ、日本が、国際平和協力活動に関する基本法的な性格を持つ、包括的かつ恒久的な法律を持つということが極めて重要である。

第3節　知的基盤の充実・強化

①安全保障コミュニティの充実

安全保障の裾野が広がり、日本の安全や国際社会の安定はグローバル化した世界の様々な事象と従来以上に直接的、間接的な関連を持つようになってきている。政府の安全保障に関わる意思決定過程において、より専門的な知見を反映させるため、研究者の政権スタッフとしての登用機会は今後増加すると考えられ、その人材プールも必要となるであろう。

また、安全保障環境を改善するためには、国内外における軍・安全保障当局者の対話・交流の拡大に加え、それを知的側面で裏打ちする研究者、NGO活動家等を交えたコミュニケーションや共同研究を通じた幅広い専門的知見の交換・共有が不可欠である。特にアジア太平洋地域は、域内諸国の国防・安全保障研究機関等のネットワークが、ARF等における政府レベルの議論やアイデア、規範形成に影響を与えてきたことに留意すべきである。

知的基盤の根本は人である。日本は安全保障に関わる政府職員や軍当局者、安全保障研究を志す学生の留学、研究者の派遣、海外からの留学・派遣の受け入れ規模を拡大することにより、この分野で国際的に活躍しうる新たな人材供給に努めるべきである。

一方、知的基盤を安定的に維持・発展させるための担い手として、シンクタンクとその国内外でのネットワークの果たす役割はますます高まっている。しかし、近年の日本政府はその重要性に対する認識が不足しているように見える。安全保障分野で活躍すべきシンクタンクの多くが財政的逼迫に苦しんでおり、安全保障分野における国際知的共同体での日本の存在感、発言力は急速に縮小している。安全保障に関わる知的基盤を育成するのには何十年もかかるが、それを壊してしまうのにはわずかな時間で済んでしまうのであり、危機感をもって早急に対応を図らなければならない。

国家安全保障等、商業ベースに必ずしもなじまない公的活動を補完しているという観点から、シンクタンクなど非営利法人等が安定的に活動できるよう、税制や寄付制度等の財政基盤も含めたあり方についても検討する必要がある。

②対外発信能力の強化

日本の国と国民が安全保障についていかなる考え方を持っているかを世界に正確に伝え、理解を得る努力をすることは、地域および世界の安全保障環境の予測可能性を高める上で非常に重要である。

危機対応時を含め、安全保障に関わる政府の考えや施策を、総理大臣がタイムリーかつ明確に国民のみならず世界に向けて発言することが、国民に安全・安心を与え、世界に正確なメッセージを発するために不可欠であることは、いくら強調しても、し足りないほどである。指導者の対外発信を適切に補佐するため、外国語のサポートを含め、対外発信体制の強化に努めるべきである。

また、平素からホームページ等を通じた、政府の特に英語による迅速・正確な情報発信を強化する必要がある。特に防衛省の英語ホームページは、改善の余地が大きいと言わざるを得ない。海外の研究者やジャーナリストの意見を参考にするなどして、広報を改善し、一層の透明性確保に努める必要がある。

さらに、対外交渉や国際会議、国際交流の場や、国際機関において説得力を持って日本の立場を語り、かつ全体にとって利益ある合意形成をリードできるような人材を育成したり、そうした育成への支援を強化したりすることも必要である。これまで、日本では政府部門のみならず、民間部門が経済、文化、学術等の様々な分野で強い発信力を誇ってきた。日本のソフトパワーの増進と安全保障環境の改善促進につながるという観点から、今後もこうした知的基盤を維持・強化することこそ、対外発信能力強化の鍵となる。

注

(1)グローバル化の進行および紛争の多発化に伴い生ずる貧困、環境破壊、薬物、国際組織犯罪、感染症、紛争、難民流出、対人地雷等の脅威から人々を守り、人々の豊かな可能性を実現するために、国家よりもむしろ人間中心の視点を重視する取り組みを統合し、強化しようとする考え方。

(2)WMDとは核兵器・生物兵器・化学兵器を指し、運搬手段とはそれらを搭載可能な弾道ミサイル・巡航ミサイル等を指す。

(3)米国「四年毎の国防計画見直し」(QDR)は、「アクセス拒否環境下における攻撃の抑止・打破」の項でイラン・北朝鮮に次いで中国の軍事力の近代化を紹介している。また、これとは別の文脈で「強固なアクセス拒否能力を有する相手」という表現を使用し、これに対抗する能力の重要性を指摘している。

(4)パブリック外交とは、政府対政府で行われる伝統的な外交とは異なり、働きかけの対象が相手国の一般国民である場合の外交を指す。世論や国民感情が外交関係に及ぼす影響が増大していることから、近年重視される傾向にある。

(5)日米安保体制とは、一般に日米安保条約およびその関連取り決め並びにこれらに基づく協力の実態を総称するものである。これに対し、日米同盟とは、一般に、日米安保体制を基盤として、日米両国がその基本的な価値並びに利益をともにする国として、安全保障面をはじめ政治および経済等の各分野で緊密に協調、協力していく関係を総称している。

(6)一九六七年、佐藤内閣によって表明されたそもそもの武器輸出三原則は、①共産圏諸国、②国連決議による武器禁輸国、③国際紛争当事国又はそのおそれのある国、への武器禁輸を表明したものである。一九七六年、三木内閣は政府統一見解として、上記①~③へは武器禁輸とし、それ以外の国への武器輸出も〝慎む〟ものとするとした。その後、同年中には、通産大臣国会答弁において、武器技術も武器に準じて取り扱うこととされた。また、当初、〝慎む〟は必ずしも禁輸を意味しないとされたが、一九八一年、通産大臣国会答弁において、「〝慎む〟とは原則としてはだめだということ」との見解が示され、事実上対米武器技術供与等の個別の例外措置を除いて武器輸出は原則的に禁止されることになった。

(7)この原則には、軍を含む相手国当局への武器の輸出・供与を認めること、他国と共同で武器技術の共同研究開発を行うこと、それらの際には武器・武器技術について第三者への移転について日本の事前同意を得ることを確保すること、日本の資金援助によって開催する訓練やセミナーに軍人の参加を認めること等を含めることが考えられる。

(8)弾道ミサイルは、大気圏外まで打ち上げられた後、重力を利用して遠隔地の攻撃目標に対して高速で打撃を加えることのできる武器である。迎撃手段が非常に限られているため、極めて有効な攻撃用兵器である。巡航ミサイルは、超低空を地形に合わせて飛翔し、目標を精確に攻撃することができるミサイルであり、レーダーに捕捉されにくく、迎撃もされにくい。通常弾頭でも脅威であるが、両者はともに核兵器を含む大量破壊兵器の運搬手段にもなりうる。

(9)ノドンの基数について、ベル在韓米軍司令官は二〇〇六年三月七日の米上院軍事委員会で「通常弾頭や化学弾頭を搭載した状態で日本に到達可能な射程一三〇〇キロのノドンミサイルを二〇〇発保有」と書面証言した。また、スカッドについても長射程化の努力がされており、二〇〇九年版防衛白書でも「注意を払っていく必要がある」としている。

(10)日本は一九九六年四月、日米安全保障条約を結んでいる米国との間で日米物品役務相互提供協定(ACSA)を締結している。

(11)経済協力開発機構(OECD)は、ODAを途上国の経済開発と福祉の促進を主目的とするものと定義づけており、軍事物資・サービスの提供、軍事目的の債務の減免、対テロ活動などはODAとして報告できない一方、平和構築に関わる活動の一部は報告しうるとしている。一方、日本はＯＤＡ大綱での「軍事的用途及び国際紛争助長への使用を回避する」との原則の下、ＯＤＡによる軍およびその関係組織や軍人を直接の対象とする支援は行わないという方針を採っている。

（12）日本が国際共同開発・共同生産に参画する場合、最先端技術へのアクセスなどのメリットが期待できる一方、国産を断念することによるシステム・インテグレーション技術の保持困難などのデメリットも生じ得る。しかし、国際共同開発・共同生産を選択肢として考慮できない現状では、ライセンス国産を含む国産との比較でどちらがよいかを事案毎に検証することさえできない。

（13）このほか、日本が外国から輸入品を購入する場合に、その購入の見返りとして、日本製構成品の採用を求めるといった形態のオフセット取引についても、従来は、武器禁輸政策の下、最終的に自衛隊が調達する装備品も含め、実行されてこなかった。また、他のライセンス供与国からの求めに応じて、日本で製造したライセンス品をライセンス供与国に輸出することなども同様に行われてこなかった。こうした不合理な点も改善が必要である。

（14）弾道ミサイル防衛（ＢＭＤ）関連の日米共同生産に係る第三国移転問題は、武器輸出三原則等の問題ではないものの、どの国に武器を移転してもよいかということを決めなければならないという点で、同じ性質の問題である。これはＢＭＤ関連の日米共同開発が生産段階に移行するよりも先に、早期に決断しなければならない問題である。

（15）防衛省で検討されている統合プロジェクトチーム（ＩＰＴ）とは、装備品の要求性能とコストのトレードオフの徹底を図るために、装備品の構想段階から設置される、防衛省の内部部局、幕僚監部、装備施設本部、技術研究本部の関係部署で構成する組織横断的な会議体を指す。

（16）日本は一九九二年に制定された国際平和協力法に基づき、以下の基本方針（ＰＫＯ参加五原則）に従い国連平和維持隊に参加することとしている。①紛争当事者の間で停戦の合意が成立していること（停戦合意）。②当該平和維持隊が活動する地域の属する国を含む紛争当事者が当該平和維持隊の活動および当該平和維持隊への日本の参加に同意していること（受入れ同意）。③当該平和維持隊が特定の紛争当事者に偏ることなく、中立的な立場を厳守すること（中立性の維持）。④上記の原則のいずれかが満たされない状況が生じた場合には、日本から参加した部隊は撤収することができること。⑤武器の使用は、要員の生命等の防護のために必要な最小限のものに限られること。

新たな時代の安全保障と防衛力に関する懇談会の開催について

平成二二年二月一六日
内閣総理大臣決裁

１．設置の趣旨

「平成一七年度以降に係る防衛計画の大綱」（平成一六年一二月一〇日安全保障会議決定・閣議決定）の見直しについては、国家の安全保障にかかわる重要課題であり、政権交代という歴史的転換を経て、新しい政府として十分な検討を行う必要がある。

この検討に資するため、内閣総理大臣が、安全保障と防衛力の在り方に関係する分野等の有識者を委員として、これに加え同分野に関する行政実務上の知験を有する者を専門委員として参集を求め、御意見をいただくことを目的として、新たな時代の安全保障と防衛力に関する懇談会（以下「懇談会」という。）を開催する。

２．構成

（１）懇談会は、別紙に掲げる者により構成し、内閣総理大臣が開催する。

（２）内閣総理大臣は、別紙に掲げる委員の中から、懇談会の座長を依頼する。

（3）座長は、必要に応じ、別紙に掲げる委員の中から、座長代理を指名することができる。

（4）懇談会は、必要に応じ、関係者の出席を求めることができる。

3．その他

懇談会の庶務は、関係府省の協力を得て、内閣官房において処理する。

新たな時代の安全保障と防衛力に関する懇談会の構成員

（委員）

岩間陽子　政策研究大学院大学　教授
佐藤茂雄　京阪電気鉄道株式会社 代表取締役CEO取締役会議長
白石　隆　独立行政法人日本貿易振興機構アジア経済研究所　所長
添谷芳秀　慶應義塾大学法学部　教授
中西　寛　京都大学大学院法学研究科　教授
広瀬崇子　専修大学法学部　教授
松田康博　東京大学東洋文化研究所　准教授
山本　正　財団法人日本国際交流センター　理事長

（専門委員）

伊藤康成　三井住友海上火災保険株式会社　顧問（元防衛事務次官）
加藤良三　日本プロフェッショナル野球組織　コミッショナー（前駐米大使）
齋藤　隆　株式会社日立製作所　特別顧問（前防衛省統合幕僚長）

注：佐藤委員が座長、白石委員が座長代理。役職は二〇一〇年八月現在

資料Ⅲ・48

「防衛計画の大綱」見直しに関する提言

二〇一〇年一一月三〇日

民主党外交安全保障調査会

コメント

1．本提言は、二〇一〇年における防衛計画の大綱見直しに向け、菅直人内閣が、「新たな時代の安全保障と防衛力に関する懇談会」（新安防懇）報告（⇩Ⅲ・47）を受け取ったことをふまえ、民主党としての、大綱見直し方針を策定するために出された提言である。民主党内では、安保・防衛政策をめぐっては、大きな意見の対立があり、そのため、この提言も、民主党内の意見の違いをふまえた、折衷的なものとなっている。

2．本提言では、「民主党の基本姿勢」のところで、新安防懇報告のあまりにも自民党よりの部分を引き戻しにかかっていることが注目される。「専守防衛」の再確認、国際平和協力はあくまで「武力行使と一体化しない」範囲で、という原則の宣明などがそれである。

3．しかし、同時にこの提言の大きな特徴は、尖閣諸島での中国の動きに関係して「動的抑止力」論を容認しその充実を謳ったことである。これは、新安防懇や自民党の提言においてですら、これまでの大綱見直し議論ではあまり強調されてこなかった点である。

提言の次の部分がそれである。「尖閣沖における最近の漁船衝突事案発生のはるか以前から、東シナ海等における中国海軍の動きが活発化している一方で、南西方面の我が国の防衛力は依然として手薄な状況が続いている。このため、冷戦型の重厚長大の旧式装備を

中心とした静的抑止力による『基盤的防衛力構想』の考え方と決別し、『動的抑止力』を充実させるべく、①統合幕僚監部の体制強化、②旧式装備の戦車や火砲の大幅な削減、③南西方面における島嶼防衛に即応した機動的防衛力（装備の事前集積を含む陸自展開のためのインフラ整備および海空輸送力）の強化と同時に効果的な訓練地の確保と災害対処体制の維持、④海空自衛隊の抑止力と警戒監視能力の強化、⑤日米の統合・共同作戦能力向上のための共同作戦計画や共同訓練の拡充、⑥米軍基地の日米共同使用の拡大と基地負担の軽減、等を図る」と。

いうまでもなく、この動的抑止力強化論は、二〇一〇年一〇月に尖閣諸島沖で中国漁船が海上保安庁艦艇に対し衝突する事件があったからである。以後、安保防衛政策において、中国脅威論、島嶼防衛論、それとのからみで海兵隊創設論などが出てくるが、この提言はその最初のものと言える。

4．具体的な大綱見直しに関しては、以下の諸点が注目される。

第一に、新安防懇が強調した「平和創造国家」という言葉は使わなかったが、「国際社会の安定と繁栄を支える環境づくりに積極的に貢献する国家」という形で、その方向を容認している。

第二に、これまでの防衛体制強化の流れをふまえ、本提言も、武器輸出三原則の見直し、国際平和協力活動の強化のためのＰＫＯ五原則見直し、武器使用基準の緩和、国家安全保障戦略策定、司令塔機能の充実、秘密保護法制の整備などを盛り込んでいる。

第三に、新安防懇が強調していた集団的自衛権の解釈見直しは入らなかった点が注目される。また国家安全保障基本法もふれられず、国際平和協力法の一般法については「時間をかけて議論していく」とされた。

また、第四に、自民党の提言が強調していた防衛費、人員の拡充は否定され、逆に隊員のリストラが打ち出された点が注目される。

防衛計画の大綱の見直しにあたり【民主党の基本姿勢】

1．我が国は憲法の平和主義に基づき、国連の下で国際協調を推進する。

2．自らの国は自らが守るという確固たる意思の下、自衛隊は、文民統制に立脚し、専守防衛に徹する。

3．日米同盟を防衛政策の基軸とし、その実効性を高める。同時に、アジア地域における新たな安全保障体制を模索する。

4．近年、安全保障政策の重要な柱となっている経済・外交・人道支援などの分野で貢献するために、テロや海賊、地域紛争、破たん国家対策などに国連を活用しつつ取り組む。もう一方の重要な国際貢献として、評価のある自衛隊の海外派遣は武力行使と一体化しないものとする。

5．世界における核兵器の削減・廃絶を強く提唱し、北東アジア地域の非核化を目指す。

6．政治判断の根拠となる日本独自のインテリジェンス機能、危機管理体制の整備を進める。

『防衛計画の大綱』見直しに関する提言

今日の東アジアの安全保障環境は、冷戦終結後の世界的な地域紛争や破綻国家・脆弱国家の生起とグローバル化の進展により、また、これまで地域秩序をほぼ単独で支えてきた米国の力の相対的な低下、並びに新興国の台頭によるパワー・バランスの劇的変化により、不確実で不安定な情勢が続いている。

政権交代後初めての『防衛計画の大綱』では、憲法の平和主義や国際協調主義の理念を遵守することはいうまでもなく、上述した情勢変化に対応すべく、これまで正面から取組まれてこなかった安全保障上の諸課題に対する大胆な改革提言が求められている。私たちは、本年八月に公表された「新たな時代の安全保障と防衛力に関する懇談会」（新安防懇）の報告書に示された我が国をとりまく安全保障環境に対する基本認識、および防衛力の在り方に関する問題意識を概ね共有するものである。我が国の安全と平和を守るためには、我が国自身の努力が第一義、その上で同盟国や友好国との協力、国連を始めとする国際機関・国際社会との協調により、我が国周辺地域および国際社会全体の平和と安定を維持・増進することが不可欠であるとの立場をとる。そのためには、これまでの受動的な一国平和主義国家から、国際社会の安定と繁栄を支える環境づくりに積極的に貢献する国家を目指し、新たな安全保障戦略を構築しなければならない。

この新たな安全保障戦略[1]は、国際平和協力活動、「人間の安全保障」の充実、更には、世界的・地域的な多国間安全保障の枠組み構築、自由で開かれた国際システムの維持等に主体的かつ能動的に参画してくことを目指す。併せて、縦割り行政を超えた政治主導を実現し、外交・防衛・経済・情報を一体とした総合安全保障の観点から、既存の国際および周辺地域の安全保障秩序や経済・社会環境を安定・発展させ、国際的、地域的な信頼を醸成しながら国益を最大化する外交を展開していくことが肝要である。

なお、最近の東アジア情勢、朝鮮半島情勢の不安定性は、我が国の安全保障上極めて深刻な懸念となっており、我が国としては、日米同盟の機能性や実効性を更に高めて行くとともに、日米韓の確固たる協力体制を構築しなければならない。同時に、日米同盟は、我が国自らが自らを守るという意思と覚悟と能力を備えてはじめて機能することに十分配意し、過度な対米依存に陥らぬよう我が国独自の取組みが一層求められることを改めて確認しておきたい。

このような情勢認識および目的意識を持ち、私たちは、新たな『防衛計画の大綱』の策定を絶好の機会と捉え、予算が限られる中であっても確固とした防衛基盤の整備に努めるべく、以下の六課題に焦点を絞って提言する。

1．動的抑止力向上と南西方面への対処：量から質へ

尖閣沖における最近の漁船衝突事案発生のはるか以前から、東シナ海等における中国海軍の動きが活発化している一方で、南西方面の我が国の防衛力は依然として手薄な状況が続いている。このため、冷戦型の重厚長大の旧式装備を中心とした静的抑止力による「基盤的防衛力構想」の考え方と決別し、「動的抑止力」を充実させるべく、①統合幕僚監部の体制強化、②旧式装備の戦車や火砲の大幅な削減、③南西方面における島嶼防衛に即応した機動的防衛力（装備の事前集積を含む陸自展開のためのインフラ整備および海空輸送力）の強化と同時に効果的な訓練地の確保と災害対処体制の維持、④海空自衛隊の抑止力と警戒監視能力の強化、⑤日米の統合・共同作戦能力向上のための共同作戦計画や共同訓練の拡充、⑥米軍基地の日米共同使用の拡大[2]と基地負担の軽減、等を図る。

2．人的基盤：実効力ある精強な防衛力を構築

隊員の高齢化と人件費の高騰が防衛予算を圧迫し、部隊の精強性を損ないかねない状況にある現状を抜本的に改革するため、「選択と集中」によるメリハリを利かせ、①米英の軍隊に比べ平均年齢で三－五歳高齢化している自衛隊全体の若返り、②一〇—一五年単位のロードマップ策定を通じた幹部・曹・士のバランス適正化、③自衛官の一部職域（後方職種）の事務官・技官への転換などを通じた一段の効率化、④政府・自治体、地域社会が一体となった若年退職者を含む再就職環境の整備、⑤陸海空自衛隊および統合幕僚監部における予算配分や人員構成の見直しを通じた総合的な防衛力の強化、等を図る。なお、大胆に現状変更を迫

ることの機会に、国を守ることに命をかけている自衛官の名誉や尊厳を考慮する必要がある。

3．装備品の戦略的整備と武器輸出三原則の明確化：武器輸出にかかわる3×（バイ）3

「武器輸出三原則等」[3]をめぐっては、一九六七年の佐藤政権による「武器輸出三原則」の政府見解以来、新たな政府答弁や官房長官談話が積み重ねられる中で複雑かつ不明確なものとなり、国民や諸外国から見て非常に分かりにくいものとなってしまった。防衛装備品をめぐっては、第一に、国際協力活動に必要な重機などの海外移転や巡視艇などの輸出が困難となっている。第二に、今や世界的な潮流（米国ですら単独での装備品開発できない）となった装備品の国際共同開発・生産の流れから取り残され、防衛産業技術基盤そのものを蝕みかねないという安全保障上の深刻な事態に陥りつつあると同時に、装備品調達にかかるコスト高が納税者への説明を困難にしている。

このような現状を打開するため、ライフ・サイクル・コスト方式の徹底や第三者機関によるチェック機能を強化するなど装備品調達コストを削減するためのさらなる努力を行うとともに、国際的な共同開発・生産に参加することにより、同盟国や友好国との間で武器の厳格管理および国際的な安全保障体制を強化していくことを提唱したい。そこで、国際紛争を助長しない平和国家としての基本理念に基づく「武器輸出三原則」の原点に立ち返り、国際的な平和活動への協力の促進と装備品調達コストの低減といった視点から、汎用品については国際輸出管理レジームに基づき適切な管理を行うとともに、三原則で禁止される領域以外の武器輸出に関して、その厳格管理を改めて明確化する三つの基準を提案する（武器輸出にかかわる3×（バイ）3）。

① 完成品の海外移転は、平和構築や人道目的に限定する。

② 国際共同開発・生産の対象国は、抑制的にし、国際的な武器輸出管理レジームを有力な目安とする。

③ 共同開発・生産／海外移転相手先国との間で、秘密保持・第三国移転等に関して、紛争の助長や情報漏えいにつながらないような基準と体制を整備する。

4．国際平和協力活動への積極的な取り組み

これまでのような対米協力をもっぱら念頭に置いた国際平和活動への参加姿勢を改め、紛争地域・国に対していかなる貢献をすべきかという視点に加えて復興支援、人道援助外交を我が国自身の国益として主体的に検討し、国連を活用しつつ国際平和協力活動[4]に積極的に取り組んで行く。そのためは、国際標準と活動現場の実情に即して、現行のＰＫＯ五原則[5]を見直す必要がある。現行五原則の内、停戦合意、受け入れ同意、中立性の三原則については、脆弱国家や破綻国家における紛争の場合の原則適用は極めて難しく、国連の要請等を以ってこれに代える必要がある。

また、自衛隊による文民や他国の要員の防護に必要な武器使用、駆けつけ警護のあり方についても見直しが必要である。これらの検討に際しては、自衛隊派遣に関するシビリアン・コントロールの徹底のため、原則として国会による「事前承認」とした上で、国際協力法を見直す。なお、恒久法（一般法）の制定といった課題については、今後、いかなる枠組みを整えていくか、時間をかけて議論していく。また、新たなＰＫＯ[6]への対処を念頭に、人・モノ・カネといった我が国の外交資源を一体的に活用した官民協力を通じ、特に現在ニーズの高い後方支援分野において、たとえばＮＧＯとの連携やＯＤＡの効果的な協力・運用を推進していく。

5．安全保障・危機管理における官邸機能の強化およびインテリジェンス体制の充実：政治主導の安全保障体制構築へ向けて

縦割り行政を超えた政治主導を実現し、外交・防衛・経済・情報を一体とした総合安全保障戦略を策定することは、我が国の安全と国益の最大化の必須条件である。

そのために、情報が統合されて、政府の戦略立案に有効に活用されるよう、内閣情報官を中心とする既存の情報関連機関に加えて、官邸首脳の意思決定を補佐する組織として、官邸に情報に関する適切な資質を兼ね備えた国会議員を中心とする二〇名程度の専属スタッフからなる「国家安全保障室（仮称）」を創設し、政治主導で安全保障・危機管理における意思決定および情報関連機関との連携の強化を図る。また、情報収集目標の設定、省庁間の情報共有と政治家主導の情報交換・分析会議の主催、政府主催の専門家会議のあり方の見直しを進めると同時に、情報を扱う人材の育成を含む情報収集能力強化やサイバー攻撃への対処を含む情報セキュリティやIT技術の活用に努めていく。人材育成に関しては、安全保障シンクタンクの設立を含めて真摯に取り組むべきである。また、情報保全や秘密保護法制、人権とプライバシーを守るための仕組みづくりも重要である。

6．核軍縮・不拡散に関する取組

オバマ米大統領による二〇〇九年のプラハ演説を契機として、昨今「核兵器のない世界」に向けた国際的な機運がかつてなく高まっていることに鑑み、我が国は唯一の戦争被爆国として、より一層「核兵器のない世界」実現に向けた国際社会の取組を主導していく責務がある。核軍縮の分野において、核兵器および運搬手段の削減、核不拡散分野ではIAEAの強化を通じた拡散リスクの低減等に積極的に貢献し、北東アジア地域の非核化を目指す。一方、現実に核兵器をはじめとする大量破壊兵器が世界に存在する中、核兵器の脅威に対しては米国の抑止力に依存する。同時に、抑止を核兵器使用の唯一の目的とすることを目指す国際社会の努力を真摯に受け止め、核兵器の役割の一層の低減に向け米国と協力していく。

以上の提言は、あくまで我が国の新たな安全保障戦略策定への第一歩である。外交安全保障調査会としては、今後とも、我が国の安全保障を確立するため、民主党が国民に示したマニフェストの考えを踏まえ、「新安防懇」の諸提言について、引き続き議論を深め、継続的に政府に提言していきたい。

（1）新たな安全保障戦略

「新たな時代の安全保障と防衛力に関する懇談会」による「新たな時代における日本の安全保障と防衛力の将来構想―「平和創造国家」を目指して―」（二〇一〇年八月）は、日本が目指すべき国の「かたち」を「平和創造国家」として提言している。それは、自国の平和と安全を守り繁栄を維持するという基本目標を実現しつつ、地域と世界の平和と安全に貢献することを目指す、いわば、受動的な平和国家から能動的な平和を目指す国に変わるために、持てる資源や手段を最も効果的に利用すべきする概念であり、これを我が国の新たな安全保障戦略の基礎において、今後、本調査会において議論を深めていくべきものと考える。なお、ここでいう「平和創造」とは、PKOにおける平和創造（Peace-making：紛争発生前の予防措置）とは異なる概念であることを付言しておく。

（2）日米地位協定第二条四項b（2‐4‐b）

米軍が、自衛隊施設等の日本側の施設を一時使用することを以下の通り定めている。

【日米地位協定より抜粋】

4（a）合衆国軍隊が施設及び区域を一時的に使用していないときは、日本国政府は、臨時にそのような施設及び区域をみずから使用し、又は日本国民に使用させることができる。ただし、この使用が、合衆国軍隊による当該施設及び区域の正規の使用の目的にとって有害でないことが合同委員会を通じて両政府間に合意された場合に限る。

（b）合衆国軍隊が一定の期間を限って使用すべき施設及び区域に関しては、合同委員会は、当該施設及び区域に関する協定中に、適用があるこの協定の規定の範囲を明記しなければならない。

（3）武器輸出三原則等について

武器輸出三原則等に関する主な議論は以下の通り。

①衆議院決算委員会における佐藤首相の三原則提議（一九六七年四月二一日）

共産圏諸国向け、国連決議により武器等の輸出が禁止されている国向けおよび国際紛争の当事国又はそのおそれのある国向けには「武器」の輸出を認めない。

②衆議院予算委員会における三木首相の答弁（一九七六年二月二七日）

三原則対象地域については「武器」の輸出を認めない。

三原則対象地域以外の地域については憲法及び外国為替法及び外国貿易管理法の精神にのっとり、「武器」の輸出を慎むものとする。

武器製造関連設備の輸出については、「武器」に準じて取り扱うものとする。

なお、軍隊が使用するものであって直接戦闘の用に供されるもの、本来的に、火器等を搭載し、そのもの自体が直接人の殺傷又は武力闘争の手段として物の破壊を目的として行動する護衛艦、戦闘機、戦車のようなもの、が「武器」に当てはまる。

③中曽根内閣の後藤田正晴官房長官による談話（一九八三年一月一四日）

日米安全保障条約の観点から米軍向けの武器技術供与を緩和することを武器輸出三原則の例外とする（その後、一一月八日に、対米武器技術供与を日米相互防衛援助協定の関連規定の下で行うという基本的枠組みを定めた「日本国とアメリカ合衆国との間の相互援助協定に基づくアメリカ合衆国に対する武器技術の供与に関する交換公文」が締結された。ただし、日米間では武器技術供与は、技術ならびに技術の供与を実行あらしめるため必要な物品であって武器に該当するもの（試作品）に限定されており、その技術を用いてアメリカが生産した兵器を輸出することは許されていない）。

（4）国際平和協力活動

一般に麻薬やテロなどの人間に対するものをも含め、国際平和の達成・維持のための協力を言うが、我が国の国際協力法における関連部分は以下の通り。

1　国際連合平和維持活動　国際連合の総会又は安全保障理事会が行う決議に基づき、武力紛争の当事者（以下「紛争当事者」という。）間の武力紛争の再発の防止に関する合意の遵守の確保、武力紛争の終了後に行われる民主的な手段による統治組織の設立の援助その他紛争に対処して国際の平和及び安全を維持するために国際連合の統括の下に行われる活動であって、武力紛争の停止及びこれを維持するとの紛争当事者間の合意があり、かつ、当該活動が行われる地域の属する国及び紛争当事者の当該活動が行われることについての同意がある場合（武力紛争が発生していない場合においては、当該活動が行われる地域の属する国の当該同意がある場合）に、国際連合事務総長（以下「事務総長」という。）の要請に基づき参加する二以上の国及び国際連合によって、いずれの紛争当事者にも偏ることなく実施されるものをいう。

2　人道的な国際救援活動　国際連合の総会、安全保障理事会若しくは経済社会理事会が行う決議又は別表第1に掲げる国際機関が行う要請に基づき、国際の平和及び安全の維持を危うくするおそれのある紛争（以下単に「紛争」という。）によって被害を受け若しくは受けるおそれがある住民その他の者（以下「被災民」という。）の救援のために又は紛争によって生じた被害の復旧のために人道的精神に基づいて行われる活動であって、当該活動が行われる地域の属する国の当該活動が行われることについての同意があり、かつ、当該活動が行われる地域の属する国が紛争当事者である場合においては武力紛争の停止及びこれを維持するとの紛争当事者間の合意がある場合に、国際連合その他の国際機関又は国際連合加盟国その他の国（次号及び第四号において「国際連合等」という。）によって実施されるもの（国際連合平和維持活動として実施される活動を除く。）をいう。

2の2　国際的な選挙監視活動　国際連合の総会若しくは安全保障理事会が行う決議又は別表第2に掲げる国際機関が行う要請に基づき、紛争によって混乱を生じた地域における民主的な手段による統治組織の設立を目的とする選挙又は投票の公正な執行を確保するために行われる活動であって、当該活動が行われる地域の属する国の当該活動が行われることについての同意があり、かつ、当該活動が行われる地域の属する国が紛争当事者である場合においては武力紛争の停止及びこれを維持するとの紛争当事者間の合意がある場合に、国際連合等によって実施されるもの（国際連合平和維持活動として実施される活動を除く。）をいう。

3　国際平和協力業務　国際連合平和維持活動のために実施される業務で次に掲げるもの、人道的な国際救援活動のために実施される業務で次のヌからレまでに掲げるもの及び国際的な選挙監視活動のために実施される業務で次のト及びレに掲げるもの（これらの業務にそれぞれ附帯する業務を含む。以下同じ。）であって、海外で行われるものをいう。

イ　武力紛争の停止の遵守状況の監視又は紛争当事者間で合意された軍隊の再配置若しくは撤退若しくは武装解除の履行の監視

ロ　緩衝地帯その他の武力紛争の発生の防止のために設けられた地域における駐留及び巡回

ハ　車両その他の運搬手段又は通行人による武器（武器の部品を含む。ニにおいて同じ。）の搬入又は搬出の有無の検査又は確認

ニ　放棄された武器の収集、保管又は処分

ホ　紛争当事者が行う停戦線その他これに類する境界線の設定の援助

ヘ　紛争当事者間の捕虜の交換の援助

ト　議会の議員の選挙、住民投票その他これらに類する選挙若しくは投票の公正な執行の監視又はこれらの管理

チ　警察行政事務に関する助言若しくは指導又は警察行政事務の監視

リ　チに掲げるもののほか、行政事務に関する助言又は指導

ヌ　医療（防疫上の措置を含む。）

ル　被災民の捜索若しくは救出又は帰還の援助

ヲ　被災民に対する食糧、衣料、医薬品その他の生活関連物資の配布

ワ　被災民を収容するための施設又は設備の設置

カ　紛争によって被害を受けた施設又は設備であって被災民の生活上必要なものの復旧又は整備のための措置

ヨ　紛争によって汚染その他の被害を受けた自然環境の復旧のための措置

タ　イからヨまでに掲げるもののほか、輸送、保管（備蓄を含む。）、通信、建設又は機械器具の据付け、検査若しくは修理

レ　イからタまでに掲げる業務に類するものとして政令で定める業務

（5）PKO参加五原則

国際平和協力法に規定されている五原則。

①　停戦合意が存在すること

②　受入国の同意が存在すること

③　中立性が保たれていること

④　要件が満たされなくなった場合には派遣を中断又は終了すること

⑤　武器の使用は必要最小限度とすること

（6）新たなPKO

国連安全保障理事会は、パレスチナおよびインド・パキスタン紛争に

関し、停戦の成立を受けて停戦監視団を派遣した。これは、軍が当事者の間に割って入る「伝統的・軍事型」平和維持活動の始まりであった。ところがポスト冷戦期には、予防展開、内戦介入等の「平和執行・軍事行政複合型」国際平和維持活動が重要視されてきた。さらには、人間の安全保障といったかつてない安全保障観も加わり、ＮＧＯの役割、開発行政や国家のオーナーシップならびに警察・司法権の育成等も重要視されるようになってきた。ここにおいて国連の役割も大きく変遷し、「国連にとって、武力紛争予防以上に高い目標、深い約束、大きな野心はない（アナン事務総長報告、二〇〇〇年九月）」と言われるまでになったのである。

資料Ⅲ・49

平成二三年度以降に係る防衛計画の大綱

二〇一〇年一二月一七日
安全保障会議決定　閣議決定

コメント

1．本大綱は、「平成一七年度以降に係る防衛計画の大綱」（いわゆる「一六大綱」⇩Ⅲ・13）の改訂版である。いわゆる二二大綱である。本来は、二〇〇九年末に見直しが行われる予定で準備が進められてきたが、民主党への政権交代があったため、しきり直しがなされ、二〇一〇年一二月に閣議決定された。

大綱に向けては、新たな時代の安全保障と防衛力に関する懇談会（新安防懇）が報告（⇩Ⅲ・47）を出し、民主党の外交安保調査会も提言（⇩Ⅲ・48）を出し、それらをふまえて作成されたが、党内の護憲派や社民党の意見を忖度して、新安防懇報告とは相当に変わったものとなった。

2．本大綱の情勢分析では、直前に尖閣諸島における中国漁船との衝突事件などがあったことも反映して、グローバルな安保環境の変化、とりわけ「このような中、中国・インド・ロシア等の国力の増大ともあいまって、米国の影響力が相対的に変化しつつあり、グローバルなパワーバランスに変化が生じている」ことが強調されている。

しかし、中国との関係では「建設的な協力関係強化」が謳われていることは注目される。「特に、中国との間では、戦略的互恵関係の構築の一環として、様々な分野で建設的な協力関係を強化することが極めて重要との認識の下、中国が国際社会において責任ある行動をとるよう、同盟国等とも協力して積極的な関与を行う」と。

3．基本方針では、とくに注目されるのは、これまで日本の防衛政策の基本方針であった、存在によって抑止する「基盤的防衛力」を否定し、平素から防衛能力を示す「動的防衛力」を打ち出した点である。そのために、冷戦下には有用であったような装備・編成の「抜本的見直し」による選択と集中により、南西諸島方面の防衛力強化など防衛力の構造的変革を行うとした。

4．防衛力の在り方では、「島嶼部に対する攻撃への対応」が強調され「機動運用可能な部隊」の展開が重視された。そのために「冷戦型の装備・編成を縮減し」「南西地域」などの防衛体制の充実が打ち出された。

5．しかし、本大綱では、新自由主義改革による防衛費削減は前提とされ、一層の効率化・合理化による経費の削減、人員のリストラによる「人件費抑制」が打ち出された。防衛装備品の共同開発は打ち出されたが、日本経団連（⇩Ⅲ・46）や、自民党提言（⇩Ⅲ・45）、さらに新安防懇報告でもいわれた武器輸出三原則見直しは「対応するための方策について検討する」とぼかされた。

Ⅰ　策定の趣旨

我が国を取り巻く新たな安全保障環境の下、今後の我が国の安全保障及び防衛力の在り方について、「平成二二年度の防衛力整備等について」（平成二一年一二月一七日安全保障会議及び閣議決定）に基づき、「平成二三年度以降に係る防衛計画の大綱」として、新たな指針を示す。

Ⅱ　我が国の安全保障における基本理念

我が国の安全保障の第一の目標は、我が国に直接脅威が及ぶことを防止し、脅威が及んだ場合にはこれを排除するとともに被害を最小化することであり、もって我が国の平和と安全及び国民の安心・安全を確保することである。第二の目標は、アジア太平洋地域の安全保障環境の一層の安定化とグローバルな安全保障環境の改善により脅威の発生を予防することであり、もって自由で開かれた国際秩序を維持強化して我が国の安全と繁栄を確保することである。そして、第三の目標は、世界の平和と安定及び人間の安全保障の確保に貢献することである。

これらの目標を達成するため、我が国の外交力、防衛力等をより積極的に用い、国際の平和と安全の維持に係る国際連合の活動を支持し、諸外国との良好な協調関係を確立するなどの外交努力を推進することを含め、我が国自身の努力、同盟国との協力、アジア太平洋地域における協力、グローバルな協力等多層的な安全保障協力を統合的に推進する。

我が国は、日本国憲法の下、専守防衛に徹し、他国に脅威を与えるような軍事大国とならないとの基本理念に従い、文民統制を確保し、非核三原則を守りつつ、節度ある防衛力を整備するとの我が国防衛の基本方針を引き続き堅持する。同時に、我が国は、国連平和維持活動や、人道支援・災害救援、海賊対処等の非伝統的安全保障問題への対応を始め、国際的な安全保障環境を改善するために国際社会が協力して行う活動（以下「国際平和協力活動」という。）により積極的に取り組む。

核兵器の脅威に対しては、長期的課題である核兵器のない世界の実現へ向けて、核軍縮・不拡散のための取組に積極的・能動的な役割を果たしていく。同時に、現実に核兵器が存在する間は、核抑止力を中心とする米国の拡大抑止は不可欠であり、その信頼性の維持・強化のために米国と緊密に協力していくとともに、併せて弾道ミサイル防衛や国民保護を含む我が国自身の取組により適切に対応する。

Ⅲ 我が国を取り巻く安全保障環境

1 グローバルな安全保障環境のすう勢は、相互依存関係の一層の進展により、主要国間の大規模戦争の蓋然性は低下する一方、一国で生じた混乱や安全保障上の問題の影響が直ちに世界に波及するリスクが高まっている。また、民族・宗教対立等による地域紛争に加え、領土や主権、経済権益等をめぐり、武力紛争には至らないような対立や紛争、言わばグレーゾーンの紛争は増加する傾向にある。

このような中、中国・インド・ロシア等の国力の増大ともあいまって、米国の影響力が相対的に変化しつつあり、グローバルなパワーバランスに変化が生じているが、米国は引き続き世界の平和と安定に最も大きな役割を果たしている。

我が国を含む国際社会にとって、大量破壊兵器や弾道ミサイルの拡散、国際テロ組織、海賊行為等への対応は引き続き差し迫った課題である。これらに加え、地域紛争や、統治機構が弱体化し、又は破綻した国家の存在もグローバルな安全保障環境に影響を与え得る課題であり、さらに、海洋、宇宙、サイバー空間の安定的利用に対するリスクが新たな課題となってきている。また、長期的には、気候変動の問題が安全保障環境にもたらす影響にも留意する必要がある。

こうしたグローバルな安全保障課題は、一国で対応することは極めて困難であり、利益を共有する国々が平素から協力することが重要となっている。

また、国際社会における軍事力の役割は一層多様化しており、武力紛争の抑止・対処、国家間の信頼醸成・友好関係の増進のほか、紛争の予防から復興支援等の平和構築、さらには非伝統的安全保障分野において、非軍事部門とも連携・協力しつつ、軍事力が重要な役割を果たす機会が増加している。

2 アジア太平洋地域においては、相互依存関係が拡大・深化する中、安全保障課題の解決のため、国家間の協力関係の充実・強化が図られており、特に非伝統的安全保障分野を中心に、問題解決に向けた具体的な協力が進展しつつある。

一方、グローバルなパワーバランスの変化はこの地域において顕著に表れている。我が国周辺地域には、依然として核戦力を含む大規模な軍事力が集中しており、多数の国が軍事力を近代化し、軍事的な活動を活発化させている。また、領土や海洋をめぐる問題や、朝鮮半島や台湾海峡等をめぐる問題が存在するなど不透明・不確実な要素が残されている。

この中で、北朝鮮は、大量破壊兵器や弾道ミサイルの開発、配備、拡散等を継続するとともに、大規模な特殊部隊を保持しているほか、朝鮮半島において軍事的な挑発行動を繰り返している。北朝鮮のこのような軍事的な動きは、我が国を含む地域の安全保障における喫緊かつ重大な不安定要因であるとともに、国際的な拡散防止の努力に対する深刻な課題となっている。

大国として成長を続ける中国は、世界と地域のために重要な役割を果たしつつある。他方で、中国は国防費を継続的に増加し、核・ミサイル戦力や海・空軍を中心とした軍事力の広範かつ急速な近代化を進め、戦力を遠方に投射する能力の強化に取り組んでいるほか、周辺海域において活動を拡大・活発化させており、このような動向は、中国の軍事や安全保障に関する透明性の不足とあいまって、地域・国際社会の懸念事項となっている。

ロシアについては、極東地域における軍事力の規模を冷戦終結以降大幅に縮減しているものの、軍事活動は引き続き活発化の傾向にある。

このような中、米国は、日本、韓国、オーストラリア等の同盟国及びパートナー国との協力を一層重視して、二国間・多国間の枠組みを活用した安全保障関係の強化を図るなど、この地域への関与を強めている。このような取組は、アジア太平洋地域の平和と安定に重要な役割を果たすとともに、米国がグローバルな安全保障課題に取り組むための基盤ともなっている。

3　一方、我が国は、広大な海域を有し、外国からの食糧・資源や海外の市場に多くを依存する貿易立国であり、我が国の繁栄には海洋の安全確保や国際秩序の安定等が不可欠である。また、我が国は、四方を海で囲まれ長大な海岸線と多くの島嶼（とうしょ）を有するという地理的要素を持つ一方、災害が発生しやすいことに加え、都市部に産業・人口・情報基盤が集中するうえ、沿岸部に重要施設を多数抱えるといった安全保障上の脆（ぜい）弱性を持っている。

4　以上を踏まえると、大規模着上陸侵攻等の我が国の存立を脅かすような本格的な侵略事態が生起する可能性は低いものの、我が国を取り巻く安全保障課題や不安定要因は、多様で複雑かつ重層的なものとなっており、我が国としては、これらに起因する様々な事態（以下「各種事態」という。）に的確に対応する必要がある。また、地域の安全保障課題とともに、グローバルな安全保障課題に対し、同盟国、友好国その他の関係各国（以下「同盟国等」という。）と協力して積極的に取り組むことが重要になっている。

Ⅳ　我が国の安全保障の基本方針

1　我が国自身の努力

（1）基本的考え方

我が国の安全保障の目標を達成するための根幹となるのは自らが行う努力であるとの認識に基づき、我が国防衛の基本方針の下、同盟国等とも連携しつつ、平素から国として総力を挙げて取り組むとともに、各種事態の発生に際しては、事態の推移に応じてシームレスに対応する。

（2）統合的かつ戦略的な取組

以下により、国として統合的かつ戦略的に取り組む。

ア　関係機関における情報収集・分析能力の向上に取り組むとともに、各府省が相互に協力しつつ、より緊密な情報共有を行うことができるよう、政府横断的な情報保全体制を強化する。その際、情報収集及び情報通信機能の強化等の観点から、宇宙の開発及び利用を推進する。また、サイバー空間の安定的利用のため、サイバー攻撃への対処態勢及び対応能力を総合的に強化する。

イ　平素より、内閣官房、防衛省・自衛隊、警察、海上保安庁、外務省、法務省その他の関係機関が連携し、各種事態の発生に際しては内閣総理大臣を中心とする内閣が迅速・的確に意思決定を行い、地方公共団体等とも連携しつつ、政府一体となって対応する。このため、各種事態のシミュレーションや総合的な訓練・演習を平素から実施するなど、政府の意思決定及び対処に係る機能・体制を検証し、法的側面を含めた必要な対応について検討する。

ウ　安全保障会議を含む、安全保障に関する内閣の組織・機能・体制等を検証した上で、首相官邸に国家安全保障に関し関係閣僚間の政策調整と内閣総理大臣への助言等を行う組織を設置する。

エ　各種災害への対応や国民の保護のための各種体制を引き続き整備するとともに、国と地方公共団体等が相互に緊密に連携し、万全の態勢を整える。

オ　国際平和協力活動を始めとするグローバルな安全保障環境の改善のための取組においては、関係機関の連携はもとより、非政府組織等とも連携・協力を図ることにより効率的かつ効果的に対応する。また、国連平和維持活動の実態を踏まえ、ＰＫＯ参加五原則等我が国の参加の在り方を検討する。

カ　安全保障・防衛問題に関する国民の理解を得つつ国全体としての

安全保障を確保するため、我が国の安全保障・防衛政策をより分かりやすくするための努力を行う。同時に、国際社会における我が国の安全保障・防衛政策への理解を一層促進するため対外情報発信を強化する。

（3）我が国の防衛力―動的防衛力

防衛力は我が国の安全保障の最終的な担保であり、我が国に直接脅威が及ぶことを未然に防止し、脅威が及んだ場合にはこれを排除するという国家の意思と能力を表すものである。

今日の安全保障環境のすう勢下においては、安全保障課題に対し、実効的に対処し得る防衛力を構築することが重要である。特に、軍事科学技術の飛躍的な発展に伴い、兆候が現れてから各種事態が発生するまでの時間が短縮化される傾向にあること等から、事態に迅速かつシームレスに対応するためには、即応性を始めとする総合的な部隊運用能力が重要性を増してきている。また、防衛力を単に保持することではなく、平素から情報収集・警戒監視・偵察活動を含む適時・適切な運用を行い、我が国の意思と高い防衛能力を明示しておくことが、我が国周辺の安定に寄与するとともに、抑止力の信頼性を高める重要な要素となってきている。このため、装備の運用水準を高め、その活動量を増大させることによって、より大きな能力を発揮することが求められており、このような防衛力の運用に着眼した動的な抑止力を重視していく必要がある。

同時に、防衛力の役割は多様化しつつ増大しており、二国間・多国間の協力関係を強化し、国際平和協力活動を積極的に実施していくことなどが求められている。

以上の観点から、今後の防衛力については、防衛力の存在自体による抑止効果を重視した、従来の「基盤的防衛力構想」によることとなく、各種事態に対し、より実効的な抑止と対処を可能とし、アジア太平洋地域の安全保障環境の一層の安定化とグローバルな安全保障環境の改善のための活動を能動的に行い得る動的なものとしていくことが必要である。

このため、即応性、機動性、柔軟性、持続性及び多目的性を備え、軍事技術水準の動向を踏まえた高度な技術力と情報能力に支えられた動的防衛力を構築する。

一層厳しさを増す安全保障環境に対応するには、適切な規模の防衛力を着実に整備することが必要である。その際、厳しい財政事情を踏まえ、本格的な侵略事態への備えとして保持してきた装備・要員を始めとして自衛隊全体にわたる装備・人員・編成・配置等の抜本的見直しによる思い切った効率化・合理化を行った上で、真に必要な機能に資源を選択的に集中して防衛力の構造的な変革を図り、限られた資源でより多くの成果を達成する。また、人事制度の抜本的な見直しにより、人件費の抑制・効率化とともに若年化による精強性の向上等を推進し、人件費の比率が高く、自衛隊の活動経費を圧迫している防衛予算の構造の改善を図る。

2　同盟国との協力

我が国は、これまで、基本的な価値を共有する超大国である米国と日米安全保障体制を中核とする同盟関係を維持しており、我が国の平和と安全を確保するためには、今後とも日米同盟は必要不可欠である。また、我が国に駐留する米軍の軍事的プレゼンスは、地域における不測の事態の発生に対する抑止及び対処力として機能しており、アジア太平洋地域の諸国に大きな安心をもたらしている。さらに、日米同盟は、多国間の安全保障協力やグローバルな安全保障課題への対応を我が国が効果的に進める上でも重要である。

こうした日米同盟の意義を踏まえ、日米同盟を新たな安全保障環境にふさわしい形で深化・発展させていく。このため、日米間で安全保障環境の評価を行いつつ、共通の戦略目標及び役割・任務・能力に関する日米間の検討を引き続き行うなど、戦略的な対話及び具体的な政策調整に継続的に取り組む。また、情報協力、計画検討作業の深化、周辺事態における協力を含む各種の運用協力、弾道ミサイル防衛における協力、装備・技術協力といった従来の分野における協力や、拡大抑止の信頼性向上、情報保全のための協議を推進する。さらに、地域における不測の事態に対する米軍の抑止及び対処力の強化を目指し、日米協力の充実を図るための措置を検討する。加えて、共同訓練、施設の共同使用等の平素からの各種協力の強化を図るとともに、国際平和協力活動等を通じた協力や、宇宙、サイバー空間における対応、海上交通の安全確保等の国際公共財の維持強化、さらには気候変動といった分野を含め、地域的及びグローバルな協力を推進する。

こうした取組と同時に、米軍の抑止力を維持しつつ、沖縄県を始めとする地元の負担軽減を図るため、在日米軍の兵力態勢の見直し等についての具体的措置を着実に実施する。また、接受国支援を始めとする在日米軍の駐留をより円滑・効果的にするための取組を積極的に推進する。

3　国際社会における多層的な安全保障協力

（1）アジア太平洋地域における協力

アジア太平洋地域において、二国間・多国間の安全保障協力を多層的に組み合わせてネットワーク化することは、日米同盟ともあいまって、同地域の安全保障環境の一層の安定化に効果的に取り組むために不可欠である。

特に、米国の同盟国であり、我が国と基本的な価値及び安全保障上の多くの利益を共有する韓国及びオーストラリアとは、二国間及び米国を含めた多国間での協力を強化する。そして、伝統的パートナーであるＡＳＥＡＮ諸国との安全保障協力を維持・強化していく。また、アフリカ、中東から東アジアに至る海上交通の安全確保等に共通の利害を有するインドを始めとする関係各国との協力を強化する。

この地域の安全保障に大きな影響力を持つ中国やロシアとの間では、安全保障対話・交流等を通じて信頼関係を増進するとともに、非伝統的安全保障分野等における協力関係の構築・発展を図る。特に、中国との間では、戦略的互恵関係の構築の一環として、様々な分野で建設的な協力関係を強化することが極めて重要との認識の下、中国が国際社会において責任ある行動をとるよう、同盟国等とも協力して積極的な関与を行う。

多国間の安全保障協力については、ＡＳＥＡＮ地域フォーラム（ＡＲＦ）や拡大ＡＳＥＡＮ国防相会議（ＡＤＭＭプラス）等の枠組み等を通じ、非伝統的安全保障分野を中心として、域内の秩序や規範、実際的な協力関係の構築に向け、適切な役割を果たす。

（2）国際社会の一員としての協力

グローバルな安全保障環境を改善し、我が国の安全と繁栄の確保に資するよう、紛争、テロ等の根本原因の解決等のために政府開発援助（ＯＤＡ）を戦略的・効果的に活用するなど外交活動を積極的に推進する。

このような外交活動と一体となって、国際平和協力活動に積極的に取り組む。その際、我が国の知識・経験等をいかした支援に努めるとともに、我が国が置かれた諸条件を総合的に勘案して、戦略的に実施するものとする。

さらに、グローバルな安全保障課題への取組に関し、欧州連合（ＥＵ）、北大西洋条約機構（ＮＡＴＯ）や欧州諸国とも協力関係の強化を図るとともに、海洋、宇宙、サイバー空間の安定的利用といった国際公共財の維持・強化、大量破壊兵器やミサイル等の運搬手段に関する軍縮及び拡散防止のための国際的な取組に積極的な役割を果たす。このほか、大規模災害やパンデミックに際し、人道支援・災害救援等に積極的に取り組む。

二一世紀の新たな諸課題に対して、国際社会が有効に対処するためには、普遍的かつ包括的な唯一の国際機関である国際連合の機構を実効性と信頼性を高める形で改革することが求められており、我が国としても引き続き積極的にこの問題に取り組む。

V　防衛力の在り方

1　防衛力の役割

今後の我が国の防衛力については、上記の動的防衛力という考え方の下、以下の分野において、適切にその役割を果たし得るものとする。その際、平素からの関係機関との連携を確保する。

（1）実効的な抑止及び対処

我が国周辺における各国の軍事動向を把握し、各種兆候を早期に察知するため、平素から我が国及びその周辺において常時継続的な情報収集・警戒監視・偵察活動（以下「常続監視」という。）による情報優越を確保するとともに、各種事態の展開に応じ迅速かつシームレスに対応する。また、本格的な侵略事態への備えについて、不確実な将来情勢の変化への必要最小限の備えを保持する。

その際、特に以下を重視する。

ア　周辺海空域の安全確保

周辺海空域において常続監視を行うなど同海空域の安全確保に努め、我が国の権益を侵害する行為に対して実効的に対応する。

イ　島嶼部に対する攻撃への対応

島嶼部への攻撃に対しては、機動運用可能な部隊を迅速に展開し、平素から配置している部隊と協力して侵略を阻止・排除する。その際、巡航ミサイル対処を含め島嶼周辺における防空態勢を確立するとともに、周辺海空域における航空優勢及び海上輸送路の安全を確保する。

ウ　サイバー攻撃への対応

サイバー攻撃に対しては、自衛隊の情報システムを防護するために必要な機能を統合的に運用して対処するとともに、サイバー攻撃に関する高度な知識・技能を集積し、政府全体として行う対応に寄与する。

エ　ゲリラや特殊部隊による攻撃への対応

ゲリラや特殊部隊による攻撃に対しては、機動性を重視しつつ即応性の高い部隊により迅速かつ柔軟に対応する。特に、沿岸部での潜入阻止のための警戒監視、重要施設の防護並びに侵入した部隊の捜索及び撃破を重視する。

オ　弾道ミサイル攻撃への対応

弾道ミサイル攻撃に対しては、常時継続的な警戒態勢を保持するとともに、多層的な防護態勢により迎撃回避能力を備えた弾道ミサイルにも実効的に対応する。また、万が一被害が発生した場合には、被害を局限すべく事後対処を行う。

カ　複合事態への対応

上記の事態については、複数の事態の連続的又は同時的生起も想定し、事態に応じ実効的な対応を行う。

キ　大規模・特殊災害等への対応

大規模・特殊災害等に対しては、地方公共団体等と連携・協力し、国内のどの地域においても災害救援を実施する。

（2）アジア太平洋地域の安全保障環境の一層の安定化

我が国周辺において、常続監視や訓練・演習等の各種活動を適時・適切に実施することにより、我が国周辺の安全保障環境の安定を目指す。

また、アジア太平洋地域の安定化を図るため、日米同盟関係を深化させつつ、二国間・多国間の防衛協力・交流、共同訓練・演習を多層的に推進する。また、非伝統的安全保障分野において、地雷・不発弾処理等を含む自衛隊が有する能力を活用し、実際的な協力を推進するとともに、域内協力枠組みの構築・強化や域内諸国の能力構築支援に取り組む。

（3）グローバルな安全保障環境の改善

人道復興支援を始めとする平和構築や停戦監視を含む国際平和協力活動に引き続き積極的に取り組む。また、国際連合等が行う軍備管理・軍縮、不拡散等の分野における諸活動や能力構築支援に積極的に関与するとともに、同盟国等と協力して、国際テロ対策、海上交通の安全確保や海洋秩序の維持のための取組等を積極的に推進する。

2　自衛隊の態勢

自衛隊は、1で述べた防衛力の役割を実効的に果たし得るよう、各種事態等への対応に必要な態勢に加え、以下に示す態勢を保持する。

(1) 即応態勢

待機態勢の保持、機動力の向上、練度・可動率の維持向上等を行い、部隊等の即応性を高め、これを適切かつ効率的に配置することにより、迅速かつ効果的に活動を行い得るようにする。また、自衛隊が動的防衛力として抑止・対処において有効に役割を果たせるよう、基地機能の抗たん性を確保するとともに、燃料、弾薬（訓練弾を含む）を確保し、維持整備に万全を期すものとする。

(2) 統合運用態勢

迅速かつ効果的な対処に必要な情報収集態勢を保持するほか、衛星通信を含む高度な情報通信ネットワークを活用した指揮統制機能及び情報共有態勢並びにサイバー攻撃対処態勢を保持することにより、統合運用を円滑に実施し得るようにする。

(3) 国際平和協力活動の態勢

多様な任務、迅速な派遣、長期の活動にも対応し得る能力、態勢等の充実を図ることにより、国際平和協力活動を積極的に実施し得るようにする。

3　自衛隊の体制

(1) 基本的な考え方

自衛隊は、2で述べた態勢を保持しつつ、1で述べた防衛力の役割を効果的に果たし得る体制を効率的に保持することとする。

その際、効果的・効率的な防衛力整備を行う観点から、各種の活動に活用し得る機能、非対称的な対応能力を有する機能及び非代替的な機能を優先的に整備する。具体的には、冷戦型の装備・編成を縮減し、部隊の地理的配置や各自衛隊の運用を適切に見直すとともに、南西地域も含め、警戒監視、洋上哨戒、防空、弾道ミサイル対処、輸送、指揮通信等の機能を重点的に整備し、防衛態勢の充実を図る。

さらに、各自衛隊に係る予算配分についても、安全保障環境の変化に応じ、前例にとらわれず、縦割りを排除し総合的な見地から思い切った見直しを行う。

また、統合運用の推進や日米共同による対処態勢構築の推進等の観点から、陸上自衛隊の作戦基本部隊（師団・旅団）及び方面隊の在り方について、指揮・管理機能の効率化にも留意しつつ、総合的に検討する。

なお、本格的な侵略事態への備えについては、不確実な将来情勢の変化に対応するための最小限の専門的知見や技能の維持に必要な範囲に限り保持することとする。

(2) 体制整備に当たっての重視事項

自衛隊の体制整備に当たっては、次の事項を重視する。

ア　統合の強化

統合の強化に向け、統合幕僚監部の機能の強化を始め、指揮統制、情報収集、教育訓練等の統合運用基盤を強化する。また、輸送、衛生、高射、救難、調達・補給・整備、駐屯地・基地業務等、各自衛隊に横断的な機能について、整理、共同部隊化、集約・拠点化等により、統合の観点から効果的かつ効率的な体制を整備する。

イ　島嶼部における対応能力の強化

自衛隊配備の空白地域となっている島嶼部について、必要最小限の部隊を新たに配置するとともに、部隊が活動を行う際の拠点、機動力、輸送能力及び実効的な対処能力を整備することにより、島嶼部への攻撃に対する対応や周辺海空域の安全確保に関する能力を強化する。

ウ　国際平和協力活動への対応能力の強化

各種装備品等の改修、海上及び航空輸送力の整備、後方支援態勢の強化を行うほか、施設・衛生等の機能や教育訓練体制の充実を図ることにより、国際平和協力活動への対応能力を強化する。

エ　情報機能の強化

各種事態の兆候を早期に察知し、情報収集・分析・共有等を適切に行うため、宇宙分野を含む技術動向等を踏まえた多様な情報収集能力や情報本部等の総合的な分析・評価能力等を強化し、情報・運用・政策の各部門を通じた情報共有体制を整備する。また、自衛隊の海外派遣部隊等が円滑かつ安全に任務を行い得るよう地理情報等の情報収集能力を強化するなど、遠隔地での活動に対する情報支援を適切に行う体制を整備する。さらに、関係国との情報協力・交流の拡大・強化に取り組む。

オ　科学技術の発展への対応

高度な技術力と情報能力に支えられた防衛力を整備するため、各種の技術革新の成果を防衛力に的確に反映させる。特に、高度な指揮通信システムや情報通信ネットワークを整備することにより、確実な指揮命令と迅速な情報共有を確保するとともに、サイバー攻撃対処を統合的に実施する体制を整備する。

カ　効率的・効果的な防衛力整備

格段に厳しさを増す財政事情を勘案し、一層の効率化・合理化を図り、経費を抑制するとともに、国の他の諸施策との調和を図りつつ防衛力全体として円滑に十全な機能を果たし得るようにする。このため、事業の優先順位を明確にして選択と集中を行うとともに、Ⅵの取組を推進する。

（3）各自衛隊の体制

ア　陸上自衛隊

（ア）各種の機能を有機的に連携させ、各種事態に有効に対応し得るよう、高い機動力や警戒監視能力を備え、各地に迅速に展開することが可能で、かつ国際平和協力活動等多様な任務を効果的に遂行し得る部隊を、地域の特性に応じて適切に配置する。この際、自衛隊配備の空白地域となっている島嶼部の防衛についても重視するとともに、部隊の編成及び人的構成を見直し、効率化・合理化を徹底する。

（イ）航空輸送、空挺、特殊武器防護、特殊作戦及び国際平和協力活動等に有効に対応し得るよう、専門的機能を備えた機動運用部隊を保持する。

（ウ）作戦部隊及び重要地域の防空を有効に行い得るよう、地対空誘導弾部隊を保持する。

イ　海上自衛隊

（ア）平素からの情報収集・警戒監視、対潜戦等の各種作戦の効果的な遂行による周辺海域の防衛や海上交通の安全確保及び国際平和協力活動等を実施し得るよう、機動的に運用する護衛艦部隊及び艦載回転翼哨戒機部隊を保持する。また、当該艦艇部隊は、ウ（ウ）の地対空誘導弾部隊とともに、弾道ミサイル攻撃から我が国全体を多層的に防護し得る機能を備えたイージス・システム搭載護衛艦を保持する。

（イ）水中における情報収集・警戒監視を平素から我が国周辺海域で広域にわたり実施するとともに、周辺海域の哨戒を有効に行い得るよう、増強された潜水艦部隊を保持する。

（ウ）洋上における情報収集・警戒監視を平素から我が国周辺海域で広域にわたり実施するとともに、周辺海域の哨戒を有効に行い得るよう、固定翼哨戒機部隊を保持する。

（エ）我が国周辺海域の掃海を有効に行い得るよう、掃海部隊を保持する。

ウ　航空自衛隊

（ア）我が国周辺のほぼ全空域を常時継続的に警戒監視するとともに、我が国に飛来する弾道ミサイルを探知・追尾するほか、必要とする場合に警戒管制を有効に行い得るよう、航空警戒管制部隊を保持する。

（イ）戦闘機とその支援機能が一体となって我が国の防空等を総合的な態勢で行い得るよう、（ア）の航空警戒管制部隊に加え、能力の高い新戦闘機を保有する戦闘機部隊、航空偵察部隊、国際平和協力活動等を効果的に実施し得る航空輸送部隊及び空中給油・輸送部隊を保持する。

（ウ）重要地域の防空を実施するとともに、イ（ア）のイージス・システム搭載護衛艦とともに、弾道ミサイル攻撃から我が国全体を多層的に防護し得る機能を備えた地対空誘導弾部隊を保持する。

主要な編成、装備等の具体的規模は、別表のとおりとする。

Ⅵ　防衛力の能力発揮のための基盤

防衛力の整備、維持及び運用を効率的・効果的に行うため、以下を重視する。

（1）人的資源の効果的な活用

隊員の高い士気及び厳正な規律の保持のための各種施策を推進する。社会の少子化・高学歴化と自衛隊の任務の多様化等に的確に対応し得るよう、質の高い人材の確保・育成を図り、必要な教育訓練を実施するとともに、隊員の壮健性維持に資する衛生基盤等を整備する。また、安全保障問題に関する研究・教育を推進し、同問題に係る知的基盤を充実・強化する。さらに、過酷又は危険な任務の遂行に対して適切な処遇が確保されるよう、制度全般について見直しを行う。

同時に、自衛隊全体の人員規模及び人員構成を適切に管理し、精強性を確保する。その際、自衛隊が遂行すべき任務や体力、経験、技能等のバランスに留意しつつ士を増勢し、幹部及び准曹の構成比率を引き下げ、階級及び年齢構成の在り方を見直す。さらに、人員配置の適正化の観点から自衛官の職務の再整理を行い、第一線部隊等に若年隊員を優先的に充当するとともに、その他の職務について最適化された給与等の処遇を適用するなど、国家公務員全体の人件費削減の方向性に沿った人事施策の見直しを含む人事制度改革を実施する。以上に加え、民間活力の一層の有効活用等により、後方業務の効率化等、人員の一層の合理化を進め、人件費を抑制することにより、厳しい財政事情の中で有効な防衛力を確保する。この際、社会における退職自衛官の有効活用を図り、公的部門での受入れを含む再就職援護や退職後の礼遇等に関する施策を推進し、これらと一体のものとして早期退職制度等の導入を図る。また、官民の協力や人的交流を積極的に進める。

（2）装備品等の運用基盤の充実

装備品等の維持整備を効率的かつ効果的に行い、可動率を高い水準で維持するなど防衛力の運用に不可欠な装備品等の運用基盤の充実を図る。

（3）装備品取得の一層の効率化

契約に係る制度全般の改善や短期集中調達・一括調達等効率的な調達方式の一層の採用を図るなど、調達価格を含むライフサイクルコストの抑制を更に徹底し、費用対効果を高める。また、外部監査制度の充実を進め、調達の透明性を向上させる。

（4）防衛生産・技術基盤の維持・育成

安全保障の重要性の観点から、防衛生産・技術基盤について、真に国内に保持すべき重要なものを特定し、その分野の維持・育成に注力して、選択と集中の実現により安定的かつ中長期的な防衛力の維持整備を行うため、防衛生産・技術基盤に関する戦略を策定する。

（5）防衛装備品をめぐる国際的な環境変化に対する方策の検討

平和への貢献や国際的な協力において、自衛隊が携行する重機等の装備品の活用や被災国等への装備品の供与を通じて、より効果的な協力ができる機会が増加している。また、国際共同開発・生産に参加することで、装備品の高性能化を実現しつつ、コストの高騰に対応することが先進諸国で主流になっている。このような大きな変化に対応するための方策について検討する。

（6）防衛施設と周辺地域との調和

関係地方公共団体との緊密な協力の下、防衛施設の効率的な維持及び整備を推進するため、当該施設の周辺地域とのより一層の調和を図るための諸施策を実施する。

Ⅶ　留意事項

1　この大綱に定める防衛力の在り方は、おおむね一〇年後までを念頭に置き、防衛力の変革を図るものであるが、情勢に重要な変化が生じた場合には、その時点における安全保障環境、技術水準の動向等を勘案し検討を行い、必要な修正を行う。

2　この大綱に定める防衛力へ円滑・迅速・的確な移行が行われるよう、計画的な移行管理を行うとともに、事後検証を行う。また、1の見直しに資するため、あるべき防衛力の姿について不断の検討を行う。

（別表）

陸上自衛隊	編成定数		一五万四千人
	常備自衛官定員		一四万七千人
	即応予備自衛官員数		七千人
	基幹部隊	平素地域配備する部隊	八個師団
			六個旅団
		機動運用部隊	中央即応集団
			一個機甲師団
		地対空誘導弾部隊	七個高射特科群／連隊
	主要装備	戦車	約四〇〇両
		火砲	約四〇〇門／両
海上自衛隊	基幹部隊	護衛艦部隊	四個護衛隊群（八個護衛隊）
			四個護衛隊
		潜水艦部隊	六個潜水隊
		掃海部隊	一個掃海隊群
		哨戒機部隊	九個航空隊
	主要装備	護衛艦	四八隻
		潜水艦	二二隻
		作戦用航空機	約一五〇機
航空自衛隊	基幹部隊	航空警戒管制部隊	四個警戒群
			二四個警戒隊
			一個警戒航空隊（二個飛行隊）
		戦闘機部隊	一二個飛行隊
		航空偵察部隊	一個飛行隊
		航空輸送部隊	三個飛行隊
		空中給油・輸送部隊	一個飛行隊
		地対空誘導弾部隊	六個高射群
	主要装備	作戦用航空機	約三四〇機
		うち戦闘機	約二六〇機
弾道ミサイル防衛にも使用し得る主要装備・基幹部隊		イージス・システム搭載護衛艦	六隻
		航空警戒管制部隊	一一個警戒群／隊
		地対空誘導弾部隊	六個高射群

注1：「弾道ミサイル防衛にも使用し得る主要装備・基幹部隊」は海上自衛隊の主要装備又は航空自衛隊の基幹部隊の内数。

注2：弾道ミサイル防衛機能を備えたイージス・システム搭載護衛艦については、弾道ミサイル防衛関連技術の進展、財政事情等を踏まえ、別途定める場合には、上記の護衛艦隻数の範囲内で、追加的な整備を行い得るものとする。

資料Ⅲ・50

参議院憲法審査会規程

二〇一一年五月一八日議決

(設置の趣旨)

第一条　憲法審査会は、日本国憲法及び日本国憲法に密接に関連する基本法制について広範かつ総合的に調査を行い、日本国憲法の改正案の原案(以下「憲法改正原案」という。)、日本国憲法に係る改正の発議又は国民投票に関する法律案等を審査するものとする。

(委員数)

第二条　憲法審査会は、四十五人の委員で組織する。

(委員)

第三条　委員は、会期の始めに議院において選任し、議員の任期中その任にあるものとする。

2　委員は、各会派の所属議員数の比率により、これを各会派に割り当て選任する。

3　前項の規定により委員が選任された後、各会派の所属議員数に異動があつたため、委員の各会派割当数を変更する必要があるときは、議長は、第一項の規定にかかわらず、議院運営委員会の議を経て委員を変更することができる。

4　参議院規則第三十条の規定は、委員について準用する。

(会長)

第四条　憲法審査会の会長は、憲法審査会において委員が互選する。

2　参議院規則第八十条の規定は、会長について準用する。

第五条　会長は、憲法審査会の議事を整理し、秩序を保持し、及び憲法審査会を代表する。

(幹事)

第六条　憲法審査会に数人の幹事を置く。

2　会長は、憲法審査会の運営に関し協議するため、幹事会を開くことができる。

3　参議院規則第三十一条第二項から第四項までの規定は、幹事につい

コメント

1．憲法審査会は、Ⅲ・34で述べたように、二〇〇七年五月一八日改憲手続法の公布により、同年八月七日、衆・参両院に設置された。しかし憲法審査会の組織と運営を定める審査会規程の制定は遅れた。それでも衆議院の憲法審査会の概要を定めた憲法審査会規程(⇩Ⅲ・40)は、改憲手続法全面施行前の〇九年六月に議決されたが、参議院の憲法審査会規程は、改憲手続法が全面施行された二〇一〇年五月から一年後の一一年五月一八日にようやく議決された。衆議院に遅れること、二年である。そしてその年一一年の一〇月の第一七九国会で、ようやく衆・参両院の憲法審査会が委員を選任し、会長、幹事を互選して始動した。

2．参議院の憲法審査会規程のもっとも大事な規定は一条の審査会の任務を規定したところで、これは衆院の規程とまったく同文である。「第一条　憲法審査会は、日本国憲法及び日本国憲法に密接に関連する基本法制について広範かつ総合的に調査を行い、日本国憲法の改正案の原案(以下「憲法改正原案」という。)、日本国憲法に係る改正の発議又は国民投票に関する法律案等を審査するものとする。」である。参院のほうは四五名の委員で組織されるが、各会派の所属議員数で配分すること、公聴会の開催などの手続は衆院と同じである。

て準用する。

（小委員会）

第七条　憲法審査会は、小委員会を設けることができる。

（開会）

第八条　憲法審査会は、会期中であると閉会中であるとを問わず、いつでも開会することができる。

第九条　会長は、憲法審査会の開会の日時を定める。

2　参議院規則第三十八条第二項の規定は憲法審査会の開会について、同条第三項の規定は憲法審査会の開会、休憩又は散会について準用する。

（定足数）

第十条　憲法審査会は、委員の半数以上の出席がなければ、議事を開き、及び議決をすることができない。

（表決）

第十一条　憲法審査会の議事は、出席委員の過半数でこれを決し、可否同数のときは、会長の決するところによる。

（委員の発言）

第十二条　委員は、議題について、自由に質疑し、及び意見を述べることができる。

（委員でない議員の意見聴取）

第十三条　憲法審査会は、委員でない議員から意見を聴き、又はその発言を許可することができる。

（委員の派遣）

第十四条　憲法審査会は、議長の承認を得て、審査又は調査のため委員を派遣することができる。

2　参議院規則第百八十条の二第二項の規定は、委員の派遣について準用する。

（国務大臣等の出席及び説明）

第十五条　憲法審査会は、審査又は調査のため必要があるときは、議長を経由して、国務大臣、最高裁判所長官及び会計検査院長の出席及び説明を求めることができる。

（報告又は記録の提出）

第十六条　憲法審査会は、審査又は調査のため必要があるときは、議長を経由して、内閣、官公署その他に対し、必要な報告又は記録の提出を求めることができる。

（公聴会）

第十七条　憲法審査会は、審査又は調査のため必要があるときは、公聴会を開くことができる。

2　憲法改正原案については、前項の公聴会を開かなければならない。

3　参議院規則第六十二条から第六十五条まで及び第七十条の規定は、第一項の公聴会について準用する。

（参考人）

第十八条　憲法審査会は、審査又は調査のため必要があるときは、議長を経由して参考人の出席を求め、その意見を聴くことができる。

（会議の秩序保持）

第十九条　委員が憲法審査会の秩序を乱し又は議院の品位を傷つけるときは、会長は、これを制止し、又は発言を取り消させる。命に従わないときは、会長は、当日の憲法審査会を終わるまで発言を禁止し、又は退場を命ずることができる。

（休憩及び散会）

第二十条　会長は、憲法審査会の議事を整理し難いとき又は懲罰事犯があるときは、休憩又は散会を宣告することができる。

（懲罰事犯の報告等）

第二十一条　会長は、憲法審査会において、懲罰事犯があると認めたときは、これを議長に報告し処分を求める。

2　参議院規則第二百三十七条の規定は、憲法審査会における懲罰事犯について準用する。

（会議の公開及び傍聴）

第二十二条　憲法審査会の会議は、公開とする。ただし、憲法審査会の決議により非公開とすることができる。

2　会長は、秩序保持のため、傍聴を制限し、又は傍聴人の退場を命ずることができる。

（会議録）

第二十三条　憲法審査会においては、その会議録を作成する。

2　会議録は、会長又は当日の会議を整理した幹事がこれに署名し、議院に保存する。

3　会議録には、出席者の氏名、会議に付した案件の件名、議事その他重要な事項を記載しなければならない。

4　会議録は、印刷して各議員に配付する。ただし、第十九条の規定により会長が取消しを命じた発言は、これを掲載しない。

5　参議院規則第百五十六条から第百五十八条までの規定は、会議録について準用する。

（合同審査会）

第二十四条　憲法審査会が衆議院の憲法審査会と合同審査会を開く場合は、会長が衆議院の憲法審査会の会長と協議した後、その決議をしなければならない。

（事務局）

第二十五条　憲法審査会の事務を処理させるため、憲法審査会に事務局を置く。

2　事務局に事務局長一人その他必要な職員を置く。

3　事務局長は、会長の命を受けて、局務を掌理する。

（準用）

第二十六条　参議院規則第二十四条第三項、第二十八条第二項、第二十九条第一項及び第三項、第二十九条の二、第三十六条、第三十七条、第三十九条、第四十一条、第四十二条の二から第四十三条まで、第四十五条、第四十六条、第四十八条から第五十条まで、第五十三条、第七十二条から第七十二条の四まで、第七十七条、第百四条第一項、第百五条から第百七条まで、第百八条、第百十八条第一項、第百二十八条、第百二十九条、第百三十二条、第百六十六条、第百六十八条、第百七十条から第百七十二条まで、第百七十五条の二、第百七十九条、第二百三十一条並びに第二百三十四条の規定は、憲法審査会について準用する。この場合において、次の表の上欄に掲げる同規則の規定中同表の中欄に掲げる字句は、それぞれ同表の下欄に掲げる字句に読み替えるものとする。

第二十四条第三項及び第二十九条の二	法律案	憲法改正原案又は法律案
第五十三条第一項	案件の審査又は調査	法律案の審査
第七十二条第三項	国会法第五十七条の三	国会法第百二条の九第一項において準用する同法第五十七条の三
第七十二条の三	又は調査を終らなかった案件	を終わらなかった法律案
第百三十二条	過半数	過半数（憲法改正原案及びその修正案については総議員の三分の二以上）
	議決したとき	議決したとき（憲法改正原案に係るものについては総議員の三分の二以上の多数で議決したとき）

（細則）

第二十七条　この規程に定めるもののほか、議事その他運営等に関し必要な事項は、憲法審査会の議決によりこれを定める。

附則

（参議院憲法調査会規程の廃止）

参議院憲法調査会規程（平成十一年七月二十六日議決）は、廃止する。

（参議院政治倫理審査会規程の一部改正）

参議院政治倫理審査会規程（昭和六十年十月十四日議決）の一部を次のように改正する。第三条第一項中「若しくは調査会長」を「調査会長若しくは憲法審査会の会長」に改める。

資料Ⅲ・51

より深化し、拡大する日米同盟に向けて

―五〇年間のパートナーシップの基盤の上に

二〇一一年六月二一日〈外務省仮訳〉

日米安全保障協議委員会共同発表

クリントン国務長官　ゲイツ国防長官　松本剛明外務大臣　北澤俊美防衛大臣

コメント

1．本文書は、二〇一一年六月二一日に行われた、いわゆる2＋2の会合で合意された文書であり、これは、日本における民主党政権の誕生、鳩山由起夫内閣における普天間基地の辺野古移転反対による日米同盟の「危機」を修復し、もとの軌道に戻すことを確認したものである。

鳩山内閣期における普天間基地の県外移設の追求で、日米同盟はぎくしゃくし、自民党政権下で準備されてきた、日米安保五〇周年における新たな同盟強化の企ても実現しなかった。二〇一〇年六月に成立した菅直人内閣は、普天間基地の辺野古移転を承認し、日米同盟を自民党政権下のそれに引き戻そうとしたが、普天間基地問題は何ら進展しなかった。

しかし、一一年三・一一の東日本大震災における自衛隊と米軍の共同を契機として、あらためて日米同盟の強化が謳われたのが、本文書である。

2．本文書は総論的な部分で、三つの点を確認した。

一つは、三・一一における自衛隊、米軍の共同行動の日米同盟上の意義である。

第二は、「ますます不確実になっている安全保障環境」に対処するための日米同盟強化の必要性である。そこでは名指しは避けながら、「地域における軍事能力及び活動の拡大」という形で、中国の行動があげられた。

第三は、普天間基地という名指しは避けたものの、普天間基地の辺野古移転をはじめとした米軍再編の着実な実施である。

3．そのうえで、本文書は、日米の共通戦略目標を確認し、日米同盟の強化を、日本は二〇一〇年に改訂した「防衛計画の大綱」（⇩Ⅲ・49）を基礎に、アメリカは、同年に発表したQDRを基礎に、抑止、緊急時の対処強化と地域およびグローバルな場での日米同盟強化、日米同盟の基盤の強化、の三つの柱で確認した。

とくに最後の日米同盟の基盤の強化では、「情報保全のための法的枠組みの強化」という形で、日本の秘密保護法の制定が明記されたことが注目される。この報告を受けて、一一年八月には菅内閣の下で秘密保護法制の在り方に関する有識者会議が報告書を出し（⇩Ⅲ・52）、第二次安倍晋三内閣における特定秘密保護法制定へと向かうのである。

Ⅰ．序文

日米同盟が第二の半世紀に入るに当たり、日米安全保障協議委員会（SCC）の構成員たる閣僚は、日米同盟が日本及び米国の安全保障並びに二一世紀のアジア太平洋地域の平和、安定及び経済的繁栄にとって引き続き不可欠であることを確認した。

閣僚は二〇一一年六月二一日に会し、三月一一日の地震、津波及び原子力の非常事態に対応した日本政府及び米国政府の間の緊密な協力について議論した。自衛隊と米軍によるかつてない共同の運用を含むこの協力は、本日のSCC会合において発出されたSCC文書「東日本大震災への対応における協力」において述べられているように、日米同盟に対する信頼を新たにし、日本と米国が過去半世紀にわたり築いてきた友情を深めた。日本は、米国から提供された広範な支援に対する心からの謝意を表明し、米国政府は、日本の復興のための支援を継続することを誓った。

SCCの構成員たる閣僚は、ますます不確実になっている安全保障環境によってもたらされる課題に継続して取り組む必要性を認識した。これには、地域における軍事能力及び活動の拡大、北朝鮮の核・ミサイル計画及び挑発的行動、非伝統的な安全保障上の懸念の顕在化並びに宇宙、公海及びサイバー空間などに対するその他の変化する脅威が含まれる。閣僚は、また、アフガニスタン及び中東における過激主義に対する継続中の取組を含む、増大するグローバルな課題に留意した。これらの課題は、地域の安全及び安定の維持における日米同盟の不可欠な役割のみならず、日米両国が協力を深化させ、拡大させる必要性を強調するものである。日米の共有された価値、すなわち民主主義の理想、共通の利益並びに人権及び法の支配の尊重は、引き続き日米同盟の基礎である。これらの現存する又は顕在化しつつある課題に対処するために、閣僚は、日米の協力を適応させ、日米の部隊を近代化し、相互運用性を向上し、新たな技術の開発において協力することによって、日米同盟の能力を強化し続ける必要性に留意した。

米国政府は、核及び通常戦力の双方のあらゆる種類の米国の軍事力によることを含め、日本の防衛並びに地域の平和及び安全へのコミットメントを再確認した。日本政府は、米軍による施設及び区域の安定的な使用を提供し、在日米軍駐留経費負担の提供を通じて米軍の円滑な運用を支援するとのコミットメントを再確認した。日米双方は、本日のSCC会合において発出されたSCC文書「在日米軍駐留経費負担」において述べられたように、在日米軍駐留経費負担に関する新たな協定が成功裡に締結されたことを歓迎した。

ＳＣＣの構成員たる閣僚は、二〇一〇年五月二八日のＳＣＣ共同発表及び本日のＳＣＣ会合において発出されたＳＣＣ文書「在日米軍の再編の進展」によって補完された二〇〇六年五月一日のＳＣＣ文書「再編の実施のための日米ロードマップ」において述べられている再編案を着実に実施する決意を再確認した。

二〇一〇年一月一九日のＳＣＣの共同発表に基づき、日米両政府は、変化する安全保障環境の中、共通の利益を有する幅広い分野において、日米同盟の深化に関する精力的な協議を実施した。閣僚は、次のようなこれらの協議の結果を支持した。

Ⅱ．共通の戦略目標

変化する安全保障環境に関する評価に基づき、閣僚は、二〇〇五年及び二〇〇七年の日米同盟の共通の戦略目標を再確認し、更新した。閣僚は、次のものが日米同盟の共通の戦略目標を示すと決定した。

●日本の安全を確保し、アジア太平洋地域における平和と安定を強化する。

●日米両国に影響を与える多様な事態に対処する能力を向上させる。

●北朝鮮による挑発を抑止する。六者のプロセス、そして不可逆的な措置を通じて、ウラン濃縮計画を含む北朝鮮の完全かつ検証可能な非核化を達成する。拡散、弾道ミサイル、不法活動及び北朝鮮による拉致の問題を含む人道上の懸念に関連する課題を解決する。国際連合安全保障理事会決議及び二〇〇五年九月の六者会合の共同声明を完全に実施する。平和的な統一を支持する。

●豪州及び韓国の双方のそれぞれとの間で、三か国間の安全保障及び防衛協力を強化する。

●日本、米国及び中国の間の信頼関係を構築しつつ、地域の安定及び繁栄における中国の責任ある建設的な役割、グローバルな課題における中国の協力並びに中国による国際的な行動規範の遵守を促す。中国の軍事上の近代化及び活動に関する開放性及び透明性を高め、信頼醸成の措置を強化する。

●両岸関係の改善に関するこれまでの進捗を歓迎しつつ、対話を通じた両岸問題の平和的な解決を促す。

●アジア太平洋地域におけるロシアの建設的な関与を促す。北方領土問題の解決を通じた日露関係の完全な正常化を実現する。

●地域の安全保障環境を不安定にし得る軍事上の能力を追求・獲得しないよう促す。

●日本、米国及び東南アジア諸国連合（ＡＳＥＡＮ）間の安全保障協力を強化し、民主的価値及び統合された市場経済を促進するとのＡＳＥＡＮの努力を支援する。

●強く揺るぎないアジア太平洋のパートナーとしてインドを歓迎し、インドの更なる地域への関与及び地域的枠組みへの参加を促す。日米印三か国間の対話を促進する。

●ＡＳＥＡＮ地域フォーラム（ＡＲＦ）、ＡＳＥＡＮ拡大国防相会議（ＡＤＭＭ＋）、アジア太平洋経済協力（ＡＰＥＣ）及び東アジア首脳会議（ＥＡＳ）を含む、開放的かつ多層的な地域のネットワーク及びルール作りのメカニズムを通じた効果的な協力を促進する。

●脆弱な国家を支援し、人間の安全保障を促進するために、人道支援、ガバナンス及び能力構築、平和維持活動並びに開発援助の分野における日米協力を強化する。

●テロを防止し、根絶する。

●必要な抑止力を維持しつつ、核兵器のない世界における平和及び安全を追求する。大量破壊兵器及びその運搬手段の不拡散及び削減を推進し、各国に不拡散上の義務の違反について責任を果たさせる。

●海賊の防止及び根絶、自由で開放的な貿易及び商業の確保並びに関連する慣習国際法及び国際約束の促進を含む、航行の自由の原則を守ることにより海上交通の安全及び海洋における安全保障を維持する。

●我々が利益を共有する宇宙及びサイバー空間の保護並びにそれらへのアクセスに関する日米の協力を維持する。情報及び宇宙のシステムの安全を含む、死活的に重要なインフラの抗堪性を促進する。

●災害予防及び災害救援における国際的な協力を強化する。

●民生用の原子力計画における最高水準の安全を促進し、原子力事故に対処するための能力を向上させる。

●エネルギー及びレア・アースを含む死活的に重要な資源及び原料の供給の多様化についての対話を促進する。

●日本を常任理事国として含む国連安全保障理事会の拡大を期待しつつ、国連安全保障理事会が、改革を通じて、その任務を果たし、新しい世紀の課題に効果的に対処する能力を向上させるための努力につき協議する。

●民主的改革を支持し、促す機会を追求することで、中東及び北アフリカにおける安定及び繁栄を促進する。

●イランの国際的義務の完全な遵守及び核計画に関するP5+1との真剣な交渉への復帰を確保する。デュアル・トラック・アプローチの一部として、日本及び米国は国際連合安全保障理事会決議の着実な実施を継続する。

●アフガニスタンにおける治安権限委譲の開始を歓迎しつつ、アフガニスタン治安部隊（ANSF）への継続的な支援を通じて持続的な進展を確保し、効果的なガバナンスと開発を促進するための民生面での努力を強化する。

●文民統治の強化及び経済改革の実施のためのパキスタンの努力を支持する。

Ⅲ．日米同盟の安全保障及び防衛協力の強化

変化する地域及び世界の安全保障環境に対処するため、SCCの構成員たる閣僚は、二国間の安全保障及び防衛協力の更なる向上を追求することを決定した。

日本政府は、二〇一〇年に、新たな防衛計画の大綱を策定した。新たな防衛計画の大綱は、高い即応性、機動性、柔軟性、持続性及び多目的性を特徴とし、高度の技術力と情報能力によって強化された「動的防衛力」の構築を目的とする。米国政府は、地域における抑止力を強化し、アジア太平洋地域における軍事的プレゼンスを維持・強化するとの二〇一〇年の「四年ごとの米国国防政策の見直し」（QDR）にあるコミットメントを再確認し、また、核技術及び戦域弾道ミサイルの拡散、アクセス拒否／エリア拒否能力並びに宇宙、公海及びサイバー空間などに対するその他の変化する脅威といった課題に対処するよう地域の防衛態勢を適合させる意図を確認した。

上記の新たに策定された国家安全保障戦略を反映しつつ、閣僚は以下のとおり重点分野を特定した。

（1）抑止及び緊急時の対処の強化

●閣僚は、二国間の計画検討作業のこれまでの進展を歓迎し、日米同盟が日本をよりよく防衛し、様々な地域の課題に対処できるよう、二国間の計画を精緻化する努力を行うことを再確認した。この努力は、平時及び危機における調整のための二国間の政府全体のメカニズムを強化し、米軍及び自衛隊による日本国内の施設への緊急時のアクセスを改善することを目的とする。

●閣僚は、日本及び米国の役割、任務及び能力を継続的に検討する必要性を強調し、運用面での協力をより強化する分野を特定するとのこのプロセスの目的を確認した。

●閣僚は、非戦闘員退避活動における二国間の協力を加速することを決定した。

●閣僚は、能動的、迅速かつシームレスに地域の多様な事態を抑止し、

それらに対処するために、共同訓練・演習を拡大し、施設の共同使用を更に検討し、情報共有や共同の情報収集・警戒監視・偵察（ＩＳＲ）活動の拡大といった協力を促進することを決定した。

●閣僚は、弾道ミサイル防衛に係る協力について両国が達成した進展を歓迎した。ＳＭ－３ブロックⅡＡの共同開発事業に関し、閣僚は、生産及び配備段階に移行する場合に備え、将来の課題を検討することを決定した。この観点から、米国政府から今後要請され得るＳＭ－３ブロックⅡＡの第三国への移転は、当該移転が日本の安全保障に資する場合や国際の平和及び安定に資する場合であって、かつ、当該第三国がＳＭ－３ブロックⅡＡの更なる移転を防ぐための十分な政策を有しているときには、米国に対する武器及び武器技術の供与に関する二〇〇六年六月二三日の交換公文に従い、認められ得る。閣僚は、武器・武器技術共同委員会（ＪＡＭＴＣ）をそのような将来の第三国移転に関する協議の機関に指定した。

●閣僚は、短期的及び長期的に地域の安定を向上させる最も効果的な方法（核能力によるものを含む。）を決定する協議の機関として、定期的な二国間の拡大抑止協議が立ち上げられたことを歓迎した。

●閣僚は、安全保障分野における日米宇宙協議及び宇宙状況監視、測位衛星システム、宇宙を利用した海洋監視、デュアルユースのセンサーの活用といった諸分野におけるあり得べき将来の協力を通じ、日米二国間の宇宙における安全保障に関するパートナーシップを深化させる最近の進展があったことを認識した。

●閣僚は、サイバー空間における増大する脅威によってもたらされる課題に日本及び米国が立ち向かうための新たな方法について協議することを決意し、サイバー・セキュリティに関する二国間の戦略的政策協議の設置を歓迎した。閣僚は、サイバー・セキュリティに関する効果的な二国間協力には、政府全体による解決及び民間部門との調整が必要であることを認識した。

（２）地域及びグローバルな場での日米同盟の協力

●閣僚は、前述の三か国間の安全保障協力を含め、地域において共通の価値を共有する諸国と安全保障及び防衛協力を促進することの重要性を強調した。閣僚は、状況が許す場合には共同演習及び相互の後方支援を通じて、人道支援・災害救援及びその他の活動での三か国間及び多国間の協力を促進するための努力を奨励した。

●閣僚は、また、地域の人道支援・災害救援分野の後方支援の拠点を日本に設置することの重要性につき一致した。

●閣僚は、災害救援、平和維持、復興及びテロ対策を含む国際的な活動における更なる協力の重要性を強調した。

●閣僚は、航行の自由を保護し、安全で確実なシーレーンを確保するため、海洋安全保障及び海賊対処において更に協力する意図を確認した。

●閣僚は、自衛隊及び米軍に関連する環境面での課題について協力を継続することを決定した。

（３）日米同盟の基盤の強化

●閣僚は、これまでの進展を歓迎しつつ、情報保全についての日米協議で議論されてきたとおり、政府横断的なセキュリティ・クリアランスの導入やカウンター・インテリジェンスに関する措置の向上を含む、情報保全制度の更なる改善の重要性を強調した。閣僚は、また、情報保全のための法的枠組みの強化に関する日本政府の努力を歓迎し、そのような努力が情報共有の向上につながることを期待した。

資料Ⅲ・52

秘密保全のための法制の在り方について（報告書）

二〇一一年八月八日

秘密保全のための法制の在り方に関する有識者会議

コメント

1．本報告書は、二〇一〇年に勃発した尖閣沖中国漁船衝突事件のビデオ映像の流出を直接の契機として、民主党の菅直人内閣が二〇一〇年一二月に開催した「政府における情報保全に関する検討委員会」の議に基づき、一一年一月に設置された「秘密保全のための法制の在り方に関する有識者会議」が、同年八月に行った報告である。有識者会議は、委員長の縣公一郎早稲田大学教授、長谷部恭男東京大学教授ほか全部で五名からなり、六回の会合をふまえて報告書を出した。

本報告は、自民党政権が長年の懸案としながら実現することができなかった秘密保護法の制定の必要性を訴え、その内容の輪郭を示した。

本報告の提案は、民主党政権時代には動かなかったが、第二次安倍晋三内閣になって、改めて取り上げられ、報告の趣旨にそって特定秘密保護法（⇩Ⅲ・67）が制定されることになった。その意味では大きな政治的役割を果たした報告である。

2．報告の注目すべき特徴の第一は、秘密保護法制の必要な理由として三点をあげていることである。

第一は、我が国では、外国の情報機関による情報漏洩や政府情報のネットワーク上への流出が相次いでおり「情報漏洩を防止する制度」が必要であるという理由である。これは尖閣ビデオ流出を喧伝している。

第二は、これがもっとも大きな理由だが、「政府部内や外国との間での相互信頼に基づく情報共有の促進が不可欠であり、そのためには」秘密保護法の整備が必要であるという理由である。これは、より露骨にいえば、日米共同作戦を実行するために不可欠な米軍との情報のやりとりのためにアメリカが求めているということである。ちなみに、第一次アーミテージ報告（⇩Ⅲ・31）が、集団的自衛権行使容認とともに秘密保護法の制定を求めていたのはこの理由からである。

第三は、日本における秘密保護法制の整備の不備という理由である。

3．報告の注目すべき特徴の第二は、秘密の範囲を、「国の安全」すなわち防衛にとどまらず、「外交」「公共の安全及び秩序の維持」というふうに広く設定していることである。とくに三番目の「公共の安全及び秩序の維持」はいわば何でも放り込めるブラックボックスのようなものである。もちろん報告は、この三領域の情報のうち、とくに秘匿を要するもの——これを報告は「特別秘密」と呼ぶ——に限って保護の対象とするといっているが、範囲の広さ、漠然さは変わらない。

また、秘密保護の対象も、たんに行政庁の保有する秘密ばかりでなく、政府の業務委託を受けた民間事業者にまで適用するとしていることも注目される。

4．報告の注目すべき特徴の第三は、秘密の物的、人的管理をあげ、とくに人的管理として、秘密を取り扱う者の「適性評価制度」の導入を謳っていることである。

適性評価とは、「秘密情報を取り扱わせようとする者（以下「対象者」という。）について、日ごろの行いや取り巻く環境を調査し、対象者自身が秘密を漏えいするリスクや、対象者が外部からの漏えいの働きかけに応ずるリスクの程度を評価することにより秘密情報を取り扱う適性を有するかを判断する制度である。」簡単に言えば、秘密を取り扱う者、その家族も含めた思想調査、素行調査である。

この制度は、アメリカ、イギリスをはじめとした諸国では導入されている仕組みであるが、戦前日本の秘密保護法制にはなかったのみならず、戦後になって政府等が作成した秘密保護法案にも登場していなかった、新しい制度である。

これは、現代において、政府が秘匿したい情報が膨大化するにともない、それに触れる人間も膨大化したことを反映した制度である。先走っていえば、この制度は、後に第二次安倍晋三内閣が制定した特定秘密保護法で導入されている。

5．報告の注目すべき第四は、罰則規定において、たんに重罰化したのみならず、マスメディアによる取材報道の規制を目的として、秘密へアクセスすることを「特定取得行為」として処罰すべきであると提言していることである。

問題は、報告が、違法な手段による情報の取得にとどまらず「社会通念上是認できない行為を手段とする場合も」（傍点引用者）含めて処罰対象にしようとしていることである。これは明らかにマスメディア等の取材報道活動に対する侵害であるが、報告は、「特定取得行為は、犯罪行為や犯罪に至らないまでも社会通念上是認できない行為を手段とするもので、適法な行為との区別は明確であるから、特定取得行為を処罰対象に加えても、正当な取材活動など本来許容されるべき行為が捜査や処罰の対象とされるおそれはないと考えられる。」と言いきった。憲法学者が中心に座った報告とも思えない言説である。

また罰則の点では、ほかに、過失による漏洩の処罰、未遂の処罰、共謀の処罰、さらには、独立教唆や煽動の処罰というふうに広く網をかけていることも本報告の特徴である。

罰則の最大の目的が、マスメディアの取材活動による情報漏洩の阻止にあることから、上記のような表現の自由の侵害の危険のある処罰規定が設けられている。

はじめに

当会議は、本年一月、政府における情報保全に関する検討委員会から、我が国における秘密保全のための法制の在り方について意見を示すよう要請を受けた。

我が国では、近年、国民主権の理念の下、情報公開法制の整備をはじめ、行政の透明性の確保のための取組について積極的な検討がなされ、一定の成果を上げてきた。同時に、我が国を取り巻く厳しい国際情勢の下で国及び国民の利益を守るためには、政府による秘密保全を徹底することが極めて重要であり、当会議は、政府による秘密保全に係る措置が一面において国民の知る権利等と緊張関係に立ち得ることに留意しつつ、数次にわたる会議において議論を重ねてきた。

本報告書は、これらの議論を踏まえ、我が国の秘密保全法制の在り方について、当会議としての意見を示すものである。

第1　秘密保全法制の必要性・目的

我が国では、外国情報機関等の情報収集活動により、情報が漏えいし、又はそのおそれが生じた事案が従来から発生している。加えて、ＩＴ技術やネットワーク社会の進展に伴い、政府の保有する情報がネットワーク上に流出し、極めて短期間に世界規模で広がる事案が発生している。

我が国の利益を守り、国民の安全を確保するためには、政府が保有する重要な情報の漏えいを防止する制度を整備する必要がある。

また、政府の政策判断が適切に行われるためには、政府部内や外国との間での相互信頼に基づく情報共有の促進が不可欠であり、そのためには、秘密保全に関する制度を法的基盤に基づく確固たるものとすることが重要である。

しかし、秘密保全に関する我が国の現行法令をみると、防衛の分野では、自衛隊法上の防衛秘密や、日米相互防衛援助協定等に伴う秘密保護法（以下「ＭＤＡ秘密保護法」という。）上の特別防衛秘密に関する保全制度があるが[1]、必ずしも包括的なものではない上、防衛以外の分野ではそのような法律上の制度がない。また、国家公務員法等において一般的な守秘義務が定められているが、秘密の漏えいを防止するための管理に関する規定がない上、守秘義務規定に係る罰則の懲役刑が一年以下とされており、その抑止力も十分とはいえない。

以上のことを踏まえると、国の利益や国民の安全を確保するとともに、政府の秘密保全体制に対する信頼を確保する観点から、政府が保有する特に秘匿を要する情報の漏えいを防止することを目的として、秘密保全法制を早急に整備すべきである。

第2　秘密の範囲

1　秘密とすべき事項の範囲

ある事項を秘密として厳格な保全措置の対象とすることは、これにより得られる利益がある反面、国の説明責任への影響や行政コストの増大も考えられる。このため、行政機関等が保有する秘密情報の中でも、国の存立にとって重要なもののみを厳格な保全措置の対象とすることが適当である（以下、本法制で厳格な保全措置の対象とする、特に秘匿を要する秘密を便宜的に「特別秘密」と呼ぶこととする。）。

特別秘密として取り扱うべき事項について、防衛秘密の制度を参考としつつ、関係省庁の意見を基に検討すると、

①　国の安全

②　外交

③　公共の安全及び秩序の維持

の三分野を対象とすることが適当である。

2　事項の限定列挙・秘匿の必要性による絞り込み

前記の三分野のいずれかに属する事項であっても、内容によりその重要度には差異があるところ、特別秘密として厳格な保全措置の対象とする情報は特に秘匿の必要性が高いものに限られるべきであるから、これらの分野のいずれかに属する事項の中から特別秘密に該当し得る事項を更に限定する必要がある。

そこで、本法制を整備する際には、自衛隊法の防衛秘密の仕組みと同様に、特別秘密に該当し得る事項を別表等であらかじめ具体的に列挙した上で、高度の秘匿の必要性が認められる情報に限定する趣旨が法律上読み取れるように規定しておくことが適当であり、例えば「我が国の防衛上、外交上又は公共の安全及び秩序の維持上特に秘匿することが必要である場合」（自衛隊法第九六条の2第一項参照）[2]、「その漏えいにより国の重大な利益を害するおそれがある場合」などを要件とすることが考えられる。

3　秘密の作成又は取得の主体

特別秘密の範囲を画するに当たっては、事項を絞り込むのみならず、誰が作成・取得した情報を本法制の適用対象とすべきかという観点からの検討が必要である。

（1）国の行政機関

前記のような本法制の目的に照らし、国の行政機関が作成・取得する情報は当然に本法制の適用対象とすべきである。

（２）独立行政法人等[3]

独立行政法人等は、例えば人工衛星の研究開発、大量破壊兵器に転用可能なロケットに係る機微技術の研究開発等に関して、国の安全等に関する情報を作成・取得する例がある。

独立行政法人等が、国と密接な関係を有し、実質的には国の行政の一端を担う公的機関であることを踏まえ、その独立性、業務の多様性等にも配慮しつつ、独立行政法人等が作成・取得する情報についても本法制の適用対象に含めることが適当である。

（３）地方公共団体

地方公共団体については、警察事務において、公共の安全及び秩序の維持に関して特に秘匿を要する情報を作成・取得する例がある。

そして、地方公共団体が、国と密接な関係を有しつつ地域における行政を実施する公的機関であることに鑑みると、地方公共団体が作成・取得する情報についても本法制の適用対象に含めることが適当である。

ただし、地方公共団体が通常取り扱う特別秘密は主として警察事務に関連するものと考えられることから、地方公共団体に対する本法制の適用範囲を都道府県警察に限定することも考えられる。

（４）民間事業者・大学

前述のとおり、本法制は、政府が保有する特に秘匿を要する情報の漏えいの防止を基本とするが、政府とは直接関係を有しない民間事業者や大学においても、国の安全等に関し保護されるべき情報を作成・取得することがあり得る。しかしながら、民間事業者や大学が作成・取得する情報を本法制の適用対象とすると、経済活動の自由や学問の自由の観点から国家による過度の干渉にもつながりかねないこと等を考慮すると、民間事業者や大学が作成・取得する情報については本法制の適用対象としないことが適当である。[4]

ただし、民間事業者及び大学（以下「民間事業者等」という。）が行政機関等（国の行政機関、地方公共団体及び独立行政法人等をいう。）から事業委託を受ける場合には、当該事業が行政機関等の意思決定の下でその活動の一環として実施されるものであることから、当該事業において作成・取得される情報は、行政機関等が自ら作成・取得する情報と同視し得る。そして、民間事業者等は任意の契約により事業委託を受けるのであるから、当該事業に関して特別秘密の保全義務を課すことも許容される。したがって、このような場合に限っては、民間事業者等が作成・取得する情報も本法制の適用対象とすることが適当である。[5]

第３　秘密の管理

１　秘密の指定

（１）指定行為

本法制の対象とする特別秘密については、厳格な保全措置の対象とするものであるから、対象となる範囲を明確に特定することが適当である。このため、標記（標記が困難な場合は通知）による指定を要件とすること、すなわち、特別秘密については、実質秘であることを前提に、要式行為たる指定行為により保全対象たる秘密の外縁を明確化し、その範囲で厳格な管理を行うことが適当である。

（２）指定権者

各行政機関等が独自に情報の作成・取得を行っている現状にあることや、秘密指定の要否の判断は当該情報の作成・取得の原因となった具体的事務に即して行うことが適当であることに照らすと、秘密指定の権限は、原則として、特別秘密の作成・取得の主体である各行政機関等に付与することとするのが適当である。

また、行政機関等から事業の委託を受けた民間事業者等が作成・取得した情報については、当該委託をした行政機関等が、情報の流出による当該事業への影響等を最も的確に判断できると考えられることから、原則として、当該委託をした行政機関等が秘密指定を行うこととするのが適当である。

（3）秘密指定の効果

特別秘密の指定がなされた情報は、特別秘密としての取扱いを受けることになる。

具体的には、特別秘密の指定の趣旨に照らし、これを取り扱う者が限定され、必要のない者が当該特別秘密を知得することがないよう、後述のとおり厳重な人的管理及び物的管理が求められることとするのが適当である。

なお、特別秘密の作成・取得の趣旨に照らし、他の行政機関等や民間事業者等との共有が必要な場合には、特別秘密の外部への伝達を認めることが適当である[6]。

ただし、特別秘密の漏えいを防ぐために、共有先の行政機関等又は民間事業者等において、法令等により特別秘密の適切な管理が確保されていることを前提とすることが適当である。

（4）他の行政目的等のための秘密の伝達

特別秘密を保有する行政機関等が、その作成・取得の趣旨に照らし伝達が想定されない行政機関等に特別秘密を伝達する必要性を認めるべき場合があると考えられる[7]。具体的には、許認可、会計検査、捜査等の遂行のための伝達が考えられるが、この場合、伝達先の行政機関等において法令等に基づき特別秘密の管理が確保されていることを前提とすることが適当である。

（5）指定の解除

高度の秘匿の必要性が認められなくなった特別秘密について、指定を迅速に解除すべきことは当然であり、秘密保全法制に対する国民の理解を得る上でも重要である。このため、本法制の対象となる特別秘密がその要件に該当しなくなった場合には、指定権者において速やかに指定を解除することが適当である。

高度の秘匿の必要性がなくなった情報がなお特別秘密扱いされる弊害を防止するための制度的担保としては、指定の有効期限を定め、一定期間ごとに指定の要否を再検討する機会を設ける更新制が有効な手段のひとつと考えられる。行政実務の実情を踏まえ、その導入の可否を検討すべきである。

（6）指定の調整等

特別秘密は、その性格上、統一的に指定され、解除されることが必要であるから、国の行政機関の間で特別秘密の指定及び解除についてそごが生じないように、複数の機関で判断が異なる場合の調整の仕組みを整理することが必要である。

また、国の行政機関以外の行政機関等が指定又は解除を行う場合において、国との間でそごが生じないよう、国が一定の関与を行う枠組みを設けることが必要である。

2　人的管理

特別秘密を保全するためには、特別秘密を取り扱う者自体の管理を徹底することが重要である。具体的には、以下に述べるとおり、特別秘密を取り扱うにつき適性を有すると認められた者に取り扱わせること、真に必要のある者に限って取り扱わせること、管理責任を明確化すること、及び特別秘密を取り扱う者の保全意識を高めることが必要である。

（1）適性評価制度

ア　適性評価制度の整備

（ア）適性評価制度とは

特別秘密の取扱者から秘密を漏えいする一般的リスクがあると認められる者をあらかじめ除外する仕組みがあれば、特別秘密が漏えいする可能性を制度的に低減することが可能となる。適性評価制度とは、秘密情報を取り扱わせようとする者（以下「対象者」という。）について、日ごろの行いや取り巻く環境を調査し、対象者自身が秘密を漏えいするリスクや、対象者が外部からの漏えいの働きかけに応ずるリスクの程度を評価することにより秘密情報を取り扱う適性を有するかを判断する制度である。

（イ）諸外国の適性評価制度

このような制度は、米、英、独、仏等の諸外国において、国にとって重大な秘密情報を保全する制度の一部として既に導入・運用されている。その共通点としては

① 法令等により制度が根拠付けられていること

② 対象者は原則として秘密の取扱者全てであり、その中には国の行政機関から事業の委託を受ける民間事業者等の職員も含まれていること

③ 実施に当たっては本人の同意を得て本人から調査票等により情報を収集することとし、情報の収集・裏付けのために公私の団体に対して渡航履歴等の照会を行っていること

④ 各行政機関の長が実施していること

⑤ 評価の結果を本人に通知するとともに、定期的に改めて評価を行っていること

等を挙げることができる。

（ウ）我が国の現行制度の課題と法制の必要性

我が国では、「カウンターインテリジェンス機能の強化に関する基本方針」（平成一九年八月九日カウンターインテリジェンス推進会議決定）に基づき、政府統一基準として、平成二一年四月から国の行政機関の職員を対象に秘密情報（特別管理秘密）の取扱者に対して適性の評価を実施している。しかし、この制度では、

① 法令上の位置付けが必ずしも明確でないこと

② 国の行政機関の職員のみが対象となっており、国の行政機関からの委託により秘密情報を取り扱う民間事業者等の職員が対象となっていないこと

③ 対象者本人から十分な情報が得られない場合に、適性評価の実施権者（対象者が適性を有していると認める権限がある者をいう。）が公私の団体に照会する権限が明確でないことなどの課題がある。

適性評価制度を本法制の中で明確に位置付け、必要な規定を設けることは、特別秘密の保全の実効性を高める観点から極めて重要である。

なお、適性評価制度の設計においては、諸外国の先行事例を参考としつつ、我が国の実情に沿うものとするよう十分考慮する必要がある。

イ　適性評価の対象者

行政機関等や民間事業者等において、特別秘密を作成・取得する業務、あるいはその作成・取得の趣旨に従い特別秘密の伝達を受ける業務に従事する者は、特別秘密の取扱いが業務上当然に想定される。また、行政機関等においては、特別秘密の作成・取得の趣旨に照らし特別秘密の取扱いが想定されない業務の遂行のために特別秘密の伝達を受けることがあり得る。いずれの業務についても、特別秘密の重要性に鑑み、あらかじめ適性評価を実施し、適性を有すると認められた者のみに特別秘密を取り扱わせることが適当である。

その際、常に後述の一連の評価プロセスが全て完了しなければならないこととすると、特別秘密を取り扱う業務の遂行に著しく支障を来す場合があると考えられることから、このような場合には、一連の評価プロセスの完了前に、暫定的に適性を評価し、一定期間に限り特別秘密を取り扱わせることができることとすることが適当である。

ただし、特別秘密を取り扱うことが事前に予測されておらず、かつ、緊急に特別秘密を取り扱わせなければ業務の遂行に著しく支障を来す者

については、あらかじめ適性評価を実施することが困難であることから、例外的に適性評価に代替する措置を講じた上、一定期間に限り特別秘密を取り扱わせることができることとすること等が考えられる。なお、この者に一定期間経過後も特別秘密を取り扱わせることとなる場合における適性評価の要否については、今後検討すべきである。

一方、内閣を組織する内閣総理大臣及び国務大臣にあっては、極めて高度な政治的性格を有する職であることから、適性評価の対象外とすることが考えられる。また、その他特別の任免の要件・手続が採用されている職については、それぞれの職の性格を踏まえ、適性評価の必要性を個別に判断することが適当である。[8]

ウ　実施権者

国の存立にとって重要な秘密情報として国が特別秘密に指定したものについて、これを厳重な管理に服せしめるのは国の責務と考えられる。この考え方を踏まえ、特別秘密を取り扱う機関の実施権者については以下のとおりとすることが適当である。

（ア）国の行政機関

国の行政事務が、法令の定める任務・所掌事務について各行政機関ごとに処理されていることを踏まえ、国の行政機関の職員についての適性評価は、原則として各行政機関の長をその実施権者とする。

（イ）独立行政法人等

独立行政法人等が主務大臣の関与の下で業務を実施していることから、独立行政法人等の職員についての適性評価は、主務大臣を実施権者とする。

（ウ）地方公共団体[9]

地方公共団体が通常取り扱う特別秘密は主として警察事務に関連するものと考えられるところ、都道府県警察の職員の適性評価については、警察事務が本来住民の日常生活の安全の確保という地方的性格と国全体の安全等に係る国家的性格とを併せ持つものであり、我が国の現行警察制度では都道府県警察に一定の国家的性格を付与していることを踏まえ、警視総監・道府県警察本部長をその実施権者とする。

（エ）民間事業者等

民間事業者等は、行政機関等から事業委託を受けることで特別秘密を取り扱うこととなるため、民間事業者等の職員の適性評価の実施権者は、事業を委託した機関における実施権者とする。

エ　評価の観点及び調査事項

秘密漏えいのリスクとの関連が深い、例えば以下の観点から対象者の適性を評価することが考えられる。

① 我が国の不利益となる行動をしないこと。
② 外国情報機関等の情報収集活動に取り込まれる弱点がないこと。
③ 自己管理能力があること又は自己を統制できない状態に陥らないこと。
④ ルールを遵守する意思及び能力があること。
⑤ 情報を保全する意思及び能力があること。

したがって、適性評価においては、上記の観点からの評価に必要な事項を調査する必要があるところ、諸外国の適性評価における調査事項を参考にすると、調査事項としては、例えば、①人定事項（氏名、生年月日、住所歴、国籍（帰化情報を含む。）、本籍、親族等）、②学歴・職歴、③我が国の利益を害する活動（暴力的な政府転覆活動、外国情報機関による情報収集活動、テロリズム等）への関与、④外国への渡航歴、⑤犯罪歴、⑥懲戒処分歴、⑦信用状態、⑧薬物・アルコールの影響、⑨精神の問題に係る通院歴、⑩秘密情報の取扱いに係る非違歴、といったものが考えられる。

また、対象者本人に加え、配偶者のように対象者の身近にあって対象者の行動に影響を与え得る者についても、諸外国と同様に、人定事項、信用状態や外国への渡航歴等の事項を調査することも考えられる。

オ　調査事項の公開及び評価基準の非公開

適性評価の実施に当たっては、様々な個人情報を取得し、利用する必要があることに鑑み、調査事項を法令上明示し、いかなる個人情報が取り扱われることとなるのかを明らかにすることが、適性評価制度への国民の理解を得る観点から適当である。

一方、評価基準を明らかにすると、漏えいのリスクがあることを不当に隠そうとする者に対抗措置を講ずる機会を与えるおそれがあることから、評価基準は、その性質上、公開にはそぐわないものと考えられる。

カ　プロセス

(ア)　対象者の同意と調査票の提出

適性評価では実施権者が対象者の個人情報を調査し、把握する必要があるが、対象者のプライバシーに深く関わる調査となることから、調査については、対象者の同意を得て、調査票の任意の提出を待って手続を開始、進めることが肝要である。

(イ)　対象者への面接

実施権者は、調査票への回答の真偽等を確認するため、必要に応じ、対象者に面接することとすることが適当である。

(ウ)　第三者に対する照会等

調査票や面接における回答の真偽を確認する必要がある場合において、対象者本人から提出を受けた資料では十分な情報が得られないときには、実施権者が金融機関、医療機関その他の公私の団体に調査事項に関して照会する必要があることも考えられるため、実施権者にその権限を付与することが適当である。

また、対象者の日ごろの行い等を調査するため、職場の上司や同僚等の対象者をよく知る者に対して質問する必要がある場合も考えられることから、実施権者にその権限を付与することが適当である。

なお、第三者に対する照会等については、個人情報の保護に配慮する観点や照会先の公私の団体が照会に協力しやすい環境を整備する観点から、慎重を期すため、対象者本人から同意を得て行うことが適当である。

(エ)　適性の判断

適性評価では、対象者による秘密漏えいのリスクの程度を全ての調査事項の調査を通じて総合的に評価する必要があり、適性を有するかどうかは、実施権者の裁量的判断に委ねられるべきものと考えられる。

本制度のこのような性格を踏まえると、実施に当たっては必要に応じて対象者本人から詳細な説明を求めるなど、慎重かつ細心の注意を払うことが必要である。

また、複数の実施権者がそれぞれの裁量的判断により適性評価を行うこととなるため、各実施権者の判断が大きく異なることのないよう、政府において統一的な評価基準を作成してこれを共有することも検討する必要がある。

(オ)　結果の通知

実施権者は、適性評価の結果を対象者に通知することが適当である。

なお、適性を有しないと評価された場合は、支障のない範囲で理由を付して通知することを検討する必要がある。

キ　評価結果の有効期限

評価結果には有効期限を設け、有効期限後も引き続き特別秘密を取り扱わせる必要があるときは、改めて適性評価を実施しなければならないこととすることが適当である。

ク　適性の見直し

適性評価を実施した後、当該対象者について、その結果を覆すおそれのある事情の存在が疑われる場合には、実施権者は速やかに適性評価を再度実施し、結果に応じて適性の評価を見直すことが適当である。

ケ　関係資料の適切な取扱い

適性評価の実施に当たっては様々な個人情報を取り扱う必要があるところ、実施権者は対象者の個人情報の保護が確実に図られるよう必要かつ適切な措置を講じなければならないことは言をまたない(10)。

(2) 取扱者の指定

特別秘密が漏えいする可能性を低減させるため、特別秘密を取り扱わせる者は、適性を有すると認めた者の中から、業務上の必要性から真に必要のある者を指定することによって、これらの者に限ることが適当である。

(3) 管理責任体制

特別秘密を取り扱う機関の長は、その職員の中から、特別秘密の取扱いの業務を管理させる取扱管理者等を指名するなどして組織内において適切に役割・責任を分担する体制を構築することが適当である。

(4) 研修

特別秘密を職員に適切に取り扱わせるためには、秘密保全の意識を啓発するとともに、秘密保全に係る個別具体的な手続等に関する知識を習得させる必要があることから、特別秘密を取り扱う機関の長は、特別秘密を取り扱わせる職員に研修を実施することが適当である。

3 物的管理

上記の人的管理の各措置に加え、特別秘密を保全するためには、作成・取得から廃棄・移管までの各段階において、個別具体的な保全措置を日常的に講ずる必要がある。

具体的には、例えば以下のような事項について保全措置を講じることが適当である(11)。

① 特別秘密に係る文書・図画・物件の作成・取得、運搬・交付、保管・利用、廃棄・移管の手続及び方法

② 特別秘密の保管場所等への携帯型情報通信・記録機器の持込み

③ 特別秘密に係る電子計算機情報の取扱い方法

④ 特別秘密の保全の状況についての検査

第4 罰則

1 罰則に関する基本的な考え方

特別秘密の漏えいを防止するためには、前述のとおり厳格な人的管理及び物的管理を行うのみならず、漏えい行為など本来特別秘密を知る立場にない者が特別秘密を知ることにつながる行為について、刑罰をもって臨むことが必要である。

そして、特別秘密の漏えいを防ぐには、その保全状態を保護することが効果的と考えられること、及び処罰の範囲を必要最小限に抑えることが、本法制に対する国民の理解を得る上で重要と考えられることから、特別秘密を現に保全する者、すなわち業務によりこれを取り扱う者による漏えいを処罰し、特別秘密の漏えいを根元から抑止することを基本的な考え方とすることが適当である。

また、法定刑については、上記行為を抑止するとともに、特別秘密の漏えい等という重い罪責に応じた処罰を可能にするような刑を定めることが適当である。

なお、罰則を設けることにより、特別秘密を取り扱う者に緊張感を与え、その保全意識をより高める効果が期待できるものと考えられる。

2 禁止行為

(1) 故意の漏えい行為

処罰すべき行為として、まず、故意に秘密を漏えいする行為が考えられるところ、処罰すべき者の範囲が問題となる。

ア 業務により特別秘密を取り扱う者

業務により特別秘密を取り扱う者は、自己の業務上の権限や地位に基づき特別秘密を知る者で、その業務性に応じた高度の保全義務を負うこととなるから、これらの者による故意の漏えい行為を処罰することが適

当である。

ところで、このような者には、特別秘密を取り扱うことを業務とする者、すなわち特別秘密の作成・取得の趣旨に従い特別秘密を取り扱う者[12]（以下「取扱業務者」という。）と、特別秘密の作成・取得の趣旨に従い特別秘密を取り扱うのではなく、自己の業務の遂行のために必要性が認められて特別秘密の伝達を受け、これを知得する者[13][14]（以下「業務知得者」という。）がある。

このうち、業務知得者による特別秘密の漏えい行為について、故意行為であり、かつ特別秘密の秘密性が現実に害される点では取扱業務者による漏えい行為と変わらず、行政機関等の業務に関して国の重要な秘密の伝達を受ける以上、漏えいした場合には取扱業務者と同等の責任を負うべきとの考えがある。

他方、自衛隊法及びＭＤＡ秘密保護法では、国の重要な秘密である防衛秘密ないし特別防衛秘密の漏えいについて、取扱業務者と業務知得者との間で取扱いに差異を設けている[15]。これは、業務知得者が特別秘密の取扱いそのものを業務とする者ではなく、取扱業務者に比して特別秘密を取り扱う機会も少ないなどの事情に照らし、取扱業務者に対する刑よりも軽い刑を定めるべきとの考え方に立っているものと解されるところ、本法制においても同様に両者の取扱いに差異を設けるべきとの考え方もある。

このように、業務知得者の処罰の程度については両様の考え方があることから、更に検討すべきである。

イ　その他の者

例えば取扱業務者の漏えい行為により特別秘密を知った者など、取扱業務者又は業務知得者以外の者（以下「業務外知得者」という。）[16]が特別秘密を第三者に漏えいした場合、これを処罰すべきかが問題となる。

このような行為は、特別秘密をより広範囲に拡散する行為ではあるが、そもそも業務外知得者は業務として特別秘密を取り扱う者ではないため、業務外知得者への伝達の時点で特別秘密は既に保全状態から流出しており、上記行為を処罰しても漏えいの根元からの抑止にはつながらない。また、これを処罰の対象とすると、例えば特別秘密文書をたまたま拾った一般人まで処罰対象になり得るなど処罰対象が広がる上、正当な報道活動も構成要件に該当し得るため報道活動への影響も懸念される。

このため、業務外知得者による漏えい行為については、特別秘密の漏えいを根元から抑止するとの基本的な考え方に基づき、その行為自体を処罰するのではなく、その前段階にある、業務により特別秘密を取り扱う者による漏えい行為の処罰を徹底することが適当である。

（２）過失の漏えい行為

特別秘密の性格に照らせば、過失による漏えいであっても、国の利益や国民の安全の確保に大きな影響を及ぼすことは、故意による場合と変わりがない。そして、業務により特別秘密を取り扱う者は、その業務に応じ、特別秘密を厳格に保全し漏えいを防ぐ責任を有していると考えられるから、このような者に対しては、漏えいを防ぐ注意義務を認め、過失による漏えいを処罰することが適当と考えられる[17]。

ただし、業務知得者については、その業務の内容によっては注意義務を認めるべき基礎が十分ではなく過失漏えいの処罰が酷であるとの考えもあり得る。現行法上も、業務知得者の過失による漏えい行為については、自衛隊法ではそもそも処罰対象とされておらず、ＭＤＡ秘密保護法では処罰対象ではあるが取扱業務者のそれより軽い刑が定められている。このため、業務知得者の処罰については更に検討する必要がある。

（３）特定取得行為

特別秘密の漏えいを防ぐには、特別秘密の保全状態からの流出を防ぎ、秘密の漏えいを根元から抑止することが重要であるところ、業務によりこれを取り扱う者、すなわち取扱業務者及び業務知得者による漏えい行為を処罰対象とすることで、特別秘密の保全状態からの流出に最低限の歯止めをかけることは可能である。

しかし、特別秘密の保全状態からの流出には、取扱業務者等による漏えい行為の処罰では抑止できない取得行為を原因とする場合がある。すなわち、

① 財物の窃取、不正アクセス又は特別秘密の管理場所への侵入など、管理を害する行為を手段として特別秘密を直接取得する場合には、取扱業務者等による漏えい行為が介在しないため、漏えい行為の処罰ではこれを抑止できない。また、

② 欺罔により適法な伝達と誤信させ、あるいは暴行・脅迫によりその反抗を抑圧して、取扱業務者等から特別秘密を取得する場合には、取扱業務者等に漏えいの故意がないなど、漏えい行為の処罰が困難な場合がある[18]（以下、上記①②に該当する行為を便宜的に「特定取得行為」という[19]。）。

特定取得行為を処罰することとすれば、特別秘密の保全に関わらない一般人を新たに処罰対象とすることとなるため、前述の基本的な考え方からすれば慎重な検討を要する。

しかし、特定取得行為は、犯罪行為や犯罪に至らないまでも社会通念上是認できない行為を手段とするもので、適法な行為との区別は明確であるから、特定取得行為を処罰対象に加えても、正当な取材活動など本来許容されるべき行為が捜査や処罰の対象とされるおそれはないと考えられる。

また、特定取得行為は、特別秘密を保全状態から流出させる点で取扱業務者等による漏えい行為と同様の悪質性、危険性が認められる行為であり、その行為が取扱業務者等によるものでないということのみをもって処罰の対象から外されるとすれば、特別秘密の保全を目的とする本法制の趣旨を損ねることになると考えられる。

このため、処罰の範囲を必要最小限に抑えるという基本的な考え方の下でも、特定取得行為を処罰対象とすることには理由がある。

なお、特定取得行為の中には他の犯罪が成立する行為もあるが、特別秘密の保全の観点からは、同行為は取扱業務者等による漏えい行為と同様の悪質性、危険性が認められる行為であるから、本法制において、特定取得行為として処罰対象とすることが適当である。

（4）未遂行為

故意の漏えい行為の未遂は、特別秘密の漏えいの危険を現実化させる悪質性の高い行為であり、処罰対象とすることが適当である。

また、特定取得行為は漏えい行為と同様に秘密を漏えいさせる高い危険性を有することから、同行為の未遂も処罰することが適当である。

（5）共謀行為

故意の漏えい行為の共謀は、漏えい行為について共謀者間で具体性、特定性、現実性を持った合意がなされる上、共謀者の一人の意思の変化では犯罪行為の遂行を容易に変更できないこととなり、単独犯における犯行の決意に比べて犯罪実現の危険性が飛躍的に高まるため、特別秘密の保全の重要性に照らせば共謀段階での処罰の必要性が認められる。そこで、他の立法例も考慮し[20]、漏えい行為の共謀行為を処罰対象とすることが適当である。

また、特定取得行為は漏えい行為と同様に秘密を漏えいさせる高い危険性を有することから、同行為の共謀も処罰することが適当である。

（6）独立教唆行為及び煽動行為

取扱業務者等に対し、特別秘密を漏えいするよう働きかける行為は、その漏えいの危険を著しく高める行為であって悪質性が高い。他の立法例も考慮すると[21]、正犯者の実行行為を待つことなく、特別秘密の漏えいの独立教唆及び煽動を処罰対象とすることが適当である。

また、特定取得行為は漏えい行為と同様に秘密を漏えいさせる高い危

険性を有することから、同行為の独立教唆及び煽動を処罰することが適当である。

（7）自首減免規定

刑法第四二条は自首した者に対する刑の任意的減軽を規定しているが、さらに、自首した者に対する必要的な刑の減軽又は免除を規定すれば、現実の漏えいに至る前に自首することを促し、ひいては実害の発生を未然に防ぐことを期待できる。

そこで、いまだ実害が発生していない時点での自首を促し、実害の発生を防止する観点から、他の立法例も考慮し[22]、漏えい行為及び特定取得行為の未遂及び共謀について、自首による刑の必要的減免規定を置くことが適当である。

（8）国外犯処罰規定

特別秘密の保全を徹底する観点からは、我が国の領域外における漏えい行為や特定取得行為についても処罰対象とすることが適当である。

そして、特別秘密の漏えい行為等は、日本国外において日本国民のみならず日本国民以外の者によっても敢行され得るところ、漏えい行為等は我が国の重大な利益を害する行為であるから、行為者の国籍を問わず我が国において処罰できるようにすることが適当と考えられる。したがって、特別秘密の漏えい行為等については、刑法第二条の例により、日本国外において罪を犯した全ての者を処罰することとすることが適当である。

3　法定刑

特別秘密の漏えい行為等に対する十分な抑止力を確保し、また、漏えい行為等を敢行した者に対してその罪責に応じた十分な刑罰を科し得るようにするためには、他の立法例を参考にするとともに、罪刑の均衡を前提としつつ、法定刑を相当程度重いものとすることが必要である。

本法制で処罰対象とする漏えい行為等のうち、最も重い刑をもって臨むべき行為は、業務により特別秘密を取り扱う者による故意の漏えい行為、及び特定取得行為と考えられる。そこで、以下、それらの行為に対する法定刑を検討する。

（1）自由刑について

これまでの検討内容に照らすと、防衛秘密に相当する事項は特別秘密に該当するものと考えられる。そして、防衛秘密の漏えい行為に対する刑の上限が懲役五年であることからすれば、本法制における刑の上限も懲役五年とすることが考えられる。

しかしながら、立法例を見ると、刑事特別法及びＭＤＡ秘密保護法では刑の上限が懲役一〇年であるほか、不正競争防止法においても営業秘密の開示行為等に対する刑の上限は懲役一〇年である。さらに、特定取得行為においては窃盗罪（刑の上限は懲役一〇年）などが手段として敢行されることがあることも考慮すると、本法制における刑の上限を懲役一〇年とすることも考えられる。

さらに、法定刑を相当程度重いものとする観点からは、懲役刑の下限を設けることも検討に値する。

（2）罰金刑について

特別秘密の漏えい行為等は、特別秘密が保全状態から流出するという重大な結果を発生させるものであるから、その刑事責任は重く、罰金刑のみを科すことは適当でない[23]。

他方、これまでに敢行された秘密漏えい事案においては、金銭的対価を伴うものが少なくないことから、この種事案に対する抑止効果の観点からは、懲役刑に加え、相当程度の罰金刑の併科が考えられる。

ただし、金銭的対価を伴わない事案や少額の対価を伴うに過ぎない事案もあること、漏えい等に対する報酬であれば没収・追徴も可能と考えられることを踏まえると、自由刑と罰金刑とは任意的併科とすることが適当と考えられる。

第５　法形式

本法制における特別秘密のうち、外交あるいは公共の安全及び秩序の維持に関する秘密については、国の安全に関する秘密についての自衛隊法のような受け皿となり得る既存の法律は見いだし難い。また、本法制は、国の利益や国民の安全の確保といった観点から特別秘密の漏えいを防止することを目的としており、主に服務規律の維持を目的として守秘義務を定める国家公務員法等とは趣旨が異なるため、国家公務員法等の改正により本法制を実現することは適当ではない。したがって、本法制は新規立法によることとすることが適当である。

その際、運用の統一性や制度の一覧性を確保するという観点から、単一の法制によることとするのが適当である。

なお、防衛秘密及び特別防衛秘密については、いずれも本法制の対象とする秘密との間で秘密として保護する理由に異なるところはないが、他方、ＭＤＡ秘密保護法は、日米相互防衛援助協定等に伴うものという特別な性格を有している。そこで、両者のうち、特別防衛秘密については引き続きＭＤＡ秘密保護法によるものとし、防衛秘密に限って本法制に取り込み、統一的に運用することが適当である。[24]

第６　国民の知る権利等との関係

国民主権の原理にのっとり国民が政治的意思決定に関与するためには、政府の諸活動について十分な情報を得ることが必要であり、国民の知る権利は、健全な民主主義の根幹を支える極めて重要な権利である。

この点、国民が政府の保有する情報の開示を求める権利としての知る権利に関しては、具体的な権利性を持たない抽象的な権利であるとしながらも、憲法上の権利として認める裁判例が近年出てきている。[25]

また、国民の知る権利と報道の自由及び取材の自由との関係について、最高裁は、報道機関の報道が、民主主義社会において国民が国政に関与するにつき重要な判断の資料を提供し、国民の知る権利に奉仕するものとして、報道の自由が憲法により保障される旨判示し、また、報道機関の報道が正しい内容を持つための取材の自由についても、憲法の趣旨に照らし十分尊重に値する旨判示している。[26]

本法制は、国民の知る権利や取材の自由との関係で一定の緊張関係に立ち得ることから、本法制と両者との関係について慎重な検討が求められる。

第一に、国民の知る権利との関係について検討すると、行政機関が保有する情報の公開に関する法律（以下「情報公開法」という。）が行政文書の開示を請求する権利を具体的に定めており、同法により国民の知る権利が具体化されていると解されているところ、[27]本法制の特別秘密は、国の安全、外交並びに公共の安全及び秩序の維持の分野の秘密情報の中で特に秘匿性が高いものであることから、同法第五条第三号（国の安全等に関する情報）及び第四号（公共の安全等に関する情報）の不開示情報に含まれるものと解される。すなわち、本法制により保全される特別秘密は、そもそも情報公開法の下で開示対象とされる情報に該当しないことから、同法により具体化されている国民の知る権利を害するものではないと考えられる。

他方、具体的請求権の有無は別として、一般に、国民の知る権利の趣旨に鑑みれば、政府はその諸活動に関する情報を国民に積極的に伝えていくことが望ましい。しかし、本法制の特別秘密はその漏えいが国の存立に関わる重要な情報であり、このような情報を厳格な保全措置の下に置くことについては、国及び国民の利益の確保のためにやむを得ないものであって、国民の知る権利の重要性を前提としても合理性が認められる。したがって、こうした観点からも、本法制を整備することが国民の知る権利との関係で問題になるものではないと考えられる。

第二に、取材の自由について、本法制に特別秘密の漏えいの教唆罪や特定取得罪を設けることで、取材の自由が不当に制限されるのではないかとの指摘があり得る。

この点、漏えいの教唆と取材の自由の関係については、最高裁が、取材の手段・方法が刑罰法令に触れる場合や社会観念上是認できない態様のものである場合には刑罰の対象となる旨判示しており[28]、このような手段・方法による取材行為が取材の自由を前提としても保護されない反面、正当な取材活動は処罰対象とならないことが判例上確立している。

また、本法制における特定取得罪は、既に述べたとおり、当該行為自体が現行法上の犯罪に該当するか、該当しないまでも社会通念上是認できない行為に限って処罰対象とするものであるから、上記の最高裁の立場に照らすと、取材の自由の下で保護されるべき取材活動を刑罰の対象とするものではないと考えられる。

したがって、漏えいの教唆や特定取得行為を処罰することとしても、取材の自由を不当に制限することにはならないと考えられる。

以上から、本法制は、その趣旨に従って運用されれば、国民の知る権利との関係で問題を生じたり、取材の自由を不当に制限したりするものではないと考えられる。しかしながら、ひとたびその運用を誤れば、国民の重要な権利利益を侵害するおそれがないとは言えないことから、国民主権の理念の下、政府においてはその趣旨に従った運用を徹底することが求められ、また、国民においてはその運用を注視していくことが求められる制度であることは、特に強調しておきたい。

第7　立法府及び司法府

特別秘密は行政目的で作成・取得されるものであり、立法府及び司法府に対し、行政目的で特別秘密が伝達されることは想定されない。他方、立法府及び司法府がそれぞれの業務上の必要性から特別秘密の伝達を受け、国会議員や裁判官等がそれを知得することが想定し得るため[29]、然るべき保全措置が取られることが本来適当である。

米、英、独、仏等の諸外国では、行政府から立法府及び司法府に伝達された秘密について、法令や規則等に従った取扱いが求められ、また、当該秘密を知得した者が守秘義務に違反して漏えいした場合には罰則が適用され得ることとなっている。

この点、まず、立法府については、国会議員にはそもそも法律上守秘義務が課せられておらず[30]、また、憲法上、議院で行った発言について免責特権が認められている。

このようなことに鑑みれば、特別秘密に係る国会議員の守秘義務の在り方を検討するためには、国会議員の活動の在り方も踏まえつつ、立法府における秘密保全の在り方全般と特別秘密の保全の在り方との関係を整理する必要があると考えられる。しかし、このような検討は、行政府とは独立の地位を有する立法府の在り方の根幹に関わることから、立法府に委ねることが適当と考えられる[31]。

次に、司法府については、裁判官には罰則を伴う守秘義務が設けられていない一方、弾劾裁判及び分限裁判の手続が設けられている[32]。

特別秘密に係る裁判官の守秘義務の在り方を検討するためには、上記のことも踏まえ、司法府における秘密保全の在り方全般と特別秘密の保全の在り方との関係を整理する必要があると考えられる。しかし、このような検討は、行政府とは独立の地位を有する司法府の在り方に多大な影響を及ぼし得るため、司法制度全体への影響を踏まえて別途検討されることが適当と考えられる。

おわりに

特別秘密の漏えいにより国や国民が受ける被害の重大さに鑑みれば、その保全体制の整備は喫緊の課題である。知る権利など国民の権利利益との適切なバランスを確保しつつ守るべき秘密を確実に保全する制度を構築することは、国民の利益の一層の実現に資するものである。

当会議は、早期に法制化することを念頭に検討を進め、本報告書を取りまとめた。今後、この報告書の内容を十分に踏まえ、速やかな法制化が図られることを希望するものである。

(1) 自衛隊法は、自衛隊についての一定の事項であって公になっていないもののうち、我が国の防衛上特に秘匿することが必要であるものを、防衛大臣が防衛秘密として指定することとしている(同法第九六条の2第一項)。

ＭＤＡ秘密保護法は、日米相互防衛援助協定等に基づき米国から供与された装備品等に関する一定の事項を特別防衛秘密としている(同法第一条第三項)。

(2) 自衛隊法第九六条の2第一項(抄)

防衛大臣は、自衛隊についての別表第四に掲げる事項であって、公になっていないもののうち、我が国の防衛上特に秘匿することが必要であるもの…を防衛秘密として指定するものとする。

(3) 国立大学法人については、学問の自由等の観点で私立大学と区別する理由がないことから、後述(4)の大学に含めて考えることが適当である。

(4) なお、民間における情報漏えいに関しては、不正競争防止法において従業員等による営業秘密の開示等に対する処罰を規定している(同法第二一条第一項)。

(5) 現行法令上、防衛秘密に係る物件の製造又は役務の提供の委託を受けた民間業者は、防衛秘密の管理体制につき一定の基準に適合する必要があるなどその適切な管理を義務付けられるほか、民間業者が防衛秘密を漏らした場合には防衛省の職員と同じ罰則が適用される。

(6) 自衛隊法上の防衛秘密も、一定の要件の下で防衛省外の者への伝達が認められている。

(7) 同一の行政機関等の他の部門に伝達する場合を含む。

(8) 米では大統領及び副大統領、英では首相及び大臣、独及び仏では大統領、首相及び大臣について、それぞれ適性評価の対象から除外されている。

(9) 第2・3・(3) 参照

(10) 具体的には、個人情報の保護に係る法令に基づき、①収集した個人情報を適性評価以外の目的で利用・提供してはならないこと、②適性を評価するという目的の達成に必要な範囲を超えて個人情報の提供を対象職員に求め、又は公務所その他の公私の団体に照会してはならないこと、③取り扱う個人情報の漏えいの防止その他の適切な管理のための措置を講ずること、④個人情報を取り扱うこととなる担当職員に対して、個人情報の安全管理に係る必要かつ適切な監督を行うこと、が必要と考えられる。

(11)「政府における情報保全に関する検討委員会」の下に本有識者会議とともに設置された「情報保全システムに関する有識者会議」では、特に機密性の高い情報を取り扱う政府機関の情報保全システムに関し、情報漏えいを防止するために必要と考えられる技術的措置等について、専門的立場から検討され、報告書が取りまとめられた。

(12) 防衛秘密の例では、武器の調達等に関わる防衛省の職員や、同省から武器の製造等の委託を受けた民間事業者の従業員が挙げられる。

(13) 例えば、捜査の過程で特別秘密に触れる検察官・警察官や、予算案の作成過程で特別秘密に触れる財務省の担当官が挙げられる。自衛隊法上の防衛秘密制度においても、これらの者は、「防衛秘密を取り扱うことを業務とする者」に該当しないと解されている。

(14) 記者が取扱業務者に取材をして特別秘密を知得した場合、記者は自己の業務として取材をしているが、記者は秘密の伝達を受ける業務上の権限や地位を有しておらず、その業務に基づいて秘密を知得したとはいえないから、業務知得者には該当しないと解される。

(15) 自衛隊法では、取扱業務者による漏えい行為のみを処罰し、業務知得者による漏えい行為は処罰対象としていない。また、MDA秘密保護法では、取扱業務者による漏えい行為を業務知得者による漏えい行為よりも重く処罰している。

(16) 不正競争防止法第二一条第一項第七号は、違法な開示により営業秘密を取得した者による当該営業秘密の使用及び開示を処罰の対象としている。

(17) 自衛隊法は、取扱業務者による防衛秘密の過失の漏えいを処罰の対象としている。

(18) 参考　不正競争防止法第二一条第一項（抄）

次の各号のいずれかに該当する者は、十年以下の懲役若しくは千万円以下の罰金に処し、又はこれを併科する。

一　不正の利益を得る目的で、又はその保有者に損害を加える目的で、詐欺等行為（人を欺き、人に暴行を加え、又は人を脅迫する行為をいう。）又は管理侵害行為（財物の窃取、施設への侵入、不正アクセス行為その他の保有者の管理を害する行為をいう。）により、営業秘密を取得した者

(19) 秘密を取得する行為について、刑事特別法等では、情報（無形物）の取得を「探知」、文書、物件等（有形物）の取得を「収集」とそれぞれ呼んでいる。

(20) 自衛隊法は、防衛秘密の漏えいの共謀を処罰の対象としている。

(21) 自衛隊法は、防衛秘密の漏えいの独立教唆及び煽動を処罰の対象としている。

(22) 自衛隊法は、防衛秘密の漏えい未遂及び漏えいの共謀につき自首による刑の必要的減免を規定している。

(23) 自衛隊法、MDA秘密保護法及び刑事特別法では、最も重い犯罪類型に対しては自由刑のみを規定している。また、国家公務員法では罰金刑（五〇万円以下）を選択刑として規定している。

(24) 日米地位協定の実施に伴う刑事特別法における合衆国軍隊の機密については、同法が米国のために在日米軍の秘密情報を保護するものであり、我が国の存立にとって重要な秘密情報を保護する本法制とは保護法益が異なることから、引き続き同法によることが適当である。

(25) 例えば、大阪高判平成一七・七・二八や東京地判平成一七・一二・九等において、国民の知る権利は、抽象的な権利であるとされながらも、憲法上の権利として認められている。

(26) いわゆる博多駅事件では、「報道機関の報道は、民主主義社会において、国民が国政に関与するにつき、重要な判断の資料を提供し、国民の「知る権利」に奉仕するものである。したがつて、思想の表明の自由とならんで、事実の報道の自由は、表現の自由を規定した憲法二一条の保障のもとにあることはいうまでもない。また、このような報道機関の報道が正しい内容をもつためには、報道の自由とともに、報道のための自由も、憲法二一条の精神に照らし、十分尊重に値いするものといわなければならない」と判示されている（最大決昭四四・一一・二六）。

(27) 第一七七回通常国会に出された情報公開法の改正案においては、同法の目的規定に国民の「知る権利」が明記されている。

(28) いわゆる外務省機密漏洩事件では、「取材の手段・方法が贈賄、脅迫、強要等の一般の刑罰法令に触れる行為を伴う場合は勿論、その手段・方法が一般の刑罰法令に触れないものであっても、取材対象者個人としての人格の尊厳を著しく蹂躙する等法秩序全体の精神に照らし社会観念上是認することのできない態様のものである場合にも、正当な取材活動の範囲を逸脱し違法性を帯びるものといわなければならない」と判示されている（最決昭和五三・五・三一）。

(29) 立法府が国政調査権（憲法第六二条）の行使として特別秘密の伝達を求めた場合、行政府はこれに応じるか否かを判断することとなるが、こ

れに応じた場合には、国会議員及び国会職員が特別秘密を知得することとなる。また、司法府については、例えば、民事訴訟における原告や刑事訴訟における被告人・弁護人が、特別秘密に係る訴訟で特別秘密についての証拠開示等を求めた場合、裁判所がその必要性を判断するため、国・検察官に対して特別秘密の提示を命じることがあり得るが、このような場合には、裁判官や裁判所職員が特別秘密を知得することとなる。

(30) 国会議員の守秘義務に関して、憲法及び国会法に規定されている秘密会において公表しないとされたものを他に漏らした者について、参議院規則では院内の懲罰手続が整備されている(衆議院規則には同様の規定がない)が、国会議員の守秘義務及び秘密漏えい行為に対する罰則を定める法令はない。

(31) 国会議員であっても、内閣総理大臣、国務大臣、副大臣及び大臣政務官(以下「大臣等」という。)として特別秘密を取り扱う場合には、行政府の職員として本法制の対象とすることが適当である。自衛隊法においても、大臣等は防衛秘密の取扱業務者に該当し、同法の適用対象とされている。

また、大臣秘書官となる国会議員の秘書についても同様の考え方で対応することが適当である。

(32) 裁判官には、官吏服務紀律により職務上知り得た秘密に守秘義務が課されているが、高度な職業倫理に基づく行動ができる又は期待でき、それを担保するものとして弾劾裁判及び分限裁判の手続が設けられていることから、罰則で担保された守秘義務は課されていない(平成一六年四月九日の衆議院法務委員会における司法制度改革推進本部事務局長答弁)。

秘密保全のための法制の在り方に関する有識者会議
委員名簿
(五十音順/○:座長)

○縣公一郎　早稲田大学政治経済学術院教授
櫻井敬子　学習院大学法学部教授
長谷部恭男　東京大学大学院法学政治学研究科教授
藤原静雄　中央大学法科大学院教授
安冨　潔　慶應義塾大学法科大学院教授

資料Ⅲ・53

維新が目指す国家像

二〇一二年三月一〇日

大阪維新の会

［出典］維新政治塾レジュメ（VER1.01）

日本再生のためのグレートリセット
これまでの社会システムをリセット、そして再構築
給付型公約から改革型公約へ
〜今の日本、皆さんにリンゴを与えることはできません。
リンゴのなる木の土を耕し直します。

維新が目指す国家像

・「自立する個人」
・「自立する地域」

コメント

1．これは、大阪維新の会の橋下徹が、維新政治塾で配布した維新の会の国家構想である。ひと言でいうと、小泉純一郎内閣が掲げたような急進的新自由主義改革、新自由主義国家構想である。

冒頭のスローガン「給付型公約から改革型公約へ〜今の日本、皆さんにリンゴを与えることはできません」とか、その次の「維新のめざす国家像」の第一「自立する個人」、第二「自立する地域」という文言は、高度成長期以降の自民党政権で追求されてきた利益誘導型政治を「給付型」政治として否定し、自己責任、国家の責任を解除した地域の自立論など、新自由主義急進主義の理念を露骨に表明している。

2．具体的には、大阪維新の会の国家とは以下の特徴を持っている。

第一は、「地方分権国家」「道州制」ということで、社会保障に対する国の責任を縮小し、地域に丸投げし、その「裁量」で社会保障や教育費を削減させようという構想である。

第二は、財政削減、行政改革、公務員の総人件費の抑制、教育バウチャー制、社会保障における「受益と負担の明確化」、生活保護制度における就労義務の徹底などで、財政、とりわけ福祉関係歳出を削減し、小さな政府と大企業減税を行うことによって、大企業の活力強化を図る方策である。

第三は、新自由主義改革により犠牲を被る住民の反発や地場産業の利害をふまえて「改革」に抵抗する議会を抑えるための集権的統治体制がめざされていることである。参議院の廃止を含む改革、教育行政における首長の権限拡大、議会の抵抗を国民投票で抑制させるための首相公選制などである。

第四は、既存の自民党政権で行われてきた脆弱な労働者保護をすら切り捨てる労働市場改革、徹底した規制緩和、衰退産業保護の打ち切りによる産業新陳代謝促進等である。

第五に、憲法九六条改正の先行による改憲のしやすい体制づくりである。

3．九〇年代から二〇〇〇年代前半期までの新自由主義改革により社会の貧困化、格差の増大、社会破綻などが現れ、新自由主義改革の是正に転じた民主党が伸張し政権を奪ったにもかかわらず、財政破綻キャンペーンの下で、新自由主義改革に転向を余儀なくされたあと、再び、橋下率いる大阪維新の会が、いったん破綻が宣告された急進的新自由主義改革を掲げて登場したことが興味深い。

・「自立する国家」の実現。
そのためには
・「決定でき、責任を負う民主主義」
・「決定でき、責任を負う統治機構」の確立と「現役世代の活性化」が不可欠です。

旧来の日本型国家運営モデルの時代は終わりました。今の日本のレベルを維持するには、国全体でのオペレーションから地域と個人の創意工夫による活性化が必要です。国民総努力が必要です

1．統治機構の作り直し

【中央集権型国家から地方分権型国家へ】
・国の政治力を強化するため国の役割を絞り込む
・内政は地方・都市の自律的経営に任せる
・被災地復興は、被災地によるマネジメントで（復興担当大臣などは被災地首長が）
・国と地方の融合型行政から分離型行政へ

【統治機構】
・〈レクチャー〉都市間競争に対応できる多様な大都市制度＝大阪都構想
・道州制
・首相公選制〈議論〉天皇制との整合性・首相公選制のデメリット論への反駁
・〈議論〉首相公選制と議院の組み合わせ→一院制ＯＲ強力な優越性がある二院制
・参議院改革（→最終的には廃止も視野）
・参議院議員と地方の首長の兼職（→国と地方の協議の場の発展的昇華）
・衆議院の優越の強化
・納税者訴訟（＝住民訴訟制度を国にも適用）〈議論〉濫訴の可能性

【税源の再配置】
・国の仕事は国の財布で、地方の仕事は地方の財布で（権限と責任の所在を一致させる）
・〈議論〉地方交付税の廃止（→国へ返上）と地方間財政調整制度（地方間で調整がつかない場合は国が裁定）＊〈議論〉国の関与
・〈レクチャー〉その代わり消費税は地方税とする
・〈レクチャー〉自治体破綻制度の創設

2．財政・行政改革

【財政改革】〈レクチャー〉
・プライマリーバランス黒字化の目標設定
・外郭団体、特別会計の徹底見直し
・国民総背番号制の導入、歳入庁の創設（税と社会保険料の統合）

【行政改革】
・国会・霞が関改革＝役人が普通のビジネス感覚で仕事ができる環境に
・首相が一〇〇日は海外へ行ける国会運営
・国会議員の定数削減と歳費その他経費の削減
・政党交付金の削減
・大阪府方式の究極の行財政改革を断行

3．公務員制度改革

・公務員を身分から職業へ
・価値観の転換（厳しくとも公の仕事を望むなら公務員へ）
・〈レクチャー〉大阪府の公務員制度改革（頑張ったものは報われる、能力・実績主義、職位に見合った給与）を国に広げる
・〈レクチャー〉官民給与比較手法の抜本的是正
・公務員の総人件費削減

・〈レクチャー〉大阪府職員基本条例をさらに発展、法制化
・〈議論〉公務員労働組合の政治活動の規制
・徹底した外郭団体改革

4．教育改革

・格差を世代間で固定化させないために、最高の教育を限りなく無償で提供
・文科省を頂点とするピラミッド型教育行政から地方分権型教育行政へ
・教育行政機関主導から生徒・保護者主導へ
・教育委員会制度の廃止論を含む抜本的改革
・〈レクチャー〉首長に権限と責任を持たせ、第三者機関で監視する制度
・教育行政制度について自治体の選択制
・学校を、校長を長とする普通の組織にする
・〈レクチャー〉大学も含めた教育バウチャー制度の導入
・生徒・保護者による学校選択の保障
・〈レクチャー〉大阪府教育基本条例をさらに発展
・〈議論〉教職員組合の適正化

5．社会保障制度

〈議論〉どのような人生モデルを想定するか？
究極の個人主義＝生まれて死ぬまでに稼いだお金は使い切る・親のお金はあてにしないの是非→フローでは負担させず、ストックで負担させる理念の是非
〈レクチャー〉
・受益と負担の明確化（世代間格差の是正＝世代内所得の再分配）
・努力に応じた保障
・現行の年金制度をリセット（清算・年金の一元化）し、積立方式への移行（最低ライン）
〈議論〉年金の清算は可能か
・資産のある人はまずはその資産で老後の生活を賄ってもらう＝リバースモーゲージの制度化
・保険料の掛け捨て方式（ストックでの所得再分配）
・何歳まで努力をしてもらうのか、老後いくらを保障するのかを明確に事前告知→それに合わせた保険料を設定
・保険料は強制徴収（歳入庁）
・持続可能な医療保険制度の確立＝医療保険の一元化・混合診療解禁による市場原理メカニズムの導入
・持続可能な生活保護制度の確立＝就労義務の徹底・医療費の一部自己負担
・年金、失業対策、生活保護の一本化＝最低生活保障制度の創設
（→負の所得税・ベーシックインカム制度の理念）＊【別紙】

6．経済政策・雇用政策・税制

【経済政策】
・産業の淘汰を真正面から受け止める＝産業構造の転換
・産業の過度の保護から競争力の強化＝徹底した就労支援→衰退産業から成長産業への人材移動
・特定分野に税投入する計画政策から、経済活動の自由・消費者の選択を重んじる政策へ
・〈レクチャー〉「既得権と闘う」成長戦略〜成長を阻害する要因を徹底して取り除く
徹底した規制緩和による新規参入・イノベーション→具体例の研究
・〈レクチャー〉金融政策と実経済政策
・国外マーケットの拡大→自由貿易圏の拡大⇩ＴＰＰ／ＦＴＡ
・〈レクチャー〉為替レートに左右されない経済構造・為替差損益を調整する政府の制度

・貿易収支から所得収支・サービス収支の黒字化
・高付加価値製造業の国内拠点化
・〈議論〉脱原発依存、新しいエネルギー供給革命〜日本の競争力を弱めないか・原発に代わる代替案

【雇用政策】

・国内サービス産業の拡大＝ボリュームゾーンの雇用創出→ＩＲ型リゾートなど
・徹底した就労支援＝消費者のニーズのない雇用を税でむりやり創出しない
・労働市場の流動化、自由化→衰退産業から成長産業へ・外国人人材の活用
・教育機関による人材養成＝グローバル人材の養成
・女性労働力の徹底活用

【税制】〈レクチャー〉

・少子高齢化国家の税制→フロー課税からストック課税へ＝お金を民間で回す
・フローを制約しない税制＝官がお金を集めて使うよりも民間でお金を回す（使わせる）税制
・資産課税→金融資産以外の資産についての税は資産を現金化した場合又は死亡時に精算（＝フローを制約しない）
・使った分（設備投資、給料、消費）は消費税以外は非課税
・寄付税制の充実→民による公共
・国民総背番号制によるフロー・ストックの完全把握
・国民総確定申告制
・超簡素な税制＝フラットタックス・特措法の廃止

7．外交・防衛

・〈議論〉憲法九条についての国民投票〜政治家が自ら決めなくて良いのか？
・国民投票の結果によって、国際貢献の在り方、国際貢献する際の防衛措置の在り方が決まる
・日米同盟を基軸〈議論〉＋韓国
・加えてオーストラリアとの関係を強化し、日米豪で太平洋を守る
・〈議論〉日米地位協定の改定
・〈議論〉東アジアの安定化策〜中国・ロシアとの関係
・〈議論〉ＡＳＥＡＮ、インドとの関係
・日本全体で沖縄負担の軽減を図る更なるロードマップの作成に着手
〈議論〉二〇〇六年ロードマップ・普天間問題
・〈議論〉外国人への国土売却規制・その他安全保障上の視点からの外国人規制

8．憲法改正

・憲法改正要件（九六条）を三分の二から二分の一に緩和する
・〈議論〉なぜ実体的な憲法改正案（憲法価値）の全てを示さないのか？
維新の会の政治哲学は決定できるシステム論→憲法九六条の改正がない限り、どんな憲法改正案を論じても絵に描いた餅
→まずは決定できる仕組みを作ってから＝憲法九六条を改正してから、その後実体的な憲法改正案の議論
→今は価値中立的な統治機構（システム）の憲法改正案だけを示す
・首相公選制（再掲）
・首相公選制と親和性のある議院制（再掲）
・参議院の廃止をも視野に入れた抜本的改革（再掲）
・衆議院の優越性の強化（再掲）

【別紙】

5．社会保障制度〜最低生活保障制度の創設

〈最低生活保障制度の創設〉

【基本的な考え方】

個人の自立・努力・自由・決定・責任を軸

個人の能力を徹底して発揮してもらうために競争は真正面から認める。

その代わり、競争の土俵である最低限の保障はしっかりと整える。ただし努力を阻害するような保障にはしない。

年金は一旦リセット（清算）。

〈最低生活保障制度の創設〉

年金、生活保護、失業保険（対策）などの社会保障を「最低生活保障」へ一本化。

最低生活保障六万円か七万円の現金給付と仮定。

老後を何歳からにするかが問題になるが、まずは六五歳から？　ゆくゆくは七〇歳から？

老後は稼ぎがなくなる可能性が高いので、老後の生活保障（これまでの年金にあたる）は、保険料方式（積み立て方式）で負担

（自己責任）。徴収は強制徴収（歳入庁）。

ただし資産形成できた人は、まずはそれで老後の生活に充てる⇩リバースモーゲージ＝資産形成できた人は掛け捨て。

掛け捨てになる人がいることを前提に保険料算定。

掛け捨てでは保険料を支払わなくなると言う批判には、保険料は強制徴収なので問題なし。

現役世代の「最低生活保障」は、所得の再分配→応能税を税源→消費税は充てない。

就労に基づく収入、就労支援事業の支給金などは、最低生活保障に「加算」→努力を評価する仕組み。これまでは生活保護費から収入分が減額されるので就労の動機付けを阻害。また就労支援事業支給金が生活保護費よりも低いので生活保護に頼ってしまっていた。

就労に基づく収入については最低生活保障をもらっていない人との不公平感をなくすために最低生活保障分までは高率の税率。就労支援事業支給金は、最低生活保障への加算金であることを考慮しての金額（三万から四万円？）。

→負の所得税の理念

資料Ⅲ・54

自主憲法大綱「案」

二〇一二年四月二五日

たちあがれ日本

コメント

1. この憲法改正案は、二〇一〇年四月、平沼赳夫を代表として発足した「たちあがれ日本」が、一二年四月に発表した改憲構想である。

同党は、結党時共同代表に就任した与謝野馨が民主党との連立を主張して受け入れられず一一年一月一三日に離党し、一二年一一月一三日に、都知事を辞任した石原慎太郎の参加を得て、「太陽の党」と党名変更し、その直後、橋下徹率いる日本維新の会に合流した。しかし、その後一四年六月に、日本維新の会からたちあがれ日本系の議員が分党し「次世代の党」を結成している。

たちあがれ日本は、結成の中心に平沼が座り、また石原を迎え入れたこともあって、復古的、国家主義的性格を濃厚に帯びた政策理念を掲げたが、この改憲案も、そうした性格を強く帯びたものである。

とくに、この改憲案が発表された一二年四月は、石原の参加、新党問題が盛り上がっている時期であり、石原の持論である「現行憲法無効、自主憲法制定」を意識してその点を一層強調したふしが見られる。

2. 第一に、「大綱」は、冒頭で日本国憲法が「占領国により強制された」という「押しつけ憲法」論を掲げ自主憲法制定を謳っている。九〇年代以降の改憲案が、復古的性格を消すために強調しなくなった押しつけ憲法論をあえて前面に出しているところに、この「大綱」の性格が象徴されている。

3. 大綱の復古主義的な部分は以下の諸点に現れている。

前文では日本の「国柄」を明らかにすることを謳っている点、さらに、憲法の由来のところで、十七条憲法からの連続を説いているところは、近代立憲主義の憲法概念を無視している点で復古主義が象徴的に表明されている。「この憲法は、十七条憲法、五箇条の御誓文、大日本帝国憲法および日本国憲法を踏まえ、日本固有の伝統的な価値観と、この国の未来を切り拓くために必要な新しい価値観に基づいて」制定するとしている部分である。

また、天皇の章で、日本が「立憲君主国である」としているのは、天皇を通例の「立憲君主」の地位に引き上げることを志向していると言える。天皇を「象徴的元首」と規定し、元首としての天皇の権能の拡大を図っている点、憲法に「男系男子による皇位継承」を謳っている点も同様である。

人権の章で、「個人の権利行使は、他者の権利との関係においてのみならず、国家・社会の利益との関係においても調整を必要とする」ことを強調している点にも復古的な志向が現れている。

しかし、大綱には新保守主義的な色彩はさほど強くない。

4. 他方、安全保障の部分で、集団的自衛権保持や国家非常事態条項を明記するとしている点、内閣総理大臣の権限を強化することによる「強い政府」を主張している点、地方自治の章で一方で補完性原理や地方の課税自主権など新自由主義的構想を掲げつつ、他方、「地方公共団体の権限拡大によって国益が損なわれる事態が生じるのを防ぐため、外交、安全保障、財政、社会保障・教育の基幹的部分など、国の排他的権限に属すべき事項を明文で定める」として

「国の専権事項」に地方自治体の介入を排除している点、さらに、「国益・最高法規」の章を設け、国旗・国歌、国民の領土保全義務を謳っている点などに、国家主義的な色彩が現れている。

5．もっとも、参議院の位置づけの明確化、地方自治の章での「基礎的自治体による自治を基本とし、補完性の原理に基づいて、国と地方の関係を再構築すべきである」という規定など、復古主義、国家主義とは矛盾するような規定も見られる。これは、「たちあがれ日本」の議員構成に参議院議員がいた関係であろうと推測される。

自主憲法大綱「案」作成の趣意

施行後六五年が経過した日本国憲法については、現実との乖離、時代の要請への不適合が放置されたまま、ただ長期にわたり存続してきたというだけで、国民生活への定着がいわれ、情緒的な賛美がひとり歩きしており、日本国民の自由な意思が介在する余地のない状態で占領国により強制された日本国憲法制定過程の問題は、忘れられがちである。

憲法は、単なる制限規範・授権規範ではなく、国家のあり方やその将来の展望、国民の生き方や価値観、公権力と国民の関係、さらには国際社会においていかなる立場を保持していくかについての基本的な考え方を国の内外に表明する基本法でもある。

そのような性格をもつ憲法は、当然のことながら、憲法をもとうとする国民自身の主体的な発意により、その総意を受けて制定されなければならず、その意味で、憲法制定過程の問題をおろそかにしてはならない。憲法は、国民自身の手で自主的に制定され、制定者である国民の責任において、その強固な意志により遵守されるべきものである。

二一世紀の日本は、政治、経済、財政、安全保障、社会保障、教育、環境その他、国民生活のあらゆる局面で危機的な状況を呈し、それに追い討ちをかけるように発生した東日本大震災からの復興という重い課題への困難な取り組みを迫られている。そのなかで、危機管理をはじめとする国家的重要課題に対処する術すべをもたない〝平時〟憲法たる日本国憲法が、すでにその役割を終えているのみならず、この国の再生の足かせにすらなっていることは明白である。

そこで我々「たちあがれ日本」は、日本の歴史と伝統を通じて育まれた日本人の重要な価値観を基礎として、時代の要請に応じて将来に向け担保していくべき新しい価値観を検証・再確認し、それをもとに、現行憲法の単なる弥縫（びほう）的修正にとどまらず、自主憲法の制定へ向けて具体的な行動を開始することを決意し、かかる行動の指針とすべき自主憲法大綱「案」を作成した。

1．前文

前文は、日本固有の思想・文化など、日本人が心の拠り所としてきた伝統的な価値観を確認し、日本の国柄を明らかにするとともに、時代の要請に応じて将来に向け担保していくべき新しい価値観を表明するものでなければならない。

〔規定すべき内容〕

①国民主権と代表民主制

・政治権力は国民に由来し、国民は代表者を通じて、これを行使する。

・国民は、主権の行使に際して、わが国の歴史・伝統、他者、地域共同体および国家全体の利益に配慮し、成熟した民主主義国家の一員にふさわしい振る舞いを心がける。

・代表者は、国民からの負託を真摯に受けとめ、運命共同体としての国家＝国民全体に対する重い責任を自覚しつつ、国政を行わなければならない。

②自由と民主主義の尊重

・日本国民は、自由と民主主義を尊重し、この価値を体現する国の体制を堅持する。

③平和主義
・日本国民は、恒久の平和を念願して侵略戦争を否認するとともに、国際協調を重視して自国および国際社会の平和の実現に積極的に貢献する。
④個人の自律と相互協力
・日本国民は、自律的個人たるべく努めるとともに、自己と同じく他者を尊重し、相互協力の精神をもって、共通の困難を克服し、自国および世界諸国の繁栄に貢献する。
⑤伝統・文化の継承と発展
・日本国民は、日本固有の伝統や文化を継承するとともに、自然との共生および環境の保全を図り、世界の文化の発展に寄与する。
⑥自主憲法制定の趣意
・この憲法は、十七条憲法、五箇条の御誓文、大日本帝国憲法および日本国憲法を踏まえ、日本固有の伝統的な価値観と、この国の未来を切り拓くために必要な新しい価値観に基づいて、主権者たる日本国民がその総意により制定した自主憲法である。

2．天皇

日本国が立憲君主国であること、また、天皇が日本国および日本国民統合の象徴であるとともに、日本国を代表する国家元首であることを明らかにし、その地位にふさわしい権能を付与しなければならない。

〔規定すべき内容〕
①象徴的元首
・天皇は、日本国および日本国民統合の象徴であり、その地位は、皇室の歴史および伝統ならびに国民の歴史的な総意に基づく。
・天皇は、日本国を代表する国家元首としての法的地位を有する。
②天皇の権能
・天皇は、内閣の補佐と責任のもとに、国家元首に通有の権能を行使するとともに、国民のために、重要な国務を権威づける国事行為、皇室の歴史および伝統に由来する儀式および祭祀、ならびに象徴としての地位に基づく公的行為を行う。
・天皇は、法的および政治的責任を問われない。
③男系男子による皇位継承
・天皇の地位が皇室の歴史および伝統ならびに国民の歴史的な総意に基づくことにかんがみ、男系男子による皇位継承を憲法上の原則として堅持する。
・国の法律であり皇室の家法でもある皇室典範の制定・改正には、国会の議決のほかに、皇室会議の議を経ることを要する。

3．安全保障

侵略戦争を否認して平和主義を堅持するとともに、自衛のための戦力を保持し、国際の平和および安全の維持ならびに人道上の支援のための活動に協力し貢献する旨を規定すべきである。

〔規定すべき内容〕
①侵略戦争の否認
・日本国は、他国の独立と主権を侵害する侵略戦争を絶対に行わず、他国がそれを行うことも認めない。
・日本国は、不断の外交努力によって国際紛争の未然防止に努め、紛争が発生した場合には、平和的解決に全力を傾注する。
・日本国は、国際の平和および安全の維持ならびに人道上の支援のための活動に協力し貢献する。
②自衛軍の保持
・自衛のための戦力としての自衛軍の保持を明確に定める。
・自衛軍に対する内閣総理大臣の指揮監督権および国会の承認を通じた民主的統制の原則を明記する。
③自衛権の確認
・他のすべての主権国家と同じく、日本国が個別的および集団的自衛の

固有の権利を有し、これを行使することができる旨を確認する規定を置く。

④国家非常事態条項

・他国からの武力攻撃はもちろん、テロや近隣諸国による戦争、大規模災害などの国家非常事態に迅速かつ効果的に対処するとともに、有事にあっても憲法秩序を維持し、権力の濫用や簒奪を防ぐため、内閣総理大臣による非常措置権の行使と国会による民主的統制を明文化する。

・国家非常事態に際し、憲法および法律に基づいて国および地方公共団体が実施する措置に協力する国民の責務を明文化する。

4. 国民の権利・義務

国民の基本的人権は最大限尊重されなければならないが、個人が他者との共生のうえに成り立つ存在であることから、これまで保障されてきた権利の行使に際しては、権利にともなう義務、自由にともなう責任を自覚し、他者の権利・自由を尊重し、個人の権利と国家・社会の利益との調整を図らなければならない。

〔規定すべき内容〕

①権利と義務、自由と責任

・日本国民は、自己および他者の権利を尊重し、不断の努力によってこれを保持するとともに、人権保障の前提となる国家・社会の秩序を維持するために求められる義務を果たさなければならない。

・権利および自由の行使に際しては、それが他者や国家・社会に及ぼす影響に配慮しなければならない。また、みずからの自由な行動の結果についての責任を、他者や国家・社会に転嫁してはならない。

②人権の制約原理

・個人の権利行使は、他者の権利との関係においてのみならず、国家・社会の利益との関係においても調整を必要とする。そのための人権制約原理を、「公共の福祉」という曖昧な概念ではなく、「国の安全」、「公の秩序」、「国民の健康または道徳その他の公共の利益」などの、より具体的で明確な概念で規定する。

③既存の人権の新たな位置づけ

・表現の自由は、個人の名誉やプライバシーの保護、青少年の保護育成のために、一定の規制を受ける場合があることを明記する。

・政教分離原則は、あくまでも個人の信教の自由を確保するための手段であるから、日本古来の多神教的風土、日本人の宗教意識の雑居性などにかんがみ、儀礼・習俗の範囲内であれば国や地方公共団体が宗教的なものに関わることができるよう配慮する。

・個人の尊重および男女同権に加え、社会の自然かつ基礎的な単位である家族の価値と、それを保護すべき国の責任を、人権の通則的原理として規定する。

・基本的人権の保障は、参政権など権利の性質上日本国民のみを対象としていると解されるものを除き、日本に在留する外国人に対しても等しく及ぶ旨を明記する。

④新しい権利・義務

・良好な自然環境を享受することは国民の権利であり、同時に、その保全は国家および国民の義務であることを明記する。

・すでに判例上確立されている「プライバシー権」、情報公開法等の立法政策により具体化されている「知る権利」、さらに、国益に反しない限りにおいて公的な情報の開示と説明を行う国の責任を明記する。

5. 国会

国会については、二院制の意義、とりわけ第二院たる参議院の役割を明確化し、国会の立法機能と政府監視機能の強化を図らなければならない。

〔規定すべき内容〕

①両院関係の再構築と立法機能の強化

・法律案の議決における衆議院の優越を徹底し、衆議院主導による迅速な立法を促す一方、参議院には、議案の成立を拒否するのではなく、一時的に停止させる権能を付与することにより、衆議院とは異なる観点から慎重な審議を促す役割を割り当てる。

②参議院の位置づけと役割

・参議院に「再議の府」「熟議の府」としての憲法上の位置づけを与え、それにふさわしい選挙制度が公職選挙法を通じて構築されるよう促す。

・参議院には、外交、防衛、決算承認など特定の案件に関する先議権を付与する。

③政党の位置づけ

・政党は、国民の政治的意思形成に協力する結社である。

・政党の設立は自由であるが、その内部秩序は民主的なものでなければならない。

④政府監視機能の強化

・政党政治を前提として、議院内少数派が国政調査権を有効に行使できるような手続を定め、政府＝与党に対する国会の監視機能を強化する。

6．内閣

内閣総理大臣の権限を強化することにより、国民に対する責任を負って、迅速、適切かつ公正に国政を主導しうる強い政府を構築しなければならない。

〔規定すべき内容〕

①実行力のある強い政府の構築

・内閣総理大臣の衆議院解散権を明記することをはじめ、内閣総理大臣の「首長」たる地位と責任に基づいて行政権の首相独任制的性格を強化し、実行力のある強い政府の構築を図る。

②内閣総理大臣の新たな権限

・内閣総理大臣が非常措置権および自衛軍の指揮監督権を有する旨を明記し、その行使に憲法上の制約を加えることにより、非常事態への迅速かつ効果的な対処を可能にするとともに、自衛軍に対する民主的統制を確保する。

7．司法

三権のなかで、司法権がより積極的な役割を果たすことができるようにするため、司法への国民参加の拡充と憲法裁判の活性化を図らなければならない。

〔規定すべき内容〕

①司法への国民参加の拡充

・刑事裁判における裁判員制度の充実を図るとともに、行政事件をはじめ、その他の訴訟にも国民参加を拡充する。

②憲法裁判の活性化

・通常の裁判所とは別に憲法裁判所を設置し、具体的事件の有無とは無関係に、国家行為の合憲性を審査することができるようにする。

8．財政

健全な財政運営を実現するための指針を示さなければならない。

〔規定すべき内容〕

①健全財政を求める訓示的規定

・国および地方公共団体に財政収支の均衡を求める訓示的規定を置くことにより、納税者国民に対する政府の説明責任を明確にする。

②公金支出制限の合理化

・公の支配に属しない組織および事業に対する公金支出の制限規定を設けるに際しては、私学助成や文化財保護などのための支出に支障が生じないよう配慮する。

9．国と地方の関係

基礎的自治体による自治を基本とし、補完性の原理に基づいて、国と地方の関係を再構築すべきである。

〔規定すべき内容〕

①地方自治の本旨

・地方自治は、その地方の住民の自主性に基づき（住民自治）、その処理を自律的な地方公共団体にゆだねる（団体自治）。

②二層制

・地域社会の行政は、基礎的自治体による自治を基本とし、広域にわたる事務や市町村の処理になじまない事務は、広域自治体が補完・調整する二層制をとる。

③課税自主権

・地方公共団体の課税自主権を明記する。

④国の専権事項

・地方公共団体の権限拡大によって国益が損なわれる事態が生じるのを防ぐため、外交、安全保障、財政、社会保障・教育の基幹的部分など、国の排他的権限に属すべき事項を明文で定める。ただし、これは国の権限を限定する趣旨ではない。

10．国益／最高法規

国旗・国歌、日本国および日本国民が保全すべき国益、ならびに憲法の最高法規性とりわけ国際法に対する憲法の優位を明らかにしなければならない。

〔規定すべき内容〕

①国旗・国歌

・日本国の国旗は日章旗であり、国歌は君が代である旨を明記する。

②領土の保全

・日本国の領土は日本列島およびその附属島嶼であり、その領土、領海、経済水域および海洋資源ならびに領空の保全は、日本国および日本国民の当然の義務であり権利である。

③憲法の最高法規性

・この憲法は、国の最高法規であって、その条規に反する法律、命令、条約、条例および国務に関するその他の行為の全部または一部は、その効力を有しない。

11．憲法改正手続

硬性憲法の特徴を損なうことなく、憲法改正を通じて憲法を時代の要請に適合させることを可能にするため、適切な憲法改正手続規定を設けなければならない。

〔規定すべき内容〕

①国会発議の要件

・憲法改正の国会発議に必要な多数を、「各議院の総議員の過半数の賛成」とする。

②国民投票の要否

・国会が発議した憲法改正は、国民投票で有効投票総数の過半数の賛成をもって成立する。ただし、国会発議が各議院の総議員の三分の二以上の賛成をもってなされたときは、国民投票を要せずに、憲法改正が成立する。

資料Ⅲ・55

日本国憲法改正草案

二〇一二年四月二七日

自由民主党

コメント

1．本草案は、自民党が、二〇〇五年の「新憲法草案」（⇩Ⅲ・24）に次いで、二度目に出した憲法改正草案（以下、改正草案）である。

新憲法草案から七年弱しか経っていないにもかかわらず、改正草案は新憲法草案とは大きく異なるものとなった。ひと言で言えば、新憲法草案は、明文改憲を実現することをめざし、その最大の条件となる、国会における三分の二の多数を確保するために、民主党や公明党との協議に入れる草案をめざした。そのため自民党内タカ派の意見はしばしば取り入れられなかった。ところが改正草案では、そうした改憲実現のための抑制は取り払われ、自民党内で改憲を一貫して推進してきた復古派、タカ派の意見や自民党が改憲に込めた、軍事大国化の方向が大幅に採用され、いわば自民党内改憲派の主張をほぼすべて網羅したものとなっている。ちなみに、新憲法草案と改正草案の違いについては、やや誇張されているところはあるものの新憲法草案の起草にかかわった舛添要一『憲法改正のオモテとウラ』（講談社現代新書、二〇一四年）がくわしく検討しており、ほぼ正鵠を射た分析となっている。

改正草案が、こうした性格を帯びた理由としては二つあげられる。一つは、自民党が政権の座から滑り落ち野党になったため、憲法「改正」をただちに実現する条件がなくなり、他党を気にする必要なく、自分たちの思いを吐露したことである。

もう一つは、改憲案づくりの担い手ががらりと変わったことである。新憲法草案の起草時には、自民党が本気で改正を通そうとしていたこともあって、起草とりまとめの中心には、森喜朗が座り、伝統的な改憲派ではない船田元や舛添要一らが主導したのに対し、改正草案は伝統的な改憲派の主導でつくられたことである。舛添は離党し、船田も落選中であったことにも担い手の変更が象徴されている。

全体として改正草案は、自民党政権が追求してきた軍事大国化、新自由主義改革を遂行するための改憲という性格をより露骨に出すとともに、新憲法草案にはなかった復古的色彩をも加えたものと言える。

2．個別の論点で注目される点は以下である。

第一、前文は、二〇〇五年の新憲法草案に向けて提出され却下された中曽根案ほどではないが、新憲法草案に比べ、「歴史と固有の文化」の強調、「国と郷土を誇りと気概を持って自ら守り」という文句に象徴されるように、保守的、復古的色彩を強めた。

第二、天皇の章では、新憲法草案では排除された天皇の「元首」規定が採用され、第三条で国旗・国歌の規定が入っただけでなく「日本国民は、国旗及び国歌を尊重しなければならない。」という尊重規定が入った。

第三、安全保障の章では、新憲法草案同様、九条一項は残されたが、九条の二が新設され、国防軍の保持とともに「法律の定めるところにより、国際社会の平和と安全を確保するために国際的に協調して行われる活動及び公の秩序を維持し、又は国民の生命若しくは自由を守るための活動を行うことができる」と規定して、九〇年代改憲最大の課題である、あらゆる場合における軍隊の海外での武力行使を保障した。また、軍事力の発動にともない必要となる秘密保護法、審判所（軍法会議）の設置をも憲法上に明記した。また、第九章「緊急事態」を新設して、戦時等には国会審議を抜きに国民を動員できる規定を置いた

第四、「国民の権利及び義務」の章では、一三条の個人としての尊重が「人として」の尊重に変えられ、また、新憲法草案を踏襲して「公共の福祉」は「公益及び公の秩序」に変更された。

また、表現の自由について、第二項が新設され、「前項の規定にかかわらず、公益及び公の秩序を害することを目的とした活動を行い、並びにそれを目的として結社をすることは、認められない。」という政党や運動団体に対するあからさまな制約規定が入った。

新憲法草案では、他党に配慮して、挿入が見送られた家族「尊重」規定が二四条第一項で入れられた。「家族は、社会の自然かつ基礎的な単位として、尊重される。家族は、互いに助け合わなければならない。」である。

新しい人権については、プライバシーの権利が認められたが、知る権利、環境権、犯罪被害者の権利などはいずれも国の責務、義務という形でのみ規定された。

第五、統治構造の部分では、五四条で内閣総理大臣の解散権を明記し、政党に関する規定を新設し、また、財政については健全性の原則を明記するなど、新自由主義的性格の改正が注目される。

第六、地方自治の章については、原則として新憲法草案の規定を踏襲している。ただし、自治体選挙権について国籍条項を入れた点、逆に、特定の地方自治体にかかわる事項についての住民投票を復活したことが新憲法草案からの変更である。

第七、改正規定は新憲法草案同様、改正案の「提案」を衆参両院の過半数の賛成で行えるよう、緩和した。

また最高法規の章では、基本的人権が人類の多年にわたる自由獲得の努力の成果であるという現行規定を削除し、公務員等の憲法の尊重・擁護義務の前にわざわざ第一項として国民の尊重義務を新設したことが注目される。「全て国民は、この憲法を尊重しなければならない。」という規定である。これは憲法を国家権力に対する義務規範と考える立憲主義の精神を相対化しようというねらいによるものと言える。

（前文）

日本国は、長い歴史と固有の文化を持ち、国民統合の象徴である天皇を戴く国家であって、国民主権の下、立法、行政及び司法の三権分立に基づいて統治される。

我が国は、先の大戦による荒廃や幾多の大災害を乗り越えて発展し、今や国際社会において重要な地位を占めており、平和主義の下、諸外国との友好関係を増進し、世界の平和と繁栄に貢献する。

日本国民は、国と郷土を誇りと気概を持って自ら守り、基本的人権を尊重するとともに、和を尊び、家族や社会全体が互いに助け合って国家を形成する。

我々は、自由と規律を重んじ、美しい国土と自然環境を守りつつ、教育や科学技術を振興し、活力ある経済活動を通じて国を成長させる。

日本国民は、良き伝統と我々の国家を末永く子孫に継承するため、ここに、この憲法を制定する。

第一章　天皇

（天皇）

第一条　天皇は、日本国の元首であり、日本国及び日本国民統合の象徴

であって、その地位は、主権の存する日本国民の総意に基づく。

（皇位の継承）

第二条　皇位は、世襲のものであって、国会の議決した皇室典範の定めるところにより、これを継承する。

（国旗及び国歌）

第三条　国旗は日章旗とし、国歌は君が代とする。
2　日本国民は、国旗及び国歌を尊重しなければならない。
（元号）

第四条　元号は、法律の定めるところにより、皇位の継承があったときに制定する。

（天皇の権能）

第五条　天皇は、この憲法に定める国事に関する行為を行い、国政に関する権能を有しない。

〔削除〕

〔削除〕

（天皇の国事行為等）

第六条　天皇は、国民のために、国会の指名に基づいて内閣総理大臣を任命し、内閣の指名に基づいて最高裁判所の長である裁判官を任命する。
2　天皇は、国民のために、次に掲げる国事に関する行為を行う。
一　憲法改正、法律、政令及び条約を公布すること。
二　国会を召集すること。
三　衆議院を解散すること。
四　衆議院議員の総選挙及び参議院議員の通常選挙の施行を公示すること。
五　国務大臣及び法律の定めるその他の国の公務員の任免を認証すること。
六　大赦、特赦、減刑、刑の執行の免除及び復権を認証すること。
七　栄典を授与すること。
八　全権委任状並びに大使及び公使の信任状並びに批准書及び法律の定めるその他の外交文書を認証すること。
九　外国の大使及び公使を接受すること。
十　儀式を行うこと。
3　天皇は、法律の定めるところにより、前二項の行為を委任することができる。
4　天皇の国事に関する全ての行為には、内閣の進言を必要とし、内閣がその責任を負う。ただし、衆議院の解散については、内閣総理大臣の進言による。
5　第一項及び第二項に掲げるもののほか、天皇は、国又は地方自治体その他の公共団体が主催する式典への出席その他の公的な行為を行う。
（摂政）
第七条　皇室典範の定めるところにより摂政を置くときは、摂政は、天皇の名で、その国事に関する行為を行う。
2　第五条及び前条第四項の規定は、摂政について準用する。
（皇室への財産の譲渡等の制限）
第八条　皇室に財産を譲り渡し、又は皇室が財産を譲り受け、若しくは賜与するには、法律で定める場合を除き、国会の承認を経なければならない。

第二章　安全保障

（平和主義）
第九条　日本国民は、正義と秩序を基調とする国際平和を誠実に希求し、国権の発動としての戦争を放棄し、武力による威嚇及び武力の行使は、国際紛争を解決する手段としては用いない。

2　前項の規定は、自衛権の発動を妨げるものではない。

（国防軍）

第九条の二　我が国の平和と独立並びに国及び国民の安全を確保するため、内閣総理大臣を最高指揮官とする国防軍を保持する。

2　国防軍は、前項の規定による任務を遂行する際は、法律の定めるところにより、国会の承認その他の統制に服する。

3　国防軍は、第一項に規定する任務を遂行するための活動のほか、法律の定めるところにより、国際社会の平和と安全を確保するために国際的に協調して行われる活動及び公の秩序を維持し、又は国民の生命若しくは自由を守るための活動を行うことができる。

4　前二項に定めるもののほか、国防軍の組織、統制及び機密の保持に関する事項は、法律で定める。

5　国防軍に属する軍人その他の公務員がその職務の実施に伴う罪又は国防軍の機密に関する罪を犯した場合の裁判を行うため、法律の定めるところにより、国防軍に審判所を置く。この場合においては、被告人が裁判所へ上訴する権利は、保障されなければならない。

（領土等の保全等）

第九条の三　国は、主権と独立を守るため、国民と協力して、領土、領海及び領空を保全し、その資源を確保しなければならない。

第三章　国民の権利及び義務

（日本国民）

第十条　日本国民の要件は、法律で定める。

（基本的人権の享有）

第十一条　国民は、全ての基本的人権を享有する。この憲法が国民に保障する基本的人権は、侵すことのできない永久の権利である。

（国民の責務）

第十二条　この憲法が国民に保障する自由及び権利は、国民の不断の努力により、保持されなければならない。国民は、これを濫用してはならず、自由及び権利には責任及び義務が伴うことを自覚し、常に公益及び公の秩序に反してはならない。

（人としての尊重等）

第十三条　全て国民は、人として尊重される。生命、自由及び幸福追求に対する国民の権利については、公益及び公の秩序に反しない限り、立法その他の国政の上で、最大限に尊重されなければならない。

（法の下の平等）

第十四条　全て国民は、法の下に平等であって、人種、信条、性別、障害の有無、社会的身分又は門地により、政治的、経済的又は社会的関係において、差別されない。

2　華族その他の貴族の制度は、認めない。

3　栄誉、勲章その他の栄典の授与は、現にこれを有し、又は将来これを受ける者の一代に限り、その効力を有する。

（公務員の選定及び罷免に関する権利等）

第十五条　公務員を選定し、及び罷免することは、主権の存する国民の権利である。

2　全て公務員は、全体の奉仕者であって、一部の奉仕者ではない。

3　公務員の選定を選挙により行う場合は、日本国籍を有する成年者による普通選挙の方法による。

4　選挙における投票の秘密は、侵されない。選挙人は、その選択に関し、公的にも私的にも責任を問われない。

（請願をする権利）

第十六条　何人も、損害の救済、公務員の罷免、法律、命令又は規則の制定、廃止又は改正その他の事項に関し、平穏に請願をする権利を有する。

2　請願をした者は、そのためにいかなる差別待遇も受けない。

（国等に対する賠償請求権）

第十七条　何人も、公務員の不法行為により損害を受けたときは、法律の定めるところにより、国又は地方自治体その他の公共団体に、その賠償を求めることができる。

（身体の拘束及び苦役からの自由）

第十八条　何人も、その意に反すると否とにかかわらず、社会的又は経済的関係において身体を拘束されない。

2　何人も、犯罪による処罰の場合を除いては、その意に反する苦役に服させられない。

（思想及び良心の自由）

第十九条　思想及び良心の自由は、保障する。

（個人情報の不当取得の禁止等）

第十九条の二　何人も、個人に関する情報を不当に取得し、保有し、又は利用してはならない。

（信教の自由）

第二十条　信教の自由は、保障する。国は、いかなる宗教団体に対しても、特権を与えてはならない。

2　何人も、宗教上の行為、祝典、儀式又は行事に参加することを強制されない。

3　国及び地方自治体その他の公共団体は、特定の宗教のための教育その他の宗教的活動をしてはならない。ただし、社会的儀礼又は習俗的行為の範囲を超えないものについては、この限りでない。

（表現の自由）

第二十一条　集会、結社及び言論、出版その他一切の表現の自由は、保障する。

2　前項の規定にかかわらず、公益及び公の秩序を害することを目的とした活動を行い、並びにそれを目的として結社をすることは、認められない。

3　検閲は、してはならない。通信の秘密は、侵してはならない。

（国政上の行為に関する説明の責務）

第二十一条の二　国は、国政上の行為につき国民に説明する責務を負う。

（居住、移転及び職業選択等の自由等）

第二十二条　何人も、居住、移転及び職業選択の自由を有する。

2　全て国民は、外国に移住し、又は国籍を離脱する自由を有する。

（学問の自由）

第二十三条　学問の自由は、保障する。

（家族、婚姻等に関する基本原則）

第二十四条　家族は、社会の自然かつ基礎的な単位として、尊重される。家族は、互いに助け合わなければならない。

2　婚姻は、両性の合意に基づいて成立し、夫婦が同等の権利を有することを基本として、相互の協力により、維持されなければならない。

3　家族、扶養、後見、婚姻及び離婚、財産権、相続並びに親族に関するその他の事項に関しては、法律は、個人の尊厳と両性の本質的平等に立脚して、制定されなければならない。

（生存権等）

第二十五条　全て国民は、健康で文化的な最低限度の生活を営む権利を有する。

2　国は、国民生活のあらゆる側面において、社会福祉、社会保障及び公衆衛生の向上及び増進に努めなければならない。

（環境保全の責務）

第二十五条の二　国は、国民と協力して、国民が良好な環境を享受することができるようにその保全に努めなければならない。

（在外国民の保護）

第二十五条の三　国は、国外において緊急事態が生じたときは、在外国民の保護に努めなければならない。

（犯罪被害者等への配慮）

第二十五条の四　国は、犯罪被害者及びその家族の人権及び処遇に配慮しなければならない。

（教育に関する権利及び義務等）

第二十六条　全て国民は、法律の定めるところにより、その能力に応じて、等しく教育を受ける権利を有する。

2　全て国民は、法律の定めるところにより、その保護する子に普通教育を受けさせる義務を負う。義務教育は、無償とする。

3　国は、教育が国の未来を切り拓く上で欠くことのできないものであることに鑑み、教育環境の整備に努めなければならない。

（勤労の権利及び義務等）

第二十七条　全て国民は、勤労の権利を有し、義務を負う。

2　賃金、就業時間、休息その他の勤労条件に関する基準は、法律で定める。

3　何人も、児童を酷使してはならない。

（勤労者の団結権等）

第二十八条　勤労者の団結する権利及び団体交渉その他の団体行動をする権利は、保障する。

2　公務員については、全体の奉仕者であることに鑑み、法律の定めるところにより、前項に規定する権利の全部又は一部を制限することができる。この場合においては、公務員の勤労条件を改善するため、必要な措置が講じられなければならない。

（財産権）

第二十九条　財産権は、保障する。

2　財産権の内容は、公益及び公の秩序に適合するように、法律で定める。この場合において、知的財産権については、国民の知的創造力の向上に資するように配慮しなければならない。

3　私有財産は、正当な補償の下に、公共のために用いることができる。

（納税の義務）

第三十条　国民は、法律の定めるところにより、納税の義務を負う。

（適正手続の保障）

第三十一条　何人も、法律の定める適正な手続によらなければ、その生命若しくは自由を奪われ、又はその他の刑罰を科せられない。

（裁判を受ける権利）

第三十二条　何人も、裁判所において裁判を受ける権利を有する。

（逮捕に関する手続の保障）

第三十三条　何人も、現行犯として逮捕される場合を除いては、裁判官が発し、かつ、理由となっている犯罪を明示する令状によらなければ、逮捕されない。

（抑留及び拘禁に関する手続の保障）

第三十四条　何人も、正当な理由がなく、若しくは理由を直ちに告げられることなく、又は直ちに弁護人に依頼する権利を与えられることなく、抑留され、又は拘禁されない。

2　拘禁された者は、拘禁の理由を直ちに本人及びその弁護人の出席する公開の法廷で示すことを求める権利を有する。

（住居等の不可侵）

第三十五条　何人も、正当な理由に基づいて発せられ、かつ、捜索する場所及び押収する物を明示する令状によらなければ、住居その他の場所、書類及び所持品について、侵入、捜索又は押収を受けない。ただし、第三十三条の規定により逮捕される場合は、この限りでない。

2　前項本文の規定による捜索又は押収は、裁判官が発する各別の令状によって行う。

（拷問及び残虐な刑罰の禁止）

第三十六条　公務員による拷問及び残虐な刑罰は、禁止する。

（刑事被告人の権利）

第三十七条　全て刑事事件においては、被告人は、公平な裁判所の迅速な公開裁判を受ける権利を有する。

2　被告人は、全ての証人に対して審問する機会を十分に与えられる権利及び公費で自己のために強制的手続により証人を求める権利を有する。

3　被告人は、いかなる場合にも、資格を有する弁護人を依頼することができる。被告人が自らこれを依頼することができないときは、国でこれを付する。

（刑事事件における自白等）

第三十八条　何人も、自己に不利益な供述を強要されない。

2　拷問、脅迫その他の強制による自白又は不当に長く抑留され、若しくは拘禁された後の自白は、証拠とすることができない。

3　何人も、自己に不利益な唯一の証拠が本人の自白である場合には、有罪とされない。

（遡及処罰等の禁止）

第三十九条　何人も、実行の時に違法ではなかった行為又は既に無罪とされた行為については、刑事上の責任を問われない。同一の犯罪については、重ねて刑事上の責任を問われない。

（刑事補償を求める権利）

第四十条　何人も、抑留され、又は拘禁された後、裁判の結果無罪となったときは、法律の定めるところにより、国にその補償を求めることができる。

第四章　国会

（国会と立法権）

第四十一条　国会は、国権の最高機関であって、国の唯一の立法機関である。

（両議院）

第四十二条　国会は、衆議院及び参議院の両議院で構成する。

（両議院の組織）

第四十三条　両議院は、全国民を代表する選挙された議員で組織する。

2　両議院の議員の定数は、法律で定める。

（議員及び選挙人の資格）

第四十四条　両議院の議員及びその選挙人の資格は、法律で定める。この場合においては、人種、信条、性別、障害の有無、社会的身分、門地、教育、財産又は収入によって差別してはならない。

（衆議院議員の任期）

第四十五条　衆議院議員の任期は、四年とする。ただし、衆議院が解散された場合には、その期間満了前に終了する。

（参議院議員の任期）

第四十六条　参議院議員の任期は、六年とし、三年ごとに議員の半数を改選する。

（選挙に関する事項）

第四十七条　選挙区、投票の方法その他両議院の議員の選挙に関する事項は、法律で定める。この場合においては、各選挙区は、人口を基本とし、行政区画、地勢等を総合的に勘案して定めなければならない。

（両議院議員兼職の禁止）

第四十八条　何人も、同時に両議院の議員となることはできない。

（議員の歳費）

第四十九条　両議院の議員は、法律の定めるところにより、国庫から相当額の歳費を受ける。

（議員の不逮捕特権）

第五十条　両議院の議員は、法律の定める場合を除いては、国会の会期中逮捕されず、会期前に逮捕された議員は、その議院の要求があるときは、会期中釈放しなければならない。

（議員の免責特権）

第五十一条　両議院の議員は、議院で行った演説、討論又は表決について、院外で責任を問われない。

（通常国会）

第五十二条　通常国会は、毎年一回召集される。

2　通常国会の会期は、法律で定める。

（臨時国会）

第五十三条　内閣は、臨時国会の召集を決定することができる。いずれかの議院の総議員の四分の一以上の要求があったときは、要求があった日から二十日以内に臨時国会が召集されなければならない。

（衆議院の解散と衆議院議員の総選挙、特別国会及び参議院の緊急集会）

第五十四条　衆議院の解散は、内閣総理大臣が決定する。

2　衆議院が解散されたときは、解散の日から四十日以内に、衆議院議員の総選挙を行い、その選挙の日から三十日以内に、特別国会が召集されなければならない。

3　衆議院が解散されたときは、参議院は、同時に閉会となる。ただし、内閣は、国に緊急の必要があるときは、参議院の緊急集会を求めることができる。

4　前項ただし書の緊急集会において採られた措置は、臨時のものであって、次の国会開会の後十日以内に、衆議院の同意がない場合には、その効力を失う。

（議員の資格審査）

第五十五条　両議院は、各々その議員の資格に関し争いがあるときは、これについて審査し、議決する。ただし、議員の議席を失わせるには、出席議員の三分の二以上の多数による議決を必要とする。

（表決及び定足数）

第五十六条　両議院の議事は、この憲法に特別の定めのある場合を除いては、出席議員の過半数で決し、可否同数のときは、議長の決するところによる。

2　両議院の議決は、各々その総議員の三分の一以上の出席がなければすることができない。

（会議及び会議録の公開等）

第五十七条　両議院の会議は、公開しなければならない。ただし、出席議員の三分の二以上の多数で議決したときは、秘密会を開くことができる。

2　両議院は、各々その会議の記録を保存し、秘密会の記録の中で特に秘密を要すると認められるものを除き、これを公表し、かつ、一般に頒布しなければならない。

3　出席議員の五分の一以上の要求があるときは、各議員の表決を会議録に記載しなければならない。

（役員の選任並びに議院規則及び懲罰）

第五十八条　両議院は、各々その議長その他の役員を選任する。

2　両議院は、各々その会議その他の手続及び内部の規律に関する規則を定め、並びに院内の秩序を乱した議員を懲罰することができる。ただし、議員を除名するには、出席議員の三分の二以上の多数による議決を必要とする。

（法律案の議決及び衆議院の優越）

第五十九条　法律案は、この憲法に特別の定めのある場合を除いては、両議院で可決したとき法律となる。

2　衆議院で可決し、参議院でこれと異なった議決をした法律案は、衆議院で出席議員の三分の二以上の多数で再び可決したときは、法律となる。

3　前項の規定は、法律の定めるところにより、衆議院が両議院の協議会を開くことを求めることを妨げない。

4　参議院が、衆議院の可決した法律案を受け取った後、国会休会中の期間を除いて六十日以内に、議決しないときは、衆議院は、参議院がその法律案を否決したものとみなすことができる。

（予算案の議決等に関する衆議院の優越）

第六十条　予算案は、先に衆議院に提出しなければならない。

2　予算案について、参議院で衆議院と異なった議決をした場合において、法律の定めるところにより、両議院の協議会を開いても意見が一致しないとき、又は参議院が、衆議院の可決した予算案を受け取った後、国会休会中の期間を除いて三十日以内に、議決しないときは、衆議院の議決を国会の議決とする。

（条約の承認に関する衆議院の優越）

第六十一条　条約の締結に必要な国会の承認については、前条第二項の規定を準用する。

（議院の国政調査権）

第六十二条　両議院は、各々国政に関する調査を行い、これに関して、証人の出頭及び証言並びに記録の提出を要求することができる。

（内閣総理大臣等の議院出席の権利及び義務）

第六十三条　内閣総理大臣及びその他の国務大臣は、議案について発言するため両議院に出席することができる。

2　内閣総理大臣及びその他の国務大臣は、答弁又は説明のため議院から出席を求められたときは、出席しなければならない。ただし、職務の遂行上特に必要がある場合は、この限りでない。

（弾劾裁判所）

第六十四条　国会は、罷免の訴追を受けた裁判官を裁判するため、両議院の議員で組織する弾劾裁判所を設ける。

2　弾劾に関する事項は、法律で定める。

（政党）

第六十四条の二　国は、政党が議会制民主主義に不可欠の存在であることに鑑み、その活動の公正の確保及びその健全な発展に努めなければならない。

2　政党の政治活動の自由は、保障する。

3　前二項に定めるもののほか、政党に関する事項は、法律で定める。

第五章　内閣

（内閣と行政権）

第六十五条　行政権は、この憲法に特別の定めのある場合を除き、内閣に属する。

（内閣の構成及び国会に対する責任）

第六十六条　内閣は、法律の定めるところにより、その首長である内閣総理大臣及びその他の国務大臣で構成する。

2　内閣総理大臣及び全ての国務大臣は、現役の軍人であってはならない。

3　内閣は、行政権の行使について、国会に対し連帯して責任を負う。

（内閣総理大臣の指名及び衆議院の優越）

第六十七条　内閣総理大臣は、国会議員の中から国会が指名する。

2　国会は、他の全ての案件に先立って、内閣総理大臣の指名を行わなければならない。

3　衆議院と参議院とが異なった指名をした場合において、法律の定めるところにより、両議院の協議会を開いても意見が一致しないとき、又は衆議院が指名をした後、国会休会中の期間を除いて十日以内に、参議院が指名をしないときは、衆議院の指名を国会の指名とする。

(国務大臣の任免)

第六十八条　内閣総理大臣は、国務大臣を任命する。この場合においては、その過半数は、国会議員の中から任命しなければならない。

2　内閣総理大臣は、任意に国務大臣を罷免することができる。

(内閣の不信任と総辞職)

第六十九条　内閣は、衆議院が不信任の決議案を可決し、又は信任の決議案を否決したときは、十日以内に衆議院が解散されない限り、総辞職をしなければならない。

(内閣総理大臣が欠けたとき等の内閣の総辞職等)

第七十条　内閣総理大臣が欠けたとき、又は衆議院議員の総選挙の後に初めて国会の召集があったときは、内閣は、総辞職をしなければならない。

2　内閣総理大臣が欠けたとき、その他これに準ずる場合として法律で定めるときは、内閣総理大臣があらかじめ指定した国務大臣が、臨時に、その職務を行う。

(総辞職後の内閣)

第七十一条　前二条の場合には、内閣は、新たに内閣総理大臣が任命されるまでの間は、引き続き、その職務を行う。

(内閣総理大臣の職務)

第七十二条　内閣総理大臣は、行政各部を指揮監督し、その総合調整を行う。

2　内閣総理大臣は、内閣を代表して、議案を国会に提出し、並びに一般国務及び外交関係について国会に報告する。

3　内閣総理大臣は、最高指揮官として、国防軍を統括する。

(内閣の職務)

第七十三条　内閣は、他の一般行政事務のほか、次に掲げる事務を行う。

一　法律を誠実に執行し、国務を総理すること。

二　外交関係を処理すること。

三　条約を締結すること。ただし、事前に、やむを得ない場合は事後に、国会の承認を経ることを必要とする。

四　法律の定める基準に従い、国の公務員に関する事務をつかさどること。

五　予算案及び法律案を作成して国会に提出すること。

六　法律の規定に基づき、政令を制定すること。ただし、政令には、特にその法律の委任がある場合を除いては、義務を課し、又は権利を制限する規定を設けることができない。

七　大赦、特赦、減刑、刑の執行の免除及び復権を決定すること。

(法律及び政令への署名)

第七十四条　法律及び政令には、全て主任の国務大臣が署名し、内閣総理大臣が連署することを必要とする。

(国務大臣の不訴追特権)

第七十五条　国務大臣は、その在任中、内閣総理大臣の同意がなければ、公訴を提起されない。ただし、国務大臣でなくなった後に、公訴を提起することを妨げない。

第六章　司法

(裁判所と司法権)

第七十六条　全て司法権は、最高裁判所及び法律の定めるところにより設置する下級裁判所に属する。

2　特別裁判所は、設置することができない。行政機関は、最終的な上訴審として裁判を行うことができない。

3　全て裁判官は、その良心に従い独立してその職権を行い、この憲法及び法律にのみ拘束される。

（最高裁判所の規則制定権）

第七十七条　最高裁判所は、裁判に関する手続、弁護士、裁判所の内部規律及び司法事務処理に関する事項について、規則を定める権限を有する。

2　検察官、弁護士その他の裁判に関わる者は、最高裁判所の定める規則に従わなければならない。

3　最高裁判所は、下級裁判所に関する規則を定める権限を、下級裁判所に委任することができる。

（裁判官の身分保障）

第七十八条　裁判官は、次条第三項に規定する場合及び心身の故障のために職務を執ることができないと裁判により決定された場合を除いては、第六十四条第一項の規定による裁判によらなければ罷免されない。行政機関は、裁判官の懲戒処分を行うことができない。

（最高裁判所の裁判官）

第七十九条　最高裁判所は、その長である裁判官及び法律の定める員数のその他の裁判官で構成し、最高裁判所の長である裁判官以外の裁判官は、内閣が任命する。

2　最高裁判所の裁判官は、その任命後、法律の定めるところにより、国民の審査を受けなければならない。

3　前項の審査において罷免すべきとされた裁判官は、罷免される。

〔削除〕

4　最高裁判所の裁判官は、法律の定める年齢に達した時に退官する。

5　最高裁判所の裁判官は、全て定期に相当額の報酬を受ける。この報酬は、在任中、分限又は懲戒による場合及び一般の公務員の例による場合を除き、減額できない。

（下級裁判所の裁判官）

第八十条　下級裁判所の裁判官は、最高裁判所の指名した者の名簿によって、内閣が任命する。その裁判官は、法律の定める任期を限って任命され、再任されることができる。ただし、法律の定める年齢に達した時には、退官する。

2　前条第五項の規定は、下級裁判所の裁判官の報酬について準用する。

（令審査権と最高裁判所）

第八十一条　最高裁判所は、一切の法律、命令、規則又は処分が憲法に適合するかしないかを決定する権限を有する最終的な上訴審裁判所である。

（裁判の公開）

第八十二条　裁判の口頭弁論及び公判手続並びに判決は、公開の法廷で行う。

2　裁判所が、裁判官の全員一致で、公の秩序又は善良の風俗を害するおそれがあると決した場合には、口頭弁論及び公判手続は、公開しないで行うことができる。ただし、政治犯罪、出版に関する犯罪又は第三章で保障する国民の権利が問題となっている事件の口頭弁論及び公判手続は、常に公開しなければならない。

第七章　財政

（財政の基本原則）

第八十三条　国の財政を処理する権限は、国会の議決に基づいて行使しなければならない。

2　財政の健全性は、法律の定めるところにより、確保されなければならない。

（租税法律主義）

第八十四条　租税を新たに課し、又は変更するには、法律の定めるところによることを必要とする。

（国費の支出及び国の債務負担）
第八十五条　国費を支出し、又は国が債務を負担するには、国会の議決に基づくことを必要とする。
（予算）
第八十六条　内閣は、毎会計年度の予算案を作成し、国会に提出して、その審議を受け、議決を経なければならない。
2　内閣は、毎会計年度中において、予算を補正するための予算案を提出することができる。
3　内閣は、当該会計年度開始前に第一項の議決を得られる見込みがないと認めるときは、暫定期間に係る予算案を提出しなければならない。
4　毎会計年度の予算は、法律の定めるところにより、国会の議決を経て、翌年度以降の年度においても支出することができる。
（予備費）
第八十七条　予見し難い予算の不足に充てるため、国会の議決に基づいて予備費を設け、内閣の責任でこれを支出することができる。
2　全て予備費の支出については、内閣は、事後に国会の承諾を得なければならない。
（皇室財産及び皇室の費用）
第八十八条　全て皇室財産は、国に属する。全て皇室の費用は、予算案に計上して国会の議決を経なければならない。
（公の財産の支出及び利用の制限）
第八十九条　公金その他の公の財産は、第二十条第三項ただし書に規定する場合を除き、宗教的活動を行う組織若しくは団体の使用、便益若しくは維持のため支出し、又はその利用に供してはならない。
2　公金その他の公の財産は、国若しくは地方自治体その他の公共団体の監督が及ばない慈善、教育若しくは博愛の事業に対して支出し、又はその利用に供してはならない。
（決算の承認等）
第九十条　内閣は、国の収入支出の決算について、全て毎年会計検査院の検査を受け、法律の定めるところにより、次の年度にその検査報告とともに両議院に提出し、その承認を受けなければならない。
2　会計検査院の組織及び権限は、法律で定める。
3　内閣は、第一項の決算報告の内容を予算案に反映させ、国会に対し、その結果について報告しなければならない。
（財政状況の報告）
第九十一条　内閣は、国会に対し、定期に、少なくとも毎年一回、国の財政状況について報告しなければならない。

第八章　地方自治

（地方自治の本旨）
第九十二条　地方自治は、住民の参画を基本とし、住民に身近な行政を自主的、自立的かつ総合的に実施することを旨として行う。
2　住民は、その属する地方自治体の役務の提供を等しく受ける権利を有し、その負担を公平に分担する義務を負う。
（地方自治体の種類、国及び地方自治体の協力等）
第九十三条　地方自治体は、基礎地方自治体及びこれを包括する広域地方自治体とすることを基本とし、その種類は、法律で定める。
2　地方自治体の組織及び運営に関する基本的事項は、地方自治の本旨に基づいて、法律で定める。
3　国及び地方自治体は、法律の定める役割分担を踏まえ、協力しなければならない。地方自治体は、相互に協力しなければならない。
（地方自治体の議会及び公務員の直接選挙）
第九十四条　地方自治体には、法律の定めるところにより、条例その他重要事項を議決する機関として、議会を設置する。

2　地方自治体の長、議会の議員及び法律の定めるその他の公務員は、当該地方自治体の住民であって日本国籍を有する者が直接選挙する。

（地方自治体の権能）

第九十五条　地方自治体は、その事務を処理する権能を有し、法律の範囲内で条例を制定することができる。

（地方自治体の財政及び国の財政措置）

第九十六条　地方自治体の経費は、条例の定めるところにより課する地方税その他の自主的な財源をもって充てることを基本とする。

2　国は、地方自治体において、前項の自主的な財源だけでは地方自治体の行うべき役務の提供ができないときは、法律の定めるところにより、必要な財政上の措置を講じなければならない。

3　第八十三条第二項の規定は、地方自治について準用する。

（地方自治特別法）

第九十七条　特定の地方自治体の組織、運営若しくは権能について他の地方自治体と異なる定めをし、又は特定の地方自治体の住民にのみ義務を課し、権利を制限する特別法は、法律の定めるところにより、その地方自治体の住民の投票において有効投票の過半数の同意を得なければ、制定することができない。

第九章　緊急事態

（緊急事態の宣言）

第九十八条　内閣総理大臣は、我が国に対する外部からの武力攻撃、内乱等による社会秩序の混乱、地震等による大規模な自然災害その他の法律で定める緊急事態において、特に必要があると認めるときは、法律の定めるところにより、閣議にかけて、緊急事態の宣言を発することができる。

2　緊急事態の宣言は、法律の定めるところにより、事前又は事後に国会の承認を得なければならない。

3　内閣総理大臣は、前項の場合において不承認の議決があったとき、国会が緊急事態の宣言を解除すべき旨を議決したとき、又は事態の推移により当該宣言を継続する必要がないと認めるときは、法律の定めるところにより、閣議にかけて、当該宣言を速やかに解除しなければならない。また、百日を超えて緊急事態の宣言を継続しようとするときは、百日を超えるごとに、事前に国会の承認を得なければならない。

4　第二項及び前項後段の国会の承認については、第六十条第二項の規定を準用する。この場合において、同項中「三十日以内」とあるのは、「五日以内」と読み替えるものとする。

（緊急事態の宣言の効果）

第九十九条　緊急事態の宣言が発せられたときは、法律の定めるところにより、内閣は法律と同一の効力を有する政令を制定することができるほか、内閣総理大臣は財政上必要な支出その他の処分を行い、地方自治体の長に対して必要な指示をすることができる。

2　前項の政令の制定及び処分については、法律の定めるところにより、事後に国会の承認を得なければならない。

3　緊急事態の宣言が発せられた場合には、何人も、法律の定めるところにより、当該宣言に係る事態において国民の生命、身体及び財産を守るために行われる措置に関して発せられる国その他公の機関の指示に従わなければならない。この場合においても、第十四条、第十八条、第十九条、第二十一条その他の基本的人権に関する規定は、最大限に尊重されなければならない。

4　緊急事態の宣言が発せられた場合においては、法律の定めるところにより、その宣言が効力を有する期間、衆議院は解散されないものとし、両議院の議員の任期及びその選挙期日の特例を設けることができる。

第十章　改正

第百条　この憲法の改正は、衆議院又は参議院の議員の発議により、両議院のそれぞれの総議員の過半数の賛成で国会が議決し、国民に提案してその承認を得なければならない。この承認には、法律の定めるところにより行われる国民の投票において有効投票の過半数の賛成を必要とする。

2　憲法改正について前項の承認を経たときは、天皇は、直ちに憲法改正を公布する。

第十一章　最高法規

〔削除〕

（憲法の最高法規性等）

第百一条　この憲法は、国の最高法規であって、その条規に反する法律、命令、詔勅及び国務に関するその他の行為の全部又は一部は、その効力を有しない。

2　日本国が締結した条約及び確立された国際法規は、これを誠実に遵守することを必要とする。

（憲法尊重擁護義務）

第百二条　全て国民は、この憲法を尊重しなければならない。

2　国会議員、国務大臣、裁判官その他の公務員は、この憲法を擁護する義務を負う。

附則

（施行期日）

1　この憲法改正は、平成○年○月○日から施行する。ただし、次項の規定は、公布の日から施行する。

（施行に必要な準備行為）

2　この憲法改正を施行するために必要な法律の制定及び改廃その他この憲法改正を施行するために必要な準備行為は、この憲法改正の施行の日よりも前に行うことができる。

（適用区分等）

3　改正後の日本国憲法第七十九条第五項後段（改正後の第八十条第二項において準用する場合を含む。）の規定は、改正前の日本国憲法の規定により任命された最高裁判所の裁判官及び下級裁判所の裁判官の報酬についても適用する。

4　この憲法改正の施行の際現に在職する下級裁判所の裁判官については、その任期は改正前の日本国憲法第八十条第一項の規定による任期の残任期間とし、改正後の日本国憲法第八十条第一項の規定により再任されることができる。

5　改正後の日本国憲法第八十六条第一項、第二項及び第四項の規定はこの憲法改正の施行後に提出される予算案及び予算から、同条第三項の規定はこの憲法改正の施行後に提出される同条第一項の予算案に係る会計年度における暫定期間に係る予算案から、それぞれ適用し、この憲法改正の施行前に提出された予算及び当該予算に係る会計年度における暫定期間に係る予算については、なお従前の例による。

6　改正後の日本国憲法第九十条第一項及び第三項の規定は、この憲法改正の施行後に提出される決算から適用し、この憲法改正の施行前に提出された決算については、なお従前の例による。

資料Ⅲ・56

憲法改正の基本的考え方

―日本国憲法との比較と改正ポイント

みんなの党

二〇一二年四月二七日

コメント

1. 本文書は、みんなの党が、憲法改正に関する基本方針の骨格を示したものである。民主党政権が軍事大国回帰、新自由主義改革回帰を鮮明にし、自民党政権への再政権交代も展望されるなか、一時期停滞していた明文改憲の動きが再活性化した。背景には、民主党から政権を奪還することをめざす保守再編を、改憲を旗印に進めようという思惑もあった。橋下徹率いる大阪維新の会（⇩Ⅲ・53）、たちあがれ日本（⇩Ⅲ・54）、そして自民党「日本国憲法改正草案」（⇩Ⅲ・55）が相次いで改憲構想を打ち出したのである。

渡辺喜美率いるみんなの党も、こうした改憲、それに絡んだ政界再編の流れに遅れまいとして出したのが、本文書である。

しかし、みんなの党はその後紆余曲折を経て、二〇一四年一一月に解党した。この改憲構想も影響力を持ちえなかった。

2. 本文書の特徴は、他の案に比べて、橋下の大阪維新の会同様、急進的新自由主義路線を掲げた改憲構想である点である。

一院制、総理大臣権限拡大などは、新自由主義改革遂行のための迅速な国家意思決定をめざすものであり、地域主権型道州制、国会の立法事項の限定は、地方に福祉関係の事業を丸投げすることで財政削減、福祉給付の削減を図ろうという新自由主義改革構想にそった改憲構想である。首相公選制も、ともすると地元の住民の利害に縛られて新自由主義改革に消極的な国会を飛び越えて首相が強いリーダーシップを発揮して改革を進めるための規定である。

3. 同時に、この改憲構想は、九条改憲、非常事態法制明記など、当代の改憲のもっとも大きなねらいである軍事大国化のための改憲も打ち出している点で、多くの改憲案と共通している。

みんなの党の憲法改正における基本的価値観と方向性は、以下の通り。

	日本国憲法（現行）	みんなの党 憲法改正の基本的考え方
憲法の性格	硬性憲法	軟性憲法、改正手続きの簡略化 ※国民投票法制の整備
立法権（国会）	国権の最高機関、唯一の立法機関 二院制（衆議院・参議院）、衆議院の優越	道州制との関係で、国会の立法事項を限定 両院統合による一院制（立法議院） 「政党規定」の新設
行政権（内閣）	国会による首班指名 内閣の国会に対する連帯責任	首相公選制 総理大臣の権限を拡大
地域主権 地方自治	地方公共団体の組織・運営は、地方自治の本旨に基づいて法律を制定	地域主権型道州制（広域の地域公共団体）
平和主義 安全保障	武力による威嚇・行使の放棄、交戦権の否定	国際平和に貢献し、我が国を防衛するため、自衛権のあり方を明確化 2年間の国民的議論のうえ、国民投票を実施して決定

天皇	日本国・日本国民統合の象徴	日本国・日本国民統合の象徴、「日本国の元首」を明記
国旗国歌	―	国旗を「日章旗」、国歌を「君が代」と明記
非常事態	―	憲法上、非常事態法制の整備を明

資料Ⅲ・57

日本国憲法（新憲法第三次案）

二〇一二年五月三日

新しい憲法をつくる国民会議（自主憲法制定国民会議）

コメント

1．本改正案は、自主憲法制定国民会議が改称した「新しい憲法をつくる国民会議」が、二〇一四年五月三日に発表した改正草案である。

Ⅱ・04のコメントで述べたように、自主憲法期成議員同盟は、一九五五年に、合同前の自由党議員と民主党議員が保守合同をにらんで立ち上げ、その後、六九年に、改憲運動を民間で推進する団体として、自主憲法制定国民会議が結成され、以後両団体はメダルの裏表のようになって改憲運動を担ってきた。国民会議の初代会長は岸信介、第二代会長は木村睦男、第三代は桜内義雄が務め、現在は、一貫して事務局長を務めてきた清原淳平が会長を務めている。

自主憲法制定国民会議は、六九年以来、今日にいたるまで毎年五月三日に、自主憲法制定国民大会を開催し、改憲運動の「老舗」として活動してきた。八〇年代には、〝伝統的、復古的改憲論では国民の支持を得られない〟と判断し、竹花光範が中心となり、改憲案に新しい人権を挿入する試みもなされた。

しかし冷戦終焉後、アメリカの要請に基づき新たな改憲運動が台頭すると、伝統的運動は改憲運動の中心的役割を果たしえなくなってきた。そうした劣勢を挽回することをめざしてか、自主憲法制定国民会議は、二〇〇七年、第一次安倍晋三内閣の成立で改憲気運が盛り上がったことを機に、「新しい憲法をつくる国民会議」に改称、議員同盟も、「新憲法制定議員同盟」に改称して現在にいたっている。

この間、国民会議は、一九八三年に改憲案を発表して以来、毎年五月三日の大会で改憲案を発表してきた。その集大成として、二〇〇三年五月三日に新憲法第一次案を、さらに、〇六年五月三日には第二次案を発表し、続いて、新しい憲法をつくる国民会議に改称した〇七年竹花光範が中心となって作成した第三次案を、一二年五月三日に発表したのが本改正案である。

2．国民会議は、結成以来の名前「自主憲法」に象徴されるように、日本国憲法は占領軍に強制されたという立場に立ってきた。本改正案は、全体として、伝統的改憲案の性格を持ち、民間憲法臨調の案（⇩Ⅱ・43、Ⅲ・21、28、32）、創憲会議の案（⇩Ⅲ・25）などと共通点を多く持っているが、竹花執筆にかかることもあり、冷戦終焉後の改憲案の特徴もあわせ持っていることも見逃せない。

3．各論でみると、以下の諸点でその復古的特徴が現れている。

「前文」では天皇中心の歴史を展開している。天皇の章では、天皇を「元首」であり「象徴」であると規定している。一五条では政教分離の緩和が規定され靖国参拝などの合憲化がめざされている。二三条で家庭は社会を構成するもっとも基本的な単位であることが規定されている。三四条から三八条にいたる五条で、国家防衛の責務をはじめとした「国民の責務」を定めている。一一七条で国旗・国歌の規定を設けている、などである。

4．他方、必ずしも復古的ではなく、冷戦終焉後の軍事大国化、新自由主義改革の要請を受けた規定もあることが注目される。

まず、軍事大国化の要請を反映した規定は以下の諸点である。安全保障の章は、第九章に置かれ、ここでは、自衛権、国防軍の規定に先んじて、最初に、一〇八条で国際貢献のための自衛隊の出動が規定されている。「確立された国際機構の運営及び活動には、軍事力の行使を含む責任ある立場で積極的に参画する。」という規定である。この章では、集団的自衛権の明記はない。また、軍事大国化の要請にしたがって、七八条に国家緊急事態の規定が置かれている。

また軍事大国化に関連して、本改正案は、第一一章最高法規の章で、一一六条の最高法規の条文から「条約」を除き、かつ二〇条で条約および確立された国際法規の遵守義務を謳うことで、条約優位説を採っているが、これは、国連憲章五一条で集団的自衛権保持が認められながら、政府解釈でその「行使」が認められないような「不当なこと」が起こらないよう、条約が憲法に優位することを明らかにするねらいに基づいている（清原淳平「新憲法第三次案の特色」）。

続いて、新自由主義改革を遂行するために効率的な政治体制づくりの要請に基づいた規定では、第三章の国会の章で一院制を主張していること、第六章に「憲法裁判所」の章を設け、憲法裁判所の設置を規定していること、財政の九三条では、健全財政主義の規定を持っていることなどがあげられる。

憲法改正に関しては、国会議員の三分の二以上の賛成か、過半数の賛成による発議と国民投票のいずれかによると、憲法改正要件を緩和している。この点もこの時代の改憲案と共通している。

さらに、人格権、知る権利、環境権など新しい人権が挿入されていることもこの案の注目されるところである。

前文

日本国民は、日本文化と伝統の象徴である天皇のもとに心を寄せ、幾多の試練に遭遇しながらも国家の分裂を招くことなく、他に例を見ない独特の歴史を築いてきた。即ち、自然と闘いこれを征服するという思想ではなく、人と自然、人と人とが和をもって共に生きるという争いを好まない国民性をはぐくむと同時に、進取の気性をもって他国の文化を摂取しこれを同化しながら独自の文化を生み出してきたのである。

われわれは、この永きよき伝統をもつ祖国を心から愛し、独立自尊の気概をもって自国と同胞を守る義務を全うすると同時に、自由と平等、権利と責務との均衡を図った真正な民主主義のもとに、家族を尊重し、礼節を重んじる公正で活力ある福祉社会と我々に続く世代の幸福をも十分に念頭に置いた持続可能な社会を実現する。

併せて、世界の抱える数多くの困難な問題を正義と秩序をもって解決し、諸民族が和を以って共に生きる全地球的な恒久平和を達成するために、また地球環境が正しく保全されるように、世界の諸国民と協力しながら積極的な役割を果たしていく。われわれは、国民自らの手で憲法を創るという歴史的事業を成し遂げたことを誇りに思うと同時に、その責任を充分自覚しつつ、日本国家の独立と繁栄のために、さらに世界の平和のために、国民一丸となって奮闘努力することを、ここに誓うものである。

第一章　天皇

第一条【天皇の地位】

①天皇は、日本国の元首である。

②天皇は、対外的に日本国及び日本国民を代表するとともに、日本国の伝統、文化、及び国民統合の象徴である。

第二条【皇位継承、元号】

①皇位は、世襲のものであって、国会の承認した皇室典範の定めるところにより、皇統に属する者が、これを継承する。

②皇位の継承に際しては元号を定める。

第三条【国事行為の原則】

①天皇は、憲法の定める国事に関する行為を行う。

②天皇は、国事に関する行為を行うにあたって、内閣の助言を受ける。天皇の国事に関する行為については、内閣が責任を負う。

③天皇は、皇室典範の定めるところにより、国事に関する行為を世嗣の資格を有する者に委任することができる。

第四条【摂政】

①天皇が成年に達しない場合、もしくは皇室典範が定める場合には、摂政を置くことができる。摂政は、天皇の名でその国事に関する行為を行う。

②摂政の行為については、前条第二項の規定を準用する。

第五条【天皇の任命権】

①天皇は、国会の指名に基づき、内閣総理大臣を任命する。

②天皇は、内閣の指名に基づき、最高裁判所長官を任命する。

③天皇は、内閣の指名に基づき、憲法裁判所長官を任命する。

第六条【国事行為の内容】

天皇は、次に定める国事に関する行為を行う。

一、外国の大使及び公使を接受すること。

二、批准書及び法律の定めるその他の外交文書を認証すること。

三、内閣の指名に基づいて、全権委任状並びに大使及び公使の信任状に親署し、及びこれを授与すること。

四、憲法、法律、政令及び条約を公布すること。

五、国会を召集すること。

六、国会を解散すること。

七、国会議員の総選挙の施行を公示すること。

八、国務大臣及び法律の定めるその他の公務員の任免を認証すること。

九、恩赦、刑の減免及び復権を認証すること。
十、栄典の授与を行うこと。
十一、祭祀その他の儀式を行うこと。

第七条【天皇の準国事行為】
前条に規定する国事行為の他、天皇が、元首として対外的に日本国を代表し、日本国の伝統、文化、国民統合を象徴するために必要な一切の行為は、国事行為に準ずるものとする。

第八条【皇室の財産】
皇室の財産は、国庫に属する。皇室に関わるすべての費用は、予算案に計上し国会の議決を経なければならない。

第二章　国民の権利及び責務

第九条【国民の要件】
日本国籍を有する者を日本国民とする。国籍取得の要件は、法律でこれを定める。

第十条【基本的人権の享有】
①すべて国民は、基本的人権を享有する。この憲法が国民に保障する権利は、侵されることのない権利として、われわれに信託されたものである。
②この憲法が保障する権利の外国人に対する適用は、法律でこれを定める。

第十一条【個人の尊厳、自由・権利の制約・濫用禁止、適正行使の責務】
①すべての国民は、社会の成員として尊重される。
②この憲法が国民に保障する基本的人権は、他人の基本的人権の尊重を確保し、憲法秩序の擁護、公共生活の保持に必要な限度を除いては、法律で制限することは出来ない。
③国民は、この憲法が国民に保障する自由及び権利を濫用してはならず、常に一般の福祉のためにこれを利用する責務を負う。

第十二条【法の前の平等】
①すべて国民は、法の前に平等であって、人種、信条、性別、社会的身分、門地、心身障害その他を理由とした不合理な差別を受けることはない。
②栄誉、勲章、その他の栄典の授与は、いかなる特権も伴わない。ただし、法律で定める年金その他の経済的利益の付与は、この限りではない。

第十三条【人格権】
①名誉、信用その他の人格権は、これを保障する。
②何人も、自己の私事について、みだりに干渉されない権利を有する。
③通信の秘密は、これを保障する。

第十四条【思想及び良心の自由】
思想及び良心の自由は、これを保障する。

第十五条【信教の自由】
①信教の自由は、何人に対してもこれを保障する。
②何人も、宗教上の行為、祝典、儀式又は行為に参加することを強制されない。
③国及びその機関は、社会的儀礼の範囲を超えて、特定の宗教と関わりを持ってはならない。
④いかなる宗教団体も、国から特権を受け、又は政治上の権力を行使してはならない。

第十六条【学問の自由】
学問の自由は、これを保障する。

第十七条【表現の自由】
①言論、出版、報道その他表現の自由は、これを保障する。

②検閲は、これをしてはならない。

第十八条【知る権利】

すべて国民は、国の安全及び公共の秩序並びに個人の尊厳を侵さない限り、一般に入手できる情報源から、情報を得る権利を有する。

第十九条【集会及び結社の自由】

①何人も、集会及び結社の自由を有する。ただし、憲法秩序の破壊、あるいは国民の諸権利の侵害を目的とし、具体的な活動に及びたる結社は、これを禁止する。

②何人も、その意に反して結社に参加することを強制されない。

第二十条【居住及び移転の自由、外国移住・国籍離脱の自由、国外追放の禁止】

①何人も、居住及び移転の自由を有する。

②すべて国民は、外国に移住し、又は国籍を離脱する自由を保障される。

③すべて国民は、正当な理由なくして、国籍を奪われ、外国に追放され、又は犯罪人として外国政府に引き渡されない。

第二十一条【職業選択及び営業の自由】

何人も、職業選択及び営業の自由を有する。

第二十二条【私有財産所有の自由及び権利】

①何人も、財産を所有する自由及び権利を有する。

②財産権の内容は、公共の利益に適合するように、法律でこれを定める。

③私有財産は、相当な補償の下に、これを公共の利益のために用いることができる。

④国は、農業を保護し、農家の家産を保障する。

第二十三条【家庭の運営・婚姻における責任、国の家庭尊重保護の責務】

①家庭は、社会を構成する最も基本的な単位である。何人も、各自、その属する家庭の運営に責任を負う。

②婚姻は、両性の合意に基づいて成立し、夫婦が同等の権利と責任を有することを基本として、相互の協力により維持するものとする。

③国は、家庭を尊重し、及びこれを保護するものとする。

第二十四条【生存権、国の社会的使命】

①すべて国民は、健康で文化的な最低限度の生活を営む権利を有する。

②国は、各人の人格の尊重の上に立って、社会福祉及び社会保障の向上及び増進に努めるものとする。

③前項に関連して、心身に障害を持つ者、高齢者、妊産婦、母子家庭に対しては、国政の上で、特段の配慮を与えるものとする。

④国は、公衆衛生の向上及び増進に努めるものとする。

第二十五条【科学・芸術・文化振興の責務】

国は、科学、芸術その他の文化の振興に努めるものとする。

第二十六条【環境に関する権利及び責務】

①何人も、良好な環境を享受する権利を有するとともに、良好な環境を保持し、かつわれわれに続く世代にそれを引き継いでいく責務を負う。

②国は、良好な環境の維持及び改善に努めるものとする。

第二十七条【教育を受ける権利、児童・年少者の健全育成、国の社会的使命】

①すべて国民は、法律の定めるところにより、その能力に応じて、ひとしく教育を受ける権利を有する。

②すべて国民は、法律の定めるところにより、その保護する児童及び年少者に普通教育を受けさせる責務を負う。普通教育は、法律の定めるところにより、これを無償とする。

③国は、児童及び年少者の徳性、知力、体力の向上を図り、もってその健全育成を図るべく、教育内容を決定し、その他特段の配慮をするものとする。

④児童及び年少者は、これを酷使してはならない。

第二十八条【勤労者の団結権】
勤労者の団結する権利及び団体交渉その他の団体行動をする権利は、これを保障する。

第二十九条【適正手続の保障、罪刑法定、事後法の禁止、一事不再理】
①何人も、実行の時に施行中の法律に違反しない限り、又は、法律の定める適正な手続きによらなければ、その生命を奪われ、自由を制約され、もしくはその他の刑罰を科せられ、又はその他のいかなる不利益も受けることはない。
②何人も、実行のときに適法であった行為又は既に無罪とされた行為については、刑法上の責任を問われない。又、同一の犯罪について重ねて刑事上の責任を問われない。

第三十条【非人道的な刑罰・処遇の禁止】
何人も、拷問その他いかなる非人道的な刑罰又は処遇も受けることはない。

第三十一条【公務就任の要件、公務員選定罷免の権利及び責務、普通選挙の保障、投票の秘密の保障、公務員の性質】
①公務に就任する者は、日本国民であることを要する。
②国会議員、地方公共団体の首長及びその議会の議員その他の公務員を選定し、及び不適任の公務員を罷免することは、国民固有の権利であり、かつ、その権利の行使は、公民としての責務である。
③公務員の選挙については、成年者による普通選挙を保障する。
④すべて、選挙における投票の秘密は、これを侵してはならない。選挙人は、その選択に関して、公的にも私的にも責任を問われない。
⑤すべて公務員は、国民全体の奉仕者である。
⑥公務員の権利及び責務については、その職務の性質に応じて、必要な最小限度の権利の制約又は責務の加重を受けることを妨げない。

第三十二条【請願権】
①何人も、損害の救済、公務員の罷免、法律、命令又は規則の制定、改正もしくはその廃止その他の事項について、平穏に請願する権利を有する。
②何人も、前項に規定された請願を行ったことを理由として、いかなる差別も受けることがなく、また、いかなる不利益も被ることがない。

第三十三条【国及び地方公共団体の賠償責任】
何人も、公務員の不法行為により損害を受けたときは、法律の定めるところにより、国又は地方公共団体に、その賠償を求めることができる。

第三十四条【遵法の責務】
国民は、この憲法及び法律を遵守する責務を負う。

第三十五条【納税の責務】
国民は、法律の定めるところにより、納税の責務を負う。

第三十六条【国家防衛の責務】
国民は、国家を防衛する責務を負う。

第三十七条【国家緊急事態下における協力の責務】
すべて国民は、第七十八条に規定される国家緊急事態が宣言された場合には、内閣の命令に従い、内閣の活動に協力する責務を負う。

第三十八条【公共財保守の責務】
国民は、文化財その他の公共財を保守する責務を負う。

第三章　国会

第三十九条【国会の地位、立法権】
国会は、行政、司法その他一切の国家機関より独立した、国民代表の府であり、立法権を行使し、予算案を議決し、国政を監督し、その他この憲法及び法律の定める権限を行う。

第四十条【国会の構成】
国会は、国民によって直接に選挙された議員よりなる単一の院をもってこれを構成する。

第四十一条【議員の全国民代表性】

国会議員は、全国民の代表者であり、全国民の利益を念頭においてその職務を行わなければならない。

第四十二条【国会議員の資格及び選挙人の資格】

国会の議員及びその選挙人の資格は、法律でこれを定める。

第四十三条【国会議員の選挙に関する事項、第三者機関の設置】

選挙区、投票の方法、その他国会議員の選挙に関する事項は、法律でこれを定める。ただし、選挙法の原案を作成するため、法律の定めるところにより、公平な第三者機関を設置しなければならない。

第四十四条【国会議員の任期】

①国会議員の任期は、四年とする。ただし、解散の場合には、その期間満了前に終了する。

②国会議員の任期は、国会議員の総選挙を行うに適しない緊急の事態が発生した場合においては、国会の議決で、緊急の事態の継続中、これを延長することができる。

第四十五条【議員の就任宣誓】

①国会議員は、その就任に際し、次の宣誓を行わなければならない。

「私は、憲法及び法律を尊重擁護し、何人からも職務に関して約束もしくは贈与を受けず、つねに全力を尽くし、国家の発展と国民の利福の増進に努めることを誓う。」

②宣誓を行うことを拒否し又は条件付の宣誓を行う者は、国会議員の地位を放棄したものとみなす。

第四十六条【国会議員の欠格事由】

国会議員は、次に掲げる事由により、その地位を失う。

一、直接間接に、公有財産を購入又は賃借すること。

二、直接間接に、国又はその機関と、土木請負契約、物品納入契約又はその他法律が禁ずる契約を結ぶこと。

三、国又はその機関と契約関係にある営利企業の役員又は法律顧問となること。

四、国又はその機関を相手とする訴訟事件において、訴訟代理人又は弁護人となること。

五、第三者の利益を図るために、国又はその機関の事務の負担となるべき交渉をなし、又は交渉をなさしめること。

六、正当な理由なくして、会期中三分の一以上欠席すること。

第四十七条【議員の歳費】

①国会議員は、法律の定めるところにより、国庫から相当額の歳費を受ける。

②給与の額は、国会の議決でこれを増減することができる。ただし、増額の議決は、出席議員の三分の二以上の多数の賛成を必要とし、かつ、国会の総選挙を経て、次の国会の議員から効力を生ずるものとする。

第四十八条【議員の不逮捕特権】

①国会議員は、法律の定める場合を除いては、国会の会期中逮捕されない。

②会期前に逮捕された議員は、国会の要求のある場合には、釈放されなければならない。

第四十九条【議員の発言及び表決についての免責】

国会議員は、国会内で行った発言、討論、又は表決について、国会外で責任を問われない。

第五十条【通常会】

国会の通常会は、年に二回、これを召集する。

第五十一条【臨時会】

①内閣は、国会の臨時会の召集を決定することができる。

②前項の場合の他、国会の在籍議員の四分の一以上の要求があったとき

には、内閣は、臨時会の召集を決定しなければならない。

第五十二条【国会の解散、特別会】

国会が解散されたときは、解散の日から四十日以内に国会の総選挙が行われ、その総選挙の日から三十日以内に国会が召集されなければならない。

第五十三条【資格争訟の審査】

①国会は、所属する議員の資格に関する争訟を審査する。

②国会議員の議席を剥奪するには、出席議員の三分の二以上の多数による議決を必要とする。

第五十四条【定足数、表決】

①国会は、在籍議員の三分の一以上の出席がなければ、議事を開き議決することができない。

②国会の議事は、この憲法に特別の規定がある場合を除き、出席議員の過半数でこれを決し、可否同数のときは、議長の決するところによる。

第五十五条【議事の公開、秘密会、議事録、表決の記載】

①国会の議事は、公開とする。

②前項にもかかわらず、出席議員の三分の二以上の多数により議決したときは、秘密会を開くことができる。

③国会は、その会議の記録を保存し、秘密会の記録の中で特に秘密を要するとみとめられるもの以外は、これを公表し、かつ一般に頒布しなければならない。

④出席議員の五分の一以上の要求があれば、議員の表決は、これを議事録に記載しなければならない。

第五十六条【役員の選任、国会規則、懲罰】

①国会は、その議長を指名し、その他の役員を選任する。

②国会は、議事その他の手続、及び国会内の秩序を乱しあるいは刑事裁判にて有罪が確定した議員につき、これを懲罰することができる。

③前項の場合、議員を除名するには、出席議員の三分の二以上の多数による議決を必要とする。

第五十七条【法律案の議決】

①法律案の提出は、国会の在籍議員数の四分の一以上の議員、又は内閣がこれを行う。

②法律案は、この憲法に特別の規定がある場合を除き、国会で可決したとき法律となる。

第五十八条【予算案の議決】

予算案は、国会で議決されたとき予算となる。

第五十九条【条約承認案の議決】

条約の締結に必要な国会の承認については、前条の規定を準用する。

第六十条【国会の国政調査権】

国会は、国政に関する調査を行い、これに関して、証人の出頭及び証言、並びに資料及び記録の提出を要求することができる。

第六十一条【国務大臣の国会出席の権利及び義務】

①内閣総理大臣その他の国務大臣は、国会に議席を有すると有しないとにかかわらず、何時でも議案について発言するため国会に出席することができる。

②内閣総理大臣その他の国務大臣は、答弁又は証言のために国会に出席を求められたときは、法律の定める場合を除き、出席しなければならない。

第六十二条【弾劾裁判所】

①国会は、罷免の訴追を受けた司法裁判所の裁判官並びに憲法裁判所の裁判官を裁判するため、国会議員で組織する弾劾裁判所を設置する。

②弾劾に関する事項は、法律でこれを定める。

第四章　内閣

第六十三条【内閣の地位、行政権】
①行政権は、内閣に属する。
②内閣は、法律に基づいて、行政権を行使する。
第六十四条【内閣の組織】
①内閣は、法律の定めるところにより、内閣総理大臣及びその他の国務大臣で、これを組織する。
②内閣総理大臣は、国務大臣を統率する。
③内閣総理大臣及びその他の国務大臣は、現に国防軍に属する者であってはならない。
④内閣は、行政権の行使について、国会に対し連帯して責任を負う。
⑤内閣の決定は過半数決とする。反対の意見を有する国務大臣は、辞職しない限り、内閣の決定に賛成したものとみなす。
第六十五条【内閣総理大臣の指名】
内閣総理大臣は、国会議員の中から国会の議決で、これを指名する。この指名は、他のすべての案件に先立って、これを行う。
第六十六条【国務大臣の任命及び罷免】
①内閣総理大臣は、国務大臣を任命する。国務大臣の過半数は、国会議員の中から選ばなければならない。
②内閣総理大臣は、国務大臣を任意に罷免することができる。
第六十七条【内閣総理大臣の臨時職務代行者】
内閣総理大臣は、内閣の成立と同時に、内閣総理大臣に事故のあるとき、又は内閣総理大臣が欠けたときに、臨時に内閣総理大臣の職務を行う国務大臣を指定しなければならない。
第六十八条【国務大臣の宣誓】
内閣総理大臣及びその他の国務大臣は、就任に際し、次の宣誓を行う。
「私は、日本国の発展と日本国民の利福の増進のため、日本国の憲法及び法律を尊重擁護し、全力をあげて職務に専念することを誓う。」

第六十九条【国務大臣の行為の制限】
内閣総理大臣及びその他の国務大臣は、その在任中、第四十六条第一号ないし第五号に規定する欠格事由の他、品位を損う行為を行ってはならない。
第七十条【内閣不信任決議の効果】
①内閣は、国会で不信任の決議案が可決され、又は信任の決議案が否決されたときは、十日以内に国会を解散しない限り、総辞職しなければならない。
②内閣に対する信任又は不信任の議決は、それが国会に提出されてから四十八時間を経過した後でなければ、これを行うことができない。
第七十一条【内閣総理大臣の不在、新国会の召集と内閣の総辞職】
内閣総理大臣が欠けたとき、または国会の解散の後に初めて国会の召集があったとき、内閣は総辞職しなければならない。
第七十二条【総辞職後の内閣】
①第七十条一項及び前条の場合には、内閣は、あらたに内閣総理大臣が任命されるまで、引き続き憲法の定める職務を行う。
②前項の場合、内閣は、国会を解散することができない。
第七十三条【内閣総理大臣の職務】
内閣総理大臣は、内閣を代表して法律案その他の議案を国会に提出し、一般国務及び外交関係について国会に報告する。
第七十四条【内閣総理大臣の指揮監督権】
内閣総理大臣は、行政各部を指揮監督する。
第七十五条【内閣の職務】
内閣は、一般の行政事務の他に、次の事務を行う。
一、法律を誠実に執行し、行政事務を統括管理すること。
二、外交関係を処理すること。
三、条約を締結すること。ただし、事前に、時宜によっては事後に国会の承認を経ることを必要とする。
四、法律の定める基準に従い、公務員に関する事務を掌理すること。
五、予算案を作成し、国会に提出すること。
六、法律の規定を実施するために、政令を制定すること。ただし、政令には、特にその法律の委任がある場合を除いては、罰則を設けることができない。
七、恩赦、刑の減免及び復権を決定すること。
八、栄典の授与を決定すること。

第七十六条【法律・政令の署名】
法律及び政令には、すべて主任の国務大臣が署名し、内閣総理大臣が連署することを必要とする。

第七十七条【行政情報の公開原則】
①行政情報は、基本的に国民の所有に属する。
②内閣は、次に挙げる場合を除き、その統括する行政各部の情報について、これを公開しなければならない。
一、国家の安全保障を脅かすおそれのあるとき。
二、公共の秩序を害するおそれのあるとき。
三、善良の風俗を害するおそれのあるとき。
四、関係当事者の人格を害し、その私生活上の利益を害するおそれのあるとき。
③行政情報の公開に関する手続は、法律でこれを定める。

第七十八条【国家緊急事態】
①内閣総理大臣は、国家の独立と安全保障、又は国民の生活、身体もしくは財産に切迫した影響を及ぼす緊急事態が発生した場合において、国家緊急事態を宣言し、必要に応じて緊急命令を発することができる。ただし、緊急命令には、期限を付さなければならない。
②前項の場合、国家緊急事態宣言並びに緊急命令については、事前に、時宜によっては事後に、国会の承認を得なければならない。
③緊急を要する租税その他の公課、政府専売品の価格又は通貨に関する措置を必要とするときは、内閣は、国会の事前の承認なくして政令で緊急の措置を行うことができる。ただし、この措置は、その公布後、国会開会中は一週間以内に、国会閉会中又は国会解散中は次の会期において、国会の承認を求めなければならない。

第七十九条【国務大臣の訴追】
国務大臣は、その在任中、内閣総理大臣の同意がなければ、訴追されない。ただし、このために、訴追の権利が害されることはない。

第五章　裁判所

第八十条【裁判所の地位、司法権】
すべて司法裁判権は、最高裁判所及び法律の定めるところにより設置される下級裁判所に属する。

第八十一条【行政機関の裁判】
行政機関は、この憲法の定める場合を除いては、終審として裁判を行うことができない。ただし、前審として、法律で特殊な人、又は事件を管轄する行政裁判所を設置することを妨げない。

第八十二条【裁判官の独立、身分保障】
①すべて裁判官は、その良心に従い、独立して自らの職務を行い、この憲法及び法律にのみ拘束される。
②裁判官は、裁判により、心身の故障のために職務を執ることができないと決定された場合を除いては、公の弾劾によらない限り罷免されない。裁判官の懲戒は、行政機関が、これを行うことはできない。

第八十三条【最高裁判所の裁判官、任期、定年、報酬】
①最高裁判所は、その長たる裁判官及び法律の定める定員数のその他の裁判官で、これを組織する。

②最高裁判所の長たる裁判官以外の最高裁判所裁判官は、内閣がこれを任命する。
③最高裁判所の裁判官は、任期を十年とし、再任されることができる。
④最高裁判所の裁判官は、法律の定める年齢に達したときに退官する。
⑤最高裁判所の裁判官は、すべて定期に相当額の報酬を受ける。この報酬は、在任中、これを減額することができない。

第八十四条【下級裁判所の裁判官、任期、定年、報酬】
①下級裁判所の裁判官は、最高裁判所の指名した者の名簿により、内閣が、これを任命する。
②下級裁判所の裁判官は、任期を十年とし、再任されることができる。
③下級裁判所の裁判官は、法律の定める年齢に達したときに退官する。
④下級裁判所の裁判官は、すべて定期に相当額の報酬を受ける。この報酬は、在任中、これを減額することができない。

第八十五条【最高裁判所の規則制定権】
①最高裁判所は、訴訟に関する手続、弁護人、裁判所の内部規律及び司法事務処理に関する事項について、規則を制定する権限を有する。
②検察官は、最高裁判所の定める規則に従わなければならない。
③最高裁判所は、下級裁判所に関する規則を定める権限を下級裁判所に委任することができる。

第八十六条【裁判の公開】
①裁判の対審および判決は、公開の法廷でこれを行う。
②裁判所が、次に掲げる理由により、裁判の公開が適当でないと決定した場合、対審は、公開しないでこれを行うことができる。
一、国家の安全保障を脅かすおそれのあるとき。
二、公共の秩序を害するおそれのあるとき。
三、善良の風俗を害するおそれのあるとき。
四、当事者の私生活上の利益を害するおそれのあるとき。

第六章　憲法裁判所

第八十七条【憲法裁判所の地位、法令審査権】
①憲法裁判所は、一切の法律、命令、規則又は処分が憲法に適合するかしないかを決定する権限を有する。
②すべて憲法裁判所裁判官は、その良心に従い、独立してその職務を行い、この憲法及び法律にのみ拘束される。
③憲法裁判所の訴訟に関する手続、その他必要な事項は、法律でこれを定める。

第八十八条【憲法裁判所への提訴】
①憲法裁判所は、法律、命令、規則又は処分について、国会の在籍議員数の三分の二以上の議員、又は内閣の申し立てがあった場合に、法律の定めるところにより憲法に適合するかしないかを審査する。
②憲法裁判所は、具体的訴訟事件において、最高裁判所もしくは下級裁判所、又は行政裁判所が求める事項につき、法律の定めるところにより憲法に適合するかしないかを審判する。
③憲法裁判所は、具体的訴訟事件の当事者が、最高裁判所の憲法裁判に異議がある場合、法律の定めるところにより、その異議申し立てについて審判する。

第八十九条【判決の効力】
①憲法裁判所が、法律、命令、規則又は処分について、憲法に適合しないと決定した場合には、法律の定める場合を除き、何人もその決定に拘束される。
②憲法裁判所の判決は、法律の定める場合を除き、その判決の公布の翌日から効力を生ずる。

第九十条【憲法裁判所裁判官の身分保障】
憲法裁判所裁判官は、裁判により、心身の故障のために職務を執ることができないと決定された場合を除いては、公の弾劾によらなければ罷免されない。憲法裁判所裁判官の懲戒処分は、行政機関がこれを行うことはできない。

第九十一条【憲法裁判所裁判官、任期、定年、報酬】

①憲法裁判所裁判官の定数は十五名とし、三分の一ずつ、国会議長、内閣総理大臣、最高裁判所長官が任命する。憲法裁判所の長たる裁判官は、十五名の裁判官の中から、国会の同意を得て、内閣がこれを指名する。

②憲法裁判所の裁判官は任期を十年とし、再任されることができる。ただし、法律の定める年齢に達したときには退官する。

③憲法裁判所の裁判官は、その就任に際し、厳粛に宣誓を行わなければならない。

④憲法裁判所の裁判官は、すべて定期に相当額の報酬を受ける。この報酬は、在任中、これを減額することができない。

第九十二条【兼職の禁止】

憲法裁判所裁判官は、国会議員、国務大臣、司法裁判所の裁判官、その他の公務員職を兼ねることはできない。

第七章　財政

第九十三条【財政の基本原則】

①国の財政は、国会の議決に基づいて、内閣が、これを処理する。

②国は、健全なる財政の維持及び運営に努めなければならない。

第九十四条【課税】

国は、あらたに租税を課し、又は現行の租税を変更する際には、法律、又は法律の定める条件によらなければならない。

第九十五条【国費の支出、国の債務負担】

国は、国費を支出し、又は債務を負担する際には、国会の議決に基づくことを必要とする。

第九十六条【公金その他の公の財産の使用の制限】

公金その他の公の財産は、宗教上の組織もしくは団体に対して、その便益もしくは維持のため、これを支出し、又はその利用に供してはならない。但し、皇室の祖先及び戦没者の霊廟に対しては法律で特別の定めをなすことを妨げない。

第九十七条【予算案】

内閣は、毎会計年度の予算案を作成し、国会に提出して、その議決を得なければならない。

第九十八条【継続費】

内閣は、特別に複数年にわたって継続して国費を支出する必要のあるときは、継続費として国会の議決を得なければならない。

第九十九条【予備費】

①内閣は、予見しがたい予算の不足に充当するために、国会の議決に基づいて予備費を設け、内閣の責任において、これを支出することができる。

②予備費の支出についてはすべて、内閣は、事後に国会の承認を得なければならない。

第百条【予算不成立の場合の措置】

会計年度の終了までに次年度の予算が成立しない場合には、内閣は、予算が成立するまでの間、次の目的のために必要な一切の支出をなすことができる。

一、法律によって設立された施設を維持し、並びに法律によって定まっている行為を実行するため。

二、法規上国に属する義務を履行するため。

三、前年度の予算ですでに承認を得た範囲内で、建築、調達及びその他の事業を継続し、又はこれらの目的に対して補助を継続するため。

第百一条【決算検査、会計検査院】
①国のすべての収入及び支出の決算は、会計検査院がこれを検査する。
②内閣は、次の年度に、前項に規定する会計検査院による決算検査と併せ、国のすべての収入及び支出の決算を国会に提出し、その承認を得なければならない。
③会計検査院の組織及び権限は、法律でこれを定める。
第百二条【財政状況の報告】
内閣は、国会及び国民に対して、少なくとも毎年一回、定期に、国の財政状況について報告しなければならない。

第八章　地方自治

第百三条【地方自治の原則】
①地方公共団体は、国と協同して国民の福祉の増進に努めるものとする。
②地方公共団体の運営及び組織に関する事項は、法律でこれを定める。
第百四条【地方議会、首長・議員の直接選挙】
①地方公共団体には、法律の定めるところにより、議会を設置する。
②地方公共団体の首長及びその議会の議員は、その地方公共団体の住民が、直接これを選挙する。
第百五条【地方公共団体の公務員の欠格事由】
地方公共団体の首長及びその議会の議員の欠格事由については、第四十六条の規定を準用する。
第百六条【地方公共団体の権能、条例制定権】
①地方公共団体は、その財産を管理し、事務を処理し、及び行政を執行する権能を有する。
②地方公共団体は、法律の範囲内で、条例を制定することができる。
第百七条【国家緊急事態下における地方自治】
第七十八条に規定される国家緊急事態が宣言された場合、法律の定めるところにより、地方公共団体は、その権限を停止し、内閣の直接の指揮の下に入るものとする。

第九章　安全保障

第百八条【世界平和・地球安全保障の理念、国際社会・国際機構への積極的参加】
①日本国民は、武力紛争、抑圧、飢餓、貧困、環境破壊といった人類の災禍が地球上から除去されることを希求する。
②人類に対する直接の殺傷でなくとも、中長期的に地球環境を破壊し、地球の安全を脅かすような行為は、これを認めない。
③前二項の目的を達成するため、日本国は、出来うる限り平和的手段を尽くして正義に基づく国際秩序の形成、維持、発展に主導的な役割を果たすよう努めるとともに、確立された国際機構の運営及び活動には、軍事力の行使を含む責任ある立場で積極的に参画する。
第百九条【自衛権、同盟の締結】
日本国は、自らの独立と安全を守り、急迫不正の侵略に対しては、これに対抗し防衛する権利を有する。
第百十条【国防軍の保持、組織】
①前二条の目的を達成するため、日本国は、国防軍を保持する。
②国防軍の組織は、法律でこれを定める。
第百十一条【軍の政治への不介入】
国防軍は、政治に介入してはならず、常に党派に超越することが要求される。
第百十二条【最高指揮監督権】
国防軍の最高の指揮監督権は、内閣総理大臣に帰属する。
第百十三条【国会の承認】
国防軍の出動には、第七十八条に規定される緊急事態宣言が布告されている場合を除いては、国会の承認を必要とし、動員には、外国の侵略を受けた場合又はその危険が切迫した場合の他は、国会の事前の承認を必要とする。

第百十四条【軍事裁判所】

①武官は、軍事上の犯罪について、軍事裁判所の管轄に服する。

②武官に課せられるべき基本的人権の制限及び軍事刑法については、法律でこれを定める。

③軍事裁判所は、最高裁判所の統括管理に服せず、内閣総理大臣がこれを統括管理する。

④軍事裁判所の組織、訴訟手続については、法律でこれを定める。

第十章　改正

第百十五条【憲法改正の手続、憲法改正の制限】

①憲法改正案の提出は、国会の在籍議員数の三分の一以上の議員、又は内閣がこれを行う。

②この憲法の改正は、国会において在籍議員の三分の二以上の出席の上で、出席議員の三分の二以上の賛成による可決を必要とする。

③前項の場合の他、この憲法の改正は、国会において在籍議員の三分の二以上の出席の上で、出席議員の過半数により、国会がこれを発議することができる。この場合、特別の国民投票、又は国会の定める選挙の際に行われる国民投票において、有効投票の過半数の賛成を必要とする。

④憲法改正については、本条第二項に規定する改正案の可決、又は前項に規定する改正案の承認があったときには、天皇は、国民の名において、これを直ちに公布する。

⑤日本国の主権が制限されている間、及び緊急事態宣言が布告されている間は、この憲法は、改正することができない。

第十一章　最高法規

第百十六条【最高法規】

この憲法は、国の最高法規であって、その条規に反する法律、命令、規則又は処分の全部又は一部は、その効力を有しない。

第百十七条【国旗・国歌】

①日本国の国旗は「日の丸」である。

②日本国の国歌は「君が代」である。

第百十八条【統治の正当性】

すべての権力は、国民に由来する。

第百十九条【統治の主体、権力行使の方法、政党結成の保障】

①国民は、権力の行使に際して、正当な選挙を経た国会における代表者を通じてこれを行う。

②政党の結成は、国民の政治的意思の集約、形成及び国政への反映を図るため、これを保障する。その内部秩序は民主主義原則に適合しなければならない。政党で、日本国の存立を危うくすることを目指すものは、違憲である。

第百二十条【条約及び国際法規の遵守】

日本国が自ら締結した条約及び確立された国際法規は、これを誠実に遵守する。

第十二章　補則

第百二十一条【憲法施行期日、準備手続】

①この憲法は、公布の日から起算して三箇月を経過した日から、これを施行する。

②この憲法を施行するために必要な法律の制定、国会議員の選挙及び国会召集の手続並びにこの憲法を施行するために必要な準備手続は、前

項の期日より前に、これを行うことができる。

第百二十二条【経過規定—国会未成立の場合の措置】

この憲法の施行の際、新国会がまだ成立していないときは、その成立までの間、従来の国会が両院合同会議を開き国会としての権限を行う。

第百二十三条【同前—憲法裁判所裁判官の任命】

内閣総理大臣、衆議院議長、最高裁判所長官は、この憲法の公布後、施行までの間に、この憲法の定めるところにより、憲法裁判所裁判官を任命する。憲法裁判所裁判官は、この憲法の施行後、その権限を行う。

第百二十四条【同前—公務員の地位】

この憲法施行の際、現に在職する国務大臣、裁判官並びにその他の公務員で、その地位に相当する地位がこの憲法で認められている者は、法律で特別の規定をした場合を除いては、この憲法施行のため、当然にはその地位を失うことはない。ただし、この憲法によって、後任者が選挙又は任命されたときは、当然その地位を失う。

以上

資料Ⅲ・58

国家安全保障基本法案（概要）

二〇一二年七月四日

自由民主党

コメント

1．本法案は、自民党が野党時代、解釈・立法改憲によって自衛隊を海外で武力行使できるようにすることをめざしてつくった法案である。

本法案は、二〇一二年三月、自民党の国防部会・安全保障調査会の合同部会に当時党の安全保障調査会長であった石破茂が提出した、いわゆる石破私案をもとに、それを微修正し整備したもので、その骨格はまったく同じものである。

本法案は、明文改憲による自衛隊の海外での武力行使の正当化がむずかしいなか、現行憲法の下で、立法によって、自衛隊の海外での武力行使を禁じている政府解釈を根本的に変更し、あらゆる場合における自衛隊の武力行使、とりわけ集団的自衛権行使による武力行使を解禁することをめざした法案である。すなわち一〇条一項は、わが国の自衛権行使の条件として、第一号に「一　我が国、あるいは我が国と密接な関係にある他国に対する、外部からの武力攻撃が発生した事態であること。」と規定し、いままでの政府解釈が認めてこなかった「我が国と密接な関係にある他国に対する」武力攻撃に対する自衛権すなわち集団的自衛権を発動すると明記したのである。

政権に復帰した第二次安倍晋三内閣は、解釈で集団的自衛権の行使容認を図るなど、本法案で規定した内容の多くを、基本法という形でなく、個別に実現しようとしているが、本法案が強い影響力を持っていることは否定できない。本法案の注目すべき点は以下の諸点である。

2．第一に、法案は、三条、四条で安全保障の確保のための「国及び地方公共団体の責務」ならびに「国民の責務」を定めているが、前者では、狭い意味での軍事に限られず「教育、科学技術」にも安全保障上の配慮を行うこと、安全保障上のために秘密保護法を制定することを謳っている点が注目される。秘密保護法は第二次安倍内閣で、特定秘密保護法という形で制定された。

3．第二に、法案は、六条で安全保障基本計画の作成を謳っているが、これまた、第二次安倍内閣で、国家安全保障会議の設置とそこでの「国家安全保障戦略」という形で実現している。

4．第三に、法案のもっとも大きなねらいの一つは、先に指摘したように一〇条で集団的自衛権行使を権限づけていることである。ただし、この点でもう一つ注目されるのは、法案が、同条第一項第四号で「一号に定める『我が国と密接な関係にある他国』に対する武力攻撃については、その国に対する攻撃が我が国に対する攻撃とみなしうるに足る関係性があること」と規定して集団的自衛権に「我が国に対する攻撃と見なしうるにたる関係性」という限定をつけていることである。

これは後に、第二次安倍内閣が集団的自衛権行使容認を公明党に呑ませる際に提示した「限定行使論」に通じる考え方である。

5．第四に、法案のもう一つの大きなねらいは、一一条で国連の安全保障措置への参加を容認している点である。「我が国が国際連合憲章上定められ、又は国際連合安全保障理事会で決議された等の、各種の安全保障措置等に参加する場合には、以下の事項に留意しなければならない。」という文言である。「等の」「各種の安全保障措置」と、要件を極めてあいまいにしているので、たとえ国連決議がでていなくとも、アメリカの要請などに基づいて、「国際貢献」の名目で参加できる道を開いている。

6．第五に、一二条で武器輸出三原則の見直しを謳っているが、これも、第二次安倍内閣で実行（⇩III・70）されている。

第一条（本法の目的）

本法は、我が国の安全保障に関し、その政策の基本となる事項を定め、国及び地方公共団体の責務と施策とを明らかにすることにより、安全保障政策を総合的に推進し、もって我が国の独立と平和を守り、国の安全を保ち、国際社会の平和と安定を図ることをその目的とする。

第二条（安全保障の目的、基本方針）

安全保障の目的は、外部からの軍事的または非軍事的手段による直接または間接の侵害その他のあらゆる脅威に対し、防衛、外交、経済その他の諸施策を総合して、これを未然に防止しまたは排除することにより、自由と民主主義を基調とする我が国の独立と平和を守り、国益を確保することにある。

2　前項の目的を達成するため、次に掲げる事項を基本方針とする。

一　国際協調を図り、国際連合憲章の目的の達成のため、我が国として積極的に寄与すること。

二　政府は、内政を安定させ、安全保障基盤の確立に努めること。

三　政府は、実効性の高い統合的な防衛力を効率的に整備するとともに、統合運用を基本とする柔軟かつ即応性の高い運用に努めること。

四　国際連合憲章に定められた自衛権の行使については、必要最小限度とすること。

第三条（国及び地方公共団体の責務）

国は、第二条に定める基本方針に則り、安全保障に関する施策を総合的に策定し実施する責務を負う。

2　国は、教育、科学技術、建設、運輸、通信その他内政の各分野において、安全保障上必要な配慮を払わなければならない。

3　国は、我が国の平和と安全を確保する上で必要な秘密が適切に保護されるよう、法律上・制度上必要な措置を講ずる。

4　地方公共団体は、国及び他の地方公共団体その他の機関と相互に協力し、安全保障に関する施策に関し、必要な措置を実施する責務を負う。

5　国及び地方公共団体は、本法の目的の達成のため、政治・経済及び社会の発展を図るべく、必要な内政の諸施策を講じなければならない。

6　国及び地方公共団体は、広報活動を通じ、安全保障に関する国民の理解を深めるため、適切な施策を講じる。

第四条（国民の責務）

国民は、国の安全保障施策に協力し、我が国の安全保障の確保に寄与し、もって平和で安定した国際社会の実現に努めるものとする。

第五条（法制上の措置等）

政府は、本法に定める施策を総合的に実施するために必要な法制上及び財政上の措置を講じなければならない。

第六条（安全保障基本計画）

政府は、安全保障に関する施策の総合的かつ計画的な推進を図るため、国の安全保障に関する基本的な計画（以下「安全保障基本計画」という。）を定めなければならない。

2　安全保障基本計画は、次に掲げる事項について定めるものとする。

一　我が国の安全保障に関する総合的かつ長期的な施策の大綱

二　前号に掲げるもののほか、安全保障に関する施策を総合的かつ計画的に推進するために必要な事項

3　内閣総理大臣は、前項の規定による閣議の決定があったときは、遅滞なく、安全保障基本計画を公表しなければならない。

4　前項の規定は、安全保障基本計画の変更について準用する。

＠別途、安全保障会議設置法改正によって、・安全保障会議が安全保障基本計画の案を作成し、閣議決定を求めるべきこと・安全保障会議が、防衛、外交、経済その他の諸施策を総合するため、各省の施策を調整する役割を担うことを規定。

第七条（国会に対する報告）

政府は、毎年国会に対し、我が国をとりまく安全保障環境の現状及び我が国が安全保障に関して講じた施策の概況、ならびに今後の防衛計画に関する報告を提出しなければならない。

第八条（自衛隊）

外部からの軍事的手段による直接または間接の侵害その他の脅威に対し我が国を防衛するため、陸上・海上・航空自衛隊を保有する。

2　自衛隊は、国際の法規及び確立された国際慣例に則り、厳格な文民統制の下に行動する。

3　自衛隊は、第一項に規定するもののほか、必要に応じ公共の秩序の維持に当たるとともに、同項の任務の遂行に支障を生じない限度において、別に法律で定めるところにより自衛隊が実施することとされる任務を行う。

4　自衛隊に対する文民統制を確保するため、次の事項を定める。

一　自衛隊の最高指揮官たる内閣総理大臣、及び防衛大臣は国民から選ばれた文民とすること。

二　その他自衛隊の行動等に対する国会の関与につき別に法律で定めること。

第九条（国際の平和と安定の確保）

政府は、国際社会の政治的・社会的安定及び経済的発展を図り、もっ

て平和で安定した国際環境を確保するため、以下の施策を推進する。

一　国際協調を図り、国際の平和及び安全の維持に係る国際社会の取組に我が国として主体的かつ積極的に寄与すること。

二　締結した条約を誠実に遵守し、関連する国内法を整備し、地域及び世界の平和と安定のための信頼醸成に努めること。

三　開発途上国の安定と発展を図るため、開発援助を推進すること。なおこの実施に当たっては、援助対象国の軍事支出、兵器拡散等の動向に十分配慮すること。

四　国際社会の安定を保ちつつ、世界全体の核兵器を含む軍備の縮小に向け努力し、適切な軍備管理のため積極的に活動すること。

五　我が国と諸国との安全保障対話、防衛協力・防衛交流等を積極的に推進すること。

第一〇条（国際連合憲章に定められた自衛権の行使）

第二条第二項第四号の基本方針に基づき、我が国が自衛権を行使する場合には、以下の事項を遵守しなければならない。

一　我が国、あるいは我が国と密接な関係にある他国に対する、外部からの武力攻撃が発生した事態であること。

二　自衛権行使に当たって採った措置を、直ちに国際連合安全保障理事会に報告すること。

三　この措置は、国際連合安全保障理事会が国際の平和及び安全の維持に必要な措置が講じられたときに終了すること。

四　一号に定める「我が国と密接な関係にある他国」に対する武力攻撃については、その国に対する攻撃が我が国に対する攻撃とみなしうるに足る関係性があること。

五　一号に定める「我が国と密接な関係にある他国」に対する武力攻撃については、当該被害国から我が国の支援についての要請があること。

六　自衛権行使は、我が国の安全を守るため必要やむを得ない限度とし、かつ当該武力攻撃との均衡を失しないこと。

2　前項の権利の行使は、国会の適切な関与等、厳格な文民統制のもとに行われなければならない。

@別途、武力攻撃事態法と対になるような「集団自衛事態法」（仮称）、及び自衛隊法における「集団自衛出動」（仮称）的任務規定、武器使用権限に関する規定が必要。当該下位法において、集団的自衛権行使については原則として事前の国会承認を必要とする旨を規定。

第一一条（国際連合憲章上定められた安全保障措置等への参加）

我が国が国際連合憲章上定められ、又は国際連合安全保障理事会で決議された等の、各種の安全保障措置等に参加する場合には、以下の事項に留意しなければならない。

一　当該安全保障措置等の目的が我が国の防衛、外交、経済その他の諸政策と合致すること。

二　予め当該安全保障措置等の実施主体との十分な調整、派遣する国及び地域の情勢についての十分な情報収集等を行い、我が国が実施する措置の目的・任務を明確にすること。

@本条の下位法として国際平和協力法案（いわゆる一般法）を予定。

第一二条（武器の輸出入等）

国は、我が国及び国際社会の平和と安全を確保するとの観点から、防衛に資する産業基盤の保持及び育成につき配慮する。

2　武器及びその技術等の輸出入は、我が国及び国際社会の平和と安全を確保するとの目的に資するよう行われなければならない。特に武器及びその技術等の輸出に当たっては、国は、国際紛争等を助長することのないよう十分に配慮しなければならない。

資料Ⅲ・59

維新八策（案）

二〇一二年七月五日
大阪維新の会

コメント

1．「八策」は大阪維新の会が三カ月前に出した「維新が目指す国家像」（⇩Ⅲ・53）の改訂版である。その基本線である急進的新自由主義改革はまったく変わらない。変更した部分は、二カ所である。

2．急進新自由主義改革の理念が一層明確になり、制度の具体化が行われたことが第一の変化である。まず、「国家像」にはなかった、国家全体の理念として、自助・共助・公助論が打ち出されたことである。「そのためには、自助、共助、公助の範囲と役割を明確にすること、現役世代を活性化し、世代間の協力関係を再構築することを重視します。」と。

この理念は、本来、自助でも共助でも人間らしい生活ができない場合に「公助」すなわち公的責任で生活を保障するという社会保障の理念を改変し、まず「自助」続いて「共助」を要求することで公的責任の軽減を図る、新自由主義的社会保障の理念である。

この理念は、憲法二五条に基づく社会保障では、財政が肥大化しグローバル企業の負担軽減ができないことをふまえ、一九九五年の社会保障制度審議会により打ち出されたものであったが、ちょうど二〇一二年野田佳彦内閣の下で、「社会保障と税の一体改革」に関する三党合意が成立し、その合意のなかで改めて打ち出され、のちに、二〇一二年国会を通過した社会保障制度改革推進法第二条に明記されたものである。八策はそれをさっそく拝借し、中心理念として打ち出したものである。

それに加えて、八策では、公務員制度改革が一つの柱として立てられ、「公務員の強固な身分保障の廃止」など、新自由主義改革にそった公務員の抜本削減方針が具体化されている。また、「教育改革」も新たな柱として独立し、これまた新自由主義教育改革の具体化・拡充が打ち出されている。

3．「国家像」からの変化の二番目は、安保関係のところが拡充され、日米同盟と軍事大国化の方向がより鮮明になったことである。

もともと、国家像では、新自由主義改革に比べ、保守支配層のもう一つの課題である軍事大国化については、明確な方針がなかった。それを象徴するのが、外交・防衛の頭に「・〈議論〉憲法九条についての国民投票〜政治家が自ら決めなくて良いのか？　・国民投票の結果によって、国際貢献の在り方、国際貢献する際の防衛措置の在り方が決まる」という、国民投票論を持ってきた点であった。

ところが、八策では、九条改正国民投票論は、「憲法改正」の最後に回され、「外交・防衛」の柱では、「・日本の主権と領土を自力で守る防衛力と政策の整備／・日米同盟を基軸とし、自由と民主主義を守る国々との連携を強化」という具合に、日米同盟基軸、軍事力強化が明示されたのである。

以上のような変化は、全体として、維新の会が政治に向かうにつれ、保守支配層の二つの課題を一層明確に掲げることが迫られた結果である。

日本再生のためのグレートリセット
これまでの社会システムをリセット、そして再構築
給付型公約から改革型公約へ

～今の日本、皆さんにリンゴを与えることはできません。リンゴのなる木の土を耕し直します～

維新が目指す国家像

大阪維新の会の理念は、多様な価値観を認め合う社会を前提に、

・自立する個人
・自立する地域
・自立する国家

を実現することです。

そのためには、自助、共助、公助の範囲と役割を明確にすること、現役世代を活性化し、世代間の協力関係を再構築することを重視します。

そして、多様な価値観を認めれば認めるほど

・決定でき、責任を負う民主主義
・決定でき、責任を負う統治機構

を確立しなければなりません。

旧来の日本型国家運営モデルはもはや機能しなくなっており、弊害の方が目立つようになっています。今の日本の豊かさと安全を維持するには、国を中心とする運営ではなく、地域と個人の創意工夫による競争力・活性化が必要です。そのためには国民の総努力が必要です。

大阪維新の会の理念を実現するために、維新八策を提案する。

1．統治機構の作り直し

【理念・実現のための大きな枠組み】

・中央集権型国家から地方分権型国家へ
・自治体の自立・責任・切磋琢磨（せっさたくま）
・国の役割を強化し、人的物的資源を集中させるため国の役割を絞り込む（国防、外交、通貨、マクロ経済政策等）
・内政は地方・都市の自立的経営に任せる
・国の仕事は国の財布で、地方の仕事は地方の財布で
・国と地方の融合型行政から分離型行政へ
・倒産のリスクを背負う自治体運営

【基本方針】

・首相公選制（人気投票的になることを防ぐ方法を措置）
・現在の参議院廃止を視野に入れた衆議院優位の強化
・首相公選制とバランスのとれた議会制度（は一院制か二院制か？）（二院制だとしても現在の参議院は廃止。）
・道州制を見据え地方自治体の首長が議員を兼職する院を模索（国と地方の協議の場の昇華）
・条例の上書き権（憲法九四条の改正）
・地方財政計画制度・地方交付税制度の廃止
・消費税の地方税化と地方間財政調整制度
・自治体破綻制度の創設
・都市間競争に対応できる多様な大都市制度＝大阪都構想
・道州制が最終形

2．財政・行政改革

【理念】

・役人が普通のビジネス感覚で仕事ができる環境の実現
・簡素、効率的な国会制度、政府組織
・首相が年に一〇〇日は海外に行ける国会運営
・持続可能な小さな政府

【実現のための大きな枠組み・基本方針】

・大阪府・市方式の徹底した行財政改革
・外郭団体、特別会計の徹底見直し
・行政のＮＰＯ化
・国会、政府組織の徹底したＩＣＴ化

・国会意思決定プロセスの抜本的見直し
・プライマリーバランス黒字化の目標設定
・社会保障番号制の導入
・歳入庁の創設（税と社会保障の統合）
・国会議員の定数削減と歳費その他の経費の削減
・企業・団体献金の禁止を含む政治資金改正法の抜本改革
・政党交付金の抜本改革
・地域政党を認める法制度
・ＩＣＴを駆使した選挙制度

３．公務員制度改革

【理念】

・公務員を身分から職業へ
・倒産のリスクがない以上、人材流動化制度の強化
・省益のためでなく国民全体のために働く行政組織
・厳しくとも公の仕事を望むなら公務員に

【実現のための大きな枠組み・基本方針】

・大阪府・市の公務員制度改革（頑張ったものは報われる、能力、実績主義、職位に見合った給料）を国に広げる
・官民給与比較手法（総額比較）の抜本的改正、人事院制度の廃止
・地方公務員も含めた公務員の総人件費削減（公務員共済への追加費用の見直し）
・大阪府・市職員基本条例をさらに発展、法制化
・公務員の強固な身分保障の廃止
・内閣による人事権の一元化
・内閣による公務員の一括採用。社会人中途採用を基本
・採用試験の抜本的見直し
・任期付を原則とする等官民の人材流動化を強化
・大胆な政治任用制度
・任期付の場合には民間に劣らない給与・処遇
・若手時代は官庁間移動を原則
・公務員労働組合の選挙活動の総点検
・国家公務員制度に合わせて地方公務員制度も抜本的改革

４．教育改革

【理念】

・自立する国家、自立する地域を担う自立する個人を育てる
・格差を世代間で固定化させないために、最高の教育を限りなく無償で提供する
・文科省を頂点とするピラミッド型教育行政から地方分権型教育行政へ
・教育行政機関主導から生徒・保護者主導へ

【実現のための大きな枠組み・基本方針】

・教育委員会制度の廃止論を含む抜本的改革（実例－首長に権限と責任を持たせ、第三者機関で監視する制度）
・教育行政制度について自治体の選択制
・大学、文科省を抜本的に見直し、世界最高水準の高等教育を目指す
・大学入試改革を通じた教育改革
・初等中等教育環境も世界を見据えた世界標準へ高等教育、ＩＣＴ教育）
・大学も含めた教育バウチャー（クーポン）制度の導入＝教育機関の切磋琢磨を促す
・生徒・保護者による公公間、公私間学校選択の保障
・選択のための学校情報開示の徹底
・初等中等教育の学校を、校長を長とする普通の組織にする
・公立学校教員の非公務員化
・複線型の中等教育（職業教育の充実）

・障がい者教育の充実
・海外留学の支援
・大阪府・市の教育関連条例をさらに発展、法制化
・教職員労働組合の活動の総点検

5．社会保障制度改革

【理念】
・真の弱者を徹底的に支援
・自立する個人を増やすことにより支える側を増やす
・個人のチャレンジを促進し、切磋琢磨をサポートする社会保障
・若年層を含む現役世代を活性化させる社会保障
・負の所得税（努力に応じた所得）・ベーシックインカム（最低生活保障）的な考え方を導入＝課税後所得の一定額を最低生活保障とみなす
＝この部分は新たな財源による給付ではない
・持続可能な制度
・世代間・世代内不公平の解消
・受益と負担の明確化
・供給サイドへの税投入よりも受益サイドへの直接の税投入を重視（社会保障のバウチャー化）
→供給サイドを切磋琢磨させ社会保障の充実を通じて新規事業・雇用を創出

【基本方針】
・自助、共助、公助の役割分担を明確化
・社会保障給付費の合理化・効率化
・（給付費の効率化には限界があるので）高負担社会に備え積立方式を導入
・失業対策、生活保護、年金等の社会保障を一元化＝生活保護世帯と低所得世帯の不公平の是正
・（1）努力に応じた、（2）現物支給中心の、最低生活保障制度を創設
・所得と資産の合算で最低生活保障
・所得と資産のある個人への社会保障給付制限
・（受益と負担の関係を明らかにするため）提供サービスをフルコストで計算
・社会保険への過度な税投入を是正、保険料の減免で対応

【政策例】

［年金］
・年金一元化、賦課方式から積立方式（＋過去債務清算）に長期的に移行
・年金清算事業団方式による過去債務整理
・債務整理の償還財源は相続資産への課税と超長期の薄く広い税
・高齢者はフローの所得と資産で先ずは生活維持（自助）
・ストックを流動化する方法としてリバースモーゲージ市場の確立、譲渡益課税の死亡時清算を制度化
・社会保障番号制で所得・資産（フロー・ストック）を完全把握
・歳入庁の創設（保険料の税化）

［生活保護］
・高齢者・障がい者サポートと現役世代サポートの区分け
・現物支給中心の生活保護費
・支給基準の見直し
・現役世代は就労支援を含む自立支援策の実践の義務化
・有期制（一定期間で再審査）
・勤労収入の上積み制度
・医療扶助の自己負担制の導入
・被保護者を担当する登録医制度

［医療保険・介護保険］

・医療保険の一元化
・公的保険の範囲を見直し混合診療を完全解禁
・高コスト体質、補助金依存体質の改善

6．経済政策・雇用政策・税制

～経済政策～

【理念、基本方針】
・実経済政策・金融政策（マクロ経済政策）・社会保障改革・財政再建策のパッケージ
・実経済政策は競争力強化
・国・自治体・都市の競争力強化
・競争力を重視する自由経済
・競争力強化のためのインフラ整備
・産業の淘汰を真正面から受け止める産業構造の転換
・自由貿易圏の拡大
・国民利益のために既得権益と闘う成長戦略（成長を阻害する要因を徹底して取り除く）
・イノベーション促進のための徹底した規制改革
・付加価値創出による内需連関
・供給サイドの競争力強化による質的向上＝額（量）だけでなく質の需給ギャップも埋める
・新エネルギー政策を含めた成熟した先進国経済モデルの構築
・ＴＰＰ参加、ＦＴＡ拡大
・為替レートに左右されない産業構造
・貿易収支の黒字重視一辺倒から所得収支、サービス収支の黒字重視戦略
・高付加価値製造業の国内拠点化
・先進国をリードする脱原発依存体制の構築

～雇用政策～

【理念、基本方針】
・民民、官民人材流動化の強化
・徹底した就労支援と解雇規制の緩和を含む労働市場の流動化（衰退産業から成長産業への人材移動を支援）
・ニーズのない雇用を税で無理やり創出しない
・社会保障のバウチャー化を通じた新規事業・雇用の創出（再掲）
・国内サービス産業の拡大（＝ボリュームゾーンの雇用拡大）
・正規雇用、非正規雇用の格差是正（＝同一労働同一賃金の実現）
・グローバル人材の育成
・外国人人材、女性労働力（→保育政策の充実へ）の活用

～税制～

【理念、基本方針】
・簡素、公平、中立から簡素、公平、活力の税制へ
・少子高齢化に対応→フロー課税だけでなく資産課税も重視
・フローを制約しない税制（官がお金を集めて使うより民間でお金を回す仕組み）
・グローバル経済に対応
・成長のための税制
・消費、投資を促す税制
・受益（総支出）と負担（総収入）のバランス
・負の所得税・ベーシックインカム的な考え方を導入（再掲）
・超簡素な税制＝フラットタックス化
・所得課税、消費課税、資産課税のバランス

【政策例】
・資産課税（金融資産以外の資産にかかる税は資産を現金化した場合または死亡時に清算）

・減免、租税特別措置などは原則廃止
・国民総確定申告制
・消費、投資分は最大限控除
・行政を切磋琢磨させるための寄付税制の拡大
・国民総背番号制で所得・資産（フロー・ストック）を完全把握（再掲）
・歳入庁の創設（保険料の税化）（再掲）

7．外交・防衛

【理念、実現のための大きな枠組み】
・世界の平和と繁栄に貢献する外交政策
・日本の主権と領土を自力で守る防衛力と政策の整備
・日米同盟を基軸とし、自由と民主主義を守る国々との連携を強化
・日本の生存に必要な資源を国際協調の下に確保

【政策例】
・日本全体で沖縄負担の軽減を図るさらなるロードマップの作成
・国連ＰＫＯなどの国際平和活動への参加を強化
・自由で開かれた経済ネットワークの構築
・豪、韓国との関係強化
・平等互恵と法の支配を前提とする、中国、ロシアとの戦略的互恵関係の強化
・ロシアとの間で北方領土交渉を推進
・ＯＤＡの継続的低下に歯止めをかけ、積極的な対外支援策に転換
・外交安全保障の長期戦略を研究、立案、討議するための外交安全保障会議の創設
・学術や文化交流の積極化と人材育成、外国研究体制の拡充
・外国人への土地売却規制その他安全保障上の視点からの外国人規制

8．憲法改正

・憲法改正発議要件（九六条）を三分の二から二分の一に
・首相公選制（再掲）
・首相公選制と親和性のある議院制＝参議院の廃止も視野に入れた抜本的改革・衆議院の優位性の強化（再掲）
・地方の条例制定権の自立（上書き権）（「基本法」の範囲内で条例制定）憲法九四条の改正
・憲法九条を変えるか否かの国民投票

資料Ⅲ・60

平和のフロンティア部会報告書
―平和の包括的な創り手として

二〇一二年七月六日

国家戦略会議フロンティア分科会・平和のフロンティア部会

コメント

1．本報告は、民主党政権のつくった国家戦略会議のフロンティア分科会・平和のフロンティア部会が野田佳彦内閣の末期、二〇一二年七月に発表したものである。防衛計画の大綱の見直しを念頭に麻生太郎内閣でつくられた安保防衛懇の報告（⇩Ⅲ・43）、鳩山由起夫内閣時につくられ、菅直人内閣のときに報告を出した新安防懇報告（⇩Ⅲ・47）に次いで、野田内閣が出した外交政策の戦略を述べた報告である。

このフロンティア分科会の座長には中西寛がついているが、中西は、麻生内閣の安保防衛懇、鳩山内閣の新安防懇と続いてただ一人、三つの懇談会のいずれにもメンバーとして参加している。

この報告は、発表直後に行われた一二年一二月の総選挙で民主党が大敗し、自民党に政権交代がなされたため、お蔵入りとなり、何の政治的影響力も持ちえなかったが、その内容は、政権交代後の第二次安倍晋三内閣の外交戦略につながる点を持っていて興味深い。

2．報告の情勢分析で注目すべき特徴は、近未来の情勢として、米中を含むアジア・太平洋地域が世界経済の中心となり、この地域の変動が激しいこと、それが日本に与える影響が強いことが指摘されている点である。

3．いままでの報告にはなかったか重視されていなかった本報告の注目すべき特徴は、冷戦終焉後の日本が停滞し、「国力が縮小し」国際的な場で「日本の国益を大きく損なう決定が」なされる危険があると指摘している点である。こうした日本の国力低下への危機感とそこからの回復という方針は、第二次安倍内閣が「強い日本」「強い経済」というスローガンの下で掲げたが、報告はその先駆をなしている。

本報告は、そうした日本の復活の姿として、自国の平和とともに日本が世界のなかで肯定的に評価される存在となることを掲げ、そのために世界に対する働きかけを強めることを提言する。「逆説的だが、これから国力において制約が強まるであろう日本にとっては、自国の平和と繁栄という目標と世界の中で肯定的に評価される存在となるという目標を共に追求することが重要となる。これからの日本の平和と繁栄を守ることは、内に閉じこもることではなく、世界に対する働きかけを劇的に向上させ、国際的に望ましい平和を創り出す努力を大きく強化することによって初めて実現可能となる。」と。こうした方向も、第二次安倍内閣の掲げた「積極的平和主義」と共通する目標である。

4．本報告は、国力の低下する日本の回復を妨げる障害物として、国力を回復するための「基本的な対外戦略を策定する」仕組みが確立していないこと、対外的な積極政策を妨げる法制度が存続していること、財政削減で外交、防衛予算が削減されていること、国際舞台で働く人材不足に加え、歴史認識で近隣諸国と摩擦があることなどをあげている。いずれも注目される点だが、とくに最後の歴史認識問題をあげている点は注目される。報告はこう言う。「一部の市民の反感や将来の方向に関する不安感が相互に刺激し合い、そうした感情が時に政府間関係をも左右する。特に歴史認識をめぐる摩擦が終息しないことは日本の対外関係上の制約となっている。」と。

5．本報告はこうした障害物を乗りこえて、国力を回復する対外政策の方途として、「能動的平和主義」、領域を守る防衛力の強化と同盟国・友好国との安保関係を拡充すること、そのために集団的自衛権行使を含めた国際的安全保障手段を拡充することを主張している。「さらに同盟国アメリカや価値観を共有する諸国との協力を深めるため、集団的自衛権の行使を含めた国際的な安全保障協力手段の拡充を実現すべきである」と。

また歴史認識の問題では「市民レベルの相互理解」を深めることも提言される。

より具体的な国力回復政策では、第一に、中国軍事力の近代化に対する防衛力強化、日米同盟の強化、同盟国以外のインド等との「安全保障ネットワーク」の構築、中国も含めた行動規範の作成、国際平和協力活動強化のための武器使用基準の緩和、秘密保全法制の整備、が謳われる。

第二に、市場メカニズムを基調とした開放経済をつくるための日本の一層の新自由主義改革が求められる。

第三に、戦略的な科学技術力の開発、そのための研究費の重点投資、武器輸出三原則の見直し、第四に、能動的平和創造国家のための平和構築の活動、第五に、国際的ルールメーキング能力の強化、第六に、国際的に活躍できる人材育成と教育改革、第七に、的確な対外政策策定のための国家体制の整備、日本版NSCの創設、情報収集体制の整備などが謳われている。

これらの提言は、明らかに日本のグローバル競争大国化をめざした方策であり、戦略的外交をはじめ、このかなりな部分は、第二次、第三次安倍内閣で実行に移されている。

本部会報告は、平和のフロンティア部会がフロンティア分科会に提出したものであり、フロンティア分科会報告の素材となっている。

1．二〇五〇年の世界と日本の姿

（1）二〇五〇年の世界—多様な可能性

世界の大部分の人は平和を望むであろうし、とりわけ日本人にとって平和は究極的な価値をもつ理念である。しかし重要なのはどのように平和の理念を実現に導くかである。第二次世界大戦以降の日本は世界史上でもまれな平和と繁栄を享受してきた。二〇五〇年までの将来を見据えた場合、日本は、これまで以上に平和を実現するための方策について具体的に考え、積極的に世界に働きかけ、行動する平和の創り手となることによって、日本自身の平和と繁栄を維持していくという心構えをもたねばならない。

このことは、二〇五〇年における世界のあり方と日本の将来像をイメージしてみると浮かび上がってくる。数多くの将来予測が、現在から二〇五〇年までの期間は世界史的、人類史的な移行期となると予想している。これはいくつかの要因を含んだ予測である。まず、中国やインドをはじめとする新興国の台頭がある。巨大な人口を有する地域が今後も近代化を続けることは、巨大な国力を持つ国家を生み出し、世界的なパワー・バランスを変化させるであろう。第二に、世界人口の大半を占める地域の経済発展によって、地球規模でのエネルギーや環境利用のあり方を大きく変え、資源・エネルギーの不足や気候や地球全体の生態系に対する未曾有の影響が生じるおそれがある。第三に、先進社会において既に進行している人口の高齢化、社会の脱工業化は今後も加速すると予想され、近代社会の仕組みや価値観とは異なる、ポストモダンと呼ばれる社会へと移行していくことも予想できる。第四に、科学技術の進展は今後も続き、グローバリゼーション、すなわち国境を超えるヒト、モノ、カネ、情報の流通が今後も増大し、国民意識や政治のあり方も現在とは大きく変化していく可能性もある。これらの要因が複合することで、二〇五〇年の世界は、これまで私たちがなれ親しんできた世界とは大きく異なる様相をもちうることを考慮しておくべきである。

これらの要因を総合した上で、比較的近い将来の国際政治においては米中両国を中心とした関係が重要な要因となることは大方の予測が認める点である。とりわけ米中両国と近しい関係にある日本にとっては最大の要因といっても過言ではない。二〇五〇年までの間のいずれかの時期に、国内総生産（ＧＤＰ）で中国が米国に追いつく可能性が高く、国防費についても米国の削減傾向と中国の増大傾向が続けば米中の逆転が起こりうる。また、その頃まではこの両国を含むアジア太平洋地域が、世界経済の成長の中心であり続けるだろうし、それに伴ってエネルギー条件や自然環境にも大きな影響があるだろう。人口構成の変化や社会の価値観の変化もこの地域でとりわけ顕著に起きることが予想される。

その先にある二〇五〇年の世界については、はっきりした見通しを語ることは難しい。米中関係についても、中国が少子高齢化やイノベーションの弱さなどの課題を克服して米国に差をつけている可能性も、人口動態や社会の開放性において有利な米国が巻き返している可能性もありうる。また、インドやブラジルをはじめ中国以外の新興国の本格的な台頭により、世界経済の成長のけん引役は、南アジア、中東、アフリカ、中南米に移っているかもしれない。

また、国家間のパワー・バランスの変化と並んで、主要国間の関係にも様々な可能性がある。急激なパワー・シフトの時期には、追いつかれる側と追いつく側の対立が深刻化しやすいという説があるし、排外主義の高まり、エネルギー・水・食料の獲得競争、サイバー空間や宇宙空間のようないわゆる「グローバル・コモンズ」をめぐる競合、環境悪化やそれに伴う社会経済混乱など、紛争をエスカレートさせる要素は数多い。これらを原因として主要国間の戦争が起きる可能性も完全には排除できない。反面で、米中をはじめとする主要国は経済的な相互依存関係を深め、国際関係の安定から利益を得ていることも確かである。大国間の全面的な軍事衝突に伴うコストは甚大であり、逆に、大規模災害、感染症、金融危機、グローバル・コモンズの犯罪・テロなど広汎な影響を伴うリスクに対して主要国が協力するメリットは大きい。主要国が慎重に相互の間合いを計りつつ、パワー・シフトを反映する形で国際制度を修正していけば、深刻な武力衝突なしに二〇五〇年には全ての主要国が満足する秩序が生まれている可能性もある。

以上の予測は主権国家が現在とほぼ同様に重要な国際政治のアクターであることを前提としているが、二〇五〇年の世界ではこの前提すら自明とは言えない。主権国家が社会の重要課題を解決する能力を低下させる一方で、様々なレベルでの超国家的な結びつきが格段に進行するならば、二〇五〇年の国際的ガバナンスは、国家よりもむしろ、企業やＮＧＯなどの非国家主体、様々な国際機関などの多様なアクターが主導するものに変貌している可能性もある。そこまで至らなくとも、国民意識や主権国家の存在意義が大きく変わっていることはあり得よう。

つまるところ、二〇五〇年の世界については多様な未来の可能性を想定しておくことが賢明である。日本は将来に向けた世界の動向を完全に制御することはもちろんできないが、その努力によって一定の影響を与えることはできるのである。とりわけ、近未来においては日本がその中心にあるアジア太平洋地域での大規模な変動が見込まれる以上、この地域における平和の確保と増進を柱とした上で、世界規模の国際政治において日本が望ましいと考える平和な環境の創造に努力することによって、すでに起きつつある人類社会の世界史的な変化に対応するべきなのである。

（２）後退する日本の存在感

大胆な対外政策の展開なしには、日本はこうした世界的変動の中で極めて厳しい立場に陥る可能性がある。昭和戦後期の日本は世界に先例のない高度成長をなしとげ、非西洋国家として初めての先進国となり、さらには世界第二位の経済大国にまでのぼり詰めた。この間、日本は一度も対外戦争に巻き込まれることなく、世界史的にも珍しい平和と繁栄を享受したと言ってよい。

しかし時代が昭和から平成に移り、同じ頃に冷戦の終焉や日本経済のバブル崩壊が起きて以来、内外の急速な環境変化に対する日本の対応は不十分かつ遅すぎたと言わざるを得ない。それでも最近までは過去に積み上げた有形無形の資産のおかげで、平和でかつ豊かな生活を維持し、国際的にも一定の影響力と地位を保ってきた。しかし近年、こうした政策にも限界が見え始め、事態は急速に厳しさを増しつつある。新興国が思い切った国際化を実行し、欧米先進国も時代に即した変革を遂げようとしている中で、日本は過去の成功に固執し、未来への投資を怠たり、短期的な問題をめぐる国内論争にエネルギーを費やして、国力を無為に浪費しているように見える。労働人口の減少は加速し、国内市場も縮小傾向が見え、巨額の財政赤字に加えて対外収支も黒字が縮小している。かつては世界第一の政府開発援助規模を誇ったが、現在は第五位に落ちてしまった。欧米の高等教育機関では日本人留学生の少なさが目立ち、日本研究への関心も低下する傾向にある。日本国内の言論空間は「知的ガラパゴス化」とも呼びうる内向き志向を強めており、世界への発信能力や知的交流能力は低下傾向が見える。近年では海外専門家の日本外交への期待感、関心も薄れてきている。

このまま国力の縮小が進めば、日本は様々な変化や脅威に対して受け身となり、脆弱な存在になってしまう。アジア太平洋地域では軍備の増強が続く中で日本の防衛支出は停滞しており、紛争への対応力が低下しかねない。また、専門家の予測では、東日本大震災や阪神淡路大震災に匹敵するような大震災が遠くない将来に起きる可能性が指摘されている し、新興伝染病の流行の危険もある。こうした様々な脅威に対して日本が自らの力で人的、物的、経済的に対応することができず、日本人の生命を守るために他国からの援助に依存するような事態すらありえないわけではない。

さらに、日本の国力が低下し、対外関係に費やせるエネルギーが減少すれば、様々な角度から国民生活へのマイナスが生じうる。国際的な意思決定の場で日本の立場は無視され、日本の国益を大きく損なう決定がまかりとおるかもしれない。資源・エネルギーの安定的な供給にも困難を来たし、生活水準を大きく切りつめる必要が生じるかも知れない。金融秩序を維持する力が失われれば、国際的な金融監督を受けることを余儀なくされ、様々な条件を要求されることもありうる。ひいては、適切な規模の防衛力を維持できず、他国との安全保障協力において役割を果たせなければ、日本の領域的な主権が危険にさらされ、重要な権益が蹂躙される事態を甘受せざるを得ない立場に追い込まれるかも知れない。

（3）目指すべき日本～包括的な平和の創り手

しかし活力の喪失と衰退が二一世紀の日本の必然的運命であるとは考えられない。確かに、日本の少子高齢化の傾向を根本的に変えることはできず、新興国が急速に発展する中でかつて日本が持っていた相対的優位は失われるかも知れない。しかし、日本には、自然と持続可能な形で共存してきた歴史があり、かつて繰り返し大災厄から立ち直った歴史がある。また、世界最高の文明を理解した上で創意工夫する知的好奇心と創造力に富んだ多数の人々がおり、しかも他者との信頼関係を重んじ、集団での共同作業に適した社会的特性を持っている。こうした伝統に加え、戦後日本が外国を侵略、攻撃することなく、むしろ他国の経済発展を支援し、平和で繁栄した社会を築いたことは世界の中で称賛と敬意を得た。一見逆境と見える条件を、創意工夫によって自らの力とすることは日本の文化的特質であるとも言える。日本人は自らのすぐれた実績を正当に評価した上で、現在の課題の本質を見抜き、その解決を力に換える方策を工夫すべきである。たとえば新興国の発展は日本の存在感を弱めるとは限らず、むしろ世界の価値観を多様化し、かつて日本が唯一の非西洋先進国であった時代に比べて日本の立場を強化し、活動範囲を広げるといった効果を持ちうる。重要なのは、過去の成功体験に安住せず、現在の課題と正面から取り組む心構えである。

大多数の日本人にとって二〇五〇年における日本の望ましい姿とは、平和や豊かさが保たれていることと同時に、日本が国際的に存在感を持ち、良き存在として評価され、敬意を抱かれる存在となっていることであろう。逆説的だが、これから国力において制約が強まるであろう日本にとっては、自国の平和と繁栄という目標と世界の中で肯定的に評価される存在となるという目標を共に追求することが重要となる。これからの日本の平和と繁栄を守ることは、内に閉じこもることではなく、世界に対する働きかけを劇的に向上させ、国際的に望ましい平和を創り出す努力を大きく強化することによって初めて実現可能となる。

国際的な平和はいくつかの要素から成り立っている。第一は秩序が守られ、暴力が使われないという意味での平和である。二一世紀前半に大規模な変動が予想されるインド洋・アジア太平洋地域において、また、グローバルな国際社会において、武力による威嚇や、武力による秩序の破壊が行われず、紛争が平和的に解決され、国際社会のルールが強化されていくことが日本の平和を守ることにつながる。日本は国際的なルールの形成（ルールメーキング）を唱導し、他国と協調しながらルールを確立していくことを目指すべきである。また、地域的紛争や災害被害に伴う人々の被害を予防ないし軽減するための役割は日本の強みであり、この強みをさらに強化することによって、国際社会の秩序ある平和に貢献し、同時に日本の安全を高めることにつながる。

次に、平和は社会が一定の豊かさを享受し、かつ極端な富の不平等がない状態をも意味する。こうした状態を実現するためには、世界経済の中心となりつつあるアジア太平洋の中核に位置する日本が、この地域において公正な相互依存関係をつくり出し、地域の繁栄と日本の経済的、技術的な力の維持向上を結びつけることである。あるいは、世界的な貧困を削減するため、物的、金銭的援助だけでなく教育や人材の育成まで含めて援助や協力を行うことも日本の果たしうる役割である。加えて、資源やエネルギーをめぐる国際競争を平和的に解決し、地球環境を持続可能な形で公正かつ効率的に使う仕組みを定着させることも日本の平和と繁栄にとって重要な意味をもつ。豊かさと自然環境の質を両立させることこそ日本人が長年育んできた価値観であり、それを世界規模で追求することが平和の重要な柱となる。

さらに、平和とは人々が相互に理解し合い、信頼関係が築かれていることを意味する。現代世界では情報が一瞬にして流通して共有されると同時に、価値観が多様化する時代でもある。民族や宗教、文化の相違を認めつつ、相互に理解し、信頼し合えるかが人々の平和的な暮らしに直結する時代となっている。日本人は身近な、あるいは一定の仲間意識をもつ関係では強い信頼関係を築き、それによって社会的な平和と協力を生み出してきた。そうした関係を外に向けて広げ、日本人と外国人の間での信頼を築き、相互信頼を前提とする人間関係の原理を国際的に広めていくために、市民レベルでの交流の努力も行うべきである。こうした努力を通じて日本人は世界によりよく理解され、また、敬意をもたれることにつながるであろう。

もちろんこうした包括的な意味での平和を一気に実現することはできないから、日本が自立した一定の力を備えて、率先して行動し、他国に働きかけてはじめて実現可能となる。この点で、日本が持てる資源を効果的に利用する体制を構築するとともに、上述のような平和を実現する点で協力できる主体とのネットワークを強化し、漸進的に理想に近づいていく姿勢が求められる。

（4）克服すべき五つの障害

① 意思決定力の不足

上述のような望ましい姿を実現するためには、日本は様々な課題を克服しなければならない。まず政治の意思決定力の不足である。対外政策が複雑さを増しているにもかかわらず、政治における比重は冷戦時代に比しても減少しており、状況に対応する受身の姿勢が強まっている。基本的な対外戦略を策定し、実行する仕組みが明確に確立していない。結果として現在の環境に適合しない法制が存続し、対外政策の制約となっている。とりわけ、首相が対外政策の最高責任者となり、その下で各省庁が協働して活動する体制は不十分である。また、対外情報を収集し、とりわけそれを政治的意思決定過程に活かすメカニズムの不足も指摘されて久しいが、不十分な状況が続いている。

② 対外政策に投入できる資源の不足

第二に、財政的資源の中で対外関係分野に振り分けられる資源の縮小傾向である。日本の財政状況が困難な状況にあることは確かだが、外交、防衛、経済協力、国際交流等に一定の費用をかけることなしに効果的な対外政策を行うことはできない。日本は他の主要国や多くのアジア太平洋諸国と比べてもこうした分野での支出が少なく、日本の対外活動の制約要因となっている。

③ 国際舞台で活躍する人材の不足

第三に、国際場裡で交渉や知的交流を担い、ルールメーキングを担える人材の不足である。日本人の英語力は近隣アジア諸国と比べても見劣りがする水準となっているし、語学力に加えて、専門的な知識や基本的な教養を備え、国際舞台で交渉力や説得力を持ち、ひいては人格的尊敬を受ける人材となると更に少ない。こうした人材を育成するためには学校教育や公務員のキャリア・ビルディングのあり方、政策シンクタンクの規模など多くの点で現状を変更する必要がある。

④ 過剰なリスク回避傾向

第四に、日本社会において過剰にリスクを回避して失敗を許さず、若者に対してチャンスを与えない傾向が強いことが挙げられる。この背景には社会全体が「守り」に入っていることや、情報社会においてマイナスの情報が一挙に拡散される結果、過ちに対して厳しい対応が求められるようになったことなど、様々な要因があろう。しかしこうした傾向が、大胆な政策変更や構造改革を難しくし、国際社会からのかい離をもたらす要因となっていることは否めない。

⑤ 歴史認識の摩擦

第五に、近隣諸国との間で相互信頼が不足していることである。一部の市民の反感や将来の方向に関する不安感が相互に刺激し合い、そうした感情が時に政府間関係をも左右する。特に歴史認識をめぐる摩擦が終息しないことは日本の対外関係上の制約となっている。相互理解に向けた対話を継続し、解決を図る意思を示し続けるとともに、歴史問題を政治争点とせず、未来志向の協力関係によって相互信頼を構築する姿勢をとるべきである。

2. 望ましい姿を実現するために

（1）未来を切り拓く四つの基本原則

① 能動的な平和主義の実践

戦後六五年にわたって一貫して、日本は一度も対外的な戦争を行わず、経済協力などを通じてアジア地域と国際社会の平和的発展に貢献してきたことは、世界の多くの諸国によって広く認められている。平和主義は日本人にとっての対外的なアイデンティティともなっている。このような戦後日本の平和主義を重要な資産と認識した上で、新しい時代と環境において更に実効的となるよう発展させるべきである。日本の平和と繁栄が、世界と地域の平和、秩序の安定抜きに成り立たないことはいうまでもない。日本は、秩序の受益者にとどまってはならず、自らの努力により「平和の創り手」として能動的にその増進に努めなければならない。国際社会における平和的秩序を強化し、紛争の平和的解決に資するとともに、国境を越えた互恵的、協調的で地球環境と調和した経済繁栄を追求し、また、国家レベルにとどまらず、個人および市民レベルでの相互理解と信頼を、文化や文明の相違を認めながらも実現していく。より能動的で包括的な平和主義を追求していくことが重要である。

② 国力の総合的活用

日本は、二一世紀前半の世界において主導的な大国となるであろうアメリカと中国の間に位置している。こうした客観的な事実を直視した上で、対外関係においては国際協調を基本としながらも、領域管轄権を守り、国際社会の平和的秩序を擁護する強さを備えるべきである。そのために日本としての基本的な防衛力を備えることに加え、同盟・友好国との安全保障協力を拡充することが望ましい。

ただし、日本の国力規模は相対的に低下していく傾向が予想される。その展望に鑑みて、日本にとってより重要となるのは、利用可能な資源をより効果的に活用し、様々な手段を組みあわせて国際場裡での自らの影響力へと転換するという意識である。とりわけ、平和が互恵的繁栄や相互信頼にも基づくという認識にたって、相互依存関係や市民レベルでの相互理解や信頼関係を各国と緊密化し、秩序の侵害に備える必要性を減らしていく努力が強化されることが重要なのである。経済力、軍事力などのハードパワーと、外交、経済援助、文化、エネルギーや食料供給の確保、省エネ、リサイクルや環境技術を含めた技術移転などの手段や、さらに国際的なルールメーキングの力、課題設定力などのソフトパワーも巧みに組み合わせた戦略的構想力が求められる。いわば、一九八〇年に大平首相のもとで提示された「総合安全保障」の考え方を、二一世紀前半の国際情勢と現在の日本の状況にふさわしいものへとモデル・チェンジすることが求められているのである。

③ 信頼され、敬意をもたれる国

「国際社会において名誉ある地位を占めたい」という憲法前文の言葉は多くの国民の願いであるとともに、グローバル化が進む今日の世界では、国としての評判は無視できない力となる。「信頼され、敬意を持たれる国」とは他国に害をなさないだけでなく、国際秩序の不法な侵害や破壊に対しては明確な判断を示して国際的な世論をリードする一方、世界の繁栄に貢献する経済的、技術的な力を備えて、災害救援や平和構築のような人道的分野や地球環境保全のような人類共通の課題分野において率先して行動することで、他国との協調を増進することを意味する。同時に、日本社会のあり方を客観的に見つめ、自らの主張や理想に背馳しないよう国内社会のあり方を不断に改善していく努力を怠らないことも、国際社会から敬意を得る重要な要素である点も意識すべきである。

④ 日本の価値観を国際舞台で活かす人材養成

日本人が文化や技術において有する創造力、真面目さ、自然と共生する感性、また東日本震災においても示されたような社会の強靭性などは受け継がれるべき伝統として積極的に評価し、今後も活かしていくべきである。他方、新しい時代において必要とされる国際交渉、ネットワーク形成など、国際場裡において能力を発揮し活躍できる人材を育成するためには、従来の平均的な底上げを重視する画一的な教育制度をあらため、思い切った人材の選択的育成と、活躍を阻害する様々な制度を改めることが望ましい。

（2）開拓すべき五つのフロンティア

① 適切な安全保障能力の保持のための体制

日本が太平洋とアジア大陸の間にある戦略的に重要な位置にあり、日本周辺やアジア太平洋において不安定要因が存在することから、日本が一定の安全保障能力を保持することの重要性は高い。そのためには、人的、経済的な制約を前提とした上で、効果的な防衛を可能とする装備の取捨選択、法制、組織、機動的運用体制、訓練の必要性が今後さらに高まるものと考えられる。さらに同盟国アメリカや価値観を共有する諸国との協力を深めるため、集団的自衛権の行使を含めた国際的な安全保障協力手段の拡充を実現すべきである。

② 地域統合を通じた経済・技術力の発展と地域的協調の両立

これからの日本が基本的な国力を維持し、持続可能な発展を続けるためには、大胆な経済構造の改革や新しい技術分野の開拓が必要である。こうした方策のためには、ダイナミックな成長を遂げるアジア太平洋に対して日本が大胆に結合していくことが欠かせない。日本は地域的な協調枠組み、機能的な統合を通じて自らの経済的、技術的資源をより効果的に利用するとともに、アジア太平洋地域に深い協調関係をもたらす方針を採るべきである。その中には、海洋、宇宙といったフロンティアの開発を推進し、国際的な共同利用を図ることも含まれよう。

③ 人間の安全保障分野の積極的推進

日本はこれまで人間の安全保障を重視する姿勢を世界に示してきた。今後も、積極的な「平和の創り手」として日本が役割を果たすためには、この分野における国際的役割をこれまで以上に重視していくべきである。武力紛争経験国において国連などが実施する平和構築活動や国際災害協力分野では、日本のこれまでの経験の蓄積をより一層活かすべく、法制や組織を充実させ、他国との協力関係を充実させるべきである。

④ 近隣諸国との市民レベルでの相互理解の促進

アジア地域における市民レベルでの相互理解は十分とは言えない。歴史認識問題についても、市民レベルにおいて、感情論ではなく、冷静に相互の見解を理解する努力が不足しており、この点での努力が必要である。それだけでなく、今後数十年の間に、アジア太平洋における「分厚い中間層」が文化や価値観を共有することができれば、排外主義に陥らず、この地域における平和を強化する強い支えともなる。包括的な「平和の創り手」として日本はアジア地域でこうした市民レベルでの相互理解を積極的に推進すべきである。

⑤ 先進国と新興国を含めた国際的ルールメーキングの主導

日本はこれまで、国際秩序の形成に主体的に関わる経験が少なかった。しかし国際政治のあり方が大きく変容し、日本自身の国力が制約されることが予想される時代にあっては、日本は国際的なルールメーキングへの関与を深め、主導的役割を果たすことが重要となってくる。安全保障、環境、経済、宇宙、海洋など様々な分野で国際的なルールを整備することは、紛争の解決を容易にし、平和を強化することにつながるだけでなく、国際的なルールメーキングにおいて重要な役割を果たす国として日本の地位と評判を確立し、日本の味方を増やすことにつながる。とりわけ力をつけてきた新興諸国を健全で持続可能な国際社会づくりのためのルールの中にいかに取り込んでいくのかが重要な課題である。

（3）具体的に進めるべき七つの政策

① 適切な防衛・警備能力の保持と安全保障協力ネットワークの形成

日本周辺では朝鮮半島や台湾海峡に不安定要因が存在する上に、米中のパワーが拮抗していく二〇二五年までの戦略環境は日本にとって厳しさを増すことが予想される。中国の軍事力が急速に近代化することはほぼ確実である上、その戦略的意図には不透明性が残る。他方で米国の対外関与は財政的な制約を受けざるを得ない。こうした中で日本は、自国の領域を確実に維持し、自律的な意思決定の余地を保つ方途を考えていく必要がある。

それにはまず、離島や海洋資源をめぐる紛争や日本の意図や能力を試す各種の侵犯活動といった状況について、自ら対処する能力を高めていく必要がある。日本が自力で解決する姿勢があってこそ同盟国である米国の支援も信頼できるものとなる。装備や予算、人員について費用対効果を厳密に精査した上で整備し、サイバー空間、宇宙空間を含めた情報偵察能力や機動性の向上を重視し、最大限の効果を発揮する努力が必要である。

米国の地域的コミットメントは日本の安全にとって直接的、間接的に重大な役割を担っており、こうしたコミットメント維持は日本にとって重要な政策課題である。在日米軍は、米国の日本防衛コミットメントを担保し、地域の安定の礎でもあるが、日本周辺地域の軍事技術の向上により、脆弱性が増す傾向にあり、基地を受け入れる地域の負担への配慮も求められている。在日米軍基地の抗堪性やミサイル防衛能力を高めると同時に、グローバル、リージョナルな米軍配置や日米の役割分担、地元の負担軽減などの観点から在日米軍のあり方について日米間で協議し、不断にアップデートしていく必要がある。

米国の同盟相手国をはじめとする地域諸国との安全保障面での協力を大幅に拡大深化していくことも必要である。日米の強固な同盟関係は引き続き重要だが、平和構築、海賊対処、災害救援等といった分野での共同対処の必要性や米国の地域関与の限界、中国の将来の不確実性等を考えれば、それだけでは十分ではない。日米同盟を基幹的支柱として、アジア太平洋からインド洋地域にかけて安全保障協力ネットワークの構築をめざさなければならない。具体的には、戦略協議の制度化から始まって、各種演習や運用手順の標準化等を通じた相互運用性向上、装備協力や情報・監視・偵察（ＩＳＲ）の共有、相手国によっては能力構築や防衛援助などを実施していくべきである。

同時に中国の平和的な台頭を歓迎し、「問題の解決に武力の行使ならびに威嚇を行わない」ことが地域の共通認識となることをめざして、日米中の首脳会談や中国との各種レベルでの交流や安全保障協力を可能な限り行っていくべきである。たとえ歴史問題や領土問題が二国間で存在しても、交流や対話のチャネルを常に維持することが不可欠である。アジア太平洋の多国間枠組みでも拡大アセアン国防相会議（ＡＤＭＭプラス）など防衛対話を強化し、紛争予防、信頼醸成機能の実効性も高めていく必要がある。海難救助、防災訓練など具体的な協力を多国間で実施していくことも望ましい。また、地域海洋の自由航行をはじめ中国と地域諸国との紛議が発生しやすい分野で中国を含む「行動規範」（code of conduct）を形成していくことを優先課題としていくべきである。

安全保障協力関係を深化させるためにも、日本が価値ある協力相手である必要がある。財政面での制約は厳しいが、武器使用原則や国連平和維持活動（ＰＫＯ）五原則、集団的自衛権行使や海外での武力行使をめぐる憲法解釈など、全く異なる時代状況下で設けられた政治的・法的制約を見直すことで、日本の連携力、ネットワーク力を高めることは可能である（いうまでもなく国際紛争の解決のために武力による威嚇や行使を行わないという戦後日本の基本原則は堅持されるべきである）。また、秘密保全法制を制定することは他国との情報共有を進めていくための前提として重要である。

安全保障協力の対象分野として、海洋（深海を含む）や宇宙、サイバー空間の安定化も重要性を加速している。これらのグローバル・コモンズにおける人類の活動が活発化するにしたがって、それを脅かす動きも顕著になってきており、日本はグローバル・コモンズに関する行動規範の確立にむけて各国と協力していくべきである。こうした行動規範は、それを受け入れる用意のある全ての国に開かれたものであり、特定国を排除するものであってはならないが、何が許容されない行動かを明示することで逸脱行動を識別し、各国の意図を確認する手段ともなりうる。たとえば、海洋における災害や環境汚染の発生、海上での不法行為などを、宇宙衛星や航空機、レーダーサイトなどを用いて監視する能力を日本は自ら強化し、国際的な監視体制の一翼を積極的に担っていく必要がある。

② 市場メカニズムを基調とした開放経済と地域統合の推進

日本の経済社会が世界の平和と繁栄、信頼関係の強化と結びつくことが日本にとって望ましい平和の条件である。日本が一定の国力を保ち、国際社会の中で役割を果たすためには、市場メカニズムを基調とし開放経済体制下で経済力を保つことが前提となるし、地域的な共同体ないし統合も究極的な目標として考慮されるべきである。

日本経済の閉塞感が語られてきたが、厳しい競争を行っているセクターと保護されたセクターの差が大きく、前者は国際競争による疲弊が進み、後者については保護政策下で停滞が固定化する傾向がある。市場メカニズムは万能ではないが、不適切な保護、規制分野に市場メカニズムを導入することなしには、日本経済全体の生産性の向上は困難である。これは労働人口の縮小、地方経済の停滞といった問題を考えれば、より一層重要となる。

その際、日本一国での規制緩和や市場化を考えるのではなく、地域的、国際的なルールメーキングと一体的に考えるべきである。一九七〇年代から九〇年代にかけて日本は活発にアジア太平洋の市場経済化を主導したが、この時代と日本経済の成長期が重なったことを思い出すべきである。たとえば現在政府が検討を進めている環太平洋パートナーシップ（TPP）は、アジア太平洋における多国間、普遍的なルールメーキングの観点から重要なステップとなりうる。アジア太平洋の市場経済国と協力して普遍的なルールを構築し、日米もその枠組みに沿って行動することで、今後、中国などのアジアの新興経済国も市場経済ルールに取り込んでいくことが可能となる。もちろんそれは短期的なプロセスではなく、長期的に発展するアジア太平洋での市場経済ルール構築のプロセスである。

また、海に囲まれた日本として重要なのは、コモンズとしての海洋利用体制の推進である。日本は海産物の豊かな海に恵まれているだけでなく、メタン・ハイドレードなどの海底鉱物資源などにも恵まれており、エネルギー戦略のフロンティアとしても海洋利用は重要な意味を持っている。各国の海洋利用能力の向上に伴い、インド洋・アジア太平洋地域や北極海で海洋を取り巻く環境は大きく変化しつつある。この過程において日本は、航行の自由、国連海洋法条約をはじめとする海洋秩序と紛争の平和的解決枠組みの強化、合理的で互恵的な海洋資源の利用といった点についてインド洋・アジア太平洋を重点として共通ルールの形成を推進すべきである。さらに、海洋の利用や安全確保のためにも、宇宙利用を推進し、国際協力枠組みの構築を主導すべきである。

同時に日本は、アジアの地域統合についても戦略を構築し、追求していくべきである。もちろんアジアは欧州とは異なり、歴史的文化的背景や政治経済体制、発展段階も多様であるから、欧州型の地域統合、共同体形成をそのまま追求することは適当でない。しかし経済分野においてアジアで事実上の統合が進行していることも確かであり、アセアンでは制度化された共同体構築も具体的に目指されている。日本がこの問題にどのような姿勢をもって取り組むかは避けて通れない課題である。

まず、アジアにおける統合プロセスは、包括的、理念的視点から進められているものではなく、機能的、自生的に進んでいる点が重要である。こうした柔軟かつ市場メカニズムに沿った形での相互依存の深化が地域統合の基本となるべきであろう。しかしこうしたプロセスでは、地域的な市場の共通ルール（食品や製品の安全基準や製品の標準化）の設定、突発的なリスクへの対応や、市場メカニズムで対応しきれない環境、貧困、医療などといった側面が軽視される傾向が生じる。こうした側面で日本が積極的に国際公共財としての制度、枠組みの構築を行うことで、地域的枠組みを、平和で持続可能な国際社会づくりといったより望ましい方向に誘導していくことが考えられる。

こうした機能的な相互依存の深化ないし統合からさらに地域的な共同体を構築することについては、それ自体を目標と掲げることから始めるより、まずアジアでの共通の価値観を醸成することを優先すべきであろう。アジアには、近代西洋に端を発する自由主義的、個人主義的価値観とは異なった倫理や秩序観が存すると考えられるが、民族や地域によってその具体的な姿は異なっている。それらの間で共通性が強まると同時に、西洋的な価値観に対しても対抗的、閉鎖的ではなく協調的、開放的な価値観を共有することがアジアにおいて地域共同体を具体的に検討する基盤となるであろう。多様な価値観を吸収してきた日本はこの点でもルールないし価値観の構築について積極的役割を果たすべきである。

さらにこの過程においては、日本にとって重要な歴史問題やアジアとの関係性についても市民間の相互交流や対話によって知識および歴史観の共有を進める努力を怠らないことが必要である。歴史観が国境を越えて同一化することはあり得ないかもしれないが、相互の歴史観を了解することは可能のはずであり、対話を閉ざさないことが重要である。

また、中国が地域共同体において果たす役割も大きな課題である。中国は今や世界最大の市場となっており、中国市場の更なる世界経済への統合は日本、地域、世界の繁栄にとって不可欠である。重要なのは、中国を含めた地域の経済統合をダイナミックに促進するために、日本が地域のルールメーキングを主導し、地域に共通するスタンダードを構築することである。このような方策はより一層深い地域統合を促し、中国が地域の一員として協調的に行動する枠組みともなるであろう。

③　日本の強みを生かした戦略的な科学技術力の開発とその利用

日本にとって、世界に通用する科学技術力は今後も重要な国力の基盤である。これまで、日本はその技術力の高さと製品としての完成度の高さから、世界の市場におけるグローバル・スタンダードを獲得してきた。科学技術力を基礎としたイノベーションによるデファクト・スタンダード（事実上の国際標準）の獲得は、日本の国際競争力に貢献してきただけでなく、国際社会における日本のイメージの向上に貢献し、世界に冠たる技術大国としてのイメージを確立した。しかし近年では、一方では新興国の追い上げを受け、他方では欧米企業の市場戦略に対応できない局面が増えている。日本の有力企業が国内市場重視の戦略を採り、新興国市場をターゲットとした商品開発を軽視し、「ガラパゴス化」と呼ばれる傾向を招いたこと、政府の技術開発支援政策がかつての「キャッチアップ型」から脱却できていないこと、国際的な規格、標準競争において十分な成果を挙げられていないことなどが原因として考えられる。

科学技術力を日本の強みとして活かしていくには以下の点をより重視すべきである。第一に、現在持っている技術水準を維持しながらも、需要のボリューム・ゾーンである新興国やブランド戦略上重要な先進国市場に焦点を当て、従来、日本が不得手とされてきたシステム管理、パッケージ化やソフトウェア開発を強化するよう、開発生産ネットワークのグローバル化戦略を進める。

第二に、研究開発への公的支援体制の改善が求められる。基礎研究や新規技術開発では公的資金による支援が欠かせないが、競争的資金の投入にあたって課せられる制約やコンプライアンス関係の事務作業が研究環境を阻害したり、研究資金の分配が平等主義的で資金規模が中途半端になったりするといった現象が指摘される。こうした問題は、先端的な研究者や外国人研究者にとって日本での研究の魅力を損なう要因となってしまっている。日本における持続的な技術開発のためには、既存の法制、行政体制を大きく改善し、国際的に競争力のある研究・技術開発支援体制―たとえば研究開発特区のような制度―を設けることが必要であろう。

研究開発の公的支援体制との関連で言及すべきは、防衛部門の技術研究との関連である。多くの国では軍事技術開発が民間にスピンオフする形で技術力を向上させるパターンが一般的である。とりわけ現代の安全保障環境においては、平和構築や人道支援のように軍事部門の役割は多面化し、民生部門との両用性が高まっている。この点で、二〇一一年末に発出された「防衛装備品等の海外移転に関する基準」についての内閣官房長官談話の内容は適切な対応であり、信頼できる諸国との共同開発を進めることで、技術開発を促進するだけでなく、国際的な武器の開発・取得・移転に対して日本の立場をより強く反映させることにつながる。その際、民生部門との親和性の高い両用技術に特化するといった方針を定めることで、平和国家としての日本というアイデンティティと整合性を保つことができよう。

第三に、国力の基盤としての科学技術力を強化するとともに、それを国際的な影響力に転化させる工夫も必要である。環境やエネルギー、公衆衛生といったグローバルな諸課題を解決する上で科学技術の知見が必要となる局面は増えており、科学技術力をうまく対外政策にいかしていくことができれば、日本がルールメーキングにおいて知的リーダーシップを発揮する土台の一つとなろう。その意味でも、対外政策や国際政策形成における科学技術者の参加を促進すると同時に、対外政策の担当者が科学技術の重要テーマに日常的に接するような仕組みづくりが求められよう。具体的には、国際的次元を持つ政策についての官邸や外務省等における専門家による助言機能を確立し、外交・安全保障政策コミュニティと科学コミュニティとの人的交流やネットワーク形成や若手科学者に行政経験をさせるフェローシップの創出などを促進するべきである。これまで技術者や科学者は理系の分野に特化し、国際関係の知識や語学を駆使した交渉といったことについては組織的に訓練されることがなかったが、国際舞台においては専門技術分野を理解した上で交渉能力を持つ人材が不可欠であり、文理融合型の教育、ミッド・キャリア訓練、官民間の人材交流体制を強化していく必要がある。

④　能動的な平和創造国家としての平和構築、災害対応

途上国における持続可能な開発の支援、武力紛争後の平和維持、平和構築、緊急災害援助などの国際協力は、国際社会全体の利益だけでなく日本の国益にとっても重要な活動である。こうした分野の活動を強化することは、人間の生命を重視し、暴力による問題解決を肯定しない日本の価値観を国際的に表現することになるからである。日本は、過去数十年間に培ってきた途上国における健全な開発の支援やガバナンスの支援のノウハウをもち、また平和維持、平和構築、災害対応などの「新しい安全保障」の分野においても国連を中心に活動してきた。厳しい財政状況や新興国の援助国としての存在感の高まりなど新たな状況を踏まえながらも、日本のこの分野での過去の実績を重要な資産として、改めて日本の戦略的指針を検討し、より体系的、包括的な政策を構築し、能動的な「平和の創り手」としての役割を今後いっそう強化していくべきであろう。

また、日本で発生した地震等の災害や対外災害支援における過去の実績に依拠しつつ、国際災害援助分野における「先進的危機管理モデル」を構築し、諸外国を主導していく。すなわち「課題先進国」としての日本の状況を逆手にとり、地震、津波、台風・サイクロンなどの災害が現に多発し、地球温暖化に伴って一層の被害が懸念されるアジア太平洋地域において、信頼性と機動力のある災害支援のための国際的協力のハブとなって国際公共財を提供すべきである。

上記の目的のために、これらの分野における人的、財政的、法・制度面での強化が求められる。第一に、テロや海賊対処、災害救援といった「新しい安全保障」の分野を重視した安全保障ネットワークの構築を目標として掲げる。その前提として、国連平和維持活動に関する参加原則や武器使用基準などで、国際協力活動の推進にとって合理性のない障害

を改善し、また、自衛隊に限らず、文民警察や民生部門のより大きな貢献を促す施策をとるべきである。

第二に、災害支援に関しては、特に日本に比較優位のある訓練・研修の活動を強化していくことが可能であるし、さらにアジア太平洋地域において災害支援のための国際制度の形成に貢献することが求められる。日本は災害多発国であることから、対外的な災害支援と、国内での災害救助活動ならびに支援の受入れの問題を結び付けて考えていくべきであろう。たとえば、独立行政法人国際協力機構（ＪＩＣＡ）などの人材を国外だけでなく国内でも活動できるシステムに変更し、途上国支援でえたノウハウを国内災害でも活かせるような人材活用方法を検討することもできるし、海外からの人材を日本での研修過程に組み込み、将来、国際舞台で活躍できる人材として育成することも考えられよう。災害時の情報収集・通信の向上をめざしそのためにインフラストラクチャーを構築し自衛隊を含めた災害対応能力を強化するとともに、他国との訓練、装備共通化を進め、災害時の相互扶助体制を強化すべきである。

第三に、日本は紛争予防や和平仲介により積極的な役割を果たすべきである。第二次世界大戦後の歴史の中で、日本は、国際社会において武力紛争の当事者となってこなかった。このことで日本は、第三者として紛争の平和的解決や再発防止に介在する潜在的な資源である。これまで日本はその実力に比してこうした側面での役割は少なく、カンボジア和平の支援などの例に止まる。今後は、現地事情を知る人々の官民の知恵を集め、また適宜、諸外国とも連携しながら紛争の予防や収束に関してより大きな外交的役割を果たすべきである。

⑤　国際的なルールメーキング能力の強化

国際的なルールは予め決まっているものでも、不変なものでもなく、国際政治の中で絶えず変化していくものである。日本が国際政治において存在感をもつには、国際ルールの形成や修正に能動的に参画する姿勢が必要である。グローバリゼーションが進展し、国際的なルールが企業やＮＧＯの主導で形成されるようになった今日、このことは政府に限らず、民間にもあてはまる。

これまで国際的なルールメーキングは先進諸国とその社会によって主導されてきたが、今後は新興国を含むより多様な国家群や非政府主体によって行われる機会が増えるだろう。日本が国際的なルールメーキングを主導しようとするならば、日本の国益を考慮するのは当然だが、多数の支持を集めることが通常求められる国際的なルールメーキングにおいては、世界全体の利益ないし公正性の観点から自らの主張を位置づけなければ主導的役割を発揮することはできない。それゆえ、他国に対する説得やネットワーク形成といった「起業家的リーダーシップ」、あるいはグローバルな課題解決のための専門的知識や規範の正当性を主導する「知的リーダーシップ」が重要である。この点で現在とりわけ不足しているのは、こうしたリーダーシップを発揮できる国際人材であり、多様な領域をカバーする官民の国際法の専門家を育成するとともに、専門家の交流・連携を拡充していく必要がある。またグローバルな諸課題の多くが科学技術に関わるものであることを考えれば、対外政策・国際政策の形成や国際交渉において科学技術者の参加を促し、科学技術面での知識と対外政策の間に建設的な循環を確立していかなければならない。

また、国際的なルールメーキングにおいては交渉段階よりも前に、それが行われる場所（フォーラム）の選択がしばしば重要な意味をもつ。国連や国際通貨基金（ＩＭＦ）といった枢要な国際制度において日本は中核的メンバーとしての地位を維持するために、一定の金銭的、人的貢献を維持する必要がある。その上で適切な交渉フォーラムを選択できるよう、平常より二国間、多国間のネットワークを張り巡らせていくことが不可欠といえる。また、国際的なルールメーキングの動向を観察し、日本が力を注ぐべき領域を特定して、戦略的な注力へと結びつける司令塔機能の強化が不可欠である。情報収集・分析体制を整備し、複数省庁間の連携を強める他、政府、民間組織、研究者などを結びつける学会、シンクタンク等の活動によって課題を整理し、問題の性質に応じた司令塔設計の仕組みを確立することが求められる。

⑥　国際社会で活躍できる高い能力と公徳心をもった人材の育成

これまでも強調してきたように、能動的な平和国家として、また、国際的なルールメーキングにおいて主導的役割を果たすために、最も必要とされるのは国際的に活躍できるすぐれた人材である。こうした人材は英語をはじめとする国際的な表現力、交渉力も一定水準で備えていることが求められるが、それ以上に専門分野についての高度な水準の知識や、異文化についての感受性、そして日本の伝統や価値観について理解をもち、個人として信望や敬意を抱かれる人物であることが求められる。また、明治以降の現代史についての知識と教養を背景に、歴史解釈をめぐる意見の違いについても十分な理解を持っていることが必要であろう。

もちろん、こうした人材を育成することは言うは易く、行うは難い。しかし日本人にこうした能力があることは、歴史が証明している。幕末から明治初期にかけて、学制が不十分な時代には西洋語を用いた教育が行われ、そこから新渡戸稲造、岡倉天心、鈴木大拙といった知識人や、高橋是清、深井英五といった国際的に一流の専門家が育った例がある。その後、日本の学制は普遍的な国民教育と国内統治エリートの養成を重視してきた。こうした制度が成功したが故に、平均的に質の高い労働者や公務員が養われ、柔軟な職場転換や公務員・大企業での年功序列・終身雇用制を可能としたのであった。

今後の日本はこうした成功を過去の遺産とし、大胆な発想転換によって新たな教育制度と雇用・人事制度を構築せねばならない。それは学校教育の中身を変えると同時に、受け皿である社会の側の変革も伴うものでなければならず、女性やシニア世代をこれまで以上に国際人材として活用する他、日本人だけでなく外国人留学生をより積極的に登用する制度も視野に納めねばならない。

そのためには、第一に、将来、国際的に活躍されることが期待される人材を集中的に養成するプログラムを創設すべきである。このプログラムでは国際的な教育機関のネットワークも活用し、他国の優秀な人材とともに過ごすことで国際舞台で活動する素養を身につけることを目標とすべきである。第二に、官庁を含めて企業や大学の雇用・人事制度を刷新していくことが不可欠である。少なくとも国際交渉や国際的なルールメーキングを担うポジションには、国際社会で通用する実力がある人材を採用し、相当期間在任させるべきであろう。そうした人材が官庁・企業・大学などの様々な舞台で活躍できるような雇用・人事制度の柔軟化も必要である。第三に、仕事、家庭生活、公共的奉仕を組み合わせるライフサイクルを定着させ、特定分野ですぐれた技能を培った人材や、出産・育児等で職場を変える女性が、一定期間研修を受け、国際交渉等必要な技能を学んだ上で、公的機関やNGOで国際交渉に臨んだり、平和創造分野で活動したりするといったことが容易となることが望ましい。とりわけ、こうしたライフサイクルの中で国際舞台での活動を位置づけやすくするような環境整備を行っていくことが望ましい。

また能力のある人材が活躍するためには、個人としての卓越のみでなく、国際的な影響力をもつネットワークに参加し、また自らそうしたネットワークを形成していくことが必要である。その形成のために、各分野の国際的なネットワークのハブとなっている人材を日本に招き、人材交流の拠点形成を促すことも考えられる。

⑦　適確な対外政策決定を行う国家体制の整備

日本が包括的な平和の創り手として国際社会での存在感を維持し拡大するためには、政府だけでなく国家全体として総合的な対外政策能力を質的に強化することが必要条件である。日本の対外政策の策定、実行能力が十分でないとの指摘はこれまで繰り返し行われてきたし、部分的には改善されてきた。しかし根本的な点で問題が残されている。

明治期に国家体制が確立される過程で重視されたのは、日本国内をくまなく統治する体制の構築であった。こうした体制は、キャッチアップ型の近代化を実行し、日本国内を平準化して発展させる目的に適合し、第二次世界大戦後の体制変革後も大枠において機能し続けた。

しかしこうした仕組みが現在の日本の課題にとってはますます足かせ、制約要因となりつつある。立法府は国家の最高機関にふさわしい政策立案能力を備えなければならない。行政府においては省庁の独立性を弱め、一体として政府を構成する組織となるよう、内閣一致の原則を弱め、より迅速かつ実質的な決定を行える体制に移行することが望ましい。公務員の任用制度は、多年の養成を必要とする特定分野の専門家の育成を意識し、国際交渉に当たれるようにしなければならない。選挙された政治家は、政府、党、国会を連携させ、官僚を適切に監視するとともに、首相を補佐する役割を担うべきである。閣僚の国会出席要件が対外活動の制約とならないよう、合理的な改革を行うべきである。

対外政策について第一に重要なのは、中長期の政策を政府全体として立案し、実行していく体制の構築である。こうした体制については、日本版国家安全保障会議（ＮＳＣ）等の名称でこれまでも議論されてきた。重要なのは、①平常から、重要な対外政策について首相を中心に基本方針を立案し、折に触れて政策指針を公表する機能、②たとえば防衛力整備のような重要分野について政治家、専門家、官僚が日常的に意見を交換し、政府の施策に反映させる機能、③情報収集、分析体制と政策プロセスを適切に結合する機能、④緊急時において重要方針を適切に決定する機能、を果たし、政策執行を主として担う行政各部と適切な役割分担を実現する仕組みを確立することであり、早急な整備が必要である。

また、情報収集や分析についても議論されて久しいが、依然として十分な能力を備えているとは言えない。こうした分野で先行している他国と比べて、日本は首尾一貫した体系性、合理性を欠き、結果として効果的な活動に結びついていないことが少なくない点が問題である。従って、各省庁や関連機関、民間部門に分散されて収集されている情報を効果的に共有し、分析・利用する体制を作ることが重要である。

日本の対外活動において明らかに諸外国と比べて見劣りしているのが、政策シンクタンクの存在である。経済低迷に加えて、行政改革の過程で日本の民間政策シンクタンクは予算、組織を縮小されている。また、各省庁の中には政策シンクタンク的活動を行っている組織もあるが、政府全体として統合的に機能していない。今後日本が自らの資源を効果的に利用し、対外政策の実を挙げるためには、国際的に評価されるシンクタンク組織を強化することが試金石ともなろう。

〈平和のフロンティア部会 委員〉

◎中西　寛　京都大学大学院法学研究科 教授

○栗栖薫子　神戸大学大学院法学研究科 教授

飯塚恵子　読売新聞 編集委員

池内　恵　東京大学准教授　先端科学技術研究センター

石井美恵子　公益社団法人日本看護協会　看護研修学校　認定看護師教育課程 救急看護学科主任教員

稲田誠士　内閣官房副長官補（安全保障・危機管理担当）付参事官補佐

金子将史　株式会社ＰＨＰ研究所　政策シンクタンクＰＨＰ総研　国際戦略研究センター長兼主席研究員

神保　謙　慶應義塾大学総合政策学部 准教授

須賀昭一　内閣府参事官補佐（政策統括官（経済財政分析担当）付参事官（海外担当）付

鈴木一人　北海道大学公共政策大学院 教授
高原明生　東京大学教授 大学院法学政治学研究科・法学部
谷口智彦　慶應義塾大学大学院システムデザイン・マネジメント研究科特別招聘教授
深川由起子　早稲田大学政治経済学術院 教授
渡部恒雄　公益財団法人東京財団 政策研究事業ディレクター（政策研究）兼上席研究員
（計一四名）
◎印は部会長
○印は部会長代理

資料Ⅲ・61

米日同盟—アジアに安定を定着させる

二〇一二年八月
戦略国際問題研究所（CSIS）報告書（第三次アーミテージ報告）
リチャード・L・アーミテージ、ジョセフ・S・ナイ
IWJ（Independent Web Journal：山崎淑子監修、斉藤みどる・佐野円・伊藤勉・原田尚子訳）仮訳

コメント

1．本文書は、リチャード・アーミテージやジョセフ・ナイなど、共和党系、民主党系の安全保障関係者が超党派で出した国際戦略研究所（CSIS）の報告であり、二〇〇〇年の第一次（⇩Ⅱ・25）、二〇〇七年の第二次（⇩Ⅲ・31）に継いで、第三次アーミテージレポートと呼ばれる。

この報告は、いままでの二回と違って、一方では日本での民主党政権への政権交代、とりわけ鳩山由紀夫内閣の掲げた、普天間基地の県外、国外移転論により「日米関係が漂流し」、他方アジア地域では、尖閣諸島をめぐる紛争のように中国の台頭がいよいよはっきりしている状況のもとで、日米同盟の再建をめざして出されたものである。

本報告は、日本が、経済停滞、高齢化、軍事力発動に対する制約等によって、「二流国家」に転落する危険があると指摘し、その日本が「一流国家」に止まるための提言を行うとしている。

2．本報告の特徴の第一は、三・一一の東日本大震災の勃発をふまえて、エネルギー安全保障の観点から原発の再稼働を強く提言して

いる点である。またアメリカに対しては、日本にLNG輸出を認めるよう勧告している。また報告は、ペルシャ湾の海運業保護や、シーレーン確保に関する日本の関与の強化を促している。

3．報告の特徴の第二は、経済問題について、日本のTPPへの参加、また日米FTAの締結を推奨している点である。

4．報告の特徴の第三は、報告が、近隣関係の第一に、中国でなく、日米韓関係強化をあげている点である。報告は、歴史問題で日韓関係が悪化していることを懸念し、この問題に相当の紙数を割いている。報告は、第二次アーミテージレポート同様、まず日本がこの問題に正面から取り組むことを強調し、アメリカでの慰安婦碑の建設などに対する日本政府の取り組みを批判している。

5．報告の特徴の第四は、中国の台頭への懸念を表明していることである。とくに、中国が中核的利益として、新たに南シナ海、尖閣諸島を含めていること、中国が内政上の矛盾をナショナリズムに転化しようとしていることが強調されている。

6．報告の第五の特徴は、情勢をふまえた安全保障政策として、日本の防衛責任の拡大、日米同盟の強化をはじめ、その後政権交代によって、第二次安倍晋三内閣が追求・実現をめざしている軍事政策のほとんどを指示している点である。

報告は、まずこれまでアメリカが要求してきた、日本の防衛責任と分担の強化を改めて訴えている。「日本は能力形成や二国間及び多国間の対応を通して、これまで以上に防衛と軍事の外交手腕を発揮することができる。新たな役割と任務の見直しにあたっては、日本の防衛及び地域の緊急事態における米国との防衛を含めた日本の責任範囲を拡大すべきである。最も喫緊の挑戦は日本自身の隣国だ。」と。そこでは中国への対応と同時に、ペルシャ湾と南シナ海における自衛隊の活動拡大を求めている。

そのために、報告は、自衛隊が掲げてきた「専守防衛」の廃棄も求めている。「『日本の防衛』と地域防衛の区別は明確でない。ホルムズ海峡の封鎖や南シナ海での軍事的緊急事態は、日本の安全と安定に深刻な影響を及ぼすものと考えられる。かつて賞賛された剣と矛の例えは、現状の防衛活動力を過度に簡略化しすぎており、国家の防衛には攻撃責務の備えも必要だという事実をはぐらかしている。」が、それである。

続いて二つ目に、報告は、日米の「相互運用性」強化を指摘している。日米共同の軍事作戦強化である。そのために日米双方の防衛訓練の質の向上、日米の緊急事態対応能力増強、陸上自衛隊の三軍連携の強化、などが指摘される。

それとの関連で秘密保護法の制定も指示されている。「最後に、東京は双方とそれぞれの防衛上の秘密と秘密情報を保護する為に防衛省の法的能力を向上させるべきである。秘密保持の点からすれば、現在の法管理体制は米国標準と同等のレベルではない。」と。これらが安倍内閣で実行されたことはいうまでもない。

三つ目に、報告は武器輸出三原則の見直しを改めて要求している。「米国と日本の経済事情と防衛予算の増大が非現実的であることを考慮すれば、防衛産業のより密接な連携が必要である。日本の『武器輸出三原則』の変更が武器輸出と技術協力に関する政策の窓を押し広げている。」「米国と日本は世界の二大研究開発体である。同盟国として、我々はこれらの能力を融合し急速にコストと複雑さを増す分野での効率化を達成すべきである。」と。

安全保障分野で報告がとりわけ強調、重視しているのが普天間辺野古移設の推進と集団的自衛権行使禁止解釈の見直し、国連の平和維持活動への日本のより積極的な参加である。これらの点を報告はとくに各々一項を設けて論じている。

集団的自衛権禁止については、こう述べている。「政策の変更は、……軍事的により積極的な日本を、もしくは平和憲法の改正を求めるべきである。集団的自衛の禁止は同盟の障害である。三・一一は、我々二つの軍が必要な時にいかに軍事力を最大限に活用できるかを証明した。平和時、緊張、危機、及び戦争時の防衛範囲を通して完全な協力で対応することを我々の軍に許可することは責任ある権限行動であろう。」

第二次、第三次安倍内閣が安保政策の最重点として、集団的自衛権行使容認に取り組んでいることは改めて指摘するまでもない。

はじめに

この日米同盟報告書は、日米関係が漂流している時期に発表される。日米両国の指導者たちが無数の他の課題に直面しているとき、世界で最も重要な同盟の一つの健全性が危機に瀕しているのである。米国務次官補カート・キャンベルと、両政府内の彼の同僚たちによって、同盟の安定は大方保たれてきたが、同盟地域内外における今日の課題と機会に対処するには、それ以上のことが必要である。日米双方は、中国の再台頭とそれに伴う不安定要素、核能力と敵対的意図をもつ北朝鮮、そしてアジアのダイナミズムの兆しに直面している。他にも、グローバル化した世界とますます複雑化する安全保障環境には多数の困難な課題が存在する。このような今日の大問題に適切に対処するには、より強力でより平等な同盟が必要である。

上記のような同盟が存在するためには、米国と日本が一流国家の視点をもち、一流国家として振舞うことが必要であろう。我々の見解では、一流国家とは、経済力、軍事力、グローバルな視野、そして国際的な懸念に関して実証された指導力をもつ国家である。同盟の支援に関して米国側に改善点はあるが、米国が一流国家であり続けることには寸分の疑いもない。しかしながら、日本には決定しなければならないことがある。つまり、日本は一流国家であり続けたいのか、それとも二流国家に成り下がって構わないのか？　日本の国民と政府が二流のステータスに甘んじるなら、この報告書は不要であろう。この同盟に関する我々の評価と推奨事項は、日本が大きな貢献を果たせる世界の舞台で完全なパートナーであることに依拠している。

我々は、今日の世界における日本の影響と役割を混乱させている諸問題を認識した上で、上記の質問を投げかけた。日本の人口は劇的に老齢化し、出生率は低下している。日本の債務対GDP比は、二〇〇パーセントである。日本では、六年間に六人の首相が交代した。そして、多数の若い日本人の間に厭世観と内向性が増大している。しかし、日本の重要性の低下は運命ではない。日本は、一流国家であり続ける十分な能力がある。要は日本がどのような傾向をもつかという問題にすぎない。

日本は多数の課題に直面しているが、日本の国力と影響力には、同様に多くの過小評価され十分に活用されていない側面が存在する。日本は世界第三位の経済圏であり、中国の二倍の消費者セクターをもつ。日本は、改革と競争によって解き放たれる可能性のある巨大な経済的潜在力をもち続けている。自由貿易と移民に対する開放性と女性の職場進出が増大すれば、日本の国内総生産（ＧＤＰ）は著しく成長するだろう。日本のソフト・パワーも注目に値する。日本は、国際的に尊敬される国としてトップ三にランクされ、「国家ブランド」としては世界第一位である。日本の自衛隊（ＪＳＤＦ）は、現在の日本で最も信頼されている機関であるが、時代錯誤の制約を軽減できれば、日本の安全保障と評判の向上により大きな役割を果たせる態勢にある。

日本は、世界の平穏な地域に位置する、取るに足りない国ではない。アジア太平洋地域の安定した戦略的平衡のための海の要、国連（ＵＮ）と国際通貨基金（ＩＭＦ）など主要多国籍機関に対する二番目に大きな貢献者、世界で最もダイナミックな半球のためにシーレーンをオープンに保つ米軍のホストとして、米国とその他の国々は日本に頼っている。

日本が強い米国を必要とするに劣らず、米国は強い日本を必要とする。そして、この観点から、我々は日米同盟とそのスチュワードシップの問題を取り上げる。日本が米国と肩を並べ続けていくには、米国と共に前進する必要がある。日本は、今までアジアのリーダーであったが、今後もそうあり続けることができるのである。

以下の報告は、日米同盟に関する超党派研究グループのメンバーの大多数の見解を示すものである。この報告では、特に、エネルギー、経済、世界貿易、隣国との関係、そして安全保障に関する問題を取り上げる。これらの分野において、研究グループは、日本と米国に対して、短期および長期に渡る政策の推奨事項を提言する。これらの推奨事項は、アジア太平洋地域およびそれ以外での平和、安定、繁栄のための力としての日米同盟を支えることを目的としている。

エネルギー安全保障

原子力エネルギー

二〇一一年三月一一日の悲劇は、未だ生々しい記憶であり、地震、津波、その後の炉心溶融によるすべての被害者に対し、謹んで哀悼の意を表明する。当然ながら、福島の原子力災害は、原子力にとって大きな躓きの石となり、その影響は、日本全国だけでなく、世界中に波及した。英国や中国のように原子力拡張計画を慎重に再開した国もあるが、ドイツのように原子力を段階的に全廃することを決定した国もある。

日本は、原子炉の徹底的な調査と原子力保安規定の改定を行なっている。原子力に対する一般市民の強い反対にも関わらず、野田佳彦首相の政府は、二基の原子炉の再稼動を開始した。さらなる再稼動は、安全性の確認と地元の合意に依存する。我々の見解では、このような状況において原子力発電を慎重に再開することは責任ある正しい措置である。

日本は、エネルギー効率の向上において非常に大きな進歩を遂げ、エネルギーの研究開発で世界的なリーダーとなっている。日本人は、エネルギー消費の削減と、エネルギー効率に関する世界最高の基準の設定において、驚異的な国民的結束を発揮してきたが、近未来における原子力エネルギーの欠如は、日本に重大な影響を及ぼすであろう。原子力発電所の再稼動なしでは、日本が二〇二〇年までに二酸化炭素（CO_2）排出量を二五パーセント削減する目標に向って有意義な進歩を遂げることは不可能であろう。原子力は、現在も将来も、排ガスのない基底負荷発電の唯一の実質的ソースとして残るであろう。環境省のデータによれば、日本の排出量は、原発再稼動なしでは、二〇二〇年までにせいぜい一一パーセントしか削減できないが、再稼動できれば、二〇パーセント近くまで削減できるという[1]。原発を永久に停止した場合は、輸入した石油、天然ガス、石炭の消費量が増大するだろう。さらに、国のエネルギー政策に関する決定の延期は、エネルギーに依存する重要な産業を日本から追い出しかねず、国家の生産性を脅かす可能性がある。

また、開発途上国は原子炉の建設を続けるので、日本の原発永久停止は、責任ある国際原子力開発を妨害することにもなるだろう。フクシマ以後一年以上にわたって原子炉認可を中断していた（ただし、進行中のプロジェクトは中断しなかった）中国は、新規プロジェクトの国内建設を再開しつつあり、最終的には重要な国際ベンダーとして台頭する可能性がある。中国が民生用原子力発電の世界的開発のメジャー・リーグでロシア、韓国、フランスに加わろうと計画しているとき、世界が効率的で信頼性の高い安全な原子炉や原子力サービスから利益を得るためには、日本が遅れをとることはできない。

他方、米国としては、使用済核廃棄物の処理にまつわる不確実性をなくし、明確な許認可手続きを導入する必要がある。我々はフクシマから学習し、是正措置を導入する必要性を十分に認識しているが、原子力はエネルギー安全保障、経済成長、環境上のメリットなどの分野でまだ巨大な可能性を保持している。日本と米国は、国内／国外の安全かつ信頼性の高い民生用原子力を推進する上で共通の政治的、商業的利益をもっている。東京とワシントンは、フクシマからの広範な経験を生かしながら、この分野で同盟関係を活性化し、安全な原子炉の設計と健全な規制業務の普及を世界的に促進することにおいて指導的役割を再び演じる必要がある。三・一一の悲劇のために、経済と環境をこれ以上大きく衰退させてはならない。安全でクリーンな責任ある開発と利用によって、原子力は日本の包括的な安全保障に欠かせない要素を構成する。そしてこの点において、原子力研究開発での日米の協力は不可欠である。

天然ガス

天然ガスに関する最近の明るい進展により、たった数年前には誰も可能と思わなかった形で、二国間のエネルギー貿易がよみがえる可能性がある。アラスカとハワイ以外の四八州で膨大なシェール・ガスが埋蔵されていることが発見され、米国は世界で最も急速に成長する天然ガス生産国となった。国際エネルギー機関（ＩＥＡ）によれば、二〇一四年に計画されているパナマ運河の拡張により、世界の液化天然ガス（ＬＮＧ）輸送船団の八〇パーセントがパナマ運河を使用できるようになり、出荷コストが劇的に低下し、米国湾岸からのＬＮＧ輸出のアジアでの競争力が激増することになる。(2)

米本土におけるシェール・ガス革命とアラスカの豊富なガス埋蔵量は、日本と米国に相補的な機会を提供する。すなわち、米国は二〇一五年までにハワイとアラスカを除く四八州からＬＮＧの輸出を開始するはずであり、日本は世界最大のＬＮＧ輸入国であり続ける。一九六九年以来、日本は比較的小量のＬＮＧをアラスカから輸入してきたが、特に三・一一を踏まえて、ＬＮＧの輸入先を増やして多様化する必要があり、ＬＮＧ取引リンクの拡大に対する関心が高まっている。

しかしながら、米国と自由貿易協定（ＦＴＡ）を締結していない国、特に、そのＦＴＡに国のガス処理に関する条項がない国へのＬＮＧ輸出を求める米国企業は、まず、米国エネルギー省（ＤＯＥ）化石エネルギー局の認可を得る必要がある。ＦＴＡを締結した一六か国は、ＤＯＥの輸出認可を受けるが（ただし、その他の規制および認可要件も適用される）、これらの国のほとんどは主要ＬＮＧ輸入国ではない。

日本のような非ＦＴＡ締結国には、認可を与えることが米国の「公益」でないとＤＯＥが結論しない限り、認可が与えられる。キーナイＬＮＧ基地は、アラスカから日本への輸出に対するＤＯＥ認可を日常的に受領していた。しかし、ハワイとアラスカを除く四八州からのＬＮＧ輸出の将来性が浮上するにつれ、ＤＯＥの認可プロセスは政治的に精査されつつある。ＤＯＥの非ＦＴＡ認可を既にうけているサビン・パスＬＮＧプロジェクトに加えて、ハワイとアラスカ以外の四八州でのＬＮＧプロジェクトに対する八つの認可がＤＯＥの承認を待っている。

環境または経済上の理由により、活動家たちがＬＮＧの輸出に反対している。輸出によって、米国天然ガスの国内価格が上昇し、天然ガスに大きく依存している国内産業の競争力を弱めるという懸念が存在するのである。ブルッキングス研究所による最近の政策提言で、この申し立てに対する反論が行なわれた。将来輸出される見込みのある分量は、米国の天然ガス全供給量と比較して少なく、国内価格への影響は最小限であり、産業用、住居用、その他の国内用としてガス使用の伸びを妨げるものではない、と結論されている。(3) ＬＮＧ輸出を制限すると、米国シェール・ガスおよびＬＮＧ輸出プロジェクトへの投資が不必要に抑止される。

米国は、資源ナショナリズムに走るべきではなく、民間部門のＬＮＧ輸出計画を禁止すべきではない。米国の政策立案者は、これらの新資源に対する環境に責任を持つ開拓を促進しながら、輸出に対してオープンであり続けなければならない。さらに、日本の危機においては、米国は、すでに交渉済みの商業契約と一般商業レートによる日本向けＬＮＧの供給に支障がないことを保証し（ただし、大統領による国内向け国家非常事態宣言がない場合に限る）、コンスタントかつ安定した供給を確保すべきである。

安全保障体制の一環として、米国と日本は、軍事上の同盟だけでなく、天然資源に関しても同盟すべきである。この協力分野は、開発が不十分なままである。

また、米国は、日本へのＬＮＧ輸出を妨げている現在の法律を修正すべきである。米議会がＦＴＡ要件を削除して自動認可に切り替えれば理想的だが、それは米国と平和的関係にある国ならどの国に対するＬＮＧ輸出も国益であるという反証可能な推定を確立することになる。代わりに、米議会は、ＬＮＧ輸出では、日本をＦＴＡ締結国の一つと見なして、他の潜在顧客国と対等な立場に置くべきである。少なくとも、ホワイト・ハウスは、現在の法律下で認可を検討する際に日本関係の輸出プロジェクトを全面的に支援し、優先すべきである。

正しい政策支援があれば、天然ガスは二国間貿易を活性化し、日本の米国への対外直接投資（ＦＤＩ）を増大させることもできる。北米のガス供給量は膨大であるが、見込まれるタンカー通行量の処理に必要な基地、港、陸上輸送システムが十分でないという懸念がある。[4] 大きなインフラ投資がなければ、米国のガス生産は成長できない。

これが、米天然ガスに関する法律を修正して、他のＦＴＡ顧客国家と対等の立場を日本に与えるための、もう一つの有力な理由である。

メタン・ハイドレート：エネルギー協力の強化に寄与する潜在的大転換の好機

二国間協力には、もう一つの有望だがより不確実な長期的領域としてメタン・ハイドレートがある。メタン・ハイドレートは、深く埋もれた氷の中に閉じ込められた天然ガスの結晶である。経済的および技術的な大きなハードルを乗り越えられれば、メタン・ハイドレートの埋蔵量は、現在の在来型および非在来型ガスの埋蔵量をはるかに上回るだろう。

日本の南中央域、沖合にあるメタン・ハイドレートの鉱床は、天然ガス国内消費量の一〇年分に当たると見積もられ、世界的には、現在実証されている天然ガス埋蔵量の一〇〇倍をはるかに超える七〇〇〇〇兆立方フィートと概算されている。[5] メタン・ハイドレートは、陸上および沖合いに広く分布し、特に極地と連邦大陸棚に存在する。[6] 専門家たちが予想するように、メタン・ハイドレートのほんの一部しか開発できない場合でも、それらの量は、現在の天然ガス埋蔵量の見積りをはるかに上回る可能性が高い。

日本と米国は、可能性のある大規模メタン・ハイドレート生産の研究開発で緊密に協力している。五月には、アラスカのノーススロープでの日米現地試験で、CO_2の圧入および隔離によるメタン・ハイドレートの抽出に成功し、エネルギー供給と環境の両面におけるメリットが実証された。結果として大規模なメタン・ハイドレート生産にいたる変革の可能性を踏まえ、我々は、日米が費用効果の高い、環境に責任をもつメタン・ハイドレート生産の研究開発を加速するように推奨する。米国と日本は、代替エネルギー技術の研究開発に全力を傾けるべきである。

地球規模の石油、ならびにガス共有地／公有地の確保

当分の間、世界経済は主として化石燃料に依存し、輸送の分野では石油がほとんど独占の状態が保たれるだろう。現在世界第三位の大規模石油輸入国である日本と米国は、世界規模の石油取引におけるシフトが世界の地政学を不安定にしたり、中東のエネルギー供給国へのアクセスやそれらの国々からの出荷を脅かさないようにすることに、ますます中核的な戦略上の利害を共有しつつある。カナダ、米国、ブラジルの石油産出量の上昇が他地域からの輸入に対する南北アメリカの依存度を減らすかもしれないが、世界の石油市場における次の大きなシフトは、中東の生産国からますます豊かになりつつあるアジアの消費国への石油とガスの輸出量が急上昇することである可能性が高い（ただし、中東のエネルギー消費の上昇も輸出量に影響するだろう）。将来の石油需給に関する現在の予測では、ペルシャ湾は、今後四〇年間で、世界の石油供給において、かつてよりはるかに重要な役割を果たすであろう。ペルシャ湾は、ＬＮＧの重要な供給元でもあり、カタールのラス・ラファン液化プラントが取引されるＬＮＧの三分の一を供給する。

ペルシャ湾からのエネルギー供給に対する世界の依存度が高まり、ペルシャ湾からアジアへのエネルギー・フローが増大するにつれ、地球上の共有地／公用地に広がる資源を確保することの重要性が増すであろう。日本の艦艇は、二〇〇九年にソマリア沖で海賊退治の作戦を開始した。さらに、三・一一以降の発電用石油需要の要件の上昇にも関わらず、日本は、二〇一二年の最初の五か月でイランからの石油輸入を三分の一に減少させ、米国の制裁と歩調を合わせた。さらに、海賊行為／著作権侵害、ペルシャ湾からの出荷の保護、地域の平和に対する脅威（現在のイラン原子力プログラムによる脅威など）を除去するための戦闘を行い、シーレーンの確保などにおいては、東京（日本政府）は多国籍軍との協力を強化する必要があるだろうし、それは歓迎されるであろう。

（1）リック・ワレス、「Japan Carbon Hopes Resting on Nuclear」、The Australian（シドニー版）、二〇一二年五月二五日 http://www.theaustralian.com.au/news/health-science/japan-carbon-hopes-resting-on-nuclear/story-e6frg8y6-1226366138315.

（2）国際エネルギー機関（ＩＥＡ）、「Medium-Term Oil and Gas Markets 2010 (Paris: International Energy Agency, 2010)」、二六四ページ、http://www.iea.org/papers/2011/mtogm2010.pdf.

（3）Charles Ebinger/Kevin Massy/Govinda Avasarala 共著、「Liquid Markets: Assessing the Case for U.S. Exports of Liquefied Natural Gas」（ワシントンＤＣ、ブルッキングス研究所、二〇一二年五月）、http://www.brookings.edu/~/media/research/files/reports/2012/5/02%20lng%20exports%20ebinger/0502_lng_exports_ebinger.

（4）AFP、「U.S. Not Ready for Larger Panama Canal: Experts」Taipei Time、二〇一一年五月一六日、http://www.taipeitimes.com/News/world/archives/2011/05/16/2003503394.

（5）Charles Batchelor、「Fire Ice: Gas Source is Little Understood」、Financial Times、二〇一二年六月一日、http://www.ft.com/intl/cms/s/0/50686c4-a4d0-11e1-9a94-00144feabdc0.html#axzz1y968b2w.

（6）National Energy Technology Laboratory（ＮＥＴＬ）、「Energy Resource Potential of Methane Hydrate」（ワシントンＤＣ、米国エネルギー省、二〇一一年二月）、http://www.netl.doe.gov/technologies/oilgas/publications/Hydrates/2011Reports/MH_Primer2011.pdf.

経済と貿易

二〇一一年一一月、野田首相は、環太平洋戦略的経済連携協定（ＴＰＰ）加入のための事前協議に日本が参加することを発表した。ＴＰＰは、完全に実現すると、世界貿易の四〇パーセントを占め、大西洋から太平洋をまたいで少なくとも一一か国が加入する。さらに、他の地域的なＦＴＡとは異なり、ＴＰＰは、包括的かつハイレベルな、法的拘束力をもつ自由貿易協定として際立っている。昨年の発表以来、日本のＴＰＰ加入への歩みは遅い。争点の幅広さや交渉関係者の数のため、時間がかかり、細部への配慮も必要となる。しかし、交渉への参加を遅らせないことが、日本の経済安全保障上の利益になる。また、日本が最も重要な同盟国とＦＴＡを締結していないことは不条理であり、日本が交渉に参加することを我々は強く奨励する。米国側としては、交渉プロセスと協定案にもっと光を当て、透明性を増すべきである。

日米経済関係の活性化と確保

我々は、米日経済関係を強化し、確固たるものとするためにTPP討議に加え、骨太で革新的な多国間自由貿易協定を提案する。日本はメキシコとFTAがあり、カナダとのFTAを拡大している。この二国は米国にとって最重要な貿易相手であり、世界最大のFTAであるNAFTA（包括的経済・エネルギー・安全保障協定）の参加者でもある。米国、日本、カナダ、メキシコがCEESAに加盟すれば、実質上は米日が、経済・安全保障・戦略的エネルギー関係を拡大、深化させることになる。日本には重大なエネルギー・安全保障上のニーズがあり、なおかつ投資するための資本がたっぷりある。日本は、国内での経済的損失と人口統計上の挑戦（人口減少問題）による損失を補うために、海外投資による財務・金融リターンを増大・活性化する必要がある。他方、米国と北米の広域には、天然ガス開発のチャンスがいっぱいあふれているというのに、開発のためのインフラ投資の資金難を抱えている。

CEESAには、次の三つの柱がある。

1．日本は、NAFTAとの連携協力を目指し、メキシコとの既存FTAと並んで、カナダと米国とのFTA交渉を行う。NAFTA加盟国の各国と共に、日本はFTA（条約の）加盟［調印］国として、北米にあるエネルギーへの自由なアクセスを（拘束を受けずに）許可され、かつ、北米におけるインフラと戦略的エネルギー投資機会を得るにあたって、有利な立場に置かれるだろう。

2．米国は、米日安全保障同盟の一部として、LNGガスと他の形状の〝戦略的エネルギー〟供給を、日本輸出用に保証することを誓約する。

3．日本は一〇〇〇億ドルから二〇〇〇億ドルを、エネルギー開発を景気づける目的で北米に投資することを誓う。これには、天然ガス、石油、石炭、風力、太陽、次世代の核開発費が含まれる。

我々は、CEESAが現行の貿易政策の発展とは矛盾することなく、また、それ（現行の貿易政策）からの離脱を意味するものではないと信じる。日本は、すでにメキシコとFTAを締結し、カナダとFTAを交渉する意図を発表した。したがって、次のステップは、日本の最も重要な同盟相手であり、最大の取引および投資のパートナーである米国との交渉に向け邁進することである。カナダ、メキシコ、そして米国とのFTAは、日本の経済、エネルギー、および金融の安全保障において、我々が思いつける他のどの手段より役立つだろう。これら三つのFTAは、日本のエネルギー供給を保護するだけでなく、米国、カナダ、およびメキシコの農業製品への自由貿易アクセスも日本に付与し、結果として安定した食物供給を確保することになる。日本の農業人口は急速に減少しており、日本の人口は老齢化し、農民の平均年齢は六六歳を超えた。このような展望では、日本は農業貿易政策の調整を延期する余裕がない。すべての関係者が、持続不能な防衛的貿易戦略ではなく、真の経済と食物の安全保障という観点で考察すれば、FTAを妨害する残りの農業障壁は容易に克服できる。大韓民国（ROK）が米国とのFTA交渉で成功できるなら、日本もできる。

CEESAに調印すれば、日本は、高度な工業化社会の急速に成長する部分と根本的に統合され、TPPによって具体化される先進経済と新興経済の架橋を支援し、世界最大の自由貿易圏を構築することで世界的な経済成長を促進することになる。（以上和訳：斉藤みどる）

近隣諸国との関係

米日韓関係を再興するために

日米同盟、ならびにこの地域の安定と繁栄のために極めて重要なのは、日米韓関係の強化である。この三国のアジアにおける民主主義同盟は、価値観と戦略上の利害を共有するものである。日米韓政府はこのような関係を土台として、外交資源を出し合い、連帯して北朝鮮の核兵器開発を抑止すること、また中国の再興(re-rise)に対応する最適な地域環境を整えるために助力することが必要である。

今後の国際的システムのルール作りに三国が共通して大きな関心を持っているのは、原子力エネルギーの分野である。核保有国の中で中国が台頭しているため、日韓両国のような世界市場で重要な役割を果たす同盟国にとって、原子力エネルギーの生産において適切な安全対策、拡散防止の手法、および高水準の透明性を確保することが極めて重要になる。米国では、政策が定まらないこと、経済環境が不利に働いていること(天然ガスの価格下落を主因とする)、また米韓原子力協力協定(123 agreement)が更新されていないことが、原子力エネルギー・セクターの足かせとなっている。今こそ、世界の原子力発電の基準を策定するために、日韓両国の政府がさらに大きな役割を担う絶好の機会である。現体制の将来を確かなものにするためには、日本が再び安全な原子力エネルギーに取り組むこと、そして韓国が世界的な原子力エネルギー供給国として最高水準の透明性確保と拡散防止に取り組むことが不可欠になる。

国間協力のもうひとつの分野は、海外開発援助(ODA：overseas development assistance)である。米国は、現在日韓と戦略的な開発援助協定を結んでいる。開発に対する三国の考え方は類似しており、いずれも世界的な援助大国である。韓国は、援助国支援の受益国から供与国への転換に世界で初めて成功した国である。今日の最大の被援助国は、日米両国にとって戦略上重要なアフガニスタンとベトナムである。現在韓国は、四〇〇〇人規模の自国平和部隊を持ち、若者たちが世界中で開発と良い統治のプロジェクトに従事している。ビジョンと資金を出し合って協調的な取り決めを結び、世界中で戦略的開発を進めていくことが、同盟国三国の利益となるだろう。

米日韓は、価値観と経済的利害に加えて、安全保障問題も共有している。収斂されるべき核心は、三国が民主主義国家として無理ない同盟関係にあると仮定されること。しかしながら、北朝鮮の核兵器開発を抑止し、また中国の再興に対処する最適な地域環境を整えるために大いに必要とされている三国間の協力は、短期的な不和によって進展を妨げられている。

米国政府は、慎重な取扱いを要する歴史問題について判断を下す立場にないが、緊張を緩和し、再び同盟国の注意を国家の安全保障上の利害、および将来に向けさせるべく、十分に外交的な努力を払わなければならない。同盟国がその潜在能力を十分に発揮するためには、日本が、韓国との関係を悪化させ続けている歴史問題に向き合うことが不可欠である。米国はこのような問題に関する感情と内政の複雑な力学について理解しているが、個人賠償を求める訴訟について審理することを認める最近の韓国の大法院(最高裁)の判決、あるいは米国地方公務員に対して慰安婦の記念碑を建立しないよう働きかける日本政府のロビー活動のような政治的な動きは、感情を刺激するばかりで、日韓の指導者や国民が共有し、行動の基準としなければならないより大きな戦略的優先事項に目が向かなくなるだけである。

日韓両国の政府は、現実的政策というレンズを通して二国間のつながりを見直すべきである。歴史的な反感は、どちらの国にとっても戦略上脅威となるものではない。両民主主義国の間に構築された経済、政治、および安全保障上の関係を考えれば、両国がこうした問題を巡って戦争を始めることはない。しかしながら、北朝鮮の好戦的態度、ならびに中国軍の規模、能力、および発言力が強まっていることは、両国にとって真の戦略的難題となっている。二〇一〇年以来、韓国海軍の哨戒艦天安(Cheonan)の沈没、および延坪島(Yeonpyeong)砲撃事件など、通常兵器による挑発的軍事行動によって、北朝鮮の核とミサイルが大きな脅威となってきている。さらに直近では、金正恩の長距離ミサイル実験および軍部との権力闘争は、北東アジアから平和を奪うものである。同盟国は、根深い歴史的不和を蒸し返し、国家主義的な心情を内政目的に利用しようという誘惑に負けてはならない。三国は、別途非公式の場での活動を通じて、歴史問題に取り組むべきである。現在そのような場がいくつか存在するが、参加国は、歴史問題についての共通の規範、原則、および対話に関する合意文書に積極的に取り組むべきである。

二〇一二年六月、日本の海上自衛隊と米韓の海軍が合同軍事演習を行ったことは、軋轢を招く歴史問題を棚上げし、より大きな今日の脅威に立ち向かおうとする正しい方向への一歩である。加えて、日韓両国政府が諜報活動から得られる北朝鮮に関する情報を系統的に共有できるようにする軍事情報包括保護協定（ＧＳＯＭＩＡ）や、軍需品の共有を促進する物品役務相互提供協定（ＡＣＳＡ）といった懸案中の防衛協定を締結するために迅速に行動することは、同盟国三国の安全保障上の利益に資する実務および事務レベルの軍事的取り決めと言うことができる。

中国の再興

過去三〇年の中国の経済力、軍事力、および政治的影響力の急速な伸びは、世界で最も人口の多い国を劇的に刷新してきただけでなく、東アジアの冷戦後の地政学的環境を決定してきたことは明らかである。堅固な日米同盟は、決して中国の再興に対する制約となるわけではなく、安定的で予見可能な安全な環境の提供に一役買うことによって、これに貢献してきたのであり、その環境の中で、中国は繁栄してきたのである。我々の同盟が中国の成功の一翼を担っているのだ。しかしながら、中国が新たに得た力をどのように利用するか、すなわち、既存の国際基準を強化するか、中国の国益に従ってこれを見直すか、あるいはその両方であるかについて透明性を欠き、はっきりしないことが、ますます懸念されるところである。

特に心配な分野のひとつは、中国が中核とする権益の範囲を拡張する可能性があることである。新疆、チベットおよび台湾という公式に言及される三地域に加えて、南シナ海および尖閣諸島が新たな権益として言及されるようになった。後者については非公式であり、宣言されているわけではないが、人民解放軍（ＰＬＡ）海軍が南シナ海および東シナ海で存在感を強めているため、我々の推論はあらぬ方向に導かれる。さらに、主権という共通するテーマから、尖閣諸島および南シナ海における中国政府の意図に疑問が提起される。ひとつは疑う余地のないことだが、中国の中核とする権益の範囲が曖昧であることから、当該地域の外交の信頼性がさらに低下することだ。

中国が急速に成長しつつある総合的な国力をどのように利用しようとする可能性があるか不確かであったため、対中戦略として、同盟国側は関与とヘッジを組み合わせてきた。しかし、協調活動の地理的範囲の漸進的拡大、ミサイル防衛技術に関する共同作業、海上通信網の相互運用性、および維持に関連する任務への十分な配慮、東南アジア諸国連合（ＡＳＥＡＮ）などの地域機構を強化する取り組み、航行の自由への再注力、ならびに二〇一一年一二月の新たな日米印戦略対話の開始といった中国の軍事力および政治的発言力の拡大に対する同盟国側のヘッジのほとんどの側面は、中国が引き続き高度経済成長の道を辿り、防衛費および防衛力を同等に増強できるという仮定に基づくものだった。

この仮定は、もはや確かなものとはいえない。中国は一九七九年に鄧小平が「改革開放」政策を実施して以来、三〇年以上が経っており、成長が減速しつつあるという兆候が多数見られる。中国が輸出主導から国内消費主導型の経済に移行するかどうかについては、疑問がある。ここ数年のうちに、中国の指導者は、エネルギーの制約、痛ましい環境悪化、厄介な人口問題、国民と地方の所得不均衡の拡大、新疆やチベットの少数民族の反乱、ならびに蔓延する公務員の汚職という、少なくとも六つの悪に立ち向かわなければならない。そのうえ、経済の成功によって、中国の政治構造が、増加しつつある中間所得層から高まる期待に応えるように並外れた圧力を受けることになるという「中間所得の罠」に対処する不確定要素も加わる。これらの難題はどれをとっても、中国の経済成長の道を狂わせ、社会の安定を脅かす可能性がある。中国共産党（CCP）はこうした厄介な難題を認識しており、これを理由のひとつとして、中国指導者は二〇一二年に国内治安対策費を、おおむね防衛予算に匹敵する一二〇〇億ドルを超える規模に増額している。人民解放軍は、依然として、台湾の正式な独立を目指す動きを阻止することを含めて、外的脅威に対処する手段の開発に重点を置いている。しかし、中国共産党は、内なる脅威も等しく憂慮している。

中国が大きくつまずいた場合、同盟国側に提起されるおそれのある難題は、必ずしも軽微なものになるわけではない。質が異なるものになるというだけである。我々同盟国側は、中国の平和と繁栄から得るところが大きい。あるいは、中国指導者が深刻な国内の分裂に立ち向かう場合には、再び統一を取り戻そうと、現実のものであるか、想像上のものであるかにかかわらず、おそらく外的脅威を利用して、ナショナリズムに逃避しようとすることが考えられる。指導部が秩序を維持するために、情け容赦のない手段に出て、既に起きている人権侵害を深刻化し、パートナーだった外国を離反させ、四〇年前にニクソンが始めて以来、中国への西側の関与を牽引してきた政治的合意をないがしろにすることも考えられる。

またあるいは、中国の将来の指導者が、温家宝首相の提唱するような政治改革の新ラウンドに取り組めば、中国の内政と対外姿勢に異なる影響がもたらされる可能性もある。ひとつだけ確実なことは、同盟国側は、中国の軌道変更と幅広い将来の可能性に適応できるような能力と政策を開発しなければならないということである。高度経済成長と動きのない政治権力は、将来の中国の新しい指導者が期待するものではない。我々は彼らの判断から情報を得る必要がある。

人権と日米同盟：行動指針の策定

日米同盟に関する二〇一二年四月三〇日の共同声明では、関係強化のための共通の価値観について次のように明示的言及がなされている。「日本と米国は、民主主義、法の支配、開かれた社会、人権、人間の安全保障、自由で開かれた市場といった価値へのコミットメントを共有している。今日のグローバルな課題に我々が共に取り組むに当たり、これらの価値がその指針となる」。この共同声明はさらに、その共通の価値観を次のように運用できるようにすることを誓約する。「我々は、法の支配を推進し、人権を擁護するとともに、平和維持、紛争後の安定化、開発援助、組織犯罪と麻薬密売、感染症に関し、さらに協調していくために、共に取り組んでいくことを誓う」。

人権については、さらに具体的な行動指針を策定することが、賞賛に値する目標であり、対象となる機会は多い。ビルマ（ミャンマー）において民主的改革を進めることを、最優先とするべきである。日米は、民間部門の投資、外国の援助、および国際金融機関からの融資によって与えられる経済的レバレッジを活用して、良い統治、法の支配、および人権に関する国際規範の厳守を促進するべきである。企業の社会的責任について最高水準の基準を設定すること、また少数民族や政治的敵対勢力を含めて、ビルマのすべての利害関係者が意見を出し、ビルマの今後の経済に関与できるようにすることによって、日米両国政府は、残忍な軍事独裁から真の議会制民主主義へと国を移行させるために働いているビルマの人々を支えることができる。国際人道法の推進および市民社会の保護に対する誠実な取り組みによって導かれれば、同様の協調的活動がカンボジアやベトナムでも役に立つと考えられる。この二国は人権の歴史が浅い。米国は最近安全保障面での協力を強化しており、日本は経済的および政治的に大きな利害関係を有している。

さらに日本に近い北朝鮮の問題は、難題である。北朝鮮政府の人権侵害は、十分な証拠書類があり、実にひどい状況にあるため、日米両国ともこれについて声を上げてきた。しかし、米国は、従来から、北朝鮮における人権問題を非核化という「メイン・イベント」から注意をそらすものとみなしており、日本は、主として、何年も前に北朝鮮に拉致された日本人の運命に重点を置いてきた。我々は、すべての拉致被害者について詳細な報告を求める日本の取り組みを支持することを再確認する。また、日米が、人権その他の問題に関する北朝鮮への効果的関与のためのより大きな戦略という文脈の中で、この問題に密接に協力することを提言する。

北朝鮮と同盟国にとっての解決方法は、懸念の範囲を広げ、拉致や強制収容、政治および宗教の自由に関する厳しい制限だけでなく、食料安全保障や災害救助、公衆衛生、教育、および文化交流を含めて、朝鮮半島におけるあらゆる人道上の問題に取り組むことである。朝鮮半島の非核化に関する六か国協議は事実上中断されており、韓国政府その他の関係国が緊密に連携して、人道に重点を置いた指針をまとめれば、同盟国は、北朝鮮の新しい指導部が同国の将来を描く戦略的環境を、再び整える機会を得られるだろう。（以上和訳：佐野円）

新しい安全保障戦略に向けて

地域的防衛連携

核エネルギー、政府開発援助（ODA）及び人権問題の様な職務上の問題に関する連携に加え、東京はASEAN、ASEAN地域フォーラム（ARF）、アジア太平洋経済協力（APEC）の様な地域フォーラムと同様、特にインドやオーストラリア、フィリピン、台湾などの民主的パートナーとの連携維持に努めるだろう。日本は共通する価値や利害、目標を持つ地域パートナーと連携する為の基礎を強めてきている。日本は、平和的で合法的な近海の環境を促進する為に、自由な海上貿易を保証する為に、また経済と防衛の全体的な安寧を推進する為に、地域パートナーとの協力を継続すべきである。

防衛環境は著しく変わってしまったが、それは我々の戦略構成についても同様である。役割・任務・能力（RMC）の見直しが終了した時、日本の防衛戦略は第一に南北に拡張した。一九八〇年代の見直しでは地理的範囲を拡大し東アジアでの協調能力を向上させ、九〇年代の見直しでは日本の防衛協力の空白部分に関する機能を明確なものとした。今日では、利害地域は遠く南へ、さらには遥か西の中東まで拡大している。我々は戦略を十分に再定義し実行手段の調整を行うべきである。今後の新たな見直しでは、軍事、政治、そして経済国家的な権力の全ての組合せと同様に、より広範な地理的範囲を含めるべきである。

防衛戦略：同盟の相互運用性に向かって

日本は能力形成や二国間及び多国間の対応を通して、これまで以上に防衛と軍事の外交手腕を発揮することができる。新たな役割と任務の見直しにあたっては、日本の防衛及び地域の緊急事態における米国との防衛を含めた日本の責任範囲を拡大すべきである。最も喫緊の挑戦は日本自身の隣国だ。中国は、日本への度重なる周航を含む、東シナ海の大半、実質的な全南シナ海、人民解放軍と海軍の運用速度の劇的な増加を、主張或いは実践しており、これらは北京による「第一列島チェーン（日本、台湾、フィリピン）」、もしくは北京が考える「近海」全体に対しての、より強大で戦略的な影響を与える意志を示している。これらの種の接近阻止・領域拒否（A2AD）という挑戦に対し、米国は空海戦闘や統合作戦アクセス構想（JOAC）などの新たな作戦構想への取組みを開始している。日本は「ダイナミック防衛」の様な類似構想への取組みを開始している。米国海軍と海上自衛隊が歴史的に二国間の相互運用性を牽引してきた一方で、新たな環境はより強大な連帯と両国における部局横断的な相互運用性及び両国間の相互運用性を明確に必要としている。この挑戦は両国のＲＭＣ会談の中核であり、日本の防衛省及び外務省と共に米国国防省の指導により十分に統合され前進するものでなければならない。予算の制約がある中で、ＲＭＣは断片的に処理されたり、下級議員によって処理されたりしてはならない。

同盟防衛協力の潜在力が増加した二つの追加地域は、ペルシャ湾での掃海作業と南シナ海の共同監視である。ペルシャ湾は極めて重要なグローバル貿易とエネルギー輸送の中核である。ホルムズ海峡を閉鎖するというイランの言葉巧みな意思表示に対して、日本はこの国際的に違法な動きに対抗する為に単独で掃海艇をこの地域に派遣すべきである。南シナ海における平和と安定は、特に日本にとって大変重要な、もう一つの極めて重要な同盟利害である。重要なエネルギー資源を含む、日本へ供給される八八％のものが南シナ海を経て輸送されるのであるから、安定と航行の自由を確保する為に米国と協力して監視を増強することは日本が関心を示すところである。

「日本の防衛」と地域防衛の区別は明確でない。ホルムズ海峡の封鎖や南シナ海での軍事的緊急事態は、日本の安全と安定に深刻な影響を及ぼすものと考えられる。かつて賞賛された剣と矛の例えは、現状の防衛活動力を過度に簡略化しすぎており、国家の防衛には攻撃責務の備えも必要だという事実をはぐらかしている。両国共に、日本の活動領域を十分に拡張させるより強健で共有した、また相互運用性のある情報・監視・偵察（ＩＳＲ）能力と作戦を必要としている。在日米軍（ＵＳＦＪ）には日本の防衛に関して明確な役割が与えられるべきである。作戦の遂行能力と今後起り得る在日米軍と自衛隊の合同機動部隊の軍事力を考慮して、米国は在日米軍により大きな責任と使命感を与えるべきである。

予算削減や財政引締めがワシントンでも東京でも起りそうな状況の中では、軍事力を維持する為のより効果的な資源の使用が不可欠である。効果的な資源活用に関する早期の政治的示威行動は相互運用性である。相互運用性とは米国装備品の購入を意味するものではない。それは、本質的には協同する基礎能力を指している。米国海軍と海上自衛隊は、数十年に亘りこの能力を証明している。米国空軍と航空自衛隊（ＪＡＳＤＦ）は進歩を見せているが、米国陸軍、海軍と陸上自衛隊は重点の差異により限定されている。米国が中東での陸上戦に注力してきたのに対し、日本は平和維持及び災害復興活動を行ってきたのである。

相互運用性を高める一つの方法は、双方の防衛訓練の質を向上させることである。米国空軍、海軍は自衛隊と連携して民間空港を循環した訓練を毎年行うべきである。新たな訓練地域は潜在的な緊急事態をより広範に想定させ、両軍をより危険な状態に晒し、さらには沖縄の人々に対しての負担を共有する感覚をもたらすだろう。第二に、自衛隊と米軍は緊急事態への対応能力を向上させる、トモダチ作戦で学んだ事柄を試すべきである。第三に、陸上自衛隊は価値のある平和維持活動（ＰＫＯ）や災害復興支援に携わる一方で、陸海空軍連携の拡大について検討すべきである。陸上自衛隊を敏捷で配備可能な軍隊に方向修正することは、将来の編成に向けて同盟をより有意義に整備させるだろう。第四に、米国と日本はグアムと北マリアナ諸島（ＣＮＭＩ）における新たな訓練領域を十分に活用すべきであり、それはオーストラリアのダーウィンにおける新たな共有設備についても同様である。共同の海上派遣軍事力は、日本、韓国、オーストラリア、カナダ、及びニュージーランドにとって中核的な焦点である。米軍との訓練、特に海軍との訓練が、より広範に相互運用性を拡大させるだろう。最後に、東京は双方とそれぞれの防衛上の秘密と秘密情報を保護する為に防衛省の法的能力を向上させるべきである。秘密保持の点からすれば、現在の法管理体制は米国標準と同等のレベルではない。政策と厳格な防衛訓練の組合せが、日本の初期の特殊作戦部隊（ＳＯＦ）の能力を加速させ相互運用性を向上させるだろう。

技術協力と共同研究開発

相互運用性の第二の側面はハードウェアに関するものである。米国と日本の経済事情と防衛予算の増大が非現実的であることを考慮すれば、防衛産業のより密接な連携が必要である。日本の「武器輸出三原則」の変更が武器輸出と技術協力に関する政策の窓を押し広げている。連携は両国政府のコストを削減させ、業界での広範囲な関係を強化する一方で（ヨーロッパと米国の数十年に及ぶ防衛産業のパートナーシップの様に）、同盟はこの分野においてどのように前進していくかをまだ決定できていない。

米国は日本の方針転換を利用して日本の防衛産業に技術を輸出するよう働きかけるべきである。日本の防衛技術の輸出が、米国の防衛又は産業基盤にとって脅威になると米国人が不安する時代は過ぎたのである。ミクロレベルでは、米国は電子、ナノテク、合成、そして他の高価値部品を輸入すべきである（日本はそれらを自由に輸出すべきである）。この分野での同盟貿易は米国防衛企業に、日本が既に独占的に製造しているかライセンスの下で製造している、洗練した二次もしくは一次技術に触れる機会をもたらすだろう。日本からの輸出はコストを削減し米国と日本の防衛製品の品質を向上させる潜在性を有している。

マクロレベルでは、規制緩和が洗練した将来の武器と他の安全システムの共同開発の機会を促進させる。この点においてはミサイル防衛が素晴らしいモデルとなっている。この計画は同盟が競争でなく、非常に複雑な防衛システムの開発と製造に共同で従事できることを本質的に証明している。短期的な軍事同盟計画は相互利害と運用上の必要条件について明確な検討を行うべきである。しかしながら、同盟は共同開発に向けた長期的な運用上の必要条件についても明確にすべきである。軍事協力の可能な分野は、次世代の戦闘機、軍艦、レーダー、戦略的な輸送、通信、そして全体的な情報・監視・偵察の能力に成りうる可能性がある。例えば、オーストラリアはディーゼル潜水艦と統合攻撃戦闘機の技術協力について日本と協議中である。米国はそのような対話に積極的に働きかけ、はずみを付けるべきである。

米国と日本は世界の二大研究開発体である。同盟国として、我々はこれらの能力を融合し急速にコストと複雑さを増す分野での効率化を達成すべきである。軍事協力へ向けた同盟の枠組みはこれまで以上の組織を必要とするだろう。過去においては、連携は施策の中心である日米安全保障協議委員会（ＳＣＣ）からは別個の科学と技術フォーラム（Ｓ＆ＴＦ）に追いやられてきた。この努力への基礎は、現在の予算、軍事、技術状況を反映しない、米国の対外有償軍事援助（ＦＭＳ）プロセスの再編になるだろう。

サイバーセキュリティー

サイバーセキュリティーは、米国と日本の役割と規範の明確化を必要とする新たな戦略分野である。全ての防衛作戦、共同や連携は、情報保証対策の信用性と能力に強く付随している。近年サイバー攻撃、サイバーハッキングの数は増えており、特に政府機関や防衛産業企業を対象としたものが多く、繊細なデータのセキュリティーを脅かし、テロリストや敵対分子の手に秘密情報が渡ってしまうリスクを新たにしている。情報保証における共通の安全装置と標準を持たずしては、米国と日本の通信経路は外界からの侵入に対して大変脆弱である。米国は国家安全保障局（ＮＳＡ）と共にサイバー対策を運用する一方、日本は同等のレベルを満たしていない。この不均衡を軽減するために、米国と日本は共通の情報保証標準の研究と導入に向けた共同サイバーセキュリティーセンターを設立すべきである。そのような開始は日本の脆弱なサイバーセキュリティー基盤を強化し日本の国防を援護するだろう。サイバーへの理解と協議なしには、安全保障上の問題に関する同盟のより強大な連携は制限されるだろう。

拡大抑止

信頼を増大させる必要がある同盟防衛におけるもう一つの鍵となる分野は拡大抑止である。日本は非核世界を実現したい意欲と、米国が中国に対する核の力を減少し、米国の拡大抑止の信頼が弱まり、日本が結果として苦しむのではないかという不安の間で非常に苦しんでいる。拡大抑止が核兵器の数や日本の領海内での核兵器の配置に依存していると考えるのは誤りである。冷戦期に米国がベルリンを防衛できたのは、米国の約束に信頼を与えたＮＡＴＯ同盟という支柱と、多くの犠牲を払ってソ連の攻撃を食い止めた米国軍の存在の為である。米国と日本は、米国の拡大抑止戦略と軍事力における相互の信頼を強める為に、現在の拡大抑止に関する対話を再活性させるべきである。日本を巡る米国の拡大抑止の最も大きな保証は、日本の寛大な支援により強化されている米国軍の存在である。

普天間

日本における米国軍の存在は、共同関係には留まらない。同盟は長年にわたり沖縄の米軍再編の詳細について非常に高い注意を払っている。結果として、三次的問題の普天間の海兵隊飛行場は、今後のための最適な軍編成計画に投資できたであろう時間と政治資金を使い果たしてしまった。過去の再編から生じる問題は、それがどのようなものであれ、我々が堅く未来に照準を合わせればより容易に解決できるものと考えている。

集団的自衛の禁止

三つの危機から成る三・一一とトモダチ作戦は、米国と日本の軍事展開に興味深い皮肉を提示した。三・一一は外部の脅威に対する防衛の問題ではなかった為、自衛隊と米軍が集団的自衛の禁止に注意を払うことなく対応したという点である。米国の軍艦は、緊急事態に対応して北海道の陸上自衛隊を東北に移動させた。両国軍は、軍事的及び市民的な組織が災害救助と支援活動を行った、仙台での作業上の鍵となる飛行場を設ける活動に従事した。これらの努力が北東アジア地域の回復への条件を生み出した。トモダチ作戦時の憲法第九条の大まかな解釈に加えて、日本と米国は、他のいくつかの国々と協力してエデン湾での海賊行為と戦っている。日本はインド洋における極めて重要な海賊行為撲滅の任務に参加するために法的問題を再解釈している。しかし皮肉なことに、日本の利害の保護を必要とする最も深刻な条件の下で、我々の軍隊は日本の集団的防衛を法的に禁じられている。

日本の集団的防衛の禁止に関する改変は、その矛盾をはっきりと示すことになるだろう。政策の変更は、統一した指揮ではなく、軍事的により積極的な日本を、もしくは平和憲法の改正を求めるべきである。集団的自衛の禁止は同盟の障害である。三・一一は、我々二つの軍が必要な時にいかに軍事力を最大限に活用できるかを証明した。平和時、緊張、危機、及び戦争時の防衛範囲を通して完全な協力で対応することを我々の軍に許可することは責任ある権限行動であろう。

平和維持活動

二〇一二年は日本が国連の平和維持活動に参加して二〇年目の年である。南スーダンでは、自衛隊は権限を拡大している若き政権の助けとなる社会基盤の建設に取り組んでいる。ジブチでは、自衛隊はエデン湾を警備する海賊撲滅の任務に当たっている。ハイチでは、自衛隊は継続中の災害後復興と伝染病の拡散防止に取り組んでいる。平和維持活動の役割と責任は厳しいものであり、殆どの場合が厳しい環境と生活条件の中にある。平和維持活動への日本の参加を通して、自衛隊は対テロ、核不拡散、人道援助、そして災害復興に関する国際的な連携と準備を発展させている。より十分な参加を可能にするために、日本は、必要であれば武力を行使してでも、市民と、同様に他の国際的な平和維持軍を守ることができるような法的権限を自国の平和維持活動軍に与えることを我々は奨励する。平和維持活動は明確に賞賛に値する国際的貢献であり続けている。自衛隊の認識は変化してきており、日本の外交政策における最も成功を収めそうなものの一つとして見られている。（以上和訳：伊藤勉）

結論

現在の日本に関する言説では、「危機」や「挑戦」、「優柔不断」などの表現が氾濫している。これらの言葉は日本の衰退を示唆するが、それが決着済みの結論だとは思わない。我々の見解では、日本は重大な岐路にある。この戦略的に重要な時期に、日本は自己満足とリーダーシップのどれかを決断する力を有している。アジア太平洋地域全般にダイナミックな変化が起こっているが、日本がこの地域の運命を左右するこのような機会を持つとは今後決してないだろう。ここで日本がリーダシップの道を選びとるならば、日本は一等国としての地位と同盟における対等なパートナーに必要な役割を確保することができるであろう。

同盟が漂流した時期、トモダチ作戦はしばしば米日同盟に寄与した。それは過去三年間、特異な政治的不協和音を来たしていた同盟に必要な意味と価値を与えた。しかしそれのみでは同盟が直面する問題を乗り越えるには十分ではない。急速に進化する戦略環境と巨大な財政問題は、米国と日本の双方により賢明で順応性のある関与が求められている。本報告書の提言は、米国と日本が前進することのできる領域に焦点を当てている。また両国がこうした問題を克服するのは同等に重要なことだ。そこで我々は最終提言として、米日両国に対し、そうした問題を改善するための専任の政策担当者を任命することによって、彼らが米日同盟に関与することを促す。同盟はそれを必要とし、またそれに値する。

提言

日本に対する提言

原子力発電の慎重な続行は、日本にとって正しく責任のあるステップである。

二〇二〇年までに二酸化炭素（CO_2）の排出量を二五パーセントカットする意欲的な目標は、原子力発電所の再開なしでは成し遂げることはできない。また、エネルギーコストの高騰は円の高騰を伴うため、エネルギー依存の高い産業の国外流出を食い止めるためには原子力発電の再開は賢明である。福島を教訓に、東京は、安全な原子炉設計と堅実な規制の実施を促進するための指導的役割を再開すべきである。

東京はイランの核開発などによってもたらされた、海賊行為に対する戦闘、ペルシャ湾の海運業の保護、シーレーンの確保や地域の平和の脅威への対処といった、多国籍の取り組みに積極的に参加すべきである。

ＴＰＰ交渉への参加だけでなく、このレポートでも説明されているＣＥＥＳＡ（包括的経済エネルギー安保協定）の提案のように、日本はより意欲的かつ包括的な交渉を締結せよ。

同盟国に最大限の可能性を示すためには、日本は韓国との関係を複雑にし続けている歴史問題を直視する必要がある。東京は、両国間の関係における長期的な戦略的見通しを考察し、根拠のない政治的発言をさけるべきである。三国間の防衛協力を強化するためには、東京とソウルは未決のＧＳＯＭＩＡとＡＣＳＡ防衛協定を締結し、三国間軍事協約を継続していく必要がある。

東京は、地域フォーラムに関わり続け、特にインド、オーストラリア、フィリピンと台湾の民主パートナーと関与し続けていく必要がある。

新しい役割と任務の見直しにおいては、日本は地域の有事における自国の防衛と米国との共同防衛を含めることで責任の範囲を拡大する必要がある。同盟国には、日本の領域をはるかに超えて拡張した、より堅牢で、共有され、相互運用の可能な情報・監視・偵察（ＩＳＲ）の能力と運用が必要である。

平時から緊張、危機、戦争状態まで、安全保障上のあらゆる事態において、米軍と自衛隊が日本国内で全面協力できるための法制化を、日本側の権限において責任もって行うべき。

ホルムズ海峡を閉鎖するというイランの言葉巧みな意思表示に対して、すぐさま日本はその地域に掃海艇を一方的に派遣すべきである。日本は、航行の自由を保証するために、米国と協力して南シナ海の監視も増やすべきである。

東京は、二国間の、もしくは国家の保安機密と極秘情報を保護するために、防衛省（ＭＯＤ）の法的能力を強化すべきである。

ＰＫＯへのより充実した参加を可能にするためには、平和維持隊が必要に応じては武力で一般人や他の国際平和維持隊を保護することも含め、許容範囲を拡大することが必要である。

米日同盟に対する提言

福島の教訓を生かし、東京とワシントンは原子力エネルギー研究と開発協力を再活性化させ、安全な原子炉設計と、堅実な規制の実施を地球規模で促進させるべきである。

安全保障関係の一環として、米国と日本は天然資源同盟国であるべきである。日本と米国は、メタンハイドレートの研究と開発においての協力を強化し、代替エネルギー技術の開発に専念すべきである。

ワシントン、東京、ソウルは歴史問題についてのトラック２会談を増やし、このセンシティヴな問題に歩み寄る方法についての統一見解をもとめるべきである。そして、この会談で得られた提案や助言を施行出来るように、政界と政府のリーダーに提出すべきである。

この試みは、その難しい問題についての相互の交流において、最大限の努力をもって実践すべき規範と原理に基づいて、合意されなければならない。

同盟は中国の再興に対する能力と政策を発展させなければならない。平和で繁栄している中国から同盟が得られるものは非常に多いが、中国の高度経済成長と政治的安定に確実性はない。共同政策と能力には、中国の起こりうる核心的利益の拡大、弾道の変更、そして広範囲において起こりうる将来に対する適応性がなければならない。

ビルマ（ミャンマー）、カンボジア、ベトナムなどの、特に共同参加が国際人権法と市民社会の推進を促すことの出来る国への、人権における具体的行動計画を打ち出すことは推奨すべき目標である。北朝鮮に関しては、韓国と連携して、非核化と拉致被害者の問題に加えて、食糧安全保障、災害救助、公衆衛生を含む多岐にわたる人道問題に取り組むべきである。

米国と日本は、今日まで上層部からの注目を十分に受けることのなかったエアシーバトルやダイナミックディフェンスなどの概念を、役割分担、任務、能力の協議を経て提携すべきである。新しい役割分担と任務の見直しは、同盟軍、政治的、経済的国力の包括的な組み合わさりと共に、地理的にもより広い範囲を含めることが必要である。

米陸軍と海兵隊は、陸上自衛隊との相互運用性を高め、水陸両用作戦などで機敏であり、展開し易い軍体制の方向に発展していくべきである。

米国と日本は、民間空港の循環活用、トモダチ作戦で得た教訓の分析、水陸両用の軍事力を強化することによって共同訓練の質的向上を図るべきである。グアムと北マリアナ諸島、オーストラリアで行われる二国間防衛演習の質を向上させよ。もしくは他国のパートナーと行われる共同訓練機会を最大限に活用すべきである。

米国と日本は、将来兵器の共同開発の機会を増やすべきである。短期的な軍備プログラムは、相互の利益と、作戦上の必要条件を満たす明確なプロジェクトを考慮すべきである。同盟は、共同開発のための長期的な運用必要条件も明確にすべきである。

米国と日本は（おそらく韓国も合同で）、同盟における米国の拡大抑止の信憑性と能力への信頼を確保するために、拡大抑止に関する対話を再活性化するべきである。

米国と日本は研究と一般情報の標準確立を実現化するための、共同サイバーセキュリティーセンターを設立すべきである。

米国への提言

米国は資源ナショナリズムに陥ってはならないし、民間部門のＬＮＧ輸出計画を妨げてもならない。危機時には、米国は同盟国にコンスタントで安定したＬＮＧの供給を施すべきである。議会は自動的なエネルギー認可と、日本を他の将来的に見込みのある天然ガス顧客と対等の基盤にのせるために、ＦＴＡの必須条件を省く法律改正をおこなうべきである。

ＴＰＰ交渉のリーダーシップの役割においては、米国は交渉の過程と協定の草案をもっと明らかにするべきである。日本のＴＰＰへの参加は、米国の戦略的目標としてみなされるべきである。

米国は日本と韓国間のセンシティヴな歴史的問題に判断を示すべきではない。しかしながら、米国は二国間の緊張を緩和し、両国の核心的な国家安全保障利益に注意を向けるための外交努力に全力を尽くすべきである。

在日米軍は日本の防衛に特定の責任を任命されるべきである。米国はより重要な責任と使命感を在日米軍に割り当てる必要がある。

米国は「武器輸出三原則」の緩和を活用し、日本の防衛産業の技術を米国向け、さらには豪州などの同盟国向けに輸出促進することを勧奨すべきである。米国は自国の時代おくれで妨害にもなっている対外有償軍事援助（ＦＭＳ）の過程を見直す必要がある。

米国は、共同研究と技術協力をさらに促進するために、政策中心の日米安全保障協議委員会の構築と共に、科学と技術のフォーラムをより良い方法で統一し、活性化するべきである。また、タイムリーで戦略的な一貫した判断を保証するために、防衛販売の官僚機構を改良し合理化する働きかけが必要である。

米国は大統領指名により、米日同盟円滑化の責任者を命じよ。日本もまた同様の配属を考慮するかもしれない。（以上和訳：原田尚子）

資料Ⅲ・62

日本国憲法草案

二〇一二年一〇月一二日

日本青年会議所

コメント

1．この草案（以下一二草案と呼ぶ）は、日本青年会議所が、二〇一二年一〇月に出した、二度目の本格的な憲法草案である。日本青年会議所は、〇五年一〇月にも「日本国憲法JC草案」を発表しているが、七年後に発表された本草案は、〇五年のJC草案（以下〇五年草案と呼ぶ）とはまったく別ものと言っていいくらい、変更されていることが大きな特徴である。同一主体の草案でこれほど大きく変化しているのは、自民党の改憲草案などを除くと、きわめて例外的である。

〇五年草案と比べて、一二草案の最大の違いは、〇五年草案の持っていた折衷的な性格が消えて保守的、復古的な性格が前面に出たものとなっている点である。

青年会議所は改憲問題にきわめて精力的に取り組み、さまざまな改憲草案を渉猟してつくられた結果、〇五年草案は、保守的色彩だけでなく、新自由主義的性格も、また当時の読売改憲草案などから影響を受けた規定も混ざり、性格のあいまいな草案であった。ところが、その後、発表されたさまざまな改憲草案は、同じ一二年四月二七日に発表された自民党「日本国憲法改正草案」（⇩Ⅲ・55）を筆頭にきわめて復古的性格の濃厚な案が多くなった。一二草案は、こうした近年の改憲草案の動向に強く影響されたふしがある。

2．一二草案の注目すべき第一の特徴は、その復古的性格である。一二草案の復古的、保守的性格は以下のような諸点に現れている。

第一に、前文に〇五年草案になかった文言「万世一系の天皇」が入ったことである。「万世一系の天皇を日本国民統合の象徴として仰ぎ、国民が一体として成り立ってきた悠久の歴史と伝統を有する類まれな誇りある国家である。」と。

第二に、〇五年草案では、前文のすぐ後に天皇の地位の第一条が来ていることは異様であるが、第一章は「国民主権」、第二章に「天皇」という章が置かれていたように、読売新聞案の影響を受けて、国民主権を強調する体裁になっていた。ところが一二草案では、第一章は「天皇」となり、現行憲法でも第一条に明記されていた「国民主権」は何と第三章「国民の権利と義務」の章の中に埋め込まれるという、軽視された恰好になっている。これは他の草案と比べても、大きな違いである。

第三に、〇五年草案に明記された「基本的人権」という文言、さらに人権の天賦人権性（「国民は、生まれながらにして、すべての基本的人権を享有し」）は削除され、「人権」という言葉がなくなり、しかも権利は「国家により」付与されたものと書かれている。ここにも復古的な性格が顕著に現れている。

また「国民の権利及び義務」の章では、新しい人権も残っているが、社会貢献の責務、文化尊重の責務、「領土、領海及び領空を保全する権利及び責務」、「家族は共同体を構成する基礎」であるという規定、生存権規定の第二項で「国は、国民が相互扶助を通じても、自らの力で生活できない場合、その生活を支援しなければならない。」というように国の義務を残余的なものと明記した規定、など保守的色彩が濃厚である。

第四に、第一〇九条に国旗、国歌の規定を置き、また、〇五年草案では天皇その他の憲法尊重擁護義務であったのに対し、一二草案では「国民」の憲法尊重擁護義務も加えるという立憲主義憲法の原則をあいまいにする規定となっている点である。

3．一二草案の特徴の第二は、軍事大国化の新たな段階を反映して、〇五年草案にあった国際貢献重視の規定を取り去り、集団的自衛権保持を明記したことである。

〇五年草案では、読売改憲案の影響を受けて、安全保障の章とは別立てで、「第四章　国際貢献」を設けていたが、一二草案では「安全保障」だけとなり、かつ第四一条では、「日本国は、主権国家として、その独立及び国益、並びに、国民の生命及び財産を守るため、国際法に基づき、日本国及び日本国と密接な関係にある外国に対する武力攻撃に対し、個別的及び集団的な自衛権を有し、行使することができる。」と集団的自衛権を明記した。また自民党改正草案にならったか、軍事裁判所の設置も謳われた。

さらに、〇五年草案では、内閣の章に一条だけ挿入されていた緊急事態規定が、「第九章　非常事態」として独立の一章が設けられた。

4．ほかに〇五年草案にあった一院制構想は廃棄され、二院制、それも、上院（評議院）を自治体代表からなる議院とし、地方自治体に関わる法令、予算、条約以外は、下院（国民議院）で可決すれば成立するという制度とした。

憲法裁判所、憲法改正発議要件の緩和、など、現代改憲の共通条項は、残された。

前文

日本国は、四方に海を擁し、豊かな自然に彩られた美しい国土のもと、万世一系の天皇を日本国民統合の象徴として仰ぎ、国民が一体として成り立ってきた悠久の歴史と伝統を有する類まれな誇りある国家である。

我々日本国民は、和を貴び、他者を慮り、公の義を重んじ、礼節を兼ね備え、多様な思想や文化を認め、独自の伝統文化に昇華させ、豊かな社会を築き上げてきた。

日本国は、自主自立の主権国家としての権利を行使するとともに、責務を全うし、互敬の精神をもとに日本を含む地球上のあらゆる地域から貧困と殺戮をなくし、全世界の平和に貢献すると同時に、国際社会を率先して牽引すべき国家であると確信する。

我々日本国民は、国の主権者として、悠久の歴史と誇りある伝統を受け継ぎ、現在及び未来へ向け発展・継承させるために、五箇条の御誓文以来、大日本帝国憲法及び日本国憲法に連なる立憲主義の精神に基づき、ここに自主的に新日本国憲法を制定する。

第一章　天皇

（天皇の地位）

第一条　天皇は、日本国の元首であり、日本国民統合の象徴であって、この地位は将来にわたって不変のものである。

（皇位の継承）

第二条　皇位の継承は世襲制であり、皇室典範の定めるところにより、これを継承する。

（天皇の権能）

第三条　天皇は、この憲法の定める国事に関する行為を行う。

②　天皇は、皇室典範の定めるところにより、その国事に関する行為を委任することができる。

③　天皇の国事に関するすべての行為には、内閣が助言し、かつ、その責任を負う。

（摂政）

第四条　皇室典範に定めるところにより、摂政を置くときは、摂政は、天皇の名でその国事に関する行為を行う。

（天皇の任命権）

第五条　天皇は、国民議院の指名に基づいて、内閣総理大臣を任命する。

② 天皇は、内閣の指名に基づいて、最高裁判所の長たる裁判官を任命する。

（天皇の国事行為）

第六条　天皇は、内閣の助言に基づき、次の国事に関する行為を行う。

一　憲法改正、法律、政令及び条約を公布すること。

二　国会を召集すること。

三　国民議院を解散すること。

四　国民議院の議員の総選挙の施行を公示すること。

五　国務大臣及び法律の定める官吏の任免並びに全権委任状及び大使及び公使の信任状を発すること。

六　大赦、特赦、減刑、刑の執行の免除及び復権を認証すること。

七　栄典を授与すること。

八　批准書及び法律の定めるその他の外交文書を認証すること。

九　諸外国の元首を接遇し、大使及び公使を接受すること。

十　儀式及び祭祀を行うこと。

第二章　国民の権利及び義務

（国民の要件）

第七条　日本国民たる要件は、法律でこれを定める。

（国民の基本的な権利）

第八条　国民は、国家により個人として、又は共同体の一員として尊重され、基本的な権利の享有を妨げられない。この憲法が保障する基本的な権利は、現在及び将来の国民に与えられ、国民は、この基本的な権利を、不断の努力によって保持し、子孫に継承する責務を負う。

② 国民は、前項に掲げる権利を濫用してはならず、常に公の利益及び秩序を保つためにこれを利用する責務を負う。

③ 国民の基本的な権利及びその他の権利については、国の安全、公の秩序の維持、及び公共の利益を損なわない限り、又はこの憲法第九章に定める非常事態の場合を除き、最大限に尊重される。

（共同の責務）

第九条　国民は、国及び共同体の利害並びに世代を越えた利害等を、利他の精神をもって一体となり、解決する共同の責務を負う。

（国民主権）

第十条　国民は、国の主権者として、国家の運営に参画する権利を有する。

（公務員の選定及び罷免に関する権利）

第十一条　国会議員、地方自治体の長及びその議会の議員その他の公務員を選定し、及びこれを罷免することは、日本国民の権利である。

② 公務員は、日本国に忠誠を誓い、日本国の基本的秩序を尊重し、私欲を離れ、国益を増進し、国及び国民の権利を守る義務を負う。

③ 公務員の選挙については、成年者による普通選挙を保障する。

④ すべての選挙における投票の秘密は、これを侵してはならない。選挙人は、その選択に関し、公的にも私的にも責任を問われない。

（法の下の平等）

第十二条　国民は、法の下に平等であって、人種、信条、性別、社会的身分又は門地により、政治的、経済的又は社会的関係において、差別されない。

② 栄誉、勲章、その他の栄典の授与は、いかなる特権も伴わない。

（請願権）

第十三条　国民は、損害の救済、公務員の罷免、法律、条例、命令又は規則の制定、廃止又は改正その他の事項に関し、平穏に請願する権利を有し、請願をしたためにいかなる差別待遇も受けない。

(国家賠償請求権)

第十四条 何人も、公務員の不法行為により損害を受けたときは、法律の定めるところにより、国又は地方自治体に、その賠償を求めることができる。

(思想及び良心の自由)

第十五条 思想及び良心の自由は、これを侵してはならない。

(信教の自由)

第十六条 信教の自由は、これを保障する。いかなる宗教団体も、国から特権を受け、又は政治上の権力を行使してはならない。

② 国は、国民に対して、宗教上の行為、祝典、儀式又は行事に参加することを強制してはならない。

③ 国は、社会的儀礼又は習俗的行為の範囲を超える宗教教育及び特定の宗教に対する援助、助長又は促進となるような活動をしてはならない。

(表現の自由)

第十七条 集会、結社及び言論、出版その他の一切の表現の自由は、これを保障する。

② 検閲は、これをしてはならない。通信の秘密は、これを侵してはならない。

(私事に干渉されない権利、人格権及び名誉権)

第十八条 何人も、自己の私事についてみだりに干渉されることのない権利、並びにその人格及び名誉を尊重される権利を有する。

(居住、移転、外国への移住及び国籍離脱の自由)

第十九条 何人も、居住及び移転の自由を有する。

② 国民は、外国に移住し、又は国籍を離脱する自由を有する。

(職業選択及び営業の自由)

第二十条 何人も、職業選択及び営業の自由を有する。

(学問の自由)

第二十一条 学問の自由は、これを保障する。

(婚姻及び家族に関する原則)

第二十二条 家族は、共同体を構成する基礎であり、何人も、その属する家族の維持及び関係の強化に努めなければならない。

② 婚姻は、両性の合意に基づいて成立し、相互の協力により、維持されなければならない。

③ 配偶者の選択、財産権、相続、住居の選定、婚姻並びに離婚及び家族に関するその他の事項に関しては、法律は、個人の尊厳及び両性の本質的平等に立脚して、制定されなければならない。

(生存権)

第二十三条 国民は、健康で文化的な最低限度の生活を営む権利を有する。

② 国は、国民が相互扶助を通じても、自らの力で生活できない場合、その生活を支援しなければならない。

(環境権)

第二十四条 何人も、良好な環境を享受する権利を有し、その保全に努める義務を負う。

② 国は、良好な環境を保全する施策を行わなければならない。

(教育を受ける権利及び義務)

第二十五条 国民は、法律の定めるところにより、その能力に応じて、ひとしく教育を受ける権利を有する。

② 国民は、法律の定めるところにより、その保護する子に家庭教育を施し、普通教育を受けさせる義務を負う。公的機関による義務教育は、これを無償とする。

（社会貢献の責務）

第二十六条　国民は、その受けた教育の成果を活かして、社会貢献に努めなければならない。

（文化の尊重）

第二十七条　国民は、わが国の歴史、伝統及び文化を尊重し、子孫に継承する責務を負う。

② 国は、歴史、文化及び芸術の保護及び育成を奨励しなければならない。

（勤労の権利及び義務）

第二十八条　国民は、勤労の権利を有し、義務を負う。

② 賃金、就業時間、休息その他の勤務条件に関する基準は、法律でこれを定める。

③ 児童は、これを酷使してはならない。

（労使の協調）

第二十九条　勤労者の団結する権利及び団体交渉その他の団体行動をする権利は、これを保障する。

② 労使は互いに協調し、社会への貢献並びに勤労者の福利を増進しなければならない。

（財産権）

第三十条　財産権は、有体又は無体を問わず、これを保障する。

② 私有財産は、適正な補償のもとに、これを公のために用いることができる。

③ 国民は、いかなる場合においても、国益を損なうような財産権の行使をしてはならない。

（領土等を保全する権利及び義務）

第三十一条　国民は、日本国の主権を保持するため、領土、領海及び領空を保全する権利及び責務を負い、国は、その義務を負う。

（納税の義務）

第三十二条　国民は、法律の定めるところにより、納税の義務を負う。

（法定手続の保障）

第三十三条　何人も、法律の定める手続きによらなければ、その生命若しくは自由を奪われ、又はその他の刑罰を科せられない。

（裁判を受ける権利）

第三十四条　何人も、憲法の定める裁判所において、原則として公開により、公正な裁判を受ける権利を有する。

（逮捕の要件）

第三十五条　何人も、現行犯として逮捕される場合を除いては、権限を有する司法官憲が発し、且つ理由となっている犯罪を明示する令状によらなければ、逮捕されない。

（自白強要の禁止、自白の証拠能力の限界）

第三十六条　裁判所は、強制、拷問若しくは脅迫による自白又は不当に長く抑留若しくは拘禁された後の自白を証拠とすることはできない。

（遡及処罰の禁止）

第三十七条　何人も、実行のときに適法であった行為又はすでに無罪とされた行為については、刑事上の責任を問われない。又、同一の犯罪については、重ねて刑事上の責任を問われない。

（刑事補償請求権）

第三十八条　何人も、抑留又は拘禁された後、無罪の判決を受けたときは、法律の定めるところにより、国にその補償を求めることができる。

（犯罪被害者の救済）

第三十九条　生命又は身体を害する犯罪行為による被害者又はその遺族は、法律の定めるところにより、国から救済を受けることができる。

（外国人の権利）

第四十条　日本国に居住する外国人は、文言上又は権利の性質上、日本国民のみに認められるものを除いて、この憲法が保障する権利を享受する。

第三章　安全保障

（自衛権）

第四十一条　日本国民は、正義と秩序を基調とする国際平和を誠実に希求し、他国へのいかなる侵略をも否認する。

② 日本国は、主権国家として、その独立及び国益、並びに、国民の生命及び財産を守るため、国際法に基づき、日本国及び日本国と密接な関係にある外国に対する武力攻撃に対し、個別的及び集団的な自衛権を有し、行使することができる。

（軍隊）

第四十二条　国は、前条の目的を達成するため、軍隊を保持する。

② 軍隊の最高の指揮監督権は、内閣総理大臣に属する。

③ 軍隊がその自衛権を行使するにあたっては、事前に、時宜によっては事後に、国会の承認を得なければならない。

④ 軍隊は、国際平和維持のための国際機関における共同活動に参加することができる。

⑤ 軍事に関わる裁判を行うため、法律の定めるところにより、軍事裁判所を設ける。但し、軍事裁判においても、第三十三条ないし第三十八条の適用を受けるものとする。

第四章　国会

（国会の地位）

第四十三条　立法権は、国会に属する。

（両院制）

第四十四条　国会は、国民議院及び評議院の両議院でこれを構成する。

（両議院の組織）

第四十五条　国民議院は、全国民を代表する選挙された議員でこれを組織し、評議院は、法律に定める自治体の代表でこれを組織する。

② 両議院の議員の定数は、法律でこれを定める。

（議員及び選挙人の資格）

第四十六条　両議院の議員及びその選挙人の資格は、法律でこれを定める。但し、人種、信条、性別、社会的身分、門地、教育、財産又は収入によって差別してはならない。

（国民議院の議員の任期）

第四十七条　国民議院の議員の任期は、四年とする。但し、国民議院の解散の場合には、その期間満了前に終了する。

（評議院議員の任期及び議決権）

第四十八条　評議院議員の任期は、その属する自治体の長の任期に準じる。

（選挙等に関する事項）

第四十九条　選挙区、投票の方法その他両議院の議員の選挙又は選定に関する事項は、法律でこれを定める。

（両議院議員の兼務の禁止）

第五十条　何人も、同時に両議院の議員たることはできない。

（議員の歳費）

第五十一条　両議院の議員は、法律の定めるところにより、国庫から相当額の歳費を受ける。

（議員の不逮捕特権）

第五十二条　両議院の議員は、法律の定める場合を除いては、国会の会期中逮捕されず、会期前に逮捕された議員は、その議院の要求があれば、会期中これを釈放しなければならない。

（議員の発言及び表決の無答責）

第五十三条　両議院の議員は、議院で行った演説、討論又は表決について、院外で責任を問われない。

（常会）

第五十四条　国会の常会は、毎年一回これを召集する。

②　常会の会期は、法律で定める。

（臨時会）

第五十五条　内閣は、国会の臨時会の召集を決定することができる。いずれかの議院の総議員の四分の一以上の要求があれば、内閣は、その召集を決定しなければならない。

（国民議院の解散及び国民議院の議員の総選挙、特別会及び緊急集会）

第五十六条　国民議院が解散されたときは、解散の日から四十日以内に、国民議院の議員の総選挙を行い、その選挙の日から三十日以内に、特別会を召集しなければならない。

②　国民議院が解散されたときは、評議院は、同時に閉会となる。但し、内閣総理大臣は、国に緊急の必要があるときは、評議院の緊急集会を求めることができる。

③　前項の但し書きの緊急集会において採られた措置は、臨時のものであって、次の国会開会の後十日以内に、国民議院の同意がない場合には、その効力を失う。

（資格争訟の裁判）

第五十七条　両議院は、各々その議員の資格に関する争訟を裁判する。但し、議員の議席を失わせるには、出席議員の三分の二以上の多数による議決を必要とする。

（定足数及び表決）

第五十八条　両議院は、各々その総議員の三分の一以上の出席がなければ、議事を開き議決することができない。

②　両議院の議事は、この憲法に特別の定めのある場合を除いては、出席議員の過半数でこれを決し、可否同数のときは、議長の決するところによる。

（会議の公開、秘密会、会議録、表決の記載）

第五十九条　両議院の会議は、公開とする。但し、出席議員の三分の二以上の多数で議決したときは、秘密会を開くことができる。

②　両議院は、各々その会議の記録を保存し、秘密会の記録の中で特に秘密を要すると認められるもの以外は、これを公表し、かつ、一般に頒布しなければならない。

③　各議員の表決は、出席議員の五分の一以上の要求があれば、これを会議録に記載しなければならない。

（役員の選任、議院規則及び懲罰）

第六十条　両議院は、各々その議長その他の役員を選任する。

②　両議院は、各々その会議その他の手続及び内部の規律に関する規則を定め、又、院内の秩序をみだした議員を懲罰することができる。但し、議員を除名するには、出席議員の三分の二以上の多数による議決を必要とする。

（法律案の議決）

第六十一条　法律案は、この憲法に特別の定めのある場合を除いては、国民議院で可決したとき法律となる。但し、評議院の同意を必要とする法律案は、両議院で可決したとき法律となる。

②　評議院の同意を必要とする法律案は、次の事項と定める。

一　地方自治体の租税に関する法律案

二　地方自治体の官庁の組織及び行政手続を規律する法律案

三　地方自治体の固有事務として執行する法律案

四　国の予算案

五　条約の締結

（特定の法律案に関する評議院の優越）

第六十二条　前条第二項第一号ないし第三号に掲げる法律案は、先に評議院に提出しなければならない。

②　評議院で先議された法律案について、国民議院で評議院と異なった議決をしたときに、法律の定めるところにより、両議院の協議会を開いても意見が一致しないとき、又は国民議院が、評議院の可決した法律案を受け取った後、国会休会中の期間を除いて三十日以内に、議決しないときは、評議院の議決を国会の議決とする。

（予算案に関する国民議院の優越）

第六十三条　予算案は、先に国民議院に提出しなければならない。

②　予算案について、評議院で国民議院と異なった議決をした場合に、法律の定めるところにより、両議院の協議会を開いても意見が一致しないとき、又は評議院が、国民議院の可決した予算案を受け取った後、国会休会中の期間を除いて三十日以内に、議決しないときは、国民議院の議決を国会の議決とする。

（条約締結に関する国民議院の優越）

第六十四条　条約の締結に必要な国会の承認については、前条第二項の規定を準用する。

（議院の国政調査権）

第六十五条　両議院は、国政に関する調査を行い、その総議員の三分の一以上の要求があれば、これに関して、証人の出頭及び証言並びに記録の提出を要求することができる。

（国務大臣の議院出席の権利及び義務）

第六十六条　内閣総理大臣その他の国務大臣は、いつでも議案について発言するため議院に出席することができる。又、答弁又は説明のため出席を求められたときは、出席しなければならない。

（弾劾裁判所）

第六十七条　国会は、罷免の訴追を受けた裁判官を裁判するため、両議院の議員で組織する弾劾裁判所を設ける。

②　弾劾に関する事項は、法律でこれを定める。

（政党）

第六十八条　政党は、国民の政治的意思形成を主導することを役割とし、国益及び国家の主権の尊重に努めなければならない。

②　政党は、国民議院の選挙に際し、国策及び施政の基本方針を明示しなければならない。

③　政党に関する要件は、法律でこれを定める。

第五章　内閣

（行政権）

第六十九条　行政権は、内閣に属する。

（内閣の組織、国会に対する責任）

第七十条　内閣は、法律の定めるところにより、その首長たる内閣総理大臣及びその他の国務大臣でこれを組織する。

②　内閣総理大臣その他の国務大臣は、文民でなければならない。

③　内閣は、行政権の行使について、国会に対し連帯して責任を負う。

（内閣総理大臣の指名）

第七十一条　内閣総理大臣は、国民議院の議員の中から国民議院の議決でこれを指名する。この指名は、他のすべての案件に先立って行う。

（国務大臣の任免及び罷免）

第七十二条　内閣総理大臣は、国務大臣を任命する。但し、その過半数は、国民議院の議員の中から選ばれなければならない。

②　内閣総理大臣は、任意に国務大臣を罷免することができる。

（内閣総理大臣の解散権）

第七十三条　内閣総理大臣は、国民議院を解散するよう、天皇に助言することができる。

（内閣不信任決議の効果）

第七十四条　内閣は、国民議院で不信任の決議案が可決され、又は信任の決議案が否決されたときは、十日以内に国民議院が解散されない限り、総辞職をしなければならない。

（内閣総理大臣が欠けたとき及び新国会の召集に伴う内閣の総辞職）

第七十五条　内閣総理大臣が欠けたとき、又は国民議院の総選挙の後に初めて国会の召集があったときは、内閣は、総辞職しなければならない。

（内閣総理大臣の臨時代理）

第七十六条　内閣総理大臣に事故があるとき、又は内閣総理大臣が欠けたときは、その予め指定する国務大臣が、臨時に、内閣総理大臣の職務を行う。

（総辞職後の内閣の職務）

第七十七条　前三条の場合には、内閣は、新たに内閣総理大臣が任命されるまで引き続きその職務を行う。

（内閣総理大臣の職務）

第七十八条　内閣総理大臣は、内閣を代表して法律案その他の議案を国会に提出し、一般国務及び外交関係について国会に報告し、並びに行政各部を指揮監督する。

（内閣の職務）

第七十九条　内閣は、一般行政事務のほか、次の職務を行う。

一　法律を誠実に執行し、国務を総理すること。

二　外交関係を処理すること。但し、当該処理に際しては、国益を保持するよう努めなければならない。

三　条約を締結すること。但し、事前に、時宜によっては事後に、国会の承認を得ることを必要とする。

四　法律の定める基準に従い、公務員に関する事務を掌理すること。

五　法律案を国会に提出すること。

六　予算案を作成して、国会に提出すること。

七　法律の規定を実施するために、政令を制定すること。但し、政令には、特にその法律の委任がある場合を除いては、罰則を設けることができない。

八　大赦、特赦、減刑、刑の執行の免除及び復権を決定すること。

（法律及び政令への署名）

第八十条　法律及び政令には、すべて主任の国務大臣が署名し、内閣総理大臣が連署することを必要とする。

（国務大臣の特権）

第八十一条　国務大臣は、その在任中、内閣総理大臣の同意がなければ、訴追されない。但し、これがため、訴追の権利は害されない。

第六章　裁判所

（司法権と裁判官の職務の独立）

第八十二条　司法権は、最高裁判所及び憲法裁判所並びに法律の定めるところにより設置する下級裁判所及び軍事裁判所に属する。

（特別裁判所及び裁判官の職務の独立）

第八十三条　前条に定める憲法裁判所及び軍事裁判所は、通常の裁判所と区別した特別の裁判所とする。

②　行政機関は、終審として裁判を行うことができない。

③　すべての裁判官は、その良心に従い独立してその職務を行い、この憲法及び法律にのみ拘束される。

（憲法裁判所の法令審査権）

第八十四条　憲法裁判所は、条約、法律、命令、規則又は処分が憲法に適合するかしないかを決定する権限を有する。

（憲法裁判所の違憲判断の効力）

第八十五条　憲法裁判所が、条約、法律、命令、規則又は処分について、憲法に適合しないと決定した場合には、その決定は、国を拘束する。

（最高裁判所の規則制定権）

第八十六条　最高裁判所は、裁判に関する手続、弁護士、裁判所の内部規律及び司法事務処理に関する事項について、規則を定める権限を有する。

②　検察官、弁護士その他の裁判に関わる者は、最高裁判所の定める規則に従わなければならない。

③　最高裁判所は、下級裁判所に関する規則を定める権限を、下級裁判所に委任することができる。

④　最高裁判所は、憲法裁判所及び軍事裁判所に関する規則を定める権限を、原則としてそれぞれの裁判所に委任しなければならない。

（最高裁判所及び憲法裁判所の裁判官、任期、報酬）

第八十七条　最高裁判所及び憲法裁判所は、その長たる裁判官及び法律の定める員数のその他の裁判官でこれを構成し、最高裁判所の長たる裁判官以外の裁判官は、内閣でこれを任命する。

②　最高裁判所及び憲法裁判所の裁判官は、任期を十年とし、再任されることができる。但し、法律の定める年齢に達したときに退官する。

③　最高裁判所及び憲法裁判所の裁判官は、すべて定期に相当額の報酬を受ける。この報酬は、在任中、これを減額することができない。

④　最高裁判所及び憲法裁判所の裁判官は、その任命後、法律の定めるところにより、国民の審査を受けなければならない。

⑤　前項の審査において、罷免すべきとされた裁判官は、罷免される。

（下級裁判所及び軍事裁判所の裁判官、任期、報酬）

第八十八条　下級裁判所及び軍事裁判所の裁判官は、最高裁判所の指名した者の名簿によって、内閣が任命する。

②　下級裁判所及び軍事裁判所の裁判官は、任期を十年とし、再任されることができる。但し、法律の定める年齢に達したときには退官する。

③　下級裁判所及び軍事裁判所の裁判官は、すべて定期に相当額の報酬を受ける。この報酬は、在任中、これを減額することができない。

（裁判官の身分保障）

第八十九条　裁判官は、裁判により、心身の故障のために職務をとることができないと決定された場合を除いては、公の弾劾によらなければ罷免されない。裁判官の懲戒処分は、行政機関がこれを行うことはできない。

（裁判の公開）

第九十条　裁判の対審及び判決は、公開法廷でこれを行う。

②　裁判所が、裁判官の全員一致で、公の利益及び秩序又は善良の風俗を害するおそれがあると決した場合には、対審は、公開しないでこれを行うことができる。但し、政治犯罪、出版に関する犯罪又はこの憲法第二章で保障する国民の権利が問題となっている事件の対審は、原則としてこれを公開しなければならない

第七章　財政

（財政の基本原則）

第九十一条　国の財政を処理する権限は、国会の議決に基づいて、これを行使しなければならない。

（租税法律主義）

第九十二条　あらたに租税を課し、又は現行の租税を変更するには、法律又は法律の定める条件によることを必要とする。

（国費の支出及び債務負担）

第九十三条　国費を支出し、又は国が債務を負担するには、国会の議決に基づくことを必要とする。

（予算案、継続費）

第九十四条　内閣は、次の会計年度の予算案を作成し、国会に提出して、その審議を受け議決を得なければならない。

②　会計年度の開始前に前項の議決がなされなかったときは、内閣は、法律の定めるところにより、同項の議決を得るまでの間、必要な支出をする事ができる。

③　前項の規定による支出については、内閣は、事後に国会の承諾を得なければならない。

④　特別に継続して支出する必要があるときは、年限を定め、継続費として国会の議決を得なければならない。

（予備費）

第九十五条　予見し難い予算の不足に充てるため、国会の議決に基づいて予備費を設け、内閣の責任でこれを支出することができる。

②　すべて予備費の支出については、内閣は、事後に国会の承諾を得なければならない。

（皇室財産、皇室の費用）

第九十六条　皇室財産は、国に属することを原則とする。国庫より支出される皇室の費用は、予算案に計上して国会の議決を得なければならない。

（公の財産の支出及び利用の制限）

第九十七条　公金その他の公の財産は、社会的儀礼又は習俗的行為の範囲を超えて、宗教上の組織若しくは団体の使用、便益若しくは維持のため、支出し又はその利用に供してはならない。

（決算検査、会計検査院）

第九十八条　国の収入支出の決算は、すべて毎年会計検査院がこれを検査し、内閣は、次の年度に、その検査報告とともに、これを国会に提出しなければならない。

②　会計検査院の組織及び権限は、法律でこれを定める。

（財政状況の報告）

第九十九条　内閣は、国会及び国民に対し、定期に、少なくとも毎年一回、国の財政状況について報告しなければならない。

第八章　地方自治

（地方自治の基本原則）

第百条　地方自治は、地域の住民たる国民の参画及び団体による自治を基本とする。

②　地方自治体の組織は、広域自治体及び基礎的自治体とする。

③　住民は、その属する地方自治体の役務の提供を享受する権利を有し、それに伴う負担を分担する義務を負う。

（国及び地方自治体の相互協力）

第百一条　地方自治体は、国益及び地域の住民の利益を追求し、国と相互に協力しなければならない。

（地方自治体の機関とその直接選挙）

第百二条　地方自治体には、法律の定めるところにより、条例その他地方自治体に関わる重要事項の議決機関として、議会を設置する。

②　地方自治体の長、その議会の議員及び法律の定めるその他の公務員は、その地方自治体に居住する日本国民が、直接選挙する。

（地方自治体の権能）

第百三条　地方自治体は、その財産を管理し、事務を処理し、及び行政を執行する権能を有し、法律の趣旨に反しない限り、条例を制定することができる。

②　地方自治体は、その権能を行使するために、条例により租税を課すことができる。

（地方自治体の財務）

第百四条　地方自治体の経費は、条例の定めるところによる租税及びその地方自治体が所有する財産をもって、財源に充てることを基本とする。又、その財政は、健全に維持及び運営されなければならない。

第九章　非常事態

（非常事態の宣言）

第百五条　内閣総理大臣は、わが国に対する他国からの武力行使、他国からの教唆に伴う内乱、大規模内紛等、大規模な自然災害その他国家の非常事態と合理的に認められる場合において、閣議による承諾を得た上で、非常事態の宣言をすることができる。

②　前項に定める非常事態の宣言又はその解除は、事前に又は事後において、当該事態の回復状況に鑑みて、法律の定めるところにより、合理的かつ速やかな期間内に、国会の承認を得なければならない。

③　内閣総理大臣は、第一項に定める非常事態が回復した場合、又は前項の国会の承認が得られなかった場合には、速やかに非常事態の宣言を解除しなければならない。

（非常事態の宣言の効果）

第百六条　前条第一項に定める非常事態の宣言がなされた場合は、内閣は、国民の生命及び財産等の安全を維持する目的のために必要な範囲において、この憲法第二章に定める国民の権利を制限する措置をとることができる。但し、内閣は、当該事態が回復した場合は、速やかに当該措置を解除しなければならない。

②　非常事態の宣言がなされた場合は、何人も、前項の目的を達成するために、内閣のとった措置等に基づく指示等に対して、最大限協力する義務を負う。

③　非常事態の宣言がなされた場合は、その宣言が解除されるまでの間、国会議員の任期は、原則として延長されるものとし、国民議院は、解散されないものとする。国会が休会中の場合は、速やかに召集する。

第十章　改正

（憲法改正の手続）

第百七条　この憲法の改正は、内閣、法律で定める数の国会議員、又は国会に設置された憲法審査会によって発議され、各議院の総議員の過半数の賛成を経て、国民に提案して、その承認を得なければならない。

②　前項の国民の承認には、法律の定める特別の国民投票において、有効投票の過半数の賛成を必要とする。

③　憲法改正について前項の承認を得たときは、天皇は、国民の名で、直ちにこれを公布する。

④　他国による日本国の占領下、又はこの憲法第九章に定める非常事態の宣言下において、この憲法を改正することはできない。

第十一章　最高法規

（憲法の最高法規性、条約及び国際法規の遵守）

第百八条　この憲法は、国の最高法規であって、その条文に反する条約、法律、条例、命令、詔勅及び国務に関するその他の行為の全部又は一部は、その効力を有しない。

②　日本国が締結した条約及び確立された国際法規は、これを誠実に遵守することを必要とする。

（国旗及び国歌）

第百九条　日本国の国旗は日章旗であり、国歌は君が代である。

（憲法尊重擁護義務）

第百十条　天皇又は摂政及び内閣総理大臣、国務大臣、国会議員、地方自治体の長及びその議会の議員、裁判官その他の公務員は、国民とともに、この憲法を尊重し擁護する義務を負う。

3
自民党政権の復活と「戦争する国」づくり＝二〇一三年〜現在

資料Ⅲ・63

「国民の憲法」要綱

二〇一三年四月二六日

産経新聞

［出典］産経新聞二〇一三年四月二六日

コメント

1．本要綱は、産経新聞創刊八〇周年、正論四〇周年記念事業として、二〇一二年三月、起草委員会が設けられ、二七回の議論をまとめ一年後の一三年四月二六日に発表された改憲草案である。起草委員には、委員長の田久保忠衛をはじめ佐瀬昌盛、西修、大原康男、百地章という年来の改憲論者が集められた。

この時期に、産経新聞が改憲草案を打ち出した背景としては、二つの要因がある。一つは、尖閣諸島問題や竹島問題などの領土問題、北朝鮮の核武装などの侵攻に対する危機感の昂進である。もう一つは、民主党政権の政治への批判が高まり、起草委員会のできた一二年春には、自民党政権への再交代が展望される状況が生まれていたことである。

前者としては起草委員会の進行中、野田佳彦内閣の尖閣国有化を機とする中国との紛争の激化があり、また後者に関しては、自民党総裁への安倍晋三の復帰、そして一二年総選挙での自民党の圧勝と第二次安倍内閣の成立で状況は大きく進展した。さらに一三年になると、憲法九六条改正論が提起され、明文改憲が改めて政治課題に浮上する展望が出てきたことがある。

そうした情勢をふまえて、本要綱は、極めて復古的性格が濃厚な草案となった。同時に、同委員会に田久保、佐瀬が入っているにもかかわらず、第二章「国防」の章は簡潔で、集団的自衛権などは明示されていない。

2．本要綱の第一の特徴である復古的性格は、前文で、「国体」という言葉こそ入らなかったものの（この点、起草委員大原の発言「国体配慮を各章に反映」産経新聞一三年四月二六日付参照）、「日本国は先人から受け継いだ悠久の歴史をもち、天皇を国のもといとする立憲国家である。／日本国民は建国以来、天皇を国民統合のよりどころとし、専断を排して衆議を重んじ、尊厳ある近代国家を形成した。山紫水明の美しい国土と自然に恵まれ、海洋国家として独自の日本文明を築いた。よもの海をはらからと願い、和をもって貴しとする精神と、国難に赴く雄々しさをはぐくんできた。」というように、天皇中心主義を打ち出している点である。

天皇の章では、天皇を「象徴」と「元首」と二重に規定し、男系子孫による皇位継承を明記し、さらに「第二章　国の構成」で国旗、国歌規定と「国旗及び国歌を尊重」することを謳う点にも復古的性格が現れている。

3．また、復古的性格は、人権の部分でも現れている。権利義務の章では、一八条で、人権についての包括的な制約を規定しているが、これは、明治憲法の「法律の留保」とさして変わらない、人権保障の意味をなくしかねない規定である。一八条とは次のような規定である。「2　自由および権利の行使については、国の安全、公共の利益または公の秩序の維持のため、法律により制限することができる。」

明治憲法（参考資料・2）は、憲法上の自由の保障を「法律ノ範囲内ニ於テ」保障した。これは、権利、自由を制限する場合には、国民を代表する議会の法律によらねばならないという積極的な面と、議会の法律によりさえすれば、憲法に規定された自由の制限もできるという、不十分な面の双方を併せ持っていた（もっとも明治憲法は一方で、同八条、九条で、法律によらずとも権利、自由を制限できる道を多数持っていたから、「法律の留保」すら貫徹していたわけではなかった）。本要綱一八条も、「国の安全、公共の利益または公の秩序」という何でも入る器に入りさえすれば、人権を制限できるとしているから、明治憲法下の保障とさして変わりないと言える。

さらに要綱は、「国民は、国を守り、社会公共に奉仕する義務を負う。」をはじめとする国民の義務を定めており、また一二条では「2　国民は、この憲法を遵守する義務を負う。」と国民の憲法遵守義務を定めている。これらは、憲法は国家権力を縛るものだという近代立憲主義憲法の観念に異を唱える考えから設けられた規定である。

ちなみに、近代立憲主義の憲法観への異論は、起草委員のひとりである西修が、要綱発表時の産経新聞で「『国家を縛る』だけが意義か」と述べているところである。「憲法とは、国家権力を縛る法であると言われることがある。しかしこれは絶対王政からの解放をめざした初期立憲主義の古い憲法観だ」と。

4．また要綱は、軍の保持、軍事裁判所の設置、そして緊急事態の規定など、軍事力を保持、行使する体制を規定している。しかし要綱は、現代改憲がもっとも力を入れている軍事力保持と行使の体制については特段新しいものは付け加えていない。この点では自民党「日本国憲法改正草案」（⇩Ⅲ・55）のほうがより詳細である。

5．もっとも、要綱も復古的な規定ばかりでなく、九〇年代以降の改憲案にならって、いくつかの新しい人権について規定している。

また、新自由主義改革遂行のために、多くの改憲案が憲法上に取り入れている諸規定、すなわち衆院で可決され参院で否決された法案の再可決の要件を緩和する規定、政党に関する規定、財政の健全運営原則などが盛り込まれている。生存権についても、「国は、国民に自立と共助を促すとともに、社会福祉、社会保障、公衆衛生の向上および増進に努めなければならない。」などと、ほかの改憲案には見られない「国民に自立と共助を促すとともに、」というような新自由主義的文言を入れてもいる。

さらに、要綱はこれまた、ほかの改憲案には見られない「憲法裁判部」の設置を謳っている。また、ほかの多くの改憲案と同じく、憲法改正をより頻繁に行うための憲法改正要件の緩和も規定されている。

このように全体として、要綱は、その一年前に発表された自民党「日本国憲法改正草案」と類似し、それと同様の規定も少なくないが、自民党草案より奔放に復古的性格を前面に出したものと言える。

前文

日本国は先人から受け継いだ悠久の歴史をもち、天皇を国のもといとする立憲国家である。

日本国民は建国以来、天皇を国民統合のよりどころとし、専断を排して衆議を重んじ、尊厳ある近代国家を形成した。山紫水明の美しい国土と自然に恵まれ、海洋国家として独自の日本文明を築いた。よもの海をはらからと願い、和をもって貴しとする精神と、国難に赴く雄々しさをはぐくんできた。

日本国民は多様な価値観を認め、進取の気性と異文化との協和によって固有の伝統文化を生み出してきた。先の大戦による荒廃から復興し、幾多の自然災害をしなやかな精神で超克した。国際社会の中に枢要な地位を占め、国際規範を尊重し、協調して重要な役割を果たす覚悟を有する。

日本国は自由主義、民主主義に立脚して、基本的人権を尊重し、議会制民主主義のうえに国民の福祉を増進し、活力ある公正な社会を実現する。国家の目標として独立自存の道義国家を目指す。人種平等を重んじ、民族の共存共栄をはかり、国際社会の安全と繁栄に積極的に貢献する。

われら日本国民は、恒久平和を希求しつつ、国の主権、独立、名誉を守ることを決意する。これら崇高な理想と誇りをもって、ここに憲法を制定する。

第一章　天皇

第一条（国柄）　日本国は、天皇を国の永続性および国民統合の象徴とする立憲君主国である。

第二条（国の元首）　天皇は、日本国の元首であり、国を代表する。

第三条（皇位の継承）　皇位は、皇室典範の定めるところにより、皇統に属する男系の子孫がこれを継承する。

第四条（天皇の権能、内閣の補佐および責任）　天皇は、この憲法の定める国事行為および公的行為を行う。

2　天皇のすべての国事行為および公的行為は、内閣がこれを補佐し、その責任を負う。

第五条（摂政）　皇室典範の定めるところにより、摂政を置くときは、摂政は天皇の名で国事行為を行う。

第六条（三権の長の任命）　天皇は、国会の指名に基づいて、内閣総理大臣を任命する。

2　天皇は、衆議院の指名に基づいて、衆議院議長を任命する。

3　天皇は、参議院の指名に基づいて、参議院議長を任命する。

4　天皇は、内閣の指名に基づいて、最高裁判所長官を任命する。

第七条（天皇の国事行為および公的行為）　天皇は、左の国事行為を行う。

一　憲法改正、法律、政令および条約を公布する。

二　国会を召集し、衆議院を解散する。

三　国会議員の選挙を施行する。

四　国務大臣および法律で定めるその他の公務員を任免する。

五　全権委任状ならびに大使および公使の信任状を発する。

六　外国の大使および公使の信任状を受理する。

七　栄典を授与する。

八　大赦、特赦、減刑、刑の執行の免除および復権を行う。

九　儀式を主宰する。

十　元号を制定する。

2　天皇は、左の公的行為を行う。

一　伝統に基づく皇室祭祀を行う。

二　国家的儀式または行事に出席し、国内を巡幸する。

三　前二号のほか、日本国民統合の象徴としてふさわしい行為を行う。

第八条（皇室典範の改正）　皇室典範の改正は、事前に皇室会議の議を経ることを必要とする。

第九条（皇室の財産）　皇室の財産は、世襲財産を除き、予算に計上して国会の議決を経なければならない。

第二章　国の構成

第一〇条（国民主権）　主権は、国民に存し、国家権力は、国民に由来する。国民は、その代表者を通じて、またはこの憲法の定める方法により、主権を行使する。

第一一条（国民）　日本国民の要件は、法律でこれを定める。

第一二条（領土）　日本国の領土は、日本列島、付属島嶼および法律で定める島嶼である。

第一三条（国家主権、国および国民の責務） 国は、その主権と独立を守り、公の秩序を維持し、かつ国民の生命、自由および財産を保護しなければならない。

2 国民は、みずから国家の一員であることを自覚し、その発展に寄与するよう努めなければならない。

第一四条（国旗および国歌） 日本国の国旗は日章旗、国歌は君が代である。

2 国民は、国旗および国歌を尊重しなければならない。

第三章 国防

第一五条（国際平和の希求） 日本国は、正義と秩序を基調とする国際平和を誠実に希求し、国が締結した条約および確立された国際法規に従って、国際紛争の平和的解決に努める。

第一六条（軍の保持、最高指揮権） 国の独立と安全を守り、国民を保護するとともに、国際平和に寄与するため、軍を保持する。

2 軍の最高指揮権は、内閣総理大臣が行使する。軍に対する政治の優位は確保されなければならない。

3 軍の構成および編制は、法律でこれを定める。

第四章 国民の権利及び義務

第一節 総則

第一七条（基本的人権の保障） すべての国民は、この憲法が保障する基本的人権を享有する。

2 この憲法が保障する自由および権利は、国の緊急事態の場合を除き、国政上、最大限尊重されなければならない。

第一八条（基本的人権の制限） 権利は義務を伴う。国民は、互いに自由および権利を尊重し、これを濫用してはならない。

2 自由および権利の行使については、国の安全、公共の利益または公の秩序の維持のため、法律により制限することができる。

第一九条（国民の義務） 国民は、国を守り、社会公共に奉仕する義務を負う。

2 国民は、法令を遵守する義務を負う。

3 国民は、法律の定めるところにより、納税の義務を負う。

第二〇条（公務員の地位、自由および権利の制限） 公務員は、国民全体の奉仕者であって、一部の奉仕者ではない。

2 公務員の自由および権利は、行政の中立的運営のため、または地位の特殊性と職務の公共性に鑑み、法律により制限することができる。

第二一条（外国人の権利） 外国人の権利は、在留制度のもと、性質上国民のみに認められる権利を除き、これを保障する。

第二節 人間の尊厳および家族の保護

第二二条（人間の尊厳、人格権） 人間の尊厳は、これを侵してはならない。

2 何人も、名誉および肖像にかかわる人格権を侵害されない。

第二三条（家族の尊重および保護、婚姻の自由） 家族は、社会の自然的かつ基礎的単位として尊重され、国および社会の保護を受ける。

2 家族は、互いに扶助し、健全な家庭を築くよう努めなければならない。

3 婚姻は、両性の合意に基づく。夫婦は、同等の権利を有し、相互に協力しなければならない。

第三節 法の下の平等

第二四条（法の下の平等） すべての国民は、法の下に平等であって、人種、信条、性別、社会的身分により、政治的、経済的または社会的関係において、差別されない。

第四節 精神的自由

第二五条（思想および良心の自由）　思想および良心の自由は、これを侵してはならない。

第二六条（信教の自由、政教分離）　信教の自由は、何人に対しても、これを保障する。

2　いかなる宗教団体も、政治に介入し、または政治上の権力を行使してはならない。

3　国および地方自治体は、特定宗教の布教、宣伝のための宗教的活動および財政的支援を行ってはならない。

第二七条（学問の自由）　学問の自由は、これを保障する。

第二八条（表現の自由、検閲の禁止）　言論、出版その他一切の表現の自由は、これを保障する。

2　検閲は、これをしてはならない。

3　表現の自由は、第一八条〔基本的人権の制限〕によるほか、道徳および青少年の保護のため、法律により制限することができる。

第二九条（報道の自由）　報道の自由は、国民の知る権利に応えるため、これを保障する。

第三〇条（通信の秘密）　通信の秘密は、これを侵してはならない。

第三一条（私生活および個人情報の保護）　何人も、みだりに私生活を侵害されず、および個人情報を濫用されない権利を有する。

2　国は、個人情報の有用性に配慮しつつ、これを適正に保護する義務を負う。

第三二条（情報公開請求権、情報公開の義務）　国民は、法律の定めるところにより、国および地方自治体が有する情報の開示を求める権利を有する。

2　国および地方自治体は、国または公共の利益に反しない限り、その保有する情報を公開しなければならない。

第三三条（集会および結社の自由）　集会および結社の自由は、これを保障する。

第五節　経済的自由

第三四条（居住、移転および職業選択の自由）　居住、移転および職業選択の自由は、これを保障する。

第三五条（財産権および知的財産の保護）　財産権は、これを保障する。財産権の内容は、国または公共の利益ならびに公の秩序に適合するように、法律でこれを定める。

2　私有財産は、正当な補償の下に、これを公共のために用いることができる。

3　国は、知的財産の保護に努めなければならない。

第六節　人身の自由

第三六条（適正手続きの保障）　何人も、法律の定める適正な手続きによらなければ、その生命もしくは自由を奪われ、またはその他の刑罰を科せられない。

第三七条（逮捕、抑留・拘禁および捜索・押収に対する保障）　何人も、現行犯の場合を除き、令状によらなければ逮捕されない。

2　何人も、直ちに理由を告げられ、弁護人に依頼する権利を与えられなければ、抑留または拘禁されない。

3　何人も、令状によらなければ、住居への侵入、捜索および押収を受けない。

第三八条（不利益な供述強要の禁止）　何人も、刑事事件において、自己に不利益な供述を強要されない。

第三九条（公平かつ迅速な公開裁判の保障）　刑事被告人は、裁判所において公平かつ迅速な公開裁判を受ける権利を有する。

第四〇条（拷問および残虐な刑罰の禁止）　公務員による拷問および残虐な刑罰は、これを禁止する。

第四一条（遡及処罰の禁止、一事不再理）　何人も、実行の時に適法であった行為または既に無罪とされた行為については、刑事上の責任を問われない。

第七節　社会権

第四二条（生存権、国の責務）すべての国民は、健康で文化的な最低限度の生活を営む権利を有する。

2　国は、国民に自立と共助を促すとともに、社会福祉、社会保障、公衆衛生の向上および増進に努めなければならない。

第四三条（環境に対する権利および義務、国の保全義務）何人も、法律の定めるところにより、良好な自然環境を享受する権利を有し、その保全に努める義務を負う。

2　国は、良好な自然環境および生態系の保全に努めなければならない。

第四四条（教育を受ける権利および国の教育権、教育の義務）すべての国民は、法律の定めるところにより、その能力に応じて、等しく教育を受ける権利を有する。

2　国は、憲法前文の掲げる理念および法律の定める目標に従って、教育政策を定め、これを実施しなければならない。

3　国民は、法律の定めるところにより、その保護する子女に普通教育を受けさせる義務を負う。義務教育は、これを無償とする。

第四五条（労働基本権）勤労者の団結権、団体交渉権および団体行動権は、これを保障する。

第四六条（勤労の権利および義務）国民は、勤労の権利を有し、義務を負う。

第八節　参政権

第四七条（公務員の選定罷免権、普通選挙、投票の秘密）公務員を選定し、罷免することは、国民固有の権利である。

2　公務員の選挙は、成年者による普通選挙とする。

3　投票の秘密は、これを侵してはならない。

第九節　国務請求権

第四八条（請願権）何人も、国および地方自治体に対して、平穏に請願する権利を有する。

第四九条（裁判を受ける権利）何人も、裁判所において裁判を受ける権利を有する。

第五〇条（国家賠償請求権）何人も、公務員の不法行為によって損害を受けたときは、法律の定めるところにより、国または地方自治体に対して、賠償を求めることができる。

第五一条（刑事補償請求権、犯罪被害者の権利）何人も、抑留または拘禁されたのち、無罪判決を受けたときは、法律の定めるところにより、国に補償を求めることができる。

2　犯罪被害者およびその遺族は、法律の定めるところにより、国の救済を受けることができる。

第五二条（国民の司法参画）国民の司法への参画の機会は、法律の定めるところにより、これを保障する。

第五章　国会

第五三条（立法権）立法権は、国会に属する。

第五四条（両院制）国会は、衆議院および参議院の両議院で構成する。

第五五条（国会議員の全国民代表性）両議院の議員は、国民全体を代表する。

2　両議院の議員の定数は、法律でこれを定める。

第五六条（議員および選挙人の資格）両議院の議員およびその選挙人の資格は、法律でこれを定める。ただし、人種、信条、性別、社会的身分、教育、財産、収入によって差別してはならない。

第五七条（衆議院議員の任期）衆議院議員の任期は、四年とする。ただし、衆議院が解散された場合は、その時点で終了する。

第五八条（参議院議員の任期）　参議院議員の任期は、六年とし、三年ごとに議員の半数を改選する。

第五九条（衆議院の選挙）　衆議院は、直接選挙によって選出される議員で組織する。

第六〇条（参議院議員の選挙）　参議院は、直接選挙および間接選挙によって選出される議員で組織する。

第六一条（両議院議員の選挙に関する事項）　両議院議員の選挙に関する事項は、法律でこれを定める。ただし、衆議院の選挙区については人口比率を基本とし、行政区画、住民構成、地理的状況、配分されるべき議員数との関連その他の事情を総合的に勘案して定めなければならない。

第六二条（政党）　政党は、国民の政治的意思の形成を促し、政策を通じて国政に資する政治組織として、その設立および活動の自由は、これを保障する。

2　政党は、この憲法および法令を遵守しなければならない。

3　政党は、法律の定めるところにより、国から助成を受ける権利を有する。ただし、その場合、政党は活動の資金の収支および財産を公開しなければならない。

4　政党に関する事項は、法律でこれを定める。

第六三条（議員の不逮捕特権）　両議院の議員は、法律の定める場合を除き、国会の会期中、逮捕されない。会期前に逮捕された議員は、議院の要求があるときは、会期中、釈放されなければならない。

第六四条（議員の免責特権）　両議院の議員は、議院での演説、討論または表決について、院外で責任を問われない。

第六五条（立法期および会期）　衆議院議員の任期をもって、立法期とする。立法期中に議決に至らなかった案件は、次の立法期に継続しない。

2　国会の会期は、通常国会、臨時国会および特別国会とする。通常国会は年一回、臨時国会は必要に応じ、召集する。

第六六条（衆議院の解散、特別国会および緊急集会）　衆議院が解散されたときは、解散の日から四〇日以内に、衆議院議員の総選挙を行い、その選挙の日から三〇日以内に、特別国会が召集されなければならない。

2　衆議院が解散されたときは、参議院は、同時に閉会となる。ただし、内閣は、国に緊急の必要があるときは、参議院の緊急集会を求めることができる。

3　緊急集会により採られた措置は、臨時のものであって、次の国会が開会されたのち、一〇日以内に衆議院の同意がない場合は、その効力を失う。

第六七条（議員の資格喪失）　両議院は、各々その議員の資格について争いが生じたときは、これを審査し、議決する。ただし、議員の資格を失わせるには、出席議員の三分の二以上の多数による議決を必要とする。

第六八条（定足数および表決）　両議院は、各々その総議員の三分の一以上の出席がなければ、議事を開き議決することができない。

2　両議院の議事は、この憲法に特別の定めのある場合を除き、出席議員の過半数でこれを決し、可否同数のときは、議長が決定する。

3　緊急集会により採られた措置は、臨時のものであって、次の国会が開会されたのち、一〇日以内に衆議院の同意がない場合は、その効力を失う。

第六九条（会議の公開および会議録）　両議院の会議は、公開とし、その議事は、会議録に記載しなければならない。ただし、出席議員の三分の二以上の賛成に基づき、秘密会にすることができる。

第七〇条（役員の選任および議院規則、懲罰）　両議院は、各々議長その他の役員を選任し、会議その他の手続きを定めることができる。

2　両議院は、各々院内の秩序を乱した議員を懲罰することができる。ただし、議員を除名するためには、出席議員の三分の二以上の賛成を必要とする。

第七一条（法律の議決）　法律案は、この憲法に特別の定めがある場合を除き、両議院で可決したときに法律となる。

2　衆議院で可決し、参議院でこれと異なった議決をした法律案は、衆議院で出席議員の過半数により再び可決したときは、法律となる。ただし、衆議院で再び可決するときは、参議院で議決されたのち、三〇日を経なければならない。

第七二条（予算の議決）　予算案は、両議院で可決したとき、予算となる。

2　予算案は、先に衆議院に提出しなければならない。

3　参議院で衆議院と異なった議決をし、両院協議会を開いても意見が一致しないとき、または参議院が衆議院の可決した予算案を受け取ったのち、三〇日以内に議決しないときは、衆議院の先の議決によって、予算は成立する。

第七三条（条約の承認）　国会による条約の承認については、前条第一項および第三項の規定を準用する。

第七四条（人事案件の同意）　法律で定める公務員の就任については、国会の同意を得なければならない。

2　前項の案件は、先に参議院に提出しなければならない。

第七五条（議院の国政調査権）　両議院は、各々国政に関する調査を行い、証人の出頭および証言ならびに記録の提出を求めることができる。

第七六条（国務大臣の議院出席の権利および義務）　内閣総理大臣その他の国務大臣は、議案について発言するため議院に出席することができる。また、答弁または説明のため議院から出席を求められたときは、出席しなければならない。

第七七条（裁判官の弾劾）　国会に、裁判官の罷免について裁判するため、弾劾裁判所を設置する。

2　裁判官の罷免の訴追は衆議院が行い、裁判は参議院が行う。

3　裁判官の弾劾に関する事項は、法律でこれを定める。

第七八条（行政監視院）　参議院に、行政監視院を設置する。

2　行政監視院は、次の年度にその監視報告書を国会に提出し、承認を経なければならない。

3　行政監視院の組織および権限は、法律でこれを定める。

第六章　内閣

第七九条（行政権）　行政権は、内閣に属する。

2　内閣の所轄のもと、法律の定めるところにより、必要やむを得ない範囲で、独立行政委員会を設置することができる。

第八〇条（内閣の構成、国会に対する連帯責任）　内閣は、法律の定めるところにより、その首長である内閣総理大臣およびその他の国務大臣で構成する。

2　内閣総理大臣およびその他の国務大臣は、現に軍籍にある者であってはならない。

3　内閣は、行政権の行使について、国会に対し連帯して責任を負う。

第八一条（内閣総理大臣の指名）　内閣総理大臣は、国会議員の中から国会が指名する。

2　衆議院と参議院が異なる指名をした場合には、両院協議会を開き、意見が一致しないときは、衆議院の指名を国会の指名とする。

第八二条（国務大臣の任免）　内閣総理大臣は、国務大臣を任命する。ただし、その過半数は、国会議員の中から任命しなければならない。

2　内閣総理大臣は、国務大臣を罷免することができる。

第八三条（内閣不信任の議決）　内閣は、衆議院で不信任案が可決され、または信任案が否決されたときは、一〇日以内に衆議院が解散されない限り、総辞職をしなければならない。

第八四条（内閣総理大臣が欠けたとき等の措置）　内閣総理大臣が欠けたとき、または衆議院議員の総選挙後に初めて国会の召集があったときは、内閣は総辞職をしなければならない。

2　内閣総理大臣が欠けたとき、または事故があったときは、法律の定めるところにより、予め指定した国務大臣が、臨時にその職務を行う。

第八五条（内閣総理大臣の職務）　内閣総理大臣は、行政各部を指揮監督し、その総合調整を行う。

2　内閣総理大臣は、内閣を代表して、議案を国会に提出し、ならびに一般国務および外交関係について国会に報告する。

第八六条（内閣の職務）　内閣は、法律で定める職務のほか、次に掲げる職務を行う。

一　法律を執行し、国務を統括する。

二　外交関係を処理する。

三　条約を締結する。ただし、事前に、やむを得ないときは事後に、国会の承認を経なければならない。

四　法律の定める基準に従い、国の公務員に関する事務をつかさどる。

五　予算案および法律案を作成して国会に提出する。

六　政令を制定する。

第八七条（法律および政令への署名）　法律および政令には、すべて所管の国務大臣が署名し、内閣総理大臣が連署しなければならない。

第八八条（国務大臣の訴追）　国務大臣は、その在任中、内閣総理大臣の同意がなければ、訴追されない。

第七章　裁判所

第八九条（司法権）　司法権は、最高裁判所ならびにこの憲法および法律の定めるところにより設置される下級裁判所に属する。

2　行政機関は、終審として裁判を行うことができない。

第九〇条（軍事裁判所）　軍事に関する裁判を行うため、軍事裁判所を設置する。ただし、平時の裁判は二審制とし、最高裁判所を終審裁判所とする。

2　軍事裁判所に関する事項は、法律でこれを定める。

第九一条（司法権の独立）　司法権の独立は、これを侵してはならない。

2　すべて裁判官は、この憲法および法律ならびに裁判官としての良心に従い、独立してその職権を行使する。

第九二条（裁判官の身分保障、報酬）　裁判官は、裁判によって心身の故障のために職務を執ることができないと決定された場合、および弾劾裁判によって罷免の裁判を受けた場合を除き、罷免されない。

2　裁判官は、定期に相当額の報酬を受ける。

第九三条（最高裁判所の裁判官）　最高裁判所は、長官および法律の定める員数の裁判官で構成する。

2　最高裁判所長官は、内閣が指名し、その他の裁判官は、内閣が任命する。

第九四条（終審裁判所）　最高裁判所は、一切の条約、法律、命令、規則または処分の憲法適合性を判断する権限を有する終審裁判所である。

3　最高裁判所の裁判官の任期は一〇年とし、再任することができる。

第九五条（最高裁判所の規則制定権）　最高裁判所は、訴訟手続きその他について、規則制定権を有する。

第九六条（下級裁判所の裁判官）　下級裁判所は、法律の定める員数の裁判官で構成する。

2　下級裁判所の裁判官は、最高裁判所が指名した者の名簿の中から、内閣が任命する。

3　裁判官の任期は一〇年とし、再任することができる。

第九七条（裁判の公開）　裁判所の審理および判決は、公開の法廷でこれを行う。

2　裁判所が、裁判官の全員一致で、公の秩序または国益上、重大な支障が生じるおそれがあると決定した場合には、審理は、これを非公開とすることができる。

第八章　財政

第九八条（財政運営の基本原則）　国の財政は、国会の議決に基づいて、これを運営しなければならない。

2　国および地方自治体は、将来の世代のために、財政の健全な維持および運営に努めるものとする。

第九九条（租税法律主義）　新たに租税を課し、または現行の租税を変更するためには、法律または法律の定める条件によらなければならない。

第一〇〇条（国費の支出および国の債務負担）　国費を支出し、または国が債務を負担するためには、国会の議決を必要とする。

第一〇一条（継続費および予備費）　複数年度にわたる支出が必要な事業については、年限および総額を定めて継続費とし、国会に提出して、その議決を経なければならない。

2　予見し難い予算の不足に充てるため、国会の議決に基づいて予備費を設け、内閣の責任でこれを支出することができる。

3　予備費の支出については、内閣は、事後に国会の承認を経なければならない。

第一〇二条（公金の濫用の禁止）　公金は、これを濫用してはならない。

2　教育、研究、芸術、慈善、博愛その他公共の利益に資する事業に対する公金の助成については、法律でこれを定める。

第一〇三条（予算不成立の場合の措置）　会計年度が終了するまでに、翌年度の予算が成立しないときは、内閣は、法律の定めるところにより、暫定期間に限り、特別に必要と認める支出を行うことができる。

2　内閣は、前項の支出について、予算の成立後、国会の承認を経ることを必要とする。

第一〇四条（会計検査）　国の収入支出の決算を検査する独立機関として、会計検査院を設置する。

2　会計検査院は、次の年度に、その検査報告書を国会に提出しなければならない。

3　会計検査官は、国会の同意を得て、内閣が任命する。ただし、この案件は先に参議院に提出しなければならない。

4　会計検査院の組織および権限は、法律でこれを定める。

第九章　地方自治

第一〇五条（地方自治の基本原則）　地方自治は、住民の福利を旨とし、地方自治体の責任のもと、住民の意思に基づき、自主的に行われなければならない。

第一〇六条（地方自治体の種類）　地方自治体は、その基礎となる市町村およびこれを包摂する広域地方自治体とする。

2　地方自治体の組織および運営については、法律でこれを定める。

第一〇七条（国との協力）　地方自治体は、第一三条〔国家主権、国および国民の責務〕を踏まえ、国の統一性の保持に努め、国と協力しなければならない。

第一〇八条（地方自治体の議会および公務員の選挙）　地方自治体には、法律の定めるところにより、その議決機関として、議会を設置する。

2　地方自治体の長、議会の議員および法律の定めるその他の公務員は、その地方自治体の住民であって日本国籍を有する者が、直接選挙する。

第一〇九条（地方自治体の権能、条例制定権の限界）　地方自治体は、その事務を処理する権能を有し、法律の趣旨に反しない範囲で、条例を制定することができる。

第一一〇条（課税自主権および国の財政措置）　地方自治体は、条例の定めるところにより、住民に対し地方税その他の租税を課すことができる。

2　国は、地方自治を保障するため、地方自治体に対して、必要な財政措置を講じなければならない。

第十章　憲法秩序の保障

第一一一条（憲法の最高法規性）　この憲法は、国の最高法規であって、これに反する条約、法律、命令、規則または処分は、効力を有しない。

第一一二条（憲法の遵守義務）　天皇または摂政、国務大臣、国会議員、裁判官その他の公務員は、この憲法を遵守し、その条規に反する行為をしてはならない。

2　国民は、この憲法を遵守する義務を負う。

第一一三条（最高裁判所による憲法保障）　憲法の最高法規性を保障するため、最高裁判所の中に、憲法判断を専門に行う憲法裁判部を設置する。憲法裁判部の裁判官は、最高裁判所の裁判官の中から、互選により選出する。

2　裁判所が、具体的争訟事件において、適用される条約、法律、命令、規則または処分が憲法に違反するおそれがあると認めたときは、裁判手続きを中断し、最高裁判所の判断を求めることができる。

3　憲法裁判部は、適用される条約、法律、命令、規則または処分が憲法に違反しないと判断したときは、当該下級裁判所に通知し、憲法に違反する疑いがあるとき、または判例の変更もしくは新たな憲法判断が必要と認めたときは、裁判官全員で構成する大法廷に回付しなければならない。

4　最高裁判所が憲法違反と判断した条約、法律、命令、規則または処分は、その争訟事件において、効力を有しない。

5　憲法裁判部の組織および運営については、法律でこれを定める。

第十一章　緊急事態

第一一四条（緊急事態の宣言）　外部からの武力攻撃、内乱、大規模テロ、大規模自然災害、重大なサイバー攻撃その他の緊急事態が発生した場合には、内閣総理大臣は、国会の事前または事後の承認のもとに、緊急事態を宣言することができる。

第一一五条（緊急命令および緊急財政処分）　緊急事態が宣言された場合には、危機を克服するため、内閣は法律に代わる政令を定め、および緊急財政処分を行うことができる。

2　前項の目的を達するため、必要やむを得ない範囲で、内閣は、第三〇条〔通信の秘密〕、第三四条〔居住、移転および職業選択の自由〕、第三五条〔財産権および知的財産の保護〕、第三六条〔適正手続きの保障〕および第三七条〔逮捕、抑留・拘禁および捜索・押収に対する保障〕の権利を制限することができる。

第一一六条（失効宣言）　前条の政令および緊急財政処分について、内閣は、速やかに国会の承認を経なければならない。

2　前項の承認が得られなかったときは、内閣はその失効を宣言しなければならない。

第十二章　改正

第一一七条（憲法改正の手続きおよび公布）　この憲法の改正は、各議院の総議員の過半数の議決により、国会が国民に提案して、その承認を経なければならない。この承認には、憲法改正のための国民投票において、有効投票の過半数の賛成を必要とする。

2 憲法改正について、前項の承認を得たときは、天皇は、直ちにこれを公布する。

資料Ⅲ・64

新「防衛計画の大綱」策定に係る提言

―「防衛を取り戻す」

二〇一三年六月四日

自由民主党

コメント

1．本提言は、自民党が、民主党政権からの再政権交代、第二次安倍晋三内閣の誕生を受けて、菅直人内閣下で行われたばかりの「防衛計画の大綱」の再改訂をめざし二〇一三年六月、その方向を指示するために打ち出したものである。本提言にそって、同年一二月一七日防衛計画の大綱再改訂（⇩Ⅲ・69）が行われた。

本提言の特徴は、安倍内閣のすすめる集団的自衛権の解釈による容認、日米共同の軍事力行使の体制づくりの一環として、自衛隊を装備・編成の面でも外征軍化する方向を打ち出した点にある。

2．すでに、二〇一〇年、菅内閣のもとで、防衛計画の大綱見直しが行われ「平成二三年度以降に係る防衛計画の大綱」（以下、二二大綱。⇩Ⅲ・49）が策定されたばかりであった。この二二大綱は、民主党政権下でつくられたにもかかわらず、自民党の大綱へ向けての「提言」（⇩Ⅲ・45）などを参考にし、自衛隊の外征軍化に向けて大きく舵を切ったものであった。その中心は、それまで防衛当局が掲げてきた「基盤的防衛力」概念を捨て、「動的防衛力」概念を採用したことであった。

しかし、安倍内閣と自民党は二二大綱に対して大きくいって三つの不満をもっていた。

一つは、二二大綱には、すでに民主党の菅直人内閣下で始まっていた尖閣をめぐる動きに象徴される中国の軍事大国化、アジアの安保環境のなかでの中国の位置づけがまだまだ低いことであった。

第二は、それとの関係で、自民党が近年重視している海兵隊的機能の創設、北朝鮮の弾道ミサイルの脅威を口実とした敵基地攻撃能力など、自衛隊の外征軍化が充分強調されていないことであった。すでに、二二大綱でも尖閣諸島での事態を念頭において「島嶼部における対応能力の強化」が謳われていたが、民主党内のリベラル派や連立政権に社民党が入っていたことも影響して、抽象的文言にとどまっているという不満があった。

第三は、菅内閣が、構造改革の再起動にともない財政削減に力を入れた結果、防衛費の削減基調が貫徹し、そのため自衛隊の装備等の「思い切った効率化・合理化」と「資源の選択的な集中」が謳われていたことである。

本提言は、大綱再改訂により、これら諸点の払拭を図ったものである。

3．本提言の注目すべき点は以下の三点である。

第一は、二二大綱以後の中国、北朝鮮脅威の増大への対処を前面に押し出している点である。

第二は、それに対処するための日米同盟のいっそうの強化を謳っている点である。

第三は、日本の防衛力の抜本的増強、装備・編成の外征軍化、日米共同作戦態勢構築を謳っている点である。とくに注目されるこの第三点を中心に見てみよう。

提言は、まず「大幅な防衛力の拡充」という題のもと、「自衛隊の人員・装備・予算の大幅な拡充」を謳っている。防衛費増額を構造改革、財政削減の枠からはずせというものである。

続いて、提言は中国との尖閣諸島問題を口実とした自衛隊の海兵隊的機能の付与、さらには北朝鮮のミサイル攻撃に「対処」することを口実とした敵基地攻撃能力付与、などを明記している。

「島嶼防衛に不可欠な海空優勢を確保するため、対空・対艦・対潜能力を強化する。さらに、島嶼防衛を念頭に、緊急事態における初動対処、事態の推移に応じた迅速な増援、海洋からの強襲着上陸による島嶼奪回等を可能とするため、自衛隊に『海兵隊的機能』を付与する。」（傍点引用者）と。

また、敵基地攻撃能力については、以下のように明記している。

「さらに、同盟国による『拡大抑止』の信頼性を一層強固にする観点から、従前から法理上は可能とされてきた自衛隊による『策源地攻撃能力』の保持について、周辺国の核兵器・弾道ミサイル等の開発・配備状況も踏まえつつ、検討を開始し、速やかに結論を得る。」（傍点引用者）と。

4．本提言の基調は、一三年末に改訂された二五大綱（⇩Ⅲ・69）で貫徹したが、そこでは国民の反発を考慮して、「海兵隊」や「策源地攻撃能力」という言葉は避けられた。

一　はじめに

「平成二三年度以降に係る防衛計画の大綱」が策定されて以降、わが国周辺においては、北朝鮮が弾道ミサイル発射や核実験を強行し、また、中国がわが国周辺海空域において活動を活発化するなど、わが国を取り巻く安全保障環境が次第に悪化しつつある。

また、わが国においては、広域にわたり大規模かつ激甚な被害をもたらし未曾有の大震災となった一昨年の「東日本大震災」に際して、自衛隊は一〇万人を超える態勢で大規模な活動を行い、貴重な教訓を得た。

一方、わが国の同盟国である米国は、財政難に直面しつつもアジア太平洋地域への軍事リバランスを指向し、同盟国等との連携の強化を図っている。

政治の要諦は国民の生命と安全を守り、国家の独立と平和を堅守することにある。国家の主権、国民の生命・財産、領土・領海・領空を断固として守り抜くため、我々は、わが国自身の防衛力を今後想定される内外のあらゆる事態に迅速かつ機動的に対応することができるものとする必要がある。同時に、日米同盟を一層強固なものにし、同盟の枠組みにおけるわが国の果たすべき役割や任務を今まで以上に拡大していかねばならない。その上で、わが国の安全保障政策を諸外国に丁寧に説明することにより、アジア太平洋地域の相互理解を推進し、もって地域の平和と安定に資するよう対応していくことが重要である。

わが党は先の政権公約において、防衛費を増額して防衛力を「質」「量」ともに充実強化させていくと同時に、現下の安全保障環境に即応できる強固な防衛態勢を構築していくため、現行の「防衛大綱」の抜本的見直しを行うことを国民に約束した。

昨年暮れの総選挙の結果を受けて誕生した安倍政権は、目下、新たな大綱策定へ向けての検討を開始しているところであり、廃止した「中期防」も含め本年中に結論を得るとされている。そこで、わが党において も、新大綱策定に向けて必要な提言を行うために、これまで精力的に検討と議論を重ね、わが党の安全保障に対する考え方を取りまとめた次第である。

二　わが国を取り巻く安全保障環境

1．国際情勢

現在、国際的な安全保障環境は「多極化」の時代を迎えている。

中国、インド、ロシア並びに東南アジア諸国など、わが国にとって重要な国々の国力が増大したことに伴い、経済及び安全保障面で多くの変化がみられる。特に軍事面では、中国などが、経済発展に伴って急速に軍事力の増強と装備の近代化を図っている。

一方、リーマンショックに端を発した金融危機以降、米国や欧州諸国では財政事情の悪化から国防費の削減を迫られており、結果としてグローバルな軍事バランスに大きな変化が生じ、潜在的な不安定要因を抱える多極化した安全保障環境が生じつつある。

また、経済面を中心とする国家間の相互依存関係が進展した結果、主要国間の本格的武力紛争が生起する可能性は低下しているものの、「グレーゾーン」の紛争は増し、特に経済権益として潜在的利用価値の高い海洋において各国の主権が対立する状況が増えている。国際テロ、大量破壊兵器やその運搬手段である弾道ミサイルの拡散、海賊行為、パンデミック、気候変動がもたらす様々な安全保障上の課題などのトランスナショナルな脅威も引き続き継続している。さらに、海洋、宇宙、サイバー空間など、新たな領域におけるリスクが年々顕在化しつつある。

このように、二一世紀初頭におけるグローバルな安全保障環境は、多様性・複雑性の度合いを増している。

2．わが国周辺の情勢

わが国周辺においても、重大な不安定要因が継続している。

北朝鮮は、権力継承後においても、引き続き弾道ミサイルや核兵器の開発に全力を挙げ、軍事・外交上の様々な挑発行為を継続するなど、地域における最大の不安定要因となっている。

中国は不透明な形で国防予算を二〇年以上にわたり大幅に増大させており、新型水上艦艇・潜水艦の拡充や空母の就役、ステルス戦闘機の開発など、急速な装備の近代化を図っている。また、東シナ海や南シナ海などでの活動の活発化が顕著であり、自国の主張を高圧的な姿勢で推し進めるなど、わが国を含む周辺諸国にとって大きな懸念要因となっている。

ロシアも、近年、極東方面での軍事活動を引き続き活発化させているなど、東アジア地域には重大な不安定要因が継続して存在しており、わが国を取り巻く安全保障環境は以前に比べ、むしろ悪化しつつある。

こうした状況下、国内における大規模震災を含め、複数の事態が同時に生起するいわゆる複合事態発生の可能性についても十分認識しておかねばならない。

3．国内状況等

わが国は周囲を海洋で囲まれている海洋国家であり、食料・エネルギーを始めとする多くの物資を海上輸送に依っていることから、海上交通路及びわが国周辺海域の安全を確保することがわが国の安全保障上必要不可欠である。

また、わが国は、世界有数の地震大国であるなど、その地理的特性として自然災害が多く、都市部に人口、産業、情報基盤等が集中し、沿岸部に重要施設を多数有するという脆弱性を抱えている。東日本大震災における自衛隊の活動は国民の間で極めて高く評価されているが、引き続き大規模自然災害などへの対応にも万全の体制を持って備える必要がある。

わが国の国家財政は依然として厳しい状況にあるが、「国防」はわが国の独立と平和の基盤をなすものであり、また近年の安全保障環境の悪化を受けて、国民の自衛隊に対する期待はかつてなく高まっていることから、厳しい財政事情の下であっても、防衛関係費については所要額を継続的に確保していく必要がある。

4．安全保障政策の基盤となる重要課題

今後のわが国の安全保障政策策定の基盤となる重要課題は広範多岐にわたっている。具体的には「国防軍」の設置を始め、わが国における国防の基本理念を明確にするための「憲法改正」や「国家安全保障基本法の制定」、総理の強いリーダーシップの下で外交・防衛政策を推進するための官邸の司令塔機能としての「国家安全保障会議」（日本版ＮＳＣ）の設置、日米同盟の抜本的強化の観点からの集団的自衛権などの法的基盤の整備や日米ガイドラインの見直しなどへの早急な取り組みが求められている。

このように、防衛力の構築に際しては、現下の周辺安全保障環境への対応だけではなく、さらに中長期的視点に立脚した本質的かつ総合的な施策の検討が必要とされている。

三　具体的な提言

1．基本的安全保障政策

（1）憲法改正と「国防軍」の設置

わが党は既に策定した憲法改正草案において、第九条の第一項を基本的に維持するとともに、第二項において「前項の規定は自衛権の発動を妨げない」としたところである。その意味するところは、今後とも「国際紛争を解決する手段としての武力による威嚇ならびに武力の行使を行わない」ことを明確にした上で、「国連憲章に認める個別的ならびに集団的自衛権についてはわが国防衛のためにその発動を妨げない」とした点にある。

また、「草案」では新たに「国防軍」の条項を設け、内閣総理大臣を最高指揮官として定めることとした。その理由は、今や世界有数の規模と実力を有するに至った自衛隊が最高法規の上に明確に規定されていない異常な状態を解消するためであり、「シビリアンコントロール」の原則を最高法規の上に明確に規定するためである。

国民の幅広い理解と支持を得てできるだけ早期に憲法改正が行われることが望ましく、我々としてもその環境を醸成していくために不断の努力を行っていく決意である。

（2）国家安全保障基本法の制定

安全保障政策を具体的かつ総合的に推進するため、政府の「安全保障の法的基盤の再構築に関する懇談会」の議論の成果を踏まえつつ、わが国の安全を確保するに足る必要最小限度の自衛権行使（集団的自衛権を含む）の範囲を明確化し、国家安全保障の基本方針、文民統制のルール、防衛産業の維持育成の指針、武器輸出に係る基本方針等を規定した「国家安全保障基本法」を制定する。

（3）国家安全保障会議（日本版NSC）の設立

外交と安全保障に関する官邸の司令塔機能を強化するため、官邸に国家安全保障会議（日本版NSC）を設置し、総理のリーダーシップの下、機動的かつ定期的に会議を開催する。国家安全保障会議はわが国の安全保障戦略ならびにそのための基本計画を策定すると同時に、より強化された情報集約機能ならびに分析能力を有する組織とする。

そのために国家安全保障会議の事務局体制を充実させるとともに、総理大臣の軍事面における補佐機能を強化するため、官邸に防衛政策・軍事に関する専門家を配置する。

（4）政府としての情報機能の強化

国家安全保障会議の設置に伴い、政府全体として、人的情報（ヒューミント）を含めた情報収集機能を強化するとともに、各省の情報を迅速に官邸に一元化し、総理大臣へ適宜適切に報告を行うことのできる体制を確立する。また、政府内での情報共有の促進ならびに情報保全のために、国民の知る権利との関係も考慮しつつ、「秘密保護法」を制定する。

さらに、事態の早期察知によりわが国の安全保障に万全を期すため、現在の情報収集衛星及びその運用体制を「質」「量」ともに拡充し、その能力の一層の向上を図る。

（5）国防の基本方針の見直し

昭和三二年に決定された「国防の基本方針」については、現在の周辺安全保障環境や近年の軍事技術の進展状況なども踏まえ、国家安全保障会議において検討を加え、より現実的かつ適切なものに見直すとともに、国家安全保障会議が策定する安全保障戦略等への一本化を検討する。

（6）防衛省改革

わが党は、これまで防衛省改革について、内部部局（文官）と各幕僚監部（制服）の関係を見直すとともに、内部部局を「U（制服）」「C（文官）」混合組織とし、運用面における大臣の補佐機能を強化するため運用企画局を廃止し、統合幕僚監部の下に部隊運用に係る機能を統合し迅速な対応が行い得る体制を確立する等との提言をまとめてきた。

防衛省改革については、これを踏まえ、東日本大震災などの近年の事案への対応や防衛力の在り方等に関する検討も勘案しながら、隊員の意識改革を進め、「U」と「C」がより一体的に機能するものとしつつ、監察体制の強化を含む公正・効率的な調達業務態勢を構築する。同時に、運用部門や防衛力整備部門等において内局と各幕僚監部が一体的に機能する態勢を構築するための所要の法改正を行い、その後も、これらの実施状況を踏まえ、不断の見直しを行う。

2．防衛大綱の基本的考え方

新たな防衛力の構築～強靱な機動的防衛力～

「平成二三年度以降に係る防衛計画の大綱」において示された「動的防衛力」の概念は、運用に焦点をあてた概念であるが、運用の実効性を担保するためには、その前提となる十分な「質」と「量」を確保し、防衛力を強靱なものとすることが不可欠である。

このような観点から、新たな防衛力の構築にあたっては、事態において迅速かつ的確に対応できるよう、機動運用性、統合指揮運用能力、輸送力等の機能拡充を図りつつ、防衛力の強靱性・柔軟性・持続性や基地の抗堪性の確保、戦力の維持・回復力の強化などを重視する。

その際、高烈度下においても、着実にわが国防衛の任務を全うできる能力を確保するとともに、大規模災害対処や国民保護も含め、国民の生命・財産、領土・領海・領空を断固として守り抜くための「強靭な機動的防衛力」の構築を目指す。

3．国民の生命・財産、領土・領海・領空を断固として守り抜く態勢の強化

（1）隙間のない（シームレスな）事態対応

あらゆる脅威に対して隙間のない事態対応を行うため、防衛省・自衛隊、警察及び海保等の関係省庁間の連携を強化し、政府全体として、わが国の領土・領海・領空をシームレスな体制で守り抜く。また、関係省庁相互の連携によって、緊張感を伴った実戦的な訓練を実施するとともに、不足事項を真摯に検証して改善を加える。

その上で、武力攻撃と評価するには至らない侵害行為への対処（例：「領域警備」）など、わが国の領域を確実に警備するために必要な法的課題について不断の検討を行い、実効的な措置を講じる。

（2）統合運用の強化

複雑化する運用業務に適切に対応するため、より効果的な統合運用実現の観点から、指揮統制・情報通信や後方補給について、装備の充実を含むより実戦的なネットワークシステムを構築するとともに、中央における統合幕僚監部の機能と権限を強化する。

また、真に機能する統合運用体制の確立に不可欠な統合マインドを備えた人材の育成を促進するため、将官ポストへの昇進に当っては統合幕僚監部や関係省庁等での勤務経験など、新たな自衛官の教育システム及びキャリアパスを創設する。

さらに、統合運用の観点から、「陸上総隊」を創設することを含め、方面総監部を始めとする各自衛隊の主要部隊等の在り方について総合的に検討し、必要な改編を行う。

（3）警戒監視・情報収集分析機能の強化

統合運用をより効果的に支えるため、警戒監視・情報収集分析態勢を強化する。事態の兆候を早期に察知し、迅速かつ隙間のない対応を確保するため、広域における総合的かつ常時継続的な警戒監視・情報収集に適した無人機等の新たな装備品を導入するとともに、そのために必要な質の高い情報収集分析要員を確保・育成するなど情報収集分析機能の拡充・強化を図る。また、海外における情報収集に資する「防衛駐在官」の在り方を抜本的に見直し、必要な人員・態勢・予算・権能の充実・強化を図る。

（4）島嶼防衛の強化

先島諸島などの部隊配備の空白が存在する島嶼部において隙間の無い警戒監視・初動対処能力を強化する。また、航空優勢の確保、事態対処時に増援部隊が当該地域へ展開する際の活動・補給拠点の設置など、作戦遂行のための基盤を強化する。併せて、先島諸島周辺空域の防空能力を強化するため、先島諸島における航空部隊の運用基盤を整備する。

また、島嶼防衛に不可欠な海空優勢を確保するため、対空・対艦・対潜能力を強化する。さらに、島嶼防衛を念頭に、緊急事態における初動対処、事態の推移に応じた迅速な増援、海洋からの強襲着上陸による島嶼奪回等を可能とするため、自衛隊に「海兵隊的機能」を付与する。

具体的には、高い防護性能を有する水陸両用車や、長距離を迅速に移動する機動性能を有するティルトローター機（オスプレイ等）を装備する水陸両用部隊を新編するとともに、洋上の拠点・司令部となり得る艦艇とともに運用が可能となる体制を整える。

なお、戦車・火砲を含む高練度部隊を大規模かつ迅速に展開させるため、既存部隊の編成・運用を機動性の観点から抜本的に見直すとともに、島嶼防衛に資する装備の整備を推進する。

（5）輸送能力の強化

島嶼防衛や大規模災害対処においては、駐屯地・基地等から活動地域

への必要な人員や装備の迅速な展開が活動の成否を決するため、陸海空路における自衛隊の輸送能力を大幅に拡充する。特に、訓練環境等に優れた北海道における部隊の配備と練成を重視し、事態に応じて、それらの部隊を迅速に展開させる方策を確保する。

また、実際の活動においては、各種活動を支える装備・機材等も含め、膨大な輸送所要が予想され、これらを短時間で輸送するためには、自衛隊の輸送能力の拡充のみならず、陸海空の民間輸送力を安定的かつ確実に活用し得る有効な仕組みを構築する。

（6）核・弾道ミサイル攻撃への対応能力の強化

日本全国の重要施設等の防護に対応が可能となるよう、ＢＭＤ機能搭載イージス艦や地上配備のミサイル防衛部隊・装備の拡充を行い、効率的かつ効果的な部隊配備と運用態勢の構築を図る。

その際、日米で共同開発中の能力向上型迎撃ミサイルについて、共同開発の成果を踏まえつつ、可能な限り早期に導入する。また、弾道ミサイル等が実際に発射された場合に備え、政府・地方自治体・国民との間で迅速かつ確実な情報の共有が可能となるよう、Ｊアラート等の情報伝達体制を強化するとともに、国民保護に万全を期す。

さらに、同盟国による「拡大抑止」の信頼性を一層強固にする観点から、従前から法理上は可能とされてきた自衛隊による「策源地攻撃能力」の保持について、周辺国の核兵器・弾道ミサイル等の開発・配備状況も踏まえつつ、検討を開始し、速やかに結論を得る。

（7）テロ・ゲリラへの実効的な対処

ゲリラや特殊部隊による原子力発電所などの重要施設への攻撃に実効的に対応し得るよう、自衛隊、警察、海上保安庁及び入国管理局等との間で情報共有を含む連携強化を図るとともに実戦的な共同訓練を定期的に行う。また、これら訓練の成果を踏まえつつ、ゲリラや特殊部隊の攻撃に対する自衛隊の対処能力を強化するため、部隊の更なる機動性の向上や重要施設の防護に適した装備の充実を図るとともに、これら施設への防衛に必要な自衛隊の権限、部隊配置を適切に見直す。

（8）邦人保護・在外邦人輸送能力の強化

邦人保護の観点から、在外邦人に対する自衛隊による陸上輸送を可能とするための法改正を速やかに実現する。また、派遣国までの輸送を始め、迅速な部隊派遣に即応し得る態勢を確保する。さらに、陸上輸送中の邦人の安全を確実に担保し得るよう、必要な機材・装備の充実を図るとともに、任務遂行のための武器使用権限付与についての検討を加速し、検討結果を踏まえ必要な対応をとる。

（9）東日本大震災への対応を踏まえた災害対処能力の強化

大規模災害に際しては事態発生後七二時間が人命救助の限界となるとされていることから、予測される南海トラフ巨大地震や首都直下型地震等に迅速に対応し得るよう、マンパワー（人員）を確保するとともに、ヘリなどの輸送力・機動力を充実強化する。

自衛隊の駐屯地・基地は、災害発生時に部隊の各種活動（指揮・運用・後方支援）のための重要な拠点になることも踏まえ、適切な配置に努めるとともに、駐屯地・基地の運営維持に必要となる事務官等を含む人員の確保に努める。また、駐屯地・基地の津波対策や放射線防護対策ならびに老朽化した庁舎、隊舎等施設の耐震化と自家発電能力整備を早急に進める。

さらに、緊急時に自衛隊が展開する際の拠点の確保など、地方自治体や地域社会との連携強化を図る。この点、平素より関係省庁及び地方自治体が連携して実践的な訓練を実施し、事態に適切に対処できるよう万全を期す。

（10）サイバー攻撃に係る国際協力の推進・対処能力の強化、法的基盤の整備

サイバー攻撃は、重要な情報通信ネットワークに障害を与えれば甚大

な被害や影響を生じさせるものであり、安全保障上の重大な脅威である。こうしたサイバー攻撃への対処能力を強化するため、専門的技能を有する人材の登用を含め、高度な対処能力を備えた人材の育成を強化する。

また、サイバー空間における脅威情報の収集体制及び対処能力の強化を図るとともに、サイバー攻撃に対処するための国際法・国内法上の法的基盤を急ぎ整備する。

（11）安全保障分野での宇宙開発利用の推進

増大する情報通信所要に対応するため、通信衛星など指揮通信分野での宇宙利用を促進するとともに、情報収集・警戒監視分野における宇宙空間の利用を推進する。また、ＳＳＡ（宇宙状況監視）等の宇宙分野における日米協力を積極的に進め、監視能力の強化を図る。

（12）無人機・ロボット等の研究開発の推進

最新技術に基づく高性能兵器及び大量破壊兵器等が使用される可能性が否定できない近年の安全保障環境や原子力災害を含む大規模災害に対応する有効な手段として、わが国が誇るものづくり技術を生かし、無人機・ロボット、関連するソフトウェア等の研究開発を推進する。

（13）装備品の高可動率の確保

事態対処において自衛隊がシームレスに対応するためには、即応かつ継続的に活動できる運用基盤が極めて重要である。このため、平素より十分な維持修理費を確保する。

また、予算の確保に加え、より効率的な整備補給態勢の確立も可動率向上の方策として有効であるため、新たな調達方式の導入を推進する等、総合的な観点から装備品の可動率向上に努める。

4．日米安全保障体制

（1）日米安全保障体制の強化

わが国の防衛は、自らの手で行うことは当然であるが、わが国周辺の現下の厳しい安全保障環境を踏まえれば、日米安全保障体制の抑止力を一層向上させる必要がある。それと同時に、「日米安全保障体制」をアジア太平洋地域及びグローバルな平和と安全を確保するための「公共財」と位置づけ、幅広い分野での連携・協力を推進する。

（2）日米防衛協力強化のためのガイドラインの見直し

現行ガイドラインについては、前回の改定時から既に一五年が経過していることから、今日の安全保障環境に適応したものに改める必要がある。その際、現在及び将来のアジア太平洋地域の安全保障環境を踏まえた戦略的な議論を行い、日米間の役割・任務・能力の分担を包括的に再検討した上で、わが国の役割・任務を拡大する。また、「安全保障の法的基盤の再構築に関する懇談会」等における議論の成果を踏まえ、「集団的自衛権」に関する検討を加速させる。

（3）日米の適切な役割分担の下での策源地攻撃能力の保有

現在、打撃力については米国に依存している状態にあるが、このような役割分担については、現在の安全保障環境に照らしてその適否を再検討し、ガイドライン協議等を通じ整理する必要がある。

とりわけ「ミサイルの脅威」に対する抑止力を強化する観点から、わが国独自の打撃力（策源地攻撃能力）の保持について検討を開始し、速やかに結論を得る。

（4）平素から緊急事態に至るまでの隙間のない協力の更なる強化

事態の発生を抑止し、かつ事態発生後に迅速かつシームレスに対応するため、日米間において平素からの協力を強化することとし、共同警戒監視、共同訓練、基地の共同使用、指揮統制機能の連携強化を推進する。このため、グアム等における日米共同訓練場の整備を検討する。また、米国との更なる円滑な情報共有の観点から、十分な情報保全体制の確立に努める。

（5）在沖縄米軍基地に関する抑止力の維持と地元負担軽減

在日米軍の駐留は、わが国における抑止力の重要な一翼を担うものである一方、沖縄を始めとする基地周辺地域に大きな負担が生じていることも事実である。

在日米軍再編事業については、抑止力の維持と地元負担の軽減を両立させる観点から、普天間飛行場移設を「日米合意」に基づいて着実に前進させ、その危険性を一刻も早く除去するとともに、既に合意された在日米軍基地の返還計画を含む在日米軍再編を着実に進展させる。

5．国際及び日本周辺の環境安定化活動の強化

（1）豪、韓、印、ASEAN諸国等との戦略的安保協力、国際協力活動の推進等

アジア太平洋地域の安定化を図るため、戦略的利益を共有する豪、韓、印、ASEAN諸国、との防衛協力を更に推進する。具体的には、「2＋2」などの首脳間協議の定期開催やACSA（物品役務相互提供協定）、GSOMIA（情報保護協定）の締結、定期的な共同訓練の実施等を推進する。

（2）中国、ロシアとの安全保障関係の推進

地域の安全保障に強い影響力を持ち、隣国である中国との防衛交流については、「戦略的互恵関係」構築の一環として安全保障の面からも建設的な協力関係を構築して信頼醸成を図ることが重要である。

また、中国の軍事や安全保障に関する不透明性については、大局的観点から、防衛交流を積極的に推進することで、中国に透明性の向上を働きかけるとともに、防衛当局の相互理解と信頼醸成を強化していくことが必要である。この一環として、近年の中国の東シナ海における活動の活発化を踏まえ、不測の事態を回避する観点から、日中防衛当局間の「海上連絡メカニズム」の構築を推進する。

ロシアは、アジア太平洋地域の安全保障に大きな影響力を持ち、かつ、わが国の隣国でもあることから、日露の防衛交流を深め、信頼・協力関係を増進させることが重要である。先の日露首脳会談で合意された外務・防衛閣僚による「2＋2」会合の立ち上げを含め、積極的に各種レベルでの防衛交流を推進する。

（3）国際平和協力のための一般法の制定

派遣先での宿営地の共同防衛や緊急時の文民保護といった、これまでの活動の経験から得られた現場が抱える課題を解決するため、PKO法の改正を速やかに実現する。その上で、自衛隊の海外派遣をより迅速かつ効果的に行うことを可能とするため、自衛隊の派遣に応じて、その都度、特別措置法を制定するのではなく、一般法としての「国際平和協力法」を制定する。

（4）国際平和協力活動の取組の強化

国際社会における相互依存関係が一層進展していることから、自衛隊が国際社会の平和と安定のために積極的に貢献することの意義はますます増しており、わが国は引き続き積極的に国際平和協力活動に参画していく。

今後は、国際平和協力活動への取組の更なる強化の一環として、PKO派遣司令部の上級ポストへの自衛官の派遣や国際連合のPKO局などの企画立案部門への要員派遣を推進する。また、PKO法の改正に際し、武器使用権限の拡充を検討し、必要な措置をとる。

（5）多様化する国際平和協力任務に対応できる人材育成、能力構築支援

PKO派遣司令部や国連PKO局への派遣も含め多様化する国際平和協力任務に的確に対応するためには、これらを適切に担い得る人材の確保・育成が極めて重要であり、語学はもとより、地域の再構築支援に必要な各種の能力を備えた人材の育成を中長期的な視点で推進する。

また、アジア太平洋地域の途上国に対し、人道支援・災害救援等の非伝統的安全保障分野における人材育成や技術支援などの能力構築支援（キャパシティー・ビルディング）に積極的に取り組む。

このため、これまでの派遣実績と経験をもとに派遣要員の教育と訓練を行う機関としての「国際平和協力センター」を拡充し、自衛官その他の要員の育成を促進する。

（6）戦略的対応の強化

わが国による国際平和協力等の効果を最大化し、もってわが国の国益に資するためには、ＯＤＡを始めとする外交活動等の自衛隊以外が主体となる取組も含め、わが国の有する各種の政策手段を戦略的に組み合わせて効果的に対応する仕組みを確立する。

（7）国際平和協力活動の展開基盤の強化

中東・湾岸・北アフリカ地域はわが国のエネルギー供給源としてだけではなく、今後、経済連携の進展が望める重要な地域であり、これら地域における安定と平和の確保はわが国の繁栄と安全保障にとっても必要不可欠である。

このため、現在、自衛隊がジブチに有する拠点を海賊対処活動のみならず、当該地域の国際平和協力活動等の拠点として今後とも引き続き活用することを検討する。

6．大幅な防衛力の拡充

（1）自衛隊の人員・装備・予算の大幅な拡充

厳しさを増す安全保障環境に対応し得る防衛力の量的、質的増強を図るため、自衛隊の人員（充足率の向上を含む）・装備・予算を継続的に大幅に拡充する。

持続的かつ安定的な自衛隊の活動を可能とするため、常備自衛官と予備自衛官の果たす役割を十分に勘案し、海上及び航空自衛隊における予備自衛官の制度の見直しを含め、実効性のある「予備自衛官制度」を実現する。

（2）中長期的な財源確保

防衛は国家存立の基盤であることから、「大綱」に定める防衛力整備を着実に実現するため、諸外国並の必要な防衛関係費を確保する。また、米軍再編経費など本来、政府全体でまかなうべき経費については、防衛関係費の枠外とすることにより、安定的な防衛力整備を実現する。

（3）統合運用ニーズを踏まえた中長期的視点にたった防衛力整備

今日の国内外の状況を踏まえた防衛力整備を行うにあたっては、統合運用を基本とする防衛力を重視する。そのために各種の統合オペレーションの結果を精密に分析評価し、不断に統合運用体制の改善を図り、より実効的な防衛力整備を実現する。

7．防衛力の充実のための基盤の強化

（1）多様な任務に対応できる人材の確保・育成

自衛隊員の階級・年齢構成等の在り方については、陸海空自衛隊の各部隊の特性を踏まえて検討すべきものであり、かかる観点から、階級制度や隊員募集のあり方、早期退職募集制度等の各種人事施策を再検討し、精強性を確保するための制度改革を推進する。

また、優れた人材を継続的に確保する観点から、女性自衛官の更なる活用を図る。加えて、募集広報におけるインターネットや雑誌等の活用を進めるとともに、魅力ある自衛隊のブランドイメージを確立する。

任務の多様化、国際化をうけ、各種の任務を適切に遂行していくためには、各部隊等がそれぞれ実施する任務について、法的な枠組みを理解し、任務の位置づけや手続き等に精通する必要がある。このため、各自衛隊において、防衛法制の専門家の育成を含む各種の専門的な教育訓練プログラムを策定し実行する。

（2）人的資源の効果的な活用

制度上早期に退職しなければならない自衛官の再就職については、自治体の危機管理担当分野を含め、公的部門において退職自衛官を積極的に活用するなど、国としての支援体制を確立する。

また、民間就職支援会社の活用などを含む再就職支援の強化、受入企業に対する税制優遇等の施策を検討し、必要な措置をとる。例えば、第一線を退いた航空機操縦士等の高度な技能・知見を、航空会社等の民間企業において計画的に活用する方策を講じる。

（3）衛生機能の拡充

各種事態において、自衛隊が継続して戦闘能力を維持するためには、真に機能する衛生、医療態勢を確立する必要がある。このため、医官など衛生職種の人材確保をはじめ自衛隊における衛生機能を充実させるための必要な施策をとる。

（4）自衛官に対する地位と名誉の付与

わが国の独立と平和を守り、国の安全を保つことを主任務とする自衛隊における隊務の最高の専門的助言者である幕僚長の職務の重要性に鑑み、特命全権大使、検事総長等の他のいわゆる認証官との関係を整理し、統合及び陸海空各幕僚長の認証官化について検討し、速やかに結論を得る。また、自衛官の叙勲の対象者の拡大を図る。

（5）自衛隊員の処遇改善

隊舎・宿舎の整備や老朽化した施設の建て替えなど、自衛隊員の職場環境の改善を推進する。また、国内外で厳しい任務を遂行している自衛隊員と家族の絆の維持を支援するため、留守家族支援等を含めた自衛隊員の処遇の一層の改善を図る。

さらに、即応態勢を求められる自衛隊員の職務の特性に鑑み、宿舎料については格別の配慮を行うとともに、自衛隊員が退職した後の給付の拡充等の検討を推進し、各種任務に対する献身的な働きに報いる。

（6）防衛生産・技術基盤の維持・強化

国内の防衛産業基盤はわが国の防衛力の一環を成すものであるが、これまでの間の防衛予算の減少や装備品の調達数量の減少により、その基盤が揺らぎつつある。防衛生産・技術基盤の維持・強化については、「国家安全保障基本法」に示される防衛産業の維持育成の指針に基づいて、戦略を策定し、産学官の連携を図り、防衛装備品技術のスピンオンとオフ、民間転用の積極的な推進、そのための税制優遇等の各種施策を実施する。

（7）国際平和とわが国の安全保障強化に資する輸出管理政策の構築

装備品の開発・生産コストの高騰に対応すると同時に技術水準の維持向上のため、強みを有する技術分野を生かしつつ、諸外国との共同開発・生産を積極的に進める。また、武器及び関連技術の輸出に関しては、わが国及び国際社会の平和と安全の確保に資するため、一定の制限の下に個別に輸出の可否を判断する新たな仕組みを構築するなど、改定された武器輸出三原則等に更に検討を加えつつ、近年の安全保障環境と戦略環境に適合する輸出管理政策を策定する。

（8）効率的・効果的かつ、厳正な調達制度の確立

装備品の高性能化・複雑化に伴う単価の上昇や整備維持経費の増加といった現下の装備品調達環境を踏まえつつ、厳しい国家財政事情を勘案し、装備品のライフサイクル管理の強化、維持・整備方法の見直し、調達プロセスの更なる透明化、契約制度の適正化など効率的・効果的かつ、厳正な調達制度の確立を図る。

（9）中長期的な視点に立った最先端の防衛装備品の研究開発の推進

次世代戦闘機の開発など将来を見据え、無人機・ロボット技術やサイバー・宇宙関連技術などの最先端のわが国独自技術の研究開発を戦略的に推進するとともに、そのために必要な体制及び予算を拡充する。

（10）地域の安全・安心の確保

自衛隊が安定的に活動するためには、部隊が所在する地域の自治体や住民の理解及び支援が必要不可欠である。

災害出動などを通じて地域の安心安全に貢献している自衛隊の役割に着目し、地域コミュニティにおける自衛隊の役割についての重要性に十分配慮する。また、地元企業からの調達等を含め、地域社会経済の活性

化に資する基地運営に努め、地方自治体や地域社会との連携を一層強化する。

さらに、駐屯地・基地等に関する地元対策機能を拡充する観点から、広報体制を充実させるとともに、専従組織の在り方を再検討し、体制の強化を図る。

(11) 広報等の情報発信機能の充実強化等

安全保障政策に対する国際社会や国民の広範な理解と支持を得る観点から、ソフトパワーの重要性を認識し、各種ツールを活用して積極的に情報発信を行う。特に、「グレーゾーン」の紛争が増加する今日においては、自国の行為を諸外国に丁寧に説明し、国際社会の理解と支持を得ることが重要である。

また、国民の安全保障、危機管理に対する知識の普及促進のため、安全保障に関する大学講座、社会講座を設置するなどの施策を推進する。

四 おわりに

以上、記してきたようにわが国を取り巻く安全保障環境には依然として厳しいものがあり、加えて、国際的なパワーバランスにも重大な変化が生じつつあり、テロ・サイバー攻撃などの新たな脅威も依然として継続している。わが国はかかる環境の下、国民の生命・財産、領土・領海・領空を断固として守り抜き、さらに国際社会の平和と安定の構築へ向けてわが国にふさわしい役割を果たしていかねばならない。

政府はこれら安全保障上の諸課題を決して先送りすることなく、防衛力整備の達成目標とそのスケジュールを明確にした上で、着実に実行に移していかなければならない。

政府に対し、本提言を参考にして、わが国国防の礎となる新たな「防衛大綱」ならびに「中期防」を策定することを強く要望するものである。

資料Ⅲ・65

集団的自衛権行使による「戦争する国」づくりに反対する国民の声を

二〇一三年一〇月七日

九条の会

コメント

1. この声明は、二〇〇四年に発足した「九条の会」が、第二次安倍晋三内閣下での九条を改変する動きに危機感を持って、安倍内閣で行われる一連の施策を批判しそれを阻む行動を訴えた声明である。この声明は、九条の会結成の際のアピール(⇩Ⅲ・05)についで、二度目の声明である。

2. 本声明は、安倍内閣が、明文改憲に強い執念を燃やしつつ集団的自衛権行使容認の解釈変更をはじめ解釈で九条を改変するという立憲主義を蹂躙する企てを進めていること、それに加えて、防衛計画の大綱再改訂による自衛隊の外征軍化、特定秘密保護法制定、日本版NSC設置、など「戦争する国」づくりに向け、戦後日本のあり方を根本的に転換しようとしていることに警鐘を鳴らし、「いまこそ日本国憲法を守るという一点で手をつなぎ、歴史の教訓に背を向ける安倍内閣を草の根からの世論で包囲し、この暴走を阻むための行動にたちあがりましょう。」と訴えている。

日本国憲法はいま、大きな試練の時を迎えています。安倍首相は、「憲法改正は私の歴史的使命」と憲法の明文を変えることに強い執念をもやす一方で、歴代内閣のもとでは「許されない」とされてきた集団的自衛権行使に関する憲法解釈を転換し、「戦争する国」をめざして暴走を開始しているからです。

日本が武力攻撃を受けていなくともアメリカといっしょに海外で戦争するという集団的自衛権の行使が、「必要最小限度の範囲」という政府の従来の「自衛権」解釈から大きく逸脱することは明白です。それどころか、日本やアメリカの「防衛」ではなく、日米同盟を「世界全体の安定と繁栄のための『公共財』」（防衛省「防衛力の在り方検討に関する中間報告」）とみなし、世界中のあらゆる地域・国への武力介入をめざす体制づくりです。

この企ては、本来なら衆参両院の三分の二以上と国民投票における過半数の賛成という憲法「改正」の手続きを経なければ許されない内容を、閣議決定だけで実現してしまうものです。そのため、長年にわたり集団的自衛権行使を違憲とする政府の憲法解釈を支えてきた内閣法制局長官の入れ替えまでおこないました。麻生副総理が学ぶべきと称賛したナチスがワイマール憲法を停止した手口そのものです。これは立憲主義を根本からつき崩すものであり、とうてい容認することはできません。

それだけではありません。安倍内閣は、自衛隊を戦争する軍隊にするために、海外での武力行使に関する制約をすべて取り払い、「防衛計画の大綱」の再改定により、「海兵隊的機能」や「敵基地攻撃能力」など攻撃的性格をいちだんと強めようとしています。

「戦争する国」づくりにも足を踏み入れようとしています。すでに安倍内閣は、防衛、外交に関する情報を国民から覆い隠し首相に強大な権限を集中する「特定秘密保護法案」や日本版ＮＳＣ（国家安全保障会議）設置関連法案などを臨時国会に提出しようとしています。自民党が作成した「国家安全保障基本法案」では、「教育、科学技術、運輸、通信その他内政の各分野」でこれらの「安全保障」政策を優先させ、軍需産業の「保持・育成」をはかるとしているばかりでなく、こうした政策への協力を「国民の責務」と規定しています。これを許せば、憲法の条文には手をふれないまま自民党が昨年四月に発表した「日本国憲法改正草案」における第九条改憲の内容をほとんど実現してしまいます。

さらには福島原発事故の無責任と棄民、原発技術輸出の問題、その他問題山積の現状があります。

戦前、日本国民はすべての抵抗手段を奪われ、ズルズルと侵略戦争の泥沼に巻き込まれていった苦い経験をもっています。しかし、いま日本国民は国政の最高決定権をもつ主権者であり、さらに侵略戦争の教訓を活かした世界にも誇るべき九条を含む日本国憲法をもっています。いまこそ日本国憲法を守るという一点で手をつなぎ、歴史の教訓に背を向ける安倍内閣を草の根からの世論で包囲し、この暴走を阻むための行動にたちあがりましょう。

資料Ⅲ・66

国家安全保障会議設置法

一九八六年五月二七日法律第七一号、同日施行
二〇一三年一二月四日法律第八九号、改正

コメント

1．本法は、一九八六年中曽根康弘内閣のもとで制定された安全保障会議設置法の改正という形で制定された。国家安全保障に関する重要事項を審議し、必要に応じ、内閣総理大臣に対し意見を述べる機関として、内閣に、それまであった安全保障会議に替えて国家安全保障会議を設置しその所掌事項を定めるとともに、会議の事務局として国家安全保障局を設けることを定めた法律である。

2．国家安全保障会議は、安倍晋三内閣のもとでの日米軍事同盟強化、軍事大国化の動きの一環として、安保・外交方針策定の司令塔として、アメリカのＮＳＣ（NATIONAL SECURITY COUNCIL）にならって、つくられた。日本版ＮＳＣとも言われる。

アメリカでは、一九四七年、政府の安全保障戦略の統一的作成、安保・外交機関間の調整を意図して、ホワイトハウスにつくられ、国務省、国防総省、統合参謀本部などの相互の調整と国家意思の統一が図られた。

戦後日本では、このような司令塔はつくられなかった。国益実現のために軍事力を行使することが禁じられていたため、国防に関する国家意思を定める必要性がなかったからである。第二次安倍内閣のもとで、国家安全保障会議が設置され、また国家安全保障戦略が初めて策定されたことは、戦後日本の国家方針の大きな転機をなすものである。

3．国家安全保障会議では、日常的な会合として首相、外相、防衛相、官房長官による四大臣会合が設けられ、会議の事務局として、六七人からなる国家安全保障局が設けられた。初代国家安全保障担当補佐官に磯崎陽輔、国家安全保障局長には谷内正太郎が就任した。

（設置）

第一条　我が国の安全保障（以下「国家安全保障」という。）に関する重要事項を審議する機関として、内閣に、国家安全保障会議（以下「会議」という。）を置く。

（所掌事務等）

第二条　会議は、次の事項について審議し、必要に応じ、内閣総理大臣に対し、意見を述べる。

一　国防の基本方針

二　防衛計画の大綱

三　前号の計画に関連する産業等の調整計画の大綱

四　武力攻撃事態等（武力攻撃事態及び武力攻撃予測事態をいう。以下この条において同じ。）への対処に関する基本的な方針

五　武力攻撃事態等への対処に関する重要事項

六　周辺事態への対処に関する重要事項

七　自衛隊法（昭和二十九年法律第百六十五号）第三条第二項第二号の自衛隊の活動に関する重要事項

八　国防に関する重要事項（前各号に掲げるものを除く。）

九　国家安全保障に関する外交政策及び防衛政策の基本方針並びにこれらの政策に関する重要事項（前各号に掲げるものを除く。）

十　重大緊急事態（武力攻撃事態等、周辺事態及び次項の規定により第七号又は第八号に掲げる重要事項としてその対処措置につき諮る

べき事態以外の緊急事態であって、我が国の安全に重大な影響を及ぼすおそれがあるもののうち、通常の緊急事態対処体制によっては適切に対処することが困難な事態をいう。第三項において同じ。）への対処に関する重要事項

十一　その他国家安全保障に関する重要事項

2　内閣総理大臣は、前項第一号から第四号までに掲げる事項並びに同項第五号から第八号まで及び第十号に掲げる事項のうち内閣総理大臣が必要と認めるものについては、会議に諮らなければならない。

3　第一項の場合において、会議は、武力攻撃事態等、周辺事態及び重大緊急事態に関し、同項第四号から第六号まで又は第十号に掲げる事項について審議した結果、特に緊急に対処する必要があると認めるときは、迅速かつ適切な対処が必要と認められる措置について内閣総理大臣に建議することができる。

（組織）

第三条　会議は、議長及び議員で組織する。

（議長）

第四条　議長は、内閣総理大臣をもって充てる。

2　議長は、会務を総理する。

3　議長に事故があるとき、又は議長が欠けたときは、内閣法（昭和二十二年法律第五号）第九条の規定によりあらかじめ指定された国務大臣（順位を定めて二以上の国務大臣が指定されているときは、最先順位の国務大臣）をもって充てられる議員がその職務を代理する。

（議員）

第五条　議員は、次の各号に掲げる事項の区分に応じ、当該各号に定める国務大臣をもって充てる。

一　第二条第一項第一号から第八号まで及び第十一号に掲げる事項　前条第三項に規定する国務大臣、総務大臣、外務大臣、財務大臣、経済産業大臣、国土交通大臣、防衛大臣、内閣官房長官及び国家公安委員会委員長

二　第二条第一項第九号に掲げる事項　外務大臣、防衛大臣及び内閣官房長官

三　第二条第一項第十号に掲げる事項　内閣官房長官及び事態の種類に応じてあらかじめ内閣総理大臣により指定された国務大臣

2　議長は、前項の規定にかかわらず、第二条第一項第四号から第六号までに掲げる事項に関し、事態の分析及び評価について特に集中して審議する必要があると認める場合には、議長、外務大臣、防衛大臣、内閣官房長官及び事態の種類に応じてあらかじめ内閣総理大臣により指定された国務大臣によって事案について審議を行うことができる。

3　議長は、必要があると認めるときは、前二項に規定する者のほか、これらの規定に規定する国務大臣以外の国務大臣を、議案を限って、議員として、臨時に会議に参加させることができる。

4　前三項の場合において、議員が不在のときは、緊急の場合その他やむを得ない事由のある場合に限り、そのあらかじめ指名する副大臣（内閣官房副長官を含む。第七条第二項において同じ。）がその職務を代行することができる。

（資料提供等）

第六条　内閣官房長官及び関係行政機関の長は、会議の定めるところにより、会議に対し、国家安全保障に関する資料又は情報であって、会議の審議に資するものを、適時に提供するものとする。

2　前項に定めるもののほか、内閣官房長官及び関係行政機関の長は、議長の求めに応じて、会議に対し、国家安全保障に関する資料又は情報の提供及び説明その他必要な協力を行わなければならない。

（服務）

第七条　議長及び議員は、非常勤とする。

2　議長及び議員並びに議長又は議員であった者、第五条第四項の規定により副大臣として議員の職務を代行した者、次条の規定により関係者として会議に出席した者並びに第九条第三項の委員長及び当該委員長であった者は、その職務に関して知ることのできた秘密を他に漏らしてはならない。

（関係者の出席）

第八条　内閣官房副長官及び国家安全保障担当内閣総理大臣補佐官（内閣法第二十一条第三項の規定により国家安全保障に関する重要政策を担当する者として指定された内閣総理大臣補佐官をいう。）は、会議に出席し、議長の許可を受けて意見を述べることができる。

2　前項に定めるもののほか、議長は、必要があると認めるときは、統合幕僚長その他の関係者を会議に出席させ、意見を述べさせることができる。

（事態対処専門委員会）

第九条　会議に、事態対処専門委員会（以下この条において「委員会」という。）を置く。

2　委員会は、第二条第一項第四号から第八号まで及び第十号に掲げる事項（同項第七号及び第八号に掲げる事項については、その対処措置につき諮るべき事態に係るものに限る。）の審議を迅速かつ的確に実施するため、必要な事項に関する調査及び分析を行い、その結果に基づき、会議に進言する。

3　委員会は、委員長及び委員をもって組織する。

4　委員長は、内閣官房長官をもって充てる。

5　委員は、内閣官房及び関係行政機関の職員のうちから、内閣総理大臣が任命する。

（幹事）

第十条　会議に、幹事を置く。

2　幹事は、内閣官房及び関係行政機関の職員のうちから、内閣総理大臣が任命する。

3　幹事は、会議の所掌事務について、議長及び議員を補佐する。

（議事）

第十一条　会議の議事に関し必要な事項は、議長が会議の議を経て定める。

（事務）

第十二条　会議の事務は、国家安全保障局において処理する。

（主任の大臣）

第十三条　会議に係る事項については、内閣法にいう主任の大臣は、内閣総理大臣とする。

（委任規定）

第十四条　この法律に定めるもののほか、会議に関し必要な事項は、政令で定める。

附則（抄）

（施行期日）

1　この法律は、昭和六十一年七月一日から施行する。

附則（平成二五年一二月四日法律第八九号）（抄）

（施行期日）

1　この法律は、公布の日から施行する。

（安全保障会議設置法の一部改正に伴う経過措置）

2　この法律の施行の日から前項ただし書に規定する規定の施行の日の前日までの間における第一条の規定による改正後の国家安全保障会議設置法第八条第一項及び第十二条の規定の適用については、同項中「内閣官房副長官及び国家安全保障担当内閣総理大臣補佐官（内閣法第二十一条第三項の規定により国家安全保障に関する重要政策を担当する者として指定された内閣総理大臣補佐官をいう。）」とあるのは「内閣官房副長官」とし、同条中「会議の」とあるのは「会議に関する」と、「国家安全保障局において処理する」とあるのは「内閣官房において処理し、命を受けて内閣官房副長官補が掌理する」とする。

資料Ⅲ・67

特定秘密の保護に関する法律

二〇一三年一二月一三日法律第一〇八号
二〇一四年一二月一〇日施行

コメント

1．本法律は、第二次安倍晋三内閣の手で、二〇一三年一二月に制定をみた戦後日本で初の単行の秘密保護法である。

2．戦前期日本では、一八九九年制定の軍機保護法以来、多数の秘密保護法が制定され「活躍」したが、戦後、日本国憲法のもとでは、本法の制定まで、MSA秘密保護法等米軍の秘密に関わるものを除いて単行の秘密保護法は制定されずにきた。秘密保護法制定の試みが一番盛り上がったのは、中曽根康弘内閣の時代の一九八五年、八六年であったが、このときも、それが日本の軍事大国化をもたらすのではないかとの危惧から反対運動が盛り上がり、制定の試みは挫折した。

九〇年代以降、アメリカから自衛隊の海外派兵、日米共同作戦態勢の要請が強まり、その一環として改めて秘密保護法制定の声が上がった。第一次アーミテージ報告（⇩Ⅱ・25）は、集団的自衛権と並んで秘密保護法制定を要求した。

さらに、アメリカからの要請はオバマ政権になって日本への肩代わり戦略が具体化するにつれ、改めて強くなった。日米共同作戦態勢が強化されると、いっそう情報の共有が不可欠となる。アメリカは肩代わり戦略のもと、米軍の装備をできるだけ自衛隊に委ね、また米軍との共同を強化するようになった。この方向が強まれば、日米間の軍事情報のやりとりも頻繁となり自衛隊を通じて集めた情報をアメリカが解析して日本に提供することになるが、日本に秘密保護法制が完備していないと提供された秘密の保護に支障を来すというものである。本法制定の背景には、こうしたアメリカ側の要求がある。

九〇年代以降の新たな秘密保護法制定の試みは、民主党の菅直人内閣下で起こった尖閣沖中国漁船衝突事件を恰好のチャンスとして、「秘密保全のための法制のあり方に関する有識者会議」報告書（⇩Ⅲ・52）で始まり、そこでは、本法の原型があらかた打ち出されていたが、民主党政権下では国民の反発が予想される秘密保護法の制定を強行する政治力はなく、第二次安倍晋三内閣にいたって実現されたのである。

3．本法には、二つのねらいが込められている。本法の特徴もこのねらいにそっている。第一のねらいは、日本がアメリカに追随して、海外で武力行使をするための体制づくりにある。戦前の秘密保護法も戦争とともに「発展」し肥大化していったが、特定秘密保護法も、現代の「戦争する国」づくりに不可欠な一環であることは明らかである。

しかし、安倍内閣が特定秘密保護法に込めたねらいはそれだけではない。第二に、この法律には、マスメディアの報道規制のねらいも込められている。戦前の軍部独裁の政治への反省から、日本国憲法は、言論・報道の自由をはじめとした市民的自由、人権を手厚く保障した。戦後、保守党政権は何度か治安立法で言論・報道に対する制限を試みたが、その都度国民の運動により、今日にいたるまで、言論・報道を直接制限する立法ができないままに七〇年が経過した。こうした事態は安倍内閣のめざす大国化にとっては大いに不便である。そこで安倍内閣は秘密保護を名目に、政府の重要な施策に対するマスメディアや市民運動の活動を規制し、萎縮させることをねらったのである。

4．本法の特徴としては以下の三点が重要である。

第一は、戦前の秘密保護法、とりわけ、一九〇〇年代に一応の体系的確立をみた確立期秘密保護法制――旧軍機保護法、要塞地帯法など――と比べると、行政機関が「特定秘密」に指定する対象が著しく広い点である。

旧軍機保護法などがもっぱら「軍事機密」保護に限られていたのに対し、本法は、別表に掲げられた「防衛」、「外交」、「特定有害活動（スパイ活動）の防止」、「テロリズムの防止」の四分野の情報を対象として、公になっていないもののうち、その漏えいが我が国の安全保障に著しい支障を与えるおそれがあるため、特に秘匿することが必要であるものを「特定秘密」に指定するとしており、秘密指定の対象を「防衛」や「軍事」に限っていない点が重要である。

秘密の範囲が広いのには二つの理由があると推測される。一つは現代の政府が秘匿したい情報は、以前に比べはるかに広くなっているからである。いわば現代の秘密保護法制に共通する理由である。もう一つは、安倍内閣が、本法で、あわよくば、原発など秘匿したい情報を秘密保護の名のもとに統制しようとしているからである。

本法の第二の特徴は、特定秘密を取り扱う公務員、契約に基づいて特定秘密を取り扱う事業者の従業員に対して、「適性評価」を実施し、秘密を取り扱う人間自体を広く規制・監視するという仕組みをつくっている点である。「秘密保全のための法制に関する有識者会議」報告書（⇩Ⅲ・52）のコメントで指摘したように、適性評価制度は秘密取扱者に対してその家族も含めて、思想調査、素行調査を行うという、違憲の疑いの強い制度である。

この制度が本法で導入された背景には、現代においては秘匿すべき情報が狭義の軍事秘密だけでなく極めて広範囲に及び、したがって取扱者も飛躍的に増えているため、広く網をかけて取り締まる必要が出てきたからである。

本法の第三の特徴は、マスメディアや市民運動による情報の開示を取り締まりのターゲットにしている点である。第二四条の特定秘密取得罪がそれである。秘密の範囲が広くなっているのと相俟って、この規定によりマスメディアの取材活動に広く萎縮効果が働く危険がある。

第一章　総則

（目的）

第一条　この法律は、国際情勢の複雑化に伴い我が国及び国民の安全の確保に係る情報の重要性が増大するとともに、高度情報通信ネットワーク社会の発展に伴いその漏えいの危険性が懸念される中で、我が国の安全保障（国の存立に関わる外部からの侵略等に対して国家及び国民の安全を保障することをいう。以下同じ。）に関する情報のうち特に秘匿することが必要であるものについて、これを適確に保護する体制を確立した上で収集し、整理し、及び活用することが重要であることに鑑み、当該情報の保護に関し、特定秘密の指定及び取扱者の制限その他の必要な事項を定めることにより、その漏えいの防止を図り、もって我が国及び国民の安全の確保に資することを目的とする。

（定義）

第二条　この法律において「行政機関」とは、次に掲げる機関をいう。

一　法律の規定に基づき内閣に置かれる機関（内閣府を除く。）及び内閣の所轄の下に置かれる機関

二　内閣府、宮内庁並びに内閣府設置法（平成十一年法律第八十九号）第四十九条第一項及び第二項に規定する機関（これらの機関のうち、国家公安委員会にあっては警察庁を、第四号の政令で定める機関が置かれる機関にあっては当該政令で定める機関を除く。）

三　国家行政組織法（昭和二十三年法律第百二十号）第三条第二項に規定する機関（第五号の政令で定める機関が置かれる機関にあっては、当該政令で定める機関を除く。）

四　内閣府設置法第三十九条及び第五十五条並びに宮内庁法（昭和二十二年法律第七十号）第十六条第二項の機関並びに内閣府設置法第四十条及び第五十六条（宮内庁法第十八条第一項において準用する場合を含む。）の特別の機関で、警察庁その他政令で定めるもの

五　国家行政組織法第八条の二の施設等機関及び同法第八条の三の特別の機関で、政令で定めるもの

六　会計検査院

第二章　特定秘密の指定等

（特定秘密の指定）

第三条　行政機関の長（当該行政機関が合議制の機関である場合にあっては当該行政機関をいい、前条第四号及び第五号の政令で定める機関（合議制の機関を除く。）にあってはその機関ごとに政令で定める者をいう。第十一条第一号を除き、以下同じ。）は、当該行政機関の所掌事務に係る別表に掲げる事項に関する情報であって、公になっていないもののうち、その漏えいが我が国の安全保障に著しい支障を与えるおそれがあるため、特に秘匿することが必要であるもの（日米相互防衛援助協定等に伴う秘密保護法（昭和二十九年法律第百六十六号）第一条第三項に規定する特別防衛秘密に該当するものを除く。）を特定秘密として指定するものとする。ただし、内閣総理大臣が第十八条第二項に規定する者の意見を聴いて政令で定める行政機関の長について

は、この限りでない。

2　行政機関の長は、前項の規定による指定（附則第五条を除き、以下単に「指定」という。）をしたときは、政令で定めるところにより指定に関する記録を作成するとともに、当該指定に係る特定秘密の範囲を明らかにするため、特定秘密である情報について、次の各号のいずれかに掲げる措置を講ずるものとする。

一　政令で定めるところにより、特定秘密である情報を記録する文書、図画、電磁的記録（電子的方式、磁気的方式その他人の知覚によっては認識することができない方式で作られる記録をいう。以下この号において同じ。）若しくは物件又は当該情報を化体する物件に特定秘密の表示（電磁的記録にあっては、当該表示の記録を含む。）をすること。

二　特定秘密である情報の性質上前号に掲げる措置によることが困難である場合において、政令で定めるところにより、当該情報が前項の規定の適用を受ける旨を当該情報を取り扱う者に通知すること。

3　行政機関の長は、特定秘密である情報について前項第二号に掲げる措置を講じた場合において、当該情報について同項第一号に掲げる措置を講ずることができることとなったときは、直ちに当該措置を講ずるものとする。

（指定の有効期間及び解除）

第四条　行政機関の長は、指定をするときは、当該指定の日から起算して五年を超えない範囲内においてその有効期間を定めるものとする。

2　行政機関の長は、指定の有効期間（この項の規定により延長した有効期間を含む。）が満了する時において、当該指定をした情報が前条第一項に規定する要件を満たすときは、政令で定めるところにより、五年を超えない範囲内においてその有効期間を延長するものとする。

3　指定の有効期間は、通じて三十年を超えることができない。

4　前項の規定にかかわらず、政府の有するその諸活動を国民に説明する責務を全うする観点に立っても、なお指定に係る情報を公にしないことが現に我が国及び国民の安全を確保するためにやむを得ないものであることについて、その理由を示して、内閣の承認を得た場合（行政機関が会計検査院であるときを除く。）は、行政機関の長は、当該指定の有効期間を、通じて三十年を超えて延長することができる。ただし、次の各号に掲げる事項に関する情報を除き、指定の有効期間は、通じて六十年を超えることができない。

一　武器、弾薬、航空機その他の防衛の用に供する物（船舶を含む。別表第一号において同じ。）

二　現に行われている外国（本邦の域外にある国又は地域をいう。以下同じ。）の政府又は国際機関との交渉に不利益を及ぼすおそれのある情報

三　情報収集活動の手法又は能力

四　人的情報源に関する情報

五　暗号

六　外国の政府又は国際機関から六十年を超えて指定を行うことを条件に提供された情報

七　前各号に掲げる事項に関する情報に準ずるもので政令で定める重要な情報

5　行政機関の長は、前項の内閣の承認を得ようとする場合においては、当該指定に係る特定秘密の保護に関し必要なものとして政令で定める措置を講じた上で、内閣に当該特定秘密を提示することができる。

6　行政機関の長は、第四項の内閣の承認が得られなかったときは、公文書等の管理に関する法律（平成二十一年法律第六十六号）第八条第一項の規定にかかわらず、当該指定に係る情報が記録された行政文書ファイル等（同法第五条第五項に規定する行政文書ファイル等をい

う。）の保存期間の満了とともに、これを国立公文書館等（同法第二条第三項に規定する国立公文書館等をいう。）に移管しなければならない。

7　行政機関の長は、指定をした情報が前条第一項に規定する要件を欠くに至ったときは、有効期間内であっても、政令で定めるところにより、速やかにその指定を解除するものとする。

（特定秘密の保護措置）

第五条　行政機関の長は、指定をしたときは、第三条第二項に規定する措置のほか、第十一条の規定により特定秘密の取扱いの業務を行うことができることとされる者のうちから、当該行政機関において当該指定に係る特定秘密の取扱いの業務を行わせる職員の範囲を定めることその他の当該特定秘密の保護に関し必要なものとして政令で定める措置を講ずるものとする。

2　警察庁長官は、指定をした場合において、当該指定に係る特定秘密（第七条第一項の規定により提供するものを除く。）で都道府県警察が保有するものがあるときは、当該都道府県警察に対し当該指定をした旨を通知するものとする。

3　前項の場合において、警察庁長官は、都道府県警察が保有する特定秘密の取扱いの業務を行わせる職員の範囲その他の当該都道府県警察による当該特定秘密の保護に関し必要なものとして政令で定める事項について、当該都道府県警察に指示するものとする。この場合において、当該都道府県警察の警視総監又は道府県警察本部長（以下「警察本部長」という。）は、当該指示に従い、当該特定秘密の適切な保護のために必要な措置を講じ、及びその職員に当該特定秘密の取扱いの業務を行わせるものとする。

4　行政機関の長は、指定をした場合において、その所掌事務のうち別表に掲げる事項に係るものを遂行するために特段の必要があると認めたときは、物件の製造又は役務の提供を業とする者で、特定秘密の保護のために必要な施設設備を設置していることその他政令で定める基準に適合するもの（以下「適合事業者」という。）との契約に基づき、当該適合事業者に対し、当該指定をした旨を通知した上で、当該指定に係る特定秘密（第八条第一項の規定により提供するものを除く。）を保有させることができる。

5　前項の契約には、第十一条の規定により特定秘密の取扱いの業務を行うことができることとされる者のうちから、同項の規定により特定秘密を保有する適合事業者が指名して当該特定秘密の取扱いの業務を行わせる代表者、代理人、使用人その他の従業者（以下単に「従業者」という。）の範囲その他の当該適合事業者による当該特定秘密の保護に関し必要なものとして政令で定める事項について定めるものとする。

6　第四項の規定により特定秘密を保有する適合事業者は、同項の契約に従い、当該特定秘密の適切な保護のために必要な措置を講じ、及びその従業者に当該特定秘密の取扱いの業務を行わせるものとする。

第三章　特定秘密の提供

（我が国の安全保障上の必要による特定秘密の提供）

第六条　特定秘密を保有する行政機関の長は、他の行政機関が我が国の安全保障に関する事務のうち別表に掲げる事項に係るものを遂行するために当該特定秘密を利用する必要があると認めたときは、当該他の行政機関に当該特定秘密を提供することができる。ただし、当該特定秘密を保有する行政機関以外の行政機関の長が当該特定秘密について指定をしているとき（当該特定秘密が、この項の規定により当該保有する行政機関の長から提供されたものである場合を除く。）は、当該指定をしている行政機関の長の同意を得なければならない。

2　前項の規定により他の行政機関に特定秘密を提供する行政機関の長は、当該特定秘密の取扱いの業務を行わせる職員の範囲その他の当該他の行政機関による当該特定秘密の保護に関し必要なものとして政令で定める事項について、あらかじめ、当該他の行政機関の長と協議するものとする。

3　第一項の規定により特定秘密の提供を受ける他の行政機関の長は、前項の規定による協議に従い、当該特定秘密の適切な保護のために必要な措置を講じ、及びその職員に当該特定秘密の取扱いの業務を行わせるものとする。

第七条　警察庁長官は、警察庁が保有する特定秘密について、その所掌事務のうち別表に掲げる事項に係るものを遂行するために都道府県警察にこれを利用させる必要があると認めたときは、当該都道府県警察に当該特定秘密を提供することができる。

2　前項の規定により都道府県警察に特定秘密を提供する場合については、第五条第三項の規定を準用する。

3　警察庁長官は、警察本部長に対し、当該都道府県警察が保有する特定秘密で第五条第二項の規定による通知に係るものの提供を求めることができる。

第八条　特定秘密を保有する行政機関の長は、その所掌事務のうち別表に掲げる事項に係るものを遂行するために、適合事業者に当該特定秘密を利用させる特段の必要があると認めたときは、当該適合事業者との契約に基づき、当該適合事業者に当該特定秘密を提供することができる。ただし、当該特定秘密を保有する行政機関以外の行政機関の長が当該特定秘密について指定をしているとき（当該特定秘密が、第六条第一項の規定により当該保有する行政機関の長から提供されたものである場合を除く。）は、当該指定をしている行政機関の長の同意を得なければならない。

2　前項の契約については第五条第五項の規定を、前項の規定により特定秘密の提供を受ける適合事業者については同条第六項の規定を、それぞれ準用する。この場合において、同条第五項中「前項」とあるのは「第八条第一項」と、「を保有する」とあるのは「の提供を受ける」と読み替えるものとする。

3　第五条第四項の規定により適合事業者に特定秘密を保有させている行政機関の長は、同項の契約に基づき、当該適合事業者に対し、当該特定秘密の提供を求めることができる。

第九条　特定秘密を保有する行政機関の長は、その所掌事務のうち別表に掲げる事項に係るものを遂行するために必要があると認めたときは、外国の政府又は国際機関であって、この法律の規定により行政機関が当該特定秘密を保護するために講ずることとされる措置に相当する措置を講じているものに当該特定秘密を提供することができる。ただし、当該特定秘密を保有する行政機関以外の行政機関の長が当該特定秘密について指定をしているとき（当該特定秘密が、第六条第一項の規定により当該保有する行政機関の長から提供されたものである場合を除く。）は、当該指定をしている行政機関の長の同意を得なければならない。

（その他公益上の必要による特定秘密の提供）

第十条　第四条第五項、第六条から前条まで及び第十八条第四項後段に規定するもののほか、行政機関の長は、次に掲げる場合に限り、特定秘密を提供するものとする。

一　特定秘密の提供を受ける者が次に掲げる業務又は公益上特に必要があると認められるこれらに準ずる業務において当該特定秘密を利用する場合（次号から第四号までに掲げる場合を除く。）であって、当該特定秘密を利用し、又は知る者の範囲を制限すること、当該業務以外に当該特定秘密が利用されないようにすることその他の当該特定秘密を利用し、又は知る者がこれを保護するために必要なものとして、イに掲げる業務にあっては附則第十条の規定に基づいて国会において定める措置、イに掲げる業務以外の業務にあっては政令で定める措置を講じ、かつ、我が国の安全保障に著しい支障を及ぼすおそれがないと認めたとき。

イ　各議院又は各議院の委員会若しくは参議院の調査会が国会法（昭和二十二年法律第七十九号）第百四条第一項（同法第五十四条の四第一項において準用する場合を含む。）又は議院における証人の宣誓及び証言等に関する法律（昭和二十二年法律第二百二十五号）第一条の規定により行う審査又は調査であって、国会法第五十二条第二項（同法第五十四条の四第一項において準用する場合を含む。）又は第六十二条の規定により公開しないこととされたもの

ロ　刑事事件の捜査又は公訴の維持であって、刑事訴訟法（昭和二十三年法律第百三十一号）第三百十六条の二十七第一項（同条第三項及び同法第三百十六条の二十八第二項において準用する場合を含む。）の規定により裁判所に提示する場合のほか、当該捜査又は公訴の維持に必要な業務に従事する者以外の者に当該特定秘密を提供することがないと認められるもの

二　民事訴訟法（平成八年法律第百九号）第二百二十三条第六項の規定により裁判所に提示する場合

三　情報公開・個人情報保護審査会設置法（平成十五年法律第六十号）第九条第一項の規定により情報公開・個人情報保護審査会に提示する場合

四　会計検査院法（昭和二十二年法律第七十三号）第十九条の四において読み替えて準用する情報公開・個人情報保護審査会設置法第九条第一項の規定により会計検査院情報公開・個人情報保護審査会に提示する場合

2　警察本部長は、第七条第三項の規定による求めに応じて警察庁に提供する場合のほか、前項第一号に掲げる場合（当該警察本部長が提供しようとする特定秘密が同号ロに掲げる業務において利用するものとして提供を受けたものである場合以外の場合にあっては、同号に規定する我が国の安全保障に著しい支障を及ぼすおそれがないと認めることについて、警察庁長官の同意を得た場合に限る。）、同項第二号に掲げる場合又は都道府県の保有する情報の公開を請求する住民等の権利について定める当該都道府県の条例（当該条例の規定による諮問に応じて審議を行う都道府県の機関の設置について定める都道府県の条例を含む。）の規定で情報公開・個人情報保護審査会設置法第九条第一項の規定に相当するものにより当該機関に提示する場合に限り、特定秘密を提供することができる。

3　適合事業者は、第八条第三項の規定による求めに応じて行政機関に提供する場合のほか、第一項第一号に掲げる場合（同号に規定する我が国の安全保障に著しい支障を及ぼすおそれがないと認めることについて、当該適合事業者が提供しようとする特定秘密について指定をした行政機関の長の同意を得た場合に限る。）又は同項第二号若しくは第三号に掲げる場合に限り、特定秘密を提供することができる。

第四章　特定秘密の取扱者の制限

第十一条　特定秘密の取扱いの業務は、当該業務を行わせる行政機関の長若しくは当該業務を行わせる適合事業者に当該特定秘密を保有させ、若しくは提供する行政機関の長又は当該業務を行わせる警察本部長が直近に実施した次条第一項又は第十五条第一項の適性評価（第十三条第一項（第十五条第二項において準用する場合を含む。）の規定による通知があった日から五年を経過していないものに限る。）において

特定秘密の取扱いの業務を行った場合にこれを漏らすおそれがないと認められた者（次条第一項第三号又は第十五条第一項第三号に掲げる者として次条第三項又は第十五条第二項において読み替えて準用する次条第三項の規定による告知があった者を除く。）でなければ、行ってはならない。ただし、次に掲げる者については、次条第一項又は第十五条第一項の適性評価を受けることを要しない。

一 行政機関の長
二 国務大臣（前号に掲げる者を除く。）
三 内閣官房副長官
四 内閣総理大臣補佐官
五 副大臣
六 大臣政務官
七 前各号に掲げるもののほか、職務の特性その他の事情を勘案し、次条第一項又は第十五条第一項の適性評価を受けることなく特定秘密の取扱いの業務を行うことができるものとして政令で定める者

第五章　適性評価

（行政機関の長による適性評価の実施）

第十二条　行政機関の長は、政令で定めるところにより、次に掲げる者について、その者が特定秘密の取扱いの業務を行った場合にこれを漏らすおそれがないことについての評価（以下「適性評価」という。）を実施するものとする。

一 当該行政機関の職員（当該行政機関が警察庁である場合にあっては、警察本部長を含む。次号において同じ。）又は当該行政機関との第五条第四項若しくは第八条第一項の契約（次号において単に「契約」という。）に基づき特定秘密を保有し、若しくは特定秘密の提供を受ける適合事業者の従業者として特定秘密の取扱いの業務を新たに行うことが見込まれることとなった者（当該行政機関の長がその者について直近に実施して次条第一項の規定による通知をした日から五年を経過していない適性評価において、特定秘密の取扱いの業務を行った場合にこれを漏らすおそれがないと認められた者であって、引き続き当該おそれがないと認められるものを除く。）

二 当該行政機関の職員又は当該行政機関との契約に基づき特定秘密を保有し、若しくは特定秘密の提供を受ける適合事業者の従業者として、特定秘密の取扱いの業務を現に行い、かつ、当該行政機関の長がその者について直近に実施した適性評価に係る次条第一項の規定による通知があった日から五年を経過した日以後特定秘密の取扱いの業務を引き続き行うことが見込まれる者

三 当該行政機関の長が直近に実施した適性評価において特定秘密の取扱いの業務を行った場合にこれを漏らすおそれがないと認められた者であって、引き続き当該おそれがないと認めることについて疑いを生じさせる事情があるもの

2　適性評価は、適性評価の対象となる者（以下「評価対象者」という。）について、次に掲げる事項についての調査を行い、その結果に基づき実施するものとする。

一 特定有害活動（公になっていない情報のうちその漏えいが我が国の安全保障に支障を与えるおそれがあるものを取得するための活動、核兵器、軍用の化学製剤若しくは細菌製剤若しくはこれらの散布のための装置若しくはこれらを運搬することができるロケット若しくは無人航空機又はこれらの開発、製造、使用若しくは貯蔵のために用いられるおそれが特に大きいと認められる物を輸出し、又は輸入するための活動その他の活動であって、外国の利益を図る目的で行われ、かつ、我が国及び国民の安全を著しく害し、又は害するおそれのあるものをいう。別表第三号において同じ。）及びテロリズム

（政治上その他の主義主張に基づき、国家若しくは他人にこれを強要し、又は社会に不安若しくは恐怖を与える目的で人を殺傷し、又は重要な施設その他の物を破壊するための活動をいう。同表第四号において同じ。）との関係に関する事項（評価対象者の家族（配偶者（婚姻の届出をしていないが、事実上婚姻関係と同様の事情にある者を含む。以下この号において同じ。）、父母、子及び兄弟姉妹並びにこれらの者以外の配偶者の父母及び子をいう。以下この号において同じ。）及び同居人（家族を除く。）の氏名、生年月日、国籍（過去に有していた国籍を含む。）及び住所を含む。）

二　犯罪及び懲戒の経歴に関する事項

三　情報の取扱いに係る非違の経歴に関する事項

四　薬物の濫用及び影響に関する事項

五　精神疾患に関する事項

六　飲酒についての節度に関する事項

七　信用状態その他の経済的な状況に関する事項

3　適性評価は、あらかじめ、政令で定めるところにより、次に掲げる事項を評価対象者に対し告知した上で、その同意を得て実施するものとする。

一　前項各号に掲げる事項について調査を行う旨

二　前項の調査を行うため必要な範囲内において、次項の規定により質問させ、若しくは資料の提出を求めさせ、又は照会して報告を求めることがある旨

三　評価対象者が第一項第三号に掲げる者であるときは、その旨

4　行政機関の長は、第二項の調査を行うため必要な範囲内において、当該行政機関の職員に評価対象者若しくは評価対象者の知人その他の関係者に質問させ、若しくは評価対象者に対し資料の提出を求めさせ、又は公務所若しくは公私の団体に照会して必要な事項の報告を求めることができる。

（適性評価の結果等の通知）

第十三条　行政機関の長は、適性評価を実施したときは、その結果を評価対象者に対し通知するものとする。

2　行政機関の長は、適合事業者の従業者について適性評価を実施したときはその結果を、当該従業者が前条第三項の同意をしなかったことにより適性評価が実施されなかったときはその旨を、それぞれ当該適合事業者に対し通知するものとする。

3　前項の規定による通知を受けた適合事業者は、当該評価対象者が当該適合事業者の指揮命令の下に労働する派遣労働者（労働者派遣事業の適正な運営の確保及び派遣労働者の保護等に関する法律（昭和六十年法律第八十八号）第二条第二号に規定する派遣労働者をいう。第十六条第二項において同じ。）であるときは、当該通知の内容を当該評価対象者を雇用する事業主に対し通知するものとする。

4　行政機関の長は、第一項の規定により評価対象者に対し特定秘密の取扱いの業務を行った場合にこれを漏らすおそれがないと認められなかった旨を通知するときは、適性評価の円滑な実施の確保を妨げない範囲内において、当該おそれがないと認められなかった理由を通知するものとする。ただし、当該評価対象者があらかじめ当該理由の通知を希望しない旨を申し出た場合は、この限りでない。

（行政機関の長に対する苦情の申出等）

第十四条　評価対象者は、前条第一項の規定により通知された適性評価の結果その他当該評価対象者について実施された適性評価について、書面で、行政機関の長に対し、苦情の申出をすることができる。

2　行政機関の長は、前項の苦情の申出を受けたときは、これを誠実に処理し、処理の結果を苦情の申出をした者に通知するものとする。

3　評価対象者は、第一項の苦情の申出をしたことを理由として、不利

益な取扱いを受けない。

（警察本部長による適性評価の実施等）

第十五条　警察本部長は、政令で定めるところにより、次に掲げる者について、適性評価を実施するものとする。

一　当該都道府県警察の職員（警察本部長を除く。次号において同じ。）として特定秘密の取扱いの業務を新たに行うことが見込まれることとなった者（当該警察本部長がその者について直近に実施して次項において準用する第十三条第一項の規定による通知をした日から五年を経過していない適性評価において、特定秘密の取扱いの業務を行った場合にこれを漏らすおそれがないと認められた者であって、引き続き当該おそれがないと認められるものを除く。）

二　当該都道府県警察の職員として、特定秘密の取扱いの業務を現に行い、かつ、当該警察本部長がその者について直近に実施した適性評価に係る次項において準用する第十三条第一項の規定による通知があった日から五年を経過した日以後特定秘密の取扱いの業務を引き続き行うことが見込まれる者

三　当該警察本部長が直近に実施した適性評価において特定秘密の取扱いの業務を行った場合にこれを漏らすおそれがないと認められた者であって、引き続き当該おそれがないと認めることについて疑いを生じさせる事情があるもの

2　前三条（第十二条第一項並びに第十三条第二項及び第三項を除く。）の規定は、前項の規定により警察本部長が実施する適性評価について準用する。この場合において、第十二条第三項第三号中「第一項第三号」とあるのは、「第十五条第一項第三号」と読み替えるものとする。

（適性評価に関する個人情報の利用及び提供の制限）

第十六条　行政機関の長及び警察本部長は、特定秘密の保護以外の目的のために、評価対象者が第十二条第三項（前条第二項において読み替えて準用する場合を含む。）の同意をしなかったこと、評価対象者についての適性評価の結果その他適性評価の実施に当たって取得する個人情報（生存する個人に関する情報であって、当該情報に含まれる氏名、生年月日その他の記述等により特定の個人を識別することができるもの（他の情報と照合することができ、それにより特定の個人を識別することができることとなるものを含む。）をいう。以下この項において同じ。）を自ら利用し、又は提供してはならない。ただし、適性評価の実施によって、当該個人情報に係る特定の個人が国家公務員法（昭和二十二年法律第百二十号）第三十八条各号、同法第七十五条第二項に規定する人事院規則の定める事由、同法第七十八条各号、第七十九条各号若しくは第八十二条第一項各号、検察庁法（昭和二十二年法律第六十一号）第二十条各号、外務公務員法（昭和二十七年法律第四十一号）第七条第一項に規定する者、自衛隊法（昭和二十九年法律第百六十五号）第三十八条第一項各号、第四十二条各号、第四十三条各号若しくは第四十六条第一項各号、同法第四十八条第一項に規定する場合若しくは同条第二項各号若しくは第三項各号若しくは地方公務員法（昭和二十五年法律第二百六十一号）第十六条各号、第二十八条第一項各号若しくは第二項各号若しくは第二十九条第一項各号又はこれらに準ずるものとして政令で定める事由のいずれかに該当する疑いが生じたときは、この限りでない。

2　適合事業者及び適合事業者の指揮命令の下に労働する派遣労働者を雇用する事業主は、特定秘密の保護以外の目的のために、第十三条第二項又は第三項の規定により通知された内容を自ら利用し、又は提供してはならない。

（権限又は事務の委任）

第十七条　行政機関の長は、政令（内閣の所轄の下に置かれる機関及び会計検査院にあっては、当該機関の命令）で定めるところにより、こ

の章に定める権限又は事務を当該行政機関の職員に委任することができる。

第六章　雑則

（特定秘密の指定等の運用基準等）

第十八条　政府は、特定秘密の指定及びその解除並びに適性評価の実施に関し、統一的な運用を図るための基準を定めるものとする。

2　内閣総理大臣は、前項の基準を定め、又はこれを変更しようとするときは、我が国の安全保障に関する情報の保護、行政機関等の保有する情報の公開、公文書等の管理等に関し優れた識見を有する者の意見を聴いた上で、その案を作成し、閣議の決定を求めなければならない。

3　内閣総理大臣は、毎年、第一項の基準に基づく特定秘密の指定及びその解除並びに適性評価の実施の状況を前項に規定する者に報告し、その意見を聴かなければならない。

4　内閣総理大臣は、特定秘密の指定及びその解除並びに適性評価の実施の状況に関し、その適正を確保するため、第一項の基準に基づいて、内閣を代表して行政各部を指揮監督するものとする。この場合において、内閣総理大臣は、特定秘密の指定及びその解除並びに適性評価の実施が当該基準に従って行われていることを確保するため、必要があると認めるときは、行政機関の長（会計検査院を除く。）に対し、特定秘密である情報を含む資料の提出及び説明を求め、並びに特定秘密の指定及びその解除並びに適性評価の実施について改善すべき旨の指示をすることができる。

（国会への報告等）

第十九条　政府は、毎年、前条第三項の意見を付して、特定秘密の指定及びその解除並びに適性評価の実施の状況について国会に報告するとともに、公表するものとする。

（関係行政機関の協力）

第二十条　関係行政機関の長は、特定秘密の指定、適性評価の実施その他この法律の規定により講ずることとされる措置に関し、我が国の安全保障に関する情報のうち特に秘匿することが必要であるものの漏えいを防止するため、相互に協力するものとする。

（政令への委任）

第二十一条　この法律に定めるもののほか、この法律の実施のための手続その他この法律の施行に関し必要な事項は、政令で定める。

（この法律の解釈適用）

第二十二条　この法律の適用に当たっては、これを拡張して解釈して、国民の基本的人権を不当に侵害するようなことがあってはならず、国民の知る権利の保障に資する報道又は取材の自由に十分に配慮しなければならない。

2　出版又は報道の業務に従事する者の取材行為については、専ら公益を図る目的を有し、かつ、法令違反又は著しく不当な方法によるものと認められない限りは、これを正当な業務による行為とするものとする。

第七章　罰則

第二十三条　特定秘密の取扱いの業務に従事する者がその業務により知得した特定秘密を漏らしたときは、十年以下の懲役に処し、又は情状により十年以下の懲役及び千万円以下の罰金に処する。特定秘密の取扱いの業務に従事しなくなった後においても、同様とする。

2　第四条第五項、第九条、第十条又は第十八条第四項後段の規定により提供された特定秘密について、当該提供の目的である業務により当該特定秘密を知得した者がこれを漏らしたときは、五年以下の懲役に処し、又は情状により五年以下の懲役及び五百万円以下の罰金に処する。第十条第一項第一号ロに規定する場合において提示された特定秘密について、当該特定秘密の提示を受けた者がこれを漏らしたときも、同様とする。

3　前二項の罪の未遂は、罰する。

4　過失により第一項の罪を犯した者は、二年以下の禁錮又は五十万円以下の罰金に処する。

5　過失により第二項の罪を犯した者は、一年以下の禁錮又は三十万円以下の罰金に処する。

第二十四条　外国の利益若しくは自己の不正の利益を図り、又は我が国の安全若しくは国民の生命若しくは身体を害すべき用途に供する目的で、人を欺き、人に暴行を加え、若しくは人を脅迫する行為により、又は財物の窃取若しくは損壊、施設への侵入、有線電気通信の傍受、不正アクセス行為（不正アクセス行為の禁止等に関する法律（平成十一年法律第百二十八号）第二条第四項に規定する不正アクセス行為をいう。）その他の特定秘密を保有する者の管理を害する行為により、特定秘密を取得した者は、十年以下の懲役に処し、又は情状により十年以下の懲役及び千万円以下の罰金に処する。

2　前項の罪の未遂は、罰する。

3　前二項の規定は、刑法（明治四十年法律第四十五号）その他の罰則の適用を妨げない。

第二十五条　第二十三条第一項又は前条第一項に規定する行為の遂行を共謀し、教唆し、又は煽動した者は、五年以下の懲役に処する。

2　第二十三条第二項に規定する行為の遂行を共謀し、教唆し、又は煽動した者は、三年以下の懲役に処する。

第二十六条　第二十三条第三項若しくは第二十四条第二項の罪を犯した者又は前条の罪を犯した者のうち第二十三条第一項若しくは第二項若しくは第二十四条第一項に規定する行為の遂行を共謀したものが自首したときは、その刑を減軽し、又は免除する。

第二十七条　第二十三条の罪は、日本国外において同条の罪を犯した者にも適用する。

2　第二十四条及び第二十五条の罪は、刑法第二条の例に従う。

附則（抄）

（施行期日）

第一条　この法律は、公布の日から起算して一年を超えない範囲内において政令で定める日から施行する。ただし、第十八条第一項及び第二項（変更に係る部分を除く。）並びに附則第九条及び第十条の規定は、公布の日から施行する。

（経過措置）

第二条　この法律の公布の日から起算して二年を超えない範囲内において政令で定める日の前日までの間においては、第五条第一項及び第五項（第八条第二項において読み替えて準用する場合を含む。以下この条において同じ。）の規定の適用については、第五条第一項中「第十一条の規定により特定秘密の取扱いの業務を行うことができることとされる者のうちから、当該行政機関」とあるのは「当該行政機関」と、同条第五項中「第十一条の規定により特定秘密の取扱いの業務を行うことができることとされる者のうちから、同項の」とあるのは「同項の」とし、第十一条の規定は、適用しない。

（施行後五年を経過した日の翌日以後の行政機関）

第三条　この法律の施行の日（以下「施行日」という。）から起算して五年を経過した日の翌日以後における第二条の規定の適用については、同条中「掲げる機関」とあるのは、「掲げる機関（この法律の施行の日以後同日から起算して五年を経過する日までの間、次条第一項の規定により指定された特定秘密（附則第五条の規定により防衛大臣が特定秘密として指定をした情報とみなされる場合における防衛秘密を含む。以下この条において単に「特定秘密」という。）を保有したことがない機関として政令で定めるもの（その請求に基づき、内閣総理大臣が第十八条第二項に規定する者の意見を聴いて、同日後特定秘密を保有する必要が新たに生じた機関として政令で定めるものを除く。）」とする。

（政令への委任）

第八条　附則第二条、第三条、第五条及び第六条に規定するもののほか、この法律の施行に関し必要な経過措置は、政令で定める。

（指定及び解除の適正の確保）

第九条　政府は、行政機関の長による特定秘密の指定及びその解除に関する基準等が真に安全保障に資するものであるかどうかを独立した公正な立場において検証し、及び監察することのできる新たな機関の設置その他の特定秘密の指定及びその解除の適正を確保するために必要な方策について検討し、その結果に基づいて所要の措置を講ずるものとする。

（国会に対する特定秘密の提供及び国会におけるその保護措置の在り方）

第十条　国会に対する特定秘密の提供については、政府は、国会が国権の最高機関であり各議院がその会議その他の手続及び内部の規律に関する規則を定める権能を有することを定める日本国憲法及びこれに基づく国会法等の精神にのっとり、この法律を運用するものとし、特定秘密の提供を受ける国会におけるその保護に関する方策については、国会において、検討を加え、その結果に基づいて必要な措置を講ずるものとする。

別表（第三条、第五条―第九条関係）

一　防衛に関する事項

イ　自衛隊の運用又はこれに関する見積り若しくは計画若しくは研究

ロ　防衛に関し収集した電波情報、画像情報その他の重要な情報

ハ　ロに掲げる情報の収集整理又はその能力

ニ　防衛力の整備に関する見積り若しくは計画又は研究

ホ　武器、弾薬、航空機その他の防衛の用に供する物の種類又は数量

ヘ　防衛の用に供する通信網の構成又は通信の方法

ト　防衛の用に供する暗号

チ　武器、弾薬、航空機その他の防衛の用に供する物又はこれらの物の研究開発段階のものの仕様、性能又は使用方法

リ　武器、弾薬、航空機その他の防衛の用に供する物又はこれらの物の研究開発段階のものの製作、検査、修理又は試験の方法

ヌ　防衛の用に供する施設の設計、性能又は内部の用途（ヘに掲げるものを除く。）

二　外交に関する事項

イ　外国の政府又は国際機関との交渉又は協力の方針又は内容のうち、国民の生命及び身体の保護、領域の保全その他の安全保障に関する重要なもの

ロ　安全保障のために我が国が実施する貨物の輸出若しくは輸入の禁止その他の措置又はその方針（第一号イ若しくはニ、第三号イ又は第四号イに掲げるものを除く。）

ハ　安全保障に関し収集した国民の生命及び身体の保護、領域の保全若しくは国際社会の平和と安全に関する重要な情報又は条約その他の国際約束に基づき保護することが必要な情報（第一号ロ、第三号ロ又は第四号ロに掲げるものを除く。）

ニ　ハに掲げる情報の収集整理又はその能力

ホ　外務省本省と在外公館との間の通信その他の外交の用に供する暗号

三　特定有害活動の防止に関する事項
イ　特定有害活動による被害の発生若しくは拡大の防止（以下この号において「特定有害活動の防止」という。）のための措置又はこれに関する計画若しくは研究
ロ　特定有害活動の防止に関し収集した国民の生命及び身体の保護に関する重要な情報又は外国の政府若しくは国際機関からの情報
ハ　ロに掲げる情報の収集整理又はその能力
ニ　特定有害活動の防止の用に供する暗号

四　テロリズムの防止に関する事項
イ　テロリズムによる被害の発生若しくは拡大の防止（以下この号において「テロリズムの防止」という。）のための措置又はこれに関する計画若しくは研究
ロ　テロリズムの防止に関し収集した国民の生命及び身体の保護に関する重要な情報又は外国の政府若しくは国際機関からの情報
ハ　ロに掲げる情報の収集整理又はその能力
ニ　テロリズムの防止の用に供する暗号

資料Ⅲ・68

国家安全保障戦略

二〇一三年一二月一七日

国家安全保障会議決定　閣議決定

コメント

1．本決定は、「国防の基本方針について」（一九五七年五月二〇日国防会議・閣議決定。⇩Ⅰ・30）に代わるものとされたが、実質的には戦後日本で初めての安全保障戦略である。

第二次安倍晋三内閣は、特定秘密保護法強行採決直後の二〇一三年一二月、日本版NSCといわれる「国家安全保障会議」と「国家安全保障局」を新設した（⇩Ⅲ・66）。そのうえで、本戦略を防衛計画の大綱改訂の閣議決定と同日の一二月一七日、新設の国家安全保障会議で決定したうえで閣議決定し発表した。

2．日本ではこれまで、国家安全保障戦略や国防報告は策定されてこなかった。

その理由の第一は、これまで日本は、対米依存のもとで、独自の世界戦略、国家戦略をもたずアメリカの世界戦略のもとで行動してきたことである。第二は、国家戦略の実行を最終的に担保する軍事力の行使が日本では憲法九条と政府解釈のもとで制約されているために、事実上、国家戦略を立てることができなかったことである。

安倍内閣はこうした状態を打破して日本を「一人前の」軍事大国とするべく、一方で集団的自衛権行使容認等によって軍事力行使の制約を取りはらうと同時に、国家安全保障戦略を策定したのである。

3．国家安全保障戦略の基本理念として打ち出されたスローガンが

「積極的平和主義」である。

「我が国は、今後の安全保障環境の下で、平和国家としての歩みを引き続き堅持し、また、国際政治経済の主要プレーヤーとして、国際協調主義に基づく積極的平和主義の立場から、我が国の安全及びアジア太平洋地域の平和と安定を実現しつつ、国際社会の平和と安定及び繁栄の確保にこれまで以上に積極的に寄与していく。このことこそが、我が国が掲げるべき国家安全保障の基本理念である。」

これは、自衛隊の海外派兵を主張する人々が九〇年代初頭以来繰り返してきた、〝自衛隊を海外に派兵しないという日本の平和主義は世界の平和がどうなろうと関係ないという「一国平和主義」「消極的平和主義」にほかならない〟という言説に基づいて従来の平和主義を否定しそこからの脱却を図るべく打ち出された概念である。すなわち、積極的に自衛隊の海外派兵を活用する宣言であり、集団的自衛権と対をなす言葉である。

国家安全保障戦略について別紙のとおり定める。

本決定は、「国防の基本方針について」（昭和三二年五月二〇日国防会議及び閣議決定）に代わるものとする。

国家安全保障戦略

I　策定の趣旨

政府の最も重要な責務は、我が国の平和と安全を維持し、その存立を全うすることである。我が国の安全保障（以下「国家安全保障」という。）をめぐる環境が一層厳しさを増している中、豊かで平和な社会を引き続き発展させていくためには、我が国の国益を長期的視点から見定めた上で、国際社会の中で我が国の進むべき針路を定め、国家安全保障のための方策に政府全体として取り組んでいく必要がある。

我が国は、これまでも、地域及び世界の平和と安定及び繁栄に貢献してきた。グローバル化が進む世界において、我が国は、国際社会における主要なプレーヤーとして、これまで以上に積極的な役割を果たしていくべきである。

このような認識に基づき、国家安全保障に関する基本方針を示すため、ここに国家安全保障戦略を策定する。

本戦略では、まず、我が国の平和国家としての歩みと、我が国が掲げるべき理念である、国際協調主義に基づく積極的平和主義を明らかにし、国益について検証し、国家安全保障の目標を示す。その上で、我が国を取り巻く安全保障環境の動向を見通し、我が国が直面する国家安全保障上の課題を特定する。そして、そのような課題を克服し、目標を達成するためには、我が国が有する多様な資源を有効に活用し、総合的な施策を推進するとともに、国家安全保障を支える国内基盤の強化と内外における理解の促進を図りつつ、様々なレベルにおける取組を多層的かつ協調的に推進することが必要との認識の下、我が国がとるべき外交政策及び防衛政策を中心とした国家安全保障上の戦略的アプローチを示している。

また、本戦略は、国家安全保障に関する基本方針として、海洋、宇宙、サイバー、政府開発援助（ＯＤＡ）、エネルギー等国家安全保障に関連する分野の政策に指針を与えるものである。

政府は、本戦略に基づき、国家安全保障会議（ＮＳＣ）の司令塔機能の下、政治の強力なリーダーシップにより、政府全体として、国家安全保障政策を一層戦略的かつ体系的なものとして実施していく。

さらに、国の他の諸施策の実施に当たっては、本戦略を踏まえ、外交力、防衛力等が全体としてその機能を円滑かつ十全に発揮できるよう、国家安全保障上の観点を十分に考慮するものとする。

本戦略の内容は、おおむね一〇年程度の期間を念頭に置いたものであり、各種政策の実施過程を通じ、ＮＳＣにおいて、定期的に体系的な評価を行い、適時適切にこれを発展させていくこととし、情勢に重要な変化が見込まれる場合には、その時点における安全保障環境を勘案し検討を行い、必要な修正を行う。

Ⅱ　国家安全保障の基本理念

１　我が国が掲げる理念

我が国は、豊かな文化と伝統を有し、自由、民主主義、基本的人権の尊重、法の支配といった普遍的価値を掲げ、高い教育水準を持つ豊富な人的資源と高い文化水準を擁し、開かれた国際経済システムの恩恵を受けつつ発展を遂げた、強い経済力及び高い技術力を有する経済大国である。

また、我が国は、四方を海に囲まれて広大な排他的経済水域と長い海岸線に恵まれ、海上貿易と海洋資源の開発を通じて経済発展を遂げ、「開かれ安定した海洋」を追求してきた海洋国家としての顔も併せ持つ。

我が国は、戦後一貫して平和国家としての道を歩んできた。専守防衛に徹し、他国に脅威を与えるような軍事大国とはならず、非核三原則を守るとの基本方針を堅持してきた。

また、我が国と普遍的価値や戦略的利益を共有する米国との同盟関係を進展させるとともに、各国との協力関係を深め、我が国の安全及びアジア太平洋地域の平和と安定を実現してきている。さらに、我が国は、人間の安全保障の理念に立脚した途上国の経済開発や地球規模課題の解決への取組、他国との貿易・投資関係を通じて、国際社会の安定と繁栄の実現に寄与している。特に東南アジア諸国連合（ＡＳＥＡＮ）諸国を始めとするアジア諸国は、こうした我が国の協力も支えとなって、安定と経済成長を達成し、多くの国々が民主主義を実現してきている。加えて、我が国は、平和国家としての立場から、国連憲章を遵守しながら、国連を始めとする国際機関と連携し、それらの活動に積極的に寄与している。特に冷戦の終結に伴い、軍事力の役割が多様化する中で、国連平和維持活動（ＰＫＯ）を含む国際平和協力活動にも継続的に参加している。また、世界で唯一の戦争被爆国として、軍縮・不拡散に積極的に取り組み、「核兵器のない世界」を実現させるため、国際社会の取組を主導している。

こうした我が国の平和国家としての歩みは、国際社会において高い評価と尊敬を勝ち得てきており、これをより確固たるものにしなければならない。

他方、現在、我が国を取り巻く安全保障環境が一層厳しさを増していることや、我が国が複雑かつ重大な国家安全保障上の課題に直面していることに鑑みれば、国際協調主義の観点からも、より積極的な対応が不可欠となっている。我が国の平和と安全は我が国一国では確保できず、国際社会もまた、我が国がその国力にふさわしい形で、国際社会の平和と安定のため一層積極的な役割を果たすことを期待している。

これらを踏まえ、我が国は、今後の安全保障環境の下で、平和国家としての歩みを引き続き堅持し、また、国際政治経済の主要プレーヤーとして、国際協調主義に基づく積極的平和主義の立場から、我が国の安全及びアジア太平洋地域の平和と安定を実現しつつ、国際社会の平和と安定及び繁栄の確保にこれまで以上に積極的に寄与していく。このことこそが、我が国が掲げるべき国家安全保障の基本理念である。

２　我が国の国益と国家安全保障の目標

国家安全保障の基本理念を具体的政策として実現するに当たっては、我が国の国益と国家安全保障の目標を明確にし、絶えず変化する安全保障環境に当てはめ、あらゆる手段を尽くしていく必要がある。

我が国の国益とは、まず、我が国自身の主権・独立を維持し、領域を保全し、我が国国民の生命・身体・財産の安全を確保することであり、豊かな文化と伝統を継承しつつ、自由と民主主義を基調とする我が国の平和と安全を維持し、その存立を全うすることである。また、経済発展を通じて我が国と我が国国民の更なる繁栄を実現し、我が国の平和と安全をより強固なものとすることである。そのためには、海洋国家として、特にアジア太平洋地域において、自由な交易と競争を通じて経済発展を実現する自由貿易体制を強化し、安定性及び透明性が高く、見通しがつきやすい国際環境を実現していくことが不可欠である。

さらに、自由、民主主義、基本的人権の尊重、法の支配といった普遍的価値やルールに基づく国際秩序を維持・擁護することも、同様に我が国にとっての国益である。

これらの国益を守り、国際社会において我が国に見合った責任を果たすため、国際協調主義に基づく積極的平和主義を我が国の国家安全保障の基本理念として、以下の国家安全保障の目標の達成を図る。

第一の目標は、我が国の平和と安全を維持し、その存立を全うするために、必要な抑止力を強化し、我が国に直接脅威が及ぶことを防止するとともに、万が一脅威が及ぶ場合には、これを排除し、かつ被害を最小化することである。

第二の目標は、日米同盟の強化、域内外のパートナーとの信頼・協力関係の強化、実際的な安全保障協力の推進により、アジア太平洋地域の安全保障環境を改善し、我が国に対する直接的な脅威の発生を予防し、削減することである。

第三の目標は、不断の外交努力や更なる人的貢献により、普遍的価値やルールに基づく国際秩序の強化、紛争の解決に主導的な役割を果たし、グローバルな安全保障環境を改善し、平和で安定し、繁栄する国際社会を構築することである。

III　我が国を取り巻く安全保障環境と国家安全保障上の課題

1　グローバルな安全保障環境と課題

（1）パワーバランスの変化及び技術革新の急速な進展

今世紀に入り、国際社会において、かつてないほどパワーバランスが変化しており、国際政治の力学にも大きな影響を与えている。パワーバランスの変化の担い手は、中国、インド等の新興国であり、特に中国は、国際社会における存在感をますます高めている。他方、米国は、国際社会における相対的影響力は変化しているものの、軍事力や経済力に加え、その価値や文化を源としたソフトパワーを有することにより、依然として、世界最大の総合的な国力を有する国である。また、自らの安全保障政策及び経済政策上の重点をアジア太平洋地域にシフトさせる方針（アジア太平洋地域へのリバランス）を明らかにしている。

こうしたパワーバランスの変化は、国際政治経済の重心の大西洋から太平洋への移動を促したものの、世界貿易機関（ＷＴＯ）の貿易交渉や国連における気候変動交渉の停滞等、国際社会全体の統治構造（ガバナンス）において、強力な指導力が失われつつある一因ともなっている。

また、グローバル化の進展や技術革新の急速な進展は、国家間の相互依存を深める一方、国家と非国家主体との間の相対的影響力の変化を助長するなど、グローバルな安全保障環境に複雑な影響を与えている。

主権国家は、引き続き国際社会における主要な主体であり、国家間の対立や協調が国際社会の安定を左右する最大の要因である。しかし、グローバル化の進展により、人、物、資本、情報等の国境を越えた移動が容易になった結果、国家以外の主体も、国際社会における意思決定により重要な役割を果たしつつある。同時に、グローバル化や技術革新の進展の負の側面として、非国家主体によるテロや犯罪が国家の安全保障を脅かす状況が拡大しつつある。加えて、こうした脅威が、世界のどの地域において発生しても、瞬時に地球を回り、我が国の安全保障にも直接的な影響を及ぼし得る状況になっている。

（2）大量破壊兵器等の拡散の脅威

我が国は、世界で唯一の戦争被爆国として、核兵器使用の悲惨さを最も良く知る国であり、「核兵器のない世界」を目指すことは我が国の責務である。

核・生物・化学（NBC）兵器等の大量破壊兵器及びそれらの運搬手段となり得る弾道ミサイル等の移転・拡散・性能向上に係る問題は、依然として我が国や国際社会にとっての大きな脅威となっている。特に北朝鮮による核・ミサイル開発問題やイランの核問題は、単にそれぞれの地域の問題というより、国際社会全体の平和と安定に対する重大な脅威である。さらに、従来の抑止が有効に機能しにくい国際テロ組織を始めとする非国家主体による大量破壊兵器等の取得・使用についても、引き続き懸念されている。

（3）国際テロの脅威

テロ事件は世界各地で発生しており、国際テロ組織によるテロの脅威は依然として高い。グローバル化の進展により、国際テロ組織にとって、組織内又は他の組織との間の情報共有・連携、地理的アクセスの確保や武器の入手等がより容易になっている。

こうした中、国際テロ組織は、政情が不安定で統治能力が脆弱な国家・地域を活動や訓練の拠点として利用し、テロを実行している。加えて、かかる国際組織のイデオロギーに共鳴した他の組織や個人がテロ実行主体となる例も見られるなど、国際テロの拡散・多様化が進んでいる。

また、我が国が一部の国際テロ組織から攻撃対象として名指しされている上、現に海外において邦人や我が国の権益が被害を受けるテロが発生しており、我が国及び国民は、国内外において、国際テロの脅威に直面している。

こうした国際テロについては、実行犯及び被害者の多国籍化が見られ、国際協力による対処がますます重要になっている。

（4）国際公共財（グローバル・コモンズ）に関するリスク

近年、海洋、宇宙空間、サイバー空間といった国際公共財（グローバル・コモンズ）に対する自由なアクセス及びその活用を妨げるリスクが拡散し、深刻化している。

海洋は、国連海洋法条約に代表される海洋に関する国際法によって規律されているものの、既存の国際法を尊重せずに力を背景とした一方的な現状変更を図る動きが増加しつつある。また、宇宙空間やサイバー空間においては、各国間の立場の違いにより、適用されるべき規範の確立が発展途上にある。

こうしたリスクに効果的に対処するため、適切な国際的ルール作りを進め、当該ルールを尊重しつつ国際社会が協力して取り組むことが、経済の発展のみならず安全保障の観点からも一層重要な課題となっている。

「開かれ安定した海洋」は、世界の平和と繁栄の基盤であり、各国は、自ら又は協力して、海賊、不審船、不法投棄、密輸・密入国、海上災害への対処や危険物の除去といった様々な課題に取り組み、シーレーンの安定を図っている。

しかし、近年、資源の確保や自国の安全保障の観点から、各国の利害が衝突する事例が増えており、海洋における衝突の危険性や、それが更なる不測の事態に発展する危険性も高まっている。

特に南シナ海においては、領有権をめぐって沿岸国と中国との間で争いが発生しており、海洋における法の支配、航行の自由や東南アジア地域の安定に懸念をもたらしている。また、我が国が資源・エネルギーの多くを依存している中東地域から我が国近海に至るシーレーンは、その沿岸国における地域紛争及び国際テロ、加えて海賊問題等の諸問題が存在するため、その脆弱性が高まっている。こうした問題への取組を進めることが、シーレーンの安全を維持する上でも重要な課題となっている。

さらに、北極海では、航路の開通、資源開発等の様々な可能性の広がりが予測されている。このため、国際的なルールの下に各国が協力して取り組むことが期待されているが、同時に、このことが国家間の新たな摩擦の原因となるおそれもある。

宇宙空間は、これまでも民生分野で活用されてきているが、情報収集や警戒監視機能の強化、軍事のための通信手段の確保等、近年は安全保障上も、その重要性が著しく増大している。

他方、宇宙利用国の増加に伴って宇宙空間の混雑化が進んでおり、衛星破壊実験や人工衛星同士の衝突等による宇宙ゴミ（スペースデブリ）の増加、対衛星兵器の開発の動きを始めとして、持続的かつ安定的な宇宙空間の利用を妨げるリスクが存在している。

また、情報システムや情報通信ネットワーク等により構成されたグローバルな空間であるサイバー空間は、社会活動、経済活動、軍事活動等のあらゆる活動が依拠する場となっている。

一方、国家の秘密情報の窃取、基幹的な社会インフラシステムの破壊、軍事システムの妨害を意図したサイバー攻撃等によるリスクが深刻化しつつある。

我が国においても、社会システムを始め、あらゆるものがネットワーク化されつつある。このため、情報の自由な流通による経済成長やイノベーションを推進するために必要な場であるサイバー空間の防護は、我が国の安全保障を万全とするとの観点から、不可欠である。

（5）「人間の安全保障」に関する課題

グローバル化が進み、人、物、資本、情報等が大量かつ短時間で国境を越えて移動することが可能となり、国際経済活動が拡大したことにより、国際社会に繁栄がもたらされている。

一方、貧困、格差の拡大、感染症を含む国際保健課題、気候変動その他の環境問題、食料安全保障、更には内戦、災害等による人道上の危機といった一国のみでは対応できない地球規模の問題が、個人の生存と尊厳を脅かす人間の安全保障上の重要かつ緊急な課題となっている。こうした中、国際社会が開発分野において達成すべき共通の目標であるミレニアム開発目標（ＭＤＧｓ）は、一部の地域、分野において達成が困難な状況にある。また、今後、途上国の人口増大や経済規模の拡大によるエネルギー、食料、水資源の需要増大が、新たな紛争の原因となるおそれもある。

これらの問題は、国際社会の平和と安定に影響をもたらす可能性があり、我が国としても、人間の安全保障の理念に立脚した施策等を推進する必要がある。

（6）リスクを抱えるグローバル経済

グローバル経済においては、世界経済から切り離された自己完結的な経済は存在し難く、一国の経済危機が世界経済全体に伝播するリスクが高まっている。こうした傾向は、金融経済において顕著にみられる。また、分業化を背景に国境を越えてバリューチェーン・サプライチェーンが構築されている今日においては、実体経済においても同様の傾向が生じている。

このような状況の下で、財政問題の懸念や新興国経済の減速等も生じており、新興国や開発途上国の一部からは、保護主義的な動きや新たな貿易ルール作りに消極的な姿勢も見られるようになっている。

さらに、近年、エネルギー分野における技術革新が進展する中、資源国による資源ナショナリズムの高揚や、新興国を中心としたエネルギー・鉱物資源の需要増加とそれに伴う資源獲得競争の激化等が見られる。また、食料や水についても、気候変動に伴う地球環境問題の深刻化もあり、世界的な需給の逼迫や一時的な供給問題発生のリスクが存在する。

2　アジア太平洋地域における安全保障環境と課題

（1）アジア太平洋地域の戦略環境の特性

グローバルなパワーバランスの変化は、国際社会におけるアジア太平洋地域の重要性を高め、安全保障面における協力の機会を提供すると同時に、この地域における問題・緊張も生み出している。

特に北東アジア地域には、大規模な軍事力を有する国家等が集中し、核兵器を保有又は核開発を継続する国家等も存在する一方、安全保障面の地域協力枠組みは十分に制度化されていない。域内各国の政治・経済・社会体制の違いは依然として大きく、このために各国の安全保障観が多様である点も、この地域の戦略環境の特性である。

こうした背景の下、パワーバランスの変化に伴い生じる問題や緊張に加え、領域主権や権益等をめぐり、純然たる平時でも有事でもない事態、いわばグレーゾーンの事態が生じやすく、これが更に重大な事態に転じかねないリスクを有している。

一方、アジア太平洋地域においては、域内諸国の二国間交流と協力の機会の増加がみられるほか、ASEAN地域フォーラム（ARF）等の多国間の安全保障対話や二国間・多国間の共同訓練等も行われ、相互理解の深化と共同対処能力の向上につながっている。地域の安定を確保するためには、こうした重層的な取組を一層促進・発展させていくことが重要である。

（2）北朝鮮の軍事力の増強と挑発行為

朝鮮半島においては、韓国と北朝鮮双方の大規模な軍事力が対峙している。北朝鮮は、現在も深刻な経済困難に直面しており、人権状況も全く改善しない一方で、軍事面に資源を重点的に配分している。

また、北朝鮮は、核兵器を始めとする大量破壊兵器や弾道ミサイルの能力を増強するとともに、朝鮮半島における軍事的な挑発行為や我が国に対するものも含め様々な挑発的言動を繰り返し、地域の緊張を高めている。

特に北朝鮮による米国本土を射程に含む弾道ミサイルの開発や、核兵器の小型化及び弾道ミサイルへの搭載の試みは、我が国を含む地域の安全保障に対する脅威を質的に深刻化させるものである。また、大量破壊兵器等の不拡散の観点からも、国際社会全体にとって深刻な課題となっている。

さらに、金正恩国防委員会第一委員長を中心とする体制確立が進められる中で、北朝鮮内の情勢も引き続き注視していく必要がある。

加えて、北朝鮮による拉致問題は我が国の主権と国民の生命・安全に関わる重大な問題であり、国の責任において解決すべき喫緊の課題である。また、基本的人権の侵害という国際社会の普遍的問題である。

（3）中国の急速な台頭と様々な領域への積極的進出

中国は、国際的な規範を共有・遵守するとともに、地域やグローバルな課題に対して、より積極的かつ協調的な役割を果たすことが期待されている。一方、継続する高い国防費の伸びを背景に、十分な透明性を欠いた中で、軍事力を広範かつ急速に強化している。加えて、中国は、東シナ海、南シナ海等の海空域において、既存の国際法秩序とは相容れない独自の主張に基づき、力による現状変更の試みとみられる対応を示している。とりわけ、我が国の尖閣諸島付近の領海侵入及び領空侵犯を始めとする我が国周辺海空域における活動を急速に拡大・活発化させるとともに、東シナ海において独自の「防空識別区」を設定し、公海上空の飛行の自由を妨げるような動きを見せている。

こうした中国の対外姿勢、軍事動向等は、その軍事や安全保障政策に関する透明性の不足とあいまって、我が国を含む国際社会の懸念事項となっており、中国の動向について慎重に注視していく必要がある。

また、台湾海峡を挟んだ両岸関係は、近年、経済分野を中心に結びつきを深めている。一方、両岸の軍事バランスは変化しており、両岸関係には安定化の動きと潜在的な不安定性が併存している。

Ⅳ　我が国がとるべき国家安全保障上の戦略的アプローチ

国家安全保障の確保のためには、まず我が国自身の能力とそれを発揮し得る基盤を強化するとともに、自らが果たすべき役割を着実に果たしつつ、状況の変化に応じ、自身の能力を適応させていくことが必要である。

経済力及び技術力の強化に加え、外交力、防衛力等を強化し、国家安全保障上の我が国の強靱性を高めることは、アジア太平洋地域を始めとする国際社会の平和と安定につながるものである。これは、本戦略における戦略的アプローチの中核をなす。

また、国家安全保障上の課題を克服し、目標を達成するためには、国際協調主義に基づく積極的平和主義の立場から、日米同盟を基軸としつつ、各国との協力関係を拡大・深化させるとともに、我が国が有する多様な資源を有効に活用し、総合的な施策を推進する必要がある。

こうした観点から、外交政策及び防衛政策を中心とした我が国がとるべき戦略的アプローチを以下のとおり示す。

1　我が国の能力・役割の強化・拡大

（1）安定した国際環境創出のための外交の強化

国家安全保障の要諦は、安定しかつ見通しがつきやすい国際環境を創出し、脅威の出現を未然に防ぐことである。国際協調主義に基づく積極的平和主義の下、国際社会の平和と安定及び繁栄の実現に我が国が一層積極的な役割を果たし、我が国にとって望ましい国際秩序や安全保障環境を実現していく必要がある。

そのために、刻一刻と変化する安全保障環境や国際社会の潮流を分析する力がまず必要である。その上で、発生する事象や事件への受け身の対応に追われるのではなく、国際社会の課題を主導的に設定し、能動的に我が国の国益を増進していく力を蓄えなければならない。その中で我が国や我が国国民の有する様々な力や特性を効果的に活用して、我が国の主張を国際社会に浸透させ、我が国の立場への支持を集める外交的な創造力及び交渉力が必要である。また、我が国の魅力を活かし、国際社会に利益をもたらすソフトパワーの強化や我が国企業や国民のニーズを感度高く把握し、これらのグローバルな展開をサポートする力の充実が重要である。加えて国連を始めとする国際機関に対し、邦人職員の増強も含め、より積極的な貢献を行っていくことが積極的平和主義を進める我が国の責務である。このような力強い外交を推進していくため、外交実施体制の強化を図っていく。外交の強化は、国家安全保障の確保を実現するために不可欠である。

（2）我が国を守り抜く総合的な防衛体制の構築

我が国に直接脅威が及ぶことを防止し、脅威が及ぶ場合にはこれを排除するという、国家安全保障の最終的な担保となるのが防衛力であり、これを着実に整備する。

我が国を取り巻く厳しい安全保障環境の中において、我が国の平和と安全を確保するため、戦略環境の変化や国力国情に応じ、実効性の高い統合的な防衛力を効率的に整備し、統合運用を基本とする柔軟かつ即応性の高い運用に努めるとともに、政府機関のみならず地方公共団体や民間部門との間の連携を深めるなど、武力攻撃事態等から大規模自然災害に至るあらゆる事態にシームレスに対応するための総合的な体制を平素から構築していく。

その中核を担う自衛隊の体制整備に当たっては、本戦略を踏まえ、防衛計画の大綱及び中期防衛力整備計画を含む計画体系の整備を図るとともに、統合的かつ総合的な視点に立って重要となる機能を優先しつつ、各種事態の抑止・対処のための体制を強化する。

加えて、核兵器の脅威に対しては、核抑止力を中心とする米国の拡大抑止が不可欠であり、その信頼性の維持・強化のために、米国と緊密に連携していくとともに、併せて弾道ミサイル防衛や国民保護を含む我が国自身の取組により適切に対応する。

（3）領域保全に関する取組の強化

我が国領域を適切に保全するため、上述した総合的な防衛体制の構築のほか、領域警備に当たる法執行機関の能力強化や海洋監視能力の強化を進める。加えて、様々な不測の事態にシームレスに対応できるよう、関係省庁間の連携を強化する。

また、我が国領域を確実に警備するために必要な課題について不断の検討を行い、実効的な措置を講ずる。

さらに、国境離島の保全、管理及び振興に積極的に取り組むとともに、国家安全保障の観点から国境離島、防衛施設周辺等における土地所有の状況把握に努め、土地利用等の在り方について検討する。

（4）海洋安全保障の確保

海洋国家として、各国と緊密に連携しつつ、力ではなく、航行・飛行の自由や安全の確保、国際法にのっとった紛争の平和的解決を含む法の支配といった基本ルールに基づく秩序に支えられた「開かれ安定した海洋」の維持・発展に向け、主導的な役割を発揮する。具体的には、シーレーンにおける様々な脅威に対して海賊対処等の必要な措置をとり、海上交通の安全を確保するとともに、各国との海洋安全保障協力を推進する。

また、これらの取組に重要な我が国の海洋監視能力について、国際的ネットワークの構築に留意しつつ、宇宙の活用も含めて総合的に強化する。さらに、海洋安全保障に係る二国間・多国間の共同訓練等の協力の機会の増加と質の向上を図る。

特にペルシャ湾及びホルムズ海峡、紅海及びアデン湾からインド洋、マラッカ海峡、南シナ海を経て我が国近海に至るシーレーンは、資源・エネルギーの多くを中東地域からの海上輸送に依存している我が国にとって重要であることから、これらのシーレーン沿岸国等の海上保安能力の向上を支援するとともに、我が国と戦略的利害を共有するパートナーとの協力関係を強化する。

（5）サイバーセキュリティの強化

サイバーセキュリティを脅かす不正行為からサイバー空間を守り、その自由かつ安全な利用を確保する。また、国家の関与が疑われるものを含むサイバー攻撃から我が国の重要な社会システムを防護する。このため、国全体として、組織・分野横断的な取組を総合的に推進し、サイバー空間の防護及びサイバー攻撃への対応能力の一層の強化を図る。

そこで、平素から、リスクアセスメントに基づくシステムの設計・構築・運用、事案の発生の把握、被害の拡大防止、原因の分析究明、類似事案の発生防止等の分野において、官民の連携を強化する。また、セキュリティ人材層の強化、制御システムの防護、サプライチェーンリスク問題への対応についても総合的に検討を行い、必要な措置を講ずる。

さらに、国全体としてサイバー防護・対応能力を一層強化するため、関係機関の連携強化と役割分担の明確化を図るとともに、サイバー事象の監査・調査、感知・分析、国際調整等の機能の向上及びこれらの任務を担う組織の強化を含む各種施策を推進する。

かかる施策の推進に当たっては、幅広い分野における国際連携の強化が不可欠である。このため、技術・運用両面における国際協力の強化のための施策を講ずる。また、関係国との情報共有の拡大を図るほか、サイバー防衛協力を推進する。

（6）国際テロ対策の強化

原子力関連施設の安全確保等の国内における国際テロ対策の徹底はもとより、世界各地で活動する在留邦人等の安全を確保するため、民間企業が有する危険情報がより効果的かつ効率的に共有されるような情報交換・協力体制を構築するとともに、平素からの国際テロ情勢に関する分析体制や海外における情報収集能力の強化を進めるなど、国際テロ対策を強化する。

（7）情報機能の強化

国家安全保障に関する政策判断を的確に支えるため、人的情報、公開情報、電波情報、画像情報等、多様な情報源に関する情報収集能力を抜本的に強化する。また、各種情報を融合・処理した地理空間情報の活用も進める。

さらに、高度な能力を有する情報専門家の育成を始めとする人的基盤の強化等により、情報分析・集約・共有機能を高め、政府が保有するあらゆる情報手段を活用した総合的な分析（オール・ソース・アナリシス）を推進する。

加えて、外交・安全保障政策の司令塔となるNSCに資料・情報を適時に提供し、政策に適切に反映していくこと等を通じ、情報サイクルを効果的に稼働させる。

こうした情報機能を支えるため、特定秘密の保護に関する法律の下、政府横断的な情報保全体制の整備等を通じ、カウンター・インテリジェンス機能を強化する。

（8）防衛装備・技術協力

平和貢献・国際協力において、自衛隊が携行する重機等の防衛装備品の活用や被災国等への供与（以下「防衛装備品の活用等」という。）を通じ、より効果的な協力ができる機会が増加している。また、防衛装備品の高性能化を実現しつつ、費用の高騰に対応するため、国際共同開発・生産が国際的主流となっている。こうした中、国際協調主義に基づく積極的平和主義の観点から、防衛装備品の活用等による平和貢献・国際協力に一層積極的に関与するとともに、防衛装備品等の共同開発・生産等に参画することが求められている。

こうした状況を踏まえ、武器輸出三原則等がこれまで果たしてきた役割にも十分配意した上で、移転を禁止する場合の明確化、移転を認め得る場合の限定及び厳格審査、目的外使用及び第三国移転に係る適正管理の確保等に留意しつつ、武器等の海外移転に関し、新たな安全保障環境に適合する明確な原則を定めることとする。

（9）宇宙空間の安定的利用の確保及び安全保障分野での活用の推進

宇宙空間の安定的利用を図ることは、国民生活や経済にとって必要不可欠であるのみならず、国家安全保障においても重要である。宇宙開発利用を支える科学技術や産業基盤の維持向上を図るとともに、安全保障上の観点から、宇宙空間の活用を推進する。

特に情報収集衛星の機能の拡充・強化を図る。また、自衛隊の部隊の運用、情報の収集・分析、海洋の監視、情報通信、測位といった分野において、我が国等が保有する各種の衛星の有効活用を図るとともに、宇宙空間の状況監視体制の確立を図る。

また、衛星製造技術等の宇宙開発利用を支える技術を含め、宇宙開発利用の推進に当たっては、中長期的な観点から、国家安全保障に資するように配意するものとする。

（10）技術力の強化

我が国の高い技術力は、経済力や防衛力の基盤であることはもとより、国際社会が我が国に強く求める価値ある資源でもある。このため、デュアル・ユース技術を含め、一層の技術の振興を促し、我が国の技術力の強化を図る必要がある。

技術力強化のための施策の推進に当たっては、安全保障の視点から、技術開発関連情報等、科学技術に関する動向を平素から把握し、産学官の力を結集させて、安全保障分野においても有効に活用するように努めていく。

さらに、我が国が保有する国際的にも優れた省エネルギーや環境関連の技術等は、国際社会と共に我が国が地球規模課題に取り組む上で重要な役割を果たすものであり、これらを外交にも積極的に活用していく。

2　日米同盟の強化

日米安全保障体制を中核とする日米同盟は、過去60年余にわたり、我が国の平和と安全及びアジア太平洋地域の平和と安定に不可欠な役割を果たすとともに、近年では、国際社会の平和と安定及び繁栄にもより重要な役割を果たしてきた。

日米同盟は、国家安全保障の基軸である。米国にとっても、韓国、オーストラリア、タイ、フィリピンといった地域諸国との同盟のネットワークにおける中核的な要素として、同国のアジア太平洋戦略の基盤であり続けてきた。

こうした日米の緊密な同盟関係は、日米両国が自由、民主主義、基本的人権の尊重、法の支配といった普遍的価値や戦略的利益を共有していることによって支えられている。また、我が国が地理的にも、米国のアジア太平洋地域への関与を支える戦略的に重要な位置にあること等にも支えられている。

上記のような日米同盟を基盤として、日米両国は、首脳・閣僚レベルを始め、様々なレベルで緊密に連携し、二国間の課題のみならず、北朝鮮問題を含むアジア太平洋地域情勢や、テロ対策、大量破壊兵器の不拡散等のグローバルな安全保障上の課題についても取り組んできている。

また、日米両国は、経済分野においても、後述する環太平洋パートナーシップ（TPP）協定交渉等を通じて、ルールに基づく、透明性が高い形でのアジア太平洋地域の経済的繁栄の実現を目指している。

このように、日米両国は、二国間のみならず、アジア太平洋地域を始めとする国際社会全体の平和と安定及び繁栄のために、多岐にわたる分野で協力関係を不断に強化・拡大させてきた。

また、我が国が上述したとおり安全保障面での取組を強化する一方で、米国としても、アジア太平洋地域を重視する国防戦略の下、同地域におけるプレゼンスの充実、さらには、我が国を始めとする同盟国等との連携・協力の強化を志向している。

今後、我が国の安全に加え、アジア太平洋地域を始めとする国際社会の平和と安定及び繁栄の維持・増進を図るためには、日米安全保障体制の実効性を一層高め、より多面的な日米同盟を実現していく必要がある。このような認識に立って、我が国として以下の取組を進める。

（1）幅広い分野における日米間の安全保障・防衛協力の更なる強化

我が国は、我が国自身の防衛力の強化を通じた抑止力の向上はもとより、米国による拡大抑止の提供を含む日米同盟の抑止力により、自国の安全を確保している。

米国との間で、具体的な防衛協力の在り方や、日米の役割・任務・能力（RMC）の考え方等についての議論を通じ、本戦略を踏まえた各種政策との整合性を図りつつ、「日米防衛協力のための指針」の見直しを行う。

また、共同訓練、共同の情報収集・警戒監視・偵察（ISR）活動及び米軍・自衛隊の施設・区域の共同使用を進めるほか、事態対処や中長期的な戦略を含め、各種の運用協力及び政策調整を緊密に行う。加えて、弾道ミサイル防衛、海洋、宇宙空間、サイバー空間、大規模災害対応等の幅広い安全保障分野における協力を強化して、日米同盟の抑止力及び対処力を向上させていく。

さらに、相互運用性の向上を含む日米同盟の基盤の強化を図るため、装備・技術面での協力、人的交流等の多面的な取組を進めていく。

（2）安定的な米軍プレゼンスの確保

日米安全保障体制を維持・強化するためには、アジア太平洋地域における米軍の最適な兵力態勢の実現に向けた取組に我が国も主体的に協力するとともに、抑止力を維持・向上させつつ、沖縄を始めとする地元における負担を軽減することが重要である。

その一環として、在日米軍駐留経費負担を始めとする様々な施策を通じ、在日米軍の円滑かつ効果的な駐留を安定的に支えつつ、在沖縄米海兵隊のグアム移転の推進を始め、在日米軍再編を日米合意に従って着実に実施するとともに、地元との関係に留意しつつ、自衛隊及び米軍による施設・区域の共同使用等を推進する。

また、在日米軍施設・区域の周辺住民の負担を軽減するための措置を着実に実施する。特に沖縄県については、国家安全保障上極めて重要な位置にあり、米軍の駐留が日米同盟の抑止力に大きく寄与している一方、在日米軍専用施設・区域の多くが集中していることを踏まえ、普天間飛行場の移設を含む負担軽減のための取組に最大限努力していく。

3 国際社会の平和と安定のためのパートナーとの外交・安全保障協力の強化

我が国を取り巻く安全保障環境の改善には、上述したように政治・経済・安全保障の全ての面での日米同盟の強化が不可欠であるが、これに加え、そのために重要な役割を果たすアジア太平洋地域内外のパートナーとの信頼・協力関係を以下のように強化する。

(1) 韓国、オーストラリア、ASEAN諸国及びインドといった我が国と普遍的価値と戦略的利益を共有する国との協力関係を、以下のとおり強化する。

一、隣国であり、地政学的にも我が国の安全保障にとって極めて重要な韓国と緊密に連携することは、北朝鮮の核・ミサイル問題への対応を始めとする地域の平和と安定にとって大きな意義がある。このため、未来志向で重層的な日韓関係を構築し、安全保障協力基盤の強化を図る。特に日米韓の三か国協力は、東アジアの平和と安定を実現する上で鍵となる枠組みであり、北朝鮮の核・ミサイル問題への協力を含め、これを強化する。さらに、竹島の領有権に関する問題については、国際法にのっとり、平和的に紛争を解決するとの方針に基づき、粘り強く外交努力を行っていく。

一、地域の重要なパートナーであるオーストラリアとは、普遍的価値のみならず、戦略的利益や関心も共有する。二国間の相互補完的な経済関係の強化に加えて、戦略認識の共有、安全保障協力を着実に進め、戦略的パートナーシップを強化する。また、アジア太平洋地域の秩序の形成や国際社会の平和と安定の維持・強化のための取組において幅広い協力を推進する。その際、日米豪の三か国協力の枠組みも適切に活用する。

一、経済成長及び民主化が進展し、文化的多様性を擁し、我が国のシーレーンの要衝を占める地域に位置するASEAN諸国とは、四〇年以上にわたる伝統的なパートナーシップに基づき、政治・安全保障分野を始めあらゆる分野における協力を深化・発展させる。ASEANがアジア太平洋地域全体の平和と安定及び繁栄に与える影響を踏まえ、ASEANの一体性の維持・強化に向けた努力を一層支援する。また、南シナ海問題についての中国との行動規範（COC）の策定に向けた動き等、紛争を力ではなく、法とルールにのっとって解決しようとする関係国の努力を評価し、効果的かつ法的拘束力を持つ規範が策定されるよう支援する。

一、世界最大となることが見込まれている人口と高い経済成長や潜在的経済力を背景に影響力を増し、我が国のシーレーンの中央に位置する等地政学的にも重要なインドとは、二国間で構築された戦略的グローバル・パートナーシップに基づいて、海洋安全保障を始め幅広い分野で関係を強化していく。

(2) 我が国と中国との安定的な関係は、アジア太平洋地域の平和と安定に不可欠の要素である。大局的かつ中長期的見地から、政治・経済・金融・安全保障・文化・人的交流等あらゆる分野において日中で

「戦略的互恵関係」を構築し、それを強化できるよう取り組んでいく。特に中国が、地域の平和と安定及び繁栄のために責任ある建設的な役割を果たし、国際的な行動規範を遵守し、急速に拡大する国防費を背景とした軍事力の強化に関して開放性及び透明性を向上させるよう引き続き促していく。その一環として、防衛交流の継続・促進により、中国の軍事・安全保障政策の透明性の向上を図るとともに、不測の事態の発生の回避・防止のための枠組みの構築を含めた取組を推進する。また、中国が、我が国を含む周辺諸国との間で、独自の主張に基づき、力による現状変更の試みとみられる対応を示していることについては、我が国としては、事態をエスカレートさせることなく、中国側に対して自制を求めつつ、引き続き冷静かつ毅然として対応していく。

（3）北朝鮮問題に関しては、関係国と緊密に連携しつつ、六者会合共同声明や国連安全保障理事会（安保理）決議に基づく非核化等に向けた具体的行動を北朝鮮に対して求めていく。また、日朝関係については、日朝平壌宣言に基づき、拉致・核・ミサイルといった諸懸案の包括的な解決に向けて、取り組んでいく。とりわけ、拉致問題については、この問題の解決なくして北朝鮮との国交正常化はあり得ないとの基本認識の下、一日も早いすべての拉致被害者の安全確保及び即時帰国、拉致に関する真相究明、拉致実行犯の引渡しに向けて、全力を尽くす。

（4）東アジア地域の安全保障環境が一層厳しさを増す中、安全保障及びエネルギー分野を始めあらゆる分野でロシアとの協力を進め、日露関係を全体として高めていくことは、我が国の安全保障を確保する上で極めて重要である。このような認識の下、アジア太平洋地域の平和と安定に向けて連携していくとともに、最大の懸案である北方領土問題については、北方四島の帰属の問題を解決して平和条約を締結するとの一貫した方針の下、精力的に交渉を行っていく。

（5）これらの取組に当たっては、ＡＰＥＣから始まり、ＥＡＳ、ＡＳＥＡＮ＋3、ＡＲＦ、拡大ＡＳＥＡＮ国防相会議（ＡＤＭＭプラス）、環太平洋パートナーシップ（ＴＰＰ）といった機能的かつ重層的に構築された地域協力の枠組み、あるいは日米韓、日米豪、日米印といった三か国間の枠組みや、地理的に近接する経済大国である日中韓の枠組みを積極的に活用する。また、我が国としてこれらの枠組みの発展に積極的に寄与していく。さらに、将来的には東アジアにおいてより制度的な安全保障の枠組みができるよう、我が国としても適切に寄与していく。

（6）モンゴル、中央アジア諸国、南西アジア諸国、太平洋島しょ国、ニュージーランド、カナダ、メキシコ、コロンビア、ペルー、チリといったアジア太平洋地域の友好諸国とアジア太平洋地域の安定の確保に向けて協力する。太平洋に広大な排他的経済水域と豊富な海洋資源を有する太平洋島しょ国とは、太平洋・島サミット等を通じ海洋協力を含む様々な分野で協力を強化する。

（7）国際社会の平和と安定に向けて重要な役割を果たすアジア太平洋地域外の諸国と協力関係を強化する。

一、欧州は、国際世論形成力、主要な国際的枠組みにおける規範形成力、そして大きな経済規模を擁しており、英国、フランス、ドイツ、イタリア、スペイン、ポーランドを始めとする欧州諸国は、我が国と自由、民主主義、基本的人権の尊重、法の支配といった普遍的価値や市場経済等の原則を共有し、国際社会の平和と安定及び繁栄に向けて共に主導的な役割を果たすパートナーである。国際社会のパワーバランスが変化している中で、普遍的価値やルールに基づく国際秩序を構築し、グローバルな諸課題に効果的に対処し、平和で繁栄する国際社会を構築するための我が国の政策を実現していくために、ＥＵ、ＮＡＴＯ、ＯＳＣＥとの協力を含め、欧州との関係を更に強化していく。また、我が国が民主化に貢献してきた東欧諸国及びバルト諸国並びにコーカサス諸国と関係を強化する。

一、ブラジル、メキシコ、トルコ、アルゼンチン、南アフリカといった新興国は、国際経済のみならず、国際政治でもその存在感を増しつつあり、二国間関係にとどまらず、グローバルな課題についての協力を推進する。

一、中東の安定は、我が国にとって、エネルギーの安定供給に直結する国家の生存と繁栄に関わる問題である。湾岸諸国は、我が国にとって最大の原油の供給源であるが、中東の安定を確保するため、これらの国と資源・エネルギーを中心とする関係を超えた幅広い分野での経済面、更には政治・安全保障分野での協力も含めた重層的な協力関係の構築に取り組む。「アラブの春」に端を発するアラブ諸国の民主化の問題、シリア情勢、イランの核問題、中東和平、アフガニスタンの平和構築といった中東の安定に重要な問題の解決に向けて、我が国として積極的な役割を果たす。その際、米国、欧州諸国、サウジアラビア、トルコといった中東地域で重要な役割を果たしている国と協調する。

一、戦略的資源を豊富に有し、経済成長を持続しているアフリカは有望な経済フロンティアであると同時に国際社会における発言権を強めており、TICADプロセス等を通じて、アフリカの発展と平和の定着に引き続き貢献する。また、国際場裏での協力を推進していく。

4　国際社会の平和と安定のための国際的努力への積極的寄与

我が国は、国際協調主義に基づく積極的平和主義の立場から、国際社会の平和と安定のため、積極的な役割を果たしていく。

（1）国連外交の強化

国連は、安保理による国際の平和及び安全の維持・回復のための集団安全保障制度を中核として設置されたが、同制度は当初の想定どおりには十分に機能してきていない。

他方、国連は幅広い諸国が参加する普遍性、専門性に支えられた正統性という強みを活かして世界の平和と安全のために様々な取組を主導している。特に冷戦終結以降、国際の平和と安全の維持・回復の分野における国連の役割はますます高まっている。

我が国として、これまで安保理の非常任理事国を幾度も務めた経験を踏まえ、国連における国際の平和と安全の維持・回復に向けた取組に更に積極的に寄与していく。

また、国連のPKOや集団安全保障措置及び予防外交や調停等の外交的手段のみならず、紛争後の緊急人道支援から復旧復興支援に至るシームレスな支援、平和構築委員会を通じた支援等、国連が主導する様々な取組に、より積極的に寄与していく。

同時に、集団安全保障機能の強化を含め、国連の実効性と正統性の向上の実現が喫緊の課題であり、常任・非常任双方の議席拡大及び我が国の常任理事国入りを含む安保理改革の実現を追求する。

（2）法の支配の強化

法の支配の擁護者として引き続き国際法を誠実に遵守するのみならず、国際社会における法の支配の強化に向け、様々な国際的なルール作りに構想段階から積極的に参画する。その際、公平性、透明性、互恵性を基本とする我が国の理念や主張を反映させていく。

また、国際司法機関に対する人材・財政面の支援、各国に対する法制度整備支援等に積極的に取り組む。

特に海洋、宇宙空間及びサイバー空間における法の支配の実現・強化について、関心を共有する国々との政策協議を進めつつ、国際規範形成や、各国間の信頼醸成措置に向けた動きに積極的に関与する。また、開発途上国の能力構築に一層寄与する。

一、海洋については、地域的取組その他の取組を推進し、力ではなく法とルールが支配する海洋秩序を強化することが国際社会全体の平和と繁栄に不可欠との国際的な共有認識の形成に向けて主導的役割を発揮する。

一、宇宙空間については、自由なアクセス及び活用を確保することが重要であるとの考え方に基づき、衛星破壊実験の防止や衛星衝突の回避を目的とする国際行動規範策定に向けた努力に積極的に参加し、宇宙空間の安全かつ安定的な利用の確保を図る。

一、サイバー空間については、情報の自由な流通の確保を基本とする考え方の下、その考えを共有する国と連携し、既存の国際法の適用を前提とした国際的なルール作りに積極的に参画するとともに、開発途上国への能力構築支援を積極的に行う。

（3）軍縮・不拡散に係る国際努力の主導

我が国は、世界で唯一の戦争被爆国として、「核兵器のない世界」の実現に向けて引き続き積極的に取り組む。

北朝鮮による核開発及び弾道ミサイル開発の進展がもたらす脅威や、アジア太平洋地域における将来の核戦力バランスの動向、軍事技術の急速な進展を踏まえ、日米同盟の下での拡大抑止への信頼性維持と整合性をとりつつ、北朝鮮による核・ミサイル開発問題やイランの核問題の解決を含む軍縮・不拡散に向けた国際的取組を主導する。

また、武器や軍事転用可能な資機材、技術等が、懸念国家等に拡散することを防止するため、国際輸出管理レジームにおける議論への積極的な参画を含め、関係国と協調しつつ、安全保障の観点に立った輸出管理の取組を着実に実施する。さらに、小型武器や対人地雷等の通常兵器に関する国際的な取組においても、積極的に対応する。

（4）国際平和協力の推進

我が国は二〇年以上にわたり、国際平和協力のため、カンボジア、ゴラン高原、東ティモール、ネパール、南スーダン等、様々な地域に自衛隊を始めとする要員を派遣し、その実績は内外から高い評価を得てきた。

今後、国際協調主義に基づく積極的平和主義の立場から、我が国に対する国際社会からの評価や期待も踏まえ、ＰＫＯ等に一層積極的に協力する。その際、ＯＤＡ事業との連携を図るなど活動の効果的な実施に努める。

また、ＯＤＡや能力構築支援の更なる戦略的活用やＮＧＯとの連携を含め、安全保障関連分野でのシームレスな支援を実施するため、これまでのスキームでは十分対応できない機関への支援も実施できる体制を整備する。

さらに、これまでの経験を活用した平和構築人材の育成や、各国ＰＫＯ要員の育成も政府一体となって積極的に行う。これらの取組を行うに当たっては、米国、オーストラリア、欧州等同分野での経験を有する関係国等とも緊密に連携を図る。

（5）国際テロ対策における国際協力の推進

テロはいかなる理由をもってしても正当化できず、強く非難されるべきものであり、国際社会が一体となって断固とした姿勢を示すことが重要である。

国際テロ情勢や国際テロ対策協力に関する各国との協議や意見交換、テロリストを厳正に処罰するための国際的な法的枠組みの強化、テロ対処能力が不十分な開発途上国に対する支援等に積極的に取り組み、国家安全保障の観点から国際社会と共に国際テロ対策を推進していく。

また、不法な武器、薬物の取引や誘拐等、組織犯罪の収益がテロリストの重要な資金源になっており、テロと国際組織犯罪は密接な関係を有している。こうした認識を踏まえ、国際組織犯罪を防止し、これと闘うための国際協力・途上国支援を強化していく。

5　**地球規模課題解決のための普遍的価値を通じた協力の強化**

国際社会の平和と安定及び繁栄の基盤を強化するため、普遍的価値の共有、開かれた国際経済システムの強化を図り、貧困、エネルギー問題、格差の拡大、気候変動、災害、食料問題といった国際社会の平和と安定の阻害要因となりかねない開発問題や地球規模課題の解決に向け、ＯＤ

Aの積極的・戦略的活用を図りつつ、以下の取組を進める。

（1） 普遍的価値の共有

自由、民主主義、女性の権利を含む基本的人権の尊重、法の支配といった普遍的価値を共有する国々との連帯を通じグローバルな課題に貢献する外交を展開する。

一九九〇年代に東欧諸国やＡＳＥＡＮ諸国で始まり、二〇一〇年代初頭にアラブ諸国に至った世界における民主化の流れは、グローバル化や市場経済化の急速な進展とあいまって、もはや不可逆的なものとなっている。

一方、「アラブの春」に見られるように、民主化は必ずしもスムーズに進んでいるわけではない。我が国は、先進自由民主主義国家として、人間の安全保障の理念も踏まえつつ、民主化支援、法制度整備支援及び人権分野での支援にＯＤＡを積極的に活用し、また、人権対話等を通じ国際社会における人権擁護の潮流の拡大に貢献する。

また、女性に関する外交課題に積極的に取り組む。具体的には、紛争予防・平和構築における女性の役割拡大や社会進出促進等について、国際社会と協力していく。

（2） 開発問題及び地球規模課題への対応と「人間の安全保障」の実現

我が国は、これまでＯＤＡを活用して、世界の開発問題に積極的に取り組み、国際社会から高い評価を得てきた。開発問題への対応はグローバルな安全保障環境の改善にも資するものであり、国際協調主義に基づく積極的平和主義の一つの要素として、今後とも一層強化する必要がある。

こうした点を踏まえるとともに、「人間の安全保障」の実現に資するため、ＯＤＡを戦略的・効果的に活用し、国際機関やＮＧＯを始めとする多様なステークホルダーと連携を図りつつ、ミレニアム開発目標（ＭＤＧｓ）の達成に向け、貧困削減、国際保健、教育、水等の分野における取組を強化する。

また、新たな国際開発目標（ポスト二〇一五年開発アジェンダ）の策定にも主導的役割を果たす。さらに、「人間の安全保障」の実現について、これまで我が国のイニシアティブとして国際社会でも主導的な役割を果たしている。今後とも、国際社会におけるその理念の主流化を一層促す。

我が国は、阪神大震災、東日本大震災を始めとする幾多の自然災害に見舞われてきた。その教訓・経験を広く共有するとともに、世界各地において災害が巨大化し、頻発していることも踏まえ、防災分野での国際協力を主導し、災害に強い強靭な社会を世界中に広めていく。

（3） 開発途上国の人材育成に対する協力

開発途上国から、将来指導者となることが期待される優秀な学生や行政官を含む幅広い人材を我が国に招致し、その経験や知見を学ぶとともに、我が国の制度や技術・ノウハウに関する教育訓練を提供する。こうした取組により、我が国との相互理解を促進し、出身国の持続的な経済・社会発展に役立てるための人材育成をより一層推進する。

また、人材育成で培ったネットワークの維持・発展を図り、協力関係の基盤の拡大と強化に役立てる。

（4） 自由貿易体制の維持・強化

開放的でルールに基づいた国際経済システムを拡大し、その中で我が国が主要プレーヤーであり続けることは、世界経済の発展や我が国の経済的繁栄を確保していく上で不可欠である。

このような観点を踏まえながら、包括的で高い水準の貿易協定を目指すＴＰＰ協定、日ＥＵ経済連携協定（ＥＰＡ）、日中韓自由貿易協定（ＦＴＡ）及び東アジア地域包括的経済連携（ＲＣＥＰ）を始めとする経済連携を推進し、世界経済の成長に寄与するとともに、その成長を取り込むことによって我が国の成長につなげていく。

また、こうした取組を通じた、アジア太平洋地域での貿易・投資面でのルール作りは、この地域の活力と繁栄を強化するものであり、安全保障面での安定した環境の基礎を強化する戦略的意義を有する。

このような二一世紀型のＥＰＡを結んでいくことにより、新たな貿易自由化の魅力的な先進事例を示すこととなり、ＷＴＯを基盤とする多角的貿易体制における世界規模の貿易自由化も促進していくことが期待される。

（５）エネルギー・環境問題への対応

エネルギーを含む資源の安定供給は活力ある我が国の経済にとって不可欠であり、国家安全保障上の課題である。資源の安定的かつ安価な供給を確保するため必要な外交的手段を積極的に活用し、各国の理解を得つつ、供給源の多角化等の取組を行っていく。

気候変動分野では、国内の排出削減に向けた一層の取組を行う。優れた環境エネルギー技術や途上国支援等の我が国の強みをいかした攻めの地球温暖化外交戦略（「Actions for Cool Earth（ＡＣＥ　エース）」）を展開する。また、全ての国が参加する公平かつ実効的な新たな国際枠組み構築に積極的に関与し、世界全体で排出削減を達成し、気候変動問題の解決に寄与する。

（６）人と人との交流の強化

人と人との交流は、相手国との相互理解や友好関係を増進し国家間の関係を確固たるものとさせる。加えて、国際社会における我が国に対する適切な理解を深め、安定的で友好的な安全保障環境を整備していく上でも有意義である。

このような観点から、特に双方向の青少年の交流を拡大するための施策を実施し、将来にわたって各国との関係を強化していく。例えば、文化的多様性を残しつつ地域統合が進んでいるＡＳＥＡＮとは友好協力四〇周年を迎えたところであり、今後、交流事業の更なる活性化を通じて、相互理解を一層促進していく。

また、二〇二〇年に開催される東京オリンピック・パラリンピック競技大会といった世界共通の関心を集めるイベントを活用しつつ、スポーツや文化を媒体とした交流を促進し、個人レベルでの友好関係を構築し、深めていく。

6　国家安全保障を支える国内基盤の強化と内外における理解促進

国家安全保障を十全に確保するためには、外交力及び防衛力を中心とする能力の強化に加え、これらの能力が効果的に発揮されることを支える国内基盤を整備することが不可欠である。

また、国家安全保障を達成するためには、国家安全保障政策に対する国際社会や国民の広範な理解を得ることが極めて重要であるとの観点をも踏まえ、以下の取組を進める。

（１）防衛生産・技術基盤の維持・強化

防衛生産・技術基盤は、防衛装備品の研究開発、生産、運用、維持整備等を通じて防衛力を支える重要な要素である。限られた資源で防衛力を安定的かつ中長期的に整備、維持及び運用していくため、防衛装備品の効果的・効率的な取得に努めるとともに、国際競争力の強化を含めた我が国の防衛生産・技術基盤を維持・強化していく。

（２）情報発信の強化

国家安全保障政策の推進に当たっては、その考え方について、内外に積極的かつ効果的に発信し、その透明性を高めることにより、国民の理解を深めるとともに、諸外国との協力関係の強化や信頼醸成を図る必要がある。

このため、官邸を司令塔として、政府一体となった統一的かつ戦略的な情報発信を行うこととし、各種情報技術を最大限に活用しつつ、多様なメディアを通じ、外国語による発信の強化等を行う。

また、政府全体として、教育機関や有識者、シンクタンク等との連携を図りつつ、世界における日本語の普及、戦略的広報に資する人材の育成等を図る。

世界の安全保障環境が複雑・多様化する中にあっては、各国の利害が対立する状況も生じ得る。このような認識の下、客観的な事実を中心とする関連情報を正確かつ効果的に発信することにより、国際世論の正確な理解を深め、国際社会の安定に寄与する。

(3) 社会的基盤の強化

国家安全保障政策を中長期的観点から支えるためには、国民一人一人が、地域と世界の平和と安定及び人類の福祉の向上に寄与することを願いつつ、国家安全保障を身近な問題として捉え、その重要性や複雑性を深く認識することが不可欠である。

そのため、諸外国やその国民に対する敬意を表し、我が国と郷土を愛する心を養うとともに、領土・主権に関する問題等の安全保障分野に関する啓発や自衛隊、在日米軍等の活動の現状への理解を広げる取組、これらの活動の基盤となる防衛施設周辺の住民の理解と協力を確保するための諸施策等を推進する。

(4) 知的基盤の強化

国家安全保障に関する国民的な議論の充実や質の高い政策立案に寄与するため、関係省庁職員の派遣等による高等教育機関における安全保障教育の拡充・高度化、実践的な研究の実施等を図るとともに、これら機関やシンクタンク等と政府の交流を深め、知見の共有を促進する。

こうした取組を通じて、現実的かつ建設的に国家安全保障政策を吟味することができる民間の専門家や行政官の育成を促進するとともに、国家安全保障に知見を有する人材の層を厚くする。

資料Ⅲ・69

平成二六年度以降に係る防衛計画の大綱

二〇一三年一二月一七日

国家安全保障会議決定　閣議決定

コメント

1. 本大綱は、二〇一〇年民主党の菅直人内閣のときに改訂したばかりの「防衛計画の大綱」(いわゆる二二大綱⇩Ⅲ・49)を、わずか三年あまりで再改訂したものである。二五大綱と呼ばれる。本大綱は、二〇一三年一二月一七日、戦後初めて策定された「国家安全保障戦略」(⇩Ⅲ・68)をふまえ、同日、新設の国家安全保障会議で決定され、閣議決定をみた。これは、防衛計画の大綱を、国家安全保障戦略を受けた、事実上の国防戦略の位置に高めるねらいに基づく措置である。

本大綱は、第二次安倍晋三内閣が推し進めていた集団的自衛権行使容認、米軍との共同作戦の強化をにらみ、自衛隊の装備・編成面でも、日米共同作戦に備える自衛隊の外征軍化のための拡充、再編を謳ったものである。

二〇一三年六月四日の自民党の提言「新『防衛計画の大綱』策定に係る提言」(⇩Ⅲ・64)のコメントでも指摘したように、一〇年策定の二二大綱でも自衛隊の強化の方向は打ち出されていたが、中国との軍事的緊張が高まる直前であって中国脅威の認識が「弱かった」こと、日米共同作戦遂行のための装備編成の強化が抽象的にとどまっていたこと、さらに新自由主義改革の一環としての防衛費削減を前提していたことなどの不十分性があったとし、政権交代の前から自民党内で二二大綱改訂論がおこった。そうした声をふまえて改訂作業がすすめられ、本大綱が策定された。

2．本大綱の第一の特徴は、情勢分析のところで、前大綱に比べ、「安全保障環境」の厳しさが前面に出され、とりわけ中国脅威論が、強調されていることである。また、そうした安保環境の厳しさをふまえ、それに対処するためには「一国のみでは対応が困難」とし、日米共同作戦や国際的協調行動が打ち出されている。この点は当時検討中であった、集団的自衛権行使容認が念頭にあったと推測される。

3．本大綱の特徴の第二は、情勢をふまえた「防衛の基本方針」において、第二次安倍内閣の打ち出した「積極的平和主義」が前面に掲げられ、防衛力の整備・強化とともに日米同盟強化とグローバルな安全保障環境改善のための取り組み強化が謳われたことである。

とくに、防衛力の整備・強化では、各種事態に対応する「シームレス」な対応が強調され、各種事態に統合して対処できる「統合機動防衛力」概念が打ち出され、防衛力の量・質ともの拡充が謳われた。

また、日米同盟強化に関しては、一九九七年に改訂された日米防衛協力のガイドライン（⇩Ⅱ・16）の再改訂、日米の「シームレスな協力態勢」の構築が謳われた。

「米国の我が国及びアジア太平洋地域に対するコミットメントを維持・強化し、我が国の安全を確保するため、我が国自身の能力を強化することを前提として、『日米防衛協力のための指針』の見直しを進め、日米防衛協力を更に強化し、日米同盟の抑止力及び対処力を強化していく。／同時に、一層厳しさを増す安全保障環境に対応するため、西太平洋における日米のプレゼンスを高めつつ、グレーゾーンの事態における協力を含め、平素から各種事態までのシームレスな協力態勢を構築する。」と。

4．本大綱の第三の特徴は、それを受けて、自衛隊の装備・編成における、外征軍化が打ち出されていることである。その一つは日米共同作戦、米軍肩代わりで求められる海兵隊部隊の創設である。この大綱改訂に向け、その方向を提言した自民党の提言（⇩Ⅲ・64）では、尖閣諸島の防衛にかこつけて、「海兵隊的機能」の保持を明言していた。しかし、本大綱では国民の警戒と反発を避けるためであろうか、「海兵隊」という文言をあえて避け、「水陸両用作戦能力」「水陸両用機動団」という形でこの創設を明記した。

自衛隊がいままで海兵隊をもたなかった理由は、狭義の解釈上の制約ではないが、「自衛のための必要最小限度の実力」にとどまるという憲法上の制約の影響であったことは明らかである。なぜなら、米軍、中国軍をはじめ各国軍隊の海兵隊は、陸、海、空軍とは異なり、もっぱら海外侵攻の尖兵、侵略の殴り込み部隊であるからだ。そのような部隊が、「自衛のための必要最小限度の実力」を越えていることは明らかである。

もう一つは、「策源地攻撃能力」、つまり敵基地攻撃能力付与を名目とする攻撃用装備の強化である。政府は、すでに一九五六年には当時の鳩山一郎首相が、ミサイル攻撃等を防御するのに「他に手段がないと認められる限り、誘導弾等の基地を叩くことは、法理的には自衛の範囲に含まれ、可能である」と答弁していた。しかし、その後、自衛隊違憲論が展開され、それに対応するために自衛隊の活動を制約する動きが強まるなかで、これまで敵基地を攻撃する装備は持てずにきた。なぜなら、敵基地を攻撃するには、弾道ミサイルや巡航ミサイルの保持が必要となるが、それら装備がはたして「自衛のための必要最小限度の実力」の範囲内に収まるかは、はなはだ疑問だったからである。

先の自民党提言では「策源地攻撃能力」の保持が明記されたが、本大綱では、国民を意識して「敵基地」とは言わず「弾道ミサイル発射手段等に対する対応能力」（傍点引用者）という言葉であいまいにしたが、それでも「検討の上、必要な措置を講ずる」と、その保持の方向を明記したのである。

5．本大綱の第四の特徴は、こうした防衛力整備の基盤として、武器輸出三原則の廃棄が謳われたことである。すなわち大綱は、近年武器の「国際共同開発・生産が国際的主流」となっていることを強調したうえで、そうした共同開発に参加するためにも、三原則の見直しを行うと主張したのである。

「こうした状況を踏まえ、武器輸出三原則等がこれまで果たしてきた役割にも十分配意した上で、移転を禁止する場合の明確化、移転を認め得る場合の限定及び厳格審査、目的外使用及び第三国移転に係る適正管理の確保等に留意しつつ、武器等の海外移転に関し、新たな安全保障環境に適合する明確な原則を定めることとする。」

この方針に基づき、二〇一四年四月に武器輸出三原則の見直し、事実上の廃棄（⇩Ⅲ・70）が行われた。

Ⅰ　策定の趣旨

我が国を取り巻く新たな安全保障環境の下、今後の我が国の防衛の在り方について、「平成二五年度の防衛力整備等について」（平成二五年一月二五日安全保障会議及び閣議決定）に基づき、「国家安全保障戦略について」（平成二五年一二月一七日国家安全保障会議及び閣議決定）を踏まえ、「平成二六年度以降に係る防衛計画の大綱」として、新たな指針を示す。

Ⅱ　我が国を取り巻く安全保障環境

1　グローバルな安全保障環境においては、国家間の相互依存関係が一層拡大・深化し、一国・一地域で生じた混乱や安全保障上の問題が、直ちに国際社会全体が直面する安全保障上の課題や不安定要因に拡大するリスクが増大している。また、中国、インド等の更なる発展及び米国の影響力の相対的な変化に伴うパワーバランスの変化により、国際社会の多極化が進行しているものの、米国は、依然として世界最大の国力を有しており、世界の平和と安定のための役割を引き続き果たしていくと考えられる。

国家間では、地域紛争が引き続き発生していることに加え、領土や主権、海洋における経済権益等をめぐり、純然たる平時でも有事でもない事態、いわばグレーゾーンの事態が、増加する傾向にある。

大量破壊兵器や弾道ミサイルの拡散については、その防止に向けた国際社会の取組にもかかわらず、依然として大きな懸念となっている。また、統治機構が弱体化した国家や破綻国家の存在は、国際テロの拡大・拡散の温床となっている。これらは、引き続き差し迫った課題となっている。

海洋においては、各地で海賊行為等が発生していることに加え、沿岸国が海洋に関する国際法についての独自の主張に基づいて自国の権利を一方的に主張し、又は行動する事例が見られるようになっており、公海の自由が不当に侵害されるような状況が生じている。

また、技術革新の急速な進展を背景として、国際公共財としての宇宙空間・サイバー空間といった領域の安定的利用の確保が、我が国を含む国際社会の安全保障上の重要な課題となっている。さらに、精密誘導兵器関連技術、無人化技術、ステルス技術、ナノテクノロジー等の進歩や拡散が進んでおり、今後の軍事戦略や戦力バランスに大きな影響を与えるものとなっている。

2　我が国周辺を含むアジア太平洋地域においては、安全保障上の課題等の解決のため、国家間の協力関係の充実・強化が図られており、特に非伝統的安全保障分野を中心に、問題解決に向けた具体的かつ実践的な協力・連携の進展が見られる。他方、領土や主権、海洋における経済権益等をめぐるグレーゾーンの事態が長期化する傾向が生じており、これらがより重大な事態に転じる可能性が懸念されている。

北朝鮮は、軍事を重視する体制をとり、大規模な軍事力を展開している。また、核兵器を始めとする大量破壊兵器やその運搬手段となり得る弾道ミサイルの開発・配備・拡散等を進行させるとともに、大規模な特殊部隊を保持するなど、非対称的な軍事能力を引き続き維持・強化している。

さらに、北朝鮮は、朝鮮半島における軍事的な挑発行為や、我が国を含む関係国に対する挑発的言動を強め、地域の緊張を高める行為を繰り返してきている。こうした北朝鮮の軍事動向は、我が国はもとより、地域・国際社会の安全保障にとっても重大な不安定要因となっており、我が国として、今後も強い関心を持って注視していく必要がある。

特に、北朝鮮の弾道ミサイル開発は、累次にわたるミサイル発射により、長射程化や高精度化に資する技術の向上が図られており、新たな段階に入ったと考えられる。また、北朝鮮は、国際社会からの自制要求を顧みず、核実験を実施しており、核兵器の小型化・弾頭化の実現に至っている可能性も排除できない。こうした北朝鮮の核・ミサイル開発は、我が国に対するミサイル攻撃の示唆等の挑発的言動とあいまって、我が国の安全に対する重大かつ差し迫った脅威となっている。

中国は、地域と世界においてより協調的な形で積極的な役割を果たすことが強く期待されている一方、継続的に高い水準で国防費を増加させ、軍事力を広範かつ急速に強化している。また、中国は、その一環として、周辺地域への他国の軍事力の接近・展開を阻止し、当該地域での他国の軍事活動を阻害する非対称的な軍事能力の強化に取り組んでいると見られる。他方、中国は、このような軍事力の強化の目的や目標を明確にしておらず、軍事や安全保障に関する透明性が十分確保されていない。

また、中国は、東シナ海や南シナ海を始めとする海空域等における活動を急速に拡大・活発化させている。特に、海洋における利害が対立する問題をめぐっては、力を背景とした現状変更の試み等、高圧的とも言える対応を示しており、我が国周辺海空域において、我が国領海への断続的な侵入や我が国領空の侵犯等を行うとともに、独自の主張に基づく「東シナ海防空識別区」の設定といった公海上空の飛行の自由を妨げるような動きを含む、不測の事態を招きかねない危険な行為を引き起こしている。

これに加えて、中国は、軍の艦艇や航空機による太平洋への進出を常態化させ、我が国の北方を含む形で活動領域を一層拡大するなど、より前方の海空域における活動を拡大・活発化させている。

こうした中国の軍事動向等については、我が国として強く懸念しており、今後も強い関心を持って注視していく必要がある。また、地域・国際社会の安全保障上も懸念されるところとなっている。

ロシアは、軍改革を進展させ、即応態勢の強化とともに新型装備の導入等を中心とした軍事力の近代化に向けた取組が見られる。また、ロシア軍の活動は、引き続き活発化の傾向にある。

米国は、安全保障を含む戦略の重点をよりアジア太平洋地域に置くとの方針（アジア太平洋地域へのリバランス）を明確にし、財政面を始めとする様々な制約がある中でも、地域の安定・成長のため、同盟国との関係の強化や友好国との協力の拡大を図りつつ、地域への関与、プレゼンスの維持・強化を進めている。また、この地域における力を背景とした現状変更の試みに対しても、同盟国、友好国等と連携しつつ、これを阻止する姿勢を明確にしている。

3　四面環海の我が国は、長い海岸線、本土から離れた多くの島嶼及び広大な排他的経済水域を有している。海洋国家であり、資源や食料の多くを海外との貿易に依存する我が国にとって、法の支配、航行の自由等の基本的ルールに基づく、「開かれ安定した海洋」の秩序を強化し、海上交通及び航空交通の安全を確保することが、平和と繁栄の基礎である。

また、我が国は、自然災害が多発することに加え、都市部に産業・人口・情報基盤が集中するとともに、沿岸部に原子力発電所等の重要施設が多数存在しているという安全保障上の脆弱性を抱えている。東日本大震災のような大規模震災が発生した場合、極めて甚大な被害が生じ、その影響は、国内はもとより国際社会にも波及し得る。今後、南海トラフ巨大地震や首都直下型地震が発生する可能性があり、大規模災害等への対処に万全を期す必要性が増している。

4　以上を踏まえると、冷戦期に懸念されていたような主要国間の大規模武力紛争の蓋然性は、引き続き低いものと考えられるが、以上に述べたような、様々な安全保障上の課題や不安定要因がより顕在化・先鋭化してきており、「平成二三年度以降に係る防衛計画の大綱について」(平成二二年一二月一七日安全保障会議及び閣議決定)の策定以降、我が国を取り巻く安全保障環境は、一層厳しさを増している。こうした安全保障上の課題や不安定要因は、多様かつ広範であり、一国のみでは対応が困難である。こうした中、軍事部門と非軍事部門との連携とともに、それぞれの安全保障上の課題等への対応に利益を共有する各国が、地域・国際社会の安定のために協調しつつ積極的に対応する必要性が更に増大している。

Ⅲ　我が国の防衛の基本方針

1　基本方針

我が国は、国家安全保障戦略を踏まえ、国際協調主義に基づく積極的平和主義の観点から、我が国自身の外交力、防衛力等を強化し、自らが果たし得る役割の拡大を図るとともに、日米同盟を基軸として、各国との協力関係を拡大・深化させ、我が国の安全及びアジア太平洋地域の平和と安定を追求しつつ、世界の平和と安定及び繁栄の確保に、これまで以上に積極的に寄与していく。

かかる基本理念の下、総合的な防衛体制を構築し、各種事態の抑止・対処のための体制を強化するとともに、外交政策と密接な連携を図りながら、日米同盟を強化しつつ、諸外国との二国間・多国間の安全保障協力を積極的に推進するほか、防衛力の能力発揮のための基盤の確立を図る。

この際、我が国は、日本国憲法の下、専守防衛に徹し、他国に脅威を与えるような軍事大国にならないとの基本方針に従い、文民統制を確保し、非核三原則を守りつつ、実効性の高い統合的な防衛力を効率的に整備する。

核兵器の脅威に対しては、核抑止力を中心とする米国の拡大抑止は不可欠であり、その信頼性の維持・強化のために米国と緊密に協力していくとともに、併せて弾道ミサイル防衛や国民保護を含む我が国自身の取組により適切に対応する。同時に、長期的課題である核兵器のない世界の実現へ向けて、核軍縮・不拡散のための取組に積極的・能動的な役割を果たしていく。

2　我が国自身の努力

安全保障政策において、根幹となるのは自らが行う努力であるとの認識に基づき、同盟国、友好国その他の関係国(以下「同盟国等」という。)とも連携しつつ、国家安全保障会議の司令塔機能の下、平素から国として総力を挙げて主体的に取り組み、各種事態の抑止に努めるとともに、事態の発生に際しては、その推移に応じてシームレスに対応する。

（1）総合的な防衛体制の構築

一層厳しさを増す安全保障環境の下、実効性の高い統合的な防衛力を効率的に整備し、統合運用を基本とする柔軟かつ即応性の高い運用に努めるとともに、平素から、関係機関が緊密な連携を確保する。また、各種事態の発生に際しては、政治の強力なリーダーシップにより、迅速かつ的確に意思決定を行い、地方公共団体、民間団体等とも連携を図りつつ、事態の推移に応じ、政府一体となってシームレスに対応し、国民の生命・財産と領土・領海・領空を確実に守り抜く。

また、各種災害への対応や国民の保護のための各種体制を引き続き整備するとともに、緊急事態において在外邦人等を迅速に退避させ、その安全を確保するために万全の態勢を整える。

以上の対応を的確に行うため、関連する各種計画等の体系化を図りつつ、それらの策定又は見直しを進めるとともに、シミュレーションや総合的な訓練・演習を拡充し、対処態勢の実効性を高める。

（2）我が国の防衛力―統合機動防衛力の構築

防衛力は我が国の安全保障の最終的な担保であり、我が国に直接脅威が及ぶことを未然に防止し、脅威が及ぶ場合にはこれを排除するという我が国の意思と能力を表すものである。

今後の防衛力の在り方を検討するに当たっては、我が国を取り巻く安全保障環境が刻々と変化する中で、防衛力を不断に見直し、その変化に適応していかなければならない。このため、想定される各種事態への対応について、自衛隊全体の機能・能力に着目した統合運用の観点からの能力評価を実施し、総合的な観点から特に重視すべき機能・能力を導き出すことにより、限られた資源を重点的かつ柔軟に配分していく必要がある。

また、我が国を取り巻く安全保障環境が一層厳しさを増す中、平素の活動に加え、グレーゾーンの事態を含め、自衛隊の対応が求められる事態が増加しており、かつ、そのような事態における対応も長期化しつつある。このため、平素から、常時継続的な情報収集・警戒監視・偵察（ISR）活動（以下「常続監視」という。）を行うとともに、事態の推移に応じ、訓練・演習を戦略的に実施し、また、安全保障環境に即した部隊配置と部隊の機動展開を含む対処態勢の構築を迅速に行うことにより、我が国の防衛意思と高い能力を示し、事態の深刻化を防止する。また、各種事態が発生した場合には、事態に応じ、必要な海上優勢及び航空優勢を確保して実効的に対処し、被害を最小化することが、国民の生命・財産と領土・領海・領空を守り抜く上で重要である。

そのため、装備の運用水準を高め、その活動量を増加させ、統合運用による適切な活動を機動的かつ持続的に実施していくことに加え、防衛力をより強靭なものとするため、各種活動を下支えする防衛力の「質」及び「量」を必要かつ十分に確保し、抑止力及び対処力を高めていく。

同時に、国際協調主義に基づく積極的平和主義の立場から、我が国の安全保障と密接な関係を有するアジア太平洋地域の安定化に向け、二国間・多国間の協力関係を強化するとともに、防衛力の役割の多様化と増大を踏まえ、グローバルな安全保障上の課題等への取組として、国際平和協力活動（国連平和維持活動、人道支援・災害救援等の非伝統的安全保障問題への対応を始め、国際的な安全保障環境を改善するために国際社会が協力して行う活動をいう。以下同じ。）等をより積極的に実施していく。

以上の観点から、今後の防衛力については、安全保障環境の変化を踏まえ、特に重視すべき機能・能力についての全体最適を図るとともに、多様な活動を統合運用によりシームレスかつ状況に臨機に対応して機動的に行い得る実効的なものとしていくことが必要である。このため、幅広い後方支援基盤の確立に配意しつつ、高度な技術力と情報・指揮通信能力に支えられ、ハード及びソフト両面における即応性、持続性、強靱性及び連接性も重視した統合機動防衛力を構築する。

3　日米同盟の強化

日米安全保障条約に基づく日米安全保障体制は、我が国自身の努力とあいまって我が国の安全保障の基軸であり、また、日米安全保障体制を中核とする日米同盟は、我が国のみならず、アジア太平洋地域、さらには世界全体の安定と繁栄のための「公共財」として機能している。

米国は、アジア太平洋地域へのリバランス政策に基づき、我が国を始めとする同盟国等との連携・協力を強化しつつ、当該地域への関与、プレゼンスの維持・強化を進めている。その一方で、我が国を取り巻く安全保障環境は一層厳しさを増しており、日米同盟を強化し、よりバランスのとれた、より実効的なものとすることが我が国の安全の確保にとってこれまで以上に重要となっている。

（1）日米同盟の抑止力及び対処力の強化

米国の我が国及びアジア太平洋地域に対するコミットメントを維持・強化し、我が国の安全を確保するため、我が国自身の能力を強化することを前提として、「日米防衛協力のための指針」の見直しを進め、日米防衛協力を更に強化し、日米同盟の抑止力及び対処力を強化していく。

同時に、一層厳しさを増す安全保障環境に対応するため、西太平洋における日米のプレゼンスを高めつつ、グレーゾーンの事態における協力を含め、平素から各種事態までのシームレスな協力態勢を構築する。

そのため、共同訓練・演習、共同の情報収集・警戒監視・偵察（ＩＳＲ）活動及び米軍・自衛隊の施設・区域の共同使用の拡大を引き続き推進するとともに、弾道ミサイル防衛、計画検討作業、拡大抑止協議等、事態対処や中長期的な戦略を含め、各種の運用協力及び政策調整を一層緊密に推進する。

（2）幅広い分野における協力の強化・拡大

海賊対処、能力構築支援、人道支援・災害救援、平和維持、テロ対策等の分野における協力のほか、海洋・宇宙・サイバー分野における協力を強化し、アジア太平洋地域を含む国際社会の平和と安定に寄与する。

災害対応に関しては、在日米軍施設・区域の存在を含め、米軍が国民の安全に大いに寄与した東日本大震災における事例を踏まえつつ、国内外における自衛隊と米軍との連携を一層強化する。

さらに、情報協力及び情報保全の取組、装備・技術面での協力等の幅広い分野での協力関係を不断に強化・拡大し、安定的かつ効果的な同盟関係を構築する。

（3）在日米軍駐留に関する施策の着実な実施

接受国支援を始めとする様々な施策を通じ、在日米軍の円滑かつ効果的な駐留を安定的に支えるとともに、在日米軍再編を着実に進め、米軍の抑止力を維持しつつ、地元の負担を軽減していく。特に、沖縄県については、安全保障上極めて重要な位置にあり、米軍の駐留が日米同盟の抑止力に大きく寄与している一方、在日米軍施設・区域の多くが集中していることを踏まえ、普天間飛行場の移設を含む在沖縄米軍施設・区域の整理・統合・縮小、負担の分散等により、沖縄の負担軽減を図っていく。

4　安全保障協力の積極的な推進

（1）アジア太平洋地域における協力

アジア太平洋地域においては、災害救援を始めとする非伝統的安全保障分野を中心とする具体的な協力関係が進展していることに加え、ＡＳＥＡＮ地域フォーラム（ＡＲＦ）、拡大ＡＳＥＡＮ国防相会議（ＡＤＭＭプラス）、東アジア首脳会議（ＥＡＳ）等の多国間枠組みや、ＡＳＥＡＮによる地域統合への取組が進展してきているものの、特に北東アジアにおける安全保障上の課題等は深刻化している。このため、域内の対立的な機運や相互の警戒感を軽減するための協調的な各種取組を更に多層的に推進する。

我が国と共に北東アジアにおける米国のプレゼンスを支える立場にある韓国との緊密な連携を推進し、情報保護協定や物品役務相互提供協定（ACSA）の締結等、今後の連携の基盤の確立に努める。

また、安全保障上の利益を共有し我が国との安全保障協力が進展しているオーストラリアとの関係を一層深化させ、国際平和協力活動等の分野での協力を強化するとともに、共同訓練等を積極的に行い、相互運用性の向上を図る。

さらに、日米韓・日米豪の三国間の枠組みによる協力関係を強化し、この地域における米国の同盟国相互の連携を推進する。

中国の動向は地域の安全保障に大きな影響を与え得るため、相互理解の観点から、同国との安全保障対話や交流を推進するとともに、不測の事態を防止・回避するための信頼醸成措置の構築を進めていく。なお、同国による我が国周辺海空域等における活動の急速な拡大・活発化に関しては、冷静かつ毅然として対応していく。

ロシアに関しては、その軍の活動の意図に関する理解を深め、信頼関係の増進を図るため、外務・防衛閣僚協議（「２＋２」）を始めとする安全保障対話、ハイレベル交流及び幅広い部隊間交流を推進するとともに、地域の安定に資するべく、共同訓練・演習を深化させる。

また、東南アジア諸国等の域内パートナー国との関係をより一層強化し、共同訓練・演習や能力構築支援等を積極的に推進するほか、この地域における災害の多発化・巨大化を踏まえ、防災面の協力を強化する。

インドとは、海洋安全保障分野を始めとする幅広い分野において、共同訓練・演習、国際平和協力活動等の共同実施等を通じて関係の強化を図る。

能力構築支援は、今後の安全保障環境の安定化及び二国間の防衛協力強化に有効な取組であることから、ＯＤＡを含む外交政策との調整を十分に図りつつ、共同訓練・演習、国際平和協力活動等と連携しながら推進する。また、積極的に能力構築支援を実施している関係国との連携を強化しつつ、能力構築支援の対象国及び支援内容を拡充していく。

現在進展しつつある域内の多国間安全保障協力・対話において、米国やオーストラリアとも連携しながら、域内の協力関係の構築に主体的に貢献していく。また、多国間共同訓練・演習に積極的に参加していくとともに、ＡＲＦ、ＡＤＭＭプラス等の多国間枠組みも重視し域内諸国間の信頼醸成の強化に主要な役割を果たす。

（２）国際社会との協力

グローバルな安全保障上の課題等は、一国のみで対応することが極めて困難である。また、近年、軍事力の役割が多様化し、紛争の抑止・対処や平和維持のみならず、紛争直後期の復興支援等の平和構築や国家間の信頼醸成・友好関係の増進において重要な役割を果たす機会が増大している。

このため、我が国は、平素から、国際社会と連携しつつ、グローバルな安全保障環境の改善のため、各種取組を推進する。

同盟国や安全保障上の利益を共有する関係国及び国際機関等と平素から協力しつつ、地域紛争、国際テロの拡大・拡散、破綻国家、大量破壊兵器等の拡散、海洋・宇宙空間・サイバー空間を巡る問題を始めとするグローバルな安全保障上の課題等に対応するため、軍備管理・軍縮、不拡散、能力構築支援等に関する各種取組を継続・強化する。

その際、特に欧州連合（ＥＵ）、北大西洋条約機構（ＮＡＴＯ）及び欧州安全保障協力機構（ＯＳＣＥ）並びに英国及びフランスを始めとする欧州諸国との協力を一層強化し、これらの課題に連携して取り組むとともに、装備・技術面での協力・交流を推進する。

国際協調主義に基づく積極的平和主義の下、アジア太平洋地域の安全保障環境の一層の安定化とグローバルな安全保障環境の改善のため、防衛・外交当局間の密接な連携を保ちつつ、派遣の意義、派遣先国の情勢、我が国との政治・経済的関係等を総合的に勘案し、国際平和協力業務や国際緊急援助活動を始めとする国際平和協力活動等を積極的かつ多層的に推進する。

特に、国際平和協力活動等については、自衛隊の能力を活用した活動を引き続き積極的に実施するとともに、現地ミッション司令部や国連PKO局等における責任ある職域への自衛隊員の派遣を拡大する。また、幅広い分野における派遣を可能にするための各種課題について検討を行い、必要な措置を講ずる。併せて、自衛隊の経験・知見を活かし、国内及び諸外国の平和構築のための人材の育成に寄与する。

Ⅳ 防衛力の在り方

1 防衛力の役割

今後の我が国の防衛力については、上記Ⅲ2(2)の防衛力を構築するとの考え方の下、以下の分野において、求められる役割を実効的に果たし得るものとし、その役割に十分対応できる態勢を保持することとする。

(1) 各種事態における実効的な抑止及び対処

各種事態に適時・適切に対応し、国民の生命・財産と領土・領海・領空を確実に守り抜くため、平素から諸外国の軍事動向等を把握するとともに、各種兆候を早期に察知するため、我が国周辺を広域にわたり常続監視することで、情報優越を確保する。

このような活動等により、力による現状変更を許容しないとの我が国の意思を明示し、各種事態の発生を未然に防止する。

一方、グレーゾーンの事態を含む各種事態に対しては、その兆候段階からシームレスかつ機動的に対応し、その長期化にも持続的に対応し得る態勢を確保する。

また、複数の事態が連続的又は同時並行的に発生する場合においても、事態に応じ、実効的な対応を行う。

このような取組に際しては、特に以下の点を重視する。

ア 周辺海空域における安全確保

平素から我が国周辺を広域にわたり常続監視するとともに、領空侵犯に対して即時適切な措置を講じる。また、グレーゾーンの事態も含め、我が国の主権を侵害し得る行為に対して実効的かつ機動的に対応するとともに、当該行為が長期化・深刻化した場合にも、事態の推移に応じシームレスに対応し、我が国周辺海空域の防衛及び安全確保に万全を期す。

イ 島嶼部に対する攻撃への対応

島嶼部に対する攻撃に対しては、安全保障環境に即して配置された部隊に加え、侵攻阻止に必要な部隊を速やかに機動展開し、海上優勢及び航空優勢を確保しつつ、侵略を阻止・排除し、島嶼への侵攻があった場合には、これを奪回する。その際、弾道ミサイル、巡航ミサイル等による攻撃に対して的確に対応する。

ウ 弾道ミサイル攻撃への対応

弾道ミサイル発射に関する兆候を早期に察知し、多層的な防護態勢により、機動的かつ持続的に対応する。万が一被害が発生した場合には、これを局限する。また、弾道ミサイル攻撃に併せ、同時並行的にゲリラ・特殊部隊による攻撃が発生した場合には、原子力発電所等の重要施設の防護並びに侵入した部隊の捜索及び撃破を行う。

エ 宇宙空間及びサイバー空間における対応

宇宙空間及びサイバー空間に関しては、平素から、自衛隊の効率的な活動を妨げる行為を未然に防止するための常続監視態勢を構築するとともに、事態発生時には、速やかに事象を特定し、被害の局限等必要な措置をとりつつ、被害復旧等を迅速に行う。また、社会全般が宇宙空間及びサイバー空間への依存を高めていく傾向等を踏まえ、関係機関の連携強化と役割分担の明確化を図る中で、自衛隊の能力を活かし、政府全体としての総合的な取組に寄与する。

オ　大規模災害等への対応

大規模災害等の発生に際しては、所要の部隊を迅速に輸送・展開し、初動対応に万全を期すとともに、必要に応じ、対処態勢を長期間にわたり持続する。また、被災住民や被災した地方公共団体のニーズに丁寧に対応するとともに、関係機関、地方公共団体及び民間部門と適切に連携・協力し、人命救助、応急復旧、生活支援等を行う。

（2）アジア太平洋地域の安定化及びグローバルな安全保障環境の改善

我が国周辺において、常続監視や訓練・演習等の各種活動を適時・適切に実施することにより、我が国周辺を含むアジア太平洋地域の安全保障環境の安定を確保する。

また、同盟国等と連携しつつ、二国間・多国間の防衛協力・交流、共同訓練・演習、能力構築支援等を多層的に推進し、アジア太平洋地域の域内協力枠組みの構築・強化を含む安全保障環境の安定化のための取組において枢要な役割を実効的に果たす。

軍事力の役割が多様化する中、地域紛争、国際テロの拡大・拡散、破綻国家、大量破壊兵器等の拡散等といったグローバルな安全保障上の課題等に適切に対応するため、軍備管理・軍縮、不拡散に関する各種取組を強化するとともに、国際平和協力活動、海賊対処、能力構築支援等の各種活動を積極的に推進し、グローバルな安全保障環境の改善に取り組む。

以上の取組に際しては、特に以下の点を重視する。

ア　訓練・演習の実施

自衛隊による訓練・演習を適時・適切に実施するとともに、アジア太平洋地域における二国間・多国間による共同訓練・演習を推進し、積極的かつ目に見える形で、地域の安定化に向けた我が国の意思と高い能力を示すとともに、関係国との協力関係を構築・強化する。

イ　防衛協力・交流の推進

各国及び国際機関との相互理解及び信頼関係の増進は、安全保障環境の安定化の基礎である。これに加え、人道支援・災害救援、海洋・宇宙空間・サイバー空間の安定的利用の確保等、共通の関心を有する幅広い安全保障上の課題等について協力関係を構築・強化するなど多層的な防衛協力・交流を更に推進する。

ウ　能力構築支援の推進

自衛隊の能力を活用し、平素から継続的に人材育成や技術支援等を通じて途上国自身の能力を向上させることにより、主としてアジア太平洋地域における安定を積極的・能動的に創出し、安全保障環境の改善を図る。

エ　海洋安全保障の確保

海洋国家として、平和と繁栄の基礎である「開かれ安定した海洋」の秩序を強化することは極めて重要であることから、海上交通の安全確保に万全を期す。また、関係国と協力して海賊に対応するとともに、この分野における沿岸国自身の能力向上の支援、我が国周辺以外の海域における様々な機会を利用した共同訓練・演習の充実等、各種取組を推進する。

オ　国際平和協力活動の実施

関係機関や非政府組織等と連携しつつ、平和維持から平和構築まで多様なニーズを有する国際平和協力業務や国際緊急援助活動を始めとする国際平和協力活動に積極的に取り組むとともに、より主導的な役割を果たすことを重視する。その際、事態に応じて迅速に国外に派遣できるよう即応態勢を充実するとともに、海外での任務の長期化に備えて、持続的に対処し得る態勢を強化する。

カ　軍備管理・軍縮及び不拡散の努力への協力

国際連合等が行う軍備管理・軍縮の分野における諸活動に積極的に関与する。その際、人的貢献を含め、自衛隊の有する知見の積極的な活用を図る。また、大量破壊兵器及びその運搬手段となり得るミサイルの拡散や武器及び軍事転用可能な貨物・技術の拡散は、我が国を含む国際社会の平和と安定に対する重大な脅威であることから、関係国や国際機関等と協力しつつ、それらの不拡散のための取組を推進する。

2　自衛隊の体制整備に当たっての重視事項

（1）基本的考え方

自衛隊は、上記の防衛力の役割を実効的に果たし得る体制を保持することとし、体制の整備に当たって、今後の防衛力整備において特に重視すべき機能・能力を明らかにするため、想定される各種事態について、統合運用の観点から能力評価を実施した。

かかる能力評価の結果を踏まえ、南西地域の防衛態勢の強化を始め、各種事態における実効的な抑止及び対処を実現するための前提となる海上優勢及び航空優勢の確実な維持に向けた防衛力整備を優先することとし、幅広い後方支援基盤の確立に配意しつつ、機動展開能力の整備も重視する。

一方、主に冷戦期に想定されていた大規模な陸上兵力を動員した着上陸侵攻のような侵略事態への備えについては、不確実な将来情勢の変化に対応するための最小限の専門的知見や技能の維持・継承に必要な範囲に限り保持することとし、より一層の効率化・合理化を徹底する。

（2）重視すべき機能・能力

効果的な防衛力を効率的に整備する観点から、米軍との相互運用性にも配意した統合機能の充実に留意しつつ、特に以下の機能・能力について重点的に強化する。

ア　警戒監視能力

各種事態への実効的な抑止及び対処を確保するため、無人装備も活用しつつ、我が国周辺海空域において航空機や艦艇等の目標に対する常続監視を広域にわたって実施するとともに、情勢の悪化に応じて態勢を柔軟に増強する。

イ　情報機能

各種事態等の兆候を早期に察知し迅速に対応するとともに、我が国周辺におけるものを始めとする中長期的な軍事動向等を踏まえた各種対応を行うため、情報の収集・処理体制及び収集した情報の分析・共有体制を強化する。

この際、人的情報、公開情報、電波情報、画像情報等に関する収集機能及び無人機による常続監視機能の拡充を図るほか、画像・地図上において各種情報を融合して高度に活用するための地理空間情報機能の統合的強化、能力の高い情報収集・分析要員の統合的かつ体系的な確保・育成のための体制の確立等を図る。

ウ　輸送能力

迅速かつ大規模な輸送・展開能力を確保し、所要の部隊を機動的に展開・移動させるため、平素から民間輸送力との連携を図りつつ、海上輸送力及び航空輸送力を含め、統合輸送能力を強化する。その際、多様な輸送手段の特性に応じ、役割分担を明確にし、機能の重複の回避を図る。

エ　指揮統制・情報通信能力

全国の部隊を機動的かつ統合的に運用し得る指揮統制の体制を確立するため、各自衛隊の主要司令部に所要の陸・海・空の自衛官を相互に配置し、それぞれの知識及び経験の活用を可能とするとともに、陸上自衛隊の各方面隊を束ねる統一司令部の新設と各方面総監部の指揮・管理機能の効率化・合理化等により、陸上自衛隊の作戦基本部隊（師団・旅団）等の迅速・柔軟な全国的運用を可能とする。

また、全国的運用を支えるための前提となる情報通信能力について、島嶼部における基盤通信網や各自衛隊間のデータリンク機能を始めとして、その充実・強化を図る。

オ　島嶼部に対する攻撃への対応

島嶼部への攻撃に対して実効的に対応するための前提となる海上優勢及び航空優勢を確実に維持するため、航空機や艦艇、ミサイル等による攻撃への対処能力を強化する。

また、島嶼部に対する侵攻を可能な限り洋上において阻止するための統合的な能力を強化するとともに、島嶼への侵攻があった場合に速やかに上陸・奪回・確保するための本格的な水陸両用作戦能力を新たに整備する。

さらに、南西地域における事態生起時に自衛隊の部隊が迅速かつ継続的に対応できるよう、後方支援能力を向上させる。

なお、太平洋側の島嶼部における防空態勢の在り方についても検討を行う。

カ　弾道ミサイル攻撃への対応

北朝鮮の弾道ミサイル能力の向上を踏まえ、我が国の弾道ミサイル対処能力の総合的な向上を図る。

弾道ミサイル防衛システムについては、我が国全域を防護し得る能力を強化するため、即応態勢、同時対処能力及び継続的に対処できる能力を強化する。

また、日米間の適切な役割分担に基づき、日米同盟全体の抑止力の強化のため、我が国自身の抑止・対処能力の強化を図るよう、弾道ミサイル発射手段等に対する対応能力の在り方についても検討の上、必要な措置を講ずる。

キ　宇宙空間及びサイバー空間における対応

様々なセンサーを有する各種の人工衛星を活用した情報収集能力や指揮統制・情報通信能力を強化するほか、宇宙状況監視の取組等を通じて衛星の抗たん性を高め、各種事態が発生した際にも継続的に能力を発揮できるよう、効果的かつ安定的な宇宙空間の利用を確保する。こうした取組に際しては、国内の関係機関や米国との有機的な連携を図る。

サイバー空間における対応については、自衛隊の効率的な活動を妨げる行為を防止するため、統合的な常続監視・対処能力を強化するとともに、専門的な知識・技術を持つ人材や最新の機材を継続的に強化・確保する。

ク　大規模災害等への対応

南海トラフ巨大地震等の大規模自然災害や原子力災害を始めとする特殊災害といった各種の災害に際しては、発災の初期段階における航空機等を活用した空中からの被害情報の収集、救助活動、応急復旧等の迅速な対応が死活的に重要であることを踏まえ、十分な規模の部隊を迅速に輸送・展開するとともに、統合運用を基本としつつ、要員のローテーション態勢を整備することで、長期間にわたり、持続可能な対処態勢を構築する。

ケ　国際平和協力活動等への対応

国際平和協力活動等において人員・部隊の安全を確保しつつ任務を遂行するために必要な防護能力を強化する。また、アフリカ等の遠隔地での長期間の活動も見据えた輸送・展開能力及び情報通信能力並びに円滑かつ継続的な活動実施のための補給・衛生等の体制整備に取り組む。

加えて、国際平和協力活動等を効果的に実施する観点から、海賊対処のために自衛隊がジブチに有する拠点を一層活用するための方策を検討する。

さらに、活動に必要な情報収集能力を強化するとともに、任務に応じた適切な能力を有する人材を継続的に派遣し得る教育・訓練・人事管理体制を強化する。

3　各自衛隊の体制

各自衛隊の体制については、（１）から（３）までのとおり整備することとする。また、将来の主要な編成、装備等の具体的規模については、別表のとおりとする。

（１）陸上自衛隊

ア　島嶼部に対する攻撃を始めとする各種事態に即応し、実効的かつ機動的に対処し得るよう、高い機動力や警戒監視能力を備え、機動運用を基本とする作戦基本部隊（機動師団、機動旅団及び機甲師団）を保持するほか、空挺、水陸両用作戦、特殊作戦、航空輸送、特殊武器防護及び国際平和協力活動等を有効に実施し得るよう、専門的機能を備えた機動運用部隊を保持する。

この際、良好な訓練環境を踏まえ、２（２）ウに示す統合輸送能力により迅速に展開・移動させることを前提として、高い練度を維持した機動運用を基本とする作戦基本部隊の半数を北海道に保持する。

また、自衛隊配備の空白地域となっている島嶼部への部隊配備、上記の各種部隊の機動運用、海上自衛隊及び航空自衛隊との有機的な連携・ネットワーク化の確立等により、島嶼部における防衛態勢の充実・強化を図る。

イ　島嶼部等に対する侵攻を可能な限り洋上において阻止し得るよう、地対艦誘導弾部隊を保持する。

ウ　（３）エの地対空誘導弾部隊と連携し、作戦部隊及び重要地域の防空を有効に行い得るよう、地対空誘導弾部隊を保持する。

エ　アに示す機動運用を基本とする部隊以外の作戦基本部隊（師団・旅団）について、戦車及び火砲を中心として部隊の編成・装備を見直し、効率化・合理化を徹底した上で、地域の特性に応じて適切に配置する。

（２）海上自衛隊

ア　常続監視や対潜戦等の各種作戦の効果的な遂行による周辺海域の防衛や海上交通の安全確保及び国際平和協力活動等を機動的に実施し得るよう、多様な任務への対応能力の向上と船体のコンパクト化を両立させた新たな護衛艦等により増強された護衛艦部隊及び艦載回転翼哨戒機部隊を保持する。

なお、当該護衛艦部隊は、（３）エの地対空誘導弾部隊とともに、弾道ミサイル攻撃から我が国を多層的に防護し得る機能を備えたイージス・システム搭載護衛艦を保持する。

イ　水中における情報収集・警戒監視を平素から我が国周辺海域で広域にわたり実施するとともに、周辺海域の哨戒及び防衛を有効に行い得るよう、増強された潜水艦部隊を保持する。

ウ　洋上における情報収集・警戒監視を平素から我が国周辺海域で広域にわたり実施するとともに、周辺海域の哨戒及び防衛を有効に行い得るよう、固定翼哨戒機部隊を保持する。

エ　アの多様な任務への対応能力の向上と船体のコンパクト化を両立させた新たな護衛艦と連携し、我が国周辺海域の掃海を有効に行い得るよう、掃海部隊を保持する。

（３）航空自衛隊

ア　我が国周辺のほぼ全空域を常時継続的に警戒監視するとともに、我が国に飛来する弾道ミサイルを探知・追尾し得る地上警戒管制レーダーを備えた警戒管制部隊のほか、グレーゾーンの事態等の情勢緊迫時において、長期間にわたり空中における警戒監視・管制を有効に行い得る増強された警戒航空部隊からなる航空警戒管制部隊を保持する。

イ　戦闘機とその支援機能が一体となって我が国の防空等を総合的な態勢で行い得るよう、能力の高い戦闘機で増強された戦闘機部隊を保持する。また、戦闘機部隊、警戒航空部隊等が我が国周辺空域等で各種作戦を持続的に遂行し得るよう、増強された空中給油・輸送部隊を保持する。

ウ　陸上部隊等の機動展開や国際平和協力活動等を効果的に実施し得

るよう、航空輸送部隊を保持する。
エ　(1)ウの地対空誘導弾部隊と連携し、重要地域の防空を実施するほか、(2)アのイージス・システム搭載護衛艦とともに、弾道ミサイル攻撃から我が国を多層的に防護し得る機能を備えた地対空誘導弾部隊を保持する。

V　防衛力の能力発揮のための基盤

防衛力に求められる多様な活動を適時・適切に行うためには、単に主要な編成、装備等を整備するだけでは十分ではなく、防衛力が最大限効果的に機能するよう、これを下支えする種々の基盤も併せて強化することが必要不可欠である。その主な事項は、以下のとおりである。

1　訓練・演習

平素から、訓練・演習を通じ、事態に対処するための各種計画を不断に検証し、見直すとともに、各自衛隊の戦術技量の向上のため、訓練・演習の充実・強化に努める。その際、北海道の良好な訓練環境を一層活用するとともに、関係機関や民間部門とも連携し、より実践的な訓練・演習を体系的かつ計画的に実施する。

自衛隊の演習場等に制約がある南西地域において、日米共同訓練・演習を含む適時・適切な訓練・演習を実施し得るよう、地元との関係に留意しつつ、米軍施設・区域の自衛隊による共同使用を進めること等により、良好な訓練環境を確保する。

2　運用基盤

部隊等が迅速に展開し、各種事態に効果的に対応し得るよう、その運用基盤である各種支援機能を維持する観点から、駐屯地・基地等の復旧能力を含めた抗たん性を高める。

また、各自衛隊施設について、その一部が老朽化している現状等も踏まえ、着実な整備に努めるとともに、各種事態に際しての迅速な参集のため、必要な宿舎の整備を進め、即応性を確保する。

民間空港及び港湾についても事態に応じて早期に自衛隊等の運用基盤として使用し得るよう、平素からの体制の在り方も含め、必要な検討を行う。さらに、任務に従事する隊員や留守家族の不安を軽減するよう、各種家族支援施策を実施する。

必要な弾薬を確保・備蓄するとともに、装備品の維持整備に万全を期すことにより、装備品の可動率の向上等、装備品の運用基盤の充実・強化を図る。

3　人事教育

近年、装備品が高度化・複雑化し、任務が多様化・国際化する中、技能、経験、体力、士気等の様々な要素を勘案しつつ、精強性を確保し、厳しい財政事情の下で人材を有効に活用する観点から、人事制度改革に関する施策を行う。

そのため、各自衛隊の任務や特性を踏まえつつ、適正な階級構成及び年齢構成を確保するための施策を実施する。

女性自衛官の更なる活用や再任用を含む人材を有効に活用するための施策及び栄典・礼遇に関する施策を推進する。また、統合運用体制を強化するため、教育・訓練の充実、統合幕僚監部及び関係府省等における勤務等を通じ、広い視野・発想や我が国の安全保障に関する幅広い経験を有し、政府の一員として各種事態等に柔軟に即応できる人材を十分に確保する。

社会の少子化・高学歴化に伴う募集環境の悪化を踏まえ、自衛隊が就職対象として広く意識されるよう、多様な募集施策を推進する。

さらに、一般の公務員より若年で退職を余儀なくされる自衛官の生活基盤を確保することは国の責務であることを踏まえ、地方公共団体や関係機関との連携を強化すること等により、再就職支援を推進する。

より多様化・長期化する事態における持続的な部隊運用を支えるため、

航空機の操縦等の専門的技能を要するものを含め、幅広い分野で予備自衛官の活用を進めるとともに、予備自衛官等の充足向上等のための施策を実施する。

4　衛生

自衛隊員の壮健性を維持し、各種事態や国際平和協力活動等の多様な任務への対応能力を強化するため、自衛隊病院の拠点化・高機能化等を進め、防衛医科大学校病院等の運営の改善を含め効率的かつ質の高い医療体制を確立する。また医官・看護師・救急救命士等の確保・育成を一層重視する。

このほか、事態対処時における救急救命措置に係る制度改正を含めた検討を行い、第一線の救護能力の向上や統合機能の充実の観点を踏まえた迅速な後送態勢の整備を図る。

5　防衛生産・技術基盤

適切な水準の防衛生産・技術基盤は、装備品の生産・運用・維持整備のみならず、我が国の運用環境に適した装備品の研究開発にも不可欠であり、潜在的に抑止力の向上にも寄与するものである。

一方、厳しい財政事情や、装備品の高度化・複雑化に伴う単価の上昇等を背景に、各種装備品の調達数量は減少傾向にある。また、国外において、国境を越えた防衛産業の大規模な再編が進展した結果、海外企業の競争力が増しつつあるなど、我が国の防衛生産・技術基盤を取り巻く環境は厳しさを増している。

以上の状況の下、我が国の防衛生産・技術基盤の維持・強化を早急に図るため、我が国の防衛生産・技術基盤全体の将来ビジョンを示す戦略を策定するとともに、装備品の民間転用等を推進する。

また、平和貢献・国際協力において、自衛隊が携行する重機等の防衛装備品の活用や被災国等への供与（以下「防衛装備品の活用等」という。）を通じ、より効果的な協力ができる機会が増加している。また、防衛装備品の高性能化を実現しつつ、費用の高騰に対応するため、国際共同開発・生産が国際的主流となっている。こうした中、国際協調主義に基づく積極的平和主義の観点から、防衛装備品の活用等による平和貢献・国際協力に一層積極的に関与するとともに、防衛装備品等の共同開発・生産等に参画することが求められている。

こうした状況を踏まえ、武器輸出三原則等がこれまで果たしてきた役割にも十分配意した上で、移転を禁止する場合の明確化、移転を認め得る場合の限定及び厳格審査、目的外使用及び第三国移転に係る適正管理の確保等に留意しつつ、武器等の海外移転に関し、新たな安全保障環境に適合する明確な原則を定めることとする。

6　装備品の効率的な取得

研究開発を含め、装備品の効果的・効率的な取得を実現するため、プロジェクト・マネージャーの仕組みを制度化し、技術的視点も含め、装備品のライフサイクルを通じたプロジェクト管理を強化するとともに、更なる長期契約の導入の可否や企業の価格低減インセンティブを引き出すための契約制度の更なる整備を検討し、ライフサイクルを通じての費用対効果の向上を図る。

また、民間能力の有効活用等による補給態勢の改革により、即応性及び対処能力の向上を目指す。さらに、取得プロセスの透明化及び契約制度の適正化を不断に追求し、装備品を一層厳正な手続を経て取得するように努める。

7　研究開発

厳しい財政事情の下、自衛隊の運用に係るニーズに合致した研究開発の優先的な実施を担保するため、研究開発の開始に当たっては、防衛力整備上の優先順位との整合性を確保する。

また、新たな脅威に対応し、戦略的に重要な分野において技術的優位性を確保し得るよう、最新の科学技術動向、戦闘様相の変化、費用対効果、国際共同研究開発の可能性等も踏まえつつ、中長期的な視点に基づく研究開発を推進する。

安全保障の観点から、技術開発関連情報等、科学技術に関する動向を平素から把握し、産学官の力を結集させて、安全保障分野においても有効に活用し得るよう、先端技術等の流出を防ぐための技術管理機能を強化しつつ、大学や研究機関との連携の充実等により、防衛にも応用可能な民生技術（デュアルユース技術）の積極的な活用に努めるとともに、民生分野への防衛技術の展開を図る。

以上の取組の目的を達成するための防衛省の研究開発態勢について検討する。

8　地域コミュニティーとの連携

各種事態において自衛隊が的確に対処するため、地方公共団体、警察・消防機関等の関係機関との連携を一層強化する。こうした地方公共団体等との緊密な連携は、防衛施設の効果的な整備及び円滑な運営のみならず、自衛官の募集、再就職支援等の確保といった観点からも極めて重要である。

このため、防衛施設の整備・運営のための防衛施設周辺対策事業を引き続き推進するとともに、平素から地方公共団体や地元住民に対し、防衛省・自衛隊の政策や活動に関する積極的な広報等の各種施策を行い、その理解及び協力の獲得に努める。

地方によっては、自衛隊の部隊の存在が地域コミュニティーの維持・活性化に大きく貢献し、あるいは、自衛隊の救難機等による急患輸送が地域医療を支えている場合等が存在することを踏まえ、部隊の改編や駐屯地・基地等の配置に当たっては、地方公共団体や地元住民の理解を得られるよう、地域の特性に配慮する。同時に、駐屯地・基地等の運営に当たっては、地元経済への寄与に配慮する。

9　情報発信の強化

自衛隊の任務を効果的に遂行していく上で必要な国内外の理解を得るため、戦略的な広報活動を強化し、多様な情報媒体を活用して情報発信の充実に努める。

10　知的基盤の強化

国民の安全保障・危機管理に対する理解を促進するため、教育機関等における安全保障教育の推進に取り組む。また、防衛研究所を中心とする防衛省・自衛隊の研究体制を強化するとともに、政府内の他の研究教育機関や国内外の大学、シンクタンク等との教育・研究交流を含む各種連携を推進する。

11　防衛省改革の推進

文官と自衛官の一体感を醸成するとともに、防衛力整備の全体最適化、統合運用機能の強化、政策立案・情報発信機能の強化等を実現するため、防衛省の業務及び組織を不断に見直し、改革を推進する。

Ⅵ　留意事項

1　本大綱に定める防衛力の在り方は、おおむね一〇年程度の期間を念頭に置いたものであり、各種施策・計画の実施過程を通じ、国家安全保障会議において定期的に体系的な評価を行うとともに、統合運用を踏まえた能力評価に基づく検証も実施しつつ、適時・適切にこれを発展させていきながら、円滑・迅速・的確な移行を推進する。

2　評価・検証の中で、情勢に重要な変化が見込まれる場合には、その時点における安全保障環境等を勘案して検討を行い、所要の修正を行う。

3　格段に厳しさを増す財政事情を勘案し、防衛力整備の一層の効率化・合理化を図り、経費の抑制に努めるとともに、国の他の諸施策との調和を図りつつ、防衛力全体として円滑に十全な機能を果たし得るようにする。

（別表）

区分			現状（平成25年度末）	将来
編成定数			約15万9千人	15万9千人
常備自衛官定員			約15万1千人	15万1千人
即応予備自衛官員数			約8千人	8千人
陸上自衛隊	基幹部隊	機動運用部隊	中央即応集団 1個機甲師団	3個機動師団 4個機動旅団 1個機甲師団 1個空挺団 1個水陸機動団 1個ヘリコプター団
		地域配備部隊	8個師団 6個旅団	5個師団 2個旅団
		地対艦誘導弾部隊	5個地対艦ミサイル連隊	5個地対艦ミサイル連隊
		地対空誘導弾部隊	8個高射特科群／連隊	7個高射特科群／連隊
海上自衛隊	基幹部隊	護衛艦部隊	4個護衛隊群（8個護衛隊） 5個護衛隊	4個護衛隊群（8個護衛隊） 6個護衛隊
		潜水艦部隊	5個潜水隊	6個潜水隊
		掃海部隊	1個掃海隊群	1個掃海隊群
		哨戒機部隊	9個航空隊	9個航空隊
	主要装備	護衛艦 （イージス・システム搭載護衛艦）	47隻 （6隻）	54隻 （8隻）
		潜水艦	16隻	22隻
		作戦用航空機	約170機	約170機
航空自衛隊	基幹部隊	航空警戒管制部隊	8個警戒群 20個警戒隊 1個警戒航空隊（2個飛行隊）	28個警戒隊 1個警戒航空隊（3個飛行隊）
		戦闘機部隊	12個飛行隊	13個飛行隊
		航空偵察部隊	1個飛行隊	―
		空中給油・輸送部隊	1個飛行隊	2個飛行隊
		航空輸送部隊	3個飛行隊	3個飛行隊
		地対空誘導弾部隊	6個高射群	6個高射群
	主要装備	作戦用航空機	約340機	約360機
		うち戦闘機	約260機	約280機

注1：戦車及び火砲の現状（平成二五年度末定数）の規模はそれぞれ約七〇〇両、約六〇〇両／門であるが、将来の規模はそれぞれ約三〇〇両、約三〇〇両／門とする。

注2：弾道ミサイル防衛にも使用し得る主要装備・基幹部隊については、上記の護衛艦（イージス・システム搭載護衛艦）、航空警戒管制部隊及び地対空誘導弾部隊の範囲内で整備することとする。

資料Ⅲ・70

武器輸出三原則の見直し

①**防衛装備移転三原則**

二〇一四年四月一日

国家安全保障会議決定　閣議決定

②**防衛装備移転三原則の運用指針**

二〇一四年四月一日

国家安全保障会議決定

コメント

1．この閣議決定は、それまで日本政府の原則であった武器輸出三原則を廃棄し、武器輸出の事実上の解禁を決めたものである。

新三原則は、一．我が国の締結した条約等に違反せず国連安保理決議等で禁止されておらず、紛争当事国でない場合、二．同盟国等との協力強化、我が国の安全保障に資する等の場合、三．かつ移転先での適正な管理が確保されている場合には武器等の輸出を認めるというもので、事実上武器輸出三原則を撤廃するものである。

武器輸出三原則は、一九六七年佐藤栄作首相の答弁で、共産圏諸国、国連決議により武器等の輸出が禁止されている国、国際紛争の当事国またはその恐れのある国への武器輸出を認めないとしたことに始まり、一九七六年三木武夫首相の答弁（⇩Ⅰ・58）において、拡充され確立をみた。三木内閣で強化され、確立した三原則は、一．三原則対象地域では武器輸出禁止、二．対象地域以外についても、憲法等の精神に則り、武器輸出をつつしむ、三．武器製造関連設備も武器と同様とされ、事実上すべての国への武器輸出を禁止するものとなった。この原則は、その後、主としてアメリカからの圧力を受け、何度かの例外づくりで穴があけられ、また財界も再三にわたり三原則見直しを訴えたが、日本の軍事大国化を阻む重要な原則として維持されてきた。

しかし、日米同盟強化の流れのなかで、一六大綱の見直しと改訂作業のなかで、政権交代をはさんで三原則見直し論が盛り上がり（⇩Ⅲ・39、Ⅲ・42、Ⅲ・43、Ⅲ・45、Ⅲ・46、Ⅲ・47）、菅直人内閣の下で策定された二二大綱（⇩Ⅲ・49）にはその見直しを「検討する」と書かれたが、第二次安倍晋三内閣の手でついに廃棄されたのである。

2．武器輸出三原則撤廃とともに、日本の兵器産業と各国の兵器の共同開発の動きが堰を切ったように始まり、この兵器共同開発や売り込みは、原発の輸出と並んで、安倍内閣の「戦略外交」の目玉となりつつある。

①防衛装備移転三原則

政府は、これまで防衛装備の海外移転については、昭和四二年の佐藤総理による国会答弁（以下「武器輸出三原則」という。）及び昭和五一年の三木内閣の政府統一見解によって慎重に対処することを基本としてきた。このような方針は、我が国が平和国家としての道を歩む中で一定の役割を果たしてきたが、一方で、共産圏諸国向けの場合は武器の輸出は認めないとするなど時代にそぐわないものとなっていた。また、武器輸出三原則の対象地域以外の地域についても武器の輸出を慎むものとした結果、実質的には全ての地域に対して輸出を認めないこととなったため、政府は、これまで個別の必要性に応じて例外化措置を重ねてきた。

我が国は、戦後一貫して平和国家としての道を歩んできた。専守防衛に徹し、他国に脅威を与えるような軍事大国とはならず、非核三原則を守るとの基本原則を堅持してきた。他方、現在、我が国を取り巻く安全保障環境が一層厳しさを増していることや我が国が複雑かつ重大な国家安全保障上の課題に直面していることに鑑みれば、国際協調主義の観点からも、より積極的な対応が不可欠となっている。我が国の平和と安全は我が国一国では確保できず、国際社会もまた、我が国がその国力にふさわしい形で一層積極的な役割を果たすことを期待している。これらを踏まえ、我が国は、今後の安全保障環境の下で、平和国家としての歩みを引き続き堅持し、また、国際政治経済の主要プレーヤーとして、国際協調主義に基づく積極的平和主義の立場から、我が国の安全及びアジア太平洋地域の平和と安定を実現しつつ、国際社会の平和と安定及び繁栄の確保にこれまで以上に積極的に寄与していくこととしている。

　こうした我が国が掲げる国家安全保障の基本理念を具体的政策として実現するとの観点から、「国家安全保障戦略について」（平成二五年一二月一七日国家安全保障会議及び閣議決定）に基づき、防衛装備の海外移転に係るこれまでの政府の方針につき改めて検討を行い、これまでの方針が果たしてきた役割に十分配意した上で、新たな安全保障環境に適合するよう、これまでの例外化の経緯を踏まえ、包括的に整理し、明確な原則を定めることとした。

　防衛装備の適切な海外移転は、国際平和協力、国際緊急援助、人道支援及び国際テロ・海賊問題への対処や途上国の能力構築といった平和への貢献や国際的な協力（以下「平和貢献・国際協力」という。）の機動的かつ効果的な実施を通じた国際的な平和と安全の維持の一層積極的な推進に資するものであり、また、同盟国である米国及びそれ以外の諸国との安全保障・防衛分野における協力の強化に資するものである。さらに、防衛装備品の高性能化を実現しつつ、費用の高騰に対応するため、国際共同開発・生産が国際的主流となっていることに鑑み、我が国の防衛生産・技術基盤の維持・強化、ひいては我が国の防衛力の向上に資するものである。

　他方、防衛装備の流通は、国際社会への安全保障上、社会上、経済上及び人道上の影響が大きいことから、各国政府が様々な観点を考慮しつつ責任ある形で防衛装備の移転を管理する必要性が認識されている。

　以上を踏まえ、我が国としては、国際連合憲章を遵守するとの平和国家としての基本理念及びこれまでの平和国家としての歩みを引き続き堅持しつつ、今後は次の三つの原則に基づき防衛装備の海外移転の管理を行うこととする。また、武器製造関連設備の海外移転については、これまでと同様、防衛装備に準じて取り扱うものとする。

1　移転を禁止する場合の明確化

次に掲げる場合は、防衛装備の海外移転を認めないこととする。

①当該移転が我が国の締結した条約その他の国際約束に基づく義務に違反する場合、

②当該移転が国際連合安全保障理事会の決議に基づく義務に違反する場合、又は

③紛争当事国（武力攻撃が発生し、国際の平和及び安全を維持し又は回復するため、国際連合安全保障理事会がとっている措置の対象国をいう。）への移転となる場合

2　移転を認め得る場合の限定並びに厳格審査及び情報公開

上記1以外の場合は、移転を認め得る場合を次の場合に限定し、透明性を確保しつつ、厳格審査を行う。具体的には、防衛装備の海外移転は、平和貢献・国際協力の積極的な推進に資する場合、同盟国たる米国を始め我が国との間で安全保障面での協力関係がある諸国（以下「同盟国等」という。）との国際共同開発・生産の実施、同盟国等との安全保障・防衛分野における協力の強化並びに装備品の維持を含む自衛隊の活動及び邦人の安全確保の観点から我が国の安全保障に資する場合等に認

め得るものとし、仕向先及び最終需要者の適切性並びに当該防衛装備の移転が我が国の安全保障上及ぼす懸念の程度を厳格に審査し、国際輸出管理レジームのガイドラインも踏まえ、輸出審査時点において利用可能な情報に基づいて、総合的に判断する。

また、我が国の安全保障の観点から、特に慎重な検討を要する重要な案件については、国家安全保障会議において審議するものとする。国家安全保障会議で審議された案件については、行政機関の保有する情報の公開に関する法律（平成一一年法律第四二号）を踏まえ、政府として情報の公開を図ることとする。

3　目的外使用及び第三国移転に係る適正管理の確保

上記2を満たす防衛装備の海外移転に際しては、適正管理が確保される場合に限定する。具体的には、原則として目的外使用及び第三国移転について我が国の事前同意を相手国政府に義務付けることとする。ただし、平和貢献・国際協力の積極的な推進のため適切と判断される場合、部品等を融通し合う国際的なシステムに参加する場合、部品等をライセンス元に納入する場合等においては、仕向先の管理体制の確認をもって適正な管理を確保することも可能とする。

以上の方針の運用指針については、国家安全保障会議において決定し、その決定に従い、経済産業大臣は、外国為替及び外国貿易法（昭和二四年法律第二二八号）の運用を適切に行う。

本原則において「防衛装備」とは、武器及び武器技術をいう。「武器」とは、輸出貿易管理令（昭和二四年政令第三七八号）別表第1の1の項に掲げるもののうち、軍隊が使用するものであって、直接戦闘の用に供されるものをいい、「武器技術」とは、武器の設計、製造又は使用に係る技術をいう。

政府としては、国際協調主義に基づく積極的平和主義の立場から、国際社会の平和と安定のために積極的に寄与していく考えであり、防衛装備並びに機微な汎用品及び汎用技術の管理の分野において、武器貿易条約の早期発効及び国際輸出管理レジームの更なる強化に向けて、一層積極的に取り組んでいく考えである。

②防衛装備移転三原則の運用指針

防衛装備移転三原則（平成二六年四月一日閣議決定。以下「三原則」という。）に基づき、三原則の運用指針（以下「運用指針」という。）を次のとおり定める。

（注）用語の定義は三原則によるほか、6のとおりとする。

1　防衛装備の海外移転を認め得る案件

防衛装備の海外移転を認め得る案件は、次に掲げるものとする。

（1）平和貢献・国際協力の積極的な推進に資する海外移転として次に掲げるもの（平和貢献・国際協力の観点から積極的な意義がある場合に限る。）

ア　移転先が外国政府である場合

イ　移転先が国際連合若しくはその関連機関又は国連決議に基づいて活動を行う機関である場合

（2）我が国の安全保障に資する海外移転として次に掲げるもの（我が国の安全保障の観点から積極的な意義がある場合に限る。）

ア　米国を始め我が国との間で安全保障面での協力関係がある諸国との国際共同開発・生産に関する海外移転

イ　米国を始め我が国との間で安全保障面での協力関係がある諸国との安全保障・防衛協力の強化に資する海外移転であって、次に掲げるもの

（ア）物品役務相互提供協定（ＡＣＳＡ）に基づく物品又は役務の提供に含まれる防衛装備の海外移転

（イ）米国との相互技術交流の一環としての武器技術の提供

（ウ）米国からのライセンス生産品に係る部品や役務の提供、米軍への修理等の役務提供

（エ）我が国との間で安全保障面での協力関係がある国に対する救難、輸送、警戒、監視及び掃海に係る協力に関する防衛装備の海外移転

ウ　自衛隊を含む政府機関（以下「自衛隊等」という。）の活動（自衛隊等の活動に関する外国政府又は民間団体等の活動を含む。以下同じ。）又は邦人の安全確保のために必要な海外移転であって、次に掲げるもの

（ア）自衛隊等の活動に係る、装備品の一時的な輸出、購入した装備品の返送及び技術情報の提供（要修理品を良品と交換する場合を含む。）

（イ）公人警護又は公人の自己保存のための装備品の輸出

（ウ）危険地域で活動する邦人の自己保存のための装備品の輸出

（3）誤送品の返送、返送を前提とする見本品の輸出、海外政府機関の警察官により持ち込まれた装備品の再輸出等の我が国の安全保障上の観点から影響が極めて小さいと判断される場合の海外移転

2　海外移転の厳格審査の視点

個別案件の輸出許可に当たっては、1に掲げる防衛装備の海外移転を認め得る案件に該当するものについて、

・仕向先及び最終需要者の適切性

・当該防衛装備の海外移転が我が国の安全保障上及ぼす懸念の程度

の二つの視点を複合的に考慮して、移転の可否を厳格に審査するものとする。

具体的には、仕向先の適切性については、仕向国・地域が国際的な平和及び安全並びに我が国の安全保障にどのような影響を与えているか等を踏まえて検討し、最終需要者の適切性については、最終需要者による防衛装備の使用状況及び適正管理の確実性等を考慮して検討する。

また、安全保障上の懸念の程度については、移転される防衛装備の性質、技術的機微性、用途（目的）、数量、形態（完成品又は部品か、貨物又は技術かを含む。）並びに目的外使用及び第三国移転の可能性等を考慮して検討する。

なお、最終的な移転を認めるか否かについては、国際輸出管理レジームのガイドラインも踏まえ、移転時点において利用可能な情報に基づいて、上述の要素を含む視点から総合的に判断することとする。

3　適正管理の確保

防衛装備の海外移転に当たっては、海外移転後の適正な管理を確保するため、原則として目的外使用及び第三国移転について我が国の事前同意を相手国政府に義務付けることとする。ただし、次に掲げる場合には、仕向先の管理体制の確認をもって適正な管理を確保することも可能とする。

（1）平和貢献・国際協力の積極的推進のため適切と判断される場合として、次のいずれかに該当する場合

ア　緊急性・人道性が高い場合

イ　移転先が国際連合若しくはその関連機関又は国連決議に基づいて活動を行う機関である場合

ウ　国際入札の参加に必要となる技術情報又は試験品の提供を行う場合

エ　金額が少額かつ数が少量で、安全保障上の懸念が小さいと考えられる場合

（2）部品等を融通し合う国際的なシステムに参加する場合

（3）部品等をライセンス元に納入する場合

（4）我が国から移転する部品及び技術の、相手国への貢献が相当程度小さいと判断できる場合

（5）自衛隊等の活動又は邦人の安全確保に必要な海外移転である場合

（６）誤送品の返送、返送を前提とする見本品の輸出、貨物の仮陸揚げ等の我が国の安全保障上の観点から影響が極めて小さいと判断される場合

仕向先の管理体制の確認に当たっては、合理的である限りにおいて、政府又は移転する防衛装備の管理に責任を有する者等の誓約書等の文書による確認を実施することとする。そのほか、移転先の防衛装備の管理の実態、管理する組織の信頼性、移転先の国又は地域の輸出管理制度やその運用実態等についても、移転時点において利用可能な情報に基づいて確認するものとする。

なお、海外移転後の防衛装備が適切に管理されていないことが判明した場合、当該防衛装備を移転した者等に対する外国為替及び外国貿易法（昭和二四年法律第二二八号。以下「外為法」という。）に基づく罰則の適用を含め、厳正に対処することとする。

４　審査に当たっての手続

（１）国家安全保障会議での審議

防衛装備の海外移転に関し、次の場合は、国家安全保障会議で審議するものとする。イ又はウに該当する防衛装備の海外移転について外為法に基づく経済産業大臣の許可の可否を判断するに当たっては、当該審議を踏まえるものとする。

ア　基本的な方針について検討するとき。

イ　移転を認める条件の適用について特に慎重な検討を要するとき。

ウ　仕向先等の適切性、安全保障上の懸念の程度等について特に慎重な検討を要するとき。

エ　防衛装備の海外移転の状況について報告を行うとき。

（２）国家安全保障会議幹事会での審議

防衛装備の海外移転に関し、次の場合には、国家安全保障会議幹事会で審議するものとする。イに該当する防衛装備の海外移転について外為法に基づく経済産業大臣の許可の可否を判断するに当たっては、当該審議を踏まえるものとする。

ア　基本的な方針について検討するとき。

イ　同様の類型について、過去に政府として海外移転を認め得るとの判断を行った実績がないとき。

ウ　防衛装備の海外移転の状況について報告を行うとき。

（３）関係省庁間での連携

防衛装備の海外移転の可否の判断においては、総合的な判断が必要であることを踏まえ、防衛装備の海外移転案件に係る調整、適正管理の在り方において、関係省庁が緊密に連携して対応することとし、各関係省庁の連絡窓口は、次のとおりとする。ただし、個別案件ごとの連絡窓口は必要に応じて別の部局とすることができるものとする。

ア　内閣官房国家安全保障局

イ　外務省総合外交政策局安全保障政策課

ウ　経済産業省貿易経済協力局貿易管理部安全保障貿易管理課

エ　防衛省経理装備局装備政策課

５　定期的な報告及び情報の公開

（１）定期的な報告

経済産業大臣は、防衛装備の海外移転の許可の状況につき、年次報告書を作成し、国家安全保障会議において報告の上、公表するものとする。

（２）情報の公開

４（１）の規定により国家安全保障会議で審議された案件については、行政機関の保有する情報の公開に関する法律（平成一一年法律第四二号）を踏まえ、政府として情報の公開を図ることとする。情報の公開に当たっては、従来個別に例外化措置を講じてきた場合に比べて透明性に欠けることのないよう留意する。

６　その他

（1）定義

「国際共同開発・生産」とは、我が国の政府又は企業が参加する国際共同開発（国際共同研究を含む。以下同じ。）又は国際共同生産であって、以下のものを含む。

ア　我が国政府と外国政府との間で行う国際共同開発

イ　外国政府による防衛装備の開発への我が国企業の参画

ウ　外国からのライセンス生産であって、我が国企業が外国企業と共同して行うもの

エ　我が国の技術及び外国からの技術を用いて我が国企業が外国企業と共同して行う開発又は生産

オ　部品等を融通し合う国際的なシステムへの参加

カ　国際共同開発又は国際共同生産の実現可能性の調査のための技術情報又は試験品の提供

（2）これまでの武器輸出三原則等との整理

三原則は、これまでの武器輸出三原則等を整理しつつ新しく定められた原則であることから、今後の防衛装備の海外移転に当たっては三原則を踏まえて外為法に基づく審査を行うものとする。三原則の決定前に、武器輸出三原則等の下で講じられてきた例外化措置については、引き続き三原則の下で海外移転を認め得るものと整理して審査を行うこととする。

（3）施行期日

この運用指針は、平成二六年四月一日から施行する。

（4）改正

三原則は外為法の運用基準であることを踏まえ、この運用指針の改正は、経済産業省が内閣官房、外務省及び防衛省と協議して案を作成し、国家安全保障会議で決定することにより行う。

資料Ⅲ・71

「安全保障の法的基盤の再構築に関する懇談会」報告書

二〇一四年五月一五日

安全保障の法的基盤の再構築に関する懇談会

コメント

1．本懇談会報告は、第二次安倍晋三内閣のもとで、二〇一三年二月に再度設置された「安全保障の法的基盤の再構築に関する懇談会」（以下、第二次安保法制懇と呼ぶ）が七回の審議を重ねたあと一四年五月一五日に首相に提出した報告（以下、便宜上第二次報告と呼ぶ）である。

第二次安倍内閣は、安保外交面では、民主党政権下で中断、後退していた日米同盟の再強化をめざしたが、安倍内閣はそれにとどまらず、日本をアジアの大国として復活させたいという野望を持って、九〇年代初頭の冷戦終焉以降追求されながら完成をみていない軍事大国化の完成――そのためにあらゆる場合に自衛隊の海外での武力行使を可能にする体制づくりをめざした。

そのための最大の障害物は憲法と政府解釈の体系であったから、安倍内閣も改憲を追求したが、第一次安倍内閣と異なり、第二次内閣は、憲法の改変を九条の条文をいじらずに解釈で行う方針をとった。明文改憲を提起して国民の反発を受けることを恐れたこと、アメリカ政府が、中国などの反発と警戒を招く明文改憲を好まなかったことなどがその理由である。

安倍内閣の解釈改憲の主要な道具と位置づけられたのが、第二次

安保法制懇であった。第一次内閣のときは、明文改憲実現までの「保険」にすぎなかった安保法制懇が、いまや、安倍改憲の主力機関となったのである。

2. 第二次安保法制懇には、第一次法制懇の四類型のような限定した状況ではなく、あらゆる場合における自衛隊の海外での武力行使を可能にするため、さらにいままで厳格に「非戦闘地域」に限られていた後方支援を拡大するため既存政府解釈の全面的改変が求められた。

具体的には、以下の四つの場合のいずれでも自衛隊が武力行使できる自由確保、さらにいままで自衛隊の後方支援活動を制約してきた「武力行使との一体化」論の見直しなどが求められたのである。

第一の場合は、集団的自衛権行使を容認するよう政府解釈を変更して、自衛隊の海外での武力行使を可能とすることであった。これは、アメリカがこれまでもっとも強く望んできたことである。朝鮮半島等での有事に際し米軍が出動したとき、日本はまだ攻撃を受けていなくとも、武力行使に踏み切る場合などである。既存の政府解釈では、集団的自衛権行使は憲法上、容認されないとされてきたので、その変更が求められたのである。

第二は、国連の集団安全保障措置への武力行使を含めた参加あるいは、国連決議に基づく多国籍軍に参加することである。九〇年のイラクのクェート侵攻に対し、国連決議に基づいてアメリカをはじめとした多国籍軍はイラクに進攻した。当時アメリカは、日本に対してもイラクへの出兵を求めたが、こうした場合、自衛隊が出動するとしたら、これは集団的自衛権行使ではなく集団安全保障に基づく出兵という名目になったはずである。安倍内閣はこのような場合にも自衛隊の派兵を可能とすることをめざしている。

しかし、これも既存政府解釈では自衛隊の海外派兵にあたり憲法上許されないとされてきたためその変更が求められた。

第三は、自国への武力行使にいたらない事態での自衛隊の武力行使である。これが、いわゆる「グレーゾーン」事態での自衛隊の出動である。

既存の政府解釈では自国に対する武力攻撃があったとき初めて自衛権の発動が容認されるが、武力攻撃とは断定できない場合、自衛隊は、治安出動か、海上警備行動としての出動しか認められていない。こうした「グレーゾーン」での武力行使も可能となるような解釈変更である。

第四は、他国の「武力行使と一体化した活動」に対する禁止の見直しである。自衛隊は武力行使目的で海外へ出動できないだけでなく、たとえ武力行使にあたらない活動を行う場合でも、戦闘地域へ出動するなどは「他国の武力行使と一体化した活動」として法的には武力行使と評価されるため禁止されてきた。本来この制約は、上記のように海外での武力行使が解禁されてしまえば消えてなくなるはずであったが、政府はこの制約も除去しようとした。

こうしたさまざまな場合に、いずれも自衛隊が海外で武力行使あるいは後方支援活動ができるよう、政府解釈を見直すことが安保法制懇に託されたのである。

しかしこうした場合のいずれにおいても、自衛隊が自由に武力行使できるようにするには、芦田解釈や小沢解釈（Ⅲ・37のコメント参照）をとるよりほかに方法はなかった。それと既存政府解釈の衝突をどうするかの解決は、第一次法制懇以来の宿題であった。

2. ところが、安保法制懇をめぐる状況は、二〇一三年末から一四年にかけて激変した。安倍内閣が強行した特定秘密保護法への反対運動が盛り上がり、さらに一三年末になされた首相の靖国神社参拝などを機に、安倍内閣の追求する軍事大国化に対する警戒の念が強まり、政府解釈変更の中心をなす、集団的自衛権行使容認への反対の声が強まったことである。

そうした危惧の声の高まりを受けて、与党公明党は集団的自衛権の解釈容認に強い難色を示し、政府解釈を司ってきた内閣法制局も反対を変えなかった。そこで、安倍内閣は、公明党との合意を獲得するため、路線の修正を余儀なくされた。それが、集団的自衛権の「限定行使論」である。具体的には、我が国と密接な関係のある外国に対する武力攻撃が行われる場合のうち「我が国の安全に重要な影響を与える事態」に限り、我が国に対する武力攻撃がない段階でも武力行使をすることを可能とするという議論である。

こういう考えは、すでに、安保法制懇の議論のなかでも開陳されていたが、集団的自衛権行使容認の与党協議を進める自民党の高村正彦副総裁によって提唱され、一気に政府方針の切り札となった。

3．安倍首相が限定行使論を採ったことから、安保法制懇は微妙な立場に置かれた。法制懇が準備したような集団的自衛権、集団安全保障などあらゆる場合で自衛隊の武力行使が可能というような「解釈」は、公明党も、内閣法制局もとうてい呑めるものではなかったからである。そこで安倍首相は自らつくった懇談会に、集団的自衛権の限定行使論を無理矢理挿入させたのである。

すなわち報告は、まず、あらゆる場合に自衛隊が海外での武力行使ができるよう、第一次報告と同様、芦田解釈、小沢解釈を開陳した。「これらの経緯を踏まえれば、憲法第九条第一項の規定（「日本国民は、正義と秩序を基調とする国際平和を誠実に希求し、国権の発動たる戦争と、武力による威嚇又は武力の行使は、国際紛争を解決する手段としては、永久にこれを放棄する」）は、我が国が当事国である国際紛争の解決のために武力による威嚇又は武力の行使を行うことを禁止したものと解すべきであり、自衛のための武力の行使は禁じられておらず、また国連ＰＫＯ等や集団安全保障措置への参加といった国際法上合法的な活動への憲法上の制約はないと解すべきである。」と。

しかし、そのすぐ後で報告は、いま引用したような芦田解釈を政府は採用してこなかった、と述べたうえで、政府解釈を踏襲しても認められる限定行使論を展開したのである。それは、政府解釈でも、「自衛のための必要最小限度の措置」「必要最小限度の実力」は認められてきた、ただ政府は、必要最小限度の措置のなかに、集団的自衛権は含まれないとしてきたが、この点を改めて、集団的自衛権の一部も含まれるよう解釈を改めるべきだとしたのである。そのうえで、報告は改めて、集団的自衛権の限定行使論を以下のように規定したのである。

「我が国においては、この集団的自衛権について、我が国と密接な関係にある外国に対して武力攻撃が行われ、その事態が我が国の安全に重大な影響を及ぼす可能性があるときには、我が国が直接攻撃されていない場合でも、その国の明示の要請又は同意を得て、必要最小限の実力を行使してこの攻撃の排除に参加し、国際の平和及び安全の維持・回復に貢献することができることとすべきである。」と。

しかし、安保法制懇の報告書は、集団的自衛権以外の部分、たとえば集団安全保障措置や多国籍軍への参加、武力行使との一体化論の見直しに関しては、依然として芦田解釈や小沢解釈を使って、それが合憲であることを「証明」したのである。

その意味では、第二次報告は、第一次報告に増して矛盾に満ちたものであった。

4．このように、第二次法制懇は、安倍内閣の政策の修正、変更に翻弄された。

当初は、二〇一三年末の防衛計画の大綱再改訂に間に合わせるべく、同年夏に予定されていた報告は、集団的自衛権反対の声が強くなるにしたがい、ずるずると引き延ばされ、さらに内容面でも、突然、集団的自衛権の限定行使論が挿入されるなどの曲折をみた。そのうえ、この報告書の発表の直後に安倍首相は記者会見（⇩Ⅲ・72）を行い、報告書の半分――すなわち芦田解釈に基づく部分を否定してみせたのである。

はじめに

二〇〇七年五月、安倍晋三内閣総理大臣は、「安全保障の法的基盤の再構築に関する懇談会」を設置した。これまで、政府は、我が国は国際連合憲章第五一条及び日米安全保障条約に明確に規定されている集団的自衛権を権利として有しているにもかかわらず、行使することはできないなどとしてきた。安倍総理が当時の懇談会に対し提示した「四つの類型」は、特に憲法解釈上大きな制約が存在し、適切な対応ができなければ、我が国の安全の維持、日米同盟の信頼性、国際の平和と安定のための我が国の積極的な貢献を阻害し得るようなものであり、我が国を取り巻く安全保障環境の変化を踏まえ、従来の政府の憲法解釈が引き続き適切か否かを検討し、我が国が行使できない集団的自衛権等によって対応すべき事態が生じた場合に、我が国として効果的に対応するために採るべき措置とは何かという問題意識を投げかけるものであった。これら「四つの類型」は、（1）公海における米艦の防護、（2）米国に向かうかもしれない弾道ミサイルの迎撃、（3）国際的な平和活動における武器使用、（4）同じ国連PKO等に参加している他国の活動に対する後方支援についてであった。

これを受け、当時の懇談会では、我が国を巡る安全保障環境の下において、このような事態に有効に対処するためには我が国は何をなすべきか、これまでの政府の憲法解釈を含む法解釈でかかる政策が実行できるか否か、いかなる制約があるか、またその法的問題を解決して我が国の安全を確保するにはいかなる方策があり得るか等について真摯に議論を行い、二〇〇八年六月に報告書を提出した。報告書では、「四つの類型」に関する具体的な問題を取り上げ、これまでの政府の解釈をそのまま踏襲することでは、今日の安全保障環境の下で生起する重要な問題に適切に対処することは困難となってきており、自衛隊法等の現行法上認められている個別的自衛権や警察権の行使等では対処し得ない場合があり、集団的自衛権の行使及び集団安全保障措置への参加を認めるよう、憲法解釈を変更すべきであるなどの結論に至った。具体的には、四類型の各問題について以下のように提言を行った。

（1）公海における米艦の防護については、日米が共同で活動している際に米艦に危険が及んだ場合これを防護し得るようにすることは、同盟国相互の信頼関係の維持・強化のために不可欠である。個別的自衛権及び自己の防護や自衛隊法第九五条に基づく武器等の防護により反射的効果として米艦の防護が可能であるというこれまでの憲法解釈及び現行法の規定では、自衛隊は極めて例外的な場合にしか米艦を防護できず、また、対艦ミサイル攻撃の現実にも対処することができない。よって、このような場合に備えて、集団的自衛権の行使を認めておく必要がある。

（2）米国に向かうかもしれない弾道ミサイルの迎撃についても、従来の自衛権概念や国内手続を前提としていては十分に実効的な対応ができない。米国に向かう弾道ミサイルを我が国が撃ち落す能力を有するにもかかわらず撃ち落さないことは、我が国の安全保障の基盤たる日米同盟を根幹から揺るがすことになるので、絶対に避けなければならない。この問題は、個別的自衛権や警察権によって対応するという従来の考え方では解決し得ない。よって、この場合も集団的自衛権の行使によらざるを得ない。

（3）国際連合（国連）平和維持活動（PKO）等の国際的な平和活

動への参加は、憲法第九条で禁止されないと整理すべきであり、自己防護に加えて、同じ活動に参加している他国の部隊や要員への駆け付け警護及び任務遂行のための武器使用を認めることとすべきである。

（4）同じ国連PKO等に参加している他国の活動に対する後方支援については、これまでの「武力の行使との一体化論」をやめ、政策的妥当性の問題として検討すべきである。

以上の提言には、我が国による集団的自衛権の行使及び国連の集団安全保障措置への参加を認めるよう、憲法解釈を変更することが含まれていたが、これらの解釈の変更は、政府が適切な形で新しい解釈を明らかにすることによって可能であり、憲法改正を必要とするものではないとした。

我が国を取り巻く安全保障環境は、前回の報告書提出以降わずか数年の間に一層大きく変化した。北朝鮮におけるミサイル及び核開発や拡散の動きは止まらず、さらに、特筆すべきは、地球的規模のパワーシフトが顕著となり、我が国周辺の東シナ海や南シナ海の情勢も変化してきていることである。このような中で、国際社会における平和の維持と構築における我が国の安全保障政策の在り方をますます真剣に考えなくてはならない状況となっている。また、アジア太平洋地域の安定と繁栄の要である日米同盟の責任も、更に重みを増している。

このような情勢の変化を踏まえて、安倍総理は、二〇一三年二月、本懇談会を再開し、我が国の平和と安全を維持するために、日米安全保障体制の最も効果的な運用を含めて、我が国は何をなすべきか、過去四年半の変化を念頭に置き、また将来見通し得る安全保障環境の変化にも留意して、安全保障の法的基盤について再度検討するよう指示した。

その際、二〇〇八年の報告書の四類型に限られることなく、上記以外の行為についても、新たな環境の下で我が国が対応する必要性が生じることを確認しつつ、我が国の平和と安全を維持し、その存立を全うするために採るべき具体的行動、あるべき憲法解釈の背景となる考え方、あるべき憲法解釈の内容、国内法制の在り方についても検討を行うこととなった。

以上を踏まえ、本報告書においては、以下、Ⅰ．において、まず政府の憲法解釈の変遷を概観した後、憲法第九条の解釈に係る日本国憲法の根本原則は何であるかを明確にし、我が国を取り巻く安全保障環境にどのような変化があったのかを検討し、従来の憲法解釈や法制度では十分に対応することができないと考えられる具体的な事例を示す。その上で、Ⅱ．において、我が国の平和と安全を維持し地域及び国際社会の平和と安定を実現していく上であるべき憲法解釈を提示する。さらに、Ⅲ．においてこれを踏まえた国内法の整備等を進めるに当たって考えるべき主な要素について提言することとする。

Ⅰ．憲法解釈の現状と問題点

1．憲法解釈の変遷と根本原則

（1）憲法解釈の変遷

あるべき憲法解釈について論じる前に、まず、憲法第九条を巡る憲法解釈は、国際情勢の変化の中で、戦後一貫していたわけではないということを見ていく必要がある。

一九四六年六月、当時の吉田茂内閣総理大臣は、新憲法を審議し制定した旧憲法下の帝国議会において、「自衛権ニ付テノ御尋ネデアリマス、戦争抛棄ニ関スル本案ノ規定ハ、直接ニハ自衛権ヲ否定ハシテ居リマセヌガ、第九条第二項ニ於テ一切ノ軍備ト国ノ交戦権ヲ認メナイ結果、自衛権ノ発動トシテノ戦争モ、又交戦権モ抛棄シタモノデアリマス」と述べた[1]（衆議院本会議（一九四六年六月二六日））。また、同年吉田総理は、「國際聯合に日本が獨立國として加入致しました場合に於ては、一應此の憲章に依って保護せられる」と述べており[2]、このような帝国議会における議論を見れば、日本国憲法が制定された当時、少なくとも観念的には我が国の安全を一年前の一九四五年に成立したばかりの国連の集団安全保障体制に委ねることを想定していたと考えられる。

しかし、その後、このような考え方は大きく変化した。すなわち、冷戦の進行が始まり、国連は想定されたようには機能せず、一九五〇年六月には朝鮮戦争が勃発し、一九五二年四月に我が国が主権を回復し、日本国とアメリカ合衆国との間の安全保障条約（旧・日米安全保障条約）を締結し、一九五四年七月に自衛隊が創設されたが、一九五四年一二月、大村清一防衛庁長官は、「憲法は戦争を放棄したが、自衛のための抗争は放棄していない。（略）他国から武力攻撃があった場合に、武力攻撃そのものを阻止することは、自己防衛そのものであって、国際紛争を解決することとは本質が違う。従って自国に対して武力攻撃が加えられた場合に、国土を防衛する手段として武力を行使することは、憲法に違反しない。（略）自衛隊のような自衛のための任務を有し、かつその目的のため必要相当な範囲の実力部隊を設けることは、何ら憲法に違反するものではない。」と答弁し、憲法解釈を大きく変えた（衆議院予算委員会（一九五四年一二月二二日））。

また、最高裁判所は、一九五九年一二月のいわゆる砂川事件大法廷判決において、「同条（引用注：憲法第九条）は、同条にいわゆる戦争を放棄し、いわゆる戦力の保持を禁止しているのであるが、しかしもちろんこれによりわが国が主権国として持つ固有の自衛権は何ら否定されたものではなく、わが憲法の平和主義は決して無防備、無抵抗を定めたものではないのである。憲法前文にも明らかなように、われら日本国民は、平和を維持し、専制と隷従、圧迫と偏狭を地上から永遠に除去しようとつとめている国際社会において、名誉ある地位を占めることを願い、全世界の国民と共にひとしく恐怖と欠乏から免かれ、平和のうちに生存する権利を有することを確認するのである。しからば、わが国が、自国の平和と安全を維持しその存立を全うするために必要な自衛のための措置をとりうることは、国家固有の権能の行使として当然のことといわなければならない。」という法律判断を示したことは特筆すべきである。(3) この砂川事件大法廷判決は、憲法第九条によって自衛権は否定されておらず、我が国が自国の平和と安全を維持しその存立を全うするために必要な自衛のための措置を採り得ることは国家固有の権利の行使として当然であるとの判断を、司法府が初めて示したものとして大きな意義を持つものである。さらに、同判決が、我が国が持つ固有の自衛権について集団的自衛権と個別的自衛権とを区別して論じておらず、したがって集団的自衛権の行使を禁じていない点にも留意すべきである。

一方、集団的自衛権の議論が出始めたのは、一九六〇年の日米安全保障条約改定当時からである。当初は、同年三月の参議院予算委員会で当時の岸信介内閣総理大臣が、「特別に密接な関係にある国が武力攻撃をされた場合に、その国まで出かけて行ってその国を防衛するという意味における私は集団的自衛権は、日本の憲法上は、日本は持っていない」、「集団的自衛権という内容が最も典型的なものは、他国に行ってこれを守るということでございますけれども、それに尽きるものではないとわれわれは考えておるのであります。そういう意味において一切の集団的自衛権を持たない、こう憲法上持たないということは私は言い過ぎだと、かように考えております。」と答弁しているように、海外派兵の禁止という文脈で議論されていた。(4) それがやがて集団的自衛権一般の禁止へと進んでいった。

政府は、憲法前文及び同第一三条の双方に言及しつつ、自国の平和と安全を維持しその存立を全うするために必要な自衛の措置を採ることができることを明らかにする一方、そのような措置は必要最小限度の範囲にとどまるべきものであり、集団的自衛権の行使は憲法上許されないとの見解を示すに至った。すなわち、一九七二年一〇月に参議院決算委員会に提出した資料[5]において、「憲法は、第九条において、同条にいわゆる戦争を放棄し、いわゆる戦力の保持を禁止しているが、前文において『全世界の国民が……平和のうちに生存する権利を有する』ことを確認し、また、第一三条において『生命、自由及び幸福追求に対する国民の権利については、……国政の上で、最大の尊重を必要とする』旨を定めていることからも、わが国がみずからの存立を全うし国民が平和のうちに生存することまでも放棄していないことは明らかであって、自国の平和と安全を維持しその存立を全うするために必要な自衛の措置をとることを禁じているとはとうてい解されない。」とした。続けて、同資料は、「しかしながら、だからといって、平和主義をその基本原則とする憲法が、右にいう自衛のための措置を無制限に認めているとは解されないのであって、それは、あくまで外国の武力攻撃によって国民の生命、自由及び幸福追求の権利が根底からくつがえされるという急迫、不正の事態に対処し、国民のこれらの権利を守るための止むを得ない措置としてはじめて容認されるものであるから、その措置は、右の事態を排除するためとられるべき必要最小限度の範囲にとどまるべきものである。」とし、さらに、「そうだとすれば、わが憲法の下で武力行使を行うことが許されるのは、わが国に対する急迫、不正の侵害に対処する場合に限られるのであって、したがって、他国に加えられた武力攻撃を阻止することをその内容とするいわゆる集団的自衛権の行使は、憲法上許されないといわざるを得ない。」として、集団的自衛権の行使は憲法上許されないとの見解を示した。

同様に、政府は、一九八一年五月、質問主意書に対する答弁書において、「我が国が、国際法上、このような集団的自衛権を有していることは、主権国家である以上、当然であるが、憲法第九条の下において許容されている自衛権の行使は、我が国を防衛するため必要最小限度の範囲にとどまるべきものであると解しており、集団的自衛権を行使することは、その範囲を超えるものであって、憲法上許されないと考えている。」との見解を示した。[6] 加えて、同答弁書は、「集団的自衛権の行使が憲法上許されないことによって不利益が生じるというようなものではない。」とした。集団的自衛権の行使は憲法上一切許されないという政府の憲法解釈は、今日に至るまで変更されていない。

そもそも、いかなる組織も、その基本的な使命達成のために、自らのアイデンティティを失うことのない範囲で、外界の変化に応じて自己変容を遂げていかなければならない。そうできない組織は、衰退せざるを得ないし、やがて滅亡に至るかもしれない。国家においても、それは同様である。国家の使命の最大のものは、国民の安全を守ることである。その目的のために、外界の変化に対応して、基本ルールの範囲の中で、自己変容を遂げなければならない。更に言えば、ある時点の特定の状況の下で示された憲法論が固定化され、安全保障環境の大きな変化にかかわらず、その憲法論の下で安全保障政策が硬直化するようでは、憲法論のゆえに国民の安全が害されることになりかねない。それは主権者たる国民を守るために国民自身が憲法を制定するという立憲主義の根幹に対する背理である。

軍事技術が急速に進歩し、また、周辺に強大な軍事力が存在する中、我が国を取り巻く安全保障環境がますます厳しさを増している中で、将来にわたる国際環境や軍事技術の変化を見通した上で、我が国が本当に必要最小限度の範囲として個別的自衛権だけで国民の生存を守り国家の存立を全うすることができるのか、という点についての論証はなされてこなかった点に留意が必要である。また、個別的自衛権と集団的自衛権を明確に切り分け、個別的自衛権のみが憲法上許容されるという文理解釈上の根拠は何も示されていない。この点については、「Ⅱ．あるべき憲法解釈」の章で再び取り上げる。

また、国連等が行う国際的な平和活動への参加については、一九六〇年代には、内閣法制局は、我が国が正規の国連軍に対して武力行使を含む部隊を提供することは憲法上問題ないと判断していたが[7]、その後、たとえば稲葉誠一衆議院議員提出質問主意書に対する答弁書（一九八〇年一〇月二八日）において、「……いわゆる「国連軍」（引用注：国連がその「平和維持活動」として編成したいわゆる「国連軍」）は、個々の事例によりその目的・任務が異なるので、それへの参加の可否を一律に論ずることはできないが、当該「国連軍」の目的・任務が武力行使を伴うものであれば、自衛隊がこれに参加することは憲法上許されないと考えている」とされ、また、一九八八年五月一四日の衆議院安全保障委員会において秋山收内閣法制局第一部長が「もとより集団的安全保障あるいはPKOにかかわりますいろいろな行動のうち、憲法第九条によって禁じられている武力の行使または武力による威嚇に当たる行為につきましては、我が国としてこれを行うことが許されない」と答弁しているとおり、政府は、武力の行使につながる可能性のある行為は憲法第九条違反であるとしてきた[8]。一方で、いわゆる「正規の国連軍」参加の合憲性についてはこれを憲法第九条違反とは判断せず「研究中」（衆議院予算委員会（一九九〇年一〇月一九日）における工藤敦夫内閣法制局長官答弁）、「特別協定が決まらなければ、そのあたりの確定的な評価ができない」（衆議院予算委員会（一九九八年三月一八日）における大森政輔内閣法制局長官答弁）としている[9]。

（2）憲法第九条の解釈に係る憲法の根本原則

次に、上記（1）で述べたこれまでの憲法解釈の変遷の経緯を認識した上で、下記2．で述べる我が国を取り巻く安全保障環境の変化を想起しつつ、憲法第九条の解釈を考えるに当たって、最も重要な拠り所とすべき憲法の根本原則を確認する。

（ア）基本的人権の根幹としての平和的生存権及び生命・自由・幸福追求権

上述の一九七二年の政府の見解にあるように、日本国憲法前文は、「われらは、平和を維持し、専制と隷従、圧迫と偏狭を地上から永遠に除去しようと努めてゐる国際社会において、名誉ある地位を占めたいと思ふ。われらは、全世界の国民が、ひとしく恐怖と欠乏から免かれ、平和のうちに生存する権利を有することを確認する。」として平和的生存権を確認し、また、同第一三条は、「生命、自由及び幸福追求に対する国民の権利については、公共の福祉に反しない限り、立法その他の国政の上で、最大の尊重を必要とする。」として国民の生命、自由及び幸福追求の権利について定めている。これらは他の基本的人権の根幹と言うべき権利である。これらを守るためには、我が国が侵略されず独立を維持していることが前提条件であり、外からの攻撃や脅迫を排除する適切な自衛力の保持と行使が不可欠である。つまり、自衛力の保持と行使は、憲法に内在する論理の帰結でもある。

（イ）国民主権

また、日本国憲法前文は国民主権を「人類普遍の原理」とし「これに反する一切の憲法……を排除する」と規定している。「国民主権原理」は、「基本的人権」と同様、いかなる手段によっても否定できないいわば根本原則として理解されている。「国民主権原理」の実現には主権者たる国民の生存の確保が前提である。そのためには、我が国の平和と安全が維持されその存立が確保されていなければならない。平和は国民の希求するところである。同時に、主権者である国民の生存、国家の存立を危機に陥れることはそのような憲法上の観点からしてもあってはならない。国権の行使を行う政府の憲法解釈が国民と国家の安全を危機に陥れるようなことがあってはならない。

（ウ）国際協調主義

さらに、日本国憲法は、前文で「われらは、いづれの国家も、自国のことのみに専念して他国を無視してはならないのであって、政治道徳の法則は、普遍的なものであり、この法則に従ふことは、自国の主権を維持し、他国と対等関係に立たうとする各国の責務であると信ずる。」と謳い、国際協調主義を掲げている。なお、憲法第九八条は「日本国が締結した条約及び確立された国際法規は、これを誠実に遵守することを必要とする。」と述べて国際法規の誠実な遵守を定めている。このような憲法の国際協調主義の精神から、国際的な活動への参加は、我が国が最も積極的に取り組むべき分野と言わねばならない。

（エ）平和主義

平和主義は日本国憲法の根本原則の一つであり、今後ともこれを堅持していかなければならない。後述するとおり、日本国憲法の平和主義は、沿革的に、侵略戦争を違法化した戰爭抛棄に關する條約（不戦条約）（一九二八年）や国際連合憲章（一九四五年）等、二〇世紀前半以降の国際法思潮と密接な関係がある。憲法前文の「日本国民は、（略）政府の行為によって再び戦争の惨禍が起ることのないやうにすることを決意し、」という文言に体現されているとおり、我が国自身の不戦の誓いを原点とする憲法の平和主義は、侵略戦争と国際紛争解決のための武力行使を永久に放棄することを定めた憲法第九条の規定によって具体化されている。他方、憲法前文が「平和を維持し、専制と隷従、圧迫と偏狭を地上から永遠に除去しようと努めてゐる国際社会において、名誉ある地位を占めたいと思ふ。われらは、全世界の国民が、ひとしく恐怖と欠乏から免かれ、平和のうちに生存する権利を有することを確認する。」と定めるとともに、「われらは、いづれの国家も、自国のことのみに専念して他国を無視してはならない」と定め、国際協調主義を謳っていることからも、我が国の平和主義は、同じく日本国憲法の根本原則である国際協調主義を前提として解されるべきである。すなわち、日本国憲法の平和主義は、自国本位の立場ではなく、国際的次元に立って解釈すべきであり、それは、自ら平和を乱さないという消極的なものではなく、平和を実現するために積極的行動を採るべきことを要請しているものと言える。政府は、二〇一三年一二月一七日に閣議決定された「国家安全保障戦略」において、我が国が、国際協調主義に基づく積極的平和主義の立場から、我が国の安全及びアジア太平洋地域の平和と安定を実現しつつ、国際社会の平和と安定及び繁栄の確保にこれまで以上に積極的に寄与していくことを掲げているが、日本国憲法の平和主義は、この「国際協調主義に基づく積極的平和主義」の基礎にあるものであると言える。

2．我が国を取り巻く安全保障環境の変化

我が国を取り巻く安全保障環境は、一層厳しさを増している。このような傾向は、二〇〇八年の報告書の時に比べ、一層顕著となっている。

第一は、技術の進歩と脅威やリスクの性質の変化である。今日では、技術の進歩やグローバリゼーションの進展により、大量破壊兵器及びその運搬手段は拡散・高度化・小型化しており、また、国境を越える脅威が増大し、国際テロの広がりが懸念されている。例えば北朝鮮は、度重なる国連安全保障理事会による非難・制裁決議を無視して、既に日本全土を覆う弾道ミサイルを配備し、米国に到達する弾道ミサイルを開発中である。北朝鮮は、また、核実験を三度実施しており、核弾頭の小型化に努めているほか、生物・化学兵器を保有していると見られる。また現在、様々な主体によるサイバー攻撃が社会全体にとって大きな脅威・リスクとなっている。その対象は国家、企業、個人を超えて重層化・融合化が進み、国際社会の一致した迅速な対応が求められる。すなわち、世界のどの地域で発生する事象であっても、直ちに我が国の平和と安全に影響を及ぼし得るのである。したがって、従来のように国境の内側と外側を明確に区別することは難しくなっている。また、宇宙についても、その利用が民生・軍事双方に広がっていることから、その安定的利用を図るためには、平素からの監視とルール設定を含め、米国との協力を始めとする国際協力の一層の強化が求められている。

第二は、国家間のパワーバランスの変化である。このパワーバランスの変化の担い手は、中国、インド、冷戦後復活したロシア等国力が増大している国であり、国際政治の力学にも大きな影響を与えている。特にアジア太平洋地域においては緊張が高まっており、領土等を巡る不安定要素も存在する。中国の影響力の増大は明らかであり、公表国防費の名目上の規模は、過去一〇年間で約四倍、過去二六年間で約四〇倍の規模となっており、国防費の高い伸びを背景に、近代的戦闘機や新型弾道ミサイルを含む最新兵器の導入とその量的拡大が顕著である。中国の国防費に関しては引き続き不透明な部分が多いが、二〇一四年度公式発表予算額でも一二兆円以上であり、我が国の三倍近くに達している。この趨勢が続けば、一層強大な中国軍が登場する。また、領有権に関する独自の主張に基づく力による一方的な現状変更の試みも看取されている。以上のような状況を踏まえれば、これに伴うリスクの増大が見られ、地域の平和と安定を確保するために我が国がより大きな役割を果たすことが必要となっている。

第三の変化は、日米関係の深化と拡大である。一九九〇年代以降は、弾道ミサイルや国際テロを始めとした多様な事態に対処するための運用面での協力が一層重要になってきており、これまでの安全保障・防衛協力関係は大幅に拡大している。その具体的な表れとして、装備や情報を含めた様々なリソースの共有が進んでおり、今後ともその傾向が進むことが予想される。二〇一三年一〇月に開催された日米安全保障協議委員会（「2＋2」）において、「日米防衛協力のための指針（ガイドライン）」の見直しを行うことで合意され、日米間の具体的な防衛協力における役割分担を含めた安全保障・防衛協力の強化について議論していくこととなっている。日米同盟なくして、我が国が単独で上記第一及び第二のような状況の変化に対応してその安全を全うし得ないことは自明であるとともに、同時に半世紀以上前の終戦直後とは異なり、我が国が一方的に米国の庇護を期待するのではなく、日米両国や関係国が協力して地域の平和と安全に貢献しなければならない時代になっている。同盟の活力を維持し、更に深化させるためには、より公平な負担を実現すべく不断の努力を続けていくことが必要になっているのである。このように、安全保障の全ての面での日米同盟の強化が不可欠であるが、これに加え、地域の平和と安定を確保するために重要な役割を果たすアジア太平洋地域内外のパートナーとの信頼・協力関係も必要となっている。

第四の変化は、地域における多国間安全保障協力等の枠組みの動きである。一九六七年に設立されたASEAN（東南アジア諸国連合）に加え、冷戦の終結や共通の安全保障課題の拡大に伴い、経済分野におけるAPEC（アジア太平洋経済協力、一九八九年）や外交分野におけるARF（ASEAN地域フォーラム、一九九四年）にとどまらず、EAS（東アジア首脳会議、二〇〇五年）の成立・拡大やADMMプラス（拡大ASEAN国防相会議、二〇一〇年）の創設など、政治・安全保障・防衛分野においても様々な協力の枠組みが重層的に発展してきている。我が国としては、こうした状況を踏まえ、より積極的に各種協力活動に幅広く参加し、指導的な役割を果たすことができるような制度的・財政的・人的基盤を整備することが求められる。

第五の変化は、アフガニスタンやイラクの復興支援、南スーダンの国づくり、また、シーレーンを脅かすアデン湾における海賊対処のように、国際社会全体が対応しなければならないような深刻な事案の発生が増えていることである。また、国連PKOを例にとれば、停戦監視といった任務が中心であったいわゆる伝統型から、より多様な任務を持つように変化するなど、近年、軍事力が求められる運用場面がより多様化し、復興支援、人道支援、海賊対処等に広がるとともに、世界のどの地域で発生する事象であっても、より迅速かつ切れ目なく総合的な視点からのアプローチが必要となっている。こうした国連を中心とした紛争対処、平和構築や復興支援の重要性はますます増大しており、国際社会の協力が一層求められている。

最後に、第六の変化は、自衛隊の国際社会における活動である。一九九一年のペルシャ湾における機雷掃海以降今日まで、自衛隊は直近の現在活動中の南スーダンにおける活動を含めて三三件の国際的な活動に参加し、実績を積んできた。その中には、一九九二年のカンボジアにおける国連ＰＫＯ、一九九三年のモザンビークにおける国連ＰＫＯ、一九九四年のザイール共和国（当時）東部におけるルワンダ難民救援のための人道的な国際救援活動、二〇〇一年の米国同時多発テロ事件後の「不朽の自由作戦」に従事する艦船に対するインド洋における補給支援活動、二〇〇三年から二〇〇九年に至るイラク人道復興支援活動等が含まれる。海外における大規模災害に際しても、近年、自衛隊は、その機能や能力を活かした国際緊急援助活動を積極的に行ってきており、最近の例を挙げれば、二〇一三年一一月にフィリピンを横断した台風により同国で発生した被害に関し、一二〇〇人規模の自衛隊員が、被災民の診療、ワクチン接種、防疫活動、物資の空輸、被災民の空輸等の活動を実施した。二〇〇七年には国際緊急援助活動を含む国際平和協力活動が自衛隊の「本来任務」と位置付けられた。自衛隊の実績と能力は、国内外から高く評価されており、復興支援、人道支援、教育、能力構築、計画策定等様々な分野で、今後一層の役割を担うことが必要である。

以上をまとめれば、我が国の外交・安全保障・防衛を巡る状況は大きく変化しており、最近の戦略環境の変化はその規模と速度において過去と比べても顕著なものがあり、予測が困難な事態も増えている。これまでは、少なからぬ分野において、いわば事態の発生に応じて、憲法解釈の整理や新たな個別政策の展開を逐次図ってきたことは事実であるが、変化の規模と速度に鑑みれば、我が国の平和と安全を維持し、地域及び国際社会の平和と安定を実現していく上では、従来の憲法解釈では十分に対応することができない状況に立ち至っている。

3．我が国として採るべき具体的行動の事例

二〇〇八年の報告書では、四類型（①公海における米艦の防護、②米国に向かうかもしれない弾道ミサイルの迎撃、③国際的な平和活動における武器使用、④同じ国連ＰＫＯ等に参加している他国の活動に対する後方支援）のそれぞれに関し、懇談会の提言を提示した。本懇談会では、これに加え、上述のような我が国を取り巻く安全保障環境の変化に鑑みれば、例えば以下のような事例において我が国が対応を迫られる場合があり得るが、従来の憲法解釈や法制度では十分に対応することができず、こうした事例に際して我が国が具体的な行動を採ることを可能とするあるべき憲法解釈や法制度を考える必要があるという問題意識が共有された。なお、以下の事例は上述の四類型と同様に飽くまで次ページ以下で述べる憲法解釈や法制度の整理の必要性を明らかにするための具体例として挙げたものであり、これらの事例のみを合憲・可能とすべきとの趣旨ではない。

①事例１：我が国の近隣で有事が発生した際の船舶の検査、米艦等への攻撃排除等

――我が国の近隣で、ある国に対する武力攻撃が発生し、米国が集団的自衛権を行使してこの国を支援している状況で、海上自衛隊護衛艦の近傍を攻撃国に対し重要な武器を供給するために航行している船舶がある場合、たとえ被攻撃国及び米国から要請があろうとも、我が国は、我が国への武力攻撃が発生しない限り、この船舶に対して強制的な停船・立入検査や必要な場合の我が国への回航を実施できない。現行の憲法解釈ではこれらの活動が「武力の行使」に当たり得るとされるためである。しかし、このような事案が放置されれば、紛争が拡大し、やがては我が国自身に火の粉が降りかかり、我が国の安全に影響を与えかつ国民の生命・財産が直接脅かされることになる。

――また、被攻撃国を支援する米国その他の国々の艦船等が攻撃されているときには、これを排除するよう我が国が協力する必要がある。この点に関連して、現行の「周辺事態に際して我が国の平和及び安全を確保するための措置に関する法律」（周辺事態安全確保法）では、自衛隊による後方地域支援又は後方地域捜索救助活動は、後方地域、すなわち「我が国領域並びに現に戦闘行為が行われておらず、かつ、そこで実施される活動の期間を通じて戦闘行為が行われることがないと認められる我が国周辺の公海及びその上空の範囲」でしか実施できず[10]、また、弾薬を含む武器の提供や戦闘作戦行動のために発進準備中の航空機に対する給油及び整備については当時は米軍からのニーズがなかったとして含まれていない等、米国に対する支援も限定的であり、また、そもそも米国以外の国に対する支援は規定されておらず、不可能である。

――そもそも「抑止」を十分に機能させ、我が国有事の可能性を可能な限り低くするためには、法的基盤をしかるべく整備する必要がある。

②事例2：米国が武力攻撃を受けた場合の対米支援

――米国も外部からの侵害に無傷ではあり得ない。例えば、二〇〇一年の米国同時多発テロ事件では、民間航空機がハイジャックされ、米国の経済、軍事を象徴する建物に相次いで突入する自爆テロが行われ、日本人を含む約三千人の犠牲者が出た[11]。仮に米国が弾道ミサイルによる奇襲といった武力攻撃を受け、その後、攻撃国に対して他の同盟国と共に自衛権を行使している状況において、現行の憲法解釈では、我が国が直接攻撃されたわけではないので我が国ができることに大きな制約がある。

――我が国を攻撃しようと考える国は、米国が日米安全保障条約上の義務に基づき反撃する可能性が高いと考えるからこそ思いとどまる面が大きい。その米国が攻撃を受けているのに、必要な場合にも我が国が十分に対応できないということであれば、米国の同盟国、日本に対する信頼は失われ、日米同盟に甚大な影響が及ぶおそれがある。日米同盟が揺らげば我が国の存立自体に影響を与えることになる。

――我が国は、我が国近傍の国家から米国が弾道ミサイルによる奇襲といった武力攻撃を受けた場合、米国防衛のための米軍の軍事行動に自衛隊が参加することはおろか、例えば、事例1で述べたように、攻撃国に武器を供給するために航行している船舶の強制的な停船・立入検査や必要な場合の我が国への回航でさえも、現行の憲法解釈では「武力の行使」に当たり得るとして実施できない。船舶の検査等は、陸上の戦闘のような活動とは明らかに異なる一方で、攻撃国への武器の移転を阻む洋上における重要な活動であり、こうしたことを実施できるようにすべきである。また、場合によっては米国以外の国々とも連携する必要があり、こうした国々をも支援することができるようにすべきである。

③事例3：我が国の船舶の航行に重大な影響を及ぼす海域（海峡等）における機雷の除去

――湾岸戦争に際してイラクは、ペルシャ湾に多数の機雷を敷設し、当該機雷は世界の原油の主要な輸送経路の一つである同湾における我が国のタンカーを含む船舶の航行の重大な障害となった。今後、我が国が輸入する原油の大部分が通過する重要な海峡等で武力攻撃が発生し、攻撃国が敷設した機雷で海上交通路が封鎖されれば、我が国への原油供給の大部分が止まる。これが放置されれば、我が国の経済及び国民生活に死活的な影響があり、我が国の存立に影響を与えることになる。

――武力紛争の状況に応じて各国が共同して掃海活動を行うことになるであろうが、現行の憲法解釈では、我が国は停戦協定が正式に署名される等により機雷が「遺棄機雷」と評価されるようになるまで掃海活動に参加できない。そのような現状は改める必要がある。

④事例4：イラクのクウェート侵攻のような国際秩序の維持に重大な影響を及ぼす武力攻撃が発生した際の国連の決定に基づく活動への参加

――イラクのクウェート侵攻のような国際秩序の維持に重大な影響を及

ぼす武力攻撃が発生し、国際正義が蹂躙され国際秩序が不安定になれば、我が国の平和と安全に無関係ではあり得ない。例えばテロが蔓まん延し、我が国を含む国際社会全体へ無差別な攻撃が行われるおそれがあり、我が国の安全、国民の生命・財産に甚大な被害を与えることになる。

——我が国は、国連安全保障理事会常任理事国が一国も拒否権を行使せず、軍事的措置を容認する国連安全保障理事会決議が採択された場合ですら、現行の憲法解釈では、支援国の海軍艦船の防護といった措置が採れないし、また、支援活動についても、後方地域における、しかも限られた範囲のものしかできない。加えて、現状では国内法の担保もないので、その都度特別措置法等のような立法も必要である。

——国際の平和と安全の維持・回復のための国連安全保障理事会の措置に協力することは、国際連合憲章に明記された国連加盟国の責務である。国際社会全体の秩序を守るために必要な貢献をしなければ、それは、自らのよって立つ安全の土台を掘り崩すことになる。

⑤事例5：我が国領海で潜没航行する外国潜水艦が退去の要求に応じず徘徊を継続する場合の対応

——二〇〇四年一一月に、先島群島周辺の我が国領海内を潜没航行している中国原子力潜水艦を海上自衛隊のP－3Cが確認した。また、二〇一三年五月には、領海への侵入はなかったものの、接続水域内を航行する潜没潜水艦を海上自衛隊のP－3Cが相次いで確認した。現行法上、我が国に対する「武力攻撃」（＝一般に組織的・計画的な武力の行使）がなければ、防衛出動に伴う武力の行使はできない。潜没航行する外国潜水艦が我が国領海に侵入してきた場合、自衛隊は警察権に基づく海上警備行動等によって退去要求等を行うことができる（二〇〇四年のケース）が、その潜水艦が執拗に徘徊を継続するような場合に、その事態が「武力攻撃事態」と認定されなければ、現行の海上警備行動等の権限では自衛隊が実力を行使してその潜水艦を強制的に退去させることは認められていない。このような現状を放置してはならない。

⑥事例6：海上保安庁等が速やかに対処することが困難な海域や離島等において、船舶や民間人に対し武装集団が不法行為を行う場合の対応

——このような場合、海上における事案については、当該事案が自衛隊法第八二条にいう「海上における人命若しくは財産の保護又は治安の維持のため特別の必要がある場合」に該当すると判断される場合は、内閣総理大臣の承認を得て防衛大臣が命令することによって、自衛隊部隊が海上警備行動を採ることができる。また、陸上における事案については、当該事案が自衛隊法第七八条にいう「一般の警察力をもっては、治安を維持することができないと認められる場合」に該当すると判断される場合は、内閣総理大臣が命令することによって、自衛隊部隊が治安出動することができる。さらに、防衛大臣は、事態が緊迫し、防衛出動命令が予想される場合には、内閣総理大臣の承認を得て、自衛隊の部隊等にあらかじめ展開させることが見込まれる地域内において防御施設を構築する措置を命ずることができる。

——しかし、このような海上警備行動や治安出動、防御施設構築の措置等の発令手続を経る間に、仮にも対応の時機を逸するようなことが生じるのは避けなければならないが、部隊が適時に展開する上での手続的な敷居が高いため、より迅速な対応を可能とするための手当てが必要である。

——事例5及び6のような場合を含め、武力攻撃に至らない侵害を含む各種の事態に応じた対応を可能とすべく、どのような実力の行使が可能か、国際法の基準に照らし検討する必要がある。

——現在の法制度では、防衛出動との間に権限の隙間が生じ得ることから、結果として相手を抑止できなくなるおそれがある。

Ⅱ．あるべき憲法解釈

上記Ⅰ．で述べた認識を踏まえ、本懇談会は、あるべき憲法解釈として、以下を提言する。

１．憲法第九条第一項及び第二項

（１）憲法第九条は、「日本国民は、正義と秩序を基調とする国際平和を誠実に希求し、国権の発動たる戦争と、武力による威嚇又は武力の行使は、国際紛争を解決する手段としては、永久にこれを放棄する。前項の目的を達成するため、陸海空軍その他の戦力は、これを保持しない。国の交戦権は、これを認めない。」と規定しており、自衛権や集団安全保障については何ら言及していない。しかしながら、我が国が主権を回復した一九五二年四月に発効した日本国との平和条約（サン・フランシスコ平和条約）においても、我が国が個別的又は集団的自衛の固有の権利を有することや集団安全保障措置への参加は認められており[12]、また、我が国が一九五六年九月に国連に加盟した際も、国際連合憲章に規定される国連の集団安全保障措置や、加盟国に個別的又は集団的自衛の固有の権利を認める規定（第五一条[13]）について何ら留保は付さなかった。

憲法第九条第一項が我が国による武力による威嚇又は武力の行使を例外なく禁止していると解釈するのは、不戦条約や国際連合憲章（一九四五年）等の国際法の歴史的発展及び憲法制定の経緯から見ても、適切ではない。一九四六年に公布された日本国憲法は、二〇世紀前半の平和主義、戦争違法化に関する国際法思潮から大きな影響を受けている。我が国憲法第九条の規定は、二〇世紀に確固たる潮流となった国際平和主義の影響を深く受けているのであり、国際社会の思潮と孤絶しているわけではない。不戦条約は、「国際紛争解決ノ為」に戦争に訴えることを非とし、「国家ノ政策ノ手段トシテノ戦争」を放棄することを規定することで、締約国間の侵略戦争の放棄を約束した。この戦争違法化の流れを汲んで作成された国際連合憲章は、日本国憲法公布の一年前に採択されたものである。国際連合憲章は、加盟国の国際関係における「武力の行使」を原則として禁止したが、国連の集団安全保障措置としての軍事的措置及び個別的又は集団的自衛の固有の権利（第五一条）の行使としての「武力の行使」を実施することは例外的に許可している。また、日本国憲法の起草経緯を見れば、憲法第九条の起点となったマッカーサー三原則（一九四六年二月三日）の第二原則[14]は、日本は自らの紛争を解決するための手段としての戦争を放棄する（Japan renounces it as an instrumentality for settling its disputes）となっている。政府も一九四六年の時点で既に吉田総理が新憲法草案に関し、先述のとおり「戦争抛棄ニ関スル本案ノ規定ハ、直接ニハ自衛権ヲ否定ハシテ居リマセヌ（略）」と述べていた（衆議院本会議（一九四六年六月二六日））のであり、また、自衛隊創設時の国会答弁においては「戦争と武力の威嚇・武力の行使が放棄されるのは『国際紛争を解決する手段としては』ということである。」「他国から武力攻撃があった場合に、武力攻撃そのものを阻止することは、自己防衛そのものであって、国際紛争を解決することとは本質が違う。従って自国に対して武力攻撃が加えられた場合に、国土を防衛する手段として武力を行使することは、憲法に違反しない。」と述べていたのである（前掲の大村清一防衛庁長官答弁）。

これらの経緯を踏まえれば、憲法第九条第一項の規定（「日本国民は、正義と秩序を基調とする国際平和を誠実に希求し、国権の発動たる戦争と、武力による威嚇又は武力の行使は、国際紛争を解決する手段としては、永久にこれを放棄する」）は、我が国が当事国である国際紛争の解決のために武力による威嚇又は武力の行使を行うことを禁止したものと解すべきであり、自衛のための武力の行使は禁じられておらず、また国連ＰＫＯ等や集団安全保障措置への参加といった国際法上合法的な活動への憲法上の制約はないと解すべきである。

なお、国連ＰＫＯ等における武器使用を、第九条第一項を理由に制限することは、国連の活動への参加に制約を課している点と、下記５．で述べるとおり「武器の使用」を「武力の行使」と混同している点で、二重に適切でない解釈であることを指摘しておきたい。

（2）憲法第九条第二項は、第一項において、武力による威嚇や武力の行使を「国際紛争を解決する手段」として放棄すると定めたことを受け、「前項の目的を達するため」に戦力を保持しないと定めたものである。したがって、我が国が当事国である国際紛争を解決するための武力による威嚇や武力の行使に用いる戦力の保持は禁止されているが、それ以外の、すなわち、個別的又は集団的を問わず自衛のための実力の保持やいわゆる国際貢献のための実力の保持は禁止されていないと解すべきである。これら（1）及び（2）と同様の考え方は前回二〇〇八年六月の報告書でもとられていた。

（3）上述の前回報告書の立場、特に（2）で述べた個別的又は集団的を問わず自衛のための実力の保持や、いわゆる国際貢献のための実力の保持は合憲であるという考え方は、憲法第九条の起草過程において、第二項冒頭に「前項の目的を達するため」という文言が後から挿入された（いわゆる「芦田修正[15]」）との経緯に着目した解釈であるが、政府はこれまでこのような解釈をとってこなかった。再度政府の解釈を振り返れば、前述のとおり、政府は、一九四六年の制憲議会の際に吉田総理答弁において自衛戦争も放棄したと明言していたにもかかわらず、一九五四年以来、国家・国民を守るために必要最小限度の自衛力の保持は主権国家の固有の権利であるという解釈を打ち出した。この解釈は最高裁判所でも否定されていない。しかし、その後の国会答弁において、政府は憲法上認められる必要最小限度の自衛権の中に個別的自衛権は入るが、集団的自衛権は入らないという解釈を打ち出し、今もってこれに縛られている。集団的自衛権の概念が固まっていなかった当初の国会論議の中で、その概念の中核とされた海外派兵の自制という文脈で打ち出された集団的自衛権不行使の議論は、やがて集団的自衛権一般の不行使の議論として固まっていくが、その際どうして我が国の国家及び国民の安全を守るために必要最小限の自衛権の行使は個別的自衛権の行使に限られるのか、逆に言えばなぜ個別的自衛権だけで我が国の国家及び国民の安全を確保できるのかという死活的に重要な論点についての論証は、上記Ⅰ．1．（1）の憲法解釈の変遷で述べたとおり、ほとんどなされてこなかった。すなわち、政府は「外国の武力攻撃によって国民の生命・自由及び幸福追求の権利が根底からくつがえされるという急迫、不正の事態に対処し、国民のこれらの権利を守るための止むを得ない措置としてはじめて容認されるものであるから、その措置は、右の事態を排除するためとられるべき必要最小限度の範囲にとどまるべきものである。」（一九七二年一〇月に参議院決算委員会に提出した政府の見解）として、集団的自衛権の不行使には何の不都合もないと断じ、集団的自衛権を行使できなくても独力で我が国の国家及び国民の安全を本当に確保できるのか、ということについて詳細な論証を怠ってきた。

国家は他の信頼できる国家と連携し、助け合うことによって、よりよく安全を守り得るのである。集団的自衛権の行使を可能とすることは、他の信頼できる国家との関係を強固にし、抑止力を高めることによって紛争の可能性を未然に減らすものである。また、仮に一国が個別的自衛権だけで安全を守ろうとすれば、巨大な軍事力を持たざるを得ず、大規模な軍拡競争を招来する可能性がある。したがって、集団的自衛権は全体として軍備のレベルを低く抑えることを可能とするものである。一国のみで自国を守ろうとすることは、国際社会の現実に鑑みればむしろ危険な孤立主義にほかならない。

そもそも国際連合憲章中の集団的自衛権の規定は、一九四五年の国際連合憲章起草の際に国連安全保障理事会の議決手続に拒否権が導入されることになった結果、国連安全保障理事会の機能に危惧が抱かれるようになり、そのため個別的自衛権のみでは生存を全うできないと考えた中南米のチャプルテペック協定参加国が提唱して認められたものであるという起草経緯を改めて想起する必要がある。

国際連合憲章では、第二条四により国際関係における武力の行使が禁じられているが、第五一条に従って個別的又は集団的自衛のために武力を行使する権利は妨げられない。これは、同条に明記されているとおり、自衛権が国家が当然に有している固有の権利（「自然権」（droit naturel））であるからである[16]。また、今日、集団的自衛権は慣習国際法上の権利であるとされており、この点については国際司法裁判所もその判決中で明確に示している（一九八六年六月「ニカラグア軍事・準軍事活動事件［本案］」国際司法裁判所判決[17]）。国際社会における諸国間の国力差及び国連安全保障理事会における拒否権の存在やその機能・手法を考えれば、国連の集団安全保障体制が十分に機能するまでの間、中小国は自己に対する攻撃を独力で排除することだけを念頭に置いていたら自衛は全うできないのであって、自国が攻撃された場合のみならず、他国が攻撃された場合にも同様にあたかも自国が攻撃されているとみなして、集団で自衛権が行使できることになっているのである。今日の安全保障環境を考えるとき、集団的自衛権の方が当然に個別的自衛権より危険だという見方は、抑止という安全保障上の基本観念を無視し、また、国際連合憲章の起草過程を無視したものと言わざるを得ないのである。以上を踏まえれば、上述した政府のこれまでの見解である、「（自衛のための）措置は、必要最小限度の範囲にとどまるべき」という解釈に立ったとしても、その「必要最小限度」の中に個別的自衛権は含まれるが集団的自衛権は含まれないとしてきた政府の憲法解釈は、「必要最小限度」について抽象的な法理だけで形式的に線を引こうとした点で適当ではない。事実として、今日の日本の安全が個別的自衛権の行使だけで確保されるとは考え難い。したがって、「必要最小限度」の中に集団的自衛権の行使も含まれると解釈して、集団的自衛権の行使を認めるべきである。

（４）なお、上記（３）のような解釈を採る場合には、憲法第九条第二項にいう「戦力」及び「交戦権」については、次のように考えるべきである。

「戦力」については、自衛権行使を合憲と踏み切った主権回復直後の自衛隊創設後に至る憲法解釈変遷の際に「近代戦争遂行能力[18]」と定義されたこともあったが、その後は、自衛のための必要最小限度の実力を超えるものとされ、一九七二年一一月、吉國一郎内閣法制局長官は、「昭和二九年一二月以来は、憲法第九条第二項の戦力といたしまして、（略）近代戦争遂行能力という言い方をやめております。」と明言した。現在では「自衛のための必要最小限度の実力」の具体的な限度は防衛力整備を巡る国会論議の中で国民の支持を得つつ考査されるべきものとされている[19]。客観的な国際情勢に照らして、憲法が許容する武力の行使に必要な実力の保持が許容されるという考え方は、今後も踏襲されるべきものと考える。

「交戦権」については、自衛のための武力の行使は憲法の禁ずる交戦権とは「別の観念のもの」であるとの答弁がなされてきた[20]。国策遂行手段としての戦争が国際連合憲章によりjus ad bellum（戦争に訴えること自体を規律する規範）の問題として一般的に禁止されている状況の中で、個別的及び集団的自衛権の行使や国連の集団安全保障措置等のように国際連合憲章を含む国際法に合致し、かつ、憲法の許容する武力の行使は、憲法第九条の禁止する交戦権の行使とは「別の観念のもの」と引き続き観念すべきものである。ただし、合法な武力行使であってもjus in bello（戦時における戦闘の手段・方法を規律する規範）の問題として国際人道法規上の規制を受けることは当然である。

２．憲法上認められる自衛権

（１）個別的自衛権の行使に関する見解として、政府は、従来、憲法第九条の下において認められる自衛権の発動としての武力の行使については、①我が国に対する急迫不正の侵害があること、②これを排除するために他の適当な手段がないこと、③必要最小限度の実力行使にとどまるべきこと、という三要件に該当する場合に限られるとしている。このように、この三要件を満たす限り行使に制限はないが、その実際の行使に当たっては、その必要性と均衡性を慎重かつ迅速に判断して、決定しなければならない（武力攻撃に至らない侵害への対応については後述する。）。

（２）集団的自衛権とは、国際法上、一般に、自国と密接な関係にある外国に対する武力攻撃を、自国が直接攻撃されていない場合にも、実力をもって阻止する権利と解されている。また、集団的自衛権の行使は、武力攻撃の発生（注：着手も含まれる。[21]）、被攻撃国の要請又は同意という要件が満たされている場合に、必要性、均衡性という要件を満たしつつ行うことが求められる。

我が国においては、この集団的自衛権について、我が国と密接な関係にある外国に対して武力攻撃が行われ、その事態が我が国の安全に重大な影響を及ぼす可能性があるときには、我が国が直接攻撃されていない場合でも、その国の明示の要請又は同意を得て、必要最小限の実力を行使してこの攻撃の排除に参加し、国際の平和及び安全の維持・回復に貢献することができることとすべきである。そのような場合に該当するかについては、我が国への直接攻撃に結びつく蓋然性が高いか、日米同盟の信頼が著しく傷つきその抑止力が大きく損なわれ得るか、国際秩序そのものが大きく揺らぎ得るか、国民の生命や権利が著しく害されるか、その他我が国へ深刻な影響が及び得るかといった諸点を政府が総合的に勘案しつつ責任を持って判断すべきである。また、我が国が集団的自衛権を行使するに当たり第三国の領域を通過する場合には、我が国の方針として、その国の同意を得るものとすべきである。さらに、集団的自衛権を行使するに当たっては、個別的自衛権を行使する場合と同様に、事前又は事後に国会の承認を得る必要があるものとすべきである。

集団的自衛権は権利であって、義務ではないので、行使し得る場合であっても、我が国が行使することにどれだけ意味があるのか等を総合的に判断して、政策的判断の結果、行使しないことがあるのは当然である。我が国による集団的自衛権の行使については、内閣総理大臣の主導の下、国家安全保障会議の議を経るべきであり、内閣として閣議決定により意思決定する必要がある。なお、集団的自衛権の行使を認めれば、果てしなく米国の戦争に巻き込まれるという議論が一部にあるが、そもそも集団的自衛権の行使は義務ではなく権利であるので、その行使は飽くまでも我が国が主体的に判断すべき問題である。この関連で、個別的又は集団的自衛権を行使する自衛隊部隊の活動の場所について、憲法解釈上、地理的な限定を設けることは適切でない。「地球の裏側」まで行くのか云々という議論があるが、不毛な抽象論にすぎず、ある事態が我が国の安全に重大な影響を及ぼす可能性があるか、かつ我が国の行動にどれだけの効果があるかといった点を総合的に勘案し、個別具体的な事例に則して主体的に判断すべきである。なお、繰り返しになるが、集団的自衛権は権利であって義務ではなく、先に述べたような政策的判断の結果として、行使しないこともももちろんある点に留意が必要である。

（３）本来は集団的自衛権の行使の対象となるべき事例について、個別的自衛権や警察権を我が国独自の考え方で「拡張」して説明することは、国際法違反のおそれがある。例えば、公海上で日米の艦船が共同行動をしている際に、自衛艦が攻撃されていないにもかかわらず個別的自衛権の行使として米艦を防護した場合には、国際連合憲章第五一条に基づき我が国がとった措置につき国連安全保障理事会に報告する義務が生じるが、「我が国に対して武力攻撃が発生した」という事実がないにもかかわらず個別的自衛権の行使として報告すれば、国際連合憲章違反との批判を受けるおそれがある。また、各国が独自に個別的自衛権の「拡張」を主張すれば、国際法に基づかない各国独自の「正義」が横行することとなり、これは実質的にも危険な考えである。

（4）情報通信技術の発展に伴い、今やサイバー空間は人々の生活に必要不可欠なものとなっている。サイバー空間は、インターネットの発達により形成された仮想空間であり、安全保障上も陸・海・空・宇宙に続く新しい領域であると言えるが、その法的側面については議論が続いているところである。ひとたびサイバー攻撃が行われれば、政府機関から企業に至る社会の隅々にまで深刻な影響を及ぼすこととなり、この問題の重要性が認識されるに至っている。現実にも、近年、諸国の政府機関や軍隊などに対するサイバー攻撃が多発しており、各国政府による取組や国際的な議論が行われているところである。

日進月歩の技術進歩を背景とするサイバー攻撃は、攻撃の予測や攻撃者の特定が困難であったり、攻撃の手法が多様であるといった特徴を有しており、従来の典型的な武力攻撃と異なる点も少なくない。そのため、サイバー攻撃の法的位置付けについて一概に述べるのは困難である。これまでのところ、サイバー攻撃が「武力攻撃」に該当しないと位置付けられている事例が多いように見受けられる。他方、一定の場合には、サイバー攻撃が、「我が国に対する急迫不正の侵害があること」という要件を含め、自衛権発動の三要件を満たす場合もあると考えられる。いずれにしても、どのような場合がそれに該当するかという点や、外部からのサイバー攻撃に対処するための制度的な枠組みの必要性等について、国際社会における議論にも留意しつつ、引き続き、検討が必要である。

3．**軍事的措置を伴う国連の集団安全保障措置への参加**

軍事的措置を伴う国連の集団安全保障措置への参加については、上記Ⅰ．で述べたとおり、これまでの政府の憲法解釈では、正規の国連軍については研究中としながらも（前掲脚注7及び9参照）、いわゆる国連多国籍軍の場合は、武力の行使につながる可能性のある行為として、憲法第九条違反のおそれがあるとされてきた。しかしながら、上記Ⅱ．1．（1）で述べたとおり、憲法第九条が国連の集団安全保障措置への我が国の参加までも禁じていると解釈することは適当ではなく、国連の集団安全保障措置は、我が国が当事国である国際紛争を解決する手段としての武力の行使に当たらず、憲法上の制約はないと解釈すべきである。国連安全保障理事会決議等による集団安全保障措置への参加は、国際社会における責務[22]でもあり、憲法が国際協調主義を根本原則とし、憲法第九十八条が国際法規の誠実な遵守を定めていることからも、我が国として主体的な判断を行うことを前提に、積極的に貢献すべきである。近年我が国は、武力の行使以外の後方支援等の領域においては、国際社会の秩序を維持するための活動への貢献の幅を着実に広げてきている。先に述べたとおり、二〇〇一年九月に米国で同時多発テロ事件が発生したことを受け、同年一一月には「平成十三年九月十一日のアメリカ合衆国において発生したテロリストによる攻撃等に対応して行われる国際連合憲章の目的達成のための諸外国の活動に対して我が国が実施する措置及び関連する国際連合決議等に基づく人道的措置に関する特別措置法」（テロ対策特別措置法）を制定して、インド洋に自衛艦を派遣し補給支援活動を行った。また、二〇〇三年には、「イラクにおける人道復興支援活動及び安全確保支援活動の実施に関する特別措置法」（イラク人道復興支援特別措置法）により、戦後初めて多国籍軍が占領行政を行っている他国領域の陸上において自衛隊が人道復興支援活動に従事した。

国際連合憲章第七章が定める国連の集団安全保障措置には、軍事的措置と非軍事的措置があるが、非軍事的措置を規定した国際連合憲章第四一条に基づく経済制裁への参加については、我が国はこれまでも、関連の国連安全保障理事会決議に基づく北朝鮮の核関連、その他の大量破壊兵器関連及び弾道ミサイル関連計画に関与する者に対して資産凍結等の措置を講ずる等、積極的に協力を行ってきている。憲法前文で国際協調主義を掲げ、国連への協力を安全保障政策の柱の一つとしてきた我が国が、同じ国際社会の秩序を守るための国連安全保障理事会決議等に基づく国連の集団安全保障措置であるにもかかわらず、軍事力を用いた強制措置を伴う場合については一切の協力を行うことができないという現状は改める必要がある。

　このように国連等が行う国際的な平和活動については憲法上制約がないとするとしても、国際連合憲章が本来予定した、国連軍の創設を含む形での集団安全保障体制が実現しておらず、また、国連安全保障理事会決議に基づく平和活動にも種々の段階があり、その原因、国連の参加の態様も個々の事例に応じて多様であるので、平和活動への参加に関しては、個々の場合について、政策上我が国が参加することにどれだけ意味があるのか等を総合的に検討して、慎重に判断すべきことは当然である。

　なお、言うまでもなく、軍事力を用いた強制措置を伴う国連の集団安全保障措置に参加するに当たっては、事前又は事後に国会の承認を得るものとすべきである。

4. いわゆる「武力の行使との一体化」論

　二〇〇八年の報告書でも言及したとおり、「武力の行使との一体化」というのは我が国特有の概念である。特に九〇年代、湾岸戦争のころから、にわかに声高に議論され、精緻化が進んだ。それ以前に「武力の行使との一体化」の問題が国会で答弁されたことはあまりない[23]。しかし、この議論は、国際法上も国内法上も実定法上に明文の根拠を持たず、最高裁判所による司法判断が行われたこともなく、国会の議論に応じて範囲が拡張され、安全保障上の実務に大きな支障を来たしてきた。

　それ自体は武力の行使に当たらない我が国の補給、輸送、医療等の後方支援でも「他国の武力の行使と一体化」する場合には憲法第九条の禁ずる武力の行使とみなされるという考え方は、元来日米安全保障条約の脈絡で議論されたものである（前掲脚注23①の林修三内閣法制局長官答弁参照）。このような考え方を論理的に突き詰める場合には、例えば政府は現在行われている日米同盟下の米軍に対する施設・区域の提供は米国の武力行使と一体化しないとしているが、現実に極東有事の際日米安全保障条約第六条の下で米軍が戦闘作戦行動のために我が国国内の基地を使用し始めれば、我が国の基地使用許可は、米軍の「武力の行使と一体化」するので、日米安全保障条約そのものが違憲であるというような不合理な結論になりかねない。

　このほか、国際連合平和協力法案（廃案）、国際連合平和維持活動等に対する協力に関する法律（ＰＫＯ法）案、周辺事態安全確保法案、テロ対策特別措置法案及びイラク人道復興支援特別措置法案の国会審議の際にもしばしば問題になったように、「武力の行使との一体化」論は、後方支援がいかなる場合に他国による武力の行使と一体化するとみなすのか、その判断を誰が行うのか、「戦闘地域」と「非戦闘地域」の区分は何か等、そもそも事態が刻々と変わる活動の現場において、観念的には一見精緻に見える議論をもって「武力の行使との一体化」論を適用すること自体、非現実的であり極めて困難である。例えば、ミサイル等軍事技術が急速に発達した現下の状況では、どこが「非戦闘地域」かを定性的に定義することは現実的でなくなっている。

　「武力の行使との一体化」の論理のゆえに、例えば、日米間で想定した事態の検討にも支障があり得るとすれば、我が国の安全を確保していくための備えが十分とは言えない。この問題は、日米安全保障条約の運用のみならず国際的な平和活動への参加の双方にまたがる問題である。「武力の行使との一体化」論は、憲法上の制約を意識して、新たな活動について慎重を期すために厳しく考えたことから出てきた議論である。

　したがって、国際平和協力活動の経験を積んだ今日においては、いわゆる「武力の行使との一体化」論はその役割を終えたものであり、このような考えはもはやとらず、政策的妥当性の問題として位置付けるべきである。実際にどのような状況下でどのような後方支援を行うかは、内閣として慎重に検討して意思決定すべきものであることは言うまでもない。

5. 国連PKO等への協力と武器使用

(1) 我が国は、一九九二年六月のPKO法制定以来、PKO法に基づき、延べ約一万人（二〇一四年三月末時点）の要員を国連PKO等[24]に派遣し、着実に実績と経験を積み上げ、国民の支持と国際社会からの高い評価を得てきている。国連PKO等への協力は、我が国が国際社会の平和と安定に責任を果たすための最も有効な手段の一つであり、今後も国連PKO等への要員派遣を積極的に実施していくべきである。

他方、これまで、我が国の国連PKO等に対する協力は、当事者間の停戦合意を支える平和維持活動を中心とするPKO法制定当時の国連PKO等の実態を踏まえつつ、当時の国内世論にも配慮して抑制的に構築された制度に従って、いわゆるPKO参加五原則の下、運用上も慎重に行われてきた[25]。国連は「主たる紛争当事者」の同意を基本原則として国連PKOミッションを設立しているのに対し、現行PKO法の下では、「全ての」紛争当事者の受入れ同意が必要だとして運用してきた。また、停戦合意についても、国連では、停戦合意がない場合でも事実上の停戦状態を前提として国連PKOミッションを設立しているが、我が国では、紛争当事者間の停戦合意を要件としている。このような状況は、全ての「紛争当事者」の特定が容易であり、紛争当事者間の明確な停戦合意の確認が容易であった国家間紛争から、「紛争当事者」を特定することが困難な場合もある内戦型又は複合型へと紛争が質的に変化し、国連PKO等の役割・態様も多様化し、国際連合憲章第七章下の一定の強制力を付与された「強化されたPKO」も増えてきている今日の実態にそぐわない。

このような国連PKOの実態との相違並びに国連PKOの任務及び活動主体の多様化を踏まえた上で、我が国のより積極的な国際平和協力を可能とするためには何が必要かとの観点から、いわゆるPKO参加五原則についても見直しを視野に入れ、検討する必要がある。

(2) 国連PKOの活動の性格は、「武力の行使」のような強制措置ではないが、紛争当事者間の停戦の合意を維持し、また、領域国の新しい国づくりを助けるため、国連の権威の下で各国が協力する活動である。このような活動における駆け付け警護や妨害排除に際しての武器使用は、そもそも「武力の行使」に当たらず、憲法上の制約はないと解釈すべきである。

一方、政府は、これまで、国連PKO等におけるいわゆる駆け付け警護や妨害排除のための武器の使用に関しては、いわば自己保存のための自然権的権利に当たるものとは言えず、現行の憲法解釈の下では、相手方が「国家又は国家に準ずる組織」である場合には、憲法で禁じられた「武力の行使」に当たるおそれがあるので認められないとしてきた[26]。たとえば二〇〇三年五月一五日の参議院外交防衛委員会において宮﨑礼壹内閣法制局第一部長が「自衛隊の部隊の所在地からかなり離れた場所に所在します他国の部隊なり隊員さんの下に駆け付けて武器使用するという場合は、我が国の自衛官自身の生命又は身体の危険が存在しない場合の武器使用だという前提だというお尋ねだと思います。（略）このような場合に駆け付けて武器を使用するということは、言わば自己保存のための自然権的権利というべきものだという説明はできないわけでございます。（略）その駆け付けて応援しようとした対象の事態、あるいはお尋ねの攻撃をしているその主体というものが国又は国に準ずる者である場合もあり得るわけでございまして、そうでありますと、（略）それは国際紛争を解決する手段としての武力の行使ということに及ぶことが、及びかねないということになるわけでございまして、そうでありますと、憲法九条の禁じます武力の行使に当たるおそれがあるというふうに考えてきたわけでございます。」と答弁している。

しかしながら、二〇〇八年の報告書でも指摘したとおり、そもそもPKOは武力紛争の終了を前提に行う活動（あるいは武力紛争の開始・再発前にこれを予防するための活動）であり、国連PKOの国際基準で認められた武器使用が国際連合憲章で禁止された国際関係における「武力の行使」に当たると解釈している国はどこにもなく、自衛隊が国連PKO等の一員として、駆け付け警護や妨害排除のために国際基準に従って行う武器使用は、相手方が単なる犯罪集団であるか「国家又は国家に準ずる組織」であるかどうかにかかわらず、憲法第九条の禁ずる武力の行使には当たらないと解すべきである。さらに、近年の複合型国連PKO等においては、国内紛争や脆弱国家への対応として、治安維持や文民の保護等の業務が重要となっており、具体的検討に当たっては、駆け付け警護や妨害排除のための武器使用を可能にするとともに、法制度上、こうした業務も実施できるようにすべきである。

重要なことは、このような武器使用は、国連においては明確に国際連合憲章第二条四により禁止されている国際関係における「武力の行使」とは異なる概念であると観念されていることである。国連PKOは、不偏性を持ち、主たる紛争当事者の同意を得て行われる活動であり、その任務は武力の行使が発生するのを防ぐための予防的活動か、武力行使が収まった後の平和維持や人道・復興支援である。その意味で、国連PKOは国際連合憲章が加盟国に対して禁じている国際関係における「武力の行使」を行う活動ではない。国連PKOは国連決議の下に組織されるいわゆる多国籍軍のような大規模な軍事活動を伴い得る平和執行とは峻別されるものである。また、国際連合憲章第七章下の一定の強制力を付与された「強化されたPKO」も、その実態は国連PKOの範疇を出ず、平和執行とは峻別されているものである。[27]

6．在外自国民の保護・救出等

二〇一三年一月の在アルジェリア邦人に対するテロ事件を受けて、政府は、同年一一月、外国における様々な緊急事態に際してより適切に対応できるよう、自衛隊による在外邦人等輸送（自衛隊法第八四条の三）について、輸送対象者を拡大し、車両による輸送を可能とすること等を内容とする自衛隊法の改正を行った。しかし、この職務に従事する自衛官の武器使用の権限については、いわゆる自己保存型[28]のままとし、救出活動や妨害排除のための武器使用を認めるには至らなかった。現状の解釈のままでは、必要な武器使用権限が確保されないため、現場に自国民救出のために自衛隊が駆け付けることはできない。

国際法上、在外自国民の保護・救出は、領域国の同意がある場合には、領域国の同意に基づく活動として許容される。在外自国民の保護・救出の一環としての救出活動や妨害排除に際しての武器使用についても、領域国の同意がある場合には、そもそも「武力の行使」に当たらず、当該領域国の治安活動を補完・代替するものにすぎないものであって、憲法上の制約はないと解釈すべきである。

なお、領域国の同意がない場合にも、在外自国民の保護・救出は、国際法上、所在地国が外国人に対する侵害を排除する意思又は能力を持たず、かつ当該外国人の身体、生命に対する重大かつ急迫な侵害があり、ほかに救済の手段がない場合には、自衛権の行使として許容される場合がある。[29]憲法上認められる自衛権の発動としての「武力の行使」を巡る国会の議論においては、在外自国民の保護・救出のための自衛権の行使が否定されているように見受けられるが、[30]多くの日本人が海外で活躍し、二〇一三年一月のアルジェリアでのテロ事件のような事態が生じる可能性がある中で、憲法が在外自国民の生命、身体、財産等の保護を制限していると解することは適切でなく、国際法上許容される範囲の在外自国民の保護・救出を可能とすべきである。国民の生命・身体を保護することは国家の責務でもある。[31]

7．国際治安協力

在外自国民の保護・救出以外の活動であっても、領域国の同意に基づいて、同国の警察当局等の機関がその任務の一環として行うべき治安の回復及び維持のための活動の一部を補完的に行っているものと観念される活動や、普遍的な管轄権に基づいて海賊等に対処する活動、すなわち国際的な治安協力については、国際法上は、国連の集団安全保障措置ではなく、国際連合憲章第二条四で禁止されている国際関係における「武力の行使」にも当たらない。このような活動についても、そもそも「武力の行使」に当たらず、憲法上の制約はないと解釈すべきである。そのような事例は、国連決議によって求められることもあれば、領域国の同意や要請の下で行われることもあれば、公海上のような国際公域における自発的な秩序維持の場合もある。端的な例として、アデン湾の海賊対処をこの観点から位置付けることも可能である。これには「アタランタ」作戦を開始したEU諸国、NATO諸国のほか、日本、中国、イラン、韓国等が参加している。国連は安全保障理事会決議第一八一六号等によって加盟国の協力を要請している。日本は二〇〇九年から自衛隊と海上保安庁が協力して参加している。

このような治安協力は、国際連合憲章第二条四の禁ずる国際関係における「武力の行使」ではなく、武器の使用を伴う治安活動であるので、基本的に憲法問題は生じず、活動根拠の付与は法律レベルにより行うことができる。政府も国会において、「海賊行為の処罰及び海賊行為への対処に関する法律」案の審議の中で、自衛隊を派遣するに際し、「国や国に準ずる者と申しますか、国等が国等の行為として行われるものは、その定義上海賊行為からは除外されております。したがいまして、御懸念のような、憲法第九条によって禁じられた『武力の行使』に及ぶということはないものと考えております。」と答弁している（二〇〇九年六月四日参議院外交防衛委員会における横畠裕介内閣法制局第二部長答弁）。

8. 武力攻撃に至らない侵害への対応

一般国際法上、自衛権を行使するための要件は、国家又は国民に対する「急迫不正の侵害」があること等とされているが、我が国の国会答弁においては、「我が国に対する急迫不正の侵害」があった場合は、「武力攻撃」、すなわち、「一般に、我が国に対する組織的計画的な武力の行使」があった場合として極めて限定的に説明されている。また、自衛隊法等の現行国内法上、自衛権の発動としての武力を行使できる「防衛出動」は、「武力攻撃」、すなわち我が国に対する組織的計画的な武力の行使を前提としている。このことから、「武力攻撃」に至らない侵害への対応は、自衛権の行使ではなく、警察比例の原則に従う「警察権」の行使にとどまることとなる。しかし、事態発生に際し「組織的計画的な武力の行使」かどうか判別がつかない場合において、突発的な状況が生起したり、急激に事態が推移することも否定できない。「組織的計画的な武力の行使」かどうか判別がつかない侵害であっても、そのような侵害を排除する自衛隊の必要最小限度の行動は憲法上容認されるべきである。かかる自衛隊の行動は、その事態、態様により、国際法上は、自衛権に包含される活動として区分される場合もあれば、国際法の許容する法執行活動等として区分されることもあり得るが、いずれにせよ、国際法上合法な行為である限り許容されるべきである[32]。

警察権の行使である自衛隊の行動類型としては、治安出動、警護出動、海上警備行動などがあり、また武器等防護という武器使用権限もあるが、治安出動のほか、警察権の行使としての自衛隊の行動による対処に当たり、事態認定や命令を出すための手続を経る間に、状況によっては対処に事実上の間隙が生じ得る可能性があり、結果として事態の収拾が困難となったり、相手を抑止できなくなったりするおそれがある。また、対処に先立って自衛隊部隊を行動させるためには、治安出動下令前の情報収集（自衛隊法第七九条の二）や防御施設構築措置（同法第七七条の二）等の規定によるが、それぞれ「治安出動命令が発せられること及び不法行為が行われることの予測」と「防衛出動命令が発せられることの予測」を下令要件とし、実際の下令までの手続面で高い敷居が存在する。したがって、現行の自衛隊法の規定では、平素の段階からそれぞれの行動や防衛出動に至る間において権限上の、あるいは時間的な隙間が生じ得る可能性があり、結果として事態収拾が困難となるおそれがある。自衛隊法に切れ目のない対応を講ずるための包括的な措置を講ずる必要がある。

問題となる事例としては次のようなものがある。例えば、我が国領海で潜没航行する外国潜水艦が退去の要求に応じず徘徊を継続する場合への対応に際しては、一義的には海上警備行動による対応となるが、現行の国内法上は「武力攻撃事態」と認定されない段階では、「武力の行使」はもとより、それに至らない武器の使用による当該潜水艦の強制退去は困難である。したがって、軍艦又は政府公船である外国船舶を停止させるための武器使用がどの程度認められるかについて、国際法の基準に照らし、警察官職務執行法の範囲にとらわれず、国内法における検討を進めていく必要がある。

また、国境の離島等に対して特殊部隊等の不意急襲的な上陸があった場合、仮に警察権の行使により対応する場合においても、自衛隊には平素からの同権限が認められているわけではなく、ましてや「武力攻撃事態」と認定されない段階では、防衛出動下での対応はできない。一旦離島が攻撃を受ければ、その攻撃の排除には相当の規模の部隊と期間が必要となる。同様に、原子力発電所等の重要施設の防護を例にとってみても、テロリスト・武装工作員等による警察力を超える襲撃・破壊行動が生起した場合は、治安出動の下令を待って初めて自衛隊が対応することにならざるを得ない。警察力を超える襲撃・破壊行動による我が方の犠牲を最小限に抑えるためには、早い段階から速やかに自衛隊に十分な活動をさせることが有効だが、治安出動の発令手続を経る間に、仮にも対応の時機を失するようなこととなれば、テロ、サボタージュ行為が拡大するなどして、その影響は甚大なものとなる可能性がある。

上記の例にもみられるように、武力攻撃に至らない侵害への対応について、現代の国際社会では、その必要性が高まってきており、各種の事態に応じた均衡のとれた実力の行使も含む切れ目のない対応を可能とする法制度について、国際法上許容される範囲で、その中で充実させていく必要がある。また、法整備にとどまらず、それに基づく自衛隊の運用や訓練も整備していかなければならない。

なお、武力攻撃に至らない侵害に対して措置を採る権利を「マイナー自衛権」と呼ぶ向きもあるが、この言葉は国際法上必ずしも確立したものではなく、また、国際連合憲章第五一条の自衛権の観念を拡張させているとの批判を内外から招きかねないので、使用しないことが望ましい。

Ⅲ．国内法制の在り方

以上述べたような新たな考え方が実際に意味を持つためには、それに応じた国内法の整備等を行うことが不可欠になる。ここではその際に考えるべき主な要素につき述べたい。

国内法の整備に当たっては、まず、集団的自衛権の行使、軍事的措置を伴う国連の集団安全保障措置への参加、一層積極的な国連ＰＫＯへの貢献を憲法に従って可能とするように整備しなければならない。また、いかなる事態においても切れ目のない対応が確保されることと合わせ、文民統制の確保を含めた手続面での適正さが十分に確保されると同時に、事態の態様に応じ手続に軽重を設け、特に行動を迅速に命令すべき事態にも十分に対応できるようにする必要がある。

このため、自衛隊の行動を定めている自衛隊法や事態対処に係る基本事項を定めた「武力攻撃事態等における我が国の平和と独立並びに国及び国民の安全の確保に関する法律」（武力攻撃事態対処法）及び関連の法制である周辺事態安全確保法、「周辺事態に際して実施する船舶検査活動に関する法律」（船舶検査活動法）、「武力攻撃事態における捕虜等の取扱いに関する法律」（捕虜取扱法）、ＰＫＯ法等について、自衛隊の活動等に係る各種特別措置法の規定振りや、現在の安全保障環境の実態、国連における標準に倣った所要に合わせ、広く検討しなければならない。

自衛隊法については、任務や行動、権限等の整備が考えられる。自衛隊法は、安全保障環境の変化に伴う様々な事態に対応するため、そのたびに制度の見直しが図られてきたところではあるが、手続面での適正さを確保しつつ、これまで以上により迅速かつ十分な対応を可能とするための制度的な余地がないか再検討する必要がある。また、行動が命ぜられていない時点でも、現場の自衛官がどのような対応をすることが認められるかという観点からの検討も必要である。国連ＰＫＯ等への参加に際して新たにどのような任務が付与されるべきかとともに、これを安全かつ確実に遂行するため、従来の「いわば自己保存のための自然権的権利」等としての武器使用権限をどのように見直すかについても、先進民主国家の軍や国連ＰＫＯミッション等において一般に行われているようなケースを踏まえて、他国のＲＯＥ（rules of engagement）に相当する「部隊行動基準」の整備により、文民統制の確保を図りつつ、国際法上許容される「部隊防護（unit self-defense）」[33]や任務遂行のための武器使用に係る権限を包括的に付与することができないか、検討を行う必要がある。

ＰＫＯ法も「主たる」紛争当事者間の合意に基づく活動の実施、停戦合意要件の見直し、国連ＰＫＯの武器使用基準に基づく武器の使用といった国連における標準に倣った所要の改正を行うべきである。周辺事態安全確保法についても、周辺事態に際して米軍はもとより米軍以外の他国軍も対処することが十分に考えられることから、後方地域における対米軍支援に限定することなく、このような他国軍をも対象として、より広い地域において必要な支援を提供できるよう検討する必要がある。また、米国と豪州としか締結していないＡＣＳＡ（物品役務相互提供協定）をその他の国とも締結するなど、必要な国際約束の締結についても併せて検討の対象とすべきである。

Ⅳ．おわりに

日本国憲法は、前文で「平和的生存権」を確認し、第一三条で「生命、自由及び幸福追求に対する国民の権利」を定めているが、これらの権利は他の基本的人権の根幹と言うべきものであり、これらを守るためには、主権者である国民の生存の確保、そして主権者である国民を守る国家の存立が前提条件である。また、憲法は、国際協調主義を掲げている。平和は国民の希求するところであり、国際協調主義を前提とした日本国憲法の平和主義は、今後ともこれを堅持していくべきである。その際、主権者である国民の生存、国家の存立を危機に陥れることは、そのような憲法上の観点からしてもあってはならない。

我が国を取り巻く安全保障環境は、技術の進歩や国境を超える脅威の拡大、国家間のパワーバランスの変化等によって、より一層厳しさを増している。また、日米同盟の深化や地域の安全保障協力枠組みの広がり、国際社会全体による対応が必要な事例の増大により、我が国が幅広い分野で一層の役割を担うことが必要となっている。このように、安全保障環境が顕著な規模と速度で変化している中で、我が国は、我が国の平和と安全を維持し、地域・国際社会の平和と安定を実現していく上で、従来の憲法解釈では十分対応できない状況に立ち至っている。

憲法第九条の解釈は長年にわたる議論の積み重ねによって確立したものであって、その変更は許されず、変更する必要があるならば、憲法改正による必要があるという意見もある。しかし、本懇談会による憲法解釈の整理は、憲法の規定の文理解釈として導き出されるものである。すなわち、憲法第九条は、第一項で、我が国が当事国である国際紛争の解決のために武力による威嚇又は武力の行使を行うことを禁止したものと解すべきであり、自衛のための武力の行使は禁じられておらず、国際法上合法な活動への憲法上の制約はないと解すべきである。同条第二項は、「前項の目的を達成するため」戦力を保持しないと定めたものと解すべきであり、自衛やいわゆる国際貢献のための実力の保持は禁止されていないと解すべきである。「(自衛のための)措置は、必要最小限度の範囲にとどまるべき」であるというこれまでの政府の憲法解釈に立ったとしても、「必要最小限度」の中に個別的自衛権は含まれるが集団的自衛権は含まれないとしてきた政府の憲法解釈は、「必要最小限度」について抽象的な法理だけで形式的に線を引こうとした点で適当ではなく、「必要最小限度」の中に集団的自衛権の行使も含まれると解すべきである。

個別的自衛権の行使に関する見解としては、自衛権発動の三要件を満たす限り行使に制限はないが、その実際の行使に当たっては、その必要性と均衡性を慎重かつ迅速に判断して、決定しなければならない。集団的自衛権については、我が国と密接な関係にある外国に対して武力攻撃が行われ、その事態が我が国の安全に重大な影響を及ぼす可能性があるときには、我が国が直接攻撃されていない場合でも、その国の明示の要請又は同意を得て、必要最小限の実力を行使してこの攻撃の排除に参加し、国際の平和及び安全の維持・回復に貢献することができることとすべきである。そのような場合に該当するかについては、我が国への直接攻撃に結びつく蓋然性が高いか、日米同盟の信頼が著しく傷つきその抑止力が大きく損なわれ得るか、国際秩序そのものが大きく揺らぎ得るか、国民の生命や権利が著しく害されるか、その他我が国への深刻な影響が及び得るかといった諸点を政府が総合的に勘案しつつ、責任を持って判断すべきである。実際の行使に当たって第三国の領域を通過する場合には、我が国の方針としてその国の同意を得るものとすべきである。集団的自衛権を実際に行使するには、事前又は事後の国会承認を必要とすべきである。行使については、内閣総理大臣の主導の下、国家安全保障会議の議を経るべきであり、内閣として閣議決定により意思決定する必要があるが、集団的自衛権は権利であって義務ではないため、政策的判断の結果、行使しないことがあるのは当然である。

軍事的措置を伴う国連の集団安全保障措置への参加については、我が国が当事国である国際紛争を解決する手段としての「武力の行使」には当たらず、憲法上の制約はないと解すべきである。参加に関しては、個々の場合について総合的に検討して、慎重に判断すべきことは当然であり、軍事力を用いた強制措置を伴う国連の集団安全保障措置への参加に当たっては、事前又は事後に国会の承認を得るものとすべきである。

いわゆる「武力の行使との一体化」論は、安全保障上の実務に大きな支障となってきており、このような考えはもはやとらず、政策的妥当性の問題と位置付けるべきである。国連ＰＫＯ等や在外自国民の保護・救出、国際的な治安協力については、憲法第九条の禁ずる「武力の行使」には当たらず、このような活動における駆け付け警護や妨害排除に際しての武器使用に憲法上の制約はないと解すべきである。

このほか、武力攻撃に至らない侵害への対応については、「組織的計画的な武力の行使」かどうか判別がつかない侵害であっても、そのような侵害を排除する自衛隊の必要最小限度の国際法上合法な行動は憲法上容認されるべきである。また、自衛隊の行動については、平素の段階からそれぞれの行動や防衛出動に至る間において、権限上の、あるいは時間的な隙間が生じ得る可能性があることから、切れ目のない対応を講ずるための包括的な措置を講ずる必要がある。以上述べたような考え方が実際に意味を持つためには、それに応じた国内法の整備等を行うことが不可欠である。

遡ってみれば、そもそも憲法には個別的自衛権や集団的自衛権についての明文の規定はなく、個別的自衛権の行使についても、我が国政府は憲法改正ではなく憲法解釈を整理することによって、認められるとした経緯がある。

こうした経緯に鑑みれば、必要最小限度の範囲の自衛権の行使には個別的自衛権に加えて集団的自衛権の行使が認められるという判断も、政府が適切な形で新しい解釈を明らかにすることによって可能であり、憲法改正が必要だという指摘は当たらない。また、国連の集団安全保障措置等への我が国の参加についても同様に、政府が適切な形で新しい解釈を明らかにすることによって可能である。

以上が、「安全保障の法的基盤の再構築に関する懇談会」としての提言である。政府が安全保障の法的基盤の再構築に関して、この提言をどのように踏まえ、どのような具体的な措置を採るのか、それは政府の判断に委ねられるのは言うまでもないが、懇談会としては、政府が本報告書を真剣に検討し、しかるべき立法措置に進まれることを強く期待するものである。

注

(1) なお、一九五四年五月六日の衆議院内閣委員会において、当該答弁で述べた考え方を今でも持っているのか、変えたのかとの質問に対し、吉田総理は、「御指摘になった当時の私の言い表わし方はよく覚えておりませんが、趣意はいかにしても自衛の名において再軍備はしない、戦力を持つ軍隊は持たないということであるのであります。また自衛の名において国際紛争の具に戦力を使うということはないというのが、私の趣意であったのであります。その趣意は今でもごうもかわっておりません。すなわち再軍備はいたさないということを言うゆえんはそこにあるのであります。再軍備をいたして国際紛争の具に供しない、あるいはまた戦力に至る再軍備はいたさないという趣旨は、いまなおかわっておりません。」と答弁している。

(2) 衆議院帝国憲法改正案委員会(一九四六年七月四日)における吉田内閣総理大臣答弁

「……又御尋ねの講和條約が出來、日本が獨立を回復した場合に、日本の獨立なるものを完全な狀態に復せしめた場合に於て、武力なくして侵略國に向つて如何に之を日本自ら自己國家を防衛するか、此の御質問は洵に御尤もでありますが、併しながら國際平和國體が樹立せられて、さうして樹立後に於ては、所謂U・N・Oの目的が達せられた場合にはU・N・O加盟國は國際聯合憲章の規定の第四十三條に依りますれば、兵力を提供する義務を持ち、U・N・O自身が兵力を持つて世界の平和を害する侵略國に對しては、世界を擧げて此の侵略國を壓伏する抑壓すると云ふことになつて居ります、理想だけ申せば、或は是は理想に止まり、或は空文に屬するかも知れませぬが、兎に角國際平和を維持する目的を以て樹立せられたU・N・Oとしては、其の憲法とも云ふべき條章に於て、斯くの如く特別の兵力を持ち、特に其の國體が特殊の兵力を持ち、世界の平和を妨害する者、或は世界の平和を脅かす國に對しては制裁を加へることになって居ります、此の憲章に依り、又國際聯合に日本が獨立國として加入致しました場合に於ては、一應此の憲章に依つて保護せられるもの、斯う私は解釋して居ります。」

(3) 田中耕太郎最高裁判所長官は、砂川事件大法廷判決の補足意見において、「今日はもはや厳格な意味での自衛の観念は存在せず、自衛はすなわち「他衛」、他衛はすなわち自衛という関係があるのみである。従って自国の防衛にしろ、他国の防衛への協力にしろ、各国はこれについて義務を負担しているものと認められるのである。およそ国内的問題として、各人が急迫不正の侵害に対し自他の権利を防衛することは、いわゆる「権利のための戦い」であり正義の要請といい得られる。これは法秩序全体を守ることを意味する。このことは国際関係においても同様である。(略)我々は、憲法の平和主義を、単なる一国家だけの観点からでなく、それを超える立場すなわち世界法的次元に立って、民主的な平和愛好諸国の法的確信に合致するように解釈しなければならない。自国の防衛を全然考慮しない態度はもちろん、これだけを考えて他の国々の防衛に熱意と関心とをもたない態度も、憲法前文にいわゆる「自国のことのみに専念」する国家的利己主義であって、真の平和主義に忠実なものとはいえない。」と述べている。

(4) 参議院予算委員会(一九六〇年三月三一日)における岸信介内閣総理大臣答弁

(5)「集団的自衛権と憲法との関係」(参議院決算委員会要求資料)(一九七二年一〇月一四日)

(6) 稲葉誠一衆議院議員提出質問主意書に対する答弁書(一九八一年五月二九日)

(7) 内閣法制局が一九六五年に作成した文書「いわゆる国連軍とわが憲法(昭和四〇年九月三日、法制局)」(注:一九六八年に外務省が作成した「国連協力法案関係文書」に収録された内閣法制局の考え方。その後秘密指定解除。)では、「いわゆる国連軍に部隊を供出することが憲法上容認されるためには、いわゆる国連軍の武力行動が、国連という超国家的政治組織による超国家的作用として、国連社会内部の国際の平和及び安全の維持のためになされる武力の行使であるのでなければならない。したがって、個々の具体的事案につきこの点を明らかにするには、次の三点に照らして審査する必要がある。(1)当該いわゆる国連軍による武力の行使が国連自体の意志に基づいて遂行されるものであるか。武力の行使が国連自体の意志により遂行されるためには、当然その機関である総会又は安保理事会の決議が必要とされるが、これらの機関の決議がみずから武力の行使を遂行するというのではなく、加盟国に対しそれぞれその意志により武力を行使すべきことを勧奨するという内容のものであるならば、そのような勧奨に応じてなされる武力の行使は、当該加盟国自体の武力の行使であって、国連のそれであるとはいえない。(2)武力の行使が国連みずからがするものであることの実をそなえているか。この点について積極に解されるためには、いわゆる国連軍が、国連又はその機関に任命され、かつ、その指揮下にある指揮官によって指揮され、その経費が、直接には、国連の負担である場合のように、国連の統制の下に置かれているのでなければならない。(3)当該いわゆる国連軍による武力の行使は、国連加盟国の間又は国連加盟国内部に生じた事態が国連社会の平和と安全に対する障害となる場合において、その障害を除去することを目的としているものであるか。以上の三点について積極に解される場合には、そのいわゆる国連軍の一部を構成するものとして部隊を保持し、供出することは、その供出自体が任意のものであるとしても、政策上の当否の問題は別として、憲法九条を含むわが憲法の否認するところではないといってよい。」として、内閣法制局は、我が国が正規の国連軍に対して武力行使を伴う部隊を提供することは憲法上問題ないと判断していた。

(8) 衆議院安全保障委員会(一九八八年五月一四日)における秋山收内閣法制局第一部長答弁

「ただいまのお尋ねは、国連憲章第七章、あるいは国連憲章に基づきまして実際上発達してきたPKO活動などにつきまして、我が国が参加する場合の憲法九条の問題はいかがかという御質問でございますけれども、国際法上、集団的安全保障と申しますのは、これは国連憲章上の措置でございまして、武力の行使を一般的に禁止する一方、紛争を平和的に解決すべきことを定めまして、これに反して、平和に対する脅威とか平和の破壊あるいは侵略行為が発生したような場合、国際社会が一致協力してこの行為を行った者に対し適切な措置をとることにより平和を回復しようという概念でございます。それで、我が国は、憲法の平和主義、国際協調主義の理念を踏まえまして国連に加盟し、国連憲章にはこのような集団的安全保障の枠組み、あるいは実態上確立されてまいりましたPKOの活動が行われているところでございます。したがいまして、我が国としまして、最高法規であります憲法に反しない範囲で、憲法九十八条第二項に従いまして国連憲章上の責務を果たしていくということになりますが、その場合、もとより集団的安全保障あるいはPKOにかかわりますいろいろな行動のうち、憲法九条によって禁じられている武力の行使または武力による威嚇に当たる行為につきましては、我が国としてこれを行うことが許されないというふうに考えているわけでございます。」

(9) ①衆議院予算委員会（一九九〇年一〇月一九日）における工藤敦夫内閣法制局長官答弁

「国連憲章に基づきます、いわゆる正規のと俗称言われておりますが、そういう国連軍へ我が国がどのように関与するか、その仕方あるいは参加の態様といったものにつきましては、現在まだ研究中でございまして、結果を明確に申し上げるわけにはまだ参っておらない、かような段階にございます。」

②衆議院予算委員会（一九九八年三月一八日）における大森政輔内閣法制局長官答弁

「現在の国連憲章第四十二条、四十三条に規定されております国連軍につきましては、従前から私どもが申し上げておりますように、憲法九条の解釈、運用の積み重ねから推論いたしますと、我が国がこれに参加することには憲法上の疑義があるというふうに考えているわけでございます。（略）要するに、国連軍への参加というのは、我が国の主権行為が基点になることは間違いございません。ただ、その上で、その参加をした我が国の組織が国連軍の中でどう位置づけられ、それに対する指揮の形態がどうなるのか、あるいは撤収の要件あるいは手続がどう定められるのかということが、その参加した我が国の組織の行動がなお我が国の武力の行使に当たるかどうかという評価にやはり決定的な影響を及ぼす。したがいまして、特別協定が決まらなければ、そのあたりの確定的な評価ができない、こういうことでございます。」

(10) 周辺事態に際して我が国の平和及び安全を確保するための措置に関する法律（平成十一年五月二十八日法律第六十号）

「第三条　この法律において、次の各号に掲げる用語の意義は、それぞれ当該各号に定めるところによる。

一　後方地域支援　周辺事態に際して日米安保条約の目的の達成に寄与する活動を行っているアメリカ合衆国の軍隊（以下「合衆国軍隊」という。）に対する物品及び役務の提供、便宜の供与その他の支援措置であって、後方地域において我が国が実施するものをいう。

二　後方地域捜索救助活動　周辺事態において行われた戦闘行為（国際的な武力紛争の一環として行われる人を殺傷し又は物を破壊する行為をいう。以下同じ。）によって遭難した戦闘参加者について、その捜索又は救助を行う活動（救助した者の輸送を含む。）であって、後方地域において我が国が実施するものをいう。

三　後方地域　我が国領域並びに現に戦闘行為が行われておらず、かつ、そこで実施される活動の期間を通じて戦闘行為が行われることがないと認められる我が国周辺の公海（海洋法に関する国際連合条約に規定する排他的経済水域を含む。以下同じ。）及びその上空の範囲をいう。」

(11) 二〇〇一年の米国同時多発テロ事件を受けて、英国、カナダ、ドイツ、オランダ、豪州、ニュージーランド、フランス及びポーランドが、個別的及び集団的自衛権に基づく措置を採る旨の書簡を国連安保理に対して送付した。また、北大西洋条約機構は、創設後初めて、加盟国が武力攻撃を受けた時に発動される「五条事態」を発動した。他方で、学説上は、米国同時多発テロ事件は国家による攻撃ではなかったため、同事件は基本的には米国内で完結した刑事事件にとどまり、これに対する各国の措置は自衛権の行使ではなく法執行活動であったとする見方もある。

(12) 日本国との平和条約（一九五一年九月八日サン・フランシスコ市で署名。一九五二年四月二八日発効。）

第五条（c）連合国としては、日本国が主権国として国際連合憲章第五十一条に掲げる個別的又は集団的自衛の固有の権利を有すること及び日本国が集団的安全保障取極を自発的に締結することができることを承認する。

また、例えば「日本国とソヴィエト社会主義共和国連邦との共同宣言」（一九五六年一〇月一九日モスクワで署名。一九五六年一二月一二日発効。）、旧・日米安全保障条約（一九五一年九月八日サン・フランシスコ市で署名。一九五二年四月二八日発効。）、日米安全保障条約（一九六〇年一月一九日ワシントンで署名。一九六〇年六月二三日発効。）にも集団的自衛権について同趣旨の言及がある。

(13) 国際連合憲章（一九四五年六月二六日サン・フランシスコ市で署名。一九四五年一〇月二四日発効。）

第五十一条　この憲章のいかなる規定も、国際連合加盟国に対して武力攻撃が発生した場合には、安全保障理事会が国際の平和及び安全の維持に必要な措置をとるまでの間、個別的又は集団的自衛の固有の権利を害するものではない。この自衛権の行使に当って加盟国がとった措置は、直ちに安全保障理事会に報告しなければならない。また、この措置は、安全保障理事会が国際の平和及び安全の維持又は回復のために必要と認める行動をいつでもとるこの憲章に基く権能及び責任に対しては、いかなる影響も及ぼすものではない。

(14)「国家の主権的権利としての戦争を廃棄する。日本は、紛争解決のための手段としての戦争及び自己の安全を保持するための手段としてのそれをも放棄する。日本はその防衛と保護を、いまや世界を動かしつつある崇高な理想にゆだねる。いかなる日本陸海空軍も決して許されないし、いかなる交戦者の権利も日本軍には決して与えられない。（War as a sovereign right of the nation is abolished. Japan renounces it as an instrumentality for settling its disputes and even for preserving its own security. It relies upon the higher ideals which are now stirring the world for its defense and its protection. No Japanese Army, Navy or Air Force will ever be authorized and no rights of belligerancy will ever be conferred upon any Japanese force.）」。なお、二月一三日の総司令部案では、「自己の安全を保持するための手段としての」戦争についても放棄するという文言が削除された。

(15) 同案は一九四六年七月に帝国憲法改正案委員小委員会に提出された。同案を提出した芦田均帝国憲法改正案委員小委員会委員長は、一九五七年一二月、憲法調査会において、『前項の目的を達するため』という辞句を挿入することによって原案では無条件に戦力を保有しないとあったものが一定の条件の下に武力を持たないことになります。日本は無条件に武力を捨てるのではないことは明白であります。（略）そうするとこの修正によって原案は本質的に影響されるのであって、したがって、この修正があっても第九条の内容に変化がないという議論は明らかに誤りであります。」と述べた。

(16) 我が国が憲法上の手続に従って批准し、我が国について一九五六年一二月一八日に効力発生した国際連合憲章第五一条（注13）の仏語正文は、«aucune disposition de la présente Charre ne porte atteinte au droit naturel de légitime défense, individuelle ou collective» と言っている。英語では「inherent right」であり、それを日本語では「固有の権利」と訳したが、国家、人類がもともと有する権利を意味する「固有の権利」と自然権（droit naturel）とは同義語であることは、仏文の正文と対照すれば明白である。中国語正文は「自然権利」である。

(17)一九八六年六月「ニカラグア軍事・準軍事活動事件〔本案〕」国際司法裁判所判決パラ一九三

「本裁判所は、自衛権、特に集団的自衛権の内容に関する見解を表明しなければならない。第一に、この権利の存在に関しては、本裁判所は、国際連合憲章第五一条の文言において、武力攻撃が発生した場合には、いずれの国家もが有する固有の権利（又は『自然権』）は集団的自衛及び個別的自衛の双方に及ぶものであることを認める。こうして、憲章自体が慣習国際法の中での集団的自衛権の存在を証明している。」

(18)衆議院外務委員会（一九五二年一月三〇日）における木村篤太郎国務大臣答弁

「戦力と申しまするのは、いわゆる戦争を遂行し得る有力なる兵力、こう解すべきだと思います。」

(19)伊藤英成衆議院議員提出質問主意書に対する答弁書（二〇〇三年七月一五日）

「憲法第九条の下で保持することが許容される「自衛のための必要最小限度の実力」の具体的な限度については、本来、そのときどきの国際情勢や科学技術等の諸条件によって左右される相対的な面を有することは否定し得えず、結局は、毎年度の予算等の審議を通じて、国民の代表である国会において判断されるほかないと考える。」

(20)森清衆議院議員提出質問主意書に対する答弁書（一九八五年九月二七日）

「我が国は、国際法上自衛権を有しており、我が国を防衛するため必要最小限度の実力を行使することが当然に認められているのであつて、その行使として相手国兵力の殺傷及び破壊等を行うことは、交戦権の行使として相手国兵力の殺傷及び破壊等を行うこととは別の観念のものである」

(21)①自衛隊法

「（防衛出動）第七十六条内閣総理大臣は、我が国に対する外部からの武力攻撃（以下「武力攻撃」という。）が発生した事態又は武力攻撃が発生する明白な危険が切迫していると認められるに至った事態に際して、我が国を防衛するため必要があると認める場合には、自衛隊の全部又は一部の出動を命ずることができる。」

②参議院武力攻撃事態への対処に関する特別委員会（二〇〇三年五月二八日）における宮﨑礼壹法制局長官答弁

「政府は従来から、我が国が自衛権を行使する場合の要件であります我が国に対する武力攻撃が発生したときといいますのは、他国が我が国に対して武力攻撃に着手したときをもって足り、我が国における被害が現実に生ずるということを要するものではないというふうに解しております。他国から発射されました弾道ミサイルが我が国を標的として飛来すると判断されます場合に当該弾道ミサイルを迎撃するということは、個別的自衛権の行使として許されるものと考えております。」

(22)国際連合憲章第二条五

「すべての加盟国は、国際連合がこの憲章に従ってとるいかなる行動についても国際連合にあらゆる援助を与え、且つ、国際連合の防止行動又は強制行動の対象となっているいかなる国に対しても援助の供与を慎まなければならない。」

(23)①参議院予算委員会（一九五九年三月一九日）における林修三内閣法制局長官答弁

「……今安保条約の改定の交渉をやっております場合において、日本の態度は、いわゆる日本の負うべき義務は、日本の憲法の範囲内においてやるということでございますから、日本の憲法上負い得ないものをこの条約の中に盛り込むはずはないわけであります。ただいま仰せられました補給業務ということの内容は、先ほど総理が仰せられた通り実ははっきりしないのでございますが、経済的に燃料を売るとか、貸すとか、あるいは病院を提供するとかということは軍事行動とは認められませんし、そういうものは朝鮮事変の際にも日本はやっておるわけであります。こういうことは日本の憲法上禁止されないということは当然だと思います。しかし極東の平和と安全のために出動する米軍と一体をなすような行動をして補給業務をすることは、これは憲法上違法ではないかと思います。そういうところは条約上もちろんはっきりさしていくべきだと思います。」

②参議院外務委員会（一九八二年四月二〇日）における角田礼次郎内閣法制局長官答弁

「……武力行使以外でも憲法上できないものがあるかどうかという直接の御質問に対しては、これはいまの段階で武力行使というものをもう少し具体的になってきた場合に詰めなければならない問題じゃないかと私は思っております。」「一体をなすような行動をして補給業務をやるというふうに書いてありますが、これはその補給という観念の方から見るのじゃなくて、それ自体が武力行使の内容をなすような直接それにくっついていると、そういうようなものはむしろ武力行使としてとらえられる、そして憲法に反するというような意味で林元長官が言われたのだと、そういう意味では私が先ほど来申し上げていることと基本的には違いはないように思います。」

③衆議院国際連合平和協力に関する特別委員会（一九九〇年一〇月二九日）における柳井俊二外務省条約局長答弁

「実際に生起いたします武力紛争というのは大変千差万別であると思います。したがいまして、この問題は結局その具体的な紛争に即してケース・バイ・ケースに判断せざるを得ない問題であると思います。非常に典型的な例として従来挙げられておりますのは、例えば地上で戦闘が行われておりまして、それに空挺部隊から弾薬を補給するというようなものにつきましては、その空挺部隊から弾薬を落とすというような活動それ自体は補給かもしれませんが、しかし、そのような場合には武力行使と一体となるとみなされるのではないかというふうに考えておりますが、ただ、初めに申し上げましたように、実際の武力紛争というのは大変千差万別で、いろいろな状況があると思います。したがいまして、そのような状況に即してケース・バイ・ケースに判断する必要があるというふうに考えております。」

④衆議院国際連合平和協力に関する特別委員会（一九九〇年一〇月二九日）における工藤敦夫内閣法制局長官答弁

「……例えば現に戦闘が行われているというふうなところでそういう前線へ武器弾薬を供給するようなこと、輸送するようなこと、あるいはそういった現に戦闘が行われているような医療部隊のところにいわば組み込まれるような形でと申しますか、そういうふうな形でまさに医療活動をするような場合、こういうふうなのは……問題があろうということでございますし、逆にそういう戦闘行為のところから一線を画されるようなところで、そういうところまで医薬品や食料品を輸送するようなこと、こういうふうなことは当然今のような憲法九条の判断基準からして問題はなかろう、こういうことでございます。したがいまして、両端はある程度申し上げられる、こういうことだと思います。」

(24) ＰＫＯ法に基づき、国連等による国連平和維持活動、人道的な国際救援活動、国際的な選挙監視活動の三つの活動に対する協力を実施。

(25) 国連では、当事者の同意（注：主たる紛争当事者）、不偏性、自衛及び任務の防衛以外の実力の不行使の三つがＰＫＯの基本原則とされている（「国連平和維持活動原則と指針（キャップストーン・ドクトリン）」（二〇〇八年一月一八日）。これに対し、我が国のＰＫＯ参加には、現行ＰＫＯ法上、いわゆるＰＫＯ参加五原則（①停戦合意が存在すること、②受入国を含む紛争当事者の受入れ同意が存在すること、③中立性が保たれていること、④上記要件が満たされなくなった場合には派遣の撤収ができること、⑤武器の使用は必要最小限度とすること）が法的要件とされている。

(26) いわゆる駆け付け警護や妨害排除のための武器の使用は、相手方が単なる犯罪集団であることが明白な場合等、これに対する武器使用が国際紛争を解決する手段としての「武力の行使」に当たるおそれがないということを前提にすることが可能な場合には、憲法上当該武器使用が許容される余地がないとは言えないとされている（参議院外交防衛委員会（二〇〇三年五月一五日）における宮﨑礼壹内閣法制局第一部長答弁）。

(27)「国連平和維持活動 原則と指針（キャップストーン・ドクトリン）」（二〇〇八年一月一八日）によれば、「現場では時に似ているように見えることもあるが、強力な平和維持（robust peacekeeping）は、憲章第七章の下で規定されている平和執行と混同されるべきではない。強力な平和維持は、安全保障理事会の許可及び受入国及び（又は）主たる紛争当事者の同意を得て、戦術レベルでの実力の行使を伴う。これに対し、平和執行は主たる当事者の同意を必要とせず、かつ安全保障理事会の許可がない限り憲章第二条四によって通常は加盟国に禁じられている戦略又は国際レベルでの軍事力の行使を伴い得る。」とされている。

(28) 輸送の職務に従事する自衛官は、その職務を行うに際し、「自己若しくは自己と共に当該輸送の職務に従事する隊員又は輸送対象者その他その職務を行うに伴い自己の管理下に入った者の生命又は身体の防護のためにやむを得ない必要があると認める相当の理由がある場合には、その事態に応じ合理的に必要と判断される限度で武器を使用することができる。」とされている。

(29) 衆議院安全保障特別委員会（一九九一年三月一三日）における小松一郎外務省条約局法規課長答弁

「自国領域内におります外国人を保護するということは所在地国の国際法上の義務でございます。しかし、その所在地国が外国人に対する侵害を排除する意思または能力を持たず、かつ当該外国人の身体、生命に対する重大かつ急迫な侵害があり、ほかに救済の手段がない場合には、当該外国人を保護、救出するためにその本国が必要最小限度の武力を行使することも、国際法上の議論に限って申し上げれば自衛権の行使として認められる場合がございます。しかしその際にも、自国民に対する侵害が所在地国の領土、主権の侵害をも正当化し得るほどの真に重大な場合に限られ、また自国民の保護、救出の目的に沿った必要最小限度の武力行使でなければならない、これが従来申し上げているところでございます。」

(30) 衆議院安全保障特別委員会（一九九一年三月一三日）における大森政輔内閣法制局第一部長答弁

「お尋ねの場合、すなわち外国において日本人の生命、身体、財産または日本政府の機関が危殆に瀕しているという場合に、ただいま申し上げました三つの要件を果たして満たすのであろうか、特に第一要件である我が国に対する急迫不正の侵害があることという要件を満たすのであろうかということを考えてみますと、これも断定的なお答えをすることができない場合ではあろうと思いますが、一般的には直ちにこれらの要件に該当するとは考えられないのではなかろうか、したがって該当しない限りは自衛隊を外国に派遣するということは憲法上認められないという結論になるということでございます。」

(31) なお、各国憲法には、国家が在外国民を保護する義務を負うことや、国外に滞在している期間、国民は国家により保護を受ける権利を有することを定めている憲法もある（大韓民国憲法（一九八七年）第二条第二項「国家は、法律の定めるところにより、在外国民を保護する義務を負う」、ポーランド憲法（一九九七年）第三六条「ポーランド市民は、国外に滞在している期間、ポーランド国家による保護を受ける権利を有する」）。

(32) ①なお、個々の侵害行為が単独では「武力攻撃」に当たらない場合でも、そうした侵害が「集積」している場合は、これを「武力攻撃」とみなすことができ、自衛権を行使することが国際法上可能であるとの考え方も否定はされない。

②衆議院安全保障特別委員会（一九八六年五月一九日）における小和田外務省条約局長答弁

「一般国際法上の理論として申し上げれば、そういう緊迫した、急迫した不正な侵害があるかどうかということの中には、事態が継続して同じようなことがどんどん次から次へと起こっておる、そういう状態がまだやんでおらない、そういう中においてその措置をとめるためにどうしてもやらなければならないということで自衛権を行使することが正当化されるということは、一般論としてはあり得るということは国際法上確立していることであるというふうに言ってよろしいと思います。

ただ、今度の場合につきまして、（略）そういう一連の状況が続発している中において急迫した危険がアメリカに迫っておって、それを妨げるために直ちに措置をとらなければならないという状況があったのかどうかというような判断になってまいりますと、我が国はこの事件の直接の当事者ではございませんから、そういう状況の一々の詳細について承知しているわけではない。したがって、我が国としては確定的な判断をすることは差し控える、こういうことを申し上げているわけでございます。」

（33）部隊司令官の判断で、部隊等への外部からの侵害に対し防衛のための措置をとることが世界で広く認められている。

「安全保障の法的基盤の再構築に関する懇談会」構成員（平成二六年五月一五日現在）

岩間陽子　政策研究大学院大学教授
岡崎久彦　特定非営利活動法人岡崎研究所所長・理事長
葛西敬之　東海旅客鉄道株式会社代表取締役名誉会長
北岡伸一　国際大学学長・政策研究大学院大学教授
坂元一哉　大阪大学大学院教授
佐瀬昌盛　防衛大学校名誉教授
佐藤　謙　公益財団法人世界平和研究所理事長（元防衛事務次官）
田中明彦　独立行政法人国際協力機構理事長
中西　寛　京都大学大学院教授
西　修　駒澤大学名誉教授
西元徹也　公益社団法人隊友会会長（元統合幕僚会議議長）
細谷雄一　慶應義塾大学教授
村瀬信也　上智大学名誉教授
柳井俊二　国際海洋法裁判所長（元外務事務次官）

資料Ⅲ・72

「安全保障の法的基盤の再構築に関する懇談会報告書」に関する安倍総理記者会見

二〇一四年五月一五日

安倍晋三

コメント

1．二〇一四年五月一五日、第二次安保法制懇報告（⇩Ⅲ・71）の発表と同日、その数時間後に行われた本記者会見は、集団的自衛権行使容認政策に対する公明党などの反対をふまえ集団的自衛権の限定行使論への転換を行った安倍晋三内閣が、安保法制懇の報告書のインパクトを弱め、政府が限定行使論を採ることを改めて強調したものである。

第二次安保法制懇報告のコメントでも述べたとおり、安倍内閣は集団的自衛権行使容認に消極的な公明党の同意をとりつけるため限定行使論に転じたが、そうなると、皮肉なことに、集団的自衛権行使容認の切り札として安倍首相が再開した安保法制懇がやっかいな存在になった。

もともと安倍首相は、海外での武力行使を一括解禁するための抜本的解釈見直しを安保法制懇に依頼したのだが、途中からそんな魔法のような話はできないことが判明した。安保法制懇がそのために用意した芦田解釈ではとうてい内閣法制局や公明党は受け入れないことになるからだ。

そこで、政府は、一方で安保法制懇の報告をズルズルと遅らせ安保法制懇報告書に限定行使論を入れるよう迫った。こうして、報告書に無理矢理限定行使論が押し込まれた。

しかし、それでも安保法制懇の報告は、あまりにも全面的に自衛隊の海外での武力行使を認めていた。集団的自衛権とは別に集団安全保障への参加や自衛隊の海外での後方支援活動を一括して合憲としている点などだ。もしこれがいったん公表されてしまうと、これが安倍内閣のほんとうのねらいだというマスコミや国民の反対キャンペーンを裏づけてしまいかねない。そこで、安倍内閣が安保法制懇報告の一部を否定することでその〝悪影響〟を最小限に抑え、同時に限定行使論という形で集団的自衛権行使容認を勝ち取ることをめざしたのが、本記者会見である。

2．本記者会見で注目される第一は、安保法制懇報告が認めたあらゆる場合の武力行使解禁論のうち、グレーゾーン事態での自衛隊出動と集団的自衛権行使の部分容認以外は否定したことである。とくに記者会見では集団安全保障への武力行使目的での参加は、明瞭に否定された。

注目される第二は、安保法制懇が政府解釈変更の論拠としていた芦田解釈論をわざわざその名をあげて否定し、政府解釈に「沿った」限定行使論を採ると明言したことである。次のくだりである。

「今回の報告書では、二つの異なる考え方を示していただきました。一つは、個別的か、集団的かを問わず、自衛のための武力の行使は禁じられていない、また、国連の集団安全保障措置への参加といった国際法上、合法な活動には憲法上の制約はないとするものです。しかし、これはこれまでの政府の憲法解釈とは論理的に整合しない。私は憲法がこうした活動の全てを許しているとは考えません。したがって、この考え方、いわゆる芦田修正論は政府として採用できません。自衛隊が武力行使を目的として湾岸戦争やイラク戦争での戦闘に参加するようなことは、これからも決してありません。」

（傍点引用者）と。

記者会見で唐突に「芦田修正」なる言葉が飛び出したのは、こうした文脈からいえば、自然な成り行きであった。芦田解釈を採ることになれば、政府が六〇年近くにわたり積み重ねてきた解釈の体系をすべてひっくり返すことになり、とうてい内閣法制局や公明党を納得させることはできないからであった。安倍首相がここまで踏み込んだのは、ひとえに内閣法制局と公明党への対策であった。その背後に国民の強い懸念があったことはいうまでもない。

3．記者会見の翌日、小松一郎内閣法制局長官は退任し、代わりに、法制局次長の横畠裕介が長官に就任した。内閣法制局が限定行使論を呑んだことを示す証拠であった。小松はその一カ月後に死去した。

また、記者会見から四日後の五月一九日から自民・公明両党の与党協議が開始され、七月一日集団的自衛権の限定行使の容認をはじめとする政府解釈変更の閣議決定（⇩Ⅲ・74）が行われた。公明党が限定行使論を呑んだ結果である。

> 本日「安全保障の法的基盤の再構築に関する懇談会」から報告書が提出されました。外交・安全保障、そして法律の専門家の皆さんが約二年半検討を、そして議論を重ねてきた結果です。まず、冒頭、柳井座長、北岡座長代理を始め、委員の方々の高い見識と貢献に心から感謝御礼申し上げたいと思います。本日は、この報告書を受けて今後どのように検討していくか、その基本的方向性について、国民の皆様に私から直接御説明させていただきたいと思います。
>
> この報告書を受けて考えるべきこと、それは私たちの命を守り、私たちの平和な暮らしを守るため、私たちは何をなすべきか、ということであります。具体的な例で御説明をしたいと思います。
>
> 今や海外に住む日本人は一五〇〇万人、さらに年間一八〇〇万人の日本人が海外に出かけていく時代です。その場所で突然紛争が起こることも考えられます。そこから逃げようとする日本人を、同盟国であり、能力を有する米国が救助、輸送しているとき、日本近海で攻撃があるかもしれない。このような場合でも日本自身が攻撃を受けていなければ、日本人が乗っているこの米国の船を日本の自衛隊は守ることができない、これが憲法の現在の解釈です。
>
> 昨年一一月、カンボジアの平和のため活動中に命を落とした中田厚仁さん、そして高田晴行警視の慰霊碑に手を合わせました。あの悲しい出来事から二〇年余りがたち、現在、アジアで、アフリカで、たくさんの若者たちがボランティアなどの形で地域の平和や発展のために活動をしています。この若者のように医療活動に従事をしている人たちもいますし、近くで協力してPKO活動をしている国連のPKO要員もいると思います。しかし、彼らが突然武装集団に襲われたとしても、この地域やこの国において活動している日本の自衛隊は彼らを救うことができません。一緒に平和構築のために汗を流している、自衛隊とともに汗を流している他国の部隊から救助してもらいたいと連絡を受けても、日本の自衛隊は彼らを見捨てるしかないのです。これが現実なのです。
>
> 皆さんが、あるいは皆さんのお子さんやお孫さんたちがその場所にいるかもしれない。その命を守るべき責任を負っている私や日本政府は、本当に何もできないということでいいのでしょうか。内閣総理大臣である私は、いかなる事態にあっても、国民の命を守る責任があるはずです。そして、人々の幸せを願ってつくられた日本国憲法が、こうした事態にあって国民の命を守る責任を放棄せよと言っているとは私にはどうしても考えられません。
>
> こうした事態は机上の空論ではありません。連日、ニュースで報じられているように、南シナ海では、この瞬間も力を背景とした一方的な行為によって国家間の対立が続いています。これは人ごとではありません。

東シナ海でも日本の領海への侵入が相次ぎ、海上保安庁や自衛隊の諸君が高い緊張感を持って二四時間体制で警備を続けています。

北朝鮮のミサイルは、日本の大部分を射程に入れています。東京も、大阪も、皆さんの町も例外ではありません。そして、核兵器の開発を続けています。片や、サイバー攻撃など脅威は瞬時に国境を越えていきます。これは私たちに限ったことではありません。もはやどの国も一国のみで平和を守ることはできない、これは世界の共通認識であります。だからこそ私は積極的平和主義の旗を掲げて、国際社会と協調しながら世界の平和と安定、航空・航海の自由といった基本的価値を守るために、これまで以上に貢献するとの立場を明確にし、取り組んできました。

積極的平和主義の考え方は、同盟国である米国はもちろん、先週まで訪問していた欧州各国からも、そしてＡＳＥＡＮの国々を始めとするアジアの友人たちからも高い支持をいただきました。世界が日本の役割に大きく期待をしています。いかなる事態においても、国民の命と暮らしは断固として守り抜く。本日の報告書ではそうした観点から提言が行われました。

今後、政府与党において具体的な事例に即してさらなる検討を深め、国民の命と暮らしを守るために切れ目のない対応を可能とする国内法制を整備します。これまでの憲法解釈のもとでも可能な立法措置を検討します。例えば武力攻撃に至らない侵害、漁民を装った武装集団が我が国の離島に上陸してくるかもしれない。こうしたいわゆるグレーゾーン事態への対処を一層強化します。さらに、ＰＫＯや後方支援など、国際社会の平和と安定に一層貢献していきます。その上でなお現実に起こり得る事態に対して、万全の備えがなければなりません。国民の命と暮らしを守るための法整備がこれまでの憲法解釈のままで十分にできるのか、さらなる検討が必要です。

こうした検討については、日本が再び戦争をする国になるといった誤解があります。しかし、そんなことは断じてあり得ない。日本国憲法が掲げる平和主義は、これからも守り抜いていきます。このことは明確に申し上げておきたいと思います。むしろ、あらゆる事態に対処できるからこそ、そして、対処できる法整備によってこそ抑止力が高まり、紛争が回避され、我が国が戦争に巻き込まれることがなくなると考えます。

今回の報告書では、二つの異なる考え方を示していただきました。

一つは、個別的か、集団的かを問わず、自衛のための武力の行使は禁じられていない、また、国連の集団安全保障措置への参加といった国際法上、合法な活動には憲法上の制約はないとするものです。しかし、これはこれまでの政府の憲法解釈とは論理的に整合しない。私は憲法がこうした活動の全てを許しているとは考えません。したがって、この考え方、いわゆる芦田修正論は政府として採用できません。自衛隊が武力行使を目的として湾岸戦争やイラク戦争での戦闘に参加するようなことは、これからも決してありません。

もう一つの考え方は、我が国の安全に重大な影響を及ぼす可能性があるとき、限定的に集団的自衛権を行使することは許されるとの考え方です。生命、自由、幸福追求に対する国民の権利を政府は最大限尊重しなければならない。憲法前文、そして憲法一三条の趣旨を踏まえれば、自国の平和と安全を維持し、その存立を全うするために必要な自衛の措置を採ることは禁じられていない。そのための必要最小限度の武力の行使は許容される、こうした従来の政府の基本的な立場を踏まえた考え方です。政府としてはこの考え方について、今後さらに研究を進めていきたいと思います。

切れ目のない対応を可能とする国内法整備の作業を進めるに当たり、従来の憲法解釈のままで必要な立法が可能なのか、それとも一部の立法に当たって憲法解釈を変更せざるを得ないとすれば、いかなる憲法解釈が適切なのか。今後、内閣法制局の意見も踏まえつつ、政府としての検討を進めるとともに、与党協議に入りたいと思います。与党協議の結果に基づき、憲法解釈の変更が必要と判断されれば、この点を含めて改正すべき法制の基本的方向を、国民の命と暮らしを守るため、閣議決定してまいります。

今後、国会においても議論を進め、国民の皆様の理解を得る努力を継続していきます。十分な検討を行い、準備ができ次第、必要な法案を国会にお諮りしたいと思います。

日本は戦後七〇年近く、一貫して平和国家としての道を歩んできました。これからもこの歩みが変わることはありません。しかし、平和国家であると口で唱えるだけで私たちの平和な暮らしを守ることはできません。私たちの平和な暮らしも突然の危機に直面するかもしれない。そんなことはないと誰が言い切れるでしょうか。テロリストが潜む世界の現状に目を向けたとき、そんな保障はどこにもありません。政府は、私たちは、この現実に真正面から向き合うべきだと私は考えます。

私たちの命を守り、私たちの平和な暮らしを守る、そのためにはいかなる事態にも対応できるよう、常日頃から隙のない備えをするとともに、各国と協力を深めていかなければなりません。それによって抑止力が高まり、我が国が戦争に巻き込まれることがなくなると考えます。先ほど申し上げたような事態においても、しっかりと日本人の命を守ることこそが総理大臣である私の責任であると確信します。

今後、検討を進めるに当たり、国民の皆様の御理解を心からお願い申し上げる次第であります。私からも引き続き、あらゆる機会を通して、丁寧に説明をしていきたいと思います。

再度申し上げますが、まさに紛争国から逃れようとしているお父さんやお母さんや、おじいさんやおばあさん、子供たちかもしれない。彼らが乗っている米国の船を今、私たちは守ることができない。そして、世界の平和のためにまさに一生懸命汗を流している若い皆さん、日本人を、私たちは自衛隊という能力を持った諸君がいても、守ることができない。そして、一緒に汗を流している他国の部隊、もし逆であったら、彼らは救援に訪れる。しかし、私たちはそれを断らなければならない、見捨てなければならない。おそらく、世界は驚くことでしょう。

こうした課題に、日本人の命に対して守らなければいけないその責任を有する私は、総理大臣は、日本国政府は、検討をしていく責務があると私は考えます。

資料Ⅲ・73

日本国憲法の改正手続に関する法律の一部を改正する法律

二〇一四年六月二〇日法律第七五号

コメント

1．本改正法は、二〇〇七年に制定された改憲手続法（⇩Ⅲ・33）が附則で公布後の検討課題に定めていたいくつかの課題の法整備を行い、改憲手続法を実際に発動できるようにするためになされた改正である。

本改正案は、改憲手続法そのものに反対してきた、日本共産党、社会民主党を除く、八党派の共同で提出され、可決・成立した。この改正により、もし、国会で憲法改正案が発議された場合、憲法改正の国民投票が可能となる法環境が一応整った。

2．改正法が行った第一の論点は、改憲手続法附則第三条により義務づけられていた、一八歳以上二〇歳未満の者を国民投票に参加できるようにする公選法改正をはじめとした法整備である。この点につき、本改正法附則第2は、本法施行後四年を経過するまでは、国民投票権者を満二〇歳以上とすることを定め、附則第3に於いて、「この法律の施行後すみやかに」一八歳以上、二〇歳未満の者が国政選挙等に参加できるよう、公職選挙法、民法等の改正を検討、措置すると定めた。

3．改正法が行った第二の論点は、改憲手続法附則第十一条で規定された、公務員の政治活動規制の見直しに関するものであった。

この点では、憲法審査会においては、自民党議員などから、国民投票運動への参加を認めることに対する危惧が表明され、むしろ公務員の国民投票運動を規制する発言も見られた。

しかし、改正法は、一〇〇条の二において、「ただし、政治的行為禁止規定により禁止されている他の政治的行為を伴う場合は、この限りでない。」という限定を付して、公務員の国民投票運動への参加、憲法改正に関する意見表明を認めた。この点は、日本維新の会等が主張していた、公務員の「純粋な」国民投票運動と「実質的に特定政党への支持、反対を目的として、多数の人に接しうる場所で意見を述べること」すなわち「他の政治目的を持った政治的行為を伴った」ものとを切り分ける立場に立って、純粋な国民投票運動のみを認めようというものである。

そのため、本改正法附則第4は、「公務員の政治的中立性及び公務の公正性を確保する等の観点から、国民投票運動に関し、組織により行われる勧誘運動、署名運動及び示威運動の公務員による企画、主宰及び指導並びにこれらに類する行為に対する規制の在り方について検討を加え、必要な法制上の措置を講ずるものとする」と定めている。この規制法の如何では、事実上、公務員の憲法改正に関する国民投票運動や意見表明が重大な制限下におかれる危険がある。

また本改正では、改憲手続法の制定時に問題となった、一〇三条の公務員や教育者の地位利用による国民投票運動の禁止についても、何ら規定されなかったから、この一〇三条によっても、公務員等の憲法改正に関する意見表明が事実上禁止される危険は残っている。

4．改正法は、ほかに、民主党が強く主張し改憲手続法附則第一二条で規定された国民投票の対象拡大については、附則第5で「憲法改正を要する問題及び憲法改正の対象となり得る問題についての国民投票制度に関し、その意義及び必要性について」は「すみやかに」検討を加えるとして事実上先延ばしされた。

日本国憲法の改正手続に関する法律（平成十九年法律第五十一号）の一部を次のように改正する。

第二条第一項中「いう」の下に「。第百条の二において同じ」を加える。

第百条の次に次の一条を加える。

（公務員の政治的行為の制限に関する特例）

第百条の二

公務員（日本銀行の役員（日本銀行法（平成九年法律第八十九号）第二十六条第一項に規定する役員をいう。）を含み、第百二条各号に掲げる者を除く。以下この条において同じ。）は、公務員の政治的目的をもって行われる政治的行為又は積極的な政治運動若しくは政治活動その他の行為（以下この条において単に「政治的行為」という。）を禁止する他の法令の規定（以下この条において「政治的行為禁止規定」という。）にかかわらず、国会が憲法改正を発議した日から国民投票の期日までの間、国民投票運動（憲法改正案に対し賛成又は反対の投票をし又はしないよう勧誘する行為をいう。以下同じ。）及び憲法改正に関する意見の表明をすることができる。ただし、政治的行為禁止規定により禁止されている他の政治的行為を伴う場合は、この限りでない。

第百一条第一項中「憲法改正案に対し賛成又は反対の投票をし又はしないよう勧誘する行為（以下「国民投票運動」という。）」を「国民投票運動」に改める。

第百二条の見出し中「中央選挙管理会の委員等」を「特定公務員」に改め、同条中「中央選挙管理会の委員及び中央選挙管理会の庶務に従事する総務省の職員並びに選挙管理委員会の委員及び職員並びに国民投票広報協議会事務局の職員」を「次に掲げる者」に改め、同条に次の各号を加える。

一 中央選挙管理会の委員及び中央選挙管理会の庶務に従事する総務省の職員並びに選挙管理委員会の委員及び職員

二 国民投票広報協議会事務局の職員

三 裁判官

四 検察官

五 国家公安委員会又は都道府県公安委員会若しくは方面公安委員会の委員

六 警察官

附則第三条を次のように改める。

第三条 削除

附則第十一条及び第十二条を削る。

附則

（施行期日）

1 この法律は、公布の日から施行する。

（経過措置）

2 この法律の施行後四年を経過するまでの間にその期日がある国民投票（日本国憲法の改正手続に関する法律第一条に規定する国民投票をいう。）に係る同法第三条、第二十二条第一項、第三十五条及び第三十六条第一項の規定の適用については、これらの規定中「満十八年以上」とあるのは、「満二十年以上」とする。

（法制上の措置）

3 国は、この法律の施行後速やかに、年齢満十八年以上満二十年未満の者が国政選挙に参加することができること等となるよう、国民投票の投票権を有する者の年齢と選挙権を有する者の年齢との均衡等を勘案し、公職選挙法（昭和二十五年法律第百号）、民法（明治二十九年法律第八十九号）その他の法令の規定について検討を加え、必要な法制上の措置を講ずるものとする。

4　国は、この法律の施行後速やかに、公務員の政治的中立性及び公務の公正性を確保する等の観点から、国民投票運動に関し、組織により行われる勧誘運動、署名運動及び示威運動の公務員による企画、主宰及び指導並びにこれらに類する行為に対する規制の在り方について検討を加え、必要な法制上の措置を講ずるものとする。

（憲法改正問題についての国民投票制度に関する検討）

5　国は、この法律の施行後速やかに、憲法改正を要する問題及び憲法改正の対象となり得る問題についての国民投票制度に関し、その意義及び必要性について、日本国憲法の採用する間接民主制との整合性の確保その他の観点から更に検討を加え、必要な措置を講ずるものとする。

資料Ⅲ・74

国の存立を全うし、国民を守るための切れ目のない安全保障法制の整備について

二〇一四年七月一日

国家安全保障会議決定　閣議決定

コメント

1．本閣議決定は、いままで自衛隊の活動を厳しく制約してきた政府解釈を大幅に変更し、集団的自衛権の行使、他国の武力行使との一体化論による自衛隊の活動の制約を緩和することで、自衛隊の海外での武力行使と戦争加担へ大きく道を開いたものである。

2．本閣議決定の注目すべき第一点は、政府解釈変更の焦点である、集団的自衛権行使は違憲であるという、これまでの政府解釈を変更した点である。

安倍晋三内閣のめざす、集団的自衛権行使に関する政府解釈変更の大きな障害物は、既存の政府解釈を積み重ねてきた内閣法制局と公明党であったが、これらとの合意を得るために、安倍内閣は、集団的自衛権の限定行使論に転じた。資料Ⅲ・72の記者会見は、その方向を宣明したものであった。

この線で、二〇一四年五月一九日以来自民党、公明党の間で与党協議が行われ、基本的に、この限定行使論の線でまとまったのが、本閣議決定である。

その際、政府側が提示していた限定行使の条件である「我が国の安全に重要な影響を与える事態」という言葉に代わり、公明党側か

ら提示され、最終的に閣議決定の文言になったのは、「我が国と密接な関係にある他国に対する武力攻撃が発生し、これにより我が国の存立が脅かされ、国民の生命、自由及び幸福追求の権利が根底から覆される明白な危険がある場合において、……必要最小限度の実力を行使することは、従来の政府見解の基本的な論理に基づく自衛のための措置として、憲法上許容されると考えるべきである」というものであった。

この閣議決定の意義には二つの側面がある。一つは、この閣議決定で、政府が長年保持してきた、集団的自衛権行使は認められないという解釈は変更されたという点である。どんなに長い条件がつこうが、我が国が武力攻撃を受けない場合でも武力行使が認められることには変わりがない。ここが肝心の点である。

しかし、この閣議決定には、もう一つの側面がある。それは、今後自衛隊による集団的自衛権の行使を根拠づける法改正が行われる際、この条件は、自衛隊法改正等の大きな足枷となる点である。政府は、政府解釈の変更に基づいて、自衛隊の権限を拡大するため、自衛隊法をはじめ周辺事態法、武力攻撃事態法等多くの法律改正に着手せざるをえない。これがなければ自衛隊は、集団的自衛権の限定行使の場合も行動できないからである。その立法作業に際して、今回付されたこの長い条件は、自衛隊の活動を縛る新たな制約となるであろう。

3．本閣議決定は、もっぱら集団的自衛権をめぐる解釈変更に注目が集まったが、実はそれ以外の部分でも注目すべき解釈変更や、補強がなされている。

本閣議決定の注目すべき第二点は、離島の周辺地域等における外部からの武力攻撃に至らない侵害、いわゆるグレーゾーン事態に際して、自衛隊の治安出動、海上警備行動発令の手続の迅速化、さらに自衛隊と米軍との連携行動中の米軍に対する「武力攻撃に至らない侵害」の発生に対しては自衛隊が、自衛隊法九五条の武器等防護のための武器使用に準じて、それと同様の武器使用ができるよう、法整備をすることが確認されたことである。これは既存の政府解釈の拡大であるが、実質的には自衛隊の活動の拡大という点では大きな意味を持っている。

4．本閣議決定で注目すべき第三点は、いままで自衛隊の活動を縛ってきた「武力行使との一体化」は認められないという制約を、大幅に緩和し、事実上廃棄したことである。

これまで政府解釈は、直接武力行使に至らない「後方支援」の活動でも、それが、他国の武力行使と一体化することで、武力行使を行ったとの法的評価を受けるような活動は許されないとして、武力行使と一体化しないよう、自衛隊の後方支援を「後方地域」や「非戦闘地域」に限ってきた。

安保法制懇は、こうした制約が安倍内閣の掲げる「積極的平和主義」の足枷になるとして、集団的自衛権の包括的容認と同時に、自衛隊の国際平和協力活動は、我が国が主体となって行う活動ではないから九条とは無関係であるとして、「武力行使と一体化」論を根本的に否定した（⇩**Ⅲ・71**）。

閣議決定は、そうした安保法制懇の立場はとらず、既存の政府解釈による「武力行使との一体化」論を一応踏襲しつつ、それを事実上撤廃したのである。次のようにである。

「政府としては、いわゆる『武力の行使との一体化』論それ自体は前提とした上で、その議論の積み重ねを踏まえつつ、これまでの自衛隊の活動の実経験、国際連合の集団安全保障措置の実態等を勘案して、従来の『後方地域』あるいはいわゆる『非戦闘地域』といった自衛隊が活動する範囲をおよそ一体化の問題が生じない地域に一律に区切る枠組みではなく、他国が『現に戦闘行為を行っている現場』ではない場所で実施する補給、輸送などの我が国の支援活動については、当該他国の『武力の行使と一体化』するものではないという認識を基本とした以下の考え方に立って、我が国の安全の確保や国際社会の平和と安定のために活動する他国軍隊に対して、必要な支援活動を実施できるようにするための法整備を進めることとする。」と。

つまり自衛隊は、現に戦闘が行われていなければどこにでも出動し後方支援ができることになったのである。自衛隊の後方支援の拡大は、アメリカが強く望んできたことであり、集団的自衛権の限定行使と同等の、あるいは実質的にはそれ以上の大きな変更になる。

5. 本閣議決定で注目される第四点は、いままで政府解釈として認めてこなかった、PKO活動におけるいわゆる「駆け付け警護」、「任務遂行のための武器使用」さらには、在外邦人救出のための武器使用を解禁したことである。

「我が国として、『国家又は国家に準ずる組織』が敵対するものとして登場しないことを確保した上で、国際連合平和維持活動などの『武力の行使』を伴わない国際的な平和協力活動におけるいわゆる『駆け付け警護』に伴う武器使用及び『任務遂行のための武器使用』のほか、領域国の同意に基づく邦人救出などの『武力の行使』を伴わない警察的な活動ができるよう、以下の考え方を基本として、法整備を進めることとする。」と。

このように、安倍内閣は、集団的自衛権の行使容認を、いわば自衛隊の海外での活動の拡大の象徴として掲げ、その点で、内閣法制局や公明党に圧力をかけつつ、自衛隊の活動を縛ってきた既存政府解釈にも大穴を開けたのである。

我が国は、戦後一貫して日本国憲法の下で平和国家として歩んできた。専守防衛に徹し、他国に脅威を与えるような軍事大国とはならず、非核三原則を守るとの基本方針を堅持しつつ、国民の営々とした努力により経済大国として栄え、安定して豊かな国民生活を築いてきた。また、我が国は、平和国家としての立場から、国際連合憲章を遵守しながら、国際社会や国際連合を始めとする国際機関と連携し、それらの活動に積極的に寄与している。こうした我が国の平和国家としての歩みは、国際社会において高い評価と尊敬を勝ち得てきており、これをより確固たるものにしなければならない。

一方、日本国憲法の施行から六七年となる今日までの間に、我が国を取り巻く安全保障環境は根本的に変容するとともに、更に変化し続け、我が国は複雑かつ重大な国家安全保障上の課題に直面している。国際連合憲章が理想として掲げたいわゆる正規の「国連軍」は実現のめどが立っていないことに加え、冷戦終結後の四半世紀だけをとっても、グローバルなパワーバランスの変化、技術革新の急速な進展、大量破壊兵器や弾道ミサイルの開発及び拡散、国際テロなどの脅威により、アジア太平洋地域において問題や緊張が生み出されるとともに、脅威が世界のどの地域において発生しても、我が国の安全保障に直接的な影響を及ぼし得る状況になっている。さらに、近年では、海洋、宇宙空間、サイバー空間に対する自由なアクセス及びその活用を妨げるリスクが拡散し深刻化している。もはや、どの国も一国のみで平和を守ることはできず、国際社会もまた、我が国がその国力にふさわしい形で一層積極的な役割を果たすことを期待している。

政府の最も重要な責務は、我が国の平和と安全を維持し、その存立を全うするとともに、国民の命を守ることである。我が国を取り巻く安全保障環境の変化に対応し、政府としての責務を果たすためには、まず、十分な体制をもって力強い外交を推進することにより、安定しかつ見通しがつきやすい国際環境を創出し、脅威の出現を未然に防ぐとともに、国際法にのっとって行動し、法の支配を重視することにより、紛争の平和的な解決を図らなければならない。

さらに、我が国自身の防衛力を適切に整備、維持、運用し、同盟国である米国との相互協力を強化するとともに、域内外のパートナーとの信頼及び協力関係を深めることが重要である。特に、我が国の安全及びアジア太平洋地域の平和と安定のために、日米安全保障体制の実効性を一層高め、日米同盟の抑止力を向上させることにより、武力紛争を未然に回避し、我が国に脅威が及ぶことを防止することが必要不可欠である。その上で、いかなる事態においても国民の命と平和な暮らしを断固として守り抜くとともに、国際協調主義に基づく「積極的平和主義」の下、国際社会の平和と安定にこれまで以上に積極的に貢献するためには、切れ目のない対応を可能とする国内法制を整備しなければならない。

五月一五日に「安全保障の法的基盤の再構築に関する懇談会」から報告書が提出され、同日に安倍内閣総理大臣が記者会見で表明した基本的方向性に基づき、これまで与党において協議を重ね、政府としても検討を進めてきた。今般、与党協議の結果に基づき、政府として、以下の基本方針に従って、国民の命と平和な暮らしを守り抜くために必要な国内法制を速やかに整備することとする。

1　武力攻撃に至らない侵害への対処

（1）我が国を取り巻く安全保障環境が厳しさを増していることを考慮すれば、純然たる平時でも有事でもない事態が生じやすく、これにより更に重大な事態に至りかねないリスクを有している。こうした武力攻撃に至らない侵害に際し、警察機関と自衛隊を含む関係機関が基本的な役割分担を前提として、より緊密に協力し、いかなる不法行為に対しても切れ目のない十分な対応を確保するための態勢を整備することが一層重要な課題となっている。

（2）具体的には、こうした様々な不法行為に対処するため、警察や海上保安庁などの関係機関が、それぞれの任務と権限に応じて緊密に協力して対応するとの基本方針の下、各々の対応能力を向上させ、情報共有を含む連携を強化し、具体的な対応要領の検討や整備を行い、命令発出手続を迅速化するとともに、各種の演習や訓練を充実させるなど、各般の分野における必要な取組を一層強化することとする。

（3）このうち、手続の迅速化については、離島の周辺地域等において外部から武力攻撃に至らない侵害が発生し、近傍に警察力が存在しない場合や警察機関が直ちに対応できない場合（武装集団の所持する武器等のために対応できない場合を含む。）の対応において、治安出動や海上における警備行動を発令するための関連規定の適用関係についてあらかじめ十分に検討し、関係機関において共通の認識を確立しておくとともに、手続を経ている間に、不法行為による被害が拡大することがないよう、状況に応じた早期の下令や手続の迅速化のための方策について具体的に検討することとする。

（4）さらに、我が国の防衛に資する活動に現に従事する米軍部隊に対して攻撃が発生し、それが状況によっては武力攻撃にまで拡大していくような事態においても、自衛隊と米軍が緊密に連携して切れ目のない対応をすることが、我が国の安全の確保にとっても重要である。自衛隊と米軍部隊が連携して行う平素からの各種活動に際して、米軍部隊に対して武力攻撃に至らない侵害が発生した場合を想定し、自衛隊法第九五条による武器等防護のための「武器の使用」の考え方を参考にしつつ、自衛隊と連携して我が国の防衛に資する活動（共同訓練を含む。）に現に従事している米軍部隊の武器等であれば、米国の要請又は同意があることを前提に、当該武器等を防護するための自衛隊法第九五条によるものと同様の極めて受動的かつ限定的な必要最小限の「武器の使用」を自衛隊が行うことができるよう、法整備をすることとする。

2　国際社会の平和と安定への一層の貢献

（1）いわゆる後方支援と「武力の行使との一体化」

ア　いわゆる後方支援と言われる支援活動それ自体は、「武力の行使」に当たらない活動である。例えば、国際の平和及び安全が脅かされ、国際社会が国際連合安全保障理事会決議に基づいて一致団結して対応するようなときに、我が国が当該決議に基づき正当な「武力の行使」を行う他国軍隊に対してこうした支援活動を行うことが必要な場合がある。一方、憲法第九条との関係で、我が国による支援活動については、他国の「武力の行使と一体化」することにより、我が国自身が憲法の下で認められない「武力の行使」を行ったとの法的評価を受けることがないよう、これまでの法律においては、活動の地域を「後方地域」や、いわゆる「非戦闘地域」に限定するなどの法律上の枠組みを設定し、「武力の行使との一体化」の問題が生じないようにしてきた。

イ　こうした法律上の枠組みの下でも、自衛隊は、各種の支援活動を着実に積み重ね、我が国に対する期待と信頼は高まっている。安全保障環境が更に大きく変化する中で、国際協調主義に基づく「積極的平和主義」の立場から、国際社会の平和と安定のために、自衛隊が幅広い支援活動で十分に役割を果たすことができるようにすることが必要である。また、このような活動をこれまで以上に支障なくできるようにすることは、我が国の平和及び安全の確保の観点からも極めて重要である。

ウ　政府としては、いわゆる「武力の行使との一体化」論それ自体は前提とした上で、その議論の積み重ねを踏まえつつ、これまでの自衛隊の活動の実経験、国際連合の集団安全保障措置の実態等を勘案して、従来の「後方地域」あるいはいわゆる「非戦闘地域」といった自衛隊が活動する範囲をおよそ一体化の問題が生じない地域に一律に区切る枠組みではなく、他国が「現に戦闘行為を行っている現場」ではない場所で実施する補給、輸送などの我が国の支援活動については、当該他国の「武力の行使と一体化」するものではないという認識を基本とした以下の考え方に立って、我が国の安全の確保や国際社会の平和と安定のために活動する他国軍隊に対して、必要な支援活動を実施できるようにするための法整備を進めることとする。

（ア）我が国の支援対象となる他国軍隊が「現に戦闘行為を行っている現場」では、支援活動は実施しない。

（イ）仮に、状況変化により、我が国が支援活動を実施している場所が「現に戦闘行為を行っている現場」となる場合には、直ちにそこで実施している支援活動を休止又は中断する。

（2）国際的な平和協力活動に伴う武器使用

ア　我が国は、これまで必要な法整備を行い、過去二〇年以上にわたり、国際的な平和協力活動を実施してきた。その中で、いわゆる「駆け付け警護」に伴う武器使用や「任務遂行のための武器使用」については、これを「国家又は国家に準ずる組織」に対して行った場合には、憲法第九条が禁ずる「武力の行使」に該当するおそれがあることから、国際的な平和協力活動に従事する自衛官の武器使用権限はいわゆる自己保存型と武器等防護に限定してきた。

イ　我が国としては、国際協調主義に基づく「積極的平和主義」の立場から、国際社会の平和と安定のために一層取り組んでいく必要があり、そのために、国際連合平和維持活動（ＰＫＯ）などの国際的な平和協力活動に十分かつ積極的に参加できることが重要である。また、自国領域内に所在する外国人の保護は、国際法上、当該領域国の義務であるが、多くの日本人が海外で活躍し、テロなどの緊急事態に巻き込まれる可能性がある中で、当該領域国の受入れ同意がある場合には、武器使用を伴う在外邦人の救出についても対応できるようにする必要がある。

ウ　以上を踏まえ、我が国として、「国家又は国家に準ずる組織」が敵対するものとして登場しないことを確保した上で、国際連合平和維持活動などの「武力の行使」を伴わない国際的な平和協力活動におけるいわゆる「駆け付け警護」に伴う武器使用及び「任務遂行のための武器使用」のほか、領域国の同意に基づく邦人救出などの「武力の行使」を伴わない警察的な活動ができるよう、以下の考え方を基本として、法整備を進めることとする。

（ア）国際連合平和維持活動等については、ＰＫＯ参加五原則の枠組みの下で、「当該活動が行われる地域の属する国の同意」及び「紛争当事者の当該活動が行われることについての同意」が必要とされており、受入れ同意をしている紛争当事者以外の「国家に準ずる組織」が敵対するものとして登場することは基本的にないと考えられる。このことは、過去二〇年以上にわたる我が国の国際連合平和維持活動等の経験からも裏付けられる。近年の国際連合平和維持活動において重要な任務と位置付けられている住民保護などの治安の維持を任務とする場合を含め、任務の遂行に際して、自己保存及び武器等防護を超える武器使用が見込まれる場合には、特に、その活動の性格上、紛争当事者の受入れ同意が安定的に維持されていることが必要である。

（イ）自衛隊の部隊が、領域国政府の同意に基づき、当該領域国における邦人救出などの「武力の行使」を伴わない警察的な活動を行う場合には、領域国政府の同意が及ぶ範囲、すなわち、その領域において権力が維持されている範囲で活動することは当然であり、これは、その範囲においては「国家に準ずる組織」は存在していないということを意味する。

（ウ）受入れ同意が安定的に維持されているかや領域国政府の同意が及ぶ範囲等については、国家安全保障会議における審議等に基づき、内閣として判断する。

（エ）なお、これらの活動における武器使用については、警察比例の原則に類似した厳格な比例原則が働くという内在的制約がある。

3　憲法第九条の下で許容される自衛の措置

（1）我が国を取り巻く安全保障環境の変化に対応し、いかなる事態においても国民の命と平和な暮らしを守り抜くためには、これまでの憲法解釈のままでは必ずしも十分な対応ができないおそれがあることから、いかなる解釈が適切か検討してきた。その際、政府の憲法解釈には論理的整合性と法的安定性が求められる。したがって、従来の政府見解における憲法第九条の解釈の基本的な論理の枠内で、国民の命と平和な暮らしを守り抜くための論理的な帰結を導く必要がある。

（2）憲法第九条はその文言からすると、国際関係における「武力の行使」を一切禁じているように見えるが、憲法前文で確認している「国民の平和的生存権」や憲法第一三条が「生命、自由及び幸福追求に対する国民の権利」は国政の上で最大の尊重を必要とする旨定めている趣旨を踏まえて考えると、憲法第九条が、我が国が自国の平和と安全を維持し、その存立を全うするために必要な自衛の措置を採ることを禁じているとは到底解されない。一方、この自衛の措置は、あくまで外国の武力攻撃によって国民の生命、自由及び幸福追求の権利が根底から覆されるという急迫、不正の事態に対処し、国民のこれらの権利を守るためのやむを得ない措置として初めて容認されるものであり、そのための必要最小限度の「武力の行使」は許容される。これが、憲法第九条の下で例外的に許容される「武力の行使」について、従来から政府が一貫して表明してきた見解の根幹、いわば基本的な論理であり、昭和四七年一〇月一四日に参議院決算委員会に対し政府から提出された資料「集団的自衛権と憲法との関係」に明確に示されているところである。

この基本的な論理は、憲法第九条の下では今後とも維持されなければならない。

（3）これまで政府は、この基本的な論理の下、「武力の行使」が許容されるのは、我が国に対する武力攻撃が発生した場合に限られると考えてきた。しかし、冒頭で述べたように、パワーバランスの変化や技術革新の急速な進展、大量破壊兵器などの脅威等により我が国を取り巻く安全保障環境が根本的に変容し、変化し続けている状況を踏まえれば、今後他国に対して発生する武力攻撃であったとしても、その目的、規模、態様等によっては、我が国の存立を脅かすことも現実に起こり得る。

我が国としては、紛争が生じた場合にはこれを平和的に解決するために最大限の外交努力を尽くすとともに、これまでの憲法解釈に基づいて整備されてきた既存の国内法令による対応や当該憲法解釈の枠内で可能な法整備などあらゆる必要な対応を採ることは当然であるが、それでもなお我が国の存立を全うし、国民を守るために万全を期す必要がある。

こうした問題意識の下に、現在の安全保障環境に照らして慎重に検討した結果、我が国に対する武力攻撃が発生した場合のみならず、我が国と密接な関係にある他国に対する武力攻撃が発生し、これにより我が国の存立が脅かされ、国民の生命、自由及び幸福追求の権利が根底から覆される明白な危険がある場合において、これを排除し、我が国の存立を全うし、国民を守るために他に適当な手段がないときに、必要最小限度の実力を行使することは、従来の政府見解の基本的な論理に基づく自衛のための措置として、憲法上許容されると考えるべきであると判断するに至った。

（4）我が国による「武力の行使」が国際法を遵守して行われることは当然であるが、国際法上の根拠と憲法解釈は区別して理解する必要がある。憲法上許容される上記の「武力の行使」は、国際法上は、集団的自衛権が根拠となる場合がある。この「武力の行使」には、他国に対する武力攻撃が発生した場合を契機とするものが含まれるが、憲法上は、あくまでも我が国の存立を全うし、国民を守るため、すなわち、我が国を防衛するためのやむを得ない自衛の措置として初めて許容されるものである。

（5）また、憲法上「武力の行使」が許容されるとしても、それが国民の命と平和な暮らしを守るためのものである以上、民主的統制の確保が求められることは当然である。政府としては、我が国ではなく他国に対して武力攻撃が発生した場合に、憲法上許容される「武力の行使」を行うために自衛隊に出動を命ずるに際しては、現行法令に規定する防衛出動に関する手続と同様、原則として事前に国会の承認を求めることを法案に明記することとする。

4　今後の国内法整備の進め方

これらの活動を自衛隊が実施するに当たっては、国家安全保障会議における審議等に基づき、内閣として決定を行うこととする。こうした手続を含めて、実際に自衛隊が活動を実施できるようにするためには、根拠となる国内法が必要となる。政府として、以上述べた基本方針の下、国民の命と平和な暮らしを守り抜くために、あらゆる事態に切れ目のない対応を可能とする法案の作成作業を開始することとし、十分な検討を行い、準備ができ次第、国会に提出し、国会における御審議を頂くこととする。

（以上）

参考資料・1

日本国憲法

一九四六年一一月三日公布
一九四七年五月三日施行

日本国民は、正当に選挙された国会における代表者を通じて行動し、われらとわれらの子孫のために、諸国民との協和による成果と、わが国全土にわたつて自由のもたらす恵沢を確保し、政府の行為によつて再び戦争の惨禍が起ることのないやうにすることを決意し、ここに主権が国民に存することを宣言し、この憲法を確定する。そもそも国政は、国民の厳粛な信託によるものであつて、その権威は国民に由来し、その権力は国民の代表者がこれを行使し、その福利は国民がこれを享受する。これは人類普遍の原理であり、この憲法は、かかる原理に基くものである。われらは、これに反する一切の憲法、法令及び詔勅を排除する。

日本国民は、恒久の平和を念願し、人間相互の関係を支配する崇高な理想を深く自覚するのであつて、平和を愛する諸国民の公正と信義に信頼して、われらの安全と生存を保持しようと決意した。われらは、平和を維持し、専制と隷従、圧迫と偏狭を地上から永遠に除去しようと努めてゐる国際社会において、名誉ある地位を占めたいと思ふ。われらは、全世界の国民が、ひとしく恐怖と欠乏から免かれ、平和のうちに生存する権利を有することを確認する。

われらは、いづれの国家も、自国のことのみに専念して他国を無視してはならないのであつて、政治道徳の法則は、普遍的なものであり、この法則に従ふことは、自国の主権を維持し、他国と対等関係に立たうとする各国の責務であると信ずる。

日本国民は、国家の名誉にかけ、全力をあげてこの崇高な理想と目的を達成することを誓ふ。

第一章　天　皇

第一条　天皇は、日本国の象徴であり日本国民統合の象徴であつて、この地位は、主権の存する日本国民の総意に基く。

第二条　皇位は、世襲のものであつて、国会の議決した皇室典範の定めるところにより、これを継承する。

第三条　天皇の国事に関するすべての行為には、内閣の助言と承認を必要とし、内閣が、その責任を負ふ。

第四条　天皇は、この憲法の定める国事に関する行為のみを行ひ、国政に関する権能を有しない。

2　天皇は、法律の定めるところにより、その国事に関する行為を委任することができる。

第五条　皇室典範の定めるところにより摂政を置くときは、摂政は、天皇の名でその国事に関する行為を行ふ。この場合には、前条第一項の規定を準用する。

第六条　天皇は、国会の指名に基いて、内閣総理大臣を任命する。

2　天皇は、内閣の指名に基いて、最高裁判所の長たる裁判官を任命する。

第七条　天皇は、内閣の助言と承認により、国民のために、左の国事に関する行為を行ふ。

一　憲法改正、法律、政令及び条約を公布すること。
二　国会を召集すること。
三　衆議院を解散すること。
四　国会議員の総選挙の施行を公示すること。

五　国務大臣及び法律の定めるその他の官吏の任免並びに全権委任状及び大使及び公使の信任状を認証すること。
六　大赦、特赦、減刑、刑の執行の免除及び復権を認証すること。
七　栄典を授与すること。
八　批准書及び法律の定めるその他の外交文書を認証すること。
九　外国の大使及び公使を接受すること。
十　儀式を行ふこと。

第八条　皇室に財産を譲り渡し、又は皇室が、財産を譲り受け、若しくは賜与することは、国会の議決に基かなければならない。

第二章　戦争の放棄

第九条　日本国民は、正義と秩序を基調とする国際平和を誠実に希求し、国権の発動たる戦争と、武力による威嚇又は武力の行使は、国際紛争を解決する手段としては、永久にこれを放棄する。

2　前項の目的を達するため、陸海空軍その他の戦力は、これを保持しない。国の交戦権は、これを認めない。

第三章　国民の権利及び義務

第十条　日本国民たる要件は、法律でこれを定める。

第十一条　国民は、すべての基本的人権の享有を妨げられない。この憲法が国民に保障する基本的人権は、侵すことのできない永久の権利として、現在及び将来の国民に与へられる。

第十二条　この憲法が国民に保障する自由及び権利は、国民の不断の努力によつて、これを保持しなければならない。又、国民は、これを濫用してはならないのであつて、常に公共の福祉のためにこれを利用する責任を負ふ。

第十三条　すべて国民は、個人として尊重される。生命、自由及び幸福追求に対する国民の権利については、公共の福祉に反しない限り、立法その他の国政の上で、最大の尊重を必要とする。

第十四条　すべて国民は、法の下に平等であつて、人種、信条、性別、社会的身分又は門地により、政治的、経済的又は社会的関係において、差別されない。

2　華族その他の貴族の制度は、これを認めない。

3　栄誉、勲章その他の栄典の授与は、いかなる特権も伴はない。栄典の授与は、現にこれを有し、又は将来これを受ける者の一代に限り、その効力を有する。

第十五条　公務員を選定し、及びこれを罷免することは、国民固有の権利である。

2　すべて公務員は、全体の奉仕者であつて、一部の奉仕者ではない。

3　公務員の選挙については、成年者による普通選挙を保障する。

4　すべて選挙における投票の秘密は、これを侵してはならない。選挙人は、その選択に関し公的にも私的にも責任を問はれない。

第十六条　何人も、損害の救済、公務員の罷免、法律、命令又は規則の制定、廃止又は改正その他の事項に関し、平穏に請願する権利を有し、何人も、かかる請願をしたためにいかなる差別待遇も受けない。

第十七条　何人も、公務員の不法行為により、損害を受けたときは、法律の定めるところにより、国又は公共団体に、その賠償を求めることができる。

第十八条　何人も、いかなる奴隷的拘束も受けない。又、犯罪に因る処罰の場合を除いては、その意に反する苦役に服させられない。

第十九条　思想及び良心の自由は、これを侵してはならない。

第二十条　信教の自由は、何人に対してもこれを保障する。いかなる宗教団体も、国から特権を受け、又は政治上の権力を行使してはならない。

2　何人も、宗教上の行為、祝典、儀式又は行事に参加することを強制されない。
3　国及びその機関は、宗教教育その他いかなる宗教的活動もしてはならない。
第二十一条　集会、結社及び言論、出版その他一切の表現の自由は、これを保障する。
2　検閲は、これをしてはならない。通信の秘密は、これを侵してはならない。
第二十二条　何人も、公共の福祉に反しない限り、居住、移転及び職業選択の自由を有する。
2　何人も、外国に移住し、又は国籍を離脱する自由を侵されない。
第二十三条　学問の自由は、これを保障する。
第二十四条　婚姻は、両性の合意のみに基いて成立し、夫婦が同等の権利を有することを基本として、相互の協力により、維持されなければならない。
2　配偶者の選択、財産権、相続、住居の選定、離婚並びに婚姻及び家族に関するその他の事項に関しては、法律は、個人の尊厳と両性の本質的平等に立脚して、制定されなければならない。
第二十五条　すべて国民は、健康で文化的な最低限度の生活を営む権利を有する。
2　国は、すべての生活部面について、社会福祉、社会保障及び公衆衛生の向上及び増進に努めなければならない。
第二十六条　すべて国民は、法律の定めるところにより、その能力に応じて、ひとしく教育を受ける権利を有する。
2　すべて国民は、法律の定めるところにより、その保護する子女に普通教育を受けさせる義務を負ふ。義務教育は、これを無償とする。
第二十七条　すべて国民は、勤労の権利を有し、義務を負ふ。
2　賃金、就業時間、休息その他の勤労条件に関する基準は、法律でこれを定める。
3　児童は、これを酷使してはならない。
第二十八条　勤労者の団結する権利及び団体交渉その他の団体行動をする権利は、これを保障する。
第二十九条　財産権は、これを侵してはならない。
2　財産権の内容は、公共の福祉に適合するやうに、法律でこれを定める。
3　私有財産は、正当な補償の下に、これを公共のために用ひることができる。
第三十条　国民は、法律の定めるところにより、納税の義務を負ふ。
第三十一条　何人も、法律の定める手続によらなければ、その生命若しくは自由を奪はれ、又はその他の刑罰を科せられない。
第三十二条　何人も、裁判所において裁判を受ける権利を奪はれない。
第三十三条　何人も、現行犯として逮捕される場合を除いては、権限を有する司法官憲が発し、且つ理由となつてゐる犯罪を明示する令状によらなければ、逮捕されない。
第三十四条　何人も、理由を直ちに告げられ、且つ、直ちに弁護人に依頼する権利を与へられなければ、抑留又は拘禁されない。又、何人も、正当な理由がなければ、拘禁されず、要求があれば、その理由は、直ちに本人及びその弁護人の出席する公開の法廷で示されなければならない。
第三十五条　何人も、その住居、書類及び所持品について、侵入、捜索及び押収を受けることのない権利は、第三十三条の場合を除いては、正当な理由に基いて発せられ、且つ捜索する場所及び押収する物を明示する令状がなければ、侵されない。
2　捜索又は押収は、権限を有する司法官憲が発する各別の令状により、これを行ふ。

第三十六条　公務員による拷問及び残虐な刑罰は、絶対にこれを禁ずる。

第三十七条　すべて刑事事件においては、被告人は、公平な裁判所の迅速な公開裁判を受ける権利を有する。

2　刑事被告人は、すべての証人に対して審問する機会を充分に与へられ、又、公費で自己のために強制的手続により証人を求める権利を有する。

3　刑事被告人は、いかなる場合にも、資格を有する弁護人を依頼することができる。被告人が自らこれを依頼することができないときは、国でこれを附する。

第三十八条　何人も、自己に不利益な供述を強要されない。

2　強制、拷問若しくは脅迫による自白又は不当に長く抑留若しくは拘禁された後の自白は、これを証拠とすることができない。

3　何人も、自己に不利益な唯一の証拠が本人の自白である場合には、有罪とされ、又は刑罰を科せられない。

第三十九条　何人も、実行の時に適法であつた行為又は既に無罪とされた行為については、刑事上の責任を問はれない。又、同一の犯罪について、重ねて刑事上の責任を問はれない。

第四十条　何人も、抑留又は拘禁された後、無罪の裁判を受けたときは、法律の定めるところにより、国にその補償を求めることができる。

第四章　国会

第四十一条　国会は、国権の最高機関であつて、国の唯一の立法機関である。

第四十二条　国会は、衆議院及び参議院の両議院でこれを構成する。

第四十三条　両議院は、全国民を代表する選挙された議員でこれを組織する。

2　両議院の議員の定数は、法律でこれを定める。

第四十四条　両議院の議員及びその選挙人の資格は、法律でこれを定める。但し、人種、信条、性別、社会的身分、門地、教育、財産又は収入によつて差別してはならない。

第四十五条　衆議院議員の任期は、四年とする。但し、衆議院解散の場合には、その期間満了前に終了する。

第四十六条　参議院議員の任期は、六年とし、三年ごとに議員の半数を改選する。

第四十七条　選挙区、投票の方法その他両議院の議員の選挙に関する事項は、法律でこれを定める。

第四十八条　何人も、同時に両議院の議員たることはできない。

第四十九条　両議院の議員は、法律の定めるところにより、国庫から相当額の歳費を受ける。

第五十条　両議院の議員は、法律の定める場合を除いては、国会の会期中逮捕されず、会期前に逮捕された議員は、その議院の要求があれば、会期中これを釈放しなければならない。

第五十一条　両議院の議員は、議院で行つた演説、討論又は表決について、院外で責任を問はれない。

第五十二条　国会の常会は、毎年一回これを召集する。

第五十三条　内閣は、国会の臨時会の召集を決定することができる。いづれかの議院の総議員の四分の一以上の要求があれば、内閣は、その召集を決定しなければならない。

第五十四条　衆議院が解散されたときは、解散の日から四十日以内に、衆議院議員の総選挙を行ひ、その選挙の日から三十日以内に、国会を召集しなければならない。

2　衆議院が解散されたときは、参議院は、同時に閉会となる。但し、内閣は、国に緊急の必要があるときは、参議院の緊急集会を求めることができる。

3　前項但書の緊急集会において採られた措置は、臨時のものであつて、次の国会開会の後十日以内に、衆議院の同意がない場合には、その効力を失ふ。

第五十五条　両議院は、各々その議員の資格に関する争訟を裁判する。但し、議員の議席を失はせるには、出席議員の三分の二以上の多数による議決を必要とする。

第五十六条　両議院は、各々その総議員の三分の一以上の出席がなければ、議事を開き議決することができない。

2　両議院の議事は、この憲法に特別の定のある場合を除いては、出席議員の過半数でこれを決し、可否同数のときは、議長の決するところによる。

第五十七条　両議院の会議は、公開とする。但し、出席議員の三分の二以上の多数で議決したときは、秘密会を開くことができる。

2　両議院は、各々その会議の記録を保存し、秘密会の記録の中で特に秘密を要すると認められるもの以外は、これを公表し、且つ一般に頒布しなければならない。

3　出席議員の五分の一以上の要求があれば、各議員の表決は、これを会議録に記載しなければならない。

第五十八条　両議院は、各々その議長その他の役員を選任する。

2　両議院は、各々その会議その他の手続及び内部の規律に関する規則を定め、又、院内の秩序をみだした議員を懲罰することができる。但し、議員を除名するには、出席議員の三分の二以上の多数による議決を必要とする。

第五十九条　法律案は、この憲法に特別の定のある場合を除いては、両議院で可決したとき法律となる。

2　衆議院で可決し、参議院でこれと異なつた議決をした法律案は、衆議院で出席議員の三分の二以上の多数で再び可決したときは、法律となる。

3　前項の規定は、法律の定めるところにより、衆議院が、両議院の協議会を開くことを求めることを妨げない。

4　参議院が、衆議院の可決した法律案を受け取つた後、国会休会中の期間を除いて六十日以内に、議決しないときは、衆議院は、参議院がその法律案を否決したものとみなすことができる。

第六十条　予算は、さきに衆議院に提出しなければならない。

2　予算について、参議院で衆議院と異なつた議決をした場合に、法律の定めるところにより、両議院の協議会を開いても意見が一致しないとき、又は参議院が、衆議院の可決した予算を受け取つた後、国会休会中の期間を除いて三十日以内に、議決しないときは、衆議院の議決を国会の議決とする。

第六十一条　条約の締結に必要な国会の承認については、前条第二項の規定を準用する。

第六十二条　両議院は、各々国政に関する調査を行ひ、これに関して、証人の出頭及び証言並びに記録の提出を要求することができる。

第六十三条　内閣総理大臣その他の国務大臣は、両議院の一に議席を有すると有しないとにかかはらず、何時でも議案について発言するため議院に出席することができる。又、答弁又は説明のため出席を求められたときは、出席しなければならない。

第六十四条　国会は、罷免の訴追を受けた裁判官を裁判するため、両議院の議員で組織する弾劾裁判所を設ける。

2　弾劾に関する事項は、法律でこれを定める。

第五章　内　閣

第六十五条　行政権は、内閣に属する。

第六十六条　内閣は、法律の定めるところにより、その首長たる内閣総理大臣及びその他の国務大臣でこれを組織する。

2　内閣総理大臣その他の国務大臣は、文民でなければならない。

3　内閣は、行政権の行使について、国会に対し連帯して責任を負ふ。

第六十七条　内閣総理大臣は、国会議員の中から国会の議決で、これを指名する。この指名は、他のすべての案件に先だつて、これを行ふ。

2　衆議院と参議院とが異なつた指名の議決をした場合に、法律の定めるところにより、両議院の協議会を開いても意見が一致しないとき、又は衆議院が指名の議決をした後、国会休会中の期間を除いて十日以内に、参議院が、指名の議決をしないときは、衆議院の議決を国会の議決とする。

第六十八条　内閣総理大臣は、国務大臣を任命する。但し、その過半数は、国会議員の中から選ばれなければならない。

2　内閣総理大臣は、任意に国務大臣を罷免することができる。

第六十九条　内閣は、衆議院で不信任の決議案を可決し、又は信任の決議案を否決したときは、十日以内に衆議院が解散されない限り、総辞職をしなければならない。

第七十条　内閣総理大臣が欠けたとき、又は衆議院議員総選挙の後に初めて国会の召集があつたときは、内閣は、総辞職をしなければならない。

第七十一条　前二条の場合には、内閣は、あらたに内閣総理大臣が任命されるまで引き続きその職務を行ふ。

第七十二条　内閣総理大臣は、内閣を代表して議案を国会に提出し、一般国務及び外交関係について国会に報告し、並びに行政各部を指揮監督する。

第七十三条　内閣は、他の一般行政事務の外、左の事務を行ふ。

一　法律を誠実に執行し、国務を総理すること。

二　外交関係を処理すること。

三　条約を締結すること。但し、事前に、時宜によつては事後に、国会の承認を経ることを必要とする。

四　法律の定める基準に従ひ、官吏に関する事務を掌理すること。

五　予算を作成して国会に提出すること。

六　この憲法及び法律の規定を実施するために、政令を制定すること。但し、政令には、特にその法律の委任がある場合を除いては、罰則を設けることができない。

七　大赦、特赦、減刑、刑の執行の免除及び復権を決定すること。

第七十四条　法律及び政令には、すべて主任の国務大臣が署名し、内閣総理大臣が連署することを必要とする。

第七十五条　国務大臣は、その在任中、内閣総理大臣の同意がなければ、訴追されない。但し、これがため、訴追の権利は、害されない。

第六章　司　法

第七十六条　すべて司法権は、最高裁判所及び法律の定めるところにより設置する下級裁判所に属する。

2　特別裁判所は、これを設置することができない。行政機関は、終審として裁判を行ふことができない。

3　すべて裁判官は、その良心に従ひ独立してその職権を行ひ、この憲法及び法律にのみ拘束される。

第七十七条　最高裁判所は、訴訟に関する手続、弁護士、裁判所の内部規律及び司法事務処理に関する事項について、規則を定める権限を有する。

2　検察官は、最高裁判所の定める規則に従はなければならない。

3　最高裁判所は、下級裁判所に関する規則を定める権限を、下級裁判所に委任することができる。

第七十八条　裁判官は、裁判により、心身の故障のために職務を執ることができないと決定された場合を除いては、公の弾劾によらなければ罷免されない。裁判官の懲戒処分は、行政機関がこれを行ふことはできない。

第七十九条　最高裁判所は、その長たる裁判官及び法律の定める員数のその他の裁判官でこれを構成し、その長たる裁判官以外の裁判官は、内閣でこれを任命する。

2　最高裁判所の裁判官の任命は、その任命後初めて行はれる衆議院議員総選挙の際国民の審査に付し、その後十年を経過した後初めて行はれる衆議院議員総選挙の際更に審査に付し、その後も同様とする。

3　前項の場合において、投票者の多数が裁判官の罷免を可とするときは、その裁判官は、罷免される。

4　審査に関する事項は、法律でこれを定める。

5　最高裁判所の裁判官は、法律の定める年齢に達した時に退官する。

6　最高裁判所の裁判官は、すべて定期に相当額の報酬を受ける。この報酬は、在任中、これを減額することができない。

第八十条　下級裁判所の裁判官は、最高裁判所の指名した者の名簿によつて、内閣でこれを任命する。その裁判官は、任期を十年とし、再任されることができる。但し、法律の定める年齢に達した時には退官する。

2　下級裁判所の裁判官は、すべて定期に相当額の報酬を受ける。この報酬は、在任中、これを減額することができない。

第八十一条　最高裁判所は、一切の法律、命令、規則又は処分が憲法に適合するかしないかを決定する権限を有する終審裁判所である。

第八十二条　裁判の対審及び判決は、公開法廷でこれを行ふ。

2　裁判所が、裁判官の全員一致で、公の秩序又は善良の風俗を害する虞があると決した場合には、対審は、公開しないでこれを行ふことができる。但し、政治犯罪、出版に関する犯罪又はこの憲法第三章で保障する国民の権利が問題となつてゐる事件の対審は、常にこれを公開しなければならない。

第七章　財　政

第八十三条　国の財政を処理する権限は、国会の議決に基いて、これを行使しなければならない。

第八十四条　あらたに租税を課し、又は現行の租税を変更するには、法律又は法律の定める条件によることを必要とする。

第八十五条　国費を支出し、又は国が債務を負担するには、国会の議決に基くことを必要とする。

第八十六条　内閣は、毎会計年度の予算を作成し、国会に提出して、その審議を受け議決を経なければならない。

第八十七条　予見し難い予算の不足に充てるため、国会の議決に基いて予備費を設け、内閣の責任でこれを支出することができる。

2　すべて予備費の支出については、内閣は、事後に国会の承諾を得なければならない。

第八十八条　すべて皇室財産は、国に属する。すべて皇室の費用は、予算に計上して国会の議決を経なければならない。

第八十九条　公金その他の公の財産は、宗教上の組織若しくは団体の使用、便益若しくは維持のため、又は公の支配に属しない慈善、教育若しくは博愛の事業に対し、これを支出し、又はその利用に供してはならない。

第九十条　国の収入支出の決算は、すべて毎年会計検査院がこれを検査し、内閣は、次の年度に、その検査報告とともに、これを国会に提出しなければならない。

2　会計検査院の組織及び権限は、法律でこれを定める。

第九十一条　内閣は、国会及び国民に対し、定期に、少くとも毎年一回、国の財政状況について報告しなければならない。

第八章　地方自治

第九十二条　地方公共団体の組織及び運営に関する事項は、地方自治の本旨に基いて、法律でこれを定める。

第九十三条　地方公共団体には、法律の定めるところにより、その議事機関として議会を設置する。

2　地方公共団体の長、その議会の議員及び法律の定めるその他の吏員は、その地方公共団体の住民が、直接これを選挙する。

第九十四条　地方公共団体は、その財産を管理し、事務を処理し、及び行政を執行する権能を有し、法律の範囲内で条例を制定することができる。

第九十五条　一の地方公共団体のみに適用される特別法は、法律の定めるところにより、その地方公共団体の住民の投票においてその過半数の同意を得なければ、国会は、これを制定することができない。

第九章　改　正

第九十六条　この憲法の改正は、各議院の総議員の三分の二以上の賛成で、国会が、これを発議し、国民に提案してその承認を経なければならない。この承認には、特別の国民投票又は国会の定める選挙の際行はれる投票において、その過半数の賛成を必要とする。

2　憲法改正について前項の承認を経たときは、天皇は、国民の名で、この憲法と一体を成すものとして、直ちにこれを公布する。

第十章　最高法規

第九十七条　この憲法が日本国民に保障する基本的人権は、人類の多年にわたる自由獲得の努力の成果であつて、これらの権利は、過去幾多の試錬に堪へ、現在及び将来の国民に対し、侵すことのできない永久の権利として信託されたものである。

第九十八条　この憲法は、国の最高法規であつて、その条規に反する法律、命令、詔勅及び国務に関するその他の行為の全部又は一部は、その効力を有しない。

2　日本国が締結した条約及び確立された国際法規は、これを誠実に遵守することを必要とする。

第九十九条　天皇又は摂政及び国務大臣、国会議員、裁判官その他の公務員は、この憲法を尊重し擁護する義務を負ふ。

第十一章　補　則

第百条　この憲法は、公布の日から起算して六箇月を経過した日から、これを施行する。

2　この憲法を施行するために必要な法律の制定、参議院議員の選挙及び国会召集の手続並びにこの憲法を施行するために必要な準備手続は、前項の期日よりも前に、これを行ふことができる。

第百一条　この憲法施行の際、参議院がまだ成立してゐないときは、その成立するまでの間、衆議院は、国会としての権限を行ふ。

第百二条　この憲法による第一期の参議院議員のうち、その半数の者の任期は、これを三年とする。その議員は、法律の定めるところにより、これを定める。

第百三条　この憲法施行の際現に在職する国務大臣、衆議院議員及び裁判官並びにその他の公務員で、その地位に相応する地位がこの憲法で認められてゐる者は、法律で特別の定をした場合を除いては、この憲法施行のため、当然にはその地位を失ふことはない。但し、この憲法によつて、後任者が選挙又は任命されたときは、当然その地位を失ふ。

参考資料・2

大日本帝國憲法

一八八九年二月一一日公布
一八九〇年一一月二九日施行

第一章 天皇

第一條 大日本帝國ハ萬世一系ノ天皇之ヲ統治ス

第二條 皇位ハ皇室典範ノ定ムル所ニ依リ皇男子孫之ヲ繼承ス

第三條 天皇ハ神聖ニシテ侵スヘカラス

第四條 天皇ハ國ノ元首ニシテ統治權ヲ總攬シ此ノ憲法ノ條規ニ依リ之ヲ行フ

第五條 天皇ハ帝國議會ノ協贊ヲ以テ立法權ヲ行フ

第六條 天皇ハ法律ヲ裁可シ其ノ公布及執行ヲ命ス

第七條 天皇ハ帝國議會ヲ召集シ其ノ開會閉會停會及衆議院ノ解散ヲ命ス

第八條 天皇ハ公共ノ安全ヲ保持シ又ハ其ノ災厄ヲ避クル爲緊急ノ必要ニ由リ帝國議會閉會ノ場合ニ於テ法律ニ代ルヘキ勅令ヲ發ス

此ノ勅令ハ次ノ會期ニ於テ帝國議會ニ提出スヘシ若議會ニ於テ承諾セサルトキハ政府ハ將來ニ向テ其ノ効力ヲ失フコトヲ公布スヘシ

第九條 天皇ハ法律ヲ執行スル爲ニ又ハ公共ノ安寧秩序ヲ保持シ及臣民ノ幸福ヲ增進スル爲ニ必要ナル命令ヲ發シ又ハ發セシム但シ命令ヲ以テ法律ヲ變更スルコトヲ得ス

第十條 天皇ハ行政各部ノ官制及文武官ノ俸給ヲ定メ及文武官ヲ任免ス但シ此ノ憲法又ハ他ノ法律ニ特例ヲ掲ケタルモノハ各〻其ノ條項ニ依ル

第十一條 天皇ハ陸海軍ヲ統帥ス

第十二條 天皇ハ陸海軍ノ編制及常備兵額ヲ定ム

第十三條 天皇ハ戰ヲ宣シ和ヲ講シ及諸般ノ條約ヲ締結ス

第十四條 天皇ハ戒嚴ヲ宣告ス

戒嚴ノ要件及効力ハ法律ヲ以之ヲ定ム

第十五條 天皇ハ爵位勳章及其ノ他ノ榮典ヲ授與ス

第十六條 天皇ハ大赦特赦減刑及復權ヲ命ス

第十七條 攝政ヲ置クハ皇室典範ノ定ムル所ニ依ル

攝政ハ天皇ノ名ニ於テ大權ヲ行フ

2 摂政ハ天皇ノ名ニ於テ大権ヲ行フ

第二章 臣民權利義務

第十八條 日本臣民タルノ要件ハ法律ノ定ムル所ニ依ル

第十九條 日本臣民ハ法律命令ノ定ムル所ノ資格ニ應シ均ク文武官ニ任セラレ及其ノ他ノ公務ニ就クコトヲ得

第二十條 日本臣民ハ法律ノ定ムル所ニ從ヒ兵役ノ義務ヲ有ス

第二十一條 日本臣民ハ法律ノ定ムル所ニ從ヒ納稅ノ義務ヲ有ス

第二十二條 日本臣民ハ法律ノ範圍内ニ於テ居住及移轉ノ自由ヲ有ス

第二十三條 日本臣民ハ法律ニ依ルニ非スシテ逮捕監禁審問處罰ヲ受クルコトナシ

第二十四條 日本臣民ハ法律ニ定メタル裁判官ノ裁判ヲ受クルノ權ヲ奪ハルヽコトナシ

第二十五條 日本臣民ハ法律ニ定メタル場合ヲ除ク外其ノ許諾ナクシテ住所ニ侵入セラレ及捜索セラルヽコトナシ

第二十六條 日本臣民ハ法律ニ定メタル場合ヲ除ク外信書ノ祕密ヲ侵サルヽコトナシ

第二十七條　日本臣民ハ其ノ所有權ヲ侵サルヽコトナシ
公益ノ爲必要ナル處分ハ法律ノ定ムル所ニ依ル
第二十八條　日本臣民ハ安寧秩序ヲ妨ケス及臣民タルノ義務ニ背カサル限ニ於テ信教ノ自由ヲ有ス
第二十九條　日本臣民ハ法律ノ範圍内ニ於テ言論著作印行集會及結社ノ自由ヲ有ス
第三十條　日本臣民ハ相當ノ敬禮ヲ守リ別ニ定ムル所ノ規程ニ從ヒ請願ヲ爲スコトヲ得
第三十一條　本章ニ掲ケタル條規ハ戰時又ハ國家事變ノ場合ニ於テ天皇大權ノ施行ヲ妨クルコトナシ
第三十二條　本章ニ掲ケタル條規ハ陸海軍ノ法令又ハ紀律ニ牴觸セサルモノニ限リ軍人ニ準行ス

第三章　帝國議會

第三十三條　帝國議會ハ貴族院衆議院ノ兩院ヲ以テ成立ス
第三十四條　貴族院ハ貴族院令ノ定ムル所ニ依リ皇族華族及勅任セラレタル議員ヲ以テ組織ス
第三十五條　衆議院ハ選擧法ノ定ムル所ニ依リ公選セラレタル議員ヲ以テ組織ス
第三十六條　何人モ同時ニ兩議院ノ議員タルコトヲ得ス
第三十七條　凡テ法律ハ帝國議會ノ協贊ヲ經ルヲ要ス
第三十八條　兩議院ハ政府ノ提出スル法律案ヲ議決シ及各ゝ法律案ヲ提出スルコトヲ得
第三十九條　兩議院ノ一ニ於テ否決シタル法律案ハ同會期中ニ於テ再ヒ提出スルコトヲ得ス
第四十條　兩議院ハ法律又ハ其ノ他ノ事件ニ付キ各ゝ其ノ意見ヲ政府ニ建議スルコトヲ得但シ其ノ採納ヲ得サルモノハ同會期中ニ於テ再ヒ建議スルコトヲ得ス
第四十一條　帝國議會ハ毎年之ヲ召集ス
第四十二條　帝國議會ハ三箇月ヲ以テ會期トス必要アル場合ニ於テハ勅命ヲ以テ之ヲ延長スルコトアルヘシ
第四十三條　臨時緊急ノ必要アル場合ニ於イテ常會ノ外臨時會ヲ召集スヘシ
臨時會ノ會期ヲ定ムルハ勅命ニ依ル
第四十四條　帝國議會ノ開會閉會會期ノ延長及停會ハ兩院同時ニ之ヲ行フヘシ
衆議院解散ヲ命セラレタルトキハ貴族院ハ同時ニ停會セラルヘシ
第四十五條　衆議院解散ヲ命セラレタルトキハ敕命ヲ以テ新ニ議員ヲ選擧セシメ解散ノ日ヨリ五箇月以内ニ之ヲ召集スヘシ
第四十六條　兩議院ハ各ゝ其ノ總議員三分ノ一以上出席スルニ非サレハ議事ヲ開キ議決ヲ爲ス事ヲ得ス
第四十七條　兩議院ノ議事ハ過半數ヲ以テ決ス可否同數ナルトキハ議長ノ決スル所ニ依ル
第四十八條　兩議院ノ會議ハ公開ス但シ政府ノ要求又ハ其ノ院ノ決議ニ依リ祕密會ト爲スコトヲ得
第四十九條　兩議院ハ各ゝ天皇ニ上奏スルコトヲ得
第五十條　兩議院ハ臣民ヨリ呈出スル請願書ヲ受クルコトヲ得
第五十一條　兩議院ハ此ノ憲法及議院法ニ掲クルモノヽ外内部ノ整理ニ必要ナル諸規則ヲ定ムルコトヲ得
第五十二條　兩議院ノ議員ハ議院ニ於テ發言シタル意見及表決ニ付院外ニ於テ責ヲ負フコトナシ但シ議員自ラ其ノ言論ヲ演説刊行筆記又ハ其ノ他ノ方法ヲ以テ公布シタルトキハ一般ノ法律ニ依リ處分セラルヘシ
第五十三條　兩議院ノ議員ハ現行犯罪又ハ内亂外患ニ關ル罪ヲ除ク外會期中其ノ院ノ許諾ナクシテ逮捕セラルヽコトナシ

第五十四條　國務大臣及政府委員ハ何時タリトモ各議院ニ出席シ及發言スルコトヲ得

第四章　國務大臣及樞密顧問

第五十五條　國務各大臣ハ天皇ヲ輔弼シ其ノ責ニ任ス
凡テ法律勅令其ノ他國務ニ關ル詔勅ハ國務大臣ノ副署ヲ要ス

第五十六條　樞密顧問ハ樞密院官制ノ定ムル所ニ依リ天皇ノ諮詢ニ應ヘ重要ノ國務ヲ審議ス

第五章　司　法

第五十七條　司法權ハ天皇ノ名ニ於テ法律ニ依リ裁判所之ヲ行フ
裁判所ノ構成ハ法律ヲ以テ之ヲ定ム

第五十八條　裁判官ハ法律ニ定メタル資格ヲ具フル者ヲ以テ之ニ任ス
裁判官ハ刑法ノ宣告又ハ懲戒ノ處分ニ由ルノ外其ノ職ヲ免セラルヽコトナシ
懲戒ノ條規ハ法律ヲ以テ之ヲ定ム

第五十九條　裁判ノ對審判決ハ之ヲ公開ス但シ安寧秩序又ハ風俗ヲ害スルノ虞アルトキハ法律ニ依リ又ハ裁判所ノ決議ヲ以テ對審ノ公開ヲ停ムルコトヲ得

第六十條　特別裁判所ノ管轄ニ屬スヘキモノハ別ニ法律ヲ以テ之ヲ定ム

第六十一條　行政官廳ノ違法處分ニ由リ權利ヲ傷害セラレタリトスルノ訴訟ニシテ別ニ法律ヲ以テ定メタル行政裁判所ノ裁判ニ屬スヘキモノハ司法裁判所ニ於テ受理スルノ限ニ在ラス

第六章　會　計

第六十二條　新ニ租税ヲ課シ及税率ヲ變更スルハ法律ヲ以テ之ヲ定ムヘシ
但シ報償ニ屬スル行政上ノ手數料及其ノ他ノ収納金ハ前項ノ限ニ在ラス
國債ヲ起シ及豫算ニ定メタルモノヲ除ク外國庫ノ負擔トナルヘキ契約ヲ為スハ帝國議會ノ協賛ヲ經ヘシ

第六十三條　現行ノ租税ハ更ニ法律ヲ以テ之ヲ改メサル限ハ舊ニ依リ之ヲ徴収ス

第六十四條　國家ノ歳出歳入ハ毎年豫算ヲ以テ帝國議會ノ協賛ヲ經ヘシ
豫算ノ款項ニ超過シ又ハ豫算ノ外ニ生シタル支出アルトキハ後日帝國議會ノ承諾ヲ求ムルヲ要ス

第六十五條　豫算ハ前ニ衆議院ニ提出スヘシ

第六十六條　皇室經費ハ現在ノ定額ニ依リ毎年國庫ヨリ之ヲ支出シ將來増額ヲ要スル場合ヲ除ク外帝國議會ノ協賛ヲ要セス

第六十七條　憲法上ノ大權ニ基ツケル既定ノ歳出及法律ノ結果ニ由リ又ハ法律上政府ノ義務ニ屬スル歳出ハ政府ノ同意ナクシテ帝國議會之ヲ廢除シ又ハ削減スルコトヲ得ス

第六十八條　特別ノ須要ニ因リ政府ハ豫メ年限ヲ定メ繼續費トシテ帝國議會ノ協賛ヲ求ムルコトヲ得

第六十九條　避クヘカラサル豫算ノ不足ヲ補フ為ニ又ハ豫算ノ外ニ生シタル必要ノ費用ニ充ツル為ニ豫備費ヲ設クヘシ

第七十條　公共ノ安全ヲ保持スル為緊急ノ需要アル場合ニ於テ内外ノ情形ニ因リ政府ハ帝國議會ヲ召集スルコト能ハサルトキハ勅令ニ依リ財政上必要ノ處分ヲ為スコトヲ得
前項ノ場合ニ於テハ次ノ會期ニ於テ帝國議會ニ提出シ其ノ承諾ヲ求ムルヲ要ス

第七十一條　帝國議會ニ於イテ豫算ヲ議定セス又ハ豫算成立ニ至ラサルトキハ政府ハ前年度ノ豫算ヲ施行スヘシ

第七十二條　國家ノ歳出歳入ノ決算ハ會計檢査院之ヲ檢査確定シ政府ハ

其ノ検査報告ト倶ニ之ヲ帝國議會ニ提出スヘシ

會計検査院ノ組織及職權ハ法律ヲ以テ之ヲ定ム

第七章　補　則

第七十三條　將來此ノ憲法ノ條項ヲ改正スルノ必要アルトキハ勅命ヲ以テ議案ヲ帝國議會ノ議ニ付スヘシ

此ノ場合ニ於テ兩議院ハ各〻其ノ總員三分ノ二以上出席スルニ非サレハ議事ヲ開クコトヲ得ス出席議員三分ノ二以上ノ多數ヲ得ルニ非サレハ改正ノ議決ヲ爲スコトヲ得ス

第七十四條　皇室典範ノ改正ハ帝國議會ノ議ヲ經ルヲ要セス

皇室典範ヲ以テ此ノ憲法ノ條規ヲ變更スルコトヲ得ス

第七十五條　憲法及皇室典範ハ攝政ヲ置クノ間之ヲ變更スルコトヲ得ス

第七十六條　法律規則命令又ハ何等ノ名稱ヲ用ヰタルニ拘ラス此ノ憲法ニ矛盾セサル現行ノ法令ハ總テ遵由ノ効力ヲ有ス

歲出上政府ノ義務ニ係ル現在ノ契約又ハ命令ハ總テ第六十七條ノ例ニ依ル

［編著者紹介］

渡辺　治（わたなべ　おさむ）

一橋大学名誉教授、九条の会事務局。一九四七年東京生まれ。東京大学法学部卒業、東京大学社会科学研究所助教授、一橋大学社会学部教授などを歴任。主な著書・編著に『日本国憲法「改正」史』（日本評論社、一九八七年）、『戦後政治史の中の天皇制』（青木書店、一九九〇年）、『「豊かな社会」日本の構造』（旬報社、一九九〇年）、『政治改革と憲法改正』（青木書店、一九九四年）、『講座現代日本1　現代日本の帝国主義化』（大月書店、一九九六年）、『日本の大国化は何をめざすか』（岩波ブックレット、一九九七年）、『憲法「改正」は何をめざすか』（岩波ブックレット、二〇〇一年）、『日本の大国化とネオ・ナショナリズム』（桜井書店、二〇〇一年）、『憲法「改正」の争点』（編著、旬報社、二〇〇二年）、『憲法「改正」』（旬報社、二〇〇五年）、『構造改革政治の時代』（花伝社、二〇〇五年）、『安倍政権論』（旬報社、二〇〇七年）、『憲法九条と二五条・その力と可能性』（かもがわ出版、二〇〇九年）、『新自由主義か新福祉国家か』（旬報社、二〇〇九年）、『新たな福祉国家を展望する』（共編著、旬報社、二〇一一年）、『安倍政権と日本政治の新段階』（旬報社、二〇一二年）、『渡辺治の政治学入門』（新日本出版社、二〇一二年）、『安倍政権の改憲・構造改革新戦略』（旬報社、二〇一三年）、『〈大国〉への執念　安倍政権と日本の危機』（共著、大月書店、二〇一四年）など。

憲法改正問題資料・下巻

二〇一五年四月三〇日　初版第一刷発行

編著者　**渡辺　治**
装丁　**佐藤篤司**
発行者　**木内洋育**
発行所　株式会社　**旬報社**
〒一一二-〇〇一五　東京都文京区目白台二-一四-一三
TEL　〇三-三九四三-九九一一　FAX　〇三-三九四三-八三九六
ホームページ http://www.junposha.com/

印刷製本　**中央精版印刷**株式会社

ISBN978-4-8451-1371-2